Jahrbuch für Historische Kommunismusforschung

Herausgeber:
Arbeitsbereich DDR-Geschichte
im Mannheimer Zentrum für Europäische Sozialforschung
der Universität Mannheim
Hermann Weber – Dietrich Staritz
Günter Braun – Jan Foitzik

Wissenschaftlicher Beirat:
Georg Hermann Hodos (Sherman Oaks/Kalifornien), Narihiko Ito (Tokio),
Alexandr N. Jakowlew (Moskau), Annie Kriegel (Nanterre),
Richard Lorenz (Kassel), Martin McCauley (London), Vojtêch Mencl (Prag),
Norman M. Naimark (Stanford), Wolfgang Ruge (Potsdam), Feliks Tych (Warschau)

Redaktion:
Carsten Tessmer
Universität Mannheim
Mannheimer Zentrum für Europäische Sozialforschung
Arbeitsbereich IV – DDR-Geschichte
Jahrbuch für Historische Kommunismusforschung
Postfach
68131 Mannheim
Tel. 0621/292-8428, Fax 0621/292-8435

Jahrbuch für

Historische Kommunismusforschung

1993

Akademie Verlag

Die Deutsche Bibliothek – CIP-Einheitsaufnahme

Jahrbuch für historische Kommunismusforschung ... / Hrsg.:
Arbeitsbereich DDR-Geschichte im Mannheimer Zentrum für
Europäische Sozialforschung der Universität Mannheim. –
Berlin : Akad. Verl.
    Erscheint circa jährlich. – Aufnahme nach 1993
    ISSN 0944-629X

ISBN 3-05-002461-5

© Akademie Verlag GmbH, Berlin 1993
Der Akademie Verlag ist ein Unternehmen der VCH-Verlagsgruppe.

Gedruckt auf chlorfrei gebleichtem Papier.
Das eingesetzte Papier entspricht der amerikanischen Norm ANSI Z.39.48 – 1984 bzw.
der europäischen Norm ISO TC 46.

Alle Rechte, insbesondere die der Übersetzung in andere Sprachen, vorbehalten. Kein Teil dieses
Buches darf ohne schriftliche Genehmigung des Verlages in irgendeiner Form – durch Photokopie,
Mikroverfilmung oder irgendein anderes Verfahren – reproduziert oder in eine von Maschinen,
insbesondere von Datenverarbeitungsmaschinen, verwendbare Sprache übertragen oder übersetzt werden.
All rights reserved (including those of translation into other languages). No part of this book may
be reproduced in any form – by photoprinting, microfilm, or any other means – nor transmitted
or translated into a machine language without written permission from the publishers.

Druck: GAM Media GmbH, Berlin
Bindung: Dieter Mikolai, Berlin

Printed in the Federal Republic of Germany

Inhalt

Zur Einführung 9

Abhandlungen

Bernd Bonwetsch: Der Stalinismus in der Sowjetunion der dreißiger Jahre.
Zur Deformation einer Gesellschaft 11

Leonid G. Babitschenko: Die Kaderschulung der Komintern 37

Kees N. Boterbloem: Einige Aspekte der stalinistischen "Säuberungen" in der
russischen Provinz 60

Aufsätze und Miszellen

Alexandr Watlin: Die Russische Delegation in der Komintern: Machtzentrum
des internationalen Komunismus zwischen Sinowjew und Stalin 82

André Steiner: Sowjetische Berater in den zentralen wirtschaftsleitenden
Instanzen der DDR in der zweiten Hälfte der fünfziger Jahre 100

Carola Tischler: "Den guten Namen wiederherstellen". Über die Rehabilitierung
von Stalin-Opfern in der Sowjetunion 118

Mustafa Haikal: Das Internationale Kolonialbüro der Komintern in Paris 126

Panagiotis Noutsos: Die Generation der "Bolschewisierer" in der
Kommunistischen Partei Griechenlands (KPG) 131

Wolfgang Kießling: Paul Merkers "Unverständnis" für den Hitler-Stalin-Pakt.
Gespräche mit dem Sowjetfeind 137

Forum

Wolfgang Ruge: Gedanken zu Lenin (über die Mittel-Zweck-Relation
in der Politik) 145

Hermann Weber: Die Instrumentalisierung des Marxismus-Leninismus 160

Dokumentation

Erwin Lewin: Neue Dokumente zur Kursänderung 1934/35 in der KPD 171

Vera Mujbegović, Ubavka Vujošević: Die Kommunistische Partei Jugoslawiens
und die Komintern. Dokumente zur "jugoslawischen Frage" 1936 187

Rainer Eckert, Mechthild Günther, Stefan Wolle: "Klassengegner gelungen
einzudringen ...". Fallstudie zur Anatomie politischer Verfolgungskampagnen
am Beispiel der Sektion Geschichte der Humboldt-Universität zu Berlin
in den Jahren 1968 bis 1972 197

Biographische Skizzen/Zeitzeugenberichte

Alexandr N. Jakowlew: Blutige Vergangenheit 226

Werner Dietrich: Der Fall Dattan - Eine Skizze zu den KPD-Opfern Stalins
und ihrer Rehabilitierung 249

Peter Huber: Berta Zimmermann - eine Schweizer Kommunistin im
Geheimapparat der Komintern 261

Forschungs- und Archivberichte/Bibliographien

Vanda Kašauskienė: Verbannungen der Einwohner Litauens in den Jahren
1941 und 1945-1952: Überblick über Publikationen der Jahre 1988-1992 276

Peter Hübner: Sozialgeschichte der Industriearbeiterschaft in der SBZ/DDR.
Bemerkungen zu Forschungstendenzen in Deutschland seit 1989 284

Elke Scherstjanoi: Neue russische Zeitschriften 290

Jan Foitzik: Zur Situation in Moskauer Archiven 299

Jan Foitzik: Zur Archivlage in der Tschechischen und Slowakischen Republik 309

Karin Hartewig: Das "Gedächtnis" der Partei. Biographische und andere Bestände
im Zentralen Parteiarchiv der SED in der "Stiftung Archiv der Parteien und
Massenorganisationen der DDR im Bundesarchiv" 312

Andrea Hoffend, Carsten Tessmer: 25 Jahre nach dem "Prager Frühling". Eine
Auswahlbibliographie der im Westen erschienenen Literatur zum "Sozialismus
mit menschlichem Antlitz" und seiner Zerschlagung 324

Tagungsberichte

Lidija Miljakowa: Konferenz zur Geschichte des "Kalten Krieges" vom
12. bis 15. Januar 1993 in Moskau 353

Jutta Petersdorf: Lenin ohne Ismus. Das internationale Symposium
"Lenin - Theorie und Praxis in historischer Perspektive"
vom 15. bis 18. März 1993 in Wuppertal 355

Martin Rißmann: Bericht über das IX. Kolloquium zur Geschichte der DDR
der Ost-Akademie Lüneburg vom 20. bis 22. November 1992 359

Sammelrezensionen

Hans Hecker: Literatur zur Geschichte der Sowjetunion 363
Klaus Heller: Neue 'westliche' Veröffentlichungen zur russischen Revolutionsgeschichte 369
Lutz Häfner: Stalin und der Stalinismus 377
Rüdiger Kipke: Nationalitätenkonflikte 380
Jutta Petersdorf: Frauen in der Sowjetunion 382
Wolfgang Ruge: Der sowjetische Geheimdienst in der Geschichte der UdSSR 384
Jan Foitzik: Osteuropa im Umbruch - 1945 und 1989 387
Gábor Székely: Ungarn im Umbruch 393
Heinrich Bortfeldt: Auf der Suche nach Vergangenheit und Zukunft 397
Jan Osers: Der Zusammenbruch der Sowjetsysteme 398
Reiner Tosstorff: Britischer Kommunismus 399
Jan Osers: Schauprozesse 403
Arnold Sywottek: DDR-Geschichtswissenschaft im Umbruch 405
Falco Werkentin: Das Ministerium für Staatssicherheit 414
Gerd Dietrich: Kulturhistorische Aspekte der DDR-Geschichte 420
Achim Kilian: "Säuberung" und Repression in der SBZ/DDR 425
Günter Heydemann: Der Umbruch in der DDR 429
Herwig Gödeke: Trotzki 436
Rolf Wörsdörfer: Antonio Gramsci 440
Manfred Grieger: Nicolae Ceausescu 443
Volker Gransow: Jürgen Kuczynski 448
Gunter Ehnert: Robert Havemann 450

Einzelrezensionen

J. Smaga: Geburt und Verfall eines Imperiums. Die UdSSR 1917-1991 (*Foitzik*) 452
J. P. Willerton: Patronage and Politics in the USSR (*Zarusky*) 454
S. Farber: Before Stalinism (*Lauscher*) 456
N. Bucharin: 1929 - Das Jahr des großen Umschwungs (*Mai*) 456
L. E. Holmes: The Kremlin and the Schoolhouse (*Sergeeva*) 457
A. I. Gribkow: Im Dienste der Sowjetunion (*Doernberg*) 458
H. Smith: Die neuen Russen (*Slutsch*) 459
J. Morrison: Boris Jelzin - Retter der Freiheit (*Verhoeven*) 460
J. van Oudenaren: Détente in Europe (*Niedhart*) 461
W. von Bredow: Der KSZE-Prozeß (*Niedhart*) 462
U. Vorholt: Die Sowjetunion im Urteil des sozialdemokratischen Exils (*Ehnert*) 462
H. Weber u.a. (Hg.): Kommunisten verfolgen Kommunisten (*Küchenmeister*) 463
Centenaire Jules Humbert-Droz. Colloque sur L' Internationale communiste (*Wörsdörfer*) 465
B. Mc Loughlin/W. Szevera: Posthum Rehabilitiert (*Schafranek*) 467
Ž. Pavlović: Bilanz des sowjetischen Termidors (*Mujbegović*) 468
B. Gligorijević: Komintern, jugoslawische und serbische Frage (*Mujbegović*) 469
M. Rohrwasser: Der Stalinismus und die Renegaten (*Heimann*) 471
P. Lübbe (Hg.): Abtrünnig wider Willen (*Buschak*) 473
R. Müller: Die Akte Wehner (*Fischer*) 475
L. Spira: Kommunismus adieu (*Keller*) 477

W. Buschak: Gewerkschaften im Widerstand gegen den Nationalsozialismus (*Tosstorff*) 478
D. Brunner: Bestandsverzeichnisse Ostberliner Archive zur Gewerkschaftsbewegung (*Tosstorff*) 479
P. Agárdi: Ausschnitt aus dem ungarischen Geistesleben der dreißiger Jahre (*Jemnitz*) 480
J. Gotovich: Les Communistes belges de 1939 à 1944 (*Johnstone*) 481
I. Harsányi u.a. (Hg.): Jahrbuch 1992 - Geschichte der intern. Arbeiterbewegung (*Hodos*) 483
R. J. Alexander: International Trotskyism 1929-1985 (*Lauscher*) 484
H. E. Vanden: Latin American Marxism. A Bibliography (*Mothes*) 486
G.-J. Glaeßner/M. Reiman (Hg.): Die politischen Systeme der sozialistischen Länder (*Müller*) 488
A. Pradetto: Polen in der Ära Gierek (*Ziemer*) 488
R. Wagner: Sonderweg Rumänien (*Hitchins*) 489
J. Nowak-Jeziorański: Krieg im Äther/Polen aus der Ferne. Erinnerungen (*Foitzik*) 490
B. Florath u.a. (Hg.): Geheimdienste und politische Polizei (*Gieseke*) 491
S. Meuschel: Legitimation und Parteiherrschaft (*Heuer*) 493
Kulturamt Prenzlauer Berg u.a. (Hg.): Mythos Antifaschismus (*Mählert*) 495
K. König (Hg.): Verwaltungsstrukturen der DDR (*Neugebauer*) 496
M. Azaryahu: Politische Symbole im öffentlichen Leben der DDR (*Kuppe*) 499
D. Bald (Hg.): Die Nationale Volksarmee (*Neugebauer*) 500
H. Richter: Güllenbuch. Ein Buch über Bausoldaten (*Dähn*) 503
G. Furian: Politische Justiz in der DDR (*Kuppe*) 504
L. A. Rehlinger: Freikauf. Die Geschäfte der DDR mit politisch Verfolgten (*Schöneburg*) 505
M. Krüger-Potratz: Ausländer und Minderheiten in der DDR (*Hartewig*) 506
M. Stark (Hg.): Deutsche Frauenbiographien des Stalinismus (*Hoffend*) 508
B. Zimmermann/H.-D. Schütt (Hg.): DDR-Funktionäre sagen aus (*Doernberg*) 510
E. Hölder (Hg.): Im Trabi durch die Zeit (*Roesler*) 511
G. Herzberg/K. Meier: Karrieremuster. Wissenschaftlerportraits (*Hoerning*) 512
M. Wilke/H.-H. Hertle: Das Genossen-Kartell (*Kaiser*) 514
A. Alvarez de Toledo: Tagebuch des letzten spanischen Botschafters in der DDR (*Stephan*) 515
G. Lohmann: Indifferenz und Gesellschaft, kritische Auseinandersetzung mit Marx (*Ruben*) 516
G. Wayand: Marx und Engels zu archaischen Gesellschaften (*Ruben*) 516

Mitarbeiterinnen und Mitarbeiter 518

Zur Einführung

Die revolutionären Umbrüche in Mittel-, Ost- und Südosteuropa 1989/90 und der durch sie eingeleitete Kollaps der kommunistischen Regime im Herrschaftsbereich der ehemaligen Sowjetunion markieren nach 1917 und 1945 eine der weltpolitisch und historisch wichtigsten Zäsuren des 20. Jahrhunderts. Dies gibt besonderen Anlaß, einen kritischen Blick auf die Vergangenheit kommunistischer Herrschaft und ihre Hauptträgerinnen, die "Parteien neuen Typs", zu werfen.

Wesentliche Momente ihrer Geschichte und damit zentrale Themen der historischen Kommunismusforschung sind: die Machtergreifung und -sicherung der Bolschewiki seit 1917 in Rußland, die Entstehung kommunistischer Parteien im Europa der Zwischenkriegszeit, ihr Verhältnis zur "Mutterpartei" in der Sowjetunion sowie dessen Institutionalisierung in der Komintern (und später bedingt im Kominform), die Stalinisierung der KPR(B)/KPdSU und der internationalen kommunistischen Bewegung sowie die stalinistischen "Säuberungen" zunächst in der UdSSR selbst (denen jedoch nicht nur sowjetische Kommunisten, sondern auch dorthin aus ganz Europa geflüchtete zum Opfer fielen). In den späten vierziger und frühen fünfziger Jahren sind es insbesondere die Prozesse der Machtergreifung und -konsolidierung in den Staaten Ost-, Südost- und Mitteleuropas sowie die Entwicklung des Verhältnisses zwischen Moskau und den sogenannten Volksdemokratien, speziell im Umfeld der Krisenjahre 1953 (ČSR/DDR), 1956 (Polen/Ungarn), 1968 (ČSSR), 1970 und 1980 (Polen). Von ähnlicher Bedeutung waren die Beziehungen zwischen der KPdSU und den kommunistischen Parteien in West- und Südeuropa im Zeichen von Kaltem Krieg, Entspannung und "Eurokommunismus" sowie schließlich die durch die Reformpolitik Gorbatschows seit 1985 eingeleitete und von den Entwicklungen in Ungarn und Polen beschleunigte Erosion der kommunistischen Herrschaftssysteme.

Die Analyse-Ebenen sind so zahlreich wie differenziert. Zu ihnen gehören neben Personal- und Organisationsstrukturen auch Aufbau und der Wirkungsweise spezieller Herrschaftsinstrumente in den Parteien, den politischen Systemen einzelner Länder oder in internationalen Organisationen. Von Interesse sind aber ebenso das Neben- und Gegeneinander von Massenrepression, Massenmobilisierung und (begrenzten) Mitwirkungsrechten in den "realsozialistischen" Ländern und ihre Bedeutung für deren politische Kultur oder die Rolle der Herrschaftssysteme bei der Wahrnehmung und Steuerung von Modernisierungsprozessen.

Eine intensive Aufarbeitung auch dieser Momente der Kommunismusgeschichte ist seit der (Teil-) Öffnung der Archive in den ehemals kommunistisch regierten Ländern nun möglich; und sicher wird die neue Quellenlage auch eine Reihe ganz neuer Fragen aufwerfen. Dies wird die wissenschaftliche Diskussion anregen, und das wiederum scheint denn auch geboten angesichts der Liberalisierung und Pluralisierung der ost-, südost- und mitteleuropäischen Wissenschaftslandschaft. Sie hat nicht nur die Kommunikation zwischen Wissenschaftlerinnen und Wissenschaftlern in West und Ost erleichtert, sondern fordert auch zur Kooperation heraus.

Nicht daß die Geschichte kommunistischer Systeme und Parteien bislang von der Historiographie vernachlässigt worden wäre, die Ergebnisse der Kommunismusforschung standen jedoch entweder unter dem Vorbehalt der oftmals nur schmalen Quellenbasis - das galt in aller Regel für die westliche Forschung - oder sie waren dem zumeist begründeten Verdacht ausgesetzt, vor allem der Legitimation des Anspruchs oder der Herrschaft der eigenen Partei zu dienen.

Nun ist eine gründliche, quellengestützte Aufarbeitung der zahlreichen Forschungsfelder eine Aufgabe, die weder von Sachkundigen eines Landes noch etwa gar eines einzelnen Instituts geleistet werden kann. Nur die planvolle internationale Zusammenarbeit und der regelmäßige Meinungsaustausch einer möglichst großen Zahl von Wissenschaftlerinnen und Wissenschaftlern läßt Erfolge erwarten. Der jetzt erstmals vorgelegte Band des Jahrbuchs für Historische Kommunismusforschung soll hierzu einen Beitrag leisten. Es versteht sich als ein regelmäßiges Forum, auf dem aktuelle Erträge der Forschung und Dokumente präsentiert, neu erschlossene Archivbestände und Projekte bekanntgemacht, Forschungskontroversen ausgetragen und Neuerscheinungen kritisch gewürdigt werden können.

Insbesondere das Ziel der Herausgeber, mit diesem Periodikum das Zusammenwirken der internationalen Kommunisforschung zu fördern, wird von den Mitgliedern des Wissenschaftlichen Beirates geteilt. Sie haben sich bereit erklärt, das Vorhaben mit kritischem Sachverstand zu begleiten. Ihnen gilt ebenso unser Dank wie dem Akademie Verlag (namentlich Thomas Egel und Otto Matthies) für die Bereitschaft, das Jahrbuch in sein Programm aufzunehmen.

Dank schulden wir auch den Mitarbeiterinnen und Mitarbeitern des Arbeitsbereichs DDR-Geschichte im Mannheimer Zentrum für Europäische Sozialforschung (MZES): Carsten Tessmer für die redaktionelle Betreuung dieser Ausgabe, Ralf Eicher für das mit Unterstützung durch Marlene Alle (MZES) gefundene Layout sowie Edith Reinhardt, Jens Walter und Stefan Wortmann, die halfen, druckreife Manuskripte anzufertigen.

Nicht zuletzt bedanken wir uns bei der Universität Mannheim, die den Start dieses Unternehmens gefördert hat.

Mannheim, im Juni 1993   *Die Herausgeber*

Die Redaktion weist darauf hin, daß sie sich außerstande sieht, die zahlreichen in- und ausländischen Transliterations- und Transkriptionssysteme zu vereinheitlichen.

Abhandlungen

Bernd Bonwetsch (Bochum)

Der Stalinismus in der Sowjetunion der dreißiger Jahre. Zur Deformation einer Gesellschaft

Stalinismus und Gesellschaft

Stalin ist seit 40 Jahren tot; die Sowjetunion hat 1991 aufgehört zu existieren. Die Frage ist, ob der Stalinismus damit endgültig der Vergangenheit angehört. Sie ist nicht ganz überflüssig angesichts des Ergebnisses der ersten und zugleich auch letzten repräsentativen Umfrage zum Werte- und Bezugssystem der Sowjetmenschen, die 1989-1991 durch eine Soziologengruppe um Juri Lewada durchgeführt wurde. Danach hätten fünf Jahre Perestroika lediglich auf die äußere, "reaktive Schicht" der Sowjetmenschen eingewirkt, ihren im Stalinismus bis Mitte der fünfziger Jahre geprägten "trägen Kern" jedoch unversehrt gelassen. Als wesentliches Indiz für diese Schlußfolgerung dient den Soziologen die Tatsache, daß die Fixierung auf den allzuständigen, paternalistischen Staat auch in der Phase des Zerfalls des Sowjetsystems ein Grundzug im Denken und Verhalten der Sowjetmenschen geblieben sei.[1]

Diese Beobachtung aus der unmittelbaren Vergangenheit macht darauf aufmerksam, daß der Stalinismus Spuren in der sowjetischen Gesellschaft hinterlassen hat, die sich nicht von heute auf morgen in Nichts auflösen. Zugleich macht sie aber auch die Frage notwendig, wieweit möglicherweise die Gesellschaft selbst Spuren im Stalinismus hinterlassen hat, wieweit sich im Stalinismus Reflexe des politischen und sozialökonomischen Kontexts finden, in dem er sich bewegte und den er zu bewegen suchte. Eben diese Zusammenhänge stehen im Zentrum der neueren, sozialgeschichtlich orientierten Stalinismus-Forschung, die sich der Interaktion des politischen und gesellschaftlichen Systems und seiner Subsysteme widmet.

Das bedeutet keineswegs, daß Gesellschaft als Forschungsgegenstand neu entdeckt worden wäre. Sowohl die Forschung, die dem Totalitarismus-Modell verhaftet war, als auch diejenige, die in expliziter Wendung dagegen die Sowjetunion Stalins im Unter-

---

1 Lewada, J.: Die Sowjetmenschen 1989-1991. Soziogramm eines Zerfalls. Berlin 1992. S. 35.

schied zur nationalsozialistischen "Beharrungsdiktatur" als "Erziehungs"- oder "Modernisierungsdiktatur" interpretierte, haben die Gesellschaft in den Blick genommen. Sahen die einen in der Gesellschaft das Objekt einer auf Totalität ausgerichteten, durch Zwang und Terror verwirklichten Durchdringung und Beherrschung,[2] so sahen die anderen in ihr das Objekt und zugleich das Instrument einer notwendigerweise mit Zwang durchzusetzenden Modernisierung, die trotz aller Kosten nach den Worten Isaac Deutschers doch eine "großartige Leistung" gewesen sei.[3]

In ihrer Perspektive der staatlichen Verfügung über die Gesellschaft waren sich beide Interpretationsmodelle mithin sehr ähnlich. Seit den siebziger Jahren hat die Forschung dagegen den Stalinismus verstärkt "von unten" in den Blick genommen. Damit werden die Sicht "von oben" bzw. das Totalitarismus-Modell keineswegs obsolet. Zur Erfassung und Interpretation des stalinistischen Herrschaftssystems bleibt das Totalitarismus-Modell ein angemessenes heuristisches Mittel. Aber der Stalinismus erschöpfte sich nicht darin, ein totalitäres Herrschaftssystem zu sein. Er war vielmehr auch ein eigentümliches System der Interaktion von Staat und Gesellschaft.

Niemand hat das einprägsamer formuliert als Moshe Lewin, der in der Kritik an zu kurzschlüssigen Totalitarismus-Forschungen betonte, daß auch der stalinistische Staat eine "Geschichte hatte, die er nicht völlig allein und nicht völlig nach den eigenen Vorstellungen gemacht hatte".[4] Hinter dieser Aussage stand insbesondere die Beobachtung der Folgen, die die forcierte Industrialisierung und Kollektivierung Ende der zwanziger Jahre ausgelöst hatten. Der sowjetische Staat hatte danach zwar die Macht, die Gesellschaft in einer "Revolution von oben" gewaltsam zu verändern, aber er konnte die ausgelösten Prozesse nicht wirklich steuern. Im Grunde handelte es sich um einen nicht endenden Kreislauf: Der Staat löste mit seinen Maßnahmen unvorhergesehene und unerwünschte Reaktionen aus, die ihn seinerseits zu Reaktionen zwangen, die ihrerseits neue, unerwartete und unerwünschte Folgen nach sich zogen und diesen Kreislauf in Gang hielten. Im Prinzip unterschied das das sowjetische nicht von anderen Systemen, das Problem liegt vielmehr im Ausmaß und in den Formen, in denen sich dieser Kreislauf abspielte. Denn der Sowjetstaat machte sich Ende der zwanziger Jahre daran, die gesamte Gesellschaft binnen weniger Jahre grundlegend zu verändern und zu diesem Zwecke beinahe gegen die ganze Nation einen "sozialen Krieg" zu führen, mit allen Konsequenzen, die das für den Gewaltapparat hatte, dem nicht nur die "verstaatlichten" Bauern und die Industriearbeiterschaft als "herrschende Klasse", sondern auch die ganze Hierarchie der Bürokraten in Staat, Partei und Wirtschaft als "herrschende Sklaven" unterworfen waren.[5]

Die von Moshe Lewin angeregte Beobachtung der Interaktion von Staat und Gesellschaft ist für die neuere Stalinismus-Forschung richtungsweisend geworden. Von der

---

2 Moore, B.: Terror and Progress in the USSR. Some Sources of Change and Stability in the Soviet Dictatorship. Cambridge 1954; Inkeles, A., Bauer, R.: The Soviet Citizen. Daily Life in a Totalitarian Society. Cambridge 1961; Fainsod, M.: Smolensk Under Soviet Rule. London 1959.
3 Deutscher, I.: Stalin. Eine politische Biographie. 2. Aufl., Berlin 1989 (engl. 1966). S. 438. Vgl. ferner Hofmann, W.: Stalinismus und Antikommunismus. Zur Soziologie des Ost-West-Konflikts. Frankfurt 1967; Von Laue, T. H.: Why Lenin, Why Stalin. A Reappraisal of the Russian Revolution, 1900-1930. Philadelphia 1964; Nove, A.: Was Stalin Really Necessary? London 1964.
4 Lewin, M.: The Making of the Soviet System. Essays in the Social History of Interwar Russia. London 1985. S. 8.
5 Ebenda. S. 221, 265 f.

Analyse politischer Vorgänge in Moskau und der Perspektive auf die Gesellschaft von oben ist die Forschung zur Untersuchung von Wandlungsprozessen gesellschaftlicher Gruppen und des Funktionierens von Herrschaft in ihrem konkreten Vollzug einschließlich der Reaktionen Betroffener und ihrer Rückwirkung auf die Ausübung von Herrschaft selbst übergegangen. Dabei zeigte sich erneut, was schon Merle Fainsod festgestellt hatte: Die "totalitäre Maschine [...] war weit von Perfektion entfernt".[6] Nicht nur entwickelten die betroffenen sozialen Gruppen alle möglichen Verweigerungsstrategien, sondern die mit der Exekution der Moskauer Anordnungen beauftragten Bürokraten der verschiedenen Apparate, die "herrschenden Sklaven" Lewins, hatten trotz aller Botmässigkeit doch auch eigene, z.T. untereinander konkurrierende Vorstellungen. Angesichts der Konfrontation realitätsferner Moskauer Anordnungen mit der Wirklichkeit schlossen sie darüber hinaus auch stillschweigende Kompromisse im Sinne praktischer Vernunft. Häufig genug war praktisches Handeln gar nicht anders als unter spezifischer Auslegung oder Umgehung der Moskauer Anordnungen möglich, weil diese uneindeutig, widersprüchlich und unrealistisch waren bzw. sich gegenseitig ausschließende Ziele verfolgten. Dysfunktionen in den Lenkungsapparaten waren darüber hinaus ein konstitutives Element des Stalinismus.

Ob allerdings eine von den Eigenwilligkeiten und -interessen der Apparate ausgehende "Unregierbarkeit" des Landes, ein Zentrum-Peripherie-Konflikt die Ursache für den stalinistischen Terror als Reaktion auf diese Unbotmäßigkeit ist, wie einige Autoren zu belegen versuchen, ist doch eher zu bezweifeln.[7] Allerdings ist die periodische Mobilisierung der Basis gegen die "herrschenden Sklaven" in den Apparaten, die dabei besonders betont wird, zweifellos ein Grundzug des Stalinismus. Hier handelte es sich um ein eigentümliches Partizipationsangebot, das von der Basis in Form von Denunziationen und sonstigen Beschuldigungen offenbar in großem Umfange genutzt wurde.[8]

Dieses 'Partizipationsangebot' mag auch als Ventil für Unzufriedenheit gedient und somit stabilisierend gewirkt haben. Wichtiger in dieser Hinsicht war allerdings, daß das Regime es vermochte, zumindest Teile der Gesellschaft durch massenhafte Bereitstellung von Aufstiegschancen, durch Gratifikationen und nicht zuletzt auch durch eine besondere Art von Überzeugung, die von Furcht gestützt wurde, an sich zu binden, während andere Teile der Gesellschaft verfolgt und vernichtet wurden. So entstand eine "eigentümliche soziale Mobilität", in der letztlich die gesamte Gesellschaft "deklassiert" wurde - teils nach oben, teils nach unten.[9]

---

6   Fainsod, Smolensk, a.a.O., S. 449 f.
7   Diese These besonders verteten von Getty, J. A.: Origins of the Great Purges. The Soviet Communist Party Reconsidered, 1933-1938. Cambridge 1985; Rittersporn, G. T.: Stalinist Simplifications and Soviet Complications. Social Tensions and Political Conflicts in the USSR, 1933-1953. Chur u.a. 1991 (frz. 1988). Vgl. dazu Bonwetsch, B.: Stalinismus "von unten". Sozialgeschichtliche Revision eines Geschichtsbildes, in: Sozialwissenschaftliche Informationen, 17, 1988, H. 2. S. 120-125; Schröder, H.-H.: Stalinismus "von unten"? Zur Diskussion um die gesellschaftlichen Voraussetzungen politischer Herrschaft in der Phase der Vorkriegsfünfjahrpläne, in: Die Umwertung der sowjetischen Geschichte. Hrsg. von D. Geyer. Göttingen 1991 (Geschichte und Gesellschaft. Sonderheft 14). S. 133-166, bes. S. 147-152.
8   Schon Fainsod, Smolensk, a.a.O., S. 222-237, hat darauf hingewiesen.
9   Lewin, Making, a.a.O., S. 265.

Diese "eigentümliche soziale Mobilität" soll im folgenden im Hinblick auf die Entwicklung der Sowjetgesellschaft und die Frage, wie sie diese Veränderungen zugleich ge- und ertragen hat, dargestellt und erörtert werden.

Bauern und Kollektivierung

In der Phase der Neuen Ökonomischen Politik, die 1921 auf den "Kriegskommunismus" folgte, waren die sozialökonomischen Verhältnisse in Sowjetrußland durch das Nebeneinander von Privat- und Staatskapitalismus im industriell-gewerblichen und durch die absolute Dominanz bäuerlicher Kleinst- und Familienwirtschaft im Agrarbereich geprägt. Rußland war weiterhin ein rückständiges Bauernland, in dem noch Ende 1926 etwa 80 Prozent der Bevölkerung auf dem Lande und überwiegend von der Landwirtschaft lebten und in dem die Sozialsphären von Stadt und Land noch nicht scharf getrennt waren.[10] Die Diskrepanz zwischen großartigen Zukunftsvisionen und bescheidener Gegenwartsrealität auch zehn Jahre nach der Revolution war es auch, die bei vielen Bolschewiki die Prädisposition dafür schuf, die "Revolution von oben" Ende der zwanziger Jahre zu begrüßen und moderatere Entwicklungsperspektiven, wie sie etwa Bucharin vertrat, zu verwerfen. Zu dieser Prädisposition gehörte aber auch, daß die Masse der sowjetischen Kommunisten im Bürgerkrieg, im brutalen Kampf gegen innere und äußere Feinde, als der Zweck nahezu jedes Mittel zu rechtfertigen schien, geprägt worden war, daß sie Parteimitgliedschaft vor allem als Exekution von Moskauer Befehlen, nicht aber als Willensbildung von unten erlebt hatte. Gewalterfahrung und -bereitschaft, Kommandostil als Verkehrston in Staat und Partei - das hatte das Gros der Parteimitglieder im mentalen Gepäck, als Ende der zwanziger Jahre ein Entwicklungskurs beschlossen wurde, der von vornherein Gewaltanwendung vorsah.[11]

Die Durchführung dieses Beschlusses im ersten und zweiten Fünfjahrplan veränderte die Struktur der sowjetischen Gesellschaft radikal. Setzte sie sich 1928 noch zu 75 Prozent aus Bauern und zu knapp 18 Prozent aus Arbeitern und Angestellten zusammen, so bestand sie 1939, nur 11 Jahre später, zu über 50 Prozent aus Arbeitern und Angestellten und nur noch zu knapp 50 Prozent aus Bauern, bei einer Zunahme des städtischen Bevölkerungsanteils von 18 Prozent auf 33 Prozent.[12] Bürgerliche Reste, 1928 noch 5 Prozent der Bevölkerung, waren völlig eliminiert worden, falls man nicht die "neue Elite", die explosionsartig angeschwollene Schicht von Führungskräften in den Apparaten von Partei, Staat und Wirtschaft sowie im Wissenschafts- und Kulturbereich als funktionales Äquivalent für diese verschwundene bürgerliche Schicht ansieht.[13]

---

10 Vgl. Danilov, V. P.: Rural Russia Under the New Regime. London 1988. S. 38-57; Lewin, Making, a.a.O., S. 213.
11 Zu den Prädispositionen und ihren Ursachen siehe Pethybridge, R.: The Social Prelude to Stalinism. London 1974.
12 Narodnoe chosjajstwo SSSR w 1961 godu. Moskau 1962. S. 7 f., 27.
13 Fitzpatrick, S.: Stalin and the Making of a New Elite, 1928-1939, in: Slavic Review, 38, 1979. S. 377-402; Schröder, H.-H.: Industrialisierung und Parteibürokratie in der Sowjetunion. Ein sozialgeschichtlicher Versuch über die Anfangsphase des Stalinismus (1928-1934). Wiesbaden 1988 (Forschungen zur osteuropäischen Geschichte, 41); Bailes, K.: Technology and Society under Lenin and Stalin. Origins of the Soviet Technical Intelligentsia, 1917-1941. Princeton 1978; Lampert, N.: The Technical Intelligentsia and the Soviet State. A Study of Soviet Managers and Technicians 1928-1935. New York

Im Verbund mit der imponierenden Produktionsstatistik jener Jahre vermittelt sich hier der Eindruck einer rasanten Modernisierung und des massenhaften sozialen Aufstiegs. Beides wurde jedoch zu derart hohen Kosten erzielt, daß der Fortschritt außerordentlich fragwürdig war. Der wirtschaftliche Preis in Form von Substanzvernichtung, Verschwendung und Qualitätseinbuße soll hier außer Betracht bleiben. Aber die sozialen Kosten sind den Gewinnen gegenüberzustellen. Denn einer großen Zahl von Aufsteigern, die dem System verpflichtet waren, stand eine weit größere Zahl von Absteigern und Verlierern gegenüber, und im Terror der Jahre 1936-1938 wurden häufig sogar die ursprünglichen Gewinner des Wandels zu Verlierern.

Die Bauern wurden allerdings von Anfang an zum größten und ausschließlichen Verlierer. Selbstverschuldete Probleme der Getreidebeschaffung standen am Anfang der neuen Agrarpolitik der Sowjetmacht, die sich angewöhnt hatte, wirtschaftliche Probleme politisch zu interpretieren und sie mit "außerordentlichen Maßnahmen" und sozialem Druck - Stalin propagierte das als "Ural-Sibirische Methode" - gewaltsam zu lösen.[14] So wurden die Bauern auch nicht im Namen wirtschaftlicher Rationalität, sondern politischer Moral mit dem Ziel der "Liquidierung des Kulakentums als Klasse" in die Kollektivwirtschaften (Kolchosen) getrieben. Dabei war der "Kulak" als klassenfeindliches, kapitalistisches Element auf dem Dorf weitgehend eine Fiktion, die vom ideologisch bedingten Realitätsverlust des Regimes und seiner Träger zeugt. Den Kulaken so zu definieren, daß er in der dörflichen Realität auch zu identifizieren war, erwies sich als entsprechend schwierig. Letztlich wurde der Kulak nicht soziologisch, sondern völlig voluntaristisch nach politischen Vorgaben definiert. Wo es beim besten Willen keine Kulaken gab, "ernannte" man eben, wie ein Parteifunktionär es formulierte, einige Bauern dazu, um den Vorgaben zu entsprechen.[15]

Auch der "Klassenkampf" auf dem Dorf, in dessen Rahmen sich "Entkulakisierung" und Kollektivierung angeblich vollzogen, war eine reine Fiktion. Bauern gaben sich dazu kaum her. Soziale Basis dieses Kampfes auf dem Dorf selbst waren die wenigen Parteimitglieder und Bediensteten des Sowjetregimes, die häufig von außerhalb des Dorfes stammten.[16] Von außerhalb kamen auch diejenigen, die den Kampf tatsächlich trugen: Jungkommunisten, spezielle Arbeiterbrigaden wie die sogenannten "Fünfundzwanzigtausender",[17] nicht zuletzt auch Militär und Geheimpolizei. Dieses Aufgebot sorgte aus Überzeugung oder Loyalität dort, wo Desorientierung, Hilflosigkeit und allgemeine Ein-

---

1979; Beyrau, D.: Intelligenz und Dissens. Die russischen Bildungsschichten in der Sowjetunion 1917 bis 1985. Göttingen 1993.

14 Stalin: Werke. Bd. 12. S. 76-82. Vgl. Lewin, M.: Russian Peasants and Soviet Power. A Study of Collectivization. London 1968. S. 214-445; Hughes, J.: Stalin, Siberia and the Crisis of the New Economic Policy. Cambridge 1991. S. 123-183; Merl, S.: Die Anfänge der Kollektivierung in der Sowjetunion. Der Übergang zur staatlichen Reglementierung der Produktions- und Marktbeziehungen im Dorf (1928-1930). Wiesbaden 1985. S. 28-90; Davies, R. W.: The Socialist Offensive. The Collectivization of Soviet Agriculture, 1929-1930. Houndmills 1980. S. 39-108.

15 Lewin, Peasants, a.a.O., S. 491. Vgl. bes. ders., Making, a.a.O., S. 121-141; Hughes, Stalin, Siberia, a.a.O., S. 64-96; Merl, S.: Bauern unter Stalin. Die Formierung des sowjetischen Kolchossystems 1930-1941. Berlin 1990. S. 61-71; Altrichter, H.: Agrarstruktur und Agrarpolitik am Vorabend der Kollektivierung, in: Geschichte und Gesellschaft, 5, 1979. S. 378-397.

16 Merl, Anfänge, a.a.O., S. 90-112.

17 Viola, L.: The Best Sons of the Fatherland. Workers in the Vanguard of Collectivisation. Oxford 1987.

schüchterung nicht reichten, für den notwendigen Druck, der den Eintritt in die Kolchosen zu einem fluchtartigen Wettlauf machte.

Die nominelle Freiwilligkeit dieses Eintritts war, wie in vielen anderen Fällen von 'Freiwilligkeit' auch, eine Farce, die aber als totale Begriffsverwirrung zu den 'Spielregeln' des Stalinismus gehörte. Denn der Druck aus Moskau auf die örtlichen Organe, 'Erfolge' vorzuweisen, war immens. Wer da nicht mitzog, geriet selbst in den Verdacht, "Kulakenhandlanger" zu sein. Und so taten die an "außerordentliche Maßnahmen" gegenüber Bauern gewöhnten lokalen Behörden alles, um 'Erfolge' vorzuweisen. Totales Chaos war die natürliche Folge. Die Schuld daran übereifrigen Bürokraten in die Schuhe zu schieben, die "vor Erfolgen von Schwindel befallen" seien, wie Stalin dies in seinem bekannten Prawda-Artikel vom 2. März 1930 tat, war reine Heuchelei.[18] Viele mögen das zwar geglaubt haben, aber es wäre eine völlige Verkehrung der Tatsachen, die Übertreibungen auf eigenmächtiges Handeln örtlicher Organe zurückzuführen.[19] Hier waren vielmehr Exekutoren am Werk, die in einer Mischung aus Überzeugung, vorauseilendem Gehorsam und Einschüchterung die von Moskau ausgehenden Signale umsetzten. Hinzu kam allerdings, daß die Moskauer Politik im wesentlichen darin bestand, "Schleusen zu öffnen",[20] und die sich dann ungehemmt ergießenden Fluten nicht wirklich kontrollieren konnte. So kam es tatsächlich auf der untersten Ebene zur Enthemmung im Umgang mit dem "Klassenfeind", die aber durchaus dem Geist der Moskauer Anordnungen entsprach.

So wie bloße Signale aus Moskau zunächst den Wettlauf um die möglichst schnelle 'freiwillige' Kollektivierung ausgelöst hatten, bewirkte Stalins Artikel vom 2. März nun das Gegenteil: Die Bauern betrachteten ihn wie das Befreiungsmanifest Alexanders II. von 1861 und taten alles, um in den Besitz eines Exemplars der Prawda-Ausgabe zu kommen.[21] Zusammen mit einigen weiteren 'Signalen' bewirkte diese Wende, daß binnen weniger Wochen Millionen Bauern die Kolchosen wieder verließen.[22] Die Woge flutete über die verunsicherten Behörden einfach hinweg. Die Atempause für die Bauern dauerte jedoch nicht lange. Ab Herbst 1930 ging es nach dem alten Muster der 'Freiwilligkeit', wenn auch etwas langsamer als beim ersten Anlauf, weiter. Am Ende des zweiten Fünfjahrplans war das Dorf kollektiviert. In einem entscheidenden Punkt sah es jedoch anders aus, als man sich das in Moskau ursprünglich vorgestellt hatte: Die Bauern, vor allem die Bauersfrauen hatten sich die Konzedierung der individuellen "Nebenwirtschaft" einschließlich des Rechts auf eine private Kuh- und Kleinviehhaltung ertrotzt.[23] Damit wurde eine Koexistenz von privatem und gesellschaftlichem Sektor in den Kolchosen etabliert, die sich als Quelle ständiger Konflikte erweisen sollte.

Den Kulaken war der Eintritt in die Kolchosen verwehrt worden. 1930/31 wurden von insgesamt etwa 800.000 enteigneten Kulakenfamilien rund 400.000, etwa 1,8 Millionen Menschen, in den Ural oder weiter nach Osten deportiert und in "Sonderansiedlungen"

---

18 Stalin: Werke. Bd. 12. S. 168-175.
19 So Viola, Best Sons, a.a.O., S. 108-112. Vgl. aber Merl, Anfänge, a.a.O., S. 380-400; ders., Bauern, a.a.O., S. 71-81; Davies, Socialist Offensive, a.a.O., S. 109-152; Lewin, Peasants, a.a.O., S. 446-513.
20 Lewin, Peasants, a.a.O., S. 459.
21 Davies, Socialist Offensive, a.a.O., S. 271; Fris, S. E.: Skwos prismu wremeni. Wospominanija. Moskau 1992. S. 176.
22 Davies, Socialist Offensive, a.a.O., S. 269-336, Tab. S. 442 f.
23 Merl, Anfänge, a.a.O., S. 148-153; ders., Bauern, a.a.O., S. 257-259; Viola, L.: Bab'i bunty and Peasant Women's Protest during Collectivization, in: Russian Review, 45, 1986. S. 23-42.

der Obhut der Geheimpolizei unterstellt. Etwa 400.000 bis 450.000 Kulakenfamilien der "3. Kategorie" wurden lediglich innerhalb ihres Heimatgebietes "umgesiedelt", d.h. sie wurden von Haus und Hof verjagt und sich selbst überlassen. Zumeist flüchteten sie in die Städte bzw. auf die Industriebaustellen, um im allgemeinen Durcheinander ein neues Leben zu beginnen.[24]

Die Drangsalierung der Bauern hörte damit keineswegs auf. Jeder, der sich kritisch äußerte oder sich dem staatlich organisierten Raub des Getreides im Rahmen der "Getreidebeschaffung" widersetzte, galt als "Kulakenhandlanger". Der Staat führte unter dem Signum des "Klassenkampfes" einen "brutalen Krieg [...] gegen das Bauerntum", wie es Lew Kopelew, einer der damaligen Aktivisten, die zur Getreidebeschaffung aufs Dorf geschickt wurden, später genannt hat.[25] Dennoch war es für das Selbstverständnis aller am "Krieg" gegen die Bauern Beteiligten äußerst wichtig, ihrem Handeln den Sinn des Klassenkampfes zu unterstellen. Ohne diese Rechtfertigung hätten sich Bürokraten, Geheimpolizei und Soldaten, nicht aber freiwillige und überzeugte Jungkommunisten und Arbeiter aktiv daran beteiligt.

Ergebnis dieses "Krieges" war die Überführung der Bauern in einen Status, der in vielem an die Leibeigenschaft vor 1861 erinnerte einschließlich der Verpflichtung zu unentgeltlichen "Hand- und Spanndiensten" wie Wegebau, Holz fahren usw. Die Bauern empfanden es auch so und richteten ihr Verhalten entsprechend ein, vor allem flüchteten sie wenn irgend möglich in die eigene "Nebenwirtschaft".[26] Derartige Verweigerung und passiver Widerstand kennzeichnete das Verhalten der Bauern. Es gab zwar einige Gewalttaten, die zu "Kulakenterror" aufgebauscht wurden, aber insgesamt erreichte aktiver Widerstand nicht entfernt das Ausmaß, das er 1920/21 angenommen hatte, als der Sowjetstaat gegen die bewaffneten Bauernmassen regelrecht Krieg führen, die "Ablieferungspflicht" für Getreide abschaffen und seine Wirtschaftspolitik radikal ändern mußte.[27] Warum die Bauern zehn Jahre später nicht ebenso heftig reagierten, hat sicher manche Ursache. Auf keinen Fall liegt sie in der Zustimmung zu ihrer "Verstaatlichung". Eher ist sie im Gefühl der Ohnmacht angesichts dieses inzwischen übermächtigen und wohletablierten Staates mit seinem skrupellosen Repressionsapparat zu suchen.

Die Kollektivierung wurde für eine ganze Bauerngeneration zum Schreckenserlebnis schlechthin, denn "selten hat eine Regierung eine solche Verwüstung über ihr eigenes Land heraufbeschworen".[28] Die Agrarproduktion blieb auf der Strecke, weil die Voraus-

---

24 Merl, Bauern, a.a.O., S. 98 f.; Zemskow, W.W.: "Kulazkaja sylka" w 30-e gody, in: Soziologitscheskie issledowanija, 1991, H. 10. S. 3-21; ders.: Spezposselenzcy (po dokumentam NKWD-MWD SSSR), in: Soziologitscheskie issledowanija, 1990, H. 11. S. 3-17.
25 Kopelew, L.: Vorwort, in: Altrichter, H.: Die Bauern von Tver. Vom Leben auf dem russischen Dorfe zwischen Revolution und Kollektivierung. München 1984. S. IX; ders.: Und schuf mir einen Götzen. Lehrjahre eines Kommunisten. München 1981. S. 289-337.
26 Kopelew, Götzen, a.a.O., S. 324; Lewin, Making, a.a.O., S. 176, 183, 230; Tucker, R. C.: Stalin in Power. The Revolution from Above, 1928-1941. New York 1990. S. 195-200.
27 Heller, M./Nekrich, A.: Geschichte der Sowjetunion. Bd. 1: 1914-1939. Königstein 1981. S. 90-101; Radkey, O.: The Unknown Civil War in Soviet Russia. A Study of the Green Movement in the Tambov Region 1920-1921. Stanford 1976; Frenkin, M.: Tragedija krestjanskich wosstanij w Rosii 1918-1921 gg. Jerusalem 1987; Figes, O.: Peasant Russia, Civil War. The Volga Countryside in Revolution (1917-1921). Oxford 1991. S. 321-353; Jessikow, S.A./Protasow, L.G.: "Antonowschtschina". Nowye podchody, in: Woprossy istorii, 1992, H. 6-7. S. 47-57.
28 Lewin, Peasants, a.a.O., S. 515.

setzungen für die rationelle Großproduktion fehlten und weil die Bauern kein Interesse an weitgehend unentgeltlicher Arbeit im gesellschaftlichen Sektor hatten. Die Regierung ihrerseits nahm dies hin, solange nur genügend Getreide in den Beschaffungskampagnen aus dem Dorf herausgepreßt werden konnte.[29] Dabei nahm man 1932/33 sogar den Hungertod von mehreren Millionen Bauern in Kauf.[30] Offiziell leugnete man diese Realität und nahm sie nicht zur Kenntnis.[31] Die städtische Bevölkerung, seit 1929 durch die Rationierung zwar bescheiden, aber doch gesichert versorgt, wurde zum stillschweigenden Komplizen dieser Politik. Ebenso nahm man es hin, daß die Regierung dank der Einführung der "biologischen Ernte" seit 1933 statistische Produktionserfolge feierte, von denen niemand satt wurde.[32]

Unter derartigen Bedingungen war es kein Wunder, daß die Abwanderung in die Städte und Fabriken den Charakter einer Massenflucht annahm, die der Staat 1932 durch die Einführung des Paßzwangs zu verhindern suchte. Durch allgemeinen Zwang wie die Einführung von Pflichttagwerken und die Tätigkeit "außerordentlicher Organe" wie die "Politabteilungen" in den Maschinen-Traktoren-Stationen (MTS) und Sowchosen 1933/34 wurden die Bauern zur Anpassung gebracht.[33] Aber durch Zwang allein ließen sie sich über ein bestimmtes Maß hinaus nicht zur Arbeit ohne entsprechendes Entgelt bewegen. Deshalb waren die dreißiger Jahre auf dem Dorf durch einen ständigen Kampf zwischen Staat und Bauern um die Anwendung und Entlohnung der bäuerlichen Arbeitskraft geprägt, der auch die "Nebenwirtschaft" einschloß. Ob diese Art informellen "Verhandelns" allerdings etwas mit Konzepten von "social bargaining" gemein hat, ist eher zweifelhaft.[34] Es zeigte sich jedoch immer wieder, daß das Regime trotz aller Skrupellosigkeit nicht nach Belieben über die Bauern verfügen konnte, sondern in irgendeiner Weise auf deren Hartnäckigkeit reagieren mußte.

Angesichts der negativen Politik des Regimes gegenüber den Bauern überrascht es nicht, daß seine soziale Basis auf dem Dorf dünn blieb. Es gab zwar Aufstiegsmöglichkeiten durch Parteimitgliedschaft, Funktionsübernahme im Kolchos, "Mechanisatoren"-Tätigkeit, Bestarbeiter-Status als Stoß- oder Stachanow-Arbeiter. Sie wurden auch von Bauern genutzt, die sich aus Überzeugung oder Berechnung oder aus einer Mischung von beidem mit dem Sowjetsystem identifizierten. Aber zahlenmäßig war diese Basis gering, und sie genoß auch nur eine bescheidene materielle Besserstellung. Dagegen

---

29 Lewin, Making, a.a.O., S. 142-177.
30 Merl, S.: Wieviele Opfer forderte die "Liquidierung des Kulakentums als Klasse"?, in: Geschichte und Gesellschaft, 14, 1988. S. 534-540; Osokina, E. A.: Schertwy goloda 1933 goda: skolko ich?, in: Istorija SSSR, 1991, H. 5. S. 18-26. Vielfach wird die These vertreten, die Hungersnot habe den ukrainischen Nationalismus auslöschen sollen, z.B. von Conquest, R.: The Harvest of Sorrow. Soviet Collectivization and the Terror Famine. London 1986. Vgl. dagegen aber Merl, S.: Entfachte Stalin die Hungersnot von 1932-1933 zur Auslöschung des ukrainischen Nationalismus?, in: Jahrbücher für Geschichte Osteuropas, 37, 1989. S. 569-590.
31 Vgl. die persönlichen Erlebnisberichte: Kravchenko, V.A.: Ich wählte die Freiheit. Hamburg o. J. S. 149-176; Kopelew, Götzen, a.a.O., S. 338-369; Kalinzeva, O.W.: Naschi. Semejnaja chronika (1886-1986). Swerdlowsk 1992. S. 182-184.
32 Nove, A.: An Economic History of the USSR. Harmondsworth 1972. S. 185 f.
33 Selenin, I.E.: Politotdely MTS - prodolschenie politiki "zreschwytschajschtschiny" (1933-1934 gg.), in: Otetschestwennaja istorija, 1992, H. 6. S. 42-61; Tucker, Stalin, a.a.O., S. 188.
34 Fitzpatrick, S.: New Perspectives on Stalinism, in: Slavic Review, 45, 1986. S. 357-373, hier 367. Vgl. dazu Eley, G.: History with the Politics Left Out - Again?, in: Slavic Review, 45, 1986. S. 385-394, hier 393.

waren die Risiken beträchtlich: Funktionsträger im Kolchos mußten immer mit dem Absturz rechnen, weil sie als Sündenböcke dienten. Die Stachanowisten - häufig Frauen - waren ausgesprochen unbeliebt, und zwar bei Betriebsleitern wie bei den bäuerlichen Genossen. Wegen des Drucks von oben mußten sie zwar geradezu 'produziert' werden, aber sie waren teuer, weil ihre Leistungen unter Sonderbedingungen vollbracht wurden, obwohl allerorten die Fiktion aufrechterhalten wurde, daß sie regulär zustande gekommen seien. Bei den Kolchosbauern waren die Stachanowisten dagegen geradezu verhaßt, weil sie gegen die stillschweigende Arbeitsverweigerung verstießen und selbstverständlich Normerhöhungen rechtfertigten. "Hetzjagden" auf Stachanowisten waren daher eine verbreitete Erscheinung. Da auch der materielle Gewinn bescheiden war, blieb insgesamt der soziale Aufstieg im Dorf höchst unattraktiv und auf einen kleinen Personenkreis beschränkt.[35]

Das Stillhalten des Dorfes und die Anpassung der Bauern sind vor allem auf das Wirken des Repressionsapparates zurückzuführen.[36] Die Bauern hatten dem nur Resistenz und Verweigerung bis hin zum permanenten Diebstahl von Kolchoseigentum entgegenzusetzen. Als eine Art Unzufriedenheitsventil wirkte zweifellos die Möglichkeit, sich an den örtlichen Vertretern der Obrigkeit durch Denunziation zu rächen. Das ständige Moskauer Bedürfnis, "Schädlinge" und sonstige "Feinde" zu entlarven, provozierte dies geradezu. Der Höhepunkt wurde 1937 erreicht, als auf Anweisung des ZK im ganzen Land Wellen öffentlicher Verurteilungen von "Schädlingen" unter Partei- und Kolchosfunktionären ausgelöst wurden.[37] Selbstverständlich erfolgten Denunziationen aus den verschiedensten und nicht zuletzt auch niedrigen Gründen. Aber es wäre der Mühe wert, einmal zu prüfen, wieweit das 'Angebot' des Regimes an seine Bürger, sich an der Suche nach "Schädlingen" zu beteiligen, psychisch entlastend und stabilisierend gewirkt hat. Denn hier wurde auf bizarre Weise die Illusion von Partizipation geschaffen, wobei gerade auf dem Lande im Stalin-Kult ein neuer Zaren-Mythos Gestalt annahm. Jederzeit konnte man sich an "Stalin persönlich" wenden und um Abhilfe bei Mißständen bitten. Selektive Reaktionen halfen jenen traditionellen bäuerlichen Mythos wiederzubeleben, nach dem in Moskau ein guter Zar herrsche und lediglich die Bürokraten an der Misere des Alltags schuld seien.[38] Das Elend des Kolchoslebens verlangte wohl nach solchen Illusionen.

Arbeiterschaft und Industrialisierung

Aber auch Stadt und Fabrik waren durch äußerst bescheidene Arbeits- und Lebensverhältnisse geprägt. Energie und Fürsorge des Staates galten dem zu Erbauenden, nicht den Erbauern. Vor allem im ersten Fünfjahresplan bekam die Arbeiterschaft wie auch die städtische Bevölkerung insgesamt dies zu spüren. Nach dem Urteil Alec Noves erreichte die Sowjetunion 1933 den "Tiefpunkt des schroffsten Abfalls des Lebensstandards in Friedenszeiten, der in der Geschichte bekannt ist".[39] Genaue Berechnungen zum städti-

---

35 Merl, S.: Sozialer Aufstieg im sowjetischen Kolchossystem der 30er Jahre? Berlin 1990; ders., Bauern, a.a.O., S. 418-452.
36 Lewin, Making, a.a.O., S. 182.
37 Chlewnjuk, O.W.: 1937-j: Stalin, NKWD i sowetskoje obschtschestwo. Moskau 1992. S. 166-173.
38 Lewin, Making, a.a.O., S. 14 f.; Mommsen, M.: Hilf mir, mein Recht zu finden. Russische Bittschriften von Iwan dem Schrecklichen bis Gorbatschow. Berlin 1987. S. 135-216.
39 Nove, Economic History, a.a.O., S. 207.

schen Realeinkommen gibt es nicht. Nach Schätzungen westlicher Experten lag das nichtlandwirtschaftliche Realeinkommen 1932, am Ende des ersten Fünfjahrplans, bei etwa der Hälfte und 1937, am Ende des zweiten bei etwa Dreiviertel von 1928. 1939 erreichte danach das Realeinkommen fast wieder den Stand von 1928, fiel aber seit 1940 wieder und sank dann während des Krieges erneut dramatisch. Erst gegen Mitte der fünfziger Jahre erreichte es wieder den Stand von 1928.[40]

Selbstverständlich muß diese Entwicklung vor dem Hintergrund einer explosionsartigen Vermehrung der Arbeitskräfte gesehen werden. Die Zahl der Arbeiter und Angestellten stieg von 10,8 Millionen 1928 auf 22,6 Millionen 1932, 26,7 Millionen 1937 und 31,2 Millionen 1940.[41] Das führte zwangsläufig zu einem Sinken des durchschnittlichen Reallohnes, weil die neuen Arbeitskräfte, in der Regel Bauern, in schlecht bezahlte Berufe gingen bzw. in die niedrigsten Lohngruppen eingestuft wurden. Vieles mehr ist bei derartigen Berechnungen zu berücksichtigen. Dennoch besteht kein Zweifel daran, daß das Realeinkommen seit 1928 rapide sank. Hinzu kommen noch andere Faktoren wie die Verschärfung des Wohnraummangels aufgrund des Wachstums der Städte, in die allein 1929-1935 etwa 18 Millionen Bauern übersiedelten.[42] Ein Raum pro Familie in Barakken oder städtischen Wohnungen schlechten Zustands, das war der Standard, den aber längst nicht jeder erreichte.[43] Die Belastungen aufgrund dieser Enge und Schäbigkeit sind nicht in Zahlen auszudrücken, ebenso wenig die Qualitätsminderung der Waren, die Warteschlangen. Die Demütigung des Massenkonsumenten ist ein Grundzug der sowjetischen Geschichte seit den dreißiger Jahren geblieben.

Dennoch war die Lage in der Stadt anders als auf dem Dorf. Ein Arbeiter, der bereits 1928 in der Fabrik arbeitete, hatte alle Möglichkeiten aufzusteigen und seinen Lebensstandard zu halten oder sogar zu verbessern. Ein Bauer, der in die Stadt zog, wurde als Hilfsarbeiter, der unter primitivsten Bedingungen arbeitete und lebte, nicht selten sogar in Erdhöhlen, zwar sozial deklassiert. Aber ihm ging es doch noch besser als den zurückgebliebenen Dorfgenossen, auch wenn er auf der Suche nach einigermaßen erträglichen Lebensbedingungen ständig von einer Arbeitsstelle zur anderen wechselte.

Eine sehr hohe Fluktuationsrate blieb ein wesentliches Merkmal der sowjetischen Arbeiterschaft bis in die Zeit nach dem Zweiten Weltkrieg. Ein traditionell typisches Verhalten russischer Arbeiter wurde hier durch die Verhältnisse besonders gefördert. Denn da die Nachfrage nach Arbeitskräften immens wuchs, war es, anders als in den zwanziger Jahren, seit Beginn der Fünfjahrpläne überhaupt kein Problem mehr, Beschäftigung zu finden. Die Betriebe nahmen, wen sie kriegen konnten, und warben sich die qualifizierten Arbeiter gegenseitig ab. Zugleich aber boten sie den Arbeitern hinsichtlich des Lohns, der Ernährung und des Wohnens so wenig, daß die frisch in die Fabrik geströmten Arbeiter, kaum daß sie etwas angelernt waren, auf der Suche nach besseren Arbeits-

---

40 Ebenda, S. 201-208, 246-251, 259 f., 305-311; Chapman, J.: Real Wages in Soviet Russia Since 1928. Cambridge 1963. S. 142-188; Schröder, Industrialisierung, a.a.O., S. 99-107. Sehr viel positiver: Vyas, A.: Consumption in a Socialist Society. The Soviet Industrialisation Experience, 1929-1937. New Delhi 1978. Bes. Kap. 6, 8. Siehe dazu aber die Rez. von Weißenburger, U., in: Jahrbücher für Geschichte Osteuropas, 29, 1981. S. 286-289.
41 Beschäftigungszahlen nach: Narodnoje chosjajstwo SSSR w 1961 godu. S. 566 f.
42 Lewin, Making, a.a.O., S. 219.
43 Ebenda, S. 220; Nove, Economic History, a.a.O., S. 250 f. Vgl. die Schilderungen bei Scott, J.: Jenseits des Ural. Stockholm 1944. S. 51-53, 281; Orlow, J.: Ein russisches Leben. München 1992. S. 51, 70 f.

und Lebensbedingungen den Betrieb und häufig auch den Ort wechselten. Ganze Branchen schlugen auf diese Weise ihre Arbeitskräfte mehrmals im Jahr um. Im Durchschnitt wechselte jeder Industriearbeiter in den vier Jahren des ersten Fünfjahrplans "mindestens fünfmal den Arbeitsplatz". Wie die Betriebe die Beschäftigten, so wechselten auch die Städte ihre Einwohner.[44]

Die "Revolution von oben" hatte offenkundig Prozesse ausgelöst, die weder gewollt noch zu steuern waren. Die Gesellschaft wurde geradezu "aus den Angeln gehoben" (Lewin). Nach den Erschütterungen durch Revolution und Bürgerkrieg wurden ihre alten Strukturen nun vollends aufgelöst, ohne daß neue bereits an deren Stelle getreten wären. Mit der Gesellschaft selbst war auch ihre innere Ordnung in Bewegung geraten. Die alte Arbeiterschaft, im wesentlichen auch erst in den zwanziger Jahren entstanden, bildete nicht den Kristallisationskern der neuen, weil sie in Führungspositionen befördert bzw. für politische Zwecke eingesetzt wurde und weil sie in der Flut der neuen Arbeitermassen einfach unterging. Die neuen Arbeiter gaben nichts auf, wenn sie Betrieb und Wohnort wechselten. Nichts hielt sie. Da die neurekrutierten Arbeiter immer jünger wurden, waren sie auch als Persönlichkeit nicht gefestigt und familiär ungebunden. In manchen Fabriken waren 1930 70-80 Prozent der Arbeiter unter zwanzig Jahre alt und ohne Fabrikerfahrung. Selbst Ende der dreißiger Jahre hatten fast 40 Prozent aller Arbeiter erst ein Jahr oder weniger in der Fabrik gearbeitet.[45]

Wie für die Entwicklung der Arbeiterschaft selbst blieb dies auch für die sowjetische Fabrik nicht folgenlos: Ungelernte, unter primitivsten Bedingungen lebende und den Betrieb ständig wechselnde Arbeiter hatten weder die Fähigkeit noch das Ethos, an den neuen Maschinen gute Arbeit zu leisten. Ersetzung von Qualität durch Quantität bei den Arbeitern wie bei den Erzeugnissen war die logische Folge, gefördert durch eine Politik, die die Masse zum wesentlichen Erfolgskriterium erhob, sich an Stückzahlen und Wachstumsraten berauschte und nur Neubau, nicht aber Erhaltung kannte.

All dies kam den Staat wie die Gesellschaft in Form von Ressourcenverschwendung und entgangenem Nutzen außerordentlich teuer zu stehen. Hinzu kam, daß die sich formierende neue Arbeiterschaft Industrie, ja Wirtschaft überhaupt als permanentes Chaos kennenlernte und sich sehr schnell an die offizielle Version gewöhnte, dies nicht als Folge verfehlter Politik, sondern als Folge von "Schädlingstätigkeit" anzusehen. So konnten sich beide, Arbeiterschaft wie Partei, von der Verantwortung für Mißstände entlasten. Während es aber für das Verhalten der Arbeiter Entlastendes genug anzuführen gäbe, trug die Partei die volle Verantwortung für das Chaos, das sie auslöste, indem sie "Maßlosigkeit zur Politik" machte (Lewin). Der Wachstumsrausch kannte nicht nur keine Bremsen, sondern duldete auch keine. So übertraf dann ein Planentwurf den vorhergehenden. Voluntarismus wurde zum Prinzip erhoben. "Es gibt keine Festung [...], die die Werktätigen und die Bolschewiki nicht nehmen könnten", nach dieser wie eine Weisung betrachteten Äußerung Stalins vom April 1928 handelten die führenden Bolschewiki und dachte die Masse der Parteimitglieder.[46] Wer mit Vernunftargumenten zur Vorsicht mahnte wie zahlreiche Fachleute in den Volkskommissariaten, Planungsbehörden und Betrieben, der geriet automatisch in den Verdacht, Klassenfeind zu sein oder

---

44 Schröder, Industrialisierung, a.a.O., S. 292-298, Zit. 294; Kuromiya, H.: Stalin's Industrial Revolution. Politics and Workers, 1928-1932. Cambridge 1988. S. 209-212.
45 Kuromiya, Stalin's Revolution, a.a.O., S. 215; Lewin, Making, a.a.O., S. 250.
46 Stalin: Werke. Bd. 11. S. 52.

ihm zu dienen. Denn wie die Kollektivierung wurde auch die forcierte Industrialisierung nicht als Frage wirtschaftlicher Rationalität, sondern als Frage der politischen Moral bzw. des Klassenkampfes angesehen. Während in der Kollektivierung den Kulaken der Krieg erklärt wurde, richtete sich im Zusammenhang mit der Industrialisierung der Kampf gegen die "bürgerlichen Spezialisten" als Ersatz-Bourgeoisie und alle diejenigen, die als "Rote Direktoren" oder sonstige Führungskräfte deren Ansichten teilten.[47]

Den Vorwand zum Krieg gegen die "bürgerlichen Spezialisten" hatte die Schachty-Affäre 1928 gebildet.[48] Man hatte die angebliche Verschwörung von 53 Ingenieuren der Kohlengruben von Schachty im Donbass aufgedeckt und einen Schauprozeß inszeniert, der unter großem propagandistischem Aufwand die These belegen sollte, daß die Spezialisten im Verbunde mit dem ausländischen Kapital die "ökonomische Konterrevolution" betrieben. Stalin hatte dieses Untersuchungsergebnis im April 1928 vorweggenommen und dabei zugleich den Begriff der "Schädlingstätigkeit" (wreditelstwo) in den politisch-strafrechtlichen Sprachgebrauch eingeführt.[49]

Es ist ungeklärt, ob die OGPU die Beschuldigungen in gutem Glauben erhoben hat. Sicher ist jedoch, daß sie politisch genutzt wurden. Der Prozeß wies bereits fast alle Merkmale auf, die für politische Verfahren der Stalin-Zeit typisch waren: Die Schuld der Angeklagten wurde bereits mit ihrer Verhaftung als Tatsache behandelt; die Beweise waren absolut dürftig und beruhten lediglich auf Aussagen Beschuldigter, die mit zweifelhaften Verhörmethoden dazu gebracht worden waren, sich und andere zu belasten; die Strafen waren äußerst hoch. Andere Prozesse nach dem gleichen Muster folgten; der bedeutendste fand im Oktober 1930 gegen die sogenannte "Industrie-Partei" statt.

Die Vorwürfe gegen die "bürgerlichen Spezialisten" hatten immer dasselbe Muster: Sie wurden beschuldigt, die Industrialisierung und den Aufbau des Sozialismus in Zusammenarbeit mit dem Ausland durch Planungs- und Produktionssabotage verhindern und die Sowjetmacht stürzen zu wollen. Selbstverständlich wurde dies auch mit der "rechten Abweichung" um Bucharin in Verbindung gebracht.[50] Die Schauprozesse und die ganze Kampagne gegen die "bürgerlichen Spezialisten" wurde eindeutig politisch instrumentalisiert.[51] Hier wurde die Realität des angeblichen Klassenkampfes belegt, der das Hauptargument für den Stalinschen Industrialisierungs- und Kollektivierungskurs war.

Bizarr wie dieser Nachweis war, so mußte er doch einer spezifischen Realitätswahrnehmung in der innerparteilichen Auseinandersetzung Glaubwürdigkeit verleihen. Denn auch die Gegner der forcierten Industrialisierung konnten sich dieser Logik nicht entziehen, da sie die ideologisch bedingte Gesellschaftsanalyse teilten. Denn auch für Bucharin war im Rußland der Neuen Ökonomischen Politik der Klassenkampf noch zu führen, um das Land zum Sozialismus zu bringen. Der Unterschied zu Stalin lag in der Auffas-

---

47 Vgl. bes. Bailes, Technology, a.a.O., S. 69-156; Lampert, Technical Intelligentsia, a.a.O., S. 38-69; Schröder, Industrialisierung, a.a.O., S. 31-41.
48 Kuromiya, Stalin's Revolution, a.a.O., S. 12-17; Bailes, Technology, a.a.O., S. 69-94; Medvedev, R.: Let History Judge. 2. Aufl., Oxford 1989. S. 255-291; Reiman, M.: Die Geburt des Stalinismus. Die UdSSR am Vorabend der "zweiten Revolution". Frankfurt 1979. S. 104-115; Tucker, Stalin, a.a.O., S. 75-78, 98-101.
49 Stalin: Werke. Bd. 11. S. 47 f.
50 Stalin: Werke Bd. 12. S. 1-95, bes. 13.
51 Ziehr, W.: Die Entwicklung der Schauprozesse in der Sowjetunion. Ein Beitrag zur sowjetischen Innenpolitik 1928-1938. Phil. Diss., Tübingen 1969.

sung, daß dieser Kampf mit friedlichen, unblutigen Mitteln geführt werden könnte.[52] Aber da auch Bucharin dies nicht grundsätzlich, sondern abhängig von der Klassenkampfsituation sah, mußte seine Überzeugung von der Möglichkeit des friedlichen Klassenkampfes in dem Moment seine Grundlage verlieren, wo dieser sich verschärfte. Das hatte auch Bucharin als Möglichkeit nicht ausgeschlossen. Genau diese Verschärfung aber wurde in der Kampagne gegen die "bürgerlichen Spezialisten" - mit welch fragwürdigen Mitteln auch immer - 'bewiesen'. Die Gegner des radikalen Kurses wurden auf diese Weise gleichsam argumentativ 'entwaffnet'. Das gleiche gilt im übrigen für das Argument der drohenden Kriegsgefahr, das auch Bucharin in der Auseinandersetzung mit seinen Kritikern benutzt hatte und das nun selbstverständlich von den Befürwortern der forcierten Industrialisierung gegen Bucharins Vorschläge für einen gemäßigteren Kurs eingesetzt wurde.[53]

Gegen die These von der inneren und äußeren Bedrohung gab es für Kommunisten offenbar kein als legitim angesehenes Argument. Der merkwürdige "Klassenkampf" gegen die Bourgeoisie in Gestalt der "bürgerlichen Spezialisten" konnte sich so ungehindert entfalten. Allerdings nahm er nicht entfernt die blutigen Ausmaße an wie der Kampf gegen die "Kulaken". Daß sich diese 'Bourgeoisie' gewehrt hätte, und sei es auch nur in einzelnen Verzweiflungsakten wie auf dem Dorf, ist nicht bekannt. Die städtische 'Bourgeoisie' reagierte nur mit Anpassung, und dazu ließ man ihr auch die nötige Chance. Insgesamt wurden offenbar nur einige Tausend Fachleute aus dem Obersten Volkswirtschaftsrat, der Staatlichen Plankommission, den Volkskommissariaten und den Betrieben strafrechtlich verfolgt. Schätzungen gehen bis zu 10 Prozent des in Frage kommenden Personenkreises.[54] Von erheblich größerer Breitenwirkung war die Verunsicherung und Einschüchterung nicht nur aller "bürgerlichen Spezialisten", sondern auch aller Kommunisten, die als "Rote Direktoren" und sonstige Angehörige der Leitungsapparate mit ihnen zusammenarbeiteten. Sie wurden für alle Planungs- und Produktionsmißstände verantwortlich gemacht und öffentlich angeprangert. In dieser Atmosphäre allgemeiner "Spezialistenfresserei" (spezejedstwo), wie dies anschaulich genannt wurde, wagte niemand mehr, Einwände auch gegen absurdeste Anordnungen zu erheben. Die Planer gaben sich zu abenteuerlichen Planentwürfen her, weil sie lieber für ein hohes Wachstumstempo "einstehen" als für ein niedriges "einsitzen" wollten, wie es Stanislaw Strumilin aus dem Gosplan mit einem Wortspiel ausdrückte.[55] Betriebsleiter wagten nicht mehr, gegen phantastische Produktionsvorgaben zu protestieren, Ingenieure nicht, auf Sicherheitsvorschriften hinzuweisen, weil das als "Schädlingstätigkeit" galt. Trafen aber Unglücksfälle ein, wurden sie ebenfalls belangt. Ein absoluter Voluntarismus hatte die letzten Bremsmechanismen außer Kraft gesetzt. Die Zerrüttung der Volkswirtschaft war die logische Folge, die aber wiederum als Beleg für die Schärfe des "Klassenkampfes" gewertet wurde.

---

52 Cohen, S. F.: Bukharin and the Bolshevik Revolution. New York 1974. S. 198-200, 283-285 und passim.
53 Ebenda, S. 262-265, 316; Boetticher, M. von: Industrialisierungspolitik und Verteidigungskonzeption der UdSSR 1926-1930. Herausbildung des Stalinismus und "äußere Bedrohung". Düsseldorf 1979. S. 217 und passim.
54 Bailes, Technology, a.a.O., S. 70; Schroder, Industrialisierung, a.a.O., S. 223-225.
55 Lewin, Making, a.a.O., S. 272.

Die Überwachungsorgane - Arbeiter- und Bauerninspektion und OGPU, die Geheimpolizei - wurden im Zuge dieses Kampfes zu mächtigen Organisationen. Die Tendenz, Mißstände auf "Schädlingstätigkeit", nicht aber auf allgemeine Unzulänglichkeit, Überforderung, Schlamperei und Unfähigkeit zurückzuführen, blieb auch bestehen, als der Kampf gegen die "bürgerlichen Spezialisten" 1931 eingestellt wurde.[56] Kein Wunder, daß "Spezialisten", welcher sozialen Herkunft auch immer, verantwortungsscheu wurden, sich blind an sekundären Erfolgsmerkmalen wie den Planvorgaben orientierten, Kapazitätsreserven verheimlichten, um bei unvermeidlichen Pannen trotzdem den Plan erfüllen zu können, und daß sie aus dem gleichen Selbsterhaltungsinteresse auch die Gewohnheit entwickelten, einen "Posten rechtzeitig zu verlassen, bevor sie bestraft, abberufen, verhört, degradiert, entlassen oder verhaftet wurden".[57]

All dies trug selbstverständlich zur Zerrüttung der Wirtschaft im ersten Fünfjahrplan bei. Das kehrte sich erstaunlicherweise aber nicht gegen die dafür Verantwortlichen in der Parteiführung um Stalin. Das Konstrukt des "Klassenkampfes" und die ständige Jagd nach "Schädlingen" auf allen Ebenen der Leitungsinstanzen von Partei, Staat und Wirtschaft waren offenbar wirksame Mittel, um die Arbeiterschaft oder zumindest Teile von ihr für den Kurs der Regierung zu mobilisieren und ihm auf diese Weise eine für das ideologische Selbstverständnis wichtige soziale Basis zu verschaffen.[58] Obwohl der Klassenkampfgedanke hier in total deformierter Weise in Erscheinung trat, ließen sich offenbar nicht nur die rund 500.000 Parteimitglieder unter den Arbeitern und die etwa 2 Millionen im Komsomol organisierten Jugendlichen für den Kampf gegen den angeblichen Klassenfeind in Gestalt der "bürgerlichen Spezialisten" wie auch der privaten Unternehmer, Händler und sonstigen Gewerbetreibenden führen.[59] Auch nach Beendigung des Kampfes gegen die "bürgerlichen Spezialisten" 1931 und nach der völligen Eliminierung der privaten Elemente in der Wirtschaft blieb der 'Feind' in Gestalt des klassenungebundenen "Schädlings" während der gesamten dreißiger Jahre erhalten.[60] Und es ist erstaunlich, wie es der Parteiführung immer wieder gelang, mit deformierten Klassenkampf-Vorstellungen die Basis gegen "Schädlinge" im Apparat zu mobilisieren und sie zu Sündenböcken für die eigene Politik zu machen. Ganz offenkundig ließ sich eine latente Bereitschaft freisetzen, sich an denen schadlos zu halten, die die Härte des Regimes nach unten exekutierten.

Arbeiterschaft zwischen Aufstiegschancen und Disziplinierung

Die Unterstützung wichtiger Segmente der Arbeiterschaft sicherte sich die Regierung aber auch durch materielle 'Überzeugung'. Denn der Industrialisierungskurs eröffnete einer großen Zahl von Arbeitern ungeheure Aufstiegschancen, weil im Zuge des angeblichen Klassenkampfes proletarische Herkunft ein entscheidendes Auswahlkriterium

---

56 Siehe z.B. Witkin, Z.: An American Engineer in Stalin's Russia. The Memoirs of Zara Witkin, 1932-1934. Berkeley 1991. S. 124 f. und passim.
57 Lewin, Making, a.a.O., S. 221, 239; Bailes, Technology, S. 122-140.
58 So die Kernthese von Kuromiya, Stalin's Revolution, a.a.O.
59 Rigby, T. H.: Communist Party Membership in the USSR 1917-1967. Princeton 1968. S. 52, 116, 167. Vgl. Schapiro, L.: The Communist Party of the Soviet Union. 2. Aufl., London 1970. S. 313-317.
60 Zur Eliminierung des privaten Sektors: Sowetskaja torgowlja. Statistitscheskij sbornik. Moskau 1956. S. 14 f.; Narodnoje chosjajstwo SSSR w 1961 godu, a.a.O., S. 67; The USSR in Figures 1935. Moskau 1935. S. 75; Nove, Economic History, a.a.O., S. 136-138.

bei der Besetzung von Leitungsposten war. Nach einer Schätzung von Sheila Fitzpatrick wurden allein 1928-1934 etwa 1,5 Millionen Arbeiter in betriebliche und administrative Führungspositionen oder zum Studium an einer Höheren Bildungsanstalt "befördert".[61] Diese "Beförderung" (wydwischenije) führte zusammen mit politischen Einsätzen der Arbeiterschaft zu einer derartigen Entblößung der Betriebe von qualifizierten Arbeitern, daß das wirtschaftliche Chaos noch vertieft wurde. Parallel zur Rehabilitierung der "alten Spezialisten" im Interesse der Restabilisierung der Wirtschaft wurde deshalb seit Mitte 1931 auch diese "Beförderung" eingeschränkt und 1933 ganz eingestellt.[62]

Damit hörte auch die "Kulturrevolution" an den Höheren Bildungsanstalten auf. Sie hatte 1928 mit dem Beschluß zur Heranbildung "Roter Spezialisten" begonnen und war entsprechend der damaligen Klassenkampfatmosphäre durch forcierte Proletarisierung der Studenten sowie durch starke Ausweitung der technischen Bildung und der angewandten Forschung gekennzeichnet.[63] Opfer der Klassenkampfstimmung waren nicht nur Studenten und Hochschullehrer aus bürgerlichem Milieu, sondern auch das Niveau der Ausbildung. Die eingeschüchterten alten Lehrkräfte leisteten bestenfalls passiven Widerstand. Die konservative Wende, die 1931/32 einsetzte, war nicht ihnen zu verdanken, sondern denjenigen Managern und Parteiführern, die einsahen, daß mit Enthusiasmus und proletarischer Herkunft allein weder die neue Technologie noch das wirtschaftliche Chaos zu bewältigen waren. Die "Wiederherstellung der Ordnung" (Kuromiya) wurde jetzt zum vorrangigen Ziel erklärt.

Damit setzte nicht nur an den Universitäten eine Abkehr vom revolutionären Elan und eine Hinwendung zu sozialkonservativeren Wertvorstellungen und Verhaltensformen ein, die der Soziologe Timasheff mit Recht als den "großen Rückzug" von kommunistischen Idealen und Gesellschaftsentwürfen bezeichnet hat.[64] Auch der Massenaufstieg von Arbeitern fand damit sein Ende. Die "Beförderten" des ersten Fünfjahrplans bildeten zwar einen wesentlichen Teil der neuen Eliten des Sowjetstaates, die möglicherweise auch die "Säuberungen" 1936-1938 besser überstanden als andere. Aber das war wohl vor allem ihrer Jugend zu verdanken, die sie erst in 'gefährliche' Positionen aufrücken ließ, als die Repressionswelle ihren Höhepunkt schon überschritten hatte. Wegen sozialer Herkunft gab es jetzt keinen Bonus mehr - weder bei der Beförderung noch bei der Repression.[65]

"Wiederherstellung der Ordnung" bedeutete für Arbeiter, daß sie vor allem arbeiten sollten. Revolutionärer Elan war nicht mehr gefragt. Das erfuhren vor allem die bei älteren Arbeitern nicht unbedingt beliebten jugendlichen Enthusiasten, die die "Stoßarbeiter"-Bewegung und den "sozialistischen Wettbewerb" ins Leben gerufen hatten. Derartige spontane Regungen wurden in staatliche Fürsorge übernommen und in einem Pseu-

---

61 Fitzpatrick, New Elite, a.a.O., S. 387. Vgl. auch Süß, W.: Die Arbeiterklasse als Maschine. Ein industriesoziologischer Beitrag zur Sozialgeschichte des aufkommenden Stalinismus. Berlin 1985. S. 239-252.
62 Fitzpatrick, New Elite, a.a.O., S. 390 f.; Kuromiya, Stalin's Revolution, a.a.O., S. 276-280.
63 Cultural Revolution in Russia, 1928-1931. Hrsg. von S. Fitzpatrick. Bloomington 1978; dies.: Education and Social Mobility in the Soviet Union, 1921-1934. Cambridge 1979; Bailes, Technology, a.a.O., S. 159-261. Vgl. als interessanten Blick von innen auch Fris, Skwos prismu, a.a.O., S. 174-212.
64 Timasheff, N. S.: The Great Retreat. The Growth and Decline of Communism in Russia. New York 1946. Vgl. Lewin, Making, a.a.O., S. 222.
65 Fitzpatrick, New Elite, a.a.O., S. 385 f., 398. Vgl. aber Thurston, R.: Fear an Belief in the USSR's "Great Terror". Response to Arrest, 1935-1939, in: Slavic Review, 45, 1986. S. 213-234, hier 232.

do-Freiwilligentum bürokratisch erstickt.[66] Arbeiter konnten sich nun aus politischer Überzeugung oder materiellem Interesse als "Stoßarbeiter" oder später als "Stachanowisten" hervortun und zum Vorarbeiter aufsteigen, um sich dann an der Nahtstelle des Konflikts zwischen Arbeitern und Betriebsleitung zu zerreiben. Ein zahlenmäßig kaum zu erfassendes Segment der Arbeiterschaft nahm dieses Aufstiegsangebot durchaus wahr, auch wenn zu den Bedingungen dieses Angebots immer wieder die Beteiligung an der Denunzierung der eigenen Vorgesetzten als "Schädlinge" gehörte. Das zeigte sich vor allem während der "großen Säuberung" 1936-1938.[67]

Einen etwas anderen Charakter hatte kurzzeitig die Stachanow-Bewegung als Aufstiegsmöglichkeit von Arbeitern in der Produktion.[68] Der Hauer Alexej Stachanow hatte im August 1935 in einer Schicht ein Vielfaches der Norm gefördert. Das ganze war jedoch eine zu Propagandazwecken 'getürkte' Aktion. Sie wurde in Moskau nicht zuletzt von Stalin selbst aufgegriffen, zum Vorbild erklärt und zu einer nationalen Kampagne gemacht, um eine Erhöhung der Arbeitsproduktivität zu erreichen, die man durch eine stillschweigende Komplizenschaft zwischen Apparat und Arbeiterschaft hintertrieben glaubte. Typisch für die Zeit war, daß niemand auf die Idealbedingungen hinzuweisen wagte die zur Erzielung dieses und ähnlicher "Rekorde" für einzelne hergestellt werden mußten. Alle Beteiligten taten so, als ob ganze Betriebe und Branchen derartige Leistungen vollbringen konnten. Dabei war derartige Rekordhascherei betriebswirtschaftlicher Unsinn: Sie brachte den normalen Arbeitsablauf durcheinander, erhöhte Verschleiß und Ausschußproduktion, war wegen der progressiven Lohnerhöhung nicht zu bezahlen und verprellte die übrigen Arbeiter, weil die "Rekorde" zur Rechtfertigung von Normerhöhungen dienten.

Da seit den Erfahrungen mit der "Spezialistenfresserei" niemand mehr offen Widerspruch äußerte, sondern entsprechend der ungeschriebenen Regeln des "Spiels 'Einmütigkeit'" (Lewada) sogar öffentlich Beifall zollte, blieb für das Management wie die Masse der Arbeiter nur die Möglichkeit, die Stachanow-Bewegung zu hintertreiben. Die potentiellen oder bereits erfolgreichen Stachanowisten, durch beträchtlichen Lohngewinn wie große Publizität verlockt, hatten aber schnell heraus, daß sich durch Denunziation dieser "Sabotage" die Partei wie auch die Geheimpolizei mobilisieren ließ. Auf diese Weise wurden zahlreiche Betriebsleiter und sonstige Angehörige des Apparats den "Organen" ausgeliefert.

Allerdings wäre es völlig verfehlt, die Initiative dazu einer spontanen Entwicklung an der Arbeiterbasis zuzuschreiben und in der Stachanow-Bewegung eine oder sogar *die* Erklärung für den Terror der Jahre 1936-1938 zu sehen.[69] Teile der Basis - häufig unqualifizierte Arbeiter - nutzten als Stachanowisten wie auch als Denunzianten 'Angebote' des Regimes, die einen aus Überzeugung, die anderen aus Aufstiegsinteresse - beides mag sich auch vermischt haben. Aber spontan war die Entwicklung nicht. Denn in dem

---

66 Siegelbaum, L.H.: Stakhanovism and the Politics of Productivity in the USSR, 1935-1941. Cambridge 1988. S. 15-65; Kuromiya, Stalin's Revolution, a.a.O., S. 115-135, 194-199.
67 Siegelbaum, L.H.: Masters on the Shop Floor. Foremen and Soviet Industrialization, in: Stalinism. Its Nature and Aftermath, a.a.O., S. 127-156.
68 Vgl. außer Siegelbaum, Stakhanovism, a.a.O., auch Maier, R.: Die Stachanow-Bewegung 1935-1938. Der Stachanowismus als tragendes und verschärfendes Moment der Stalinisierung der sowjetischen Gesellschaft. Stuttgart 1990; Filtzer, D.: Soviet Workers and Stalinist Industrialization. The Formation of Modern Soviet Production Relations, 1928-1941. London 1986.
69 So Maier, Stachanow-Bewegung, a.a.O., S. 418.

Moment, wo aus Moskau Signale in entgegengesetzter Richtung kamen, hörten die Beschuldigungen wegen "Sabotage" der Stachanow-Bewegung sehr schnell auf, die Bewegung selbst verschwand in der Versenkung, ohne daß sie je offiziell für beendet erklärt worden wäre. Letztlich hat sich hier das Management mit stillschweigender Unterstützung aus der Arbeiterschaft wie aus der Parteiführung gegen ein unsinniges Experiment durchgesetzt, dessen negative Folgen unweigerlich ihm selbst zur Last gelegt worden wären. Aufstiegschancen wurden jedenfalls nur für wenige geboten, sofern sie, wie Alexej Stachanow selbst, der Produktion entfremdet wurden.

Die Masse der Arbeiter ließ sich durch Aufstiegschancen nicht locken oder hatte keine. Sie suchte sich, so gut es ging, mit den kümmerlichen Arbeits- und Lebensbedingungen einzurichten. Eine Bewegung zur Vertretung ihrer Interessen brachte diese neue Arbeiterschaft nicht hervor. Die zu ihrer Führung berufenen erfahrenen Arbeiter waren "befördert" oder sonst in das System integriert und Gefangene psychischer und praktischer Zwänge. Eine oppositionelle Intelligenz, die Arbeiterinteressen hätte artikulieren und organisieren können, gab es nicht mehr. Selbst in der relativ liberalen Phase der NÖP hatten sich keine autonomen Bewegungen entwickelt. Um so weniger gab es Ansätze dazu angesichts der allgemeinen Einschüchterung im beginnenden Stalinismus. Das galt auch für die Gewerkschaften, die die letzten Reste ihrer Selbständigkeit verloren und nun vollends zum Teil der Exekutive wurden.[70] Auf sich selbst gestellt und der staatlichen Übermacht ausgeliefert, entwickelte die Arbeiterschaft ihre eigenen Verhaltensweisen, die dem Staat die Grenzen seiner scheinbar unbeschränkten Verfügungsgewalt deutlich machten, ohne daß auch nur der leiseste Hauch von Opposition spürbar wurde. Die Arbeiterschaft erwies sich als "renitenter Held" (Schlögel), der dem Staat den für unangemessen gehaltenen Gehorsam partiell verweigerte. Das betraf vor allem die Disziplin, die auch nach der konservativen Wende von 1931 ein Dauerproblem blieb, wobei die periodische Mobilisierung der Basis gegen die Apparate deren Autorität gegenüber den Arbeitern und damit deren Disziplin nicht gerade förderte.

Das Kernproblem hinter der Undiszipliniertheit war, daß der Staat meinte, über die Arbeitskraft beliebig verfügen und deren Bedürfnisse als Residualgröße betrachten zu können. Trotz aller äußeren Anpassung verweigerte sich die Arbeiterschaft dieser Politik. Arbeitsplatzwechsel, Fehlen ("Bummelei"), Alkoholismus, mangelndes Arbeitsethos - das waren die Probleme, denen sich Betriebe und Regierung infolgedessen konfrontiert sahen. Mit Hilfe moralischer, wirtschaftlicher und strafrechtlicher Sanktionen versuchte man die unerwünschten Folgeerscheinungen der eigenen Politik einzudämmen: Entzug der Lebensmittelkarte und der durch den Betrieb zugeteilten Gutscheine für Industriewaren, Verweis aus der betrieblichen Unterkunft, öffentliche Anprangerung, Ausschluß aus der Gewerkschaft, Entlassung, Beschneidung des Urlaubsanspruchs, strafrechtliche Verfolgung als "Produktionsdeserteur" oder "böswilliger Schädiger" (slostnyj desorganisator) - die Palette der Sanktionsmaßnahmen war breit und dennoch nicht wirksam. Denn letztlich machte der unstillbare Bedarf an Arbeitskräften den Betriebswechsel auch unter Vertragsverletzung leicht und ließ alle Sanktionen ins Leere laufen, weil auch die Betriebsleitungen über vieles hinwegsahen.[71]

Hinzu kam seit Ende 1936 der demoralisierende Effekt der pausenlosen Entlarvung von "Volksfeinden" (wragi naroda). Das eingeschüchterte Management konnte so der

---

70 Deutscher, I.: Die sowjetischen Gewerkschaften. Frankfurt 1969.
71 Hofmann, W.: Die Arbeitsverfassung der Sowjetunion. Berlin 1956. S. 95-103.

Disziplinlosigkeit der Arbeiter kaum etwas entgegensetzen. Das gleiche zeigte sich übrigens in der Armee, wo die Offiziere z.T. nicht einmal mehr wagten, Disziplin einzufordern.72 Erst nach dem Abflauen der Jagd auf "Volksfeinde" änderte sich daran etwas. Im Dezember 1938 wurden "Arbeitsbücher" eingeführt, die das Verhalten der Arbeiter auch bei Betriebswechsel kontrollierbar machen sollten. Da dies nicht den gewünschten Effekt hatte, und weil die Lage in Europa härtere Maßnahmen angezeigt erscheinen ließ, folgte am 26. Juni 1940 ein Erlaß, der nicht nur die Arbeitszeit erheblich verlängerte, sondern auch das Arbeitsverhältnis für Arbeitnehmer generell unkündbar machte. Eigenmächtiger Betriebswechsel sollte danach obligatorisch im Schnellverfahren mit zwei bis vier Monaten Haft und "Bummelei", d.h. Verspätung um mehr als 20 Minuten, mit bis zu sechs Monaten Strafarbeit im Betrieb unter Lohnabzug und anderen Auflagen bestraft werden.73

Da die Betriebsleitungen im Interesse einigermaßen friedlicher Arbeitsbeziehungen das Gesetz nur zögernd praktizierten, wurden sie ihrerseits für den Fall seiner unzureichenden Anwendung mit Strafe bedroht. Das Resultat war ebenso erschreckend wie bezeichnend für den Zustand der Sowjetgesellschaft: Bis zum Kriegsausbruch im Juni 1941 wurden rund drei Millionen Arbeiter und Angestellte aufgrund des Erlasses vom 26. Juni 1940 verurteilt, davon 83 Prozent wegen "Bummelei", die Übrigen wegen eigenmächtigen Wechsels des Arbeitsplatzes.74

Gewiß, es ging hierbei nicht wie beim berüchtigten "Ährengesetz" von 1932 um jahrelange Lagerhaft oder gar die Todesstrafe. Nichtsdestoweniger wurden binnen Jahresfrist 8 Prozent aller Arbeiter und Angestellten allein wegen dieser Geringfügigkeiten strafrechtlich belangt. Ganz offenkundig waren die Menschen gegen die Strafandrohung abgestumpft und das Verstoßen gegen das Strafgesetzbuch gehörte zum Alltagsverhalten. Die Kriminalstatistik bestätigt das: 1937 wurden über 1,1 und 1940 über 1,2 Millionen Menschen vor allgemeinen Gerichten verurteilt, wobei Fälle nach dem Gesetz vom 26. Juni 1940 und Verhandlungen vor Transport- und Militärgerichten sowie außergerichtlichen Instanzen, die für politische Verfahren einschließlich derjenigen gegen "Volksfeinde" zuständig waren, nicht eingerechnet sind.75 Allerdings war offenkundig auch der Staat abgestumpft. Denn statt angesichts dieser massenhaften Straffälligkeit die eigene Politik zu überdenken, verschärfte er sie noch: Nur sechs Wochen nach Erlaß des neuen Arbeitsgesetzes wurde am 10. August 1940 auch für Bagatellfälle von Diebstahl am Arbeitsplatz sowie für "Rowdytum" eine Mindesthaftstrafe von einem Jahr verfügt.76

Diese Unempfindlichkeit des Staates gegenüber der Kriminalisierung seiner Bürger erklärt sich nicht zuletzt aus der Tatsache, daß er seit Anfang der dreißiger Jahre immer

---

72 Siegelbaum, Foremen, a.a.O., S. 148; Rittersporn, Stalinist Simplifications, a.a.O., S. 34, 52-55; Bonwetsch, B.: Die Repression des Militärs und die Einsatzfähigkeit der Roten Armee im "Großen Vaterländischen Krieg", in: Zwei Wege nach Moskau. Vom Hitler-Stalin-Pakt zum "Unternehmen Barbarossa". Hrsg. von B. Wegner. München 1991. S. 404-424, hier 408.
73 Hofmann, Arbeitsverfassung, a.a.O., S. 103-109. Das Gesetz galt bis 1956, ist also mit der Kriegsgefahr allein nicht zu erklären.
74 GULAG w gody Welikoj Otetschestwennoj wojny, in: Woenno-istoritscheskij schurnal, 1991, H. 1. S. 14-24, hier 17.
75 Ebenda, S. 17 f.
76 Solomon, P. H.: Soviet Penal Policy, 1917-1934. A Reinterpretation, in: Slavic Review, 39, 1980. S. 195-217, bes. 214 ff.

mehr Interesse am Häftling als Zwangsarbeiter gewonnen und die Straffälligkeit pragmatisch zu nutzen begonnen hatte. Zumindest im System des GULAG, das 1940 für 13 Prozent aller Großbauten des Landes aufkam,[77] schien die totale Verfügungsgewalt über die Arbeitskraft realisiert zu sein. Der totalitäre Staat hatte sich gleichsam an das Verhalten der unbotmäßigen Untertanen angepaßt, um seinen Anspruch auf deren Arbeitsleistung durchzusetzen. Indem die Kriminalisierung der Bürger zur Normalität wurde, wurde auch Zwangsarbeit zu einem Aspekt der Normalität des Arbeitsalltags, in der Begriffe wie "frei" und "unfrei" ohnehin ineinander übergingen.

Zu dieser spezifischen Normalität der Sowjetunion gehörte auch, daß der soziale Wandel weiterhin Hunderttausenden Aufstiegschancen in den Apparaten von Partei Staat und Wirtschaft sowie in den Intelligenzberufen des Kultur- und Wissenschaftsbereiches bot. Hier formierten sich neue Eliten, für die neben der Qualifikation absolute Anpassung zur Karrierevoraussetzung wurde. Dafür wurden sie mit exekutiver Macht und materiellen Privilegien ausgestattet, die den Idealen von Egalität hohnsprachen.[78] Der Genuß von Macht und Privilegien wurde allerdings dadurch getrübt, daß die Stellung auf den verschiedenen Ebenen der Hierarchie jederzeit gefährdet war. Denn bei Abwesenheit jeglicher Rechtssicherheit zögerte der Staat nicht, seine Eliten für alle Unzulänglichkeiten, auch wenn sie systemisch bedingt waren, haftbar zu machen. Das gehörte zu den 'Spielregeln' der Machtteilhabe.

Da sie die Spielregeln nicht ändern konnten, entwickelten die Eliten entsprechende Abwehrstrategien. So sicherte man sich bei allen Entscheidungen nach oben ab, mied kritische Bereiche, suchte den "schwarzen Peter" weiterzugeben.[79] Das machte den Apparat so bürokratisch, schwerfällig, entscheidungsschwach und innovationsfeindlich. Insbesondere wurde im Produktionsbereich und allen zuständigen Apparaten darauf geachtet, Planvorgaben niedrig zu halten bzw. Kapazitätsreserven zu 'verstecken', um auch bei den unvermeidlichen Schwierigkeiten dem entscheidenden - sekundären - Erfolgskriterium, der Planerfüllung, gerecht werden zu können.

Die Parteiführung konnte in dieser Hinsicht klagen und anordnen, was sie wollte - der Apparat erwies sich als resistent. Das war nur zu verständlich angesichts der Tatsache, daß er "personell und organisatorisch überfordert war und zudem zwischen hypertrophen, unrealistischen Forderungen von oben und Desorganisation und Unmut an der Basis zerrieben wurde".[80] Dazu kam die Praxis, sowohl Widerspruch gegen unrealistische Anordnungen als auch Mißerfolg bei ihrer Durchführung mit Einschüchterung, Degradierung und Repression zu ahnden.

Es ist völlig eindeutig, daß die Führung in Moskau ihre "herrschenden Sklaven" zu deren Verhalten provozierte und einem anderen Verhalten keine Chance gab. Auf diese Weise wurde das Land tatsächlich in gewisser Weise "unregierbar", wie vor allem Arch Getty und Gabor Rittersporn betont haben. Aber es rührte nicht daher, daß die "Sklaven", um im Bilde zu bleiben, frei sein und eigene Vorstellungen verwirklichen

---

77 GULAG w gody wojny, a.a.O., S. 18 f.
78 Matthews, M.: Privilege in the Soviet Union. A Study in Elite Life-Styles under Communism. London 1978.
79 Lampert, Technical Intelligentsia, a.a.O., S. 80-107; Bailes, Technology, a.a.O., S. 297-380.
80 Schröder, Stalinismus von unten, a.a.O., S. 150.

wollten, sondern es ging hier im Prinzip um legitime Schutzbedürfnisse, die weder absolute Loyalität noch Gesetze und Instanzen sicherstellten.[81]

Terror und Gesellschaft

Diese Beharrlichkeit in der Wahrung seiner Selbsterhaltungsinteressen ließ jedoch die Stalinsche Parteiführung dem Apparat ständig mißtrauen. Sie förderte damit zugleich die systemisch bedingte Unfähigkeit, zwischen vermeintlichen und tatsächlichen Feinden unterscheiden zu können. Das permanente Mißtrauen gegenüber dem resistenten Apparat führte zu mehreren Konsequenzen: Zum einen wurden für bestimmte Aufgaben halbpolizeiliche Sonderapparate mit direkter Zugriffsmöglichkeit von oben nach unten eingesetzt wie etwa die 1933 geschaffenen "Politabteilungen" in der Landwirtschaft und im Verkehrswesen. Diese Sonderapparate legten aber sehr bald die gleichen Verhaltensweisen an den Tag wie die bestehenden, weil sie mit den gleichen Realitäten konfrontiert wurden. Letztlich wurde so nur bürokratischer Wildwuchs und "Parallelismus" gefördert. Eine weitere Konsequenz des Mißtrauens in die Apparate war die Praxis, immer wieder die Basis gegen sie zu mobilisieren - etwa bei der Entlarvung von "Schädlingen" und "Volksfeinden" oder von "Saboteuren" der Stachanow-Bewegung. Die wichtigste Konsequenz aus dem Mißtrauen gegenüber den Apparaten war jedoch die Tatsache, daß die ohnehin schon mächtige Geheimpolizei eine Bedeutung gewann, die jedes Maß sprengte. Auch wenn es sich bei der OGPU bzw. dem NKWD letztlich ebenfalls um bürokratische Apparate handelte, die mit dem gleichen Mißtrauen betrachtet und behandelt wurden wie andere Apparate und einschließlich ihrer Volkskommissare Jagoda und Jeschow in die "Säuberungen" gerieten,[82] so hatten sie doch eine Sonderstellung inne, die sie zu einem Staat im Staate machte.

Ins öffentliche Bewußtsein trat die Sonderstellung der Geheimpolizei vor allem während des "Großen Terrors" 1936-1938, dem Höhepunkt der Suche nach "Volksfeinden", die angeblich mit der innerparteilichen Opposition, Trotzki oder sonstigen Feinden der Sowjetmacht in Verbindung standen. Den Anlaß dazu hatte der Mord am Leningrader Parteisekretär Kirow im Dezember 1934 geliefert.[83] Zwei Jahre später artete dies in Verbindung mit den großen Schauprozessen gegen die alte Garde der Partei in den Terror der "Jeschowtschina" unter dem neuen Volkskommissar für Innere Angelegenheiten Nikolaj Jeschow aus.

Die Ursachen für diesen Terror, der in erster Linie die Eliten des Sowjetstaates traf, sind umstritten. Während etwa Robert Conquest dahinter das von langer Hand vorbereitete Streben Stalins nach Ausschaltung seiner tatsächlichen und potentiellen Gegner vermutet, meinen Gabor Rittersporn und Arch Getty, daß der Terror die Antwort auf das Verhalten der Apparate gewesen sei, deren Unbotmäßigkeit das Land unregierbar ge-

---

81 Lampert, Technical Intelligentsia, a.a.O., S. 154 f.
82 Conquest, R.: The Great Terror. A Reassessment. London 1990. S. 179-181, 431-435; Medvedev, History, a.a.O., S. 358-361, 456-461.
83 Conquest, R.: Stalin and the Kirov Murder. New York 1989, meint, die Urheberschaft Stalins nachgewiesen zu haben. Der Fall ist jedoch weiterhin ungeklärt. Die unter Gorbatschow vom Politbüro eingesetzte Kommission konnte ihre Arbeit nicht beenden.

macht hätte. Getty nennt den Terror der "Jeschowtschina" eine "radikale, ja sogar hysterische *Reaktion* auf die Bürokratie".[84]

Tatsächlich hatte der regionale Parteiapparat im Zuge von Partei-"Säuberungen", die aus Moskau angeordnet worden waren, ähnlich hinhaltend operiert wie andere Apparate in anderen Situationen, in denen die Legitimität von Anordnungen aus Moskau bezweifelt wurde, aber, wie inzwischen in Stalins Sowjetunion üblich geworden, nicht in Frage gestellt werden durfte, und wo es nicht zuletzt um das eigene politische und physische Überlebensinteresse der Betroffenen ging. Der Kern des Problems lag aber nicht in Selbstherrlichkeit und Insubordination, sondern im Mangel an wirklich identifizierbaren 'Feinden'. Erst die Schergen des NKWD haben diesem Mangel abgeholfen, indem sie Hunderttausende durch entsprechenden Druck dazu brachten, sich selbst und andere zu belasten. Rechtsstaatliche Grundsätze, in der Sowjetunion ohnehin nicht heimisch, wurden dabei nicht einmal rudimentär gewahrt: Beweismittel waren allein Aussagen Beschuldigter, die Folter war seit Februar 1937 offiziell erlaubt,[85] die Masse der wegen "Konterrevolution" Beschuldigten - mehrere Millionen Menschen - wurden durch verfassungsmäßig nicht vorgesehene außergerichtliche Instanzen des NKWD - die "Sonderberatung" in Moskau bzw. die "Trojki" (Dreierkomitees) in der Provinz - verurteilt.[86]

Die gesellschaftliche Breitenwirkung des Terrors wird dadurch unterstrichen, daß es seit 1935 auch formell als Straftatbestand galt, "Angehöriger eines Vaterlandsverräters" zu sein. Dabei wurde dieser Begriff sehr weit gefaßt und auf 'Feinde' jeglicher Art angewandt. Letztlich handelte es sich hier um ein Signal, das nicht nur Härte und Schikane jeglicher Art gegenüber Angehörigen Verhafteter erlaubte, sondern - noch infamer - ihre Unterlassung gefährlich machte. Für die Angehörigen Verhafteter ergaben sich daraus Konsequenzen, die von bloßer Einschüchterung und gesellschaftlicher Diskriminierung über den Verlust von Privilegien, Wohnung und Arbeitsplatz bis hin zu Verbannung, Verhaftung und Verurteilung reichten;[87] für Kollegen und Nachbarn bedeutete dies, daß sie zu Komplizen des Terrors wurden. Betroffen waren fast nur die Eliten. Je höher die Position, desto größer die Wahrscheinlichkeit der Verhaftung und Verurteilung wegen "Konterrevolution" aufgrund des berüchtigten Artikels 58 des Strafgesetzbuches. Das galt auch für die Repression des Militärs 1937/38, die die Rote Armee "enthauptete" und Zehntausende von Opfern unter den Offizieren kostete.[88] Mannschaftsdienstgrade waren kaum betroffen. Sie konnten, wie auch die Arbeiter in den Fabriken und die Bauern in den Kolchosen, den Terror des "Jeschowtschina" als etwas erleben, das nur die "anderen", die Vorgesetzten bzw. die Privilegierten betraf.

---

84 Getty, Origins, a.a.O., S. 206. Vgl. zur Jeschowtschina bes. Conquest, Great Terror, a.a.O.; Medvedev, History, a.a.O.; Wolkogonow, D.: Stalin. Triumph und Tragödie. Ein politisches Porträt. Düsseldorf 1989.

85 Chruschtschow erinnert sich. Reinbek 1971. S. 554 f. Vgl. Medvedev, History, a.a.O., S. 485-498.

86 Die Gesamtzahl der 1921-1954 wegen "Konterrevolution" Verurteilten beträgt 3.777.380. Die Masse davon entfällt auf die dreißiger Jahre. Siehe Semskow, W.N.: Sakljutschennye, spezposselency, sylnoposselency, sylnye i wyslannyje, in: Istorija SSSR, 1991, H. 5. S. 151-165, hier 153; Gulag w gody wojny, a.a.O., S. 17 f.

87 Medvedev, History, a.a.O., S. 349. Vgl. z.B. Larina Bucharina, A.: Nun bin ich schon weit über zwanzig. Erinnerungen. Göttingen 1989. S. 13-39; Suturin, A.S.: Delo krajewogo masstaba. Chabarowsk 1991. S. 225-239.

88 Bonwetsch, Repression, a.a.O., S. 405 f., 413.

Das Erstaunliche und für die sowjetischen Eliten Charakteristische ist, daß auch sie bis 1937 und z.T. auch darüber hinaus die Repression für ein Problem der "anderen" hielten.[89] Man hatte sich angepaßt, hatte sich angewöhnt, alles als normal anzusehen, was 'oben' als normal angesehen wurde. Vieles hatte dazu beigetragen, daß auch das Absurdeste und Widerwärtigste als normal angesehen und nicht in Frage gestellt wurde. Die Parteispitze selbst hatte vor allem seit Mitte der zwanziger Jahre gezeigt, was im Umgang miteinander 'normal' war; ein "reduktionistischer Marxismus" (Beyrau), ideologisch deformierte Wirklichkeitswahrnehmung, das Gefühl, in einer "belagerten Festung", in "kapitalistischer Umkreisung" zu leben, die zunehmende Isolierung von der Außenwelt - all dies und vieles andere kam hinzu und führte zu schwerwiegenden Orientierungsverlusten. Von Bedeutung war auch die Verführung durch nicht unbeträchtliche Privilegien wie rangabhängige "Sonderrationen" und "geschlossene Kantinen" während der Nahrungsmittelrationierung vor 1935, Bevorzugung bei der Wohnungsvergabe usw. Alles zusammen hatte eine Gesellschaft und nicht zuletzt eine neue Elite sich angewöhnen lassen, "unsichtbare Schranken" zu akzeptieren und zu verinnerlichen.[90]

Diese Elite hatte auch die Vernichtung von Millionen Menschen als 'normal' hingenommen. 1927-1936, also bis zum Beginn dessen, was gemeinhin als "Terror" bezeichnet wird, sind nach neueren demographischen Berechnungen 6,6 Millionen Menschen vorfristig gestorben, d.h. Opfer des Stalinismus geworden. Rund 3,8 Millionen starben danach allein 1932/33 in der von Moskau fahrlässig erzeugten und ungerührt hingenommenen Hungersnot.[91] Die neue Elite hat das ebenso als 'normal' akzeptiert wie die Tatsache, daß die Bauern insgesamt als Menschen zweiter Klasse behandelt wurden und einem alltäglichen Strafrechtsterror unterlagen, der kaum historische Parallelen hat. Denn aufgrund eines Gesetzes vom 7. August 1932, das gesellschaftliches Eigentum vor dem Zugriff seiner bedürftigen Produzenten schützen sollte und das im Volksmund nicht ohne Grund "Ährengesetz" hieß, wurden in erster Linie Bauern drangsaliert. Wegen geringfügiger Diebstahls- und Mundraubsdelikte wurden sie hunderttausendfach zu mindestens zehn Jahren Lager bis hin zur Todesstrafe verurteilt. Nicht selten gehörten zu den Betroffenen auch Kolchosleiter, die angesichts des Hungers 1932/33 menschlichen Regungen nachgegeben hatten.

Den Eliten, die als Richter oder in anderer Funktion diese Härte des Regimes exekutierten, drang ihr Tun nicht als Terror ins Bewußtsein. Angesichts unklarer Gesetze hielten sie sich an Moskauer Mahnungen zu unerbittlicher Härte, wobei seit 1935 die strafrechtliche Verantwortlichkeit bereits für Kinder ab 12 Jahren galt. Erst als sie 1937/38 wegen derartiger Anwendung der Gesetze selbst z.T. als "Volksfeinde" angeklagt wurden - 1938 wurden 1,2 Millionen derartiger Urteile gegen Bauern "überprüft" -, stellte sich offenbar ein Gefühl von Terror ein.[92] Kein Wunder aber, daß sich die Basis in der Partei, im Betrieb oder wo sonst immer wieder dazu verführen ließ, in den Exeku-

---

89 Thurston, Fear, a.a.O., belegt dies, unterschätzt allerdings Wirkungen des Terrors, die sich nicht direkt als Furcht äußerten.
90 Vgl. auch Orlow, Ein russisches Leben, a.a.O., S. 67.
91 Zaplin, W.W.: Statistika schertw stalinisma w 30-e gody, in: Woprossy istorii, 1989, H. 4. S. 175-181, hier 178. Zur westlichen Diskussion über die Zahl der Repressionsopfer siehe Schröder, Stalinismus, a.a.O., S. 159.
92 GULAG w gody wojny, a.a.O., S. 15 f. Hinweise zum "Ährengesetz" bei Kalinzeva, Naschi, a.a.O., S. 183; Solschenizyn, A.: Der Archipel GULAG. München 1974. S. 94; Medvedev, History, a.a.O., S. 349; Rittersporn, Simplifications, a.a.O., S. 149, 246-250.

toren die eigentlich Schuldigen zu sehen und sich durch Beteiligung an öffentlicher Kritik und Denunziation an der Entlarvung von 'Feinden' zu beteiligen. Denn schließlich war nicht nur an den Bauern die alltägliche Härte des Stalinismus exekutiert worden. Daß sich die Betroffenen an den Dienern und Nutznießern des Regimes für die eigene Unbill schadlos hielten, sollte nicht verwundern. Allerdings war der Volkszorn, so berechtigt er auch sein mochte, nie wirklich spontan. Er richtete sich immer gegen Gruppen und Personen, die gleichsam offiziell zur Kritik freigegeben wurden, und hatte immer etwas von einem Ritual an sich.

Von oben und unten bedrängt, hatten die Eliten im Zuge des "Großen Terrors" einen hohen Blutzoll zu entrichten. Nach neueren demographischen Berechnungen hat die Repression 1937/38 1,3 Millionen Tote gekostet. Nicht alle davon waren erst in diesen Jahren verhaftet worden. Aber zu ihnen gehörten die meisten der über 680.000 Menschen, die 1937/1938 wegen "Konterrevolution" erschossen wurden, darunter über 40.000 Offiziere; zu ihnen gehörten Hunderttausende, die zu Lagerhaft verurteilt wurden und zusammen mit anderen Häftlingskategorien die Insassenzahl der Lager gewaltig ansteigen ließen - von 0,5 Millionen Anfang 1934 auf 1,9 Millionen Anfang 1941 und 2,3 Millionen bei Kriegsbeginn, als zusätzlich noch etwa 1 Million Zwangsdeportierter in "Sonderansiedlungen" des NKWD festgehalten wurden.[93]

Annähernd genaue Zahlen zum Umfang des spezifischen Terrors gegen die Führungskräfte in Partei, Staat und Wirtschaft sowie im Kultur- und Wissenschaftsbereich liegen nicht vor. Doch selbst wenn im Westen z.T. abenteuerlich hohe Zahlen über die Zahl der Repressionsopfer kursierten, so stehen der Massencharakter des Terrors und seine tiefgreifende Wirkung doch völlig außer Zweifel.[94] Die Verarbeitung dieses Terrors durch die betroffenen Eliten ergibt das Bild einer Gesellschaft, die sich kaum anders als gebrochen oder krank bezeichnen läßt. Fast niemand kündigte z.B. dem Sowjetstaat die Loyalität auf, eher suchte man sie noch mehr unter Beweis zu stellen. Die Verhaftungen hielt man für berechtigt. Im Falle der eigenen Verhaftung und vielleicht auch noch der des Ehegatten oder eines Familienangehörigen glaubte man an einen Irrtum, obwohl es auch genügend Fälle gab, in denen sich Ehegatten im Loyalitätskonflikt voneinander lossagten. Niemand konnte und wollte sich vorstellen, daß praktisch nur Unschuldige verhaftet wurden. Das überstieg wohl auch die menschliche Vorstellungskraft. Seit der Revolution an die Existenz von 'Feinden' gewöhnt und zugleich dem eigenen Augenschein mißtrauend und der eigenen Urteilsfähigkeit weitgehend beraubt, hatte man auch jetzt keinen Grund, an der Richtigkeit der offiziellen Versionen zu zweifeln. Selbst die Mitarbeiter der "Organe", die von Amts wegen untersuchten, waren überzeugt, oder ließen sich überzeugen, daß sie tatsächliche Feinde verfolgten, selbst wenn sie

---

93 Zaplin, Statistika, a.a.O., S. 181; Chlewnjuk, 1937-j, a.a.O., S. 154-156; Semskow, Sakljutschennye, a.a.O., S. 152; ders.: GULAG (istoriko-soziologitscheskij aspekt), in: Soziologitscheskie issledowanija, 1991, H. 7. S. 3-16, hier 3; ders., Spezposselenzy, a.a.O., S. 6 f.; Kumanew, G.A.: W ogne tjaschelych ispytanij, in: Istorija SSSR, 1991, H. 2. S. 3-31, hier 6. Vgl. auch Schröder, Stalinismus, a.a.O., S. 159-162.

94 Die umfangreiche Memoirenliteratur bedarf noch systematischer Auswertung. Thurston, Fear and Belief, a.a.O. hat einen ersten Versuch unternommen. Beispiele aufschlußreicher Schilderungen des Zeiterlebnisses: Ginsburg, J.S.: Marschroute eines Lebens. Reinbek 1967. S. 7-39; Fris, Skwos prismu, a.a.O., S. 222-236.

keine rechtsstaatlichen Bedenken hatten, dabei möglicherweise auch Unschuldige zu treffen.[95]

Äußerlich lebte diese Gesellschaft normal. Auch die Eliten genossen ihre Privilegien und nutzten die Aufstiegschancen, die die Verhaftungen boten. Mittdreißiger wurden in dieser Zeit Volkskommissare bzw. Leiter wichtiger Ressorts wie Nikolaj Wosnessenski, Alexej Kossygin, Michail Perwuchin, Iwan Tewosian, Petr Lomako, Dimitri Ustinow, Alexej Sachurin. Indirekt oder auch direkt, wie Ustinow und Sachurin, profitierten sie von der Verhaftung ihrer Vorgänger. Auf den Ebenen darunter vollzogen sich ähnliche Blitzkarrieren. Hatten die solcherart Beförderten allen Grund, diesem Staat gegenüber Loyalität zu erweisen, so kündigten die Gestürzten sie ihm merkwürdigerweise ebenfalls nicht. Hinter Gittern arbeiteten z.B. der Flugzeugkonstrukteur Tupolew und der Raketentechniker Korolew wie viele andere "Volksfeinde" ebenso gewissenhaft wie vor der Verhaftung. Volkskommissar Wannikow, die späteren Marschälle Rokossowski und Meretzkow und viele andere gingen direkt aus der Haft auf verantwortungsvolle Posten, als sei nichts gewesen, während manche ihrer Kollegen den umgekehrten Weg gingen.[96]

Eine ganze Gesellschaft hatte die Maßstäbe für Normalität verloren. Nur so konnte ein Militär wie Marschall Schukow in seinen Erinnerungen nach der ausführlichen Schilderung der Verhaftungen und ihrer negativen Folgen hinsichtlich seiner eigenen Tätigkeit im Wehrkreis Weißrußland zu dem Fazit kommen: "Wie schwer auch die Lage 1937-1938 war, die militärische Ausbildung der Truppen ging bei uns im wesentlichen normal vor sich."[97] "Normal" und "unnormal" waren in der Sowjetunion der dreißiger Jahre eine untrennbare Verbindung eingegangen. Entweder taten alle so, als ob das, was sie taten, normal sei, oder alle hielten das, was sie taten, für normal, selbst wenn sie sich dazu zwingen mußten. Diese Entwicklung hatte zwar bereits früher eingesetzt, aber 1937/38 erreichte sie ihren Höhepunkt. Vor allem die Eliten sind aus dieser Schreckenszeit schwer geschädigt hervorgegangen: "Im Lande entstand eine unheimliche Situation. Niemand traute dem anderen, die Menschen begannen einander zu fürchten, sie vermieden Begegnungen und jegliche Gespräche, und wenn diese unvermeidlich waren, dann suchte man in Gegenwart Dritter als Zeugen zu sprechen. Es entfaltete sich eine noch nie dagewesene Verleumdungsepidemie. Man verleumdete häufig absolut ehrenhafte Menschen und manchmal auch seine engsten Freunde. Und alles geschah aus Furcht davor, selbst der Illoyalität verdächtigt zu werden."[98]

Niemand verstand die sich immer höher schraubende Verhaftungswelle, aber jeder versuchte sie so zu rationalisieren, daß er selbst nicht gefährdet schien - eine "natürliche psychologische Schutzreaktion gegen die Angst, die jedesmal entstand, wenn jemand aus dem Kollegen- und Bekanntenkreis 'verschwunden' war".[99] Auch wer sich glauben

---

95 Vgl. auch Rittersporn, G.T.: The Omnipresent Conspiracy. On Soviet Imagery of Politics and Social Relations in the 1930s. in: Stalinism. Its Nature and Aftermath, a.a.O., S. 101-120.
96 Vgl. Beyrau, Intelligenz, a.a.O., S. 117-122; Saragin, A.: Tupolewskaja saraga. Frankfurt 1971; Wannikow, B.L.: Sapiski narkoma, in: Snamja, 1988, H. 1. S. 130-160, hier 133; Bonwetsch, Repression, a.a.O., S. 407-409. Vgl. auch Resin, L.E./Stepanow, W.S.: Sudby generalskije, in: Woenno-istoritscheskij schurnal, 1992, H. 10-12.
97 Schukov, G.A.: Wospominanija i rasmyschlenija. 10. Aufl., Moskau 1990. Bd. 1. S. 236.
98 Ebenda, S. 220. Vgl. auch Fris, Skwos prismu, a.a.O., S. 227; Scott, J.: Behind the Urals. An American Worker in Russia's City of Steel. Bloomington 1989. S. 301-304.
99 Fris, Skwos prismu, a.a.O., S. 223. Vgl. auch Ginsburg, Marschroute, a.a.O., S. 32, 36; Rosenberg, S.: Soviet Odyssey. Harmondsworth 1991. S. 60.

machte, die Verhaftungen erfolgten zu Recht, fragte sich insgeheim doch, ob seine Kontakte mit Verhafteten nicht Anlaß zur eigenen Verhaftung bieten könnten. Auf öffentlichen Versammlungen wurden die Verhafteten von den Kollegen wie in einem Ritual noch nachträglich verurteilt. Zweifel an der Schuld der Betroffenen äußerten nur wenige Mutige, weil auch dies verdächtig machte.[100] Über Zweifel an der Rechtmäßigkeit der Verhaftungen und Verurteilungen sprach man öffentlich überhaupt nicht und selbst mit Vertrauten kaum, weil es zwischenmenschliches Vertrauen fast nicht mehr gab.[101]

Absolute Rechtsunsicherheit, Mißtrauen gegenüber den Kollegen und Mitmenschen, Tabuisierung der eigentlich bewegenden Fragen, Bewußtseinsspaltung, Verlust der selbständigen Urteils- und Orientierungsfähigkeit, Fixierung auf den Staat als einzige Autorität - dies waren wesentliche, erschreckende Kennzeichen einer Gesellschaft am Ende von zehn Jahren "großen Sprungs". Dabei ist fraglich, ob von Gesellschaft überhaupt noch gesprochen werden kann, wenn der Begriff mehr bedeuten soll als nur die Tatsache, daß es innerhalb eines Verbandes an objektiven Merkmalen zu definierende Schichten und Gruppen gibt.

Wenn eine Gesellschaft "atomisiert" und "strukturlos" im Sinne Hannah Arendts war, dann die sowjetische. Jegliche Solidarität war zerstört, nicht einmal Ansätze von eigenen Strukturen und von Gruppenbewußtsein waren noch vorhanden, autonome Bereiche existierten nicht. Das bedeutete nicht, daß der Staat über den einzelnen beliebig verfügen konnte, wie sich am Verhalten von Bauern, Arbeitern und Angestellten bzw. den Angehörigen der Apparate immer wieder zeigte, aber das zeigte sich ebenso in der von Solschenizyn und vielen anderen erlebten und beschriebenen Welt des GULAG. Einzelne oder Gruppen hatten nicht entfernt eine Position, die ihnen ein "social bargaining", ein "informelles Verhandeln" ermöglicht hätte. Dazu war der einzelne in der sowjetischen Gesellschaft zu "verlassen", wie Hannah Arendt diesen Zustand genannt hat. Er stand dem übermächtigen Staat bzw. dessen Vertretern allein gegenüber, auch als Mitglied gesellschaftlicher Gruppen. Denn auch diese waren, wie alles, staatlich organisiert und befähigten zu gleichem Verhalten, aber nicht zu gemeinsamem Handeln.

Das heißt nicht, daß dieser Staat nicht Zustimmung fand und daß diese Gesellschaft nicht zu geschlossenem, organisiertem Handeln fähig war. Anderenfalls wäre die Sowjetunion 1941 nicht zur Abwehr des deutschen Überfalls in der Lage gewesen. Aber daraus läßt sich nicht schließen, daß die sowjetische Gesellschaft subjektiv im wesentlichen ungebrochen aus dem Stalinismus der dreißiger Jahre hervorgegangen sei, ein unbefangenes Verhältnis zu diesem Regime bewahrt, es für legitim gehalten und letztlich getragen hätte.[102] Für die Masse der Jugendlichen, deren Begeisterungsfähigkeit und Glaube noch ungebrochen war, wird das zwar gelten, auch für viele Erwachsene, die sich trotz allem ein naives Verhältnis zu diesem System bewahren konnten. Auch kann kein Zweifel an der generellen Zustimmung der Gesellschaft zu allem, was der Stalinismus ihr zumutete, bestehen. Aber hier die Grenzen zwischen spontaner Naivität, bloßer Anpassung, unreflektierter Verdrängung und ritualisierter Heuchelei zu ziehen, ist wohl unmöglich.

---

100 Fris, Skwos prismu, a.a.O., S. 224; Rosenberg, Odyssey, a.a.O., S. 59; Schukow, Wospominanija, a.a.O., S. 225 f.; Chlewnjuk, 1937-j, a.a.O., S. 173-183.
101 Rosenberg, Odyssey, a.a.O., S. 27; Kalinzeva, Naschi, a.a.O., S. 188, 248.
102 So Thurston, Fear, a.a.O., bes. S. 230-234.

Der stalinistische Staat selbst mißtraute dieser Zustimmung. Wie sollte er das auch nicht, wenn z.B. Arbeiter und Angestellte der im Juni 1940 von den Gewerkschaften "erbetenen" Verlängerung der Arbeitszeit ohne Lohnausgleich sowie der Betriebsbindung und der disziplinarischen und strafrechtlichen Ahndung von Verstößen gegen die Arbeitsdisziplin nicht nur zustimmten, was allein schon merkwürdig genug wäre, sondern trotz dieser Zustimmung auch noch massenhaft gegen die neuen Bestimmungen verstießen?[103] Was sollte der Staat, was soll der Historiker von einer Zustimmung halten, die nicht einmal die Verhaftung mit gepacktem Koffer Erwartende oder unschuldig Verhaftete, Deportierte, Gefolterte und zu jahrelanger Zwangsarbeit Verurteilte verweigerten? Wohl nur dies, daß sie von einer durch den Stalinismus gebrochenen Gesellschaft kam, die sich im Zustand "sozialer und politischer Krankheit" befand.[104] Die Zustimmung zum stalinistischen System gehörte ebenso zum Krankheitsbild dieser Gesellschaft wie der offenbar unerschütterliche Glaube an Stalin, mit dessen Namen auf den Lippen viele seiner Opfer unter den Kugeln der eigenen Erschießungspeletons oder der Deutschen starben.

---

103 Lewin, Making, a.a.O., S. 284.
104 Hofmann, Arbeitsverfassung, a.a.O., S. 204 f.; Lehrbuch des sowjetischen Arbeitsrechts. Berlin 1952. S. 269.

Leonid G. Babitschenko (Moskau)

Die Kaderschulung der Komintern[1]

Die Schulung kommunistischer Parteien war ein wichtiger Bestandteil der Arbeit der Kommunistischen Internationale. Die Ausbilsung in ihren Schulen diente dem Zweck, jungen Kommunisten die Fertigkeit zu vermitteln, in ihrer praktischen Tätigkeit mit Massen umzugehen, ihre Allgemeinbildung zu verbessern, sie politisch aufzuklären und mit den Grundlagen des Marxismus-Leninismus vertraut zu machen, sie zu getreuen Anhängern der Idee der Diktatur des Proletariats und der Weltrevolution zu erziehen.

Dieses Kapitel der Komintern-Geschichte wurde bis in die letzten Tage der ehemaligen UdSSR von der sowjetischen Geschichtsschreibung nur wenig erforscht. Dies lag hauptsächlich an der Unzugänglichkeit der in den Tiefen des Archivs der Kommunistischen Partei der Sowjetunion (KPdSU) beim Institut für Marxismus-Leninismus (IML) in Moskau aufbewahrten Dokumente der Komintern-Schulen.[2]

Die Erläuterung vieler Probleme der theoretischen und praktischen Kaderschulung für die Kommunistischen Parteien (KP) durch die Komintern anhand von Primärquellen kann gleichzeitig das Verständnis einiger Aspekte der Kaderpolitik, der Mechanik und Funktionsweise ihres Exekutivkomitees und dessen Büros sowie anderer allgemeinerer Themen der Komintern-Geschichte erleichtern.

In diesem Zusammenhang sind sowohl die positiven als auch die negativen Erfahrungen aufschlußreich, die die internationale kommunistische Bewegung in den zwanziger und dreißiger Jahren im Bereich der Schulung ihrer Kader gesammelt hat.

In den frühen zwanziger Jahren entstand unter dem Eindruck der Oktoberrevolution in Rußland in aller Welt der Drang, sich Kenntnisse über die Theorie des Marxismus anzueignen, die Wege zur Beseitigung des Kapitalismus zugunsten einer neuen, gerechten Gesellschaft wies und die Mittel dafür bereitstellte. Die von der Idee der Weltrevolution geleiteten Russischen Kommunistischen Partei (Bolschewiki) [RKP(B)], Komintern und jungen kommunistischen Parteien waren bestrebten, der noch nicht durch die Schule des politischen Kampfs gegangenen Jugend die praktischen Erfahrungen der Berufsrevolutionäre, der Bolschewiki, zu vermitteln.

Beim Aufbau des Schulungssystems für ihre Kader, die Mitglieder der kommunistischen Jugendverbände und die Aktivisten anderer nationaler revolutionärer Bewegungen leistete die Komintern große Arbeit. Dies betrifft nicht nur die sowjetischen Einrichtun-

---

1 Der Text wurde übersetzt und redaktionell überarbeitet von Dr. Waleri Brun-Zechowoj und Carsten Tessmer.
2 Den ersten Versuch, dieses Thema wissenschaftlich abzuhandeln, unternahmen G. Sorkin und K. Schirinja: Die Komintern - die Schule der internationalistischen Erziehung der Kader, in: Woprosy istorii KPSS, 1977, Nr. 1. S. 68ff. Einige Aspekte des Themas werden mit Blick auf die KPD erläutert in Kinner, K.: Marxistische deutsche Geschichtswissenschaft 1917 bis 1933. Berlin (Ost) 1982. Das Teilproblem der Schulung von KP-Aktiven aus östlichen Ländern in der Kommunistischen Universität der Werktätigen des Ostens (KUTW) sowie in Kommunistischen Universität der Werktätigen Chinas (KUTK) behandeln die Historiker A.W. Panzow (Aus der Geschichte der Kader chinesischer Revolutionäre in der UdSSR, in: Revoluzionnaja demokratija i kommunisty Wostoka. Moskau 1982. S. 290ff.) und N.N. Timofejewa, die zwei Artikel über die Geschichte der KUTW veröffentlichte in: Narody Asii i Afriki, 1976, Nr. 2, S.47ff. u. 1979, Nr. .5, S. 34ff.),

gen, sondern auch die Schulen, die auf Anregung und mit finanzieller Unterstützung aus Moskau von den KPs in ihren jeweiligen Ländern gegründet wurden.

Die Schulung der Kader im marxistischen Sinne - so sahen es ihre Grundsätze zumindest offiziell vor - verknüpften auf geschickte Art und Weise internationale und nationale Aufgaben miteinander. Den Kommunisten wurden die Unversöhnlichkeit des bürgerlichen Nationalismus und die nationale Beschränktheit, aber gleichzeitig auch die Notwendigkeit eingeschärft, nationale Besonderheiten sowie Eigenarten der einzelnen Länder und Völker in Rechnung zu stellen. In den Schulen der Komintern wurde die Warnung Lenins propagiert, die Weltrevolution engen, nationalen Interessen zu opfern.[3]

Ein ebenfalls wesentliches Element der Schulung stellte das Bemühen dar, den KPs aus dem Arsenal der Bolschewiki die theoretische und revolutionäre Erfahrung zu vermitteln, die sie zum Aufbau der Diktatur des Proletariats in ihren Ländern führen mußte. Eine wichtige Aufgabe der Kaderschulung bestand darin, Gefühle der Klassensolidarität, des proletarischen Internationalismus und die Verbundenheit mit Revolutionären in anderen Ländern, mit nationalen Befreiungsbewegungen in den Kolonien und Halbkolonien zu wecken.

Entstehung und Entwicklung des Schulungssystems für ausländische Kommunisten

Zu Beginn der zwanziger Jahre besaß von den Mitgliedsparteien der Komintern lediglich die RKP(B) einige Erfahrung in der ideologischen und theoretischen Schulung ihrer aktiven Mitglieder. Die Komintern nutzte diese Erfahrung sowie die materiellen Möglichkeiten Sowjetrußlands für die Schulung ausländischer Kommunisten und für die Errichtung eines Schulungssystems. Ungeachtet der Schwierigkeiten während des Bürgerkrieges betrieben die von der Idee der Weltrevolution angetriebenen Führer der RKP(B) aktive Propaganda unter ausländischen Bürgern. Ungefähr 5 Millionen Ausländer befanden sich damals aus den unterschiedlichsten Gründen auf sowjetischem Territorium.[4] Zehntausende von ihnen traten der bolschewistischen Partei bei und kämpften auf Seiten der Roten Armee in den Einheiten der "Internationalisten". Es bildeten sich kommunistische Gruppen, die sich in der Föderation ausländischer Gruppen beim ZK der RKP(B) zusammenschlossen. Zusammen mit Mitgliedern der Föderation betrieben die Bolschewiki Propaganda unter den Internationalisten, in den Lagern, in denen sich ehemalige Kriegsgefangene der deutschen und österreichisch ungarischen Armee befanden, sowie in den Reihen der Interventionstruppen. In Schnellkursen bildeten sie ausländische Agitatoren aus, bereiteten sie sie auf die Verbreitung revolutionärer Ideen in ihrer Heimat vor. Vielen von ihnen fehlte die Allgemeinbildung, um sich die marxistische Theorie aneignen zu können; sie erarbeiteten sich politische Grundkenntnisse. Nach dem Ende des Bürgerkriegs begann ein Teil der Internationalisten und politischen Flüchtlinge ein Studium an den seit 1921 von der Föderation gegründeten "Sowjet- und Parteischulen". Zu den "Schülern" einer solchen "deutschen Schule" zählten auch Vertreter der Rußlanddeutschen.

---

3 Lenin, W.I.: Gesamtwerke. Bd. 37. S. 214.
4 Siehe Meschdunarodnaja solidarnost trudjaschtschichsja 1917-1923 (Internationale Solidarität der Werktätigen). Kiew 1978. S. 25.

Unter dem Eindruck des in der Folge der Ereignisse in Rußland merklichen Anwachsens nationaler Befreiungsbewgungen in Ländern Asiens, Afrikas und Lateinamerikas hoffte man an der Spitze der RKP(B) und der Komintern auf erfolgreiche Revolutionen auch auf diesen Kontinenten, was eine Schulung der Aktivisten der dort im Entstehen befindlichen KPs und fortschrittlicher Bewegungen unumgänglich machte. So erklärte z.B. der Delegierte der KP von Holländisch-Indien, H. Maring (Snewlit), in seiner Rede auf dem II. Kongreß der Komintern: "Die III. Internationale muß den Genossen aus dem Fernen Osten die Möglichkeit geben, hier [in der Sowjetunion, d. Übers.] ein halbes Jahr zu leben und Kurse in Sachen Kommunismus zu besuchen, damit sie richtig begreifen, was hier vor sich geht, damit sie [...] in den Kolonien Arbeit im Dienste des Kommunismus leisten können. [...] Wir, die wir hier in Rußland sind, müssen den Revolutionären im Osten die Möglichkeit verschaffen, sich auf dem Feld der Theorie fortzubilden, damit der Ferne Osten ein lebendiges Glied der Kommunistischen Internationale wird."[5]

Nach der Gründung der Kommunistischen Universität für die Werktätigen des Ostens (KUTW) im April 1921 in Moskau, in der die Kader der RKP(B) aus Mittelasien, dem Kaukasus und anderen östlichen Gegenden Sowjetrußlands geschult werden sollten, begann man auf Anregung des EKKI, hier die Kader für die KPs und nationalen revolutionären Bewegungen Afghanistans, Chinas, Koreas, der Mongolei, der Türkei und anderer östlicher Staaten auszubilden. Ende 1921 waren an der KUTW mehr als 600 Studenten aus 44 Nationen eingeschrieben.[6]

Per Dekret der Sowjetmacht, das die Unterschrift Lenins trug, wurde Ende November 1921 die Kommunistische Universität für nationale Minderheiten des Westens (KUNMS) gegründet.[7] Hier nahmen neben Vertretern der alteingesessenen Bevölkerung des europäischen Teils Sowjetrußlands (Weißrussen, Litauer, Letten, Deutsche, Finnen, Esten usw.) Politemigranten und KP-Mitglieder aus Europa ihr Studium auf. An die Universität wurden bald darauf die 11 nationalen Schulen, die bis dahin bei der Föderation ausländischer Gruppen angesiedelt gewesen waren, als Sektionen angegliedert. Die KUNMS wurde nach ihrem Statut der Kommunistischen Universität "J.M. Swerdlow", der seit 1919 existierenden Parteihochschule der RKP(B), gleichgestellt, an der auf Ersuchen ihrer Parteiführungen auch einige ausländische Kommunisten studierten.

Rektor der KUNMS war von 1921 bis 1924 Julian Marchlewski, ein bekannter Funktionär der polnischen und deutschen Arbeiterbewegung. Seine Nachfolgerin in diesem Amt, M.J. Frumkina, erinnerte sich: "Die Zeiten waren schwierig es waren die ersten Monate der NÖP, es herrschte Hungersnot. Überall wurde gestrichen, gekürzt, abgebaut. Und in dieser Zeit ruft die Sowjetmacht die Hochschule für nationale Minderheiten des Westens ins Leben und benennt als deren vordringlichste Aufgabe die Ausbildung qualifizierter Parteifunktionäre."[8]

Mit dem Anwachsen der Mitgliedschaft der KPs wuchs auch deren Bedürfnis nach Ausbildung ihrer Funktionäre. 1925 wurde auf Vorschlag der Komintern in Moskau eigens eine Universität für die Werktätigen Chinas (KUTK) gegründet. Sie sollte in der

---

5 Zitiert nach Panzow, Geschichte der Kader, a.a.O., S. 300.
6 Vgl. Timofejewa, a.a.O., in: Narody Asii i Afriki, 1976, Nr. 2. S.48f.
7 Vgl. Sobranije usakonenij i rasporjaschenij rabotschewo i krestjanskowo prawitelstwa (Sammlung der Gesetze und Verordnungen der Arbeiter- und Bauernregierung). Nr. 77 (24.12.1921). Moskau 1921. S. 796.
8 Vgl. die Zeitung der KUNMS, "Krasnij Sapadnik", (Jan.) 1927, Nr. 11 12. S. 4f.

Hoffnung auf einen Erfolg der dort begonnenen nationalen antiimperialistischen Revolution die Kader der KP und Kuomintang marxistisch schulen. Um die Auswahl der Studenten kümmerte sich unter Beteiligung des Beraters der Kuomintang-Führung, M. Borodin, sowie anderer Funktionäre sowjetischer Behörden - zu ihnen gehörte auch der Universitätsdozent S.A. Dalin - die Ostabteilung des EKKI. Von den ersten Studenten waren 20% Kommunisten, 30% Komsomolzen und 50% Mitglieder der Kuomintang. Die erste Gruppe kam im November 1925 nach Moskau, die letzte im Sommer 1926. Insgesamt kamen mehr als 300 Personen.[9]

Ein Teil der Studenten kam aus europäischen Ländern, wo sie an Hochschulen studiert hatten. Von denjenigen, die 1925/26 aufgenommen wurden, hatten 110 bereits mit einem Studium begonnen; genauso viele hatten die Oberschule abgeschlossen, die übrigen hatten sie noch nicht beendet. 1926/27 kamen Kommandeure und Politoffiziere der Armee Fan Yui-sjans sowie Aktivisten der KP Chinas aus dem Norden des Landes zum Studium an die KUTK. Alle bisher an der KUTW eingeschriebenen chinesischen Studenten wechselten zur KUTK. 1927 erreichte die Zahl der Studierenden an der KUTK 500. Sie repräsentierten die unterschiedlichsten politischen Gruppierungen, die sich in der nationalen Einheitsfront Chinas zusammengefunden hatten. Nach dem Bruch der Kuomintang mit der KP Chinas wurde ihren Mitgliedern eine Fortsetzung des Studiums in Moskau verboten; mehr als 100 Studenten kehrten zurück nach China.

Rektoren der Hochschule waren von 1925 bis 1927 Karl Radek, von 1927 bis 1929 P.A. Mif, von 1929 bis 1930 W.I. Weger.

An der KUTK wurden auch marxistische Literatur, Dokumente der Komintern und der Allunions Kommunistischen Partei (Bolschewiki) [WKP(B)] und die Werke Stalins ins Chinesische übersetzt.

Parallel zum Aufbau des Systems zur ideologisch-politischen Schulung der Kader der Revolutionäre aus dem Osten wurden Anstrengungen unternommen, die Aktivisten aus den Reihen der europäischen KPs, namentlich aus ihren Führungsspitzen, fortzubilden. Noch der IV. Kongreß der Komintern 1922 hatte in den Thesen einer Sonderkommission den KPs die Aufgabe gestellt, die Mitgliedschaften in Massen zu schulen, "unter ihnen begabte Propagandisten und Agitatoren heranzuziehen", Aufklärungsarbeit in den Massenorganisationen zu leisten. Der Kongreß verpflichtete die KPs, Schulen zu gründen sowie Tages- und Abendkurse für ihre Aktivisten einzurichten. Jeder Kommunist hatte das Parteiprogramm und die Dokumente der Komintern zu studieren. Regelmäßig mußte er darüber Prüfungen ablegen. Auch von der Einrichtung "internationaler Kurse" an der Sozialistischen Akademie in Moskau war die Rede.[10]

Letzteres Vorhaben verzögerte sich jedoch. Der V. Kongreß wandte sich ihm 1924 im Zusammenhang mit den Aufgaben zur Bolschewisierung der Parteien erneut zu; zudem erschien es nach dem Tode Lenins besonders notwendig, daß jeder Kommunist sich mit dessem theoretischen Vermächtnis vertraut machte. Der Kongreß schlug den Parteien folgendes Schulungssystem für ihre Kader vor: Am Anfang sollten Bemühungen stehen, sich selbst weiterzubilden, sollten Gesprächszirkel zur Erörterung grundsätzlicher Fra-

---

9 Russisches Zentrum für die Aufbewahrung und Erforschung von Dokumenten der neuesten Geschichte (im weiteren RZAEDNG), f., 530, op.2, d.35, l.2.
10 Vgl. Bjulleten IV kongressa Kommunistitscheskowo Internazionala (Bulletin des IV. Kongresses der Kommunistischen Internationale). Nr. 25 (5.12.1922). Moskau 1922. S. 23ff.

gen und Sonntagsschulen eingerichtet werden, später schon zentrale Parteischulen. In Moskau begannen Schulungskurse für Spitzenfunktionäre.[11]

Das EKKI legte später den Entwurf für die Einrichtung Internationaler Kurse vor, die - so wurde vorgeschlagen - 40 Bezirksparteisekretäre aus verschiedenen Ländern belegen können sollten. Der Leiter der Abteilung Agitation und Propaganda des EKKI, Bela Kun, erläuterte dieses Vorhaben in einem an Sinowjew, Kamenew, Kuusinen und Stalin gerichteten schriftlichen Bericht vom 25.11.1924: "Wenn wir in jeder Partei eine auch nur kleine Führungsgruppe bilden, die im leninistisch-bolschewistischen Sinne den Charakter und die Widersprüche der gegenwärtigen Epoche begreift, die in der Lage ist, sich in der konkreten historischen Situation ihres Landes zurechtzufinden und das Allgemeingültige, für alle Länder Zutreffende aus den Erfahrungen der russischen Revolution von dem spezifisch Russischen dialektisch zu unterscheiden, erst dann wird die Bolschewisierung der KPs eine feste Grundlage haben und als bewußter und organisierter Prozeß weiterlaufen."[12] Das Politbüro des Zk der RKP(B) unterstützte dieses Projekt des EKKI und stellte Räume sowie Mittel für die Kurse zur Verfügung. Das V. Plenum des EKKI im März/April 1925 billigte ihr Programm. Die Lehrgänge begannen im Mai 1926 in der Uliza Worowski 25a, eine Adresse, die einer ganzen Generation von Kommunisten aus den verschiedensten Ländern, die hier studierten, bekannt werden sollte. Seit 1928 firmierten die Kurse unter dem Namen Internationale Lenin-Schule (MLSch). Anfangs gab es Schwierigkeiten mit den Lehrkräften und Übersetzern. Die Kursdauer schwankte. Zuerst waren dreijährige Lehrgänge vorgesehen, doch 1927 wurden sie auf 2 Jahre verkürzt, um ab 1930 wieder zum Drei-Jahres-Rhythmus zurückzukehren. Für Funktionäre auf Bezirksebene wurden 1932 wieder zweijährige Kurse, für Mitarbeiter der Kreis- und Grundorganisationen einjährige eingeführt. Dieses Hin und Her resultierte aus dem Widerstreit zwischen den einzelnen Parteien einerseits und dem EKKI sowie den Schulleitungen andererseits: Während erstere die lange Abwesenheit ihrer Kader, von denen sie ohnehin zu wenig hatten, auf Schulungen schmerzte und sie für eine kurze Studiendauer plädieren ließ, waren letztere davon überzeugt, daß die Parteiaktivisten nur in einer zwei- oder dreijährigen Schulung ausreichend vorbereitet werden könnten. Auf Initiative der Parteien bagann man bald darauf, kurze Lehrgänge von drei, sechs und neun Monaten Dauer für Parteiaktivisten aller Ebenen einzurichten.

Formell gehörte die MLSch zum Lenin-Institut, faktisch war sie jedoch dem Präsidium des EKKI angegliedert, dessen Abteilung für Agitation und Propaganda sie unmittelbar unterstellt war. Ihr Rektor von 1926 bis 1930 war Nikolaj Bucharin, seine Nachfolgerin in den Jahren 1930/31 und 1933-1937 war Klawdija Kirsanowa, eine Bolschewitschka, die noch in der Illegalität tätig gewesen war, und Ehefrau von E. Jaroslwaski. Von Januar bis Mai 1932 leitete Wilhelm Pieck die Schule, 1937/38 Wilko Tscherwenkow. Das höchste Gremium für wissenschaftliche und methodische Fragen der Schule war ihr Vorstand, dessen Mitglieder vom politischen Sekretariat des EKKI bestätigt wurden. Sein Vorsitzender war Palmiro Togliatti, der gleichzeitig die Schule im Auftrag des Präsidiums des EKKI betreute.

---

11 Vgl. Kommunistitscheskij Internazional w dokumentach 1919-1932 (Die Kommunistische Internationale in Dokumenten). Moskau 1933. S. 436f.
12 RZAEDNG, f.495, op.30, d.69, l.1.

1926 besuchten 70 Schüler die MLSch, ein Jahr darauf kamen noch 100 dazu. In der Folgezeit nahm ihre Zahl weiter zu.[13] Die jährlichen Kosten für einen Absolventen der MLSch beliefen sich auf 2 034 Rubel. Sein Stipendium war höher als der Durchschnittslohn eines sowjetischen Arbeiters;[14] es machte nach den Worten Manuilskis 1934 das Jahresbudget zweier Arbeiterfamilien aus.[15]

Die Studenten an der KUNMS waren weniger gut gestellt. Dies lag daran, daß ihre Universität dem Volkskommissariat für Bildung angegliedert war. Doch, als sie Mitte 1929 dem Allrussischen Zentralexekutivkomitee (WZUK) unterstellt wurde, verbesserte sich die materielle Lage der dort Studierenden erheblich.[16]

Auch den Studenten an der KUTK wurden günstige Bedingungen für Studium und Erholung geschaffen. Einer ihrer Absolventen, Shen Ye, bescheinigte: "Weder die russischen Studenten an anderen Universität noch die russischen Professoren hatten all das, über das die chinesischen Studenten verfügten."[17] Archivdokumente bestätigen diese Aussage. Die jährlichen Kosten für einen Studenten der KUTK betrugen zwischen 1 868 und 2 873 Rubel.[18]

Die Lehrpläne für die Schulen der Komintern beruhten auf denen der sog. "kommunistischen" Universitäten, der Bildungseinrichtungen also, an denen die Kader der RKP(B) geschult wurden. Als Vorlage dienten die Lehrpläne der Swerdlow-Universität.[19] Sie wurden ergänzt um Fächer, die die Geschichte der entsprechenden Länder und KPs behandelten. Demnach verlief das Lehrprogramm für die ausländischen Parteifunktionäre ursprünglich nach einem bestimmten Schema ab, das nationale Besonderheiten zu wenig beachtete und in seiner Ausrichtung auf sowjetische Verhältnisse für die ausländischen Studenten wenig nutzbringend war.

Das Niveau der Allgemeinbildung der Abiturienten, die eine Komintern-Schule besucht hatten, war unterschiedlich. Aus diesem Grunde wurde ein Vorbereitungskurs in den Fächern Mathematik, Physik, Chemie, Biologie, Zeichnen, Russisch und der jeweiligen Muttersprache eingerichtet. In den Grundkursen wurden die Fächer dialektischer und historischer Materialismus, Politökonomie, Geschichte der revolutionären Weltbewegung, der Komintern, des eigenen Landes und der RKP(B), der Aufbau der Sowjetunion, Formen und Methoden der Massenagitation und -propaganda unterrichtet. In den Schulen wurden die Studenten je nach Sprachkenntnissen, Alter, Bildungsstand und früherer Funktion innerhalb der Partei in Gruppen und Arbeitskreise eingeteilt.

Das wissenschaftliche Niveau und die Qualität der Kaderschulung in den Einrichtungen der Komintern waren - namentlich in den ersten Jahren ihres Bestehens - niedrig. Hier zeigte sich die mangelhafte Herausbildung politischer Kultur unter den Funktionären der RKP(B) in den zwanziger Jahren. Anfangs griff die Komintern auf aus der Emigration heimgekehrte Veteranen der Bolschewiki als Lehrkräfte zurück, die Fremdspra-

---

13 Vgl. Perwyi god Leninskoj schkoly i jejo perspektiwy (Das erste Jahre der Lenin-Schule und ihre Perspektiven), in: Kommunistitscheskij Internazional, 1927, Nr. 37. S. 24ff.
14 RZAEDNG, f.17, op.74., d.40, l.56, 64.
15 Ebenda, f.531, op.2, d.37, l.54.
16 Ebenda, f.531, op.1, d.15, l.96, 99.
17 Zitiert nach Panzow, Geschichte der Kader, a.a.O., S. 308.
18 RZAEDNG, f.530, op.4, d.1, l.5
19 Vgl. Leonowa, L.S.: Is istorii podgotowki partijnych kadrow w sowjetsko-partijnych schkolach i kommunistitscheskich uniwersitetach 1921-1931 (Aus der Geschichte der Kaderschulung an sowjetischen Parteischulen und kommunistischen Universitäten). Moskau 1972. S. 56.

chen und die marxistische Theorie ganz passabel beherrschten, die mit der europäischen Arbeiterbewegung und zugleich mit der Arbeit der RKP(B) in Sowjetrußland vertraut waren. Auch politische Flüchtlinge, die die Staatsbürgerschaft der Sowjetunion angenommen hatten, wurden als Lehrkräfte herangezogen. Ihre Bildung ließ zwar zu wünschen übrig, doch hatten sie sich in den Kämpfen des Bürgerkriegs bewährt. Zu den ersten Lehrern an Komintern-Schulen gehörten Jan Anwelt, Stanislaw Budsynski, Wan Min, Jewgenij Warga, Wladimir Djegot, Stankje Dimitrow, Christo Kabaktschijew, Winzas Mizkjewitsch-Kapsukas, Laszlo Rudas, Sen Katajama, Lew Suniza, Jure Sirola, Ernst Zobel und viele andere. Sie waren jedoch durch eine Unmenge anderer Verpflichtungen gebunden und stellten eine Minderheit im Lehrkörper dar. Die Mehrzahl der "roten Professoren" waren Absolventen der Kommunistischen Universitäten in der Sowjetunion mit revolutionärer Vergangenheit. Nur selten gehörten Vertreter der alten Intelligenzija aus der Zeit vor der Revolution dazu, denn bei all ihrer Gelehrtheit standen ihnen die Spitzen der RKP(B) und Komintern stets mißtrauisch gegenüber.

Daher kam es, daß die Mehrheit der Professoren die verschiedenen Muttersprachen der Studenten, Probleme in der Geschichte deren Heimatländer, Fragen der Arbeiter- und kommunistischen Bewegung sowie Besonderheiten der Tätigkeit der KPs nicht kannte. Die Rektorin der MLSch K. Kirsanowa gestand 1931, daß an ihrer Schule "nur 10 der Lehrer sich mit den spezifischen Problemen der KPs beschäftigen kann."[20] In den anderen Bildungseinrichtungen sah es nicht besser aus. Dies führte dazu, daß sich der Unterricht auf allgemeinverständliche, kaum tiefschürfende Fragen beschränkte, die für den Dozenten vertrautes Terrain darstellten. Es wurden also vor allem Probleme in der Geschichte der RKP(B), die Erfahrungen der Bolschewiki und der Aufbau des Sozialismus in der UdSSR sowie Formen der Parteiarbeit im Umgang mit den Massen erläutert. Die Absolventen wurden mithin nicht darauf vorbereitet, die für ihre Parteien gegenwärtigen Aufgaben zu lösen, sondern sie wurden auf die Wahrnehmung von Funktionen getrimmt, die allenfalls nach der Machteroberung durch ihre Parteien zu besetzen gewesen wären.

Zudem machten den Großteil der Lehrpläne Fächer aus, die Kenntnisse in der Theorie des Marxismus und Allgemeinwissen vermitteln sollten; demgegenüber wurde das Studium konkreter, aktueller Probleme, vor denen die KPs standen, sowie nationale Besonderheiten der einzelnen Staaten, insbesondere die Entwicklung der Arbeiterbewegung in den Ländern, vernachlässigt. Nicht von ungefähr teilte Kirsanowa in ihrem Bericht an die Gruppe der RKP(B) beim EKKI mit, daß die Schule den Absolventen "theoretisches Wissen ohne ausreichende Befähigung, mitunter sogar ohne jede Befähigung, dieses in der Praxis des revolutionären Kampfes anzuwenden",[21] vermittele.

Die Führung der Komintern und die Leitung ihrer Bildungseinrichtungen sahen, daß die Überfrachtung des Lernprogramms mit theoretischen Inhalten, die blinde Übernahme der Erfahrungen der RKP(B) und die Loslösung der Studierenden von der alltäglichen Praxis der Parteien von Nachteil waren, und man versuchte, Gegenmaßnahmen zu treffen. Man nutzte den Aufenthalt von Parteiführern in Moskau dazu, diese vor den Studenten auftreten zu lassen, zog sie, Mitarbeiter des EKKI-Apparates, Repräsentanten der KPs in Moskau zur Teilnahme an Veranstaltungen in den Schulen heran.

---

20 RZAEDNG, f.495, op.30, d.755, l.28.
21 Ebenda, f.495, op.30, d.69, l.38.

Die Leitung der MLSch zum Beispiel warnte in den ersten Monaten ihrer Tätigkeit davor, daß die "Studenten in ihren Ländern die Arbeitsmethoden der RKP(B) mechanisch anwandten. Sie sollten diese vielmehr, aufbauend auf den Erfahrungen und den Arbeitsmethoden der Komintern, entsprechend verbessern."[22] Es war ohne Frage einfach, solche Wünsche zu äußern, ungleich schwerer war, sie zu realisieren. Dies gilt um so mehr, als die Komintern selbst unter denselben Krankheiten litt. Darüber hinaus impften der ganze Schulalltag, die Betriebspraktika und die in den Lehrplänen vorgesehenen Schulbücher beharrlich Ehrfurcht vor den Erfahrungen der Bolschewiki ein, die die Revolution verwirklicht hatten und den Sozialismus aufbauten. In der Konsequenz wurden die Arbeitsformen und -methoden der RKP(B) mechanisch auf die ausländischen KPs übertragen, entstanden so Konflikte. Ein Teil der Studierenden - vor allem aus den industriell entwickelten Staaten - wurde bitter enttäuscht, als sie, die sie durch die einseitige, alles durch die "rosarote Brille" schildernde Berichterstattung der kommunistischen Presse ihrer Heimatländer (anderen Presseorganen mißtrauten die jungen Kommunisten und ignorierten sie folglich) über die "Erfolge" der sowjetischen Wirtschaft und das glückliche Dasein des Volkes beeinflußt worden waren, vor Ort mit der realen Situation und den harten materiellen Lebensumständen der Menschen konfrontiert wurden. Auf dieses Problem wies auf dem XII. Plenum des EKKI im August 1932 der Sekretär des Exekutivkomitees, Otto Kuusinen, hin: "Unsere Presse in den kapitalistischen Ländern stellt die Dinge immer so dar, als sei hier schon 'alles gut'. Darin spiegeln sich wahre Liebe zur und Entzücken über die Sowjetunion wider. Doch politisch schlecht ist, daß nicht wir, sondern nur unsere Feinde über die Schwierigkeiten, die die UdSSR tatsächlich hat, schreiben und sprechen."[23]

Es bedurfte umfangreicher Aufklärung durch Dozenten, Aspiranten und Studierende, die kurz vor dem Examen standen, um die Ursachen für die Schwierigkeiten, das dürftige technische Niveau der Industrie in der UdSSR usw. zu erklären und den unabhängigen Köpfe unter den Studenten den - ins Schwanken geratenen - Glauben an eine strahlende Zukunft der Sowjetmacht zurückzugeben.

Der Alltag der Studierenden an Kominternschulen

Die Aktivisten der KPs und Jugendverbände sowie die Politemigranten, die an die Schulen abkommandiert worden waren, betrachteten das Studium als Parteipflicht, ja sie hatten den brennenden Wunsch, sich viel Wissen anzueignen und die marxistische Theorie zu beherrschen. Anfangs wurden pro Tag bis zu zehn Stunden Vorlesungen und Seminare abgehalten. Darüber hinaus galt es, umfangreiche Hausarbeiten zu erledigen, schriftliche Arbeiten anzufertigen und Beratungsgespräche mit Dozenten zu führen. Die Studenten fehlte es ständig an Zeit. Hinzu kommt, daß viele von ihnen nicht gewohnt waren, selbständig mit einem Buch zu arbeiten. Charakteristisch ist der Eindruck, den Hans Teich, Teilnehmer an einem Schnellkurs an der deutschen Sektion der MLSch, wie folgt beschrieb: "Es ist einfach unmöglich, die geforderte Zahl an Seiten zu lernen, wenn

---

22 Ebenda, f.531, op.1, d.8, l.38.
23 Vgl. XII. plenum IKKI. Stenografitscheskij ottschet (XII. Plenum des EKKI. Stenografisches Protokoll). Bd. 1. Moskau 1933. S. 9.

man die Belastbarkeit eines Menschen zugrundelegt. Der Student geht im Lernstoff unter und verliert jeden Orientierungspunkt zur Klärung von Grundsatzfragen."24

1931 wurde die tägliche Stundenzahl an der MLSch auf 8 Stunden verkürzt, 1933 auf 7. Gleichzeitig wurden auch an anderen Schulungseinrichtungen der Komintern die Zahl der Unterrichtsstunden sowie der Themen reduziert, die außerhalb des Unterrichts selbständig bearbeitet werden mußten.

Den Großteil der Zeit der Studierenden nahmen gesellschaftliche und außeruniversitäre Tätigkeiten in Anspruch. Sie lernten Kollektive aus Fabriken und aus militärischen Einheiten, die Jugend Moskaus und Bauern aus der Umgebung der Hauptstadt kennen. Oft wurden Museen, Theater und Konzerte besucht, Exkursionen in viele Städte der UdSSR veranstaltet. Die Kursteilnehmer sangen in Chören mit, beschäftigten sich in literarischen Zirkeln, bereiteten festliche Abende vor, gaben Wandzeitungen heraus und beteiligten sich an der Publikation von Pressebulletins ihrer Sektionen und Schulzeitungen.

Wie Sowjetbürger waren die ausländischen Studenten dazu verpflichtet, sich gesellschaftlichen Vereinigungen wie z.B. der "Internationalen Roten Hilfe", dem "Kinderfreund", der Gesellschaft zur Förderung der Verteidigung, des Flugwesens und der Chemie und anderen mehr anzuschließen und in ihnen mitzuarbeiten.

Die Studenten in den Hauptkursen, die einer kommunistischen Partei angehörten, wurden Mitglieder der WKP(B). Parteizellen bezogen sie in ihre Tätigkeiten mit ein und wirkten so sorgsam an ihrer "Erziehung" mit. Auf den allgemeinen Versammlungen und Sitzungen der Parteikomitees wurden alle zuletzt von der WKP(B) und Komintern getroffenen Entscheidungen diskutiert. Die Säuberungen, der Kampf gegen die Trotzkisten sowie gegen tatsächliche und vermeintliche "Linke", "Rechte" und "Versöhnler", die die WKP(B) und die Komintern erschütterten, machten keinen Bogen um Studenten und Dozenten der Schulen. Auch unter ihnen suchte und fand man Abweichler von der "Generallinie" der WKP(B), der Komintern und der Partei im jeweiligen Heimatland, Träger sozialdemokratischer Traditionen und "Überbleibsel", die es zu tilgen galt. Laut Mitteilung des Rektors der KUTK, W. Weger, an das ZK der WKP(B) vom 25.1.1930 bekämpfte die Verwaltung der Hochschule im Rahmen der Parteisäuberung des Jahres 1929 erfolgreich "parteifeindliche und konterrevolutionäre Gruppierungen" und entlarvte sie eine "trotzkistische Untergrundorganisation", der ungefähr 100 Personen angehörten.25

Die Fragen nach der Qualität der Ausbildung derjenigen, die eine Kominternschule absolviert hatten, hing auf das Engste mit den Problemen der Auswahl von Kandidaten für das Studium zusammen. Fast jedes Jahr schickte das EKKI Rundschreiben an die Parteien, in denen sie an die Anforderungen an Abiturienten erinnerte. Den Vorzug gab man jenen, die proletarischer Herkunft waren, die eine bestimmte Bildung (Abitur oder Hochschulbildung) besaßen, die sich als "treue Parteimitglieder" bewährt hatten, die nie zu Oppositionskreisen gehört oder "abweichende" Standpunkte vertreten hatten.26 Den-

---

24 Vgl. "Leninskaja Schkola". Organ organisazii BKP (b) MLSch (Organ der Organisation der WKP(B) an der MLSch), (Februar) 1931, Nr. 5. S. 32.
25 RZAEDNG, f.530, op.1, d.71, l.5-6.
26 Die Sozialstruktur der Studierenden an der MLSch zwischen 1926 und 1930 hatte folgendes Aussehen: 69,5% Angehörige der Arbeiterklasse, 14,8% der Intelligenz, 4,4% Bauern. RZAEDNG, f.495, op.30, d.25, l.25. Zur deutschen Sektion vgl. Herlemann, Beatrix: Der deutschsprachige Bereich an den Ka-

noch wurden die Studenten, wie 1935 auf einer Versammlung an der MLSch zu Recht festgestellt wurde, oftmals eher spontan ausgewählt, als daß man von einem organisierten Verfahren hätte sprechen können. Nicht angenommen wurden manchmal gerade die, die befähigt waren, sich die Theorie anzueignen, die schon Erfahrung in der Arbeit mit Massen hatten. Das Kalkül, die Studierenden "bearbeiten" zu wollen, führte dazu, daß namentlich aus den Ländern des Ostens und aus Lateinamerika, wo das Proletariat schwach entwickelt war, quasi Analphabeten zum Studium geschickt wurden, die zwar proletarischer Herkunft, aber ungeeignet waren, sich den in den Lehrplänen vorgesehenen Wissensstoff anzueignen. Darüber hinaus bedingte der eklatante Mangel an Kadern, daß die Parteien nicht selten nur formell den Anforderungen des EKKI an die Abiturienten Rechnung trug und die begabten Aktivisten für sich behielten, während sie offensichtlich weniger Vielversprechenden zum Studium schickten.

Nach den Massenausschließungen sogenannter "Rechter" aus den Parteien im Jahr 1929 verzeichneten die Schulen einen wesentlich geringeren Zustrom junger, begabter, intellektueller Aktivisten. Auf die Schulung der Parteikader wirkte sich all dies negativ aus. Nicht von ungefähr stellte der VI. Kongreß der Komintern einen "verhältnismäßig niedrigen politisch-theoretischen Wissensstand der Parteikader" fest und verpflichtete die Parteien, "alle Maßnahmen zu ergreifen", ihn zu erhöhen.[27]

Ein wesentliches Element der Ausbildung an den Kominternschulen waren das Winter- und Sommerpraktikum. Im Winter arbeiteten die Studenten für zwei Wochen in Moskauer Unternehmen, studierten Formen der Produktionsleitung und die Tätigkeit von Partei- bzw. gesellschaftlichen Organisationen. Im Sommer absolvierten sie eine vier- bis sechswöchige Hospitanz in verschiedenen Gegenden der UdSSR. Nach Abschluß der Praktika schrieben die Studenten Berichte, die sie auf einer Versammlung in der Universität vortrugen und in denen sie eine Bilanz der Hospitanzen zogen. An die Presseorgane ihrer Parteien und sowjetische Lokalzeitungen schickten sie Reportagen und Skizzen, die ihre während der Praktika gewonnenen Eindrücke wiedergaben.[28]

1930 begannen Studenten der deutschen Sektion an der KUNMS als erste, während ihrer Praktika unter ausländischen Arbeitern und Spezialisten zu agitieren, deren Zahl in der UdSSR von 4 500 im Jahr 1930 auf 20 000 zwei Jahre später angestiegen war.[29] Allein in Moskau und im Bezirk der Hauptstadt arbeiteten 2 000, von denen die Mehrheit aus Deutschland stammte.[30] Die Praktikanten agitierten unter ihren Landsleuten, der nicht-russischen Bevölkerung und ausländischen Seeleuten in den Häfen. Sie halfen ausländischen Spezialisten, die Sprachbarriere zu überwinden und Kontakt mit den sowjetischen Arbeitern herzustellen, und bezogen sie somit in das Leben der Arbeitskollektive ein. Ein Teil der ausländischen Arbeiter und Ingenieure befreite sich von Vorurteilen; sie wurden zu Freunden des Sowjetlandes.

Seit 1928 absolvierten viele Studenten - vor allem der höheren Kurse und Aspiranten - ihr Praktikum bei Veranstaltungen der Komintern, im Apparat des EKKI und der

---

derschulen der Kommunistischen Internationale, in: Internationale wissenschaftliche Korrespondenz zur Geschichte der deutschen Arbeiterbewegung, 18. Jg., 1982, S. 205-229.
27 Vgl. Stenografitscheskij ottschet VI. kongressa Kominterna (Stenografisches Protokoll des VI. Kongresses der Kommunistischen Internationale). Heft 1. Moskau, Leningrad 1929. S. 73, 80.
28 RZAEDNG, f.531, op.1, d.3, l. 18, 33-35; d.6, l.1; "Kunmsowez", 5.5.1933. S. 2.
29 Vgl. Dwijenie meschdunarodnoy solidarnosti trudjaschichsja 1924-1932 (Bewegung der internationalen Solidarität der Werktätigen). Kiew 1980. S. 68.
30 "Kunmsowez", 24.6.1933.

Kommunistischen Jugendinternationale (KIM), bei Massenorganisationen, die unter Führung der Komintern agierten. Auf diese Weise überwand man schrittweise auch die Trennung der Kursteilnehmer von ihren Parteien. Aus dem täglichen Kontakt mit Kollegen aus den Reihen der WKP(B), anderer illegaler oder legaler Parteien entwickelten sich freundschaftliche Beziehungen zwischen Vertretern verschiedener Länder, Nationen und Kontinente.

Die Studenten an der MLSch und der KUTK waren enger als ihre Kommilitonen an den ausländischen Sektionen der KUNMS und der KUTW mit dem EKKI verbunden. Sie waren daher auch besser über die Lage in ihren Heimatländern informiert. An der KUNMS und der KUTW unterrichteten in der Hauptsache politische Flüchtlinge, die ihre Heimat schon vor vielen Jahren verlassen hatten und sozusagen "getrennt" von ihrer Partei lebten. Die Absolventen der MLSch und der KUTK wurden zu Funktionären der höheren und mittleren Ebene herangezogen, die der KUNMS und der KUTW zu Kadern der mittleren und unteren Ebene. Die Erstgenannten entließen ihre Absolventen sofort nach Ende des Studiums in ihre Heimat, während die anderen dies nur dann taten, wenn in den Heimatländern der Terror gegen Kommunisten nachließ und Amnestien verkündet wurden. Um die Wartezeit bis zur Abreise zu überbrücken, arbeiteten sie in Unternehmen, auf dem Lande, in Ausländerklubs sowie in Gebieten, in denen nationale Minderheiten lebten.

Die Organisation des Studiums an den Schulen der Komintern stellte die Parteiführungen bei weitem nicht zufrieden. In ihrer Korrespondenz mit dem EKKI und den Schulleitungen wurde Kritik geäußert und vorgeschlagen, den Interessen der Parteien mehr Rechnung zu tragen und die Kader so zu schulen, daß sie ihren Bedürfnissen gerecht würden. In den Dokumenten stößt man auf Termini wie "Nationalisierung der Lehrpläne", d.h. auf Forderungen nach einem intensiveren Studium der konkreten Probleme, der Besonderheiten des eigenen Landes und der Partei. Mit Blick auf die KUTK hieß das "Chinesierung" des Lehrstoffs. Vorgeschlagen wurde zudem eine vertiefte "Internationalisierung", d.h. die Berücksichtigung und Übernahme der Erfahrungen, die andere Parteien unter ähnlichen Bedingungen gemacht hatten, oder die kommunistische Bewegung insgesamt. Doch praktische Konsequenzen wurden aus der Kritik und den Vorschlägen zur Verbesserung der Ausbildung nicht gezogen. Die Verbindung zwischen Kursteilnehmern und Parteien, die Information über deren Arbeit, das Studium ihrer wirklichen Probleme blieben unzureichend.

Die Linkswende der Komintern und ihre Folgen für die Kaderschulung

In Folge der Kampagne gegen "Rechte" im Exekutivkomitee und einer Reihe von KPs Ende 1928/Anfang 1929 verschlechterte sich die Lage an den Schulen der Komintern erheblich. Dazu trug auch bei, daß mit der Ablösung N. Bucharins J. Stalin und W. Molotow in führende Positionen im EKKI aufrückten. Nicht von ungefähr konstatierte die im Sommer 1930 einberufene Versammlung von Parteifunktionären aus den Agitprop-Abteilungen der mitteleuropäischen KPs Schwächen in der Propaganda, der Aufkärung und theoretischen Schulung der Parteiaktive.

Die Ergebnisse einer im Februar 1930 in Moskau von der sowjetischen Gesellschaft marxistischer Historiker zusammen mit Dozenten vieler Bildungseinrichtungen - darunter auch Komintern-Schulen - veranstalteten Konferenz wirkte sich schmerzhaft auf die

Kaderschulung aus.31 Unter dem Einfluß der "komplizierten Kollektivierung" der Landwirtschaft und des Kampfes mit der Gruppe um Bucharin im Politbüro erörterte die Konferenz mit Blick auf die Geschichte von WKP(B) und Komintern sowie hinsichtlich des Leninismus Fragen des Studiums und der Lehre an den KOmintern-Schulen. In der Debatte wurde darauf hingewiesen, daß es für die ausländischen Studenten zu wenig Exemplare der Schriften Lenins und zu wenige Lehrbücher zur Geschichte der WKP(B) gebe. Man gab zu, daß die Lehre im Fach Leninismus schablonenhaft sei, daß sich die Studenten marxistische Ideen auf scholastische Art und Weise aneigneten. Es wurde angemerkt, der Leninismus werde für die ausländischen Studierenden allzu "russisch" dargelegt. Die Redner verwiesen auf das niedrige wissenschaftliche Niveau und die primitiven Inhalte des Fachs Leninismus, was "Dozenten und Studenten von eigenständigem, kreativem Arbeiten befreit".32

Die meisten Redner plädierten dafür, die wissenschaftliche Forschung "in den Dienst der Gegenwart" zu stellen, und betonten die Notwendigkeit, die Abkehr vom Kurs der Neuen Ökonomischen Politik (NEP) theoretisch zu begründen, was auch bedeutete, die Äußerungen Lenins aus der Zeit des Kriegskommunismus aus der Sicht der Jahre 1929/30 zu interpretieren und eine Reihe von Maßnahmen aus jenen Tagen als "allgemeingültig, immer anwendbar und allgemeinverbindlich" darzustellen.33

In der von der Konferenz verabschiedeten Resolution zum Studium der Komintern-Geschichte überwogen linke Einschätzungen. Die Geschichtswissenschaft hatte kurzfristigen revolutionären Zielen zu dienen. Die Hauptresolution, die die Methodik des Unterrichts in den Fächern Leninismus, Geschichte der WKP(B) und Komintern bewertete, stellte einen "weltweiten revolutionären Aufschwung" fest, zielte in ihrer Stoßrichtung auf den Kampf gegen die "Rechten", richtete sich in ihren Vorgaben auf die Verringerung von Grundlagenforschung sowie auf die Unterstützung der Forderungen Stalins und seiner Politik eines "Kasernenkommunismus". Insgesamt zeigte die Konferenz, daß in den Konzepten und im Unterricht in den Fächern Geschichte, leninistischer Theorie und Komintern der Schematismus den Sieg über einen schöpferischen, dialektischen Zugang zur Erkenntnis der Wirklichkeit davontrug.

In den Jahren 1930/31 kam es zu einer neuen Diskussion in vielen wissenschaftlichen Einrichtungen der UdSSR. Unter dem Einfluß der stalinistischen Herrschaftselite endeten sie mit der Verhaftung bekannter Spezialisten, Historiker, die ihr Handwerk vor der Revolution gelernt und ausgeübt hatten, - unter ihnen waren sogar rechtgläubige Professoren und Wissenschaftler "neuen Typs".

---

31 Zum Konferenz-Protokoll vgl. Woprosy prepodawanija leninisma, istorii WKP (b) i Kominterna (Fragen zum Unterricht in Leninismus und in Geschichte der WKP(B) sowie der Komintern). Moskau 1930.
32 Ebenda, S. 85.
33 Ebenda, S. 134.

Der Einfluß des Briefes Stalins an die Zeitschrift "Proletarskaja rewoluzija" (Proletarische Revolution) auf die Entwicklung der Sozialwissenschaften in der UdSSR und die Lehre an den Komintern-Schulen

Das im Oktober 1931 in "Proletarskaja rewoluzija" veröffentlichte Schreiben Stalins "Über einige Fragen der Geschichte des Bolschewismus"[34] gab den Verfolgungen der dem Stalinschen Regime nicht hundertprozentig loyal gesinnten Sozialwissenschaftler einen kräftigen Impuls. Der Brief war die Reaktion auf einen Artikel des Historikers A.G. Slutzki über die deutsche Sozialdemokratie und ihre Beziehungen zu den Bolschewisten vor dem Ersten Weltkrieg. Stalin stützte sich auf die begründete Kritik von Käthe Pohl, Dozentin an der Kommunistischen Akademie und Ehefrau von A. Guralski-Kleine, die Slutzki vorwarf, den Kampf Lenins gegen den Zentrismus in Reihen der II. Internationale unterschätzt zu haben. Doch Stalin ging weiter: Er verschärfte die Kritik und beschuldigte Slutzki in ungerechter Weise, die Haltung Lenins gegenüber den Zentristen vorsätzlich entstellt zu haben. Dabei verfälschte Stalin die Position Lenins und bewertete die Rolle der II. Internationale in der Geschichte der Arbeiterbewegung insgesamt negativ. Damit legte er die ideologische Grundlage, auf der er seine Einschätzung der Sozialdemokratie als Flügel des Faschismus oder als "Sozialfaschisten" sowie die Politik "Klasse gegen Klasse" gründete. Grob waren auch seine Angriffe gegen Rosa Luxemburg, die führende Vertreterin der polnischen und deutschen Sozialdemokratie, die Theoretikerin des Marxismus und Mitbegründerin der Kommunistischen Partei Deutschlands (KPD), in deren Folge der Begriff "Luxemburgismus" für lange Zeit zu einem Schimpfwort und Äquivalent für Trotzkismus wurde. In Stalins Urteil war Slutzkis Artikel parteifeindlich und "halbtrotzkistisch". Scharf kritisierte er auch die Autoren einer damals gerade erschienenen, vierbändigen "Geschichte der WKP(B)". Ihren Redakteur E. Jaroslawski und die Arbeit der anderen Historiker - einige von ihnen lehrten an Komintern-Schulen - bezichtigte er des Trotzkismus oder des "faulen Liberalismus". Der Aufruf Stalins, "ihnen die Masken herunterzureißen", war im Kern der Befehl, mit der Hetzjagd gegen alle unabhängig denkenden Sozialwissenschaftler zu beginnen. Von diesem Moment an setzte eine lange Periode der Diskussionen an den Hochschulen und besonders an den Schulen der Komintern ein, die einzig und allein dem Zweck diente, Andersdenkende, "Rechte", "Trotzkisten und Halbtrotzkisten" ausfindig zu machen.

Aus dem Lehrkörper der Schulen wurden bekannte Professoren und Dozenten entfernt. Die Rektorin der KUNMS, M. Frumkina, mußte einige Male öffentlich ihre angeblichen Fehler bekennen und bereuen. Der Sekretär und die Mitglieder des Büros der Parteiorganisation an der Universität wurden neu gewählt. Die Dozenten wurden verpflichtet, der unter den Studierenden verbreiteten Ansicht, Stalin sei kein Theoretiker des Marxismus, sondern nur der Praktiker beim Aufbau des Sozialismus, eine Abfuhr zu erteilen. Sie mußten gegenseitig ihre Vorlesungen kontrollieren, in den Lehrplänen aufrührerische Inhalte aufspüren und entfernen, die Lehrbücher durch Material ergänzen,

---

34 Vgl. "Proletarskaja rewoluzija", 1931, Nr. 2/3 u. 4/5. Siehe ausführlicher zu den negativen Auswirkungen des Stalin-Briefes auf die Sozialwissenschaften in der UdSSR Babitschenko, L.G.: Pismo Stalina w "Proletarskuju rewoluziju" i ewo poledstwija (Der Brief Stalins an "Proletarskaja rewoluzija" und seine Folgen), in: Woprosy istorii KPSS, 1990, Nr. 6. S. 94-108. Vgl. auch Meyer-Leviné, Rosa: Im inneren Kreis. Erinnerungen einer Kommunistin in Deutschland. Hrsg. u. eingel. von Hermann Weber. Köln 1979.

das die Sozialdemokratie einer scharfen Kritik unterzog und die Rolle Stalins in der Geschichte sowie bei der Entwicklung des "Leninismus" rühmte.

Nichtsdestotrotz erwiesen sich diese Maßnahmen als unzureichend. Die Kontrollkommission des Moskauer Komitees der WKP(B), die im April 1932 die KUNMS überprüfte, befand, daß sich in den Lehrplänen die im Stalin-Brief angesprochenen Probleme unzureichend widerspiegelten und "die Wachsamkeit und Kampfeslust der Partei, die bolschewistische Unversöhnlichkeit in der alltäglichen Arbeit ungenügend entfalteten."[35] Wie das Beispiel des Dozentenkollektivs an der KUNMS zeigt, waren gesunder Menschenverstand und Anständigkeit des Wissenschaftlers noch in der Gesellschaft verwurzelt und unter Intellektuellen, ja sogar unter Parteiaktivisten verbreitet, obwohl sich die Offensiven der Primitivität und des Intrigantentums in der Politik im Zuge der totalen Stalinisierung bereits deutlich abzeichneten.

Von November 1931 bis Januar 1932 erörterten Kollektive der KUTW und die an ihr tätige Wissenschaftliche Vereinigung zur Erforschung nationaler und kolonialer Probleme (HAINKP) - sie erarbeitete für die Universität Lehrbücher und wissenschaftliche Fachliteratur - den Brief Stalins. Auch hier nahm die Polemik scharfe Züge an und wurde politisch zugespitzt. Diejenigen, die "Fehler" begangen hatten, mußten dies öffentlich, in der Presse bekennen. Auf den Versammlungen der ausländischen Studenten wurden die Aussagen des Briefes verschieden aufgenommen. Einige Studenten konnten nicht verstehen, was am Trotzkismus konterrevolutionär sein solle, andere bezweifelten, daß die Kritik an den Ansichten Luxemburgs fundiert sei. Die Erstsemester hielten sie für eine "aufrechte Revolutionärin, die im Kampf gefallen" sei. Die von den Studenten an dem Brief geübte Kritik wirkte sich auf ihr Schicksal nicht allzu negativ aus. Betroffen waren vor allem Dozenten und Aspiranten. Wegen "politischer Fehler" und "heimlicher Verbreitung menschewistischen Idealismus und Trotzkismus" wurden 16 Professoren der KUTW entlassen, neun wegen "Undiszipliniertheit" und "mangelnder Wachsamkeit" disziplinarisch bestraft.[36] Um die Studenten "bearbeiten" zu können, die Lehrpläne und -bücher durchzusehen und auf ihre "Militanz" zu überprüfen, wurde eine "Brigade des stalinschen Feldzugs des Komsomol" gebildet und Maßnahmen ergriffen, um "Mißstände, den ideologischen Zustand der Universität betreffend," zu beseitigen.[37]

Wesentlich heftiger verlief die Erörterung des Stalin-Briefes an der MLSch. Dort gerieten leitende Dozenten ins Kreuzfeuer der Kritik. Doch einige stellte die Größenordnung der Enthüllungen nicht zufrieden, sie verlangten mehr Opfer. Ihre darauf gerichete "Resolution der Sechs" übergaben sie dem Bezirkskomitee der Partei. Andere Mitglieder des Lehrkörpers verurteilten die unwürdigen Methoden der Verfolgung angesehener Wissenschaftler und verabschiedeten eine Protestresolution gegen die "Übergrif- fe und Übertreibungen". Nachdem sich das Bezirkskomitee und später das ZK der WKP(B) in die Auseinandersetzung eingemischt hatten, verstärkte sich die Hetze noch. Des Liberalismus beschuldigt und entlassen wurden der Sekretär des Parteikomitees, eine Reihe Lehrstuhlinhaber und später die Rektorin, K. Kirsanowa. Die Schulleitung verpflichtete sich, den Ertrag der "wissenschaftlichen Produktion" an der MLSch und die Lehrbücher zu kontrollieren, die Lehrpläne zu überarbeiten und sie um "Kritik an der trotzkistischen Propaganda, am rechten Opportunismus, an den Überbleibseln des Luxemburgismus" zu

---

35 RZAEDNG, f.495, op.30, d.837, l.15.
36 Ebenda, f.532, op.8, d.245, l.53.
37 Ebenda, d.294, l.35.

ergänzen. Überprüft wurden die Aufzeichnungen der Studenten aus den Vorlesungen sowie Konzepte zu Quellen und Literatur.

Durch diese Verfolgung von Wissenschaftlern und Dozenten an den Schulen der Komintern verschlechterte sich das Ausbildungsniveau der Parteiaktivisten deutlich. Vertrieben wurden die kreativen Geister. Angst und Argwohn machten sich auch unter den Studierenden breit. Im Unterricht wurden mechanisch und unkritisch Lehrsätze heruntergespult, manipuliert durch Zitate aus Arbeiten orthodoxer Marxisten. Der Leninismus wurde durch stalinistische Interpretationen ersetzt. Immer mehr wurden die Erfahrungen der WKP(B) verabsolutiert und im Gegenzug das revolutionäre Erbe anderer KPs aus dem Blick genommen. Man verdrehte, ja verneinte völlig die fortschrittliche Rolle der Sozialdemokratie im allgemeinen und der Linken im besonderen, die sie in der internationalen Arbeiterbewegung gespielt hatten.

Nicht umsonst schlug in dieser Situation während einer der ersten Diskussionen des Stalin-Briefes am 11. November 1931 in der Gesellschaft marxistischer Historiker (das Hauptreferat hielt das Mitglied des ZK der WKP(B) und des politischen Sekretariats des EKKI, Wilhelm Knorin) der Redakteur der "Prawda", Michail Saweljew vor, "neben dem Studium und der Verbreitung der Werke Lenins sich mit derselben Entschlossenheit [...] dem Studium der Schriften Stalins zuzuwenden." Er empfahl, die seiner Meinung nach "klassischen" Arbeiten Stalins "als Grundlage für [...] die wissenschaftliche Parteigeschichte" heranzuziehen.[38] Initiativen solcher Art fanden damals breite Unterstützung und wurden unverzüglich realisiert.

Gleichwohl wurde im November 1931 auf Beschluß des Sekretariats des EKKI an der MLSch ein Lehrstuhl für das Studium aktueller Probleme kommunistischer Parteien eingerichtet. Dergestalt sollte die Diskrepanz zwischen dem Studium der Theorie und der praktischen Tätigkeit der Kommunisten in ihren Ländern verringert werden. Durch die Existenz dieses Lehrstuhls veränderte sich das Studium aber nicht spürbar. Die Lehrpläne, außeruniversitäre Veranstaltungen und Praktika orientierten sich weiterhin an theoretischen Fragen, an der Geschichte, an der alltäglichen Arbeit der WKP(B). Es wurden allenthalben Lehrmittel eingeführt, die alle möglichen Abweichungen von der "Generallinie" der Partei entlarvten, kritisierten und mit Schimpf und Schande überzogen. Entsprechend den letzten Beschlüssen der WKP(B) enthielten sie die linksradikalen Ansichten über die politischen Geschehnisse in der Welt, priesen die Taktik "Klasse gegen Klasse" und propagierten verstärkt die stalinsche These von der Transformation der Sozialdemokratie zum "Sozialfaschismus".

Anders konnte es auch so nicht sein, denn es war die allgemeine strategische Orientierung des ZK der WKP(B) und der Komintern, die den Weg wies. Damals hofften die Führungen der WKP(B) und der Komintern ernsthaft, daß im Zuge einer "neuen Runde von Revolutionen und Kriegen", ausgelöst durch die Weltwirtschaftskrise, die Idee der Weltrevolution Wirklichkeit und in einer Art proletarischer "Kettenrevolution" ein europäisches Land nach dem anderen transformiert werden würde. Vor diesem Hintergrund wurde in Losungen von "Sowjetdeutschland", einem "sowjetischen Großbritannien", ja sogar von "Sowjetaustralien" gesprochen. Gleichzeitig wurde die Parole ausgegeben, die UdSSR, "die Basis der Weltrevolution", mit allen Mitteln zu schützen. Die auf dem V. Komintern-Kongreß und dem EKKI-Plenum im Jahr 1925 verkündete Idee einer Bolschewisierung der KPs wurde zu Teilen wiederbelebt.

---

38 Ebenda, f.147, op.1, d.30, l.128.

Nicht von ungefähr gab daher der damalige Direktor der MLSch, Wilhelm Pieck, in seinem Geleitwort an die Organisatoren des Sommerpraktikums im Studienjahr 1933 zwei Aufgaben mit auf den Weg: "Die erste heißt Studium des Aufbaus des Sozialismus, den die Studenten näher kennenlernen müssen [...], [...] um aktiv Erfahrungen einer effektiven Agitation für die kapitalistischen Länder zu sammeln. [...] Die zweite heißt Studium der Parteiarbeit im Umgang mit Massen. Diese Seite ist von großer Bedeutung für die Studenten. Sie müssen hier lernen, wie die Direktiven der WKP(B) unter den Massen verbreitet werden, welche Methoden anzuwenden sind. Auf diesem Gebiet", meinte Pieck in vollem Ernst, "herrscht der größte Mangel in den Ländern des Kapitals."[39] Das heißt, daß erneut die Erfahrungen der stalinisierten WKP(B) absolut verallgemeinert wurden, daß man bereit war, sich überall, auch auf völlig anderem Terrain nach ihnen zu richten.

Die tiefe Ehrfurcht vor den Erfahrungen der in der UdSSR regierenden Partei führte dazu, daß sich die Absolventen der Komintern-Schulen den Stil und die Arbeitsmethoden sowohl für die Massenagitation wie für die Verwaltung und Leitung zu eigen machten und versuchten, diese Kenntnisse auf das Alltagsgeschäft ihrer Parteien zu übertragen, was sich negativ auf deren Tätigkeit und auf das Ansehen des von der Komintern geschaffenen Schulungssystems für Parteikader auswirkte. Einer der Führer der Kommunistischen Partei Bulgariens, W. Kolarow, führte auf einer Sitzung von Parteivertretern mit der Leitung der MLSch im EKKI im November 1935 Beispiele dafür an, daß Studenten nach 7-9 Monaten oder einem Jahr Schulung in Moskau, wo "sie das politische Alphabet und eine Reihe von Dingen gelernt haben", bereits führende Positionen in den Parteien beanspruchen. Parteikader klagten, wie Kolarow ausführte, über die Unverfrorenheit und, was die Parteiarbeit betreffe, über den niedrigen Bildungsstand der Absolventen der Moskauer Schulen, die häufig nicht das Vertrauen rechtfertigten, das ihnen bei ihrer Ankunft im Land entgegengebracht worden war. Solch ein Absolvent, erzählte Kolarow, "kennt die Resolutionen, kennt die verschiedenen Regeln. Wir kennen sie nicht. Wir fühlen, daß er bei der praktischen Lösung eines Problems falsch liegt. Doch er überschüttet alles mit Entscheidungen der Komintern, mit Zitaten von Stalin und Lenin, und damit hat sich die Sache."[40]

Wende in der Strategie der Komintern und in ihrer Kaderschulung

1934 lassen sich im Zusammenhang mit der gewachsenen faschistischen Gefahr und der Machtübernahme der Nazis in Deutschland Ansätze einer Wende in Strategie und Taktik der kommunistischen Weltbewegung feststellen. Sie wirkte sich auch auf Formen und Methoden der Schulung von Aktivisten der KPs in Moskau aus. In den Schulen der Komintern begann man, nun häufiger Probleme des antifaschistischen Kampfes zu erörtern, der Aneignung von Fertigkeiten zur Arbeit mit den Massen entsprechend der veränderten Lage größere Aufmerksamkeit zu schenken und das Studium mehr auf die praktischen Erfordernisse des Lebens auszurichten. Die Studenten analysierten die Presse und lernten, Flugblätter und Aufrufe zu schreiben, die sich an verschiedene Bevölkerungsschichten (auch aus dem Lager des Gegners) richteten.

---

39 Ebenda, f.531, op.1, d.36, l.47.
40 Ebenda, f.495, op.30, d.1041, l.38.

Im Frühjahr 1933 fand ein Treffen zwischen Studierenden an der deutschen Sektion der MLSch, der Schulleitung, dem Sekretär des EKKI, Ossip Pjatnitzki, und dem Politbüromitglied der KPD, Fritz Heckert, statt. Die Studenten und die "hohen Gäste" besprachen Vorschläge zur Überwindung der Entfremdung zwischen Studierenden und Dozenten, die aufgrund der unzureichenden Kenntnisse der aktuellen Besonderheiten und der neuesten Situation in den ausländischen Parteien auf Seiten der Lehrenden aufgetreten waren. "Die Erfahrungen der WKP(B) muß man um die der Komintern auch aus der heutigen Zeit ergänzen", bemerkte Kirsanowa. Heckert warnte davor, daß "der Lehrer immer abstrakt unterrichten wird, wenn er die politischen Bedingungen in den entsprechenden Ländern nicht eingehend studiert hat."[41] Die Pädagogen an der KUNMS, merkte später ihre Rektorin M. Frumkina an, "mußten angesichts der neuen Lage die Geschichte und Wirtschaft der fremden Länder besser kennen, ihre Fremdsprachenkenntnisse vervollkommen, unbedingt wissenschaftlich arbeiten und einen akademischen Grad besitzen."[42] Das heißt, daß man in jener Zeit begann, sich sichtbar um einen neuen Zugang zur Lehre zu bemühen, der sich auf die Ergebnisse des Studiums positiv auswirkte.

Durch den Beschluß des politischen Sekretariats des EKKI vom 21. Juli 1933 wurden an der MLSch Lehrpläne und Studiendauer geändert. Doch auch die neuen Pläne konzentrierten sich auf das Studium der praktischen Erfahrungen der WKP(B) in der Massenarbeit und in der Illegalität. Dennoch fand insofern eine Spezialisierung statt, als nun konkrete Arbeitsformen unterrichtet wurden. Die Zahl der theoretischen Fächer wurde verringert und die Rückkehr zum vollständigen (im Unterschied zum früher nur fragmentarischen!) Studium der Arbeiten marxistischer Theoretiker, der Dokumente der Komintern und WKP(B) verkündet. An der KUTW und der KUNMS begann man, die Lehrpläne zu revidieren. Es war vorgesehen, für die Studenten mehr Lehrbücher in Fremdsprachen zu übersetzen.

Eine entscheidende Etappe bei der Revision der Lehrpläne und der Abkehr von einer formalistischen Lehrmethode markierte eine Konferenz, die am 16./17. Mai 1934 unter Beteiligung des Sekretärs des EKKI und faktischen Leiters der Komintern, Dimitri Manuilski, an der MLSch stattfand. Gründlich wurden auf ihr "die für russische Schulen ausgearbeiteten Musterlehrpläne" kritisiert, die an den Komintern-Schulen - nach Einschätzung von Kirsanowa - lediglich um ein paar Elemente aus der Praxis der KPs ergänzt wurden. Manuilski sah das Hauptdefizit der Unterrichtsmethodik in der "allzu russifizierten Herangehensweise sowohl an den Unterricht als auch im nach derselben Methode gestalteten Umgang mit den Studenten." Den Ausweg sahen die Diskussionsteilnehmer in der Hinwendung zu Problemen, die für jede KP aktuell und konkret waren. Sie schlugen vor, den Studenten beizubringen, wie man faschistische Demagogie entlarvt, wie man auf scharfe Fragen des Gegners antwortet, wie man mit "Bevölkerungsteilen mit geringem Bewußtseinsstand" umgeht, wie man Organisatoren von Streiks und Leute, die konspirativ tätig sein sollen, ausbildet. Deutlich wurde die Frage gestellt, wie man die Sprache der Parteipresse verbessern könne, denn es gelte - so einige Appelle -, "nicht die Sprache der Leninschule zu sprechen",[43] sondern die der Arbeiter.

---

41 Ebenda, f.531, op.2, d.26, l.76, 78.
42 "Kunmsowez", 5.10.1934.
43 RZAEDNG, f.495, op.30, d.974, l.32-33.

Manuilski war hier gezwungen zuzugeben, daß der Stand marxistischer Bildung bei österreichischen Sozialdemokraten und Schutzbündlern, die in die UdSSR gekommen waren und mit denen er sich getroffen hatte, besser war als bei Absolventen der Komintern-Schulen.[44]

Er schlug vor, die Lehrpläne zu "entschlacken", die schablonenhafte Lehrmethode zu überwinden, die Geschichte der WKP(B) nicht als eigenes Fach, sondern nur im Zusammenhang mit der Geschichte der entsprechenden KPs zu unterrichten. Der letzte Gedanke klang geradezu rebellisch in einer Zeit, in der - so der Leiter der polnischen Sektion, S. Budzinski - "die Geschichte der WKP(B) alles war und nun die Wende um 180° kommt."[45] Gleichzeitig rief aber derselbe Manuilski die Dozenten dazu auf, das Fach Leninismus ausschließlich anhand der Arbeit Stalins "Die Grundlagen des Leninismus" zu unterrichten, da es "besser, klarer, deutlicher, als vom Genossen Stalin dargelegt, [...] nicht dargelegt werden kann."[46]

Als Manuilski später die Ergebnisse der Änderungen der Lehrpläne vom 1. Mai 1934 ansprach, gestand er ein, daß "jene Ratschläge, die der Lenin-Schule von seiten der Komintern unterbreitet worden waren, richtig waren und daß die Lenin-Schule in mancher Hinsicht umgestaltet wird."[47] Ähnliche Prozesse vollzogen sich - allerdings mit einiger Verzögerung - auch an den anderen Schulungsstätten des EKKI. An der Erarbeitung neuer Lehrpläne und -bücher an der KUTW beteiligten sich neben ihren Dozenten auch Mitarbeiter des Ostsekretariats des EKKI: P.A. Mif, G.I. Safarow, L. Madyar und andere.[48]

Für das Erfassen und die Lösung von Problemen der Kaderschulung war ein Gespräch Georgi Dimitrows mit Studenten an der bulgarischen Sektion der MLSch sehr nützlich, das am 20. November 1934 stattfand. Dimitrow äußerte sich kritisch über die ausgesprochen theoretische Lehrmethode in der Schule, die die Absolventen nur zu "ausgezeichneten Verfassern von Thesen und Resolutionen" werden lasse. Er plädierte für eine Synthese aus theoretischem Wissen und Kenntnis der praktischen Probleme der Partei und des Landes, die nur durch Fähigkeiten auf beiden Gebieten gelöst werden könnten. Dimitrow unterstrich, daß die Parteien "nicht Professoren, nicht Scholastiker, nicht Schemata und Formeln, nicht Deklamationen benötigen, sondern Politiker und Führer, die es verstehen, Massen zu führen."[49] Dennoch vollzog sich die Abkehr von den alten Schemata bei der Ausarbeitung neuer Lehrpläne nur langsam. Häufig beschränkte man sich auf halbherzige Maßnahmen.

Der VII. Kongreß der Komintern, auf dem die politische Wende vollzogen worden war, schenkte auch der Kaderschulung große Aufmerksamkeit. In seinem Schlußwort wiederholte Dimitrow viele der Vorschläge, die er ein Jahr zuvor vor bulgarischen Studenten an der MLSch gemacht hatte. Er sprach sich für eine entschiedene Überprüfung der Lehrmethoden aus und schlug vor, "den tödlichen Schematismus, die schädliche Scholastik" aus dem Schulbetrieb zu verbannen, in Zukunft "nicht die Buchstaben des Leninismus, sondern seinen revolutionären Geist" zu studieren. Voller Schmerz sagte

---

44 Ebenda, d.1041, l.98.
45 Ebenda, d.974, l.41.
46 Ebenda, l.57.
47 Ebenda, d.1041, l.90.
48 Ebenda, d.930, l.23.
49 Ebenda, op. 10ª, d.380, l.2,7.

Dimitrow, daß nicht alle Absolventen den ihnen vom Leben abverlangten Anforderungen gerecht würden: "Viele Phrasen, viel abstraktes, aus Büchern angeeignetes Wissen, äußerliche Gelehrsamkeit. Aber wir brauchen wirkliche, wahrhaft bolschewistische Organisatoren und Führer der Massen." Er warnte davor, Arbeitsformen und -methoden der WKP(B) blind zu übernehmen, was "trotz guter Absichten nicht Nutzen bringen, sondern, wie das nicht selten auch in der Wirklichkeit vorkommt, Schaden anrichten" könne.[50] Die Kongreß-Delegierten stimmten Dimitrows Aufruf zu, die Arbeit der Parteischulen zu vervollkommnen, und legten der Politkommission des EKKI ihre Vorschläge vor. Sie betrafen die Auswahl der Studenten, die Studiendauer, die Ausweitung praxisnaher Kurse, die Vertiefung des Studiums der praktischen, alltäglichen Parteiarbeit sowie der Probleme der Geschichte und der aktuellen Situation in den jeweiligen Herkunftsländern.

In einem Brief vom 9. Dezember 1935 an den Sekretär des ZK der WKP(B), A. Andrejew, wies Wilhelm Pieck auf "die großen Mängel" hin, die im Geschichtsunterricht an der KUNMS und MLSch "immer spürbarer werden". Er bat um Hilfe bei der Einrichtung eines Büros für die Geschichte der KPD beim IML, das - so meinte er - für die Lehre eine wichtige Hilfe sein werde.[51]

Nach dem Kongreß wurde in der Kaderabteilung des EKKI eine eigene Sektion für die Kaderschulung eingerichtet. An ihrer Spitze stand die ehemalige Leiterin der Agitprop-Abteilung der Komintern, S.I. Gopner. Diese Sektion beschäftigte sich mit der Ausarbeitung neuer Lehrpläne. Daran beteiligten sich aktiv G. Dimitrow, andere Sekretäre des EKKI und Vertreter der KPs beim Exekutivkomitee.

Dimitrow warnte zur gleichen Zeit vor gedankenlosen "nackten Parallelen, schematischen Analogien" mit bzw. zur Geschichte der WKP(B), wie sie die früheren Lehrbücher präsentierten, die in die Geschichte ausländischer KPs einführten. Könne man etwa Parallelen ziehen, wenn sich die europäische Arbeiterbewegung radikal von der russischen unterscheide - so lautete die vernünftige Frage Dimitrows.[52] Während der Erörterung des Lehrplanes für einen neuen Kurs über die Geschichte der WKP(B) mit Gopner am 21. Februar 1936 empfahl Dimitrow nachdrücklich, die historischen Erfahrungen des Bolschewismus in engem Zusammenhang mit den Gegenwartsproblemen der Parteien zu studieren und vermehrt für ideologische Fragen zuständige Parteikader zur Ausarbeitung der Lehrpläne heranzuziehen. Auf der Sitzung des EKKI am 16. Mai wurden die Lehrpläne für den Bereich Geschichte der Arbeiterbewegung und der Komintern durchgesehen und im Sinne der Beschlüsse des VII. Kongresses korrigiert. Dennoch wurde am 22. Juni während der Diskussion der neuen Lehrpläne in der Sektion Kaderschulung, an der auch Dozenten der MLSch teilnahmen, festgestellt, daß es nicht hundertprozentig gelungen sei, veraltete, fehlerhafte Auffassungen und den Schematismus zu überwinden.[53] Die pathetisch formulierte Kritik der Lehrmittel richtete sich, wie es hieß, nach wie vor gegen den "traditionellen Feind innerhalb der Arbeiterbewegung", d.h. gegen die Sozialdemokratie, aber nicht gegen den Klassenfeind oder den Faschismus.

---

50 Vgl. VII. kongress Kommunistitscheskowo Internazionala i borba protiv faschisma i wojny (Der VII. Kongreß der Kommunistischen Internationale und der Kampf gegen Faschismus und Krieg). Moskau 1975. S. 219-220.
51 RZAEDNG, f.17, op.120, d.204, l.85.
52 Ebenda, f.495, op.30, d.1160, l.6.
53 Ebenda, l.86.

Eine wichtige Rolle bei der Korrektur der Lehrpläne spielte die Sitzung am 29. November 1936, an der die Sekretäre des EKKI W. Kolarow, D. Manuilski, A. Marti und W. Pieck teilnahmen. Sie kritisierten die Lehrmethode, die nach wie vor auf sowjetische Verhältnisse ausgerichtet sei und kaum die nationalen Bedingungen sowie Besonderheiten der ausländischen KPs berücksichtige. Zu 75% trügen - so Manuilski - dafür die "Komintern, wir und die Vertreter der Parteien" die Verantwortung.[54] W. Kolarow konstatierte, daß man während der Kaderschulung an der MLSch "Dimitrow als einen unverbesserlichen Opportunisten betrachtet."[55] Die Gründe für die verzögerte Einführung der neuen Lehrpläne sah Manuilski in der Gedankenfaulheit der Dozenten. Wir hingegen meinen, daß das Haupthindernis damals die Vertreibung führender, kreativer Wissenschaftler und Lektoren aus den Schulen der Komintern war. Nach der Ermordung S. Kirows am 1. Dezember 1934 war eine neue Welle des Terrors, der Verdächtigungen und der Suche nach "Abweichlern" und "Volksfeinden" angelaufen. Diese Umstände konnten einer Überwindung des Sektierertums, einem Überdenken der Vergangenheit zugunsten radikaler, progressiver Ideen nicht förderlich sein. Selbst die durch die Beschlüsse des VII. Kongresses sanktionierte neue Strategie und Taktik der Komintern waren faktisch außer Kraft gesetzt.

Zudem mußten die neuen Lehrpläne, wie es ein Bericht der Sektion Kaderschulung vom Anfang November feststellt, nicht nur die Beschlüsse des VII. Kongresses in Rechnung stellen, sondern auch den Anmerkungen "der Genossen Stalin, Kirow und Schdanow an der geschichtswissenschaftlichen Front" entsprechen, die diese mit Blick auf ein neues Lehrbuch zur Geschichte der UdSSR 1934 gemacht hatten. Es war illusorisch, diese beiden sich gegenseitigen ausschliessenden Standpunkte zusammen in die Lehrpläne einfließen lassen zu wollen.

Seit 1935 verfolgte die Komintern die Linie, das Schulungssystem in Moskau zugunsten seines Ausbaus in der Verantwortung der Parteien abzubauen. Dies geschah im Kontext der vom VII. Kongreß beschlossenen größeren Selbständigkeit der Parteien. Dies erzeugte natürlich in den Führungen einiger Sektionen Unzufriedenheit, besonders bei denen, die in der Illegalität tätig waren. Als die Pläne des ZK der WKP(B) bekannt wurden, an der KUNMS künftig sowjetische Landwirtschaftsspezialisten auszubilden, bat W. Pieck im Namen des Politbüros der KPD nachdrücklich um die Erlaubnis, an ihr die Schulung deutscher Kommunisten und Parteikader aus anderen Ländern fortzusetzen.[56]

Anfang 1936 verfolgte man im EKKI und im ZK der WKP(B) die Idee, die KUNMS und KUTW zu schließen. Im April schloß die KUNMS ihre Tore.[57] Ihre begabtesten Studenten wurden auf die MLSch geschickt. Von den Studenten an der KUTW wurden 194 ausgewählt, die ihr Studium an der Hochschule für Ostkader beim Wissenschaftlichen Institut zur Erforschung nationaler und kolonialer Probleme fortsetzen konnten. Ein Teil der ausländischen Gruppen an der KUTW wurde aufgelöst und die Studenten in ihre Heimat zurückgeschickt.

Auf der Sitzung des Sekretariats des EKKI am 15. November 1937 entschied man über das Schicksal der Leitungen der MLSch und der Schule für Ostkader. K. Kirsanowa

---

54 Ebenda, d.1041, l.100.
55 Ebenda, l.40.
56 Ebenda, f.17, op.120, d.204, l.11.
57 Ebenda, f.495, op.30, d.1160, l.21 und d.1045, l.22.

und P. Mif wurden unter ein und demselben Vorwand, sie hätten nicht für "die korrekte Durchsetzung der Komintern-Linie im Bereich der Kaderschulung" gesorgt, ihrer Funktionen enthoben. Kirsanowa wurde zudem beschuldigt, es "an Wachsamkeit gegenüber Volksfeinden habe fehlen zu lassen." Zum vorübergehenden geschäftsführenden Direktor der MLSch wurde W. Tscherwenkow (Wladimirow) ernannt. Eine Kommission, der D. Manuilski, M. Moskwin und W. Florin angehörten, sollte binnen 20 Tage die Lage an der MLSch überprüfen und Vorschläge zur Verbesserung ihrer Arbeit unterbreiten. Nachfolger des bekannten Orientalisten P. Mif an der Schule für Ostkader wurde der ehemalige Leiter der Kaderabteilung, der Sekretär des Parteikomitees des EKKI, Fjodor Kotelnikow.[58] In den Jahren 1938-1941 existierte anstelle der Schule nur noch eine chinesische Studiengruppe mit 40 Studenten, die unter schrecklicher Not und Entbehrungen litten.

Auch die Internationale Leninschule (MLSch) stellte 1937 ihre Tätigkeit ein. Auf Beschluß des Sekretariats des EKKI wurden in ihr 1938 nur noch 90 Lehrer von Parteischulen für in der Legalität tätige KPs aus Europa und den USA ausgebildet.[59]

Es ist noch schwer, die genaue Anzahl der Absolventen von Schulungseinrichtungen der Komintern zu bestimmen. In den Archiven finden sich vereinzelte, mitunter widersprüchliche Angaben für einzelne Zeitabschnitte, einzelne Schulen und einzelne Parteien. Die offiziellen Zahlen erscheinen oft als zu hoch. Tatsächlich wurde ein Teil der Studenten von ihren Parteien lange vor Abschluß des Studiums zurückgerufen; einige firmieren in den Listen als Absolventen, obschon sie nur Schnellkurse von drei-, sechs- oder neunmonatiger Dauer besucht haben. Bekannt ist z.B., daß die KUTW in den Jahren 1921 bis 1936 insgesamt 2 123 Personen ausbildete. Dennoch gibt es für diese Zeit keine Angaben über die Absolventen ihrer Auslandsabteilung. 1930 z.B. studierten an ihr 234 Ausländer, 1932 425, im Frühjahr 1934 162, im Herbst desselben Jahres nur 65.[60] Es gibt Angaben darüber, daß in den Jahren 1929 bis 1934 464 ausländische Studenten die KUTW absolvierten. Die meisten, nämlich 78, kamen aus China, 66 aus Korea, 49 aus Indien und die wenigsten - je drei - aus Albanien, Mexiko, Uruguay und Equador.[61] Gleichzeitig - so kann man dem Bericht des Rektors der KUTW an das EKKI vom 25. Dezember 1935 entnehmen - wurden in den Jahren 1921 bis 1928 an der chinesischen Sektion der Universität 462 Personen für die chinesische KP geschult; in speziellen "militärpolitischen Schnellkursen" an der KUTW wurden 687 Mitglieder der chinesischen KP ausgebildet.[62]

Die KUNMS bildete - die Angaben sind jedoch ungenau - mehr als 500 Aktivisten ausländischer KPs aus. Anfang 1936 kamen von ihnen insgesamt 536 Studenten 301 aus dem Ausland.[63]

An der KUTK wurden 1904 Kommunisten, Mitglieder der Kuomintang und anderer revolutionärer Bewegungen ausgebildet.[64]

---

58 Ebenda, f.17, op.120, d.259, l.30-31 und d.296, l.13.
59 Ebenda, f.495, op.20, d.866, l.125.
60 Ebenda, op.30, d.981, l.15, 31 und d.983, l.5 sowie f.532. op.8, d.59, l.1.
61 Ebenda, op.30, d.930, l.38.
62 Ebenda, d.1043, l.1.
63 Ebenda, d.1177, l.6.
64 Ebenda, f.530, op.4, d.1, l.5

Die MLSch absolvierten zwischen 1926 und 1930 - so heißt es in einer Quelle - 413 Personen; in einer anderen ist von 560, in einer dritten von 883 Personen die Rede.[65] Es gibt Angaben darüber, daß hier in den Jahren 1926 bis 1931 903 Personen geschult wurden und im Studienjahr 1932/33 597.[66] In den letzten Jahren stieg die Zahl, wie Dokumente belegen, erheblich. Im Studienjahr 1935/36 plante die Schule, 650 Studienanfänger aufzunehmen.[67] Allerdings setzten im Jahr 1936, entsprechend einem Beschluß des EKKI, nur Mitglieder der illegalen Parteien ihr Studium fort. Nach von uns berechneten Näherungswerten haben ungefähr 2.000 Aktivisten kommunistischer Parteien und Jugendverbände aus vielen Ländern der Erde eine Ausbildung an der MLSch durchlaufen.

Insgesamt wurden an den Kominternschulen ungefähr etwas mehr als 5.000 Personen (einschließlich der Absolventen der Schnellkurse) ausgebildet.

Die kurz vor und nach dem VII. Kongreß von der Komintern unternommenen Versuche, Studium und Schulung in ihren Schulen auf die Lösung der konkreten Probleme der KPs auf der Basis grundlegender theoretischer Kenntnisse auszurichten und den Schematismus, unnötiges Theoretisieren sowie das Verabsolutieren der Erfahrungen der Bolschewisten zu überwinden, zeitigten nicht die erwarteten Erfolge. Der Druck alter Stereotypen war zu mächtig. Zudem erwiesen sich die anderthalb Jahre, in denen das Schulungssystem umgestaltet werden sollte, als sehr kurz. Die Welle des stalinschen Terrors der Jahre 1935 bis 1938 fegte auch über sie hinweg. Die Komintern-Schulen wurden gesäubert, hunderte Dozenten, Aspiranten und Studenten verloren ihr Leben oder wurden in Lager und Gefängnisse gesteckt. Die Atmosphäre der Angst und des allgemeinen Mißtrauens, die sich in der Komintern ausgebreitet hatte, war einer Überwindung hergebrachter Methoden der Kaderschulung nicht gerade förderlich.

Das unter großen Anstrengungen in der Zeit vollständiger wirtschaftlicher Zerrüttung und des Hungers in Sowjetrußland geschaffene Schulungssystem für Aktivisten aus den Komintern-Sektionen wurde im Zuge der maßlosen Repressionen völlig desorganisiert.

Diese katastrophalen Ereignisse sollten nicht eine gewisse positive Rolle übersehen lassen, die die Komintern bei der Verbesserung des Bildungsniveaus vieler schlecht ausgebildeter, fast nicht einmal des Schreibens und Lesens kundiger Aktivisten der Arbeiter-, der kommunistischen und nationaler Befreiungsbewegungen gespielt hat. Viele Absolventen der Komintern-Schulen wurden bekannte Politiker, Wissenschaftler und Künstler. An der KUTW studierten z.B. der Präsident Nord-Vietnams, Ho Tschi Minh, der Generalsekretär der KP Indochinas, Tschan Fu, der Präsident Kenias, Jomo Kenyatta, der populäre ghanesische Dichter, W. Awunor-Renner. Die MLSch durchliefen die Generalsekretäre der KP Syriens, H. Bagdasch, und der USA, G. Hall, das Politbüromitglied und ZK-Sekretär der KP Dänemarks in den Jahren 1931 bis 1937, A.M. Petersen, das Politbüromitglied der KPD, John Schehr, der ZK-Sekretär der jugoslawischen KP, D. Dschakowitsch, und viele andere.

Das theoretische Wissen der Absolventen der Komintern-Schulen konnte gewiß nicht umfangreich sein. Hier zeigten sich eine unzureichende Allgemeinbildung der Abiturienten, namentlich aus den östlichen Ländern, sowie schlechte Sprachkenntnisse und der ungenügende Ausbildungsstand der sowjetischen und ausländischen Lehrkräfte. Die aus den Komintern-Schulen hervorgegangenen Kader spielten mit Mehrheit eher die

---

65 Ebenda, f.495, op.20, d.865, l.42 und f.531, op.1, d.18, l.51 sowie d.47, l.47.
66 Ebenda, f.495, op.30, d. 295, l.25.
67 Ebenda, f.531, op.1, d.50, l.8.

Rolle beflissener Exekutoren denn die schöpferischer Denker, Dialektiker und selbständig Handelnder, die ein totalitäres System nicht hervorbringen kann.

Kees N. Boterbloem (Montreal)

Einige Aspekte der stalinistischen "Säuberungen" in der russischen Provinz

Die Erforschung der sowjetischen Geschichte stieß lange Zeit auf zahlreiche Probleme, weil im Westen nur wenige Quellen zugänglich waren.[1] Während man über den Zeitraum bis 1929 und über die Verbannung von Leo Trotzki zahlreiche Archivalien einsehen konnte, waren zur Periode der Kollektivierung und Industrialisierung nur sehr wenige Dokumente zugänglich. In diesem Zusammenhang stellte nur das Archiv der Provinz von Smolensk - trotz des lückenhaften Aktenbestandes - eine Ausnahme dar.[2] Aber man konnte das Smolensk-Material durch Gespräche mit ehemaligen Bürgern der Sowjetunion ergänzen, wie es beispielsweise an der Harvard University geschehen ist.[3] Neben der Sichtung von Werken sowjetischer Schriftsteller, Historiker und Dissidenten konnten auch die Erinnerungen von Menschen, die längere Zeit in der UdSSR verbracht hatten und dann in den Westen übersiedelten, etwa Diplomaten und Journalisten, wertvoll sein. Über die Nachkriegszeit war indes fast überhaupt kein Aktenmaterial zugänglich. Eine Situation, die sich inzwischen glücklicherweise fast völlig verändert hat. So war es dem Verfasser möglich, als erster westlicher Forscher in dem Parteiarchiv von Tver zu arbeiten.[4]

Die Sowjetunion war das größte Land der Welt und Rußland ist das noch heute. Dennoch muß man bei der Lektüre sowohl von historischen Abhandlungen als auch von zeitgenössischen Periodika den Eindruck gewinnen, daß es dort nur zwei Städte gibt, in denen alle Bürger der ehemaligen Union zu leben scheinen, nämlich Moskau und Leningrad/St. Petersburg. Entsprechend der politischen Situation, dem Interesse des Augenblicks und vielleicht der Laune des Forschers oder des Journalisten wurden und werden die historischen wie aktuellen Ereignisse nur in Städten wie Kiev, Tiflis, Vilna, Gorki/Nishnij Novgorod, Sverdlovsk/Ekaterinburg oder Erivan, um die größeren zu nennen, angesiedelt. Selbstverständlich hängt dies damit zusammen, daß in der Sowjetunion alle wichtigen politischen und wirtschaftlichen Entscheidungen in Moskau getroffen wurden. Leningrad wurde hier und da miteinbezogen, weil es noch etwas von der alten *Grandeur* der Hauptstadt der Vorrevolutionszeit, in der 1917 die Revolution ihren Anfang nahm, behalten und deshalb in der Sowjetunion einen besonderen Platz innehatte.[5]

---

1 Ich danke Ralph Güntzel von der McGill Universität in Montreal für die Durchsicht dieses Artikels und Dr. Jan Foitzik von der Universität Mannheim für seine mannigfaltige Unterstützung bei der vorliegenden Untersuchung.
2 Fainsod, M.: Smolensk under Soviet Rule. Cambridge (Mass.) 1958. S. 3-17.
3 Vgl. Inkeles, A./Bauer, R.A.: The Soviet Citizen. Daily Life in a Totalitarian Society. Cambridge (Mass.) 1961, insbesondere: Appendix 22, S. 464-467.
4 Es handelt sich um das ehemalige Archiv der Parteiorganisation von Tver/Kalinin, das sich im "Tverskoi tsentr dokumentatsii noveischei istorii" in der Stadt Tver/Kalinin befindet.
5 Natürlich sollte man hinzufügen, daß nicht nur die blutigen Säuberungen mit der Ermordung Kirows in Leningrad ihren Anfang nahmen, sondern daß diese Stadt auch im Zweiten Weltkrieg eine wichtige Rolle gespielt hat. In der Nachkriegszeit stand Leningrad wenigstens zweimal im Zentrum der Auf-

Moskau hat heute etwa 11 Millionen Einwohner. In Rußland leben dagegen nahezu 150 Millionen Menschen.[6] Da noch immer wenig darüber bekannt ist, was eigentlich in Moskau zur Zeit Stalins und seiner Nachfolger geschah, wird es zweifellos sehr wichtig bleiben, sich auch weiterhin mit den Ereignissen und Entwicklungen im politischen Zentrum der Union zu beschäftigen. Gleichwohl ist jedoch nicht absehbar, wie lange es möglich sein wird, in Rußland oder in den anderen Ländern der ehemaligen Sowjetunion ohne Einmischung der Behörden zu forschen. Nicht zuletzt deshalb ist es also wichtig zu versuchen, auch das Leben der Sowjetbürger außerhalb Moskaus zur Zeit des Stalinismus in den Blick zu nehmen.[7] Im großen und ganzen hat bislang nur Merle Fainsod mit seiner Untersuchung einen solchen Versuch unternommen.[8] Seine Arbeit ist noch immer sehr nützlich, beleuchtet aber vornehmlich die politische Struktur einer russischen Provinz.[9] Die Forschungsdesiderate der Regionalgeschichte des Stalinismus sind immens. So ist es immer noch unbekannt, welches Ausmaß die Unterdrückung hatte, wieviele Personen "kollaborierten" oder vielleicht tatsächlich an eine bessere sozialistische Zukunft glaubten. Welchen Erfolg hatten diejenigen, die versuchten, den Behörden aus dem Weg zu gehen, und wie erlebte und verarbeitete der durchschnittliche Sowjetbürger das System?

Die folgende Darstellung der Ereignisse der Jahre 1937 und 1938 in der Provinz von Kalinin versteht sich als ein Beitrag zum besseren Verständnis des Lebens in der russischen Provinz in dieser Zeit. Fainsod ist nur am Rande auf die Geschehnisse im Gebiet der späteren Provinz von Kalinin eingegangen.[10] Da von 1929 bis 1935 die *raiony* von Ostashkov, Kamen', Lukovnikovo, Zubtsov, Staritsa, Pogorel'oe-Gorodishche, Olenino, Selizharovo und Rzhev, samt den *raiony*, die 1944 teilweise zur Provinz von Welikie Luki kamen, zum westlichen Teil der Provinz gehört hatten, gab es einige Hinweise auf die besagte Region.[11] Ferner veröffentlichte Helmut Altrichter 1984 ein wichtiges Buch über die Bauern in der *Guberniia* von Tver in den zwanziger Jahren.[12] Die Guberniia umfaßte in dieser Zeit etwa das Gebiet der kalininschen Provinz zwischen 1944 und 1957.[13] Von Januar 1935 bis August 1944 gehörten ihr im Westen noch einige Teile - insgesamt 24 raiony - der späteren Provinzen von Welikie Luki und Pskow an. In dieser Zeit hatte die Provinz eine gemeinsame Grenze mit Lettland gehabt.

---

merksamkeit der sowjetischen Behörden, und zwar 1946 beim Anfang der *Shdanowshchina* und 1949 mit der erneuten Parteisäuberung in der Stadt.

6 Vgl. Chislennost' naseleniia soiuznykh respublik po gorodskim poseleniiam i raionam na 1 ianvara 1991 g. Statisticheskii sbornik. Moskva 1991. S. 3. Dort wird für die gesamte RSFSR die Zahl 148.572.700 genannt.

7 Darüber hinaus besteht die Möglichkeit, daß der Forschung zahlreiche Dokumente verloren gehen, weil für die Aufbewahrung nicht genügend Finanzmittel zur Verfügung stehen.

8 Fainsod, Smolensk under Soviet Rule, a.a.O.

9 Provinz wird fortan als Synonym für die russischen Worte *oblast* und *guberniia* gebraucht.

10 1929 wurden die *uezdy* von Rzhev und Ostashkow der Tverer guberniia mit der guberniia von Smolensk und anderen Gebiete zu der westlichen Oblast' zusammengeschlossen. Vgl. Fainsod, Smolensk under Soviet Rule, a.a.O., S. 52 und Kartenanhang. Als Beispiel für die Beschreibung einiger Ereignisse in der späteren kalininischen Provinz vgl. ebenda, S. 179.

11 Die Provinz von Kalinin wurde 29. Januar 1935 geschaffen.

12 Altrichter, H.: Die Bauern von Twer. Vom Leben auf dem russischen Dorfe zwischen Revolution und Kollektivierung. München 1984.

13 Vgl. TsSu RSFSR, Statisticheskoe Uprawlenie Kalininskoi Oblasti. Kalininskaia oblast' za 50 let v tsifrakh. Statisticheskii Sbornik. Moskwa 1967. S. 11.

Die folgenden Ausführungen beschränken sich auf einige Aspekte in der Geschichte dieser Provinz, hauptsächlich während der "Säuberungen" der dreißiger Jahre.[14] Fainsod war es nicht möglich, seine Geschichte der russischen Provinz weiter als bis zum Herbst 1937 zu führen, weil es im Archiv der Provinz Smolensk über die nachfolgende Periode keine Materialien gab.[15] Daher ist es um so interessanter zu versuchen, die Ereignisse in der Provinz bis zum Ende der *Ezhovshchina* zu beschreiben und auf diese Weise Fainsods Arbeit zu vervollständigen. Zumindest in der Provinz Kalinin waren die "Säuberungen" Ende 1937 noch voll im Gange und kamen erst etwa ein Jahr später zu ihrem Ende. So kann die folgende Darstellung gleichzeitig auch als eine Erweiterung der Arbeit von Robert Conquest über den "Großen Terror" dienen.[16]

Im Dezember 1939 gab es in der kalininschen Provinz offiziell 2.489.200 Einwohner.[17] Nur 24 Prozent (609.800) waren Stadteinwohner und 76 Prozent (1.879.400) lebten noch immer auf dem Lande. 13 Jahre zuvor, also 1926, waren noch fast 90 Prozent der Bevölkerung ländlich geprägt.[18] Die Bevölkerung Kalinins bzw. Tvers hat sich zwischen 1926 und 1939 ebenso wie die Einwohnerzahl der zweitgrößten Provinzstadt, Vyshnii Volochek, verdoppelt. Rzhev, noch in den zwanziger Jahren die zweitgrößte Stadt, war 1939 von Vyshnii Volochek überholt worden, obgleich auch Rzhev um mehr als 20.000 Einwohner gewachsen war. Weiterhin gab es 1939 noch acht Siedlungen mit mehr als zehntausend Einwohnern.[19]

Die Stalinsche Revolution der Kollektivierung, Industrialisierung und Urbanisierung hatte natürlich auch Auswirkungen auf die Provinz von Kalinin. Die Industriestruktur hat sich dennoch nicht gravierend verändert. Wie schon in den zwanziger Jahren war die Textilindustrie noch immer am wichtigsten. 1937 machten Konsumgüter 60 und Produktionsmittel 40 Prozent der gesamten Produktion der Großindustrie aus.[20] In diesem Jahr arbeiteten fast 29.000 Arbeiter in den zehn Textilfabriken von Kalinin und Vyshnii Volochek.[21] Nur zwei Jahre später soll es schon 38.500 Arbeiter in der Textilindustrie

---

14 In meiner Dissertation beschäftige ich mich mit der Sozialgeschichte der unmittelbaren Nachkriegszeit.
15 Fainsod, Smolensk under Soviet Rule, a.a.O., S. 5, 61.
16 Conquest, R.: The Great Terror: Stalin's Purge of the Thirties. London, New York 1968 (1. Auflage). Vgl. auch die nachfolgenden, erweiterten Auflagen.
17 Kalininskaia oblast' za 50 let v tsifrakh, a.a.O., S. 12.
18 Ebenda. Innerhalb der Grenzen von 1944 bis 1956 - künftig als "kleinere Provinz" bezeichnet - lebten Anfang 1939 579.800 Menschen in Städten und in städtischen Siedlungen. Vgl. TsSU SSSR. Statisticheskoe upravlenie Kalininskoi Oblasti. Narodnoe Khoziaistvo Kalininskoi Oblasti. Statisticheskii Sbornik. Kalinin 1957. S. 7. Die Differenz zur genannten Zahl in Kalininskaia oblast' za 50 let v tsifrakh, a.a.O., S. 12 beträgt nur 30.000. Obgleich die Tver-Provinz 1991 flächenmäßig nicht viel kleiner war als 1939, lebten dort nur 1.676.200 Menschen (71,8 Prozent städtische und 28,2 Prozent ländliche Einwohner). Vgl. Chislennost' naseleniia soiuznykh respublik po gorodskim poseleniiam i raionam na 1 ianvara 1991 g. Statisticheskii sbornik, a.a.O., S. 4.
19 Narodnoe Khoziaistvo Kalininskoi Oblasti, a.a.O., S. 7.
20 Kostiukovich, V.B./Orlov, V.S.: Kalininskaia partiinaia organizatsiia v bor'be za zavershenie sotsialisticheskoi rekonstruktsii narodnogo khoziaistva (1933-1937 gg.), in: Ocherki istorii kalininskoi organizatsii KPSS. Moskva 1971. S. 378-419, 384f.
21 Pashkevich, V.I.: Khlopchatobumazhnaia promyshlennost', in: Uchenye zapiski MGU, 37: Geografiia. Promyshlennost' Kalininskoi oblasti, Tom II, chast' vtoraia. Moskva 1939. S. 52.

der beiden Städte gegeben haben.²² Daneben arbeiteten 1940 3,5 Prozent aller Arbeiter in den großindustriellen Flachsbearbeitungsfabriken.²³

Obgleich es im September 1940 insgesamt 351.100 Arbeiter und Angestellte gab, waren davon nur 135.000 in der Massengüterindustrie der kleineren Provinz²⁴ beschäftigt.²⁵ Weiterhin arbeiteten 23.600 Menschen bei der Eisenbahn, 17.600 beim Bau, 11.800 im LKW-Transportbereich und als Stauer.²⁶

Die Statistiken der industriellen Produktion im Jahre 1940 waren nicht sehr ermutigend. In mehreren Betrieben wurde weniger als noch drei Jahre zuvor produziert. Die Provinz stellte beispielsweise weniger Papier, Lederschuhe, Ziegelsteine, Fensterglas, Holz und Butter her.²⁷ Vielleicht war dies eine Folge des Finnland-Krieges, es ist jedoch wahrscheinlich, daß die noch zu beschreibenden Ereignisse einen ungünstigen Einfluß ausgeübt haben.

Auf dem Lande waren in dieser Zeit noch immer mehrere Tausend als Gewerbetreibende beschäftigt, wie zum Beispiel in der Schuherzeugung im Umkreis von Kimry.²⁸ Am Ende der dreißiger Jahre gab es in Kimry ungefähr 10.000 in Kooperativen vereinte Schuster, was der Zahl der Arbeiter in den fünf Textilwerken in Vyshnii Volochek entsprach.²⁹ In den Sowchosen, MTS und anderen Fabrik- oder Staatsbetrieben der Landwirtschaft arbeiteten 17.900 Menschen.³⁰ Außerdem waren noch mehrere Tausend auf dem Lande als Ärzte, Lehrer oder Verkäufer in Dorfläden beschäftigt.

Die Kollektivierung hatte auch in der Provinz von Kalinin zu einem großen Verlust an Vieh geführt. Noch im Januar 1941 lag der Kuhbestand unter dem von 1916.³¹ Kolchosen und landwirtschaftliche Staatsbetriebe besaßen 1941 insgesamt 247.400 Pferde, durchschnittlich kamen damit etwa 18 auf jede Kolchose.³² Da die Relation von Kolchosen und Traktoren bei den MTS nicht einmal 2:1 betrug, blieben Zugtiere für die Landarbeit sehr wichtig.³³ Der Schweinebestand ist zwischen 1928 und 1941 nur

---

22 Selin, M.A.: Kalininskaia partiinaia organizatsiia v bor'be za uprochenie sotsialisticheskogo obshchestva (1937g. - iiun' 1941g.), in: Ocherki istorii kalininskoi organizatsii KPSS, a.a.O., S. 420-457, hier S. 434. Es ist schwierig, genau einzuschätzen, inwieweit diese sowjetischen Quellen zutreffend sind.
23 Kalininskaia oblast' za 50 let v tsifrakh, a.a.O., S. 35. Vgl. auch die Tabelle im Anhang dieser Arbeit.
24 Vgl. oben.
25 Vgl. Narodnoe Khoziaistvo Kalininskoi Oblasti, a.a.O., S. 70.
26 Ebenda.
27 Ebenda, S. 15-17.
28 Alampiev, P.: Promyshlennost' Kalininskoi oblasti (vvodnyi ocherk), in: Uchenye zapiski MGU, 37, a.a.O., S. 15; Pervozvanskii, A.V.: Kozhevenno-Obuvnaia promyshlennost', in: ebenda, S. 77.
29 Vgl. Pervozvanskii, Kozhevenno-Obuvnaia promyshlennost', a.a.O., S. 77; Pashkevich, Khlopchatobumazhnaia promyshlennost', a.a.O., S. 52. Insgesamt gab es 1940 innerhalb des Gebietes der "kleineren" Provinz nach offiziellen Angaben 32.900 Mitglieder der Gewerbe-*arteli*. Vgl. Narodnoe Khoziaistvo Kalininskoi Oblasti, a.a.O., S. 70.
30 In der kleineren Provinz. Vgl. ebenda, S. 70.
31 Ebenda, S. 43.
32 Vgl. ebenda, S. 44. Die Kolchosen hatten insgesamt 230.800 Pferde. 1945 sprach der erste Parteisekretär der Provinz, I.P. Boitsov, in seiner Rede vor der sechsten Parteikonferenz der Provinz von 12.957 Kolchosen, die es unmittelbar vor dem Krieg gegeben habe. Vgl. Tverskoi tsentr dokumentatsii noveishei istorii, fond 147, opis' 3, delo 2679, list 7ob (künftig: TTDNI, 147/3/2679, L.7ob).
33 TTDNI, 147/3/2679, L.7ob. Insgesamt hat es vor dem Krieg 5.639 Traktoren, 730 Mähdrescher und "Tausende andere landwirtschaftliche Maschinen und Geräte" gegeben. Während es noch 1928 in der Tverer guberniia 480.000 Pferde gab, halbierte sich dieser Bestand in etwa bis 1941. Der Schwund

schwach angestiegen.³⁴ Am 1. Januar 1941 standen den Kolchosen insgesamt 174.600 Kühe, 90.500 Schweine und 420.400 Ziegen und Schafe für den persönlichen Gebrauch zur Verfügung.³⁵ Es ist schwierig abzuschätzen, wieviele Tiere jeder Hof besaß, aber es ist unwahrscheinlich, daß viel mehr als die Hälfte der Höfe über eine Kuh für den eigenen Gebrauch verfügte.

Die Kollektivierung hat die Struktur des Ackerbaus stark verändert. 1937 wurde doppelt so viel Land mit Flachs bebaut als noch neun Jahre zuvor, und auch der Anbau von Futterkulturen hatte sich erheblich gesteigert.³⁶ Der Staat versuchte also, eine Art von Rationalisierung des Ackerbaus und der Viehzucht einzuführen, weil er das ländliche Gebiet der kalininschen Provinz als außerordentlich geeignet für den Flachsanbau und die Milchwirtschaft betrachtete. Überhaupt wurde 1937 viel mehr Land bebaut als 1928, was auf den langfristig projektierten Versuch der sowjetischen Regierung zurückzuführen sein dürfte, durch eine Vergrößerung des kultivierten Landes die Ackerbauergebnisse zu verbessern.³⁷ Es ist merkwürdig, daß 1940 der Umfang des Ackerlandes viel kleiner war als noch drei Jahre zuvor; auch der Anbau von Flachs, Kartoffeln und Getreide war merklich zurückgegangen.³⁸

Noch kurz vor Kriegsausbruch, im Frühjahr 1940, wurden die Bauern von 41.593 *khutor*-Höfen - d.h. von landwirtschaftlichen Betrieben, deren Bewirtschafter zwar formell Kolchosen angehörten, aber immer noch eigene Häuser außerhalb der zentralen Kolchosedörfer besaßen - gezwungen, in Häuser der zentralen Kolchosenhöfe umzusiedeln.³⁹ Da sie fernab dieser kollektiven Siedlungen gewohnt hatten, waren sie wohl der angestrebten Rationalisierung der Landwirtschaft im Wege. Diese Zwangsumsiedlung kann als letzter Schritt der Kollektivierung angesehen werden. Sie betraf allein in der besagten Provinz vermutlich mehr als 160.000 Menschen.⁴⁰

Sicherlich vermitteln diese Zahlen nur ein unvollständiges Bild der historischen Wirklichkeit. Selbstverständlich müssen die Auswirkungen der *Ezhovshchina* und weiterer damit verbundener "Säuberungen" hinzukommen. Es läßt sich indes mit gewisser Wahrscheinlichkeit sagen, daß in der Provinz Tver die Kollektivierung größere Auswirkungen als die "Säuberungen" ab 1935 gehabt hat. Im Sommer 1992 führten im Auftrag des Verfassers zwei Professoren der Universität in Tver 110 Interviews mit Einwohnern

---

wurde jedoch in den sowjetischen Statistikhandbüchern der fünfziger und sechziger Jahre ignoriert. Vgl. Altrichter, Die Bauern von Twer, a.a.O., S. 209 (Tabelle X). Die Guberniia des Jahres 1928 war etwas kleiner als die Provinz von 1956. Vgl. Kalininskaia oblast' za 50 let v tsifrakh, a.a.O., S. 11. Die dortigen Angaben werden im *predislovie* zugrundegelegt, in: Narodnoe Khoziaistvo Kalininskoi Oblasti, a.a.O., S. 5.

34 Vgl. Altrichter, Die Bauern von Twer, a.a.O., S.209 (Tabelle X) und Narodnoe Khoziaistvo Kalininskoi Oblasti, a.a.O., S. 43.
35 Vgl. Narodnoe Khoziaistvo Kalininskoi Oblasti, a.a.O., S. 44.
36 Ebenda, S. 26.
37 Vgl. beispielsweise Medvedev, Z.A.: Soviet Agriculture. New York, London 1987. S. 132f. und Mertsalov, A.N.: Stalinizm i osveshchenie proshlogo, in: ders. (Hrsg.): Istoriia i stalinizm. Moskva 1991, S. 382-447, hier S. 402. Mertsalov spricht von einer Vergrößerungsmanie, die es unter Stalin gegeben habe.
38 Narodnoe Khoziaistvo Kalininskoi Oblasti, a.a.O., S. 26.
39 Selin, Kalininskaia partiinaia, a.a.O., S. 447; Korytkov, N.G.: Kalininskoe selo: proshloe, nastoiashchee, budushchee. Moskva 1978, S. 31f.
40 D.h., wenn man davon ausgeht, daß ein durchschnittlicher Hof aus vier Personen bestand.

der Provinz über ihre Erlebnisse in der Stalin-Zeit.[41] Obwohl sich die Gespräche hauptsächlich auf Kriegs- und Nachkriegsereignisse konzentrierten, sprachen dennoch sehr viele, nach den persönlichen Erfahrungen mit der Stalinschen Unterdrückung befragt, vom Terror der Kollektivierung. Viel weniger war von erlebten Repressionen nach 1935 die Rede.[42] Typisch ist vielleicht der Lebensweg von Mariia I. Potemkina (Jg. 1912), einer Schullehrerin, die in dieser Zeit in der Nähe von Nelidovo auf dem Lande lebte. Ihr Vater, ein Arzt, wurde 1930 verhaftet, weil er "einen Artikel [...] über die Übertreibungen der lokalen Behörden bei der Durchführung der Kollektivierung geschrieben hat". Dennoch war sie damals der Ansicht, daß das NKWD und die OGPU unverzichtbare Organe seien. Ebenso wurde 1929 der Onkel von Antonina I. Ryzhakova verhaftet, beinahe auch ihr Vater, weil beide vor der Revolution ein Stück Wald und etwas Land besessen hatten. Tatjana Novikova, eine Dorfbewohnerin aus dem Rayon Udoml'ia, erfuhr von ihrem Ehemann von einer Verhaftung nach 1945 und berichtete von mehreren Arretierungen von Kulaken zur Zeit der Kollektivierung. In allen drei Fällen hatten die Befragten nichts über die "Säuberungen" in der zweiten Hälfte der dreißiger Jahren mitgeteilt. So erinnerte sich auch Mariia N. Nadyseva (Jg. 1915), die während der Kollektivierung auf dem Lande lebte, zuvörderst an die "Entkulakisierung" sowie an die Erschiessung des Dorfgeistlichen. Nachdem sie 1937 nach Kalinin umgesiedelt war und angefangen hatte, als Textilarbeiterin zu arbeiten, bemerkte offensichtlich auch sie nicht viel von dem Terror, und sie ist sich erst heute dessen bewußt, wie schrecklich das System war. Der Vater Evgeniis A. Golubevs (Jg. 1930) wurde während der Kollektivierung verhaftet; Aleksandr Golubev weigerte sich, sich einer Kolchose anzuschließen, wurde dann arretiert und verschwand im Lager. Mariia V. Kornetova (Jg. 1917), eine Buchhalterin und zwischen 1933 (!) und 1951 Sekretärin eines Dorfsowjets, schätzte, daß in ihrem Dorf zwischen 1929 und 1933 ein Viertel der Einwohner "entkulakisiert" wurde, wobei ihr die Motive der sowjetischen Behörden unerklärlich blieben. Sie heiratete indes einen Mann, der in der Nachkriegszeit Angestellter des MWD war. Mit ihrem Ehemann lebte sie dann von 1951 bis 1954 in dem von Konzentrationslagern umringten Magadan, wo dieser im Stab des MWD-Heeres arbeitete. Sie hat, vielleicht verständlicherweise, niemals Angst davor gehabt, verhaftet zu werden. Interessant ist die Antwort von Sergei M. Volkov, als er gefragt wurde, ob er

---

41 Herzlich danken möchte ich an dieser Stelle Herrn Professor Andrei Nikolaevich Sakharov, korrespondierendes Mitglied der Russischen Akademie der Wissenschaften, seinem Sohn, Ignatii Andreevich Sakharov, sowie den Professoren Vladimir Glebovich Osipov und Nikolai Nikolaevich Lukovnikov (Universität Tver) für ihre Hilfe bei den Interviews. Bei den Befragten handelt es sich um vor 1931 geborene Einwohner der Städte Tver und Vyshnii Volochek, der Dörfer rund um diese Städte bzw. der Rayone von Udoml'ia und Konakovo.
Die Umfrage ist teilweise der Tatsache geschuldet, daß die NKWD-Archive immer noch verschlossen und deshalb vermutlich sehr wichtige Quellen nach wie vor unzugänglich sind; auch die Vollständigkeit dieser Aktenbestände ist ungewiß. Vgl. beispielsweise Sakharov, A.: Memoirs. 2. Aufl., New York 1990. S. 531. Auf die "weißen Flecken" bei der Aufarbeitung der NKWD-Geschichte verweisen: Kotliarskaia, L.A./Freidenberg, M.M.: Iz istorii Tverskoi Kul'tury. Anatolii Nikolaevich Vershinskii (1888-1944). Uchebnoe posobie. Tver 1990. S. 130 (Fußnote 40).
Darüber hinaus ist es auch sehr wichtig, durch Umfragen die Erlebnisse und Erfahrungen der Provinzeinwohner zu dokumentieren. Denn auch mit der Hilfe von Archivquellen ist es oft unmöglich, einzuschätzen, was die einfachen Sowjetbürger, insbesondere außerhalb der Partei, in dieser Zeit gedacht und empfunden haben.
42 Auch den Erlebnissen mit dem Terror der deutschen Besatzung kam eine zentrale Bedeutung zu.

die eigene Verhaftung, die seiner Familie oder die von Freunden befürchtet habe. "Es gab eine Furcht vor dem Unbekannten. Wenn wir damals gewußt hätten, daß Stalin hauptsächlich die Intelligenz und die Behörden 'gesäubert' hat, und die Arbeiter [dann und wann verhaftet wurden, K.B.], nur um den Schein zu wahren, dann wären wir viel ruhiger gewesen." Volkov, Arbeiter in einer der Textilfabriken in Vyshnii Volochek, geht also davon aus, daß die "Säuberungen" - und hier sprach er nur von jenen, die nach seinem Geburtsjahr 1930 erfolgten - lediglich die Elite betrafen, mit dem durchschnittlichen Arbeiter aber nichts zu tun hatten. Auch der Schullehrer Petr M. Shepelev, 1928 auf dem Dorfe geboren, Studium in Kalinin, dann Lehrer in Vyshnii Volochek, gab auf die gleiche Frage eine ähnliche Antwort: "Ich hatte Angst [arretiert zu werden, K.B.], weil die Behörde vor allem die Intelligentsiia festgenommen hat". Obgleich einst Kommandant einer Abteilung der Roten Armee im Bürgerkrieg, wurde auch der Vater der Schullehrerin Nina N. Golubeva (Jg. 1921) schon 1933/34 als ehemaliger Offizier des zaristischen Heeres verhaftet. Er starb beim Bau des Wolga-Baltischen Kanals.

Die befragten Parteimitglieder scheinen ihre Verhaftung nur befürchtet zu haben, wenn sie überhaupt die Existenz von Repressionen einräumten. In solchen Fällen nannten sie oft die Periode ab 1936. Dies gilt auch für Anastasiia V. Kruglova (Jg. 1910), seit 1939 Parteimitglied. Sie wies darauf hin, daß viele ihrer Landsleute zwischen 1936 und 1951 wegen Sabotage (*vreditel'stvo*) verhaftet wurden. Auch sie selbst habe in dieser Zeit ständig mit ihrer Arretierung gerechnet. Wie auch Chruschtschow auf dem XX. Parteikongreß der KPdSU 1956 geht sie davon aus, daß das NKWD sich nur seit 1937 ungerechter Verfahren schuldig gemacht habe. Mariia A. Golubeva (Jg. 1916), eine Buchhalterin, Einwohnerin der Stadt Kalinin, wurde 1946 Parteimitglied. Obwohl sie von einer 1937 erfolgten Verhaftung eines Verwandten ihres Mannes gewußt hatte (der Verhaftete arbeitete als technischer Direktor eines Unternehmens zur Herstellung von Eisenbahnwaggons), befürchtete sie keine Festnahme. Denn als "ehrliche Angestellte" sei sie weder wichtig gewesen noch habe sie sich etwas zu Schulden kommen lassen. Der Parteiapparatschik Ivan I. Tiaglov (Jg. 1916) wurde 1937 als Volksfeind angeklagt und hatte danach Glück gehabt. Die Anklage wurde zurückgenommen, und Tiaglov machte in der Partei Karriere. Er wurde Anfang der fünfziger Jahre erster Rayonparteisekretär im Rayon von Krasnokholm und war zwischen 1962 und 1966 Mitglied des Obersten Sowjets der UdSSR. Auch dem Parteimann Aleksandr A. Kondrashov (Jg. 1911) war 1937 das Glück hold, nachdem er in Torzhok auf einer Rayonparteikonferenz verhaftet worden war. Trotzdem konnte er später eine Parteikarriere machen und wurde zuletzt 1959 Sekretär des Obkoms in Kalinin. Erwartungsgemäß hinterließen die "grossen Säuberungen" bei den Parteianhängern einen stärkeren Eindruck als die Ereignisse Anfang der dreißiger Jahre. Vielleicht waren manche Befragte aber auch noch zu jung gewesen oder hatten fest daran geglaubt, in der Zeit der Kollektivierung persönlich nichts befürchten zu müssen. Einige, mit und ohne Parteibuch, behaupteten, von allem überhaupt nichts gewußt und bemerkt zu haben, während andere darauf hinwiesen, daß dies beispielsweise im Falle der Konzentrationslager gänzlich unmöglich gewesen sein dürfte.

Manche Befragte, besonders aus ländlichen Regionen, scheuten sich jedoch offenkundig, einem Unbekannten - möglicherweise auch gegen sie selbst verwertbare - Informationen über diese Zeit mitzuteilen. Und Valentina I. Gaganova beispielsweise, eine vorbildliche Textilarbeiterin der Chruschtschow-Zeit, ist auch heute noch eine Anhängerin des Sowjetsystems und glaubt nach wie vor, zu sozialistischen Zeiten gut gelebt zu haben, obwohl ihr Vater 1939 aufgrund zu geringer Arbeitsleistungen verhaftet und acht Monate festgehalten worden war. Zusammenfassend kann man dennoch sagen, daß der durchschnittliche Sowjetbürger in der Tverer Provinz zwischen 1929 und 1953 fast ohne Ausnahme mit der staatlichen Schreckensherrschaft konfrontiert worden ist, wobei der Terror nicht nur in den Jahren von 1936 bis 1938 erfahrbar war. Im Grunde war diese Periode nur für die KPdSU-Mitglieder und für die Angehörigen der Sowjetelite besonders einschneidend, was aber nicht heißt, daß während dieser Zeit die ländliche Bevölkerung unbehelligt geblieben ist. Den Interviews zufolge scheint während der dreißiger Jahre die Situation für die Fabrikarbeiter im großen und ganzen noch am erträglichsten gewesen zu sein, weil sie zumeist von den Repressionsmaßnahmen verschont blieben.[43] Einige Befragte hatten sich geweigert, Mitglied der Partei zu werden, obwohl ihnen dies angetragen wurde. Es war zweifellos nicht die schlechteste Strategie, so wenig wie möglich aufzufallen.

Ein ähnliches Beispiel findet sich auch in dem ehemaligen Parteiarchiv in Tver. So bat ein gewisser Lifshits im Juni 1937 während einer Diskussion über die vorgeschlagenen Kandidaten für das neue Provinzparteikomitee (*Obkom*) darum, ihn von der Kandidatenliste zu streichen, weil er mit seiner Arbeit in drei anderen Parteikomitees schon genug beschäftigt sei.[44] Auf Vorschlag des ersten Parteisekretärs der Provinz, Mikhailov, kamen die Konferenzdelegierten diesem Wunsch nach. Tatsächlich dürfte Lifshits aber nur deshalb auf eine Mitgliedschaft im Provinzparteikomitee verzichtet haben, weil zu diesem Zeitpunkt schon mehrere Mitglieder verhaftet worden waren. Es ist nicht bekannt, ob Lifshits die "Säuberungen" überlebt hat.

Es ist schwierig festzustellen, inwieweit die Bevölkerung über die Verhaftungen und die sonstigen Repressionen informiert war. Zurückblickend stellen heute einige Historiker aus Tver fest: "Welche Gerüchte gab es über diese fürchterliche Arbeit und wie weit drangen sie ein in das Volk? Wir wissen es nicht. Und das Schrecklichste war wahrscheinlich, daß die Leute gleich neben dieser unmenschlichen mörderischen Maschine lebten, arbeiteten, Kinder zur Welt brachten, und sich langsam an sie gewöhnten."[45]

Die Parteisäuberungen in der Provinz Kalinin begannen im Frühjahr 1937. So sagte der Vorsitzende des Komsomol, ein gewisser Brandin, anläßlich der zweiten Parteikonferenz der Provinz im Juni 1937: "In der letzten Zeit sind in unserer Provinzorganisation eine ganze Reihe von Fakten entdeckt worden, denen zufolge Volksfeinde nicht ohne Erfolg versucht haben, die Komsomolzen für die Durchführung konterrevolutionärer Arbeit zu gebrauchen. Auf diese Weise wurden zum Beispiel im Oktiabr'-Rayon im Holzkombinat eine Gruppe von Komsomolzen unter der Leitung eines hitlergetreuen Komsomolzen entdeckt, [...] im Grunde eine Untergrundorganisation, die im Werk lange Zeit Zersetzungsarbeit betrieben hat. Am Pädagogischen Technikum im Rayon von Kimry ist

---

43 Dies ist selbstverständlich nicht völlig geklärt. Bei Rybakov (Rybakov, A.: Fear. Boston, Toronto, London 1992. S. 489) ist es beispielsweise schwierig, Wahrheit und Erfindung zu trennen, weil es sich um einen Roman handelt. Angesichts der sonstigen Ereignisse in der Provinz scheint es sehr gut möglich zu sein, daß 1937 tatsächlich einfache Arbeiter der "Proletarka"-Textilfabrik verhaftet wurden.
44 Vgl. TTDNI, 147/1/527, L.103.
45 Kotliarskaia, L.A./Freidenberg, M.M.: Iz istorii Tverskoi Kul'tury. Anatolii Nikolaevich Vershinskii (1888-1944). Uchebnoe posobie. Tver 1990. S. 130.

eine Gruppe von drei Leuten entdeckt worden - alle drei Mitglieder des [Komsomol-, K.B.] Komitees -, die unter den Studenten konterrevolutionäre Propaganda betrieben haben. In Kalinin, in der medizinischen Arbeiterfakultät ist eine Gruppe von Komsomolzen unter der Leitung von Sergeev entdeckt worden, die es geschafft hat, die Organisation aufzubrechen. Der Feind hat die Komsomolorganisation der medizinischen Arbeiterfakultät in eine Situation des organisatorisch-politischen Zerfalls geführt. Ich könnte diese Art von Fakten, von Fakten über die Arbeit des Feinds, fortführen."[46] Brandin fügte hinzu, daß Kaganovskii, der Komsomolführer des Okrugs von Welikie Luki, und die Mitglieder des Okrugkomiteebüros des Komsomol dem Volksfeind Enov Beihilfe geleistet hätten,[47] woraufhin sie offenkundig aus der Organisation ausgeschlossen wurden. Ein anderes wichtiges Mitglied des Komsomol, Shor, wurde als Teilnehmer der trotzkistischen Untergrundorganisation in der Sowjetunion "entlarvt".[48] In der Rede Brandins sind auch einige interessante Fakten über die allgemeine Lage der Komsomolzen in der Provinz zu finden. Wie bereits erwähnt, war die Bevölkerung der Provinz von Kalinin noch immer größtenteils in der Landwirtschaft beschäftigt. Dennoch war die Partei auf dem Land nur schwach vertreten, weshalb der Komsomol dort Parteifunktionen übernehmen mußte.[49] Jedoch war auch der Komsomol in den ländlichen Gebiete nur unzulänglich organisiert und gewachsen:[50] Von insgesamt ungefähr 14.000 Kolchosen hatten nur 2.660 Komsomolzellen.

Die ehemalige Parteisekretärin der Provinz, A.S. Kalygina, ZK-Kandidatin, war schon vor dem Juni 1937 einer Parteisäuberung zum Opfer gefallen.[51] Der Vorsitzende des Vollzugskomitees des Oblastsowjets, V.F. Ivanov, verschwand kurz vor oder während der zweiten Parteikonferenz; er soll 1938 im Alter von drei- oder vierundvierzig Jahren gestorben sein.[52] Vermutlich ist auch er ein Opfer der "Säuberungen" geworden. N.I. Goliakov, ein Mitglied des Stadtparteikomitees von Kalinin, der auf dieser Konferenz in das Parteibüro gewählt worden war, aber schon am 26. August aus der Partei ausgeschlossen wurde, kritisierte Kalygina und Lipshits für deren Versuche, zu ihrer

---

46 TTDNI, 147/1/526, L.82. Vgl. auch Fainsod, Smolensk under Soviet Rule, a.a.O., S. 424.
47 TTDNI, 147/1/526, L.83.
48 Ebenda, L.84.
49 Offiziell gab es im Juli 1938 nur 5.026 Kandidaten und Mitglieder der Partei, die unmittelbar auf dem Lande aktiv waren. Im April 1939 gab es 6.670 Kommunisten auf dem Lande (1940. knapp 10.000), die in 827 primären Parteiorganisationen integriert waren. Vgl. Selin, Kalininskaia partiinaia, a.a.O., S. 444. Es sei nochmals darauf hingewiesen, daß die ländliche Bevölkerung Ende 1939 bei fast 1.900.000 lag.
50 TTDNI, 147/1/526, L.91.
51 Kostiukovich/Orlov, Kalininskaia partiinaia organizatsiia v bor'be za zavershenie sotsialisticheskoi rekonstruktsii narodnogo khoziaistva, a.a.O., S. 383 und TTDNI, 147/1/526, LL.216-219. Sie wird als Opfer der Säuberungen genannt in Medvedev, R.: Let History Judge. The Origins and Consequences of Stalinism. Revised and Expanded Edition. Edited and translated by George Shriver. New York 1989. S. 409. Es mutet unheimlich an, daß sie, ähnlich wie Mikhailov später, erst 1936 offiziell nach Woronezh übergesiedelt war. Vgl. Ocherki istorii kalininskoi organizatsii KPSS, a.a.O., S. 703. Dieser offiziellen Information zufolge starb sie 1937. Zusammen mit ihr und einem gewissen Lipshits wurde wahrscheinlich eine ganze Gruppe, ihre "Klienten", die angeblich manchmal von ihr und Lipshits bestochen wurden, von Parteimitgliedern verhaftet.
52 Ocherki istorii kalininskoi organizatsii KPSS. a.a.O. prilozhenie 2. S. 703.

Unterstützung Parteimitglieder zu bestechen.[53] Guzenko, ein Mitglied des Provinzkomitees, der bereits im Mai als Volksfeind und Konterrevolutionär ausgeschlossen worden war, wurde von Goliakov als ein Empfänger dieser Geldmittel benannt,[54] auch die Parteiorganisatoren der Eisenbahnwaggonfabrik seien durch die beiden bezahlt worden. Demnach hatten die "Säuberungen" auch schon in dieser Fabrik angefangen.[55] Es wurde bereits darauf hingewiesen, daß im Laufe jenes Jahres auch der technische Direktor, ein Verwandter von Mariia Golubeva, verhaftet worden war. Nach Ansicht Goliakovs hätten die Trotzkisten den Stadtsowjet von Kalinin unter ihre Kontrolle gebracht;[56] der Vorsitzende, Novikov, das politische Vertrauen der Partei deshalb verloren, weil sein erster und zweiter Vertreter sowie der Vorsitzende der Transportabteilung des Sowjets als Trotzkisten entlarvt worden seien. Die schlechte Wasserversorgung und die stockenden Bauprojekte seien auf die Sabotageaktivitäten jener Leute zurückzuführen.

Darüber hinaus wurden 1937 mehrere Angestellte des Vollzugskomitees des Provinzsowjets verhaftet.[57] Auch die unzureichende Effizienz der Finanz- und der inneren Handelsabteilung, die zu Mängeln geführt hatte, wurde von Goliakov auf diese einfache Weise "erklärt". Sicherlich versuchte Goliakov, mit seiner Rede die eigene Haut zu retten. Obwohl er mit den Beschuldigten zusammengearbeitet hatte, beteuerte er, nichts von deren Aktivitäten gewußt zu haben und zeigte sich darüber hinaus über die Aufdeckung dieser "Volksfeinde" ebenso überrascht wie entsetzt. Sein Versuch scheiterte jedoch, innerhalb von drei Monaten wurde auch er verhaftet. Die von Goliakov Denunzierten wurden gleichwohl zu universell verwendbaren Sündenböcken, die jedwede Fehlentwicklung zu verantworten hatten. Die wirtschaftliche Situation in der Provinz Kalinin verbesserte sich dadurch in den Jahren 1939/40 natürlich nicht.

Die zweite Parteikonferenz fand im Juni 1937 statt, also zu einem Zeitpunkt, als die "Säuberungen" auch die höheren Schichten der Roten Armee erfaßten.[58] So sagte der lokale Armeeführer Khro(a)menko am 5. Juni: "Sie wissen, daß sie [d.h. Spione, Volksfeinde, Diversanten, K.B.] nicht nur in die unteren Reihen eingedrungen sind, in die unwichtige Arbeit, sondern selbst das Haupt der politischen Verwaltung der Armee, Gamarnik, hat sich als einer dieser Volksfeinde herausgestellt."[59] Er dankte dem NKWD für seine Aufmerksamkeit und gab seiner Hoffnung Ausdruck, daß die nunmehr gereinigte Armee ihre Tätigkeit fortführen könne.[60] Er sollte natürlich nicht Recht behalten. Denn diese Verhaftungen waren nur der Anfang einer großen Säuberungswelle.

---

53 TTDNI, 147/1/526, L.216. Zu der Wahl von Goliakov vgl. TTDNI, 147/1/528, L.84, zu seinem Ausschluß TTDNI, 147/1/528, L.120. Er wurde übrigens als erster zu einer anderen Arbeitsstelle außerhalb der Provinz versetzt. Vgl. TTDNI,147/1/528, L.92.
54 TTDNI, 147/1/526, L.217 und TTDNI, 147/1/528, L.81.
55 TTDNI, 147/1/526, L.217.
56 Ebenda, L. 225.
57 Ebenda, LL.225/226.
58 Vgl. TTDNI, 147/1/525, 147/1/526, 147/1/527. Die Konferenz fand vom 2. bis zum 7. Juni 1937 statt. Woroshilow machte die Verhaftungen und Geständnisse der Kommandanten am 13. Juni 1937 publik. Vgl. beispielsweise Heller, M./Nekrich, A.: Utopia in Power. The History of the Soviet Union from 1917 to the Present. New York 1986. S. 304 Fainsod gibt an, daß die Prawda schon am 10. Juni 1937 über die Tuchatsjewski-Hinrichtung berichtet hat. Vgl. Fainsod, Smolensk under Soviet Rule, a.a.O., S. 59. Gleichzeitig fand auch in der Provinz Smolensk eine Parteikonferenz statt, und zwar die fünfte. Vgl. ebenda, S. 59.
59 TTDNI, 147/1/526, L.229.
60 TTDNI, L. 230.

Wir kennen den weiteren Lebensweg von Khro(a)menko nicht, weil er schon innerhalb von zwei Monaten zu einer anderer Arbeit außerhalb der Provinz versetzt wurde, obwohl er erst im Juni zum Kandidaten des Obkombüros gewählt worden war.[61] Aber wahrscheinlich war dieser Arbeitsplatzwechsel der Anfang vom Ende, denn in den meisten anderen Fällen war eine solche "Ernennung" ein Zeichen für eine baldige Verhaftung. Dies trifft übrigens auch auf den ersten Parteisekretär Mikhailov zu.[62]

Über den Letzteren ist dank des Romanzyklus von Anatoli Rybakow über die dreißiger Jahre etwas mehr bekannt. Der Protagonist Rybakows, Sascha Pankratow, erinnerte sich an Mikhailov als er aus dem Exil zurückkehrte.[63] 1935 war er zum ersten Parteisekretär der Provinz von Kalinin ernannt worden.[64] Er war damals Kandidat des Zentralkomitees und Mitglied des zentralen Vollzugskomitees des Sowjets; zuvor hatte er als Parteisekretär des Moskauer Provinzkomitees gearbeitet.[65] 1919 war Mikhailov im Alter von 17 Jahren in die Partei eingetreten und scheint in den zwanziger Jahren in Moskau gelebt zu haben.[66] Nach Rybakow war sein Familienname ein Pseudonym, was sehr wahrscheinlich ist, weil sein Vater Efim hieß, ein jüdischer Name, während Mikhailov einen russischen trug.[67] Ebenso wie Pankratow verließ Mikhailow die Stadt, als zahlreiche Verhaftungen stattfanden.[68]

Am 6. Juni ging die Konferenz mit der Diskussion über die Kandidatenliste für das neue Obkom weiter.[69] Alle Kandidaten wurden verpflichtet, eine kurze Biographie zu erstellen, in der auch anzugeben war, ob sie jemals eine Parteiopposition unterstützt hatten. Erwartungsgemäß war dies bei der großen Mehrheit eigenem Bekunden zufolge nicht der Fall. Dennoch verloren die meisten rasch ihre Positionen.[70] Als am 8. Juni 1937 das erste Plenum des neugewählten Obkoms stattfand, waren von den 88 Mitgliedern und Kandidaten nur zwei nicht anwesend.[71] Ein Jahr später, am 6. Juli 1938, trat das erste, von der dritten Provinzparteikonferenz gewählte Plenum des Obkoms zusammen. Nunmehr waren unter den 68 Mitgliedern und Kandidaten aber nur noch sechs alte Namen wiederzufinden.[72] Vier weitere ehemalige Mitglieder wurden ab Juli 1938

---

61 TTDNI,147/1/528, L.92.
62 Nur einen Monat nach der zweiten Provinzkonferenz von Kalinin im Juli 1937 wurde er zum ersten Parteisekretär der Woronezh-Provinz ernannt, dann im Dezember 1937 aus dem Obkom Kalinins als ein vom ZK "enttarnter" Volksfeind und Mitglied einer antisowjetischen Organisation ausgeschlossen. Er soll 1938 gestorben sein. Vgl. TTDNI, 147/1/528, L.89 und 147/1/529, L.5, vgl. auch Ocherki istorii kalininskoi organizatsii KPSS, a.a.O, prilozhenie 2. S. 705.
63 Rybakov, Fear, a.a.O., S. 451.
64 Ebenda; Kostiukovich/Orlov, Kalininskaia partiinaia organizatsiia v bor'be za zavershenie sotsialisticheskoi rekonstruktsii narodnogo khoziaistva, a.a.O., S. 385.
65 Ebenda, S. 382.
66 Ocherki istorii kalininskoi organizatsii KPSS, a.a.O., prilozhenie 2. S. 705.
67 Vgl. Rybakov, Fear, a.a.O., S. 555.
68 Ebenda, S. 683.
69 Vgl. TTDNI, 147/1/527 LL.2-201.
70 Vgl. TTDNI, 147/1/528, L.83 und 147/1/529, L.34.
71 Nur M.I. Petrova, die als Kandidatin gewählt wurde, und I.I. Sokolov wurden nicht ins Protokoll aufgenommen. Folglich wurden insgesamt 88 Kandidaten und Mitglieder ins Obkom gewählt. Zur Wahl von Petrova vgl. TTDNI, 147/1/528, L.84. Zu Sokolov vgl. Protokol No. 2 (8. Juli 1937) oder No. 3 (26. Juli 1937), in: TTDNI, 147/1/528, L.88 oder 147/1/528, L.91. Er wurde am 28. Dezember ausgeschlossen, und sein Fall dem NKWD übertragen. Vgl. TTDNI, 147/1/529, L.5.
72 Nämlich I.P. Volchenkov, erster Parteisekretär des Oktiabr'-Rayons der Stadt Kalinin (im Oktober 1938 jedoch vom NKWD verhaftet), D.I. Ivanov, I.Ia. Kalinin (im Dezember 1938 aufgrund großer

Vorsitzende von Obkomabteilungen,[73] wobei unklar ist, ob sie dann auch als Obkommitglieder galten. P.P. Izvekov, am 8. Juni 1937 als Rayonsekretär anwesend, nicht jedoch als Mitglied oder Kandidat, wurde im Juli 1938 zum Mitglied gewählt, wie auch einige andere Rayonsekretäre oder Abteilungsleiter.[74] Höchstens fünf Funktionäre, die im Juni 1937 auf dem ersten Plenum zwar nicht anwesend waren, aber möglicherweise schon damals oder kurze Zeit später die Positionen von Rayonsekretären bekleideten, wurden auf der dritten Parteikonferenz befördert.[75] Kurzum: Das Mitte 1937 gewählte Obkom war innerhalb von dreizehn Monaten fast völlig verschwunden. Aus den Akten des Parteiarchivs geht zwar nicht hervor, wieviele Funktionäre umgebracht worden sind, doch bei einigen ist zumindest die Verhaftung verbürgt. Am 8. Juli 1937 wurde der erste Sekretär Mikhailov vom ZK zum ersten Sekretär der Woronezh-Provinz, sein bisheriger Stellvertreter, der zweite Sekretär P.G. Rabov, zu seinem Nachfolger ernannt.[76] Ein anderes Vollmitglied des Obkombüros, G.S. Peskarev, wurde erster Parteisekretär der Provinz Kursk. Zwei Kandidaten wurden zu vollberechtigten Obkom-Mitgliedern, einer aus demselben ausgeschlossen und anschließend unzweifelhaft vom NKWD verhaftet.[77]

Schon innerhalb von zwanzig Tagen fand ein weiteres Obkomplenum statt:[78] I.A. Chukanov, bisher erster Parteisekretär des Okrugs von Opochetskii im Westen der Provinz, wurde zweiter Sekretär als Nachfolger von Rabov. G.N. Mishnaevskii, ein Büromitglied, das für die Landwirtschaft verantwortlich gewesen war, verließ die Provinz, um andernorts "führende" Arbeit zu leisten.[79] Vermutlich wurde er als Vorsitzender der Provinzverwaltung für die Landwirtschaft gestürzt, weil er in seiner Rede auf der zweiten Parteikonferenz auf zahlreiche Fehler in der Landwirtschaft verwiesen hatte, für die er, nach Ansicht der Partei, letztendlich selbst verantwortlich war.[80] Daneben verließen auch Büromitglied Goliakov, der "Säuberer" der zweiten Parteikonferenz, und Khramenko, der Armeekommandant, die Provinz, um anderweitige Aufgaben zu übernehmen.[81] Auf diese Weise wurden innerhalb von zwei Monaten schon fünf der sechzehn Kandidaten und Mitglieder des Obkombüros, das am Ende der zweiten Parteikonferenz gewählt worden war, durch das ZK-Sekretariat ausgesiedelt.[82] Wenn es sich dabei um

---

politischer Fehler aus der Partei ausgeschlossen), L.A. Mashkova, M.Ia. Petrova (sie verlor jedoch ihre Position im Parteibüro) und A.A. Shavaleva. Vgl. TTDNI, 147/1/528, L.83 und 147/1/529, L.34. Zu den Fällen Volchenkov und Kalinin vgl. TTDNI, 147/1/529, L.46, 50, 53 und 64.

73 Die vier waren T.M. Il'ichev, F.I. Lysenkov, N.E. Kapranov und P.I. Chukhrov. Vgl. TTDNI, 147/1/528, L.83 und 147/1/529, L.35.

74 Zu Izvekov vgl. TTDNI 147/1/528, L. 84 und 147/1/529, L.34. Die andere sind G.D. Bulagin (vgl. beispielsweise TTDNI 147/1/528, L.124 und 129), F.M. Bulakhov (vgl. TTDNI 147/1/528, L.88), I.I. Moiseev (vgl. TTDNI 147/1/528, L.129), M.M. Romashev (vgl. TTDNI 147/1/528, L.88) und A.S. Savvin, der jedoch später auch ausgeschlossen wurde (siehe TTDNI 147/1/528, L.129).

75 Es ist unsicher, ob Vinogradov und Komarov, nach Juli 1938 Rayonsekretäre, mit den einstigen Mitgliedern P.K. Vinogradov und D.E. Komarov identisch sind. Vgl. TTDNI, 147/1/528, L. 83 mit TTDNI 147/1/529, LL. 46 und 53.

76 TTDNI, 147/1/528, L.89.

77 Mitglieder wurden F.G. Klimenko und I.F. Bulygin; A.A. Deviatkin wurde ausgeschlossen.

78 TTDNI, 147/1/528, L.92.

79 TTDNI, 147/1/527, L.4 und 147/1/526, L.66.

80 TTDNI, 147/1/526, LL.66-74.

81 TTDNI, 147/1/528, L.92.

82 Auf dem ersten Plenum des Obkoms wurden G.V. Voskanian, Herausgeber der Provinzzeitung "Proletarskaia Pravda", N.I. Goliakov, V.P. Dombrovskii, NKWD-Chef, M.B. Kuzenits, P.P. Kurnaev, M.E.

keine Erfindung Rybakows handelt, dann wurde es in dieser Zeit ehemaligen Häftlingen und Verbannten verboten, in der Stadt Kalinin zu wohnen.[83] Dabei muß es sich um sehr viele Menschen gehandelt haben, da die Stadt an der Oktobereisenbahn zwischen Moskau und Leningrad liegt, also beliebt gewesen sein muß. Etwas später wurde A.M. Amosov als Volksfeind und Mitglied einer antisowjetischen Organisation ausgeschlossen.[84] Der eifrige "Säuberer" Goliakov wurde am 26. August ausgeschlossen, wahrscheinlich noch bevor er mit seiner neuen Arbeit angefangen hatte.[85] M.V. Slonimskii, Polizeichef und NKWD-Mitarbeiter, wurde am 1. September 1937 aus der Partei und dem Obkom ausgeschlossen - als Trotzkist und wegen seiner Verbindung mit "Volksfeinden".[86]

In dieser Zeit - im Juli 1937 - wurde durch eine Verordnung von Ezhov eine sogenannte Troika ernannt, die die "Säuberungen" in der Provinz durchzuführen hatte:[87] Ihre Mitglieder waren der erste Parteisekretär Rabov, der NKWD-Leiter Dombrovskii und der Provinzstaatsanwalt Bobkov.[88] Es scheint dieser Troika aufgetragen worden zu sein, eine bestimmte Anzahl von "kriminellen und kulakischen" Elementen durch das NKWD verhaften zu lassen.[89] Ein halbes Jahr später legte das ZK eine zusätzliche Quote von 2.000 Verhaftungen in der Provinz Kalinin innerhalb von nur sechs Wochen fest.

Am 10. und 11. September 1937 fand bereits das vierte Plenum des Obkoms seit der zweiten Konferenz statt.[90] Der Fall von A.V. Gorlov wurde vom Plenum an das Büro überwiesen. Auch andere spezielle Akten, die leider im ehemaligen Parteiarchiv in Tver nicht auffindbar waren, wurden diskutiert. V.I. Ivanov wurde zum dritten Parteisekretär und Mitglied des Büros gewählt, I.F. Gusikhin, vorher nur Kandidat des Obkoms, zum

---

Mikhailov, G.N. Mishnaevskii, G.S. Peskarev, M.F. Pitkovskii, P.G. Rabov und I.A. Chukanov als Vollmitglieder des Obkombüros gewählt. E.E. Alekseevskii, Leiter der Obkom-Landwirtschaftsabteilung, G.I. Krul', M.Ia. Petrova, K.A. Gadbank, Leiter der Obkomabteilung für Industrie und Transport, und A.N. Khramenko wurden zu Kandidaten gewählt. Vgl. TTDNI, 147/1/528, L.84. Obkombüromitglieder gehörten der *Nomenklatura* des ZK an.

83 Vgl. Rybakov, Fear, a.a.O., S. 497, S. 680. Vgl. auch den Brief von N.D. Danilova "My byli "shchepkami", in: Samsonov, A.M.: Znat' i pomnit'. Dialog istorika s chitatelem. Moskva 1989. S. 44f. Nachdem Danilova in den vierziger Jahren aus dem Lager entlassen worden war, war es ihr nicht erlaubt, in insgesamt 39 Städten der UdSSR zu leben, wahrscheinlich war Kalinin eine davon.

84 TTDNI, 147/1/528, L.114. Wie auch in den Fällen Goliakov und Slonimskii (vgl. unten) wurde die Entscheidung seines Parteiausschlusses dem Protokoll des Plenums vom 26. Juli beigefügt. Offiziell scheint der Ausschluß aber erst nach einer Abstimmung unter den Obkommitgliedern vollzogen worden zu sein. Vgl. TTDNI, 147/1/528, L. 91.

85 Ebenda, L.120. Es ist seltsam, daß ihn die Partei in Kalinin ausschließen sollte, denn er war dort offiziell überhaupt kein Mitglied mehr. Das gleiche geschah - mit größerer Verspätung - auch im Fall von Mikhailov. Recht wahrscheinlich ist, daß beide ihre neuen Arbeitsplätzen überhaupt nicht antreten konnten oder nur sehr kurz dort gearbeitet haben. Stattdessen sind sie vermutlich sofort oder kurze Zeit später verhaftet worden. Eine ähnliche Vorgehensweise ist auch bei Tukhachevskii, Iagoda und Ezhov bekannt.

86 Ebenda, L.122 und 147/1/594, L.2; Medvedev, Let History Judge, a.a.O., S. 426.

87 Gevorkian, N.: Vstrechnye plany po unichtozheniiu sobstvennogo naroda, in: Moskovskie Novosti, No.25, 21 Iiunia 1992 g., S. 18f.

88 Bobkov wurde im Juli 1938 von I.P. Boitsov denunziert. Vgl. TTDNI, 147/1/554, L.95. Obwohl er eine wichtige Funktion hatte, wurde er niemals ins Obkom gewählt. Dombrovskii wurde zwischen Juli 1937 und Juli 1938 als Volksfeind "entlarvt". Vgl. TTDNI, 147/1/554, L.120 und 147/1/594, L.2, sowie Medvedev, Let History Judge, a.a.O., S. 426.

89 Gevorkian, Vstrechnye plany, a.a.O., S. 18f.

90 TTDNI, 147/1/528, LL.124/125.

vollberechtigten Mitglied und gleichzeitig zum Vollmitglied des Büros. R.A. Briskina hatte andere Arbeit außerhalb der Provinz bekommen und verlor ihre Funktion als Leiterin der Obkomabteilung für die Presse und das Verlagswesen. V.V. Lezin wurde ihr Nachfolger. L.F. Bulygin, der nur kurz zuvor befördert worden war, wurde nun als "Volksfeind" und Mitglied einer konterrevolutionären Organisation aus dem Obkom ausgeschlossen. M.F. Pitkovskii wurde von seinen Pflichten als Büromitglied befreit, ohne bereits als "Volksfeind" bezeichnet zu werden. Den Leiter der Provinz-Konsumgesellschaft, F.G. Klimenko, schloß man wegen angeblicher Mängel bei der Führung dieser Gesellschaft, insbesondere wegen Verschwendung von Mitteln der Kooperative, aus. Der Leiter der Abteilung für Propaganda und Agitation, V.A. Tomashevich, verlor ebenfalls seinen Sitz im Obkom, weil die Leistungen seiner Abteilung sich nicht verbessert, sondern eher verschlechtert hatten. Weiter warf man ihm vor, nicht aktiv genug die Volksfeinde bekämpft und damit einen Fehler wiederholt zu haben, den er schon im Rahmen seiner früheren Funktionen im ZK-Apparat von Weißrußland und im Stadtkomitee von Gomel' begangen haben soll.[91] P.E. Ivanov wurde aus dem Obkom ausgeschlossen, weil er empfohlen hatte, den "Volksfeind" Grai (Sokolov) zum vollberechtigten Parteimitglied zu machen, und sich zudem bei der "Entlarvung" von konterrevolutionären Elementen zu passiv verhalten habe. Schließlich wurde auch D.A. Rozenko aus seinen Pflichten als Obkommitglied entlassen, weil er die Parteiorganisation von Kalinin verließ.

Am 5. Oktober 1937 fand das fünfte Plenum statt.[92] Nun verließ der erst kürzlich gewählte zweite Provinzsekretär, I.A. Chukanov, die Oblast, weil er eine leitende Funktion in einer anderen Provinz bekommen hatte. S.Ia. Vershinin wurde aus dem gleichen Grund seiner Pflichten entbunden. A.V. Guminskii, der neue Leiter des NKWD für die Provinz, wurde ins Obkom kooptiert, wofür man beim ZK um eine Bestätigung bat. Weiterhin wurden neun Kandidaten zu vollständigen Mitgliedern des Obkoms gemacht.[93] V.I. Ivanov stieg vom dritten zum zweiten Provinzsekretär auf, I.Ia. Kalinin wurde dritter Sekretär und gleichzeitig zusammen mit A.V. Guminskii sowie T.M. Il'ichev in das Büro gewählt.[94] T.A. Nodel', bisher Leiter der Obkomabteilung für Schule, Wissenschaft und wissenschaftlich-technologische Erfindungen, wurde entlassen und durch I.P. Telezhkin ersetzt.

A.V. Gorlov, der schon früher verdächtigt worden war, wurde im September oder Oktober als "Volksfeind" und Mitglied einer antisowjetischen Organisation ausgeschlossen.[95] Ende Oktober wurde R.M. Iarishkin, nachdem er bereits durch das NKWD verhaftet worden war, aus dem Obkom als "Volksfeind" ausgeschlossen.[96] Mitte November verloren die Büromitglieder Kuzenits und Alekseevskii ihre Funktionen.[97] Die Lawine schob sich Ende Dezember weiter, als unter anderen Mikhailov und Borodachev nach

---

91 Zu seinem Nachfolger als Abteilungsleiter wurde umgehend F.I. Lysenkov ernannt, vgl. ebenda, L.125.
92 Ebenda, LL.128-130. Irrtümlicherweise wird im Delo als Datum der 5. September angegeben.
93 Und zwar N.B. Ivushkin, N.T. Afonin, V.F. Nikiforov, N.V. Nikonov, I.P. Telezhkin, I.Ia. Kalinin, S.A. Novichkov, K.F. Abramov und P.K. Aseev.
94 Il'ichev war vom vierten Plenum im September zum Haupt der Obkomabteilung für führende Parteiorgane ernannt worden. (Siehe TTDNI, 147/1/528, L.125).
95 Ebenda, L.140.
96 Ebenda, L.142.
97 Ebenda, L.144.

ihrer "Entlarvung" durch das ZK ausgeschlossen wurden.[98] Auch Volkov, Rayonsekretär des Rayons von Kamen, und Nazarov hatten das "politische Vertrauen verloren"; ihre Akten wurden zunächst dem Komitee für Parteikontrolle überreicht, was sie vielleicht noch retten konnte. Sokolov hatte aber weniger Glück, denn seine Akte wurde unmittelbar dem NKWD zugestellt. Der Grund für den Ausschluß des Kandidaten Krysov war auf dieser Parteiebene zu jener Zeit etwas außergewöhnlich, denn er hat angeblich der Partei seine Herkunft aus einer Kulakenfamilie verborgen. Ferner soll er in seinem Rayon aktiv gewordenen Volksfeinden geholfen haben.[99]

Anfang Januar 1938 fand ein weiteres Plenum statt.[100] Die wichtigste, zu diskutierende Frage war, wie die "Folgen der Sabotage in der Landwirtschaft" zu liquidieren seien und die anstehende Frühlingsaussaat vorbereitet werden könne. Deshalb lud man zu dieser Sitzung ausnahmsweise auch die 70 Vorsitzenden der Vollzugskomitees der Rayonsowjets und die 110 Direktoren der MTS und MTM ein. Mishnaevskii wurde bei dieser Gelegenheit vom Obkom für seine "antiparteilichen Handlungen als Leiter der Obkomlandwirtschaftsabteilung und Leiter der provinzialen Verwaltung für die Landwirtschaft" verurteilt. Er wurde aus dem Obkom ausgeschlossen, obwohl er offiziell schon seit Monaten nicht mehr in der Provinz gearbeitet hatte. Das Obkom wurde ferner beauftragt, das ZK über die "antiparteilichen Handlungen" Mishnaevskiis zu informieren. Der Kreis der ausgeschlossenen Mitglieder vergrößerte sich weiter: D.L. Bedachev und A.N. Marov verloren das politische Vertrauen, N.V. Nikonov soll als Raikomsekretär von Pustoshinskii nicht eifrig genug "Volksfeinde" entlarvt haben und es an politischen Führungsqualitäten mangeln lassen, bei dem Büromitglied und Herausgeber der Provinzzeitung *Proletarskaia Pravda*, G.V. Voskanian, vermißte man die Einhaltung der richtigen politischen Linie und A.F. Denisov soll ein "Volksfeind" gewesen sein usw.

Ein wichtiges Plenum fand am 22. März 1938 statt. Politbüromitglied Andreev und ZK-Sekretär Malenkov waren kurz zuvor in der Provinz Kalinin angekommen.[101] Es ist unwahrscheinlich, daß Andreev sich noch in Kalinin aufhielt, als das Plenum stattfand, aber wenigstens Malenkov befand sich noch in der Stadt, denn er informierte die Anwesenden über eine ZK-Entscheidung, in der die Fehler des kalininschen Obkoms und des Vollzugskomitees des Provinzsowjets verurteilt wurden. Erst im nachhinein, im Juli 1938, wurden die Kritikpunkte des ZK auf Versäumnisse bei der Bekämpfung von Volksfeinden bezogen.[102] Die Mißerfolge der ins Stocken geratenen Wirtschaft wurden auf die Tätigkeit konterrevolutionärer Gruppen zurückgeführt, die ihre Aktivitäten fortgesetzt haben sollen. Auch soll es das Obkom versäumt haben, das parteischädigende

---

98 Ferner waren betroffen: T.N. Volkov, I.I. Sokolov, L.Ia. Nazarov, V.M. Trufanov und S.E. Krysov. Vgl. TTDNI, 147/1/529, L.5/6.
99 Es war nicht festzustellen, um welche Rayons es sich handelte.
100 TTDNI, 147/1/529, LL.2-4 und LL.7-8. In der vom Obkom angenommenen Resolution wurden die Parteiführungsgremien u.a. aufgefordert, den "Kampf für die Entlarvung und Zerstörung der Volksfeinde zu intensivieren" und alle Partei- und parteilose Bolschewiken zu einer "noch höheren Wachsamkeit" zu mobilisieren. Vgl. TTDNI, 147/1/529, LL.7/8. Also ungeachtet dessen, daß 1937 schon sehr viele lokale Parteiführer den Säuberungen zum Opfer gefallen waren, sollte ein Ende noch nicht absehbar sein.
101 TTDNI, 147/1/529, L.27 und 147/1/554, L. 3ob.; die offizielle Entscheidung war auf den 20. März 1938 datiert. Vgl. TTDNI, 147/1/554, L. 3ob. Andreev nahm noch am 17. März an einer Konferenz von Parteisekretären teil. Vgl. TTDNI, 147/1/554, L.240.
102 TTDNI, 147/1/554, L.3

Verhalten der Parteiführer Rabov, Ivanov und Gusikhin aufzudecken. Denn diese drei hätten die Entlarvung von Volksfeinden in führenden Positionen des Staates, der Wirtschaft und der Kultur aufgehalten.[103] Weiter heißt es in dem Bericht der Konferenz vom Juli 1938: "Die Sabotagearbeit der faschistischen Agenten, die beabsichtigten, die Macht der Parteiorganisation, insbesondere auf dem Land, zu schwächen, wurde nicht entlarvt [...]. Das antiparteiliche Verhalten des Amtes des Provinzstaatsanwaltes in Bezug auf Fragen des Kampfes gegen Provokationen und Provokateure, auf Verstösse gegen die revolutionäre Rechtsordnung usw. wurde nicht aufgedeckt."[104] Auch die ungesetzlichen Zustände in vielen Kolchosen seien vom Obkom nicht bemerkt worden.[105] Ein Beispiel solch ungesetzlicher Handlungen gab ein Prawda-Artikel vom 20. März 1938, der der Situation in der Provinz Kalinin gewidmet war.[106] Zu viele der Kolchosevorsitzenden im Bezhanitskii-Rayon seien zunächst "auf eigenen Wunsch" von ihren Pflichten entbunden worden, weil sie "nicht mit ihrer Arbeit fertig wurden". Daneben habe in der Provinz Kalinin lange "eine Bande von Volksfeinden gearbeitet. Die rechts-trotzkistischen Schurken taten alles, um die Kolchosen aufzulösen und um die Kolchosekader zu zerschlagen. Die neue Führung des Rayons zog aus all dem keine Schlußfolgerungen."[107] Noch immer würden Kolchosevorsitzende ununterbrochen ausgewechselt.[108] Die Rayonzeitung habe ebenfalls in der "antiparteilichen" Linie des Raikoms und Raiispolkoms mitgespielt. Sie habe versucht, bei der Entlarvung der Umstürzler behilflich zu sein, übertrieb aber nach Meinung des Prawda-Korrespondenten. Denn zwei Drittel der von der Rayonbehörde und der Zeitung erhobenen Anklagen gegen Kolchosevorsitzende seien von der Staatsanwaltschaft abgewiesen worden.

Man hat hier den Eindruck, daß die neuen Rayonführer in Bezhetsk nicht mehr recht wußten, wo bei den "Säuberungen" in ihrem Rayon anzufangen und wo aufzuhören war. Sicherlich gab es nach der Meinung der zentralen Parteileitung Umstürzler im Bezhanitskii-Rayon, denn ohne Zweifel hat der Prawda-Korrespondent die ZK-Meinung formuliert. Dennoch war die lokale Führung offensichtlich nicht imstande, die "ehrlichen" erfolglosen Vorsitzenden von den "konterrevolutionären" Vorsitzenden zu unterscheiden. Es ist möglich, daß die neuen Rayonführer und Rayonszeitungsmacher sich rasch als "rechts-trotzkistische Schurken" herausgestellt haben. Wahrscheinlich bezog sich die Kritik des Prawda-Artikels nicht nur auf die Situation in diesem Rayon, sondern auch auf die Fehler der Rayonbehörden in den Provinzen im allgemeinen, und der Bericht über den Bezhanitskii-Rayon diente nur als Beispiel. Während seines Besuchs versuchte vermutlich Andreev, den regionalen Parteisekretären der Provinz zu erklären, wie Volksfeinde aufzuspüren seien, denn offenkundig führten die "Säuberungen" in der Provinz allmählich zu einem Chaos. Auch die Wirtschaftsentwicklung war im Juli 1938 alles andere als befriedigend.

---

103 Es ist unklar, weshalb dem zweiten Sekretär, V.I. Ivanov, noch bis zur dritten Parteikonferenz erlaubt wurde, den Sitzungen des Obkoms beizuwohnen. Er war beim Plenum am 29. Juni anwesend, als Rabov und Gusikhin ausgeschlossen wurden. Vgl. TTDNI, 147/1/529, L.31.
104 TTDNI, 147/1/554,L.3/3ob.
105 Ebenda, L.3ob.
106 Orlov, K.: V Bezhanitskom raione razgoniaiut kolkhoznye kadry (Po telefonu ot korrespondenta "Pravdy" po Kalininskoi oblasti), in: Pravda, 78 (7043), 20 marta 1938, S. 3.
107 Ebenda.
108 Ebenda.

Der Juli-Bericht der dritten Parteikonferenz kritisierte, daß unter Rabov auch die Verteidigungsarbeit in der Provinz vernachlässigt wurde.[109] Der noch im Juli 1937 bei Khramenko feststellbare Optimismus hatte sich also als verfrüht herausgestellt. Rabov verlor im März seine Position als erster Parteisekretär und seine Mitgliedschaft im Obkom, weil er angeblich nicht entschieden genug gegen die Folgen der Zersetzungsarbeit vorgegangen sei und nur ungenügend Volksfeinde aufgedeckt habe.[110] An seiner Stelle wurde I.P. Boitsov Obkom- und Büromitglied sowie erster Sekretär.[111] Das Schicksal von I.F. Gusikhin, der offensichtlich einige Zeit der Vorsitzende des Vollzugskomitees des Oblastsowjets gewesen war, sollte in einer Sitzung des Oblispolkoms entschieden werden. Roy Medvedev zufolge, fiel Gusikhin später auch dem NKWD in die Hände.[112] Dagegen heißt es in der offiziellen Geschichte der Parteiorganisation von Kalinin, daß dieser von 1938-1941 Leiter des industriellen Rats der Provinz war, also entweder gar nicht oder nur für kurze Zeit verhaftet wurde.[113]

Am 29. Juni 1938 fand das letzte Plenum des Obkoms der zweiten Parteikonferenz statt.[114] Nur 33 der ursprünglichen 88 Mitglieder waren noch anwesend. Zwei Fragen wurden behandelt: Erstens der Bericht über die Arbeit des Obkoms für die dritte Parteikonferenz der Provinz, die am 1. Juli beginnen sollte (I.P. Boitsov wurde mit der Aufgabe betraut, den entsprechenden Bericht der Konferenz vorzulesen), und zweitens eine Reihe von sogenannten Organisationsfragen, ein euphemistischer Ausdruck für weitere "Säuberungen", die von I.Ia. Kalinin besprochen wurden. Nun waren G.I. Krul', E.Ia. Nosovskii, V.F. Karsanov, I.P. Zhdanov und K.A. Gadbank an der Reihe, die jetzt anscheinend ihr wahres Gesicht als Volksfeinde gezeigt hätten und deshalb aus dem Obkom ausgeschlossen wurden.[115] Gleiches Schicksal ereilte die Mitglieder des Revisionskomitees, G.G. Liamin und I.M. Petukhov, weil sie "des Titels eines Mitglieds des Revkoms der VKP(b) nicht würdig" gewesen seien. Auch P.G. Rabov, I.F. Gusikhin, Trushin, Briskina, Ivushkin, Peskarev, Chukanov und Mitrakov, die zuvor schon die Provinz verlassen hatten, wurden jetzt formell ausgeschlossen.

Vom 1. bis zum 4. Juli 1938 fand die dritte Parteikonferenz statt.[116] Unter Mithilfe des NKWD hatte die neue Parteiführung seit März 1938 mit der Ausrottung der konterrevolutionären Gruppen in der Provinz Erfolg gehabt,[117] und mancher Nachwuchskader war bereits nachgerückt. Dennoch hieß es im Juli 1938 noch immer, daß die Beseitigung der Folgen der Zerstörung erst begonnen habe.[118] Wie wenig sich die wirtschaftliche Situation gebessert hatte, spiegelten Klagen wider, wonach in der Landwirtschaft, bei-

---

109 TTDNI, 147/1/554, L.3ob.
110 TTDNI, 147/1/529, L.27. Er soll 1943 im Alter von 39 Jahren gestorben sein. Die genaueren Umstände sind unbekannt, d.h. er kam vermutlich im Lager ums Leben. Vgl. Ocherki istorii kalininskoi organizatsii KPSS, a.a.O., S. 705.
111 TTDNI, 147/1/529, L.28. Boitsov hatte zuvor als Sekretär des Okruzhkoms von Pskov gearbeitet und war wahrscheinlich der großen Mehrheit der Obkommitglieder unbekannt. Vgl. TTDNI, 147/1/555, L.245. Das Amt des ersten Parteisekretärs bekleidete er von März 1938 bis November 1946. Vgl. Ocherki istorii kalininskoi organizatsii KPSS, a.a.O., prilozhenie 2. S. 701.
112 Medvedev, Let History Judge, a.a.O., S. 410.
113 Ocherki istorii kalininskoi organizatsii KPSS, a.a.O., prilozhenie, S. 703.
114 TTDNI, 147/1/529, LL.31/32.
115 Ebenda, L.31.
116 TTDNI, 147/1/554 und 147/1/555.
117 TTDNI, 147/1/554, L.3ob.
118 Ebenda, L.4.

spielsweise im Flachsanbau und in der Viehzucht, die Folgen der Sabotage noch immer nicht aufgeholt worden seien.[119] Die gleichen Probleme, die schon von dem bald in Ungnade gefallenen Mishnaevskii in Juni 1937 benannt wurden, waren also auch noch ein Jahr später in der Landwirtschaft der Provinz anzutreffen.[120] Dank der Umstürzler stagnierte im Juli 1938 auch die Industrie, und die Staatspläne, insbesondere bezüglich der Produktqualität, wurden ebenfalls nicht erfüllt.[121]

Boitsov beschäftigte sich in seiner langen Rede sehr eingehend mit den Problemen der Provinz. So sei die Staatsanwaltschaft, die zwischen 1935 und 1937 insgesamt 59.000 Menschen aus ländlichen Gebieten verurteilt habe, übereifrig gewesen. 1937 wurden die Verfahren gegen 2.060 Personen eingestellt.[122] Die Zahl der Verurteilten war trotzdem erstaunlich hoch (mehr als 3 Prozent der ländlichen Bevölkerung!),[123] denn diese drei Jahre fielen nicht in die Kollektivierungsperiode. Obwohl bisher meist vom Terror gegen die Sowjetelite in jenen Jahren gesprochen wurde, darf nicht vergessen werden, daß auf dem Lande die Unterdrückung der Bevölkerung auch *nach* der Kollektivierung kaum nachließ. Der Fall N.M. Mironov illustriert diese Schreckensherrschaft:[124] Mironov wurde im Februar 1930 "entkulakisiert", aus dem Dorf verbannt und sein Haus enteignet. Ein Jahr später kehrte er in sein Dorf zurück und versuchte erfolglos, seine Wahlrechte zurückzuerlangen. 1937 wurde er schließlich von einer Troika als "antisowjetisches Element" und als "Volksfeind" zu einer Strafe ohne Korrespondenzrecht verurteilt, also höchstwahrscheinlich hingerichtet.

Boitsov scheint den Versuch gemacht zu haben, durch seine Kritik die Zahl der Verhaftungen zu verringern.[125] Dennoch zeigte er kein Mitleid mit den Obkom-"Volksfeinden" und gab eine zu geringe Zahl von "entlarvten Volksfeinden" an. So meinte er, daß fünf von elf Büromitgliedern und 28 Obkom-Kandidaten und -Mitglieder enttarnt worden seien.[126] Obgleich er Rabov, Gusikhin und V.I. Ivanov heftig kritisierte, bezeichnete er sie - noch? - nicht als Volksfeinde. Einem anderen typischen Element der "Säuberungen" begegnen wir in der Kritik Boitsovs an V.I. Ivanov. Ivanov war bis dahin der zweite Parteisekretär und soll infolge seiner Beziehungen zu der karelischen Minderheit für den bourgeoisen Nationalismus in der Provinz verantwortlich gewesen sein.[127]

---

119 Ebenda.
120 Mishnaevskii hatte auf der zweiten Parteikonferenz nacheinander die Fruchtfolge bzw. den Kleeanbau, die landwirtschaftlichen Forschungsstationen, die Umsiedlung von Bauern, die noch immer außerhalb des Kolchosendorfes als *Khutor* lebten, die Situation der Kader, die Lage in der Viehzucht und in den MTS kritisiert, wobei auch er festgestellt hatte, daß alle diese Fehler auf die Arbeit von Saboteuren zurückzuführen seien. Vgl. TTDNI, 147/1/526, LL.66-74.
121 TTDNI, 147/1/554, L.4
122 Ebenda, L.95
123 Vgl. oben die Bevölkerungszahl von 1939.
124 Asinkritov, G.: Raskulachennyi, in: Glasnost'. Udomel'skaia obshchestvenno-politicheskaia gazeta Tverskoi oblasti, II, No.9 (46), Iiun' 1992, S. 5-6.
125 TTDNI, 147/1/554, LL.95/96. Damit ist seine Rede vergleichbar mit dem einen Monat zuvor veröffentlichten Prawda-Artikel.
126 Ebenda, LL.120/121.
127 Vgl. ebenda, L.122. 1939 wurde - vielleicht im Zusammenhang mit dem Finnland-Krieg - der autonome Okrug der Karelier in der Provinz aufgehoben. Vgl. Kotliarskaia, L.A./Freidenberg, M.M.: Iz istorii Tverskoi Kul'tury. Anatolii Nikolaevich Vershinskii (1888-1944). Uchebnoe posobie. Tver' 1990, S. 117, vgl. auch Vinogradov, V.: Karel'skoe "delo". Tver' 1991.

Das auf dem ersten Plenum am 6. Juli gewählte Büro hatte eine völlig andere personelle Zusammensetzung als noch im Juni 1937.[128] I.P. Boitsov wurde erster, A.A. Abramov zweiter und I.Ia. Kalinin dritter Sekretär. I.P. Volchenkov wurde Leiter der Obkomabteilung für führende Parteiorgane und I.A. Perepelkin Leiter der Abteilung für Propaganda und Agitation. Das dritte Plenum im Oktober 1938 diskutierte das Mitgliederwachstum der Partei, das nach Meinung des Obkoms zunehmen mußte. Ferner wurde die unbefriedigende politische Schulung der Jungkommunisten diskutiert. Obwohl nicht explizit thematisiert, war nunmehr die Vergrößerung der Partei dringend notwendig, weil zuvor zahlreiche Kommunisten, insbesondere erfahrene Kader, verhaftet worden waren.[129] Dennoch wurden die Büromitglieder Volchenkov und G.D. Bulygin sowie der ehemalige Parteisekretär des Rayons Kimry ausgeschlossen, nachdem sie vom NKWD verhaftet worden waren. A.Ia. Frolov, Leiter der Landwirtschaftsabteilung des Obkoms, wurde Kandidat und Perepelkin Vollmitglied des Obkombüros.

Vermutlich markiert das Plenum vom 21. bis zum 23. Dezember 1938 das Ende der "großen Säuberungen" in der Provinz.[130] Die nunmehr Ausgeschlossenen hatten wahrscheinlich allzu emsig Konterrevolutionäre in der Provinz verfolgt, wie beispielsweise Ezhov und seine Mitarbeiter in Moskau. A.N. Nikonov, der NKWD-Leiter, wurde von seinen ehemaligen Kollegen unter Arrest gestellt und dann ausgeschlossen. Büromitglied Kalinin wurde aus der Partei entfernt, weil ihm grobe politische Irrtümer zur Last gelegt wurden, und das Mitglied F.E. Zhukov und der Kandidat A.S. Savvin wurden wegen politischer Fehler aus dem Obkom ausgeschlossen. I.Ia. Kalinin hatte sich früher mit "Organisationsfragen" beschäftigt und mochte sich dabei etwas zu begeistert gezeigt haben. A.Ia. Frolov stieg zum Vollmitglied des Büros auf. Zweifelsohne war Nikonov ein Mann Ezhovs, weil er in seiner, auf der dritten Parteikonferenz im Juli 1938 vorgetragenen Biographie feststellte, daß das ZK ihn 1936 auf die höhere Schule für Parteiorganisatoren geschickt habe, und er anschließend 1937 vom ZK zur Arbeit im NKWD berufen wurde.[131] Ezhov war noch 1936 verantwortlicher ZK-Sekretär für die Parteiorgane und wurde dann Mitte 1937 zum Volkskommissar ernannt, genau zu dem Zeitpunkt, als auch Nikonov zum NKWD versetzt wurde.

Mitte November 1938 gaben Molotow und Stalin den Befehl, die nahezu willkürlichen, die ganze Sowjetunion betreffenden Verhaftungen der Jahre 1937 und 1938 einzustellen.[132] Im Provinzmuseum für Heimatkunde der Stadt Tver kann man in der ständigen Ausstellung über die "Säuberungen" heute feststellen, daß am 3. Dezember 1938 die fünf Provinzführer des NKWD - unter anderen offensichtlich Nikonov - verhaftet worden sind. Auch hier wurde Ezhovs Truppe, genauso wie in Moskau und anderen Orten der UdSSR, durch neue Leute ersetzt. Die Provinzabteilung des NKWD hatte seit Juni 1937 nacheinander drei Leiter, nämlich Dombrovskii, Guminskii und dann Niko-

---

128 TTDNI, 147/1/529, L.35/36. Boitsov, Abramov, Kalinin, Volchenkov, A.P. Starotorzhskii, Vorsitzender des Oblispolkoms, A.N. Nikonov, NKWD-Leiter und S.M. Antoniuk, Herausgeber der Zeitung, wurden zu vollberechtigten Mitgliedern, Perepelkin und L.I. Krylov zu Kandidaten gewählt. Vgl. auch TTDNI, 147/1/529, L.31. Wenigstens drei, Boitsov, Starotorzhskii und Krylov, waren im Januar 1943 noch immer Obkommitglieder. Vgl. Rossiiskii tsentr khraneniia i izucheniia dokumentov noveishchei istorii (Moskva). Fond 17. Opis' 43. Delo 742. List 1.
129 TTDNI, 147/1/529, LL.46-51.
130 Ebenda, LL.53-64.
131 TTDNI, 147/1/555, L.272.
132 Gevorkian, Vstrechnye plany, a.a.O., S. 19.

nov, verloren. Neuer NKWD-Leiter wurde wahrscheinlich D.S. Tokarev, der auch noch während des Krieges das Provinz-NKWD leitete.[133]

Ende 1938 wurde dem Obkomsekretariat über drei Mitarbeiter der Kriminalabteilung des Rayons von Torzhok berichtet, die strafrechtlich verfolgt wurden, weil sie 1937 während der Kampagne gegen die Umstürzler fingierte "Beweise" über verschiedene Bürger beschafft hätten.[134] Eine Versammlung der Partei- und Komsomolzellen der NKWD-Mitarbeiter von Torzhok war zu dem Ergebnis gekommen, daß diese verwerflichen Praktiken von den NKWD-Führern Dombrovskii und Slonimskii inspiriert worden seien. Die Partei- und Komsomolmitglieder erklärten die drei für unschuldig, weil sie von Mikhailov und Bogdanov, den Rayonvorsitzenden des NKWD-Torzhok, in die Irre geführt wurden, da sie 1937 unerlaubten Druck auf Zeugen ausübten und sie zum Beispiel mehrere Tage lang im Korridor des lokalen NKWD-Büros festhielten.[135] Die NKWD-Mitarbeiter der Zellen erklärten, daß sich diese Sache schon seit einem Jahr fortschleppe, die drei sollten deshalb freigelassen werden und statt ihrer Mikhailov und Bogdanov verhaftet werden. Man kann daraus den Schluß ziehen, daß es im Dezember 1938 wieder - wenigstens offiziell - als ungesetzlich betrachtet wurde, innerhalb des NKWD Zeugen unter Druck zu setzen. Darüber hinaus wagten nun die Mitarbeiter der "Organe" wieder, ihre Kollegen zu verteidigen.

Wie schrecklich die "verwerflichen Praktiken" des NKWD in der Provinz von Kalinin vermutlich waren, offenbart folgende Tatsache, über die einige Mitglieder der Tverer Organisation von "Memorial" berichteten. Danach habe das NKWD der kalininschen Provinz den Ruf gehabt, bei der Vernichtung sehr vieler Menschen besonders tatkräftig vorgegangen zu sein. Das NKWD in Moskau und Leningrad habe Häftlingsgruppen des öfteren zu "weiteren Verhören" in andere Städte geschickt. Die Menschen seien in Eisenbahnwaggons geladen und nach Kalinin zu ihrer Hinrichtung transportiert worden. Genauso habe man auch in Leningrad verfahren. Auf diese Weise habe das NKWD von Kalinin besonders viel Arbeit gehabt. Während das NKWD in Wladimir sich auf außerordentlich grausame Folterungen von Häftlingen spezialisiert habe, waren Massentötungen eine spezielle Aufgabe des kalininschen NKWD. Deshalb sei auch die rasche Durchführung von Begräbnissen für die kalininschen "Organe" besonders dringlich gewesen. Die Miliz sei in vielen Nächten damit beschäftigt gewesen, den Leichentransport auf Karren und Lastkraftwagen durch die Straßen von Volynskaia und Barshinkovskaia zum städtischen Friedhof in Fluß zu halten. Schon bald habe es auf dem Friedhof keinen Platz mehr gegeben, weshalb es durchaus möglich sei, daß ein Teil der Opfer einfach auf dem NKWD-Anwesen verbrannt wurde.[136]

---

133 In dieser Position war er spätestens im April 1939. Vgl. TTDNI, 147/1/594, L.1. Zur Anwesenheit von Tokarev im Jahre 1943 vgl. Rossiiskii tsentr khraneniia i izuchenie dokumentov noveishchei istorii (Moskau). Fond 17. Opis' 43. Delo 742. List 1.
134 TTDNI, 147/1/594, L.2.
135 Man kann sich vielleicht vorstellen, was wirklich geschah, wenn man folgendes liest. Vgl. Kotliarskaia, /Freidenberg, Iz istorii, a.a.O., S. 130, Anm. 40: "Wir berichten hier nicht über jene schreckliche Arbeit, die in der Provinz, insbesondere in den TONe [d.h. "Gefängnissen für besondere Zwecke", russisch: "tiur'my osobogo naznacheniia", K.B.] oder "Hinrichtungsgefängnissen" zum Beispiel in Torzhok, wie sie auch genannt wurden, stattfand."
136 Vgl. Kotliarskaia/Freidenberg, Iz istorii, a.a.O., S. 128. Dies konnte vom Verfasser allerdings nicht überprüft werden, weshalb diese Informationen mit Vorbehalt zu behandeln sind.

Es war notwendig, für die seit 1929 Verhafteten mehr Gefängnisse und Lager zu errichten. Freilich wurden sehr viele Häftlinge unter anderem nach Workuta, Kolyma, Karaganda und der Komi-Republik geschickt. Dennoch hat das NKWD auch in der Provinz von Kalinin seine Lager gehabt. Es wurde festgestellt, daß es in diesen Jahren - hauptsächlich wurden die dreißiger Jahre erforscht - im NKWD-Einflußbereich mindestens elf Gefängnisse, 26 Arbeitsstraflager, sechs Waisenheime und zwei Heime für Jugendliche gab.[137] Im Rahmen der durchgeführten Befragung konnten sich etliche an politische Häftlinge erinnern, die Mitte der dreißiger Jahre am Bau des Wolga-Moskwa-Kanals in der Nähe des Städtchen Konakovo mitgearbeitet hatten.[138] So meinte L.P. Pliasnikova (Jg. 1930), eine Arbeiterin der Porzellanfabrik von Konakovo: "Vor dem Krieg haben sie bei uns in der Nähe angefangen, ihn [den Kanal, K.B.] zu bauen. Häftlinge haben ihn gebaut. Die Lager waren entlang des Kanals errichtet worden. Irgendwie war ein Teil der Gefangenen ohne Bewachung. Sie besuchten dann und wann die Häuser und baten um Brot. Die Leute waren ruhig, schweigsam, übermannt von Kummer. Mama hatte gar keine Angst, mich mit ihnen mitzuschicken. Und niemand von ihnen hat uns damals etwas getan."

Das Lager in der Nähe von Ostashkov war besonders berüchtigt.[139] Dort wurde 1939 ein Teil der polnischen, im September/Oktober 1939 von der Roten Armee gefangenen Offiziere interniert. Die meisten Insassen wurden im Frühling 1940 nach Katyn oder vielleicht in das Dorf Mednoe in der Nähe von Kalinin transportiert und dort ermordet.[140]

Nur die wenigsten Opfer des Stalinismus wurden rehabilitiert, so zwischen 1955 und 1987 lediglich 1.980 und 1988/1989 weitere 15.224 Provinzeinwohner.[141] Deshalb ist auf die 59.000 Verhafteten auf dem Lande zu erinnern, von denen Boitsov 1938 sprach, obwohl freilich nicht alle aus politischen Gründen festgenommen worden waren. Nach unserem heutigen Erkenntnisstand kann man davon ausgehen, daß alles, was in Moskau während der Ezhovshchina geschah, auf allen Ebenen der Partei und des Staates nachgeahmt wurde. Offenkundig ist ferner, daß die Bevölkerung außerhalb der Partei nicht unbehelligt blieb. Von 1935 bis 1937 wurden auf dem Lande noch immer tausende einfache Menschen verhaftet.

Wie in anderen Gebieten der Sowjetunion scheinen auch in der Provinz von Kalinin die "Säuberungen" kaum einem Zweck gedient zu haben. Da so viele "entlarvte Volksfeinde" usw. des *vreditel'stvo* beschuldigt wurden, bekommt man mitunter den Eindruck, daß man versuchte, durch solche massierten Verhaftungen die Resultate der Wirtschaft zu verbessern. Denn die wirtschaftlichen Erfolge der Provinz waren seit der Stalinschen Revolution von 1929/30 gering. Neben den katastrophalen Folgen der Kollektivierung und den Problemen, die der überzentralisierten Planwirtschaft der Sowjetunion ohnehin eigen waren, war dies auch den niedrigen staatlichen Investitionen in der Provinz geschuldet. Vielleicht sollte dies mit Hilfe des Terrors kompensiert werden. Der Prawda-

---

137 Vgl. die Angaben in der ständigen Ausstellung des Tverer Museums für Heimatkunde.
138 Wie stark bei den Zeitzeugen das Mißtrauen auch heute noch ausgeprägt ist und ehrliche Antworten verweigert werden, wenn man nach den damaligen Erlebnissen fragt, ist daran erkennbar, daß die meisten Einwohner dieses Ortes, die dort schon in den dreißiger Jahren lebten, angaben, nichts von irgendwelchen Lagern gewußt zu haben.
139 Vgl. Abarinov, V.: Katynskii Labirint. Moskva 1991. Insbes. S. 44-54.
140 Zoria, I.:Rezhisser katyn'skoi tragedii, in: Beriia: Konets kar'ery. Moskva 1991. S. 175.
141 Vgl. die Angaben der ständigen Ausstellung im Museum für Heimatkunde in Tver.

Bericht vom März 1938 beweist aber, daß die "Säuberungen" im Gegenteil zum Chaos führten. Es ist indes nicht wahrscheinlich, daß die zentralen Parteiführer dies frühzeitig erkannten, denn die Ausschlüsse aus dem Obkom wurden noch einige Monate lang fortgeführt. Erst etwa Mitte 1938 trug man der Tatsache Rechnung, daß die "Säuberungen" und die Verhaftungsdrohungen die Wirtschaft mehr behinderten als förderten. Wahrscheinlich ebbte deshalb die Verhaftungswelle allmählich ab.

Man könnte schlußfolgern, daß die Parteielite, wie zum Beispiel Goliakov, deshalb eifrig mitsäuberten, weil sie tatsächlich davon ausging, der Klassenkampf verschärfe sich, so wie dies Stalin im Februar/März 1937 behauptet hatte.[142] Diese Erklärung ist allerdings wenig plausibel. Denn es ist sehr zweifelhaft, ob beispielsweise jemand wie Goliakov so naiv war, tatsächlich zu glauben, daß fast alle seine ehemaligen Kollegen im Dienst des Feindes standen. Offenkundig gingen die eifrigen "Säuberer" davon aus, daß ihnen die Säuberung erspart bleiben würde, wenn sie nur rücksichtsloser vorgingen als Stalin und die wenigen ZK-Mitglieder, die die *Ezhovshchina* überlebten. Letztendlich war dies ein Akt der Feigheit. Doch wird Feigheit leider zur Regel, wenn Menschen in Schwierigkeiten geraten. Alte Freundschaften und Loyalitäten zählten nicht länger, wichtig war nur noch, selbst zu überleben und vielleicht von dem Ganzen zu profitieren. Da die Täter später selbst zu Opfern wurden, reichte Strebsamkeit allein meist nicht aus, um die eigene Haut zu retten. Es wäre spannend zu erfahren, was geschehen wäre, wenn genügend Menschen erklärt hätten: Alles ist erlogen, es kann nicht sein, daß die Helden der Oktoberrevolution und des Bürgerkrieges nunmehr versuchten, die Revolution zu liquidieren.

Wie dem auch sei, es ist unmöglich, der unfaßbaren Unterdrückung, die auch die Provinz Kalinin und ihre Vorgänger in den dreißiger Jahren heimgesucht hat, etwas Positives abzugewinnen. Neben den wirtschaftlichen Gründen für die Beendigung der "Säuberungen" ist auch auf die Kriegsfolgen zu verweisen. Ein großer Teil der Provinz wurde zerstört und sehr viele Soldaten kehrten nicht wieder von der Front zurück, weshalb die Behörden darauf verzichteten, gegen die Bevölkerung und die kommunistische Partei hart vorzugehen. Nach 1945 war die Zahl der Verhaftungen erheblich geringer als vor 1939.[143] Es bleibt noch vieles im Ungewissen. Nur der Zugang zu den NKWD-Archiven - ihre vollständige Erhaltung vorausgesetzt - kann die großen Forschungslücken schließen, die bei der Aufarbeitung der stalinistischen "Säuberungen" klaffen.

---

142 Vgl. Academy of Sciences of the U.S.S.R., Institute of History, A Short History of the USSR. Part II. Moscow 1965. S. 182.

143 Es ist zweifelsohne richtig, daß Menschen, die 1945 aus deutscher Gefangenschaft zurückkehrten, in ein Arbeitslager geschickt wurden. Dennoch gaben in der Umfrage zwei ehemalige kriegsgefangene Soldaten an, daß ihnen erlaubt wurde, gleich nach Hause zurückzukehren.

Aufsätze und Miszellen

Alexandr Watlin (Moskau)

Die Russische Delegation in der Komintern: Machtzentrum des internationalen Kommunismus zwischen Sinowjew und Stalin[1]

Daß die KPdSU als die einzige siegreiche, zur Staatsmacht gewordenen Partei in der Kommunistischen Internationale (Komintern) stets eine besondere Rolle spielte und praktisch alle strategischen Wendungen und Kadersäuberungen präjudizierte, ist für die internationale Kommunismusforschung kein Geheimnis. Gleichwohl traten die eigentlichen Umsetzungsmechanismen dieser Machtposition zugunsten der statutgemäßen Organisationen und Ereignisse in den Hintergrund. Heute gehört der dokumentarische Nachlaß der "russischen" Organe in der Komintern zu einem besonders geheimgehaltenen Fond im Zentralen Parteiarchiv in Moskau, so daß der Autor des vorliegenden Beitrages als wissenschaftlicher Mitarbeiter des Instituts für Marxismus-Leninismus sein Archivheft nur nach zahlreichen Ausschneidungen zurückbekommen hat - und das im Juni 1991, kurz vor dem Putsch. Dennoch wird mit der vorliegenden Untersuchung die Hoffnung verbunden, die wissenschaftliche Erschließung der Russischen Delegation im Exekutivkomitee der Komintern (EKKI), die bislang in historiographischer Hinsicht ein "weißer Fleck" ist, anzustoßen.

Besondere Sitzungen der Delegation der russischen Bolschewiki fanden schon während der ersten Kominternkongresse statt, sie entsprachen der damals üblichen Praxis der fraktionellen Vorbesprechungen der zu erörternden Fragen in den Organen der Sowjetmacht. Diese Sitzungen fanden nicht regulär statt, wurden nicht protokolliert und hatte keine besondere Bedeutung für die Kongreß-Beschlüsse. Sinowjew, Radek und andere Vertreter der RKP/KPdSU zogen es vor, vertrauliche Vorbesprechungen mit einzelnen ausländischen Parteileitungen zu führen, um danach sichere Mehrheiten bei den Abstimmungen in Kommissionen oder dem Präsidium des EKKI zu haben (vgl. beispielsweise die Vorgeschichte der Einheitsfront im Winter 1921/1922).

Die Situation veränderte sich prinzipiell, als mit dem politischen Tod von W.I. Lenin die Führung der Bolschewiki einen autoritären Schiedsrichter verloren hatte und es so zu

---

1 Die vorliegende Arbeit entstand im Rahmen eines Stipendiums der Volkswagen-Stiftung.

einer Periode heftiger Machtkämpfe kam. Die Komintern und besonders ihre deutsche Sektion bekam die Tragweite und die negativen Folgen dieser Zersplitterung bereits nach dem mißlungenen "deutschen Oktober" 1923 zu spüren. Das ZK-Plenum der russischen Partei befaßte sich zweimal mit dieser Angelegenheit und konnte den scharfen Konflikt auflösen. Nur der stillschweigende Kompromiß zwischen Trotzki und Sinowjew machte Karl Radek, der 1923 in den realen Machtverhältnissen in der RKP die Rolle eines "Weichenstellers" spielte, zum "Sündenbock" für die deutsche Niederlage.

In den Jahren 1924/25 hatte der innerparteiliche Kampf in der alten bolschewistischen Garde dieselben Folgen für die Organisationsgeschichte des EKKIs wie für das Politbüro des ZK der KPdSU: Trotz aller seiner Posten wurde Trotzki bei der Behandlung der wichtigsten Komintern-Schritte im EKKI oder im Präsidium praktisch ausgeschlossen. Seine zahlreichen Beschwerden und Bitten, ihm wenigstens Vorbereitungsmaterialien zuzuschicken, blieben erfolglos.

Dieselbe Taktik konnte aber nicht angewandt werden, als Sinowjew zum Rivalen der ZK-Mehrheit wurde. Der Vorsitzende der Komintern hatte genügend Autorität und Machtinstrumente, um diese internationale Organisation im innerparteilichen Kampf einzusetzen, und seine Anhänger, besonders in der linken KPD-Führung, waren in der Lage, den internationalen Kommunismus neu zu spalten.

Diese Perspektive erschreckte beide Seiten - bei den heftigen Diskussionen während des XIV. Parteitages der KPdSU wurde deshalb die Komintern-Thematik sorgfältig ausgeklammert. Aber die eindeutige Niederlage von Sinowjew und Kamenew konnte den Status quo ante nicht wiederherstellen. Sowohl Sinowjew als auch seine Opposition dachten daran, wie sich diese Situation auf die Komintern auswirken würde.

Sinowjew drohte, als Komintern-Vorsitzender zurückzutreten, was nicht nur einen internationalen Skandal, sondern auch die akute Gefahr der Spaltung in der kommunistischen Bewegung bedeutet hätte. Stalin und Bucharin konnten dies nicht zulassen. In der Politbüro-Sitzung am 7. Januar 1926 begann der mühsame Handel, um einen Kompromiß zu erreichen.[2] Sinowjew konnte einen taktischen Sieg feiern. Um eine "kollektive Führung" nach den Leninschen Organisationsprinzipien herzustellen, beschloß das Politbüro der KPdSU, alle strategischen Fragen der Komintern-Politik in einer Delegation der sowjetischen KP zu behandeln und danach dem Präsidium des EKKI jeweils eine einheitliche Meinung darzulegen. So entstand im innerparteilichen Machtkampf die "russische Delegation", die in keinem Statut vorgesehen war und trotzdem für jeden Komintern-Funktionär schon bald die Wahrheit in letzter Instanz verkörperte.

Schon am nächsten Tag, am 8. Januar 1926, fand eine erste Sitzung der Russischen Delegation statt. Zum Vorsitzenden wurde Sinowjew gewählt, zum Sekretär Pjatnitzki. An der Arbeit der Delegation nahmen außerdem Stalin, Bucharin, Trotzki, Kamenew, Losowski und Manuilski teil.[3] Schon ab 1926 wurden aber die Oppositionellen durch Stalin-Leute wie Lominadse und Molotow schrittweise ersetzt. Die kurze Geschichte einer fraktionierten Russischen Delegation im EKKI ist ein wichtiger Bestandteil des sta-

---

2 Das Stenogramm dieser Politbürositzung ist bislang nicht auffindbar. Die Rekonstruktion erfolgte anhand der späteren Materialien der russischen Delegation.
3 Protokoll N 1 der Sitzung der Russischen Delegation am 8. Januar 1926, in: Russisches Zentrum für die Aufbewahrung und Erforschung von Dokumenten der neuesten Geschichte (im weiteren: RZAEDNG), Fond 508, Findbuch 1, Einheit 3. Die Blätter der Sitzungsprotokolle wurden gewöhnlich nicht paginiert.

linistischen Kampfes um die Herrschaft in der bolschewistischen Partei, im Sowjetland und nicht zuletzt in der internationalen kommunistischen Bewegung.

Ausschaltung der "Linken" in der KPdSU und Komintern

Die ersten Sitzungen der Delegation stellten den Versuch der Mehrheit dar, ihren Sieg voll auszuspielen. Es gelang Sinowjew zwar, die Übertragung der russischen Diskussion in die anderen Sektionen der Komintern zu verhindern, aber in dem Beschlußentwurf, den Bucharin in der Sitzung am 12. Januar vorgestellt hatte, konnte man zwischen den Zeilen lesen, wer die Verantwortung für die weitere Diskussion tragen würde. Obwohl die Diskussionsübertragung nun als "unerwünscht" bezeichnet wurde, zeigte die Ausschaltung anderer Sektionen (und letztlich der Komintern selbst) bei der Behandlung der "russischen Frage" eindeutig das administrative Übergewicht der KPdSU, das noch schlimmere Folgen mit sich bringen konnte. Sinowjew reagierte scharf und drohte wiederum mit dem Rücktritt. In seiner Erklärung schrieb er, daß er "nur aus Versehen nicht gegen diesen Beschluß gestimmt hat". "Ich mußte mit der Tatsache rechnen, daß die Mehrheit den Brief abschicken wird, der gegen meine Position gerichtet war, deshalb machte ich keine Vorschläge zum Text, sondern beschränkte mich auf folgendes: 1) es ist notwendig zu sagen, daß ich zurückgetreten bin 2) es ist notwendig zu sagen, daß nach unserer gemeinsamen Meinung die Diskussion in der Komintern unerwünscht ist."[4]

Trotz dieser "Gemeinsamkeit" wollten beide Seiten diese Diskussion im eigenen Sinne beeinflussen. Stalin schickte seinen Gefolgsmann Lominadse gleich nach dem XIV. Parteitag nach Deutschland, um Thälmann und andere KPD-Funktionäre im "richtigen" Sinne zu instruieren. Erst nach mehrmaligen Protesten Sinowjews schickte Stalin am 6. Februar 1926 ein Telegramm an Lominadse und forderte ihn darin auf, "Vorträge und Veröffentlichungen in der Presse einzustellen und unverzüglich nach Moskau auszureisen".[5]

Sinowjew selbst suchte aktiv neue Kontakte mit seinen Gleichgesinnten im Ausland, konnte aber nicht offen auftreten. Seine Anhänger, Vujović und Guralski, wollten Anfang Januar eine gewisse Frau Hessler nach Deutschland und Frankreich schicken, um die Oppositionellen dort mit der Plattform der russischen Opposition bekannt zu machen. Besondere Hoffnungen waren mit Werner Scholem in der KPD verbunden, weil man dachte, er könnte die Partei spalten und nur die "Brandlerianer" im Fahrwasser der Komintern lassen.

Obwohl nach der Vereinbarung im Politbüro am 7. Januar 1926 die Reise von Hessler beendet wurde, blieb diese Angelegenheit noch den ganzen Monat auf der Tagesordnung der Russischen Delegation und des Politbüros. Hessler erklärte gegenüber Bucharin, daß sie den Auftrag bekommen habe, die westlichen Sektionen zur abwartenden Haltung zu bewegen, "bis die Parteistimmung wieder nach links kommt".[6] Gemeinsame Denunziationen und Spionage im Rahmen einer Partei vergifteten auch in der Komintern die At-

---

4 Erklärung Sinowjews zum Protokoll der Sitzung der Russischen Delegation am 12. Januar 1926, in: ebenda, 508/1/4, Bl. 4.
5 Telegramm von Stalin an Lominadse vom 6. Februar 1926, in: ebenda, 508/1/107, Bl. 1.
6 Erklärung von Gertrude Hessler als Beilage zum Protokoll der Sitzung der Russischen Delegation am 2. Februar 1926, in: ebenda, 508/1/6, Bl. 8.

mosphäre, deren "Apparatschiks" schon ab 1926 ihre Linientreue durch die Denunzierung von "Abweichlern" beweisen konnten.

Obwohl der Zusammenschluß der "Sinowjewisten" im internationalen Maßstab eine Phantasie war, konnte diese Behauptung von Stalin instrumentalisiert werden. Während des VI. EKKI-Plenums setzte er Sinowjew weiter unter Druck. In der Sitzung der Russischen Delegation am 21. Februar 1926 sagte Stalin, daß "die deutsche Delegation auf dem Plenum unzufrieden mit den Reden Sinowjews wäre, da er die Ultra-Linken zu schwach kritisiere".[7] Mehr noch: In der nächsten Sitzung gab Stalin die Worte seines Freundes Thälmann wieder, daß nach der Information von Vujović Sinowjew den Führer der KPD absetzen wollte.[8]

Jeder Versuch Sinowjews, eine einigermaßen konstruktive Arbeit der KPdSU-Vertreter in der Komintern wiederherzustellen, war zum Scheitern verurteilt. Er wußte schon, daß seine Tage gezählt waren, und stellte am 3. März den neuen Antrag, als Vorsitzender der Komintern entlassen zu werden. Den letzten Anstoß gab dabei die Veröffentlichung des Stalin-Artikels "Zu Fragen des Leninismus" in der Internationalen Presse-Korrespondenz.

Stalin aber zog es vor, das Katz-und-Maus-Spiel fortzusetzen. Sinowjew bekam die Zusicherung, daß er den Apparat der Komintern mit "seinen Leuten" vervollständigen könne, daß die russische Diskussion auf dem VI. Plenum unberührt bleibe und Sinowjew sogar die Antwort auf den Stalin-Artikel schreiben dürfe. Tatsächlich wurden aber im März/April 1926 die letzten Sinowjew-Anhänger aus dem EKKI-Apparat gesäubert. Als in Berlin eine Broschüre über den XIV. Parteitag erschien, konnte Sinowjew bei Abwesenheit von Stalin in der Russischen Delegation noch den Beschluß durchsetzen, diese Veröffentlichung zu verurteilen. Das war sein letzter "parlamentarischer" Sieg, der unter den Umständen der Stalinisierung indes ohne Folgen blieb. Als Stalin diese Nachricht bekam, schrieb er am 20. April aufgeregt an Pjatnitzki: "Nachdem ich die Broschüre gesehen habe, kann ich gar keine Gründe finden, warum ihre Veröffentlichung verurteilt wurde. Ich bitte meine Position im Büro der Delegation der KPdSU zur Kenntnis zu bringen."[9]

Es blieb Sinowjew nichts anderes übrig, als nach dem Beispiel von Trotzki einen Literaturstreit zu entfesseln. Aber seine Schriften landeten oftmals bei der Russischen Delegation - der "Prawda" stand nur eine Seite für die Parteidiskussion zur Verfügung. Da Sinowjew auch kein rhetorisches Talent vom Zuschnitt Trotzkis war, konnte Stalin es gewöhnlich Manuilski überlassen, auf die Sinowjew-Angriffe zu antworten. Nur selten griff er selbst zur Feder, da diese noch schwerer war. Als Sinowjew in seinem Brief vom 15. Mai 1926 versuchte, die Komintern-Politik von Stalin und Manuilski als "rechte Abweichung" darzustellen, antwortete Stalin in einem Brief an die Mitglieder der Russischen Delegation am selben Tag, daß er in der Sinowjew-Schrift ganze "acht Lügen und eine lächerliche Feststellung entdeckt habe".[10]

---

7 Protokoll N 2 der Sitzung des Büros der Russischen Delegation während des VI. EKKI-Plenums, in: ebenda, 508/1/9.
8 Protokoll N 4 der Sitzung des Büros der Russischen Delegation während des VI. EKKI-Plenums, in: ebenda, 508/1/11. Als Strafe für Vujović schlug Stalin vor, ihn vom Posten des Generalsekretärs der Kommunistischen Jugendinternationale (KJI) zu entbinden. Nach der Abstimmung hat Pjatnitzki den Auftrag bekommen, diesen Beschluß dem Exekutivkomitee der KJI mitzuteilen.
9 Brief Stalins an Pjatnitzki, in: ebenda, 508/1/21, Bl. 19.
10 Brief Stalins an die Mitglieder der Delegation der KPdSU vom 15. Mai 1926, in: ebenda, 508/1/107.

Die Degradierung der politischen Diskussion in der KPdSU in diesen Jahren entsprach vollkommen der personellen "Schüchternheit" Stalins. Im selben Brief schrieb der "große Führer": "Seit 1898 konnten wir, alte Leute der Illegalität, in allen Gebieten Rußlands unsere Arbeit führen, aber wir trafen Genossen Sinowjew weder in den Gefängnissen noch in der Verbannung."[11] Es ist verwunderlich, daß Stalin dabei seine führende Rolle in der I. und II. Internationale nicht erwähnt hatte.

Um Sinowjew endgültig von der Mitarbeit in der Delegation auszuschließen und auf dem VII. EKKI-Plenum die entscheidende Schlacht gegen die "Linken" in der KPdSU führen zu können, beschloß das Politbüro am 18. November, ein "Büro der Delegation der KPdSU" zu etablieren, in dem praktisch nur Stalin, Bucharin und Pjatnitzki tätig waren. Trotz des Widerstandes dieses Gremiums gegen einen für "unzweckmäßig" gehaltenen Sinowjew-Auftritt auf dem Plenum[12] konnte dieser seine Rede halten, in der der abgelöste erste und letzte Vorsitzende der Komintern die Position der vereinigten Opposition verteidigte. Es war keine gute Rede, er verwandte zu viele Zitate aus Werken der Klassiker und lieferte nur wenig politische Analyse. Trotzdem befürchtete die Mehrheit, daß Sinowjew noch Sympathien für sich wecken könnte, weshalb nach dem Sinowjew-Auftritt in der Wohnung Rykows eine "halbgeheime" Sitzung des Büros der Russischen Delegation stattfand, um mögliche Gegenmaßnahmen zu besprechen.[13] Diese waren aber nicht notwendig, denn die weitgehende Bolschewisierung der einzelnen Komintern-Sektionen ersetzte die Freiheit der politischen Äußerung durch eine "eiserne" Parteidisziplin. Die letzte Rede Sinowjews vor dem Exekutivkomitee der Komintern bedeutete auch die Niederlage der linken Opposition in allen kommunistischen Parteien Europas.

Die deutsche Frage in der Russischen Delegation

Die Situation in Deutschland und die Politik der KPD standen in der Delegation nicht nur im Kontext der innerparteilichen Machtkämpfe zur Debatte, obwohl diese ihre Schatten immer auf die politische Analyse Stalins und Bucharins warfen. Sogar nach der Niederlage des "deutschen Oktobers" und der Annahme des Dawes-Plans sollte Deutschland entsprechend den Einschätzungen des klassischen Marxismus das Hauptkriegsfeld der Weltrevolution bleiben. Nach dem mißlungenen Experiment mit der "linken" KPD-Führung, für die Sinowjew auch persönlich Verantwortung trug, versuchte man eine neue Konzentration der "gesunden Kräfte" in der KPD.

Schon in ihrer zweiten Sitzung am 12. Januar 1926 diskutierte die Delegation ausführlich die Lage in der KPD. Es wurde ein Beschluß angenommen, der keinen Zweifel an der Rechtsschwenkung zuließ:

"In die Regierung Sachsens nicht eintreten, aber ihre Unterstützung zulassen, wenn linke Elemente der sächsischen Sozialdemokratie mit besonderen Listen kandidieren [...].

Die Losung der Neuwahlen im Parlament aufstellen, angesichts der Linksschwenkung breiter Massen.

---

11 Ebenda.
12 Ebenda, 508/1/36.
13 Protokoll N 6 der Sitzung des Büros der Russischen Delegation während des VII. EKKI-Plenums am 8. Dezember 1926, in: ebenda, 508/1/42.

Faktische Enteignung des Eigentums der ehemaligen Königsfamilien fordern, um die reale Hilfe für die Arbeitslosen zu ermöglichen. Vom ADGB [Allgemeiner Deutscher Gewerkschaftsbund, A.W.] die Einberufung des Arbeitslosenkongresses fordern. Vor Bildung des Arbeitslosenrates nicht zurückschrecken."[14]

Trotz aller radikaler Phraseologie eröffnete der Akzent auf die Tagesaufgaben der KPD gute Möglichkeiten für die Parteiarbeit, besonders deswegen, weil die KPD für den Volksentscheid in Deutschland mehr als Hunderttausend Dollar aus Moskau bekam.[15] Man brauchte nur "innere Entschlossenheit und Disziplin", was ohne die Ausschaltung der Linken nicht möglich war.

Stalin zeigte sich dabei als erfahrener Taktiker. Da ihm die linken Sympathien Sinowjews bekannt waren, entwarf er eine Schritt-für-Schritt-Strategie. Da Sinowjew sicher war, daß "die Mehrheit der Partei hinter Scholem steht", begrenzte sich Stalin in der Sitzung vom 3. März 1926 auf die Orientierung "Hauptschlag gegen die Ultra-Linken". Nur nach ihrer Zerschlagung konnte man die Verhandlungen mit Scholem und Rosenberg aufnehmen.[16]

In seiner Abneigung des "Kampfes an zwei Fronten" (Sinowjew war für den Schlag gegen die "Rechten") wurde Stalin von Bucharin unterstützt. Dieser wollte aber "weichere" Methoden anwenden und sprach oft über die Begrenzung des Zentralismus im EKKI und über die Heranziehung der besten Kräfte aus einzelnen Sektionen.

Nicht zufällig wandte sich Ruth Fischer an ihn und Pjatnitzki, um ihre Verbannung in Moskau beenden zu können. Das half wenig, da von deutscher Seite ständig entgegengesetzte Bitten kamen. Das Protokoll der Sitzung vom 28. Mai 1926 entspricht der Beschreibung der Ereignisse, die Ruth Fischer zwanzig Jahre später aufgeschrieben hat: Sie kam persönlich und forderte von den Anwesenden ihren Paß. Die Russische Delegation gab nach, und es blieb ihr nur festzustellen, daß die Ausreise von Ruth Fischer "den Bruch der Partei- und Komintern-Disziplin bedeuten würde".[17] Noch im Juni versuchte Sinowjew, diesen Beschluß abzumildern,[18] aber umsonst.

Das Reue-Szenario der Linken (Ruth Fischer, Schwan, Scholem und Urbahns) während des VII. EKKI-Plenums wurde im Büro der Russischen Delegation am 6. Dezember detailliert ausgearbeitet. Es mußte eine geschlossene Kommission gebildet werden, damit die Linken keinen Zutritt zum Plenarsaal hatten. Nur nach der vollen "ideologischen Selbstentlarvung" konnte die Frage nach der Rückkehr der Linken gestellt werden. Und das war nicht der Fall.

Eine endgültige Überwindung der linken Opposition stellte automatisch die Frage nach der Koexistenz mit den "Rechten", vor allem mit der Gruppe Ernst Meyer in der KPD. Ernst Thälmann war schon zu Beginn des Kampfes an der zweiten Front bereit, aber sein Patron hielt das für zu früh. Stalin wußte, daß ein harter Kampf gegen die "Rechten" sein Verhältnis zu Bucharin belasten würde, weshalb er eine abwartende Position einnahm.

---

14 Protokoll N 2 der Sitzung der Russischen Delegation am 12. Januar 1926, in: ebenda, 508/1/4, Bl. 2.
15 Am 4. April 1926 bekam die KPD für den Volksentscheid über die Enteignung des Fürstenvermögens darüber hinaus 38.000 Dollar. Vgl. das Protokoll N 14 der Sitzung der Russischen Delegation vom 4. Juni 1926, in: ebenda, 508/1/23, Bl. 1.
16 Protokoll N 4 der Sitzung des Büros der Russischen Delegation während des VI. EKKI-Plenums am 3. März 1926, in: ebenda, 508/1/11, Bl. 4.
17 Protokoll der Sitzung der Russischen Delegation am 28. Mai 1926, in: ebenda, 508/1/28.
18 Ebenda, 508/1/29.

Mehr noch, er ließ Bucharin als Schiedsrichter zwischen Thälmann und Meyer auftreten. Zweimal (am 24. und 26. Dezember 1926) mußten die Delegationen der KPD und der KPdSU sich treffen, um einen notwendigen Kompromiß zu finden. Da Thälmann erst im letzten Moment seine Position änderte und seine Forderungen abmilderte, ist hier der Einfluß von Stalin zu vermuten. Die gemeinsame Erklärung[19] bedeutete eine gewisse Einschränkung der Thälmann-Führung. Gleichzeitig aber wurde Stalins Gefolgsmann Lominadse zum Vertreter des EKKI in der KPD ernannt, was die personelle Moskauer Kontrolle der KPD-Führung erleichterte.[20]

Diese Treffen waren der Beginn einer großen Tradition der politischen Entscheidungen außerhalb der statutgemäßen Gremien. Das nächste Treffen fand während des VIII. EKKI-Plenums am 25. Mai 1927 statt. Sein Beschluß bestätigte die Parteilinie in bezug auf die linke Sozialdemokratie (was mehr den Ansichten der Meyer-Gruppe entsprach), aber hob die Losung der Arbeiterkontrolle auf.[21]

Trotz aller Bemühungen Meyers, die kapitalistische Rationalisierung als beiderseitigen Prozeß darzustellen, von dem auch gewisse Teile der Arbeiterklasse profitieren könnten, gewann die primitive Vorstellung von der revolutionären Abstinenz die Oberhand: "Es ist gleichgültig für die Arbeiterklasse, ob dieser oder jener Wirtschaftszweig in den Händen einzelner Kapitalisten oder in den Händen des kapitalistischen Staates als Gruppe der Kapitalisten bleibt."[22] Die Anwendung der "puren" Klassenterminologie führte die Komintern in die ideologische Sackgasse, aus der nur ein Ausweg möglich war, nämlich die Abwendung von der Realität der sich veränderten Welt. Und diese Abkehr wurde einige Jahre später mit der Theorie der "dritten Periode" von Stalin besiegelt.

Neue Akzente waren vor allem im Teil des Beschlusses vom 25. Mai bemerkbar, der der innerparteilichen Situation gewidmet war. Wie früher, mußte "der Kampf gegen die Maslow-Anhänger innerhalb der KPD bis zu ihrem Ausschluß geführt werden". Gleichzeitig hieß es: "Was die Rechten anbetrifft, müssen die Vorbesprechungen mit ihnen vor den ZK-Sitzungen aufhören, aber Gen. Böttcher darf nicht abberufen werden."[23]

Dieser Versuch, die KPD weiter zu bolschewisieren, trug in sich Keime der späteren Spaltung. Noch eine Perspektive der Kluft wurde bei der Ernennung des deutschen Vertreters im EKKI deutlich. Im Beschluß vom 25. Mai stand: "Es ist wünschenswert, Genosse Braun [d.i. Arthur Ewert, A.W.] weiter zu nominieren." Doch Thälmann hatte einen anderen Kandidaten - Heinz Neumann.

In den Akten der Russischen Delegation ist eine handschriftliche Notiz Bucharins erhalten geblieben. "Deutsche Delegation schlägt für Präsidium Neumann vor. Wir sind der Meinung, daß nicht dieser letzte, aber *Ewert* gewählt werden muß. Wir wollen diese Frage zur Abstimmung im Büro der Delegation der KPdSU bringen."

Abgesehen davon, daß dieser Eingriff den Regelungen des Komintern-Statuts widersprach und den weitergehenden Degradierungsprozeß ihres politischen Mechanismus anschaulich zeigte, konnte er nicht die geheimen Hebel der Macht in seine Richtung bewe-

---

19 Abgedruckt in Weber, Hermann: Die Wandlung des deutschen Kommunismus. Die Stalinisierung der KPD in der Weimarer Republik. Bd. 1. Frankfurt am Main 1969. S. 422 f.
20 Protokoll der gemeinsamen Sitzung der Delegationen der KPdSU und der KPD (Vertreten durch die Gen. Thälmann und Meyer) am 24. Dezember 1926, in: RZAEDNG, 508/1/45.
21 Protokoll der gemeinsamen Sitzung der Russischen und Deutschen Delegation während des VIII. EKKI-Plenums am 25. Mai 1927, in: ebenda, 508/1/52, Bl. 1.
22 Ebenda.
23 Ebenda.

gen. Es gelang Bucharin, die Unterschriften von Manuilski, Kuusinen, Lominadse, Schatzkin und Pjatnitzki zu sammeln. Aber es fehlte noch eine, die wichtigste Unterschrift, nämlich die von Stalin. Bucharin konnte nur unten hinzufügen: "Genosse Stalin hat diesen Vorschlag gesehen. 29. Mai 1927."[24] Aber Stalin führte schon sein eigenes Spiel, und seine Pläne wurden auf dem nächsten Treffen beider Delegationen im Februar 1928 bestätigt.

Finanzen und Struktur der Komintern unter Kontrolle der Russischen Delegation

In der Delegation der KPdSU wurde faktisch die operative Verwaltung der Komintern-Angelegenheiten konzentriert. Obwohl alle ihre Beschlüsse mit den Worten begannen: "Dem Präsidium des EKKI ist vorzuschlagen...", hatten sie normative Kraft. Das verstanden auch alle Vertreter der kommunistischen Parteien in Moskau, die in besonders wichtigen Fällen ihre Bitten und Beschwerden direkt an die Russische Delegation richteten. Sie wurde auch zum Vermittler zwischen dem Exekutivkomitee der Komintern und dem Politbüro des ZK der KPdSU, in dem nur ganz wichtige Probleme behandelt wurden.

Es gab kein Ereignis in der Geschichte des Klassenkampfes und der internationalen kommunistischen Bewegung, das nicht in der Russischen Delegation erörtert wurde. Hier wurde die Entscheidung über die Integration der Guomindang in die Komintern als "sympathisierende Partei" getroffen,[25] hier wurde auch beschlossen, in welcher Form das VIII. EKKI-Plenum über den Bruch der Guomindang mit der KP Chinas erfahren durfte.[26]

Der Generalstreik in England im Mai 1926 und sein Einfluß auf die Revolutionierung Europas standen im Mittelpunkt der Arbeit der Russischen Delegation, wobei (wie nach dem "deutschen Oktober") "die Niederlage des Streikes durch den Verrat der britischen Gewerkschaftsführer" wieder heftige innerparteiliche Auseinandersetzungen hervorgerufen hat. Die Existenz des Englisch-Russischen Komitees der Gewerkschaften beider Länder wurde im ZK der KPdSU als Druckmittel gegen die Reformisten in Trade Unions interpretiert, die vereinte Opposition sah darin nach dem Streik nur das Tarnmanöver der "gelben" Gewerkschaftsführer.[27]

Für Trotzki war der englische Streik eine volle Bestätigung der in seinem Buch "Wohin treibt England" dargelegten Perspektiven. Er unterbreitete der Delegation am 18. Juni 1926 seinen Resolutionsentwurf über die Folgen des Streiks, die "entweder die Stabilisierung der bürgerlichen Systeme oder die Beschleunigung der revolutionären Entwicklung mit sich bringen".[28] Wie viele andere Dokumente der Oppositionellen verstaubte auch dieser Entwurf in den Akten der Russischen Delegation.

Ihre "informelle" Macht stützte sich nicht nur auf die Autorität der stärksten Partei, sondern auch auf die scheinbar unerschöpflichen Finanzquellen des Sowjetstaates. Die

---

24 Ebenda, Bl. 3.
25 Protokoll der Sitzung der Russischen Delegation am 17. Februar 1926, in: ebenda, 508/1/8.
26 Protokoll der Sitzung der Russischen Delegation am 4. Mai 1927, in: ebenda, 508/1/50.
27 Brief von Trotzki und Kamenew an das Politbüro des ZK der KPdSU vom 9. August 1926, in: ebenda, 508/1/106.
28 Thesenentwurf von Trotzki zum englischen Generalstreik, in: ebenda, 508/1/29, Bl. 20.

Partei der Bolschewiki hatte die Staatsmacht erobert, und ihren Führern schien es selbstverständlich zu sein, die Staatskasse für die Revolutionspläne in der ganzen Welt auszubeuten. Noch in der Anfangsphase der Komintern, als in Moskau überwiegend Edelsteine und Diamanten als Revolutionswährung galten, mußte sich Lenin wegen der Komintern-Agenten beschweren, die im Ausland die Millionen des Sowjetstaates nach links und rechts schleuderten.[29]

Mitte der zwanziger Jahre war das Budget der Komintern schon unter strenger Kontrolle, selbstverständlich unter der der russischen Partei. Die Delegation der KPdSU prüfte die jährlichen Ausgaben in den einzelnen Sektionen, die dann zusammengefaßt als Jahresbudget der Komintern vom Politbüro des ZK der KPdSU gebilligt werden mußten.[30] Da Pjatnitzki als Vorsitzender der Budgetkommission des EKKI auch Mitglied der Russischen Delegation war, konnte er mühelos die russischen "Vorschläge" in internationale Beschlüsse umwandeln.

Anfang des Jahres 1926 gab es in der Komintern Gerüchte, wonach ihr Vorsitzender große Geldmittel für die Unterstützung linker Oppositioneller ins Ausland überwiesen habe. Um dieses Machtinstrument zu erhalten, wandte sich Stalin über seinen Sekretär Towstucha mit einem Fragebogen an Pjatnitzki, in dem unter anderem folgende Fragen standen: "Wer verteilt das Geld für die einzelnen Parteien? Wer bekommt wieviel? Er [Stalin - A.W.] bittet, diese Fragen ohne russische Mitglieder des EKKI-Präsidiums zu behandeln [...]." Pjatnitzki antwortete, daß ständige Ausgaben von der besonderen Kommission des Politbüros gebilligt werden müssen. Die Russische Delegation könne jedoch über Sonderausgaben selbst entscheiden. Jede Partei bekomme die zugebilligten Summen einmal in drei Monaten.[31]

Es wurde zur großen Kunst für die Vertreter der einzelnen Parteien, ihre russischen Genossen von der Notwendigkeit immer größerer finanzieller Unterstützung zu überzeugen. Mitteilungen über die Repressalien bürgerlicher Regierungen gegen die Kommunisten, neue Revolutionspläne und auch die Verschuldungspapiere hatten immer gute Chancen, Zustimmung in der Russischen Delegation zu finden. In den ruhigen Jahren waren die Sonderausgaben gewöhnlich für den Erwerb von Immobilien (wie Parteihäuser etc.) oder die Unterstützung der kommunistischen Tagespresse bestimmt. Manchmal aber wurde das Geld in die Länder geschickt, in denen sich nach Meinung der Delegation günstige Zukunftsperspektiven eröffneten. So bekam im August 1926 die kleine KP Indiens für die "Aktivierung ihrer Arbeit" 100.000 Goldrubel.[32] Es mangelte nicht an den "vor Ort"-Berichten. Besonders aktiv war in dieser Hinsicht die chinesische KP, deren Politbüro nach der Niederlage des Kanton-Aufstandes sehr hohe Summen von der russischen Partei forderte, und zwar mit folgender Begründung: "Wir bitten Euch in diesem historisch entscheidenden Moment uns mehr und mehr materielle Hilfe zu leisten, damit wir bald den weißen Terror in China besiegen können."[33]

---

29 Iswestija ZK KPSS, (1990), Nr. 4. S. 156.
30 Protokoll N 2 der Sitzung der Russischen Delegation am 12. Januar 1926, in: RZAEDNG, 508/1/4.
31 Vgl. den Brief von Towstucha vom 16. März 1926 und die Antwort vom 20. März, in: ebenda, 508/1/102, Bl. 151, 153.
32 Protokoll N 20 der Sitzung der Russischen Delegation am 8. August 1926, in: ebenda, 508/1/34.
33 Brief des Politbüros des ZK der KP Chinas an die Russische Delegation, ohne Datum, in: ebenda, 508/1/112b.

Auch die innere Entwicklung der Kominternspitze hing von den Beschlüssen der Russischen Delegation ab. Auf der Sitzung der Delegation vom 1. Dezember 1926 schlug Pjatnitzki vor, statt des Vorsitzenden der Komintern ein Politsekretariat wählen zu lassen, um die kollektive Führung nach der Ausschaltung der Opposition im EKKI wiederherzustellen.[34] Zwei Wochen später bestimmte die Delegation der KPdSU auch die personelle Zusammensetzung dieses Organs: Bucharin, Manuilski, Pjatnitzki, Kuusinen, Erkoli, Smeral, Roy, Vertreter der KPD und FKP sowie als Kandidaten Molotow, Losowski, Murphy und Humbert-Droz.[35]

Viel schwieriger war die Gründung des westeuropäischen Büros des Exekutivkomitees der Komintern (WEB). Obwohl die Idee der operativen Verwaltung "vor Ort" schon längst in der Luft schwebte und ähnliche Schritte ab 1919 unternommen wurden, hatte die Moskauer Komintern-Bürokratie immer Angst, daß sie durch diese neue Struktur eigene Kompetenzen beschränken könnte. Obwohl die Bildung des WEBs in der Delegation am 15. März 1927 prinzipiell beschlossen und dem Präsidium als "Vorschlag" übermittelt wurde,[36] mußte diese Frage noch einige Male auf die Tagesordnung der Russischen Delegation gesetzt werden. Am 11. Januar 1928 wurde der Beginn der WEB-Arbeit definitiv entschieden mit der Anmerkung, "als den Sitz des Büros wünschenswert Frankreich zu nennen",[37] aber erst nach dem VI. Kongreß konnte das WEB seine Arbeit in Berlin beginnen.

Alle wichtigen Kaderfragen - "die heiligsten aller heiligen" in der Kominternpolitik - wurden in der Delegation vorbesprochen. Das betraf sowohl die Mitglieder des Präsidiums und Politsekretariats als auch Mitarbeiter des EKKI-Apparats. Besonders aktiv wurde diese Mitarbeit während der Plenen und des VI. Kongresses, als viele neue Kader die "Abweichler" oder "Provokateure" ersetzen mußten.

Keine Ausnahmen bildeten auch die Direktiven für die Zusammensetzung der einzelnen Parteispitzen. Mehr als zehnmal wurde in der Russischen Delegation die Kaderpolitik der polnischen Partei besprochen, wo es immer nicht gelang, die "goldene Mitte" zwischen der Mehrheit und der Minderheit zu finden. Während des VI. Kongresses beschloß die Delegation die Neubildung des ZK der KP Frankreichs, in dessen Politbüro nur linientreue Funktionäre wie Doriot, Kachen und Reno Jean bleiben durften.[38]

Auf derselben Sitzung am 25. August 1928 wagte das Büro der Delegation in der Abwesenheit von Stalin nicht zu entscheiden, wer in das neue EKKI (Präsidium und Politsekretariat) "gewählt" werden mußte. Das Telegramm mit der entsprechenden Bitte war in den Kaukasus geschickt worden, wo sich Stalin im Urlaub befand.[39] Er antwortete am 31. August, daß "das Politsekretariat so zusammengestellt werden muß, daß dort das entscheidende Gegengewicht zu Smeralschen[40] Tendenzen gesichert wäre. Für die bessere Verbindung mit dem ZK [der KPdSU] schlage ich vor, Molotow in das Politse-

---

34 Ebenda, 508/1/40.
35 Protokoll N 7 der Sitzung des Büros der Russischen Delegation während des VII. EKKI-Plenums am 14. Dezember 1926, in: ebenda, 508/1/43.
36 Ebenda, 508/1/49. Mitglieder: Kuusinen, Manuilski, Erkoli oder Humbert-Droz.
37 Protokoll N 1 der Sitzung der Russischen Delegation am 11. Januar 1928, in: ebenda, 508/1/56.
38 Protokoll N 4 der Sitzung des Büros der Russischen Delegation am 25. August 1928, in: ebenda, 508/1/67, Bl. 2.
39 Ebenda, Bl. 4.
40 Gemeint ist Bohumir Smeral (1880-1941), Mitbegründer der KPTsch, der ab 1921 wichtige Funktionen im EKKI innehatte.

kretariat des EKKI hineinzuführen".[41] Damit wurden die letzten Vorbereitungen Stalins zum entscheidenden Kampf um seine Alleinherrschaft in der Komintern und der KPdSU abgeschlossen.

Die Russische Delegation selbst erlebte dieselben Tendenzen, die im politischen Leben Rußlands und der Komintern schon in den zwanziger Jahren bemerkbar gewesen waren. Als Antwort auf die immer größer werdende Zahl von zu lösenden Problemen wurden immer neue Strukturen geschaffen, mit dem Ziel, im "engeren Führungskreis" die prinzipiellen Lösungsansätze zu finden. So war es in der KPdSU: vom demokratischen Entscheidungsbereich der Parteitage und Plenen zu Politbüroentscheidungen, Trojka-Abkommen usw., und ähnliches erlebte die Komintern: von Kongressen zum EKKI, vom EKKI zum Präsidium, vom Präsidium zum Politsekretariat.

Die gesamte Russische Delegation mußte anfangs darüber entscheiden, ob der österreichische Sozialdemokrat Karl Renner ein Einreisevisum in die Sowjetunion verdiente[42] oder Karl Radek nach der Einladung der Independent Labour Party (ILP) nach Großbritannien ausreisen durfte.[43] Auf der vierten Sitzung der Delegation, am 13. Februar 1926, wurde sodann ein Büro geschaffen, dem Sinowjew, Stalin, Pjatnitzki, Bucharin und Manuilski angehörten.[44] Während des VII. EKKI-Plenums bekamen Stalin und Bucharin die Vollmacht, "alle dringenden Fragen selbst zu entscheiden".[45] Am 10. Januar 1927 schlug Pjatnitzki folgende Resolution vor: "Alle laufenden Fragen der Arbeit im EKKI können von dem Genossen Bucharin, Manuilski, Kuusinen, Losowski, Schatzkin und Pjatnitzki entschieden werden, ohne die Delegation der KPdSU zusammenzurufen. In der Delegation nur prinzipielle Fragen aufwerfen."[46]

Diese "ruhige" Periode dauerte bis zum Ende des Jahres 1927. Dann zeigten Stalin und Molotow ihr erneutes Interesse an Sitzungen im Büro der Russischen Delegation. Das bedeutete vieles für die Komintern-Funktionäre, die längst perfekt zwischen den Zeilen lesen konnten.

Das Jahr 1928 - Linkswendung der Komintern und Niederlage der "Rechten"

Der XV. Parteitag der KPdSU im Dezember 1927 schien nicht nur für die russischen Parteimitglieder ein "Parteitag des Sieges" zu sein. Die Niederlage und der Ausschluß der Opposition Trotzki-Sinowjew mußte den Weg zur konstruktiven Zusammenarbeit in der Spitze der KPdSU öffnen; das behaupteten wenigstens die Sieger selbst. Der Kanton-Aufstand war rechtzeitig da, um die Frage nach der Verantwortung für die blutigen Ereignisse im Frühling 1927 zu entschärfen, als die Guomindang einen offenen Kampf gegen die KP Chinas begann.

Auch die europäischen Ereignisse 1927 ermöglichten Bucharin, in seinem Komintern-Bericht auf dem Parteitag über das Heranreifen der neuen revolutionären Krisen spre-

---

41 Telegramm Stalins an Pjatnitzki aus Sotschi vom 31. August 1928, in: RZAEDNG, 508/1/118.
42 Protokoll N 10 der Sitzung der Russischen Delegation am 14. Mai 1926, in: ebenda, 508/1/25.
43 Protokoll N 16 der Sitzung der Russischen Delegation am 23. Juni 1926, in: ebenda, 508/1/30.
44 Protokoll N 4 der Sitzung der Russischen Delegation am 13. Februar 1926, in: ebenda, 508/1/7.
45 Protokoll N 1 der Sitzung der Russischen Delegation während des VII. EKKI-Plenums am 22. November 1926, in: ebenda, 508/1/36, Bl. 2.
46 Protokoll N 10 der Sitzung der Russischen Delegation am 10. Januar 1927, in: ebenda, 508/1/46, Bl. 2.

chen zu können und damit seine Innovation der "Linkswendung"[47] in der Politik der europäischen KPs mühelos durchzusetzen.

Am 17. Dezember 1927 stellten Stalin, Rykow und Bucharin einen gemeinsamen Entwurf zur Resolution über die Arbeit der KPdSU in der Komintern vor, der fast unverändert von der entsprechenden Kommission des Parteitages gebilligt wurde.[48]

In der Spitze der KPdSU trat jedoch keine Entspannung der Atmosphäre ein, und die Einführung der neuen Komintern-Taktik wurde neben den inneren Problemen der sowjetischen Wirtschaft zum Grund für die Konflikte zwischen Stalin und seinen neuen "rechten" Rivalen in der KPdSU. Für Bucharin bedeutete die "Linkswendung" vor allem einen totalen Angriff gegen die Sozialdemokratie in ihren westeuropäischen Hochburgen, für Stalin war die Aufgabe, die europäischen Kommunisten von "parlamentarischen Illusionen" zu befreien und diese weiter zu disziplinieren, viel wichtiger. Auch der Wettstreit zwischen beiden Führern, als Initiator der "Wende" und damit als "erster Mann" in der Komintern anerkannt zu sein, spielte dabei eine nicht geringe Rolle. Schon die ersten Sitzungen der Russischen Delegation nach dem XV. Parteitag zeigten die großen Differenzen bei der Realisierung der "Linkswendung".

Der Gewerkschaftsführer Losowski wollte auf dem 4. Kongreß der Profintern (Rote Gewerkschaftsinternationale) eine strategische Linkswendung vornehmen, um die Gewerkschaftsbewegung in allen europäischen Ländern von Reformisten abzuspalten. Am 5. Januar richtete er den entsprechenden Brief an die Russische Delegation, in dem es eindeutig hieß: "In vielen Ländern ist die Politik der Einheitsfront und der (Gewerkschafts-)Einheit in die Sackgasse geraten."[49] Um die kommunistischen Parteien von dem "Fetischismus der gewerkschaftlichen Einheit" zu befreien, wurde die Bildung eigener Gewerkschaften vorgeschlagen.

In Wirklichkeit konnte es nichts anderes bedeuten, als die Spaltung der Arbeiterbewegung zu vollenden, um steuerbare Strukturen zu schaffen und damit die Existenz der Profintern-Bürokratie zu rechtfertigen. Besonders in Deutschland sollte dieser Rückfall zur Fischer-Maslow-Politik folgenschwere Prozesse nach sich ziehen.

Am 11. Januar 1928 faßte die Russische Delegation (Bucharin, Stalin, Tomski, Losowski, Rykow und Pjatnitzki) folgenden Beschluß: "Die Aufstellung der Aufgabe, die Minderheitsgewerkschaften nach dem englischen Vorbild zu organisieren, als Generalaufgabe für alle Länder, wo diese Organisationen noch nicht existieren, ist als falsch zu betrachten [...]. In der heutigen Situation in Deutschland könnte solche Opposition nach dem Typ der Minderheitsgewerkschaften schädlich sein, es sei vor allem an die Stärkung und Arbeitsverbesserung der Komfraktionen in den Gewerkschaften zu denken."[50] Schon ein Jahr später, nach Ausschaltung der letzten Opposition in der KPD und der KPdSU sollte "die Situation" es erlauben, diese verhängnisvolle Taktik durchzusetzen.

Obwohl auf dem IX. EKKI-Plenum Stalin und Bucharin noch gemeinsam den Resolutionsentwurf zur chinesischen Frage vorgelegt hatten, bildete die Kominternpolitik in diesem Lande schon die Gefahr des Konflikts zwischen beiden Führern. Wie üblich be-

---

47 Die oft umstrittene Rolle Bucharins bei der Ausarbeitung der neuen Politik wird dargelegt in: Watlin, Alexandr: Bucharin in der Komintern: revolutionäre Sicht der Welt, in: "Liebling der Partei". N.J. Bucharin als Theoretiker und Praktiker des Sozialismus. Hamburg 1989.
48 RZAEDNG, 508/1/108.
49 Brief von Losowski an die Russische Delegation vom 5. Januar 1928, in: ebenda, 508/1/56, Bl. 39.
50 Ebenda, 508/1/56, Bl. 2.

gann Stalin seine nächste Partie im innerparteilichen Schachspiel mit dem "Bauer" von links. Lominadse fühlte sich durch die Bucharinsche Kritik des Kanton-Aufstandes (Bucharin soll ihn sogar als einen "Putsch" bezeichnet haben) zutiefst beleidigt und ging zum Gegenangriff über. In seinen Briefen an die Russische Delegation beschuldigte Lominadse Bucharin, dessen Kritik "der rechten Fehler und Abweichungen in einzelnen kommunistischen Sektionen" blockiere die Arbeit, und selbst die jungen Genossen seien in den Verdacht der Fraktionstätigkeit gekommen.[51]

Stalin mischte sich nicht direkt ein, redigierte aber persönlich die Erklärung von Lominadse zur chinesischen Frage.[52] Auch in dem Resolutionsentwurf zu diesem Thema, der auf dem IX. EKKI-Plenum vorgelegt wurde, brachte Stalin einige Neuerungen: Er bezeichnete die erste, bürgerlich-demokratische Phase der chinesischen Revolution als beendet und sah schon "den Übergang der revolutionären Massenbewegung in China zu einer neuen, sowjetischen Etappe". Stalin unterstrich, daß die Hauptaufgabe der KP Chinas in der damaligen Situation "eine Agrarrevolution in den sowjetisierten Bauerngebieten wäre sowie eine Organisierung der Roten Armee, damit ihre Einheiten später eine allchinesische Rote Armee bilden" können.[53]

Bucharin gab ständig in den taktischen Fragen nach, gewiß in der Hoffnung, daß er seinen Ruf als Spitzentheoretiker der Komintern bei der Ausarbeitung ihres Programms behalten könne. Besonders schwere Folgen hatte später seine Unterschrift unter dem Geheimabkommen, das auf der gemeinsamen Sitzung der Delegationen der KPD und KPdSU am 29. Februar 1928 geschlossen wurde und praktisch die strategische Wende im innerparteilichen Leben beider Parteien bedeutete.[54]

Nach dem IX. EKKI-Plenum begann ein ungewöhnlicher Stillstand in der Tätigkeit der Russischen Delegation. Dem Protokoll N 5 der Sitzung vom 15. März 1928 folgte das Protokoll N 6 der Sitzung vom 16. Juli 1928. Das war aber nur die Ruhe vor dem Sturm. In der Zwischenzeit bildete sich der Konflikt zwischen Stalin und den "Rechten" in der KPdSU heraus, der sich an der Komintern-Front in der Stalin-Bucharin-Konkurrenz widerspiegelte.

Obwohl Bucharin den Entwurf des Komintern-Programms geschrieben hatte, wurde er dem Politbüro des ZK der KPdSU als "gemeinsames Projekt der Genossen Bucharin und Stalin" vorgestellt. Mehr noch, Stalin wollte selbst während des Juli-Plenums des ZK der KPdSU den Vortrag über das Komintern-Programm halten. "Er ist von der Leidenschaft besessen, ein anerkannter Theoretiker zu werden", sagte Bucharin spöttisch seinem früheren Rivalen Kamenew am Vorabend des VI. Weltkongresses der Komintern.[55]

Was dem Generalsekretär mit dem Programm der Komintern nicht gelang, kompensierte er vollkommen bei der Diskussion der politischen Thesen von Bucharin auf dem VI. Kongreß. Dabei wurde die Delegation praktisch zum Schlagstock in den Händen Stalins degradiert. Am 16. Juli 1928 nahm die Delegation den Thesenentwurf von

---

51 Brief von Lominadse an die Russische Delegation vom 11. Februar 1928, in: ebenda, 508/1/118.
52 Erklärung von Lominadse zur chinesischen Frage, in: ebenda, 508/1/58, Bl. 3.
53 Thesen von Bucharin und Stalin zur chinesischen Frage vom 28. Februar 1928, in: ebenda, 508/1/112a.
54 Protokoll der gemeinsamen Sitzung der Delegationen der KPdSU und der KPD am 29. Februar 1928, in: ebenda, 508/1/59. Das Geheimabkommen ist abgedruckt bei Weber, Hermann: Zu den Beziehungen zwischen KPD und Komintern, in: Vierteljahrshefte für Zeitgeschichte, 16. Jg. (1968), H. 2. S. 207f.
55 Watlin, Alexandr: Trotzki und Komintern. Moskau 1991. S. 43 (russ.).

Bucharin an, um am nächsten Tag den sehr verspäteten Kongreß eröffnen zu können.56 Es war aber nur der Anfang des großen Spiels. Am nächsten Tag faßte die Delegation der KPdSU auf dem Kongreß den Beschluß, den Entwurf noch einmal zu diskutieren und zu korrigieren.57 Schon die Zusammensetzung des Büros der Delegation, dem diese Aufgabe übergeben wurde, zeigte die Vorbereitung zur großen Schlacht: Stalin, Bucharin, Molotow, Rykow, Manuilski, Losowski, Pjatnitzki, Tomski und Skrypnik (in dieser Reihenfolge).

Die Gerüchte über den "Korridorkongreß" vermehrten sich unter den ausländischen Delegierten ständig. Die Russische Delegation nahm praktisch nicht an der Plenarsitzung teil, Bucharin selbst war ganz nervös und gespalten. Während der Sitzung des Büros der Delegation am 24. Juli gelang es Stalin, praktisch alle Korrekturen vorzunehmen, die er später als seinen Kampf gegen die rechte Abweichung selbst gelobt hat.58 Der Kampf gegen die "Rechten und Versöhnler" wurde zur Hauptaufgabe der kommunistischen Parteien erklärt und "eiserne Disziplin" von ihnen gefordert.59 Es begann die Schlußphase der Stalinisierung der Komintern. Doch für Stalin war dies nicht genug, er wollte eine öffentliche Diskreditierung von Bucharin. Auf der Sitzung der Russischen Delegation am 25. Juli stand dieser faktisch vor Gericht. Die Rolle des Anklägers spielte wiederum Lominadse, der dadurch in der theoretisch-politischen Hierarchie auf das gleiche Niveau der Komintern gestellt wurde. Seine Abänderungsvorschläge waren offensichtlich "linker" Natur und mündeten in der Forderung, daß in den Thesen die nächsten Aufgaben der Kommunisten folgendermaßen beschrieben werden müßten: Angesichts der Annäherung des neuen Revolutionsaufschwungs in mehreren europäischen Ländern ist der Kampf für die Diktatur des Proletariats vorzubereiten.60 Dieser Vorschlag wurde von der Russischen Delegation angenommen, genauso wie die Stalin-Forderung, "den Sieg der Diktatur des Proletariats und des Bauerntums" als Ziel der chinesischen Revolution zu kennzeichnen.

Bucharin verteidigte seine Vision der künftigen Entwicklung vor allem im Bereich der Politökonomie, er blieb bei der Verwendung des Begriffes "kapitalistischer Entwicklungsprozeß" und richtete sein Augenmerk nicht auf die neuen Krisen des Kapitalismus, sondern auf die "grundlegenden Strukturveränderungen der ganzen Weltwirtschaft". Er kritisierte scharf die putschistische Politik in China: "Eine große Reihe der [chinesischen, A.W.] Genossen sagte uns, daß sie durch die unerfüllbaren Aufstandsbefehle gequält wurden [...]. Menschen nahmen Streichhölzer und gingen, um den Aufstand anzuzünden."61

Nach dem Beschluß der Delegation wurde eine neue Fassung der Thesen verteilt. So konnte jeder Delegierte des Kongresses feststellen, was Bucharin "versäumt" hatte. Die Atmosphäre auf dem Kongreß wurde durch die Forderung von Bucharins Rivalen wie

---

56 RZAEDNG, 508/1/61.
57 Protokoll N 1 der Sitzung der Russischen Delegation am 17. Juli 1928, in: ebenda, 508/1/62, Bl. 1.
58 Die Rede Stalins auf dem April-Plenum des ZK der KPdSU (1929) ist abgedruckt in: Stalin, J.W.: Werke. Bd. 12. Dortmund 1976. S. 1 ff.
59 Protokoll N 2 der Sitzung des Büros der Russischen Delegation am 24. Juli 1928, in: RZAEDNG, 508/1/64, Bl. 1.
60 Protokoll N 2 der Sitzung der Russischen Delegation am 25. Juli 1928, in: ebenda, 508/1/65, Bl. 4.
61 Ebenda, Bl. 8-10.

Bela Kun oder Ernst Thälmann nach der baldigen politischen Entlassung von Bucharin noch zusätzlich vergiftet.[62]

Auch viele der politischen Freunde Bucharins fühlten sich durch den neuen Konflikt in der Spitze der KPdSU ernsthaft bedroht. Das betraf vor allem die deutschen "Bucharinisten". Im Gegensatz zu früheren Zeiten fand das traditionelle Treffen der deutschen und russischen Delegation während des VI. Kongresses nicht statt. Die Kluft zwischen "Rechten und Versöhnlern" sowie der Thälmann-Mehrheit in der KPD war zu tief geworden. Beide Seiten waren schon zu einem offenen Schlagabtausch bereit. Dabei plante Thälmann die "entscheidende Offensive" und wartete nur, bis die russischen Freunde die deutschen "Rechten" endgültig "kalt stellen".

Noch am 15. Mai gelang es Bucharin, August Thalheimer "wegen dringender Familienangelegenheiten" ausreisen zu lassen.[63] Dies bedeutete eine wesentliche Unterstützung der "Rechten" in Deutschland, obwohl Thalheimer während des VI. Kongresses eine abwartende Position einnahm und sich erst mit der Wittorf-Affäre an die Spitze der Opposition in der KPD stellte. Trotz aktiver Bemühungen konnte Bucharin zwei Monate später im Büro der Russischen Delegation keine offene Aussprache über die Differenzen in der KPD durchsetzen. Der Büro-Beschluß vom 20. Juli 1928 lautete: "Diese Frage ist zu verschieben; es wäre nötig, daß Genosse Stalin sich mit Genossen Ewert trifft."[64] Es ist nicht bekannt, ob dieses Treffen tatsächlich stattgefunden hat, aber in der nächsten Sitzung des Büros der Delegation wurde beschlossen, daß sich Bucharin in seiner Schlußrede auf dem Kongreß nicht gegen die Taktik der Isolierung und Eliminierung Ewerts aus der KPD-Führung wenden dürfe.[65]

Einige taktische Siege der "Rechten" auf dem VI. Kongreß konnten die "Generallinie" der stalinistischen Degradierung der Komintern nicht durchkreuzen. Ewert wurde zwar zum Kandidaten des EKKI-Präsidiums gewählt, aber gleichzeitig als "Versöhnler" gebrandmarkt. Die zweideutigen Beschlüsse und Resolutionen des Kongresses wiegen weniger als die geheimen Abkommen und Verabredungen bei seiner "Korridor"-Fortsetzung.

Die Wittorf-Affäre brachte bald Klarheit in die innerparteiliche Situation der KPD und spitzte gleichzeitig den Konflikt innerhalb der Spitze der KPdSU zu. Bucharin war im Urlaub, als nach dem Befehl aus Moskau in Deutschland die Jagd auf die "Rechten und Versöhnler" begann. Am 15. Oktober schrieb Stalin einen Brief an Thälmann, in dem er seinen Gefolgsmann zwar auf "einige Fehler" hinwies, aber danach sein volles Vertrauen aussprach.[66] Thälmann konnte diesen Vertrauensbeweis rasch ausnutzen, um seine Führungsposition in der KPD abzusichern.

Es ist wird gemeinhin angenommen, daß Bucharin nach diesem Skandal seine Arbeit im EKKI eingestellt hat. Das trifft indes nicht ganz zu. Zwar nahm er nicht mehr an or-

---

62 Erklärung von Bela Kun, ohne Datum, in: ebenda, 508/1/118.
63 Ebenda, 495/3/84, Bl. 27. Der entsprechende Beschluß wurde außer von Bucharin und Thalheimer auch von Remmele, Smeral und Humbert-Droz unterschrieben.
64 Protokoll N 1 der Sitzung des Büros der Russischen Delegation am 20. Juli 1928, in: ebenda, 508/1/63, Bl. 2.
65 Protokoll N 2 der Sitzung des Büros der Russischen Delegation am 24. Juli 1928, in: ebenda, 508/1/64, Bl. 1.
66 Vgl. Watlin, Alexandr: Der heiße Herbst des Jahres achtundzwanzig (Zum Problem der Stalinisierung der Komintern), in: Sie schweigen nicht. Die Opposition zum Stalinismus. Moskau 1990. S. 110 (russ.).

dentlichen Sitzungen der Russischen Delegation, des Politsekretariats und des Präsidiums teil, doch einmal machte er eine Ausnahme. Am 7. Dezember 1928 nahmen Bucharin und Rykow an der gemeinsamen Sitzung des Politbüros des ZK der KPdSU und der russischen Delegation teil, die nach den Erinnerungen von Humbert-Droz in einer Loge des Bolschoi-Theaters während der Aufführung stattgefunden hat.

Auf der Tagesordnung stand nur eine einzige Frage: das Schicksal der "Rechten und Versöhnler" in der KPD. Aber für keinen der Teilnehmer dieser Opern-Sitzung[67] wurde klar, daß damit auch die Zukunft der russischen "Rechten" präjudiziert wurde. Das Protokoll der Sitzung ist in den Akten des Politbüros im Zentralen Parteiarchiv nicht überliefert. Bis jetzt ist eine kurze handschriftliche Notiz, die von Pjatnitzki nach der Sitzung gemacht wurde, die einzige originäre Quelle dieser Zusammenkunft. Dort sind folgende Punkte des gemeinsamen Beschlusses genannt:
"1. Den Kurs auf den Ausschluß von Hausen, Galm, Brandler und Thalheimer durchführen.

2. Den geschlossenen Brief an das Politbüro der KP Deutschlands abschicken, wo seine jüngsten Fehler genannt und gleichzeitig die Linie des ZK der KPD im großen und ganzen gebilligt werden müssen.

3. Im Brief die Notwendigkeit des Kampfes gegen die Versöhnler unterstreichen, aber es gilt zu versuchen, sie im ZK zu halten."[68]

Die elastischen Formulierungen dieses Beschlusses wiederholen praktisch den fadenscheinigen Kompromiß des VI. Kongresses. Es hing jetzt alles von den Parteifunktionären ab, die die reale Macht in ihren Händen hatten und genau wußten, welche Teile dieser widerspruchsvollen Richtlinien zu erfüllen waren.

Ab dem 7. Dezember waren die Fronten praktisch abgeklärt. Bucharin wagte als freiwilliger Gefangener der bolschewistischen Disziplin nicht, an der Präsidiumssitzung am 19. Dezember teilzunehmen und den eigenen Standpunkt zu verteidigen.

Trotz stürmischen Verlaufs und mutiger Widerstandsreden von Clara Zetkin und Jules Humbert-Droz hatte auch diese Sitzung im Endeffekt wie üblich nur die Dokumente an die KPD zu bestätigen, die schon am 14. Dezember in der Russischen Delegation gebilligt worden waren. Mehr noch: Die Russische Delegation ächtete schon im voraus diejenigen Komintern-Funktionäre, die potentielle Träger der anderen Meinung sein konnten. So mußte laut Beschluß vom 14. Dezember Humbert-Droz nach Südamerika fahren, Ewert wurde nach Indien geschickt, und Gerhart (d.i. Eisler) mußte in Moskau bleiben und die Arbeit im skandinavischen Ländersekretariat übernehmen.[69]

Die stalinistische Delegation

Mit dem Jahr 1928 war der Sieg des Stalinismus sowohl in der Sowjetunion als auch in der Komintern endgültig besiegelt. Das fand seine Widerspiegelung vor allem in der Beschleunigung der "Linkswendung", die immer mehr politische Züge verlor und zu einer rein bürokratischen Maßnahme wurde. Im Zentrum dieser Entwicklung stand nach wie

---

67 An der Sitzung während der Oper "Salko" nahmen Bucharin, Stalin, Molotow, Rykow, Rudsutak, Ordshonikidse, Jaroslawski, Losowski, Chitarow, Gusew, Kuusinen und Pjatnitzki teil.
68 Protokoll N 7 der Sitzung der Russischen Delegation am 14. Dezember 1928, in: RZAEDNG, 508/1/70, Bl. 1.
69 Ebenda.

vor die Russische Delegation im EKKI, die nach der Ausschaltung von Bucharin einen zweiten Atem zu bekommen schien.

Es war aber schon ein anderer Atem. Die Sitzungen fanden zwar häufiger als 1928 statt - im Frühling 1929 gar fast jede Woche -, sie hatten jedoch nun nur noch einen Akklamationscharakter. Die politische Linie wurde schon im engeren Führungskreis (Stalin, Molotow, Manuilski, Pjatnitzki) bestimmt, und die Delegation mußte diese für konkrete Fälle anpassen.

So wurde der Frühling 1929 zur Zeit der großen Jagd auf die "Rechten", vor allem in den kommunistischen Parteien Österreichs, der Schweiz, der Vereinigten Staaten und der Tschechoslowakei. Losowski ging in seinen zahlreichen Entwürfen noch weiter und schlug im Politsekretariat am 4. Januar 1929 vor, daß die britischen Kommunisten eine Aktion des Austritts der Trade-Unions aus der Labour Party starten müßten.[70] Die volle Unkenntnis der realen politischen Entwicklungen in Europa, die solche phantastisch-bürokratischen Projekte förderte, wurde für Stalin zum kleineren Übel, gegenüber einer selbständigen politischen Meinung.

Der Entwurf von Losowski wurde zwar von Stalin auf der Sitzung der Russischen Delegation am 8. Januar 1929 zurückgewiesen, aber gleichzeitig wurde eine neue Orientierung für die KP Großbritanniens ausgegeben: Sie mußte die Losung ihres Eintritts in die Labour Party durch die der Spaltung der letzteren ersetzen. Wenn aber bei der Ausführung dieses bedenklichen Beschlusses bei den Parteifunktionären gewisse Zweifel entstanden, so wurde im Beschluß der Russischen Delegation hingewiesen, daß "genauso wie in anderen Sektionen der Komintern, auch in der KP Großbritanniens die rechte Abweichung zur Zeit die größte Gefahr darstellt".[71]

Mehr als früher befaßte sich die Russische Delegation ab 1929 mit den Kaderfragen. Wenn es sich dabei früher um die Spitzenorgane der Komintern handelte, begann man auch schon, ständige Veränderungen in den Führungen einzelner Parteien vorzunehmen. So wurden nach dem Befehl aus Moskau Lovestone und Bittelmann im ZK der KP der Vereinigten Staaten kaltgestellt, und an die Spitze wurde der genehme W. Foster gesetzt.[72]

Einen großen Teil der Arbeit der stalinistischen Delegation nahm die "Säuberung" des Komintern-Apparates von Bucharin-Anhängern ein, die gleichzeitig "die Verstärkung seiner einzelnen Abteilungen durch die russischen Genossen", also die Russifizierung bedeutete.[73] Im Politsekretariat wurde Bucharin durch Manuilski ersetzt, im Präsidium durch Gussew.[74] Nach der Initiative der Russischen Delegation beschloß der Senioren-Konvent des X. EKKI-Plenums, eine ständige Kommission zur Überprüfung des Apparates und seiner Befreiung von "politisch nicht zuverlässigen Genossen" zu bilden.[75] Im selben Beschluß wurden diese schon namentlich genannt: Als "Versöhnler" galten Eberlein, Ewert, Humbert-Droz, Eisler sowie Grollmann und Idelsohn (die früher im Sekretariat Bucharins tätig waren).

---

[70] Brief von Losowski an das Politsekretariat des EKKI vom 4. Januar 1929, in: ebenda, 508/1/71, Bl. 28-32.
[71] Protokoll N 8 der Sitzung der Russischen Delegation am 8. Januar 1929, in: ebenda, 508/1/71, Bl. 1.
[72] Protokoll N 9 der Sitzung der Russischen Delegation am 29. Januar 1929, in: ebenda, 508/1/72, Bl. 1.
[73] Protokoll N 8 der Sitzung der Russischen Delegation am 9. April 1929, in: ebenda, 508/1/80, Bl. 1.
[74] Protokoll N 17 der Sitzung der Russischen Delegation am 17. Juli 1929, in: ebenda, 508/1/90, Bl. 1.
[75] Protokoll N 18 der Sitzung der Russischen Delegation am 16. August 1929, in: ebenda, 508/1/91, Bl. 1-2.

Manchmal reichte selbst der administrative Mechanismus der Komintern nicht aus, um die weitere "Bolschewisierung" einzelner Sektionen durchzuführen. Dann mußte sich die Delegation an die Organe der russischen Staatsmacht wenden - wie am 15. Mai 1929 an das GPU-Kollegium mit der Bitte, "die Provokateure in der KP Polens festzustellen".[76] Die GPU (und später der NKWD) befaßten sich mit dieser Aufgabe so aktiv, daß bis 1939 mehr als drei Viertel aller Funktionäre der polnischen Partei physisch vernichtet wurden. Der Beschluß des EKKI, die KP Polens aufzulösen, war bloß eine logische Konsequenz dieser "Arbeit".

Die Russische Delegation verwandelte sich 1929 faktisch in die Abteilung des Stalinschen Sekretariats, sogar ihre Sitzungen fanden gewöhnlich im Arbeitszimmer Stalins im Kreml statt. Andererseits blieb sie für Vertreter der kommunistischen Parteien das eigentliche Machtzentrum im EKKI. Das beweist auch die große Zahl von Bitten, Beschwerden und Denunziationen, die noch lange nach dem stillen Tod der Delegation im Sommer 1930 ihre Akten füllten.[77] Nach der Ausrottung jeder Art von politischer Selbständigkeit in der Komintern war die Delegation für Stalin nicht mehr notwendig. Wie immer zog er es vor, *seine* Politik nicht in statutgemäßen politischen Gremien, sondern mit seinen Kreisen von Politbeamten festzulegen. Als Instrument des innenpolitischen Kampfes in der bolschewistischen Partei geschaffen, blieb die Russische Delegation dieser Aufgabe treu und trug damit wesentlich zum Sieg des Stalinismus in der internationalen kommunistischen Bewegung bei.

---

76 Protokoll N 11 der Sitzung der Russischen Delegation am 14. Mai 1929, in: ebenda, 508/1/83, Bl. 1.
77 Materialien der Russischen Delegation aus den Jahren 1928-1931, in: ebenda, 508/1/124.

André Steiner (Berlin/Mannheim)

Sowjetische Berater in den zentralen wirtschaftsleitenden Instanzen der DDR in der zweiten Hälfte der fünfziger Jahre[1]

Die sowjetischen Berater in den zentralen wirtschaftsleitenden Instanzen der DDR wurden in der historischen Literatur zur DDR bisher nicht thematisiert.[2] Der vorliegende Beitrag versteht sich als eine erste Annäherung an diesen Gegenstand und die mit ihm verbundene Frage, wie die Sowjetunion nach der zunächst teilweisen Übergabe der Souveränität an die DDR ihre dortigen Interessen konkret wahrnahm. Als Basis werden vor allem die Überlieferungen der zentralen wirtschaftsleitenden Instanzen im Bundesarchiv, Abteilungen Potsdam, und der SED in der Stiftung Archiv der Parteien und Massenorganisationen der DDR im Bundesarchiv (Berlin) sowie einzelne Dokumente aus dem Archiv des Moskauer Außenministeriums herangezogen. Dabei werden viele Fragen noch offen bleiben. Ihre Beantwortung verlangt sowohl die weitere Auswertung deutscher Aktenüberlieferungen als auch die gezielte Erschließung von sowjetischen Archivbeständen.

Beginn der Beratungstätigkeit

Die Einrichtung der Institution sowjetische Berater in den zentralen wirtschaftsleitenden Gremien geht formal auf eine am 19. Februar 1954 im Politbüro der SED beratene und am selben Tag von Walter Ulbricht an das Präsidium des ZK der KPdSU herangetragene Bitte zurück.[3] Trotzdem sich in den Politbürounterlagen keine Hinweise auf eine vorausgegangene sowjetische "Empfehlung" für eine solche Bitte befinden, läßt bereits deren Datierung auf einen Tag nach Abschluß der deutschlandpolitisch gescheiterten Außenministerkonferenz der USA, Großbritanniens, Frankreichs und der Sowjetunion in Berlin (25. Januar bis 18. Februar 1954) den Schluß zu, daß sie bereits länger vorbereitet worden war. Als Reaktion auf die gescheiterte Konferenz erhielt die DDR von der Sowjetunion am 25. März 1954 "erweiterte Souveränitätsrechte". Danach stellte der Hohe Kommissar der UdSSR die Überwachung der Tätigkeit der staatlichen Organe der DDR ein, soweit diese nicht Fragen der Sicherheit und der Verbindungen zu den anderen alli-

---

1 Ich danke Jan Foitzik (Mannheim) dafür, daß er mir die von ihm gefundenen Dokumente zu dem hier behandelten Gegenstand aus dem Außenministerium in Moskau zur Verfügung stellte. Burghard Ciesla (Berlin) sei für die Unterstützung bei der Fertigstellung dieses Beitrages gedankt.
2 Fritz Schenk, ein ehemaliger persönlicher Mitarbeiter des Vorsitzenden der Staatlichen Plankommission (SPK), Bruno Leuschner, berichtete als erster über sie. Vgl. Schenk, Fritz: Magie der Planwirtschaft. Köln, Berlin (West) 1960. S. 96-98; Schenk, Fritz: Im Vorzimmer der Diktatur. 12 Jahre Pankow. Köln, Berlin (West) 1962. S. 262-269.
3 Protokoll Nr. 10/54 der Sitzung des Politbüros vom 19.2.54, in: Zentrales Parteiarchiv der SED in der Stiftung Archiv der Parteien und Massenorganisationen der DDR im Bundesarchiv (im folgenden: ZPA SED), J IV 2/2A/333. Ulbricht an das Präsidium des ZK der KPdSU vom 19.2.54 (russisch), in: ZPA SED, J IV 2/202/27.

ierten Mächten betraf.⁴ Mit der angeführten Bitte hatte die Sowjetunion offenbar bereits vorgesorgt, denn sie stellte eine Art Voraussetzung für die Erklärung der begrenzten Souveränität dar. Jedoch war die Einführung solcher Berater an den Spitzen der zentralen Wirtschaftsbehörden auch nicht so ungewöhnlich, da auf der Ebene der Betriebe, Institute u.ä. bereits seit 1949 - oft auf Wunsch der betreffenden DDR-Einrichtung - eine Vielzahl sowjetischer Experten tätig war. Außerdem wirkten in den anderen osteuropäischen Ländern derartige Berater bereits seit 1949/50. In der DDR war dies bis dahin aufgrund der Existenz und Tätigkeit der Sowjetischen Kontrollkommission bzw. des Hohen Kommissars nicht erforderlich gewesen.

In dem Schreiben Ulbrichts vom 19. Februar 1954 bat die SED, der Regierung der DDR "auf längere Zeit Berater-Spezialisten" zur Verfügung zu stellen. Für die SPK wurde ein Berater des Vorsitzenden mit breiten Kenntnissen prinzipieller Fragen der volkswirtschaftlichen Planung angefordert, der außerdem die Plankontrolle aufbauen sollte. Des weiteren waren für die jeweiligen Abteilungen der Planung der Preise, der Warenbereitstellung und des -umsatzes, des Außenhandels, der Arbeitskräfte, der Finanzen sowie der materiell-technischen Versorgung je ein Berater mit den erforderlichen Spezialkenntnissen gewünscht. Im Ministerium der Finanzen (MdF) wollte man je einen Berater für die finanzielle Kontrolle der Wirtschaft sowie für die Aufstellung und Durchführung des Staatshaushalts tätig werden lassen. Weiter sollten zwei Berater im Ministerium für Arbeit eingesetzt werden. Von den Industrieministerien wurden nur für das Maschinenbau- sowie für das Schwerindustrieministerium jeweils zwei Berater für die Minister mit den Schwerpunkten Arbeitsorganisation und Arbeitsökonomik sowie Finanzwirtschaft und Rentabilitätssteigerung der staatlichen Betriebe⁵ als notwendig erachtet. Die Rechte und Pflichten sowie die Entlohnung der Berater wollte man in einer Vereinbarung zwischen der Regierung der DDR und dem Hohen Kommissar der UdSSR klären.⁶ Die von den Beratern zu betreuenden Gebiete konzentrierten sich also auf jene, die real eine wirtschaftliche Kontrolle erlaubten, und innerhalb der Industrie auf solche, die trotz des Neuen Kurses weiter als strategisch relevant betrachtet wurden.

Ende Mai 1954 stimmte das Politbüro dem Abkommen zwischen den Regierungen der UdSSR und der DDR über die Arbeitsbedingungen der sowjetischen Spezialisten in der DDR zu. Dort wurde festgehalten, daß die Spezialisten auf eine Bitte der DDR-Regierung hin tätig seien. Ihr Aufenthalt sollte auf drei Jahre beschränkt bleiben. Die Bezahlung hatte in DDR-Währung und in Höhe der vergleichbarer deutscher Spezialisten einschließlich der Zuschläge zu erfolgen. Die DDR verpflichtete sich außerdem, "die tatsächlichen Verluste, die den sowjetischen Ministerien, Organisationen, Institutionen

---

4 Über die Beziehungen der UdSSR zur DDR, in: Dokumente zur Deutschlandpolitik der Sowjetunion. Bd. I. Berlin (Ost) 1957. S. 501 f.
5 Das "Volkseigentum" stellte nur eine formale Form von Vergesellschaftung dar und realisierte sich als Staatseigentum. Daher werden im vorliegenden Beitrag, soweit es nicht Eigennamen betrifft, Staatseigentum bzw. staatliche Betriebe als Synonym für die historischen Begriffe "Volkseigentum" bzw. "Volkseigene Betriebe" verwandt.
6 Ulbricht an das Präsidium des ZK der KPdSU vom 19.2.54, a.a.O. In dem Schreiben wurde noch um Berater für weitere volkswirtschaftliche Bereiche (Landwirtschaft, Verkehrswesen usw.) steuernde Ministerien gebeten, auf die hier nicht weiter eingegangen wird. Die weit höhere Zahl der beantragten Berater in der Liste im Anhang zum Protokoll der Politbüroberatung entsprach wahrscheinlich den Wünschen der jeweiligen Instanzen. Vgl. Protokoll Nr. 10/54 der Sitzung des Politbüros vom 19.2.54, a.a.O.

oder Betrieben im Zusammenhang mit der Kommandierung ihrer Mitarbeiter ins Ausland, jedoch nicht mehr als 4.000 Rubel monatlich im Durchschnitt für jeden Spezialisten, entstehen, (zu) ersetzen".[7] Dienstliche Unterbringung und Wohnung sollte durch die DDR kostenlos gewährt werden. Die Finanzierung der Berater und ihrer Tätigkeit erfolgte aus dem DDR-Staatshaushalt. Der Vertrag galt rückwirkend auch für die sowjetischen Lehrer und Wissenschaftler sowie militärischen Ratgeber und Instrukteure, die bereits auf der Basis eines entsprechenden Abkommens vom 21. März 1952 bzw. des Schriftwechsels über dessen Ausdehnung vom 22. September 1952 in die DDR "kommandiert" gewesen waren. Der Vertrag von 1954 lehnte sich inhaltlich stark an die Vereinbarungen von 1952 an, die mit diesem daher außer Kraft gesetzt wurden.[8]

Nach Beendigung der offiziellen Kontrolltätigkeit des Hohen Kommissars der UdSSR wurde der Stellvertreter des Botschafters für ökonomische Fragen, Miroschnitschenko, zum direkten Ansprechpartner für die zentralen wirtschaftsleitenden Instanzen der DDR. Dessen Apparat in der Botschaft umfaßte 20-25 Mitarbeiter, die wahrscheinlich aus dem Amt des Hohen Kommissars übernommen worden und entsprechend den Stellvertreterbereichen der SPK bzw. der Fachministerien der DDR strukturiert waren. Teilweise wurden diese aber zur selben Zeit ausgewechselt. Den im Apparat des Hohen Kommissars für Fragen der Schwerindustrie verantwortlichen Experten berief man nach zweijähriger Tätigkeit im Sommer 1954 ab.[9] Die Berater waren administrativ Miroschnitschenko unterstellt. Inhaltlich hielten sie Verbindung zur jeweiligen Fachinstitution in Moskau, die aber wiederum allein über das Außenministerium abgewickelt werden sollte. Die Instruktion der Berater und Spezialisten sah vor, sich in den jeweiligen Instanzen nicht in die Leitungsarbeit einzumischen, sondern nur Ratschläge und Empfehlungen zu geben. Dabei sollten sie aber nicht mechanisch sowjetische Erfahrungen übertragen. Allerdings hatten sie bei Fragen von wesentlicher innerer Bedeutung für das Gastland den Stellvertreter des Botschafters für wirtschaftliche Fragen vor Abgabe von Empfehlungen zu konsultieren. Dieser war ihnen auch weisungsberechtigt. Sie hatten die Pflicht, über die von ihnen beratene Instanz alles in Erfahrung zu bringen.[10] Ein Beschluß des Ministerrates der UdSSR vom 16. April 1954 legte fest, welche Institution welche Spezialisten und Berater zur Verfügung zu stellen hatte. Seine Durchführung lag beim Außenministerium. Im Sommer 1954 nahmen die sowjetischen Berater in den jeweiligen DDR-Instanzen ihre Arbeit auf. Bis November 1954 waren in den DDR-Ministerien insgesamt 24 Berater tätig, davon drei in der SPK, zwei im MdF, zwei im Mini-

---

7 Vermutlich bezog sich darauf die von Schenk - wohl irrtümlich - angenommene monatliche Abfindung von 4000 DM für die Berater und 3500 bis 3700 DM für die Spezialisten in der Industrie. Vgl. Schenk: Magie, a.a.O., S. 97.
8 Protokoll Nr. 8/54 der Sitzung des Politbüros des ZK vom 1.6.54, in: ZPA SED, J IV 2/2A/354. Soglaschenije meshdu prawitelstwa SSSR i prawitelstwa GDR ob uslowijach raboty sowjetskich spezialistow w GDR, 21.3.52, in: Archiw Wneschnej Politiki Rossiskoj Federazii, Moskwa (im folgenden: AWP) 082/42/54/289, Bl. 44-48. Vgl. Schenk: Magie, a.a.O., S. 97; ders.: Vorzimmer, a.a.O., S. 268 f. Die Vorgehensweise belegen auch Dokumente, die sich im SPK-Bestand des Bundesarchivs fanden. Vgl. Bundesarchiv, Abteilungen Potsdam (im folgenden: BAP) DE 1/5778.
9 Sprawka po woprosu nasnatschenija towarischtscha Prodkopajewa..., 15.7.54, in: AWP 082/42/54/289, Bl. 94.
10 Instrukzija dlja sowjetskich spezialistow-sowetniki ..., (23.6.53), in: AWP 082/42/54/289, Bl. 77-82. Diese Instruktion galt für die Berater und Spezialisten in allen osteuropäischen Ländern und wurde auch der sowjetischen Botschaft in der DDR übermittelt. Ebenda, Bl. 74. Es kann bisher jedoch nicht geklärt werden, ob diese für die DDR noch einmal verändert wurde.

sterium für Arbeit sowie in den Ministerien für Maschinenbau vier und für Schwerindustrie drei.[11] Die jeweiligen sowjetischen Fachinstitutionen hatten sie auf Anforderung des Außenministeriums vorgeschlagen und nach Überprüfung bestätigte sie abschliessend der Apparat des ZK der KPdSU.[12] Die die Querschnittsinstanzen SPK, MdF und Ministerium für Arbeit beratenden P. Kokurkin, N. Zapkin und F. Kotow waren früher nicht für die Sowjetische Militäradministration in Deutschland tätig.[13] Kotow wurde von der sowjetischen Plankommission (GOSPLAN) in die DDR kommandiert.[14] Sie waren im Rahmen der damaligen Vorstellungen und bestehenden Erfahrungen mit Planwirtschaft Fachleute. Dies belegen auch von ihnen vorgelegte Publikationen.[15]

Sowjetische Empfehlungen zum IV. SED-Parteitag

Für die Vorbereitung der Beratungen des IV. Parteitages der SED (30. März bis 6. April 1954) zu den wirtschaftlichen Fragen lag Ende März 1954 ein Memorandum vor, das wahrscheinlich im Apparat von Miroschnitschenko entstanden war.[16] Darin wurden zunächst wesentliche Mängel in der DDR-Volkswirtschaft dargestellt. Die Landwirtschaft blieb hinter der industriellen Entwicklung zurück. Die energetische und Brennstoffindustrie wurden als volkswirtschaftlicher Engpaß gekennzeichnet. Des weiteren verwies man auf zu geringe Anstrengungen zur Kostensenkung und Gewinnsteigerung sowie auf die damit verbundene geringe Rentabilität vieler Betriebe. Überdies wurden Widersprüche im Plan 1954 sowie die Anspannung in den Aufkommens- und Verteilungsplänen benannt. Daraus resultierten die "Empfehlungen" des Memorandum, die in ihrer Diktion zwingend waren und bei der Festlegung der volkswirtschaftlichen Perspektiven in den einzelnen Zweigen berücksichtigt werden sollten. Für die Industrie sahen diese vor, den Plan 1954 entsprechend den gegebenen Möglichkeiten der Materialversorgung insbesondere im Maschinenbau zu senken. Gleichzeitig sollte die Qualität der Produktion in dieser Branche verbessert werden und ihr Profil auf solche Erzeugnisse umgestellt werden, "für die eine große Nachfrage auf dem Weltmarkt vorhanden ist". Diese Empfehlung war eine Reaktion auf das Resultat der aus dem Kalten Krieg folgenden "unhistorischen und dogmatischen Anwendung der Industrialisierungstheorie"[17] im

---

11 Gritanow an Ochotin, 6.11.54, in: AWP 082/42/54/289, Bl. 143.
12 Dies belegen Einzeldokumente in: AWP 082/42/54/289.
13 Vgl. SBZ-Handbuch. Staatliche Verwaltungen, Parteien, gesellschaftliche Organisationen und ihre Führungskräfte in der Sowjetischen Besatzungszone Deutschlands 1945-1949. Hrsg. von Martin Broszat und Hermann Weber. München 1990.
14 Gosplan an stellvertretenden Minister, Sorin, 7.7.54, in: AWP 082/42/54/289, Bl. 85.
15 Vgl. Kotow, Fedor Iwanowic: Problemy truda i sarabotnoj platy v period perechoda k kommunizmu. Moskwa 1963; Zapkin, N./Kalinkin, N./Nikoforow, B.: Nalogi i sbory s kolchozow i naselenija. Moskwa 1954; Zapkin, N.: Finanzy i kredit w GDR. Moskwa 1959. Letzteres konnte vom Autor für diesen Beitrag nicht eingesehen werden.
16 Denkschrift ohne Titel: "Bei der Durchführung des Fünfjahrplanes hat die DDR ...". Abschrift. 3.4.54, in: ZPA SED, J IV 2/202/46. Die Datierung bezog sich auf die Abschrift. Aus dem Inhalt geht hervor, daß das Memorandum aller Wahrscheinlichkeit vor Beginn des SED-Parteitages vorlag. Der folgende Text sowie die Zitate beziehen sich soweit nicht anders gekennzeichnet auf dieses Dokument.
17 So charakterisierten dies die ungarischen Wirtschaftshistoriker Ivan T. Berend und György Ranki bezogen auf ihr Land bereits 1965. Allerdings muß ihre im Industrialisierungsprozeß selbst wurzelnde Begründung m.E. stärker in den Zusammenhang mit dem Kalten Krieg und der Zwei-Lager Theorie sowie den daraus resultierenden wechselseitigen Abschottungen gestellt werden. Vgl. Berend, Ivan

Ostblock. Für den vorrangigen Aufbau der Schwerindustrie war im ersten Drittel der fünfziger Jahre in der DDR die Entwicklung des Schwermaschinenbau forciert worden. Gerade die Sowjetunion hatte im Rahmen der Reparationen und des Außenhandels entsprechende Abnahmewünsche. Die anderen osteuropäischen Länder meldeten aufgrund der dort in ähnlicher Weise vorangetriebenen Industrialisierung ebenfalls Bedarf an. Aber bereits in der zweiten Hälfte 1953 veränderte sich infolge des eingeleiteten Neuen Kurses der Bedarf im Inland. Da in den anderen Ostblockländern 1953/54 vergleichbare Wechsel in der Wirtschaftspolitik stattfanden, führte dies auch im Export zu einem Rückgang der Nachfrage nach Erzeugnissen des Schwermaschinenbau. Darüber hinaus bildeten strukturelle Beeinträchtigungen innerhalb des Maschinenbaus für dessen Gesamtwachstum, die durch diese Politik hervorgerufen worden waren, den Grund für eine solche Änderung, wie sie hier von den sowjetischen Experten empfohlen wurde.[18] Sie wiesen ebenso darauf hin, daß man die unausgelasteten Maschinenbaubetriebe für die Herstellung von Ausrüstungen für die Kohleindustrie heranziehen könne, was wiederum eine Voraussetzung bildete, um die empfohlene Umverteilung der Investitionen bei gleichbleibender Gesamthöhe zugunsten der chemischen und Brennstoffindustrie materiell zu sichern. Um auch die Inbetriebnahme neuer Kraftwerkskapazitäten zu gewährleisten, wurden besondere Maßnahmen zur Förderung der Herstellung von Energieausrüstungen als notwendig angesehen. Damit sollten Voraussetzungen geschaffen werden, um die Stromabschaltungen zu beseitigen und die Bevölkerung ausreichend mit Brennstoffen zu versorgen. Jedoch förderte dies auch wieder den Schwermaschinenbau.

Weitere Schwerpunkte der Empfehlung waren neben der Landwirtschaft und dem Außenhandel Probleme der Finanzen und des Warenumsatzes in der Bevölkerung. Über globale Forderungen nach Festigung der Plan- und Finanzdisziplin, nach Einführung von Prinzipien kaufmännischer Betriebsführung (wirtschaftliche Rechnungsführung) in allen Bereichen des staatlichen Sektors, nach Kostensenkung und Gewinnsteigerung hinaus empfahlen die sowjetischen Experten, materielle Interessen der Betriebsleiter sowie des Ingenieurpersonals stärker zu nutzen. Mit besonderem Nachdruck forderten sie: "In Zukunft ist nicht zu dulden, daß eine Geldemission über die Bedürfnisse des Warenumsatzes hinaus erfolgt." Die im I. Quartal 1954 über den Plan hinaus herausgegebenen Geldsummen sollten bis spätestens zum 1. Oktober 1954 wieder eingezogen sein. Als wichtigste Aufgabe betrachteten die sowjetischen Experten, "in kurzer Frist einen solchen Wohlstand der Arbeiterklasse und der Werktätigen der DDR zu erreichen, der dem Lebensstandard dieser Schichten der Bevölkerung in Westdeutschland zumindest gleichkommt". Dazu sollten einerseits die Produktion von Massenbedarfsgütern stark erhöht sowie Warenvorräte geschaffen und andererseits die Einzelhandelspreise so gesenkt werden, "daß die Preise für die Hauptnahrungsmittel und wichtigsten Industriewaren in

---

T./Ranki, György: Zur Geschichte der Entwicklung der sozialistischen Volkswirtschaft in Ungarn, in: Jahrbuch für Wirtschaftsgeschichte, 1965, Teil II. S. 136 ff.
18 Vgl.: Mühlfriedel, Wolfgang/Wießner, Klaus: Die Geschichte der Industrie der DDR bis 1965. Berlin (Ost) 1989 (Forschungen zur Wirtschaftsgeschichte, Bd. 25). S. 246-251; Roesler, Jörg/Schwärzel, Renate/Siedt, Veronika: Produktionswachstum und Effektivität in Industriezweigen der DDR 1950-1970. Berlin (Ost) 1983 (Forschungen zur Wirtschaftsgeschichte, Bd. 22). S. 57 ff.

der DDR etwas niedriger liegen als in Westdeutschland". Bereits für den Herbst 1954 empfahl man eine Preissenkung von ungefähr vier Mrd. DM im Jahr.[19]

Es ist leider nicht überliefert, wie die SED-Spitze mit solchen Empfehlungen umging. Materialien aus der SPK sowie aus dem Parteiapparat belegen jedoch, daß die in diesem Memorandum angeführten Probleme von den DDR-Instanzen grundsätzlich auch gesehen wurden. Ob man dort aber jede der angeführten Einzelfragen genauso bewertete, muß bezweifelt werden, da deren Brisanz - wie im Falle des Maschinenbauprofils - auch mit früheren sowjetischen Entscheidungen zusammenhing. Die von den sowjetischen Experten aufgezeigten Defizite in der Kohle- und Energieerzeugung waren in den wirtschaftsleitenden Instanzen der DDR bekannt, und die in diesem Zusammenhang geforderten energischen Maßnahmen bereits seit einiger Zeit in Vorbereitung. Nach dem IV. Parteitag führten diese dann zum Kohle-Energie-Programm von 1954.[20] Auch eine SPK-Denkschrift, die sich im Vorfeld des Parteitages an den Ministerpräsidenten Otto Grotewohl richtete, belegt, daß diese Probleme der DDR-Seite nicht neu waren. Dort verwies man auf die Hindernisse beim Export von DDR-Erzeugnissen, insbesondere des Maschinenbaus, sowohl in den RGW-Bereich als auch in westliche Länder. Auch die Schwierigkeiten mit der Bereitstellung der erforderlichen Importe für die Sicherung der geplanten Produktion ebenso wie die schlechtere Versorgung der Bevölkerung infolge fehlender Einfuhren wurden benannt. Preissenkungen wären nicht möglich. Neben den niedrigen Lieferzusagen aus der Sowjetunion und den anderen Ostblockländern suchte man die Ursachen für die komplizierte Situation in der ungenügenden Tätigkeit der Aussenhandelsinstanzen, den mangelnden Anstrengungen zur Steigerung der Produktion von Massenbedarfsgütern sowie im Rückgang der landwirtschaftlichen Produktion, für den indirekt die Wirtschaftspolitik verantwortlich gemacht wurde. Darüber hinaus zeigte man die politischen Konsequenzen auf, indem die Frage aufgeworfen wurde, ob unter solchen Bedingungen überhaupt die für Oktober 1954 vorgesehenen Volkskammerwahlen durchführbar seien.[21]

Diese SPK-Denkschrift sowie das sowjetische Memorandum offenbaren gemeinsam den Widerspruch zwischen der Erwartung der DDR-Führung zur wirtschaftlichen Alimentierung ihrer Macht durch die Sowjetunion sowie deren zwar aus gleichem politischen Interesse grundsätzlich vorhandenem Wollen, aber nur wirtschaftlich begrenzten Vermögen dazu. Bei aller Notwendigkeit, die Voraussetzungen für eine Verbesserung des Lebensstandards im eigenen Land zu schaffen, konnte allerdings die Empfehlung, dessen Angleichung an Westdeutschland als "wichtigste Aufgabe" zu betrachten, bei der DDR-Spitze nur sarkastisch aufgenommen werden, da zugleich die Warenlieferungen gegenüber 1953 reduziert werden sollten.[22] Einerseits war die Haltung der Sowjetunion angesichts der Lebenslage der eigenen Bevölkerung und des noch nicht zehn Jahre zurücklie-

---

19 Diese Summe entsprach 14,6 Prozent des im Vorjahr 1953 tatsächlich in der gesamten DDR erzielten Einzelhandelsumsatzes. Berechnet nach: Statistisches Jahrbuch der DDR 1956. Hrsg. von der Staatlichen Zentralverwaltung für Statistik. Berlin (Ost) 1957. S. 488.
20 Die Aufgaben der Braunkohlenindustrie im Jahre 1953 und deren Aufgaben für 1954. Referat des Ministers Selbmann auf der Zentralen Braunkohlenkonferenz (...) am 19.2.54, in: ZPA SED, NL 113/9. Bl. 14 ff.
21 Denkschrift ohne Titel, ohne Datum: "1.) Mit der Verkündung des neuen Kurses ...", in: ZPA SED, NL 90/329, Bl. 281-289. (Die Datierung auf Februar/März 1954 und die Autorenschaft der SPK ergeben sich aus dem Inhalt und einer handschriftlichen Notiz auf der ersten Seite.)
22 Ebenda.

genden Kriegsendes mehr als verständlich. Andererseits kannte auch die sowjetische Seite die Konsequenzen der von ihr vorgesehenen verringerten Warenlieferungen für die Versorgung in der DDR. Im Grunde genommen waren die Feststellungen des Memorandums auch in der deutschen Leitungsspitze bereits vorher bekannt. Allerdings hatte man sie dort nicht in dieser kompakten Weise zusammengestellt, die wiederum die Notwendigkeit unterstrich, Maßnahmen zu ergreifen.

Folgerichtig lassen sich in dem von Ulbricht vorgetragenen Rechenschaftsbericht an den Parteitag vom 30. März 1954 über die übliche Erfolgsrhetorik hinaus genau die in dem sowjetischen Memorandum herausgearbeiteten Problemlagen wiederfinden - freilich mit Ausnahme derjenigen, die man für eine breitere Öffentlichkeit als zu brisant ansah. So fehlte bei Ulbricht beispielsweise der Hinweis auf die überzogene Geldemission.[23] In der Versorgungsfrage ging Ulbricht in die Offensive und versuchte nachzuweisen, daß das von der DDR-Führung durchaus selbst gewollte und ihr durch die Sowjetspitze nicht aufgezwungene Ziel faktisch bereits erreicht sei, da die Lebenshaltungskosten in der DDR niedriger als in Westdeutschland waren. Er kündigte zwar in Abhängigkeit von der Steigerung der Produktion von Massenbedarfsgütern auch weitere Preissenkungen an. Aber dann teilte er mit, daß im Interesse weiterhin niedriger Preise bei wichtigen Waren die Rationierung bestehen bleiben müsse.[24]

Berater im Ministerium der Finanzen - Möglichkeiten und Grenzen

Exemplarisch soll im folgenden anhand einzelner von Zapkin, dem Berater des MdF, vorgelegter Memoranden versucht werden, Möglichkeiten und Grenzen ihres Einflusses nachzuzeichnen. Dem bereits in dem Memorandum vom März 1954 angeführten finanziellen Problemen waren mehrere Denkschriften Zapkins im Laufe desselben Jahres gewidmet. In einem Memorandum vom August 1954 stand insbesondere die geringe Rentabilität der Industrie im Mittelpunkt.[25] Nach den dortigen Angaben arbeiteten 1953 618 staatliche Betriebe, d.h. 30 Prozent, mit Verlust. Die durchschnittliche Rentabilität der Industrie betrug 1953 7,8 Prozent (bezogen auf die Warenproduktion). Er kritisierte, daß Fragen der Rentabilität, der Kostensenkung und der Produktivität nicht im Mittelpunkt der Aufmerksamkeit der Leiter der Betriebe, Hauptverwaltungen und Ministerien standen. Diese konzentrierten sich nur auf die Produktionserfüllung. Wirtschaftlichkeitsberechnungen erfolgten in den meisten Betrieben nur formell, was seines Erachtens auf die verzerrten Industriepreise sowie fehlende Anreize zur Kostensenkung und Gewinnerwirtschaftung zurückzuführen war, denn sie mußten ihren gesamten Gewinn nach Abzug der Zuweisung an den Direktorfonds[26] an den Staatshaushalt abführen. Anderer-

---

23 Protokoll der Verhandlungen des IV. Parteitages der Sozialistischen Einheitspartei Deutschlands. 30. März bis 6. April 1954. Berlin (Ost) 1954. Bd. 1. S. 68-96.
24 IV.Parteitag, a.a.O., S. 145. Vgl. Schenk, Vorzimmer, a.a.O., S. 249-255. Das Brisante resultierte aus der bereits früher erfolgten Ankündigung der Beseitigung des Kartensystems für 1954. Vgl. Die gegenwärtige Lage und der neue Kurs der Partei. Rede Otto Grotewohls auf der 15. Tagung des ZK der SED vom 24. bis 26. Juli 1953, in: Neues Deutschland, 29.7.53.
25 Denkschrift ohne Titel, ohne Datum: "Im Laufe der letzten Jahre wuchs die Akkumulation ..." (sehr wahrscheinlich von N. Zapkin im August 1954), in: ZPA SED, NL 90/329, Bl. 326-331. Der folgende Text und der Zitate stammen soweit nicht anders angegeben aus diesem Dokument.
26 Der Direktorfonds stellte in der ersten Hälfte der fünfziger Jahre die wesentlichste Form dar, die Belegschaft an höheren Produktionsergebnissen zu interessieren. Allerdings war dieser nicht an die Ent-

seits wurde der gesamte Bedarf der Betriebe an Umlaufmitteln und Investitionen wiederum aus dem Haushalt zugeteilt. Somit bestand keine unmittelbare Abhängigkeit zwischen Betriebsergebnis und den zur Verfügung stehenden Mitteln. Die Nichterfüllung der Gewinnpläne der Industrie zog wiederum Schwierigkeiten in der Realisierung des Staatshaushaltsplans nach sich, woraus nach Ansicht Zapkins die Probleme im Geldumlauf folgten.[27] Diese resultierten aber - wie von ihm weiter unten auch bemerkt - aus den stark steigenden Einnahmen der Bevölkerung, ohne daß diesen die entsprechende Steigerung in der Warenbereitstellung und dem -umsatz gegenüberstand.

Auf die übermäßige Ausdehnung des Geldumlaufs hatte die Präsidentin der Deutschen Notenbank (DNB), Greta Kuckhoff, Grotewohl bereits in einem Schreiben vom 8. Juli 1954 hingewiesen, wonach sie "zu ernsten Besorgnissen Anlaß" sah.[28] Im ersten Halbjahr 1954 hatte sich der Geldumlauf danach um 22 Prozent erhöht.[29] Laut einem Beschluß des Präsidiums des Ministerrates vom 12. März 1954 sollte jedoch maximal eine Erhöhung der Geldzirkulation von 250 Mill. DM zugelassen werden, was bezogen auf den selben Basiswert nur 6,7 Prozent entsprochen hätte. Die Ursache für diesen Vorgang sah Kuckhoff in willkürlichen und der realen Entwicklung völlig zuwiderlaufenden Planeingriffen, um die Balance der Geldbilanz herzustellen. Dabei verwies sie wie auch Zapkin auf die Disparität zwischen wachsenden Einnahmen der Bevölkerung und dem Warenangebot, welches die Kaufkraft nicht "abschöpfen" konnte.

Daraufhin fand am 26. Juli 1954 eine Besprechung bei Grotewohl statt, an der führende Vertreter des MdF, der DNB, der verschiedenen Handelseinrichtungen, der den Hauptteil der Massenbedarfsgüter produzierenden Industrieministerien, der SPK sowie ein Beauftragter Ulbrichts teilnahmen. Dabei wurde beschlossen, im Finanzministerium "Kaderveränderungen" bei den dort Verantwortlichen für die staatliche Industrie vorzunehmen, radikal mit allen weiteren Geldemissionen Schluß zu machen und richtige Relationen beim Lohn sowie zwischen Produktion und Verwaltung zu schaffen. Dabei sollte unbedingt die Entstehung von Arbeitslosigkeit vermieden werden. Verstärkte Finanzkontrolle war mit verbesserter kaufmännischer Arbeit und Analysen in den Betrieben zu verbinden.[30] In der SPK arbeitete man seit August 1954 an einem Beschlußentwurf über Maßnahmen zur Verbesserung der Rentabilität, den Leuschner Anfang Oktober Grotewohl vorlegte. Er enthielt eine Wiederholung bereits gesetzlich festgelegter Aufgaben, die jetzt mit strenger und unnachsichtiger Kontrolle verbunden werden sollten. Bemerkenswerterweise orientierte der Beschlußentwurf von Anfang Oktober stärker

---

    wicklung des Gewinns gebunden, sondern an die Lohn- und Gehaltssumme des Betriebes, was seine Wirkung einschränkte bzw. in die falsche Richtung lenkte. Vgl. Roesler, Jörg: Die Herausbildung der sozialistischen Planwirtschaft in der DDR. Berlin (Ost) 1978 (Forschungen zur Wirtschaftsgeschichte, Band 11). S. 68-78.

27 Hier wie im folgenden ist immer entsprechend der damaligen Terminologie der Bargeldumlauf bei der Bevölkerung gemeint. Die Argumentation Zapkins war an dieser Stelle ökonomisch nicht schlüssig, denn die Steuergröße für den Bargeldumlauf unter den gegebenen Bedingungen waren an erster Stelle die Einkommen und nicht anders herum.

28 Kuckhoff an Grotewohl vom 8.7.54, in: ZPA SED, NL 90/336, Bl. 36 f.

29 Die von Kuckhoff verwendeten absoluten Angaben für die Bargeldzirkulation schlossen wahrscheinlich die Geldmenge in den Kassen der Banken ein. Daher sind sie mit den später angeführten Zahlen nicht zu vergleichen. Bezogen nur auf den Geldumlauf bei der Bevölkerung ergab sich für das erste Halbjahr 1954 ein Wachstum der Geldmenge von 19,6 Prozent. Berechnet nach: Statistisches Jahrbuch der DDR 1958. Hrsg. von der Staatlichen Zentralverwaltung für Statistik. Berlin (Ost) 1959. S. 247.

30 Besprechung des Genossen Ministerpräsidenten vom 26.7.54, in: ZPA SED, NL 90/335, Bl. 195ff.

als frühere Versionen auf administrative Kontrollmaßnahmen und das Postulieren allgemeiner Grundsätze. Die eigentlich erforderlichen Veränderungen in den Rahmenbedingungen der Gewinnwirtschaftung waren hier nicht enthalten. In der Version vom August 1954 sollte noch der Lohnfonds in stärkere Abhängigkeit von der Produktionsplanerfüllung gebracht werden. Außerdem wollte man ab 1. Januar 1955 in einigen Industriezweigen die Investitionen und Umlaufmittelzuführungen aus dem erwirtschafteten Nettogewinn finanzieren. Des weiteren war dort noch vorgesehen, die Konditionen für den Direktorfonds so zu gestalten, daß sich der materielle Anreiz für die Beschäftigten steigern würde.[31]

Trotz dieser bereits eingeleiteten Maßnahmen sah sich Zapkin Ende Oktober 1954 offenbar gezwungen, zwei Denkschriften zur Finanzlage und dem Geldumlauf in wesentlich drängenderem Ton vorzulegen, da diese, wie es in beiden Dokumenten übereinstimmend hieß, "zu ernsten Befürchtungen Anlaß" gäben.[32] Die Ähnlichkeit in der Formulierung ebenso wie die prinzipielle Übereinstimmung in den Berechnungen mit dem oben angeführten Brief von Kuckhoff war kein Zufall. Zapkin gab an, daß sich der Geldumlauf innerhalb eines Jahres vom 1. Oktober 1953 bis zum 1. Oktober 1954 um 943 Mill. DM, d.h. um 26,7 Prozent, erhöht hatte. Im III. Quartal 1954 betrug die Emission 215 Mill. DM. Bis zum 20. Oktober wuchs der Geldumlauf um weitere 33 Mill. DM an. Unter Zugrundelegung des 1953 erreichten Verhältnisses zwischen umlaufender Geldmenge und Einzelhandelsumsatz berechnete Zapkin den volkswirtschaftlichen Bedarf an Geldzeichen in der DDR und damit für den Oktober 1954 die überplanmäßige Geldemission auf annähernd 600 Mill. DM.[33] Fraglich ist allerdings, ob sich die Situation wirklich so verschlechtert hatte, wie es die von Zapkin verwandte Steigerungsrate von knapp 27 Prozent suggerierte. Gegenüber dem gleichen Zeitraum des Vorjahres war die im September 1954 erzielte Zuwachsrate tatsächlich die höchste in diesem Jahr. Dies entsprach aber dem kumulierten Wachstum des gesamten Jahres. Der Geldumlauf wuchs allein schon im I. Quartal 1954 um 12,9 Prozent, im II. Quartal um 6 Prozent und im III. Quartal um 5 Prozent. Innerhalb des III. Quartals stieg die Geldmenge im Juli um 3,5 Prozent, sank im August um 11,2 Prozent und nahm im September wiederum um 2,7 Prozent zu.[34] Die relativ hohen Steigerungsraten am Anfang des Jahres waren vor allem eine Folge des Neuen Kurses. Der Rückgang der Geldmenge im August dürfte auf die rigorosen Maßnahmen nach der Beratung bei Grotewohl am 26. Juli 1954 zurückzuführen sein. Die sich im September wieder beschleunigende Geldemission nahm Zapkin

---

31 Beschluß-Entwurf über Maßnahmen zur Verbesserung der Rentabilität in der volkseigenen Wirtschaft, in: ZPA SED, NL 90/329, Bl. 294-298. (Herkunft des Dokuments und Datierung ergeben sich aus dem Inhalt.) Leuschner an Grotewohl vom 9.10.54. Betr.: Beschluß des Präsidiums des Ministerrates über Maßnahmen zur Hebung der Rentabilität in der volkseigenen Industrie. Beschluß ... (Entwurf), in: Ebenda, Bl. 413-422.
32 Zapkin: Der Geldumlauf in der DDR vom 25.10.54. Abschrift 26.10.54, in: ZPA SED, NL 90/335, Bl. 199-205. Denkschrift ohne Titel: "Die Finanzlage und der Geldumlauf in der DDR ..." (sehr wahrscheinlich von Zapkin). Abschrift 25.10.54, in: ZPA SED, NL 182/965, Bl. 189-194. Es konnte bisher nicht geklärt werden, weshalb Zapkin zwei sich inhaltlich sowohl überschneidende als auch ergänzende Memoranden zur gleichen Zeit verfaßte und weitergab. Auch nach verschiedenen Adressaten lassen sich die Inhalte nicht eindeutig trennen.
33 Zapkin, Geldumlauf, a.a.O.; "Die Finanzlage ...", a.a.O. Die Angaben Zapkins stimmen mit denen des Statistischen Jahrbuches überein. Danach läßt sich seine Berechnung nachvollziehen. Vgl. Statistisches Jahrbuch 1958, a.a.O.
34 Berechnet nach: Statistisches Jahrbuch 1958, a.a.O., S. 247.

zum Anlaß, noch einmal nachdrücklich auf die Finanzprobleme zu verweisen. Ihm dürfte aber außerdem bekannt gewesen sein, daß sich das Politbüro am 26. Oktober 1954 mit einem Bericht über die Erfüllung des Staatshaushaltsplans befassen würde, so daß er möglicherweise mit übertrieben interpretierten Angaben die Aufmerksamkeit auf grundsätzlichere Probleme lenken wollte. Allerdings wurde dort - nach Protokoll - kein Bezug auf das Grotewohl und Ulbricht vorliegende Memorandum genommen.[35] Die Hauptursache der zu hohen Geldemission blieb nach Ansicht Zapkins die fortdauernde Disproportion zwischen der Entwicklung der Geldeinkünfte der Bevölkerung und der des Einzelhandelsumsatzes.[36] Zapkin schlüsselte die übermäßige Geldemission auf, wonach 250 Mill. DM auf die Steigerung der Einkommen der Privatunternehmer und Handwerker, 200 Mill. DM auf die der Bauern und 150 Mill. DM auf die der Arbeiter und Angestellten entfielen. Er kritisierte jedoch nicht nur die wachsenden Einkommen, sondern auch die unbefriedigende Mobilisierung der Geldmittel der Bevölkerung durch den Handel sowie die Finanzbehörden und Banken (fehlende Werbung für Spareinlagen, mangelnde Eintreibung von Zahlungsrückständen aus Krediten und von Steuerrückständen). Zur Regulierung des Geldumlaufes hielt er in der Hauptsache weiter administrative Mittel zur quantitativen und qualitativen Verbesserung der Produktion und des Angebots von Massenbedarfsgütern, zur Einschränkung der Investitionen, zur Begrenzung der Lohn- und weiterer Zahlungen an die Beschäftigten auf dem bis dahin erreichten Stand, zur Senkung des Verwaltungspersonals sowie zur Eintreibung der rückständigen Steuern und anderer Forderungen erforderlich.[37]

Neben der Aufblähung des Geldumlaufs bemängelte Zapkin die unbefriedigende Erfüllung des Staatshaushaltsplanes 1954, der nach den ersten neun Monaten des Jahres ein Einnahmefehlbetrag von 1 Mrd. DM aufwies. Die Hauptursache sah er in der zu schwachen Kontrolle der Planerfüllung und der Sparsamkeit in den Betrieben und wirtschaftsleitenden Instanzen, wodurch sich wiederum die bekannten Disparitäten verstärkten. Hoher Rentabilität und Erfüllung des Gewinnplans wurde in den Betrieben und Ministerien nach wie vor zu wenig Aufmerksamkeit geschenkt. Die Kennziffern der Selbstkostensenkung verschlechterten sich jährlich, und 27 Prozent aller Betriebe arbeiteten mit Verlust. Die staatliche Industrie und der Handel erfüllten ihre Verpflichtungen gegenüber dem Staatshaushalt nicht, der aber wiederum 1954 mehr als 1,5 Mrd. DM zur Finanzierung der Verluste in der Volkswirtschaft bereitstellen mußte. Für einen allmählichen Übergang der staatlichen Betriebe zur Arbeit ohne Haushaltszuschüsse empfahl Zapkin, ab 1. Januar 1955 die Abgabepreise für Metall und Holz zu erhöhen. Außerdem griff er Vorschläge wieder auf, die in der SPK bereits vorgelegen hatten und dann aber nicht mehr berücksichtigt worden waren. Danach sollte von den staatlichen Betrieben nur der Überschuß an den Staatshaushalt abgeführt werden, der nach Abgabe eines Teils

---

35 Protokoll Nr. 30/54 der Sitzung des Politbüros des ZK am 26.10.54, in: ZPA SED, J IV 2/2A/380. Das Vorliegen der Denkschrift bei zumindest den beiden Angesprochenen ergibt sich aus der handschriftlichen Notiz auf ihr: "Gen. Grotewohl. U(lbricht)". Die Handschrift ist eindeutig die von Ulbricht. Vgl. Zapkin, Geldumlauf, a.a.O.

36 Der Einzelhandelsumsatz hatte sich zwar im September mit 2,1 Prozent Steigerung geringer als der Geldumlauf entwickelt, jedoch bezogen auf den gleichen Monat des Vorjahres hatte sich im September der Abstand zwischen dem Wachstum des Geldumlaufes und des Einzelhandelsumsatzes deutlich verringert. Auch daher erscheint die Argumentation Zapkins übertrieben und instrumentalisiert. Berechnet nach: Statistisches Jahrbuch 1956, a.a.O., S. 488; Statistisches Jahrbuch 1958, a.a.O., S. 247.

37 Zapkin, Geldumlauf, a.a.O.

des Gewinns in den Direktorfonds sowie nach der Finanzierung der Investitionen und der geplanten Zunahme der Umlaufmittel verbliebe. Amortisationen müßten nicht mehr an den Staatshaushalt abgeführt, sondern für die Finanzierung der Generalreparaturen und Investitionen verwandt werden. Die Bildung und Verwendung des Direktorfonds wollte Zapkin in direkte Abhängigkeit von der Erfüllung quantitativer und qualitativer Plankennziffern bringen. Außerdem sollten die Umlaufmittel und deren Quellen für jeden Betrieb normiert werden. Des weiteren war die Kreditgewährung an die Wirtschaftseinheiten so neuzuregeln, daß eine verstärkte Bankkontrolle über die zweckgebundene Verwendung der gewährten Mittel und die Anwendung von Sanktionen gesichert war. Als ausdrücklich falsch kennzeichnete Zapkin die Auffassung einiger Mitarbeiter der Industrieministerien, daß für die schlechte finanzielle Lage die Finanzbehörden und die Bank verantwortlich waren. Allerdings verwies er auch auf wesentliche Mängel im Finanzapparat, die er in zu schwachen Mitarbeitern, in ungenügender analytischer und operativer Arbeit, in zu vielen schlecht vorbereiteten Sitzungen sowie in einer fehlenden Kontrolle der Beschlußdurchführung sah. Zur Beseitigung dieser Unzulänglichkeiten verwies Zapkin insbesondere auf die Verantwortung des ZK der SED und des Ministerrats, die entsprechende Beschlüsse zu fassen hätten.[38]

Mit diesen Empfehlungen hatte Zapkin offenbar einen Anstoß gegeben, die Rahmenbedingungen des Wirtschaftens der Betriebe in einer Weise zu verändern, die in den wirtschaftsleitenden Instanzen der DDR zwar bereits diskutiert worden war, aber zunächst nicht durchgesetzt werden konnte. Obwohl sich in dem Protokoll der Politbürositzung, auf der die wirtschaftlichen Fragen des Referates von Ulbricht auf der 21. ZK-Tagung (12. bis 14. November 1954) besprochen wurden, keine Hinweise darauf finden, daß die angeführten Empfehlungen berücksichtigt wurden,[39] kann gleichwohl vermutet werden, daß sie zumindest entsprechende Vorschläge aus den DDR-Instanzen unterstützten bzw. diesen zum Durchbruch verhalfen. Bei einem Vergleich der angeführten Empfehlungen und des Referates von Ulbricht ist auffallend, daß wesentliche Passagen fast wörtlich den Empfehlungen von Zapkin entsprachen. Viele der von Ulbricht verwendeten statistischen Angaben waren dort ebenfalls bereits enthalten.[40] Zapkin hatte jedoch gerade vor der ZK-Tagung in besonders intensiver Weise mit seinen Heimatinstanzen Rücksprache genommen bzw. von dort Unterlagen übermittelt bekommen.[41] Anzumerken bleibt jedoch, daß das wirtschaftliche Regelwerk bis dahin die Unterschätzung kaufmännischer Gesichtspunkte gefördert hatte und wesentlich von sowjetischen Vorgaben geprägt war. Die empfohlenen Änderungen wurden dann im wesentlichen auch realisiert.[42] Infolge energischer Maßnahmen gelang es, den Geldumlauf im November um

---

38 "Die Finanzlage ...", a.a.O.
39 Protokoll Nr. 33/54 der Sitzung des Politbüros des ZK am 12.11.54, in: ZPA SED, J IV 2/2A/384.
40 Vgl. Ulbricht, Walter: Fragen der politischen Ökonomie in der Deutschen Demokratischen Republik. Aus dem Referat auf der 21. Tagung des ZK der SED am 12. November 1954. Berlin (Ost) 1955.
41 Vgl. AWP 082/42/54/289, Bl. 122-126.
42 U.a.: Verordnung über die Verwendung der Gewinne in den Betrieben der volkseigenen Wirtschaft vom 6.1.55, in: Gesetzblatt der DDR (im folgenden: Gbl.) 1955, Teil I. S. 23. Vgl. Jonuscheit, Karl-Heinz: Die wirtschaftliche Rechnungsführung. Entstehung, Entwicklung und Vervollkommnung im neuen ökonomischen System. Berlin (Ost) 1966. S. 40-43; Roesler, Jörg: Die Lenkung des betrieblichen Akkumulationsprozesses durch den sozialistischen Staat in der DDR (1956 bis 1962), in: Jahrbuch für Wirtschaftsgeschichte, 1979, Teil III. S. 16-26.

0,9 Prozent, im Dezember um 4,2 Prozent und damit im letzten Quartal 1954 insgesamt um 4 Prozent zu senken.[43]

Mitte März 1957 übergab Zapkin Finanzminister Willy Rumpf sein letztes Memorandum, der es wiederum Ulbricht übermittelte.[44] Der Hauptmangel der Finanzsituation der DDR bestand seines Erachtens in dem Staatshaushaltsdefizit 1956 von 455,4 Mill. DM, das im IV. Quartal entstanden war. Man hatte es durch die teilweise Inanspruchnahme der Haushaltsbestände der Vorjahre gedeckt. Aber auch im Januar 1957 blieb mit Einnahmen von 2.430 Mill. DM und Ausgaben von 2.539 Mill. DM ein Defizit von 1.099 Mill. DM. Die Ursachen sah er vor allem in Nichterfüllung des Plans 1956 und der sich gegenüber 1955 in allen Zweigen wieder verschlechternden finanzwirtschaftlichen Kennziffern. Allein die Industrie hatte durch Nichterfüllung der Gewinnpläne die geplanten Abführungen an den Staatshaushalt nur zu 91 Prozent geleistet, aber gleichzeitig die vorgesehenen Ausgaben für ihre Finanzierung zu 124,9 Prozent in Anspruch genommen. Daraus resultierte ein Verlust von mehr als 2,3 Mrd. DM. In der zentralgeleiteten Industrie stieg der Anteil der Verlustbetriebe 1956 gegenüber 1955 von 17,7 auf 21,9 Prozent.[45] Nach Zapkins Einschätzung waren diese unbefriedigenden Ergebnisse des Jahres 1956 in bedeutendem Maße auf objektive Ursachen (Schwierigkeiten in der Materialversorgung und im Absatz) zurückzuführen. Er machte aber auch ernste Mängel in der Wirtschaftsleitung dafür verantwortlich. Besonders wandte er sich gegen verstärkte Bestrebungen, sich von den Beschlüssen der 21. ZK-Tagung zu lösen. Diese sah er vor allem in Versuchen, die "planmäßige" durch eine "ökonomische Leitung" zu ersetzen, den Direktorfonds sowie die Prämierung des ingenieurtechnischen Personals durch Schaffung eines einheitlichen Prämienfonds für die gesamte Belegschaft zu beseitigen sowie die nach der 21. ZK-Tagung eingeführten Bestimmungen über die Gewinn- und Amortisationsverwendung zu überprüfen. Das im Plan 1956 gestellte Ziel für die industrielle Bruttoproduktion wurde tatsächlich nur zu 97,4 Prozent erreicht und ihr Zuwachs betrug statt geplanter 8,8 nur 6,2 Prozent. Die Arbeitsproduktivität der Produktionsarbeiter stieg zwar gegenüber dem Vorjahr auf 108 Prozent, aber damit war der Plan nur zu 98,7 Prozent erfüllt. Ebenso waren zwar die Investitionen in der zentralgeleiteten staatlichen Industrie auf 148 Prozent angewachsen, doch gegenüber der Planvorgabe erreichte man damit nur 92 Prozent.[46] Diese wenigen Angaben verdeutlichen bereits, daß

---

43 Berechnet nach: Statistisches Jahrbuch 1958, a.a.O., S. 247.
44 Rumpf an Ulbricht vom 22.3.57. Zapkin, N.: Einige Überlegungen über die Lage und weitere Verbesserung der Staatsfinanzen der Deutschen Demokratischen Republik vom 15.3.57, in: ZPA SED, J IV 2/202/28. Der folgende Text und die Zitate beruhen soweit nicht anders ausgewiesen auf diesem Memorandum.
45 Diese Angaben Zapkins entsprechen denen von Ulbricht und Grotewohl in verschiedenen Reden. Allerdings ergaben sich verschiedene bisher nicht zu klärende Diskrepanzen in den Basiswerten, wobei die Tendenz aber prinzipiell die selbe blieb. Vgl. Ulbricht, Die Rolle, a.a.O., S. 30; ders.: Grundfragen der ökonomischen und politischen Entwicklung in der Deutschen Demokratischen Republik. Referat auf der 33. Tagung des ZK der SED am 16. Oktober 1957. Berlin (Ost) 1957. S. 33 f.; Unsere ökonomischen Probleme und die Verbesserung der Wirtschaftsführung. 30. Tagung des ZK der SED vom 30. Januar bis 1. Februar 1957. Berlin (Ost) 1957. S. 30.
46 ZK, Abt. Industrie, Abt. Binnen- u Außenhandel, Abt. Planung und Finanzen: Einschätzung der wichtigsten Erscheinungen aus dem Ablauf des Planes 1956, in: ZPA SED, NL 90/331, Bl. 53, 57; SPK: Zu einigen wichtigen Problemen der Erfüllung des Volkswirtschaftsplanes 1956, in: ZPA SED, NL 62/99, Bl. 20-36.

dem Plan überspannte Zielstellungen zugrunde lagen.[47] Zwar billigte Zapkin auch objektive Probleme zu, wobei er sich offenbar auf die tatsächlichen Lieferausfälle insbesondere aus Polen sowie der weiter bestehenden Absatzschwierigkeiten von Teilen des Maschinenbaus auch im Ostblock bezog. Die Frage aber, ob die Ziele auf der Basis der gegebenen Möglichkeiten als zu hoch zu bewerten waren, wurde in den angeführten Einschätzungen aus dem Parteiapparat und der SPK unterschiedlich beantwortet. Für ersteren entsprach der Plan den volkswirtschaftlichen Möglichkeiten und Reserven. Für die SPK waren die "realen Grenzen" nicht genügend berücksichtigt und "zum Teil die Produktionsziele von vornherein zu hoch gesteckt".[48] Die Parteifunktionäre mußten sie als ihre wahrscheinlichen Urheber als realistisch ansehen.[49] Aber auch der sowjetische Berater in der SPK, Kokurkin, bestritt, daß die Vorgaben zu hoch waren.[50] Aber auch von ihm wurde keine ablehnende Haltung zu diesen Zielen bei der Planaufstellung dokumentiert. Im Gegenteil ist wohl eher anzunehmen, daß die sowjetischen Vertreter vor Ort diese Aufgaben mit durchgesetzt hatten. Da auf diesen Vorgaben auch die vorgesehenen Einnahmen des Staatshaushalts basierten, konnten sie auch nicht erfüllt werden. Die erhöhten Haushaltsausgaben resultierten aus der erforderlichen Finanzierung der sich in Produktionsstillständen u.ä. widerspiegelnden inneren Disproportionen bei der Plandurchführung. Insofern wirkte die Kritik von Zapkin scheinheilig, da ihm diese Zusammenhänge bekannt gewesen sein mußten. Neben der Kritik an den subjektiven Mängeln in der Leitung nun aber die bis dahin theoretisch geführte Diskussion zur Wirtschaftsleitung mitverantwortlich für die Lage der Staatsfinanzen zu machen, kann nur als eigener Rechtfertigungsversuch bewertet werden. Zumal diese Diskussion auf der 30. ZK-Tagung (30. Januar bis 1. Februar 1957) kurz zuvor von Ulbricht als revisionistisch gebrandmarkt worden war.[51]

Das zweite große finanzielle Problem der DDR, das bei Zapkin wieder "eine bestimmte Beunruhigung hervorruft", war der Geldumlauf. Dieser konnte zwar 1955 um 175 Mill. DM, d.h. um 4,1 Prozent, reduziert werden. Hingegen stieg er 1956 wieder um 372 Mill. DM, d.h. um 9 Prozent, an und lag am Jahresende 17,2 Prozent über dem Plan. In den ersten beiden Monaten des Jahres 1957 wuchs der Geldumlauf bereits um weitere 12 Prozent und lag damit am 1. März um 11 Prozent höher als zum gleichen Zeitpunkt des Vorjahres.[52] Dafür machte Zapkin in erster Linie das Defizit im Staatshaushalt und die sich in den ersten Monaten 1957 wieder verstärkende Disproportion zwischen Warenangebot und der Kaufkraft der Bevölkerung verantwortlich. Bei einseitiger Betrachtung der Steigerungsraten gegenüber den jeweiligen Vormonaten des Geldumlaufs sowie des Einzelhandelsumsatzes wäre Zapkins Sicht berechtigt. Allerdings ließ diese aber die

---

47 Es kann hier nicht näher darauf eingegangen werden, aus welchen Gründen dies so war und welche Voraussetzungen für die Erfüllung dieser Zielstellungen fehlten.
48 Ebenda.
49 Vgl. SPK, Leuschner an die Mitglieder und Kandidaten des Politbüro und des Sekretariats des ZK der SED vom 9.3.57, in: BAP, DE1/13080, Bl. 1-3.
50 Kokurkin, P.: Denkschrift ohne Titel: "I. Über das Tempo der wirtschaftlichen Entwicklung ..." vom 19.3.57, in: ZPA SED, J IV 2/202/28.
51 Ulbricht, Walter: Zur Geschichte der deutschen Arbeiterbewegung. Aus Reden und Aufsätzen. Bd. VI: 1956-1957. Berlin (Ost) 1962. S. 305 ff.
52 Alle von Zapkin zum Geldumlauf gemachten Angaben stimmen mit denen des Statistischen Jahrbuchs exakt überein, wobei er nur Absolutangaben verwandte. Die Steigerungsraten wurden nach den Werten des Jahrbuchs berechnet. Vgl. Statistisches Jahrbuch 1958, a.a.O., S. 247.

gerade zur Jahreswende starken saisonalen Einflüsse (Weihnachten) außer Betracht. Bei Bezug auf den gleichen Zeitraum des Vorjahres war eher eine Verringerung dieser Disproportion zu beobachten. Auch eine Einbeziehung des Wachstums der Spareinlagen verändert dieses Bild nicht.[53] Weitaus stärker hatte Zapkin Grund zur Sorge bei der von ihm angeführten Tatsache, daß durch das Haushaltsdefizit sowie durch Kreditausreichungen ohne Rückzahlungssicherheit die Kreditquellen (Spareinlagen und Kontenbestände der Betriebe) vermindert wurden. Außerdem reduzierten sich diese noch durch die notwendige Finanzierung der ständig wachsenden nicht absetzbaren Bestände an Fertigerzeugnissen. Daher gewährte die DNB "im I. Quartal 1957 bis zu 30 Prozent der Kredite zu Lasten der Erhöhung des Bargeldumlaufs", d.h. über die Notenpresse.

Zur Beseitigung dieser Mängel war, wie Zapkin schrieb, "zu wünschen, daß unsere folgenden Empfehlungen ihre Berücksichtigung finden mögen". Um die Stabilität des Staatshaushaltes 1957 und einen Einnahmeüberschuß von mindestens 500 Mill. DM zu erreichen, orientierte er darauf, alle Einnahmequellen aufzudecken, die Finanzpläne der Industrieministerien streng auf Kostensenkungen zu überprüfen sowie die Diskrepanz zwischen den Einkommen der Selbständigen (Bauern, Handwerker, Privatunternehmer und Einzelhändler) und ihren Umsatzsteigerungen mittels Steuern zu verändern. Auf der Ausgabenseite des Staatshaushaltes waren seines Erachtens die staatlichen Investitionen 1957 auf 6,6 Mrd. DM zu beschränken.[54] Weiter empfahl er, von Lohn- und Rentensteigerungen sowie von Haushaltszuschüssen für die Renten und die Sozialversicherung der Selbständigen - bei entsprechenden Beitragserhöhungen für diese Gruppe - abzusehen. Die Ausgaben für den Verwaltungsapparat sollten 1957 um mindestens 5 Prozent und die Zuschüsse für Wirtschaftszweige und gesellschaftliche Organisationen um mindestens 25 Prozent gegenüber den realen Ausgaben von 1956 reduziert werden. Außerdem regte er eine Prüfung der weiteren Bereitstellung von Mitteln für die Kirchen und Theater an. Zur Verbesserung der finanziellen Lage der Wirtschaftszweige schlug Zapkin organisatorische und methodische Maßnahmen im Bereich der Finanzplanung, der Buchführung und Berichterstattung vor. Eindringlich verwandte sich Zapkin für die Beibehaltung des Direktorfonds und der Bestimmungen über die Prämierung des ingenieurtechnischen Personals und drängte darauf, die Entwürfe der neuen Verordnungen über den Betriebsprämien- sowie den Kultur- und Sozialfonds abzulehnen. Weiter sollten zur Veränderung des wirtschaftlichen Regelwerks gruppenbezogene Abschreibungsraten ausgearbeitet und ab 1. Januar 1958 eingeführt sowie an den Festpreisen weitergearbeitet werden. Die Festigung des Geldsystems erforderte nach seiner Meinung, weitere Erhöhungen der Einnahmen der Bevölkerung im Jahr 1957 zu verhindern, Bargeldzahlungen für Überstunden, Wartezeiten usw. stärker zu kontrollieren sowie Steuer- und Tilgungsrückstände bei Darlehen zu beseitigen. Des weiteren wollte er die Produktion von Massenbedarfsgütern gefördert, die Handelsarbeit verbessert und das Dienstleistungsangebot erweitert sehen. Außerdem regte er an, 1957 keine Massenpreissenkungen für Industriewaren und Lebensmittel durchzuführen.[55] Die Geldmittel der Bevölkerung sollten stär-

---

53 Vgl. Statistisches Jahrbuch 1958, a.a.O., S. 247, 251, 543.
54 Leuschner hatte schon auf der 30. ZK-Tagung eine vorläufige Begrenzung der staatlichen Investitionen auf 6,5 Mrd. DM für 1957 angekündigt. (Unsere ökonomischen Probleme, a.a.O., S. 9 f.)
55 Zwischen Juni 1956 und Juli 1958 traten auch wirklich keine großen Preissenkungen in Kraft. Vgl. Geschichtliche Zeittafel der Deutschen Demokratischen Republik 1949-1959. Berlin (Ost) 1959. S. 230-317.

ker über die Sparkassen, durch Hypothekenpfandbriefe der Investitionsbank, durch Erweiterung der Lotterien und Versicherungen mobilisiert und in diesem Zusammenhang auch die Ausgabe einer Gewinnanleihe geprüft werden. Die von Zapkin vorgeschlagenen Maßnahmen für den privaten Wirtschaftssektor zielten auf eine größere Kontrolle dieses Bereiches und dessen allmähliche Überführung in Staatseigentum. Dem Apparat des MdF empfahl er, das Niveau seiner wirtschaftlichen Analysen und Schlußfolgerungen zu heben, den Arbeitsstil durch Reduzierung der im allgemeinen schlecht vorbereiteten Sitzungen und durch häufige Besuche der leitenden Mitarbeiter in den Betrieben vor Ort zu verbessern sowie die Qualifikation der Mitarbeiter zu heben. "Das Hauptübel besteht bei einigen Mitarbeitern des Apparates darin, daß sie die erforderliche Kontrolle nicht ausüben, daß sie die Zahlen, die Tatsachen, die Mängel in der Arbeit der Betriebe, der Hauptverwaltungen und der Ministerien erläutern, statt die Ursachen aufzudecken, sie greifen nicht an, sie verteidigen sich, sie kämpfen nicht energisch und beharrlich für die staatliche Ordnung und staatliche Strenge bei der Verausgabung der staatlichen Mittel."

Die Wirkung dieser letzten Denkschrift von Zapkin blieb begrenzt, soweit sie überhaupt mehr als Forderungen nach administrativen Kürzungen und verstärkter Kontrolle enthielt, die auch bei der SED-Spitze ständig an der Tagesordnung waren. Zapkins Beharren auf getrennten Prämierungsregelungen für Arbeiter und Angestellte sowie dem ingenieurtechnischen und dem Leitungspersonal läßt sich wohl nur aus einem dogmatischen Festhalten an zu dieser Zeit in der Sowjetunion gültigen Festlegungen erklären. Damit konnte er sich allerdings nicht durchsetzen. Am 1. April 1957 wurde in den staatlichen Betrieben der Betriebsprämienfonds eingeführt.[56] Inwiefern die aber bei der Verwendung des Betriebsprämienfonds weiter bestehende Differenzierung zwischen den Arbeitern und Angestellten sowie dem ingenieurtechnischen und dem Leitungspersonal auf den Einspruch der sowjetischen Berater zurückzuführen war, läßt sich nur mutmassen. In jedem Fall wurde aber deutlich, daß dies nicht nur, wie Roesler ausführte, damit zusammenhing, "daß sich auch die Mitarbeiter der zentralen wirtschaftsleitenden Organe nur schwer von in der ersten Hälfte der fünfziger Jahre entstandenen Traditionen freimachen konnten".[57] Im Lichte der Notwendigkeit, für das Leitungspersonal überdurchschnittliche Bonusmöglichkeiten zu schaffen, war diese Differenzierung wohl auch sinnvoll. Sie entsprach aber nur begrenzt der damals gültigen wirtschaftlichen und sozialen Doktrin. Insgesamt scheint es so, daß Zapkin den Erfolg "seines" Werkes, der nicht zu leugnenden Verbesserung der finanziellen Situation im Jahr 1955, durch die Entwicklung 1956 gefährdet sah. Er schien die verstärkte Aufmerksamkeit, die die 21. ZK-Tagung den Fragen der Staatsfinanzen und der kaufmännischen Betriebsführung gezollt hatte, im wesentlichen dem Einfluß seiner Denkschriften zuzuschreiben. Diese waren zweifellos nicht ohne Effekt für die Ausarbeitung der neuen Regelungen im Jahr 1955, aber sie lösten diese Veränderungen nicht allein aus.

Dies verdeutlicht auch, daß im Einzelfall kaum rekonstruiert werden kann, wer in den Entstehungsprozeß bestimmter wirtschaftlicher Regelungen was eingebracht hatte. Die

---

56 Verordnung über den Betriebsprämienfonds sowie den Kultur- und Sozialfonds in den volkseigenen und ihnen gleichgestellten Betrieben, in: Gbl. 1957, Teil I. S. 289 ff. Zu den Gründen die eine Aufhebung der Teilung der Bonussysteme als notwendig erscheinen ließen, vgl. Roesler, Planwirtschaft, a.a.O., S. 227 ff.
57 Ebenda, S. 229.

sowjetischen Berater hatten in "ihren" Instanzen offenbar im wesentlichen Zugang zu den wichtigsten Unterlagen. Sie wußten auch über in der Diskussion und in Vorbereitung befindliche Maßnahmen Bescheid und waren darüber hinaus in vielen Fällen an solchen Erörterungen beteiligt - zumindest so bald dies auf der oberen Leitungsebene des jeweiligen Ministeriums o.ä. geschah. Daher konnten sie ihre Position während der Ausarbeitung frühzeitig deutlich machen. Dies schloß natürlich nicht aus, daß in einzelnen Fällen den Beratern Vorgänge und Unterlagen vorenthalten wurden. Insofern ist es jedoch nicht erstaunlich, daß die Empfehlungen der sowjetischen Berater kaum grundsätzliche Wendungen gegenüber dem von DDR-Seite Vorbereiteten nahelegten. Die Notwendigkeit zu prinzipiellen Wechseln ergab sich demgegenüber eher aus den Wirtschaftsverhandlungen bzw. politischen Gesprächen in Moskau selbst. Allerdings konnten die Berater offensichtlich mit ihren Vorlagen bestimmten Dingen besonderen Nachdruck verleihen, da ihre Ausarbeitungen bei der Parteispitze, wohin sie anscheinend unweigerlich weitergegeben wurden, besondere Aufmerksamkeit fanden. Dies lag auch an ihrem Vorteil, daß sie einerseits Zugang zum Apparat in der jeweiligen Institution hatten und in gewisser Weise auch in ihm verankert waren, aber andererseits nicht voll dazu gehörten. Das ermöglichte ihnen, eher eine komprimierte und zugespitzte Problemzusammenstellung abzugeben, als dies den mit laufenden Schwierigkeiten überlasteten Mitarbeitern der zentralen wirtschaftsleitenden Instanzen möglich war. Dabei dramatisierten sie auch manche Sachverhalte und Entwicklungen - ob bewußt instrumentalisiert oder ob sie tatsächlich in jedem Fall von der Dramatik der Situation überzeugt waren, muß offen bleiben. Allerdings bedeutete dies nicht, daß ihre Empfehlungen hundertprozentig umgesetzt wurden.

Die Berater hatten ihre Heimatinstanzen über die Lage und die Probleme der DDR zu unterrichten. Anhand der vorliegenden Unterlagen kann aber nicht eingeschätzt werden, inwieweit sie bei ihren Informationen auch DDR-Positionen einbrachten und für die sowjetische Seite transparenter machten. Die Ausarbeitungen zeigen das Interesse der Berater auch an den laufenden Problemen. Allerdings konzentrierten sie sich stärker auf grundsätzlichere Fragen, die aber durchaus mit der laufenden Planung zu tun hatten. Offen muß hier jedoch bleiben, inwiefern zwischen dem unmittelbar vom sowjetischen Außenministerium zu kontrollierenden Apparat und den Beratern in den zentralen Instanzen auch Rivalitäten und Konfrontationen eine Rolle spielten und welchen Einfluß sie auf Entscheidungen in der DDR hatten.

Abberufung der Berater

In einem vertraulichen Schreiben des ZK der KPdSU an das ZK der SED vom 14. Januar 1957 drang dieses darauf, "über die Zweckmäßigkeit des weiteren Aufenthaltes sowjetischer Berater und anderer Spezialisten in Ministerien, Ämtern, Betrieben und Lehranstalten in der DDR" zu sprechen. Als Begründung erklärte die sowjetische Seite, daß der Einsatz der Berater in der frühen Phase der neuen Ordnung entsprechend den Wünschen und Bestrebungen der DDR-Spitze sinnvoll war. Nachdem die Lage in der DDR nun aber gefestigt sei und die eigenen Kader bestimmte Erfahrungen gesammelt hätten, seien die Voraussetzungen gegeben, um die Einrichtung der Berater zu beseitigen und auch die Zahl der anderen Spezialisten bedeutend zu verringern. Die sowjetische Seite betonte: "Wir gehen davon aus, daß schon die Bezeichnung 'sowjetische Berater' nicht ihrer tatsächlichen Funktion entspricht und unwillkürlich die falsche Vorstellung erwecken kann, als wolle das eine Land mit Hilfe solcher Berater dem anderen Land seinen Willen aufzwingen." Sie versicherte aber, daß man auch künftig bei Notwendigkeit helfen würde. Dafür wäre dann jedoch der Spezialistenaustausch günstiger.[58] Nun waren zwar zu diesem Zeitpunkt die ursprünglich in dem Abkommen vorgesehenen drei Jahre fast abgelaufen, trotzdem wurde mit dieser Frist nicht argumentiert. Bemerkenswert ist, daß der Sowjetunion zu diesem Zeitpunkt die Situation in der DDR soweit gefestigt erschien, um ihre direkten und unmittelbar vor Ort tätigen Einflußträger abzuziehen. Schließlich waren im Januar 1957 die aus der Chruschtschow'schen Entstalinisierung nach dem XX. Parteitag der KPdSU resultierenden Krisensymptome 1956/57 nach wie vor virulent. Das Ende des intellektuellen "Tauwetters" deutete sich mit der beginnenden Revisionismus-Debatte gerade erst an. Die innerparteilichen Widersacher Ulbrichts waren noch nicht ausgeschaltet. Die Ursache für diesen Entschluß lag wohl eher auf der sowjetischen Seite. Wahrscheinlich wollte Chruschtschow im Rahmen seiner Liberalisierungspolitik auch gegenüber den Ostblockländern die Zügel etwas lockern, was aber trotzdem kurz nach der Niederschlagung des ungarischen Aufstandes erstaunt.

Nach diesem Schreiben wurde im Politbüro zu dieser Frage zweimal beraten, wobei man sich zunächst einen Überblick über die in der DDR tätigen Berater und Spezialisten verschaffte. Letztlich sollten sich die Berater aus den zentralen wirtschaftsleitenden Instanzen zurückziehen.[59] In der zweiten Märzhälfte 1957 lagen die Abschlußempfehlungen der wichtigsten Berater im Bereich der Wirtschaft vor.[60] Zur gleichen Zeit reisten diese auch aus der DDR ab.[61] Es verblieben noch einige Berater in der DDR, die wahrscheinlich im Sicherheits- und militärischen Bereich sowie unmittelbar in der Industrie tätig waren. Im September 1958 wandte sich das ZK der KPdSU in dieser Frage erneut an das ZK der SED und wünschte eine erneute Erörterung über den weiteren Aufenthalt sowjetischer Berater, Konsultanten und anderer Spezialisten in der DDR, die noch in "einer gewissen Anzahl in der DDR" seien. Dabei wurde die gleiche Argumentation wie anderthalb Jahre vorher benutzt. Außerdem sei es schwierig, jeden Berater und Spezialisten im Blick zu behalten. Diese wären zwar gute Fachleute auf ihrem Gebiet, hätten aber nicht immer das richtige Verständnis für die Situation in der DDR. Daher könnten nicht auszuschließende Mißverständnisse die gegenseitigen Beziehungen belasten. Ob diese Darstellung zutrifft oder ob nicht auf der sowjetischen Seite eher eine gewisse Furcht davor bestand, daß die Berater und Spezialisten zu sehr mit in der DDR immer noch wesentlich leichter zugänglicheren "westlichen" Ideen und Vorstellungen in Kontakt kommen bzw. sich zu sehr an den zweifellos höheren Lebensstandard in der DDR gewöhnen könnten, kann nicht abschließend beantwortet werden. Es ist aber anzunehmen, daß die sowjetischen Befürchtungen stärker auf ihre eigenen Bürger zielten. Gleiche Briefe sind auch an die Parteien in den anderen Ostblockländern gegangen.[62] Letzteres deutet darauf hin, daß Chruschtschow diese direkte Form der Einflußnahme nicht

---

58 ZK des KPdSU an das ZK der SED vom 14.1.57, in: ZPA SED, J IV 2/202/28.
59 Protokoll Nr. 4/57 der Sitzung des Politbüros des ZK am 26.1.57, in: ZPA SED, J IV 2/2A/542; Protokoll Nr. 6/57 der Sitzung des Politbüros des ZK am 5.2.57, in: ZPA SED, J IV 2/2A/547.
60 Zapkin, Einige Überlegungen, a.a.O.; Kokurkin, "I. Über das Tempo ...", a.a.O.; F.I. Kotow an den Genossen Ziller (vom 19.3.57 - Eingangszeichen), in: ZPA SED, J IV 2/202/28.
61 Ziller an Ulbricht vom 22.3.57, in: Ebenda.
62 ZK der KPdSU an das ZK der SED vom 9.9.58, in: ZPA SED, J IV 2/202/28.

mehr für zeitgemäß hielt. Erst im Verlauf der Krise 1960/61 beschloß die UdSSR im Einvernehmen mit der DDR-Spitze, bei GOSPLAN eine besondere sowjetische Gruppe für die Fragen der Versorgung der DDR zu bilden, die direkt mit einer Gruppe von DDR-Spezialisten in Moskau zusammenarbeiten sollte. Außerdem schuf GOSPLAN eine Gruppe sowjetischer Experten bei der SPK in Berlin, die offiziell bei der sowjetischen Handelsvertretung angesiedelt wurde. Dies war aber eine neue Situation, die sich auch in anderen Formen der Einflußnahme bzw. Zusammenarbeit widerspiegelte.

Carola Tischler (Kassel)

"Den guten Namen wiederherstellen".
Über die Rehabilitierung von Stalin-Opfern in der Sowjetunion

In russischen Zeitschriften sind über den Vorgang der Rehabilitierung von Stalin-Opfern erst in der letzten Zeit einige Arbeiten erschienen.[1] In der westlichen Historiographie wurde zwar die Thematik vor allem in Bezug auf die Rehabilitierungen unter Chruschtschow behandelt,[2] doch nur vereinzelt näher auf den Begriff "Rehabilitierung" eingegangen. Generell scheint es einen stillen Konsens zu geben, was darunter zu verstehen ist. Auch in politischen und historischen Hand- und Wörterbüchern zur Sowjetunion oder zum Sozialismus fehlt vielfach ein eigener Lexikoneintrag. Dieser Mangel steht im Gegensatz zu dem Stellenwert, den Rehabilitierung im politischen System der Sowjetunion - und im Gefolge davon in allen Staaten des realen Sozialismus - eingenommen hat. Dies zu untersuchen, steht noch aus und kann auch in dem vorliegenden Beitrag nicht geleistet werden. Sinn der Miszelle ist es lediglich, einen kurzen Überblick über die verschiedenen Phasen der Rehabilitierung von Stalin-Opfern in der Sowjetunion seit den dreißiger Jahren bis zum Zerfall des Staates Ende 1991 zu geben. Ergänzend sollen zu Beginn einige Erläuterungen zu dem Begriff und am Schluß einige Überlegungen zu der Thematik stehen.

Eine klar umrissene Beschränkung des Begriffs "Rehabilitierung" auf den juristischen Bereich - so wie es etwa im deutschen Sprachgebrauch üblich ist[3] - läßt sich für die Sowjetunion nicht feststellen. Auch darin spiegelt sich deutlich die Vermischung von Politik und Justiz im sowjetischen Staatswesen wieder. Die letzte Auflage der Großen Sowjetenzyklopädie hellt den Sachverhalt nicht auf. Unter dem Stichwort kann man - außer einer 27-zeiligen Beschreibung, was Rehabilitierung in der Medizin bedeutet - die

---

1 Vgl. Beslepkin, B.T.: Reabilitazija neobosnowanno repressirowannych grazdan po delam proschlych let, in: Sowetskoe gossudarstwo i prawo, 1990, Heft 3. S. 79-87. Katkow, N.F.: Wosstanowlenije istoritscheskoj prawdy i sprawedliwosti. Chronika reabilitazii schertw polititscheskich repressij 20-50ch godow, in: Woprosy istorii KPSS, 1991, Heft 9. S. 83-92. Borissow, Ju.S./Golubew, A.W.: Polititscheskaja reabilitazija w SSSR (1950-1960-e gg.) w osweschtschenii zapadnoj istoriografii, in: Otetschestwennaja istorija, 1992, Heft 5. S. 205-209. Bojzowa, L.W./Bojzowa W.W.: Wosstanowlenije i ochrana praw schertw massowych repressij: Sostojanie i perspektiwy zakonodatel'nogo regulirowanija, in: Gossudarstwo i prawo, 1992, Heft 6. S. 15-26.
2 Vgl. Hermann, W. [d.i. Weber, Hermann]: Die Rehabilitierungen und ihre Grenzen, in: Aus Politik und Zeitgeschichte, Beilage zu "Das Parlament", 5.12.1956. S. 761-780. Labedz, L.: Resurrection - and Perdition, in: Problems of Communism, Vol. XII, 1963, Heft 2. S. 48-59. Oppenheim, S.A.: Rehabilitation in the post-stalinist Soviet Union, in: The Western Political Quarterly, Vol. 20, 1967. S. 97-115. Shapiro, J.P.: Rehabilitation policy under the post-Khrushchev leadership, in: Soviet Studies, Vol. XX, 1969, Heft 4. S. 490-498. Dies.: Rehabilitation policy and political conflict in the Soviet Union, 1953-1964 (Diss. Columbia Univ. 1967). Ann Arbor 1977. Goudoever, A.P.van: The limits of destalinization in the Soviet Union. Political rehabilitations in the Soviet Union since Stalin. New York 1986.
3 Natürlich wird Rehabilitierung auch im umgangssprachlichen Sinne benutzt. Dennoch gibt es einen klar definierten Tatbestand "Rehabilitierung" im Rechtswesen, während der Ausdruck "Rehabilitation" meist im medizinischen Bereich angewendet wird. Vgl. auch Lehmann, H.-D.: Rehabilitierung - Beginn einer Aufarbeitung 40jähriger DDR-Justiz, in: Kritische Justiz, 23, 1990. S. 185-192.

lapidare Definition "Wiederherstellung der Rechte" lesen.[4] Ausführlicher behandelte die erste Auflage den Eintrag und wies damit auch darauf hin, daß der Vorgang der Rehabilitierung älter ist als der der Entstalinisierung. Der Band erschien im Jahre 1941. Rehabilitierung, so heißt es dort, sei die Wiederherstellung der Rechte eines Bürgers oder die Wiederherstellung seiner Ehre, seiner persönlichen Würde und seines Rufes im Falle der Haltlosigkeit von Gründen oder Umständen, die den Verlust oder die Beschränkung der Rechte hervorgerufen bzw. der Ehre, der persönlichen Würde oder dem Ruf Schaden zugefügt haben. Ferner wird darauf hingewiesen, wer zur Rehabilitierung ermächtigt sei, nämlich Organe der Staatsmacht, das Gericht, die Staatsanwaltschaft und Organe der staatlichen Verwaltung. Ebenso seien - soweit Mitglieder dieser Organisationen betroffen sind - gesellschaftliche Organisationen wie die Partei, der Komsomol, die Gewerkschaft und andere Organisationen zur Rehabilitierung befugt.[5] Ziel der Rehabilitierung, so ist es in einem juristischen Wörterbuch von 1956 formuliert, sei die Wiederherstellung des guten Namens des zu Unrecht Beschuldigten in der Öffentlichkeit sowie die Anullierung der Folgen dieser Beschuldigung, soweit dies möglich ist.[6]

Die Formulierung "den guten Namen wiederherstellen", mit der Rehabilitierung im russischen Sprachgebrauch häufig umschrieben wird, findet in westlichen Forschungen ihre Entsprechungen. So heißt es über die Zeit nach dem XX. Parteitag, daß man begann, "die Namen der von Stalin Verfemten reinzuwaschen",[7] und über die in diesem Zusammenhang rehabilitierten Mitglieder des Zentralkomitees, "(that) their names had been restored with praise to Soviet historiography"[8]. Diese Umschreibungen allein genügen aber nicht, den Gegenstand adäquat zu erfassen. Das Vorhandensein unterschiedlicher Aspekte, die der Vorgang der Rehabilitierung beinhaltet, hat in der Forschung dazu geführt, mehrere Kategorien von Rehabilitierung aufzustellen. Dies reicht von einer Zweiteilung[9] (rechtliche und politische Rehabilitierung) über eine Dreiteilung[10] (formale, öffentliche und posthume Rehabilitierung) bis zu der Aufstellung von fünf verschiedenen Arten der Rehabilitierung[11] (juristische, physische, öffentliche, vollständige und historische Rehabilitierung). Das Manko solcher Klassifikationen besteht in der Tatsache, daß sie aufgrund der teilweisen typologischen Überschneidungen und der unpräzisen sowjetischen Angaben über Rehabilitierungen in den Untersuchungen kaum benutzt werden konnten. Es ist dennoch wichtig, sich der Vielgestaltigkeit von Rehabilitierung bewußt zu sein. Aus diesem Grunde werden folgende Erläuterungen vorangestellt.

- Der Prozeß der Rehabilitierung beginnt mit einer rechtlichen Rehabilitierung. Manchmal endet er auch damit.
- Handelte es sich um ein Mitglied der Partei, so ist mit der rechtlichen Rehabilitierung nicht automatisch die Wiederaufnahme in die Partei verbunden. Diese wird durch ein gesondertes Verfahren erreicht werden. Seit 1956 wird bei einer positiven rechtlichen Entscheidung auch die Parteimitgliedschaft als ununterbrochen anerkannt.

---

4 Vgl. Bolschaja sowetskaja encziklopedija. Bd. 21. Moskwa 1975. Sp. 1536.
5 Vgl. Bolschaja sowetskaja encziklopedija. Bd.48. Moskwa 1941. Sp. 333/334.
6 Vgl. Juridischeskij slowar'. Bd. 2. Moskwa 1956. S. 318.
7 Hermann, a.a.O., S. 761.
8 Shapiro, Rehabilitation policy under the post-Khrushcher leadership, a.a.O., S. 490.
9 Vgl. Labedz, a.a.O., S. 52 und Oppenheim, a.a.O., S.111.
10 Vgl. van Goudoever, a.a.O., S. 7-9.
11 Vgl. Shapiro, Rehabilitation policy and political conflict, a.a.O., S. 310.

- Ein Teil der Rehabilitierungen wurde nicht öffentlich vollzogen und ihr Wert ist deshalb umstritten. Dennoch sind die nocht öffentlichen Rehabilitierungen als solche aufzufassen.
- Verfügungen über Rehabilitierungen regeln nicht die Frage von Entschädigungen. Hierfür sind eigene Gesetze zuständig.

Die drei Phasen der Rehabilitierung von Stalin-Opfern

Rehabilitierung von Stalin-Opfern hat es durchgängig gegeben. Dennoch sind drei Phasen auszumachen, in denen Rehabilitierungen auffällig gehäuft auftraten.

Die erste Phase: 1939 bis 1941

Im Dezember 1938 wurde der Kommissar für Inneres Jeschow durch Berija abgelöst, und sowohl im damaligen Bewußtsein als auch in der späteren Historiographie wurde das als ein Zeichen der Wende gewertet. Dies ist auch an der Bezeichnung "Jeschowschtschina" für die Jahre des großen Terrors 1936/38 abzulesen. Die Verhaftungen hörten unter Berija nicht schlagartig auf, aber sie wurden zunächst spürbar weniger.

Schon Mitte 1938 erschienen in Zeitungen Sammelinserate, in denen Stellen im Hochschulbereich ausgeschrieben wurden. Alle Institutionen waren durch die Massenverhaftungen in ihrem Weiterbestand gefährdet. Dies galt auch für die Rote Armee. Möglicherweise war der Druck aus dieser Richtung mitentscheidend, den Prozeß der Verhaftungen, der eine Eigendynamik bekommen hatte, zu unterbrechen. Chruschtschow behauptete, daß auf Plenarsitzungen des Zentralkomitees Ende der dreißiger Jahre die Überspitzung der Verhaftungswellen diskutiert wurde und Stalin "in der Rolle des wackeren Streiters gegen diese Ausschreitungen aufgetreten" sei.[12] Berija soll eine Rehabilitierungskommission eingesetzt haben, aufgrund deren Arbeit etwa 3.000 höhere Offiziere überprüft und in die Armee wiederaufgenommen worden seien.[13]

Über die Zahl der zu diesem Zeitpunkt aus den Gefängnissen und Lagern Entlassenen gibt es keine genauen Angaben. Schätzungen gehen von über 100.000 Freigelassenen aus.[14] Zumindest diejenigen, die wieder Funktionen übernehmen - sei es in der Armee oder in der Partei -, dürften schon zu diesem Zeitpunkt rehabilitiert worden sein.

Es mag ungewöhnlich sein, die erste Rehabilitierungswelle von Stalin-Opfern zu Lebzeiten Stalins anzusetzen. In der Tat gibt es zu dieser Phase nur geringe Hinweise, und auch in der neuesten Forschungsliteratur wird der Beginn der Rehabilitierungen erst mit Stalins Tod angesetzt. Die einzige Ausnahme macht Labedz: "But these rehabilita-

---

12 Chruschtschow erinnert sich. Die authentischen Memoiren. Hrsg. von Strobe Talbott. Reinbek 1992 (Erstausg.: Boston 1970). S. 217. In der Zeitung "Moskowskije nowosti", Nr. 25/21.6.1992, S. 18f. erschien neben anderen Dokumenten eine von Molotov und Stalin unterzeichnete Verordnung, die den Organen des NKWD und der Staatsanwaltschaft die Durchführung von Massenverhaftungen oder -aussiedlungen verbietet. Sie trägt das Datum vom 17. November 1938.
13 Vgl. Rauch, Georg von: Geschichte der Sowjetunion. Stuttgart 1990 (Erstausg. 1955). S. 287.
14 Weißberg-Cybulski, Alexander: Hexensabbat. Frankfurt/M. 1951. S. 470. Solche Zahlenangaben sind natürlich - wie alle Zahlenangaben in diesem Überblick - als Richtwerte und nicht als feststehende Tatsachen anzusehen. Dies gilt um so mehr für die Berechnungen Weißbergs, der sie als Häftling nur aufgrund seiner Beobachtungen machen konnte.

tions", so schränkt er ein, "concerned professionals and were result of the tyrant's grace and favor, granted only when the need for the ex-victims' services was realized. Unlike the post-Stalinist rehabilitations, they had no immediate political significance."[15]

Die zweite Phase: 1953 bis 1964

Galt die erste Rehabilitierungsphase den Spezialisten, so die zweite den Kommunisten. Bezeichnenderweise beziehen sich die Veröffentlichungen über diese Phase und die Zahlen, die in der letzten Zeit in der Sowjetunion dazu publiziert wurden, in den meisten Fällen auf die Rehabilitierung im Parteisinne. Es ist anzunehmen, daß dies das lange vorherrschende Bild mitprägte, jenes nämlich, daß die Verfolgungen im wesentlichen eine parteiinterne Angelegenheit waren. Auch der von Chruschtschow auf dem XXII. Parteitag 1961 unterbreitete Vorschlag über die Errichtung eines Denkmals in Moskau weist in diese Richtung. Es sollte dem Andenken der großen Partei- und Staatsmänner dienen, die Opfer Stalins geworden waren.

Der Zeitraum zwischen Stalins Tod im März 1953 und der Rede Chruschtschows auf dem XX. Parteitag 1956 wurde als "stille Entstalinisierung" bezeichnet.[16] Analog dazu könnte man von "stiller Rehabilitierung" sprechen. Sie betraf zuerst die Opfer der Nachkriegsverfolgungen. Das Komitee für Parteikontrolle prüfte in dieser Zeit die Anträge von 1.844 Personen, die aus der Partei ausgeschlossen worden waren, weil sie sich während des Krieges auf okkupiertem Gebiet befanden oder in Kriegsgefangenschaft geraten waren. 342 von ihnen wurden in die Partei wiederaufgenommen.[17] Am 8. September 1955 trat eine bis in die letzte Zeit gültige Verfügung des Ministerrats in Kraft, nach der Rehabilitierten Lagerhaftzeit bei der Berechnung von Pensionen berücksichtigt wird. Ausserdem hat ein Rehabilitierter seither Anspruch auf zwei seinem letzten Verdienst vor der Verhaftung entsprechende Monatsgehälter. Auch soll er bei der Zuteilung von Wohnraum vorrangig berücksichtigt werden.

Eine am 31. Dezember 1955 gegründete Kommission untersuchte speziell die Repressionen gegenüber Mitgliedern und Kandidaten des Zentralkomitees der Partei, die auf dem XVII. Parteitag 1934 gewählt worden waren.[18] Sie hat die Vorarbeit für Chruschtschows bekannte Rede geleistet. In dieser Rede nannte der Generalsekretär die Zahl von 7.679 Rehabilitierten seit 1953.

Die dem XX. Parteitag folgende offene Entstalinisierung brachte vielen die Rehabilitierung, die früher Leitungsfunktionen in Partei, Armee, Staat und Wirtschaft eingenommen hatten. Es waren aber nur solche, die die Politik Stalins unterstützt hatten. Die Anhänger oppositioneller Strömungen der zwanziger Jahre befanden sich nicht darun-

---

15 Labedz, a.a.O., S. 48.
16 Vgl. Goudoever, a.a.O., S. 11.
17 Reabilitazija. Politischeskie prozessy 30-50ch godow. Moskwa 1991. S.74.
18 Katkow, a.a.O., S. 84. Bereits 1954 waren eine zentrale und mehrere örtliche Kommissionen gebildet worden, die die Akten der zwischen 1934 und 1953 politischer Verbrechen Beschuldigten durchsehen sollten (ebenda, S. 83). Auch Chruschtschow erwähnt einen Untersuchungsausschuß (Chruschtschow erinnert sich, a.a.O., S. 322 ff.). Es ist weiterhin nicht klar, wieviel Kommissionen mit welcher Kompetenzverteilung bestanden haben.

ter.[19] Die Zahl der Rehabilitierungen erhöhte sich bis zum XXII. Parteitag 1961 auf 737.182 Personen.[20]

Die Motive, die hinter den Rehabilitierungen der Chruschtschow-Zeit standen, mögen vielfältig gewesen sein: Ausschaltung der an den Säuberungen beteiligten Chruschtschow-Gegner Malenkow, Molotow und Kaganowitsch, Abschwächung des Machteinflusses der Sicherheitsorgane, aber auch der Druck derjenigen, die nach Stalins Tod nach und nach aus den Lagern und Verbannungsorten zurückkehrten. Nach dem Sturz Chruschtschows im Jahre 1964 verloren diese Motive ihre Grundlage, und Rehabilitierungen fanden nur noch vereinzelt statt.[21]

Die dritte Phase: 1985 bis 1991

1985 wurde Gorbatschow neuer Generalsekretär der KPdSU. Mit seiner Amtsperiode ist die größte Rehabilitierungswelle verbunden. Sie begann zunächst verhalten, bis schließlich der Verlauf der Rehabilitierung - wie andere Vorgänge auch - von den Ereignissen überrollt wurde. Um den Rehabilitierungsvorgang zu steuern, wurde wiederum eine Kommission eingesetzt, die die Verfahren vorbereiten sollte. Ungefähr 400 Personen wurden seit 1985 vom Obersten Gericht der UdSSR rehabilitiert,[22] als sich die Kommission 1987 konstituierte. Sie trug den Namen "Kommission beim Politbüro des ZK der KPdSU zum ergänzenden Studium des Materials, das im Zusammenhang mit den Repressionen der dreißiger, vierziger und zum Beginn der fünfziger Jahre steht". Ihr stand nicht nur das Material der Vorgängerkommission von 1955 zur Verfügung, sondern ergänzend wurden vier Institutionen - das Komitee für Parteikontrolle beim ZK der KPdSU, das Institut für Marxismus-Leninismus, die Staatsanwaltschaft und das Komitee für Staatssicherheit - verpflichtet, der Kommission die für ihre Arbeit erforderlichen Unterlagen zur Verfügung zu stellen. M.S. Solomenzew, der seit der Gründung am 28. September 1987 ihr Vorsitzender war, wurde in dieser Funktion ein Jahr später von A.N. Jakowlew abgelöst. Auf den elf Sitzungen, die zwischen 1988 und 1990 abgehalten wurden, befaßte sich die Kommission hauptsächlich mit den verschiedenen "Zentren", "Blöcken", "Oppositionen", "Gruppen" und "Organisationen", denen die Verhafteten zugeordnet waren. Neben denjenigen, die für die drei Schauprozesse konstruiert worden waren ("antisowjetisches vereinigtes trotzkistisch-sinowjewistisches Zentrum", "paralleles antisowjetisches trotzkistisches Zentrum" und "antisowjetischer rechtstrotzkisti-

---

19 Vgl. Hermann, a.a.O., S. 780. Oppenheim, a.a.O., S. 102. Shapiro, Rehabilitation policy and political conflict, a.a.O., S. 2. Die Begründung Chruschtschows, warum nur ein Teil der Parteiführer in seiner Rede als rehabilitiert angesprochen wurde, verdient an dieser Stelle, zitiert zu werden: "Der Grund für unsere Entscheidung war, daß Vertreter kommunistischer Bruderparteien zugegen gewesen waren, als Rykow, Bucharin und andere Führer des Volkes vor Gericht standen und verurteilt wurden. Diese Vertreter waren dann zurückgefahren und hatten in ihren Ländern die Gerechtigkeit der Urteile bezeugt. Wir wollten die Vertreter der Bruderparteien, die den öffentlichen Prozessen beigewohnt hatten, nicht in Mißkredit bringen und verschoben deshalb die Rehabilitierung von Bucharin, Sinowjew, Rykow und den übrigen auf unbestimmte Zeit." in: Chruschtschow erinnert sich, a.a.O., S. 331.
20 Katkow, a.a.O., S. 85. Bojzowa/Bojzowa, a.a.O., S. 16, geben für den Zeitraum von 1953 bis zur ersten Hälfte der sechziger Jahre die Zahl der Rehabilitierten mit mehr als eineinhalb Millionen an.
21 Zu den Motiven vgl. Shapiro, Rehabilitation policy under the post-Khrushcher leadership, a.a.O., S. 491 ff. Sie behandelt in diesem Aufsatz auch die Rehabilitierungen zumindest der frühen Breschnew-Zeit.
22 Recht in Ost und West, Jg. 33, 1989. S. 32.

scher Block"), hatte man eine ganze Reihe solcher fiktiver Gruppen gebildet wie "Vereinigung der Marxisten-Leninisten", "Moskauer Zentrum", "Gruppe Arbeiteropposition", "Leningrader Angelegenheit" und "Jüdisches Antifaschistische Komitee", um nur einige zu nennen.[23]

Diese Arbeit der Kommission hatte Ähnlichkeit mit derjenigen unter Chruschtschow. Sie bezog sich aber nicht nur auf Stalinanhänger. Insofern schloß die Kommission die seit Chruschtschow verbliebenen Lücken. Dennoch blieb ihre Tätigkeit selektiv. Von der Partei initiiert und kontrolliert, blieb die Arbeit der Kommission im wesentlichen auf bekanntere und weniger bekannte Parteimitglieder beschränkt. Parallel zu dieser Rehabilitierung von oben setzte ein gesellschaftlicher Druck ein, allen Opfern des Stalinismus Rechtfertigung widerfahren zu lassen. Artikuliert wurde dieser Druck von Bürgerbewegungen wie der 1988 gegründeten Gesellschaft "Memorial". Das Bemühen, die Stalinschen Verfolgungen insgesamt in die Rehabilitierungen einzubeziehen, fand schließlich seinen Ausdruck in drei Verfügungen.

Die erste Verfügung wurde vom Politbüro des ZK am 11. Juli 1988 erlassen. Sie lautete: "Über zusätzliche Maßnahmen bezüglich der Vollendung der Arbeit, die im Zusammenhang mit der Rehabilitierung von Personen steht, die in den dreißiger, vierziger und zu Beginn der fünfziger Jahre unbegründeten Repressionen ausgesetzt waren."[24] Während zur Breschnew-Zeit eine Durchsicht der Akten immer nur auf persönlichen Antrag hin erfolgt war, wurden die der Staatsanwaltschaft und dem Komitee für Staatssicherheit unterstehenden örtlichen Organe nun angewiesen, von sich aus die Verfahren von Beschuldigten zu überprüfen. Innerhalb von bestimmten Fristen sollten die Zentralorgane über die Durchführung dieser Arbeit durch die örtlichen Behörden der Kommission Bericht erstatten. Den Zentralkomitees der Partei auf Republiksebene und den Gebiets-Parteistellen wurde nahegelegt, parallel zur juristischen Rehabilitierung Verfahren zur Wiederherstellung der Parteimitgliedschaft durchzuführen.

Die zweite Verfügung des Politbüros, die am 5. Januar 1989 unter dem Titel "Über zusätzliche Maßnahmen bezüglich der Wiederherstellung der Gerechtigkeit für Repressionsopfer der dreißiger, vierziger und zu Beginn der fünfziger Jahre" erlassen wurde, enthielt erste konkrete Durchführungsbestimmungen.[25] Alle Staatsbürger, die durch die sogenannten nichtgerichtlichen Organe - Trojka und Sonderräte - abgeurteilt worden waren, sollten als rehabilitiert angesehen werden. Ausgenommen von dieser Regelung wurden Vaterlandsverräter, Angehörige von Strafkommandos des Zweiten Weltkriegs, Naziverbrecher, Teilnehmer und Mithelfer nationalistischer Banden, Personen, die vorsätzlich Mord oder andere Verbrechen verübt hatten, sowie solche, die an den Repressionen unmittelbar aktiv beteiligt waren. Zur Kontrolle der Ausführung wurde nicht mehr die Rehabilitierungskommission verpflichtet, sondern die beiden Abteilungen für Staat und Recht bzw. für Ideologie beim ZK der KPdSU.

Die Einschränkungen lassen erkennen, daß mit dieser Verfügung keine pauschale Rehabilitierung gemeint sein konnte. Eine Durchsicht der Dokumente mußte nach wie vor vorgenommen werden. Mehr als die Hälfte der Stalin-Opfer soll durch die in diesem

---

23 Ausführlich dokumentiert wurden die Hintergründe dieser Fälle in der 1989 bis 1991 wieder erschienenen Zeitschrift Izvestija ZK KPSS. Ein Teil dieses Materials, zusammen mit einigen anderen Dokumenten, ist in dem Band Reabilitazija (vgl. Anm. 17) zusammengestellt.
24 Unter anderem abgedruckt in: Reabilitazija, a.a.O., S.16.
25 Ebenda, S. 17 f.

Erlaß erwähnten außergerichtlichen Organe verurteilt worden sein.[26] Aufgrund der Verfügung wurden im Laufe des Jahres 1989 807.288 Personen juristisch rehabilitiert. 21.333 Personen stufte man nach Prüfung ihrer Akten unter die Ausnahmen ein. Daneben wurden aber auch die Urteile von 31.342 Personen, deren Verfahren von Gerichten geführt worden waren, aufgehoben. Neunzig Prozent der Rehabilitierungen erfolgten posthum.[27]

Der dritte Erlaß "Über die Herstellung der Rechte aller Opfer politischer Repressionen der zwanziger bis fünfziger Jahre" vom 13. August 1990 verurteilte auch diejenigen Verbrechen, die im Zusammenhang mit der "Entkulakisierung" den Bauern gegenüber verübt worden waren. Unter das gleiche Verdikt fiel die Verschickung von Familien in entfernte Regionen und die Verfolgung von Gläubigen.

Nach Verabschiedung dieses Ukas gab es keine weiteren Bekundungen dieser Art, weil die Ausgestaltung der Gesetze den politischen Manifestationen nicht mehr nachkam. Ein Unionsgesetz über das Verfahren der Rehabilitierung wurde zwar vom Obersten Sowjet in erster Lesung am 8. Juli 1991 gebilligt. In Kraft trat es jedoch vor dem Auseinanderfallen der Sowjetunion nicht mehr.[28]

Einige Forscher behaupten, die Rehabilitierung der Opfer Stalins sei nun vollendet.[29] Dies gilt vielleicht auf der Ebene der Verlautbarungen. Was ihre Durchführung betrifft, so sind die Verfahren noch lange nicht abgeschlossen. Gesetze, die die Ausführung der Rehabilitierung in Rußland regeln, sind noch nicht fertiggestellt. In der angegebenen Literatur trifft man nur auf wenige Hinweise, wie bisher verfahren wurde. Bei der Staatsanwaltschaft und beim KGB wurden Arbeitsgruppen gebildet, die die Akten der bisher nicht Rehabilitierten sichten. Bei weniger schwerwiegenden Urteilen (antisowjetische Agitation) kann die Bescheinigung über die Rehabilitierung direkt von der Staatsanwaltschaft ausgestellt werden. Im Falle einer Ablehnung durch die Staatsanwaltschaft entscheidet in letzter Instanz ein Gericht. War die Beschuldigung konterrevolutionärer Verbrechen Grund für die Verurteilung, muß die Rehabilitierung von einem Gericht nach Sanktionierung durch die Staatsanwaltschaft vorgenommen werden. Entscheidungen über die Rehabilitierung von Personen, die verbannt oder ausgesiedelt wurden, kann das Innenministerium treffen.[30]

Vieles blieb in dem vorliegenden Überblick unberücksichtigt. Die biographische Dimension der Rehabilitierung und damit gleichzeitig der Verfolgung unter Stalin wurde gänzlich ausgespart. Über sie gibt inzwischen die Literatur ausführlich Auskunft. Nur flüchtig angesprochen wurden die Intentionen, die die Rehabilitierungen begleiteten. Die Erklärungsansätze, die bisher für die Chruschtschow-Zeit unternommen wurden, konn-

---

26 Vgl. Katkow, a.a.O., S. 87.
27 Vgl. "O chode wypolnienija postanowlenij ZK KPSS ot 11 ijulja 1988 goda i 5 janwarja 1989 goda po woprossam reabilitazii liz, neobosnowanno repressirowannych w 30-40ch i natschale 50ch godow"; In: Iswestija ZK KPSS, 1990, Heft 8. S. 62.
28 Vgl. Bojzowa/ Bojzowa, a.a.O., S. 17. Unter den angegebenen Werken behandeln diese Autorinnen die Ausgestaltung der Rehabilitierung in den einzelnen Republiken bzw. nun souveränen Staaten am ausführlichsten.
29 Vgl. Borissow/ Golubew, a.a.O., S. 209: "Nun ist die Rehabilitierung derjenigen, die unter dem Terror der 30-50er Jahre gelitten haben, praktisch abgeschlossen, und es findet ein Prozeß der Rehabilitierung derjenigen statt, die seit 1917 litten, inklusive der tatsächlich aktiven Gegner der Bolschewiken."
30 Vgl. Bojzowa/ Bojzowa, a.a.O., S. 16, Anm. 8 und S. 21.

ten aufgrund der Quellenlage bisher keine internen Vorgänge einbeziehen. Dies gilt im gleichen Maße für die letzten Jahre. Unerforscht ist auch die Phase der Rehabilitierung unter Stalin. Ob tatsächlich im wesentlichen Spezialisten, d.h. für bestimmte Aufgaben benötigte Personen, von ihr erfaßt wurden, kann an dieser Stelle nur als Frage gestellt werden.

Eine lohnende Aufgabe wären sozialpsychologische Untersuchungen über die Einstellung der Bevölkerung zu Rehabilitierungen. Für einen außerhalb der sowjetischen Gesellschaft Stehenden ist es zuweilen erstaunlich, mit welcher Akzeptanz sie die Rehabilitierungen, die von den gleichen Organen und in ähnlichen institutionellen Abläufen wie die Repression vorgenommen werden, aufnimmt. Damit verbunden sind Fragen nach der Stellung des Rehabilitierten in der Gesellschaft. Die Behandlung durch Behörden und soziales Umfeld wird zeitlich und regional sehr unterschiedlich gewesen sein, so daß erst Einzelstudien hierüber Auskunft geben können.

Rehabilitierungen bewirkten, daß man Personen Interesse entgegenbrachte, die vorher verfemt waren. Verbunden damit war aber auch häufig der umgekehrte Fall. Andere wurden zu Unpersonen erklärt. Symptomatisch ist dafür eine von Labedz wiedergegebener Hinweis, wonach die Bezieher der zweiten Auflage der Sowjetenzyklopädie nach Berijas Verhaftung und Erschießung einen Ersatzartikel über die Beringstraße zugeschickt bekamen mit der Anleitung, wie er mit Schere oder Rasierklinge einzufügen sei.[31] Ob erfunden oder wahr - die Anekdote spiegelt das Verhältnis zur eigenen Geschichte wider. So positiv die Rehabilitierung der Opfer des Stalinismus zu werten ist, so gefährlich wäre eine Verdrängung der vergangenen fünfundsiebzig Jahre.

---

31 Vgl. Labedz, a.a.O., S. 59.

Mustafa Haikal (Leipzig)

Das Internationale Kolonialbüro der Komintern in Paris

Am 30. Januar 1925 verhaftete die französische Polizei in Paris den Inder Manabendra Nath Roy. Auf Anordnung des Innenministers wurde er ohne Begründung nach Luxemburg abgeschoben.[1] Roy hatte sich seit Juli 1924 in Paris aufgehalten. Ob die Ausweisung, wie der Inder in mehreren Protestbriefen mutmaßte, auf Druck der britischen Regierung erfolgte, ist nicht bekannt. Auch ohnedies gab es für die fanzösischen Behörden Gründe, der Beteuerung Roys, er habe sich niemals in die inneren Angelegenheiten Frankreichs eingemischt, zu mißtrauen.[2] Roy galt in der Komintern (KI) seit dem II. Weltkongreß als einer der Spezialisten für die Frage der revolutionären Bewegung in den Kolonien und Halbkolonien.[3] Da er zudem die Situation in Westeuropa aus eigener Anschauung gut kannte, schien er prädestiniert für eine Aufgabe, der sich die Komintern-Führung seit 1924, d.h. nach den Rückschlägen in Europa, erneut zuwandte: der Forcierung der Kolonialrevolution. Seinen unmittelbarsten Ausdruck fand dies in der Gründung des Internationalen Kolonialbüros (IKB) in Paris, dessen Leiter der Inder war und über dessen Tätigkeit hier erstmals berichtet werden kann.[4] Auch wenn ein konkreter Beschluß nicht vorliegt, ist belegt, daß die Initiative für die Bildung des IKB von der Ostabteilung des Exekutiv-Komitees der Komintern (EKKI) ausging.[5] Im Umfeld der IV. Erweiterten Tagung der Komintern-Exekutive (12./13. Juli 1924) wurden dazu eine Reihe von Maßnahmen festgelegt. Das allgemeine Ziel des Büros sollte es sein, "engere

---

1 Vgl. Selected works of M.N. Roy. Volume I. Edited by Sebnarayn Ray. Delhi, Oxford, New York 1988. S. 347 ff.
2 Vgl. ebenda.
3 Manabendra Nath Roy, 1887 in einer wohlhabenden bengalischen Familie geboren, beteiligte sich bereits als Student an antibritischen Protestaktionen. Im 1. Weltkrieg verließ er Indien, besuchte die USA und ging 1917 nach Mexiko, wo er sich der kommunistischen Bewegung anschloß. Als Delegierter der Kommunistischen Partei Mexikos (später: Mexikanische Kommunistische Partei) nahm er am II. Weltkongreß der Komintern teil, dem er "Ergänzungsthesen über die Nationalitäten- und Kolonialfrage" unterbreitete, die eine heftige Diskussion über Grundfragen der antikolonialen Revolution auslösten. Ab 1920/21 war Roy in Moskau und Taschkent in verschiedenen Funktionen für die Komintern und deren Ostsekretariat tätig. Ab 1922 hielt er sich in Berlin auf, wo er eine Vielzahl von Publikationen verfaßte und versuchte, von dort aus die revolutionäre Bewegung in Indien zu beeinflussen. Nach seiner Ausweisung aus Deutschland im Januar 1924 lebte Roy in der Schweiz, in Frankreich und Rußland. Er nahm am III., IV. und V. Weltkongreß der Komintern teil und wurde 1921 in die Exekutive (zunächst mit beratender Stimme) und 1924 in das Präsidium der Komintern (zunächst als Kandidat) gewählt. 1927 ging er im Auftrag des EKKI nach China. Ende 1929 wurde Roy mit der Begründung "rechter Abweichungen" aus der Komintern ausgeschlossen. Über Berlin kehrte er 1930 nach Indien zurück. 1931 inhaftiert, schloß sich Roy nach seiner Freilassung 1936 der Kongreß Partei an und gründete 1940 die Radikaldemokratische Partei. Er starb 1954 in Indien. Vgl. Selected works, a.a.O., Volume I, 1987, S. 1 ff.; Roy, M.N.: Memoirs. Bombay 1964; Zink, A.: Vorgeschichte und Entwicklung der politischen Ideen Manabendra Nath Roys 1920-1927. Diss., München 1974.
4 Lediglich in der Einführung zu der auf sechs Bände geplanten Werkausgabe Roys findet sich ein kurzer Hinweis auf das Büro. Vgl. Selected works, a.a.O., Volume I, 1987, S. 24.
5 Vgl. Bericht der Ost-Abteilung an das Präsidium der Komintern vom 16.5.1925, in: Russisches Zentrum für die Aufbewahrung und Erforschung von Dokumenten der neuesten Geschichte (im folgenden: RZAEDNG), F. 495, op. 2, d. 39.

Beziehungen zu den Bewegungen in den französischen und englischen Kolonien anzuknüpfen und gleichzeitig die Tätigkeit der französischen und englischen KP's in den Kolonien und die in den Mutterländern im Interesse der Kolonien entfaltete Tätigkeit zu steigern".[6] Da es aus der Sicht der Kominternführung infolge der unsicheren und schlechten Verbindungen unmöglich war, dieses Ziel von Moskau aus zu realisieren, bestimmte sie Paris zum Sitz des Büros. Der ursprüngliche Gedanke, es in London einzurichten, ließ sich nicht verwirklichen. Vor allem Roy wäre in England akut gefährdet gewesen und hätte nur illegal in der britischen Metropole arbeiten können.[7]

Die erste Sitzung des IKB fand am 3. September 1924 statt. Ihr waren mehrere Vorbesprechungen zwischen Roy und dem Vertreter des EKKI bei der französischen Partei, A. Guralski,[8] vorausgegangen.[9] Wenngleich das Präsidium der KI die Gründung des Kolonialbüros erst am 13. September bestätigte,[10] beschlossen Roy, Guralski und der für die Französische Kommunistische Partei (FKP) anwesende J. Doriot, die Arbeit aufzunehmen.[11] Die Komintern hatte dem IKB zum damaligen Zeitpunkt noch keinerlei Geldmittel zur Verfügung gestellt; auch der vorgesehene Vertreter der englischen Partei, C.P. Dutt, traf erst am 10. Oktober in Paris ein.[12] So beschränkten sich die Mitglieder des Büros zunächst darauf, dem Kolonialausschuß der FKP eine Reihe von Maßnahmen vorzuschlagen. Er wurde u.a. aufgefordert, sich mit der Conféderation Générale du Travail Unitaire (CGTU) "über die Aufgabe der Organisierung der kolonialen Arbeiter in Frankreich in Verbindung zu setzen". In einer ersten gemeinsamen Sitzung mit dem Kolonialausschuß, die am 10. September stattfand, faßte man dann eine Reihe konkrete-

---

6 Ebenda.
7 Vgl. An das Politische Büro der KP Englands, Paris, 22./24. Oktober 1924, in: RZAEDNG, F. 495, op. 18, d. 325 a.
8 A. Guralski, 1890 als Abraham Heifetz geboren, lebte in Riga und besuchte die Universität Kiew. Unter dem Decknamen Benjamin schloß er sich dem Bund, der Jüdischen Sozialistischen Bewegung, an. Nach der Oktoberrevolution wurde er im August 1917 ins Provinzkomitee des Bundes für die Ukraine, im Dezember ins ZK des Bundes gewählt. 1919 brach er mit dem Bund und schloß sich unter dem Namen Guralski den Bolschewiki an. Die Komintern, für die er arbeitete, schickte ihn auf Auslandsmissionen. Er war KI-Emissär bei der KPD (Deckname: Kleine), bei der KPF (Deckname: Lepetit) und der Kommunistischen Bewegung Lateinamerikas (Deckname: Juan de Dios). Während der März-Aktion 1921 in Deutschland agierte er als Béla Kuns "rechte Hand". Ein Jahr später wurde er zum ständigen Vertreter der KI in Berlin. 1923 wurde er in die Zentrale der KPD gewählt. Er war maßgeblich an der Ausschaltung der KPD-Funktionäre Heinrich Brandler und August Thalheimer durch die KI beteiligt. Derart bewährt, entsandte ihn die KI 1924 als ihren ständigen Vertreter nach Paris, um den unerwünschten Einfluß von Boris Souvarine einzudämmen und eine zuverlässige Delegation zum V. Kongreß der KI zusammenzustellen. Seit seiner Rückkehr nach Moskau 1926 führten ihn nur noch wenige kurze Missionen ins Ausland, bevor er, 1929 zum Chef des Lateinamerika-Sekretariats der KI geworden, in Brasilien, Argentinien und Chile eingesetzt wurde. 1933 oder 1934 wurde er nach Moskau zurückbeordert. Kurz darauf wurde er während Stalins Säuberungen verhaftet. Er starb vermutlich 1960. Vgl. Lazitch, Branko (in Zusammenarbeit mit Milorad M. Drachkovitch): Biographical Dictionary of the Comintern. Stanford 1973. S. 135 f.
9 Vgl. Brief Roys an das Sekretariat der KI, Paris, 11. September 1924, in: RZAEDNG, F. 495, op. 18, d. 325 a.
10 Vgl. ebenda, F. 495, op. 2, d. 31.
11 Vgl. zu den Biographien: Lazitch, Biographical Dictionary of the Comintern, a.a.O. (Neuausg. 1986); Weber, Hermann: Die Wandlung des deutschen Kommunismus. Die Stalinisierung der KPD in der Weimarer Republik. Bd. 2. Frankfurt/M. 1969.
12 RZAEDNG, F. 495, op. 18, d. 325 a.

rer Beschlüsse. So sollte je ein Genosse nach Algerien und nach Marokko geschickt und die kommunistische Presse in Algerien finanziell unterstützt werden. Mitte Oktober 1924 bestand das IKB aus vier vom Präsidium der Komintern bestätigten Personen. Neben Roy, dem Vorsitzenden, waren dies Doriot (FKP), Dutt (KPGB) und der Vertreter des EKKI bei der französischen Partei, Guralski. Ein fünfter, in der Struktur vorgesehener Mitarbeiter aus einer der Ostsektionen der KI, der zugleich als Sekretär arbeiten sollte, wurde noch erwartet. Ende Oktober erhielt das Büro ca. 2.600 Dollar aus Moskau, die zu je 40 Prozent für die Arbeit in den französischen Kolonien und für eine noch nicht bestehende englische Kommission des Kolonialbüros sowie zu 20 Prozent für den allgemeinen technischen Apparat und die Publikationstätigkeit ausgegeben werden sollten.[13] Somit finanziell einigermaßen abgesichert, wurde nunmehr ein detaillierter Arbeitsplan erstellt, der u.a. folgende Aufgaben umfaßte:
- die Vorbereitung einer Konferenz der aus den Kolonien stammenden Arbeiter in Frankreich;[14]
- die Organisierung einer Schule, um revolutionäre Agitatoren, Gewerkschaftsorganisatoren und Parteiarbeiter in den Kolonien heranzubilden;
- die Vorbereitung eines internationalen Kongresses der in Europa immatrikulierten Studenten aus den Kolonialländern;
- die Veröffentlichung einer formal unabhängigen Kolonialrundschau auf englisch und französisch, um marxistische Gedanken unter den Intellektuellen der Kolonien und Halbkolonien einzuführen und die europäischen Kommunisten mit der Problematik besser vertraut zu machen;
- die Fixierung eines konkreten Plans für die Reorganisation der Tätigkeit in den französischen Kolonien.

Die genannten Punkte wurden z.T. nochmals untersetzt. So sollte im Anschluß an den Studentenkongreß eine "Liga orientalischer Studenten" organisiert werden, um die kommunistische Propaganda unter ihnen zu fördern. Für die geplante Kominternschule waren zunächst ca. 100 afrikanische Arbeiter (sehr wahrscheinlich Nordafrikaner) aus Frankreich selbst und zehn bis zwanzig Studenten aus Indien vorgesehen, letztere für einen immerhin dreimonatigen Kursus.Während die Zusammenarbeit von FKP und IKB schnell und reibungslos begann, kam es zwischen ihm und der englischen Partei von Anfang an zu erheblichen Meinungsverschiedenheiten. Schon in seinem ersten Bericht an die Kominternführung hatte sich Roy über die Untätigkeit und Gleichgültigkeit der britischen Genossen gegenüber dem Büro beschwert.[15] Nach der Ankunft von Dutt in Paris fanden zwei Sitzungen statt, die Roy zu der Schlußfolgerung veranlaßten, daß die englische Partei in der Kolonialfrage nicht viel vollbracht habe und in der Tat nicht einmal ein richtiger Anfang gemacht sei.[16] Er schlug der Komintern daher vor, ein aus fünf Personen bestehendes Kolonial-Komitee in London einzurichten. Im sollten W. Gallache als Vorsitzender, C.P. Dutt als Mitglied des Kolonialbüros und Sekretär, der Vertreter des EKKI in London, Evelyn Roy, sowie ein noch zu bestimmendes Mitglied des ZK der

---

13 Zunächst war von 2.000, später von 2.600 Dollar die Rede, wobei nicht ganz klar ist, für welchen Zeitraum (Monatsrate?) diese Summe berechnet wurde. Vgl. Bericht des Kolonialbüros, Paris, 29. Oktober 1924; Brief von Roy an G. Woitinsky, Paris, 29. Oktober 1924, in: Ebenda.
14 Vgl. auch im folgenden: Bericht des Kolonialbüros, Paris, 29. Oktober, in: Ebenda.
15 Vgl. An das Sekretariat der KI, Paris, 11. September 1924, in: Ebenda.
16 Vgl. Bericht des Kolonialbüros, Paris, 29. Oktober, in: Ebenda.

englischen Partei angehören. In einer der Kominternführung vorgelegten "Resolution über die koloniale Arbeit in England" vom Oktober 1924 wurde angeregt, dieses Komitee dem Pariser Kolonialbüro und dem politischen Büro der englischen Partei zu unterstellen und es auch durch das Kolonialbüro zu finanzieren.[17] Die Resolution enthielt zudem einen detaillierten Arbeitsplan, in dem Roy die KPGB aufforderte, sofort wenigstens drei Genossen nach Indien zu schicken und in London selbst ein indisches und ein ägyptisches Büro unter Leitung des Kolonial-Komitees zu gründen. Darüber hinaus war daran gedacht, ein "parteiloses Komitee aus Arbeiterführern und bedeutenden Arbeiterparteipolitikern" zu bilden, um in England die "Propaganda für die politischen Rechte der indischen Arbeiter zu führen". Am 1. Dezember 1924 wandte sich Roy abermals an das EKKI, wobei er seine Vorwürfe gegen die englische Partei weiter zuspitzte.[18] Deren Haltung, so der Inder, laufe darauf hinaus, daß sie nichts von selber tue, aber auch nicht erlauben wolle, daß die Arbeit von einer besonderen für diesen Zweck aufgestellten Organisation angefaßt und erledigt werde. Erneut forderte Roy die Möglichkeit, in London einen besonderen Apparat des Kolonialbüros aufzubauen, äußerte jedoch zugleich die Befürchtung, "daß ein solcher Schritt vom ZK [der englischen Partei, M.H.] als Beschränkung seiner 'Autorität' aufgefaßt und unsere Arbeit sabotiert wird". Die Haltung einiger Mitglieder des politischen Büros der englischen Partei sei sektiererisch und entspringe der Befürchtung, daß der "Zustrom neuer Elemente den Status quo ihrer Führerschaft stören könnte". Abschließend plädierte Roy dafür, zu versuchen, große Teile der Labour-party und der Gewerkschaften in die antikoloniale Arbeit einzubeziehen. Das Sekretariat des EKKI beschäftigte sich in seinen Sitzungen vom 22. Dezember 1924 sowie vom 13. Januar 1925 mit der Situation des IKB, wobei die Vorwürfe Roys gegen die englische Partei im Mittelpunkt der Diskussion standen.[19] Auf der Sitzung vom 13. Januar, an der C. Zetkin, J. Humbert-Droz, Petrow (F. Raskolnikow), Brown und J. Pepper (J. Pogány) als Vorsitzende teilnahmen, wurde der unbefriedigende Zustand der antikolonialen Arbeit der KPGB einerseits bestätigt, andererseits relativiert, indem man auf die schwierige Situation der Partei aufmerksam machte. Diese sei in der Wahlkampagne und dem Kampf in den Gewerkschaften sehr beschäftigt gewesen und verfüge zudem nicht über genügend Kräfte, weshalb die Arbeit in den Kolonien vernachlässigt werde. In einer Reihe von Beschlüssen erweiterte das Sekretariat des EKKI die Befugnisse des IKB. Die Kolonialkommissionen der britischen und französischen Partei sollten demnach nicht mehr allein unter der Leitung der betreffenden Partei stehen, sondern zugleich vom Kolonialbüro "überwacht und koordiniert" werden. Dem Kolonialbüro wurde das Recht eingeräumt, mit dem Politbüro der beiden Parteien direkt zu verkehren.

Diese Aufwertung der Kompetenzen des IKB kam, wie sich sehr bald herausstellte, zu spät. Die Verhaftung Roys führte zu einem abrupten Ende der Tätigkeit des Büros. Die Kominternführung sah sich außerstande, kurzfristig eine andere Person mit der Aufgabe zu betrauen, ein Verweis auf den permanenten Mangel an qualifizierten Kadern in der kommunistischen Bewegung. Wenngleich man in Moskau zunächst darauf orientierte, das IKB zu einem späteren Zeitpunkt zu reaktivieren, wurde die Arbeit des Büros nicht wieder aufgenommen. Im Bericht der Ost-Abteilung an das Präsidium der Komintern

---

17 Vgl. auch im folgenden: Ebenda.
18 Vgl. auch im folgenden: Ebenda, F. 495, op. 60, ed. chr. 43.
19 Vgl. auch im folgenden: Protokoll der Sitzung des Sekretariats vom 13. Januar 1925 über Fragen des Internationalen Kolonialbüros, in: Ebenda.

vom 16. Mai 1925 heißt es dazu: "Die Ausweisung Roys aus Frankreich, die gerade im Moment erfolgte, wo sich die Tätigkeit des Kolonial-Büros entfaltete, fügte unserer aus Frankreich entfalteten Kolonialarbeit einen gewaltigen Schaden zu. Die Tatsache, daß es für Roy, den Vorsitzenden des Büros, unmöglich ist, in irgendeinem europäischen Lande, woher die Arbeit in den englischen und französischen Kolonien am besten geführt werden könnte, Zuflucht zu finden, veranlaßte die Ostabteilung, vorübergehend auf die Arbeit in diesen Kolonien im Wege des Kolonial-Büros zu verzichten. Diese Arbeit muß aber im Wege der Kolonialkommissionen der KP Frankreichs und Englands, mit denen die Ostabteilung seit der Erweiterten Exekutive den engsten Kontakt hat, fortgesetzt und gesteigert werden."[20]

In diesem und einem weiteren Bericht[21] werden auch die Ergebnisse der Tätigkeit des IKB summiert. Demnach konnte mit Hilfe des Büros in Paris eine Schule für die Heranbildung von Parteiarbeitern für die nordafrikanischen Kolonien organisiert und eine Pariser Regionalkonferenz der in Frankreich lebenden Arbeiter aus den Kolonien veranstaltet werden. Zudem knüpfte das Büro erste Kontakte zu einer Reihe wichtiger Führer der nationalen Bewegungen in Nordafrika (Abd al-Karim, Halid al-Hasimi). Vertreter der algerischen und tunesischen Parteiorganisationen der FKP wurden zu Gesprächen nach Paris eingeladen. Als zentraler Punkt ist in den Dokumenten die Reorganisation der Kolonialkommission der FKP vermerkt. Insgesamt bleibt festzuhalten, daß sich die Arbeit des IKB im wesentlichen auf Frankreich und die nordafrikanischen Kolonien bezog. Die Reorganisation der Kolonialkommission der britischen Kommunisten erfolgte, ohne daß dabei die Vorschläge des Pariser Büros voll umgesetzt wurden ("not quite along the lines suggested by the Bureau"[22]). Doch auch die Tätigkeit des IKB in Frankreich beschränkte sich vor allem auf die Pariser Region und kann, selbst wenn man die objektive Divergenz von Anspruch und Realität berücksichtigt, kaum erfolgreich genannt werden. Allerdings ist zu bedenken, daß die FKP 1925 den Höhepunkt ihrer Wirksamkeit auf dem Gebiet antikolonialer Propaganda erreichte (Generalstreik vom 12. Oktober).[23] Auch die Kontroverse des IKB mit der britischen Partei muß komplexer eingeordnet werden. Welche politischen und persönlichen Interessen und Vorbehalte hier aufeinanderstießen, wird anhand der vorliegenden Dokumente nicht deutlich, wie überhaupt wenig über die Konkreta der Arbeit der westeuropäischen Kommunisten in der kolonialen Frage bekannt ist.

---

20 Der von Petrow und Woitinsky unterzeichnete Bericht wurde im Präsidium vm 26. Mai 1925 diskutiert. Ebenda, F. 495, op. 2, d. 39.
21 Vgl. auch im folgenden: Ebenda, F. 495, op. 60, ed. chr. 43; F. 495, op. 2, d. 39.
22 Ebenda, F. 495, op. 60, ed. chr. 43.
23 Vgl. abd el-Krim et la république du rif. Actes du colloque international d'etudes historiques et sociologique 18.-29. janvier 1973. Paris 1976.

Panagiotis Noutsos (Ioannina)

Die Generation der "Bolschewisierer" in der Kommunistischen Partei Griechenlands (KPG)

Auf dem dritten außerordentlichen Kongreß (26. November - 3. Dezember 1924) wurde der Prozeß der Umwandlung der SEKE in die "Kommunistische Partei Griechenlands" über die SEKE(K) besiegelt, d.h. die griechische Sektion der Kommunistischen Internationale gegründet. Es wurde beschlossen,[1] "solide Grundlagen der Bolschewisierung" zu schaffen. Zentraler Punkt der politischen Tätigkeit sollte fortan die Eroberung der Staatsmacht durch die Einsetzung einer Regierung "der Arbeiter und Bauern" sein, um damit die "Arbeiter- und Bauernmassen" von wirtschaftlichem Elend und politischer Unterdrückung zu befreien. Die Partei sollte ihre Kräfte besonders auf die Tätigkeit von Betriebszellen stützen und vorbehaltlos die Beschlüsse der 6. und 7. Konferenz der kommunistischen Parteien des Balkans für ein "einheitliches und unabhängiges" Mazedonien und Thrazien unterstützen. Der letzte Punkt rief eine neue Welle innerparteilicher Kontroversen hervor (Stavridis[2] und insbesondere Apostolidis und Kordatos),[3] bei denen unterstrichen wurde, daß die Annahme und sofortige Popularisierung dieser Forderungen, die die KP Bulgariens im Mai 1922 ausgearbeitet hatte - also noch vor dem Bevölkerungsaustausch, den die kleinasiatische Katastrophe erforderlich gemacht hatte und der ihr folgenden "großen ethnologischen Umwandlung" Mazedoniens -, die nationalistische Propaganda der "griechischen Reaktion" begünstigen, gar die "faschistische" Provokationen nähren könne.[4] Und dies auch dann, wenn die KPG - mit diversen Rückziehern versteht sich - diese Selbstbestimmungsdoktrin mit der Revolution der Arbeiter und Bauern und folglich mit der "Föderation der Arbeiter- und Bauerndemokratien"[5] des Balkans in Zusammenhang bringen würde.

Im Januar 1925 veröffentlichte der neue siebenköpfige Exekutivausschuß, mit Pantelis Pouliopoulos als Sekretär, die Anweisungen für das Schulungsprogramm der Partei und gab die Gründung "marxistischer Schulen" in Athen, Volos und Saloniki bekannt, in denen der "historische Materialismus", Probleme des "Aufbaus des Sozialismus" und das "kommunistische Programm" gelehrt werden sollten.[6] Die Erhöhung des theoretischen Niveaus der Mitglieder wurde als eines der Fundamente der "Bolschewisierung" angesehen, so wie es überdies der "Leninismus" bestimmte, d.h. der "Marxismus der Periode des Zusammenbruchs des Kapitalismus und der proletarischen Revolution".

Im April 1925 wurden die führenden KPG-Funktionäre (Pouliopoulos, Maximos, Sklavos etc.) unter dem Vorwand der "mazedonischen Frage" in Untersuchungshaft genommen, während eine umfangreiche Mobilisierung der Bauern in Thessalien und Böotien (angeleitet von "Alten Kämpfern" mit dem Ziel der entschädigungslosen Enteignung

---

1 KPG. Protokoll des dritten außerordentlichen Kongresses. Athen 1991. S. 207-224.
2 Ebenda, S. 99-102, 123.
3 Ebenda, S. 101-131.
4 Ebenda, S. 101.
5 Ebenda, S. 223.
6 KPG. Offizielle Texte. Bd. 2. [Bukarest] 1965. S. 14 19.

der "Landgüter")[7] sowie Streiks der Eisenbahner, der Straßenbahner und der Schiffsarbeiter des ganzen Landes begonnen hatten. Am 26. Juli 1925 wurde die Pangalos-Diktatur verkündet und binnen kurzer Zeit einige hundert Kommunisten in Untersuchungshaft genommen bzw. verbannt. Die KPG wurde für illegal erklärt und die Herausgabe ihrer Schriften verboten.

Nach etwa einem Jahr der Illegalität formulierte die "Ersatz"-Führung der KPG (Chaitas, Eutichiadis, Stavridis) die Losung der "Linksdemokratie" (gleichbedeutend mit "Volksdemokratie") als notwendige Vorstufe zur Regierung der "Arbeiter und Bauern".[8] Diese Position wurde im Oktober 1926 als sich "herauskristallisierender Reformismus" mißbilligt, der die langfristige Taktik des "Georgiadismus" wieder in die Parteireihen brachte und unter dem Vorwand der Gefahr der monarchistischen Restauration den bevorstehenden Sturz der "Bourgeoisie" verschwieg.[9]

Die Aufspaltung der Partei dauerte bis zum dritten außerordentlichen Kongreß im Jahre 1924, obwohl die "liquidierenden", "reformistischen" und "extremistischen" Tendenzen bereits ausgeschaltet worden waren. In seinem Referat zur politischen Taktik unterstrich Kordatos die Notwendigkeit einer Phase der Propaganda und Mitgliederschulung und kündigte einen Kampf gegen den "latenten Sozialdemokratismus"[10] an. Auf der einen Seite traten die Anhänger der "Bolschewisierung" an (Jugend, "Alte Kämpfer", ehemalige Mitglieder der "Vereinigung aller Arbeiter" Konstantinopels). Auf der anderen Seite waren es die Repräsentanten des einheimischen "Menschewismus", die insbesondere die Diadochenkrisen der Partei hervorriefen.

P. Pouliopoulos,[11] seit Februar 1924 Verantwortlicher der "Kommunistischen Revue" und Leiter der Bewegung der "Alten Kämpfer", betonte unter Berufung auf Varga die Auswirkungen der internationalen ökonomischen Krise des Kapitalismus auf Griechenland, einem Land, das nicht sui generis isoliert vom vorgeblich am Ende befindlichen kapitalistischen Weltsystem angesehen werden könne. Er schlug eine Untersuchung darüber vor, inwieweit auch in der Wirtschaft Griechenlands die "Periode einer Dauerkrise" des Kapitalismus existiere, ob die Möglichkeit der Bildung einer lebensfähigen kommunistischen Partei der "Massen" bestünde, die die "revolutionären Kämpfe des Proletariats" erfolgreich weiterführen könne und inwieweit diese Bewegung als Teil des internationalen "revolutionären Kampfes" wahrgenommen werde. Die bejahende Beantwortung dieser drei Fragen bildete den Rahmen der "einzigen produktiven Theorie" für die griechische Arbeiterklasse. Pouliopoulos konzentrierte sich bei der ersten Frage auf ein Problembündel, das zusammengefaßt die perzipierte Tendenz zur Rückkehr zu den "vorkapitalistischen" Wirtschaftsformen betrifft. So - die "riesigen" Währungsschranken, - die Zerstörung eines nicht unerheblichen Prozentsatzes des nationalen Reichtums durch die Kriege, - den im Mißverhältnis zum Bevölkerungswachstum stehenden Produktionszuwachs, - die Staatsverschuldung, - die außenwirtschaftliche Bonitätseinbuße, - den Verlust einer homogenen politischen Szene, - die Verschlechterung der Lebensbedingungen des Proletariats, - die dauernde "Massenarbeitslosigkeit", - die jüngste Schiffahrtskrise, - das Wiedererwachen eines "politischen Bewußtseins" bei den kleinen

---

7 Vgl. Noutsos, Panagiotis: Das sozialistische Denken in Griechenland. Bd. 2, Teil 2. Athen 1992. S. 52.
8 KPG, Protokoll, a.a.O., S. 28-29.
9 KPG, Offizielle Texte, a.a.O., S. 159-160.
10 KPG, Protokoll, a.a.O., S. 52, 72-73, 87.
11 Griechischer Menschewismus. Bd. 4. Athen [1924]. S. 280-285, 321-328.

Berufstätigen und den Bauern und - das Flüchtlingsproblem, das für die kapitalistische Wirtschaft Griechenlands ein Faktor der "akuten Krise besonderer Art" bedeute.

Die Beschäftigung mit diesen Erscheinungen könne nicht mit der a-priori-Vorstellung irgendeines "griechischen" Kapitalismus vorgenommen werden, der sich "außerhalb von Ort und Zeit" entwickele, auch die Notwendigkeit eines gewissen "griechischen" sozialistischen Kampfes nach sich ziehe und sehr stark dem Unternehmen der "Nationalen Sozialisten" ähnele. Er plädierte stattdessen für den Gebrauch der Prinzipien des "Leninismus", d.h. des "Marxismus der Periode des Imperialismus und der internationalen Revolution". Mit dem gleichen Primat beantwortete er auch die zweite und dritte Frage. So wenn Pouliopoulos darauf bestand, daß die Reife eines Landes zur "revolutionären Strategie" nicht mit seiner Bereitschaft, sich zum Sozialismus zu entwickeln, verwechselt werden dürfe. Nicht der Grad der "ökonomischen und technischen Entwicklung", der Konzentrations- bzw. Zentralisierungsprozeß des Kapitals und der Produktionsmittel bestimme die revolutionäre Reife. Die mehr oder weniger große Verspätung bei der Verwirklichung des Sozialismus bedeute, daß "die Übergangsperiode der Diktatur größeren Schwierigkeiten" gegenüberstehe. In diesem Zusammenhang trat der vorgeblich zentral wichtige "subjektive" Faktor auf, d.h. der "Grad der Vorbereitung und der Kampfbereitschaft der bewußten Gesellschaftskräfte", die besonders in Griechenland die Arbeiter, die "armen Bauern", die Flüchtlinge und die "Alten Kämpfer" umfassen sollte.

S. Maximos,[12] von der "Vereinigung aller Arbeiter" kommend und nunmehr Verantwortlicher der Gewerkschaftsabteilung der SEKE (K), beschäftigte sich mit den Folgen der innerparteilichen Krise in der Gewerkschaftsbewegung. Seiner Meinung nach habe diese Situation "latent" schon vom Augenblick der Gründung der SEKE an bestanden, nur daß sie in der Periode der "sentimentalen Revolution" nicht in ihrer bisherigen Form zum Ausdruck gekommen sei. Wenn man darüber hinaus das Fehlen der positiven Überlieferung der Zweiten Internationale und die Tatsache in Betracht ziehe, daß der "alte Führungsstab" der Partei, der über "politische Erfahrung und organisatorische Fähigkeiten" verfügt habe, sich zurückzog oder ausgeschlossen wurde, so werde die Ursache für das Wohlempfinden des "scheinrevolutionären" und "superlinken" Flügels verständlich, nämlich in der Verbindung mit dem Auftreten übereinstimmender Strömungen in den Reihen der Komintern und der KPdSU.

K. Sklavos, auch er von der "Vereinigung aller Arbeiter" und von Januar 1925 an Verantwortlicher der "Kommunistischen Revue", behandelte die laufenden wirtschaftlichen und politischen Themen im Zusammenhang mit dem Flüchtlingsproblem.[13] Aus Anlaß der Verfolgungen des Patriarchen von Konstantinopel untersuchte er die Beziehungen von Religion und Politik in der Optik des "wissenschaftlichen Studiums der Geschichte", die die Funktionsbedingungen der Religion als Mittel der "Klassenunterdrückung" und der "okkupatorischen Außenpolitik"[14] begriff. Mehr Sklavos (der das Pseudonym K. Kratinos benutzte) zuzurechnen, ist auch die Kritik der Auffassungen Sideris' über die "funktionelle" und nicht "organische" Krise der internationalen Ökono-

---

12 Die Krise unserer Partei. Bd. 4. Athen [1924]. S. 145-149. Vgl. auch KPG, Protokoll, a.a.O., S. 147-157, 158-170.
13 Vgl. Noutsos, Das sozialistische Denken, a.a.O., S. 249.
14 Religion und Politik. Bd. 4 Athen [1924]. S. 70-73, 105-111.

mie, die, was ihre politische Tätigkeit betreffe, die kommunistischen Parteien zu einem "theoretischen Verein" gemacht habe.[15]

Eine gedrängte und sorgfältige Darstellung der Entstehungs- und Überwindungsbedingungen der innerparteilichen Krise unternahm "Gaios",[16] mit der Wiederauffrischung des entsprechenden Zitats aus dem Vorwort der Marxschen "Kritik der Politischen Ökonomie" über die Revolution als Umwandlung der "politischen und juristischen Überdachung" der Gesellschaft und mit der Erinnerung daran, daß auch die Vertreter des "wissenschaftlichen Sozialismus" bisweilen in ihrer Abschätzung des Grades der revolutionären Reife einer Epoche nicht immer recht behalten hätten. Die erste Frage, die der unter einem Pseudonym schreibende Kolumnist sowohl in Frontstellung zu Georgiadis als auch trotz Kritik von Stavridis stellte, betraf die Stärke der bürgerlichen Klasse. Mit der Feststellung, daß ihre politische Macht sich nicht mit den "spasmodischen terroristischen" Methoden (wie der Faschismus) gegen die "gegnerischen" gesellschaftlichen Kräfte decke, ermunterte er eine Untersuchung ihrer Stärke im Verhältnis zur Schärfe des Konflikts zwischen "ihrem Produktionssystem und den gesellschaftlichen Kräften", zu dem Ausmaß der Finanzkrise, zur Streitbarkeit der Arbeiterklasse und zu ihrem Einfluß auf die "ländlichen und kleinbürgerlichen Massen" sowie zur Standfestigkeit der "internationalen Bourgeoisie". Er griff auf den Entstehungsprozeß der bürgerlichen Klasse zurück, d.h. auf die "bürgerliche" Revolution, die mit einem "nationalen und Befreiungs-"Mantel umhüllt gewesen sei; auf 1909, wo sich das Handelskapital mit Unterstützung des Industriekapitals der Einnahme der politischen Macht zuwandte, und auf die kleinasiatische Katastrophe, die den politischen Bankrott der bürgerlichen Klasse "im ganzen" nach sich zog (sowohl des fortschrittlichen Teils, der von der Partei der Liberalen vertreten wurde, als auch der "alten Politiker"). Ferner verwies er auf die Verschärfung der Finanzkrise, auf das Anwachsen des Handelsbilanzdefizits und auf die Schwächung der Schiffahrt und der Tabakindustrie. Genau in dieser Situation habe sich der "neue Feind" der bürgerlichen Klasse erhoben, nämlich die Arbeiterklasse. Diese umfasse auch "politische Führer" der zurückgebliebenen gesellschaftlichen Schichten, sei insofern "rein industriell" und befinde sich insgesamt in einer Verteidigungsposition. Die "gemeinsame Front" bedeute in diesem Fall den Zusammenschluß der Arbeiter in den Reihen der GSEE, die mit der SEKE(K) verbunden war und als oberste Maxime den Klassenkampf sowie die Befreiung der Arbeiterorganisationen von der Kontrolle der "verschiedenen gelben Organen der Plutokratie" verfolgte. Sollte sich indes herausstellen, daß diese Zusammenarbeit die Neuordnung der nach Berufen organisierten Kräften behindere, dann sei es unbedingt notwendig, daß die Partei "von sich aus" diese Zusammenarbeit unterbreche, nicht nur im Interesse des Arbeitskampfes, sondern auch "aufgrund politischer Zweckmäßigkeitserwägungen". Außerdem wurde anstelle der "politischen Untätigkeit", die die erste allgriechische Konferenz mit der Akzentuierung der Forderung nach Propaganda und Organisation eingeführt hatte, die Entfaltung der "systematischen und durchdachten" Parteitätigkeit unter den Bauern, Kleinbürgern und Flüchtlingen vorgeschlagen. Weil das Bauernproletariat weiter unbewußt gehalten werde, könne die Losung von der "Arbeiter- und Bauern"-Regierung nur eine propagandistische Spitze sein. Bei den Kleinbürgern richtete sich das Augenmerk auf die "ärmsten" Elemente, die bislang stets von Mobilisierungen erfaßt und bereits "fast proletarisiert" wor-

---

15 Über die Krise. Bd. 4. Athen [1924]. S. 150-154.
16 Vor der Situation. Bd. 4. Athen [1924]. S. 128-136.

den seien. Jedenfalls sei die Aussicht auf diese wiedererwachte Bewegung nicht auf ihre nationalen Bedingungen begrenzt, sondern dehne sich auf die weltweite "proletarische Front" aus. Um die griechische Situation realistisch zu erfassen, sei auch die Berücksichtigung des internationalen Einflusses erforderlich. So erweise sich die Verbindung mit der Komintern als "ideologisch" und "organisch". Wenn in der Vergangenheit deren Entscheidungen nicht auf die griechischen Verhältnisse zugetroffen hätten, dann sei das der Tatsache geschuldet, daß ihre hiesigen Vertreter wirklichkeitsfremd seien.

Die Generation der "Bolschewisierer", die die Führung der SEKE(K) übernahm und bestrebt war, die KPG zur "eisernen Organisation des Proletariats"[17] zu machen, verfügte (trotz ihres jugendlichen Alters) über ein hohes theoretisches Niveau, das ihnen eine aussichtsreiche Karriere innerhalb und außerhalb der Partei verhieß. Ihre politischen Grundgedanken bezogen sie aus der "Waffenkammer" der Komintern. In Kenntnis dessen, daß diese auch jetzt noch in ihren Reihen latent war, brach eine innere Krise aus. Gewiß anerkannten sie die Definition des "Leninismus", indem sie die Formel des "revolutionären Marxismus"[18] überschritten und sich den Problemen der einheimischen sozialistischen Bewegung mit der interpretatorischen Zwiespältigkeit "Bolschewismus" - "Menschewismus" näherten, ohne die besonderen Formen der Entwicklung des "subjektiven" Faktors der Revolution in Griechenland zu vernachlässigen. Aus dieser Sicht schien diese Generation, die das "geschichtsmächtigere Stadium der Entwicklung"[19] der Partei der Arbeiterklasse prägte, aus den ersten bewährten "Leninisten" zu bestehen. Mit ihrem theoretischen Hintergrund standen sie jedoch einer dynamischen politischen und gesellschaftlichen Wirklichkeit gegenüber. Auf der einen Seite begünstigten die politischen Gegensätze der bürgerlichen Klasse die Intervention der Militärs und nicht nur unter dem Vorwand der "mazedonischen Frage" wurden die Kommunisten als neuer innerer Feind verfolgt. Auf der anderen Seite stand die Unfähigkeit, die "Betriebszellen" zu organisieren, die Schwächung der GSEE und der notwendige Abbruch der "organischen" Beziehungen mit der KPG. Die schrittweise Spaltung der Komintern und der Partei der Bolschewisten beeinflußte diese Generation nachhaltig, für die an erster Stelle stand, Teil eines Gesamtgefüges zu sein. Schon Maximos schloß eine "neue Spaltung"[20] nicht aus, weil auch er die Schwierigkeiten bei der Schaffung der innerparteilichen Geschlossenheit erkannte.

Auf dem 3. außerordentlichen Kongreß der SEKE(K), auf dem die endgültige Umbenennung in KPG beschlossen wurde, war die Generation der "Bolschewisierer" der Partei schon bereit, die Herkunft aller Sparten der Arbeiterbewegung auf den Begriff "Kommunismus" zu reduzieren. Der Versuch, die einheimische Bewegung "kommunistisch zu machen", manifestierte sich in der bedingungslosen Unterwerfung unter die Befehle der Komintern, in der Forderung nach Reorganisation der KPG mit den Fabrik-"Zellen" als wichtigstes Organisationsglied, im Beharren auf die nationale Frage und in der Ausdeutung der "faschistischen" Gefahr mittels der Beschlüsse des Führungsstabs der weltweiten Revolution, der den "Marxismus-Leninismus" als gemeinsamen Kodex ideologischen Verhaltens der nationalen Sektionen verarbeitete. Insbesondere die unterschiedlichen Definitionen des "Marxismus-Leninismus" von Sinowjew, Bucharin und

---

17 KPG, Protokoll, a.a.O., S. 98.
18 Ebenda, S. 72-75.
19 Ebenda, S. 218.
20 Die Krise, a.a.O, S. 146.

Stalin sind zusätzliche Indizien des innerparteilichen Streits der Bolschewiken. Diejenigen, die das zu Ende führten, waren dennoch wahrscheinlich die letzten, die an der westeuropäischen Linken gemessen wurden, mit primärer Kenntnis ihrer Quellen und gegenseitiger Beeinflussung ihrer Weltanschauung, wenn sie selbst auch rasch zu der Erkenntnis gelangten, daß die Beschlüsse der Komintern nicht mit der eigenständigen Zusammensetzung der griechischen Gesellschaft und ihrer sichtbar werdenden Perspektiven in Einklang zu bringen waren.

Wolfgang Kießling (Berlin)

Paul Merkers "Unverständnis" für den Hitler-Stalin-Pakt. Gespräche mit dem "Sowjetfeind"

Paul Merker trat erstmals 1950 in mein Denken. Wann daraus ein Nachdenken über ihn wurde, vermag ich nicht exakt zu bestimmen. Fest steht, daß es bis heute andauert. Als junger Lehrer im Erzgebirgsdorf Bermsgrün, das nach 1945 von der Tradition zehrte, bei den Wahlen in der Weimarer Zeit stets die absolute Mehrheit für die KPD erzielt zu haben und wo noch bis zur Wandlung der SED zur Partei neuen Typus eine Art proletarischer Solidargemeinschaft herrschte, die mich faszinierte und wesentlich dazu beitrug, Kandidat der SED zu werden, las ich den Namen Paul Merker in der "Erklärung des Zentralkomitees und der Zentralen Parteikontrollkommission (ZPKK) zu den Verbindungen ehemaliger deutscher politischer Emigranten zu dem Leiter des Unitarian Service Committee, Noel H. Field", veröffentlicht am 1. September 1950 im "Neuen Deutschland".

Damals hätte ich nicht zu denken gewagt, daß dieser Paul Merker, der als Mitglied des Politbüros der KPD und später der SED, wie es hieß, "dem Klassenfeind in umfangreicher Weise Hilfe" leistete, der "kein Vertrauen zur Sowjetunion" und "kein Verständnis für den Abschluß des deutsch-sowjetischen Paktes 1939" besaß, der "in der Tat die Befehle der amerikanischen Imperialisten" ausführte und folglich aus der SED ausgeschlossen wurde, mir in seinen letzten Lebensjahren sehr nahe stehen und ich und meine Frau, neben uns Jacob Walcher, im Jahre 1969 zu der kleinen Schar derjenigen gehören würden, die ihn auf seinem letzten Weg begleitete.

Ich lernte Merker am 10. November 1965 im Institut für Marxismus-Leninismus beim ZK der SED (IML) kennen, im früheren Haus der Einheit, wo er einst als Mitglied des Politbüros residierte, wo ihm am 23. August 1950 Herta Geffke als Leiterin einer Sonderkommission der ZPKK seinen Parteiausschluß mitgeteilt hatte, und wohin er nun eingeladen worden war, um sich in einer Memorialveranstaltung zum 30. Jahrestag der Brüsseler Konferenz der KPD an dieses Ereignis zu erinnern. Anlaß, mich mit ihm bekannt zu machen, gab mir mein Dissertationsthema zu der von Merker wesentlich mitgestalteten Bewegung Freies Deutschland in Mexiko. Merker, den ich bis dahin nur auf Fotos gesehen hatte, schien mehr gealtert, als ich vermuten durfte. Der wuchtige Körperbau war als äußere Hülle geblieben. Der Anzug schien zu groß zu sein, obwohl er ihm paßte. Merker gab sich zurückhaltend freundlich, als wir uns in der Veranstaltungspause zusammensetzten. Er hörte mir zu und unterbrach mich erst, als ich zu ihm von Ludwig Renns Tagebuchnotizen sprach, die mir dieser überlassen hatte und die für mich zu einer einmaligen Quelle geworden waren. "Ich habe nichts dergleichen", warf Merker ein. "Mein Reservoir, von Gedrucktem abgesehen, ist mein Gedächtnis, auf das ich mich noch immer verlassen kann, trainiert in der Isolation." In der Folgezeit gab mir Merker, was sein Erinnerungsvermögen zum Mexiko-Exil hergab. Über seine "Isolation" in der DDR sprachen wir nicht, vorerst. Merker besuchte mich anfangs im IML, in meinem Redaktionszimmer der "Beiträge zur Geschichte der Arbeiterbewegung", ehe er mich in das bescheidene und nur schwer beheizbare Häuschen in Eichwalde, Kreis Königs Wusterhausen, einlud, das ihm 1956 nach seiner Freilassung aus dem Zuchthaus Brandenburg auf sein beharrliches Drängen hin, mit seiner Frau den ihm 1950 angewiesenen Verbannungsort Luckenwalde verlassen und im Berliner S-Bahn-Bereich wohnen zu dürfen, durch Hermann Matern, dem Vorsitzenden der ZPKK, zugestanden worden war.

In der Frühphase unseres Bekanntseins brachte mir Merker mit dem Angebot, er werde mir die Erstveröffentlichung überlassen, seinen Briefwechsel mit Heinrich Mann aus den Jahren 1942 bis 1946, die Maschinendurchschriften seiner Briefe und die Autographen des Schriftstellers. Sie seien die einzigen Dokumente, die er vor der Staatssicherheit habe in Sicherheit bringen können. Im April 1966 saß Paul Merker, wie der DDR-Presse zu entnehmen war, mit Anton Ackermann, Herta Geffke, Paul Böttcher, Max Fechner, Albert Schreiner, Robert Siewert, Karl Steinhoff, Hans Teubner, Lotte Ulbricht und 33 weiteren "verdienten Parteiveteranen und Delegierten des Vereinigungsparteitages" im Präsidium der Festveranstaltung zum 20. Jahrestag der SED-Gründung. Als ich ihn bei nächster Gelegenheit zum weiteren Schritt der Rehabilitierung beglückwünschte, meinte er sarkastisch: "Du hättest mir auch zum Aufstieg ins Kuriosenkabinett gratulieren können." Mich ärgerte, daß ich - für Merker offenkundig - auf die Bühnenschau hereingefallen war.

Wenig später kam mir der Zufall zu Hilfe, Merker zu beweisen, daß ich nicht naiv war. Ein Student der Berliner Humboldt-Universität, den ich schon als Kind kannte und für den ich bei seinem Parteieintritt gebürgt hatte, wußte von meinen Kontakten zu Merker. Eines Abends, im Mai 1966, überraschte er mich mit einem vom Parteivorstand der SPD herausgegebenen und in Westberlin hergestellten Flugblatt zum "20. Jahrestag der Zwangsvereinigung". "Die politischen Leichen des Altkommunisten Paul Merker und des früheren Sozialdemokraten Max Fechner", hieß es, seien "zu diesem Zweck noch einmal auf die Bühne geholt" worden. "Merker [...] landete noch vor Fechner in den Armen des Staatssicherheitsdienstes, weil er als Kommunist nicht bloßer sowjetischer Erfüllungsgehilfe sein wollte. Beide sind später - gebrochen an Leib und Seele - aus der Haft gekommen und verzehren heute Parteirenten. Sie als Beweis für die Gleichberechtigung von Sozialdemokraten und Kommunisten in der Einheitspartei aufzubieten, mutet als makabrer Scherz an."

Es drängte mich, Merker dieses Flugblatt zu zeigen. Ich überredete meinen studierenden Freund, der, wie er mir sagte, beobachtet worden war, als er das Papier an sich genommen hatte und es deshalb so schnell wie möglich bei der Parteileitung abgeben wollte, es mir wenigstens für einen Tag zu überlassen. Denn für den nächsten Vormittag war ich bei Merker in Eichwalde angemeldet, diesmal nicht allein, sondern mit einem Bibliothekar des IML, dem Merker Protokollbände des Nürnberger Kriegsverbrecherprozesses übergeben wollte, die er sich besorgt hatte, um den 1945 in Mexiko erschienenen zweiten Band "Das 3. Reich und sein Ende" seines Buches "Deutschland - Sein oder Nicht Sein?" zu überarbeiten und zu erweitern, ein Vorhaben, das er längst aufgegeben hatte, weil die 1950 in seinem Schreibtisch im Parteihaus gebliebenen Neuentwürfe und Materialstudien unauffindbar blieben, wie Merker nach energischen Rückgabeforderungen von Walter Ulbricht sogar per Brief mitgeteilt bekam. Wegen des geplanten Büchertransportes sollten der Bibliothekar und ich mit einem Dienstwagen nach Eichwalde fahren. Eine Möglichkeit, Merker allein zu sprechen, schien nicht gegeben. Ich kündigte ihm noch am Abend vor unserer Begegnung telefonisch an, ich brächte nur für ihn allein von Interesse und auch nur zur kurzen Ansicht eine bibliographische Kostbarkeit mit. Er fragte nicht zurück und hatte mich, wie sich zeigte, verstanden. Das Flugblatt, zum

Format einer Streichholzschachtel gefaltet, wechselte, unauffällig für fremde Augen, von meiner in Merkers Hand und, nachdem er für einen Moment das Zimmer verlassen hatte, zurück zu mir. Der in der "illegalen Arbeit" erfahrene Mann setzte das Dreiergespräch bruchlos fort.

Durch die eher unbedeutende Begebenheit mit dem Flugblatt, deren mögliche Folgen Merker ernster nahm als ich, wie ich seiner späteren Erkundigung nach dem Studenten entnahm, der, wie Merker meinte, von der Universität hätte verwiesen werden können, bekam unsere Beziehung eine größere Vertrauens- und Vertraulichkeitsbasis. Ich war im Bild seines Bekanntenkreises, zu dem aus vergangenen Zeiten nur noch Franz Dahlem und Hermann Budzislawski gehörten, und für die berufsbedingt Neugierigen, die ihn, das muß ich heute annehmen, weiterhin observierten, der Mitarbeiter einer ZK-Institution, der triftige Gründe hatte, ihn zu besuchen oder anderswo mit ihm zusammenzutreffen. Ich hatte den Segen meiner Vorgesetzten, Merker, den Zeitzeugen meines Forschungsgegenstandes, zu konsultieren und als Redakteur der parteihistorischen Zeitschrift, ihn als Autor für Erinnerungsbeiträge über die Novemberrevolution in Dresden oder den Streik der Berliner Gaststättenarbeiter von 1921 zu gewinnen und zu beraten.

Ab Sommer 1966 bis zum Frühjahr 1969 trafen wir uns unregelmäßig - ins IML kam er nicht mehr -, zumeist bei ihm in Eichwalde, aber auch am Müggelsee in Berlin-Friedrichshagen und in der Mitropa-Gaststätte des Berliner Ostbahnhofs, wo er uns, wenn nötig, für einen Obolus an den Kellner in dem vom Gedränge und Lärm der Reisenden erfüllten Wartesaal ungestörte Plätze zu besorgen wußte. Seine Idee mit der Bahnhofswirtschaft begründete er mit der für uns beide günstigen Verkehrsverbindung und damit, daß man dort, wo es am lautesten zugehe, gezwungen sei, sich im Gespräch stärker zu konzentrieren. Gestattete es die Jahreszeit, bevorzugte er die freie Natur, deren Wert fürs Menschsein ihm erst in den Stasi-Zellen von Hohenschönhausen bewußt geworden sei, wie er mir einmal erklärte, als wir im Liegestuhl in seinem Garten saßen. Im Garten ist er schließlich auch gestorben. Am Vormittag des 13. Mai 1969, es hatte Nachtfrost gegeben, wollte er nachsehen, ob die von ihm gesteckten Pflanzen Schaden genommen hatten. Er fiel auf die kühle Erde, als plötzlich sein Herz für immer versagte.

Auf Wunsch des ihm menschlich wohlgesonnenen Leiters des SED-Archivs schrieb Merker in seinen letzten Jahren Erinnerungstexte zu ausgewählten Abschnitten seines politischen Wirkens. Bedingt durch die von Paul Merker vorsätzlich gewählte Methode, auch jetzt dem noch Allgewaltigen Walter Ulbricht nichts von dem in die Hand zu geben, was auch die Staatssicherheit in den Verhören einer 28 Monate währenden Untersuchungshaft an seinen Ansichten zu parteigeschichtlichen Problemen und in der Beurteilung zurückliegender Ereignisse nicht aus ihm herauszuholen vermochte, blieben diese Memoirenfragmente, von Ausnahmen abgesehen, bereits in ihrem Ursprung von geringem wissenschaftlichen Wert.

Ich war mir Merkers Vertrauen bewußt, als er mir vieles von dem erzählte, was er in den von ihm zu Papier gebrachten Erinnerungen verschwieg oder anders darstellte. Als ich vor seinen Augen Notizen machte und ihn bat, langsamer zu sprechen oder noch einmal zu wiederholen, um den genauen Wortlaut fest-zuhalten, erhob er keinen Einspruch, selbst dann nicht, als er mir sagte: "Anfangs bekämpfte mich Ulbricht in sowjetischem Auftrag, der ihm sehr gelegen kam. Nachdem er den Juni 1953 politisch überlebt hatte, wurde dieser Auftrag zu seinem ureigensten Anliegen. Ich bekam dies erst sehr spät mit, denn im Gefängnis erfuhr ich nicht einmal, daß es den 17. Juni gab. Auch Stalins Tod blieb mir bis 1955 verborgen. Die Zeit der Schauprozesse war vorüber, trotzdem ließ mich Ulbricht (im März 1955 vom Obersten Gericht der DDR in einem Geheimprozeß - W.K.) verurteilen, ohne jegliche Notiz in der Presse, also völlig ohne Belang für die Partei. Ulbricht war schon seit den zwanziger Jahren der Idealtyp eines Funktionärs im Stalinschen Sinne bzw. der bolschewistischen Kaderpartei und ihrer Ideologie. Für ihn ist nicht derjenige der politische Hauptgegner, der etwas ganz anderes will, sondern derjenige, der nuancierte Auffassungen oder, wie es in der Parteisprache heißt, abweichende Meinungen hat. Das ist relativ zu sehen. Wenn ich im Pariser Exil als Basis für die deutsche Volksfront allein die antinazistische Frontstellung sah und dafür plädierte, daß andere Ansichten für die Mitarbeit im Volksfront-Ausschuß toleriert werden sollten, war für Ulbricht nur derjenige ein akzeptabler Hitlergegner, der auch gegen Trotzki oder Bucharin Stellung bezog. Das führte zu der Absurdität, daß in Ulbrichts Denkschema nur derjenige ein wirklicher Antifaschist sein konnte, der die Moskauer Prozesse auch als Schlag gegen Hitler wertete. Partiell bin ich, weil ich innerhalb der kommunistischen Bewegung keine Alternative sah, diesen Weg Stalins und der Komintern trotz meiner Bedenken und anderen Erkenntnis weitergegangen.

Nach der Rückkehr aus dem Exil erwartete ich durch die nunmehr vorhandene Einheitspartei, deren Entstehungsprozeß ich nicht mitgemacht hatte, einen parteipolitischen Neuansatz. Ab 1948 spürte ich, daß ich in der Parteiführung auf Dauer keinen Platz haben werde, denn die stärkere Gewichtung lag auf der Seite derjenigen, die aus Moskau gekommen waren. Von Anfang an war ich im Zentralsekretariat und im Politbüro nicht in Grundsatzentscheidungen einbezogen, und selbst meine Verantwortung für die Landwirtschaft wurde stufenweise abgebaut."

In der Zeit meiner Gespräche mit Merker dachte ich nie daran, Material für Veröffentlichungen zu sammeln. Ich war viel zu sehr mit der DDR verbunden und in die SED eingebunden. Aber das Verlangen nach sonst unerreichbarem Wissen war unwiderstehlich. An die Stelle der Verlockungslust von damals ist inzwischen der wissenschaftliche Reiz getreten, die von mir notierten Gedanken und Erinnerungen Merkers mit den früher unzugänglichen Beständen des ehemaligen SED-Archivs in Beziehung zu setzen, Merkers Angaben zu überprüfen und zu ergänzen und ihnen damit eine neue Dimension zu geben. Ein Beispiel mag dies demonstrieren. Ich fragte Merker, worauf sich der am 1. September 1950 im "ND" nachzulesende Vorwurf des ZK und der ZPKK stützte, er habe "kein Verständnis für den Abschluß des deutsch-sowjetischen Paktes 1939" gezeigt, obwohl er in seiner Geschichtsdarstellung "Das 3. Reich und sein Ende" von 1945 den Pakt vehement rechtfertigt.

Merker antwortete: "Daß ich kein Verständnis für den Pakt gehabt hätte, basiert auf einer Aussage Anton Ackermanns, die er im Mai 1940 gegenüber Pieck und Ulbricht, möglicherweise auch vor speziellen sowjetischen Dienststellen gemacht hat, nachdem er gemeinsam mit seiner Frau Irene Gärtner (Elli Schmidt) auf einer NKWD-Linie, wie man das damals nannte, von Richard Stahlmann aus Frankreich über die Schweiz, Italien und den Balkan in die Sowjetunion geschleust worden war. In Moskau wurde er - wie mir Franz Dahlem berichtete, der davon nach 1945 erfuhr - mit schweren Vorwürfen gegen das gesamte Auslandssekretariat der KPD in Paris und damit auch gegen mich konfrontiert, so daß er, um Repressalien zu entgehen, belastende Aussagen vor allem gegen mich machte, die dann bis zu dem Zeitpunkt auf Eis gelegt wurden, als sie zweckdienlich schienen."

Details, die Merker nicht kannte, lassen sich bei Herbert Wehner nachlesen: "Kurz vor dem Zusammenbruch Frankreichs, von dem in Moskau erschreckend wenig Notiz genommen wurde, trafen Ackermann, Irene Gärtner und Richard (ein früherer technischer Mitarbeiter Dimitrows, der zuletzt in einem Balkanbüro in Paris tätig gewesen war) in Moskau ein, der die ganze Schuld für den Zusammenbruch der deutschen Parteileitung auf Merker und Gerhard [Gerhart Eisler - W.K.] wälzte, während er versuchte, sich selbst und Dahlem weitgehend zu entlasten. Merker wurde in Ackermanns Bericht als Förderer trotzkistischer Elemente in der Organisation hingestellt, während Gerhard - im Zusammenhang mit seinen Beziehungen zu Mitgliedern der Gruppen 'Neu Beginnen' und 'Berliner Opposition' - als der böse Geist Dahlems angeschwärzt wurde. Ackermanns sogenannte Selbstkritik war auch in der Form so widerwärtig, daß selbst Manuilski und Dimitrow seiner Zeit darauf verzichteten, ihn selbst anzuhören, und den deutschen Funktionären die Erledigung der Angelegenheit überließen."[1]

Weiter sagte mir Merker zu seinem angeblichen Unverständnis für den Pakt von 1939: "Ende August 1950, ich war bereits aus der Partei ausgeschlossen, verlangte Herta Geffke von mir umgehend eine schriftliche Stellungnahme zu der ihr vorliegenden Aussage eines Genossen, dessen Namen sie mir nicht sagen dürfe, da es nicht um persönliche Querelen, sondern um die objektive Wahrheit gehe, daß ich mich in einer Sekretariatssitzung in Paris gegen den Pakt gestellt hätte. Ich gab es ihr schwarz auf weiß: 'Ich habe niemals eine falsche Auffassung zum Nichtangriffsvertrag zwischen Deutschland und der Sowjetunion gehabt. Es hat keine Besprechung in Paris stattgefunden, in der ich die mir vorgehaltenen Äußerungen getan habe'."

Das Herta Geffke vorgelegene Ackermannsche Papier vom 29. August 1950 besagt in seinen wesentlichen Passagen: "Als die Presse den Abschluß des Nichtangriffspaktes der UdSSR mit Deutschland meldete, berief Gen. Dahlem eine Sitzung ein, an der, wie mir bestimmt erinnerlich ist, folgende Genossen teilnahmen: Dahlem, Merker, Bertz, Eisler und der Unterzeichnete. Im Verlauf der Aussprache über den zu fassenden Beschluß des ZK der KPD zum Nichtangriffspakt der UdSSR/Deutschland kam es beim Genossen Merker zu einem direkten Wutanfall. In äußerster Erregung brachte er zum Ausdruck, daß es immer dasselbe sei, was die ausländischen Kommunisten aufbauen, wird durch die Außenpolitik der Sowjetunion wieder zerschlagen. So sei es schon wiederholt gewesen. Mit dem Abschluß des Nichtangriffspaktes sei von den Russen wieder eine Suppe eingebrockt worden, die die deutschen Kommunisten auszulöffeln hätten [...].[2] Über den Verlauf der Sitzung und die antisowjetischen Äußerungen des Gen. Merker hat der Unterzeichnete nach Ankunft in Moskau den dort weilenden Mitgliedern des ZK der KPD wie auch den Genossen Dimitrow und Gulajew (Leiter der Kaderabteilung der Komintern) mündlich Bericht erstattet. [...] Als Paul Merker aus der mexikanischen Emigration nach Deutschland zurückkehrte und in den Parteivorstand der SED kooptiert werden

---

1 Wehner, Herbert: Zeugnis. Halle, Leipzig 1990 (zuerst Köln 1982). S. 242.
2 Eine fundierte Darstellung und Dokumentation zu dieser Thematik, in der jedoch der Fall Merker nicht enthalten ist, weil dem Verfasser der Zugang zu den entsprechenden Quellen versperrt war, bietet Wolfgang Leonhards Buch: Der Schock des Hitler-Stalin-Paktes in der kommunistischen Weltbewegung. München 1989, in dem u.a. 75 Zeitzeugen zu Wort kommen.
Neueste Recherchen ergeben, daß der inhaftierte Ernst Thälmann den Moskauer Prozessen mit Unverständnis begegnete und sich eigene Gedanken über den Nichtangriffspakt machte, von dessen Folgen er schließlich selbst betroffen war. Vgl. Sassning, R.: "Das hätte man nicht machen sollen...", in: Neues Deutschland, 24./25.4.1993.

sollte,[3] hat der Unterzeichnete abermals sehr ernst auf die Vorgänge in Paris und die damaligen Äußerungen des Paul Merker hingewiesen. In der Sitzung des Politbüros am 22.8.1950, nachdem mir die Verbindung Merkers zu Field bekannt geworden war, habe ich noch einmal an die Vorkommnisse erinnert, die ich hiermit schriftlich bestätige."[4]

Merker erfuhr erst in der Untersuchungshaft, daß in der Pakt-Frage Anton Ackermann der Belastungszeuge war. Der von der ZPKK befragte Franz Dahlem, zu dieser Zeit noch Politbüromitglied, bestätigte Ackermanns Angaben nicht. Eisler erklärte, von irgendwelchen Differenzen in der Leitung der Partei über den Pakt sei ihm nichts bekannt. Paul Bertz konnte nicht mehr vernommen werden. Er hatte sich im April 1950 das Leben genommen, als die Untersuchungen gegen ihn begannen. Noch vor Stalins Tod gelangten Berijas Vertreter in der DDR und ihre deutschen Gehilfen zu dem Schluß, mit dem seit dem 2. Dezember 1952 in ihrer Gewalt befindlichen Paul Merker als Hauptangeklagten sei kein dem Prager Tribunal gleichrangiger Schauprozeß in Berlin zu machen - ein Thema, das einer gesonderten Darstellung bedürfte, in der besonders Merkers Widerstand gegen das geplante Verbrechen hervorzuheben wäre.

Gegen Dahlem als Spitzenkandidat für die Anklagebank hatte ursprünglich gestanden, daß er im Vergleich zu Merker oder zu Dahlems Frau Käthe den "Superagenten" Field nicht persönlich kannte. Doch es ging überhaupt nicht um Field, der für die Anklage nur als Medium, als unsichtbarer Popanz zu fungieren hatte. Für Dahlem als Hauptbeschuldigten sprach, daß er das Auslandssekretariat in Paris leitete und in dieser Funktion bis zu Kriegsbeginn 1939 nach dem Vorsitzenden Pieck der zweite Mann der KPD-Führung war und als Kaderchef der SED größeren Einfluß besaß als Merker. Zu Beginn der 13. Tagung des Zentralkomitees der SED am 13./14. Mai 1953 - Franz Dahlem stand draußen vor der Tür - ließ Otto Grotewohl darüber abstimmen, ob die am 17. März vom Politbüro beschlossene Funktionsenthebung für Dahlem auch dessen Rechte und Pflichten als gewähltes ZK-Mitglied einschließt, ob er an der Tagung teilnehmen darf oder nicht. Geplant war, in einer geschlossenen Sitzung dieser Tagung, Dahlems "Vergehen" zu behandeln. Nun sollte verhindert werden, daß der Betroffene Gelegenheit fand, sich vor dem Plenum zu verteidigen. Grotewohl, laut Tagungsprotokoll: "Wünscht jemand dazu das Wort? - Das ist nicht der Fall. Ich lasse dann darüber abstimmen, ob das ZK diesem Beschluß, den das Politbüro gefaßt hat, seine Zustimmung gibt. Wer dafür ist, den bitte ich, die Hand zu erheben. - Wer dagegen ist, den bitte ich, das Zeichen zu geben. - Gibt es Stimmenthaltungen - Das ist nicht der Fall. Das ZK hat einstimmig den Beschluß des Politbüros bestätigt. Danach kann der Genosse Dahlem an dieser Sitzung also nicht teilnehmen."[5]

Am 14. Mai 1953 - es war vier Wochen vor dem 17. Juni, die Stimmung im Lande berührte das ZK-Plenum nicht - erhielt nach einem Bericht von Hermann Matern über die "Lehren aus dem Prozeß gegen das Verschwörerzentrum Slanský" Anton Ackermann die Möglichkeit, die nur von ihm allein bezeugten Äußerungen Merkers über den Hitler-Stalin-Pakt, die inzwischen nahezu 14 Jahre zurücklagen, in neuem Licht zu sehen und ihnen eine größere Dimension zu verleihen. In seiner Rede sagte Ackermann: "Nach

---

3 Richtig ist, daß Merker, als er sich noch in Mexiko befand, auf dem Gründungsparteitag der SED in Abwesenheit in den Parteivorstand und dessen Zentralsekretariat gewählt wurde.
4 Zentrales Parteiarchiv der SED in der Stiftung Archiv der Parteien und Massenorganisationen der DDR im Bundesarchiv, Berlin, IV 2/4/117.
5 Ebenda, IV 2/1/115.

dem Abschluß des Nichtangriffspaktes fand in Paris eine Sekretariatssitzung der Auslandsleitung der KPD statt. Ich wurde von Dahlem hinzugezogen. Teilgenommen haben daran: Dahlem, Merker, Bertz, Eisler und Ackermann. Im Verlaufe dieser Sitzung, wo die Stellungnahme der KPD nach Deutschland hin zum Abschluß des Nichtangriffspaktes festgelegt wurde, kam es zu einem wüsten, unvorstellbar krassen antisowjetischen Ausfall des inzwischen als Agenten aus der Partei ausgeschlossenen Paul Merker. Einige Minuten lang hat in dieser Sitzung Paul Merker sein wirkliches Gesicht gezeigt, nämlich die Fratze eines wütenden Feindes der Sowjetunion. Ich habe darüber im Mai 1940, nachdem ich und Elli Schmidt durch Genossen Ulbricht nach Moskau zur Berichterstattung gerufen wurden, vor dem Sekretariat des Exekutivkomitees mündlich und schriftlich berichtet. Ich habe immer wieder mit Protest auf diese Tatsache hingewiesen, wenn die Stellung Merkers in der Partei zur Sprache kam. So 1945 im Sekretariat des ZK der KPD, als ausdrücklich ein Platz für Merker reserviert wurde, obwohl er noch gar nicht in Deutschland anwesend war. Es war nach 1945 immer die gleiche Tragödie für die Partei, wenn ich auf diese Tatsache hinwies. Die Haltung von Merker war klar: er behauptete, Ackermann verleumde ihn böswillig. Bertz, Dahlem und Eisler 'erinnerten sich nicht [...]'. Es ist Tatsache, daß Dahlem in der Sekretariatssitzung im Sommer 1939 zu diesem wüsten antisowjetischen Ausfall geschwiegen hat und keinerlei Konsequenzen zog. Dahlem blieb weiter in Merkers Schlepptau. Dahlem war als Vorsitzender des Auslandssekretariats doch im Schlepptau von Merker. Er hat nach 1945 immer wieder behauptet, daß er sich an einen solchen Ausfall Merkers nicht erinnern kann, auch noch, als Merker bereits als Agent entlarvt war. Später bequemte sich Dahlem zuzugeben, daß es zeitweilig bei Merker 'Schwankungen' gab. Er hat sich aber nie daran erinnert, was das für Schwankungen waren. Genossen, einen solchen wütenden Haßausbruch gegenüber der Sowjetunion noch jahrelang später als ein harmloses 'Schwanken' hinzustellen - was bedeutet das? Das bedeutete, dem Sowjetfeind Merker Hilfestellung zu leisten, ihm jahrelang seine Doppelzüngelei zu ermöglichen. Das bedeutet, die Partei daran zu hindern, den Agenten Merker und andere rechtzeitig zu entlarven. Dahlem hat alles, was in seinen Kräften stand, getan, um das zu tun. [...] Was das Jahr 1939 anbelangt, so steht für mich fest, daß ein enger Zusammenhang zwischen der politischen 'Indifferenz' von Dahlem zu dem antisowjetischen Ausfall von Merker und dem kapitulantenhaften Verhalten Dahlems bei Kriegsausbruch besteht. [...] Es handelt sich darum, daß sich vor dem 2. Weltkrieg in den Reihen selbst der kommunistischen Emigranten in den westlichen kapitalistischen Ländern eine gefährliche Ideologie breitmachte. Merker war nicht zufällig der Hauptexponent dieser Ideologie. Diese sogenannte Ideologie bestand darin, in den westlichen Ländern und ihren Regierungen Verbündete gegen Hitler zu sehen. Selbst da und dort, wo die Politik, die Haltung dieser Regierungen keinerlei Berechtigung zu einer solchen Einstellung gab, sondern im Gegenteil die Tatsachen dafür sprachen, daß diese Regierungen Hitler Hilfsdienste leisteten. Aus den auch in dieser Zeit vorhandenen Gegensätzlichkeiten unter imperialistischen Mächten in manchen Fragen zog man den falschen und gefährlichen Schluß, den imperialistischen Charakter dieser Regierungen entweder weitgehend zu unterschätzen oder ganz zu leugnen. Wie ist eine solche Haltung politisch einzuschätzen? Sie bedeutet das Verlassen des prinzipiellen Standpunktes des Marxismus-Leninismus und das Herabsinken auf die Position des Sozialdemokratismus. Vorsichtig ausgedrückt war Franz Dahlem von dieser Ideologie des Verkennens des imperialistischen Charakters der westlichen Staaten sehr weitgehend angesteckt. Das ist meiner tiefsten Überzeugung nach die zweite Ursache seines Verhaltens zu dem Wutausbruch Merkers [...]."⁶

Merker hat den Wortlaut dieser Rede nie zu Gesicht bekommen. Wie ich aus meinen Gesprächsnotizen mit ihm entnehme, wurde er jedoch mit ihrem Inhalt konfrontiert - bis hin zu den darin enthaltenen Beschimpfungen. Merker glaubte, es wäre die Sprache der Vernehmer, die er als seine Feinde ansah, denn er hätte, wie er mir sagte, ihnen nur zu widerstehen vermocht, nachdem er sie als politische und persönliche Gegner begriff, "weil sie sich als solche benahmen, die jüngeren unter ihnen dazu mißbraucht". Am schlimmsten sei es für ihn gewesen, daß sie sich "als sowjetische und deutsche Kommunisten ausgaben" und "behaupteten, auf Veranlassung des Politbüros des ZK oder seines Sekretariats zu handeln". Sinnlos sei sein Widerstand nicht gewesen. Er habe es abgelehnt, sich als "imperialistischen Agenten zu bezeichnen und andere schuldlose Menschen zu beschuldigen, 'imperialistische Agenten' zu sein, und sie so mit mir ins Verderben zu reißen". Niemals hätte er sich träumen lassen - von den Vorahnungen abgesehen, die Dahlem und er hatten, als sie im Sommer 1939 zur Berichterstattung nach Moskau kommen sollten -, daß er einmal den Kampf "an einer so eigenartigen Front zu führen gezwungen sein würde".

Ungeachtet dessen, daß sich Merker in der Haft und vor Gericht bis zuletzt dagegen verwahrte, ein "Sowjetfeind" zu sein, hieß es in der Begründung für das Urteil von acht Jahren Zuchthaus: "Als im August 1939 die imperialistische Politik Englands und Frankreichs die Sowjetunion dazu veranlaßte, zu ihrem Schutz einen Nichtangriffspakt mit dem faschistischen Deutschland abzuschließen, machte er innerhalb des Kreisesführender Genossen des Auslandssekretariats gegen diese Politik Stimmung."⁷

---

6 Ebenda.
7 Dieses Zitat verdanke ich Rudi Becker, Berlin, der 1990 im Obersten Gericht der DDR das Urteil und die Urteilsbegründung einsah.

Forum

Wolfgang Ruge (Potsdam)

Gedanken zu Lenin
(über die Mittel-Zweck-Relation in der Politik)

1. Wladimir Uljanow ist fast 70 Jahre tot, doch das Thema "Lenin" hat nichts von seiner Aktualität eingebüßt. Im Gegenteil: Seit dem Zusammenbruch des Realsozialismus, dessen Schicksal - das gilt auch für die DDR - sich in dem von Lenin begründeten Sowjetstaat entschied, hat es noch an Bedeutung gewonnen. Zudem berührt es die Zukunft: Da das von Lenin gestartete Sozialismus-Experiment das bisher einzige in der Geschichte ist, wirft sein Scheitern generell die Frage nach der Realisierbarkeit der sozialistischen Idee auf.

Von bleibender Aktualitat ist auch die über die Sozialismus-Problematik hinausreichende und den Vergleich mit anderen politischen Praktiken aufdrängende Frage nach dem Verhältnis von Mittel und Zweck bei der Gesellschaftsgestaltung, nach der Vereinbarkeit von Weg und Ziel, nach ihrer wechselseitigen Beeinflussung.

2. Geht man in der Auseinandersetzung über die berüchtigte Maxime vom Zweck, der die Mittel heilige, von humanistischen Prämissen aus, läßt sich die gezielte Massenvernichtung von Menschen (etwa die Tötung von acht Millionen "Hexen" und "Hexenmeistern" in vier mittelalterlichen Jahrhunderten) selbst dann mit keinerlei Zweck rechtfertigen, wenn man einräumt, daß für den Schutz menschlichen Lebens unter Umständen auch Kampf und folglich Opfer in Kauf genommen werden müssen. Eine Rechtfertigung ist um so weniger angebracht, als sich der vorgegebene Zweck letztlich stets als fragwürdig erwiesen hat. Das betrifft den allein selig machenden Glauben, den die Inquisition vorschützte, ebenso wie die millionenfach Kanonenfutter verschlingende "Ehre des Vaterlandes" oder den gerade auch seinen eigenen Anhängern gegenüber gefräßigen Sozialismus sowjetischen Typs.

So wurden seit jeher namens geheiligter Mittel ungeheure Opfer für Trugbilder erbracht.

Möglich war dies offenbar, weil den in der Politik zur Anwendung gelangenden Mitteln die Tendenz innewohnt, sich zu verselbständigen, zum eigentlichen Inhalt und damit zum Zweck der Politik zu werden, das ursprünglich ins Auge gefaßte Ziel zu verändern, zu verdrängen, ja in sein Gegenteil zu verkehren.

Diese Tendenz tritt offenbar dort am krassesten hervor, wo einerseits besonders ungünstige objektive Bedingungen für die Erreichung des Zieles gegeben, andererseits aber äußerst zielstrebige, sich auf die Mittel und Methoden konzentrierende subjektive Kräfte am Werke sind. Dies war zweifellos in Rußland nach 1917 der Fall. So kann man sich schwer der Schlußfolgerung erwehren, daß der eklatante Widerspruch zwischen Mitteln und Zweck eine der Ursachen für das Scheitern des gewaltigen Unterfangens ist, das seinerzeit von Lenin in Angriff genommen wurde.

3. Zunächst zu Lenins Ziel: Es besteht kein begründeter Zweifel daran, daß er von der Notwendigkeit ausging, Ausbeutung, Unterdrückung und Entrechtung abzuschaffen, und überzeugt war, dies durch die Errichtung einer sozialistischen Ordnung erreichen zu können. Herkunft, Lebensumstände und frühe Erfahrungen prädestinierten ihn zur Orientierung an humanistischen Idealen. Niedere Motive sind bei ihm auszuschließen. Durch gesellschaftliches Engagement und wissenschaftliche Studien entwickelte er sich zum Anhänger und (wie er meinte) theoretisch schöpferischen Verfechter des Marxismus.

4. Über Lücken und Brüche in Lenins theoretischem Werk ist viel geschrieben worden. Darauf kann hier im einzelnen nicht eingegangen werden. Angemerkt werden soll lediglich, daß der Kern der darin aufspürbaren Widersprüche (die sich bis zu Marx und Engels zurückverfolgen ließen) offenbar in der Unvereinbarkeit zweier seiner Grundüberzeugungen besteht, nämlich einerseits der Auffassung, daß die gesellschaftlichen Prozesse nach ökonomisch determinierten Gesetzen ablaufen, andererseits der vermeintlichen Gewißheit, daß diese Gesetze von den ihren Intentionen gemäß handelnden Menschen durchgesetzt werden. Bemerkenswert ist dabei, daß er - wie viele andere große Denker vor ihm - die Zeit, in die *er* hinein geboren wurde überbewertete, indem er sie als grundlegende Zäsur im menschlichen Handeln betrachtete: Vorher seien die Menschen unbewußt den Gesetzen gefolgt, nun aber hätten sie (und namentlich er selbst) dieselben zumindest ihrer Wesenheit nach erkannt und verhälfen ihnen bewußt zum Durchbruch.

1905 schrieb Lenin, daß das Wirtschaftsleben in Rußland in allen seinen Grundzügen bürgerlich (kapitalistisch) geworden sei und deshalb ein bürgerlicher Überbau errichtet werden müsse.[1] 1916 wiederholte er den bereits 1894[2] geäußerten Gedanken, daß die fortgeschrittene Vergesellschaftung der Produktion eine sozialistische Organisation der Gesellschaft erheische.[3] Er trennte also die sich "von selbst" entwickelnde Ökonomie von der gewissermaßen als technisches Hilfsmittel zur Bewältigung der anstehenden Machtveränderungen einzusetzenden Politik.

Dieses Herangehen schlug sich unter anderem in seiner Revolutionstheorie und in seiner Lehre von der Partei nieder: Er vertrat die Ansicht, daß die künftige herrschende

---

[1] Vgl. Lenin: Sozialistische Partei und parteiloser Revolutionismus, in: Lenin, W.I.: Werke. Berlin 1957 ff. (im folgenden: Werke). Bd. 10. S. 62.
[2] Vgl. ders.: Was sind die "Volksfreunde" und wie kämpfen sie gegen die Sozialdemokraten? (Werke. Bd. 1. S. 170).
[3] Vgl. ders.: Rohentwurf der Thesen für einen offenen Brief an die Internationale Sozialistische Kommission und an alle sozialistischen Parteien (Werke. Bd. 23. S. 215).

Klasse, das Proletariat, infolge der ökonomischen Entwicklung eo ipso wachse und erstarke, ihre Machterhebung aber nicht spontan, sondern dank des revolutionären Knowhow der Politikkundigen erfolge. Ähnlich auch seine Imperialismustheorie: Sie besagte, der (schon im ersten Weltkrieg!) in sein höchstes und letztes Stadium eingetretene Kapitalismus habe zur "vollständige[n] *materielle[n]* Vorbereitung des Sozialismus" geführt,[4] sei aber, weil ökonomische Basis einerseits und Herrschafts- und Rechtssystem andererseits nicht mehr einander entsprächen, der Fäulnis anheimgefallen. Die dadurch entstandene Gesellschaftskrise könne nur durch die revolutionäre Tat der Systemgegner, also durch die Überwindung des Kapitalismus, gelöst werden.

5. Nun steht Lenin als Gesellschaftstheoretiker neben vielen anderen. Einmalig und von weltgeschichtlicher Bedeutung ist hingegen seine Rolle als *revolutionärer Praktiker*,[5] als Organisator der Oktoberrevolution und Begründer des Sowjetstaates. Hiervon sollte bei der Untersuchung des Phänomens Lenin ausgegangen werden.

Daß Lenin vor allem als Pragmatiker gesehen werden muß, erhellt auch daraus, daß er immer bereit war, sich von theoretischen Erkenntnissen loszusagen, sobald die Praxis dies seines Erachtens erforderte. Als Beispiel seien nur seine der bislang auch von ihm vertretenen Theorie widersprechende These von der Möglichkeit des Sieges des Sozialimus in einem einzelnen (auch in einem ökonomisch rückständigen) Land und die in diesem Zusammenhang ausgesprochene Empfehlung des Exports der Revolution[6] sowie die Aprilthesen genannt, die darauf orientierten, die sozialistische Revolution noch vor Vollendung der bürgerlich-demokratischen Umwälzung auch mit Hilfe einer vom politischen Rivalen entlehnten Losung (Forderung nach Grund und Boden für die Bauern) herbeizuführen. Am Ende seines Lebens bekannte er sich sogar zu dem pragmatischen Leitsatz, daß vor allem gehandelt werden müsse und sich "das weitere [...] finden" werde. "Wir haben uns im Oktober 1917", schrieb er, "zuerst ins Gefecht gestürzt und dann solche Einzelheiten der Entwicklung [...] zu sehen bekommen wie den Brester Frieden oder die NÖP usw."[7] Wenn er dazu bagatellisierend erläuterte, Brest und die Neue Ökonomische Politik seien "vom Standpunkt der Weltgeschichte aus" Einzelheiten, so ist dem entgegenzuhalten, daß es sich bei der Koexistenz mit dem Kapitalismus, um die es in Brest ging, und bei der Preisgabe der ursprünglichen Wirtschaftskonzeption des Sowjetstaates durch die NÖP in Wirklichkeit um der theoretischen Durchdringung bedürftige Kardinalfragen der Behauptung der sozialistischen Revolution inmitten einer kapitalistischen Umwelt handelte.

---

4 Ders.: Die drohende Katastrophe und wie man sie bekämpfen soll (Werke. Bd. 25. S. 370). "*Es gibt*", führt Lenin weiter aus, "zwischen dieser Stufe und derjenigen, die Sozialismus heißt, *keinerlei Zwischenstufen mehr*" (ebenda).
5 Bemerkenswert ist, daß auch Lenins "rein theoretische" Arbeiten weniger den Bereich der Theorie als die unmittelbare Praxis beeinflußten. So hat sein "Materialismus und Empiriokritizismus" keine neuen theoretischen Impulse ausgelöst, aber entscheidend zur jahrzehntelangen Ächtung bahnbrechender naturwissenschaftlicher Erkenntnisse (Relativitätstheorie, Quantenmechanik, später auch Kybernetik) und damit zur nachhaltigen Behinderung des technischen Fortschritts in der Sowjetunion beigetragen.
6 "... notfalls sogar mit Waffengewalt gegen die Ausbeuterklassen und ihre Staaten vorgehen" (Lenin: Über die Losung der Vereinigten Staaten von Europa, in: Werke. Bd. 21. S. 346).
7 Ders.: Über unsere Revolution (Werke. Bd. 33. S. 466).

6. Lenin, der persönlich bescheiden war, jeden Personenkult und Privilegien für sich und seine Mitstreiter ablehnte, duldete, wenn es um politische Fragen ging, keine abweichenden Meinungen oder Widerspruch. Offenbar zutreffend hat Grigorij Sinowjew, der Lenin seit 1902 kannte, in seinen Notizen für eine Lenin-Biographie angemerkt, daß es bei dem bewunderten Parteiführer weder "Egozentrismus" noch etwas "Diktatorisches" gegeben habe, wohl aber die Erkenntnis (Empfindung) des Auserwähltseins. "*Ja*", schrieb er, "das gab es. Sonst wäre er nicht Lenin geworden."[8] Von daher ist auch begreiflich, daß Lenin, selbst außerordentlich flexibel und häufig abrupt seinen Standpunkt wechselnd, durchaus selbstherrlich von der Unfehlbarkeit seiner jeweiligen Position ausging und sich, wie zum Beispiel seine erpresserische Rücktrittsdrohung bei den Auseinandersetzungen um den Brester Frieden beweist, über die (damit grundsätzlich angetasteten) Regeln der kollektiven Führung hinwegsetzte, sobald sich die Mehrheit seiner Genossen nicht mit ihm einverstanden erklärte.

Immer mit Blick auf die politische Praxis bestimmte Lenin auch, welche theoretischen Erkenntnisse gültig oder ungültig, welche wichtig oder unwichtig seien. Obwohl Marx in seinem ganzen Leben kaum ein Dutzend mal von der Diktatur des Proletariats gesprochen hatte, legte Lenin, die konkreten Aufgaben der nächsten Kampfetappe vor Augen, wenige Wochen vor dem Oktobersturm in "Staat und Revolution" apodiktisch fest, Marxist sei nur, wer diese Diktatur anerkenne.[9]

Mit einer solchen Reglementierung der Theorie, für die sich zahlreiche weitere Beispiele anführen ließen, leitete Lenin eine Entwicklung ein, bei der nicht mehr die Probleme und die darüber gewonnenen Erkenntnisse in den Mittelpunkt des Meinungsstreits rückten, sondern die Frage nach der rechtmäßigen Interpretation der Lehre. Dies führte schließlich unter seinem Nachfolger Stalin, der sich nicht nur als genialer, sondern auch als einzig befugter Interpret des Altmeisters ausgab, dazu, daß die Theorie zum Tummelfeld der Servilität entartete, auf dem durch Zustimmung zur Interpretation der Interpretation Ergebenheit bekundet wurde.

7. Die in der Theorie zu beobachtende Einengung des Blickfeldes fand naturgemäß ihr Gegenstück in der Praxis. Lenin, dessen hervorstechendste Eigenschaften wahrscheinlich Willenskraft und Zielstrebigkeit waren, konzentrierte sich bei der Führung von Kämpfen auf den als "schwächstes Kettenglied" in der gegnerischen Phalanx bezeichneten Punkt, der danach bestimmt wurde, wo die durch die straffe und zentrale Leitung der Revolutionären Partei gegebene Überlegenheit gegenüber einem zerrissenen oder in seinem Handlungsspielraum eingeengten Gegner optimal zur Geltung gebracht werden konnte. Auf den Sturz des relativ schwachen Zarismus ausgerichtet, kreiste Lenins gesamtes strategisches Denken um die Schaffung und dann um die Behauptung einer neuartigen omnipotenten Staatsmacht. Die Macht, die ursprünglich als Instrument zur Absicherung sozialistischer Umgestaltungen gesehen worden war, aber nach ihrer Eroberung unter den Bedingungen des inneren Widerstandes, der bewaffneten Konterrevolution und der ausländischen Intervention selbständige Bedeutung erlangte, wurde zum eigentlichen Ziel Leninscher Politik. Da er um der Macht willen bereit war, dem Volk die

---

8 Sinowjew, G.J.: Vospominanija, in: Izwestija ZK KPSS (im folgenden: KPSS), 7/89. S. 171.
9 Vgl. Werke. Bd. 25. S. 424. Auf dieses, also sein eigenes Diktum gestützt, erklärte Lenin ein Jahr später, es sei "allgemein bekannt", daß "das *Wesen* der Marxschen Lehre" in der Diktatur des Proletariats bestehe (Die proletarische Revolution und der Renegat Kautsky, Werke. Bd. 28. S. 231).

schwersten Opfer aufzuerlegen, versuchte er erst, die Massen über die Höhe des zu entrichtenden Blutzolls zu täuschen, und stellte diesen später, als diesbezügliche Illusionen durch die rauhe Wirklichkeit zerschlagen waren, als schicksalhafte Gegebenheit hin. Vor der Revolution beteuerte er, die Unterdrückung der Ausbeuter durch die Sowjetmacht sei "eine so verhältnismäßig leichte, einfache und natürliche Sache, daß sie viel weniger Blut kosten wird als die Unterdrückung von Aufständen der Sklaven, Leibeigenen und Lohnarbeiter, daß sie der Menschheit weit billiger zu stehen kommen wird".[10] Nach der Revolution, als jedermann um die Schrecken des Weltkrieges wußte, erklärte er hingegen: "Jede große Revolution, und ganz besonders eine sozialistische, [ist] undenkbar ohne einen Krieg im Innern, d.h. einen Bürgerkrieg, der eine noch größere Zerrüttung als ein äußerer Krieg bedeutet."[11]

8. Lenin war sich durchaus der Tatsache bewußt, daß die von den Bolschewiki angewandten Methoden in krassestem Widerspruch zu ihren sozialistischen Zielen standen. Maxim Gorki berichtet, daß Lenin einmal, nachdem er sich begeistert über eine Beethoven-Sonate und über den Schöpfer dieses "Wunders" geäußert hatte, "nicht besonders fröhlich" bemerkte: "Doch kann ich die Musik nicht oft hören, sie greift die Nerven an, man mochte liebevolle Dummheiten sagen und den Menschen die Köpfe streicheln, die in einer widerwärtigen Rolle leben und so etwas Schönes schaffen können. Aber heutzutage darf man niemandem den Kopf streicheln - die Hand wird einem abgebissen, man muß auf die Köpfe einschlagen, mitleidslos einschlagen, obwohl wir unserem Ideal nach gegen jede Gewaltanwendung gegenüber den Menschen sind." Grundsätzlich widersprach er Gorki, wenn dieser die Grausamkeiten des revolutionären Alltags beklagte. "Was wollen Sie denn?", fragte er ("erstaunt und zornig"): "Ist etwa Menschlichkeit möglich in solch einer Schlägerei von nie dagewesener Grausamkeit? Wo ist hier Platz für Weichherzigkeit und Großmut?"[12]

Was Lenin aber offenbar nicht erkannte, war die zersetzende Kraft der Grausamkeit, die Rückwirkung der Mittel und Methoden auf das Ziel, das nicht nur seines Glanzes beraubt, sondern ausgehöhlt und verdrängt wurde, so daß der Kampf schließlich nicht mehr mit dem Ideal vor Augen, sondern nur noch für die Vernichtung des Gegners, für die Ausweitung der eigenen Macht geführt wurde.

Genau darauf zielte aber Lenins immer und immer wieder geäußertes Drängen auf rigorosesten Einsatz der Gewalt. Während des Bürgerkrieges, in dem bekanntlich beide Seiten äußerste Brutalität an den Tag legten, beklagte er, die Sowjetmacht ähnele "mehr einem Brei als Eisen",[13] und bestand auf Maßnahmen, die keineswegs geeignet waren, die Menschen zur Akzeptanz der neuen Ordnung und der von ihr verkündeten Ideale zu bewegen, sondern nur Angst und Abscheu vor ihr auslösen konnten. So ordnete er im August 1918 an, "Verdächtige [also nicht etwa schuldig befundene - W.R.] Personen in Konzentrationslager [...] ein[zu]sperren"[14] und nicht nur Verschwörer, sondern auch

---

10 Lenin, Staat und Revolution (Werke. Bd. 25. S. 477).
11 Ders.: Die nächsten Aufgaben der Sowjetmacht (Werke. Bd. 27. S. 255).
12 Zit. nach: Wladimir Iljitsch Lenin - Dokumente seines Lebens 1870-1924. Ausgewählt und erläutert von Arnold Reisberg. Bd. 2. Leipzig 1977. S. 127 f.
13 Lenin: Die nächsten Aufgaben der Sowjetmacht (Werke. Bd. 27. S. 256).
14 Ders.: Telegramm an J.B. Bosch (Werke. Bd. 36. S. 479).

Schwankende zu erschießen, "ohne irgend jemanden zu fragen oder idiotisches Herumgezerre zuzulassen".[15]

Unter den Bedingungen des durch Bürgerkrieg, Hunger und Bauernaufstände erzwungenen permanenten Ausnahmezustandes schreckte Lenin nicht vor einer Neuinterpretation der Diktatur des Proletariats als elitär gelenkter Machtmaschine zurück. Hatte er noch kurz vor der Oktoberrevolution erklärt, die proletarische Diktatur sei eine "sich unmittelbar auf die Gewalt der Massen stützende Macht",[16] so entschied er sich nach der Revolution, als sich große Teile der Bevölkerung weder das letzte Getreide fort nehmen lassen wollten noch bereit waren, den Einberufungsbefehlen der Roten Armee zu folgen, für die Macht und gegen die Massen. Am 26. Mai 1919 telegrafierte er an den Ukrainischen Rat der Volkskommissare: "Führen Sie die vollständige Entwaffnung der Bevölkerung durch, erschießen Sie an Ort und Stelle erbarmungslos für jedes versteckte Gewehr".[17] Man könnte vermuten, daß er damit den nichtproletarischen Elementen die Waffen entwinden wollte, doch dem war nicht so: Zwei Monate später bestand er ausdrücklich auch auf der Entwaffnung der Arbeiter, "damit sich dort [im Uralgebiet - W.R.] nicht eine verhängnisvolle Partisanenbewegung entwickele".[18] Vom bewaffneten Volk war nun nicht mehr die Rede. Jetzt hieß es: "Wichtig für uns ist, daß die Tscheka unmittelbar die Diktatur des Proletariats verwirklicht, und in dieser Hinsicht kann ihre Rolle nicht hoch genug eingeschätzt werden."[19]

Wohin diese Hochschätzung der jeder Kontrolle entzogenen und schließlich nur noch einem Diktator unterstellten Geheimpolizei in den späten zwanziger und namentlich in den dreißiger und vierziger Jahren führte, ist bekannt: Lenins Mitstreiter und Hunderttausende der fähigsten Funktionäre wurden ermordet, Millionen Parteimitglieder wanderten in die Straflager, die von Lenin als Avantgarde des Volkes konzipierte Partei verwandelte sich in das Anhängsel eines staatsterroristischen Regimes.

9. Lenin, der oftmals das programmatische Versprechen abgegeben hatte, die "allgemeine Beteiligung der *gesamten* Masse der Bevölkerung an allen *Staats*angelegenheiten" zu sichern,[20] also ein völlig neues Verhältnis zwischen Regierenden und Regierten herzustellen, kam nicht umhin, sich der eingefahrenen Staats"kunst" früherer Herrscher zu bedienen und Mittel anzuwenden, die in krassem Gegensatz zu dem von ihm verkündeten Ziel standen. Das Auseinanderklaffen von Worten und Taten resultierte jedoch nur zu einem geringen Teil daraus, daß er durch veränderte Umstände zu einem Sinneswandel gezwungen wurde. Vielmehr entsprach diese Zweigleisigkeit in den meisten Fällen - und insofern wurde eben kein grundsätzlich neuer politischer Stil kreiert - Lenins vorsätzlicher Taktik, Kritik an unpopulären Maßnahmen durch wohlklingende Schlagworte abzufangen. So versprach er die Abschaffung der Geheimdiplomatie, obwohl er wußte, daß auch die Sowjetmacht (die übrigens später wahrhaft pathologische Geheimhaltungspraktiken entwickelte) entscheidende Bereiche ihrer außenpolitischen Aktivitäten vor

---

15 Ders.: Telegramma A.K. Pajesku, in: Lenin, W.I.: Polnoe sobranie socinenij. Moskau 1967 ff (im folgenden: PSS). Bd. 50. S. 165.
16 Ders.: Staat und Revolution (Werke. Bd. 25. S. 416).
17 Ders.: Telegramma Ch.G. Rakovskomu i V.I. Mezlauku (PSS. Bd. 50. S. 324).
18 Ders.: Telegramma M.M. Lasevicu i K.K. Jurenevu (PSS. Bd. 51. S. 15).
19 Ders.: Rede auf einer Veranstaltung der Mitarbeiter der Gesamtrussischen Außerordentlichen Kommission (Tscheka), 7. November 1918 (Werke. Bd. 28. S. 165).
20 Ders.: Antwort an P. Kijewski (J. Pjatakow) (Werke. Bd. 23. S. 15).

der Öffentlichkeit verbergen würde. Symptomatisch ist, daß er auf dem 2. Sowjetkongreß feierlich versicherte, die Räteregierung werde über die Frage des Friedens ("die aktuellste, die alle bewegende Frage der Gegenwart") "alle Verhandlungen völlig offen vor dem ganzen Volk führen",[21] aber nur ein paar Monate später eine geheime Resolution des Zentralkomitees durchsetzte, der zufolge nicht die (von Lenin geführte!) Regierung, sondern das Spitzengremium der Partei in streng vertraulichen Beratungen sowohl über die Annahme oder Ablehnung der Friedensbedingungen als auch über gegebenenfalls künftig zu führende Kriege zu entscheiden habe.[22]

Da er in der Folgezeit immer häufiger richtungweisende Dokumente mit dem Vermerk "geheim" versah, also dem Volke wichtige Informationen vorenthielt, grenzt es schon an Zynismus, wenn er gleichzeitig immer wieder beteuerte, es sei notwendig, alles zu tun, "damit die Massen und die ganze Bevölkerung unseren Weg überprüfen und sagen: 'Ja, das ist besser als das alte System' ".[23]

10. Als die Bolschewiki, gestützt auf den aktivsten Teil der Petrograder Arbeiter, auf die Mehrheit der hauptstädtschen Garnison und die Matrosen der Baltischen Flotte, am 7. November 1917 die Macht übernahmen und die Revolution sich über das Riesenland auszubreiten begann, ging Lenins Vision in Erfüllung. Er befand sich auf dem Höhepunkt seiner historischen Laufbahn, aber auch am Anfang seines unaufhaltsamen Abstiegs. Zwar gelang es ihm noch, den schwächeren Bündnispartner, die linken Sozialrevolutionäre, auszubooten und die Alleinherrschaft seiner Partei zu etablieren, doch wurden alle seine sonstigen Erwartungen enttäuscht: Die sozialistische Revolution in Deutschland blieb aus, von der Weltrevolution, auf die er seine Anhänger noch zwei Jahre lang unbeirrt vertröstete, ganz zu schweigen; der Hunger, der das durch den Krieg und bald auch durch den Bürgerkrieg ruinierte Land erfaßte, schmälerte die Massenbasis der Bolschewiki,[24] die zur Bekämpfung des Hungers ergriffenen Maßnahmen trieben Mittel- und Großbauern, also die Ernährer der Bevölkerung, in die Reihen der Gegenrevolution, die Strukturen des neuen Staates funktionierten nicht, die zentrale Wirtschaftsplanung versagte, die Vorstellung, daß sich binnen kurzer Zeit ein sozialistischer Menschentyp herausbilden und eine den Kapitalismus überflügelnde Arbeitsproduktivität erreicht werde, erwies sich als Illusion.

Lenin war außerstande, diese und andere gravierende Tatsachen theoretisch zu verarbeiten. Er versuchte nicht einmal, eine umfassende Konzeption der sozialistischen Umgestaltung Rußlands zu entwickeln.[25] Statt dessen wandte er sich in seiner letzten größeren Arbeit, dem "Linken Radikalismus", der internationalen kommunistischen Bewe-

---

21 Ders.: Rede über den Frieden, 26.Oktober (8. November) <1917> (Werke. Bd. 26. S. 239, 241).
22 Vgl. ders.: Ergänzungsantrag zur Resolution über Krieg und Frieden (Werke. Bd. 27. S. 110).
23 Ders.: Rede in der Plenarsitzung des Moskauer Sowjets, 20. November 1922 (Werke. Bd. 33. S. 428).
24 Im Referat auf dem IV. Kongreß der Kommunistischen Internationale (13. November 1922) gab Lenin rückblickend zu, daß 1921 "nicht nur ein sehr großer Teil der Bauern unzufrieden war, sondern auch ein großer Teil der Arbeiter". Er unterstrich, "daß wir die großen Massen der Bauern gegen uns hatten" (ebenda, S. 407).
25 Die außerordentliche Zentralisierung der Macht führte dazu, daß an oberster Stelle, d.h. im Rat der Volkskommissare, auch über dritt- und viertrangige Fragen entschieden wurde. Zahlreiche Briefe, Telegramme, Notizen usw. in den Bänden 50 bis 54 von Lenins Sämtlichen Werken (PSS) weisen aus, daß er sich als Vorsitzender dieses Gremiums vor allem mit Fragen beschäftigte, die normalerweise in die Kompetenz untergeordneter Behörden fielen.

gung zu, so daß die Vermutung nicht von der Hand zu weisen ist, er sei sich weitgehend der Unlösbarkeit der russischen Probleme bewußt gewesen und habe den einzigen Ausweg aus der entstandenen Situation im Anschub der nächsten, den bolschewistischen Vorstoß absichernden Welle der Weltrevolution gesehen. Im "Linken Radikalismus", einem rein taktischen Kompendium, an dessen Empfehlungen sich die kommunistischen Parteien fast zwei Jahrzehnte lang hielten, beschwor Lenin seine ausländischen Genossen, "selbst den kleinsten 'Riß' zwischen den Feinden" geschickt auszunutzen und Bündnisse auch mit den unsichersten und unzuverlässigsten Partnern zu schließen. Die Bolschewiki, die sich "auf Kosten der Menschewiki" gefestigt und gestärkt hätten, als Vorbild hinstellend, ermahnte er, das Wesen jedes Kompromisses verdrehend, seine Gefolgsleute jedoch, nur solche "Kompromisse" einzugehen, mit deren Hilfe der Verbündete geschwächt, dessen Führer isoliert und "die besten Arbeiter, die besten Elemente aus der kleinbürgerlichen Demokratie in unser Lager" hinübergezogen werden könnten.[26]

In Rußland selbst versuchte Lenin, den ihm vorschwebenden historischen Fortschritt gegen die nicht theoriegerechten Gegebenheiten mit dem verschärften Einsatz aller Machtmittel, namentlich der Gewalt, zu erzwingen. Am deutlichsten ablesbar ist dies an den Anregungen zur Intensivierung des Terrors, mit denen er hervortrat, nachdem er sich angesichts des völligen Zusammenbruchs der kriegskommunistischen Wirtschaft zur Einführung der NÖP hatte entschließen müssen. Obwohl der Bürgerkrieg nun beendet, der Hunger besiegt, die Gesamtsituation beruhigt war und die "NÖP-Leute" nach Lenin keine Chance hatten, sich zu einer wirklichen politischen Kraft zu entwickeln,[27] schrieb er, es sei "der größte Fehler zu glauben, daß die NÖP dem Terror ein Ende gesetzt habe".[28] Offenbar in der Hoffnung, die sich "von selbst" vollziehende Entwicklung der zugelassenen kapitalistischen Keimzellen könne durch staatliche Repressalien aufgehalten werden, wies er die Justizbehörden in zahlreichen Schriftstücken kategorisch an, jeden "Mißbrauch" der NÖP nicht nur nach dem Buchstaben des Gesetzes, sondern im Einklang mit dem "revolutionären Rechtsbewußtsein [...] *erbarmungslos, bis hin zur Erschießung*" zu bestrafen.[29] Da die nirgends verbindlich fixierten Begriffe "Mißbrauch der NÖP" und "revolutionäres Rechtsbewußtsein" nach Belieben interpretiert werden konnten, mußte sich Lenin, der ja von Haus aus Jurist war, darüber im klaren sein, daß er mit derartigen Direktiven der Legalisierung der Willkür Tür und Tor öffnete. In zahlreichen Einzelfällen mischte sich Lenin auch, ohne sich mit den erhobenen Beschuldigungen und der laufenden Beweisaufnahme vertraut zu machen, in schwebende Verfahren gegen "NÖP-Leute" ein und verlangte, sie in politischen (zur Stimmungsmache gegen die Neureichen ausschlachtbaren) "Muster"- und "Schauprozessen" zur Höchststrafe zu verurteilen: Keine "schändlich-dummen" Geldbußen von 100 oder 200 Millionen (Inflations-)Rubeln, forderte er, sondern Tod![30]

---

[26] Lenin: Der "linke Radikalismus" : die Kinderkrankheit im Kommunismus. (Werke. Bd. 31. S. 56 f., 61).
[27] Vgl. ders.: Interview für den Korrespondenten des "Manchester Guardian", A. Ransom; zweite (unvollendete) Variante (Werke. Bd. 33. S. 394).
[28] Ders.: L.B. Kamenevu (PSS, Bd. 44. S. 428).
[29] Ders.: O zadacach narkomjusta v uslovijach novoj ekonomiceskoj politiki (ebenda, S. 397).
[30] Vgl. ebenda, S. 400.

Jetzt begnügte er sich auch nicht mehr damit, Andersdenkenden das Recht abzusprechen, sich Marxisten zu nennen, sondern plädierte dafür, sie, wenn sie den Mund aufmachen sollten, "an die Wand zu stellen". An Menschewiki und Sozialrevolutionäre gewendet, sagte er auf dem 11. Parteitag: "Entweder unterlaßt es gefälligst, eure Ansichten auszusprechen, oder aber, wenn ihr in der gegenwärtigen Lage, wo wir uns in weit schwierigeren Verhältnissen befinden als bei der direkten Invasion der Weißen, eure politischen Ansichten auszusprechen wünscht, dann werden wir, entschuldigt schon, mit euch verfahren wie mit den schlimmsten und schädlichsten weißgardistischen Elementen".[31]

11. Jüngst ist bekannt geworden, daß es noch 3.724 Lenin-Dokumente gibt, die ihres "explosiven" Inhalts wegen nicht in die letzte russische (angeblich vollständige) Ausgabe seiner Werke aufgenommen worden sind,[32] aber demnächst veröffentlicht werden sollen. Zu erwarten ist, daß dabei Schriftstücke ans Licht gelangen, die den terroristischen Eifer des späten Lenin noch anschaulicher belegen als die angeführten Beispiele. So konnte es sich zum Teil um Dokumente wie den streng geheimen Brief Lenins an die Mitglieder des Politbüros vom 19. März 1922 handeln, der in Paris bereits 1970, in Moskau jedoch erst im fünften Jahr der Perestroika veröffentlicht wurde.[33] Dieser Brief bezieht sich auf Unruhen in der Stadt Suja, bei denen vier Tage zuvor Armeeinheiten gegen Gläubige eingesetzt worden waren, die gegen die Beschlagnahme kirchlicher Reliquien protestiert hatten. Über den Verlauf der Zusammenstöße kann man daraus schliessen, daß unter den Rotarmisten keine Opfer zu beklagen waren, auf Seiten der Zivilisten aber vier Personen getötet und zehn verwundet wurden. Lenin schlug in seinem Brief nun, um den Zwischenfall politisch auszuwerten, vor, "möglichst viele, mindestens einige Dutzend Vertreter der dortigen Geistlichkeit, des Kleinbürgertums und der Bourgeoisie wegen des Verdachts [! - W.R.] der direkten oder indirekten Beteiligung am tätlichen Widerstand gegen die Durchführung des VCIK-Dekrets über die Requisition von Kirchenschätzen zu verhaften" und die Gerichtsorgane mündlich anzuweisen, eine "sehr große Anzahl" dieser Personen, die er pauschal als "Schwarzhunderter" bezeichnete, erschießen zu lassen, und zwar nicht etwa nur in Suja, sondern "nach Möglichkeit auch in anderen Städten, so in Moskau und weiteren kirchlichen Zentren".

Aufschlußreich ist dieser Brief auch, weil Lenin darin, sich auf eine möglicherweise von ihm erfundene Autorität berufend, unverblümt für die Anwendung kühl berechneter Terrormaßnahmen eintrat. Er schrieb: "Ein kluger, in Staats Fragen bewanderter Autor hat zutreffend bemerkt, daß es, wenn man sich zur Erreichung eines bestimmten politischen Zieles zu einer Reihe von Grausamkeiten entschlossen hat, notwendig ist, diese äußerst energisch und ohne Zeitverlust durchzuführen, weil die Volksmassen deren dauerhafte Anwendung nicht ertragen. Dementsprechend riet er, auf außergewöhnlich "günstige Umstände" verweisend, den Zwischenfall in Suja zu nutzen und die durch einen Geheimbeschluß des Politbüros bereits eingestellte Requisition von Kirchenschätzen mit einer schlagartigen Aktion weiterzuführen. Zu den "günstigen Umstanden" zählte er

---

31 Lenin: Politischer Bericht des Zentralkomitees der KPR (B), 27. März <1922> (Werke. Bd. 33. S. 269).
32 Vgl. Ernst, Gerd: Das Gedächtnis von Generationen oder eine Büchse der Pandora?, in: "Neues Deutschland" (Berlin), 20./21.6.1992.
33 KPSS, 4/90. S. 191-195.

unter anderem erstens, daß man "jetzt und nur jetzt, wo in den vom Hunger heimgesuchten Gebieten Menschenfleisch gegessen wird und die Leichen zu Hunderten, wenn nicht zu Tausenden am Wegrand liegen", mit dem Verständnis der Bauern für die Beschlagnahmen rechnen könne und zweitens, daß die internationale Konferenz in Genua, nach deren Abschluß es "politisch unvernünftig" sein würde, mit grausamen Maßnahmen gegen die reaktionäre Geistlichkeit vorzugehen, erst noch bevorstand.

12. Diese Sätze hätten durchaus aus der Feder Stalins stammen können.

Wenn einerseits der gewaltige Unterschied zu beachten ist, der zwischen dem letztlich von Idealen beseelten Begründer der Bolschewistischen Partei und seinem von diktatorischen Ambitionen getriebenen Nachfolger bestand, so darf doch andererseits nicht übersehen werden, daß es schon bei Lenin mehr als nur Ansätze Stalinscher Denkweisen gab. Die Überbetonung der Macht, also eines Werkzeugs der Politik, und der unkontrollierte Umgang mit ihr leiteten zu ihrer Verabsolutierung als Zweck der Politik über und damit zur Anwendung neuer (oder doch qualitativ entscheidend veränderter), dem neuen Zweck entsprechender Mittel und Methoden.

Stalin konnte verschiedentlich direkt an Denk- und Handlungsmuster Lenins anknüpfen. In nuce findet sich beispielsweise die Stalinsche These von der Verschärfung des Klassenkampfes beim Aufbau des Sozialismus bereits bei Lenin. Im Konspekt einer Broschüre über die Diktatur des Proletariats hob dieser 1919 die "besondere (äußerste) Schärfe des Klassenkampfes" nach der Revolution hervor und erklärte: "Der Widerstand der Ausbeuter beginnt *vor* ihrem Sturz und *verschärft* sich nachher von zwei Seiten".[34] Auch Lenins Äußerungen über die NÖP als Geländeerkundung für die künftige "Offensive *auf das privatwirtschaftliche Kapital*"[35] war geeignet, seinem Nachfolger während der Kollektivierungskampagne in den Jahren nach 1929 zur Rechtfertigung des Feldzuges gegen die Bauernschaft zu dienen. Sogar für Stalins anfangs kaschierten rassistischen Antisemitismus, der sich später zur faschistischen Wahnvorstellung einer "zionistischen Weltverschwörung" auswuchs, lieferte Lenin mit seinem (falschen und boshaften) Bild vom "Juduschka Trotzki"[36] das Stichwort.

Daß auch Lenin Repressalien gegen Unschuldige und die Kriminalisierung Andersdenkender befürwortete, wurde bereits erwähnt. Von nicht geringerer Bedeutung ist, daß der Parteikodex, dessen sich Stalin bei der Verfolgung seiner Rivalen bediente, im wesentlichen auf Lenin zurückging. Er war es, der auf dem 10. Parteitag (1921), und zwar mit Hilfe einer festgefügten Fraktion,[37] den das Fraktionsverbot einschließenden faktischen "Ausnahmezustand in der Partei"[38] durchsetzte und damit die Voraussetzungen für die von Stalin praktizierte, erst politische, dann moralische und schließlich physische Ausschaltung selbständig denkender Kommunisten schuf.

Somit ist Milovan Djilas zuzustimmen, wenn er konstatiert: "Stalin geht aus Lenin hervor".[39] Das bedeutet allerdings nicht, daß Stalin und der Stalinismus *zwangsläufig*

---

34 Lenin: Über die Diktatur des Proletariats (Werke. Bd. 30. S. 80).
35 Ders.: Plan der Rede für den 27. III. 1922 (Werke. Bd. 36. S. 556 f).
36 Ders.: Über die Schamröte des Juduschka Trotzki (Werke. Bd. 17. S. 29).
37 Daß Lenin, der seinen Genossen das Recht absprach, Fraktionen zu bilden, es für selbstverständlich hielt, zur Behauptung eigener Positionen fraktionelle Zusammenschlüsse herbeizuführen, hebt unter anderem J.M. Jaroslawski hervor (vgl. KPSS 4/89. S. 188).
38 Dazu vgl. A. Avtorchanov: X. s'ezd i osadnoe polozenie v partii, in: "Novij mir", 3/90. S. 193 ff.
39 Djilas, Milovan: Jahre der Macht. München 1992. S. 308.

aus der politischen Praxis Lenins erwachsen sind. Zur Klärung dieser Frage sind weitere Forschungen notwendig, die vor allem auch die Veränderungen der internationalen Lage nach Lenin, die sozialen Umschichtungen in der sowjetischen Bevölkerung, in der Partei und ihren Führungsgremien sowie die persönlichen Eigenschaften, Fähigkeiten und Grenzen der an den politischen Entscheidungen beteiligten Männer berücksichtigen müßten.

13. Ein wesentlicher Unterschied zwischen Lenin und Stalin bestand, wie der Verlauf der Geschichte lehrt, darin, daß Lenin ein unerreichbares Ziel verfolgte, Stalin sich aber eine Aufgabe stellte, deren Realisierung (zumindest für die Dauer einer bestimmten historischen Etappe) machbar war. Während Lenins Weg, der mit zweckwidrigen Mitteln gepflastert war, zu einer kontinuierlichen Erosion des angestrebten Ziels und insofern immer weiter von ihm fortführte, stimmten bei Stalin die zum Einsatz gelangten verbrecherischen Mittel mit dem Antihumanismus des Ziels überein. Stalin war konsequenter, nüchterner, somit auch realistischer als Lenin und konnte deshalb über ihn triumphieren.

Im Gegensatz zu Lenin befand sich Stalin im Oktober 1917, in dessen Kämpfen er auch nicht in Erscheinung trat, auf dem Nullpunkt seiner politischen Karriere. Er hatte zwar schon vorher, allerdings ohne der ersten Führungsgarnitur anzugehören, eine (wenn auch wegen seiner Eigenmächtigkeiten umstrittene) Rolle in der Bolschewistischen Partei gespielt, sich dann aber in den vier Jahren seiner letzten Verbannung, nur der Jagd und dem Fischfang nachgehend, weit von seinen Genossen sowie der Partei entfernt und sich obendrein dadurch disqualifiziert, daß er nach seiner Rückkehr nach Petrograd im März 1917 vehement für eine Linie eingetreten war, die den kurz danach verkündeten Aprilthesen Lenins völlig zuwiderlief. Nach der Oktoberrevolution konnte er jedoch in die Rolle eines Senkrechtstarters schlüpfen. Brachialpolitiker standen unter den Bedingungen des Bürgerkrieges hoch im Kurs.

Stalin wuchs in die politische Verantwortung in einer Situation hinein, in der die Festigung der Macht absolute Priorität besaß. Zur Festigung der Macht gehörte aber vor allem ihre ständig forcierte Konzentration, an deren Ende logischerweise die Zusammenballung aller Befugnisse in der Hand Weniger oder eines Einzelnen stand. Damit waren Rivalitätskämpfe vorprogrammiert; sie stellten nun, eine neue Qualität ausmachend, die neuen Mittel dar, die zur Erreichung des neuen Zieles erforderlich waren. Stalin verfügte über alle Eigenschaften, die zur Führung solcher Kämpfe unerläßlich sind - Skrupellosigkeit, Mißtrauen, Rachsucht usw. So war er auf die nächste Etappe der politischen Kämpfe besser vorbereitet als irgend jemand anderes.

Es ist kaum zu bezweifeln, daß Stalin anfangs lediglich darauf hinarbeitete, die Führungsriege der Partei als Machtzentrum auszubauen, sie möglichst klein zu halten und sich dabei einen unabkömmlichen Platz in der Spitze zu sichern. Deshalb rangierten bei ihm auch - ganz gleich, ob er als Bevollmächtigter des Zentralkomitees an der Front erschien oder als Volkskommissar über Verwaltungsstrukturen entschied - Kaderfragen immer vor Sachfragen. Er verdrängte (oft genug mittels eines Hinrichtungsbefehls) alle Funktionäre, die sich nicht an Autoritäten orientierten und hievte solche, die sich bedingungslos der Zentralgewalt (und möglichst ihm persönlich) unterordneten, in verantwortliche Positionen.

Zu welchem Zeitpunkt Stalins Alleinherrschaftspläne faßbare Gestalt annahmen, läßt sich schwer sagen, dürfte auch kaum präzis zu bestimmen sein. Wahrscheinlich ist, daß seine Ambitionen durch die zunehmende Verschlechterung von Lenins Gesundheitszustand nach dem Attentat vom August 1918 Auftrieb erhielten, besonders durch dessen schwere Krankheit, ein Bruch im Mai 1922, der - wenngleich man nicht offen darüber sprach - die Nachfolger-Frage auf die Tagesordnung rückte. Eine bedeutende Zäsur bei der eigenen Rollenbestimmung Stalins stellte zweifellos auch seine (mit Billigung Lenins erfolgte) Wahl zum Generalsekretär des Zentralkomitees und damit zum Personalchef der gesamten Partei im März 1922 dar.

14. Krank, isoliert und konzeptionslos, hatte Lenin keine Chance, sich gegen seine von Stalin mit allen Finessen beriebene Kaltstellung zu wehren. Außer Trotzki, der offenbar ein konsequenterer Leninist war als Lenin selbst und sich folgerichtig weiter auf dessen widersprüchlicher (und in die Nahe der Resignation) führenden Linie bewegte, schlugen sich die übrigen, in ihren Machtkult mehr und mehr persönliche Bestrebungen einbringenden Mitglieder der engeren Parteispitze auf die Seite des aufsteigenden Generalsekretärs. Sie hielten zwar den zur Mobilisierung der Massen unverzichtbaren Namen Lenins hoch und schmückten sich mit seinen, von ihnen mit Füßen getretenen Ideen, aber behandelten ihn, den "Alten", wie sie ihn nannten, mehr und mehr als Fossil.

Nachdem das Politbüro Lenin erst vorübergehend, dann aber (seit Ende 1922) endgültig in den goldenen Käfig des Landhauses in Gorki gesperrt und Stalin alsbald mit der "Betreuung", in Wirklichkeit mit der Beaufsichtigung, des in Tausenden Reden und Broschüren weiterhin glorifizierten Parteiführers beauftragt hatte, mußte dieser zermürbende Kämpfe um jeden Besucher, zeitweilig sogar um die Erlaubnis, Briefe zu empfangen und Zeitungen zu lesen sowie um die unzensierte Veröffentlichung der wenigen noch von ihm diktierten Artikel ausfechten. Nahezu hermetisch von der Außenwelt abgeschlossen und seiner Umgebung mißtrauend,[40] versiegelte und versteckte er, als lebe er wieder in der Illegalität, die spärlichen Aufzeichnungen, die er über die mit großer Besorgnis beobachtete Krise der Parteiführung und deren mögliche Überwindung machte.

15. Die bekannteste dieser Aufzeichnungen ist der als Lenins Testament in die Geschichte eingegangen "Brief an den Parteitag" vom 23.12.1922/4.1.1923,[41] der in erschütternder Weise offenbart, daß der Autor zu diesem Zeitpunkt nicht nur ein gebrochener Mann, sondern auch ein den Herausforderungen in keiner Weise mehr gewachsener Politiker war. Grundsatzfragen spielten nun in seinem Denken eine zweitrangige Rolle. Seine Anregungen und Empfehlungen galten dem Instrumentarium der Politik, dem Aufbau der Entscheidungsgremien und den Prozeduren, in erster Linie aber Kaderfragen, deren Herauslösung aus der Gesamtproblematik - wie die Stalinsche Praxis bereits bewiesen hatte - darauf hinauslief, den Mitteln und Methoden eine dominierende Rolle bei der Planung der Politik einzuräumen.

Gegenüber der Hauptgefahr, die dem Sowjetstaat drohte, nämlich seiner Entartung zu einer terroristischen Diktatur, war Lenin blind. Er konstatierte lediglich, daß eine Einzelperson in der Parteispitze, nämlich der Generalsekretär, "eine unermeßliche Macht" in seinen Händen konzentriere, sah aber nicht, daß damit bereits der Grundstein einer Al-

---

40 Wie berechtigt Lenins Mißtrauen war, illustriert unter anderem die Tatsache, daß sein Testament, zu dem seinem Willen gemäß nur seine Frau, Nadezda Krupskaja, Zugang haben sollte, schon wenige Stunden nach der Niederschrift Stalin in die Hände gespielt wurde.
41 Werke. Bd. 36. S. 577-582.

leinherrschaft gelegt war, und warf erst recht nicht die Frage auf, wie man eine solche Machtkonzentration rückgängig machen und in Zukunft verhindern könne. Statt dessen fragte er simpel, ob Stalin der Mann sei, dem man solche - wohlgemerkt: unbegrenzten - Machtbefugnisse belassen könne. Und nicht einmal darauf gab er eine eindeutige Antwort. Er, der früher gewohnt war, seine Vorschläge in kategorischem Ton vorzubringen, regte nun in vorsichtigen Wendungen (und erst in einem zehn Tage später, also nach längerem Zögern, abgefaßten Nachtrag) an, "sich zu überlegen, wie man Stalin ablösen könnte". Eine Kandidatur für den nächsten Träger der "unermeßlichen Macht" nannte er nicht.

Mehrmals warnte Lenin im Testament vor einer möglichen Spaltung der Partei, die durch die Rivalität Stalin-Trotzki ausgelöst werden könne. Außerstande, über den von ihm selbst oktroyierten Parteikodex hinauszudenken, kam ihm nicht in den Sinn, daß mit einer zweiten Partei unter Umständen ein von Politbüro- und Staatsexekutive unabhängiges und folglich zu deren wirksamer Kontrolle befähigtes Zentrum hätte entstehen und zumindest die schlimmsten Auswüchse einer schrankenlosen Tyrannei verhindern können.

Den größten Raum im Testament nimmt eine nachgerade oberlehrerhafte Beurteilung eines Sextetts von führenden ZK-Mitgliedern ein, das Lenin offensichtlich als seinen Kollektiven Nachfolger betrachtete. Es handelte sich dabei um Stalin und die später von diesem ermordeten Trotzki, Sinowjew, Kamenew, Bucharin und Pjatakow. Wenn man einmal von der Bemerkung absieht, daß Trotzki "wohl der fähigste Mann im gegenwärtigen ZK" sei, stellt dieser Teil des Testaments eine Anhäufung absoluter Fehleinschätzungen dar. Was Lenin als Stalins Grobheit bezeichnete, war nicht, wie er meinte, ein Mangel, der "im Verkehr zwischen uns Kommunisten durchaus erträglich ist", sondern eine grenzenlose, vor der Ermordung fast aller seiner Mitstreiter und der Einkerkerung und Aussiedlung von Dutzenden Millionen Menschen nicht zurückschreckende Brutalität. Und wenn er Stalin Unaufmerksamkeit, Launenhaftigkeit, mangelnde Toleranz und ungenügende Loyalität gegenüber den Genossen vorwarf, so verkannte er die für das Schicksal der Partei entscheidenden Eigenschaften seines Generalsekretärs - Machthunger, Menschenverachtung und Hinterlist. Geradezu grotesk klingt es, wenn er erklärte, er wünsche sich auf dem Posten des Generalsekretärs einen Mann, der etwas toleranter, höflicher usw. als Stalin sei, ansonsten aber "in jeder Hinsicht" dessen Qualitäten besitze.

Daß Lenin, möglicherweise über Sinowjews und Kamenews rückhaltlose Unterstützung für Stalin verärgert, an deren Widerspruch gegen die Aufstands-Resolution des ZK vom Oktober 1917 und den damit zusammenhängenden Disziplinverstoß erinnerte, war nicht nur unklug, weil er damit Stalin, den er offenbar noch immer nicht als seinen unerbittlichen Gegenspieler erkannt hatte,[42] einen wertvollen Trumpf für künftige Machtkämpfe in die Hand spielte. Diese Beschwörung der Vergangenheit war auch völlig verfehlt, und zwar insofern, als sie den Genannten die Fähigkeit der selbständigen Meinungsbildung und des Einstehens für ihre Überzeugung bescheinigte, über die sie dort, wo es um mehr als ihr Leben, nämlich um die Sache ging, nicht verfügten: Zehn Jahre später legten Sinowjew und Kamenew, zugegebenermaßen durch Stalin in eine beispiel-

---

42 Erst zwei Monate später, fünf Tage vor seinem letzten Krankheitsanfall, drohte Lenin Stalin in einem Brief (Text in: KPSS, 12/89. S. 192) den Abbruch der persönlichen - nicht der parteimäßigen! - Beziehungen an.

lose Zwangssituation hineinmanövriert, eine revolutionären Führern unverzeihliche Würdelosigkeit an den Tag, indem sie, irrigerweise auf Gnade hoffend, sich nie begangener Untaten bezichtigten, ihren Auffassungen abschworen und dabei jeden anbefohlenen Meineid leisteten.

Gleicherweise unzutreffend charakterisierte Lenin auch die Nachwuchspolitiker Bucharin und Pjatakow, wobei seine Ausführungen obendrein durch Inkonsequenz überraschen. Den einen bezeichnete der einstige unermüdliche Wächter über die Reinheit der Lehre als einen "bedeutenden Theoretiker", fügte aber im gleichen Satz hinzu, daß dessen Anschauungen "nur mit sehr großen Bedenken zu den völlig [! - W.R.] marxistischen gerechnet werden" könnten; dem zweiten kreidete er genau das an, was dieser bei Lenin selbst gelernt hatte, nämlich "den Hang für das Administrieren". Weitaus schwerer wiegt jedoch, daß Lenin, der die menschlich-moralischen Qualitäten bei der Einschätzung Stalins als eine "Kleinigkeit" gewertet hatte, "die entscheidende Bedeutung erlangen kann", diesen Aspekt bei Bucharin und Pjatakow gänzlich übersah. Er sprach von ihnen als den "hervorragendsten Kräften" unter den Jüngeren beziehungsweise von Funktionären mit "großer Willenskraft und glänzenden Fähigkeiten", während auch diese beiden sich (ebenfalls ein reichliches Jahrzehnt später und unter extremen Ausnahmebedingungen) als Männer ohne Führungsqualitäten und Rückgrat erwiesen. Beispielsweise erniedrigte sich Bucharin, um seine "Parteitreue" zu bekunden, dazu, über seine alten Genossen Sinowjew und Kamenew, deren Unschuld für ihn feststand, an Woroschilow zu schreiben: "Daß man die Hunde erschossen hat, freut mich sehr".[43] Noch verkommener verhielt sich Pjatakow, der sich, ehe er verhaftet war, also nicht etwa unter dem Druck der Folter, erbot, seine Ergebenheit gegenüber Stalin durch erlogene Zeugenaussagen gegen Sinowjew und Kamenev zu beweisen und nachdrücklich darum bat, die zu erwartenden Todesurteile gegen diese beiden und ihre Mitangeklagten sowie gegen seine frühere Ehefrau eigenhändig vollstrecken zu dürfen.[44]

16. So war am Ende des Lebens nichts mehr von dem scharfsichtigen Dialektiker und energiegeladenen Visionär Lenin geblieben, der es drei Jahrzehnte zuvor auf sich genommen hatte, die Weltgeschichte zu verändern. Schmerzhaft die eigene Ohnmacht empfindend, spürte er offenbar, daß es unter den charakterlosen Spitzenfunktionären, die seine Führerschaft geformt hatte, keinen gab, dem er ruhigen Gewissens die Bürde seiner Nachfolge hatte auferlegen können. Wie groß seine Resignation war, ist nicht zuletzt daraus zu ersehen, daß er, ein ausgeprägter politischer Tatmensch, sich, einer Notiz seiner Schwester Maria Uljanowa zufolge, zeitweilig mit dem Gedanken trug, Sämereien aus den USA und Kanada anzufordern und fortan als Privatmann auf dem Gebiet der Pflanzenzucht zu experimentieren.

Lenins persönliches Fiasko, von dem damals nur eine Hand voll Leute wußte, kann als frühe Warnung vor dem Scheitern des Realsozialismus gedeutet werden. Daß Lenin, dessen Ziel es ursprünglich gewesen war, die "höchste Wohlfahrt" und "freie allseitige Entwicklung" aller Mitglieder der Gesellschaft zu erreichen und zu sichern,[45] mit immer verschwommenerem Blick auf die Wohlfahrt eine auf Gewalt gestützte Politik betrieben

---

43 Wolkogonow, Dimitri: Stalin - Triumph und Tragödie. Düsseldorf 1989. S. 274.
44 Vgl. O tak nazyvaemom "parallel'nom antisovetskom trockistskom centre" (KPSS, 9/89. S. 37).
45 Lenin: Entwurf des Programms der Sozialdemokratischen Arbeiterpartei Rußlands (Werke. Bd. 6. S. 13).

hatte, die Millionen Menschen seinem eisernen Willen unterwarf und ihnen jede freie Entscheidungsmöglichkeit nahm, daß er darüber hinaus die Voraussetzungen für die Fortführung einer solchen Politik nach seinem Tode schuf, ist Tatsache. Gleicherweise dürfte feststehen, daß es vor allem und fast ausschließlich die von ihm angewendeten, in letzter Instanz durchweg erfolglosen Mittel und Methoden waren, die die Ausstrahlungskraft seines Werkes immer mehr verblassen ließen, schließlich seine Partei jedes geschichtsträchtigen Rückhaltes beraubten und somit zu einem gewichtigen, wenn nicht zum entscheidenden Grund für den Mißerfolg seines Wagnisses wurden, von einem zurückgebliebenen Land aus der jahrtausendelangen Menschheitsgeschichte ein Ziel aufzupfropfen. Lenins Vorsätze zerbarsten an der Unerbittlichkeit seines Vorgehens.

Allerdings bleibt die Frage im Raum stehen, ob es angesichts des gewaltigen äußeren und inneren Drucks, dem die Sowjetmacht ausgesetzt war und der sie ständig zur Konzentration auf das Nächstliegende, zur Abwendung der unmittelbarsten Gefahren zwang, generell möglich gewesen wäre, wenigstens partiell oder temporär auf den Einsatz dieser Mittel zu verzichten. Anders ausgedrückt: Ob die revolutionäre Ordnung auch ohne diese Mittel eine Überlebenschance gehabt hätte. Beantwortet werden kann diese Frage - sofern sie überhaupt beantwortbar ist - nur in ferner Zukunft, wenn die Enttäuschung über den Realsozialismus verweht sein und angesichts der fortbestehenden und weiter ausufernden Gebrechen des Kapitalismus vielleicht ein neuer, wohl nicht mehr mit dem Begriff Sozialismus verbundener, andersartiger, also auch auf andere Mittel setzender Versuch der Errichtung einer gerechteren Gesellschaft unternommen wird.

Womöglich wird es dazu niemals kommen. Die zum Selbstzweck gewordenen Mittel, derer sich die Menschheit zur Erhaltung ihrer Existenz bedient - Naturunterwerfung und Technikentwicklung, Konsumausweitung und Profitmaximierung könnten ihr schon vorher den Garaus machen.

Hermann Weber (Mannheim)

Die Instrumentalisierung des Marxismus-Leninismus

In den kommunistisch regierten Staaten galt der Marxismus-Leninismus als "herrschende Ideologie". Nach offizieller Lesart stützten sich nicht nur Konzeptionen und Strategien, sondern die gesamte Politik der Kommunisten auf den Marxismus-Leninismus. Auch die Umgestaltung der Gesellschaft wurde in dieser Sicht als "Anwendung" des Marxismus interpretiert. Programmatisches Ziel kommunistischer Parteien war in ihrer Selbstdarstellung eine Gesellschaft der Gleichheit und sozialen Gerechtigkeit entsprechend der Tradition der Arbeiterbewegung und des "Marxismus".

Deshalb ist zu prüfen: Erstens, war der Marxismus-Leninismus tatsächlich die von der Führung angewandte Theorie, deren Vorgaben ihre Politik bestimmten oder aber diente er vor allem der Rechtfertigung und Verschleierung ihres Handelns. Zweitens, waren die durch dogmatische Schulung verbreiteten Inhalte der Ideologie Grundlage politischer Einsichten und Motivation oder wurden sie vorwiegend als Glaubensdoktrinen zur Disziplinierung der Anhängerschaft, vor allem der Funktionäre, benutzt?

Gegenwärtig findet wieder eine Auffassung Verbreitung, die schon in den fünfziger Jahren im Westen dominierte: Kommunistische Politik wird im wesentlichen als "Verwirklichung" der Ideologie des Marxismus-Leninismus, ja der Theorien von Marx gesehen. Dadurch wird noch im Nachhinein die Behauptung der Kommunisten "bestätigt", ihre Politik ziele auf die klassenlose Gesellschaft, realisiere die Ideen der Arbeiterbewegung im Sinne von Marx. Bei entsprechenden Zitatenzusammenstellungen[1] aus den (nicht selten widersprüchlichen) Arbeiten von Marx und Engels fehlt die nötige Historisierung und damit erscheinen die Thesen von Marx und Engels als "Grundlage" der späteren Politik der Kommunisten. Tatsächlich: "Geschickte Auswahl versetzt unschwer in die Lage, Marx und Engels beliebig als Trumpf auszuspielen"[2] - sie sogar als Stammväter der Diktatur kommunistischer Parteiführungen auszugeben.

Wenn nun in einer Dissertationsankündigung verlautet: "Der Realsozialismus ist die Umsetzung der politischen Programmatik und Dogmatik des 'Manifest der Kommunistischen Partei' von 1848",[3] wird mit solchen Vorstellungen nicht nur - zwar mit umgekehrten Vorzeichen - die These der ehemals herrschenden Parteikommunisten übernommen, sondern zugleich die Instrumentalisierung, die Ideologisierung der Theorie verwischt.

---

1 Marxismus. Quellen-Lexikon. Hrsg. von Konrad Löw. Köln 1985. 2., erg. Aufl., Köln 1988. Vgl. hingegen das wissenschaftlich fundierte Marx-Lexikon: Zentrale Begriffe der politischen Philosophie von Karl Marx. Hrsg. von Hans-Joachim Lieber und Gerd Helmer. Darmstadt 1988.
2 Das Zitat stammt aus den mehr als dürftigen "Kommentaren" Löws (a.a.O., S. 72) und kann "unschwer" gegen seine Sicht angewendet werden. Typisch für seine Erläuterungen ist, wie er Marx' Aussage, der Mensch sei das höchste Wesen für den Menschen, es gelte der "kategorische Imperativ, alle Verhältnisse umzuwerfen, in denen der Mensch ein erniedrigtes, ein geknechtetes, ein verlassenes, ein verächtliches Wesen ist", kommentiert als "ganz ungewöhnliche Gefühlskälte" des jungen Marx. Ebenda, S. 142.
3 So die Verlagsankündigung für Gentsch, Lutz: Realsozialismus und Karl Marx. Die Stalinismus-Legende. Frankfurt/M. u.a. 1993.

Mit der Instrumentalisierung rückte indes an die Stelle einer Theorie, die mittels einer bestimmten Methode Tatsachen erforscht und daraus entsprechende Schlußfolgerungen zieht, eine Ideologie, die (ganz im Sinne der ideologiekritischen Definition von Marx) die Funktion hatte, die Interessen einer herrschenden Klasse oder Schicht zu verdecken.

Der Gebrauch von Termini des Marxismus und der Arbeiterbewegung diente vorrangig der Verschleierung der wirklichen Verhältnisse. Zumindest seit der Herausbildung der stalinistischen Ideologie (d.h. ihres "Marxismus-Leninismus") in den zwanziger Jahren sollten Diktatur und die Herrschaft einer neuen privilegierten Oberschicht durch die Berufung auf die Theorie von Marx, die Übernahme seiner Begriffe bei radikalem Wertewandel, verschleiert werden. Die Ausbeutung wurde als Aufbau des Sozialismus stilisiert, trotz blutiger Säuberungen vom "sozialistischen Humanismus" gesprochen und die terroristische Diktatur als "sozialistische Demokratie" beschrieben. Damit sollte verdeckt werden, daß die diktatorische Willkürherrschaft die Abkehr von den sozialen und humanistischen Ursprüngen auch des radikalen Flügels der Arbeiterbewegung bedeutete.

Durch die Indoktrination mit ausgewählten Zielvorstellungen von Marx (Verstaatlichung der Wirtschaft als Schritt zur klassenlosen Gesellschaft, Planung als Überwindung einer Krisenwirtschaft) wurde versucht, davon abzulenken, daß dieser "Staatssozialismus" die wirtschaftliche Grundlage kommunistischer Parteidiktatur war. Marx' Kritik am Kapitalismus des 19. Jahrhunderts wurde zur Immunisierung gegenüber allen "westlichen" Ideen benutzt, um durch "falsches Bewußtsein" das Regime zu festigen. Dabei zeigte sich, daß die Ideologie oft weniger auf positiver denn auf negativer Haltung beruhte: Die Beschwörung der Gefahr des Faschismus - als "Ergebnis" des Kapitalismus an die Wand gemalt - sollte z.B. die Funktionäre durch "Antifaschismus" zusammenschliessen und Kritik am eigenen System verhindern.

Die Behauptung, der Marxismus-Leninismus sei eine "wissenschaftliche" Lehre, mit deren Hilfe die Führung der "Gesetzmäßigkeit der Geschichte" folge, wirkte wie Opium, um die Gläubigkeit der Kader zu festigen. Zugleich sollte die These von der "Unvermeidlichkeit" des "Sieges des Kommunismus" und ebenso die Propheceiung, das "Rad der Geschichte" drehe sich in Richtung Kommunismus, bei Anhängern Hoffnung erzeugen und die Gegner erschrecken oder verwirren. Doch gerade hier setzte die Verschleierung ein, weil in den Mittelpunkt der Politik längst Machterringung und dauerhafter Machterhalt gerückt waren und nicht Zukunftsutopien mit dem Ziel einer gerechten Gesellschaft.

Dies galt auch für die SED (die im folgenden vor allem berücksichtigt wird). Deren Propagandisten haben die Ideologie in Agitation umgesetzt: Die Parteidiktatur hieß "Diktatur des Proletariats" - obwohl gerade die Arbeiter rechtlos waren. Ihr Instrument Streik war ihnen mit der Behauptung genommen, sie seien inzwischen die "Eigentümer" der Betriebe und deshalb könnten sie nicht gegen sich selbst streiken. Zynismus war dann die Bezeichnung der Mauer als "antifaschistischer Schutzwall".

Der "Marxismus-Leninismus" diente der Verbrämung der Existenz und Rolle einer neuen Oberschicht sowie der Diktatur der Parteiführung, nicht zuletzt durch Funktionswandel der Begriffe, wie Karl Mannheim schon 1925 konstatierte: "Wachsen neue Schichten in Ideengehalte von bereits vorhandenen Schichten hinein, so wird es sich immer zeigen lassen, daß dieselben Worte für sie etwas anderes bedeuten werden, weil die Strebungsrichtung und der Existenzzusammenhang, aus dem diese neuen Schichten denken, auch ein anderer ist."[4]

Da es sich bei der stalinistischen Ideologie um Verschleierung handelte, sind deren Aussagen nicht einfach zu glauben, sondern kritisch zu überprüfen.[5] "Wie man im Privatleben unterscheidet zwischen dem, was ein Mensch von sich meint und sagt, und dem, was er wirklich ist und tut, so muß man noch mehr in geschichtlichen Kämpfen die Phrasen und Einbildungen der Parteien von ihrem wirklichen Organismus und ihren wirklichen Interessen, ihre Vorstellung von ihrer Realität unterscheiden."[6] Das galt gerade für die stalinistische Ideologie.

Neben der Verschleierung hatte der Marxismus-Leninismus zugleich die Aufgabe, die Politik der Kommunisten zu rechtfertigen. Die Führung wollte durch ständige Berufung auf Thesen der "Klassiker", also von Marx, Engels und Lenin - und bis 1956 vor allem Stalin - beweisen, ihre Politik sei die Anwendung einer wissenschaftlichen Theorie, also letztlich von deren Ziel einer "besseren" Gesellschaft bestimmt.

Wolfgang Leonhard hat das so beschrieben: "Die Ideologie diente der Begründung und Rechtfertigung zuvor von der Parteiführung aus praktischer Notwendigkeit gefaßter Beschlüsse und Maßnahmen, die nachträglich mit der Behauptung gerechtfertigt wurden, die Führung betreibe eine 'wissenschaftliche Politik'."[7]

Beispielhaft ist zu zeigen, wie die "Berufung" auf theoretische Aussagen lediglich zur Scheinbegründung jeweiliger Politik benutzt wurde. "Klassiker"-Zitate mußten stets dazu herhalten, als dogmatische Leitsätze die "Richtigkeit" der Politik zu "belegen". Als drastischer Nachweis für solchen "Marxismus-Leninismus" sei hier die Benutzung zweier entgegengesetzter Lenin-Thesen angeführt. Es ging jeweils darum, die gerade gültige politische Linie zu "untermauern", ja sogar zu "beweisen"; beispielsweise, ob es "besondere Wege" zum Sozialismus gebe oder als Richtschnur einzig das sowjetische Modell gelte.

Bei Gründung der SED hatten Anton Ackermann und andere kommunistische Ideologen entsprechend der damaligen politischen Linie Stalins als "Beweis" für "verschiedene", also auch für einen "deutschen" Weg zum Sozialismus, Lenins These aus dem Jahr 1916 zitiert: "Alle Völker werden zum Sozialismus gelangen, das ist unausweichlich,

---

4 Mannheim, Karl: Das Problem einer Soziologie des Wissens. Archiv der Sozialwissenschaft. Tübingen 1925. S. 650. - Vgl. auch ders.: Wissenssoziologie. Auswahl aus dem Werk. Eingeleitet und hrsg. von Kurt H. Wolff. Neuwied 1964. S. 384. Auf die Diskussion zur Ideologie (etwa Ideologie als Werturteil im Gegensatz zur wissenschaftlichen Sachaussage, so bei Theodor Geiger oder Hans Albert) kann hier nicht eingegangen werden. Vgl. z.B. Lenk, Kurt: Ideologie, Ideologiekritik und Wissenssoziologie. Frankfurt/Main, New York 1984.

5 Es fällt auf, daß im Westen zwar die einstige These der SED-Führung von der "Verwirklichung" des Marxismus und Leninismus ernst genommen wird, nicht aber die ebenso unsinnigen Behauptungen, die Deutsche "Demokratische" Republik realisiere die Demokratie, die SED sei "Friedenspartei" usw. Stojanović hat schon 1970 konstatiert, es sei in der UdSSR ein "neues, ausbeuterisches Klassensystem entstanden, das sich beharrlich als Sozialismus ausgibt. Leider glaubt man nahezu allgemein an die sozialistische Identität der stalinistischen Gesellschaft". Stojanović, Svetozar: Der etatistische Mythos des Sozialismus. Wiederabgedruckt in Oelmüller, Willi: Weiterentwicklungen des Marxismus. Darmstadt 1977. S. 367 ff.

6 Marx, Karl: Der 18. Brumaire des Louis Bonaparte, in: Marx/Engels Werke. Bd. 8. Berlin (Ost) 1960. S. 139.

7 Leonhard, Wolfgang: Referat vor der Enquete-Kommission des Bundestages "Aufarbeitung von Geschichte und Folgen der SED-Diktatur in Deutschland" am 12. Februar 1993. Ms. O.O.u.J. S. 6.

aber sie werden dahin nicht auf ganz dem gleichen Weg gelangen, jedes Volk wird dieser oder jener Form der Demokratie, dieser oder jener Abart der Diktatur des Proletariats, diesem oder jenem Tempo der sozialistischen Umgestaltung, der verschiedenen Seiten des gesellschaftlichen Lebens seine Eigenart verleihen!"[8]

Doch schon 1948, seit dem Stalin-Tito-Konflikt, sind "verschiedene Wege" zum Sozialismus von der stalinistischen Führung in Moskau verworfen, für ketzerisch erklärt und ihre Verfechter verfolgt worden. Nunmehr beriefen sich die Kommunisten darauf, daß Lenin ja (auch) 1920 gesagt hatte, die "Grundzüge" der bolschewistischen Revolution hätten keine "spezifisch russische", sondern "internationale Bedeutung", ihre "internationale Wiederholung" sei unvermeidlich.[9]

Das galt bis 1956. Denn 1956, auf dem XX. Parteitag der KPdSU, konzedierte Chruschtschow wieder "verschiedene Wege" zum Sozialismus - und stellte das erstgenannte Lenin-Zitat von 1916 als richtungsweisend in den Mittelpunkt. Kurze Zeit darauf, nach dem ungarischen Aufstand, erhielt erneut das spätere Lenin-Zitat von 1920 den Rang eines "Beweises" der nun wieder streng von Moskau diktierten Politik. Dieser fatale Umgang mit gegensätzlichen "Belegen" wiederholte sich mehrmals. Damit waren keineswegs etwa falsche Zitate aus der Schublade gezogen, sondern sie nach Bedarf herausgesucht worden, sollte doch jeweils der "Beweis" angetreten werden, die kommunistische Politik lasse sich von einer "Wissenschaft", dem Marxismus-Leninismus leiten. Tatsächlich dienten in diesem "Dogmenstreit" Lenin- und Marx-Zitate in erster Linie zur ideologischen Verschleierung und Rechtfertigung aktueller Politik.

Später wurde noch deutlicher, daß gerade die Sowjetführung nicht von theoretischen Konzeptionen des "Marxismus" ausging, sondern diese nur der Rechtfertigung ihrer Machtpolitik dienten. Alexander Dubcek schrieb inzwischen über seine Erfahrungen in Moskau 1968: Breschnew machte "deutlich, daß Ideen und Ideale ganz und gar zweitrangig waren. Er zeigte, was er und sein Politbüro wirklich waren: ein Haufen zynischer, arroganter Bürokraten mit dem Auftreten von Feudalherren, die schon lange niemanden mehr dienten außer sich selbst".[10]

Die Instrumentalisierung des Marxismus-Leninismus hatte durch Verschleierung und Rechtfertigung stets die Macht der Parteiführung legitimieren sollen. Dies ist für die SED-Diktatur in der DDR ebenfalls nachzuweisen. Mit den politischen (Diktatur) und sozialen (Staatswirtschaft) Umgestaltungen erfolgte nach 1945 in der SBZ/DDR die Übertragung des sowjetischen Modells. Maßgeblich für die Umwandlung der DDR erwiesen sich daher nicht etwa theoretische Positionen (und schon gar nicht die Wert- und Zielvorstellungen der - ja auch von Marx geprägten - deutschen Arbeiterbewegung und ihrer Traditionen), sondern die strikte Befolgung der Vorgaben und "Erfahrungen" des stalinistischen Machtsystems.

Gerade die Berufung auf die Geschichte, in der die Kommunisten angeblich "immer recht" hatten, sollte der SED-Herrschaft Legitimation verschaffen. Ein typisches Beispiel von Instrumentalisierung war der Anspruch der SED, sie habe eine marxistische Geschichtswissenschaft etabliert.

Deren "marxistische" Darstellung beschränkte sich jedoch oft nur auf die Verwendung der Terminologie und einiger dogmatisierter Grundaussagen. Soweit es sich um die

---
8 Lenin, W.I.: Sämtliche Werke. Bd. 19. Wien-Berlin 1930. S. 281.
9 Lenin: Aus den Schriften 1895-1923. München 1967. S. 236.
10 Vorabdruck von Dubceks Memoiren, In: Der Spiegel, Nr. 10, 8.3.1993. S. 198.

Definition von Gesellschaftsformationen oder die Beschreibung der "gesetzmäßigen" Entwicklung handelte, hielt sich die SED orthodox an den historischen Materialismus. Allerdings stützte sie sich bei der Einschätzung ihrer eigenen Geschichte eher auf idealistische denn auf materialistische Positionen. Als Erklärungsmuster wurden keineswegs ökonomische, politische und organisatorische Determinanten in Zusammenhang gebracht, sondern meist ideologische Konzeptionen "der Partei" beschrieben und diese dann als Ergebnis einer angeblich "objektiven Gesetzmäßigkeit" des Geschichtsverlaufs dargestellt.

Die DDR-Historiographie benutzte keineswegs die ideologiekritische marxistische Methode, sondern sie hat im Gegenteil die vorhandenen realen Widersprüche vertuscht und Gegensätze der eigenen Entwicklung geleugnet. Gerade die Unterordnung des Geschichtsbildes unter die Erfordernisse aktueller Politik verhinderte, daß der "Marxismus" als eine Methode empirischer Forschung Anwendung fand. Für die Politik instrumentalisiert, war er eine Schablone, in die die tatsächlichen Ereignisse gepreßt wurden.[11] Als Teil der Ideologie war die DDR-Geschichtsschreibung Legitimationswissenschaft. Da die SED ihre Politik als "historische Notwendigkeit" ausgab, mußte sich die Kernthese ihrer Ideologie, "die Partei hat immer recht", anhand der Geschichte "beweisen" lassen.

Als Fazit ist Wolfgang Leonhard voll zuzustimmen: "Für die SED-Führung [war] der Marxismus-Leninismus keine Gesellschaftstheorie zur Befreiung von Ausbeutung und Unterdrückung oder Errichtung der klassenlosen Gesellschaft, sondern [er] diente vor allem der Legitimierung des diktatorischen Regimes."[12]

Wenn diese lange Zeit fast unumstrittene Auffassung heute in Zweifel gezogen wird, geschieht dies auch aus politischen Gründen. Für weite Teile der Bevölkerung ist mit dem "realen Sozialismus" jede Form von Sozialismus diskreditiert. Bei der Aufarbeitung der DDR-Geschichte bemühen sich inzwischen ehemalige SED-Historiker darum, zu "beweisen", daß ein Charakteristikum der DDR der "gescheiterte Versuch" einer Verwirklichung der auch von Marx geprägten Theorien der deutschen Arbeiterbewegung gewesen sei.[13] Interessanterweise korrespondieren solche Thesen mit konservativen Vorstellungen. Auch diese erklären, daß in der DDR der Versuch scheiterte, den Marxismus zu realisieren. Sie bewerten den Zusammenbruch der kommunistischen Diktaturen als Bankrott aller sozialistischen Ideen und das Ende des Strebens nach sozialer Gerechtigkeit. Es sind letztlich politisch geprägte Aussagen, wenn heute z.B. gesagt wird, "daß es sich bei der SED-Diktatur um eine Form der Verwirklichung der marxistisch-leninistischen Theorie handele".[14]

Die Kritik an solchen Auffassungen unterschätzt keineswegs die Bedeutung der Ideologie. Selbstverständlich kam dem Marxismus-Leninismus als einem wesentlichen Mittel der Machtausübung eine eminente Rolle zu. Schließlich festigte die SED ihre Herrschaft ebenfalls mit den drei Methoden, die von Stalin in der UdSSR entwickelt worden waren. Einmal die Neutralisierung, durch die breite Schichten "passiv" gehalten werden sollten. Zum anderen sollte vor allem Terror die Diktatur sichern. Die Verfolgungen richteten sich gegen diejenigen, die eine Änderung des Systems anstrebten, die

---

11 Vgl. dazu Weber, Hermann: DDR 1945 - 1990. München 1993. S. 125 ff.
12 Leonhard, Referat, a.a.O., S. 5.
13 Vgl. dazu Deutschland Archiv (im weiteren DA), 26. Jg. (1993), H. 2. S. 255 ff.
14 Pressedienst der CDU/CSU-Fraktion im Deutschen Bundestag vom 16.2.1993.

opponierten. Willkür und Bespitzelung führten zu Resignation und schufen eine Atmosphäre der Angst.

Drittens aber kam der Ideologie eine Rolle als Herrschaftsinstrument zu. Der Marxismus-Leninismus war eben nicht nur Verschleierungs- und Rechtfertigungsinstrument, sondern auch Bindeglied der herrschenden Eliten, er sollte durch Erziehung und Bewußtseinsbildung, durch Indoktrination zugleich neue Anhänger, vor allem unter der Jugend, gewinnen und für das Regime mobilisieren. Die Schulung der Funktionäre zielte auf ideologisch-politische Konformität und war damit eine wesentliche Maßnahme, um die SED zu festigen und ihre Diktatur ausbauen zu können. Dazu mußte die Ideologie ein dogmatisch geschlossenes Weltbild verbreiten: Die utopischen Züge marxistisch-leninistischer Zukunftshoffnung wurden auf Gläubigkeit gegenüber der Parteiführung, die "immer recht" hatte, reduziert. Insofern diente die Ideologie der "Oktroyierung von Denkschablonen und Denkkategorien - sowohl dessen, was man glauben sollte als auch was man abzulehnen hatte. Durch die vorgeschriebenen Abweichungen sollten Mitglieder und Funktionäre dazu erzogen werden, gleichsam automatisch alle Auffassungen abzulehnen, die nicht in die vorgefaßte Parteilinie paßten. Kritische Gedanken und Vorschläge konnten durch die Führung als 'Abweichung' deklariert werden, um damit unliebsame oder gar kritische Diskussionen zu vermeiden".[15]

Schließlich sollten durch die Ideologie Verhaltensnormen entwickelt, die Mobilisierung politischen und sozialen Handelns erreicht werden. Allerdings waren auch hierbei eher allgemeine Floskeln (etwa die "10 Gebote der sozialistischen Moral" Ulbrichts von 1958) als wirkliches "marxistisches" Wissen gefragt.

Doch hatte der Marxismus-Leninismus als Weltanschauung der Führer und Funktionäre Bedeutung: Ihr Glaube war am Marxschen Menschenbild des 19. Jahrhunderts ebenso orientiert wie am Fortschrittsoptimismus, etwa an Engels' These von der Naturnotwendigkeit des Untergangs der "alten Gesellschaft". Dogmatische Festlegungen auf Lenins Vorstellungen von der "Rolle der Partei" haben ihre Sicht der Politik ebenso geprägt wie der Atheismus oder die Marxsche Forderung nach Aufhebung des Privateigentums. Ausgewählte und verengte Inhalte der Theorie wirkten so auf die Politik zurück. Es war also keineswegs die "falsche" Anwendung einer "guten" Idee, die zum Desaster führte. Es geht hier eben nicht um die weiterhin diskussionswürdigen Probleme von Fehlern und Schwächen oder von methodischen Leistungen der Marxschen Theorie und ihres humanistischen Anliegens. Immerhin waren ja mit der ideologiekritischen Methode von Marx gerade die Gegensätze zwischen Anspruch und Wirklichkeit in den kommunistischen Staaten besonders deutlich zu enthüllen. Hier steht aber das komplexe Thema der Ideologisierung des Marxismus und der doktrinären Instrumentalisierung des Marxismus-Leninismus zur Diskussion.

Selbst in der Außenpolitik ist ja die Rolle der Ideologie als Handlungsanleitung relativiert[16] und auch in der Kulturpolitik ist der Marxismus-Leninismus "nur in einem sehr allgemeinen Sinne" als "ideologische Grundlage" betrachtet worden.[17] Und für die Programmatik gilt die Aussage von Karl Wilhelm Fricke zum Programm und Statut von

---

15 Leonhard, Referat, a.a.O., S. 6.
16 Dasbach-Mallinckrodt, Anita: Wer macht die Außenpolitik der DDR? Apparat, Methoden, Ziele. Düsseldorf 1972. S. 54 ff. Jahn, Egbert: Der Einfluß der Ideologie auf die sowjetische Außen- und Rüstungspolitik (I-III), in: Osteuropa, 36. Jg. (1986). S. 356 ff., 447 ff., 509 ff,
17 So Hans-Adolf Jacobsen, in: ders. u.a.: Drei Jahrzehnte Außenpolitik der DDR. München 1979. S. 236.

1976: "Die Funktion der Ideologie, die etablierte Macht in der DDR zu rechtfertigen sowie Herrschafts- und Gesellschaftsverhältnisse zu verschleiern, liegt hier bloß. Dabei unterstellt die SED in ihrem neuen Programm groteskerweise 'den' Marxismus-Leninismus, der als unumstrittene Ideologie selbst für Kommunisten nicht mehr existiert, seitdem er in Moskau anders als in Peking oder in Belgrad, in Rom oder in Paris ausgelegt wird."[18]

So wie der Marxismus-Leninismus Legitimationsinstrument war, so fanden die Inhalte dieser Ideologie Verwendung zur Disziplinierung der Kader. Die Überzeugung der Führung und der Kader, sie seien "Marxisten-Leninisten", war dabei kaum von Belang: "Die Ideologie ist ein Prozeß, der zwar mit Bewußtsein vom sogenannten Denker vollzogen wird, aber mit einem falschen Bewußtsein. Die eigentlichen Triebkräfte, die ihn bewegen, bleiben ihm unbekannt; sonst wäre es eben kein ideologischer Prozeß."[19]

Das völlig ideologisierte Bewußtsein sollte bei Kommunisten vor allem ein "richtiges" Verhältnis zur Macht herstellen. Der kommunistische Anspruch, im Besitz absoluter Wahrheit zu sein, sorgte bei der "Avantgarde" für Arroganz und verursachte Realitätsverluste, führte zu Fanatismus und Sendungsbewußtsein. Da ihr Marxismus-Leninismus auf vereinfachten Thesen beruhte, führte z.B. Stalins primitiver, aber recht einprägsamer "Katechismus" über "dialektischen und historischen Materialismus" jahrzehntelang zu einer Art Pseudoreligion.

Schließlich konnte die Partei ihre Mechanismen (Neutralisierung, Terror, Indoktrination) nur dann erfolgreich anwenden, wenn die eigene Organisation sich bedingungslos den Weisungen der Parteispitze unterwarf. "Eiserne Disziplin"[20] und straffer hierarchischer Zentralismus blieben immer die bestimmenden Leitungsmethoden.

Den Funktionären wurde suggeriert, sie gehörten zur "Avantgarde", seien "Vorhut" und "Elite". Ständige Schulungen, selektive Faktenvermittlung und parteiliche Klischees förderten elitäre Überheblichkeit. Permanente ideologische Beeinflussung sollten keinen Raum für Zweifel, Skrupel oder Skepsis lassen. Der Glaube an die Ideologie wurde Grundlage der Vergötterung der "Partei". Der Funktionär hatte sich "der Partei" völlig unterzuordnen, ja der Partei alles zu geben, sich bedingungslos für sie einzusetzen. Damit wurde die Partei fast zum "Orden", dessen Kader sich durch unglaubliche Einsatzbereitschaft und Opfermut auszeichneten, zugleich aber unter der Angst litten, wegen "Abweichungen" aus dem "wissenden" Kreis ausgeschlossen zu werden. Den historischen Kontext beschreibt Helmut Fleischer: "Die DDR-Ideologie war wesentlich eine Filiale des Sowjetmarxismus. Aus ihrer Vorgeschichte in der alten KPD erbte sie ein niederkulturelles Niveau und den kreuzzüglerischen Eifer des Sich-Abgrenzens und des Bekämpfens von Gegnern wie Abweichlern."[21]

Kann die Funktion des Marxismus-Leninismus hauptsächlich als Rechtfertigungs- und Verschleierungsideologie gekennzeichnet werden, so waren auch die Inhalte nicht Grundlage von Einsichten. Die Erziehung zur "sozialistischen Persönlichkeit" war nicht

---

18 Programm und Statut der SED vom 22. Mai 1976. Mit einem einleitenden Kommentar von Karl Wilhelm Fricke. 2., akt. Aufl., Köln 1982. S. 31.
19 Engels an Mehring am 14. Juli 1893. Marx/Engels Werke. Band 39. Berlin (Ost) 1968. S. 97.
20 So ein SED-Terminus in: Politisches Grundwissen. Hrsg. Parteihochschule "Karl Marx" beim ZK der SED. Berlin (Ost) 1972. S. 540. Ursprünglich hatten die Kommunisten von fast "militärischer" Parteidisziplin gesprochen, was wohl der richtigere Ausdruck war. Vgl. Pjatnizki, O.: Die 21 Aufnahmebedingungen der Kommunistischen Internationale. Moskau/Leningrad 1934. S. 27.
21 Fleischer, Helmut: Anmerkungen zum Marxismus in der DDR. Ms. O.O.u.J. S. 6.

an den Werten der linken Bewegung, der Emanzipation, orientiert, sondern an der Nützlichkeit für die Diktatur. Auch hier hat die westliche Forschung längst festgehalten, daß die "Zwänge der Herrschaft" entscheidend waren: "Die Utopie des Marxismus wird auf die bestehende Realität verkürzt, die Erfüllung der Produktionsaufgaben für den sozialistischen Staat gleichgesetzt mit der produktiven Aneignung der Welt in der Arbeit." Auch beim Menschenbild waren es "die Funktion der Ideologie und ihr Charakter als Herrschaftsinstrument, die analysiert werden müssen".[22] Dies gilt auch für die Indoktrination der Funktionäre.

Am Beispiel der Kaderschulung der SED nach 1945 ist nachzuweisen, daß Glaubensindoktrinierung zur Disziplinierung betrieben wurde. "Vor allem nach der Niederlage der SED bei den Wahlen in Berlin vom 20. Oktober 1946 wurde die Schulungsarbeit bedeutend verstärkt."[23] Schon 1947 existierten über 100 SED-Kreisparteischulen und sechs Landesparteischulen (mit Drei-Monats-Lehrgängen). Es gelang in kurzer Zeit fast 180.000 Funktionäre auf Parteikurs zu bringen.

Als höchste Institution des Schulungssystems wurde bereits 1946 die Parteihochschule "Karl Marx" geschaffen. Laut Beschluß des Parteivorstandes der SED vom 14. Mai 1946 oblag ihr die Aufgabe der "Heranbildung qualifizierter Kader in Verbindung mit theoretischen Forschungsarbeiten und Herstellung von Schulungs- und anderen Materialien".[24] Von 1946 bis 1989 hatten insgesamt 15.000 Funktionäre die Parteihochschule absolviert.[25]

An dieser obersten "Kaderschmiede" der SED sollten Funktionäre "wissenschaftlich" ausgebildet und damit ein ideologisch "gefestigtes" Führungskorps rekrutiert werden. Bereits in der Übergangsphase der SED zur "Partei neuen Typus" 1947 bis 1949 wurde indes die schrittweise stalinistische Indoktrinierung dominierend.[26]

Als der Dozent Wolfgang Leonhard im März 1949 nach Jugoslawien flüchten mußte, war das ein dramatischer Einschnitt an der Parteihochschule. Kritik und Selbstkritik wurden gewissermaßen "Hauptfach", die Suche nach "Agenten" zur Manie.

Unter welchen Zuständen die Disziplinierung stattfand, dokumentiert ein Bericht des damaligen Parteisekretärs der Parteihochschule, Mickinn, an den Parteivorsitzenden Wilhelm Pieck. Am 21. April 1949 schrieb er unter anderem: "Am 30.3.49 wurde diese allgemeine Parteiversammlung früh 8.00 Uhr beginnend fortgesetzt. Gen. Rudolf Lindau [Direktor der Hochschule] hielt einleitend ein Referat, das sich eingehend mit den Ursachen des Falles *Leonhard* [Hervorhebung im Original] und der dabei zu Tage getretenen allgemeinen Unterschätzung des Trotzkismus an der Hochschule befaßte. In der anschließenden, bis 15.00 Uhr dauernden Diskussion sprachen eine Anzahl parteierfahrene Schüler und Lehrer über ihre Erfahrungen aus dem Kampf gegen den Trotzkismus, insbesondere in der Zeit der Emigration und des illegalen Kampfes. Der Gen. Kurt Hager hielt das Schlußwort.

---

22 Hanke, Irma: Das Menschenbild der SED, in: DA, 9. Jg., H. 5, Mai 1976. S. 515.
23 Leonhard, Wolfgang: Die Parteischulung der SED (1945-1956), in: Aus Politik und Zeitgeschichte. Beilage "Das Parlament", B. XXXXIV/56 vom 31.10.1956. S. 692. Zur Schulung und zur Kaderpolitik allgemein hat bereits 1956 Joachim Schultz die wesentlichen Aussagen gemacht: Der Funktionär in der Einheitspartei. Kaderpolitik und Bürokratisierung in der SED. Stuttgart und Düsseldorf 1956. Insbes. S. 78 ff.
24 Dokumente der SED. Bd. I. Berlin (Ost) 1952. S. 43.
25 40 Jahre Parteihochschule "Karl Marx" beim ZK der SED. Festschrift. Berlin (Ost) o. J. (1986). S. 6.
26 Vgl. zu den Einzelheiten: Geschichte, Erziehung, Politik, (1993), Nr. 5. S. 295 ff.

Vom 2.4. bis 7.4. wurde in den Parteigruppen aller Lehrgänge die Diskussion fortgeführt. Das Lehrerkollektiv befaßte sich bisher in 3 Versammlungen, deren letzte am 6.4.49 stattfand und ca. 7 Stunden dauerte, kritisch und selbstkritisch mit dem Fall Leonhard und den Lehren, die daraus für das Gesamtkollektiv und die einzelnen Fakultäten zu ziehen sind [...].

Besonders unter den jüngeren Genossinnen und Genossen aller Lehrgänge muß noch eine systematische Schulungs- und Erziehungsarbeit geleistet werden, um alle Unklarheiten über den verbrecherischen Charakter des Trotzkismus restlos zu beseitigen. Diese Unklarheiten kommen im Verlangen 'nach objektivem Studium aller trotzkistischen Argumente' und in der Verkennung des parteilichen Charakters unserer Wissenschaft zum Ausdruck. Fernerhin bestehen noch Unklarheiten in der Einschätzung des Sozialdemokratismus, ob Sozialdemokratismus und Trotzkismus gleichzusetzen sind."[27]

Einengung der Schulung der Kader auf dogmatische Indoktrination war nun üblich, Wissensvermittlung selbst an der Spitzen-Ausbildungsstätte zweitrangig. Das "Meisterwerk" stalinistischer Fälschung, die "Geschichte der KPdSU (B) - Kurzer Lehrgang" rückte in den Vordergrund des Unterrichts, "Kritik und Selbstkritik" standen nunmehr offiziell auf dem Stundenplan.[28]

Dem eigenen Kadernachwuchs wurde mißtraut, das Lesen gegnerischer Argumente als gefährlicher "Objektivismus" verwehrt. Durch Lehrthemen wie: Die SPD-Führung als "imperialistische Agentur" oder "Stalin als Freund und Helfer des deutschen Volkes"[29] war an der höchsten Bildungsinstitution der Partei die Indoktrination auf das Niveau billiger Agitation abgesunken.

Mit der Einführung eines "Parteilehrjahres" war 1950 die völlige Angleichung des SED-Schulungssystems an das der KPdSU vollzogen. Die Internatsschulung hatte mit verschiedenen Bildungsstätten (Betriebs-, Kreis-, Landesparteischulen) das ganze Land wie ein Netz überzogen. Bis 1954 hatten insgesamt 600.000 (meist junge) Menschen einen mehr oder weniger langen Schulungskurs absolviert.

Diese gezielte Indoktrination zeigte Wirkung, ihr Resultat war ein geradezu militaristisches System von Über- und Unterordnung, Befehl und Gehorsam. Statt Kritikfähigkeit und Konfliktbewältigung zu erlernen, sorgte die SED-Führung dafür, auch in der eigenen Partei den angepaßten, folgsamen, doktrinär-elitären und intoleranten Funktionär zu erziehen, der sich jederzeit die Vorstellungen der übergeordneten Instanzen zu eigen machte.

Inhalt der Schulungen waren bis zuletzt nicht etwa grundlegende theoretische Aussagen von Marx, Engels oder Lenin (lange Zeit waren die Schriften des jungen Marx ohnehin verpönt), sondern neben einseitiger Zitatenauswahl vor allem die "Parteibeschlüsse".[30] Zum "Parteilehrjahr" gehörte z.B. 1988/89 für das "2. Studienjahr" ein Seminar zur "Leninschen Theorie über den Imperialismus". Aber in den Studienhinweisen für

---

27 Stiftung Archiv der Parteien und Massenorganisationen der DDR im Bundesarchiv, Zentrales Parteiarchiv der SED (ZPA SED), NL 36/674.
28 Z.B. am 16. und 18. Juni 1949. ZPA SED, IV 2/9.09/77.
29 Themen vom 15.10. und 1.11.1949. Ebenda.
30 Dies war immer das Prinzip der "Parteilehrjahre", vgl. z.B. Oldenburg, Fred: Das neue Parteilehrjahr der SED. DA, 6. Jg. (1973), H. 4. S. 352 ff.

Teilnehmer und Propagandisten[31] sind mehr Zitate und Hinweise von Honecker, von SED-Parteitagen oder Parteibeschlüsse als originäre Lenin-Ausführungen zu finden.

Die "Klassiker" wurden zwar dogmatisch abgehandelt, aber Zitate entsprechend ausgewählt, um die Kader strikt auf die gerade gültige politische Linie der Parteiführung einzuschwören. Diese Art Schulung war für die SED eine Notwendigkeit. Auch hierzu wurde bereits 1964 festgehalten: "Selbst wenn sie sich von vorwiegend machtpolitischen Zielen leiten läßt und ihre Ideologie als Verbrämung und Rechtfertigung der Machtpolitik gebraucht, kann sie nicht darauf verzichten, ein Erhebliches an Zeit, Geld, Energie und Arbeitsaufwand zu investieren."[32]

Das Ergebnis doktrinärer Schulung der Kader war indes verheerend. "Fügsamkeit nach oben, disziplinarische Durchschlagkraft nach unten und erst an dritter Stelle Kompetenz" führte zu "Mittelmäßigkeit", ja "Unehrlichkeit und Unsicherheit", wie Rudolf Bahro 1977 konstatierte.[33]

Zusammenfassend bleibt festzuhalten: Politik wie Umgestaltung der DDR waren nach dem sowjetischen Modell ausgerichtet. Von Marx' programmatischen Ideen hatte die SED lediglich jene Forderungen übernommen und dogmatisiert, die diesem Ziel dienten. Der Aufbau der neuen Gesellschaft wurde eben stets unter dem Gesichtspunkt der Machterhaltung und -erweiterung vorangetrieben. Die Ideologie sollte die SED befähigen, politisch verbindliche Verhaltensnormen zu setzen, die Integration und Geschlossenheit der Führungsschicht zu erreichen sowie das soziale und politische Handeln mobilisierend anzuleiten, gerade auch durch "handlungsbestimmende Grundüberzeugungen".[34] Vor allem aber hatte die Ideologie die bestehenden Machtverhältnisse zu rechtfertigen und gleichzeitig zu verschleiern. Der Marxismus-Leninismus war das Instrument, mit dem die Führung ihre Allmacht zu legitimieren beabsichtigte.

Neben der Repression benötigte die SED die Ideologie, um daraus "Legitimation" für die Sicherung ihrer Herrschaft abzuleiten. "Nicht eine 'Lehre von Marx' und nicht eine 'Idee des Sozialismus/Kommunismus' bilden zusammen die Achse, um die sich die Geschichte gedreht hätte, die sich an jene Namen und Titel geheftet und sich als die 'Verwirklichung' ihrer Botschaften ausgegeben hat. Wer in der Doktrin des Marxismus die Motive der kommunistischen Umwälzungen unseres Jahrhunderts sucht, verstellt sich den Blick auf die lebendigen Motivationen ihrer Akteure und sitzt deren eigenen Ideologisierungen auf."[35]

Zur Rolle der Ideologie im System der kommunistischen Parteidiktatur lassen sich daher folgende Überlegungen treffen:[36]

1. Es handelte sich um eine Verschleierungsideologie. Eine "marxistische" Terminologie und die sogenannte "Theorie des Marxismus-Leninismus" sollten die wirklichen

---

31 Parteilehrjahr der SED, Studien- und Seminarhinweise für Teilnehmer und Propagandisten der Seminare zur Leninschen Theorie über den Imperialismus. 2. Studienjahr. Berlin (Ost) 1988.
32 Förtsch, Eckhart: Parteischulung als System der Kaderbildung in der SBZ (1946 - 1963). Phil.- Diss. Erlangen-Nürnberg 1964. S. 181.
33 Bahro, Rudolf: Die Alternative. Köln 1977. S. 251.
34 So Hanisch, Edda: Ideologische Grundlagen, in: Fischer, Alexander (Hrsg.): Ploetz. Die Deutsche Demokratische Republik. Freiburg 1988. S. 67.
35 Fleischer, Anmerkungen, a.a.O., S. 2.
36 Diese Zusammenfassung ist nicht neu, sie wurde im Kern bereits 1957 erstellt und 1969 wieder veröffentlicht. Vgl. Weber, Hermann: Demokratischer Kommunismus? Hannover 1969 (2. Aufl. 1979). S. 75.

Verhältnisse verdecken (Definition der Parteiherrschaft als Sozialismus, der Partei als "Arbeiterpartei" usw.).

2. Die Bestandteile und Inhalte der Ideologie, d.h. was und wie der "Marxismus-Leninismus" doktrinär gelehrt und verändert wurde, entschied allein die oberste Parteispitze (zu seinen Lebzeiten Stalin). Kriterium war, daß sie der gerade praktizierten Politik der Führung entsprach, sie rechtfertigte. Die jeweilige politische Linie war an den Vorgaben der Führung orientiert, ihre Augenblicksinteressen bestimmten also das Wesen der Ideologie.

3. Nach außen hatte die Ideologie die Politik zu "begründen". Dabei sollte der Anschein erweckt werden, als lasse sich die stalinistische Politik von einer "wissenschaftlichen" Theorie leiten. Hier liegen die Wurzeln für den weit verbreiteten Trugschluß, die Kommunisten hätten sich nur nach der Theorie gerichtet. Die Scholastik, der Begriffsdogmatismus, der Zitatenstreit verstärkten diesen Eindruck ebenso wie die Tatsache, daß die Ideologie, einmal vorhanden, ihrerseits die Beschlüsse der kommunistischen Politiker mitbestimmte: Die Wirklichkeit wurde durch ein ideologisches schwarz-weiß-Klischee verzerrt.

4. Die Vorspiegelung, die stalinistische Partei handele stets nach der Ideologie des Marxismus-Leninismus, nach der, wie sie immer wieder betonte, einzig richtigen Theorie, schuf bei den Anhängern die Fiktion, daß die Führung nicht irren konnte, immer recht hatte. Da sie die "wissenschaftliche" Theorie anwandte, praktizierte sie auch die "richtige" Politik.

5. Die dem Marxismus innewohnende Fortschritts- und Zukunftsidee wurde besonders herausgestrichen, ja überbetont. Damit behauptete die Partei, nur wer sie unterstütze, verschließe sich nicht der "historischen Notwendigkeit", die sich mit "gesetzmäßiger" Gewißheit durchsetze. Zugleich wurde ein ständiger Aufstieg, eine bessere Zukunft "wissenschaftlich" prognostiziert, wobei angeblich allein die nach der "richtigen Theorie" handelnde Partei die Gesellschaft zu diesem Ziel führen konnte.

6. Die Geschlossenheit des ideologischen Systems, Unkenntnis (weil Verbot) jeder anderen außer der herrschenden Ideologie sowie die Überzeugungskraft der in der Ideologie formal enthaltenen marxistischen Thesen, machten die Ideologie zu einer Stütze des Regimes. Durch Indoktrination gelang es der Führung zeitweise, breitere Teile für das stalinistische System zu gewinnen. Somit hatte die Ideologie nicht nur den Widerspruch zwischen Praxis und scheinbar verbindlicher marxistischer Theorie zu verhüllen, sondern war auch Herrschaftsmechanismus der Diktatur. Doch zunehmend verlor der Marxismus-Leninismus als Ideologie seine Bedeutung, blieb oft nur noch Ritual, die Indoktrination zeigte kaum noch Wirkung.

Dokumentation

Erwin Lewin (Berlin)

Neue Dokumente zur Kursänderung 1934/1935 in der KPD

Die unzureichende Dokumentation der Brüsseler Konferenz der KPD[1] schließt auch deren Vorgeschichte ein. Auf dem Weg, die Ende der 20er/Anfang der 30er Jahre dominierende ultralinke politische Linie zu korrigieren, stellte zweifellos die Beratung des Politbüros der KPD mit der Politkommission des EKKI im Januar 1935 in Moskau einen gravierenden Einschnitt dar. Die überlieferten, als "streng vertraulich" geführten, Materialien der Beratung haben in der Parteigeschichtsschreibung der DDR keine differenzierte Bewertung gefunden.[2] Nur bei Historikern aus den alten Bundesländern findet sich eine kritische Reflexion des damaligen Zustands in der KPD, wenngleich ihnen der Zugang zu den Quellen versperrt blieb.[3] An der Wende des Jahres 1934/1935 zeichneten sich in der Kominternführung bereits Konturen einer neuen politischen Orientierung ab, die die Sozialdemokratie nicht mehr als "Sozialfaschismus" verurteilte und eine Zusammenarbeit im Kampf gegen den Faschismus anstrebte. Das ging in einem widersprüchlichen Prozeß vor sich. Die von Georgi Dimitrow und anderen Funktionären vorangetriebenen Auseinandersetzungen um einen Übergang von dem nach dem VI. Komintern-Kongreß 1928 verfolgten ultralinken Kurs zu einer antifaschistischen Bündnispolitik wurden von solchen Führungsmitgliedern wie Bela Kun oder V.G. Knorin nur sehr zurückhaltend unterstützt. Sichtbar wurde das ganze Ausmaß sektiererischer Verkrustungen in der Komintern ebenso wie Neuansätze

---

[1] Vgl. Kinner, Klaus: Imperialismustheorie und Faschismusanalyse in KPD und Komintern, in: Arbeiterbewegung und Faschismus. Faschismus-Interpretationen in der europäischen Arbeiterbewegung. Hrsg. von Grebing, Helga und Kinner, Klaus. Essen 1990. S. 71.

[2] Vgl. Geschichte der deutschen Arbeiterbewegung. Bd. 5, Berlin (Ost) 1966. S. 93. Vgl. auch Vietzke, Siegfried: Die KPD auf dem Wege zur Brüsseler Konferenz. Berlin 1966. S. 164. - Ders.: Die KPD im Kampf gegen Faschismus und Krieg (1933-1945). Berlin (Ost) 1985. S. 53; Mammach, Klaus: Die antifaschistische Widerstandsbewegung 1933-1939. Berlin (Ost) 1974. S. 77; ders.: Widerstand 1933-1939. Berlin (Ost) 1984. S. 85.

[3] Vgl. Weber, Hermann: Die Ambivalenz der kommunistischen Widerstandsstrategie bis zur "Brüsseler" Parteikonferenz, in: Der Widerstand gegen den Nationalsozialismus. Publikationen der Historischen Kommission zu Berlin. Hrsg. von Schmädeke, Jürgen und Steinbach, Peter. München, Zürich 1985. S. 73-85.

strategischer Konzepte und praktischer antifaschistischer Politik. Dieser Zustand wiederum widerspiegelte sich auch in der KPD, deren Politik als Sektion der Komintern maßgeblich von der Weltorganisation bestimmt wurde. Von entscheidendem Einfluß war die Entwicklung in Frankreich, besonders das Einheitsaktionsbündnis zwischen der FKP und der SFIO vom 27. Juli 1934. Danach beschleunigten sich Tempo und Voraussetzungen für eine Änderung in der Politik der Komintern,[4] die in der auf dem VII. Komintern-Kongreß im Sommer 1935 festgelegten Linie der antifaschistischen Einheits- und Volksfront ihren Niederschlag fand. Der insgesamt verspätet einsetzende Prozeß des Umdenkens hatte sich nicht in allen Sektionen so konsequent wie in der FKP vollzogen. In der KPD-Führung erfolgte trotz gegenteiliger Einsichten, die aus dem Widerstand gegen die faschistische Diktatur in Deutschland erwuchsen, die Überwindung der alten überlebten und der Übergang zu einer neuen Politik nur sehr zögernd. Auf einer gemeinsamen Sitzung mit dem EKKI-Präsidium am 9./10. Juli 1934 war die KPD kritisiert und darauf orientiert worden, ein neues Verhältnis zur Sozialdemokratie herzustellen. Sie sollte die eigene Politik auf Grund der sich ändernden Bedingungen überprüfen. Die Entschließung des ZK der KPD vom 1. August forderte in Auswertung der Präsidiumstagung alle Parteiorganisationen und Leitungen auf, mit den sozialdemokratischen Gruppen Verhandlungen aufzunehmen und die Initiative zur Wiederherstellung der Freien Gewerkschaften zu ergreifen. Festgelegt wurde, die RGO-Gruppen aufzulösen und die sektiererische Losung, unabhängige Klassengewerkschaften zu bilden, aufzugeben.

Aber nach wie vor fehlte die Bereitschaft, auch mit dem sozialdemokratischen Parteivorstand in Einheitsfrontverhandlungen einzutreten. Hartnäckiger Widerstand bei der Mehrheit der Politbüro-Mitglieder (Hermann Schubert, Fritz Schulte, Wilhelm Florin, Franz Dahlem), die sich selbst als "Thälmann-Gruppe" bezeichnete,[5] behinderte die praktische Verwirklichung der Forderungen. Wilhelm Pieck und Walter Ulbricht befürworteten zwar die Orientierungen der Kominternführung, doch ist zu diesem Zeitpunkt nicht eindeutig, ob es sich um taktisches Einschwenken oder um überzeugtes Mittragen handelte.

Beide vermochten nicht zu überzeugen, auch, weil ein kameradschaftliches Verhältnis im Umgang miteinander fehlte. So trat gerade letzterer nach einem Wort von Florin "wie ein 'Leutnant' oder 'Unteroffizier' auf.[6] Das Politbüro erwies sich infolge der unrealistischen Einschätzung der Lage im Land und der in der Führung herrschenden Atmosphäre, die über Unstimmigkeiten in Sachfragen hinausging und bis zu persönlichen Anschuldigungen - etwa die Nachfolge Thälmanns betreffend - reichte, als nicht fähig, eine Änderung der bisherigen Politik durchzusetzen. "Was auf dem Papier festgelegt wurde, wurde nicht durchgeführt",[7] bemerkte Pieck später dazu.

Die Situation im Politbüro spitzte sich zu, als Ulbricht nach den Gesprächen mit Siegfried Aufhäuser und anderen sozialdemokratischen Funktionären am 18. Oktober 1934 einen Artikel "Für die Aktionseinheit gegen den Hitlerfaschismus" veröffentlichte.[8] Darin erklärte er die Bereitschaft der KPD, prinzipielle Gegensätze im Interesse der Einheitsfront

---

4 Vgl. Frank, Pierre: Geschichte der Kommunistischen Internationale (1919-1943). Bd. 2, Frankfurt/M. 1981. S. 610.
5 Vgl. Bahne, Siegfried: Die KPD und das Ende von Weimar. Das Scheitern einer Politik 1932-1935. Frankfurt/M., New York 1976. S. 64.
6 Stiftung Archiv der Parteien und Massenorganisationen der DDR im Bundesarchiv, ZPA SED (im weiteren: ZPA SED), I 6/3/103, Bl. 129.
7 Ebenda, Bl. 31.
8 Rundschau über Politik, Wirtschaft und Arbeiterbewegung, 55/1934. S. 2412-2414.

zurückzustellen und konkrete Vereinbarungen zwischen kommunistischen und sozialdemokratischen Organisationen abzuschließen. Dieser Artikel löste heftige Angriffe seitens der Mehrheit aus. In Berlin, Hamburg und im Saargebiet wurden Resolutionen dagegen angenommen. Auf einer Sitzung des Politbüros vom 19. bis 23. Oktober gab es sogar den Versuch, Pieck und Ulbricht aus der Parteiführung zu verdrängen. Die Politkommission des EKKI protestierte zwar am 27. Oktober gegen solche Bestrebungen,[9] dennoch gingen die Auseinandersetzungen weiter und beschworen die Gefahr eines Zerfalls herauf.

Das Präsidium des EKKI sah sich daraufhin veranlaßt, eine Aussprache mit dem Politbüro der KPD einzuberufen. Sie fand mit Unterbrechungen vom 3. bis 10. Januar 1935 unter Anwesenheit sämtlicher Mitglieder der deutschen Parteiführung und weitere Vertreter illegaler Leitungen aus dem Land in der Politkommission statt. In der Begründung der Politkommission hieß es: "Die Sitzung war notwendig geworden, weil sich über einen längeren Zeitraum hinweg Differenzen in der deutschen Parteiführung bemerkbar gemacht haben, die in der zweiten Hälfte des Jahres 1934 zu ernsten politischen Differenzen in der Frage der Herstellung der Einheitsfront und der Wiederaufrichtung der Freien Gewerkschaften wurden"[10] Knorin, der einleitend die wesentlichen Differenzpunkte umriß, konstatierte eine "Verspätung in der Einschätzung der politischen Lage, Verspätung der Losungen für die breiten Massen, keine genügende Massenarbeit, eine Verspätung mit der Fragestellung über die Einheitsfront und eine ziemlich lange Periode... Entgleisungen in dieser Frage und eine sektiererische Linie".[11] Die tagelangen Debatten waren geprägt durch heftige Auseinandersetzungen, so daß Pieck sich zu der Feststellung genötigt sah, man müsse "sozusagen die Eingeweide der deutschen Partei hier ausbreiten".[12] Teilweise waren die Reden, die wie bei Ulbricht über 100 Manuskriptseiten umfaßten, stark von persönlichen Rechtfertigungen und Anfeindungen geprägt oder nahmen wie bei den Ausführungen von Schubert, der wiederholt durch Zwischenrufe und Fragen unterbrochen wurde, den Charakter eines peinlichen Verhörs an. Das drohte letztlich, vom eigentlichen Kern wegzuführen. Es war hauptsächlich solchen Mitgliedern der Politkommission wie Palmiro Togliatti zuzuschreiben, daß die politische Seite der Differenzen herausgestellt und die Ursachen für die falsche Linie der Führung der KPD offengelegt wurden. Ein wesentlicher Punkt für die Meinungsverschiedenheiten bestand in der fehlerhaften Beurteilung der Lage im Land, die sich in der Auffassung widerspiegelte, die Partei habe eine Reihe von Erfolgen, und die Schwierigkeiten seien eigentlich gar nicht so groß. Im Zusammenhang mit der am 30. Juni 1934 erfolgten Abrechnung der SS und Gestapo mit führenden Kräften der SA und der NSDAP um Ernst Röhm und Gregor Strasser wurde eine "Verengung der Massenbasis der faschistischen Diktatur" konstatiert, aber eine damit einhergehende Verstärkung des Staats- und Gewaltapparates des Faschismus kaum in Betracht gezogen. Verschiedene Arbeiteraktionen gegen die Verschlechterung der Arbeitsbedingungen (Abbau der Akkordlöhne u.a.) sah man nicht als spontane Abwehrkämpfe, sondern als "Übergang zu Angriffskämpfen" an.[13] Die Orientierung der Partei auf die "Machtübernahme" blieb daher im Grunde unverändert.

In der Diskussion über die Folgen, die sich daraus für die Haltung zur Sozialdemokratie und die Herstellung der Einheitsfront ergaben, zeigte sich, daß auch bei Vertretern der

---

9 Vgl. ZPA SED, I 6/3/103, Bl. 57; vgl. auch ebenda, I 6/10/44, Bl. 107.
10 Ebenda, I 6/3/109, Bl. 2.
11 Ebenda, I 6/3/103, Bl. 3/4.
12 Ebenda, Bl. 23.
13 Vgl. ebenda, I 6/3/104, Bl. 8.

Mehrheit die Bereitschaft wuchs, Schlußfolgerungen aus der veränderten Situation zu ziehen. Wie Dahlem, Florin und auch Schubert betonten, ging die KPD-Führung fälschlich davon aus, daß die sozialdemokratische Bewegung organisatorisch zerstört sei, andererseits aber einige aktive Gruppen existierten, die die Politik des sozialdemokratischen Parteivorstandes ablehnten und mit der Diktatur des Proletariats sympathisierten. Daher hätte man keine aktive Einheitsfrontpolitik betrieben, sondern eine Vereinigung mit diesen Gruppen angestrebt, "um der Sozialdemokratie die Möglichkeit des Wiederaufbaus zu erschweren, ihr die aktiven Leute wegzunehmen, sie möglichst lange zu hemmen und zu hindern", wie es Dahlem ausdrückte.[14] Die Orientierung auf die Rätemacht als Ziel der Einheitsfront lenkte von der Hauptaufgabe: Sturz der faschistischen Diktatur ab. Auch die Forderung des EKKI-Präsidiums, die Freien Gewerkschaften wiederherzustellen, wurde praktisch nicht durchgesetzt, weil keine klare Stellungnahme der Führung vorlag. Schubert verwies darauf, es würde mehr von Vereinigung der nicht existierenden Gewerkschaften, von Kampf gegen die Zersplitterung als von Wiederaufbau gesprochen. Das würden unter den konkreten Bedingungen leere Worte bleiben.[15] Die kritische Sicht auch der Vertreter der Mehrheit im Politbüro hat - bei noch vorhandenen widersprüchlichen Positionen - ebenfalls dazu beigetragen, den politischen Klärungsprozeß in den Kernfragen voranzubringen. Die am 19. Januar 1935 vom Politsekretariat angenommene Entschließung kritisierte die sektiererischen Positionen der Mehrheit des Politbüros der KPD. Das direkte Eingreifen der Kominternführung beförderte die Auseinandersetzung um die notwendige Erneuerung der Politik. Es wurde festgelegt, eine Parteikonferenz einzuberufen. Im Gegensatz zur bisher vorherrschenden Interpretation war damit der entscheidende Umschwung in der langwierigen Auseinandersetzung gegen Dogmatismus und Sektierertum noch nicht vollzogen.[16]

Neben Erkenntnisfortschritten wurden ebenso -grenzen sichtbar. In der Entschließung widerspiegelte sich wie in den Debatten eine "Mischung" von alter und neuer Orientierung: Beispielsweise wurde einerseits die Möglichkeit einer Erweiterung der antifaschistischen Front zur Volksfront angesprochen, andererseits aber die Werbung neuer Mitglieder für die KPD in den sozialdemokratischen Organisationen nicht aufgegeben. Unverkennbar auch der Führungsanspruch sowohl gegenüber der Sozialdemokratie als auch innerhalb der kommunistischen Bewegung gegenüber den sogenannten Rechten u.ä.. Wie aus dem Schriftwechsel des Politbüros in Moskau und seiner operativen Gruppe in Prag (Dahlem, Ulbricht) im Frühjahr 1935 hervorgeht, taten sich viele Funktionäre schwer, mit der notwendigen eigenen Initiative die von der Beratung ausgehende Orientierung durchzusetzen. So handelte es sich weniger um "die Wendung", wie es Ulbricht in einem Brief vom 30. April 1935 ausdrückte,[17] als um einen halbherzigen Versuch, die praktische Politik in Anpassung an die neuen Bedingungen zu korrigieren. Dieser Ansatz erfolgte jedoch im Rahmen alter theoretischer Auffassungen. Noch im August 1935 wurde im Politbüro zur Vorbereitung der Parteikonferenz die Feststellung getroffen: "Die Januar-Beschlüsse unseres

---

14 Ebenda, I 6/3/105, Bl. 6.
15 Vgl. ebenda, I 6/3/104, Bl. 144.
16 Auf Beschluß der Politkommission konstituierte sich am 17. Januar 1935 eine zeitweilige Kommission zur deutschen Frage, in der die Diskussion zur Einschätzung der Lage in Deutschland weitergeführt wurde (vgl. ebenda, I 6/10/44, Bl. 244). In ihrem Ergebnis legte die KPD-Führung in der Entschließung vom 30. Januar 1935 "Proletarische Einheitsfront und antifaschistische Volksfront zum Sturze der faschistischen Diktatur" zusammenfassend die Orientierung für den VII. Kongreß der Komintern dar (vgl. Rundschau..., 10/1935. S. 551 - 555).
17 Vgl. ZPA SED, I 2/3/283, Bl. 118.

Zentralkomitees haben uns in der Herausarbeitung einer richtigen politischen Linie geholfen, sie legten den Grundstein zu einer Wendung in unserer Arbeit. Es wäre übertrieben, wenn wir sagen wollten, daß diese Wendung schon durchgeführt ist".[18] Die ausstehende Korrektur auch des strategischen Konzepts - was eine grundsätzliche Auseinandersetzung mit stalinistischer Theoriedeformation erfordert hätte - bewirkte letztlich, daß die KPD in der Zeit des deutsch-sowjetischen Nichtangriffs- und Freundschaftsvertrages im Grunde genommen ohne große Schwierigkeiten im Interesse der sowjetischen Außenpolitik eine Kehrtwendung zu ihrer vor dem VII. Kongreß und der Brüsseler Konferenz geführten Politik vollziehen konnte. Aus dem umfangreichen, 640 Seiten umfassenden und im IfGA, ZPA, aufbewahrten Protokoll der Januar-Beratung wurden die in deutscher Sprache gehaltene Diskussionsrede Palmiro Togliattis vom 9. Januar, der auf Grund ihrer konzentrierten, exakten und klaren Fragestellung eine zentrale Bedeutung zukommt, sowie die Entschließung des Politsekretariats des EKKI vom 19. Januar 1935 ausgewählt. Beide Dokumente, die auch als ein Beitrag zur weiteren selbstkritischen Auseinandersetzung mit bisherigen eigenen, die Politik der KPD und Komintern rechtfertigenden, Bewertungen dienen sollen, zählen zu den informativsten Materialien, die über die Vorgeschichte der Kursänderung 1934/1935 Auskunft geben. Die Dokumente werden erstmals veröffentlicht. Sie wurden stilistisch nicht verändert, lediglich grammatikalische bzw. Schreibfehler wurden stillschweigend korrigiert.

Dokument Nr. 1

DISKUSSIONSREDE PALMIRO TOGLIATTIS IN DER SITZUNG DER POLITKOMMISSION DES EKKI AM 9. JANUAR 1935

Ich glaube, daß alle Genossen damit einverstanden sein werden, daß die Diskussion, die vor uns stattgefunden hat, gezeigt hat, daß in der Führung der Partei eine ernste, schwere Lage besteht. Wir haben gesehen, daß es eine Spaltung im Politbüro der Partei gibt, daß es im Politbüro der Partei und schon in der Partei einen Fraktionskampf gibt. Wir haben auch gesehen, daß es auf dieser Grundlage schon zu einer gewissen Diskreditierung der Führung der Partei in der Partei selbst gekommen ist. Und politisch sehen wir, daß es sowohl in der Führung wie auch in der ganzen Partei eine offene oder halboffene Resistenz in bezug auf die Durchführung der politischen Linie der Kommunistischen Internationale gibt. Welches sind die Ursachen dieser Lage, die wir jetzt vor uns sehen? Ich glaube, daß es falsch wäre zu sagen, daß es keine großen politischen Meinungsverschiedenheiten gibt.[19] Es wäre auch nicht richtig zu sagen, daß es sich um einen prinzipienlosen Kampf in der Führung der deutschen Partei handelt. Natürlich gibt es gewisse Erscheinungen des prinzipienlosen Kampfes wie immer in einem Fraktionskampfe. Aber es wäre falsch zu glauben, daß wir aus diesem Kampf mit einem sogenannten Friedenspakt in der Führung der Partei herauskommen. (Zwischenruf Gen. *Losowski*: Nichtangriffspakt!) (Zwischenruf Gen. *Knorin*.) Es wäre auch falsch zu sagen, daß es sich handelt nur um die Führung der Partei vom personellen Standpunkt. Ich denke, daß es besser ist zu sagen, daß es um die richtige Linie, um die richtige Durchsetzung der Linie der

---

18 Ebenda, L 2/3/18b, Bl. 683.
19 Das richtete sich gegen eine entsprechende Feststellung in der Rede Knorins (vgl. ZPA SED, I 6/3/103, Bl. 18).

Komintern geht. Natürlich gibt es gewisse innere Reibungen. Es sind gewisse Erscheinungen des Emigrationsgeistes zu verzeichnen. Aber auch dies sind keine wesentlichen Momente. Alle diese Momente und Umstände können uns die Lage nicht erklären, die in der Führung der Partei entstanden ist. Die wirkliche Ursache ist eine politische, und zwar ist es eine Verspätung der Führung der Partei und schon der ganzen Partei - kann man sagen - in der Einschätzung der politischen Lage im internationalen und nationalen Maßstabe und in der Bestimmung der Aufgaben, die vor der Partei stehen. Diese Verspätung tritt in der Einschätzung der internationalen Lage wie in der Schätzung der innerpolitischen Lage Deutschlands und auch in der innerparteilichen Lage in Erscheinung. Was die Einschätzung der internationalen Lage betrifft: Die deutschen Genossen werden mir erlauben zu sagen, daß in ihrer Führung schon ein Phänomen zu bemerken ist, daß auch in der Führung unserer Partei nach vielen Jahren des Lebens und Kampfes unter den Verhältnissen der faschistischen Diktatur sehr stark zu bemerken war. (Zwischenruf Gen. *Knorin*: Das ist das Zeichen einer italienischen Perspektive!) Noch nicht. Eine gewisse sozusagen nationale Begrenztheit und ein gewisser Grad des Provinzialismus in der Fragestellung, in der Diskussion der politischen Fragen. Ich habe einige Nummern der "Roten Fahne" durchgesehen, und mir scheint, daß in der "Roten Fahne" die internationalen Fragen zu wenig behandelt werden. Über die Einheitsfrontpolitik vom internationalen Standpunkt aus gibt es in der "Roten Fahne" - ich habe die Nummern der letzten 6 Monate durchgesehen - ziemlich wenig. Besonders aus Frankreich habe ich in diesen Nummern nur ein paar kleine Notizen gefunden, die mehr Chroniken sind als eine wirkliche Einschätzung der Einheitsfrontpolitik in Frankreich vom Standpunkt der internationalen Politik und vom Standpunkt auch der Politik der deutschen Partei. Mir scheint auch, daß gewisse Fragen des Kampfes gegen den Faschismus, die verschiedene Male in Verbindung mit unseren Erfahrungen, mit den Erfahrungen der anderen Parteien, der polnischen Partei z.B., in den Sitzungen der Kommunistischen Internationale aufgerollt wurden, von den deutschen Genossen nicht genügend studiert und ausgenutzt wurden. Es gibt, scheint mir, eine Reihe von Fragen, wo z.B. die deutschen Genossen dieselben Fehler machen, die wir in einem gewissen Moment der Entwicklung der faschistischen Diktatur in Italien gemacht haben. So z.B. in der Einschätzung der Kräfte der Sozialdemokratie. So z.B. in der Einschätzung des Charakters der Massenkämpfe unter den Umständen der faschistischen Diktatur und des faschistischen Terrors. So z.B. in der Frage der Ausnutzung der legalen Möglichkeiten der Arbeit in den faschistischen oder gleichgeschalteten Organisationen. Ich glaube, daß alle diese Fragen in der deutschen Partei mehr vom Standpunkt der internationalen Erfahrungen aufgerollt werden müssen.

Die deutsche Partei steht nach der bolschewistischen Partei an der Spitze der Kommunistischen Internationale. Wir alle haben viel gelernt und lernen von den Erfahrungen der deutschen Partei. Aber wir glauben, daß auch die deutsche Partei, um sich diese Stellung in der Kommunistischen Internationale zu erhalten, alle Erfahrungen der internationalen Politik, die Erfahrungen aller Kommunistischen Parteien, die unter den Umständen einer faschistischen Diktatur kämpfen, gründlicher studieren und ausnützen muß. Kommen wir zur Einschätzung der internationalen Lage. Mir scheint, daß die Genossen der Führung der deutschen Partei - wie Genosse Bronkowski[20] schon gesagt hat -

---

20 Bronislaw Bronkowski (Bortnowski), 1894-1937, Mitglied der Politkommission des EKKI, wandte sich gegen die Mehrheit, die die neuen Momente in der Situation nicht begriffen habe. Zugleich kriti-

noch nicht ganz verstanden haben die Veränderungen in der internationalen Lage, die eine gewisse Änderung der Taktik der Komintern und besonders eine gewisse Änderung in der Anwendung der Einheitsfronttaktik der Kommunistischen Parteien in dieser Periode bestimmt haben. Das zeugt von einem gewissen Fehlen der bolschewistischen Fähigkeit, eine bolschewistische Politik zu bestimmen. Und alles, was einige Genossen des Polbüros der deutschen Partei über die Thälmann-Politik usw. sagten, ist - scheint mir - falsch eben deshalb, weil das zeigt, daß diese Genossen noch nicht richtig verstehen, daß man eine gute Politik nur dann bestimmen kann, wenn man die Veränderungen in der internationalen Lage und in dem betreffenden Lande in Betracht zieht. Was gibt es in den letzten zwei Jahren, besonders im letzten Jahr Neues in der internationalen Lage? Deutschland, Österreich, Frankreich - das Wachstum der Gefahr des Faschismus in einer Reihe von Ländern. Der Faschismus steht im gegenwärtigen Moment als der Hauptfeind vor den Massen, und wir als Kommunistische Partei, die keine besonderen Interessen hat gegenüber den Interessen der Arbeiterklasse, müssen den Faschismus als den Hauptfeind betrachten. Zweitens: Nach den Erfahrungen in Deutschland und Österreich - der Drang der Massen zur Einheitsfront mit den Kommunisten. Drittens: Die Stärkung einiger Kommunistischer Parteien; die Stärkung der Kampffähigkeit einiger Kommunistischer Parteien erlaubt uns, unsere Einheitsfrontpolitik kühner zu betreiben. Viertens (das ist vielleicht das wesentliche Moment): Die Stärkung des Einflusses der Sowjetunion in den Massen der Arbeiterschaft in der ganzen Welt.

Alle diese Umstände bestimmten eine Veränderung der Kräfteverhältnisse in der Arbeiterklasse zu unseren Gunsten und bestimmten auch eine Änderung in der Anwendung der Einheitsfronttaktik der Kommunistischen Parteien. Aber wenn wir jetzt betrachten, wie die Frage der Einheitsfrontpolitik in der Komintern steht, wie sich die Einheitsfrontpolitik der Komintern in den verschiedenen Ländern entwickelt, so sehen wir, daß wir in einigen Ländern schon ziemlich weit vorwärts geschritten sind, daß wir in anderen Ländern, und mir scheint besonders in Deutschland, noch zurückstehen. Deutschland ist noch ein schwaches Glied in der Kette der Anwendung unserer Einheitsfrontpolitik in diesem Moment. Aus diesem Zurückbleiben in der Einschätzung der internationalen Lage ergeben sich eine Reihe von Fehlern und falschen Formulierungen, eine Reihe von falschen Einschätzungen und eine Orientierung, die nicht vollständig richtig ist und die korrigiert werden muß. Zur Einschätzung der inneren Lage Deutschlands. Darüber haben die Genossen im Polbüro sehr lange diskutiert,[21] aber mir scheint, hierbei sind vielleicht noch mehr als in der Einschätzung der internationalen Lage verschiedene Fehler, verschiedene falsche Einschätzungen in Erscheinung getreten sowie das Fehlen der richtigen, bolschewistischen Analyse der Tatsachen, der Ereignisse zur Bestimmung unserer Politik und unserer Aufgaben. Die faschistische Diktatur ist eine politische Form, die gebildet ist auf Grund der größten Widersprüche. Sie ist die Diktatur der am meisten reaktionären und am meisten chauvinistischen Teile der Bourgeoisie, aber gleichzeitig versucht sie immer, sich eine Massenbasis in den kleinbürgerlichen Schichten zu schaffen und verschiedene Schichten der Arbeiterschaft zu beeinflussen. Daraus ergibt sich,

---

sierte er die Minderheit, Ulbricht und Pieck, die zwar einen richtigen Standpunkt einnahmen, aber keine richtigen Methoden verfolgten, um diesen durchzusetzen (vgl. ebenda, I 6/10/44, Bl. 120).

21 Wie Pieck feststellte, hatte es nach der XIII. EKKI-Tagung 19 Sitzungen gegeben, doch die Aussprachen brachten wenig an Ergebnissen. Die Arbeit lag zu Berge, doch das Politbüro war "mehr ein Diskussions- und Streitklub als eine politische Führung" (Ebenda, I 6/3/109, Bl. 9).

daß eine faschistische Diktatur immer - und besonders wenn sich die ökonomische Lage verschlechtert - vor großen Schwierigkeiten steht, daß sie immer bedroht ist von schweren Krisen. Aber mir scheint, daß einige deutsche Genossen auf diesem Gebiet noch zu sehr auf die Spontaneität orientiert sind und auf den automatischen Sturz der Diktatur. Zum Beispiel ist es vollkommen richtig, daß die faschistische Diktatur in Deutschland das deutsche Volk zur Katastrophe führt. Das ist historisch, politisch vollkommen richtig. Aber das bedeutet nicht, daß in jedem Moment eine Katastrophe vor uns steht und daß die faschistische Diktatur nicht, wie Genosse Knorin schon erklärt hat, eine gewisse Manövrierbarkeit hat. Mir scheint, daß sich in verschiedenen Äußerungen einiger deutscher Genossen die Meinung widerspiegelt, als könnten die objektiven Schwierigkeiten von selbst zum Sturze der faschistischen Diktatur führen.

Das ist eine unrichtige Vorstellung. In allen Krisen, die die faschistische Diktatur durchlebt, in allen Schwierigkeiten, vor denen die faschistische Diktatur steht, treten immer drei Momente in Erscheinung: Erstens die Differenzen im Lager der führenden Schichten der Bourgeoisie (diese schafft die faschistische Diktatur nicht ab, sie deckt sie nur mit dem Mantel des Totalitarismus; zweitens das Schwanken der kleinbürgerlichen Schichten, die in der ersten Periode der Entwicklung des Faschismus und auch noch nach seiner Machteroberung die Massenbasis des Faschismus bilden; drittens der Kampf der breiten Arbeitermassen und der breiten arbeitenden Bevölkerung. Selbstverständlich ist für uns das Hauptmoment das dritte, der Kampf der breiten Arbeitermassen. Das müssen wir wissen. Und die faschistische Diktatur ist immer bestrebt, wo Schwierigkeiten in der Lage bestehen, wo die Differenzen tiefer sind im Lager der Bourgeoisie, wo die Schwankung der kleinbürgerlichen Schichten größer ist, alles zu machen, um zu vermeiden, daß der Kampf der breiten Arbeitermassen sich entwickelt, weil das das entscheidende Moment ist. Und auch wir müssen unsere Taktik bestimmen, ausgehend von einer Einschätzung, aber einer richtigen Einschätzung des Charakters der Kämpfe der Arbeiterklasse gegen die faschistische Diktatur. Was ist der Charakter der Massenkämpfe jetzt in Deutschland? Die Genossen haben uns verschiedene Fälle erzählt, sehr interessante Fälle. Sie haben uns gesagt, daß sie eine Reihe von Beispielen haben. Das ist ein wichtiges Moment. Aber ich muß den Genossen sagen, daß der Charakter dieser Kämpfe noch ziemlich begrenzt ist. Nehmen wir z.B. unser Land. Einige Genossen haben an unserer Kommission, die die Aufgaben und die Lage unserer italienischen Partei diskutiert hat, teilgenommen. Sie wissen sehr gut, daß es auch bei uns und besonders in den letzten Jahren 1931/32 immer eine Reihe von solchen Kämpfen gab. In der letzten Diskussion, die wir über die italienische Lage hatten, habe ich selber, glaube ich, 60 Beispiele von solchen Kämpfen, teilweise spontan, teilweise beeinflußt von der Partei erzählt. Aber was war bei uns i0n den letzten Jahren? Es war ein solcher Umstand, daß die Massenbewegung noch nicht von dieser Stufe auf eine höhere Stufe übergehen konnte. Ich will nicht eine Analogie der italienischen Lage zu der Lage von Deutschland machen. Die Genossen wissen sehr gut, daß ich immer scharf gegen solche Analogien gekämpft habe, besonders bei Trotzki und anderen, die, auf solche Analogien gestützt, ihre unrichtige, opportunistische Politik verteidigten. Das ist ein Moment, das auch unsere deutschen Genossen in Betracht ziehen müssen. Genosse Knorin hat offen erklärt, daß man nach dem Oktober 1933 erwartet hat, daß die Bewegung in Deutschland zu einer höheren Stufe übergeht. Das war nicht der Fall. Heute erwarten wir das auch. Wird das der Fall sein oder nicht, das hängt von der objektiven Lage, aber das hängt in erster Linie von der richtigen Politik unserer Partei ab. Wenn unsere Partei nicht eine richtige Politik macht, kann die Massenbewegung monatelang auf demselben Niveau bleiben. Das ist immer richtig, aber besonders richtig unter den Umständen der faschistischen Diktatur. Aber es ist ziemlich schwer, das den Genossen verständlich zu machen. Wir haben in Italien gesehen, daß unsere Organisationen, unsere Genossen monatelang, jahrelang gedacht haben, daß es genügt, um den Kampf der breiten Massen gegen die faschistische Diktatur zu entwickeln, die illegale Literatur zu verbreiten. Zu spät haben sie verstanden, daß es notwendig war, die Partei gut zu organisieren. Sie haben aber nicht verstanden, daß es nicht genügt, eine starke Organisation zu haben, daß sie auch eine gute Politik machen muß, die sie mit den Massen verbindet. Was braucht man heute in Deutschland? 1. Eine breite Einheitsfrontpolitik; 2. eine richtige Politik der Gewinnung der breitesten Schichten der Arbeiterklasse für den Kampf gegen die faschistische Diktatur. Das bedeutet in erster Linie eine richtige Politik gegenüber der Sozialdemokratischen Partei und den sozialdemokratischen Massen; 3. das Eindringen in organisierter Form in alle legalen Formationen und Organisationen des Faschismus; 4. die Ausnutzung aller legalen und halblegalen Möglichkeiten, um legale und illegale Massenströmungen zu schaffen und die Partei an die Spitze von allen diesen Strömungen gegen den Faschismus zu stellen.

Aber um das zu können, muß man eine richtige Politik haben und mir scheint, daß hier die Mängel jetzt in der deutschen Kommunistischen Partei sind. Es gibt noch einen zu großen Unterschied zwischen dem Charakter der Kämpfe, die noch so begrenzt sind und der allgemeinen großen Unzufriedenheit der breiten Schichten der Bevölkerung gegen die faschistische Diktatur. Es gibt hier eine große Differenz, eine Schere, die wir überwinden können, aber nur durch eine richtige Politik überwinden können, und zwar eine Politik der Schaffung von einer Volksfront des Kampfes gegen die faschistische Diktatur. Wir lesen sehr viel in diesen Tagen aus Deutschland in den bürgerlichen Zeitungen. Vielleicht sind die Nachrichten etwas übertrieben, besonders in der französischen Presse, um die Öffentlichkeit vor allem im Saargebiet zu beeinflussen. Es kommt doch ein solcher Eindruck auf, daß in allen Schichten der Bevölkerung, besonders der arbeitenden Bevölkerung, die Unzufriedenheit gegen den Faschismus wächst. In derselben Zeit sehen wir von allen Seiten Versuche von verschiedenen Elementen, um sich an die Spitze dieser allgemeinen Unzufriedenheit zu stellen. Das versuchen die Reichswehr-Elemente zu machen, das versuchen die Pfaffen zu machen, die Zentrumsleute; das versucht jetzt die Sozialdemokratie zu machen. Und was macht die Kommunistische Partei? Was ist die Politik der Kommunistischen Partei gegenüber allen diesen Bestrebungen, sich an die Spitze der allgemeinen Unzufriedenheit der Massen gegen den Faschismus zu stellen? Die Führung der Partei muß dieses Problem sehr ernst nehmen, es vor der ganzen Partei stellen. Sie muß dieses Problem lösen, sonst, glaube ich, steht vor der Partei die Gefahr des Zurückbleibens hinter der Entwicklung der Lage und hinter der Entwicklung der Massenbewegung.

Hier hat man von der italienischen Perspektive gesprochen. Ich will den deutschen Genossen nur eins sagen. Die italienische Lage war ganz anders als die deutsche Lage in der Zeit, wo der Faschismus zur Macht gekommen ist, und in den Jahren, wo der Faschismus seine Diktatur organisiert hat. Diese Differenzen und diese Verschiedenheit der Lage hat sozusagen die italienische Perspektive bestimmt. Aber, Genossen, erlauben Sie mir zu sagen, daß die italienische Perspektive in gewissem Sinne auch durch die schlechte Arbeit und die schlechte Politik unserer Partei bestimmt wurde. Das müssen wir ganz klar sagen. Nehmen wir z.B. die Periode der Matteotti-Krise,[22] die der jetzigen Periode der Entwicklung der faschistischen Diktatur in Deutschland sehr ähnlich war, weil auch damals eine große Unzufriedenheit in der ganzen Bevölkerung gegen den Faschismus, Schwankungen auch in den Spitzen gegen die rein faschistischen Elemente und große Schwierigkeiten für die faschistische Diktatur vorhanden waren. Hat unsere Partei in diesem Moment verstanden, eine richtige Politik zu machen, um sich an die Spitze der ganzen Bevölkerung gegen die faschistische Diktatur zu stellen? Nein. Die Kommunistische Internationale hat unserer Partei eine richtige Linie gegeben. Das Zentrum unserer Partei hat versucht, diese richtige Linie durchzusetzen. Aber die Partei im ganzen hat es nicht verstanden, diese Linie durchzusetzen. Und dann das dritte Moment: Der Kampf der breiten Arbeitermassen ist nicht in Erscheinung gekommen und die faschistische Diktatur konnte ihre Schwierigkeiten nicht vollständig überwinden, aber verschiedene Probleme zurückdrängen usw. Natürlich ist die Lage in Deutschland ganz anders. Aber was die Arbeit der Partei betrifft so gibt es vielleicht verschiedene Momente, die ähnlich sind. Hat die deutsche Partei Kräfte genug, um eine solche Politik zu machen? Ich glaube ja. Die deutsche Partei hat in ihrem heroischen Kampfe in den ersten Monaten nach der Errichtung der faschistischen Diktatur viele Kräfte verloren. Vielleicht hat die deutsche Partei zuviel Blut verloren in diesen ersten Monaten. Aber wenn man von einer Partei von 30000 Mitgliedern in einer solchen schweren Lage spricht - das ist eine große Kraft. Das müssen wir anerkennen. Mit diesen Kräften kann man eine gute Politik machen. Damit kann man sehr viel machen. Aber wenn in der Partei das Sektierertum nicht überwunden wird, kann diese richtige Politik nicht durchgesetzt werden. Ich stelle die Frage des Kampfes gegen das Sektierertum in der deutschen Partei in erster Linie in Verbindung mit der objektiven Lage, die vor der Partei steht, und in Verbindung mit den Aufgaben, die vor der Partei stehen. Diese Aufgaben kann die Partei nicht lösen, wenn das Sektierertum nicht überwunden wird.

Genosse Knorin hat schon ausführlich über die Ursachen, über die Wurzeln des Sektierertums in der deutschen Partei gesprochen. Ich werde nur eins sagen. Es ist für uns alle ganz klar, daß in der Führung der Partei sehr starke sektiererische Tendenzen waren, die besonders in der Gruppe der Vier zum Ausdruck kamen. Aber auch in der ganzen Partei sind solche Tendenzen vorhanden. Nehmen wir die Frage des Artikels des Genossen Ulbricht. Ich lasse hier die Frage beiseite, daß Ulbricht einen Fehler gemacht hat, wenn er diesen Artikel nicht im Polbüro gestellt hat, bevor er ihn zur Veröffentlichung gab. Ich werde hier die Frage von einem andern Standpunkt betrachten, vom Standpunkt der Reaktion der Parteiorganisationen auf diesen Artikel. Man hat gesagt, daß diese Reaktion fraktionell organisiert war. Es kann sein. Das ist sehr schlecht. Aber mir scheint, daß noch schlechter ist, wenn die Reaktion der Partei so war ohne eine fraktionelle Arbeit, weil das bedeutet, daß es in den unteren Organisationen stärkste Tendenzen des Sektierertums gibt. Ich muß den Genossen der Mehrheit des Polbüros ganz offen sagen: Wie stellt Ihr die Frage des innerparteilichen Kampfes? Wenn man Euch kritisiert als eine Gruppe, die sektiererische Tendenzen hat, sagt Ihr zur Rechtfertigung: Wir haben das und das gemacht, weil die unteren Organisationen uns nicht verstanden hätten, wenn wir

---

22 Nach der Ermordung des sozialistischen Abgeordneten Giacomo Matteotti am 10. Juni 1924 verließen die Vertreter der Opposition das Parlament und bildeten den Aventinischen Block. In Italien kam es zu einem antifaschistischen Massenstreik.

das nicht gemacht hätten. Was bedeutet eine solche Fragestellung? Das bedeutet, daß die Genossen nicht verstehen, daß es ihre Aufgabe ist, den Kampf gegen das Sektierertum in der Partei zu führen. Eine führende Gruppe kann sich nicht auf die Fehler, auf die Mängel der Partei stützen, um ihre Fehler zu rechtfertigen. Nein, im Gegenteil. Eine führende Gruppe muß gegen die Fehler der Partei kämpfen. Aber einen Kampf gegen das Sektierertum in der Partei hat das Polbüro nicht geführt, auch wenn das Polbüro gesehen hat, daß solche Tendenzen in den unteren Organisationen bestehen. Zur Frage der Sozialdemokratie: Mir scheint, daß hier in der deutschen Partei zwei Fehler gemacht wurden. Erstens: Die Orientierung der Partei war nicht eine Orientierung auf die Eroberung der breiten Massen. Hier muß man etwas diskutieren: Wie steht die Frage der Sozialdemokratie in einer faschistischen Diktatur, besonders in der ersten Periode einer faschistischen Diktatur? Es kommt der Druck der Diktatur, der Schlag gegen die Arbeitermassen, und die breite Masse wird für eine gewisse Periode passiv, will noch nicht kämpfen, nur ein Teil bleibt aktiv. Dieser Teil, der aktiv bleibt, ist immer der Teil, der schon mehr eng mit uns verbunden war, und es ist ganz sicher, daß man diesen Teil ziemlich leicht gewinnen kann. Diesen Teil muß man gewinnen, aber gleichzeitig muß man sich orientieren auf die breite Masse, weil diese breite Masse die Kraft ist, die wir gegen die faschistische Diktatur mobilisieren müssen, um sie stürzen zu können. Wenn wir uns orientieren nur auf diese Elemente, auf diese Gruppen von 10 bis 100 Leuten und sie in unsere Partei aufnehmen, so lösen wir einen Teil des Problems, aber nicht das ganze Problem. Ich glaube, die Genossen haben noch einen zweiten Fehler gemacht, wenn sie glaubten, die Führung der Sozialdemokratie in der Emigration hätte ihren Einfluß im Lande vollständig verloren.

Das war ein Fehler. Warum? Die Genossen stellen hier die Frage in einer vollständig unrichtigen Weise, wenn sie sagen; Es bleibt die Ideologie, es bleibt aber nicht die Organisation. Mir scheint, das ist eine unmarxistische Fragestellung. Die Ideologie ist die Voraussetzung einer Organisation und die Organisation besteht nicht, weil der Druck des Klassenfeindes da ist, aber der Druck des Klassenfeindes löst für uns nicht die Frage der Eroberung der Mehrheit der Arbeiterklasse, die Frage der Gewinnung der sozialdemokratischen Arbeiter. Auf diesem Gebiet wurden auch verschiedene Fehler in der Einschätzung gemacht, zum Beispiel spiegelt sich die unrichtige Einschätzung der Sozialdemokratie in Artikeln - auch in der "Kommunistischen Internationale" - wider. Die deutschen Genossen haben, so scheint mir, nicht verstanden, nicht verfolgt die Änderungen in der Lage der Sozialdemokratie im Lande selbst, die von der Entwicklung der ganzen Lage bedingt waren. In der ersten Periode waren nur kleine Gruppen aktiv; diese konnten wir ziemlich leicht erobern. Genosse Dahlem hat hier in seiner Rede in versteckter Form auf Grund dieser Erfahrung eine falsche Linie in der Einschätzung der Sozialdemokratie im allgemeinen verteidigt. Dann änderte sich die Lage, es kam der 30. Juni, und ein Teil der breiten Massen, die früher passiv waren, begann in Bewegung zu kommen. Nun änderte sich das Problem. Das hat die deutsche Partei nicht bemerkt und deshalb hat sie - scheint mir - nicht richtig verstanden die Verbindung zwischen dem Problem der Vereinigung und dem Problem der Einheitsfront. Natürlich, wenn wir uns mit einigen Gruppen sozialdemokratischer Arbeiter vereinigen können - bitte schön, vereinigen wir uns! Aber das ist nicht alles. Ich habe Dokumente in der Presse der deutschen Partei gelesen, in denen man ganz offen spricht: Was braucht die deutsche Arbeiterklasse jetzt? Sie braucht eine einheitliche bolschewistische Partei (ganz richtig!), eine

Gewerkschaftsorganisation usw. - Aber von Einheitsfront spricht man darin gar nicht! Das ist eine vollständig falsche Einstellung, und besonders in diesem Moment ist das eine vollständig falsche Einstellung, weil wir uns in diesem Moment orientieren müssen auf die breitesten Schichten der Arbeitermassen, um sie gegen die faschistische Diktatur zu mobilisieren, und die Einstellung nur auf die Vereinigung kann uns in der Lösung dieser Aufgabe nicht helfen. Mir scheint, daß die deutschen Genossen auch nicht verstanden haben, daß die Verwirklichung der Aktionseinheit uns die Lösung der Aufgabe der Vereinigung erleichtert und uns hilft, diese Aufgabe auf eine höhere Stufe zu bringen.

Wir müssen ganz offen sagen, daß in Deutschland, wo die Sozialdemokratie auf Millionen von Arbeitern einen so großen Einfluß hatte, im allgemeinen die Masse noch nicht mit uns kämpft. Die Lage ist noch nicht so weit gegangen wie z.B. jetzt in Spanien, wo eine große Masse der sozialdemokratischen Arbeiter gemeinsam mit uns gekämpft hat, und zwar mit den Waffen. Nein, in Deutschland ist noch nicht eine solche Lage, und wir müssen beginnen, mit der breiten Masse der sozialdemokratischen Arbeiter in einer Einheitsfront zu kämpfen, um die Frage der Vereinigung besser stellen und sie auf eine höhere Stufe bringen zu können. Noch eine Frage in Verbindung mit der Sozialdemokratie. Mir scheint (vielleicht irre ich mich), daß wir jetzt, nach dem 30. Juni, in Deutschland nicht die Möglichkeit eines Vorschlages an die Führung der deutschen Sozialdemokratie in der Emigration ausschließen können. Ich habe den Eindruck, daß die Führung der deutschen Partei sich etwas fürchtet, diese Frage zu stellen. Warum? Weil sie sich fürchtet, Politik zu machen. Nehmen wir den Aufruf der KPD "Einheitsfrontangebot",[23] veröffentlicht in der "Roten Fahne" Ende November. Hier spricht man von einem Einheitsfrontangebot der KPD an alle sozialdemokratischen Gruppen, Organisationen und ihre Leitungen, aber man spricht nicht von der Prager Leitung. Warum diese letzte Reserve? Wenn wir jetzt feststellen, daß die Prager Leitung Verbindungen im Lande hat, daß im Lande eine Organisation besteht, daß diese Leitung jetzt ein Doppelspiel treibt, daß sie mit linken und rechten Karten spielt, daß sie versucht zu manövrieren mit den linken Gruppen und den rechten Führern, daß sie versucht, mit der Aufhäuser-Gruppe in Verbindung zu bleiben, und gleichzeitig versucht, mit Elementen der Reichswehr, der Bourgeoisie, des Zentrums usw. in Verbindung zu kommen, - so kann uns eben in diesem Moment ein Angebot an diese Prager Leitung helfen. Wir haben zum Beispiel im Monat Juli, nach der französischen Erfahrung ein Einheitsfrontangebot an die Führung der italienischen Sozialdemokratie gemacht.[24] Aber die italienische Sozialdemokratie hat heute vielleicht noch weniger Verbindungen im Lande als die deutsche Sozialdemokratie, wenn alles, was die deutschen Genossen uns erzählt haben, richtig ist. Aber was haben wir durch dieses Angebot bekommen? Wir haben erreicht, daß wir von der kleinen Arbeit der Zersetzung einiger lokaler Gruppen der Sozialdemokratie zu einer höheren Stufe gekommen sind. Wir haben die faschistische Konzentration, das war das Bündnis der Sozialdemokratie mit den bürgerlichen Leuten, vernichtet. (*Frage:* Das war im Auslande?) Im Ausland. Aber die Verbindungen, die im Ausland bestanden, wider-

---

23 "Einheitsfrontangebot des Zentralkomitees der KPD. An alle sozialdemokratischen Gruppen, Organisationen und ihre Leitungen, insbesondere an den Arbeitskreis revolutionärer Sozialisten um Aufhäuser-Böchel. In: Die Rote Fahne, Reichsausgabe, Ende November 1934.
24 Das Angebot führte zum Aktionseinheitsabkommen zwischen der KP Italiens und der Italienischen Sozialistischen Partei, das am 17. August 1934 in Paris unterzeichnet wurde.

spiegeln die Lage, die im Lande war. Was haben wir jetzt? Wir haben jetzt diese Lage, daß in der Sozialdemokratie im Lande ein Differenzierungsprozeß vor sich geht. Die bürgerlichen Elemente gehen zum Faschismus, die Arbeiterelemente kommen in die Einheitsfront. Das kommt, weil wir die Frage politisch behandelt haben, nicht nur organisatorisch oder propagandistisch. Wir haben uns nicht gefürchtet, auch zu den Führern zu sprechen, als sie im Auslande waren. Ich glaube, die deutsche Kommunistische Partei muß eine kühne kommunistische Einheitsfrontpolitik in diesem Moment machen. Zur innerparteilichen Lage. Ich habe schon etwas gesagt. Ich glaube, der Geist des Sektierertums ist groß in der deutschen Partei, weil der Kampf, den der Genosse Thälmann begonnen und schon geführt hat gegen Neumann usw. nicht vollkommen entwickelt war, weil die Errichtung der faschistischen Diktatur nicht erlaubt hat, das so breit zu machen. Vielleicht ist das eine Ursache. Aber die anderen Ursachen, ich glaube, die anderen Ursachen sind die Verhältnisse, die die faschistische Diktatur selbst einer illegalen Partei schafft. Aber ich werde noch etwas sagen über die Notwendigkeit des Kampfes gegen das Sektierertum. Ich habe den Eindruck, daß in der deutschen Partei etwas die Selbstkritik fehlt. Es fehlt etwas der innerparteiliche Kampf. Ich habe alle diese Nummern der "Roten Fahne" durchgesehen. Ich habe gar nichts gefunden über Selbstkritik, eine gute gesunde Selbstkritik, im Sinne eines innerparteilichen Kampfes gegen die Abweichungen der Partei, gegen die Gefahren der Entartung der Linie der Partei. Natürlich, es gibt eine schlechte Selbstkritik und eine gute Selbstkritik. Es gibt Parteien in der Komintern, die schlechte Selbstkritik gemacht haben. Die französische Partei hat jahrelang eine vernichtende Selbstkritik vor den Massen gemacht. Sie hat sich vor den Massen diskreditiert. Aber eine gesunde gute Selbstkritik hilft immer der Partei. Mir scheint, wenn die deutsche Partei gut selbstkritisch von sich sprechen wird, wird das gut sein für die ganze Kommunistische Internationale. Das wird der ganzen Kommunistischen Internationale helfen, ihre Probleme gründlicher zu sehen, ihre Aufgaben richtiger zu stellen.

Die Lage in der Führung. Ich bin einverstanden mit den Äußerungen der Genossen Knorin und Bronkowski: Die Mehrheitsgruppe widerspiegelt das Sektierertum der Partei. Die Minderheitsgruppe ist sehr schwach. Das ist sehr auffällig, daß die zwei Genossen dieser Gruppe, die in den letzten Monaten, mir scheint, eine richtige Politik hatten, die Probleme der Politik der Partei vor den Massen der Partei nicht richtig zu stellen wußten und konnten. Der Genosse Ulbricht ist selbst zur Gruppen-Politik übergegangen. Die beiden Genossen haben versucht, für die richtige Linie der KI zu kämpfen, aber sie waren zu schwach, um einen Erfolg haben zu können. Darum muß die Komintern alles machen, um der Führung der deutschen Partei zu helfen, ihre Schwäche zu überwinden, das Sektierertum, das in der Führung der Partei und in der ganzen Partei ist, zu überwinden, sonst wird die Partei nicht gut vorwärtskommen. Die Genossen sprechen von einer Gefahr der Rechten, der Versöhnler. Da ist ganz richtig zu antworten, wie Genosse Bronkowski geantwortet hat: Die schlechte, unrichtige Politik der Führung bestimmte diese Gefahr.

Erinnern Sie sich an den Fall Doriot.[25] Wenn unsere französische Partei nicht eine gute richtige Politik der Einheitsfront gemacht hätte, im richtigen Moment gemacht hätte, ich sage das offen - Doriot hätte vielleicht unsere Partei gespalten, und er hätte das

---

25 Jacques Doriot (1898-1945), Mitglied des Politbüros der FKP, sprach sich im Februar 1934 für die einheitliche kommunistisch-sozialistische Front aus, wurde jedoch auf der Landeskonferenz der FKP im Juni 1934 wegen "Disziplinbruchs" ausgeschlossen.

machen können auf Befehl der Bourgeoisie. Die Bourgeoisie wollte unsere Partei spalten durch Doriot. Und diese Gefahr konnten wir vermeiden durch eine richtige bolschewistische Einheitsfrontpolitik unserer französischen Partei. Dasselbe müssen unsere deutschen Genossen machen, um die Gefahr der Rechten und Versöhnler zu bekämpfen. Was die Führung betrifft, will ich noch sagen, daß mir scheint, daß die Leitung im Lande verstärkt werden muß. Wir haben alle gesehen, daß die beiden Genossen,[26] die vom Lande hier vertreten sind, die hier gesprochen haben, sie haben stärker gesprochen als alle anderen Genossen. Wenn sie auch nicht alle Probleme richtig stellten, doch fühlen sie, daß etwas neues in der Partei geschehen muß, wenn die Partei vorwärtsgehen soll. Wenn die Partei im Lande solche Kader hat - und die deutsche Partei hat solche Kader - scheint mir, daß sie im Lande eine starke politische Führung schaffen muß. Das ist eine Aufgabe, die vor der Partei steht. Das ist eine Voraussetzung für die Durchführung der ganzen Probleme, die vor der Kommunistischen Partei stehen und die wir jetzt diskutieren.

ZPA SED, I 6/3/108, Bl. 36-53. Nach dem maschinengeschriebenen und von Togliatti korrigierten Text.

Dokument Nr. 2

RESOLUTION DES POLITSEKRETARIATS DES EKKI
"ÜBER DIE SEKTIERERISCHEN FEHLER DER KPD" VOM 19. JANUAR 1935

Das Wachstum der politischen und wirtschaftlichen Schwierigkeiten der faschistischen Diktatur einerseits, die Verschärfung der Widersprüche in den Reihen der herrschenden Klassen und die Schwächung des Einflusses der faschistischen (nationalsozialistischen) Partei in den Massen, ganz besonders nach dem 30. Juni 1934, andererseits, der wachsende Widerstand der Arbeitermassen gegen die faschistische Offensive auf ihre Lebenshaltung, die Gärung und Unzufriedenheit der Bauern und der städtischen Mittelschichten sowie die ersten Äußerungen offener antifaschistischer Aktionen in der Stadt und auf dem Lande - dies alles schafft in Deutschland mit jedem Tage eine immer günstigere Situation zur Organisierung einer *breiten antifaschistischen Volksbewegung gegen die faschistische Diktatur.* Nach den Ereignissen des 30. Juni 1934, die eine erste ernste Erschütterung der faschistischen Diktatur darstellten, erörterte das EKKI-Präsidium die Lage in Deutschland und gab klare Anweisungen über die Notwendigkeit, unverzüglich eine breite Entfaltung der Massenarbeit in allen faschistischen Organisationen, in deren Reihen Arbeiter stehen, sowie unter den Bauern und den städtischen Mittelschichten, zugleich auch unter den oppositionellen SA-Leuten in Angriff zu nehmen und sie zum Kampf gegen die faschistische Diktatur, zur Verteidigung ihrer täglichen Bedürfnisse aufzurütteln. Zur selben Zeit stellte das EKKI- Präsidium, mit Beteiligung und in vollem Einverständnis mit vier (von sieben)[27] Mitgliedern des Polbüros der KPD,

---

26 Von der Landesleitung nahm Bruno Baum (1910-1971) und von der Berliner Bezirksleitung wahrscheinlich Alfred Voß (1903-?) an der Beratung teil.
27 Bei den genannten Diskussionen im Sommer 1934 war offensichtlich auch Fritz Heckert, der damals Vertreter der KPD beim EKKI in Moskau war, anwesend.

als wichtigste Aufgaben der KPD auf, *den Kampf um die breite Einheitsfront* mit den sozialdemokratischen Massen, darunter auch durch Vorschläge an alle zu jener Zeit bestehenden sozialdemokratischen Gruppen sowie *den Kampf um die* Wiederherstellung der Freien Gewerkschaften unter Zusammenwirken mit den alten reformistischen Gewerkschaftlern, die bereit sind, mit den Kommunisten gemeinsam gegen den Faschismus zu kämpfen, um für die Abwehr des gegen die dringendsten Interessen der Massen vorstoßenden Faschismus eine breite Massenbewegung zu organisieren. Anstatt jedoch die Gesamtpartei zur Erfüllung dieser überaus wichtigen Aufgaben zu mobilisieren, beschränkte sich das Polbüro der KPD auf die Fassung einer Resolution (1. August), *entfaltete aber keinen wahren Kampf um die Durchführung der gemeinsam mit seinen Vertretern angenommenen EKKI-Beschlüsse. Die Mehrheit des Polbüros (Richter[28] und andere) aber rutschte dabei selber zum Sektierertum und linken "Doktrinärtum"* ab, anstatt einen entschlossenen Kampf in den Reihen der Partei gegen diese Abweichungen zu führen, die ein Hindernis für die Entfaltung des Kampfes um die Massen, um die Einheitsfront, um die Wiederherstellung der Freien Gewerkschaften sind. Das führte dazu, daß der günstigste Moment für die Herstellung der Einheitsfront mit den sozialdemokratischen Gruppen und für die Wiederherstellung der Freien Gewerkschaften verpaßt war und die Sozialdemokratie ein zentralisiertes Organisationsnetz wieder aufbauen konnte, während ein innerer Gruppenkampf in der Leitung der KPD auf die Arbeit der KPD abschwächend wirkte. Nach gemeinsamer Erörterung mit dem Polbüro, Vertretern der Landesleitung, der Berliner Organisation der KPD und Vertretern des KJVD der in der KPD-Leitung entstandenen Lage beschließt das Politsekretariat des EKKI:

1. Das ZK der KPD wird verpflichtet, in den Reihen der ganzen Stufenleiter der Gesamtpartei einen entschlossenen Kampf gegen das Sektierertum und das linke "Doktrinärtum" zu beginnen, dabei die konkreten Erscheinungsformen des Sektierertums aufzudecken und die ganze Partei für die tatsächliche Durchführung der taktischen Linie der KI im Kampf um die breiten Massen, mittels Anwendung der Einheitsfronttaktik, zu mobilisieren und zugleich den Kampf gegen *die rechten Opportunisten* ("Versöhnler") zu führen, die die sektiererischen Fehler führender Parteigenossen zu ihren parteifeindlichen Zwecken ausnutzen wollen.

2. Das ZK der KPD wird verpflichtet, *in breitem Maßstab* die Taktik der Einheitsfront mit allen sozialdemokratischen Gruppen und Organisationen zur Organisierung des Kampfes gegen das faschistische Regime auf dem Boden konkreter Tagesforderungen der Arbeitermassen zu entfalten, wobei auch Vorschläge an das Prager ZK unter passenden Bedingungen und in passender Form nicht ausgeschlossen sind; jede *Erklärung linker sozialdemokratischer Führer über ihre Bereitschaft zur* Einheitsfront mit den Kommunisten ist *auszunützen,* um sie entweder zu einer wirklichen Einheitsfront zu zwingen oder sie vor den Massen als Gegner der Kampfeinheit der Arbeiterklasse gegen den Faschismus zu entlarven, um diese Erklärungen der linken Führer auszunützen zur Herstellung der Einheitsfront mit den sozialdemokratischen Gruppen im Lande, auf welche diese Führer Einfluß haben.

3. Das ZK der KPD wird verpflichtet, in breitem Maßstab den *Kampf um die Wiederherstellung der Freien Gewerkschaften* zu entfalten. Die KPD muß sich dabei auf den Organisationswillen der ehemaligen Mitglieder dieser Gewerkschaften, darunter auch der Funktionäre, die heute den Klassenkampf wollen, stützen. Die Partei muß energisch

---

28 Max Richter war der Deckname für Hermann Schubert.

einer solchen Stimmung entgegentreten, als ob der Wiederaufbau der Freien Gewerkschaften allein mit den Kräften der RGO gelöst werden könnte. Die bürokratischen Bezirksleitungen der RGO, die ein Hindernis für den Kampf um die Wiederherstellung der Freien Gewerkschaften sind, müssen aufgelöst und die RGO- und roten Gewerkschaftsgruppen in die wiederhergestellten Freien Gewerkschaftsorganisationen überführt werden.

4. Das ZK der KPD wird verpflichtet, die Werbung von KPD-Mitgliedern aus den Reihen der ehemaligen Sozialdemokraten zu verstärken, darf jedoch diese Werbung nicht anstelle der Masseneinheitsfront setzen. Gegen die Sozialdemokratie, darunter auch gegen die Einstellungen ihres linken Flügels, ist eine ständige breite, theoretisch und taktisch gut fundierte Aufklärungskampagne zu führen.

5. Das ZK der KPD wird angewiesen, die Frage der Wege und Möglichkeiten der Organisierung einer breiten antifaschistischen Volksfront zu erörtern, die nicht nur kommunistische und sozialdemokratische, sondern auch katholische Arbeiter sowie Bauern, unzufriedene Elemente der städtischen Mittelschichten und Intellektuellen, kurz alle diejenigen erfaßt, die bereit sind, gegen die faschistische Diktatur zu kämpfen. Die Losung dieser Volksfront muß lauten: *Ein Feind - die faschistische Bourgeoisie. Ein Ziel - Sturz der faschistischen Diktatur durch den revolutionären Kampf der Massen.* Die KPD, die als Führer und Organisator der *ganzen* Arbeiterklasse auftritt, muß die Arbeitermassen von einfachen, elementaren, ihrer Form und ihren Losungen nach dem gegebenen Verhältnis der Klassenkräfte entsprechenden Aktionen zu immer höheren Formen des Klassenkampfes, zum entschlossenen Kampf gegen die faschistische Diktatur emporheben. Indem die KPD als Organisator und Führer des Kampfes der proletarischen Massen um die Diktatur des Proletariats, um Rätedeutschland auftritt, muß sie alle Antifaschisten mobilisieren, auch als *Führerin des Befreiungskampfes des ganzen Volkes vom Hitlerjoch auftreten.* Die KPD muß die Bauern und die städtischen Mittelschichten davon überzeugen, daß die von ihr vorbereitete proletarische Revolution dem ganzen Volke Befreiung bringt, daß sie die einzige, die wahre, die Volksrevolution ist. Daher - *antifaschistische Volksfront zur Volksrevolution,* deren erstes und nächstes Ziel der Sturz der faschistischen Diktatur ist. Das Politsekretariat verpflichtet das Polbüro der KPD, auf dem Boden dieser Direktiven seine Resolution auszuarbeiten und sie dem EKKI-Präsidium vorzulegen. Die Vorbereitung der Parteikonferenz in den Organisationen der Partei muß breitest zur Überwindung der sektiererischen Fehler ausgenutzt werden.

ZPA SED, I 6/10/37, Bl. 47-50. Nach dem maschinengeschriebenen Text.

Vera Mujbegović und Ubavka Vujošević (Belgrad)

Die Kommunistische Partei Jugoslawiens und die Komintern. Dokumente zur "jugoslawischen Frage" 1936

Die Tätigkeit der im Frühjahr 1919 gegründeten Kommunistischen Partei Jugoslawiens (KPJ) war schon zu Beginn der zwanziger Jahre Gegenstand von Auseinandersetzungen in der Komintern. Die "jugoslawische Frage", besonders das Problem der Gruppen- und Fraktionskämpfe innerhalb der KPJ, wurde in verschiedenen Kommissionen auf Kongressen sowie Sitzungen des Exekutivkomitees der Komintern (EKKI) und dessen Instanzen erörtert. Die Komintern schickte mehrere Emissäre nach Jugoslawien, richtete 1928 einen "Offenen Brief" an die Mitglieder der KPJ, und das EKKI intervenierte zeitweilig direkt, indem es einzelne Funktionäre bzw. ganze Führungsgremien der Partei absetzte oder ernannte.

Besonders harsch reagierte die Komintern auf die Plenarsitzung des ZK der KPJ, die vom 9. bis 10. April 1936 in Wien stattgefunden hatte. Sie bemängelte vor allem, daß das April-Plenum ohne Einverständnis der Mehrheit der ZK-Mitglieder - einige befanden sich in Jugoslawien, andere in Moskau - und auch ohne Wissen des EKKI (ein Präzedenzfall in der Geschichte der Komintern) einberufen worden war. Zudem wurde kritisiert, daß die Beschlüsse des Plenums der vom VII. Weltkongreß der Komintern festgesetzten Politik zuwiderliefen. Schließlich richtete sich die Kritik gegen ernste Differenzen in der Führung der KPJ, vor allem was die Einschätzung der Ursachen für die Mängel in der Parteiarbeit, die mangelnde Wachsamkeit und Nachgiebigkeit gegenüber einzelnen Kadern (die es gegenüber der Polizei an Standfestigkeit und Durchsetzungsvermögen vermissen ließen, aber dennoch auf wichtige Parteiposten kamen) anging. Alte Meinungsverschiedenheiten zwischen ZK-Mitgliedern brachen erneut auf, zusätzlich befördert durch die Intoleranz Einzelner oder von Fraktionen. Dies wog um so schwerer, als die KPJ polizeilichen Verfolgungen ausgesetzt war, infolgederen ihre Mitgliedschaft arg dezimiert wurde (im Zeitraum Ende 1935/Frühjahr 1936 wurden etwa 1.500 Mitglieder und Sympathisanten der KPJ verhaftet, wobei sich in Prag und Wien viele ZK-Mitglieder unter den Inhaftierten befanden).

Aus den erst seit kurzem zugänglichen Dokumenten im Komintern-Archiv ergibt sich eine Reihe neuer Details hinsichtlich der Maßnahmen, die das EKKI gegenüber der KPJ im Jahr 1936 ergriff. Angesichts der Tatsache, daß das Sekretariat des EKKI schon seit etlichen Monaten wegen der Führung der jugoslawischen KP "Sorgen hatte", schlug Wilhelm Pieck mit Einverständnis der Kaderabteilung des EKKI Ende April 1936 in seinem Bericht an G. Dimitrow vor, den Parteisekretär der KPJ, M. Gorkić, und K. Hudomalj, der seit längerem in Jugoslawien weilte, sofort zum Rapport nach Moskau zu bestellen. Dennoch dauerte es bis Ende Juli, ehe Gorkić in Moskau ankam (Hudomalj war zwischenzeitlich verhaftet worden) und die Erörterung der "jugoslawischen Frage" beginnen konnte, die unter zeitweiliger Beteiligung von Funktionären und Aktivisten der KPJ ganze fünf Monate dauern sollte.

Auf einer Reihe von Sitzungen des EKKI-Sekretariats und einiger Kommissionen sowie in Beratungen der Kaderabteilung des EKKI wurde die damalige Politik der KPJ einer kritischen Überprüfung unterzogen. Sie endete mit dem Beschluß des Sekretariats des EKKI zur "jugoslawischen Frage" vom 7. Januar 1937, in dem u.a. die neuen Mitglieder des Politbüros der KPJ ernannt wurden. Mit der durch diesen Beschluß ausgesprochenen Bestätigung einer Resolution des ZK der KPJ zur Taktik und Parteiarbeit sowie seines Aufrufs, der die Beschlüsse des VII. Weltkongresses der Komintern wiedergab, war die "jugoslawische Frage" für einige Zeit von der Tagesordnung.

Mit der Öffnung des Komintern-Archivs im ehemaligen Zentralen Parteiarchiv im Institut für Marxismus-Leninismus in Moskau - jetzt Russisches Zentrum für die Aufbewahrung und Erforschung von Dokumenten der neuesten Geschichte (im weiteren RZAEDNG) - ist es möglich, sich einen besseren Einblick in die Politik der Komintern gegenüber der KPJ zu verschaffen und sich ein genaueres Bild von der Krise innerhalb der Führung der jugoslawischen Partei zu machen. Dazu liegen mehrere - ungefähr zwanzig -, bislang unbekannte Dokumente aus den Aktenbeständen des Sekretariats des EKKI, des Generalsekretärs G. Dimitrow und des Sekretärs W. Pieck vor.

Hier wird eine Auswahl von sieben wichtigen Dokumenten präsentiert. Es handelt sich dabei um Auszüge aus den Protokollen der Sitzungen des EKKI-Sekretariats vom 15. August 1936 (mit einer Rede von G. Dimitrow), vom 19. September 1936 und vom 7. Januar 1937 (mit dem Beschluß des EKKI zur "jugoslawischen Frage") sowie um einen Brief des Sekretärs des ZK der KPJ, Milan Gorkić, vom 2. Oktober 1936 und einen Arbeitsplan für J.B. Tito vom 12. Oktober 1936.

Die Originale der Dokumente befinden sich im RZAEDNG in Moskau, Kopien auf Mikrofilm im jugoslawischen Staatsarchiv in Belgrad. Außer zwei Protokollen, die wir auszugsweise dokumentieren (da sie nur teilweise die KPJ betreffen), haben wir alle hier präsentierten Quellen unverändert gelassen. Grobe orthographische und Zeichenfehler wurden stillschweigend verbessert; Korrekturen inhaltlicher Fehler sind im Anmerkungsapparat angezeigt. Von den sieben Dokumenten, die hier zum ersten Mal veröffentlicht werden, waren fünf in deutscher, zwei in russischer Sprache geschrieben.[1]

Dokument Nr. 1

Vertraulich

PROTOKOLL (A) NR. 66 DER SITZUNG DES SEKRETARIATS DES EKKI AM 15. AUG[UST] 1936

Anwesend: Dimitrow, Manuilski, Moskwin, Pieck, Wan-Min, Anwelt, Arnot, Bronkowski, Fritz, Hopner, Kolarow, Losowski, Mandoljan, Mingulin, E. Müller, Ponomarjew, Rasumowa, Raymond, Sergejew, Skulski;
zeitweilig: Alexandrowa, Fleischer, Fred, Frumkin, Gorkić, Gromow, Karolski, Kiranow, Kirsanowa, Licht, Majkowskowa, Nikitina, Petrowski, Schmidt, Spinner, Spiridonow, Stassowa, Tschernomordik, Walecki, Walter.[2]

---

1 Sie wurden von Carsten Tessmer übersetzt.
2 Unter den zeitweilig Anwesenden waren folgende Mitglieder der KPJ: Fleischer = Josip Gržetić, Gorkić = Josip Čižinski, Licht = Rade Vujović, Petrowski = Kamilo Horvatin, Schmidt = Blagoje Parović, Walter = Josip Broz Tito.

Behandelt:
1. [...]
2. (453) Bericht über das April-Plenum des ZK der KP Jugoslawiens. Berichterstatter: GORKIĆ. Diskussionsredner: Fleischer, Pieck, Dimitrow.

Beschlossen:
2. Die Frage einer Kommission aus den Genossen Bronkowski, Gorkić, Kolarow, Manuilski, Moskwin, Pieck (Vorsitzender), Prokofjew, Tschernomordik und Walecki zur Behandlung zu übergeben. Die Kommission soll insbesondere die Frage der Leitung der KP Jugoslawiens sowie die Frage der Verletzung der internationalen Disziplin seitens einer Reihe jugoslawischer Genossen behandeln.[3] Frist: zehn Tage.

RZAEDNG, f.495, op.18, d.1109 (Auszug aus dem Protokoll in deutscher Sprache)

Dokument Nr. 2

REDE GEORGI DIMITROWS AUF DER SITZUNG DES SEKRETARIATS DES EKKI AM 15. AUGUST 1936

Dimitrow: Es ist nötig, andere Formen zu finden, um der jugoslawischen Partei zur richtigen Einstellung zu allen Fragen zu verhelfen. Man darf nicht zulassen, daß Jugoslawien zu einem faschistischen Staat wird.

Zweitens darf man nicht zulassen, daß die demokratischen Kräfte der Völker Jugoslawiens ausgenutzt werden zur Festigung eines reaktionären, faschistischen Regimes. Im Gegenteil müssen alle demokratischen Kräfte der serbischen, slowenischen, dalmatinischen, mazedonischen usw. Völker zusammengeführt werden, müssen sie vereint werden im Kampf für eine föderale, demokratische Republik in Jugoslawien.

Es ist notwendig, Abstand zu nehmen von der früheren Auffassung einer Zerstückelung Jugoslawiens in kleinere Territorien.[4] Unter den gegenwärtigen Verhältnisse ist die Aufteilung Jugoslawiens eine Frage von Krieg. Man muß sich daran erinnern, wie Jugoslawien in diesen Grenzen entstanden ist und daß man in diesen Grenzen die demokratischen Kräfte der Völker Jugoslawiens zusammenführen muß in eine föderale, demokratische Republik, um die Demokratie und die innere Autonomie der Slowenen, Mazedonier, Dalmatiner usw. zu verwirklichen.

Es ist drittens notwendig, die Frage der Parteiführung organisatorisch zu durchdenken und die Parteiführung zu sichern. Zur Zeit existiert eine Parteiführung im eigentlichen Sinne nicht. Die Parteiführung weiterhin in solch einem Zustand zu belassen, verbietet sich in jedem Fall. Man muß über diese Frage nachdenken, ob man den Apparat der ständigen, unmittelbaren Parteiführung in das Land verlegt und ein Auslandsbüro mit

---

3 Die Protokolle der Kommissionssitzungen sind bis jetzt nicht auffindbar.
4 Die frühere Parteilinie wurde durch die auf dem V. Kongreß der Komintern 1924 verabschiedete Resolution über die nationale Frage in Mitteleuropa und auf dem Balkan vorgegeben und später durch den IV. Parteitag der KPJ 1928 in Dresden bestätigt. Sie galt bis zum Sommer 1936, obwohl das ZK der KPJ bereits während seines Juni-Plenums 1935 von der Vorstellung einer Auflösung Jugoslawiens abgerückt war.

zwei, drei Mann einrichtet, das die Verbindung zwischen dem Inlandsapparat der Führung und uns aufrechterhielte.⁵ Das Zentralkomitee und ein Büro im Ausland, wie es jetzt der Fall ist - das bringt nichts. Man muß die Möglichkeiten konkret erörtern.

Und schließlich ist es notwendig, die führenden Genossen der jugoslawischen Partei zu überprüfen, die die internationale Disziplin verletzt haben. Davon (von den Verstössen gegen die internationale Disziplin; d. Übers.) zeugt nicht nur das Plenum, sondern auch eine Reihe anderer Fakten. Es ist zu klären, wer dafür die Verantwortung trägt, was nötig ist, um die internationale Disziplin zu festigen, um die Beschlüsse des VII. Kongresses richtig zu verstehen.

Selbständige Entscheidungen - ja, Autonomie - ja, aber die internationale Disziplin bleibt erhalten, eine internationale Führung ist unabdingbar. Und daher ist es notwendig, innerhalb der Partei ernste Maßnahmen zu ergreifen: Aufklärung, Überzeugung, Geldstrafen und politische Bestrafungen. Das sind die Fragen, die ich stellen wollte, neben den Fragen, die die Genossen vorgebracht haben, den politischen und taktischen Fragen, die in der Kommission geklärt werden müssen. Ich würde vorschlagen, daß die Kommission die jugoslawische Frage nicht generell, sondern diese konkreten Fragen klärt und jeden überprüft. In der Führung der jugoslawischen Partei gibt es solche, die für diese Arbeit absolut nicht taugen. In anderer Hinsicht sind sie gute Menschen, doch für diese Arbeit taugen sie nicht. Bei euch gibt es wirkliche, wahrhaftige Schädlinge. Man muß seine Sachen in Ordnung bringen, die Leute überprüfen. Und dann werden wir imstande sein, solch eine Führung, eine provisorische Parteiführung zu bilden, die innerhalb des Landes führen kann, die in der Lage ist, ihre Kräfte zu sammeln, zu festigen und die vor ihr liegenden Aufgaben zu erfüllen.

Ich würde folgende Zusammensetzung der Kommission vorschlagen: Gen. Pieck als Vorsitzenden, als Kommissionsmitglieder die Gen. Manuilski, Moskwin, Kolarow, Walecki, Gorkić, Tschernomordik, Bronkowski, Prokofjew.

Bei Euch in Jugoslawien sind die Bedingungen günstig. Wenn man sich Fotos von Demonstrationen, Versammlungen ansieht, die in Belgrad organisiert wurden, dann sieht man eine echte Massenbewegung, und plötzlich ist es eine Volksfront nur von unten. Es ist notwendig, daß die Partei Druck auf die übrigen Parteien ausübt und solch eine Atmosphäre erzeugt, die diese Parteien in die Volksfront zwingt und nicht bittet. Wenn wir bitten, bringt das nichts, dann handelt von unten.

Damit beenden wir die Erörterung dieser Frage.

RZAEDNG, f.495, op.18, d.1109, l.5, 6. (Original in russischer Sprache)

---

5   Da die in der Illegalität tätige KPJ sich nach der Januar-Diktatur 1929 verstärktem Polizeiterror ausgesetzt sah, befand sich ihre engere Führung seit dem Frühjahr 1929 in Wien und seit Ende 1936 in Paris.

Dokument Nr. 3

Streng vertraulich

PROTOKOLL (B) NR. 75 DER SITZUNG DES SEKRETARIATS DES EKKI AM 19. SEPTEMBER 1936

Behandelt:
8. (489) Über die Arbeit der seitens des Sekretariats eingesetzten Kommission zur jugoslawischen Frage (siehe Protokoll Nr. 66 (A) vom 15. August 1936).
BERICHTERSTATTER: Pieck.
DISKUSSIONSREDNER: Dimitrow, Gorkić, Manuilski, Walter.

Beschlossen:
8.a) Als notwendig zu betrachten, daß die operative Leitung der KP Jugoslawiens sich im Lande befindet.
b) Im Auslande bleibt nur eine Vertretung der Leitung für Verbindungen mit dem Lande und dem EKKI, für die Arbeit unter der Emigration und die Herausgabe von Parteiliteratur. Was die personelle Zusammensetzung der Leitung betrifft, so wird der Genosse Manuilski beauftragt, die Frage gemeinsam mit der Kaderabteilung für das Sekretariat vorzubereiten.

Generalsekretär des EKKI: (DIMITROW)

RZAEDNG, f.495, op.18, d.1135, l.6 (Original in deutscher Sprache)

Dokument Nr. 4

GORKIĆ AN PIECK UND MANUILSKI

W.G.

Ich schlage vor, daß die Abreise des Genossen Walter beschleunigt wird. Es besteht nicht die unbedingte Notwendigkeit, daß Genosse Walter hier bis zur endgültigen Regelung aller unserer Fragen bleibt. Seine Abreise soll aus folgenden Gründen beschleunigt werden:
  1) Im Oktober-November gehen im Lande die Gemeinderatswahlen vor sich. Im Zusammenhang damit ist es notwendig, die Arbeit der durch Abwesenheit von uns allen geschwächten Parteileitung zu stärken.
  2) Im Lande entwickelt sich eine mächtige Streikwelle (rund 50.000) Streikende nur im August ds.Js.). Es konnten in diesem Zusammenhang eine Reihe von wichtigen Maßnahmen unternommen werden, über die wir hier nicht Bescheid wissen.
  3) In der Partei selbst, dank der spannenden innerparteilichen Lage und der früheren Fehler, gibt es sehr ungesunde Tendenzen. So z.B. in Slowenien ist eine separatistische

Tendenz entstanden.[6] Wir wissen überhaupt nicht, was das PB in diesem Zusammenhang unternommen hat. Diese Frage ist in Verbindung mit der Vorbereitung des Kongresses der KP Sloweniens und KP Kroatiens außerordentlich wichtig.[7]

4) Für die Durchführung unserer Beschlüsse besonders über die Führung der Partei müssen schon jetzt gewisse Vorarbeiten (im Oktober) durchgeführt werden. Beginn der Änderung der Zusammensetzung des illegalen technischen Apparates, Sendung von zwei Genossen in das Land - Stanoje und Rosenko -, welche die Vorbereitung im Lande machen sollen, usw.[8]

Aus allen diesen Gründen schlage ich vor, den Genossen Walter möglich schnell abzusenden.

2. Oktober 1936   Mit kommunistischem Gruß
                                                           M. Gorkić .

NS. Vor seiner Abreise werden im Einvernehmen mit dem Sekretariat des Genossen Pieck und der Kaderabteilung genaue Instruktionen über die Arbeit des Genossen Walter und seine Vollmachten ausgearbeitet werden.

RZAEDNG, f.495, op.11, d.286, l.298, 297 (Original in deutscher Sprache)

Dokument Nr. 5

ARBEITSPLAN FÜR WALTER[9]

Die Genossen Andrej und Senko,[10] die hierher berufen sind, werden von der Arbeit befreit; sie sollen sofort alle Geschäfte übergeben und sich nach dem Visumsort begeben.

Bis zur Neukonstituierung des ZK führt die Geschäfte W[alter] zusammen mit L[oewy][11] unter Verantwortung von W[alter] durch.

Die unmittelbaren Aufgaben des Genossen Walter sind folgende:

1. Die Vorbereitungsmaßnahmen für die Durchführung der Beschlüsse über die Arbeit der Parteileitung einleiten. (Entsendung von einem oder zwei Genossen zur Überprüfung des illegalen technischen Apparates im Lande, Forcierung und Ausbau der notwendigen organisatorischen Bedingungen für die Arbeit der Mitglieder der Leitung).

---

6 Es geht um die Forderung des Parteiaktivs Sloweniens vom 23. August 1936 nach Loslösung der slowenischen Parteiorganisation aus der KPJ und nach Gründung einer selbständigen KP Sloweniens, die direkt der Komintern angebunden werden sollte.

7 Im April 1937 wurden die KP Sloweniens und im August desselben Jahres die KP Kroatiens als Teile der KP Jugoslawiens gegründet.

8 Stanoje = Sreten Žujović, Rosenko = Rodoljub Čolaković.

9 Am 16. Oktober 1936 sprach Wilhelm Pieck mit Josip Broz Tito über dessen bevorstehende Abreise und gab ihm einige Direktiven mit auf den Weg. Am selben Tag verließ Tito (mit einem auf den Namen Iwan Kissić ausgestellten jugoslawischen Paß) Moskau. Durch Polen fuhr er nach Prag und weiter nach Wien. Anfang Dezember begab er sich nach Jugoslawien, um dort in der Illegalität tätig zu werden.

10 Andrej (= Stjepan Cvijić) und Senko (= Vladimir Copić) waren beide Mitglieder des ZK der KPJ.

11 Loewy (= Adolph Muck) war genauso wie Walter Mitglied des Politbüros der KPJ.

2. Von unmittelbaren Aufgaben sollen sich Walter, Loewy und ihre Mitarbeiter auf folgende konzentrieren:

  a) Kampf gegen die faschistische Intervention und Hilfe und Solidaritätsaktionen für Spanien;

  b) Kampf gegen die kontrarevolutionären und trotzkistischen Elemente;

  c) Leitung und Entfaltung der Streikbewegung;

  d) Volksfront und Einheitsfront im Sinne der Diskussion und der entsandten Briefe;

  e) Vorbereitung der Kongresse der KP Kroatiens und KP Sloweniens;

  f) Innerparteiliche Konsolidierung in Slowenien;

  g) Leitung, Mitarbeit und ausreichende Hilfe für die E.A.P.[12] und legale Presse.

3. Die Arbeit der Parteileitung im Geiste und Sinne der Diskussionen hier und [der] bevorstehenden Beschlüsse zu führen und streng darauf zu achten, daß die Tätigkeit der Leitung nicht durch endlose Diskussionen gestört wird. Die Genossen Walter und Loewy haben das Recht, für ihre Arbeit die Instrukteure des ZK Rosenko und Stanoje heranzuziehen.

12.X.1936

RZAEDNG, f.495, op.11, d.286, ohne Seitenangabe (Original in deutscher Sprache)

Dokument Nr. 6

Vertraulich

PROTOKOLL (A) NR. 103 DER SITZUNG DES SEKRETARIATS DES EKKI AM 7. JANUAR 1937

Anwesend: Dimitrow, Ercoli, Florin, Kuusinen, Manuilski, Moskwin, Pieck, Wan-Min, Alchianow, Kolarow, Losowski, Pollitt, Ponomarjew, Sergejew, Walecki;
zeitweilig: Arnot, Tom Bell, Bronkowski, Eisenberger, Lewin, Loba, Magnus, Mason, Rose Michel, Mingulin, Railock, Randolph, Varga.

Behandelt:
  1. [...]
  2. (555) Bestätigung der Dokumente zur jugoslawischen Frage;
  a) Entwurf des Beschlusses des Sekretariats des EKKI zur jugoslawischen Frage;[13]
  b) Aufruf des ZK der KP Jugoslawiens;[14]

---

12 Hinter diesem Kürzel verbirgt sich die Einheitliche Arbeiterpartei, die auf Vorschlag der KPJ am 8. September 1935 als legale Organisation gegründet worden war, um Kräfte für die Einheits- und Volksfront zu sammeln.
13 Siehe Dokument Nr. 7.
14 Es geht um den Aufruf des ZK der KPJ "Gegen die Kriegsgefahr, gegen den Angriff der faschistischen Reaktion! Vereinigen wir alle demokratischen Kräfte in der kämpferischen Volksfront in Jugoslawien! An das arbeitende Volk! Allen Völkern Jugoslawiens!", publiziert in: Proleter, Nr. 2, Februar 1937.

c) Resolution des ZK der KPJ zum Bericht über das Aprilplenum.[15]
Berichterstatter: Pieck.
3. [...]

Beschlossen:
2. Die Dokumente werden mit den vom Genossen Pieck vorgelesenen, in der fliegenden Abstimmung gemachten Abänderungsvorschlägen bestätigt. Die Genossen Dimitrow und Pieck werden mit der endgültigen Redigierung der Dokumente beauftragt.
(Siehe fliegende Abstimmungen in der Anlage. - Dokument A = Beschluß des Sekretariats siehe im Protokoll B.)

Generalsekretär des EKKI: (Dimitrow.)

RZAEDNG, f.495, op.18, d.1151, l.142 (Auszug aus dem Protokoll in deutscher Sprache)

Dokument Nr. 7

Streng vertraulich

Endgültiger Text

BESCHLUSS DES SEKRETARIATS DES EKKI ZUR JUGOSLAWISCHEN FRAGE

1. Das Sekretariat bestätigt den Aufruf und die innerparteiliche Resolution des ZK der KP Jugoslawiens vom November 1936. Dem Politbüro wird es zur Pflicht gemacht, dem Parteiaktiv mitzuteilen, daß beide Dokumente mit dem Sekretariat des EKKI abgestimmt sind.
2. Das Sekretariat bringt seine Mißbilligung darüber zum Ausdruck, daß im April d[es] J[ahres] unter der Bezeichnung Plenum des ZK eine zentrale Sitzung von Parteifunktionären abgehalten wurde,[16] ohne andere Mitglieder des ZK der KP Jugoslawiens und das Sekretariat des EKKI vorher sowohl über die Sitzung als auch über deren Tagesordnung zu benachrichtigen, und daß die auf dieser Sitzung gefaßten Beschlüsse ohne vorheriges Einverständnis des Sekretariats des EKKI veröffentlicht worden sind. Dieses Vorgehen stellt einen klaren Verstoß gegen die innerparteiliche Demokratie und die internationale Disziplin dar.
3. Das Sekretariat konstatiert, daß die in den Beschlüssen des April-Plenums festgelegte Linie dem Kurs des VII. Weltkongresses der Komintern widerspricht und daß diese Beschlüsse sektiererische Fehler enthalten, die sich schädlich auf die Parteiarbeit und Errichtung einer Einheits- und Volksfront auswirken.
4. Solch ein Zustand in der KPJ spiegelt die Schwäche der Führung wider, die eine Reihe ernster Verstösse gegen die Regeln der Konspiration begangen hat und nicht imstande gewesen ist, die besten Elemente der Partei in ein starkes und zuverlässiges Par-

---

15 "Die Resolution des Zentralkomitees der Kommunistischen Partei über die Taktik und Arbeit der Partei (zum Bericht über das April-Plenum)", in: Arhiv Jugoslavije, Fond KI, 1936/390.
16 Dieses Plenum wurde ohne Wissen des EKKI und einiger ZK-Mitglieder am 9./10. April 1936 in Wien abgehalten.

teiaktiv zusammenzuschweißen. Statt notwendiger innerer Geschlossenheit der Parteiführung fand im abgelaufenen Jahr ein Kampf zwischen Gruppen statt, den A[ndrej] und W[inter][17] führten. Aus diesem Grunde werden beide Genossen ihrer Posten in der jugoslawischen Partei enthoben und aus dem ZK der KPJ entfernt.

5. Der Genosse G[orkić][18] ist gegen diese Erscheinungen ohne die notwendige Entschiedenheit aufgetreten. Anstatt sie prinzipiell zu bekämpfen, hat er sich auf faule Kompromisse mit den Genossen A[ndrej] und W[inter] eingelassen und damit die Beseitigung der auf dem Plenum aufgetretenen politischen Differenzen verhindert.

6. Das Politbüro wird verpflichtet, mit aller Energie den bislang fehlerhaften Kurs der Partei im Sinne der beiden jetzt verkündeten Parteidokumente zu korrigieren.

Das Zentralorgan der Partei muß möglichst bald im Lande organisiert werden und dort herauskommen.[19]

7. Es muß eine starke, einheitliche Parteiführung im Lande gebildet werden, die aus einem Politbüro mit 5 Mitgliedern und 2 Kandidaten besteht.

Von den Mitgliedern des Politbüros arbeitet Genosse G[orkić] im Ausland. Er ist der Sekretär des ZK der KP Jugoslawiens und vor der Partei und der Komintern für die Parteiführung verantwortlich. Ohne besonderes Einverständnis des Sekretariats des EKKI ist er nicht berechtigt, in ein Land zu reisen.

Von den Politbüromitgliedern, die im Lande arbeiten, ist der Genosse W[alter][20] für das Funktionieren der Führung verantwortlich.

Im übrigen wird die Arbeit unter den Mitgliedern des Politbüros nach dessen Maßgabe aufgeteilt.

Die Kollektivität in der Arbeit des Politbüros muß durch eine gute Organisation der Verbindungen zwischen dem Sekretär und der Parteileitung im Inneren gewährleistet werden. Hierzu gehören neben systematischer Information und Briefwechsel mit dem Lande persönliche Treffen des Sekretärs mit einzelnen Politbüromitgliedern. Auch ist es zweckmäßig, daß Mitglieder des Politbüros zeitweise für einige Monate zusammen mit dem Sekretär im Ausland arbeiten.

Die Führung im Lande trifft selbständig, auf eigene Initiative oder auf Vorschlag des Sekretärs Entscheidungen zur Erfüllung der Beschlüsse des ZK. Wenn der Sekretär mit irgendeiner der Entscheidungen nicht einverstanden ist, die im Lande getroffen worden sind, dann muß die Frage ein zweites Mal von der Leitung im Lande einer Prüfung unterzogen werden.

8. Das Sekretariat des EKKI bestätigt folgende Vorschläge des ZK der KP Jugoslawiens:

---

17 Winter = Vladimir Čopić. Im russischen Original wurde fälschlicherweise der Name Winters durch die Initiale "B" abgekürzt. Der Fehler wurde hier korrigiert.
18 Im russischen Original steht fälschlicherweise W[inter], doch geht aus dem Inhalt des Beschlusses und aus dem Entwurf in deutscher Sprache eindeutig hervor, daß es sich hier um den Sekretär des ZK der KPJ, Milan Gorkić, handelt. Der Fehler wurde hier korrigiert. Dasselbe gilt für die Punkte 7 und 8 a) dieses Dokuments.
19 Das Zentralorgan der KPJ war damals der "Proleter", der illegal in Wien und Paris herausgegeben wurde.
20 Im russischen Original steht fälschlicherweise G., doch geht aus dem Entwurf in deutscher Sprache eindeutig hervor, daß es sich hier um Josip Broz Tito (Walter) handelt. Der Fehler wurde hier korrigiert. Dasselbe gilt für den Punkt 8 a) dieses Dokuments.

a) Das Politbüro besteht aus den Genossen G., W., D., J., Ž.[21] und zwei Kandidaten. Die Kandidaturen letzterer müssen noch von den Genossen aus dem Politbüro im Lande dem Sekretariat des EKKI zur Bestätigung vorgelegt werden.

b) Die Genossen D., E. und Ž. werden als Mitglieder in das ZK kooptiert.

c) Genosse F. bleibt als Repräsentant der Partei, Genosse P. als Referent bei der Komintern.[22]

RZAEDNG, f.495, op.18, d.1151, l.551-553 (Original in russischer Sprache)

---

[21] Hinter den Initialen verbergen sich Milan Gorkić, Josip Broz Tito (Walter), Franz Leskošek, Sreten Žujović (Stanoje) und Rodoljub Čolaković (Rosenko).

[22] Der KPJ-Repräsentant beim EKKI war Ivan Gržetić (Fleischer), der Referent beim EKKI war Kamilo Horvatin (Petrowski). Im russischen Text waren falsche Initialen (Z. und I.) angegeben. Dies wurde hier korrigiert.

Rainer Eckert, Mechthild Günther und Stefan Wolle[1] (Berlin)

"Klassengegner gelungen einzudringen ..."[2]
Fallstudie zur Anatomie politischer Verfolgungskampagnen am Beispiel der Sektion Geschichte der Humboldt-Universität zu Berlin in den Jahren 1968 bis 1972

1. Wie aus der Büchse der Pandora kriechen aus den Aktenbergen des untergegangenen SED-Staates immer neue Monströsitäten. Im Rückblick entsteht das Bild einer Gesellschaft, die bis ins Innerste vergiftet war. Manche möchten gerade deswegen einen Schlußstrich unter die Diskussion ziehen. "Das wirkliche Leben läßt sich nicht auf Akten und Karteikarten reduzieren", kann man in der gegenwärtigen Diskussion um die DDR-Vergangenheit immer wieder hören. Dies ist zweifellos richtig. Doch gerade deswegen ist es wichtig, schriftliche Quellen in den historischen Kontext zu stellen, die Akten unterschiedlicher Provenienz miteinander zu vergleichen, Zeitzeugen zu befragen und die Resultate der Forschung mit den eigenen, subjektiven Erinnerungen zu konfrontieren. Dies soll hier anhand eines exemplarischen Vorgangs geschehen. Zum Objekt der Fallstudie wurden Vorgänge an der Humboldt-Universität in den Jahren 1968 bis 1972 gewählt, in welche die drei Projektbetreuer selbst involviert waren. Die Forschungen vollzogen sich aus diesem Grunde nicht im akademischen Elfenbeinturm vermeintlicher Wertfreiheit. Sie waren Teil der Bemühungen um eine politische Erneuerung der Universität. Schon bald nach dem Zusammenbruch des SED-Systems gab ein Brief von Mechthild Günther, die 1971 als Studentin verhaftet und verurteilt worden war, den Anstoß für die Auseinandersetzung mit der Vergangenheit der Sektion Geschichte. Außer der Umbenennung in "Institut für Geschichtswissenschaften" hatte sich dort wenig geändert. Die für die DDR-Gesellschaft typische personelle Immobilität hatte dazu geführt, daß alle Verantwortlichen - soweit sie nicht gestorben waren - noch an der Humboldt-Universität arbeiteten. Sie waren im Laufe der Jahre in Ämter und Würden aufgestiegen, hatten als "Reisekader" die Welt bereist und waren damit beschäftigt, mit Hilfe ihrer Westbeziehungen den nahtlosen Übergang in die freiheitliche Grundordnung zu vollziehen. Daß sie auf das Auftauchen ihrer ehemaligen Opfer nicht gerade erfreut reagierten, konnte wahrlich nicht verwundern.

Der damalige Rektor verschickte lapidare Entschuldigungsschreiben an die Betroffenen und hoffte, damit die Sache erledigt zu haben. Am Institut fand eine gespenstische "Aufarbeitungveranstaltung" statt. Nur durch einen Zufall war der Termin der Veranstaltung öffentlich bekannt geworden, so daß einige der Betroffenen und ein Mitarbeiter der

---

1 Die Arbeit entstand im Rahmen eines Seminars am Institut für Geschichtswissenschaften der Humboldt-Universität (SS 1992/WS 1992/93) unter Beteiligung der Studenten Heike Hessenauer, Stefan Karsch, Ilko-Sascha Kowalczuk, Stephania Labó, Stephan Luther, Florian Meesmann, Marye Meyring, Jörg Rudolph und Max Tittel.
2 Aus den handschriftlichen Aufzeichnungen des Parteisekretärs der Sektion Geschichte, Horst Schützler; Stiftung Archiv der Parteien und Massenorganisationen der DDR im Bundesarchiv, Zentrales Parteiarchiv der SED (im weiteren: ZPA SED), IV B - 1/229/008.

"taz" anwesend waren. Dieser beschrieb den Auftritt eines der Hauptverantwortlichen für politische Verfolgungen in den sechziger und siebziger Jahren:"... umgeben von feixend-zustimmend aufblickenden Studentinnen meldet sich Professor Kurt Pätzold zu Wort ... Selbstbewußt schnarrt der Redner seine 'Erklärungen', wo nur ein Stocken, das Ringen um jeden Satz seinen Worten Resonanz geben könnte. Kein Beifall. Kein Widerspruch. Kälte. Unfähigkeit zum gemeinsamen Gespräch. Mindestens drei der gemaßregelten, verhafteten, einfach hinausgeworfenen früheren StudentInnen sitzen im Saal. Man hat sie durchaus erkannt, sie übersehen, geschnitten ... Niemand gibt ihnen die Hand, bittet sie gar zum Podium."[3]

Doch die Lawine war durch den Zeitungsartikel losgetreten. Der Versuch, "Vergangenheitsbewältigung" hinter verschlossenen Türen zu betreiben, war gescheitert. In einem Offenen Brief, der ebenfalls in der "taz" veröffentlicht wurde, reagierte Beatrix Herlemann einige Tage später unter dem Titel:"Ihre Entschuldigung nehme ich nicht an, Herr Pätzold!".[4] Sie schrieb darin: "Wer wie ich einmal erlebt hat, wie Sie im Frühjahr 1968 die Studenten der Ihnen zugeordneten Historiker Diplomanden-Gruppe ... immer wieder mit Nachdruck aufforderten, ihre Meinung zum 'Prager Frühling' zu bekunden, um sie dann im Herbst 1968 eben wegen dieser Meinungsäußerungen unerbittlich anzuprangern und schließlich von der Universität zu jagen, der vergißt das sein Leben lang nicht mehr."[5]

Nun war das Institut gezwungen, sich der öffentlichen Auseinandersetzung zu stellen. Am 10. November 1990 versammelte sich im Senatssaal der Universität ein großer Teil der damaligen Institutsangehörigen und viele ehemalige Studenten der Sektion Geschichte.[6] Der ehrwürdige Saal schien aus den Nähten zu platzen. Mit einem Jahr Verspätung fand endlich die notwendige Diskussion statt. Die "friedliche Revolution", die Wende und die deutsche Einheit waren scheinbar spurlos an der Universität vorüber gegangen. Eine Welt war zusammengebrochen, doch in in den verstaubten Höhlen der Universität hausten immer noch die Lemuren der SED-Vergangenheit. Immerhin wurde im Resultat der Veranstaltung vom Rektor der Universität, Heinrich Fink, eine Kommission eingesetzt, die damit beauftragt war, die Fälle politischer Verfolgung an der Sektion Geschichte zu untersuchen.[7] Doch bis zur Kündigung von Kurt Pätzold und einer Reihe durch ihre Stasi-Verstrickungen belasteter Professoren sollten noch zwei Jahre ins Land gehen. Die Erneuerung kam nicht von innen, sondern wurde von einer "Struktur- und Berufungskommission" unter Leitung des Münchener Professors Gerhard A. Ritter betrieben. Daß dies sich nicht ohne Reibungen vollzog, war selbstverständlich. Bei aller Kritik an angeblichen oder tatsächlichen Bevorzugungen westlicher Bewerber, muß gesagt werden, daß es der Humboldt-Universität unmöglich gewesen wäre, sich am eigenen Schopf aus dem Sumpf der Vergangenheit zu ziehen.

Im Spannungsfeld dieser Auseinandersetzungen vollzog sich unsere Forschungsarbeit. Im Mittelpunkt der Recherchen standen die Strukturen und Mechanismen politischer Verfolgungskampagnen, wie sie für DDR-Universitäten typisch waren.

---

3 taz, 17.10.1990.
4 taz, 7.11.1990.
5 Ebenda.
6 taz, 14.11.1990; FAZ, 14.11.1990; Tagesspiegel, 13.11.1990, Humboldt-Universität 10-11 und 12-13/1990/91.
7 Ein Gutachten der Kommission ging am 5. Februar 1991 an den Rektor der Humboldt-Universität.

2. Im September 1968 wurde im Rahmen der 3. Hochschulreform die Sektion Geschichte gegründet. Die Strukturreform war Teil eines großangelegten Versuchs, die existierenden wissenschaftlichen Institutionen zu zentralisieren, die Forschung effizienter zu gestalten und den Studienablauf zu straffen. Dem lag die Einsicht der Parteiführung zugrunde, daß sich auf dem Gebiet von Wissenschaft und Technik der ökonomische Wettlauf zwischen den Systemen entscheiden würde. Durch die Hochschulreform wurden manche alte Zöpfe und traditionell gewachsene Unübersichtlichkeiten beseitigt. Andererseits ergaben sich aus der Strukturreform Möglichkeiten, unliebsame Professoren zur Seite zu schieben, die letzten Fluchtburgen "bürgerlich-objektiver Wissenschaft" zu beseitigen und das Netz der politischen Kontrolle enger zu knüpfen.

Die SED-Führung befand sich in einem tiefen inneren Zwiespalt. Auf der einen Seite brauchte man qualifizierte und begabte Wissenschaftler. Auf der anderen Seite fürchtete man selbständiges Denken und geistige Kreativität wie der Teufel das Weihwasser. Dieser Dauerkonflikt, der die Existenz der DDR vom Anfang bis zu ihrem kläglichen Ende begleitet hat, erhielt in der zweiten Hälfte der sechziger Jahre zusätzliche Brisanz. Der Kalte Krieg verlor seine unerbittliche Schärfe, die liebgewordenen Feindbilder begannen zu verblassen und mit der SPD, die 1966 mit der CDU eine Große Koalition eingegangen war, betrat ein Feind die Bühne, der weitaus gefährlicher schien als die liebgewordenen Pappkameraden der eingespielten Propaganda. Der "Gegner" tarnte sich in den Augen der SED-Propagandisten neuerdings mit "sozialistischen Phrasen", um die DDR ideologisch aufzuweichen. Bevorzugte Zielgruppe dieser "psychologischen Kriegsführung" waren Intellektuelle, Künstler und Studenten, jene Kreise also, denen von Hause aus das "gesunde Klassenbewußtsein" des Proletariats fehlte und die mit einer fraglosen Akzeptanz der führenden Rolle der SED Schwierigkeiten hatten.

Die Universitäten rückten dadurch ins Zentrum obrigkeitlicher Aufmerksamkeit. Als im Frühjahr 1968 von der neuen tschechoslowakischen Parteiführung unter Alexander Dubček ein Sozialismus mit menschlichem Antlitz proklamiert wurde, nahm die Angst von SED und Stasi paranoide Züge an. Daß die Sympathien vieler Studenten und Intellektueller auf Seiten des tschechischen Reformkurses waren, war der Stasi und der Parteiführung klar. So atmeten sie hörbar auf, als am 21. August 1968 sowjetische Panzer das Experiment eines demokratischen Sozialismus beendeten.[8]

Als Instrument der Repression trat in der Alltagswirklichkeit den Studenten nicht das MfS entgegen, das weitgehend im Verborgenen wirkte, sondern vor allem die FDJ. In der Regel umfaßte eine FDJ-Gruppe als unterste Struktureinheit die Mitglieder einer Seminargruppe - im verschulten System der DDR-Universitäten entsprach das etwa einer Schulklasse, die im wesentlichen gemeinsam die unteren Semester durchlief. Der FDJ-Gruppenleitung übergeordnet war die Grundorganisationsleitung der Sektion, deren 1. Sekretär gleichzeitig Mitglied der Parteileitung der Sektion war. Die Jugendorganisation legte ein dichtes Netz der politischen und sozialen Kontrolle über die Studentenschaft. Ihr oblag die Ahndung vermeintlicher oder tatsächlicher Disziplinverstöße, die Führung von Anwesenheitslisten, insbesondere bei Sportfesten, Kulturabenden, "freiwilligen" Arbeitseinsätzen und den zahllosen Demonstrationen, bei denen rund um das Jahr eine jubelnde Blauhemdkulisse benötigt wurde. Die ausgewählten Funktionäre der FDJ entschieden über Leistungsstipendien und Beurteilungen, sie saßen als Beisitzer in den

---

8 Wolle, Stefan: Die DDR-Bevölkerung und der Prager Frühling, in: Aus Politik und Zeitgeschichte, 42 (1992) 36. S. 35-45.

Prüfungen über Marxismus-Leninismus und sogar in den Absolventenkommissionen, die über den späteren beruflichen Einsatz entschieden. Die FDJ-Funktionäre wurden formal zwar gewählt, praktisch entschied aber die Partei über die Verteilung der Posten, die für viele ein Sprungbrett für eine Karriere im Funktionärsapparat oder an der Universität war.

Die Leitung der Grundorganisation der SED war das eigentliche Zentrum der Macht. Hier fielen alle wichtigen Entscheidungen. Die SED war territorial strukturiert, also nach Bezirken und Kreisen. Die Humboldt-Universität gehörte innerhalb der Berliner Bezirksparteiorganisation ebenso wie die Akademie der Wissenschaften, das Ministerium für Staatssicherheit und andere Einrichtungen zu den sogenannten nichtterritorialen Kreisleitungen. Auf der Kreisorganisation der hauptstädtischen Universität ruhte zusätzlich das wachsame Auge Professor Kurt Hagers, der sich als das für Kultur und Wissenschaft zuständige Mitglied des Politbüros in viele Entscheidungen unmittelbar einmischte und direkte Anweisungen über die SED-Kreisleitung gab.

Demgegenüber hatte die sogenannte Staatliche Leitung geringere Bedeutung. Die Sektionsdirektoren waren in Personalunion auch Mitglied der SED-Parteileitung der jeweiligen Sektion. Diese personelle Verflechtung garantierte den "kurzen Dienstweg". Alle rechtlich relevanten Entscheidungen, beispielsweise die Einberufung eines Disziplinarausschusses, lagen zwar formal bei der "staatlichen Leitung", man konnte jedoch davon ausgehen, daß nichts ohne die Anweisung der Partei geschah. Dieser merkwürdige Dualismus macht heute die Rekonstruktion der Vorgänge so schwierig.

Die Rolle des Ministeriums für Staatssicherheit war für die damals Beteiligten vollkommen undurchsichtig. Erst nach dem Zusammenbruch des SED-Staates wurden schrittweise einige Tatsachen bekannt. Das MfS verfügte über ein Netz von Inoffiziellen Mitarbeitern (IM) und Offizieren im besonderen Einsatz (OibE). Zusätzlich war ein erheblicher Teil der Wissenschaftler für die Hauptverwaltung Aufklärung (HVA) tätig. Im Unterschied zu den gesellschaftlichen Organisationen wurde das MfS nur im Extremfall für den Einzelnen sichtbar. Das erklärte Ziel der Staatssicherheit war es, die "Probleme im Vorfeld zu beseitigen", nachdem die anderen Mittel der Repression und Disziplinierung versagt hatten.

Auch das MfS hatte sich der führenden Rolle der Partei unterzuordnen. In der Alltagspraxis aber war der Respekt vor den "Genossen von der Sicherheit" so groß, daß selbst Nachfragen bei Maßnahmen der Staatssicherheit kaum denkbar waren. Innerhalb der Kreisleitung der SED gab es einen Beauftragten für Sicherheitsfragen. In welcher Form solche hauptamtlichen Mitarbeiter des Parteiapparates mit dem MfS zusammengearbeitet haben, ist bis heute unklar. Nach den üblichen Gepflogenheiten durften sie keine IM oder OibE des Ministeriums für Staatssicherheit sein. Ganz offenbar wurden von diesem Prinzip aber Ausnahmen gemacht.

Für die Tätigkeit des MfS an den Universitäten spielten einige Dienstanweisungen und Durchführungsbestimmungen eine Rolle. Bereits Mitte der sechziger Jahre rückte aus den oben geschilderten Gründen die Jugend, insbesondere die Studenten, ins Blickfeld bevorzugter Aufmerksamkeit der Stasi. Am 15. Mai 1966 erließ der Minister für Staatssicherheit Erich Mielke einen speziellen Befehl über die "Bekämpfung der ideologischen Diversion und der Untergrundtätigkeit unter Jugendlichen" (Dokument Nr. 1).

Auf der Grundlage dieses Befehls wurde ebenfalls am 15. Mai 1966, die Dienstanweisung Nr. 4/66 erlassen (Dokument Nr. 2). Sie enthält seitenlange Aufzählungen aller nur denkbaren Varianten der Bespitzelung in Bildungseinrichtungen der DDR. Zumindest theoretisch wird ein System der totalen Überwachung entworfen. Bereits im Stadium der Vorimmatrikulation, d.h. in der Zeit zwischen der Vergabe des Studienplatzes und dem Antritt des Studiums sollten die künftigen Studenten systematisch nach geeigneten Kadern für eine IM-Werbung durchmustert werden. Vom Professor bis zu den Kellnerinnen in Studentenkneipen sollte dann ein lückenloses Netz von Spitzeln geknüpft werden. Schließlich hatte das MfS bei der "Absolventenlenkung", d.h. bei der Vergabe von Arbeitsplätzen, ein gewichtiges Wörtchen mitzureden. "Durch das inoffizielle Netz sind die wissenschaftlichen Kader ständig zu überwachen, um zu verhindern, daß feindliche Elemente in diesen Bereichen tätig werden können. Erkannte feindliche Elemente sind, wenn keine Strafrechtsnormen angewandt werden können, durch geeignete Legendierung in Zusammenarbeit mit Partei oder staatlichen Stellen zu entfernen."[9] Selten ist die Verfahrensweise im Umgang mit kritischen Geistern an der Universität in solcher Klarheit formuliert worden.

Als sich die Schwierigkeiten in der Tschechoslowakei abzuzeichnen begannen, reagierte die SED-Führung wie stets mit dem Ausbau des Unterdrückungs- und Disziplinierungsapparates. Am 10. Januar 1968 unterzeichnete der Stellvertretende Minister für Staatssicherheit, Generalleutnant Beater, die "Durchführungsanweisung Nr. 1" zu der oben zitierten "Dienstanweisung Nr. 4/66" (Dokument Nr. 3).

Am 2. September 1968, also etwa zwei Wochen nach der Invasion der Truppen des Warschauer Paktes in die Tschechoslowakei, erging ein Schreiben Mielkes an die Bezirksverwaltungen des MfS, in dem unter Berufung auf die angeführten Dienstanweisung 4/66 und die Durchführungsanweisung Nr. 1 zu dieser Dienstanweisung vom 10. Januar 1968 Maßnahmen zur "Abwehr feindlicher Handlungen an den Hoch- und Fachschulen" angeordnet werden (Dokument Nr. 4). In den Tagen nach dem 21. August 1968 hatte es eine Reihe von kleineren Widerstandsaktionen gegeben, bei denen Oberschüler und Studenten maßgeblich beteiligt gewesen waren. Diese Aktionen gefährdeten nicht die Macht der SED. Trotzdem fühlte sich die Parteiführung veranlaßt, mit einem deutlichen Anziehen der Repressionsschraube zu reagieren. Hinzu kam offenbar das Bedürfnis, nun mit allen tatsächlichen und vermeintlichen Sympathisanten des Prager Frühlings abzurechnen, die man aus außenpolitischen Rücksichten bis zum 21. August schonend behandelt hatte.

3. Über die Humboldt-Universität brach im September 1968 das Unwetter herein. Am 2. September forderte der Dekan der Philosophischen Fakultät die Entlarvung der inneren und äußeren Konterrevolution, die getarnt als sozialistische Demokratie auftrete. Am 18. September geriet auf einer Aktivtagung der Kreisleitung der SED erstmals die neugegründete Sektion Geschichte ins Schußfeld. "Wann reihen sich die Berliner Historiker in die Kampffront gegen den Revisionismus ein?" wurde im Referat des 1. Sekretärs der Kreisleitung demagogisch gefragt.[10] Zwei Assistenten, Waltraud Wiese und Matthias Springer, hatten sich geweigert, eine Resolution zur Begrüßung der angeblichen Hilfsaktion zu unterzeichnen. Ein dritter Assistent, Wolfgang Eggert, war wegen seiner ablehnenden Äußerung über den Einmarsch von Kollegen denunziert worden. Doch schon im Vorfeld der tschechoslowakischen Ereignisse war die allgegenwärtige Staatssicher-

---

9 Vgl. Dokument Nr. 3. S. 9.
10 Gespräch mit Günther Vogler am 13.6.1992.

heit auf eine spezielle Seminargruppe aufmerksam geworden. Im Juli 1968 widerfuhr dem Studenten der Sektion Geschichte, Reinhard Kusch, die seltene Ehre, zum Gegenstand einer sogenannten Einzel-Information zu werden (Dokument Nr. 5). Wer auch immer der Denunziant gewesen sein mag - ein Student oder der namentlich nicht genannte Seminargruppenbetreuer -, er hat ganz offensichtlich das Interesse der höchsten Obrigkeit auf die Studentengruppe gelenkt. Nach Beginn des Semesters im September 1968 suchte man einen Vorwand, eine Kampagne gegen die verdächtigen Studenten zu eröffnen. Man fand einen geeigneten Anlaß in einem Papier mit dem unverfänglichen Titel "Arbeitsplanentwurf der FDJ-Leitung der Gruppe Hist/Dipl. III/1" (Dokument Nr. 6). Man muß diesen Arbeitsplan, der sich auf den ersten Blick nicht von tausenden ähnlicher Papiere unterscheidet, dreimal lesen, um die inkriminierte Stelle zu finden. So ist in dem Papier davon die Rede, wie wichtig "Diskussionen einer Reihe von Grundfragen" wären. "Ziel solcher Diskussionen", heißt es dann, "soll nicht das Erreichen einer vollkommen einheitlichen Meinung sein" (Dokument Nr. 6). Einige Sätze aus diesem Arbeitsplan wurden am 17. Dezember 1968 im Referat der Kreisleitung der SED willkürlich aus dem Zusammenhang gerissen und als Beleg für die konterrevolutionären Umtriebe an der Sektion Geschichte zitiert (Dokument Nr. 7).

Die Rede des 1. Sekretärs der SED-Kreisleitung machte deutlich, daß es nicht um die vier Studenten ging, die mehr oder weniger unschuldig in ihr Arbeitsprogramm geschrieben hatten, man müsse nach "allgemeinen Grundsätzen und Prinzipien" suchen. In dem Referat wurde gegen "unpolitisches Spezialistentum", gegen Liberalismus und Selbstzufriedenheit gewettert. Es sollte offenbar eine großangelegte Hexenjagd eingeleitet werden.

In ihrer panischen Angst lieferte die Sektionsleitung und die Parteileitung der Sektion Geschichte vier Studenten ans Messer. Der zitierte Jahresarbeitsplanentwurf wurde ihnen zum Verhängnis. Am 22. November gab der Rektor Karl-Heinz Wirzberger dem Sektionsdirektor Günter Vogler die mündliche Weisung, die "... Dinge aus der Welt zu schaffen".[11] Beide bangten um ihre Posten und wollten in einem Akt vorauseilenden Gehorsams die Parteiobrigkeit gnädig stimmen. Am 6.Dezember fanden die Disziplinarverfahren statt, die für drei der Beschuldigten, Frank-Rainer Mützel, Reinhard Kusch und Reinhardt Eigenwill, mit der Relegation von der Universität endeten, für den vierten, Wolfgang Klein, mit einem einjährigen Ausschluß vom Studium. Für den erwähnten Seminargruppenbetreuer - in DDR-Universiäten eine Art Klassenlehrer -, für den verantwortlichen Sekretär der SED-Grundorganisation sowie den damaligen Sektionsdirektor blieb der Vorfall eine Episode ihrer Karriere; für die vier relegierten Studenten - die geopfert wurden wie die Bauern in einem Schachspiel - waren die Vorgänge im Herbst und Winter 1968 ein schwerwiegender Eingriff in ihre Lebensbahn.

4. Im Herbstsemester 1969 zogen wiederum "Besondere Vorkommnisse" die Aufmerksamkeit der Abteilung Wissenschaft im ZK der SED auf die Humboldt-Universität. In einer der obligatorischen "Gewi-Vorlesungen", an der ungefähr 140 Studenten verschiedener geisteswissenschaftlicher Fächer des 2. Studienjahres teilnahmen, "überreichte

---

11 Ebenda.

[eine Studentin] dem Dozenten während der Veranstaltung ein Flugblatt, das sie unter ihrem Tisch gefunden hatte" (Dokument Nr. 8).[12]

Am 8. Dezember 1969 wiederum meldet das Ministerium für das Hoch- und Fachschulwesen in Gestalt des Stellvertreters des Ministers Prof. Schirmer der ZK-Abteilung Wissenschaften wiederum seine Maßnahmen angesichts der "bekannten Vorfälle an der Humboldt-Universität": Dienstbesprechung des Ministers am 1. 12. 1969, Beratung des Staatssekretärs mit den Abteilungsleitern am 5. Dezember 1969, Beratung mit den Rektoren der Universität am 12. Dezember 1969 ... Der Rektor soll über die Einschätzung der politisch-ideologischen Lage unter den Studenten berichten und eingeleitete Maßnahmen zur Verstärkung der politisch-ideologischen Arbeit einleiten".[13] Er soll ferner die politisch-ideologische Lage und "den Stand der Leitungstätigkeit in den Sektionen Geschichte, Philosophie/Germanistik und Ästhetik/Kulturwissenschaften" untersuchen und dem Ministerium "Schlußfolgerungen", Maßnahmen zur Verbesserung der Leitungstätigkeit und zur besseren Durchsetzung der Führungsrolle der Partei vorlegen. Das "Lenin-Aufgebot", eine Propaganda-Kampagne zur Durchsetzung der Politik und Führung der SED anläßlich des einhundertsten Geburtstags von Lenin im Jahre 1970, sollte - so der Minister an seine Partei - "eine entscheidende Wende in der politisch-ideologischen Arbeit herbeiführen".[14]

Am 29. Januar 1970 wurden wieder "Schmierzettel in der Größe DIN A 5 mit dem Inhalt 'Lenin erwache - Ulbricht verschwinde' in der Kommode, Unter den Linden, die vornehmlich von Studenten der Pädagogik und Philologien/Germanistik genutzt wird, gefunden".[15] Weiterhin wurden zur selben Zeit "plakatähnliche größere Zettel" mit dem Satz gefunden: "Entlarvt unter schärfstem Lupenglas die rechte Praxis bei linker Phrase - Majakowski". In dem selben Schreiben des amtierenden Rektors der Universität vom 30. Januar 1970, deklariert als "Vorabinformation", wird dem Ministerium für Hoch- und Fachschulwesen gemeldet: "Die Genossen der Sicherheit sind von uns gestern verständigt worden und haben alle notwendigen Maßnahmen eingeleitet. Unter den gegenwärtigen Bedingungen möchten wir diese Vorgänge weitgehend vertraulich behandeln, um nicht dem Gegner neue Ansatzpunkte für neue Störaktionen zu geben."[16]

Doch solche Flugblattaktionen waren die Ausnahme. Die hysterischen Kampagnen der SED und der FDJ richteten sich eher gegen einen eingebildeten als gegen einen tatsächlichen Gegner. Sie dienten vor allem der Einschüchterung und Disziplinierung der Studenten und Wissenschaftler. Deswegen wurden immer wieder staatsfeindliche Gruppen entlarvt, Konterrevolutionäre dingfest gemacht und revisionistische Tendenzen aufgespürt. Es fanden Diffamierungskampagnen statt, in denen die absonderlichsten Vorwürfe mit großer Ernsthaftigkeit zu Papier gebracht und zum Gegenstand oft stundenlanger Verhandlungen gemacht wurden. Manche hatten Glück und kamen mit einer re-

---

12 Schottlaender, Rainer: Das teuerste Flugblatt der Welt. Dokumentation einer Großfahndung des Staatssicherheitsdienstes an der Berliner Humboldt-Universität. Eigenverlag Schottlaender, Berlin 1993.
13 Ministerium für Hoch- und Fachschulwesen, Stellvertreter des Ministers, Prof. G. Schirmer, an die Abteilung Wissenschaften im ZK der SED, Dr. Martin, 8.12.1969, ZPA SED, IV A 2/9/04/389.
14 Ebenda.
15 Vorabinformation des amtierenden Rektors der Humboldt-Universität, Professor Rohde, an die amtierende Ministerin für Hoch- und Fachschulwesen, Professor Oeser, 30.1.1970, Bundesarchiv Potsdam, DR 3, 3255.
16 Ebenda

lativ bedeutungslosen Strafe davon, für andere waren solche Kampagnen das Ende der beruflichen Laufbahn, sie gerieten ins soziale Abseits oder ins Gefängnis. Die kläglichste Figur allerdings gaben jene Studenten ab, die sich zu Zuträgern der Parteiobrigkeit machten, die zu Denunzianten ihrer Kommilitonen wurden und mit gebrochenem Rückgrat die Karriereleiter des SED-Staates zu erklimmen begannen.

Im Herbst 1971 spitzten sich die Ereignisse an der Sektion Geschichte der Humboldt-Universität erneut zu. Die Staatssicherheit begann im Juni 1971 mit den Ermittlungen, nachdem sie bei einer routinemäßigen Postkontrolle einen Brief gefunden hatte, in dem der Absender den Adressaten in Westberlin um einen Besuch bat, um weiteres zu verabreden.[17] Daraufhin wurden von der Stasi "Sonderleerungen" von Briefkästen in der Wohngegend des Absenders veranlaßt, bei denen weitere Briefe, u.a. an den RIAS in Westberlin, herausgefischt wurden. Das Belastungsmaterial reichte im August 1971 zur Verhaftung des Geschichtsstudenten.

In den Vernehmungen sagt dieser aus, sein Freund habe ihm von Studentinnen der Sektion Geschichte erzählt, die er als "oppositionellen Kreis" bezeichnete und zu denen die Studentinnen Wohlers, Martens und Günther gehörten, die sehr zusammenhalten und sich selbst als "dufte Truppe" bezeichnen. "Um die tatsächliche Haltung nach außen hin zu verbergen und ein gutes Ansehen zu genießen, waren die Gruppenmitglieder ausersehen, Funktionen in der FDJ auszuüben." Von dem genannten Freund war dem verhafteten Studenten laut Vernehmungsprotokoll vom 20. August 1972 weiter mitgeteilt worden, daß alle drei Studentinnen anläßlich der Ereignisse in der DDR im August 1968 "kräftig mitgemischt" hätten, indem sie sich aktiv an der Verbreitung von gegen die militärischen Maßnahmen gerichteten Flugblättern beteiligten. Es hätten angeblich Zusammenkünfte in Privatwohnungen der Studentinnen stattgefunden. Dort wurden - seines Wissens - "Diskussionen über die gelesenen politischen Schriften und hierbei gegen die gesellschaftlichen Verhältnisse in der DDR gerichtete Auffassungen vorgetragen ... Zum Entstehen der Gruppe (habe) auch der regelmäßige Besuch der Veranstaltungen der Evangelischen Studentengemeinde beigetragen." Ausgangspunkt sei die Studentin Günther gewesen, deren Vater in Caputh, Kreis Potsdam Pfarrer ist, sagt die Niederschrift. In Vernehmungsprotokollen vom Oktober 1971 wird als Quelle der angeblichen Informationen aus zweiter Hand nun eine der erwähnten, ihm selbst bekannten Studentinnen genannt. Von ihr hätte er sich auch Bücher geliehen (Dokument Nr. 9).

Diese Aussagen waren für die Stasi ausreichend, um Ermittlungen einzuleiten. Zunächst wurde der Freund des Studenten verhaftet, dessen Erzählungen Belastungsmaterial geliefert hatten, am 11. Januar Mechthild Günther, und im selben Monat wurden dreizehn weitere Studenten aus ihren Heimatorten nach Berlin verbracht und dort stundenlang verhört. Hausdurchsuchungen und weitere Vernehmungen schlossen sich an. An die SED-Leitung der Sektion Geschichte erging die Mitteilung, daß es an der Sektion zu einer "Konzentration feindlicher bzw. negativer Kräfte" gekommen sei. Insgesamt 15 Studenten des 5. Studienjahres hätten "staatsfeindliche Hetze" betrieben und antisozialistische Positionen entwickelt (Dokument Nr. 10). Die alarmierende Wirkung dieser Mitteilung hatte mehrere Gründe. Die Studenten der Geschichte der Humboldt-Universität galten als besonders ausgewählte und im Hinblick auf ihre ideologische Linientreue

---

17 Die folgenden Ausführungen stützen sich auf die persönliche Akteneinsicht von Mechthild Günther in der Behörde des Bundesbeauftragten für die Stasi-Unterlagen. Sie war in der Bezirksverwaltung Berlin des MfS unter dem Operativvorgang "Student" (Aktenzeichen 6593/73) erfaßt.

genau überprüfte Kader.[18] Bereits das bloße Vorhandensein "feindlicher Kräfte" mußte die Funktionäre aufschrecken. Handelte es sich doch nicht um einen vereinzelten Fall, sondern um fast zwei vollzählige Seminargruppen, die unter den Einfluß des "Klassenfeindes" geraten waren. Mit der Wahl der Studentin Mechthild Günther zur FDJ-Gruppensekretärin im Jahre 1970 schien die staatsfeindliche Gruppe bereits den "langen Marsch durch die Institutionen" angetreten zu haben.

So wertete die SED-Kreisleitung der Humboldt-Universität die Ereignisse als "ernstesten Vorfall in der Geschichtswissenschaft der Republik überhaupt".[19] Auf Anweisung der Kreisleitung wurde sofort eine Arbeitsgruppe zur Aufklärung der Vorfälle gebildet. Diesem Gremium gehörten der Sektionsdirektor Professor Joachim Streisand, der stellvertretende Sekretär der Grundorganisationsleitung der SED, Horst Schützler, der Direktor für Erziehung und Ausbildung, Eberhard Trczionka, sowie der stellvertretende Sekretär der FDJ-Grundorganisationsleitung, Horst Riedel, an. Es wurde die Auflösung der betreffenden FDJ-Gruppe und die Einleitung von Verbandsverfahren verfügt. Dann galt es, mit der Bestrafung der beim MfS auffällig gewordenen Studenten ein Exempel zu statuieren. Man war sich darüber einig, daß die Ursachen für das Vorkommnis nur aus der politisch-ideologischen Gesamtsituation der Sektion Geschichte zu erklären war (Dokument Nr. 12). Eine schier endlose Folge von FDJ- und Parteiversammlungen, von schriftlichen Stellungnahmen, Selbstbezichtigungen und Denunziationen begann. Als treibende Kraft im Zusammenspiel von SED, FDJ und "staatlicher Leitung" trat die Parteileitung unter Peter Pankau in Erscheinung. Die Sektionsleitung spielte nur eine untergeordnete Rolle und geriet schließlich selbst ins Kreuzfeuer der Kritik.

Der Parteisekretär Peter Pankau übernahm während dieser Auseinandersetzungen die Rolle des inquisitorischen Scharfmachers. Auf einer Versammlung der Grundorganisation der SED prangerte er zunächst die "abweichlerischen" Studenten an.[20] Ursache für ihre feindliche Haltung sei der westliche Einfluß, der aber nur durch die mangelhafte Erziehungsarbeit einiger Lehrkräfte habe wirken können. Pankau warf diesen Hochschullehrern Individualismus, Subjektivismus, Karrieredenken, nicht ausreichende erzieherische Konsequenz in der ideologischen Arbeit, unzureichende Kaderpolitik und die ungenügende Anerkennung des Primats der Parteipolitik gegenüber der Wissenschaft vor. Er ordnete die Ereignisse in die von Erich Honecker propagierte "Verschärfung des ideologischen Klassenkampfes" ein. Mit dem Hinweis auf die Aktivitäten der Staatssicherheit drohte er allen Seiten. Dabei scheute er nicht davor zurück, einzelne Angestellte der Universität aufgrund ihrer bereits erfolgten schriftlichen Selbstkritik vom Rednerpult aus anzuklagen. Er beschuldigte den Sektionsdirektor Streisand, den Überblick verloren und seine erzieherischen Aufgaben vernachlässigt zu haben. Seine Rede gipfelte in der Forderung nach einer neuerlichen Erziehung einzelner Lehrkräfte und vor allem der Studenten durch geeignete Maßnahmen (Dokument Nr. 11). Abschließend verkündete er die Einsetzung einer Kommission, vor der sich die namentlich genannten Genossen für ihre Fehler verantworten sollten. Zur Maßregelung der noch nicht inhaftierten Studenten gab er die Einsetzung einer universitären Disziplinarkommission bekannt.

---

18 Eckert, Rainer: Entwicklungschancen und -barrieren für den geschichtswissenschaftlichen Nachwuchs in der DDR, in: Aus Politik und Zeitgeschichte, 42 (1992) 17-18. S. 28-34.
19 Rede des Sekretärs der SED-Grundorganisation der Sektion Geschichte, Dr. Peter Pankau, 29.3.1972, Handakte des Instituts für Geschichtswissenschaften.
20 Dokument Nr. 11. S. 1.

Das Verhalten der Lehrkräfte während dieser Ereignisse reichte vom blanken Opportunismus bis zu Forderungen nach einer weiteren Verschärfung der repressiven Maßnahmen. Versuche, zu relativieren oder die hysterische Atmosphäre zu entspannen, sucht man in den Dokumenten vergeblich. Kurt Pätzold verlangte beispielsweise "studienverschärfende Sonderregelungen" (Dokument Nr. 13). Auch der Sektionsdirektor Streisand zeigte sich der Partei willfährig und reichte zwei Tage nach der öffentlichen Kritik durch Pankau die geforderte Stellungnahme ein. In dieser wie in anderen ist die Grenze zwischen Selbstkritik und Anschwärzung anderer Kollegen fließend (Dokument Nr. 14).

Das entwürdigende Schauspiel der kollektiven Erniedrigung wiederholte sich dann vor der erwähnten SED-Kommission.[21] Die Delinquenten erhielten unterschiedlich schwere Parteistrafen. Allerdings wurde kein SED-Genosse von der Universität entfernt oder dauerhaft an seinem beruflichen Fortkommen gehindert.

Jene Studenten, die weder Mitglieder der SED waren noch aus der Funktionärsschicht stammten, waren vor der Disziplinarkommission einem weit schärferen Druck ausgesetzt.[22] Vorgeworfen wurden ihnen hier die Ermittlungsergebnisse der Staatsanwaltschaft: das Lesen von feindlicher Literatur, Sympathie mit der Konterrevolution in der ČSSR, vorbereitende Gespräche zur Republikflucht und insgesamt mangelnder Klassenstandpunkt. "Niemand mag glauben, auf einem billigen Wege irgendeiner Stellungnahme [...] davonzukommen," hatte Pankau gedroht (Dokument Nr. 11). Dies bewahrheitete sich im Verlauf der Disziplinarverfahren. Ein Teil der Mitglieder der Disziplinarkommission stand selbst unter dem Druck von Parteiverfahren und sah in einer unnachgiebigen Haltung gegenüber den Studenten eine Chance, Linientreue unter Beweis zu stellen. Beschimpfungen und Einschüchterungen bestimmten den Verlauf der Verfahren. Sachliche Argumente und der Verweis auf geltende Rechtsnormen wurden als gegenstandslos von Tisch gewischt. Allen Beteiligten war klar, daß hier ein politisches Verfahren stattfand, dessen Urteil von vornherein feststand.[23] Tatsächlich entsprachen die Entscheidungen der Disziplinarkommission entsprachen den "Empfehlungen" des Staatssicherheitsdienstes.[24]

Einige Wochen später wurden die Studenten Johannes Haack und Peter Timm wegen des "Widerspruchs zwischen persönlichem Verhalten und den Aufgaben eines Studenten an einer sozialistischen Universität" für zwei Jahre von der Universität ausgeschlossen bzw. relegiert. Timm wurde kurze Zeit darauf verhaftet und zu einer Gefängnisstrafe verurteilt. Andere Studenten entgingen einem förmlichen Disziplinarverfahren, indem sie sich "freiwillig" zu einer "Bewährung in der Produktion" verpflichteten. Nach massiven politischen Denunziationen durch zwei Kommilitoninnen wurde der Student Stefan Wolle gezwungen, die Universität zu verlassen.[25] Das gleiche Schicksal traf die Studen-

---

21 Mitglieder der Kommission waren: Prokop, Zückert, F. Rose, Naß, Hausner, Grünert. Aussprachen fanden statt mit: Müller-Mertens, Brachmann, Trczionka, Köller, Maskolat, Wiese, Mokry, Zugt, Gebauer, Schneider, Lamberz, Hofmann.
22 Mitglieder der Disziplinar-Kommission waren u.a. Maetzing (Vorsitz), Streisand, Vogler, Brachmann, Maskolat, Hoffmann, Schuster (FDJ), Torke (FDGB), Gäste: Müller-Mertens, Stulz, Trczionka, Ließ.
23 Die Studenten Schäfer und Martens wurden für zwei Jahre relegiert, Morsbach für ein Jahr, Künzel erhielt einen Verweis, Günther und Wohlers wurden in Abwesenheit, da sie sich in Untersuchungshaft befanden, auf Lebenszeit relegiert.
24 Parteiinforamtion, Bericht des MfS vom 28.2.1972, OV "Student". Vgl. Anm. 16.
25 Mitteilung an die Parteileitung der GO Geschichte von Janine Haschker, 25.11.1971, Handakte Institut für Geschichtswissenschaften.

ten Ulrich Geyer und Edda Voigt. Die Maßnahmen der Universität waren in der Regel begleitet von Bespitzelungen und Erpressungsversuchen des MfS, denen z.B. der Student Rainer Eckert ausgesetzt war, nachdem er die Universität verlassen hatte. Er stand bereits seit 1970 als Operativer Vorgang "Demagoge" unter der Observation der Staatssicherheit.[26]

Zur Vervollständigung noch ein Wort zu den Helfern der Staatssicherheit und der Justizorgane. In der Verhandlung gegen Erika Wohlers wegen staatsfeindlicher Hetze vor dem Stadtgericht Berlin vom 16. bis 18. September 1972 trug die vom Gericht als Wissenschaftlerin bezeichnete Frau Eva Schubert ein Gutachten zum Charakter der Hetzliteratur der in der Anklage aufgeführten Bücher vor, daß sich hauptsächlich mit den Veröffentlichungen Alexander Solschenyzins beschäftigte.

Weiterhin hat ein promovierter Philosoph der Sektion Marxismus-Leninismus als Inoffizieller Mitarbeiter für spezielle Einsatzgebiete (IME), im direkten Auftrag der Staatssicherheit speziell den Kontakt zu einer Studentin unter Anwendung einer Legende aufgenommen, um für das MfS Informationen aus dem Kreis der durch die Verhaftungen bereits verunsicherten Studenten zu beschaffen. Sein Deckname lautete "Tiger", er war als Schürzenjäger und als extrem geltungsbedürftig bekannt. Später wurde er Professor.

Der Geschichtsstudent, der unter dem Druck der Verhöre die drei Studentinnen belastet und dadurch die Lawine ins Rollen gebracht hatte, wurde strafrechtlich verurteilt und Ende 1972 aus der Haft entlassen. Er arbeitete dann in der Universitätsbibliothek, wurde 1974 zum Fernstudium Geschichte an die Humboldt-Universität delegiert und erhielt 1976 das Abschlußzeugnis. Für das Ministerium für Staatssicherheit arbeitete er als Inoffizieller Mitarbeiter unter dem Decknamen "Schreiber" und berichtete u.a. über seine Kolleginnen und Kollegen am Museum für Deutsche Geschichte in Berlin. Vom damaligen Direktors und nachmaligen Sektionschefs Dr. Ingo Materna betreut, durfte er schließlich sogar promovieren. Seine Spitzelberichte wurden in den Stasi-Unterlagen aufgefunden.

1973 wurde der Operative Vorgang "Student" abgeschlossen und zu den Akten gelegt.

5. Das SED-Regime bewies mit solchen Verfolgungskampagnen, daß es in der Lage war, den geringsten Widerstand im Keime zu ersticken. Viele Professoren, Assistenten und Studenten machten sich dabei zu Handlangern der Unterdrückung. An den Universitäten herrschte schließlich Ruhe und Ordnung. Aber es war eine Friedhofsruhe, die jede freie geistige Regung erstickte. Notgedrungen zerstörte die SED dabei das intellektuelle Potential, das sie gebraucht hätte, um ihr System effizienter und flexibler zu gestalten. Die wissenschaftlichen Einrichtungen der DDR glichen schließlich einer psychischen Trümmerlandschaft. Als das Volk im Herbst 1989 auf die Straße ging, herrschte an den Universitäten und Akademieinstituten verwirrtes Schweigen. In der Phase des Zusammenbruchs der DDR waren diese Institutionen nicht einmal zu einer Scheinerneuerung fähig. Lethargisch erwarteten sie das Urteil der neuen Obrigkeit. Ein Schlüssel für dieses Verhalten liegt in den sechziger und siebziger Jahren, als jedes kritische und selbständige Denken von der SED-Führung erfolgeich unterdrückt wurde.

---

26 Archiv des Bundesbeauftragten für die Stasi-Unterlagen, Außenstelle Potsdam, OV "Demagoge".

Dokument Nr. 1

Ministerium für Staatssicherheit 15. Mai 1966
Der Minister VVS MfS 008-366/66

BEFEHL NR. 11/66 ZUR POLITISCH-OPERATIVEN BEKÄMPFUNG DER POLITISCH-IDEOLOGISCHEN DIVERSION UND UNTERGRUNDTÄTIGKEIT UNTER JUGENDLICHEN PERSONENKREISEN DER DDR

Die Mehrheit der Jugend in der DDR nimmt aktiven Anteil beim umfassenden Aufbau des Sozialismus und zeigt auf allen Gebieten des gesellschaftlichen Lebens vorbildliche Leistungen. Diesen Entwicklungsprozeß versucht der Gegner zu stören, um junge Bürger der DDR dem Einfluß der sozialistischen Erziehung zu entziehen, sie zur Passivität zu verleiten, den Zusammenschluß negativer Kräfte unter Anleitung von Organisatoren feindlicher Handlungen zu fördern mit dem Ziel, kriminelle und staatsfeindliche Handlungen zu provozieren und auszulösen.

Vorkommnisse der letzten Zeit und der hohe Anteil jugendlicher Bürger bis zu 25 Jahren an kriminellen und staatsfeindlichen Handlungen zeigen, daß die Sicherung und der Schutz der Jugend in der DDR vor feindlichen Einflüssen von entscheidender Bedeutung in der politisch-operativen Arbeit der Organe des Ministeriums für Staatssicherheit ist und von allen Mitarbeitern unseres Organs mit großem Verantwortungsbewußtsein und in umsichtiger Weise zu lösen ist.

In Auswertung der von Partei und Regierung erlassenen und grundsätzlichen Beschlüsse und Maßnahmen zur Sicherung der Durchführung der sozialistischen Jugendpolitik in der DDR ist eine allseitige Verbesserung der politisch-operativen Arbeit zur Entlarvung und Bekämpfung der Feindtätigkeit unter der Jugend durch die Organe des MfS zu erreichen:

Zur Sicherung der sich daraus ergebenden politisch-operativen Aufgaben *befehle ich*: Die Leiter der Bezirksverwaltungen [...] haben zu gewährleisten, daß - von allen Linien ihres Verantwortungsbereiches politisch-operative Maßnahmen zur Lösung der Aufgaben unter jugendlichen Personenkreisen der DDR eingeleitet und durchgeführt werden, - alle Erscheinungsformen der Feindtätigkeit, Vorkommnisse und die Angriffsrichtungen des Gegners unter jugendlichen Personenkreisen ständig erfaßt, analysiert und ausgewertet werden, - eine exakte Koordinierung und Abgrenzung der einzuleitenden und durchzuführenden Maßnahmen sowohl innerhalb der Diensteinheiten im Verantwortungsbereich als auch mit den Organen der Deutschen Volkspolizei und den staatlichen und gesellschaftlichen Einrichtungen erfolgt. (S. 1-2)

Archiv des Bundesbeauftragten für die Unterlagen des Staatssicherheitsdienstes der ehemaligen DDR (im folgenden: MfS Archiv), Dokumentenverwaltung

Dokument Nr. 2

Minsterium für Staatssicherheit 15. Mai 1966
Der Minister VVS MfS 008-365/66

DIENSTANWEISUNG NR. 4/66 ZUR POLITISCH-OPERATIVEN BEKÄMPFUNG DER POLITISCH-IDEOLOGISCHEN DIVERSION UND UNTERGRUNDTÄTIGKEIT UNTER JUGENDLICHEN PERSONENKREISEN IN DER DDR

Die Jugend der DDR stellt im System der psychologischen Kriegsführung einen besonderen Angriffspunkt dar. Ein koordiniertes Zusammenspiel zwischen dem Bonner Staatsapparat, den westlichen Geheimdiensten, den Agentenzentalen und Zentren der ideologischen Diversion, zwischen westdeutschen Jugendorganisationen, Film- und Starclubs, kirchlichen Institutionen, Rundfunk, Presse und Fernsehen u.a. ist darauf ausgerichtet, die Jugend der DDR vom Einfluß der sozialistischen Ideologie zu isolieren, in die Passivität zu drängen, eine Atmosphäre der allgemeinen Unsicherheit und zeitweilig in bestimmten Territorien Bedingungen zu schaffen, die zu Zusammenrottungen und Ausschreitungen Jugendlicher führen sollen. (S. 3)

Ausgehend von der Einschätzung der politisch-operativen Situation unter jugendlichen Personenkreisen und den gegenwärtigen Erscheinungsformen der Feindtätigkeit *weise ich an*:

I. Arbeit mit IM

1. Zur gründlichen Einschätzung der politisch-operativen Situation unter jugendlichen Personenkreisen, zur rechtzeitigen Erkennung und Verhinderung feindlicher Handlungen Jugendlicher, zur richtigen Einschätzung der Angriffsrichtung des Gegners sowie zur Einleitung wirksamer vorbeugender Abwehrmaßnahmen sind verstärkt Werbungen von inoffiziellen Mitarbeitern unter diesen Personenkreisen durchzuführen.

2. Alle operativen Linien des MfS, der Bezirksverwaltung, Verwaltungen und Kreisdienststellen haben bei den Werbungen davon auszugehen, daß vor allem solche IM geworben werden, die in der Lage sind, in die Konspiration des Gegners einzudringen und die aufgezeigten politisch-operativen Schwerpunkte und Gruppierungen zu bearbeiten.

Die Kandidaten sind vorrangig unter Kreisen Haftentlassener, Rückkehrer und Neuzuziehender, politisch Schwankender, jugendlicher Studenten, Anhänger westlicher Dekadenz, gefährdeter und krimineller Gruppierungen jugendlicher Personen und kirchlich gebundener Jugendlicher auszuwählen.

3. Aufgrund der Tatsache, daß eine Anzahl Jugendlicher unter 18 Jahren staatsfeindliche bzw. kriminelle Handlungen begehen, ist es erforderlich, auch solche Personen zu werben, die guten Kontakt zu jugendlichen Personen unter 18 Jahren haben bzw. herstellen können. [...] (S. 9a-19)

II. Bearbeitung operativer Materialien und Vorgänge

1. Operative Materialien und Vorgänge, in denen Jugendliche bearbeitet werden, sind schnellstens abzuschließen. Alle Hinweise über feindliche Handlungen Jugendlicher (als Einzelpersonen und in Gruppen) sind intensiv zu bearbeiten und die Tatbestände allseitig zu klären. Es ist zu verhindern, daß von jugendlichen Personen während der Zeit der Bearbeitung neue Verbrechen bzw. Vergehen begangen werden.

2. Auf Grund des engen Zusammenhangs zwischen kriminellen und staatsgefährdenden Delikten bei jugendlichen Tätern ist in Zusammenarbeit mit der Volkspolizei zu sichern, daß eine intensive Bearbeitung krimineller und gefährdeter Gruppierungen jugendlicher Personen erfolgt. Alle bestehenden und sich entwickelnden negativen Gruppierungen jugendlicher Personen sind ständig zu erfassen, ihr Charakter aufzuklären und Maßnahmen zur kurzfristigen Zersetzung und Auflösung einzuleiten und mit Hilfe staatlicher und gesellschaftlicher Organisationen soweit als möglich ihre Tätigkeit in positive Bahnen zu lenken. Es sind vor allem folgende Gruppierungen durch das MfS zu bearbeiten, bzw. es ist bei den von der VP [Volkspolizei] oder der Trapo [Transportpolizei] bearbeiteten Ermittlungsverfahren und operativen Materialien durch die Hauptabteilungen VII oder XIX - soweit es sich um Ermittlungsverfahren des Arbeitsgebietes II der Kriminalpolizei handelt, durch die Hauptabteilung IX - zu sichern, daß jederzeit ein unmittelbarer Einfluß möglich und bei Notwendigkeit die Übernahme durch das MfS gewährleistet ist: - Untergrundgruppen mit staatsfeindlichen Konzeptionen und festen Organisationsformen (z.B. Vorbereitung von Grenzdelikten, illegaler Waffenbesitz, anonyme und pseudonyme Feindtätigkeit, Vorbereitung und Durchführung terroristischer Handlungen, Vorbereitung der politisch-ideologischen Diversion usw.); - Gruppierungen kriminell angefallener Jugendlicher. Bei diesen ist teilweise zu verzeichnen, daß keine festen Organisationsformen vorhanden sind. Sie bilden auf Grund ihrer labilen politischen und moralischen Haltung eine Basis zur Vorbereitung und Durchführung staatsfeindlicher Verbrechen. - Gruppierungen gefährdeter Jugendlicher. Dazu gehören solche Jugendliche, die sich bewußt oder unbewußt vom sozialistischen Erziehungsprozeß isolieren und damit für die politische-ideologische Diversion des Gegners besonders empfänglich werden. Es kommt besonders darauf an, diese Kategorie zu erfassen und solche politisch-operativen Maßnahmen einzuleiten, welche die Einbeziehung dieser Personen in den sozialistischen Erziehungsprozeß gewährleisten. [...] (S. 11-13)

IV. Kontrolle und Absicherung operativer Schwerpunkte
[...] Studentische Jugend
Durch geeignete Maßnahmen ist, insbesondere durch eine qualitative und quantitative Erweiterung des IM-Netzes unter Kreisen der schwankenden sowie unter negativem Einfluß stehenden Studenten, zu sichern, daß politisch-operative Schwerpunkte, wie negative Konzentrationen, Kontakte, Gruppenbildungen, feindliche ideologische Plattformen und das Wirken der westlichen Dekadenz festgestellt, bearbeitet bzw. in Verbindung mit den staatlichen Organen und gesellschaftlichen Organisationen beseitigt werden. (S. 22)

MfS Archiv, Dokumentenverwaltung

Dokument Nr. 3

Ministerium für Staatssicherheit 10. Januar 1968
Stellvertreter des Ministers VVS MfS 008/63/68

DURCHFÜHRUNGSANWEISUNG NR. 1 ZUR DIENSTANWEISUNG NR. 4/66 DES MINISTERIUMS FÜR STAATSSICHERHEIT

[...]
Auf Grund der versteckten Angriffe des Gegners von außen und der Aktivität einiger feindlicher Elemente im Innern ist die politisch-operative Arbeit offensiver und umfassender zu gestalten und zu intensivieren. Die politisch-ideologische Einflußnahme des Gegners auf die studentische Jugend, die Schüler der Hoch-, Fach- und Erweiterten Oberschulen und den Lehrkörper ist systematisch zurückzudrängen. Die politisch schädlichen und andere nicht im staatlichen Interesse bestehenden Kontakte sind unter Kontrolle zu bringen und zu unterbinden. [...]
I. Inoffizielle Arbeit
1. Zur gründlichen Einschätzung der politisch-operativen Situation unter den Studenten, Schülern und dem Lehrkörper, zum rechtzeitigen Erkennen und zur ausreichenden Beweisführung geplanter feindlicher Handlungen, negativer Konzentrationen, begünstigender Faktoren im Innern und zur Feststellung der Angriffsrichtung des Feindes sind auf der Grundlage der Analyse des inoffiziellen Netzes Maßnahmen zur zahlenmäßigen Erweiterung, politisch-idologischeen Erziehung, operativen Qualifizierung und zur stärkeren Ausnutzung des IM-Netzes durchzuführen.
Die Werbung inoffizieller Mitarbeiter hat [...] vorrangig bei folgenden Personenkreisen zu erfolgen:
1.1. Studenten und Schüler, die negativen Gruppierungen angehören, ihnen nahe stehen, oder die Möglichkeiten und Fähigkeiten besitzen, in solche einzudringen. [...] Dabei ist stärker als bisher Wert auf Werbungen aus den ersten Studienjahren zu legen, um eine kontinuierliche und perspektivvolle IM-Arbeit zu organisieren. Bei Notwendigkeit, Jugendliche unter 18 Jahren zur Lösung operativer Aufgaben heranzuziehen, ist vom Standpunkt der vielseitigen Formen der Zusammenarbeit mit patriotischen Kräften heranzugehen. Dabei ist der Reifegrad des Jugendlichen zu beachten und ein enges Zusammenwirken mit den Eltern, Lehrern, Lehrkörper und anderen Erziehungsberechtigten zu gewährleisten.
1.2. Assistenten, Dozenten und Professoren, die auf Grund ihrer Lehrtätigkeit einen großen Personenkreis operativ erfassen und in der Lage sind, sowohl unter den Studenten als auch im Lehr- und Verwaltungskörper operativ wirksam zu werden. Sie müssen insbesondere in der Lage sein, die raffinierten Methoden der politisch-ideologischen Diversion zu erkennen und zu bearbeiten. Die Werbung unter diesem Personenkreis ist gleichzeitig vom Standpunkt der Absicherung der Reisekader sowie des Erkennens und Bearbeitens der feindlichen Kontaktpolitik/Kontaktfähigkeit durchzuführen. [...]
1.4. Zur allseitigen Lösung der operativen Aufgaben sind zusätzlich in den Internaten, Studentenclubs, kirchlichen Organisationen, Gaststätten, in denen vorwiegend Studenten und Schüler verkehren, und unter bekanntwerdenden Personenkreisen,

besonders weiblichen Personen, die engen Kontakt zu Studenten und Schülern unterhalten, Werbungen durchzuführen.

1.5. Zur Erweiterung der operativen Möglichkeiten und der Informationsbasis des MfS sind inoffizielle Mitarbeiter aller Diensteinheiten, deren Kinder und Verwandte an den Universitäten, Hoch-, Fach- und Erweiterten Oberschulen studieren bzw. tätig sind, in die operative Aufgabestellung einzubeziehen. [...]

1.6. Um die Wirksamkeit der politisch-operativen Abwehrarbeit besonders im 1. Studienjahr zu erhöhen, sind vorhandene IM und Kontaktpersonen aller Diensteinheiten unter den vorimmatrikulierten Studenten rechtzeitig, vor Aufnahme des Studiums, der für die Universität verantwortlichen Bezirksverwaltung/Verwaltung zwecks Übernahme mitzuteilen, wenn andere operative Interessen dem nicht entgegenstehen. [...]

Die Werbung unter Oberschülern, Studenten, Hoch- und Fachschülern muß vom Standpunkt der Bearbeitung jetziger und perspektivischer operativer Schwerpunkte unter gleichzeitiger Berücksichtigung eines inoffiziellen Einsatzes mit hohem Nutzeffekt nach dem Studium im eigenen Bereich oder im Bereich anderer Diensteinheiten erfolgen. Das erfordert eine zielgerichtete Einflußnahme auf den späteren beruflichen Einsatz unter Beachtung der bestehenden Schwerpunkte im Bereich der Politik, Ökonomie, Wissenschaft und der ideologisch-kulturell-erzieherischen Aufgaben. [...] (S. 4-7)

MfS Archiv, Dokumentenverwaltung

Dokument Nr. 4

Ministerium für Staatssicherheit   2. September 1968
Der Minister   VVS MfS 008-619/68

WEISUNG AN DIE LEITER DER BEZIRKSVERWALTUNGEN UND OPERATIVEN HAUPT- BZW. SELBSTÄNDIGEN ABTEILUNGEN DES MFS

Die konterrevolutionären Versuche in der CSSR, die führende Rolle der Partei der Arbeiterklasse und die sozialistische Staatsmacht zu beseitigen, sowie eine Reihe Vorkommnisse in der DDR erfordern eine noch konsequentere und umfassendere Durchsetzung der Dienstanweisung Nr. 4/66 zur politisch-operativen Bekämpfung der politisch-ideologischen Diversion und Untergrundtätigkeit unter jugendlichen Personenkreisen und die Durchführungsanweisung Nr.1 zur Dienstanweisung Nr. 4/66 über politisch-operative Maßnahmen zur Abwehr feindlicher Handlungen an den Hoch- und Fachschulen und der Sicherung ihrer planmäßigen sozialistischen Entwicklung.

Unter Beachtung der vergangenen konterrevolutionären Vorgänge in der CSSR und besonders ihrer ideologischen Auswirkungen sind sofort folgende politisch-operative Maßnahmen durchzuführen.

1. Unter Leitung des zuständigen Stellvertreters Operativ ist mit den verantwortlichen Mitarbeitern der Stand der Durchführung der Dienstanweisung Nr. 4/66 und der Durchführungsanweisung Nr. 1 zur Dienstanweisung Nr. 4/66 einzuschätzen und eine poli-

tisch-operative Analyse der Lehrkräfte und Studenten/Schüler an den Universitäten, Hoch-, Fach- und Oberschulen vorzunehmen.

Dabei ist besonders zu beachten: - Feststellung der Kräfte, die offen oder versteckt die konterrevolutionären Vorgänge in der CSSR verherrlichen bzw. als Folge feindlicher Handlungen vorzubereiten oder durchzuführen versuchen. - Aufklärung des Charakters und operative Kontrolle der persönlichen, postalischen und anderen Verbindungen nach der CSSR und solchen sozialistischen Staaten, die gegen die Maßnahmen der Staaten des Warschauer Vertrages auftreten, sowie dem Sitz des Internationalen Studentenbundes in Prag, die zu einem großen Teil unter Ausnutzung von Ferien- und Besuchsreisen während der Semesterferien 1968 geschaffen wurden. -Kontrolle der Verbindungen mit aufgeweichten Elementen in sozialistischen Staaten. Nicht außer acht zu lassen sind bestehende Verbindungen, die der Festigung der Einheit und Geschlossenheit des sozialistischen Lagers dienen.

2. Auf der Grundlage der politisch-operativen Analyse sind qualifizierte und geeignete Maßnahmen auszuarbeiten, wie - operative Kontrolle der bestehenden Kontakte und Verbindungen von Lehrkräften, Studenten und Schülern zu Einrichtungen des Hoch- und Fachschulwesens in der CSSR und dem nichtsozialistischen Ausland. Dabei sind gleichzeitig in geeigneter Weise die Maßnahmen auf solche Personen zu konzentrieren, die in letzter Zeit in der CSSR und im nichtsozialistischen Ausland weilten bzw. nach diesen Ländern aktive Kontakte und Verbindungen unterhalten. - Schaffung weiterer inoffizieller Mitarbeiter und gesellschaftlicher Mitarbeiter für Sicherheit zur zielgerichteten operativen Bearbeitung und Kontrolle der Vorgänge und operativen Materialien, in denen Personen oder Personengruppen erfaßt sind, die bei besonderen politischen Ereignissen - insbesondere während der Konterrevolution in der CSSR - negativ auftreten. - Einleitung wirksamer Maßnahmen als vorbeugende Tätigkeit gegenüber anfälligen Personen oder Personengruppen unter Ausnutzung des Einflusses klassenbewußter Kräfte (Eltern, Bekannte u.a.) - Durchführung von entsprechenden Maßnahmen zur Gewährleistung einer wirksamen Kontrolle der in den Universitäten, Hoch-, Fach- und Oberschulen tätigen Lehrkräfte aus der CSSR und dem nichtsozialistischen Ausland; - Durchführung von Maßnahmen zur Sicherung der Vorbereitung und Durchführung der Anfang September 1968 beginnenden Lehrgänge der vormilitärischen und militärischen Ausbildung und zur Verhinderung aller feindlicher Handlungen; - Erarbeitung auswertbarer politischer Informationen und Empfehlungen für die Partei- und FDJ-Leitungen der Universitäten, Hoch-, Fach- und Oberschulen, die es ermöglichen, vorbeugende und politisch-erzieherische Maßnahmen unter Einbeziehung aller fortschrittlichen Kräfte einzuleiten und durchzuführen.

3. In Zusammenarbeit mit den Leitungskräften der Universitäten, Hoch-, Fach- und Oberschulen und den Partei- und FDJ-Leitungen sind Maßnahmen durchzuführen, die gewährleisten, daß - die Bestimmmungen über die innere Ordnung in den Universitäten, Hoch-, Fach- und Oberschulen einschließlich der Festlegungen über die Regelung des Besucherverkehrs vom Standpunkt der Erhöhung der Sicherheit überprüft und konsequent durchgeführt werden; -die Ordnung zur Sicherung der Studentenwohnheime, der Klubs und Mensen eingehalten wird; -die Ordnungen über den vorbeugenden Brandschutz, die Verhütung von Havarien, den Mißbrauch von Giften sowie von Chemikalien zur Sprengmittelherstellung konsequent durchgesetzt werden; -bei der Anreise der Studenten und Schüler zu Beginn des Studienjahres keine Schwierigkeiten in der Unterbrin-

gung und sozialen Betreuung eintreten, die zu negativen Handlungen oder Provokationen ausgenutzt werden könnten.

4. In den entsprechend der Durchführungsanweisung Nr.1 zur Dienstanweisung Nr. 4/66 auszuarbeitenden Halbjahresanalysen sind besonders die Maßnahmen entsprechend dieser Weisung einzuschätzen und zu berücksichtigen.

Zur Lösung dieser Aufgaben sind die Möglichkeiten aller operativen Linien und Diensteinheiten voll auszunutzen. (S. 1-4)

MfS Archiv, Dokumentenverwaltung

Dokument Nr. 5

Ministerium für Staatssicherheit 19. Juli 1968
Verwaltung Groß-Berlin

EINZEL-INFORMATION ÜBER NEGATIVES VERHALTEN DES STUDENTEN DER HUMBOLDT-UNIVERSITÄT ZU BERLIN, FACHRICHTUNG HISTORIKER, II. STUDIENJAHR, KUSCH, REINHARD

Am 28.5.1968 trat der Student Kusch, Reinhard [...] in einer FDJ-Versammlung zu Problemen der internationalen Arbeiterbewegung mit einem provokatorischen Schreiben auf, in dem die Studenten ihren Protest zum Abriß der Ruine der Garnisonskirche in Potsdam zum Ausdruck bringen sollten.

Durch den Seminarbetreuer wurde die Diskussion und die Annahme der Protestresolution verhindert.

KUSCH war mit der vorgeschlagenen Lösung nicht einverstanden und brachte zum Ausdruck, daß ihm eine andere Klärung nicht genehm ist. Es käme ihm darauf an, zum Ausdruck zu bringen, daß es noch andere Ansichten in der DDR gäbe.

Es muß eingeschätzt werden, daß ein großer Teil der Studenten des Seminars mit den Ansichten von KUSCH sympathisiert. Das kommt u.a. dadurch zum Ausdruck, daß während der Versammlung Fragen zur gegenwärtigen Entwicklung in der CSSR gestellt wurden, die von ihrem Inhalt her den Schluß zulassen, daß bei einem Teil des Seminars Sympathien für die Entwicklung in der CSSR vorhanden sind.

So wurden folgende Fragen gestellt: - Gibt es irgendwelche Parallelen zwischen dem Zustand in der CSSR und der DDR, muß nicht auch in der DDR eine Veränderung, ähnlich wie in der CSSR, eingeleitet werden? - Gibt es nicht bei uns eine völlig einseitige Presseinformation über die Ereignisse, die an der Entwicklung in der CSSR nichts Gutes läßt? - Gab es einen Personenkult um den ehemaligen Präsidenten unserer Nachbarrepublik?

Besonders für die Fragestellungen zum "Demokratisierungsprozeß" zeigte KUSCH eine eindeutige Sympathie. Über K. ist bekannt, daß er in der Vergangenheit schon mehrmals in ähnlicher Art und Weise provokatorisch und negativ in Erscheinung getreten ist. [...] (S. 1-2)

Es ist auch bekannt geworden, daß die Parteigruppe schon mehrmals darauf aufmerksam gemacht hat über die schlechte politische Arbeit in diesem Seminar. Dazu werden

Meinungen bekannt, daß die staatliche Leitung nur ungenügend wirkt, um die positiven Kräfte zu stärken bzw. ihren politischen Einfluß zu verstärken. (S. 3)

MfS Archiv, BV Berlin, A 1140/2, Bl. 22-24

Dokument Nr. 6

Humboldt-Universität zu Berlin [Oktober 1968]

ARBEITSPLANENTWURF DER FDJ-LEITUNG DER GRUPPE HISTORIKER/DIPLOM III/1

[...] Was können wir tun? Hauptschwerpunkt unserer Arbeit sollte die Durchführung politischer Diskussionen im Rahmen des FDJ-Studienjahres sein. Die generellen Themen des FDJ-Studienjahres erscheinen uns für effektive Auseinandersetzungen ungeeignet, wir werden uns selbst etwas einfallen lassen müssen. Neben jeweils auftauchenden Fragen der Tagespolitik ist dabei besonders wichtig die Diskussion einer Reihe von Grundfragen , über die bei uns verschiedene Auffassungen vorhanden sind. Themen dazu könnten sein: - Klassenstandpunkt, Parteilichkeit, Objektivität - Volksmassen und Persönlichkeit in der Geschichte - Demokratie im Sozialismus - Probleme der Entwicklung der internationalen kommunistischen und Arbeiterbewegung - Entwicklungsmöglichkeiten progressiver Kräfte in kap[italistischen] Ländern - Soz[ialistische] Informationspolitik u.a.

Ziel solcher Diskussionen soll nicht das Erreichen einer vollkommen einheitlichen Meinung sein, sondern das Feststellen von Gr[u]ndsätzen und Prinzipien für eine Beurteilung der jeweiligen Problematik, wobei die Widerspiegelung dieser Prinzipien in der Politik der SED und der Regierung besonders behandelt werden muß. [...] (S. 1)

Handakte Institut für Geschichtswissenschaften Humboldt-Universität zu Berlin

Dokument Nr. 7

Humboldt-Universität zu Berlin 17. Dezember 1968
SED-Kreisleitung

REFERAT DES 1. SEKRETÄRS DER SED-KREISLEITUNG, HERBERT EIßRIG

[...] Seit Monaten war es bei den Historikern erforderlich, entschiedene Kritik daran zu üben, daß die Parteileitung Erscheinungen der Entideologisierung der Hochschulreform zuließ und nicht konsequent genug darum kämpfte, daß solche Grundprobleme wie die Rolle der marxistisch-leninistischen Geschichtswissenschaft im Klassenkampf unserer Zeit geklärt wurden. Drei Angehörige des wissenschaftlichen Nachwuchses bezogen falsche Positionen zu unseren Maßnahmen vom 21. August. [...] Im November erhielt der Lehrkörper eine Quittung für seine unverantwortliche Vernachlässigung der klassenmäßigen Erziehung unter den Studenten. In einer FDJ-Gruppenversammlung des 3. Studienjahres traten einige Studenten gegen die 5 Genossen dieser Gruppe mit einer Plattform auf, in der sie den politisch-ideologischen Inhalt des FDJ-Schuljahres angriffen, Diskussionen über Demokratie im Sozialismus, Informationspolitik u.a. verlangten und den Standpunkt vertraten: wörtlich 'Ziel solcher Diskussionen soll nicht das Erreichen einer einheitlichen Meinung sein...' usw. [...]

Abgesehen von dem angemaßten Gutachterstandpunkt dieser Studenten wird hier die Forderung nach einer pluralistischen Ideologie in unserer Gesellschaft, d.h. nach der Zulassung falscher und feindlicher Auffassungen propagiert. Und das bei Historiker-Studenten des 3. Studienjahres, die schon mehr als 2 Jahre die marxistische Geschichtswissenschaft studieren und sich mit der marxistisch-leninistischen Theorie und der Politik der Partei befaßt haben. [...] Die erwähnte Situation bei den Geschichtsstudenten ist [ein] sehr ernster Hinweis darauf, wie groß das Maß unklassenmäßiger Denk- und Verhaltensweise ist. Es gibt im Prinzip keinen Bereich, an dem nicht ähnliches geschehen ist. [...]

Stiftung Archiv der Parteien und Massenorganisationen der DDR im Bundesarchiv, Bezirksparteiarchiv der SED (im folgenden: BPA SED) Berlin, IV 4/12/005

Dokument Nr. 8

Zentralkomitee der SED 28. November 1969
Abteilung Wissenschaften

INFORMATION

Am 27.11. kam es in einer Vorlesung des gesellschaftswissenschaftlichen Grundstudiums an der Humboldt-Universität Berlin zu einer politischen Provokation. An der Vorlesung nahmen ca. 140 Studenten des 2. Studienjahres der Sektionen - Germanistik/Philologie [...] - Geschichte, Bibliothekwissenschaft und Archäologie - Kommunikationswissenschaften und Rehabilitationspädagogik - Ästhetik und Kunstwissenschaften - Asienwissenschaften teil. Eine Studentin überreichte dem Dozenten während der Veranstaltung ein Flugblatt, das sie unter ihrem Tisch gefunden hatte. Das Flugblatt hat folgenden Text:
"KOMMILITONEN, Ist es nicht bedrückend, daß nach 20 jahren sozialistischen aufbaus die struktur unserer gesellschaft noch immer undemokratisch und autoritär ist?
Es werden doch die elementarsten freiheiten unterdrückt und jede nicht opportune aktivität im keime erstickt.
Zeigt sich das hier an der Uni nicht besonders deutlich in der gesellschaftswissenschaftlichen ausbildung?
Es besteht doch eine tiefe diskrepanz zwischen der exakten denkweise unserer studienfächer und der pseudowissenschaftlichen lehre, die man uns jeden donnerstag predigt.
Doch was können wir dagegen tun?

Wir erfahren immer wieder, daß jede offizielle diskussion auf taube ohren stößt.
Diskussion untereinander? Ja, aber das genügt nicht.
Wir müssen unsere forderung nach beseitigung dieser dogmatischen lehrform klar zum ausdruck bringen
deshalb: GEHT NICHT MEHR ZU DIESER GE"WI"VORLESUNG [...] (S. 1)

ZPA SED, Abt. Wissenschaften, IV A 2/904/389

Dokument Nr. 9

Ministerium für Staatssicherheit   26. Januar 1972

ÜBERGABEPROTOKOLL (FÜR BÜCHER ZWISCHEN EINEM UNTERLEUTNANT DES MINISTERIUMS FÜR STAATSSICHERHEIT UND EINEM STUDENTEN DER HUMBOLDT-UNIVERSITÄT ZU BERLIN)

[...]
1) Wolf Biermann: Mit Marx- und Engelszungen
2) Wolf Biermann: Die Drahtharfe
3) Robert Havemann: Dialektik ohne Dogma?
4) Milovan Djilas: Die unvollkommene Gesellschaft
5) Abram Terz: Der Prozess beginnt
6) Jürgen Habermas: Strukturwandel der Öffentlichkeit
7) Theodor W. Adorno: Ohne Leitbild
8) Theodor W. Adorno: Noten zur Literatur, Band I, II, III
9) Herbert Marcuse: Triebstruktur der Gesellschaft
10) Herbert Marcuse: Kultur und Gesellschaft 1 und 2
11) Frantz Fanon: Die Verdammten dieser Erde
12) Herbert Marcuse: Der eindimensionale Mensch
13) Alexander Mitscherlich: Die Unwirtlichkeit unserer Städte, Anstiftung zum Unfrieden
14) A. Mitscherlich: Versuch, die Welt besser zu bestehen
15) A. Mitscherlich: Die Idee des Friedens und die menschliche Aggressivität
16) Roger Garaudy: Marxismus im 20. Jahrhundert
17) Theodor Heuss: Die grossen Reden
18) Günter Grass: Über das Selbstverständnis (Politische Schriften)
19) Albert Camus: Verteidigung der Heimat
20) Albert Camus: Kleine Prosa
21) Frantz Fanon: Aspekte der Algerischen Revolution
22) Hans-Eckehard Bahr: Weltfrieden und Revolution (Herausgeber)
23) Uwe Johnson: Zwei Ansichten
24) Ernst Bloch: Wegzeichen der Hoffnung
25) Tintenfisch 1 1968 Jahrbuch für Literatur (Westberlin)

26) Tintenfisch 2 1969
27 Tintenfisch 3 1970 [...] (S. 1)

MfS Archiv, OV "Student", Bd. 4, Bl. 1307

Dokument Nr.10

Humboldt-Universität zu Berlin 25. April 1972
1. Sekretär der SED-Kreisleitung
Herbert Eißrig

REFERAT ZUR 5. KREISLEITUNGSSITZUNG

[...] Die KPKK [Kreispartei-Kontrollkommission] hat im Institut [für Bibliothekswissenschaften] Untersuchungen begonnen. In einer vom Sekretariat [der SED-Kreisleitung Humboldt-Universität] gegebenen Information heißt es zu den bekannt gewordenen Fällen: " Am 2. März 1972 erhielt der 1. Sekretär der Kreisleitung Humboldt-Universität vom Ministerium für Staatssicherheit, Verwaltung Groß-Berlin, ein schriftliche Information über eine Konzentration von insgesamt 15 Studenten mit feindlichen bzw. negativen politisch-ideologischen Einstellungen und Verhaltensweisen in Seminarkollektiven des 5. Studienjahres der Sektion Geschichte (Bereich Archivwissenschaft) und des Instituts für Bibliothekswissenschaften und wissenschaftliche Information. Gegen 5 Studenten wurden Ermittlungsverfahren eingeleitet (4 davon sind in Haft), die weiteren 10 sind in unterschiedlichem Maße an ernsten politischen Verfehlungen gegen unsere Republik beteiligt (9 von den insgesamt 15 sind Studentinnen).

Unter dem unmittelbaren Einfluß von fünf staatsfeindlich eingestellten Studenten darunter auch eines Forschungsstudenten der Sektion Marxismus-Leninismus(hervorgegangen aus der Sektion Geschichte) und in direktem Kontakt mit gegnerischen Kräften aus dem kapitalistischen Ausland einschließlich Westberlin wurden in beiden Studentengruppen antisozialistische Positionen entwickelt und vertreten. Einzelne Studenten betrieben staatsfeindliche Hetze, diskriminierten die Staatsführung und die gesellschaftlichen Verhältnisse der DDR. 8 Studenten waren beteiligt an versuchter Republikflucht bzw. an deren Vorbereitung. In einem Falle gab es einen direkten Kontakt zur Hetzzentrale des RIAS. Bei Treffen in Wohnungen und Gaststätten,durch Kontakte mit Ausländern, auch Westdeutsche und solchen aus dem nichtsozialistischen Ausland (teilweise intime Beziehungen), durch Verbindungen zur "Evangelischen" und "Katholischen Studentengemeinde", ständiges Abhören und Austauschen über westliche Rundfunk-und Fernsehsendungen und vor alllem durch illegalen Bezug und Vertrieb von antisozialistischer und revisionistischer Hetzliteratur bestärkten sie sich gegenseitig in ihrer negativen Grundhaltung zur Politik von Partei und Regierung. Die positiven Kräfte wurden isoliert. Durch verschiedene Manipulationen gelang es diesen Kräften, die FDJ- Funktionen in diesen beiden Seminargruppen zu besetzen." (Soweit der Wortlaut der Information.)

Das Sekretariat wertet diese ernsten Vorkommnisse als Einbruch des Klassenfeindes an der Universität. [...] (S. 3-4)

BPA SED Berlin, IV C-4/12/003

Dokument Nr. 11

Humboldt-Universität zu Berlin 29. März 1972
Parteisekretär der Sektion Geschichte
Dr. Peter Pankau

REFERAT AUF DER MITGLIEDERVERSAMMLUNG DER SED-GRUNDORGANISATION (Handschriftliches Manuskript)

[...] Die Parteileitung wertet die staatsfeindlichen Handlungen und Haltungen der beteiligten Studenten nicht als Zufälligkeit. Unsere Sektion bzw. die ehemalige Fachrichtung Geschichte hat auf diesem Gebiet ihre eigene Geschichte. Daß der Gegner nunmehr schon über Jahrzehnte wiederholt an einem wichtigen Platz der gesellschaftswissenschaftlichen Forschung, Erziehung und Ausbildung eindringen konnte, läßt nur den Schluß zu, daß unsere Sektion über für den Gegner günstige Bedingungen verfügen muß, die ihm eine langfristig angelegte und systematisch betriebene Feindtätigkeit unter unseren Augen ermöglichen. Niemand möge glauben, daß diese Tätigkeit mit der Aufdeckung durch unsere Staatsorgane mit Relegierungen, Exmatrikulationen, Ausschluß bzw. Streichung aus der FDJ, mit staatlichen Disziplinarmaßnahmen und parteierzieherischen Konsequenzen erledigt ist. Der Klassenkampf hat sich verschärft! Da der Gegner die Kräfte des Sozialismus in der Welt realistischer einzuschätzen begonnen hat, sich bestimmten Gegebenheiten anpaßt, verläuft der Klassenkampf auf dem Gebiete der Ideologie besonders zugespitzt. Diese Tatsache hat, wie die jüngsten Vorkommnisse deutlich zeigen, an unserer Sektion ihre Auswirkungen. Alle Erfahrungen lehren: Unter dem Eindruck eingeleiteter Maßnahmen agiert der Gegner vorsichtiger oder zieht sich zurück, aber er wird wieder hervortreten, wenn es uns nicht gelingt, den ideologischen Sumpf, den Nährboden der Feindtätigkeit trockenzulegen. [...] (S. 1-2)
Das Ziel der Mitgliederversammlung besteht darin, [...] die erforderliche parteimäßige Atmosphäre zur grundsätzlichen Veränderungen der Lage zu schaffen und erste Konsequenzen im Sinne des eigenen Umdenkens zu ziehen. Zu dieser Zielstellung gehört, daß in dieser Mitgliederversammlung und ausgehend von ihr, alle Genossen mithelfen: - die Ursachen für den gelungenen Einbruch des Klassengegners allseitig aufzudecken - den Widerspruch zwischen durchaus erreichten Fortschritten in Lehre und Forschung und dem ernsten Zurückbleiben und Mißerfolgen in bestimmten Bereichen und auf verschiedenen Gebieten zu klären - eine realistische Einschätzung der Kampfkraft der Grundorganisation und des parteimäßigen Verhaltens aller Genossen zu erreichen - eine klare Marschroute für unsere weitere Arbeit abzustecken. An dieser Aufgabenstellung kommt kein Genosse unserer GO, auch der in der politischen Arbeit erfahrenste, vorbei. [...] (S. 3-3a)

Die Auseinandersetzung mit dem Sozialdemokratismus ist eine kompromißlose Aufgabe. Wenn wir die ideologische Situation unter den Studenten und Sektionsangehörigen zu analysieren haben, so ist vor allem einzuschätzen, was sie über die Sozialdemokratie wissen und wie sie über die Regierung Brandt denken. Es dürfen keinerlei Illusionen über die Regierung Brandt und ihre proimperialistischen Rolle zugelassen werden. Jeder Genosse und darüberhinaus jeder Sektionsangehörige muß die gegenwärtigen Funktionen der Sozialdemokratie kennen, braucht eine klare Erkenntnis des Klassencharakters des Sozialdemokratismus als bürgerliche Ideologie und der Grundaufgabe der Sozialdemokratie, die überlebte Herrschaft des Imperialismus zu verlängern, womit die Sozialdemokratie gegen den Charakter der Epoche und die historische Grundaufgabe der Epoche angeht. [...] (S. 6-7)

Die Dinge sind nicht akademisch zu klären. Was bisher eingeleitet wurde, ist nur der Anfang. Niemand mag glauben, auf einem billigen Wege irgendeiner Stellungnahme oder Unterschrift davonzukommen. Dafür ist die Lage zu ernst. Gleichzeitig haben wir jedoch die Pflicht, die ideologischen Ursachen bis zu Ende zu klären. Dazu gehört, daß wir uns gegenseitig offen die Meinung sagen, nicht taktieren oder diplomatisieren, nichts verschweigen, damit keine Ansatzpunkte für Wiederholungsfälle übrigbleiben. [...]

Im Verhältnis zur Partei gibt es bei Vielen einen ausgeprägten Subjektivismus und Individualismus bis hin zur selbstständigen Entscheidung über die Normen des Parteilebens im Sinne der Teilnahme. Viele setzen die Geschichtswissenschaft nur in irgendein Verhältnis zur Politik der Partei, weil nicht bis zum Ende klar ist, daß Wissenschaft nur vom Standpunkt der Politik der Partei zu betreiben ist. Wenn wir uns Beurteilungen über Studenten oder auch Wissenschaftler ansehen, dann wird in fast allen Fällen die "fachliche" Arbeit und Leistung von der "gesellschaftlichen Aktivität getrennt. Also wird die Wissenschaft von der Politik getrennt. [...] Die politische Entwicklung wurde dem Selbstlauf überlassen. [...] (S. 11-13)

[...] der Sekretär der GO [war] gezwungen, im Schlußwort klar und deutlich das ganze Ausmaß und die Tiefe der Verantwortung der Hochschullehrer zu verdeutlichen. U.a. wurden die Genossen vom Parteisekretär aufgefordert, die Frage aus der Diskussion " Für welchen Studenten ist der Hochschullehrer bereit, im Sinne des sozialistischen Staatsbewußtseins eine Bürgschaft zu übernehmen?"

In ihren Stellungnahmen zu beantworten. Bis auf einige haben das die Genossen nicht getan! Wie ist das zu werten? Ist das fehlende Einsicht? Wissen sie nichts zu dieser Frage? Warum sagt der Einzelne nicht, daß er es nicht weiß oder kann? Hat jemand darüber nachgedacht, warum er es nicht kann? Oder steht mehr dahinter ? Etwa Ignoranz gegenüber der politischen Notwendigkeit ? Sind es subjektive Erscheinungsvorbehalte gegenüber dem Parteisekretär oder ist es Disziplinlosigkeit? Alle diesen Fragen werden zu beantworten sein! [...] (S. 17-18)

Handakte Institut für Geschichtswissenschaften Humboldt-Universität zu Berlin

Dokument Nr. 12

Humboldt-Universität zu Berlin 22. März 1972
Sektion Geschichte
Dr. Horst Schützler, Stellvertretender Parteisekretär der SED-Grundorganisation Geschichte, Prof. Dr. Joachim Streisand, Direktor der Sektion Geschichte

ZWISCHENBERICHT ZU DEN VORKOMMNISSEN IM V. STUDIENJAHR

[...] II. Zur Reaktion in der Sektion
Nach der Bekanntgabe des Sachverhalts herrschte überall Betroffenheit. Partei- und Sektionsleitung werteten die staatsfeindlichen Haltungen und Handlungen der beteiligten Studenten nicht als Zufälligkeit an unserer Sektion, sondern als Ausdruck vorhandener politischer Sorglosigkeit, ungenügender Wachsamkeit, als Mißerfolg in der Erziehung und Ausbildung der Studenten, als Schande für die Sektion, insbesondere der Genossen Hochschullehrer.
Davon ausgehend wurde die Notwendigkeit eines tiefen Umdenkens, die Erarbeitung gründlicher Schlußfolgerungen und ihre entschiedene Verwirklichung, einschließlich kaderpolitischer Konsequenzen herausgearbeitet und dementsprechend die oben genannten Maßnahmen eingeleitet, wozu auch die sofortige Auseinandersetzung mit dem politisch sorglosen Verhalten der Genossen Brachmann und Trczionka (Beurteilung Wohlers) gehört.
Von besonderer Bedeutung sind die Stellungnahmen der Hochschullehrer, deren gründliche Auswertung noch erfolgen muß.
Es kann bereits jetzt gesagt werden, daß diese Stellungnahmen ein sehr unterschiedliches Bild zeigen. Die Stellungnahmen eines Teils der Hochschullehrer wie der Genossen Pätzold, Müller-Mertens, Grünert und des Kollegen Töpfer zeichnen sich dadurch aus, daß sie selbständig zu Schlußfolgerungen für die Arbeit der Parteiorganisation und der Sektion sowie auch für die eigene Arbeit zu kommen suchen, während andere Genossen wie Bünger, Woeller und Osburg nicht viel mehr als eine Wiederholung von Feststellungen auf der Beratung der Hochschullehrer geben. Das beweist, wie unterschiedlich das ideologisch-theoretische Niveau unserer Hochschullehrer ist und ist zugleich Ausdruck des unterschiedlichen persönlichen Engagements unserer Genossen Hochschullehrer in der Wahrnehmung ihrer Hauptaufgabe, der klassenmäßigen Erziehung der Studenten. Aus den Stellungnahmen geht einhellig hervor, daß gemeinsame Beratungen der Hochschullehrer zu den Erziehungsfragen, die bisher an der Sektion nicht stattfanden, notwendig und nützlich sind. Durchgehend wird auch die Notwendigkeit der tieferen persönlichen politisch-ideologischen Einwirkung der Hochschullehrer auf die Studenten unterstrichen und die Bereitschaft dazu erklärt, woran durch die Leitungen anzuknüpfen sein wird.
Die bisher durchgeführten Versammmlungen der FDJ-Gruppen zeigen, daß sich alle Studenten von den staatsfeindlichen Haltungen und Handlungen distanzieren, daß die Diskussion zumeist sehr schleppend in Gang kam und dann relativ schnell auf die Probleme der eigenen FDJ-Gruppenarbeit überging. Dabei wurden erste Schlussfolgerungen für eine gründlichere politisch-ideologische Arbeit gezogen.

Solche Schlussfolgerungen wurden auch in den Parteigruppenwahlversammlungen der Bereiche und Studenten, die unter dem Eindruck der Vorkommnisse standen, in sehr kritischer Weise gezogen (Parteigruppe des V. Studienjahres, Parteigruppe des Bereichs Allgemeine Geschichte, die den Rechenschaftsbericht nicht bestätigte und den Parteiorganisator ablöste).

Die zur feindlichen Gruppe gehörenden Studenten des V. Studienjahres gaben keine Erklärungen zu ihrem Verhalten ab, (bei Eröffnung des Disziplinarverfahrens bzw. bei der Auflösung der FDJ-Gruppe). Lediglich der Student Künzel erklärte, er wisse nicht, wofür er zur Rechenschaft gezogen werden solle. [...] (S. 3-4)

BPA SED Berlin, IV C-4/12/019

Dokument Nr. 13

Humboldt-Universität zu Berlin   15. März 1972
Kurt Pätzold

STELLUNGNAHME

[...] Heute, rückblickend und angesichts der Fortschritte, die in der politischen Arbeit unter einem Teil der Studenten von der Parteiorganisation im letzten Jahr erreicht wurden, erscheint mir ein Mangel in der Tätigkeit der früheren Parteileitung besonders wichtig: die ungenügende Mobilisierung aller Genossen Lehrkräfte für die politisch-ideologische und erzieherische Arbeit unter den Studenten und der oft nicht von langfristigen Überlegungen geleitete Einsatz der Parteikader und der Assistentenschaft. Besonders das letzte betrifft direkt auch die staatliche Leitung, die täglich über den Einsatz von Parteikadern entscheidet. [...]

Der schlechte politische Zustand der Gruppe [Pätzold leitete das aktuell-politische Seminar in der Seminar-Gruppe Diplomanden V] hängt m.E. auch mit einer permanenten Unterforderung zusammen. Trotz allen Drucks wird die Literatur nur lückenhaft gelesen, (wobei die Genossen keine Ausnahme bilden und längst jede Möglichkeit vergeben haben, Parteilose zu kritisieren.) Im Februar 1972 ist deshalb eine Seminarveranstaltung abgesetzt worden. Es ist zu fragen, ob wir nicht noch in den letzten Monaten einige studienverschärfende Sonderregelungen einführen sollten. So beispielsweise können wir für einige Studenten Sonderprüfungen ansetzen, müßten uns aber, für den Fall des negativen Ausgangs, vorher über die Konsequenzen klar werden. [...] (S. 1-2)

Ich bin dafür, daß wir den Genossen und allen Sektionsangehörigen die Klassenkampfsituation und die Probleme der DDR-Entwicklung allseitig, gründlich erklären und sie zum tieferen Verständnis für die Beschlüsse und die Entwicklung nach dem Parteitag führen. Es existiert jedenfalls die Bereitschaft, über vieles gründlicher nachzudenken, was man früher wohl gedankenärmer hingenommen hat. Allzu einfache Formeln sind Barrieren gegen dieses Denken mit der Partei, das zum Handeln mit der Partei führen soll.

Wir müssen die Fragen von vornherein so stellen, daß ein allgemeines akademisches Herumgerede möglichst erschwert wird. Für die Selbstverständigung des Aktives der

Kreisparteiorganisation reicht der Appell des Genossen Hörnig [Leiter der Abteilung Wissenschaften im ZK der SED] "Jeder tue das, wofür er bezahlt wird" völlig aus. Jeder weiß, wer und was gemeint ist. Gebe ich diesen Appell "an alle" weiter, so wird er aber seine Fruchtbarkeit verlieren, wenn ich ihn nicht konkretisiere. In unserer Sektion sind die Vorstellungen, wofür ein Hochschullehrer eigentlich bezahlt wird, verschieden. Diese verschiedenen Vorstellungen müssen wir herausarbeiten und konfrontieren.

Wir haben die Verantwortung der Genossen Hochschullehrer (im engeren Sinne) klarer herauszustellen. Diese Verantwortung ist sachlich, aber auch sprachlich-begrifflich verwischt. Ist vom Lehrkörper oder den Hochschullehrern die Rede, kann heutzutage der Professor denken, der Assistent sei gemeint. (Der Assistent kann das Umgekehrte weniger denken, denn er hat die Erfahrung gemacht, daß er immer gemeint ist.) Diese Verantwortung ist praktisch: sie betrifft solche Fragen, wie die Stundenzahl pro Woche, in denen der Professor oder Dozent vor den Studenten steht, die Zahl seiner politischen und wissenschaftlichen Einzel- und Gruppenkonsultationen usw. [...] (S. 4)

Wir stehen vor langwierigen Anstrengungen zur Erziehung der Hochschullehrer (im engeren Sinne) und müssen eine Verbesserung der staatlichen Führung ihrer Tätigkeit durchsetzen. Die Meinungsverschiedenheiten über die Praxis der Hochschulreform führten damals weniger zu ideologischen Auseinandersetzungen zwischen den Genossen Hochschullehrern. Sie äußerten sich im Rückzug aus parteilicher und staatlicher Verantwortung, der wiederum durch einen gewissen Opportunismus in der Auseinandersetzung mit solchen Verhaltensweisen begünstigt wurde. Das Schielen nach der Akademie, ungerechtfertigte Klagen über Zeitmangel für die Wissenschaft, vor allem aber Passivität in Mitgliederversammlungen der Grundorganisation u.a. Tatsachen bezeugen die ungenügende Verbundenheit mit dem politischen Platz, an dem einige unserer Genossen stehen.

Es scheint mir (aus einem freilich begrenzten Blickwinkel), als habe die politische Auseinandersetzung unter den Genossen Hochschullehrern außerhalb der Parteigruppen, untereinander praktisch aufgehört. Selbst in Mitgliederversammlungen der Partei ist sie wohl seltener geworden. [...]

Das missing link, das von dieser Arbeit die Brücke zum praktischen Erfolg schlägt, ist aber doch die kollektive und individuelle Erziehung dieser Genossen im täglichen Arbeitsprozeß. Diese ideologische und charakterliche Erziehung muß, wie die Dinge jetzt liegen, ganz wesentlich von "oben" in Gang gesetzt werden. Dabei müssen wir uns mit den nicht so wenigen Genossen verbünden, die als Studenten eine gesunde, mitunter treffende politische Urteilskraft besitzen und in deren Handlungen sich mitunter ein höheres kommunistisches Bewußtsein ausdrückt als in denen mancher ihrer Lehrer. (S. 5)

Handakte des Instituts für Geschichtswissenschaften der Humboldt-Universität zu Berlin

Dokument Nr. 14

Humboldt-Universität zu Berlin   31. März 1972
Sektion Geschichte
Sektionsleiter, Professor Joachim Streisand

PERSÖNLICHE STELLUNGNAHME ZUR STAATSFEINDLICHEN HALTUNG UND TÄTIGKEIT EINER GRUPPE VON STUDENTEN DER SEKTION GESCHICHTE

Daß sich unter einer Gruppe von Studenten unserer Sektion seit Jahren staatsfeindliche Handlungen und Haltungen entwickeln konnten, hat nicht nur zur Folge, daß wir unsere Planaufgaben in bezug auf die Ausbildungsziele nicht erfüllen können, sondern ist vor allem eine Niederlage im ideologischen Kampf und hat im politischen Klassenkampf gegen den Imperialismus über unseren unmittelbaren Verantwortungsbereich hinaus ernsten Schaden angerichtet. [...] Als Direktor der Sektion trage ich selbstverständlich gegenüber Partei und Staat eine besonders große Verantwortung für dieses Versagen, und ich muß zugleich prüfen, welche Fehler ich selbst begangen habe. [...]

Ich war von 1948 bis 1951 wissenschaftlicher Aspirant, dann einige Monate Assistent des Genossen Alfred Meusel und kehrte nach mehr als 10 Jahren, im Frühjahr 1963, an die Universität zurück. Schon wenige Monate später wurde mir die Leitung des Institut für deutsche Geschichte übertragen. Rückblickend scheinen mir drei Eindrücke in diesem Zusammenhang wesentlich:

1. Ein staatlicher Leiter hatte es insofern recht leicht, als er keinem offenen Widerspruch gegen seine Anweisungen begegnete, wenn er nur halbwegs wußte, was er wollte, und seine Anweisungen der Politik unserer Partei entsprachen. Er hatte es aber zugleich insofern schwer, als die formelle Zustimmung durchaus nicht bedeutete, das diese Anweisung auch konsequent durchgeführt wurden. [...]

2. Als ich 1963 an die Universität kam, gab es am Institut für deutsche Geschichte zwei Hauptwege der Arbeit mit den Studenten. Zum einen bildeten qualifizierte Spezialisten wieder Spezialisten aus [...], zum anderen gaben sich Genossen und Genossinnen [...] viel Mühe vor allem um die fachliche Förderung von Seminargruppen und Studenten, deren Betreuung ihnen übertragen war. Eine zielbewußte Entwicklung eines Nachwuchses, bei der politische Anforderungen den ersten Platz einnahmen, bildete die Ausnahme [...], während qualifizierter Nachwuchs etwa im damaligen Institut für allgemeine Geschichte von einigen Genossen geradezu als gefährliche Konkurrenz angesehen wurde [...]. Diese Haltung ist noch immer nicht völlig überwunden, insofern politische und "fachliche" Ausbildung und Erziehung nicht genügend in ihrer Einheit auf der Grundlage des Primats der Politik gesehen werden.

3. Bereits in den ersten Auseinandersetzungen nach dem Bekanntwerden der Ergebnisse, zu denen die staatlichen Ermittlungsorgane kommen mußten, wurde festgestellt, daß unsere Sektion zwar Fortschritte in bezug auf den Inhalt der Lehrveranstaltungen erzielt hat, die politische Erziehung der Studenten aber mit den theoretischen Fortschritten in bezug auf die Aneigung der Politik der Partei nicht Schritt hielt. Eine Ursache dafür ist, daß auch die Anforderungen der Hochschullehrer- und Mitarbeiterverordnung allzusehr auf ihre theoretische Seite reduziert wurden. Das Gesamtverhalten eines Ge-

nossen und Kollegen erscheint danach nur noch als Frage seines individuellen Charakters, nicht aber in genügendem Masse in seiner Bedeutung für die Praxis der täglichen Arbeit in der Parteiorganisation und bei der Erfüllung seiner staatlichen Aufgaben. Hier gibt es das Ausweichen vor Schwierigkeiten. Daß Gen[osse] Pätzold den Alltag als Feld täglicher Bewährung im Klassenkampf zu behandeln vermag, wird von den meisten Genossen anerkannt und berücksichtigt, wenn Aufgaben zu lösen sind. Negative Erscheinungen in dieser Hinsicht werden aber allzu "akademisch" behandelt. [...]

Ökonomen oder Juristen sind auch in ihrer wissenschaftlichen Arbeit unmittelbar mit der Praxis konfrontiert. Der Gegenstand des Historikers scheint - ich betone: scheint - die Vergangenheit zu sein, und deshalb ist hier die Gefahr, einen Betrachterstandpunkt zur Politik unserer Partei und zur politischen Erziehung einzunehmen, besonders groß. Wenn in der Hauptstadt unserer Republik der imperialistische Klassengegner besonders intensiv ideologische Diversion zu betreiben versucht, dann müssen wir diesen Versuchen durch eine besonderes qualifizierte politische Erziehungsarbeit begegnen. [...] (S. 1-3)

Handakte des Instituts für Geschichtswissenschaft der Humboldt-Universität zu Berlin

Biographische Skizzen/Zeitzeugenberichte

Alexandr N. Jakowlew (Moskau)

Blutige Vergangenheit*

Es gibt Wunden, die nicht vernarben. Mal fließt das Blut in Strömen, mal sickert es nur aus den Wunden und vermischt sich mit den Tränen. Bald sind die Wunden wieder offen, nässen sie auf dem Leib, schmerzen sie in den leidenden Seelen und im Gedächtnis. Die Zeit heilt diese Wunden nicht. Denn je weiter wir uns von jenen verdammten Jahren entfernen, desto lauter wird der Ruf des unerbittlichen Gedächtnisses.

Die Frage ist ihrem Wesen nach gleichzeitig einfach und abscheulich: Wie konnte es passieren, daß Millionen ganz und gar unschuldiger Menschen aus der Manie einer Handvoll Verbrecher heraus vernichtet, daß noch mehr zu qualvollem Leid verurteilt wurden. Und all dies fand mit lauter oder stillschweigender Billigung ebenfalls von Millionen von Menschen statt, die irregemacht wurden, die sich nicht klar wurden, daß auch sie der Generation der Erschossenen angehörten, potentielle Opfer waren.

Die Tragödie betraf aber nicht nur die Toten, sondern auch die Lebenden. Millionen von Menschen lebten ihr Leben, freuten sich, waren glücklich, zogen Kinder auf, träumten von einer besseren Zukunft. Sie glaubten leidenschaftlich an diese Zukunft und haßten all diejenigen, die, wie man ihnen einredete, den schnellen Weg zu diesem Glück verstellten.

Diese verdammten, aber auch widersprüchlichen Zeiten mit den geteilten Herzen und Seelen, mit ihrem durch trügerischen Glauben verdorbenen Gewissen!

Charakter und Dimension der Rehabilitierung in den fünfziger Jahren

Alles schien unerschütterlich wie ein Felsen, nichts - so schien es - konnte das Bild trüben. Da hielt aber am 25. Februar 1956, am letzten Tag des XX. Parteitages der KPdSU, in nicht-öffentlicher Sitzung außerhalb der Tagungsordnung N.S. Chruschtschow sein Referat "Über den Personenkult und seine Folgen". Die Wahrheit über die von Stalin

---

* Der vorliegende Text basiert auf einem Referat, das der Autor am 18. Mai 1992 auf einer Veranstaltung des Hamburger Instituts für Sozialforschung gehalten hat. Er wurde übersetzt und redaktionell überarbeitet von Dr. Waleri Brun-Zechowoj und Carsten Tessmer.

und seiner Umgebung gegen das Sowjetvolk begangenen Greueltaten und Verbrechen kam ans Licht.

Es sei erwähnt, daß die ganze Welt im großen und ganzen von diesen Verbrechen wußte, auch in unserem Land wußte man Bescheid. Sowohl damals in den fünfziger Jahren als auch heute symbolisiert das "Jahr 1937" Recht- und Gesetzlosigkeit.

Als junger Parteifunktionär saß ich während dieses Parteitags auf der oberen Galerie. Ich war 32 Jahre alt. Gewiß - ich war Marxist, hatte an Stalin geglaubt und war mit diesem Glauben durch den Krieg gelangt. Auch ich glaubte inbrünstig an das dem Volk versprochene Paradies auf Erden. Ehrlich gesagt, bewegten mich - wie viele andere - in Gedanken vage Zweifel, stellten sich mir unangenehme Fragen. Doch der Glaube an die "Größe" der zu vollbringenden Aufgaben, die Ehrfurcht vor den weisen Männern im Kreml, die zweifelsohne besser wußten als andere, was sie taten, verdrängten sie ohne Schwierigkeiten.

Das, was ich jetzt hörte, ließ mich verzweifeln, machte aber auch nachdenklich. Ich hörte alles, was Chruschtschow sagte, aber ohne zu begreifen. Alles schien so irreal zu sein. Die Rede machte zunichte, was der Inhalt meines Lebens gewesen war, sie zerschlug den Sinn des Vergangenen, wirbelte Seele und Herz durcheinander.

Im Saal herrschte bedrückende Stille. Man hörte weder Sessel knarren noch ein Husten. Der Saal war tot. Keiner sah den anderen an - entweder wegen der Schande oder aus Furcht. Chruschtschow nannte Fakt nach Fakt, einer schlimmer als der andere. Schritt für Schritt wurde klar, daß sich das niemand ausgedacht haben konnte, daß alles wahr war.

Gesenkten Hauptes verließ man die Versammlung. Wenige unterhielten sich. Nur einsilbig waren die Antworten, zumeist ein "Ja", hinter dem sich aber viele, nuancenreiche Emotionen verbargen. Der Schock steckte sehr tief. Schließlich hatte das Regime mit Stalin als dem Hauptschuldigen offiziell Verbrechen eingestanden. Damals war dies etwas unglaubliches. Doch auch die Angst war groß. Der Vortrag wurde im Land nicht gedruckt. Man veröffentlichte ihn erst in der zweiten Hälfte der Amtszeit Gorbatschows und dies auch erst nach langen Diskussionen.

Im Parteipräsidium saßen die ehemaligen "Kampfgefährten" Stalins, die mit ihm zusammen gegen das Volk gewaltsam vorgegangen waren. Im Saal waren auch nicht wenige unmittelbar verantwortliche Täter anwesend. Dennoch - so verzeichnet es das Stenogramm des Parteitags - klatschten alle Zuhörer dem Redner Beifall. Sowohl diejenigen, die zum ersten Mal von den Verbrechen gehört, als auch diejenigen, die sich an ihnen beteiligt hatten. Ich erinnere mich nicht an Applaus.

Allgemein geht man davon aus, daß die Rehabilitierung der Opfer aus der Stalin-Ära erst mit diesem Parteitag begann. Aber bereits einige Wochen nach der Beerdigung Stalins wandte sich die Staatsführung dem Schicksal der Opfer der Repressalien zu. Schon am 20. März 1953 wurde auf der Sitzung des Präsidiums des ZK der Fall Schemtschuschina, der Frau Molotows, die Ende der vierziger Jahre Repressionen ausgesetzt gewesen waren, besprochen. Sie wurde vollständig rehabilitiert. So ging also die erste offizielle Rehabilitierung vonstatten.

Einige Tage danach, am 3. April 1953, erörterte das Präsidium das Referat und die Vorschläge des Innenministeriums der UdSSR bezüglich der sog. "Schädlingsärzte". Es wurde festgestellt, daß Recht gebrochen und Zeugenaussagen gefälscht worden waren. Man schlug vor, die Untersuchungsführer zu bestrafen. Am selben Tag wurde der Fall

Michoels besprochen. Eine Woche später befaßte sich das Präsidium mit den sog. mingrelischen Nationalisten, dem Fall Baramija. Es wurde entschieden, die unschuldig Verurteilten zu rehabilitieren.

Am 3. Mai 1953 wandte sich das ZK-Präsidium dem sog. "Leningrader Fall" zu, beauftragte die zuständigen Stellen, ihn wiederaufzurollen und das genaue Schuldmaß von A.A. Kusnezow, M.I. Rodionow, N.A. Wosnessenski und anderen zu erörtern. Bis zum Februar 1956 wurde eine ziemlich große Gruppe Gefangener entlassen - alles Verwandte von Regierungs- oder ZK-Mitgliedern. Das alles tat man aber insgeheim. Die Staats- und Parteiführung fürchtete, dem Volk offen und ehrlich von den Verbrechen zu berichten, weil man über sich selbst hätte sprechen müssen.

Wie die Dokumente belegen, wurde das Referat Chruschtschows in aller Eile während des Parteitags vorbereitet. Der Autor der ersten (erhaltenen) Fassung war Pospelow. In ihr werden die dem Präsidium des ZK schon bekannten Fakten ziemlich nüchtern aufgelistet und der Versuch unternommen, die verübten Verbrechen als "historisch unvermeidlich" und "zwangsläufig" zu rechtfertigen. Es wurde erneut die ganze Litanei propagandistischer Klischees von der Verschärfung des Klassenkampfes über die Einkreisung durch den Kapitalismus und die Existenz antisowjetischer Untergrundorganisationen bis hin zur Behauptung, Stalins Gegner in der Partei hätten den Kapitalismus wieder errichten wollen, wiederholt. Chruschtschow übernahm aus diesem Entwurf nur die Gesamtstruktur und die konkreten Fakten. Seine Bewertung der Willkür und Gesetzlosigkeit fiel ungleich schärfer aus.

Nach dem Parteitag jedoch geriet die Haltung der Sowjetführung hinsichtlich der weiteren Untersuchung der Verbrechen und der Unterrichtung der Allgemeinheit allmählich ins Schwanken und begann, Widersprüche aufzuweisen. Zudem bildete sich eine Gruppe, die sich allen Maßnahmen zur Entstalinisierung der Gesellschaft, auch der Veröffentlichung des Referates Chruschtschows, widersetzte.

Im Anschluß an den XX. Parteitag wurde eine von Schwernik geleitete Rehabilitierungskommission eingesetzt. Ihr gehörten Mitglieder des Parteiapparates und Vertreter der Justizorgane an. Grundlage der Kommissionsarbeit waren die Eingaben der Opfer, ihrer Angehörigen oder derjenigen, die von ihren liquidierten Genossen berichteten. Zudem existierte eine Sonderkommission zur Aufklärung des Kirow-Mordes.

In der zweiten Hälfte der sechziger Jahre kehrten Zehntausende in den dreißiger, vierziger und sechziger Jahren unschuldig Verurteilter aus den Lagern, Gefängnissen und der Verbannung zurück. Ziemlich bald gerieten die Rehabilitierungen leider ins Stocken, bevor sie Ende der sechziger Jahre ganz eingestellt wurden. Für den damaligen Rehabilitierungsprozeß war eine Besonderheit kennzeichnend. Die Anschuldigungen wurden für unbegründet erklärt und zurückgenommen, die Menschen wurden aus den Gefängnissen entlassen. Aber eine Bewertung der zugrundeliegenden Gründe für die Gesetzlosigkeit blieb genauso aus, wie diejenigen, die an den Greueltaten schuldig waren, nicht namentlich genannt wurden.

Es wurde nicht in Zweifel gezogen, daß die politischen Prozesse in der zweiten Hälfte der dreißiger Jahre begründet waren. Genausowenig wurden Zweifel an der Richtigkeit der damaligen Einschätzung der politischen Lage im Land und in der Partei sowie der Behauptung, es existierten "Untergrundszentren", Blöcke usw., angemeldet.

Offensichtlich wollte man auf den in den dreißiger Jahren geschaffenen Mechanismus der Repressionen genausowenig wie auf die Konzeption der Parteigeschichte und der sowjetischen Gesellschaft der zwanziger/dreißiger Jahre verzichten. Es ist verständlich, daß die Männer der Staatsführung nicht über Repressionen, deren Organisatoren und Vollstrecker reden wollten, hätten sie doch über sich selbst sprechen müssen.

Ohne die Bedeutung der nach dem XX. Parteitag getroffenen Maßnahmen mindern zu wollen, muß gesagt werden, daß es sich nur um erste, zudem sehr kleine Schritte gehandelt hat. Es folgte danach eine sehr lange Zeit, in der man nicht nur versuchte, Stalin und seine Umgebung reinzuwaschen, sondern in der auch eine Tendenz zu Tage trat, die Willkür und Gesetzlosigkeit jener Zeit sowie ihre Opfer zu verschweigen.

Warum führte Chruschtschow die Rehabilitierungen nicht zu Ende? Warum stellte er diesen Prozeß ein? Doch nur deshalb, weil er, indem er die Wahrheit über die Verbrechen gesagt hätte, das System hätte charakterisieren, die Greueltaten des Systems und nicht von Menschen hätte bewerten müssen. Nötig wären konkrete Maßnahmen gewesen, die Repressionen in Zukunft ausschlössen und die garantierten, daß ein Rückfall in den Stalinismus oder eine Rückkehr zu einer beliebigen seiner Erscheinungen unmöglich würde.

Nötig wären konkrete Maßnahmen gewesen, die einem verbrecherischen System eine entschiedene Absage erteilt hätten. Doch dieses Ziel verfolgte weder Chruschtschow noch jemand aus seiner Umgebung. Im Gegenteil war man bemüht, das System zu erhalten und höchstens dessen Extreme, dessen inhumanen und antidemokratischen Erscheinungen, zu beseitigen.

Überwogen unter Chruschtschow noch Inkonsequenz sowie ein Hin und und Her in der Bewertung Stalins und des Stalinismus, so trieb seine Nachfolger mehr die Rehabilitierung Stalins um, dessen Autorität unter den "Schlägen" des XX. Parteitags sehr gelitten hatte. Die Verbrechen des Stalinismus, die massenhafte Verfolgung sollten verschwiegen werden.

Warum stellte sich die Frage nach der Rehabilitierung der Opfer des Stalinismus im Zuge der Perestroika erneut? Wohl deshalb, weil wir im Verlauf der gesellschaftlichen Reformen an einen Wendepunkt gelangt waren, an dem entweder auf Reformen verzichtet oder aber dem stalinistischen System eine entschiedene Absage erteilt werden mußte.

Bildung der Kommission zur Untersuchung der Repressionen in den dreißiger und vierziger Jahren sowie Anfang der fünfziger Jahre

Im Zuge der Perestroika begann eine aktive Entstalinisierung. Ende 1987 wurde eigens eine Rehabilitierungskommission des ZK der KPdSU ins Leben gerufen. Ihr gehörten unter meinem Vorsitz die KGB-Chefs Tschebrikow und Krjutschkow, die ZK-Sekretäre Medwedjew, Rasumowski und Lukjanow, der Leiter der ZK-Abteilung, Boldin, sowie der Generalstaatsanwalt und der Vorsitzende des Obersten Gerichtshofs an. In etwas mehr als drei Jahren, in denen die Kommission tätig war, wurden mehr als eine Million Menschen - das sind um ein vielfaches mehr als bis 1988 - durch richterliches Urteil rehabilitiert.

Es war eine äußerst schwere Arbeit, sowohl physisch als auch moralisch. Es galt, viele Dokumente durchzulesen, aus denen das Blut unschuldiger Opfer des Stalinregimes triefte. Wahrscheinlich bin ich seit jener Zeit von der Politik im allgemeinen enttäuscht. Doch endeten die durchwachten Nächte damit, daß ich mich selbst verfluchte, weil mich irgendeine böse Macht in die Politik getrieben hatte.

Früher hielt ich die Politik für eine saubere, anständige Tätigkeit, die in der Lage ist und danach trachtet, dem Allgemeinwohl im Interesse der Menschen zu nutzen. So dachte ich, bis ich hunderttausende "Fälle" vor mir hatte, hinter denen Menschen standen, die gelebt, sich des Lebens gefreut, ihre Familie und ihr Land geliebt hatten, aber dann auf Befehl oder infolge einer Denunziation ohne Gerichtsverfahren erschossen worden waren. Ihre Leichen wurden in Gräben oder Sümpfe geworfen, so daß viele Gräber bis heute nicht gefunden wurden.

Durch das Studium dieser blutbefleckten Dokumente, dieser Zeugnisse von Unglück und Verrat, kam ich mehr und mehr zu der Überzeugung, daß Politik nichts anderes als ein Ausfluß von Immoralität und feierlicher Betrug zu eigennützigen Zwecken ist, angetrieben von Machtgier, Heuchelei und Ehrlosigkeit.

Die Sitzungen der Kommission fanden ziemlich regelmäßig statt. Grundlage ihrer Arbeit waren Dokumente, Gutachten und Beschlußprojekte, die von der Generalstaatsanwaltschaft der UdSSR, vom KGB, dem Obersten Gericht, dem Institut für Marxismus-Leninismus beim ZK der KPdSU und einer kleinen Gruppe von ZK-Mitarbeitern vorbereitet worden waren.

Die Arbeit der Kommission gestaltete sich folgendermaßen. Wenn es um die Rehabilitierung konkreter Personen ging, lag der Kommission bereits der diesbezügliche Beschluß des Obersten Gerichts vor. Indem sie diese Beschlüsse zur Kenntnis nahm, erarbeitete sie sich eine Haltung zu den Wesensmerkmalen der Prozesse und Menschen, zur Fälschungspraxis usw. Die Kommission ersetzte weder das Oberste Gericht noch die Staatsanwaltschaft oder die Staatssicherheit. Ich halte die Gründung der Kommission unter den konkreten Bedingungen für richtig. Denn nur so wurde verhindert, daß die mit diesen schweren Entscheidungen über menschliche Schicksale befaßten Amtsträger der Versuchung erlagen, die eigene Weste bzw. das eigene "Nest" reinzuhalten. Streit hat es in den Sitzungen nicht gegeben.

Heute, da manche Kommissionsmitglieder als Teilnehmer am August-Putsch bekannt sind, ist es freilich einfach zu sagen, daß sie in ihr eine besondere Stellung inne hatten und ihre Arbeit behinderten. Doch das wäre falsch. Es gab keinerlei Dissens darüber, daß die unschuldig Verurteilten rehabilitiert werden mußten. Wenn es zu Auseinandersetzungen kam, waren sie rein sachlicher Natur.

Wie kann man die Arbeit der Kommission bewerten? Wie kann man ihre Tätigkeit bilanzieren? Die Kommissionsarbeit war auf das Engste verbunden mit dem Prozeß der Perestroika, mit jenen Veränderungen der sowjetischen Gesellschaft in der zweiten Hälfte der achtziger Jahre. Mit ihnen erschlossen sich auch eine neue Herangehensweise und ein neues Verständnis unserer Geschichte. Wichtig war, nicht nur die Gerechtigkeit wieder zur Grundlage des Rechtssystems zu machen, sondern auch historische Ereignisse hinsichtlich ihrer politischen und moralischen Seite zu bewerten.

Am Anfang der Kommissionsarbeit stand die Untersuchung aller Umstände der Schauprozesse in der zweiten Hälfte der dreißiger Jahre. Nach dem sorgfältigen Studium aller diesbezüglichen Materialien stellte die Kommission fest, daß sie verfälscht worden waren und auf Aussagen beruhten, die auf verbrecherische Art und Weise durch Mißhandlung und Erpressung der Angeklagten erlangt worden waren. Es gab also weder einen "trotzkistisch-sinowjewistischen" noch einen "rechts-trotzkistischen" Block oder "Reserven" - das waren alles "Erfindungen" der Organisatoren und Exekutoren der Repressionen.

Wir stellten fest, daß man in den dreißiger Jahren außer den vier allseits bekannten Schauprozessen allein in Moskau noch mehr als 60 Geheimprozesse unter Ausschluß der Öffentlichkeit inszeniert hat, in denen Tausende unschuldiger Menschen verurteilt wurden. Verhandelt wurden dort u.a. der "Kreml-Fall", die Fälle "Moskauer" und "Leningrader Zentrum" sowie Anklagen gegen die Arbeiteropposition usw.

Die Liquidierung der Kulaken - Krieg gegen das eigene Volk

Opfer der ersten Massenrepressionen waren die Kulaken - der aktivste Bevölkerungsteil des nachrevolutionären Dorflebens - während der Zwangskollektivierung der Landwirtschaft zu Beginn der dreißiger Jahre. Ein beträchtlicher Teil der Betroffenen - etwa 1,2 Millionen Bauern - wurde zusammen mit ihren Familien in entlegene Regionen des Landes oder in Arbeitslager in der Nähe von Bauvorhaben in Sibirien oder im hohen Norden verbannt. Die überaus grausamen Strafmaßnahmen richteten sich nicht nur gegen die Hofbesitzer, sondern auch gegen ihre Familien, Kinder und Greise eingeschlossen. Millionen wurden obdach- und mittellos, verloren zudem alle Rechte. Im Zuge der Repressionen gegen die Kulaken - der russische Terminus technicus lautet in wörtlicher Übersetzung "Entkulakisierung" - wurden 520 000 Bauern zu Freiheitsstrafen verurteilt. Viele von ihnen wurden erschossen oder kamen auf dem Weg in die Verbannungsorte und Sondersiedlungen um. Besonders hoch war die Sterblichkeit in den Lagern und unter den Zwangsarbeitern, die im Bergbau und beim Holzeinschlag eingesetzt waren.

Es sind nur wenige Dokumente erhalten, die das Schicksal dieser unglücklichen Menschen beleuchten. Doch es gibt Angaben darüber, daß im Laufe eines Winters Zehntausende in den Nordural zwangsumgesiedelter Bauern aus dem Gouvernement Cherson vor Kälte und Hunger starben.

Wie Stalin selbst die Maßnahmen gegen die Kulaken einschätzte, ist überliefert. Er tat dies gegenüber Churchill während einer dessen Visiten in den Kriegsjahren in Moskau. Churchill fragte Stalin: "Sagen Sie mir, ob sich die Belastungen dieses Krieges auf Sie persönlich genauso schwer auswirken wie die Durchführung der Kollektivierung."

"Oh nein", antwortete Stalin, "die Politik der Kollektivierung war ein schrecklicher Kampf."

"Ich dachte mir auch, daß Sie sie für schwieriger halten", bemerkte Churchill, "hatten Sie es doch nicht mit einigen Zehntausend Aristokraten und Großgrundbesitzern, sondern mit Millionen kleiner Leute zu tun."

"Mit 10 Millionen", sagte Stalin und hob die Hände, "Das war etwas schreckliches, was vier Jahre dauerte..."

"Waren das die Menschen, die Sie Kulaken nannten?"

"Ja", entgegnete Stalin, ohne das Wort zu wiederholen.

"Was ist passiert?" fragte Churchill.

"Nun", antwortete Stalin, "viele von ihnen waren mit unserem Weg einverstanden und gingen ihn mit. Einigen von ihnen gab man ein Stück Land in den Bezirken Tomsk, Irkutsk und noch weiter im Norden, das sie selbst bearbeiten konnten. Aber der größte Teil von ihnen war sehr unbeliebt und wurde von ihren Knechten umgebracht."

Stalin und seine Umgebung - die eigentlichen Organisatoren der Massenrepressionen

Im Laufe der Kommissionsarbeit fanden wir bestätigt, daß während der Ermittlungsarbeiten und der Gerichtsverfahren mit Billigung der Staatsführung gefoltert und mißhandelt worden war.

Als die Welle der Repressionen 1938 etwas abflaute und die Führer örtlicher Parteiorganisationnen anfingen, den Mitarbeitern des NKWD zur Last zu legen, sie hätten physischen Zwang auf die Häftlinge ausgeübt, war es niemand anderes als Stalin, der den Sekretären der Gebiets- und Regionalkomitees der Partei sowie den ZKs der nationalen KPs, den Volkskommissaren für innere Angelegenheiten und den Verwaltungsleitern des NKWD am 10. Januar 1939 ein chiffriertes Telegramm schickte.

In diesem Telegramm hieß es: "Das ZK der WKP(B) [Wsesojusnaja kommunistitscheskaja Partija = Allunions-KP, d. Übers.) erklärt, daß die Anwendung physischen Zwanges durch den NKWD seit 1937 vom ZK der WKP(B) zugelassen ist..."

Die "Anwendung physischen Zwanges" ist eine allzu gelinde Bezeichnung dessen, was in Wirklichkeit vor sich ging. Es gab Folter, Mißhandlung durch Prügeln, Schlafentzug, Nachtverhöre nach dem "Fließbandprinzip" (die Untersuchungsführer lösten sich ab, dem Häftling wurde keine Pause gegönnt), stundenlanges Stehen, die Androhung, daß man mit den Angehörigen und nahen Bekannten abrechnen werde, u.v.m. Was den Zeitpunkt betrifft, von dem an vom NKWD gefoltert worden war, log Stalin. Die Folter setzte man schon vor 1937 ein.

Stalin dirigierte persönlich die Vorbereitung vieler Gerichtsverfahren. Er hat bekanntlich am 2. Dezember 1934 bei seiner Ankunft in Leningrad nach der Ermordung Kirows die Ergebnisse der Untersuchung abgelehnt und die Weisung ausgegeben, daß der Mord an Kirow das Werk der Sinowjewisten gewesen sei.

Auch früher hatte sich Stalin bereits in die Arbeit der Untersuchungsbehörden eingemischt. Dies belegt z.B. sein uns überliefertes Schreiben an Menschinski, den Vorsitzenden der OGPU, während der Vorbereitung des Verfahrens gegen die "Industriepartei". In diesem Brief schreibt Stalin, daß die Untersuchungshäftlinge über ihre Verbindungen zu den Regierungen in Westeuropa und über die Vorbereitung einer militärischen Intervention in der Sowjetunion auszusagen hätten. Der Brief endet mit der Frage an Menschinski: "Verstanden?" Menschinski und seine Mitarbeiter haben den Wunsch ihres "Chefs" sehr gut verstanden. Die gewünschten "Geständnisse" wurden geliefert.

Wie man zu diesen "Geständnissen" gelangte, belegen viele Dokumente. Dazu gehören die Aussagen des ehemaligen Direktors des Lefortowo-Gefängnisses, Simins: "Zu den Verhören kamen oft auch die Volkskommissare des NKWD - sowohl Jeschow als auch Berija. Beide verprügelten dabei Gefangene. Ich selbst habe gesehen, wie Jeschow Gefangene schlug... Als Berija Blücher übel zurichtete, schlug er ihn nicht nur mit den Händen, sondern er ermunterte seine Begleiter, Blücher regelrecht zu foltern, so daß dieser schrie: "Stalin, hörst Du wie man mich mißhandelt?" Berija brüllte zurück: "Erzähl, wie Du den Osten verraten hast!" Am Ende der Folter bezichtigte Blücher sich selbst, in Verbindung mit rechten und trotzkistischen Organisationen gestanden zu haben. Kurz darauf verstarb er in der Untersuchungszelle.

Wie jetzt feststeht, liefen viele Gerichtsverfahren nach vorher vorbereiteten Szenarien ab, waren die Urteile bereits geschrieben.

Es sind die Aufzeichnungen der Begegnungen zwischen Radek und Wyschinski während der Vorbereitungen des Prozesses gegen das "Antisowjetische trotzkistische Parallelzentrum" erhalten. Der Angeklagte Radek las Wyschinski den von ihm verfaßten Entwurf seines "Schlußwortes" vor.

Nach Augenzeugenberichten reagierte Wyschinski wie folgt: "Und das ist alles?", fragte er streng. "Das taugt nichts. Bemühen Sie sich, dieses und jenes zu erklären, dieses und jenes zu gestehen, dieses und jenes zu verurteilen." Und Radek erfüllte die Forderungen Wyschinskis.

Erwähnt werden muß, daß alle Entwürfe der Anklageschrift in dieser Sache Stalin persönlich zugeleitet und auf dessen Geheiß mehrere Male umgearbeitet wurden. So schreiben Jeschow und Wyschinski in einem Begleitbrief zum zweiten Entwurf der Anklageschrift am 9. Januar 1937: "Wir übersenden Ihnen den in Übereinstimmung mit Ihren Anweisungen überarbeiteten Entwurf der Anklageschrift gegen Pjatakow, Sokolnikow, Radek und andere..." Stalin selbst redigierte die zweite Fassung der Anklageschrift und ersetzte dort den Namen S.B. Tschlenows durch den I.D. Turoks. So wurde bis zum Tode Stalins verfahren. Seit Ende der vierziger Jahre beobachtete er persönlich alle Verfahren, in denen Anklagen wegen "jüdischen Nationalismus" verhandelt wurden. Am 3. April 1952 richtete der Minister für Staatssicherheit der UdSSR einen Brief an ihn:
"An den Genossen Stalin

Anbei schicke ich Ihnen eine Kopie der Anklageschrift gegen die jüdischen Nationalisten und amerikanischen Spione Losowski, Fefer und andere. Ich melde, daß die Untersuchungsakten zur Prüfung an das Militärkollegium des Obersten Gerichts der UdSSR mit dem Vorschlag weitergeleitet worden sind, Losowski, Fefer und alle ihre Mitangeklagten - mit Ausnahme Sterns - zum Tode durch Erschießen zu verurteilen.

Stern sollte für 10 Jahre in eine entlegene Gegend des Landes verbannt werden.
S. Ignatjew".

Stalin war mit dem Vorschlag des Ministeriums einverstanden, kürzte jedoch die Dauer der Verbannung für Stern auf fünf Jahre. Gerade Stalin war der Initiator und Organisator der Massenverhaftungen, der Erschießungen ohne Gerichtsverfahren, der Deportationen Hunderttausender von Menschen.

Die verbrecherische Praxis war weit verbreitet: Das NKWD stellte Listen mit Personen zusammen, deren Fälle durch das Militärkollegium des Obersten Gerichts der UdSSR oder die "Besondere Konferenz" des NKWD untersucht wurden, wobei die "Strafe" bereits vorher feststand. Diese Listen gingen an Stalin persönlich. In ihnen unterschied man drei Kategorien von Strafen: Erstens Tod durch Erschießen, zweitens Gefängnis zwischen 8 und 25 Jahren und drittens Gefängnis bis zu 8 Jahren und Verbannung.

Es wurde nur ein Teil der Listen gefunden, die das NKWD an Stalin persönlich geschickt hatte, bisher 383 Listen aus den Jahren 1937/38 mit 44 000 Namen prominenter Politiker, hoher Militärs und Wirtschaftsfunktionäre. Von ihnen wurden 39 000 erschossen, 5 000 zu Gefängnisstrafen zwischen 8 und 25 Jahren und 102 zu Haftstrafen bis zu 8 Jahren verurteilt oder in die Verbannung geschickt. Auf den Listen finden sich handschriftlich notierte Beschlüsse von Stalin und anderen Politbüromitgliedern. Von den 383 Listen tragen 362 die Unterschrift Stalins, 373 die von Molotow, 195 die von Woroschilow, 191 die von Kaganowitsch und 177 die von Schdanow. Auch Mikojan, Jeschow und S. Kossior haben einige unterschrieben.

Die Mitglieder des Politbüros billigten nicht nur die vorgeschlagenen Repressionen, sondern spornten die Mitarbeiter des NKWD durch entsprechende Anmerkungen zu weiteren Repressionen und Quälereien der Häftlinge an. Neben manchen auf den Listen genannten Namen war notiert worden: "Verprügeln und nochmals verprügeln."

Eine der typischen Aktenvorlagen Jeschows sah wie folgt aus:
"An den Gen. Stalin.

Ich schicke zur Bestätigung vier Listen mit Personen, die der Gerichtsbarkeit des Militärkollegiums unterliegen:
1. Liste Nr. 1 (allgemeine)
2. Liste Nr. 2 (ehem. Militärs)
3. Liste Nr. 3 (ehem. Mitarbeiter des NKWD)
4. Liste Nr. 4 (Ehefrauen von Volksfeinden)
Ich bitte um die Genehmigung, alle zur Strafe der ersten Kategorie zu verurteilen."

Die Listen wurden von Stalin und Molotow geprüft. Auf allen findet sich die Notiz: "Einverstanden. J. Stalin, W. Molotow".

Am 30. Juli 1937 legten Stalin, Molotow und Kaganowitsch in Ergänzung des Befehls Nr. 00447 von Jeschow fest, daß 258 950 Personen zu Strafen der Kategorie 1 und 2 zu verurteilen seien. Diese Vorgabe wurde an die Republiken, Regionen und Bezirke weitergeleitet. Den örtlichen Organen des NKWD blieb es vorbehalten, die vorher festgesetzte Zahl von "Volksfeinden" ausfindig zu machen. Nicht selten machte man vor Ort Gegenvorschläge und überschritt die von oben vorgegebene Obergrenze.

Die unmittelbare Verantwortung für die Repressionen tragen neben Stalin Molotow, Kaganowitsch, Berija, Woroschilow, Schdanow, Malenkow, Chruschtschow, Bulganin, Andrejew, S. Kossior, Suslow. Auch Jagoda, Jeschow, Abakumow, Wyschinski, Ulrich und andere waren persönlich an den Repressionen beteiligt.

Als Vorsitzender des Rates der Volkskommissare der UdSSR (1930-1941) war *W.M. Molotow* maßgeblich mit der Organisation und Durchführung der Massenrepressionen in den dreißiger Jahren befaßt. Er trägt in erster Linie Verantwortung für die Liquidierung von Funktionären aus dem Staatsapparat. Viele von ihnen wurde auf seine persönliche Initiative hin verhaftet und umgebracht.

Von denjenigen, die 1935 Mitglieder des Rats der Volkskommissare der UdSSR gewesen waren, kamen 20 in den Jahren der Repressionen ums Leben. Am Leben blieben lediglich Mikojan, Woroschilow, Kaganowitsch, Andrejew, Litwinow und Molotow selbst.

Von den 28 Mitgliedern, die der Rat der Volkskommissare Anfang 1938 zählte, wurden 20 Opfer der Repressionen. Allein in den sechs Monaten zwischen Oktober 1936 und März 1937 wurden ungefähr 2 000 Mitarbeiter der Volkskommissariate (mit Ausnahme derjenigen der Verteidigung, des Inneren und des Äußeren) verhaftet.

Im August 1937 bereitet Jeschow einen Einsatzbefehl des NKWD vor, der die massive Verfolgung gegen Personen polnischer Nationalität regelte. Auf diesem Befehl befinden sich handschriftliche Vermerke: "Einverstanden - J. Stalin, W. Molotow, L. Kaganowitsch, S. Kossior". Von August bis Dezember 1937 wurden im Rahmen dieser Operation 18 193 Menschen Opfer von Repressionen.

Während des Großen Vaterländischen Krieges und nach seiner Beendigung genehmigte Molotow Verhaftungen. Es gab Fälle, in denen Molotow statt der Genehmigung, die betreffenden Personen zu inhaftieren, neben die Familiennamen die Buchstaben "WMN", das Kürzel für Höchststrafe, notierte.

1949 gab Molotow die Genehmigung zur Verhaftung vieler sowjetischer und ausländischer Bürger, die der Spionage und antisowjetischer Tätigkeit beschuldigt wurden. Die meisten von ihnen sind heute rehabilitiert, weil die Anklage jeder Grundlage entbehrte.

Die gesamte politische Laufbahn *L.M. Kaganowitschs* steht in Verbindung mit Repressionen und Verfolgung. Die unsäglichen Folgen seiner Tätigkeit in den Jahren der Kollektivierung in der Ukraine, im Bezirk von Woronesch, im Nord-Ural und in West-Sibieren sind bekannt.

Eine besonders unheilvolle Rolle spielte Kaganowitsch in den Jahren der massiven Verfolgungen 1935-1939. Mit seiner Genehmigung waren Tausende und Abertausende Arbeiter aus den Bereichen Eisenbahn und Schwerindustrie verhaftet worden, die später zur Höchststrafe oder zu langjährigen Gefängnisstrafen verurteilt wurden.

Die von Kaganowitsch eigenhändig unterzeichneten Haftbefehle oder Genehmigungen zur Verhaftung von 1 587 Transportarbeitern, die in den Jahren 1937-1939 Opfer der Repressionen geworden sind, füllen fünf Bände. Aus dem Briefwechsel zwischen Kaganowitsch und dem NKWD ist ersichtlich, daß er in einigen Fällen die Verhaftung von Personen genehmigte, über die man ihm kompromittierendes Material vorgelegt hatte; in anderen Fällen war er aber selbst der Initiator von Verhaftungen.

Um die Verfolgungen zu organisieren, reiste Kaganowitsch in die Bezirke Tscheljabinsk, Jaroslawl und Iwanowo sowie ins Donbass. Nach seiner Reise nach Iwanowo wurden dort 297 Menschen Opfer der Repressionen.

A. Schdanow hatte de facto lange Zeit die Funktion des zweiten Sekretärs des ZK der WKP(B) inne. Insofern trägt auch er direkte Verantwortung für die Repressionen. Im September 1936 forderte er zusammen mit Stalin in einem an das Politbüro gerichteten Telegramm die Verschärfung der Repressionen. Auf ihren Vorschlag übernahm Jeschow die Leitung des NKWD. Unter der Leitung Schdanows wurden 1935-1940 in Leningrad 68 088 Menschen Opfer der Repressionen.

Um die Repressionen auch auf Baschkirien und Tatarien sowie Orenburg auszudehnen, bereiste Schdanow die dortigen Parteiorganisationen. Im Bezirk Orenburg wurden zwischen April und September 1937 3 655 Menschen Opfer der Repressionen; die Hälfte von ihnen wurde zur Höchststrafe verurteilt. Und dennoch hielt Schdanow bei seiner Ankunft in Orenburg Anfang September 1937 das Ausmaß der Verfolgungen für nicht ausreichend. Nach seinem Besuch wurden noch einmal 598 Menschen Repressionen ausgesetzt. Nach den von Schdanow in der tatarischen Parteiorganisation durchgeführten "Säuberungen" wurden 232 Personen verhaftet; fast alle wurden erschossen. In Baschkirien wurden 342 Menschen Opfer der Repressionen.

Eine aktive Rolle spielte Schdanow bei der Abrechnung mit der ZK-Führung des Komsomol 1938. Bei seinem Auftritt im Namen des Politbüros bezeichnete er die ZK-Sekretäre des Komsomol als "Verräter am Vaterland, Terroristen, Spione, Faschisten, politisch durch und durch verfaulte Volksfeinde, die die Sache des Feindes in den Komsomol getragen haben, als konterrevolutionäre Bande". Auch die Sprache jener Jahre ist kennzeichnend. Zudem war Schdanow der Initiator der Verfolgungen vieler Künstler und Wissenschaftler.

Aktiv an der Organisation der Repressionen beteiligte sich *K.E. Woroschilow*. Mit seiner Genehmigung wurde die Liquidierung höchster militärischer Führer und Politoffiziere der Roten Armee organisiert. In den dreißiger Jahren wurden drei der fünf Marschälle, 15 der 16 Armeekommandeure, 60 der 67 Korpskommandeure, 136 der 199 Divisionskommandeure, alle vier Geschwaderkommodores der Flotte sowie alle sechs Geschwaderkommodores ersten Ranges und neun der 15 Geschwaderkommodores zweiten Ranges liquidiert. Erschossen wurden 17 Armeekommissare ersten und zweiten Ranges sowie 25 der 29 Korpskommissare. Faktisch war damit vor dem Zweiten Weltkrieg die gesamte Führung der Streitkräfte liquidiert worden.

In der Amtszeit Woroschilows als Volkskommissar für Verteidigung wurden zwischen 1936 und 1940 mehr als 36 000 Angehörige der Roten Armee Opfer der Repressionen. Im KGB-Archiv sind mehr als 300 Schriftstücke Woroschilows aufgetaucht, die die Festnahme bekannter hoher Militärs genehmigten.

Als erster Sekretär des Moskauer Stadt- und Gebietskomitees der WKP(B) in den Jahren 1936/37 sowie seit 1938 als erster Sekretär der KP(B) der Ukraine gab *N.S. Chruschtschow* persönlich sein Einverständnis zur Verhaftung unzähliger Menschen. Im KGB-Archiv finden sich Dokumente, die Chruschtschows Beteiligung an der Durchführung der Verfolgungen in der Stadt und im Bezirk Moskau sowie in der Ukraine in den Jahren vor dem Krieg belegen. Er selbst machte Vorschläge, wer von den leitenden Funktionären des Moskauer Stadtsowjets und des Moskauer Bezirkskomitees der Partei zu verhaften sei. Insgesamt wurden in den Jahren 1936/37 in Moskau 55 741 Menschen Opfer der Repressionen. In der Ukraine, in der Chruschtschow seit Januar 1938 tätig war, wurden zwischen 1938 und 1940 insgesamt 167 565 Personen verhaftet.

Unmittelbar beteiligt an den Verfolgungen war *A.I. Mikojan*. Mit seiner Erlaubnis wurden Hunderte Mitarbeiter der Volkskommissariate für Lebensmittelindustrie und für Außenhandel verhaftet.

Er genehmigte nicht nur Verhaftungen, sondern er selbst trat als ihr Initiator auf. So schlug er in einem Schreiben vom 15. Juli 1937 Jeschow vor, die Verfolgungen auf die Mitarbeiter des wissenschaftlichen Allunions-Forschungsinstituts für Fischwirtschaft und Ozeanographie des Volkskommissariats für Lebensmittelindustrie der UdSSR auszudehnen. Im Herbst 1937 reiste Mikojan nach Armenien, um die dortigen Partei- und Staatsorgane von "Volksfeinden zu säubern". Tausende Tote waren das Resultat.

Zusammen mit Jeschow war Mikojan in der Sache Bucharin Berichterstatter auf dem Februar-/März-Plenum des ZK der WKP(B). Er war es, der im Namen des Politbüros den Festvortrag anläßlich des zwanzigjährigen Bestehens von Tscheka-GPU-NKWD hielt, den er nach einer Lobpreisung Jeschows und Rechtfertigung der Massenverfolgungen - das Jahr 1937 im Blick - mit den Worten schloß: "Großartig hat das NKWD in dieser Zeit gearbeitet."

Auf dem Posten des Abteilungsleiters "Führende Kader" im ZK der WKP(B) hatte *G.M. Malenkow* direkten Bezug zu den meisten Aktionen des NKWD gegen führende Funktionäre in der Hauptstadt und in der Provinz. Mehr als einmal bereiste er die örtlichen Parteiorganisationen, um Verfolgungsmaßnahmen vor Ort umzusetzen.

So fuhr er zusammen mit Jeschow 1937 nach Weißrußland, wo die Kader in einer regelrechten Schlacht niedergemacht wurden. Auch in den Bezirken von Tula, Jaroslawl, Saratow, Omsk und Tambow sowie in Tatarien organisierte Malenkow zusammen mit

Mitarbeitern des NKWD die Verfolgungen. In vielen Fällen nahm er persönlich an Verhören und Mißhandlungen teil.

Zusammen mit Berija konstruierte er den Fall einer konterrevolutionären Organisation in Armenien; auch bei der Konstruktion des "Leningrader Falles" spielte er eine üble Rolle.

Als Politbüromitglied und ZK-Sekretär der WKP(B) war *A.A. Andrejew* in vielen Fällen persönlich an der Organisation der Verfolgungen in den Parteigliederungen der mittelasiatischen Republiken, besonders in Usbekistan und Tadschikistan, sowie im Wolgagebiet und Nordkaukasus beteiligt. Nach seinen Reisen wurde von Stalin, Molotow und anderen die Verhängung der Höchststrafe gegen 430 Funktionäre im Bezirk von Saratow, gegen 440 Partei- und Staatsfunktionäre in Usbekistan sowie gegen 344 in Tadschikistan genehmigt.

Der Initiator der Abrechnung mit dem "Jüdischen Antifaschistischen Komitee" war *M.A. Suslow*. Am 26. November 1946 schickte er Stalin eine Notiz mit verleumderischen Beschuldigungen gegen das Komitee. Sie wurde zur Grundlage für die Untersuchungen in Sachen des "Jüdischen Antifaschistischen Komitees" durch die Organe des Ministeriums für Staatssicherheit, in deren Folge 140 Menschen verurteilt wurden - 23 zur Höchststrafe, 20 zu 25 Jahren Haft.

Als Sekretär des Bezirkskomitees in Rostow war Suslow an den dortigen Massenverfolgungen beteiligt. Als er erster Parteisekretär des Kreiskomitees in Ordschonikidse wurde, sprach er sich nicht nur strikt gegen die Freilassung einer Reihe unschuldig Verurteilter aus, sondern bestand auf neuen Verhaftungen. Die Kommission des NKWD der UdSSR berichtete im Juli 1939 an Berija, Suslow sei mit der Arbeit der NKWD-Führung in seinem Kreis nicht zufrieden, da sie Herzensgüte und Sorglosigkeit an den Tag lege. Suslow nannte direkt die Personen, deren Verhaftung unumgänglich sei. Daraufhin verstärkte sich 1939/40 der Druck der Repressionen in seinem Kreis merklich.

Als Vorsteher des Büros für Litauen im ZK der WKP(B) trägt Suslow direkte Verantwortung für die Deportationen aus dem Baltikum. Er organisierte zudem die Verfolgung vieler bekannter Vertreter der sowjetischen Intelligenz aus Kunst und Wissenschaft.

Gesondert muß über *M.I. Kalinin* gesprochen werden, der als Vorsitzender des Zentralen Exekutivkomitees der UdSSR (ZEK) den von Stalin und Jenukidse vorbereiteten Beschluß vom 1. Dezember 1934 "Über die Änderungen der geltenden Strafprozeßordnungen der Unionsrepubliken" unterzeichnete. Dieser Beschluß machte den Weg frei für Verfolgung und Repression, indem er die Untersuchung von Strafsachen ohne Beteiligung der Betroffenen möglich machte, das Begnadigungsrecht abschaffte und die sofortige Vollstreckung der Todesstrafe erlaubte. In den Jahren 1931 bis 1946, in denen Kalinin an der Spitze einer Kommission beim ZEK stand, die Gerichtsverfahren prüfte und entschied, übte er Nachsicht mit Gesetzlosigkeit und Massenterror, indem er Gnadengesuchen keinerlei Beachtung schenkte.

Wo begann Blut zu fließen?

Obwohl sich die Kommission in ihrer Arbeit auf die dreißiger bis fünfziger Jahre konzentrierte, war es unmöglich, Tatsachen früherer Jahre zu ignorieren. Schritt für Schritt verlor die stereotype Erklärung, wonach Repressionen und Gesetzlosigkeit mit Stalin einsetzten, ihre Grundlage. Nach dem Bürgerkrieg wurde bekanntlich der Übergang zum Bürgerfrieden, dem Zustand gegenseitigen Einvernehmens, ausgerufen. Doch das war Heuchelei. Der staatliche Terror gegen offene oder potentielle - vom Standpunkt der bolschewistischen Führung aus - Gegner des damaligen Regimes hörte nicht auf. Die Intoleranz der Bolschewisten gegenüber ihren ideologischen, politischen Gegnern wuchs noch weiter.

Opfer der gesetzwidrigen Verfolgungen und Repressionen wurden die Angehörigen der sogenannten nicht-werktätigen Bevölkerungsschichten, die es nicht geschafft oder nicht gewollt hatten, die Heimat während des Bürgerkriegs und nach seinem Ende zu verlassen. Geplant und umgesetzt wurde die Liquidierung des Adels, des Offizierskorps, der Kaufmannschaft und der Grundbesitzer. Prominente Führer aller Parteien mit Ausnahme der Bolschewiki waren Verfolgungen ausgesetzt.

Der Appell zum Bürgerfrieden fiel mit der blutigen Niederschlagung des Aufstands der Matrosen in Kronstadt zusammen, die nur die angemessene Repräsentation aller sozialistischen Parteien in den Sowjets verlangt und gegen das Machtmonopol der Kommunistischen Partei protestiert hatten. Von den 10 000 Matrosen, die nach der Niederschlagung des Aufstands in der Festung geblieben waren, wurden 6 500 zu Gefängnisstrafen verurteilt und mehr als 2 000 erschossen. Es hätte mehr Opfer geben können: Im Vorgefühl der folgenden grausamen Abrechnung waren etwa 10 000 Aufständische nach Finnland geflüchtet.

Gleichfalls Opfer harter Repressionen wurden die Teilnehmer zahlreicher Bauernerhebungen u.a. im Gouvernement Tambow, am Don und in West-Sibirien. Im Sommer 1922 wurde den Führern der Partei der Rechten Sozialrevolutionäre in Moskau öffentlich der Prozeß gemacht. Das Tribunal hielt eine eigens vom ZK der RKP(B) dazu gebildete Sonderkommission.

In Petrograd wurden im sog. Fall Taganzew 120 ehemalige Offiziere der Zarenarmee, unter ihnen Nikolai Gumilew [berühmter russischer Dichter, d. Übers.], erschossen. Auch Kirchenvertreter und Geistliche wurden verfolgt. Im Herbst 1922 wurde eine große Gruppe von Wissenschaftlern (Historiker, Philosophen, Ökonomen), die sich als Forscher in ganz Europa einen Namen gemacht hatten, des Landes verwiesen.

Diese Fakten widerlegen die Ansicht, daß die Verfolgungen und Repressionen durch Tscheka und später GPU etwa 1922 aufhörten. Sie gingen weiter und richteten sich gegen Gegner Stalins in der Partei selbst. Parteimitglieder wurden inhaftiert oder in die Verbannung geschickt, weil sie sich eine eigene Meinung erlaubten, die sich von der der Führung unterschied.

In der zweiten Hälfte der zwanziger Jahre wurde ein Schlag gegen die alte Intelligenz der Ingenieure und Techniker geführt. In dem bekannten "Schachty-Prozeß" wurde eine große Gruppe von Ingenieuren und Technikern verurteilt. Auf den wenig später inszenierten Prozeß gegen die "Industriepartei" folgten Tribunale gegen "Schädlinge" in allen Branchen der Volkswirtschaft, angefangen bei der Schwer- und Rüstungsindustrie bis hin zur Leichtindustrie, darunter auch die Bereiche der Tabak- und Parfümproduktion.

Es wurde ermittelt in Sachen des "Unionsbüros des ZK der SDAPR (Menschewiki)" und der "Partei der werktätigen Bauern". Im Zusammenhang mit dem sogenannten "Akademischen Fall" kam es in jenen Jahren zu Verfolgungen einer großen Gruppe von Wissenschaftlern, die laut Untersuchungsakten den "Allunionskampfbund für die Wiederentstehung eines freien Rußlands" gebildet haben sollten. Begleitet wurden die noch

Ende 1929 eingeleiteten Ermittlungen mit einer lautstarken Kampagne gegen die Akademie der Wissenschaften sowie gegen eine große Gruppe von Wissenschaftlern aus Moskau, Leningrad und anderen Städten. 115 Personen, darunter große Gelehrte wie S.F. Platonow, E.W. Tarle, H.P. Lichatschow, A.E. Presnjakow, S.W. Roschdestwenski, M.K. Ljubarski, J.W. Gotje u.a., wurden verhaftet. Zusammen mit ihnen gerieten einige bekannte sowjetische Künstler in Haft. Ihnen wurden - dies entwickelte sich damals zur Standardanklage - verdächtige Verbindungen zu Emigranten, ausländischen Staatsmännern und Personen des öffentlichen Lebens zur Last gelegt. Viele von ihnen fanden ein tragisches Ende in den Lagern oder in der Verbannung.

Es ist also offensichtlich, daß es bereits zu Beginn der zwanziger Jahre wiederholt zu Verfolgungen - sei es durch Gerichtsprozesse, sei es durch außergerichtliche Maßnahmen - gekommen ist.

Mit Blick auf die unmenschliche Grausamkeit, mit der mit den Aufständischen von Kronstadt kurzer Prozeß gemacht wurde, auf die Deportation der friedlichen Bevölkerung der Stadt wegen des Verdachts, sie habe mit den aufständischen Matrosen in Verbindung gestanden, auf die Erschießungen nach Denunziationen durch Informanten der Tscheka kann man mit Bestimmtheit sagen, daß dies das Vorspiel des "entwickelten Stalinismus" gewesen ist.

Woher rührt diese Grausamkeit im Umgang mit allen Andersdenkenden, die Zweifel an der Richtigkeit der Monopolisierung der Staatsmacht in den Händen einer Partei anmeldeten? Woher rührt diese Tendenz, mit ihnen gleich massenweise kurzen Prozeß zu machen?

Begründet wurde dies von der bolschewistischen Partei in der Praxis mit einer Doktrin des Marxismus, dem Klassenkampf. Beim Aufbau der neuen Gesellschaft ging der Marxismus nur von den Interessen einer sozialen Gruppe aus, dem Proletariat. Wenn die alte Welt zusammenbricht und an ihrer Stelle im Eiltempo eine neue geschaffen wird, in der kein Platz mehr ist weder für die Bauernschaft noch den Adel, weder für Kaufleute noch für Unternehmer, weder für Geistliche noch für die bürgerliche Intelligenz, dann braucht man kein Mitleid mit diesen zum Untergang verurteilten sozialen Gruppen zu haben, dann braucht man vor Opfern in ihren Reihen nicht zurückschrecken.

Im Klassenkampf sind Grausamkeit und Intoleranz unvermeidliche Erscheinungen getreu der Formel: "Wer nicht mit uns ist, der ist unser Feind und muß fallen."

Während der Verhöre der "Volksfeinde" machten sich die Henker gerne die bekannten Worten eines proletarischen Dichters zu eigen: "Wenn sich der Feind nicht ergibt, muß man ihn vernichten."

Es bleiben die Fragen: Wieviele Menschen sind auch nach Abschluß der Arbeit unserer Kommission noch nicht rehabilitiert worden? Wie kann man die Gesamtzahl aller Opfer von Verfolgung und Repression bestimmen? Wir müssen offen gestehen, daß wir über keine genauen Zahlen verfügen, die sich auf zuverlässige Quellen stützen und über das Ausmaß der Tragödie, die die gesamte Gesellschaft, die gesamte Nation betraf, exakt Aufschluß geben könnten.

Es werden verschiedene Zahlen genannt; die Unterschiede zwischen ihnen sind enorm. Publiziert wurden Zahlen, die sich auf Dokumente aus dem Zentralarchiv der Oktoberrevolution stützen. Danach belaufen sich die Opfer politischer Verfolgung in den dreißiger bis fünfziger Jahren auf etwa drei bis vier Millionen Menschen, von denen 765 000 erschossen worden sein sollen. Dies ist die offizielle Zahl des KGB. Sie wurde

Chruschtschow 1954 vom Innenminister, S. Kruglow, mitgeteilt (der sich übrigens selbst aktiv an den Verfolgungen beteiligt und die Deportationen der nordkaukasischen Völker organisiert hatte, wobei er mit besonderer Grausamkeit vorgegangen war).

Eine erste seriöse Überprüfung durch Spezialisten ergab, daß diese Zahlen viel zu niedrig waren. Sie enthielten nicht die Zahlen der Häftlinge in den seinerzeit überfüllten Gefängnissen des NKWD. Gleichermaßen war eine Analyse der Sterblichkeit in den Lagern für politische Gefangene ausgeblieben.

Leider stützen sich alle veröffentlichten Zahlen auf lückenhaftes statistisches Material oder auf Überschlagsberechnungen von Historikern. Nötig sind seriöse Untersuchungen, die alle Quellen aller Behörden einbeziehen.

Ein aufmerksames Studium der Anklagen, der Arbeitsmethoden der Strafverfolgungsbehörden und der Gerichtsverfahren vermittelt einen Eindruck des Mechanismus, der hinter den Massenverfolgungen steckte; dies gilt insbesondere für die Verfolgungen ohne Gerichtsverfahren durch die Handlanger der jahrelang herrschenden Willkür und Gesetzlosigkeit.

Die Kommission schlug daher vor, alle außergerichtlich - etwa vom NKWD und seiner Führung, von den Kollegien der OGPU und auf "Sondersitzungen" von NKWD, Ministerium für Staatssicherheit und Innenministerium - getroffenen Entscheidungen der dreißiger, vierziger und beginnenden fünfziger Jahre aufzuheben. Das Präsidium des Obersten Sowjets der UdSSR hat durch seinen Erlaß vom 16. Januar 1989 diesen Vorschlag angenommen.

Ein zweifelsohne bedeutendes Ereignis stellte der Erlaß des Präsidenten der UdSSR vom 13. August 1990 "Über die Wiederherstellung der Rechte aller Opfer der politischen Verfolgungen in den zwanziger bis fünfziger Jahren" dar. In ihm wurde anerkannt, daß die Repressionen gegen die Bauern während der Kollektivierung sowie die politisch, sozial, national, religiös oder anders motivierte Verfolgung anderer Bürger in den zwanziger bis fünfziger Jahren ungesetzlich waren und Bürger- sowie sozialen und wirtschaftlichen Menschenrechten widersprochen hatten. Die Rechte dieser Menschen wurden durch den Erlaß wiederhergestellt.

Mit Recht kann man sagen, daß mit diesem Erlaß sowie mit dem später vom Kongreß der Volksdeputierten der RSFSR angenommenen Beschluß "Über die Opfer politischer Verfolgung in der RSFSR" eine Bilanz der diesbezüglich geleisteten Arbeit gezogen wurde.

Es wurde also die Rehabilitierungsarbeit nicht nur der letzten Jahre, sondern auch der ganzen vorangegangenen Zeit bilanziert. Dennoch sind die damit offenstehenden Möglichkeiten noch nicht Wirklichkeit geworden. Bedauerlicherweise kommt man nicht umhin festzustellen, daß der Rehabilitierungsprozeß 1991 ins Stocken geraten ist.

Einige ethische Aspekte des Rehabilitierungsprozesses

Der Rehabilitierungsprozeß ist kompliziert und voller Widersprüche. Man wird hier nicht nur mit politischen und rechtlichen, sondern auch mit moralischen Aspekten konfrontiert.

In der zweiten Hälfte der dreißiger Jahre wurde bekanntlich eine Vielzahl von Mitarbeitern des NKWD - mehr als 40 000 Menschen - Opfer von Verfolgung und Repression. Folglich litten also auch Angehörige des Herrschaftsapparates unter der Tyrannei Stalins. Wer aber ist in diesem Fall das Opfer?

Ziemlich oft wurde Mitarbeitern des NKWD, die zum Opfer geworden waren, die Rehabilitierung verweigert, weil sie auch Täter gewesen waren und dafür Verantwortung zu tragen haben. Kann man in solchen Fällen dem Henker, der zum Opfer geworden ist, vergeben?

Nach der Verhaftung Jagodas säuberte der neue Volkskommissar Jeschow den gesamten Apparat des Volkskommissariats des Innern. Nach dem Sturz Jeschows erfolgte unter Berija eine noch umfassendere Säuberung des NKWD-Apparates - sowohl in der Zentrale als auch in den Außenstellen.

In der Amtszeit Jeschows wurden solch verhaßte Persönlichkeiten wie Agranow, Prokofjew, Moltschanow, Gaj, Slutzki und Uschakow hingerichtet. Nach der Amtsenthebung Jeschows rollten die Köpfe solcher Henker wie Frinowski.

Die Mitarbeiter des NKWD, die in die Fänge ihres eigenen Apparates gerieten, wurden nicht wegen der von ihnen begangenen Verbrechen bestraft, sondern ihnen wurden die damals üblichen Delikte zur Last gelegt: Verrat am Vaterland, Spionage, Sabotage, Gründung antisowjetischer Organisationen, Vorbereitungen zur Ermordung Stalins.

Natürlich waren sie im Sinne dieser Anklagen unschuldig. Doch die Maschinerie des Terrorregimes war intakt: Sie gestanden alle vom Untersuchungsrichter "erdichteten" Verbrechen.

Ihnen die Rehabilitierung zu verweigern, kommt einer Bestätigung der phantastischen Anschuldigungen gleich, wegen derer sie erschossen worden sind. Die falschen Anklagen wurden von ebensolchen "Drehbuchautoren" ausgeheckt, die sie selbst bis zu ihrer Verhaftung gewesen waren. Also was tun? Rehabilitieren und verurteilen?

Charakteristisch ist in diesem Zusammenhang das Schicksal Jeschows. Nach den blutigen Verfolgungen der Jahre 1937/38, die Jeschow organisiert hatte, wurde er selbst verhaftet. Dem Gerichtsprozeß ging ein langes Untersuchungsverfahren voraus, in dessen Verlauf Jeschow die körperliche und seelische "Behandlung" erfuhr, die er früher selbst gegenüber Angeklagten angeordnet hatte. Jeschow bekannte sich in allen ihm zur Last gelegten Punkten schuldig.

Während des Prozesses distanzierte er sich jedoch von diesen Aussagen und erklärte, während der Untersuchungshaft gefoltert und mißhandelt worden zu sein. Er sagte, daß er jetzt nach der Untersuchungshaft, nach dem Weg, auf den er Tausende unschuldiger Menschen geschickt habe, verstehe, daß er Verbrechen begangen habe, aber nicht die, derer er angeklagt sei.

Jeschow bat nicht, ihm sein Leben zu schenken. Denn er wußte, daß das Urteil bereits gefällt war. Er sagte aber dem Gericht - und dies wurde ins Verhandlungsprotokoll aufgenommen -, daß ihn am Vorabend Berija besucht habe, um ihm einzureden, sich schuldig zu bekennen, wofür er versprochen habe, ihm das Leben zu schenken. Jeschow antwortete, er selbst habe viele Male auf die gleiche Art und Weise auf Gefangene eingeredet, doch keiner von ihnen sei am Leben geblieben. Daher, erklärte Jeschow, sei er auf den Vorschlag Berijas nicht eingegangen.

Jagoda wurde damals als Teilnehmer an einer rechts-trotzkistischen Verschwörung verurteilt und erschossen. An einer solchen Verschwörung hatte er nicht teilgenommen, weil es sie nie gegeben hat. Das bedeutete, daß auch er wie alle anderen zu rehabilitieren sei.

Doch die Kommission betrachtete den Fall unter moralischen Aspekten. Sie entschied, daß es unmöglich sei, Jagoda zu rehabilitieren. Die Gerichte aber ließen die Anklage, aufgrund derer Jagoda zum Richtplatz geführt wurde, unverändert. Vom juristischen Standpunkt aus ist das völliger Unsinn. Der Prozeß war für getürkt erklärt worden, alle Verurteilten waren von den ihnen zur Last gelegten Anklagepunkten freigesprochen worden; nur für einen von ihnen sollte das nicht gelten.

Wahr ist, daß man Jagoda nicht frei von Schuld sprechen kann; unwahr aber ist, daß er dessen schuldig ist, wessen er sich bekannte und weswegen man ihn hinrichtete.

Es gibt noch eine Gruppe von Personen, die nicht rehabilitiert worden sind. Sie sind mitschuldig an den Verfolgungen und Repressionen, obwohl sie die Inhaftierten nicht persönlich gefoltert haben. Als Schreibtischtäter nutzten sie ihre Macht und ließen Menschen hinrichten, "Hexenjagden" veranstalten, um sich bei Stalin lieb Kind zu machen. Oft nur, um ihr eigenes Leben zu retten, lösten sie immer wieder neue Repressionen aus.

Doch Stalin bestrafte gelegentlich auch sie wegen der Anordnung oder Durchführung ungesetzlicher Repressionen, die als schädigend und als das Werk von Saboteuren angesehen wurden. So war Stalin. Unter ihnen waren nicht nur Mitarbeiter des NKWD, sondern auch führende Parteifunktionäre (z.B. Postyschew). Heute sieht man diese Menschen als Opfer an. Waren sie das? Ist das gerecht?

Wenn den Henkern Stalins vergeben und ihr Tun vergessen wird, dann läßt man den Opfern Ungerechtigkeit widerfahren und ermuntert neue Henker. In jedem Fall muß man aber dieses Feld gesondert untersuchen. Nicht alle Mitarbeiter des NKWD, die in den dreißiger Jahren verurteilt wurden, hatten im selben Maße oder überhaupt Schuld auf sich geladen.

Heute öffnen sich die Archive des KGB. Forscher können Dokumente einsehen, die den Ablauf der Untersuchungs- und Gerichtsverfahren aufdecken. Der Umgang mit diesen Quellen erfordert große Aufmerksamkeit, ein hohes Maß an Professionalität und Menschlichkeit, um sich durch die Haarspaltereien der von den Henkern und Verfolgern hinterlassenen Dokumente durchzufinden, ohne den Opfern Schaden zuzufügen.

Die Logik des Kampfes gegen Andersdenkende ist verwerflich

Die Schwere der Verbrechen des Stalinschen Regimes machen nicht nur die Millionen völlig unschuldiger Opfer, die Tragödien ihrer Familien, die unheilvolle Angst, in der das Land lebte, sondern auch das durch Haß, Hatz gegen "Feinde" und Mißtrauen deformierte gesellschaftliche Bewußtsein aus, das heutzutage den Reformen im Wege steht.

Nehmen wir nur einmal das Problem der Dissidenten, das auch heute nicht bis zum Ende durchdacht wird, das aber zweifellos ein Kind des bolschewistischen Systems war, eine Fortsetzung der Verfolgungen, Repressionen, von Gesetz- und Rechtlosigkeit.

Schon bald nach dem Tauwetter im politisch-ideologischen Bereich schreckte Chruschtschow vor den in Gang gesetzten Prozessen zurück. In seiner Umgebung machte sich schlicht Panik breit. Nachdem sie sich von dem Schock erholt hatte, begann sie, das Rad wieder zurückzudrehen.

Scharf kritisierten die Bewahrer der "heiligen Flamme des Bolschewismus" A. Adschubej, den Schwiegersohn Chruschtschows, der sich Künstlern gegenüber überaus offen gezeigt hatte. Namentlich ihm ist es zu verdanken, daß einige Werke A. Solschenizyns veröffentlicht wurden.

Auch Chruschtschow selbst konnte sich nicht von den Fesseln der Vergangenheit befreien, hatte er doch seinen Teil zur Geschichte beigetragen und sich dafür entschieden, die Stalinschen Verbrechen zu enthüllen und einen der Haupttäter, Berija, von der politischen Bühne zu entfernen.

Bereits in seiner Amtszeit begannen neue Verfolgungen; sie richteten sich gegen Künstler. Zwar wurde niemand erschossen, doch die "moralischen Erschiessungen" gingen weiter. Weder die Führung des Landes noch die Gesellschaft waren reif für eine Wende hin zur Demokratie. Das Meinungsbild in der Gesellschaft war nach wie vor sehr beschränkt, es herrschten weiter phantastisch-aggressive Auffassungen vor. Insofern war kein Bruch zur Epoche Stalins erkennbar.

Erneut wurden politisch motivierte Gerichtsverfahren angestrengt, wurde die Psychiatrie zur "Ruhigstellung" politisch Mißliebiger benutzt, wurden Menschen außer Landes verwiesen, von ihrem Arbeitsplatz entlassen, durch Hetzkampagnen in den Medien und durch Anklagen in der Presse, von Kollektiven als Leserbriefe verfaßt, verunglimpft. Erneut begannen die Staatssicherheitsorgane, die Tätigkeit der Intelligenz zu überwachen, die man nach Kategorien wie "Reisekader" - "kein Reisekader", "darf veröffentlichen" - "darf nicht veröffentlichen", "erhält Auszeichnung" - "erhält keine Auszeichnung" sortierte.

In diesem Zusammenhang ist es meiner Ansicht nach interessant, das Dissidententum als Erscheinung des Übergangs vom physischen zum moralischen Terror zu untersuchen. Dies ist besonders wichtig, wenn man berücksichtigt, daß die Dissidentenschicksale voller Leid gewesen sind, über das Dissidententum aber auch sehr viel spekuliert wurde und wird.

Es handelt sich auch heute noch um ein Problem, das an die Nerven geht. Es ist nicht einfach, darüber zu schreiben. Schwer ist es nicht deswegen, weil schon vieles gesagt worden ist, vieles, was Zorn, Bußfertigkeit, Unnachgiebigkeit, Anklagen und Mitleid zum Ausdruck brachte. Nein, es ist schwer, weil sich der Protest unseres Gewissens bei der reinigenden Aufarbeitung der Geschichte auf das Schicksal derjenigen Einzelpersonen beschränkt, für die das Gute nicht nur ein moralisches Bekenntnis, sondern der Lebensinhalt war.

Ich bin davon überzeugt, daß sich die Gesellschaft einer Bewertung ihrer eigenen Rolle nicht entziehen kann, daß sie Buße tun muß. Natürlich ist es einfacher, sich mit seiner Vergangenheit auseinanderzusetzen, wenn sie Grund zum Lachen bietet. Wir aber müssen weinen.

Lassen wir Gerechtigkeit walten: Nicht jeder von uns ist in der Lage, eine freie Wahl zu treffen, nicht jeder ist bereit, sich abzuplacken. Wohl nichts macht mehr Mühe als die Qualen der Einsicht.

Die Andersdenkenden bedachte man mit dem Fremdwort "Dissidenten". Offensichtlich klingt das bedrohlicher. Im Bewußtsein der Massen wurden und werden sie mit einzelnen Persönlichkeiten und deren Schicksal identifiziert. Je nach dem, was man von Sacharow oder Solschenizyn, von Rostropowitsch oder Neiswestny, Brodski oder Schemjakin, Wojnowitsch oder Maximow, Tschalidse oder Sinowjew hält, werden die Dissidenten beurteilt. Dabei ist das Dissidententum ein gesellschaftliches Phänomen.

Die Ideologie der Intoleranz wurde über Jahrzehnte hinweg kultiviert. Sie ermöglichte die Erschiessungen, förderte Denunziation und Verrat. Dies sitzt noch tief in uns.

Seit 1985 wird der Umbau des Landes und der Gesellschaft betrieben. Doch bis heute hört man auf Kundgebungen, die Reformer verkauften sich an den Westen. Nicht nur einmal wurde ich auf Veranstaltungen gefragt, wieviel Bush, Kohl und Mitterand Gorbatschow, Schewardnadse und mir für die Reformen im Land bezahlt hätten.

Die auf ihre Weise mit Bedacht, aber auch mit Heimtücke gewählte Bezeichnung "Dissident" erweckt den Eindruck, man habe es mit etwas feindlichem, mit Imperialismus und Zionismus, mit NATO und CIA, mit etwas, das für die internationale Staatenwelt schlecht ist, zu tun. Die von Stalin zur Ideologie und zum Inhalt der politischen Praxis erhobene Intoleranz erfreut sich auch unserer Tage bester Gesundheit.

Bis vor kurzem wurden bei öffentlichen Veranstaltungen oft Fragen laut wie "Warum sitzt Sacharow noch immer nicht im Gefängnis?" oder "Warum lebt er im Wohlstand?"

Heute werden nach diesem großen Mann Straßen, Plätze, soziale Vereinigungen und Bewegungen benannt... Das, was gestern noch als Verbrechen bezeichnet worden ist, gilt heute als Zeichen von Zivilcourage.

Ja, man ging niederträchtig mit all denen um, die wegen ihrer Gesinnung aus der Gesellschaft ausgegrenzt worden waren. Für sie gab es psychiatrische Kliniken und Gefängnisse, sie wurden ausgebürgert, sie verloren ihre Arbeitsplätze, ihnen entzog man die Existenzgrundlage. Dies alles läßt sich moralisch nicht rechtfertigen.

Doch das Phänomen des Dissidententums bedarf einer besonders sorgfältigen und aufrichtigen Analyse. Auch hier gibt es Pole und Extreme, Einsichten und Irrtümer, Wahrheit und Lüge. Doch insgesamt ist das Dissidententum als offensichtliche Quelle geistiger Beweglichkeit unser Reichtum. Dies heißt übrigens nicht, daß man jeder Idee aus dieser Richtung zustimmen und jedes Vorhaben aus dieser Ecke vorbehaltlos anhimmeln muß.

Was weiß der Sowjetbürger von den Dissidenten? Wenig und nichts genaues. Er kennt einzelne Namen, die dahinter stehenden Schicksale. Das ist aber nicht alles, zumal auch sehr viel Legenden sowie Gerüchte verbreitet werden und vieles der alten Verleumdungen weiterlebt. Das wichtigste kennt er nicht: den Kern ihrer Ansichten, ihrer Arbeit und Konzepte, ihrer sozialen, politischen und kulturellen Positionen.

In der Dissidentenbewegung gibt es noch viel zu entdecken. Und wenn wir heute, morgen und übermorgen Artikel, Essays und Bücher der Dissidenten lesen, wird sich uns wieder und wieder die Frage stellen: "Mein Gott, warum wurden diese Menschen verfolgt? Was hat man an ihren Schlußfolgerungen und Vorschlägen für staatsfeindlich gehalten?"

Aber gerade die Tatsache, daß die Schlußfolgerungen begründet, die Vorschläge vernünftig waren, wurde als antisowjetisch ausgegeben. Aber sobald wir heute der Richtigkeit ihrer Analysen, Schlußfolgerungen und Einstellungen zustimmen, müssen wir uns auch mit etwas anderem einverstanden zeigen: Diejenigen, die sich dies unter Mühen gedanklich erarbeiteten, mit Risiko für sich und ihre Familie zum Ausdruck brachten, waren möglicherweise auch Sonderlinge, aber mit Sicherheit wahre Patrioten.

Im Bewußtsein der Massen werden die Dissidenten oft mit den Emigranten gleichgesetzt. Dies ist ein qualitativer Irrtum. Denn nicht jeder Emigrant war Dissident, und nicht jeder Dissident ging in die Emigration. Tatsächlich emigrierte nur ein Teil der Dissidenten. Der Großteil der Andersdenkenden blieb im Land - nicht unbedingt in Gefängnissen, Lagern und psychiatrischen Kliniken. Statistiken hierüber kann es nicht geben, aber sehr viele lebten in Freiheit, obgleich es nur eine Freiheit in formellem Sinn gewesen ist. Denn faktisch wurde ihnen der Zugang zu Informationen, zu ihrem Publikum verwehrt, wurde ihnen die Möglichkeit genommen, sich intellektuell zu betätigen, wurden ihnen Kontakte zu Ausländern und Auslandsreisen verboten.

Warum wurden sie gerade Dissidenten genannt? Warum bezeichnete man sie im allgemeinen seltener, insbesondere wenn es zu keinem "Strafverfahren" kam, als "antisowjetische Elemente"? Warum war die Versuchung so groß, sie als Geisteskranke abzustempeln?

Wohl deshalb, weil sich anders die Legende von den bösen Absichten der Dissidenten nicht länger hätte aufrechterhalten lassen können. Denn ihre ursprünglichen Gedanken und Absichten - zumindest mir stellt es sich so dar - beschränkten sich einfach darauf, diese oder jene Probleme des Daseins, die Widersprüche des wirklichen und nicht des durch die Bürokratie schön gefärbten Lebens zu analysieren, um schließlich zu irgendwelchen praktischen Vorschlägen und Lösungen zu gelangen.

Damit stellen sich natürlich andere Fragen: War die Analyse in jedem konkreten Fall richtig? Waren die Schlußfolgerungen begründet? Waren die Bewertungen und Vorschläge realistisch?

Letztendlich kann und muß in einer freien und demokratischen Gesellschaft dies alles Gegenstand wissenschaftlicher und öffentlicher Diskussionen sowie politischer Auseinandersetzungen sein. Doch gerade hier liegt der Hund begraben: Die russische Gesellschaft war und ist weder demokratisch noch frei.

Was ist also das Dissidententum und wann ist es entstanden?

Im weitesten Sinne ist es dann entstanden, als Staat und Ideologie von den Bürgern des Landes uniformes Denken verlangten. Natürlich läßt sich zu Recht einwenden, daß Rußland im Rückblick in die Geschichte kein Einzelfall ist. Alle europäischen Staaten haben in ihrer Entwicklung Phasen durchgemacht, in denen "Hexenjagden" veranstaltet und Glaubenskriege geführt wurden, in den der Starrsinn der Herrscher regierte. Die Tradition uniformen Denkens ist alt und stark - gerade im autokratischen Einheitsstaat.

In unserem Bewußtsein haben Verfolgungen und Repressionen alle anderen Seiten des Stalinismus verdrängt. Aber faktisch begann der Stalinismus mit dem Kampf gegen Andersdenkende, gegen die Religion als ganzes und gegen jede ihrer Richtungen, gegen jede beliebige Denkschule, gegen jede These, Richtung, nur wenn sie nicht mit den Launen und Vorstellungen Stalins sowie seiner Umgebung in Einklang zu bringen waren.

Anders als in den sechziger, siebziger und vor allem an der Schwelle der achtziger Jahre war geistiger Widerstand gegen das Regime kein Thema. Die Mittel, diesen mit Gewalt zu unterdrücken, waren uneingeschränkt verfügbar.

Doch je weiter das Stalinsche Sozialismusmodell fortlebte, je länger die Führung auf der Unabänderlichkeit seiner ökonomischen, politischen, ideologischen und kulturellen Form beharrte, um so mehr verschärften sich die Probleme und Widersprüche sowohl im alltäglichen Leben als auch in der Gedankenwelt vieler.

Das wissenschaftliche, gesellschaftliche und künstlerische Denken konnte über diese evidente Diskrepanz zwischen Wort und Tat, Idealen und Realitäten nicht hinwegsehen. Nicht immer geschah dies bewußt. Sehr oft, namentlich am Anfang, handelte es sich um Formen moralischen Protests (ein Beispiel liefert die Dorfprosa). Nicht selten wurden aufgrund politischer Unerfahrenheit Fragen in Bereichen, in denen der Fragesteller große fachliche Kompetenz besaß, gestellt - Fragen, die, wie weniger gewissenhafte, aber zynische Menschen wußten, anzuschneiden sich nicht lohnten und riskant waren.

So oder so ergaben sich aus den objektiv vorhandenen Problemen und Widersprüchen mehr und mehr Fragen. Der Unwille, sie zu lösen, regte den Geist zu Protest an. Und die zunehmende Verfolgung Andersdenkender - genauer der Kampf gegen Freiheit und Wahrheit - förderte im Endeffekt nur die Fluchtbewegung in die "innere Emigration" und ihre Verankerung in der Gesellschaft.

Es wäre ein Irrtum zu glauben, daß sich die Politik der Verfolgungen nur gegen die frei denkenden Schriftsteller, Künstler, Wissenschaftler, die Intellektuellen überhaupt richtete. Sie war gegen alles Selbständige, gegen jede Initiativkraft, gegen alles Originelle, gegen jeden, der auf der Suche war, gerichtet. Zu ihren Opfern zählen auch Wirtschaftsfunktionäre.

Die Tragödie der Wirtschaftsreformer besteht darin, daß sie rein gar nichts tun konnten, ohne unangenehm aufzufallen. Ihre Arbeit zeigte nämlich, welch ungenutzte Möglichkeiten im Verborgenen lagen. Es war ein Leichtes, sie unter Anklage zu stellen. Doch in jedem Falle wurden sie wegen ihres Freiheitswillens, ihres Schöpfertums bestraft.

Das Kapitel der andersdenkenden Ökonomen in der Geschichte des Dissidententums ist im Gegensatz zu ihren anderen noch nicht aufgeschlagen worden.

Welche Folgen zeitigten die moralischen Verfolgungen und Repressionen? Das Land erlitt schwere Verluste - nicht nur, weil man das moralisch Verwerfliche kultivierte, nicht nur, weil man auf geistigem Gebiet weit zurückfiel, nicht nur, weil man im Ausland an Ansehen verlor.

Der Schlag gegen Gedankenfreiheit und Initiativkraft zeitigte ein weiteres bedrohliches Ergebnis: Gleichgültigkeit, Formalismus und Selbstentfremdung der Menschen führten dazu, daß sich Krankheiten in allen Bereichen der Gesellschaft einschleichen und festsetzen konnten. Niemand war gezwungen, ein bißchen mehr oder überhaupt Verantwortung zu übernehmen; niemand mußte jemandem etwas beweisen, selbst wenn dies völlig ohne Risiko für Leben und Karriere war. Der Grund dafür liegt nicht nur in der Verfolgung der Dissidenten. Doch sie trug merklich dazu bei und spielte eine äußerst destruktive Rolle.

Wenn die alte, vorrevolutionäre Gesellschaft in der beständigen Furcht vor einem neuen Pugatschow oder Rasin lebte, dann muß sich die Gesellschaft, die sich auf Verfolgung und Unterdrückung der Gedankenfreiheit stützt, dessen bewußt sein, daß die Gleichgültigkeit und die Verantwortungslosigkeit, die ein durch offizielle Pläne, Vorschriften und Anweisungen bis zur Absurdität bestimmtes Leben mit sich bringt, noch verheerender wirken und unmenschlicher sind.

Der Kampf gegen das Andersdenken ist der Keim, der Bazillus von Verfolgung und Repression, ist die permanente Drohung, wieder auf sie zu verfallen; er schafft die Atmosphäre und Bedingungen, die eine Rückkehr zur Praxis der Unterdrückung erleichtern und wahrscheinlich machen.

Sicher haben uns Demokratisierung und "Glasnost" ein Stück weiter gebracht. Dennoch existieren viel Gehässigkeit und Intoleranz in uns fort, werden auf Kundgebungen und Versammlungen diejenigen, die einen anderen Standpunkt vertreten, mit Flüchen bedacht. Ja, Verunglimpfungen und Beleidigungen haben zugenommen.

Ist die Demokratie in der Lage, dem Menschen zu helfen, hiervon abzulassen? Das ist die Schicksalsfrage der Demokratie selbst.

Es ist offensichtlich, daß Verfolgung und Repressionen nicht nur Kapitel einer schwierigen Vergangenheit sind. Sie bestimmen auch unsere Gegenwart, unser gesellschaftliches Bewußtsein, unsere Einstellung zu demokratischen Werten, das Maß an Verantwortung für unsere Gesellschaft.

Der jahrzehntelange Schrecken, das Mißtrauen, die absolute Macht über das Volk haben unweigerlich das gesellschaftliche Bewußtsein, aber auch das Bewußtsein eines jeden Einzelnen deformiert. Gerade deshalb kann sich in meinem Land eben erst mit der Einsicht in den Stalinismus soziale Aktivität zu formieren beginnen, können die geistigen und materiellen Grundlagen geschaffen werden, die den neuen gesellschaftlichen Verhältnissen und einem konsequenten Demokratieverständnis entsprechen.

Der Zickzackkurs und die Widersprüche auf dem schwierigen Weg hin zur Befreiung der Gesellschaft von den Folgen des Stalinismus und seinen Erscheinungen in allen Lebensbereichen bremsten den Prozeß der Demokratisierung. Leider lassen sich die Krankheiten der Vergangenheit nur langsam und mühevoll heilen. Zudem begünstigen der heutige sozioökonomische und politische Zustand der Gesellschaft diesen Prozeß nicht.

Der Stalinismus versuchte, durch sein System von Verfolgung und Repression, durch die totale Bespitzelung der Gesellschaft, durch Denunziantentum und durch Methoden ideologisch-politischer Gewalt die Persönlichkeit seiner Opfer zu brechen und deren Bewußtsein zu knebeln. Demjenigen, der selbständig Position zu politischen und wirtschaftlichen Erscheinungen in der Gesellschaft bezog, drohte das Schafott. Der, der sich barmherzig zeigte oder menschliche Gefühle offenbarte, sah sich mit den Strafverfolgungsbehörden konfrontiert. Dies alles erzeugte die Bereitschaft, jeden Befehl ohne Nachdenken auszuführen, jede Lüge der Machthaber als wahr hinzunehmen, und dies zog wiederum Doppelzüngigkeit, Apathie, Zynismus und Geistlosigkeit nach sich.

Beurteilt man die Entwicklung der Gesellschaft, den Charakter und das Niveau gesellschaftlichen Bewußtseins, muß man den tragischen Umstand in Rechnung stellen, daß in den zwanziger und dreißiger Jahren hervorragende Wissenschaftler und Künstler, Vertreter der Aufklärung, Militärs, Diplomaten, Ärzte und sehr erfahrene staatliche Bedienstete das Land verlassen haben oder liquidiert worden sind. Der Schlag wurde gegen den aktivsten Teil der Arbeiter und Bauern geführt. Diejenigen, die überlebten, wurden seelisch-moralisch gebrochen oder korrumpiert.

Das stalinistische System hat nicht nur eine Generation hervorgebracht, die bereit war, wann auch immer ihrem Führer Treue zu schwören und diejenigen mit dem Bannstrahl zu strafen, die sich nicht mit der Staatsmacht einverstanden zeigten. Zu diesen "loyalen" Menschen zählten nicht nur Arbeiter und Bauern, sondern auch Sozialwissenschaftler, Schriftsteller, Schauspieler, Künstler, Publizisten, mit einem Wort Menschen, die kraft ihres gesellschaftlichen Status und ihres Berufs aktiv an der Bildung des gesellschaftlichen Bewußtseins beteiligt waren. Viele von ihnen waren sehr talentiert. Dies erlaubte es ihnen, besonders nachhaltig menschenverachtende Ideen, falsche Werte und ungerechte Ziele unter das Volk zu tragen.

Der jetzige moralische Zustand unserer Gesellschaft ist das Ergebnis der über Jahre hinweg ausgegebenen sittlichen Normen. Spuren dieser "Erziehung" finden sich bis heute in der Gesellschaft. Wir warten unruhig darauf, was das nächste Kapitel der Geschichte für uns bereithält.

Vorerst ist nur eines klar: Um der Zukunft guten Gewissens entgegenzublicken, um sie aktiv gestalten zu können, müssen wir begreifen, was mit uns in der Vergangenheit geschehen ist, warum es möglich war, mit einem großen Volk so blutig abzurechnen. Darüber müssen wir uns Klarheit verschaffen. Andernfalls werden wir weiter umherirren und unsere Intoleranz nicht los.

Werner Dietrich (Halle)

Der Fall Dattan - Eine Skizze zu den KPD-Opfern Stalins und ihrer Rehabilitierung

Vorbemerkung

Nachdem Mitte der dreißiger Jahre die Stalinsche Massensäuberungswelle auch den größten Teil der in die Sowjetunion emigrierten deutschen Kommunisten erfaßt hatte, wurden viele von ihnen zum Doppelopfer. Sie hatten die Verfolgung des Hitlerstaates überlebt, nun aber begann erst ihre eigentliche Tragödie. Ausgerechnet der Staat, der von jeher als ihr großes Vorbild galt, setzte sie einem Terrorregime aus, das allzuoft ihre physische Vernichtung herbeiführte. Eines der Opfer war auch der Mitbegründer der KPD, Otto Dattan. Da auch dessen Tochter Erika in die Fänge des NKWD gelangte, spielte sich hier zugleich ein Familiendrama ab.

Auf das Schicksal von Otto Dattan in der Sowjetunion hat Hermann Weber bereits 1969 verwiesen.[1] Spätere Publikationen, insbesondere nach der allmählichen Öffnung der ehemaligen DDR-Archive, haben ihn ebenfalls als Stalinopfer benannt.[2] Eine weiterfassende Thematisierung des "Falls Dattan" steht allerdings noch aus. Die folgende Skizze stellt daher einen ersten Versuch dar. Sie stützt sich vor allem auf jetzt zugängliche Quellen aus den ehemaligen DDR-Archiven sowie aus dem privaten Nachlaß von Erika Dattan.

Biographische Einstimmung

Die Entwicklung Otto Dattans zum kommunistischen Funktionär vollzog sich geradezu in einer Bilderbuchkarriere. Der am 16. Februar 1875 in Allstedt (Thüringen) geborene Sohn eines Bäckermeisters hatte sich nach kaufmännischer Lehre und Wanderschaft in Elberfeld niedergelassen. Hier übernahm er 1902 eine Drogerie. Im gleichen Jahr war er der SPD beigetreten. Aus Protest gegen die Haltung der SPD-Führung zum Ausbruch des Ersten Weltkrieges beteiligte er sich an der Bildung einer Elberfelder Oppositionsgruppe. Diese stand in Verbindung mit den Bremer Linksradikalen. Ostern 1916 nahm Dattan an einer von Karl Liebknecht angeregten illegalen Antikriegskonferenz der Arbeiterjugend in Jena teil. Als er im Juli 1916 Protestflugblätter gegen die Verhaftung

---

1 Vgl. Der Gründungsparteitag der KPD. Protokolle und Materialien. Hrsg. u. eingel. von Hermann Weber. Frankfurt/Main, Wien 1969. S. 313.
2 Vgl. Wehner, Herbert: Zeugnis. Köln 1982. S. 214; Weber, Hermann: "Weiße Flecken" in der Geschichte. Die KPD-Opfer der Stalinschen Säuberung und ihre Rehabilitierung. 2. Aufl., Frankfurt/Main 1990. S. 21, 30, 70; Voßke, Heinz: Briefe Wilhelm Piecks an Georgi Dimitrow und D.S. Manuilski aus den Jahren 1937 bis 1942, in: Beiträge zur Geschichte der Arbeiterbewegung 31 (1989) 4. S. 493, Fußnote 7; Wimmer, Walter: "Unter falschen Anschuldigungen verhaftet". Zum Schicksal deutscher Kommunisten im sowjetischen Exil, in: Neues Deutschland, 2./3.12.1989. S. 13; Schnörig, Kurt: Ratsmitglied Otto Dattan starb in Stalins Kerker, in: Wuppertal-Magazin, (1990) 1. S. 6 f.; SED und Stalinismus. Dokumente aus dem Jahre 1956. Berlin 1990. S. 153; In den Fängen des NKWD. Deutsche Opfer des stalinistischen Terrors in der UdSSR. Berlin 1991. S. 54.

Liebknechts verteilte, wurde er verhaftet und nach viermonatiger Untersuchungshaft im Frühjahr 1917 vom Leipziger Reichsgericht zu neun Monaten Gefängnis verurteilt. Eine schwere Erkrankung verhinderte Dattans Militäreinsatz. Genesen, begann er in Elberfeld den Spartakusbund mit zu organisieren. Als dessen Delegierter war er dann Teilnehmer des Gründungsparteitages der KPD in Berlin. In den folgenden fraktionellen Kämpfen der Jahre 1919/20 verhielt er sich "linientreu". Danach rückte er zum Mitglied der KPD-Bezirksleitung Niederrhein auf. Von 1922 bis 1923 arbeitete er als Lokalredakteur für die "Rote Tribüne", dem KPD-Blatt für die Städte Elberfeld, Barmen, Vohwinkel und Hagen. Ab 1926 war er auch Mitglied der zentralen Revisionskommission der KPD in Berlin. Enge Verbindungen hatte Dattan zu bekannten kommunistischen Funktionären, die öfters in seinem Hause weilten. Dazu gehörten u.a. Wilhelm Pieck, Bernhard Bästlein, Theodor Neubauer und Hermann Duncker. Auch der spätere SED-Propagandachef, Albert Norden, verkehrte bei ihm. Es verwundert deshalb nicht, daß die gesamte Familie Dattan in die kommunistische Bewegung involviert war. Seine Frau Amanda (1878-1963) war Mitglied der KPD. Der Sohn Günter (1906-?) kam über den Kommunistischen Jugendverband Deutschlands (KJVD) 1931 in die KPD. Tochter Erika (1910-1989) gehörte seit 1932 dem KJVD an. Im Bergischen Land ist Otto Dattan wohl am bekanntesten durch seine Tätigkeit als Kommunalpolitiker gewesen. Seit 1927 war er Stadtverordneter in Elberfeld. Nach dem Zusammenschluß der Wupper-Gemeinden zur Großstadt Wuppertal im Jahre 1929 führte er hier bis 1933 die kommunistische Fraktion im Rathaus.[3]

In den Fängen von Gestapo und NKWD

Bei der letzten halbwegs freien Kommunalwahl am 12. März 1933 war Otto Dattan wiedergewählt worden.[4] Sein Amt konnte er allerdings nicht mehr antreten, da er bereits am 1. März von der SA verhaftet worden war. Über die Gefängnisse Elberfeld und Duisburg kam er ins KZ Brauweiler bei Köln. Offenbar versehentlich entließ man ihn Anfang Juni, denn bald darauf erschien die SA in seiner Wohnung, um ihn erneut zu verhaften. Dattan, durch einen SA-Angehörigen gewarnt, konnte flüchten und im Rheinland untertauchen.[5] Da er nicht aufzufinden war, berichteten selbst deutsche Antifaschisten in einem in der Schweiz herausgegebenen Braunbuch, Otto Dattan sei ermordet worden.[6] Irrtümlicherweise, denn er hatte sich inzwischen ins Saargebiet abgesetzt.

Auch im Saargebiet war Otto Dattan für die KPD tätig. Nach der Saarabstimmung flüchtete er nach Frankreich. Als Emigrant lebte er hier zunächst in einem Lager in Strasbourg, später im Emigrantenlager von La Roche sur Yon.[7] Dort gehörte er, wie immer auf der jeweiligen Parteilinie, am 1. August 1935 zu den Unterzeichnern eines

---

3 Biographische Daten zusammengestellt nach: Stiftung Archiv der Parteien und Massenorganisationen der DDR im Bundesarchiv, Zentrales Parteiarchiv der SED (ZPA SED), 12/3/82, Bl. 285; Komintern-Archiv Moskau (KIA), Lebenslauf Otto Dattan, unsigniert, wurde von Reinhard Müller (Hamburg) zur Verfügung gestellt; Nachlaß Erika Dattan 1, im Besitz Fam. Kratzsch Halle, unsortiert/unsigniert (NLED 1), Aufzeichnungen; Nachlaß Erika Dattan 2, im Besitz Walter Tschapek Halle, unsortiert/unsigniert (NLED 2), Aufzeichnungen.
4 Vgl. Stadtarchiv Wuppertal, DV 696, Bl. 11 r.
5 Vgl. KIA, Lebenslauf Otto Dattan, unsigniert.
6 Vgl. Braunbuch über Reichstagsbrand und Hitler-Terror. Basel 1933. S. 352.
7 Vgl. KIA, Lebenslauf Otto Dattan, unsigniert.

Grußschreibens an den VII. Weltkongreß der Komintern, die ganz im Sinne des neuen Moskauer Kurses "die restlose Verwirklichung der antifaschistischen Einheitsfront" begrüßten.[8] Im selben Monat konnte Dattan in die Sowjetunion ausreisen. Auf Grund seines Antrages hatte sich die deutsche Vertretung des EKKI bei der Komintern dafür beim ZK der Internationalen Roten Hilfe (MOPR) in Moskau verwandt. Ausdrücklich war bescheinigt worden, daß es sich bei ihm "um einen alten verdienten Genossen" handelt.[9] Zunächst fuhr er nach Moskau, wo er sich u.a. mit Wilhelm Pieck traf und einen Lebenslauf bei der Komintern (Dokument Nr.1) einreichte. Anschließend begab er sich nach Leningrad, wo seine Tochter lebte. Angesichts seines fortgeschrittenen Alters bezog er hier über die MOPR eine Pension, arbeitete aber noch in der öffentlichen Leningrader Staatsbibliothek.

In der dortigen Abteilung für ausländische Literatur war auch Erika Dattan tätig, die bereits im Herbst 1934 in die Sowjetunion gekommen war. Um der drohenden Verhaftung zu entgehen, hatte sie Deutschland im Juni 1933 verlassen und war nach Paris emigriert. Hier wirkte sie im antifaschistischen Komitee, wo sie auch Albert Norden wiedertraf, der ihre Anerkennung als Politemigrantin bewirkte. Da jedoch in Frankreich keine Arbeit zu finden war, entschloß sie sich, in die Sowjetunion zu gehen. Durch die Hilfe von Henri Barbusse, der sich an den Gottlosenbund in Leningrad gewandt hatte, waren ihr Einreisevisum, Arbeit und Wohnung gewährt worden. 1936 nahm sie die sowjetische Staatsbürgerschaft an.[10]

Inzwischen war in Deutschland die Gestapo im Falle der Dattans keineswegs untätig gewesen. Bei der Vernehmung eines zurückgekehrten Saaremigranten war sie bereits im Juli 1934 auf den Verbleib von Otto Dattan gestoßen.[11] Nach weiteren Ermittlungen[12] erschien sein Name auf der Fahndungsliste des Geheimen Staatspolizeiamtes Berlin vom 14. Juli 1937 unter der Nr. 3661. Hinzugefügt war der Hinweis "Festnehmen".[13] Auch die Umstände der Emigration der Dattans und ihr Aufenthaltsort Leningrad waren der Gestapo bekannt. Für Otto Dattan wurden eine Vorladung an das Deutsche Generalkonsulat in Leningrad angefertigt und ein Ausbürgerungsverfahren eingeleitet. Am 13. Oktober 1938 erkannte man ihm die deutsche Staatsangehörigkeit ab.[14]

All dies gelangte dem Ausgebürgerten nie zur Kenntnis. Das Makabere an der Situation bestand darin, daß er zu jener Zeit längst den Terrorapparat des NKWD kennengelernt hatte. Schon während der Massenverhaftungswelle des Frühjahrs 1938, der auch hunderte Deutsche zum Opfer fielen, war Otto Dattan am 11. Februar nachts von der Geheimpolizei Jeschows abgeholt worden.[15]

---

8 ZPA SED, 12/3/351, Bl. 118, 120.
9 Ebenda, I 2/3/346, Bl. 25.
10 Vgl. ebenda, IV/2/11/r., Bl. 33 V.; NLED 2.
11 Vgl. Bundesarchiv, Abt. Potsdam, Pst 3/82, Bl. 5.
12 Vgl. ebenda, St 3/230, Bl. 127, 199.
13 Vgl. ebenda, Pst 3/300, Bl. 106.
14 Vgl. Bundesarchiv, Zwischenarchiv Dahlwitz-Hoppegarten (BA ZA D-H), NJ 327, Bl. 10 v. u. r., Bl. 23 v; NLED 2; Ein gegen Erika und Otto Dattan beim Volksgerichtshof angestrebtes Verfahren wurde im Mai 1938 wegen Abwesenheit vorläufig eingestellt, die erstellten Suchvermerke allerdings bis 1944 weiterbearbeitet. Vgl. dazu: BA ZA D-H, NJ 327, Bl. 22, 23 v. u. r., 24 v. u. r.
15 Vgl. ZPA SED, IV/2/11/v., Bl. 33 r; NLED 2, Aufzeichnungen, Günter und Erika Dattan, Bescheinigung des Obersten Gerichts der UdSSR, 24. Februar 1962.

Die Haltung der Moskauer KPD-Führung zum Massenterror ist hinreichend bekannt. Über den Umfang der Repressalien war sie vielfach unterrichtet, blieb aber Gefangene des von ihr selbst vertretenen stalinistischen Gesellschaftsmodells. Anstatt sich schützend vor die Masse der eigenen Genossen zu stellen, setzte sie auch in den Reihen der KPD eine Kampagne der "Wachsamkeit" gegen "Trotzkisten", "Spione" und "Volksfeinde" in Gang, womit letzlich der sowjetischen Geheimpolizei in die Hände gearbeitet wurde.[16] Nur in wenigen Fällen unternahm die KPD-Leitung Schritte für einige verhaftete Personen, wobei davon ausgegangen wurde, daß diese sich keiner "Abweichung" oder "sowjetfeindlichen Handlung" schuldig gemacht hatten. Dies verdeutlicht ein Brief Piecks an Georgi Dimitrow vom 20. April 1938, den dieser an den Stellvertreter des Volkskommissars für Inneres, M. Firnowski, weitergeleitet hatte.[17] Diesem Brief war eine Liste mit den Kurzbiographien 15 Verhafteter beigefügt,[18] deren Freilassung erreicht werden sollte. Darunter befand sich auch Otto Dattan, dem wiederum bescheinigt wurde: "An irgendwelchen parteifeindlichen Fraktionen oder Gruppierungen hat er nicht teilgenommen, sondern war ein aktiver Kämpfer für die Linie der Partei."[19] Über die Reaktion der sowjetischen Behörden berichtet Herbert Wehner, daß über die auf der Liste stehenden Paul Schwenk, Willy Kerff und Walter Dittbender Auskunft gegeben wurde. Ihnen wurde Arbeit für die Gestapo unterstellt. Weiter schreibt Wehner: "Im Falle Dattans und Bernhard Richters wurden jedoch keine Auskünfte gegeben, ungeachtet dessen, daß es sich bei beiden um alte Parteiveteranen handelte, deren ganzes Leben sozusagen offen vor aller Augen vor sich gegangen war, und denen niemand auch nur das Mindeste nachsagen konnte. Es war weder zu erfahren, aus welchen Gründen die beiden verhaftet worden waren, noch ob sie verurteilt und wo sie untergebracht worden waren. Manuilski gab auf wiederholte Vorstellungen Piecks hin die Antwort, daß er nicht verstehen könne, warum sich Pieck für die Verhafteten überhaupt einsetze. Fast alle hätten ja selbst gestanden und unterschrieben, daß sie im Dienste der Gestapo oder anderer feindlicher Stellen gestanden hätten. Und da doch niemand behaupten könne oder wolle, sie hätten diese Geständnisse unter Zwang abgelegt, sei doch zumindest soviel klar, daß es sich bei den Verhafteten, die unterschrieben hatten, um unzu-verlässige Personen handelte. Welchen Nutzen könnte die Partei von solchen Personen haben? Wie würden sie sich erst verhalten, wenn sie in den Händen der Gestapo wären und Torturen ausgesetzt würden? fragte Manuilski."[20]

Offenbar erkannte nun Pieck die Sinnlosigkeit weiterer Unternehmungen. Am 25. Juni 1938 legte er jedenfalls der "kleinen Kommission" der KPD (Wilhelm Pieck, Walter Ulbricht, Wilhelm Florin und Herbert Wehner) eine Liste von 158 verhafteten Kommunisten vor, um über deren Parteiausschluß zu entscheiden. Otto Dattan wurde unter Nr. 153 genannt. Noch am selben Tag unterschrieben mit "Einverstanden mit dem Par-

---

16 Vgl. Weber, "Weiße Flecken", a.a.O., S. 33.
17 Vgl. ZPA SED, I 2/3/82, Bl. 283.
18 Ursprünglich 16. Bernhard Koenen wurde am 21.4. aus der Haft entlassen und sein Name von der Liste gestrichen. Weiter standen auf dieser Liste: Paul Schwenk, Willy Kerff, Bernhard Richter, Otto Dattan, Walter Dittbender, Hans Hausladen, Gawrylowiecz, Theodor Beutling, Walter Rosenke, Magnus Satzger, Fritz Kalisch, Harry Schmidt, Max Maddalena, Horst Seydewitz, Frido Seydewitz. Vgl. ZPA SED, I 2/82, Bl. 284-288.
19 Ebenda, Bl. 285.
20 Wehner, Zeugnis, a.a.O., S. 214.

teiausschluß" Pieck und Ulbricht, am 1. Juli folgten Florin und Kurt Funk (Herbert Wehner).[21] (Dokument Nr. 2)

Inwieweit der Parteiausschluß das weitere Schicksal Otto Dattans beeinflußte, ist unbekannt. Auch ob sich in der folgenden Zeit die Moskauer Parteiführung nochmals um ihn bemühte, ist nicht verifizierbar. Vorhandene Dokumente aus den Jahren 1939 und 1940, die aussagen, daß Pieck noch einige Male für verhaftete Emigranten bei den sowjetischen Stellen intervenierte, lassen keine direkten Schlußfolgerungen hinsichtlich Dattans zu.[22]

Dieser wurde, knapp zwei Monate vor seiner Ausbürgerung aus Deutschland, am 28. August 1938, von einem Leningrader Militärgericht vermutlich wegen Spionage für Deutschland angeklagt und zu zehn Jahren Straflager mit Schreibverbot verurteilt.[23] Anschließend wurde er an einen unbekannten Ort verbracht, wo er dann auch zu Tode gekommen sein muß.

Während die Umstände des Todes von Otto Dattan nach wie vor im Dunklen liegen, läßt sich indes der weitere Leidensweg seiner Tochter relativ genau rekonstruieren. Erika Dattan wurde am 23. Juni 1933 in Leningrad verhaftet. Zunächst warf man ihr Spionage zugunsten Deutschlands vor. Nachdem diese Anklage fallengelassen werden mußte, wurde sie der "absichtlichen" Ausgabe von Literatur mit faschistischem Inhalt in der Leningrader Staatsbibliothek bezichtigt. Trotz der Unhaltbarkeit auch dieser Anklage wurde sie verurteilt. Nach eineinhalbjähriger Untersuchungshaft sprach das Gericht am 23. September 1939 das Urteil. Sie erhielt fünf Jahre Arbeitsverbesserungslager. Nach Karaganda gebracht, mußte sie unter schwierigsten klimatischen Bedingungen schwerste Erd- und Steinarbeiten verrichten. Da wegen des Krieges keine Entlassungen vorgenommen wurden, verlängerte sich ihre Haftzeit auf über acht Jahre. Im Juli 1946 wurde sie aus dem Lager entlassen, mußte sich jedoch gleichzeitig verpflichten, auf Lebenszeit unter Aufsicht der Kommandantur in Karaganda zu bleiben. Erst 1955, nach 17 Jahren Haft, Arbeitslager und Verbannung, konnte sie heimkehren.[24]

Eine halbe Rehabilitierung

Nach Beendigung des Krieges begannen die in Deutschland verbliebenen Angehörigen von Politemigranten Nachforschungen über deren Verbleib anzustellen. Unter ihnen auch Dattans Frau Amanda und der Sohn Günter, die die Kriegswirren in die sowjetische Besatzungszone verschlagen hatten. Da sie von den schrecklichen Ereignissen in der Sowjetunion nichts wußten, wendeten sie sich ganz selbstverständlich an die Kaderabteilung des ZK der KPD sowie an die Konsularabteilung der SMAD in Berlin und erbaten Nachricht über Otto und Erika Dattan.[25] Während die sowjetische Stelle überhaupt nicht antwortete, ließ die Abteilung Personalpolitik des Zentralsekretariats der inzwischen

---

21 Vgl. ZPA SED, I 2/3/82, Bl. 235, 236, 255, 256.
22 Vgl. Voßke, Briefe, a.a.O., S. 492; Neuer Brief Wilhelm Piecks aus dem Komintern-Archiv, in: Neues Deutschland, 27.7.1989. S. 3.
23 Vgl. ZPA SED, IV/2/11/v., Bl. 69; NLED 2, Bescheinigung des Obersten Gerichts der UdSSR, 24. Februar 1962.
24 Vgl. ZPA SED, IV/2/11/v., Bl. 33/34, 69; NLED 1, Brief an Generalstaatsanwalt der UdSSR, 24. April 1955; NLED 2, persönliche Notizen Erika Dattan.
25 Vgl. ZPA SED, IV/2/11/v., Bl. 96/106.

gebildeten SED am 5. September 1946 vermelden, daß angestellte Erkundigungen "leider negativ verlaufen sind".26

Hier wurde von Anbeginn ein Dilemma bei der Aufklärung des Schicksals der in der UdSSR Verschollenen deutlich. Die Fakten der Ereignisse in den dreißiger Jahren wurden den eigenen Genossen verschwiegen. Zumindest die Verhaftungen und Parteiausschlüsse waren Pieck und Ulbricht ja gut bekannt, aber gerade letzterer trat im August 1946 dafür ein, diese den Angehörigen nicht mitzuteilen und ausweichende Antworten zu geben.27 Ähnlich muß auch Pieck laviert haben, als er im Herbst 1946 während einer Wahlversammlung in Sangerhausen mit Günter Dattan zusammentraf. Diesen Eindruck verstärkt der Brief Günter Dattans an Pieck vom 21. Dezember 1946, in dem er u.a. anfragte, ob Pieck denn seinen Vater in der Sowjetunion getroffen habe.28

Immerhin hielt Pieck sein in Sangerhausen gegebenes Versprechen, weitere Nachforschungen über Vater und Schwester anzustellen. So konnte im April 1947 auch die Anschrift von Erika Dattan übermittelt werden, die sich 1946 beim Roten Kreuz in Moskau als Politemigrantin hatte registrieren lassen.29 Verschwiegen wurde allerdings wieder, daß auch sie verhaftet war und sogar die Frage der Überprüfung ihrer und ihres Vaters Angelegenheit aufgeworfen hatte.30 Andererseits genehmigte Ulbricht ihre Anforderung für die SED-Bibliothek in Berlin,31 die jedoch von den sowjetischen Stellen abgelehnt wurde.32

Nun wandte sich auch Erika Dattan an Pieck. In einem Brief aus Karaganda vom 27. April 1948 schilderte sie ihr und ihres Vaters Schicksal, bat um Hilfe, ihr die Rückkehr nach Deutschland zu ermöglichen, und fragte, "an was es liegt, daß meine Sache so sehr in die Länge gezogen wird."33 In seiner Antwort vom 3. Juli 1948 verwies Pieck auf die "sowjetischen Instanzen", stellte aber weitere Hilfe in Aussicht.34 Tatsächlich schrieb er auch am selben Tage noch an Suslow nach Moskau, bat um Rückkehr von Erika Dattan und Auskunft um den Verbleib von Otto Dattan.35 Letzlich verliefen jedoch alle Anfragen in diese Richtung mit dem gleichen Ergebnis. Stets wurde geantwortet, die Rückkehr von Erika Dattan sei abgelehnt und über Otto Dattan wäre nichts bekannt.36

Niemand weiß, was in Pieck vorging, als er sich für die Dattans einsetzte. Schlug ihm, wie vielleicht schon 1938, das Gewissen gegenüber einem alten Kampfgefährten? Aber erlebte er hier nicht schon wieder die gleiche Ohnmacht gegenüber dem Sowjetapparat? Dennoch war er einer derjenigen, die ab 1948 die Stalinisierung der SED vorantrieben, womit auch die wirkliche Aufklärung des Schicksals der deutschen Stalin-Opfer und deren umfassende Rehabilitierung für die Folgezeit unmöglich wurden. So mußten

---

26 Ebenda, Bl. 103.
27 Vgl. Erler, Peter: Die Rückführung deutscher Opfer des Stalinismus aus der UdSSR und ihre Eingliederung in das gesellschaftliche Leben der SBZ/DDR. Eine Bestandsaufnahme. Unveröff. Manuskript. O.O.u.J. S. 4.
28 Vgl. ZPA SED, IV/2/11/v., Bl. 95.
29 Vgl. ebenda, Bl. 88.
30 Vgl. ebenda, Bl. 97.
31 Vgl. ebenda, Bl. 84.
32 Vgl. ebenda, Bl. 83.
33 Vgl. ebenda, Bl. 73.
34 Vgl. NLED 2, Brief Piecks vom 3. Juli 1948.
35 Vgl. ZPA SED, IV/2/11/v., Bl. 72.
36 Vgl. ebenda, Bl. 70, 68, 67, 62, 61.

zwangsläufig auch alle weiteren Nachforschungen und Bemühungen, die Amanda und Günter Dattan, Verwandte und Weggefährten[37] unternahmen, im Sande verlaufen. Und in diesem Sinne hatte Hermann Duncker, verweisend auf seine vergebliche Suche nach seinem ebenfalls in der Sowjetunion verschollenen Sohn, schon im April 1948 an Günter Dattan geschrieben: "So kann ich Dir auch wenig Hoffnung machen."[38]

Dies wirkte um so depremierender, als Frau und Sohn aus dem Briefwechsel mit der Tochter von der Verhaftung und der Verurteilung Dattans erfahren hatten. Da alle bisherigen Versuche, ihn aufzufinden, gescheitert waren, ließen sie ihn auch angesichts seines hohen Alters - er war ja bereits über 75 Jahre alt - am 24. November 1951 durch ein Sangerhäuser Gericht für tot erklären.[39] Trotzdem setzten sie die Suche nach ihm fort.

Neue Hoffnungen keimten nach dem Tode Stalins und der vorsichtig beginnenden Tauwetterperiode in der Sowjetunion. In dieser Zeit konnte zumindest Erika Dattan zur Familie in die DDR zurückkehren. 1954 war ihre Verbannung auf Lebenszeit in Karaganda aufgehoben worden, was allerdings keine Rehabilitierung in der Strafsache der Jahre 1938/39 bedeutete. Die sowjetischen Behörden genehmigten jedoch die Ausreise. Die Ausreiseformalitäten wickelte die Moskauer DDR-Botschaft ab. Bezeichnend war die vorherige Abnahme einer Verpflichtungserklärung an das ZK der SED, "alle [...] von der Partei [...] auferlegten Aufgaben nach besten Kräften und Gewissen zu erfüllen".[40] Das schloß natürlich ein Stillschweigen über die Erlebnisse während des stalinistischen Massenterrors ein.

Da sie aber noch Sowjetbürgerin war,[41] forderte sie kurz vor ihrer Ausreise in die DDR ihre vollständige Rehabilitierung durch die Sowjetunion ein. Ein von ihr verfaßter Brief an den Generalstaatsanwalt der UdSSR vom 24. April 1955 analysierte die vollkommene Haltlosigkeit der Anschuldigungen in den dreißiger Jahren. Er machte auch die Tragödie der deutschen Kommunisten deutlich, die beschuldigt wurden, für den Faschismus gearbeitet zu haben.[42] Eine Antwort erhielt Erika Dattan nicht. Bis sie von ihrer Rehabilitierung erfuhr, sollten noch Jahre vergehen.

Indes wurde Otto Dattan in der DDR rehabilitiert. Die SED-Führung, die sich mit der Entstalinisierung in der Chruschtschow-Ära erneut mit dem Schicksal der KPD-Opfer Stalins konfrontiert sah, hatte eine Zentrale Parteikontrollkommission eingesetzt, um die Fälle der in der Sowjetunion verhafteten oder umgekommenen Genossen zu überprüfen. Diese Kommission hob den Parteiausschluß Dattans von 1938 am 15. Oktober 1956 auf und rehabilitierte ihn nach "mutmaßlichem Tode". Diesen Beschluß bestätigte das Sekretariat des ZK der SED am 9. November 1956. Weiter ist in den Kommissionsunterlagen zu lesen, daß die Frau Dattans mündlich vom Beschluß unterrichtet wurde, diese wiederum der wegen Krankheit abwesenden Tochter den Bescheid übermittele.[43]

Freilich muß angemerkt werden, daß es sich hierbei um keine echte Rehabilitierung handelte. Sie betraf nur die Frage der Parteimitgliedschaft, nicht aber die wirklichen

---

37 So die Wuppertaler Kommunisten Willy Kirschey und Willy Bölke sowie der Düsseldorfer Kommunist Ewald Ochel. In der SED waren es u.a. Albert Norden und Hermann Duncker.
38 Vgl. NLED 2, Brief H. Dunckers, 14. April 1948.
39 Vgl. Landeshauptarchiv Sachsen-Anhalt, Rep. KMW, VdN Akten, Dattan, Amanda, P1/3, 29r.
40 ZPA SED, IV/2/11/v., Bl. 36.
41 1957 wurde sie aus der sowjetischen Staatsbürgerschaft entlassen. Vgl. NLED 1, Schreiben der UdSSR-Botschaft in Berlin über Entlassung aus der Staatsbürgerschaft 26. März 1957.
42 Vgl. ebenda, Brief Erika Dattans an den Generalstaatsanwalt der UdSSR, 24. April 1955.
43 Vgl. ZPA SED, IV/2/11/v., Bl. 5; vgl. auch: SED und Stalinismus, a.a.O., S. 153.

Hintergründe, die zum Ausschluß geführt hatten. Eine öffentliche Auseinandersetzung fand ohnehin nicht statt. Sie konnte nicht im Interesse der SED-Führung liegen, da sie das gesamte System in Frage gestellt hätte. Und mehr als halbherzig war es, auch die Angehörigen der Betroffenen zu Stillschweigen zu verpflichten. Zeugnis dafür ist die Aussage Günter Dattans in einem Brief an Helmuth Stoecker. Als dieser für die Arbeit an einem Buch über seinen Vater, Walter Stoecker, Informationen über den Weggefährten Otto Dattan sammelte, konstatierte dessen Sohn: "Über seine letzten Lebensjahre möchte ich ohne ausdrückliche Zustimmung des ZK keine weiteren Aussagen machen."[44] Wie das Schicksal der anderen KPD-Mitbegründer, die Opfer Stalins wurden,[45] blieb so auch das Otto Dattans einer der vielen "weißen Flecken" in der DDR-Geschichtsschreibung.[46]

Auch in der Sowjetunion vollzog sich die Rehabilitierung deutscher Stalinopfer, soweit sie überhaupt stattfand, weitestgehend unter Ausschluß der Öffentlichkeit. Im Gefolge des XX. Parteitages der KPdSU waren, nicht selten unter dem Druck der Eingaben der Betroffenen, Gerichtsverfahren überprüft und die Verurteilten für unschuldig erklärt worden. Kenntnis davon erhielten viele von ihnen jedoch nicht. Eine Flut weiterer Anfragen war die Folge, die in einigen Fällen zu Gunsten der Antragsteller verliefen, wie im Falle Dattan. Im Dezember 1961 hatte Erika Dattan ein erneutes Rehabilitierungsgesuch, diesmal direkt an das ZK der KPdSU, gestellt.[47] Ziemlich überraschend wurde im Februar 1962 eine Bescheinigung des Obersten Gerichts der UdSSR zugestellt, aus der hervorging, daß bereits am 8. Januar 1958 ein Leningrader Militärgericht das Verfahren gegen Otto Dattan überprüft, diesen für unschuldig erklärt und nach seinem Tode postum rehabilitiert habe.[48] (Dokument Nr.3) Im Juli 1962 folgte der Rehabilitierungsbeschluß für Erika Dattan. Als Zeitpunkt der Überprüfung ihres Verfahrens wurde der 30. Januar 1956 genannt.[49]

Nach der Wiederherstellung der Parteimitgliedschaft durch die SED war nun Otto Dattan durch die sowjetische Justiz rehabilitiert. Doch auch dies kann nur als formal angesehen werden. Bis zum heutigen Tage sind weder sein Leidensweg im GULag noch die Umstände seines Todes bekannt. Abgesehen vom bleibenden moralischen Schaden, steht eine wirkliche Rehabilitierung also noch aus. Da sie im stalinistischen System, das sich später "real existierender Sozialismus" nannte, unmöglich war, bleibt zu hoffen, daß

---

44 NLED 1, Brief Günter Dattans an Helmuth Stoecker, 29. März 1965.
45 Sieben KPD-Gründer fielen dem Stalin-Terror zum Opfer (Hugo Eberlein, Otto Dattan, Werner Hirsch, Max Levien, Edwin Morgner, Fritz Sturm, Felix Wolf); vgl. Weber, "Weiße Flecken", a.a.O., S. 21.
46 Für die Zeit bis 1918 wird Otto Dattan erwähnt bei: Lohagen, Ernst: Die Jugend marschierte in der ersten Reihe, in: Vorwärts und nicht vergessen. Erlebnisberichte aktiver Teilnehmer der Novemberrevolution 1918/19. Berlin (Ost) 1958. S. 502 f.; Norden, Albert: Wie ich zur Arbeiterbewegung kam, in: Neues Deutschland, 12.12.1964. S. 3 (Beilage); Geschichte der deutschen Arbeiterbewegung. Bd. 2. Berlin (Ost) 1966. S. 279; Vesper, Walter: Unser Ziel von damals - in der DDR verwirklicht, in: Neues Deutschland, 9.11.1978. S. 3; Fricke, Dieter: Handbuch zur Geschichte der deutschen Arbeiterbewegung. Bd. 1. Berlin (Ost) 1987. S. 488; "Er verstarb in der Emigration", heißt es in einer Fußnote bei: Stoecker, Helmuth: Walter Stoecker - Die Frühzeit eines deutschen Arbeiterführers 1881-1920. Berlin (Ost) 1970. S. 176 und Norden, Albert: Ereignisse und Erlebtes. Berlin (Ost) 1981. S. 24.
47 Vgl. NLED 1, Notizen Erika Dattan.
48 Vgl. NLED 2, Bescheinigung des Obersten Gerichts der UdSSR, 24. Februar 1962.
49 Vgl. ebenda, Bescheinigung des Obersten Gerichts der UdSSR, 6. Juli 1962.

unter den gegenwärtigen Bedingungen der Demokratisierung des ehemaligen Sowjetreiches auch der Fall Dattan endgültig aufgeklärt werden kann.

Dokument Nr. 1

LEBENSLAUF OTTO DATTANS FÜR DIE KOMINTERN

Abschrift!
Vertraulich!

Lebenslauf

Ich, Otto Dattan, bin am 16. Febr. 1875 als Sohn des Bäckermeisters Bernhard Dattan in Allstedt[50] in Thüringen geboren. Vom 6.-14. Jahre besuchte ich die dortige Volksschule. Mit der Entlassung aus der Schule kam ich in eine kaufmännische Lehre und war nach Beendigung derselben bis zu meinem 25. Lebensjahre schon in verschiedenen kaufmännischen Geschäften als Gehilfe tätig. Im Jahre 1900 machte ich mich selbständig, indem ich in Elberfeld ein Kolonialwarengeschäft übernahm. Seit dieser Zeit bin ich politisch tätig. Nachdem ich zwei Jahre lang als unterstützendes Mitglied bei der SPD eingeschrieben, trat ich 1902 offen zur SPD über. Mit Ausbruch des Weltkrieges kam ich in offenen Widerspruch zur SPD-Leitung. Schon im Sept. 1914 kam auf meine Veranlassung Julian Borchard, Berlin, nach Elberfeld und unter seiner Leitung wurde in Elberfeld die erste Oppositionsgruppe gebildet und schlossen wir uns der linksradikalen Bremer Richtung an. Okt. 1916 nahm ich mit noch 2 Elberfelder Genossen an der illegalen Jugendkonferenz teil in Jena. Der dort getätigte Beschluss, den 1. Mai 1916 unter allen Umständen - koste es was es wolle - zu feiern, bzw. zu demonstrieren, brachte den Gen. Karl Liebknecht ins Zuchthaus. Bei Verteilung von Protestflugblättern gegen Liebknechts Verurteilung, wurde ich verhaftet (20. Juli 1916) und im Frühjahr 1917 wegen Aufreizung zum Klassenhass zu 9 Monaten Gefängnis verurteilt. Im Sept. 1917 kam ich nach 14 monatlicher Haft und Gefängnis zur Entlassung und sollte anschließend hieran zum Militärdienst eingezogen werden. Eine schwere Lungen- und Rippenfellentzündung verhinderten die Einziehung. Mit Schluß des Krieges widmete ich meine ganze Kraft der Entwicklung des Spartakusbundes der Kommunistischen Partei. An den Gründungsversammlungen 31. Dez. 1918 und 1. Januar 1919 in Berlin nahm ich als Delegierter teil.

Nach der Spaltung in Heidelberg baute ich mit Gen. Nellessen, Elberfeld, die Partei in Elberfeld erneut auf. Seit dieser Zeit habe ich immer im Vordertreffen der Partei gestanden. Jahrelang war ich Vorsitzender oder Kassierer und ebenso war ich jahrelang in der Unterbezirksleitung oder Bezirksleitung tätig. 1927 wurde ich Stadtverordneter und dann jahrelang Fraktionsführer. 1926 oder 1927 wurde ich in die *"Central-Revisionskommission d. Partei"* gewählt und habe diesen Posten bis zu meiner Verhaftung 1933 durchgeführt. Neben meiner Tätigkeit für die Partei war ich seit 1904 für die Freidenkerbewegung tätig und war auch dort jahrelang Mitglied der Unterbezirks- und der Bezirksleitung. Am 1. März 1933 morgens 5 Uhr wurde ich aus dem Bette heraus verhaftet und in den Gefängnissen Elberfeld, Duisburg und Braunweiler bis 3. Juni 1933 festgehalten. Kurz nach meiner Entlassung sollte ich erneut verhaftet werden. Durch die Warnung ei-

---

50 Im Original steht fälschlicherweise, ebenso wie in den Dokumenten Nr.2 und 3, Altstedt.

nes SA-Mannes konnte ich 2 Stunden vor der geplanten Verhaftung (nachts 1 Uhr) flüchten.

Nachdem ich dann auch einige Wochen illegal im Rheinland gelebt, bin ich am 20. Juli 1933 nachts ins Saargebiet gegangen. Nach der Saarabstimmung habe ich am 20. Januar 1935 das Saargebiet verlassen und habe dann vom 22. Jan. bis 5. Juni 1935, in Strassburg als Emigrant gelebt. An diesem Tage wurde das Strassburger Lager aufgelöst und die Emigranten nach La Roche sur Yon (Vendec) transportiert.

Otto Dattan

Moskau, den 26.8.1935

-/schn/l.
19.11.35

Komintern-Archiv, Moskau, unsigniert.

Dokument Nr. 2

Genossen Pieck   21.6.1938

Es ist notwendig, über die Zugehörigkeit zur KPD Untenstehender zu entscheiden:

1. **Marcusson, Erwin**   geboren 1899 in Berlin, von Beruf Arzt. Mit-
   791   glied der KPD seit 1930. Er war angeschlosse-
                           einer Berliner P...

153. **Dattan, Otto**   geboren 1875 in Altstedt/Thüringen. Zuletzt
     497   erfasst in Wuppertal-Elberfeld. Bürger-
                           licher Herkunft, von Beruf Kaufmann. Organi-
                           siert in SPD von 1902/1914
                           Spartakusbund von 1917
                           In der KPD seit Gründung. Der Genosse war
                           einer der treuesten und zuverlässigsten Gen.
                           des Bezirks Niederrhein. Er war aktiver
                           Funktionär im Bezirksmasstab. Im März 1933
                           wurde er in Deutschland verhaftet und im
                           Juni aus der Haft entlassen. Als seine noch-
                           malige Verhaftung bevorstand, flüchtete er
                           und lebte einige Zeit illegal im Bezirk. Dann
                           ging er im Einverständnis der Partei nach
                           Saarbrücken und kam im August 1935 nach der
                           SU. Er lebte bei seiner Tochter in Lenin-
                           grad. Im Februar 1938 verhaftet.

Einverstanden
mit dem Parteiausschluß

27/VI Pieck

4. VII. Kurt Funk.

ZPA-SED, I 2/3/82.

Dokument Nr. 3

REHABILITIERUNGSBESCHEID DES OBERSTEN GERICHTS DER UDSSR FÜR OTTO DATTAN

ВЕРХОВНЫЙ СУД
Союза Советских
Социалистических республик

„24" февраля 1962 г.
№ С/3813

СПРАВКА

    Дело по обвинению ДАТТАНА Отто Бернгардовича, 1884 года рождения, уроженца гор. Альштедта, до ареста - 11 февраля 1938 года - библиотекаря Государственной публичной библиотеки в гор. Ленинграде, пересмотрено военным трибуналом Ленинградского военного округа 8 января 1958 года.
    Постановление от 28 августа 1938 года в отношении ДАТТАНА О.Б. отменено и дело о нем за отсутствием состава преступления прекращено.
    ДАТТАН О.Б. по данному делу реабилитирован посмертно.

ЧЛЕН ВЕРХОВНОГО СУДА СОЮЗА ССР

(П. ЛИХАЧЕВ)

Nachlaß Erika Dattan

Peter Huber (Genf)

Berta Zimmermann - eine Schweizer Kommunistin im Geheimapparat der Komintern

Die Kaderakte der Schweizerin Berta Zimmermann ist in mehrerer Hinsicht aufschlussreich. Die Dokumente geben einen Einblick in die Mechanismen, denen der alte Mitarbeiterstab der "Otdel meschdunarodnych swasjej" (OMS, Abteilung für internationale Verbindungen) zum Opfer fiel. Es finden sich Hinweise auf die personelle Besetzung der OMS-Zentrale sowie deren Stützpunkt "Nr. 20" in Paris. Erstmals werden Umrisse sichtbar, die im Frühjahr 1936 zur Liquidierung der OMS und deren Umwandlung in "S.S." (Nachrichtendienst) führten. Als Leiter der neuen Organisation zeichnete ein "Müller", der bereits im Frühjahr 1937 dem NKWD-Kader Moskwin Platz machen musste.[1]

Die beiden Schweizer Kommunistinnen Berta Zimmermann und Lydia Dübi, letztere Direktorin der OMS in Paris,[2] wurden im Sommer 1937 verhaftet und Ende des Jahres erschossen. Beide hatten ihren Aufstieg im Apparat der Komintern im Jahre 1924 in der "Abteilung für Information und Statistik" begonnen. Dieser Abteilung stand damals der Basler Edgar Woog vor. Er zog bewusst Leute aus der Schweiz nach, verfügte doch die KP Schweiz (KPS) angesichts der wenig versprechenden Aussichten in der Schweiz über viele gutqualifizierte Genossinnen und Genossen, die im Kominternapparat gebraucht werden konnten.[3] Zimmermann und Dübi wechselten zu Beginn der dreissiger Jahre in die "Abteilung für internationale Verbindungen" (OMS) und erklommen Posten, die höchste Verschwiegenheit abverlangten. Der konspirative Charakter dieser Arbeit und

---

1 "S.S." steht für "sluschby swjasi", was wir mit "Nachrichtendienst" übersetzen. Vgl. das Formular "Fragebogen", ausgefüllt von B. Zimmermann am 21.11.1936, mit dem Vermerk "S.S.", in: Kaderakte B. Zimmermann, RZA-Komintern. Der erste "S.S."-Leiter Müller ist nicht zu verwechseln mit Georg Brückmann (Deckname "A. Müller"), dem KPD-Kaderleiter in Moskau. Eine ausführliche Darstellung erscheint im Herbst 1993 in: Huber, Peter: Schweizer Kommunisten in Moskau zur Zeit der Terrors: ein erster Einblick in das Repressionsgefüge der Kominternzentrale. Zürich 1993.

2 Lydia Dübi (1901-1937) folgte 1924 dem Ruf nach Moskau und arbeitete Ende der zwanziger Jahre als stellvertretende Leiterin der Archive des EKKI. Ihr Vorgesetzter war der Ukrainer Boris Reinstein (1866-1947). 1930 besuchte sie eine der Spezialschulen in Moskau. Zwischen 1932 und 1937 leitete sie unter dem Decknamen "Paskal" den OMS-Stützpunkt in Paris. Vgl. "Bescheinigung", unterzeichnet Sisman, 15.6.1939, in: Kaderakte L. Dübi, RZA-Komintern.

3 E. Woog (1898-1973) arbeitete seit 1919 für die Komintern in Mexiko. Über seine spätere Tätigkeit schrieb er in einem Lebenslauf zu Händen der Komintern: "Auf Vorschlag der Delegierten aus Lateinamerika zum IV. Kongress der Komintern wurde ich in die Exekutive der Komintern gewählt. Leitete im Apparat des EKKI die Informationsabteilung, Bibliothek und Archiv. 1923 EKKI-Vertreter auf dem Parteitag der KP Hollands. V. Weltkongress Mitglied der IKK. 1927 zum Parteitag nach Mexiko delegiert. 1928 in Berlin Sekretär des WEB der Komintern. Nach dem VI. Weltkongress auf Anforderung der KP Mexiko ging ich nach Mexiko. Ende 1929 im romanischen Ländersekretariat der Komintern. 1930 als Instruktor nach Spanien. Im Juni 1931 wurde ich in Spanien verhaftet und nach fünfwöchiger Haft aus Spanien ausgewiesen. Seither arbeitete ich als Referent im romanischen Ländersekretariat und in der Orgabteilung. Nach dem VII. Weltkongress bat ich um die Möglichkeit nach der Schweiz zurückzukehren. Dezember 1935 kehrte ich in die Schweiz zurück und arbeitete im Sekretariat der Partei." Vgl.: "Autobiographie, unterzeichnet 'Alfred Stirner' (Deckname von Woog)", 26.11.1936, in: Kaderakte Woog, RZA-Komintern.

deren internationale Verzweigungen bargen in sich gleichzeitig die Voraussetzungen für den Sturz. Als zur Zeit der Schauprozesse "Verbindungen" zum Ausland ruchbar wurden, musste ein ganzer Zweig der Komintern in Ungnade fallen.

Die Zürcherin Berta Zimmermann reiste im März 1924 mit einem Trupp schweizerischer Auswanderer nach Nowa Lawa im Gouvernement Simbirsk, wo einige Dutzend Schweizer unter Anleitung des ehemaligen KPS-Nationalrates Fritz Platten ein Mustergut aufbauten. Die 22jährige Zimmermann bekam auf der landwirtschaftlichen Genossenschaft "Solidarität" eine Arbeit zugewiesen, die ihrer Ausbildung in der Schweiz entsprach. Sie wirkte als Buchhalterin für die Kommune und nebenbei als Lehrerin für die Kinder.[4] Über ihre Herkunft musste sie in späteren Jahren der Komintern einige Auskünfte geben. Der Vater war von Beruf Gartenbau-Architekt und arbeitete als städtischer Angestellter auf dem Gartenbauamt Zürich. Sie hatte Gelegenheit, eine höhere Handelsschule zu besuchen, die sie 1921 mit dem Diplom abschloss. Bis zur Ausreise in die Sowjetunion arbeitete Berta Zimmermann als "Sekretärin in einem Advokaturbüro in Zürich".[5] Sie gab freimütig zu, während der Ausbildungszeit "auf Kosten meines Vaters" gelebt zu haben. Keinerlei Angaben machte sie zu ihrer Mutter und der parteipolitischen Einstellung der Eltern. Als 1937 wegen möglicher "Verbindungen" die Familienverhältnisse offengelegt werden mussten, schrieb sie: "Die zwei Schwestern und ein Bruder (Gymnasiast) leben in der Schweiz und gehören keiner Partei an. Mein älterer Bruder lebt seit 1921 in Spanien. Über ihn weiss ich seit Jahren absolut nichts."[6]

Auf dem Mustergut in Nowa Lawa verblieb Berta Zimmermann im Jahre 1924 lediglich zwei Monate. Sie scheint ihre Arbeit auf dem Lande lediglich als Zwischenstation und Sprungbrett für eine passendere Arbeit in Moskau betrachtet zu haben. In diese Richtung deutete auch der Kommunarde Frederik Anneveldt, als er 1925 in einem Bericht nach der Schweiz schrieb, die Büroangestellte, "das berühmte, abenteuerlustige Fräulein", habe "durch die freundlichen Bemühungen des Genossen Platten" einen ihren Anlagen entsprechenden Wirkungskreis in Moskau gefunden. Anneveldt - von Beruf Setzer - kehrte wenig später ebenfalls dem Landleben den Rücken und sollte im Herbst 1937 in einem Straflager der Region Archangelsk zum Tode verurteilt werden.[7]

---

4 Über hundert Schweizer aus dem Umfeld der KPS waren 1923/1924 nach Nowa Lawa ausgewandert. Vgl. Schneider, Barbara: Schweizer Auswanderer in der Sowjetunion. Die Erlebnisse der Schweizer Kommunarden im revolutionären Russland (1924-1930). Schaffhausen 1985. S. 21-79. Vgl. auch: "Biographie", unterzeichnet B. Zimmermann, 27.1.1937, in: Kaderakte Zimmermann, RZA-Komintern. Fritz Platten (1883-1942), der beim Gründungskongress der Komintern am Präsidiumstisch neben Lenin gesessen hatte, spielte später in der Komintern keine Rolle. Er lebte seit 1924 vorwiegend in Moskau und arbeitete bei der IAH. Zu Beginn der dreissiger Jahre war er Mitarbeiter am "Internationalen Agrarinstitut" (MAI) in Moskau und unterrichtete am "Institut für Fremdsprachen". 1933 ging er eine dritte Heirat, diesmal mit Berta Zimmermann, ein. 1938 wurde er verhaftet und 1942 im Lager erschossen. Angaben aus: Kaderakte F. Platten, RZA-Komintern; Dossier F. Platten, KGB-Archiv, Moskau.
5 "Fragebogen für Mitarbeiter des EKKI", unterzeichnet B. Zimmermann, 26.9.1930; "Biographie", unterzeichnet B. Zimmermann, 27.1.1937, in: Kaderakte Zimmermann, RZA-Komintern.
6 "Biographie", unterzeichnet B. Zimmermann, 27.1.1937, ebenda. Ihr Vater starb 1924, ihre Mutter 1932. Vgl. dazu "Fragebogen", unterzeichnet B. Zimmermann, 14.7.1936, ebenda.
7 Zu F. Anneveldt (1883-1937) vgl.: Kaderakte F. Anneveldt, ebenda; Beer-Jergitsch, Lilli: 18 Jahre in der UdSSR. Wien 1978. S. 10 (nicht veröffentlicht, Manuskript hinterlegt in: Schweizerisches Sozialarchiv, Zürich). Bericht Anneveldt in: "Schaffhauser Arbeiter-Zeitung", 27.3.1925.

Berta Zimmermann traf im Mai 1924 in Moskau ein und erhielt eine Stelle als "Stenotypistin" in der von Edgar Woog geleiteten "Abteilung für Information und Statistik", die der Organisationsabteilung unterstand. Woog wies die "Geschäftsabteilung" der Komintern an, Zimmermann als statistische Mitarbeiterin einzutragen und in "ein Zimmer im Lux zu überweisen". Zimmermann war neben Lydia Dübi und Hedwig Dasen - der Lebensgefährtin des Kominternfunktionärs Karl Hofmaier - die dritte Schweizerin, die im Sommer 1924 in Woogs Abteilung Arbeit gefunden hatte. Ihre Bekanntschaft mit Fritz Platten, den sie noch im gleichen Jahr heiratete, dürfte ihr diesen Einstieg in die Komintern erleichtert haben.[8] Berta Zimmermann stellte sofort den Antrag auf Aufnahme in die russische Partei. Es handelte sich nicht um den üblichen Antrag auf "Überführung", sondern um Aufnahme als Parteikandidatin. Zimmermann gehörte nämlich bisher keiner Partei an, ein Umstand, den sie erklären musste und mit ihrer Arbeit als Korrespondentin in einem Zürcher "Rechtsbureau" begründete. Weiter schrieb sie: "Meine Verhältnisse in der Schweiz verunmöglichten mir den Eintritt in die KPS. Ich habe aber seit deren Gründung mit derselben sympathisiert und ihre Tätigkeit mit regem Interesse verfolgt. Nun wünsche ich, in die Reihen der K.P.R. einzutreten, und ich bin bereit, mich allen Pflichten und Anforderungen freudig zu unterziehen. In der Beilage finden Sie ein Empfehlungsschreiben von Genosse Fritz Platten." Platten unterstrich in seiner Referenz ihre langjährigen Sympathien und den verlässlichen Charakter; er schloss sein "Zeugnis" mit einer Bemerkung, die bei russischen Parteiorganen Zweifel auslösen konnten: "Ich fühle mich jedoch verpflichtet zu sagen, dass ihr Streben in die Partei zu gelangen auf gefühlsmässiger Einstellung und nicht auf praktischer und theoretischer Durchdringung unserer Bewegung und Weltanschauung basiert."[9] Dieser offene, von Platten vielleicht vorschnell hingeworfene Satz, hat möglicherweise den negativen Bescheid bewirkt. Platten war für seinen spontanen, unkomplizierten Umgang bekannt und dürfte die russische Parteimentalität unterschätzt haben. In diesen Jahren war Plattens Prestige in der Sowjetunion noch ungebrochen. Darum wurde er von vielen Schweizern immer wieder um Empfehlungen angegangen, die verschlossene Türen - so etwa im Falle von Paul Rüegg - einrennen konnten.[10] Vielleicht wähnte sich Platten bei

---

8 Briefe Woog (Deckname "Stirner"), Moskau 24. .1924, 3.9.1924; Angabe zur Heirat aus "Biographie", unterzeichnet B. Zimmermann, 27.1.1937, in: Kaderakte Zimmermann, RZA-Komintern. Zu H. Dasen (1899-1971), die 1927 nach der Verhaftung des Kominternemissärs Karl Hofmaier in Italien in die Schweiz heimkehrte, vgl.: Hofmaier, Karl: Memoiren eines Schweizer Kommunisten 1917-1947. Zürich 1978. Karl Hofmaiers Bruder Emil (1901-1965) arbeitete seit 1928 bei der Profintern in Moskau. Zusammen mit dem Basler Sigi Bamatter ist er einer der wenigen Schweizer Kommunisten, die nie verhaftet wurden und in den sechziger Jahren in Moskau starben. Näheres in: Huber, Schweizer Kommunisten (Kapitel Hofmaier), a.a.O., sowie: 2200 Moskau, 1970/258, Bd. 8, Dossier "Emil Hofmaier" (Bundesarchiv Bern). Zu Woog vgl. Anm. 2.
9 "Zeugnis", unterzeichnet F. Platten, 31.5.1924; "Gesuch um Aufnahme in die K.P.R", 21.5.1924, in: Kaderakte Zimmermann, RZA-Komintern.
10 Die KPS besass bis Herbst 1935 keinen offiziellen Vertreter beim EKKI. Bei den "Überführungen" in die WKP(B) und den "Empfehlungen" für Parteimitglieder im Rahmen der periodischen Überprüfungen gingen die Schweizer Kommunisten regelmässig Fritz Platten an. Platten half 1925 dem aus der KPS ausgeschlossenen Paul Rüegg, vor der IKK Recht zu bekommen. Näheres zu P. Rüegg, der 1937 verhaftet werden sollte, und dem KPS-Vertreter Koni Mayer, der zwischen 1935 und 1938 beim EKKI arbeitete, in: Huber Peter/Bayerlein Bernhard: Begegnungen und Erfahrungen von Schweizer Kommunisten mit den totalitären Strukturen während des stalinschen Terrors in der Sowjetunion, in: Schweizerische Zeitschrift für Geschichte, Vol. 43, 1993, Heft 1. S. 61-98.

der unvorsichtigen Formulierung in der Illusion, sein Wort allein genüge, um einer Parteilosen die Aufnahme in die WKP(B) zu garantieren.

Berta Zimmermann sollte bis zu ihrer Verhaftung parteilos bleiben. Dieser sonderbare Umstand ist um so verwunderlicher, als sie ab 1933 innerhalb der Kominternzentrale einen Posten bekleidete, der höchste Verantwortung und Vertrauen voraussetzte, im Falle Berta Zimmermann jedoch keine Parteimitgliedschaft erforderte. Sie stieg 1929 von der Stenotypistin zur Sekretärin im "Informationsbüro" auf, einer Stelle innerhalb der "Organisationsabteilung", der B.A.Wassiljew vorstand. Für private Auslandsreisen während des Urlaubs nach Zürich hatte sie bis 1930 dreimal anstandslos die Bewilligung erhalten. Lediglich für die erste Reise im August 1924 liegt im Kaderdossier Zimmermann eine Bestätigung vor. Eine Genossin Grollmann von der OMS erlaubte die Ausreise "nach erfolgter Besprechung mit Gen. Pjatnitzki". Der Russe Pjatnitzki war seit 1921 Leiter der OMS und zusammen mit Wassiljew die bestimmende Person in der übergeordneten "Organisationsabteilung" der Komintern, welche die finanziellen Zuwendungen an die westlichen Parteien festsetzte und zu ihnen die "Org-Instruktoren" entsandte.[11] Mit dem Aufstieg ins "Informationsbüro" im Jahre 1929 befand sich Zimmermann in einem Sektor der Komintern, der höchste Verschwiegenheit verlangte. Sie unterschrieb folgende Erklärung: "Ich bin mir bewusst, dass die politische Kommission strikte verbietet: 1) in der persönlichen Korrespondenz jegliche politische oder Parteifragen anzuschneiden."

Im Sommer 1931 trat Zimmermann in den Dienst der OMS, jener Unterabteilung der "Organisationsabteilung", deren personelle Zusammensetzung aufgrund der konspirativen Arbeitsweise im Ausland der Forschung am meisten Rätsel aufgibt.[12] Berta Zimmermann legte auf speziell vorgedruckten Scheinen vier Empfehlungen vor. Ihr ehemaliger Vorgesetzter Woog schilderte sie als "absolut zuverlässig für jede Art vertraulicher Arbeit" und "treu der Sache der Partei und der Soviet-Union ergeben". Der Deutsche Hans Pfeiffer, ein Kader in der "Organisationsabteilung", kannte sie im Jahre 1930 als Mitarbeiterin des "Informationsbüros" bei der Organisationsabteilung als eine verschwiegene Genossin. Ihr Mann Fritz Platten, der inzwischen seiner Oppositionshaltung im "Deutschen Klub" aus den Jahren 1927/1928 abgeschworen hatte, bezeugte ihre "Verschwiegenheit und Verlässlichkeit in jeder Hinsicht".[13]

---

11 Die Genossin Grollmann war die Frau des "Org-Instruktors" Mike Grollmann, der 1929 in der "deutschen Frage" auf Abwege kam. Zur Ausreise vgl. den Brief "An Gen. Grollmann, OMS", 4.8.1924, in: Kaderakte Zimmermann, RZA-Komintern. Die drei Reisen fanden im August 1924, Juni 1926 und Juli/September 1930 statt ("Fragebogen für Mitarbeiter des EKKI", unterzeichnet Zimmermann, 26.9.1930, ebenda).

12 "Erklärung", unterzeichnet Zimmermann, undatiert, in: ebenda. Diese Erklärung unterschrieb sie möglicherweise erst 1931 beim Eintritt in die OMS, wandte sich doch ihr Vorgesetzter, J. Mirow-Abramow, bei der definitiven Anstellung an eine "Politkommission". Vgl. dazu Brief Abramow an Politkommission, 17.6.1933, ebenda.

13 Die vierte Empfehlung stammte von W.A. Wassiljew (1.9.1931); "Empfehlung", unterzeichnet Woog (Deckname "Stirner"), 21.8.1931; "Empfehlung", unterzeichnet H. Pfeiffer, 28.8.1931; "Empfehlung", unterzeichnet F. Platten, undatiert, in: Kaderakte Zimmermann, RZA-Komintern. Zu H. Pfeiffer (1895-1968) vgl.: Weber, Hermann: Die Wandlung des deutschen Kommunismus. Die Stalinisierung der KPD in der Weimarer Republik. Bd. 2. Frankfurt/M. 1969. S. 244-245. Pfeiffer nahm 1930 an mehreren Sitzungen der Organisationsabteilung teil. Vgl. dazu sein Referat im Anhang zu: Protokoll vom 17.1.1930, in: Bestand "Organisationsabteilung", 495-25-148, RZA-Komintern. Platten gab 1936 seinen "dunklen Fleck" aus der Zeit der Fraktionskämpfe freiherzig zu. Er schrieb: "1927 Solidarisie-

Die OMS gab sich mit diesen positiven Aussagen nicht zufrieden und beauftragte die OGPU, die Vorläuferin des NKWD, auf Zimmermann ein wachsames Auge zu werfen. Ein gewisser Sirotinski schrieb an einen Genossen Formaister von der Hauptabteilung der OGPU: "Betreffs der Verwendung zur Arbeit in der OMS bitten wir, die Genossin Berta Zimmermann zu überprüfen." Im Anhang erhielt die OGPU ein Foto Zimmermanns und einen von ihr ausgefüllten Fragebogen.

Zimmermann gab zu keinen Klagen Anlass. 1933, nach einer zweijährigen Probezeit, gab ihr Vorgesetzter Mirow-Abramow, der bis 1930 von Berlin aus den OMS-Apparat für Europa aufgebaut hatte, einer "Politkommission" die Anweisung: "Ich bitte Sie, die Genossin Zimmermann definitiv als Mitarbeiterin der OMS beim EKKI anzustellen, und zwar in der Eigenschaft als Delegierte."[14]

In ihrem Kaderdossier der Komintern sind drei Auslandsreisen festgehalten, die sie im Frühjahr 1934 mit ihrem Pass auf den Namen Berta Platten unternahm. Den letzten Schritt bei den drei Ausreisegenehmigungen des Jahres 1934 besorgte Sofia Borisowa Briskina, indem sie dem Leiter der Grenztruppen des NKWD, Frinowski, folgendes Anliegen unterbreitete: "Ich bitte Sie, auf telegraphischem Wege dem Grenzposten Negoreloje mitzuteilen, die Schweizer Bürgerin Berta Platten ohne jegliche Kontrolle durchzulassen. Sie reist am 4. April 1934."[15]

M. Frinowski hielt diesen Schlüsselposten für die Ausreise bis ins Jahr 1937 und stieg zudem im Oktober 1936 zum stellvertretenden Volkskommissar des NKWD auf. Im Frühjahr 1938 sollte er dem Terror zum Opfer fallen.[16] Der Zweck von Berta Zimmermanns drei Auslandsreisen geht aus den Ausreiseformalitäten nicht hervor. Falls sie in ihrer Eigenschaft als Delegierte des OMS reiste, benutzte sie mindestens einen der Aufenthalte auch zur Erledigung privater Angelegenheiten. Hans Roggen vom "Russlandschweizerbüro" im "Eidgenössischen Politischen Departement" notierte: "Das Passbüro in St. Gallen teilt mit, dass Frau Berta Platten-Zimmermann im März 1934 persönlich vorsprach und einen Pass No. 112065/1411, ausgestellt von Zürich am 8. Februar 1933, zwecks Verlängerung vorwies. Das Passbüro hat ihn am 12. März 1934 bis zum 12.3.1937 verlängert."[17]

---

rung mit Sinowjew, Radek usw. (Auftreten im D.K.K.). Februar 1928 Abgabe einer Erklärung. Völlige Lossagung von der Opposition." Vgl.: "Lebenslauf", 9.2.1936, in: Kaderakte Platten, RZA-Komintern.

14 Brief "An Politkommission", unterzeichnet Abramow, 17.6.1933; Brief Sirotinski (ohne Funktionsbezeichnung) an Formaister, 20.8.1931. Vgl. auch Brief Sirotinski "An die Hauptabteilung der OGPU", Genossen Formaister, 8.9.1931, in: Kaderakte Zimmermann, RZA-Komintern. Zu J. Mirow-Abramow vgl. Lazitch, Branko (in Zusammenarbeit mit Milorad M. Drachkovitch): Biographical Dictionary of the Comintern. Neuausg., Stanford 1986. S. 319.

15 Anweisung an Frinowski, 7.4.1934; vgl. auch die Anweisungen vom 26.2.1934 und 21.3.1934, in: Kaderakte Zimmermann, RZA-Komintern. Briskina gab ähnlich lautende Anweisungen an Frinowski 1935 auch zur Ausreise der beiden Schweizer Marino Bodenmann und Jules Humbert-Droz. Vgl. dazu: Kaderakte Bodenmann, Humbert-Droz. Zur Registrierung der Ehe in der Schweiz vgl.: Brief "Eidgenössisches Politisches Departement" an Staatskanzlei Zürich, 2.3.1931, in: Bestand "Russlandschweizerbüro", Bd. 112, Dossier "Platten", Bundesarchiv Bern.

16 Zur Verhaftung von Frinowski vgl.: Conquest, Robert: The Great Terror. A Reassment. New York, Oxford 1990. S. 432, 441.

17 "Nachtrag", unterzeichnet H. Roggen, 23.6.1939, in: Bestand "Russlandschweizerbüro", Bd. 112, Dossier "Platten", Bundesarchiv Bern. Die Schweiz und die Sowjetunion unterhielten in der Zwischenkriegszeit keine diplomatischen Beziehungen. Erst nach dem Zweiten Weltkrieg, als die Siegermacht Sowjetunion zu neuer Geltung kam, konnte sich die Schweizer Diplomatie zur Anerkennung durchrin-

Für die einsetzenden Säuberungen im Apparat der OMS finden sich auch im Kaderdossier Zimmermann Hinweise. Die Unterschrift von Zimmermanns Vorgesetztem Mirow-Abramow zur Auszahlung von Sonderzulagen fehlt seit Frühjahr 1935. Zusammen mit Pjatnitzki hatte er seit 1921 den Aufbau des konspirativen Apparates der OMS im Westen an die Hand genommen und galt als bester Kenner des Netzes, das die kommunistischen Parteien mit der Kominternzentrale in Moskau verband. Diesem Schlüsselposten im Verbindungssystem zu den ausländischen kommunistischen Parteien kam zur Zeit der Schauprozesse eine zentrale Bedeutung zu. Der Verdacht, mit ehemaligen und potentiellen Opponenten im Westen über eigenständige Kanäle Kontakte zu pflegen, traf nicht nur Exponenten des OMS wie Mirow-Abramow, sondern alle Mitarbeiter.

Noch im Herbst 1935 hatte Mirow-Abramow den Schweizer Sigi Bamatter in der "Chiffrierabteilung" eingestellt. Ab 1936 zeichnete jedoch ein Genosse Müller als Verantwortlicher der OMS, die zur gleichen Zeit reorganisiert wurde und die Bezeichnung "Nachrichtendienst" ("S.S.") erhielt.[18] Der erste "S.S."-Leiter Müller amtierte vom Februar 1936 bis April 1937 und stellte als neuen Mitarbeiter u.a. P. Stutschewski ein, der im Fall Zimmermann eine unrühmliche Rolle spielen sollte; vor seiner Berufung in die Zentrale der "S.S." soll Müller in Harbin für die OMS oder die GRU und später in Moskau für die GRU gearbeitet haben. In der "S.S." hatte er als Sekretärin F.E. Jaschenko, die später gegen Berta Zimmermann aussagen sollte.[19] Der Wechsel von OMS zu "S.S" schlug sich auch in neuen Formularen nieder, welche die Kominternmitarbeiter beim Gesuch um Verlängerung des Aufenthaltes einreichen mussten. Dieser Bogen der "S.S." umfasste zehn Fragen. Am untern Rand stand geschrieben: "Der Fragebogen muss vom verantwortlichen Mitarbeiter der Kaderabteilung oder der *Geheimabteilung* ausgefüllt werden. Punkt 7 wird von der S.S. ausgefüllt."

Die unseres Wissens erstmalige Erwähnung einer "Geheimabteilung" gibt Rätsel auf. Handelte es sich um eine neugeschaffene Stelle in der "S.S.", die für deren Mitarbeiter ähnliche Funktionen wahrnahm wie die Kaderabteilung für den gesamten Kominternmitarbeiterstab?[20] Ein Dokument aus dem Kaderdossier des Holländers Wim Rutgers, eines Mitglieds der KPS in Moskau, belegt, dass zu dieser Zeit in vielen sowjetischen Betrieben ein "Geheimsektor" bestand. So schrieb der Leiter des "Geheimsektors" des Betriebs "Molotow", ein Genosse Adrianow, an die Kaderabteilung der Komintern: "Der *Geheimsektor* des Betriebs Molotow braucht dringend eine Charakteristik über Rutgers

---

gen. Die in Moskau lebenden Schweizer konnten ihre Pässe in der Zwischenkriegszeit über den IKRK-Delegierten W. Wehrlin verlängern lassen. Vgl. dazu: Huber, Schweizer Kommunisten, a.a.O., Kapitel "IKRK-Delegation Moskau". Warum B. Zimmermann diesen Weg nicht eingeschlagen hat, ist unerklärlich. Laut Aussagen einer ihrer Schwestern kam Berta Zimmermann 1934 zweimal in die Schweiz, da ihre Mutter im Sterben lag. Vgl. dazu: Brief Frau Zeller-Zimmermann an Gesandtschaft Moskau, Zürich 20.5.1956, in: 2001 (E) 1970/217, Bd. 127, Dossier "F. Platten", Bundesarchiv Bern.

18 Pjatnitzki und Mirow-Abramow wurden 1937 verhaftet. Brief Mirow-Abramow an "Buchhaltungsstelle", 9.1.1935, in: Kaderakte Zimmermann, RZA-Komintern. Dieser Müller, der Nachfolger von Mirow-Abramow, ist nicht identisch mit G. Brückmann (Deckname "A. Müller") von der deutschen Kaderabteilung.

19 Vgl. dazu: Brief Sorkin an Poljatschek (NKWD), 29.5.1937; Brief "An die Parteikommission des EKKI", unterzeichnet von P. Stutschewski, 23.6.1937; "Erklärung", unterzeichnet Jaschenko, 25.6.1937, in: Kaderakte Zimmermann, RZA-Komintern.

20 Vgl. "Fragebogen", 21.11.1936, ebenda. Sechs Monate später musste Zimmermann erneut eine Verlängerung einreichen. Vgl. "Fragebogen", 29.5.1937, ebenda.

und - falls vorhanden - kompromittierende Unterlagen über ihn."[21] Auf die Existenz einer geheimen Stelle in der "S.S." oder in der Komintern, welche die Mitarbeiter überwachte, weist auch der Bericht eines gewissen Sysman hin. Sysman überprüfte 1936 den OMS/"S.S."-Mitarbeiter Sigi Bamatter und kam mit dem neuen "S.S."-Leiter Müller zum Schluss: " Müller und ich haben den Eindruck, dass der Zusammenbruch unseres Chiffrierwesens in einem bestimmten Zusammenhang mit Bamatter steht. Man hat jedoch noch keinen Durchblick, der Bamatter belasten könnte. Eine Prüfung ist notwendig. Einen Fragebogen über Bamatter hat es in der *Spezialabteilung*."[22] Vielleicht handelt es sich bei den drei erwähnten Beispielen ("Geheimabteilung", "Geheimsektor", "Spezialabteilung") um einen ersten Beleg aus dem Kominternarchiv für die vom dänischen Historiker Niels E. Rosenfeldt seit langem an Hand von Indizien umschriebene "Spezialabteilung", die von der WKP(B) aus auch in der OMS und der gesamten Kominternzentrale in Moskau Fuss fassen konnte.[23]

Im Dezember 1936 folgte Berta Zimmermann dem allgemeinen Trend und reichte das Gesuch um die sowjetische Staatsbürgerschaft ein. Ihr neuer Vorgesetzter Müller unterstützte das Begehren und sandte es - zusammen mit dem Schweizer Pass - an einen Genossen namens Fokin. Die Behandlung dieser Anträge dauerte in der Regel zwischen sechs Monaten und einem Jahr. Ende Mai 1937 musste Zimmermann ein neues Gesuch um Verlängerung der Aufenthaltsbewilligung eingeben, weil der Sowjetpass auf sich warten liess.[24]

Da Berta Zimmermann weiterhin parteilos war, finden sich in ihrem Kaderdossier keinerlei "Erklärungen", wie sie WKP(B)-Mitglieder zur Verteidigung an oder nach den Parteiversammlungen abzugeben hatten. In diesen Versammlungen der verschiedenen Parteikollektive des Kominternapparates überprüften sich die Mitglieder gegenseitig auf politische Schwankungen und probten Wachsamkeit. Dieser Praxis mussten sich alle Parteimitglieder erstmals in den Jahren 1928/29 unterziehen, als es galt, nach der politischen Niederlage der Parteiopposition die Kominternmitarbeiter auf die neue Linie einzuschwören. Die "Erklärung" der Baslerin Lydia Dübi aus dem Jahre 1929 zu Händen des "Dritten Parteikollektivs" lässt diese früh eingeübten und akzeptierten Mechanismen klar hervortreten.[25]

---

21 Brief Adrianow an Kaderabteilung Komintern, 3.11.1938, in: Kaderakte W. Rutgers, ebenda. W. Rutgers, einer der Söhne des Ingenieurs und ehemaligen Kominternmitarbeiters Sebald Rutgers, war mit der Schweizerin Else Fausch verheiratet. Er hatte bis 1931 in Zürich studiert und war dort der KPS beigetreten. Näheres zu seinem Schicksal in der Sowjetunion in Huber, Schweizer Kommunisten, a.a.O., Kapitel "W. Rutgers".

22 "Charakteristik", zitiert in: "Bescheinigung", unterzeichnet von Sysman, 26.2.1939, in: Kaderakte S. Bamatter, RZA-Komintern.

23 Vgl. Rosenfeldt, Niels Erik: Stalins Secret Chancellery and the Comintern. Evidence About the Organizational Patterns. Copenhagen 1991. S. 45-77.

24 "Fragebogen", unterzeichnet Zimmermann, 29.5.1937; Brief Müller an Fokin (ohne Funktionsbezeichnung), 3.12.1936, in: Kaderakte Zimmermann, RZA-Komintern. Fokin wurde von Müller auch im Januar 1937 ersucht, dem Schweizer "S.S."-Mitarbeiter O. Stäuble bei der Registrierung im Hotel zu helfen. Vgl. dazu Brief Müller an Fokin, 28.1.1937, in: Kaderakte O. Stäuble, ebenda.

25 "An das Büro des Dritten Kollektivs der Zelle der KPSU beim EKKI", unterzeichnet L. Dübi, 4.7.1929, in: Bestand "Parteikomitee der Parteiorganisation der WKP(B) im EKKI", 546-129, RZA-Komintern. Dübi hatte - wie die beiden Schweizer Fritz Platten und Erwin Schaffner - auf den Versammlungen des "Deutschen Klubs" für die Parteiopposition Partei ergriffen; zudem leitete sie die dortige Bibliothek. 1928 war sie in der Thälmann/Wittorf-Affäre auf Kollisionskurs mit der Komintern

Das Klima der Angst und gegenseitigen Verdächtigungen wurde 1935 auch vom neuen Kominternführer G. Dimitrow vorangetrieben, der in den Augen vieler bedrohter Kominternmitarbeiter in den folgenden Jahren immer wieder als Retter in letzter Minute erschien. Dimitrow, der Held des Reichstagsbrandprozesses, verlangte auf einer Parteiversammlung der EKKI-Mitarbeiter "Sondermassnahmen, besondere Arbeitsmethoden, um den Kominternapparat vor dem Eindringen feindlicher Agenten und vor der Gefahr der Doppelzüngelei zu sichern".[26] Die parteilose Berta Zimmermann dürfte aus der Presse, am Arbeitsplatz und auf offenen Parteiversammlungen diese Stimmung und deren Folgen mitbekommen haben. Als "Aussenstehende", welche die Kurierabteilung der "S.S." leitete, war sie durch das allen Parteimitgliedern auferlegte Gebot zur Wachsamkeit besonders verwundbar. Im August 1936, am Tage nach der Hinrichtung der 16 Verurteilten im ersten Schauprozess, beschloss die Parteiversammlung der EKKI-Mitarbeiter: "Jeder Genosse verpflichtet sich, auf seine Umgebung zu achten sowie die Parteiorganisation vor allen Verdächtigungen rechtzeitig zu warnen."[27]

Im März 1937 bekam Berta Zimmermann einen Vorgeschmack von dem, was in den kommenden zwei Monaten auf sie zukommen sollte. Ein Kurier der "S.S.", der im Sommer 1936 geheime Briefe von Moskau nach Madrid gebracht hatte, machte im März 1937 eine schriftliche "Mitteilung", die im Kaderdossier Zimmermann liegt. Die "Mitteilung" des englisch sprechenden Kuriers mit den Namen "Rogers" und "Georg" wurde von einer Frau Hartmann ins Russische übersetzt. Der Kurier bezeugte, dass Berta Zimmermann in der Zentrale der "S.S." im obersten Stockwerk des Komintergebäudes dabei war, als ihm ein Genosse "Walter" im Sommer 1936 einen geheimen Brief zur Überbringung nach Madrid ausgehändigt hatte.[28] Sowohl der Absender "Walter" als auch der Empfänger in Madrid waren inzwischen in Ungnade gefallen, womit der Bote "Rogers" ("Georg") und die Zeugin Zimmermann automatisch in Verdacht gerieten. Berta Zimmermann musste eine kurze "Erklärung" abgeben: "Ich erinnere mich, dass Walter bei der Absendung von Georg anwesend war. Doch an eine Übergabe eines Briefes erinnere ich mich nicht, vielleicht habe ich nicht aufgepasst."[29]

Wichtiger als eine Klärung dieser diffusen, mehr als ein halbes Jahr zurückliegenden Begebenheit erscheint uns der weitere Weg, den die schriftlichen Stellungnahmen von Zimmermann und des Boten nahmen. Der o.g. Sysman leitete die beiden Aussagen an den Genossen Poljatschek weiter mit der persönlichen Einschätzung: "Ich glaube, dass beide den Inhalt dieses Briefes kannten und ebenfalls die Person, an die dieser Brief

---

geraten. Vgl.: Huber/Bayerlein, Begegnungen und Erfahrungen, a.a.O., S. 64-66. Zur Affäre Thälmann/Wittorf vgl.: Weber, Wandlung, a.a.O., Bd. 1, S. 199-223. Vgl. auch die Analyse der Abschwörungsrituale in: Müller, Reinhard: Permanenter Verdacht und 'Zivilhinrichtung'. Zur Genesis der 'Parteisäuberungen' in der KPD, in: Kommunisten verfolgen Kommunisten. Stalinistischer Terror und 'Säuberungen' in den kommunistischen Parteien seit den 30er Jahren. Hrsg. von Hermann Weber und Dietrich Staritz in Verbindung mit Siegfried Bahne und Richard Lorenz. Berlin 1993. S. 243-264.

26 Votum von Dimitrow auf Parteiversammlung 20.2.1935, in Bestand 546-1-274, RZA-Komintern. Der russische Historiker F.I. Firsow hatte erstmals Zugang zu diesem Bestand. Vgl.: Firsow, Fridrich: Die Säuberungen im Apparat der Komintern, in: Kommunisten verfolgen Kommunisten, a.a.O., S. 37-51.

27 "Resolution", verabschiedet auf Parteiversammlung 26.8.1936, in: Bestand 546-1-340, RZA-Komintern.

28 "Mitteilung von Rogers", 27.3.1937, in: Kaderakte Zimmermann, ebenda.

29 "Erklärung der Genossin Berta", 4.4.1937, ebenda.

adressiert war."[30] Poljatschek gehörte dem NKWD an, trat jedoch im Briefverkehr mit Kominternorganen ohne Funktionsbezeichnung auf. Sysman trug damals auch gegen die beiden Schweizer "S.S."-Mitarbeiter Otto Stäuble und Sigi Bamatter belastendes Material zusammen. Er leistete Vorarbeit und sandte die Hinweise im Falle Zimmermann direkt an Poljatschek, im Falle Stäuble übergab er die Zwischenresultate an Anwelt, den Vorsitzenden der IKK, der sie an Poljatschek weitergab.[31] Ausser Anwelt und Sysman betätigte sich auch Alichanow von der Kaderabteilung als Zuträger des NKWD-Mitarbeiters Poljatschek.

Ein solcher Informationsfluss von Alichanow zu Poljatschek lässt sich im Falle der Untersuchung gegen die Schweizer Paul Rüegg, Sophie Kirschbaum und André Wats beobachten. Während Sysman und - wie wir sehen werden - ein gewisser Sorkin den "S.S."-Sektor der Komintern abdeckten, bediente Alichanow Poljatschek eher mit Material, das bei ihm über Mitarbeiter der übrigen, weniger delikaten Abteilungen der Komintern eingegangen war.[32] Als Schlüsselperson, bei der die Fäden der Voruntersuchungen der Abteilungen der Komintern zusammenliefen, entpuppt sich somit Poljatschek. Er gehörte jenem Bereich an, wo sich NKWD und Komintern im Jahre 1937 schnitten und überlagerten. Im Frühjahr 1938 verlieren sich seine Spuren.[33]

Eine zweite "Erklärung", die Zimmermann belastete und im Kaderdossier erhalten ist, lief im Mai 1937 ein. Ein Fr.Iw. Milter erachtete es "für unerlässlich", mitzuteilen, dass

---

30 Brief Sysman an Poljatschek, 22.4.1937, ebenda.
31 Brief Anwelt an Poljatschek, 26.7.1937; "Bescheinigung", unterzeichnet Sysman, 26.7.1937, in: Kaderakte O. Stäuble, ebenda.
32 G. Alichanow (1897-1938), der Vater von Jelena Bonner, leitete die Kaderabteilung der Komintern von Januar bis Mai 1937. Er war der Nachfolger von Moises Tschernomordik (1898-1937), der die Abteilung vom Juli bis Dezember 1936 geleitet hatte und dem Terror zum Opfer gefallen war. Vgl.: Kaderakte Tschernomordik, RZA-Komintern. Alichanow war der Partei 1914 beigetreten und hatte lange Jahre in der Organisationsabteilung gearbeitet, aus der 1932 die Kaderabteilung der Komintern hervorging. Zusammen mit F.S. Kotelnikow (1893-?) überprüfte er seit Sommer 1936 den gesamten Mitarbeiterstab des EKKI und spielte bei den "Säuberungen" des Kominternapparats eine zentrale Rolle. Vgl.: Kaderakte F.S. Kotelnikow, G. Alichanow, RZA-Komintern. Noch am 25.5.1937, nach der Verhaftung von Alichanow, sandte eine gewisse A. Ballod eine Denunziation an Alichanow, in der sie Zimmermann belastete. Vgl.: "An die Kaderabteilung, gen. Alichanow", 25.5.1937, ebenda. Alichanows Tod wird von den russischen Historikern und Mitarbeitern am Kominternarchiv, F. Firsow und L. Babitschenko, die Militärgerichtsakten konsultieren konnten, auf den 13.2.1938 festgesetzt (Auskunft F. Firsow/L. Babitschenko, Moskau 15.2.1993). Über Sorkin finden sich Hinweise im Kaderdossier von K. Mayer und von W. Rutgers. Im März 1938 regelte er die Ausreise von K. Mayer (Brief K. Mayer an Sorkin, 2.3.1938, RZA-Komintern). Noch im Dezember 1942 kassierte er Parteibeiträge von Rutgers ("Quittung", unterzeichnet von Sorkin und Kasmertschuk, 22.12.1942, RZA-Komintern). Sorkin, der jüdischer Abstammung war, soll im Zuge der antisemitischen Kampagne Ende der vierziger Jahre verhaftet worden sein. Er soll jedoch in den sechziger Jahren in Freiheit gestorben sein (Auskunft von F. Firsow, Moskau 15.2.1993).
33 L.M. Poljatschek wurde im Februar 1939 erschossen. Firsow konnte die Akte Poljatschek im Archiv der Armeeprokuratur einsehen. Poljatschek soll - so die Akte - das ehemalige IKK-Mitglied Anwelt im Verhör zu Tode gefoltert haben (Auskunft von F. Firsow, Moskau 15.2.1993). In der Rehabilitierungsurkunde zu Berta Zimmermann werden gegen Poljatschek folgende Vorwürfe erhoben: "Es wurde überprüft und festgestellt, dass Zimmermann aufgrund gefälschter Materialien verurteilt wurde. Am 4.7.1937 wurde sie ohne Erlaubnis des Prokurators vom NKWD verhaftet, nämlich von Lanfang und Poljatschek, die das Personal des EKKI untersuchten. Sie haben die Verhaftete erpresst. Sie haben die Dokumente gefälscht [...]. Poljatschek wurde später zur Rechenschaft gezogen.".Vgl.: Rehabilitierungsbegründung vom 2.6.1956, in: Dossier B. Zimmermann, KGB-Archiv Moskau

Berta Zimmermann die Frau von Fritz Platten, eines früheren Trotzkisten, sei. Die folgenden Beobachtungen Milters über Zimmermanns zentrale Position in der Kurierabteilung der OMS unter Mirow-Abramow und in der "S.S." unter Müller werden auch in einer anderen Denunziation hervorgehoben. Milter schrieb: "In den Händen von Genossin Berta konzentrierten sich alle Fäden der Periferie; sie hat Bestellungen für ausländisches Material aufgenommen und weitergegeben, wobei sie Personen verwendete, die ins Ausland fuhren. Soviel ich weiss, hat Genossin Berta auf dieser Linie schon etwa drei Jahre unter der alten Führung (Mirow-Abramow) gearbeitet. Der Umstand, dass sie ihren Posten auch unter Müller behielt, sie als Parteilose und Frau eines ehemaligen Trotzkisten, ruft Zweifel hervor - besteht hier nicht etwas gemeinsames oder eine Annäherung zwischen Müller und Platten oder seinen trotzkistischen Freunden. Ich kann nichts Bestimmtes sagen, doch man muss das aufklären."[34]

Die Seitenhiebe auf Müller, der 1936 Mirow-Abramow als Leiter der alten OMS ersetzt und den Übergang zur neuen "S.S." eingeleitet hatte, lassen erahnen, dass sich auch Müller im Sog der Säuberungen befand. Ab Frühjahr 1937 fehlt seine Unterschrift in den Akten; seine Kompetenzen nahm von diesem Zeitpunkt an der Russe Moskwin ein, der in den zwanziger Jahren bezeichnenderweise Leiter der Auslandsabteilung der GPU gewesen war.[35] Der Aufstieg von Moskwin an die Spitze der "S.S." symbolisiert die endgültige Übernahme der ehemaligen OMS durch den NKWD.

Eine dritte belastende Aussage machte Ende Mai 1937 eine Genossin A. Ballod, ehemals Kurier an einem sowjetischen Konsulat im Ausland. Der Anstoss zu ihrem Bericht gab ihr die Verhaftung von Firin, unter dem sie in der "Sonderabteilung" eines Konsulates gearbeitet hatte. Firin war in den zwanziger Jahren stellvertretender Chef des militärischen Abwehrdienstes GRU, bevor er zu Beginn der dreissiger Jahre zum NKWD wechselte und zum stellvertretenden Leiter der Lagerverwaltung (GULAG) aufstieg.[36] A. Ballod liess sich bei ihrer Aussage über die vergangene Tätigkeit für Firin im Ausland vom Gedanken leiten, möglichst schnell ihre damalige Mitarbeit offenzulegen, da sie sich sonst dem Verdacht aussetzte, ihre ehemaligen "Verbindungen" zum verhafteten Firin vertuschen zu wollen. Bezüglich Berta Zimmermann meldete sie lediglich die Beobachtung, diese treffe sich regelmässig mit Mirow-Abramow; im Dezember 1936 habe sie die beiden einmal um 11 Uhr abends auf der Worowskistrasse gesehen.[37]

---

34 "Erklärung" vom 21.5.1937, in: Kaderakte Zimmermann, RZA-Komintern.
35 Zu Moskwin, Deckname für M.A. Trilisser, vgl. Lazitch, Biographical Dictionary, a.a.O., S. 479.
36 S.G. Firin wurde Ende Mai 1937 verhaftet. Vgl dazu Conquest, Robert: Inside Stalins Secret Police. NKVW Politics 1936-39. Hampshire, London 1985. S. 19, 43; Kriwitzki, Walter G.: Ich war in Stalins Dienst. Amsterdam 1940. S. 54; Poretsky, Elisabeth: Our Own People. A Memoir of Ignace Reiss and His Friends. London, Toronto, Melbourne 1969. S. 121-122. A. Ballod nannte leider weder das Jahr noch das Land, in dem sie unter Firin gearbeitet hatte: "Heute erfuhr ich, dass Firin verhaftet wurde. Ich weiss, dass Firin in der Sonderabteilung im Konsulat arbeitete, mit ihm arbeitete Roschin Wassili Petrowitsch, ich weiss es nicht genau, doch es scheint mir so und ich erfüllte bei Roschin Sonderaufträge, deren Inhalt ich nicht kannte, doch ich brachte verschiedenen Leuten Pakete und bekam von ihnen Pakete für Roschin. Über diese Arbeit wusste Baranski Kasimir Bescheid, laut Konsulat Snamenski. Die Leute, denen ich Pakete brachte, waren meiner Ansicht nach Weissgardisten, genau kann ich das nicht sagen. Diese Arbeit führte auch Morjakowa Walentina aus, die ebenfalls in der Sonderabteilung arbeitete." Vgl. dazu: Brief A. Ballod an Alichanow (Kaderabteilung), 25.5.1937, in: Kaderakte Zimmermann, RZA-Komintern. Laut einer Anmerkung kam der Brief zu Anwelt (IKK), der ihn abtippte und die Kopie mit dem Datum 2.6.1937 versah.
37 Ebenda.

Zur Abklärung der gegen Zimmermann und anderer "S.S."-Mitarbeiter eingegangenen Verdächtigungen trat eine Kommission unter dem IKK-Vorsitzenden Anwelt zusammen. Die Protokolle dieser Kommission sind im Kaderdossier Zimmermann leider nicht erhalten. Anhaltspunkte über die Anklage liefert lediglich ein Brief, den der bei der Kommissionssitzung anwesende Sorkin dem NKWD-Mitarbeiter Poljatschek geschrieben hatte. Sorkin spielte bei der Überprüfung der "S.S."-Mitarbeiter die gleiche Rolle wie Sysman; beide waren Verbindungsglieder zum NKWD-Mann Poljatschek. Laut Sorkin soll Zimmermann in der Kommission Anwelt mitgeteilt haben, "dass sie zu Abramow in die 4. Verwaltung ging wegen persönlicher Fragen nach seinem Ausscheiden aus der S.S.".[38] Die angesprochene "4. Verwaltung" war der Aufklärungsdienst GRU der Roten Armee, für den offenbar Mirow-Abramow nach seiner Absetzung als OMS-Leiter arbeitete. Über mögliche weitere Vorwürfe gegen Zimmermann aufgrund von Denunziationen - bezüglich der "trotzkistischen Vergangenheit" ihres Mannes Fritz Platten - berichtete Sorkin in seinem Brief an Poljatschek nicht. Der Verkehr mit ihrem ehemaligen Vorgesetzten Mirow-Abramow, der in diesen Tagen verhaftet wurde, galt als schwerwiegend genug.

In der Kommission Anwelt musste sich laut Sorkin noch eine zweite "S.S."-Mitarbeiterin verantworten. F.E. Jaschenko hatte seit 1936 als Sekretärin des damals ernannten "S.S."-Leiters Müller gearbeitet, der nun in Ungnade gefallen war und auch sie ins Verderben riss. Jaschenko war Parteimitglied und sollte nach der Verhaftung von Berta Zimmermann diese vor der Parteikommission belasten.[39] Zwei Tage nach seinem Brief an Poljatschek über den Verlauf der Untersuchung gegen Zimmermann stellte Sorkin noch einen Antrag auf Verlängerung der Aufenthaltsbewilligung für Zimmermann. Sie erscheint darin weiterhin als "parteilos" und Mitarbeiterin der "S.S.", welche die sowjetische Staatsbürgerschaft beantragt hat. Sorkin richtete das Schreiben an Korniljew, der in den Jahren 1936/37 auch Ausreisebewilligungen ausstellte - so für Jules Humbert Droz und den Schweizer "Leninschüler" Raymond Kamerzin. Korniljew gab im Briefverkehr mit den Kominternorganen nie eine Funktionsbezeichnung an; in einem Brief des Sekretariats von Dimitrow wurde Korniljew jedoch als Mitarbeiter der "Sonderabteilung" des NKWD" angeschrieben.[40]

Vier Tage nach dem Antrag auf Verlängerung der Aufenthaltsbewilligung wurde Berta Zimmermann in ihrer Wohnung in der Gorkistrasse 81, die sie seit Ende der zwanziger Jahre mit Fritz Platten teilte, verhaftet. Fritz Platten erstattete noch gleichentags dem Parteikomitee seiner Arbeitsstelle, dem "Institut für Fremdsprachen", Meldung: "Liebe Genossen: ich muss euch mitteilen, dass heute in der Früh der NKWD in meiner

---

38 Brief Sorkin an Poljatschek, 29.5.1937, ebenda.
39 Ebenda. Sorkin schrieb über Jaschenkos Tätigkeit vor 1936: "Ich teile mit, dass laut bestehenden Angaben Jaschenko F. E., während sie in Harbin war, dort gemeinsam mit Müller arbeitete, danach arbeitete sie mit ihm in der 4. Verwaltung [GRU, d. V.]."
40 "An den Gen. Korniljew", 31.5.1937, in: Kaderakte Zimmermann, RZA-Komintern. Korniljew war auch für die Aufenthaltsbewilligung von S. Kirschbaum zuständig. "An den Gen. Korniljew", 16.1.1937, in: Kaderakte J. Humbert-Droz, ebenda; "An den Gen. Korniljew", 8.1.1937, in: Kaderakte R. Kamerzin, ebenda. Näheres zu R. Kamerzin in Huber, Schweizer Kommunisten, a.a.O., Kapitel "R. Kamerzin". Brief Sergejew (Sekretär von Dimitrow) an Korniljew (Sonderabteilung NKWD), 11.9.1937, in: Bestand "Sekretariat Dimitrow", 495-73-49, RZA-Komintern. Korniljew soll in der "Besonderen Sektion" gearbeitet haben, die den Kadern auch Passierscheine für offizielle Anlässe ausstellte. So Krivitzki, Stalins Dienst, a.a.O., S. 247.

Wohnung eine Hausdurchsuchung vorgenommen hat. Meine Frau, die ich vor 13 Jahren geheiratet habe, ist verhaftet. Die Gründe für deren Verhaftung kenne ich nicht."[41]

Ob diese Intervention des NKWD einem allfälligen Beschluss der Kommission des IKK-Vorsitzenden Anwelt vorgegriffen hat, lässt sich nicht feststellen. Sicher ist, dass der NKWD durch die Berichte, die Sysman und Sorkin an Podlepitsch gesandt hatten, über den Stand der Anschuldigungen gegen Zimmermann auf dem laufenden war. Nach der von Sysman, Sorkin und Anwelt geleisteten Vorarbeit setzte der NKWD den Zeitpunkt der Verhaftung in eigener Regie fest.

Auch in den Tagen nach der Verhaftung leiteten Sysman und Sorkin die für Berta Zimmermann in der "S.S." eingehende Post an Podlepitsch weiter. Ein an den Pforten der "S.S." eintreffender Kurier namens Silber wusste nichts von der Verhaftung, misstraute jedoch offenbar Leuten wie Sorkin. Sysman sandte den von Silber hinterlassenen Brief mit folgender Bemerkung an Poljatschek: "Ich teile mit, dass Silber den Boten Botrowski gebeten hat, den Brief persönlich an Berta zu übergeben und ihn keinesfalls über den Genossen Sorkin zu übergeben."[42] Zwölf Tage nach der Verhaftung sanktionierte das Sekretariat des EKKI wie üblich das Einschreiten des NKWD. Im Kaderdossier Zimmermann findet sich lediglich ein "Auszug aus der Verfügung Nr. 20 betreffs Nachrichtendienst ["S.S.", P.H.] des Sekretariats des EKKI", unterzeichnet von Sorkin am 16. Juni 1937. Offenbar hatte das Organ der Komintern mehrere Verhaftungen abgesegnet, steht doch auf dem Auszug zu lesen: "Die unten aufgeführten ehemaligen Mitarbeiter sind aus dem Personalbestand auszuschliessen: 2. Berta bzw. Platten Zimmermann." Eine nicht eindeutig auszumachende Person beglaubigte den Auszug und fügte von Hand an: "Verhaftet vom NKWD als Volksfeind."[43]

Nach ihrer Verhaftung mussten die bisher verschonten Mitarbeiter "Erklärungen" abgeben und ihre Beziehungen zur verschwundenen Person offenlegen. In diese von der Angst um die eigene Haut diktierten "Erklärungen" flossen Beobachtungen ein, welche die eigene "Wachsamkeit" unterstreichen sollten. Der Mitarbeiter P. Stutschewski befand sich in einer unangenehmen Situation, da er auf einer Versammlung Berta Zimmermann in Schutz genommen hatte. Nach deren Verhaftung sah er sich genötigt, seine Haltung ins rechte Licht zu rücken. An die Parteikommission des EKKI schrieb er: "Meine Antwort, die ich unter Einfluss einer Laune auf der Versammlung einwarf, dass ich für Berta bürge, halte ich für zutiefst unrichtig, um so mehr, als ich sie wirklich nicht kenne."

---

41 "An das Sekretariat des Parteikomitees", 4.6.1937, in: Kaderakte F. Platten, RZA-Komintern. Platten, der Russisch nur schlecht beherrschte, schrieb die Meldung in Deutsch; sie wurde ins Russische übersetzt und liegt in seiner Kaderakte.

42 Brief an Poljatschek, 16.6.1937, in: Kaderakte Zimmermann, RZA-Komintern. Sorkin schrieb am 7.6.1937 an Poljatschek: "Ich lege zwei Briefe bei, die wir aus dem Postfach Nr. 170 genommen haben. Wir teilen mit, dass die Korrespondenz aus diesem Fach immer Berta erhielt." (Ebenda).

43 "Auszug", 16.6.1937, in: ebenda. Die schwierige Entzifferung der Unterschrift lässt auf den Namen "Anutrewa" schliessen (ebenda). Die Sitzung des Sekretariats fand am gleichen Tag statt. Dem Sekretariat gehörten seit dem VII. Weltkongress 1935 folgende Leute als Mitglieder an: D. Manuilski (Sowjetunion), G. Dimitrow (Bulgarien), K. Gottwald (Tschechoslowakei), O. Kuusinen (Finnland), A. Marty (Frankreich), W. Pieck (Deutschland) und P. Togliatti (Italien). Lediglich Manuilski, Dimitrow und Kuusinen weilten ständig in Moskau; die übrigen nahmen 1936/37 nur sporadisch an den Sitzungen teil, erfüllten sie doch Missionen im spanischen Bürgerkrieg (Marty, Togliatti) oder in Paris und Prag (Pieck, Gottwald).

In diesem Prozess der Entsolidarisierung erwähnte das Parteimitglied Stutschewski als Beweis für sein frühes Misstrauen Berichte, die es bereits vor der Verhaftung von Berta Zimmermann zwei Kominternkadern zukommen liess: "Ich kenne Berta insofern, wie sie jeder operative Einsatzarbeiter der S.S. kennt. Alle Genossen, die auf Dienstreise geschickt wurden, erhielten die ihnen nötigen Informationen nur von ihr. [...] Nach Verordnung von Müller führte mich Berta in die Arbeit ein. Im Verlaufe der Vertrautmachung mit meiner Arbeit sah ich, dass Berta mehr wusste als ihr zustand. Obwohl sie parteilos war, führte sie faktisch die ganze Einsatzarbeit aus. Da setzte ich es mir zum Ziel, sie soviel als möglich auszuforschen. Alles was ich erfuhr, teilte ich den Genossen *Moskwin* und *Manuilski* mit."44

Die Angaben Stutschewskis bestätigen die zentrale Verantwortung von Zimmermann als Leiterin des Kurierdienstes der Komintern. Sie weisen auch auf zwei Exponenten des Kominternapparates hin, denen wachsame Parteimitglieder ihre Beobachtungen anvertrauten. Moskwin und Manuilski waren zusammen mit Stalin seit 1935 die drei Vertreter der WKP(B) im Präsidium des EKKI. Während sich Stalin im Hintergrund hielt und in keiner der EKKI-Untersuchungskommissionen mitwirkte, die 1937 gegen Schweizer Kommunisten aktiv wurden, standen Moskwin, Manuilski, der IKK-Vorsitzende Anwelt und Alichanow von der Kaderabteilung an vorderster Front. Sie waren im Jahre 1937 die Schaltstellen, bei denen Anfragen und Auskünfte über verdächtige Mitarbeiter der Komintern ein- und ausgingen. Die vier vorgenannten sind die zentralen Verbindungsglieder von der Kominternspitze zum NKWD.45

Die letzte schriftliche Aussage im Kaderdossier Zimmermann ist jene von F.E. Jaschenko, die sich bereits vor der Verhaftung von Zimmermann vor der Kommission Anwelt verantworten musste. Von ihrer späteren "Erklärung an die Parteikommission" liegt lediglich ein Auszug vor. Das Parteimitglied Jaschenko kam erst 1936 in die "S.S.", als der ehemalige Leiter Mirow-Abramow bereits beim militärischen Abwehrdienst GRU arbeitete. Die unfreiwillige Versetzung hinderte Mirow-Abramow nicht, die langjährige Freundschaft mit seiner vormaligen Untergebenen Zimmermann zu pflegen und sie in den Räumlichkeiten der "S.S." aufzusuchen. Jaschenko arbeitete damals als Sekretärin des neuen "S.S."-Leiters Müller und konnte - so schimmert in ihrer "Erklärung" durch - diese alteingespielte Freundschaft nur schwer verkraften; um sie herum sei eine "Wand der Feindschaft" entstanden.

Jaschenkos "Erklärung" zeugt auch von den wachsenden Ressentiments russischer Mitarbeiter gegen westliche Vorgesetzte, die dank ihrer Beziehungen in den Genuss exklusiver Artikel kamen: "Berta war mit Abramow vertraut, er vertraute ihr. A[bramow] bot nur ihr ausländische Schokolade und Pralinen an, sie hatte ausländische Sachen, bekam zweifellos von A[bramow] Geschenke und wenn er kam, brachte A[bramow] sie in seinem Wagen nach Hause, sie war mit seiner Frau befreundet. Als ich zur Sekretärin von M[üller] ernannt wurde, lachten mir Berta und Abramow ins Gesicht, er wollte, dass

---

44 "An die Parteikommission des EKKI", 23.6.1937, in: Kaderakte Zimmermann, RZA-Komintern. Er fügte hinzu: "Mitglied WKP(B) seit 1919, Parteiausweis Nr. 1289215."
45 Nähere Angaben in: Huber, Schweizer Kommunisten, a.a.O., Kapitel "Das Repressionsgefüge der Komintern: eine Annäherung".

Berta Sekretärin von M[üller] sei. Berta half mir nicht bei der Arbeit, im Gegenteil [...]."46

Bei ihrer nachträglichen Abrechnung mit der verhafteten Zimmermann schonte Jaschenko auch Müller nicht, war doch dieser inzwischen in Ungnade gefallen. Nachdem sie in der Rivalität um die Gunst den kürzeren gezogen hatte, unterschob sie ihm mangelnde Wachsamkeit: "Ich erinnere mich, dass M[üller], als er anfing, mit Berta zu arbeiten, sie irgendwie verehrte, er gab ihr immer sein Frühstück, bot ihr Pralinen an, da Berta sich nicht mit dem Gedanken abfinden konnte, dass A[bramow] wegging. Bertas Mann war Mitglied einer trotzkistischen Gruppierung, ich sprach darüber mit M[üller] und fragte ihn, ob man Berta eine solche Arbeit anvertrauen könne. M[üller] antwortete mir zornig, er wisse das alles selbst."47

Die zitierten "Erklärungen" sind Ausdruck tatsächlich vorhandenen Neides und der Missgunst jener neuen Mitarbeiter, die der NKWD zum Auffüllen der gelichteten Reihen im alten Mitarbeiterstab der OMS ausgesucht hatte. Es ist durchaus vorstellbar, dass diese neue Generation bei den altgedienten Kadern auf wenig Gegenliebe stiess und bei der Integration am Arbeitsplatz kaum mit Hilfe rechnen konnte. Die von Jaschenko erwähnte "Wand der Feindschaft", die sie umgab, ist ein beredtes Zeugnis. Solche, in jeder Organisation entstehenden Spannungen mussten zur Zeit der Schauprozesse besondere Dimensionen annehmen. Die vom Regime geschürte Jagd auf Spione und Saboteure brach an den Arbeitsplätzen ein Potential auf, das in gegenseitige Bezichtigungen ausartete. Aus panischer Angst, bei einem Abseitsstehen als besonders verschlagenes Element entlarvt zu werden, machten Millionen von Sowjetbürgern diese Spirale des Terrors mit. Die Verhaftung von Zimmermann im Juni 1937 und die belastenden Aussagen fielen zu einem Zeitpunkt, als der Tuchatschewski-Prozess die ganze Sowjetgesellschaft im Banne hielt und jedermann überall Spione witterte.48

Berta Zimmermann wurde sechs Monate in Untersuchungshaft gehalten. Der Anklage dürfte es leicht gefallen sein, angesichts Zimmermanns langjähriger Tätigkeit für den Verbindungsdienst der Komintern Anklagepunkte zu formulieren. Ihre häufigen Auslandsmissionen - die letzte im Jahre 1934 - passten vorzüglich ins Schema, das auch bei ihrem Mann Fritz Platten nach dessen Verhaftung zur Anwendung kam. Platten gab bereits beim ersten Verhör durch den NKWD im April 1938 zu, anlässlich einer Reise im Jahre 1932 in den Dienst der polnischen Spionage getreten zu sein. Berta Zimmermann ereilte laut Auskunft des KGB folgendes Schicksal: "[...] sie wurde am 2. Dezember 1937 durch das Militärkollegium des obersten Gerichtes der Sowjetunion zum Tod durch Erschiessen verurteilt. Die Anklage lautete auf antisowjetische Tätigkeit, Spionage und Terrorismus. Das Urteil wurde am gleichen Tage vollstreckt."49

Drei Jahre nach dem Tode Stalins revidierte das Oberste Gericht der Sowjetunion das Urteil. In der Begründung steht zu lesen, die NKWD-Mitarbeiter Poljatschek, Lanfang

---

46 "Auszug aus der Erklärung an die Parteikommission von Jaschenko", 25.6.1937, in: Kaderakte Zimmermann, RZA-Komintern.
47 Ebenda.
48 Vgl. dazu Conquest, Terror, a.a.O., S. 182-213. M.A. Tuchatschewski (1893-1937) und sechs weitere Kommandeure der Roten Armee wurden am 12.6.1937 zum Tode verurteilt und erschossen. Vgl. Kurzbiographien der Angeklagten und Untersuchungsakten in: Schauprozesse unter Stalin 1932-1952. Zustandekommen, Hintergründe, Opfer. Berlin 1990. S. 253-304.
49 Antwort des Ministeriums für Staatssicherheit der Russischen Föderation auf unsere Anfrage, Moskau 14.4.1992. Verhör Platten vom 3./4.4.1938, in: Dossier Platten, KGB-Archiv, Moskau.

und Apresjan hätten Zimmermann ohne Erlaubnis des Staatsanwaltes verhaftet und Geständnisse erpresst. Die Belastungszeugen, unter anderem die verhafteten Mirow-Abramow sowie der ehemalige Kaderleiter der Komintern, Tschernomordik, seien mit Gewalt zu falschen Aussagen gezwungen worden.[50] Aus anderer Quelle wissen wir, dass Poljatschek noch im Februar 1939 von der Rolle des Täters in jene des Opfers schlitterte. Der periodisch gelichtete Repressionsapparat riss sowohl parteitreue Kominternmitarbeiter als auch willfährige und übereifrige Mittäter in den Abgrund.[51]

---

50 Beschluss und Begründung des Obersten Gerichts vom 2.6.1956, in: Dossier B. Zimmermann, KGB-Archiv Moskau.
51 Laut Auskunft von F. Firsow (Moskau, 26.1.1993), vgl. Anm. 33.

Forschungs- und Archivberichte/ Bibliographien

Vanda Kašauskienė (Wilnius)

Verbannungen der Einwohner Litauens in den Jahren 1941 und 1945-1952: Überblick über Publikationen der Jahre 1988-1992

Allgemeines

Unter den Bedingungen des stalinistischen totalitären Regimes betrieb die UdSSR seit 1941 in der von ihr okkupierten baltischen Republik Litauen - ähnliches gilt auch für Lettland und Estland - eine Politik, die die Verbannung eines Teils deren Einwohner zum Ziel hatte - eine Politik mit schmerzlichen Folgen für das litauische Volk. Die Tatsache, daß ungefähr 10% der litauischen Einwohner fast 50 Jahre in den rauhesten Gebieten im Norden und Osten der UdSSR verbrachten, wurde geheimgehalten. Dieses Kapitel der litauischen Geschichte der 20. Jahrhunderts wurde erst mit der nationalen Wiedergeburt und der Wiedererlangung der nationalen Unabhängigkeit im neunten Jahrzehnt aufgeschlagen. Aber auch damals in den achtziger Jahren waren noch Zensurbestimmungen in Kraft, war geheimes Archivmaterial noch immer unzugänglich, war es verboten, die im Westen herausgegebenen Presseorgane und Bücher zu benutzen.

Die vom Moskauer Reformer M. Gorbatschow begonnene Politik der Perestrojka, der es um "mehr Sozialismus" ging, brach Schritt für Schritt das totalitäre Regime in der Sowjetunion auf. Auch in den baltischen Republiken setzte ein Umbauprozeß ein.

Am 3. Juni 1988 konstituierte sich in Litauen aus Vertretern von Wissenschaft und Kultur die Initiative "Gruppe der litauischen Umgestaltungsbewegung". Sie trat für eine wirksame Umgestaltungspolitik in der Republik ein, die zuvor in einer Atmosphäre der Stagnation nur stockend, wenn überhaupt vorangekommen war. Am Anfang standen drei Grundthemen, die sog. "drei Walfische": Ökologie, Probleme der litauischen Sprache und der Geschichte.

Vor allem der jüngsten Geschichte der baltischen Republik galt das Interesse der Öffentlichkeit und der Forschung. In den Sälen des Schriftstellerverbandes und der Akademie der Wissenschaften drängten sich damals die Menschen: Das Bedürfnis nach (historischer) Wahrheit in ganz Litauen war groß.

Man suchte die Ursachen des Untergangs eines kleinen Volkes und nannte sie beim Namen: die Politik der Russifizierung, die Verdrängung der Muttersprache aus dem staatlichen Leben, die Fälschung der Geschichte und der Versuch, sie aus dem Gedächtnis des Volkes zu tilgen.

Gleichzeitig begann man, die wichtigsten Probleme der jüngsten Geschichte neu zu diskutieren, die in den Jahren des kommunistischen Regimes gemäß den Vorgaben aus Moskau abgehandelt worden waren. Die Bedeutung der Erklärung der Unabhängigkeitsakte vom 16. Februar 1918 zur Festigung der Staatlichkeit Litauens war verschwiegen worden; man hatte vielmehr immer versucht, die Wichtigkeit der "Erklärung" der sowjetischen Macht Ende 1918 zu "beweisen". Die Auswirkungen der geheimen Protokolle der Verträge von 1939 und 1941, namentlich der Verlust der Staatlichkeit Litauens im Jahre 1940, wurden außer acht gelassen, während man die Auffassung des freien "Beitritts" des litauischen Volkes zur UdSSR zu "belegen" suchte. Die von Vertretern des stalinistischen totalitären Regimes in Litauen betriebene Politik der Verbannung der Einwohner und der Repressalien wurde dem litauischen Volk als Politik der Völkerfreundschaft und als "Beistand" des größeren Bruders dargestellt. Gerade letzterem Thema haben sich seit 1988 viele Wissenschaftler verschrieben.

Um die genaue Zahl der aus Litauen verbannten Einwohner festzustellen, muß man vor allem das in Archiven aufbewahrte geheime Material über die von der UdSSR im besetzten Land betriebene repressive Politik erforschen. Zu diesem Zweck wurde im Jahre 1988 im Institut für Philosophie, Soziologie und Recht ein Ausschuß der litauischen Umgestaltungsbewegung zur Aufklärung der stalinistischen Verbrechen eingerichtet, der aus Historikern, Juristen und Vertretern der Bewegung bestand.[1] Dieser Ausschuß sollte die genaue Zahl sowie Namenslisten der gemaßregelten litauischen Einwohner zusammenstellen und sie veröffentlichen. Der Umfang der Arbeiten überschritt den im voraus festgelegten Rahmen, und der Ausschuß wurde zum Zentrum für die Erforschung der Repressalien in Litauen.[2]

Doch erst nach der Trennung der KPL von der KPdSU (Ende 1989) wurde den Forschern Material aus den geheimen Beständen des ehemaligen Parteiarchivs zugänglich gemacht. Die Veröffentlichung der Dokumente war der einfachste Weg, der Öffentlichkeit zu zeigen, wer diese Politik geplant und verfolgt hatte, welche Beziehungen zwischen Amtspersonen der zentralen und örtlichen Gewalt während der Vorbereitung und Durchführung dieser Aktionen bestanden hatten. Die Publikationen der einschlägigen Quellen war die beste, da einzige Möglichkeit, dem Bedürfnis der Gesellschaft nach (historischer) Wahrheit zu entsprechen und die Ketten des Totalitarismus zu sprengen.

Das wichtigste Material über die Verbannung der litauischen Einwohner wird im Staatsarchiv der öffentlichen Organisationen Litauens (bis zum 23. August 1990: Parteiarchiv), im Archiv des litauischen Innenministeriums und im Archiv des ehemaligen Komitees der Staatssicherheit der Litauischen SSR sowie im Archiv des Innenministeriums der einstigen UdSSR und in anderen behördlichen Archiven, die sich in Moskau befinden, aufbewahrt.

---

1 Ir šviesa, ir tiesa. Gimtasis kraštas, 1988. Rugpjučio 11-17 (VIII.11-17).
2 Dienovidis 1991, Birželio 7-14 (VI.7 14).

Eine sehr wichtige Aufgabe für Historiker stellten deshalb die Suche nach den in Archiven aufbewahrten Materialien und die Veröffentlichung der aufgefundenen Dokumente über Deportationen litauischer Einwohner dar.

Daß sich litauische Historiker und Sozialwissenschaftler dieser Aufgabe angenommen haben, soll der folgende Versuch zeigen, einen Überblick über ihre Arbeiten zu geben.

Die Verbannungen im Jahre 1941

Erste Publikationen über die Verbannung litauischer Einwohner erschienen in den Jahren der Gorbatschowschen Glasnost-Politik. Unter dem Titel "Schmerzliche Seiten der Geschichte" wurde am 21. Mai 1988 ein Artikel über die erste Massenverbannung litauischer Einwohner in "Tiesa" ("Wahrheit") publiziert. Es hieß hier, daß zwischen dem 14. und 17. Juni 1941 gemäß den Beschlüssen von Organen der UdSSR 12 562 litauische Einwohner (7 439 Familien) in die rauhesten Gebiete der Sowjetunion verbannt worden seien. Zur gleichen Zeit wurden 3 649 Personen verhaftet und später zu Haftstrafen in Konzentrationslagern verurteilt. Insgesamt waren also 16 000 Menschen von diesen ersten Maßnahmen betroffen. Es wurde die Schlußfolgerung gezogen, daß diese "Massenabfuhr der Menschen in jeder Hinsicht unrechtmäßig war und durch nichts zu rechtfertigen war".[3]

Die in der Publikation genannten Zahlen waren in der Forschung umstritten. In den Tagen der hitlerfaschistischen Okkupation war man bemüht, möglichst genau festzustellen, wieviele Menschen 1941 verbannt worden waren. Seinerzeit wurde von 17 600 Deportierten gesprochen. Auch litauische Historiker und Publizisten, die im Jahre 1944 in den Westen emigriert waren, trugen Zahlenmaterial zusammen. Im Laufe der Zeit gelangte man zu dem Ergebnis, daß in jener Zeit 34 620 Litauer Opfer der sowjetischen "Umsiedlungs"-Politik geworden waren. Diese Zahl findet sich in allen neueren Arbeiten zu diesem Thema, die in litauischer, englischer und deutscher Sprache herausgegeben worden sind.

Bestätigt wird sie auch von dem Historiker L. Truska, der sich in seinem Aufsatz "Weiße Flecken in der litauischen Demographie der Kriegs- und Nachkriegszeit" (in: "Komjaunimo tiesa" ["Wahrheit der kommunistischen Jugend"] vom 28. Juni 1988)[4], auf demographische Berechnungen stützt, sowie durch die Studie "Die starrsinnige Wahrheit" (in: "Literatura ir menas" ["Literatur und Kunst"] vom 18. Juli 1988)[5] des Soziologen S.A. Vozbinas. Beide Autoren stützten sich aber nicht auf Archivmaterialien.

Doch es geht beileibe nicht nur um Zahlen. Der Historiker H. Šadžius deckte in seiner Arbeit "Litauen in den Jahren 1940-1941 (7). Deportation", die in "Gimtasis kraštas" ("Heimatland") vom 27. Oktober 1988[6] veröffentlicht wurde, Mechanismen der Deportationen auf. Er wies darauf hin, daß bereits am 23. Mai 1941 in Kaunas ein Stab der Republik zur Durchführung der Operation der Deportationen eingerichtet wurde, der aus neun Personen bestand und vom Stellvertreter des Kommissars des Volkskommissariats

---

3 Kašauskienė, Vanda: Skausmingi istorijos puslapiai. Tiesa 1988, Gegužės 21 (V. 21).
4 Liudas,Truska: "Baltos dėmės" karo ir pokario metu Lietuvos demografijoje. Komjaunimo tiesa, 1988. Birželio 28 (VI. 28).
5 Vozbinas Stanislovas Algirdas. Užspringusi tiesa. Literatura ir menas. 1988. Liepos 16 (VII.16).
6 Šadžius, Henrikas: Lietuva 1940-1941 metais (7). Deportacija. Gimtasis kraštas 1988, Spalio 27 - lapkričio 2 (X.27-XI.2).

für Staatssicherheit (NKGB), dem Major der Staatssicherheit P. Bykov, geleitet wurde. Aus Mitarbeitern des NKGB und des Volkskommissariats für innere Angelegenheiten (NKWD) wurden entsprechende Stäbe in Städten und Bezirken gebildet. Zur Durchführung der Aktionen vom 14. bis zum 17. Juni des selben Jahres wurden Begleitabteilungen der Truppen des NKWD der UdSSR eingesetzt. Zuzüglich beorderte man operative Mitarbeiter aus Belorußland, Smolensk, Pskow und anderen Gebieten nach Litauen. Das örtliche sowjetische Parteiaktiv, das in die Operation mit einbezogen wurde, erfuhr erst kurz vor Beginn davon.

Sehr wertvolle Dokumente aus den Moskauer Archiven veröffentlichte H. Šadžius in seinem Text "Große Verbannung des Volkes. Neue Dokumente über Deportationen vom 14.-18. Juni 1941" in "Gimtasis kraštas" ("Heimatland") vom 4. Oktober und vom 29. November 1990.[7] Der Autor schreibt, daß das Politbüro des ZK der KPdSU und der Sowjet der Volkskommissare der UdSSR aufgrund des von Organen der Staatssicherheit vorgelegten Materials am 14. Mai 1941 den Beschluß Nr. 1299-526 SG (streng geheim) "Über Verbannung des sozial fremden Elements aus den baltischen Republiken in die Westukraine, nach Belorußland und Moldawien" faßte. Mit der Verwirklichung dieses Beschlusses wurden das NKGB und das NKWD unter Führung von L. Berija beauftragt. Der Autor publiziert das im Juni 1941 von Berija bestätigte Dokument "Plan der Maßnahmen zum etappenweisen Transport, zur Unterbringung und Anstellung des speziellen Kontingents der Verbannten aus der Litauischen, Lettischen, Estnischen und Moldawischen SSR" sowie u.a. verschiedene von den Behörden ausgestellte Mitteilungen über die Unterbringung der Verbannten, ihre Lebens- und Arbeitsbedingungen. Aus der Mitteilung des Leiters der Abteilung "Arbeits- und spezielle Siedlungen der GULags" im NKWD der UdSSR vom 29. September 1941 ist ersichtlich, daß in der RSFSR (in der Region Altai, im Bezirk Kirow, in der ASSR der Komi, in der Region Krasnojarsk, in den Bezirken Omsk und Nowosibirsk) und in der Kasachischen SSR 12 682 Verbannte aus Litauen angesiedelt wurden.

Unter dem Titel "Tragödie vom Juni. Neue Dokumente über die Verbannung im Jahre 1941" legt H. Šadžius in der "Tiesa" ("Wahrheit") vom 14. Juni 1991 Dokumente über die Zuweisung von Militärzügen für den Transport der Verbannten vor und vergleicht sie mit den aufgefundenen Mitteilungen über die Ankunft der Züge an den Bestimmungsorten.[8] E. Grunskis präsentiert Dokumente von Institutionen der Litauischen SSR, die sich an den Repressionen gegen Einwohner der baltischen Republik beteiligt haben.[9]

In den beiden Dokumentationen von V. Kašauskienė "Das rote Spinnengewebe. Archivdokumente über die Verbannung der litauischen Einwohner vom 14.-17. Juni 1941", veröffentlicht in "Pasaulis" ("Die Welt") 1991, Nr. 10, S. 18-23,[10] und "Dokumente über die Verbannung der litauischen Einwohner vom 14.-17. Juni 1941: Enthüller und Richter des stalinistischen Regimes", abgedruckt in "Vakarinės naujienos" ("Abendnachrichten")

---

7 Ders., Didysis tautos trėmimas. Nauji dokumentai apie 1941 m, Birželio 14-18 d. trėmimus. Gimtasis kraštas 1990, Spalio 4-10 (XI.4-10); lapkričio 29 - gruodžio 5 (XI.29 - XII.5).
8 Ders., Birželio tragedija. Nauji dokumentai apie 1941 m. trėmima. Tiesa, Birželio 14 (VI.14).
9 Grunskis, Eugenijus: Nauji dokumentai apie 1941-uju Birželio trėmima, Pasaulis 1991, Nr. 18. P. 22-30.
10 Kašauskienė, Vanda: Raudonasis voratinklis. Archyvo dokumentai apie 1941 m. Birželio 14-17 d. Lietuvos gyventoju trėmima, Pasaulis 1991, Nr. 10. P. 18-23.

vom 12. Juni 1993,[11] werden die von der damaligen Regierung der Litauischen SSR und von Führern des ZK der KP(B) der Litauischen SSR unterzeichneten Dokumente über die Verbannung der Einwohner und über den Verlauf der Aktion sowie Verzeichnisse des zurückgelassenen Eigentums vorgelegt. D. Remeikytė dokumentiert in ihrer Arbeit "Briefe aus dem Nichtsein", die in "Vakarinės naujienos" ("Abendnachrichten") vom 14. Juni 1991[12] veröffentlicht wurde, von Verbannten an Partei- und Regierungsführer geschriebene Briefe, in denen diese wegen der unerträglichen Lebens- und Arbeitsbedingungen um Hilfe bitten.

Die Verbannungen in den Jahren 1945 bis 1952

In den Nachkriegsjahren wurden noch mehr litauische Einwohner deportiert. L. Truska berechnete in seiner o.g. Studie - wie die in den Westen ausgewanderten litauischen Historiker -, daß unmittelbar nach 1945 200 000 bis 240 000 Menschen aus Litauen verbannt worden waren. Das Archivmaterial allerdings gibt solche Zahlen nicht her. In dem Text "Widersprüchliche Seite der Geschichte", abgedruckt in "Tiesa" ("Wahrheit") vom 5. Juli 1988, belegt die Autorin des vorliegenden Berichts, daß laut den in den Archiven vorhandenen Angaben in den Jahren 1945-1952 108 363 Menschen (20 923 Familien) ihre Heimat verlassen mußten und in andere Gegenden der UdSSR "umgesiedelt" wurden.[13] Der unter dem Titel "Unaufhörlicher Schmerz des Volkes" in "Sowjetskaja Litwa" ("Sowjetlitauen") vom 13. Juni 1989 abgedruckte Artikel schlüsselt die Zahl der verbannten Einwohner im Zeitraum 1945 bis 1952 nach Jahren auf:[14]

Datum der Verbannung	Zahl der verbannten Menschen	Zahl der verbannten Familien
1945 (24. April -2. Mai; 17. Juli-3. September)	5 479	1 504
1946 (18.-21. Febr.)	2 082	501
1947-1948 (22. Dezember-28. März)	3 939	1 027
1948 (22.-27. Mai)	39 482	11 233
1949 (25.-28. März)	32 735	9 633
1950 (31. August - 1. Oktober)	1 355	360
1951	20 357	5 139
1952	2 934	526
Insgesamt	108 363	29 923

Diese Statistik belegt, daß die fremden "Unterstützer" des litauischen Volkes hartnäckig ihre in der Sowjetunion erworbene Erfahrung an "schöpferischer" Arbeit einsetzten. In erster Linie galt es ihnen natürlich, den Klassenfeind zu bekämpfen. Man fing an, ihn

---

11 Dies.: Dokumentai apie 1941 m. Birželio 14-17 d. Lietuvos gyventoju tremima: sovietinio režimo demaskuotojai ir teisėjai. Vakarinės naujienos 1992, Birželio 12 (VI.12).
12 Remeikytė, Dalia: Laiškai iš nebuties. Vakarinės naujienos 1991, Birželio 14 (VI.14).
13 Kašauskienė, Vanda: Prieštaringi istorijos puslapiai. Tiesa 1988, Liepos 5 (VII.5).
14 Dies.: Heprochodjaschtschaja bol naroda: Sawtra po wsej Litwe otmetschaetsja Djen Traura i Nadjeschdy (Unaufhörlicher Schmerz des Volkes: Morgen begeht man in ganz Litauen den Tag der Trauer und der Hoffnung), in: Sowjetskaja Litwa, 13.6.1989.

überall zu suchen. Wieviele Klassenfeinde es zu geben hatte, wurde nach der Stalinschen Formel "Je stärker der Sozialismus wird, desto stärker wird der Klassenfeind" festgelegt. Um den Feind "rechtmäßig" festsetzen zu können, galt schon seit dem 1. Dezember 1940 in Litauen das Strafgesetzbuch der RSFSR. So sollte sichergestellt werden, daß man, gestützt auf eine rechtliche Grundlage, Persönlichkeiten des staatlichen und öffentlichen Lebens der Republik Litauen, die vermeintlich oder wirklich gegen die revolutionäre Arbeiterbewegung arbeiteten, verhaften konnte, noch bevor sich die UdSSR Litauen einverleibte.

Unter dem Eindruck der Suche nach Feinden und ihrer Verhaftung, von Terror und Betrug, der Verfolgung der Litauer, der dadurch erzeugten Atmospäre des Mißtrauens und der Angst unter der Bevölkerung formierte sich eine geschlossene totalitäre Gesellschaft.

Eines der Mittel, den "Feind" zu bekämpfen, stellte die Verbannung dar. Bei ihr handelte es sich keineswegs um Abweichungen von Verfassungsnormen oder um Verstöße gegen die (wenn auch bolschewistische) Gerechtigkeit, wie man lange Zeit behauptet hat, sondern schlicht und einfach um die Durchführung einer verbrecherischen Politik mit dem Ziel, ganze Völker auseinanderzureißen und somit zu vernichten.

Die ersten Verbannungen aus Litauen in der Nachkriegszeit begannen Ende April 1945. Betroffen waren litauische Bauern. Am 7. Februar 1945 unterzeichnete der Stellvertreter des Volkskommissars für innere Angelegenheiten der UdSSR, V. Tschernyschow, den geheimen Befehl Nr. 1-2120, in dem angeordnet wurde, Einwohner deutscher Nationalität aus Litauen in die ASSR Komi auszuweisen. Doch später wurde beschlossen, die arbeitsamen Deutschen in der Land- und Forstwirtschaft zu beschäftigen. Auf Anordnung des NKWD der UdSSR vom 13. April 1945 wurden Deutsche aus 13 Bezirken und aus Kaunas in Siedlungen der Tadschikischen SSR verbannt. Der Zug aus Kaunas fuhr am 3. Mai ab. Der Militärzug Nr. 5086 brachte 261 Familien (219 Männer, 372 Frauen und 263 Kinder), insgesamt also 854 Menschen[15] aus Litauen in diese Republik Asiens.

Die Verbannungen der Jahre 1945/46 richteten sich in erster Linie gegen die Familien der Führer und aktiven Mitglieder der antisowjetischen Untergrundbewegung.

E. Grunskis weist in seiner Studie über den "Beginn der Verbannungen der Nachkriegszeit in Litauen (1945-1947)", die in der Monatsschrift für Literatur, Kritik und Essayistik "Metai" ("Das Jahr"), Nr. 9, S. 121-141 veröffentlicht wurde,[16] darauf hin, daß für die Durchführung der von Moskau geplanten Aktionen der Vertreibung der Einwohner seit 1945 vom Volkskommissariat Litauens und vom ZK der KP(B) der Litauischen SSR besondere Beschlüsse und Instruktionen gefaßt und spezielle Bevollmächtigte für die einzelnen Bezirke bestimmt worden sind, die dort die Verbannungsaktionen organisieren und darüber Bericht erstatten sollten. Der Autor behauptet gleichzeitig, daß repressive Strukturen für die Verbannung der Einwohner verantwortlich waren. Das litauische Territorium wurde in militärisch operative Sektoren geteilt; ein Sektor bestand aus 3 bis 4 Bezirken. Das von den Verbannten zurückgelassene Eigentum wurde eingezogen. In seiner Arbeit "Sie haben selbst verbannt und selbst gestohlen", abgedruckt in "Vakarinės naujienos" ("Abendnachrichten") vom 27. November 1991, legt J. Caplikas Doku-

---

15 Grunskis, Eugenijus: Pokario trėmimu Lietuvoje pradžia (1945-1947). Metai 1991, Nr. 9. P. 129.
16 Ten pat. P. 127-141.

mente über Plünderungen des von den Deportierten zurückgelassenen Eigentums vor.[17]
V. Kašauskienė präsentiert in ihren Publikationen "Tragische Dokumente über den Zwang" (in: "Gimtasis kraštas" ["Heimatland"] vom 13. Juni 1991) und "So zerstörte man Litauen" (in: ebenda, vom 1. August 1991) Beschlüsse der Regierung der Litauischen SSR und des ZK der Partei von 1948-1949 und 1951 über die Verbannung der Einwohner.[18] E. Grunskis deckt in seiner Publikation "Die größten Verbannungen der Nachkriegszeit. Dokumente über Massendeportationen 1948, 1949 und 1951" (in: "Gimtasis kraštas" ["Heimatland"] vom 26. März 1992) die militärisch-operative Seite der Deportationen auf. Er informiert darüber, wieviele Offiziere und operative Mitarbeiter aus welchen Bereichen - laut der Berichte an die Moskauer Führung - an diesen Aktionen beteiligt waren.

Darüber, wie diese militärischen Operationen der Verbannung der Einwohner vorbereitet und durchgeführt wurden und wie hoch ihre Zahl war, wurde der Minister der Staatssicherheit der UdSSR, W. Abakumow, informiert.[19] Entsprechende litauische Institutionen schrieben Berichte an das ZK der KP(B) und an die Regierung der UdSSR. So wird in der Dokumentation "Genosse A. Sniečkus an den Genossen W. Schdanow", erschienen in "Vakarinės naujienos" ("Abendnachrichten") vom 13. November 1992, der Bericht des Sekretärs des ZK der KPL(B), A. Sniečkus, an den Sekretär des ZK der KPdSU(B), W. Schdanow, über die Deportationen im Zeitraum vom 22. bis zum 27. Mai 1948[20] präsentiert. Eine andere Arbeit, unter dem Titel "Der Diener erstattet Bericht" in "Pasaulis" ("Die Welt"), 1991, Nr. 19 veröffentlicht, dokumentiert den Bericht des Vorsitzenden des Ministerrats der Litauischen SSR, M. Gedvilas, an den Stellvertreter des Vorsitzenden des Ministerrats der UdSSR und Sekretär des ZK der KPdSU(B), G. Malenkow, über die Ausführung des Beschlusses des Ministerrates der UdSSR Nr. 1663-652 s.[21]

Die Verbannung der Einwohner und ihre Verhaftung gemäß Artikel 58 des Gesetzbuches der RSFSR waren für den Staat unter zwei Aspekten lebenswichtig und nützlich: Einerseits sorgten die Verfolgungen und Repressionen dafür, daß örtliche Machtorgane von sogenannten antisowjetischen Elementen, verschiedenen gegen den Sowjetstaat gerichteten destruktiven Personen, sogar von unmündigen Kindern befreit wurden. Andererseits trugen die Verbannten mit ihrer Zwangsarbeit zur Erschließung der neuen Regionen des Nordens und Sibiriens sowie zur Erfüllung der Fünfjahrespläne bei.

Eben deshalb wurden die Verbannungen der litauischen Einwohner mit Zustimmung der Regierung und Parteiführung der Republik in Moskau geplant. Die Ministerien und Behörden der Sowjetunion, die billige Arbeitskräfte benötigten, sollten die Aufnahme und Unterbringung der Verbannten sichern. Das Ministerium für Verkehrswesen sollte zu festgelegten Zeitpunkten Eisenbahnwagen zur Verfügung stellen und dafür garantieren, daß viele Güterwagen in litauischen Bahnhöfen ständen. Unmittelbare Exekutoren

---

17 Čaplikas, Juozas: Patys trėmė, patys vogė, Vakarinės naujienos 1991, Lapkričio 27 (XI.27).
18 Kašauskienė, Vanda: Tragiški prievartos dokumentai. Nauja apie Lietuvos gyventoju trėmima. Gimtasis kraštas 1991, Birželio 13-19 (VI.13-19); dies., Taip giove Lietuva. Nauja apie Lietuvos gyventoju trėmima ir kolektyvizacija. Gimtasis kraštas 1991, Rugpjučio 1-7 (VIII.1-7).
19 Grunskis, Eugenijus: Didžiausi pokario trėmimai. Masiniu deportaciju 1948, 1949 ir 1951 m. dokumentai. Gimtasis kraštas 1992, Kovo 26-31 (III.26-31).
20 Čaplikas, Juozas: Drg. A. Sniečkus draugui A. Ždanovui. Vakarinės naujienos 1991, Lapkričio 13 (XI.13).
21 Grunskis, Eugenijus: Tarnas atsiskaito. Pasaulis 1991, Nr. 19. P. 40-42.

der Verbannungsaktionen waren das NKWD (später das Innenministerium) und das NKGB (später das Ministerium für Staatssicherheit) der UdSSR und ihre Abteilungen in der Republik. Die aus Moskau angereisten Emissäre bereiteten die Aktionen vor und führten sie vor Ort aus. Die Regierung der Litauischen SSR und die Führung der litauischen KPdSU-Abteilung, der KPL, folgten bedingungslos den Anordnungen der Sowjetregierung.

In den Jahren 1945 bis 1952 wurden in über zehn Schüben Einwohner der baltischen Republik deportiert. Grundlage dafür waren in den Jahren 1945 und 1946 ein Beschluß des NKWD der UdSSR, in den beiden darauf folgenden Jahren die auf Sonderberatungen des Innenministeriums der UdSSR am 22. Dezember 1947 und 28. März 1948 gefaßten Beschlüsse sowie der gemeinsame Beschluß des Innenministeriums der UdSSR und des Ministerrats des UdSSR vom 21. Februar 1948, im Zeitraum 1949/50 der Beschluß des Ministerrats der Litauischen SSR vom 19. März 1949 und 1951/52 der gemeinsame Beschluß der Sonderberatung des Innenministeriums der UdSSR und des Ministerrates der Litauischen SSR vom 29. September 1951.[22]

Nach dem Tode Stalins wurde die Kette, mit der die sowjetische Gesellschaft gefesselt war, gelockert. Die vom kommunistischen Regime begangenen Verbrechen wurden Stalin und seiner Umgebung zugeschrieben. Nach der Demaskierung des Stalin-Kultes fing man an, die Akten der in den Lagern und in der Verbannung befindlichen Menschen zu überprüfen. Auch in Litauen machte sich der Prozeß der Entstalinisierung bemerkbar. Anfang 1957 wurde in der Litauischen SSR ein Regierungsausschuß eingesetzt, der die Fälle der aufgrund von Beschlüssen des NKWD und des NKGB der UdSSR sowie aufgrund anderer Direktiven dieser Organe verbannter oder verurteilter Personen überprüfen sollte. In der Tauwetter-Periode unter Chruschtschow durfte ein Teil der Verbannten nach Litauen zurückkehren. Damit war der Gerechtigkeit aber noch lange nicht Genüge getan. Denn die Strukturen, aus denen die Verfolgungen und Repressionen erwachsen waren, wurden nicht abgeschafft, Menschen wurden auch weiterhin aus politischen Gründen zu Lagerstrafen verurteilt oder verbannt. Die Litauer mußten noch weitere dreißig Jahre der Gewalt und Erniedrigung aushalten, bis die Unabhängigkeit des litauischen Staates am 11. März 1990 wiederhergestellt wurde. Sie erst schuf die Voraussetzung dafür, die Geschichte der baltischen Republik mit all ihren Schattenseiten unter sowjetischer Herrschaft aufzuarbeiten. Die hier vorgestellten Forschungsarbeiten geben Zeugnis davon, daß mit dieser wichtigen und großen Aufgabe begonnen worden ist.

---

22 Kašauskienė, Vanda: Lietuvos gyventojų trėmimai: apgaulė ir tiesa. Vakarinės naujienos 1991, Liepos 26 (VII.26); Liepos 27 (VII.27).

Peter Hübner (Berlin)

Sozialgeschichte der Industriearbeiterschaft in der SBZ/DDR. Bemerkungen zu Forschungstendenzen in Deutschland seit 1989

Einen "Arbeiter- und Bauernstaat" nannte die SED ihr 1989 endgültig gescheitertes Sozialismus-Projekt "in den Farben der DDR". Nicht ohne eine gewisse Ironie ist es deshalb, wenn Arbeiter als soziale Hauptsymbolfiguren der "Diktatur des Proletariats" im gegenwärtigen Boom der zeithistorischen DDR-Forschung eher eine Nebenrolle spielen. Dies mag politikgeschichtlichen Prioritäten geschuldet sein. Doch signalisiert der - relative - Gewichtsverlust einer sozialhistorisch intendierten Arbeitergeschichte auch Forschungsdefizite, die etwa politik- oder rechts- und kulturgeschichtliche Untersuchungen nicht unbeeinflußt lassen dürften. Hier zeigt sich eine Konsequenz des Umstandes, daß die Trennung von Politik und Ökonomie unter der SED-Herrschaft in radikaler Weise aufgehoben war.[1]

Auf die Theorie- und Methodenrelevanz dieser Spezifik machte Anselm Doering-Manteuffel mit Blick auf die bisherige westdeutsche Zeitgeschichtsforschung aufmerksam: Die DDR galt als Abweichung vom historischen Hauptweg der deutschen Geschichte. Besonders die Sozial- und Wirtschaftshistoriographie seien "auf ein westliches Modell politischer und sozioökonomischer Modernisierung fixiert" gewesen und hätten mit dessen theoretischen Prämissen die Realität der sozialistischen planwirtschaftlichen Einparteiendiktatur nicht erfaßt.[2] Zu den neuen Aufgaben der zeitgeschichtlichen Forschung in Deutschland gehöre es, "die Sozialgeschichte der DDR aufzuarbeiten und zu der der Bundesrepublik in Beziehung zu setzen, denn eine Fortentwicklung von der industriellen zur postindustriellen Gesellschaft und den damit verbundenen Wertewandel gab es in der DDR strukturell und konzeptionell nicht, sondern allenfalls in der Form des verzerrten Nachvollzugs westdeutscher Konsum- und Verhaltensmuster."[3]

Ob eine stärker sozialgeschichtlich orientierte Fragestellung an die Geschichte der zweiten deutschen Diktatur auch Impulse liefert, um den "Trend einer zunehmenden Abwendung der Historiker von den Sozialwissenschaften" zu verlangsamen oder gar zu wenden, bleibt abzuwarten.[4] Im Vordergrund steht zunächst wohl auch auf sozialhistorischem Gebiet ein Abbau von Disparitäten zwischen dem für die Geschichte der Bundesrepublik erreichten und dem für die Geschichte von SBZ und DDR auszuweisenden Forschungsstand.

---

1   Vgl. Meuschel, Sigrid: Überlegungen zu einer Herrschafts- und Gesellschaftsgeschichte der DDR, in: Geschichte und Gesellschaft (GG), 19. Jg., 1993, H.1. S. 7.
2   Doering-Manteuffel, Anselm: Deutsche Zeitgeschichte nach 1945. Entwicklung und Problemlagen der Historischen Forschung zur Nachkriegszeit, in: Vierteljahrshefte für Zeitgeschichte (VfZ), 41. Jg., 1993, H.1. S. 27.
3   Ebenda, S. 28.
4   Kocka, Jürgen: Geschichtswissenschaft und Sozialwissenschaft. Wandlungen ihres Verhältnisses in Deutschland seit den 30er Jahren, in: Geschichtswissenschaft vor 2000. Perspektiven der Historiographiegeschichte, Geschichtstheorie, Sozial- und Kulturgeschichte. Festschrift für Georg G. Iggers zum 65. Geburtstag. Hrsg. von Konrad H. Jarausch/Jörn Rüsen/Hans Schleier. Hagen 1991. S. 356.

Die folgenden Betrachtungen versuchen einigen der erkennbaren Forschungstrends auf sozialhistorischem Felde am Beispiel der DDR-Industriearbeiterschaft nachzugehen, ohne Anspruch auf eine auch nur einigermaßen vollständige Literaturübersicht zu erheben. Damit rückt ein Sozialbereich in den Blick, der im marxistisch-leninistischen Gesellschaftskonzept eine zentrale Funktion wahrnahm und - durch soziale Entdifferenzierungen bestimmt - teilweise in eine pars-pro-toto-Rolle geriet.

Einschlägige Bibliographien verdeutlichen die von Doering-Manteuffel skizzierte Diskrepanz im Forschungsstand auch auf dem Gebiet der Arbeiter-Sozialgeschichte.[5] Gründe, weshalb sich DDR-Historiker erstaunlich wenig diesem Gegenstand zuwandten, sind unter Verweis auf politisch und ideologisch gezogene, aber auch theoretische und methodologische Grenzen der Forschung schon einigermaßen deutlich geworden.[6] Vergleichbare Phänomene zeigten sich in der sozialwissenschaftlichen Forschung der DDR.[7]

Es fällt gegenwärtig nicht ganz leicht, über die institutionelle Verankerung von Forschungen Auskunft zu geben, die eine Sozialgeschichte der DDR-Industriearbeiterschaft zumindest tangieren. Geht man nach Publikationen und laufenden Projekten, zeichnen sich einige Forschungszusammenhänge ab, in denen entsprechende Themen eine Rolle spielen dürften: Freie Universität Berlin, Universität Mannheim, das Münchner Institut für Zeitgeschichte, die Berliner Humboldt-Universität, die Universität Leipzig und der Potsdamer Forschungsschwerpunkt Zeithistorische Studien in der Förderungsgesellschaft Wissenschaftliche Neuvorhaben mbH.

Freilich, während sich die historische Forschung seit 1989 noch stärker auf politische Aspekte der DDR-Geschichte konzentrierte, nutzten Sozialwissenschaftler die Gunst der Stunde und warteten mit Analysen auf, an denen sozialhistorische Forschung sinnvoll anknüpfen kann.[8] Interessante Einblicke - nicht nur - in die Haltung der Industriearbei-

---

5 Vgl. aus der neueren Literatur: Arbeiter im 20. Jahrhundert. Hrsg. von Klaus Tenfelde. Stuttgart 1991 (Schriftenreihe des Arbeitskreises für moderne Sozialgeschichte, 51).
6 Vgl. Handke, Horst: Zur sozialgeschichtlichen Forschung in der DDR. Gedanken zu ihrer Entwicklung, in: Zeitschrift für Geschichtswissenschaft, 34. Jg., 1986, H. 4. S. 291-302; Hübner, Peter: Sozialgeschichte in der DDR - Stationen eines Forschungsweges, in: Beiträge zur Geschichte der Arbeiterbewegung, 34. Jg., 1992, H. 3. S. 43-54; Küttler, Wolfgang: Zum Platz der DDR-Sozialgeschichtsforschung in der internationalen Wissenschaftsentwicklung, in: ebenda, S. 55-66. Vgl. auch Iggers, Georg G. (Hrsg.): Ein anderer historischer Blick. Beispiele ostdeutscher Sozialgeschichte. Frankfurt/M. 1991.
7 Vgl. Laatz, Horst: Klassenstruktur und soziales Verhalten. Zur Entstehung der empirischen Sozialstrukturforschung in der DDR. Köln 1990; Sozialreport 1990. Hrsg. von Gunnar Winkler. Berlin 1990. S. 12-13.
8 Vgl. Adler, Frank: Soziale Umbrüche, in: Das Ende eines Experiments. Hrsg. von Rolf Reißig/Gert-Joachim Glaeßner. Berlin 1991. S. 174-218; Geißler, Rainer: Die Sozialstruktur Deutschlands. Ein Studienbuch zur Entwicklung im geteilten und vereinten Deutschland. Opladen 1992; ders. (Hrsg.): Sozialer Umbruch in Ostdeutschland. Leverkusen 1992 (Sozialstrukturanalyse, 2); ders.: Die ostdeutsche Sozialstruktur unter Modernisierungsdruck, in: Aus Politik und Zeitgeschichte (APuZ), B 29-30/1992. S.15-28; Grundmann, Siegfried: Außen- und Binnenmigration der DDR 1989. Versuch einer Bilanz, in: Deutschland Archiv (DA), 23. Jg., 1990, H. 9. S. 1422-1432; Pfefferkorn, Friedrich: Wissenschaftlich-technischer Fortschritt und Entwicklung der allgemeinen und territorialen Beschäftigtenstruktur in der ehemaligen DDR, in: Berichte zur deutschen Landeskunde. Bd. 64, 1990, H. 2. S. 405-424; Sozialreport 1990. Daten und Fakten zur sozialen Lage der DDR. Dokumentation eines Workshops am Wissenschaftszentrum Berlin für Sozialforschung (WZB). Hrsg. von der Arbeitsgruppe Sozialberichterstattung. 2., leicht veränderte Fassung (P 90 - 102), Berlin 1991; Timmermann Heiner (Hrsg.): Sozialstruktur und sozialer Wandel in der DDR. Saarbrücken-Scheidt 1989 (Dokumente und

terschaft vermittelten z.B. demoskopische Untersuchungen aus den Jahren 1989/90, wobei es hier besonders um die Stimmungsentwicklung und das Wahlverhalten ging.[9]

Untersuchungen aus dem Bereich der DDR- und Deutschlandforschung thematisierten bei der Analyse sozialer und wirtschaftlicher Probleme der DDR auch Aspekte der Situation von Industriearbeitern,[10] während sich gleichzeitig eine Schwerpunktverlagerung zu entsprechenden Seiten des deutschen Einigungsprozesses vollzog.[11]

Auch kultur- und alltagsgeschichtliche Ansätze dürften den Blick auf die Sozialgeschichte der DDR-Arbeiterschaft beeinflussen, so z.B. hinsichtlich der Rolle von Industriearbeitern beim Zustandekommen eines antiintellektuellen Konsensus in der DDR-Gesellschaft.[12] Wichtige Seiten der Arbeitergeschichte wurden durch neue Untersuchungen zum Leben von Frauen in der DDR beleuchtet,[13] allerdings zeigt sich auch hier die erwähnte Diskrepanz des Forschungsstandes.[14]

Alltagsgeschichtliche Aspekte der Industriearbeiterschaft reflektierte das von Lutz Niethammer geleitete Oral-History-Projekt zu Lebensgeschichten in drei Industriestädten der DDR.[15]

Schriften der Europäischen Akademie Otzenhausen, 56); ders. (Hrsg.): Lebenslagen. Sozialindikatorenforschung in beiden Teilen Deutschlands. Saarbrücken-Scheidt 1990 (Forum: Politik, 12); Voigt, Dieter/Belitz-Demiriz, Hannelore/Meck, Sabine: Die innerdeutsche Wanderung und der Vereinigungsprozeß. Soziodemographische Struktur und Einstellung von Flüchtlingen/Übersiedlern aus der DDR vor und nach der Grenzöffnung, in: DA, 23. Jg., 1990, H. 5. S. 732-746. Siehe auch Datenreport 1992. Zahlen und Fakten über die Bundesrepublik Deutschland. Hrsg. vom Statistischen Bundesamt in Zusammenarbeit mit dem Wissenschaftszentrum Berlin für Sozialforschung und dem Zentrum für Umfragen, Methoden und Analysen. Mannheim, Bonn 1992 (Schriftenreihe der Bundeszentrale für politische Bildung, Bd. 309).

9 Siehe Förster, Peter/Roski, Günter: DDR zwischen Wende und Wahl. Meinungsforscher analysieren den Umbruch. Berlin 1990; Noelle-Neumann, Elisabeth: Demoskopische Geschichtsstunde. Vom Wartesaal der Geschichte zur Deutschen Einheit. Zürich, Osnabrück 1991 (Texte + Thesen, 242).

10 Vgl. u.a. Belwe, Katharina: Schichtarbeit in der DDR, in: DA, 22. Jg., 1989, H. 11. S. 1260-1271; Brechschmidt, Sylvia/Nusser, Horst: Soziale und wirtschaftliche Grundprobleme der DDR. München 1991 (Medienserie Gesellschaftskunde, 6); dies.: BRD und DDR 1948-1990. Wirtschaft - Soziales - Verbände. München 1991 (Medienserie Gesellschaftskunde, 3); Kusch, Günter/Montag, Rolf/Specht, Günter/Wetzker, Konrad: Schlußbilanz - DDR. Fazit einer verfehlten Wirtschafts- und Sozialpolitik. Berlin 1991.

11 Aus der Vielzahl von Publikationen seien hier nur genannt Glaeßner, Gert-Joachim: Eine deutsche Revolution. Der Umbruch in der DDR, seine Ursachen und Folgen. Frankfurt/M. 1991 (Berliner Schriften zur Politik und Gesellschaft im Sozialismus und Kommunismus, 4); Deutschland-Handbuch. Eine doppelte Bilanz 1949-1989. Hrsg. von Werner Weidenfeld/Hartmut Zimmermann. München 1989.

12 Vgl. Bobach, Reinhard: Mentale Konversion? Kulturelle Aspekte der deutschen Vereinigung, in: DA, 26. Jg., 1993, H. 1. S. 7-20, hier bes. S. 9-11; Arbeits- und Berufsalltag in der DDR. Hrsg. vom Gesamtdeutschen Institut. Bonn 1990.

13 Vgl. Clemens, Petra: Über Frauen und andere Kräfte, in: Frauenalltag. Weibliche Lebenskulturen in beiden Teilen Deutschlands. Hrsg. von Barbara Geiling-Mau/Hildegard Macha. Köln 1992. S. 44-60; Geißler, Rainer: Soziale Ungleichheiten zwischen Frauen und Männern im geteilten und vereinten Deutschland, in: APuZ, B 14-15/1991. S. 13-24.

14 Kuhn, Anette: Frauengeschichtsforschung. Zeitgemäße und unzeitgemäße Betrachtungen zum Stand einer neuen Disziplin, in: APuZ, B 34-35/1990. S. 3-15.

15 Vgl. Niethammer, Lutz/Plato, Alexander v./Wierling, Dorothee: Die volkseigene Erfahrung. Eine Archäologie des Lebens in der Industrieprovinz der DDR. 30 biographische Eröffnungen. Berlin 1991. Vgl. auch Dube, Martin: Arbeit mit mündlichen Quellen bei der wirtschaftshistorischen Erforschung der DDR-Industrie, in: Jahrbuch für Wirtschaftsgeschichte, Teil 1 - 1991. Berlin 1991. S. 51-55.

Im Vergleich zur Literatur aus dem thematischen Umfeld einer Sozialgeschichte der DDR-Industriearbeiterschaft fällt der relativ geringe geschichtswissenschaftliche Anteil auf. In neueren Überblicksdarstellungen fanden zwar verstärkt generalisierende Angaben zur Sozialstruktur und zur Gesellschaftspolitik der SED ihren Niederschlag.[16] Lediglich die Geschichte des 17. Juni 1953 scheint eine gewisse Schwerpunktbildung bewirkt zu haben, wobei - stärker als in früheren Arbeiten - nach sozialen bzw. wirtschaftlichen Motiven und Ursachen gefragt wurde.[17] In dem Zusammenhang stehen auch Untersuchungen, die mehr oder minder ausführlich auf weitere Beispiele des Protestes und Widerstandes im Industriearbeitermilieu eingehen.[18]

Nur vereinzelt finden sich in neueren Arbeiten zur Geschichte der SBZ sozialhistorisch relevante Aspekte behandelt, die auch die Entwicklung der Industriearbeiterschaft reflektieren.[19] Kaum anders stellt sich die Situation für den Zeitraum 1949 bis 1989/90 dar, wobei jedoch zu vermerken ist, daß sich an der Universität Leipzig ein Projekt zur Sozialgeschichte Sachsens im 20. Jahrhundert und am Forschungsschwerpunkt Zeithistorische Studien in Potsdam ein Projekt zur Sozialgeschichte der Niederlausitzer Industriearbeiterschaft 1936 bis 1965 in Arbeit befinden.

Diese Forschungen zeigen angesichts der enormen politischen "Auflagung" sozialer Prozesse in der DDR die Notwendigkeit, das methodische Instrumentarium kritisch zu prüfen und die evidenten Strukturen der DDR-Gesellschaft genauer nach der Existenz informeller Substrukturen und soziale Entdifferenzierungsprozesse auf gegenläufige Redifferenzierungen zu hinterfragen.[20]

Auf Forschungsdefizite machte Christoph Kleßmann aufmerksam: Die zeithistorische Forschung habe in der Zeit der Teilung "unter entgegengesetzten Vorzeichen primär nach der Durchsetzung der gesellschaftsverändernden Zielsetzungen politischer Herrschaft gefragt [...], kaum dagegen nach der Fortdauer und Resistenz alter, überkommener Strukturen, Mentalitäten, Verhaltensweisen und Normen unter der Hülle des propagier-

---

16 So vor allem bei Weber, Hermann: DDR. Grundriß der Geschichte 1945-1990. Hannover 1991. S. 34, 62f., 86-88, 115-119, 140-143, 163-165, 197-200.
17 Vgl. Buchheim, Christoph: Wirtschaftliche Hintergründe des Arbeiteraufstandes vom 17. Juni 1953 in der DDR, in: VfZ, 38. Jg., 1990, H. 3. S. 415-433; Hagen, Manfred: DDR. Juni `53. Die erste Volkserhebung im Stalinismus. Stuttgart 1992; Hübner, Peter: Löhne und Normen. Soziale Spannungen im Vorfeld des 17. Juni 1953, in: Brüche - Krisen - Wendepunkte. Neubefragung von DDR-Geschichte. Hrsg. von Jochen Cerny. Leipzig, Jena, Berlin 1990. S. 118-125; Mitter, Arnim: Die Ereignisse im Juni und Juli 1953 in der DDR. Aus den Akten des Ministeriums für Staatssicherheit, in: APuZ, B 5/1991. S. 31-41.
18 Vgl. Fricke, Karl Wilhelm: Politik und Justiz in der DDR. Zur Geschichte der politischen Verfolgung 1945-1968. Neuaufl., Köln 1990; Kleßmann, Christoph: Opposition und Dissidenz in der Geschichte der DDR, in: APuZ, B 5/1991. S. 52-61; Wolle, Stefan: Das MfS und der Arbeiterprotest im Herbst 1956 in der DDR, in: ebenda, S. 42-51; Sarel, Benno: Arbeiter gegen den "Kommunismus". Zur Geschichte des Proletarischen Widerstandes in der DDR 1945-1958. Berlin 1991.
19 Vgl. dazu: Auferstehen aus Ruinen. Arbeitswelt und Gewerkschaften in der früheren DDR. Hrsg. von Ditmar Gatzmarga/Thomas Voss/Klaus Westermann. Marburg 1991; Hübner, Peter: Umworben und bedrängt: Industriearbeiter in der SBZ, in: Zur Geschichte der SBZ. Hrsg. von Alexander Fischer. Berlin 1993 (Schriftenreihe der Gesellschaft für Deutschlandforschung, 37) (im Druck); Welsh, Helga A.: Revolutionärer Wandel auf Befehl? Entnazifizierungs- und Personalpolitik in Thüringen und Sachsen (1945-1948). München 1989 (Schriftenreihe der Vierteljahrshefte für Zeitgeschichte, 58).
20 Vgl. Hübner, Peter: Balance des Ungleichgewichtes. Zum Verhältnis von Arbeiterinteressen und SED-Herrschaft, in: GG, 19. Jg., 1993, H. 1. S. 15-28.

ten sozialistischen Fortschritts."[21] Sozialgeschichtliche Fragen seien aufgrund der "jeweiligen stark politikgeschichtlichen Ausrichtung" und wegen der Unzulänglichkeit geeigneter Quellen kaum gestellt worden.[22] Auch Gerd Meyers Beobachtung dürfte zutreffend sein: "Noch wenig untersucht sind jene langfristigen Entwicklungstendenzen und Bruchlinien der Sozialstruktur bis hinein in die individuellen Biographien, die wichtige Voraussetzungen für den Umbruch [von 1989, P.H.] bildeten."[23]

Dieser "Umbruch" indes hat inzwischen die Kategorie Mentalität im Fokus der forschungsleitenden Interessen spürbar aktiviert. Damit sind nicht umstrittene Produkte einer psychologischen Interpretation von DDR-Geschichte,[24] sondern sozialwissenschaftliche Annäherungen an den Werte- und Mentalitätswandel der DDR-Gesellschaft gemeint.[25] In enger Beziehung zu einem solchen Ansatz stehen vereinzelt konflikttheoretisch orientierte Fragestellungen,[26] die ihr Gegenstück in einer Problematisierung des Legitimationsaspekts der Diktatur fanden.[27]

Die hier nur knapp umrissenen Themenfelder tangieren die Sozialgeschichte der Industriearbeiterschaft in SBZ und DDR in vielen Punkten. Doch steht die zeithistorische Forschung gleichzeitig vor einem gewissen Zielkonflikt: Erst seit 1990 verfügt sie über ausreichenden Zugang zu Archivalien und anderen Sozialdaten aus der SBZ und DDR. Unverkennbar dauert eine Akkumulationsphase noch an, und der Wunsch nach raschem publizistischen Niederschlag stößt hier an Grenzen.

Wenn gegenwärtig in der sozialwissenschaftlichen Forschung "eine gewisse Theoriearmut" konstatiert wird,[28] so läßt sich absehen, daß auch die Sozialgeschichte der Industriearbeiterschaft in der SBZ/DDR zunächst einen empirischen Nachholbedarf zu bewältigen hat. Nur kann das kaum unter Inkaufnahme bestehender theoretischer und methodologischer Defizite geschehen.[29] Allein die nach dem Zusammenbruch der sozialistischen Regime in Mittel- und Osteuropa eingetretene Entwertung von Konzeptkritiken

---

21 Kleßmann, Christoph: Zur Sozialgeschichte des protestantischen Milieus in der DDR, in: ebenda, S. 30.
22 Ders.: Zwei Diktaturen in Deutschland - Was kann die künftige DDR-Forschung aus der Geschichtsschreibung zum Nationalsozialismus lernen?, in: DA, 25. Jg., 1992, H. 6. S. 62.
23 Meyer, Gerd: Die westdeutsche DDR- und Deutschlandforschung im Umbruch. Probleme und Perspektiven der Sozialwissenschaften, in: DA, 25. Jg., 1993, H. 3. S. 279.
24 Vgl. Maaz, Hans-Joachim: Der Gefühlsstau. Ein Psychogramm der DDR. Berlin 1990; ders.: Das gestürzte Volk oder die unglückliche Einheit. Berlin 1991.
25 Siehe u.a. Gensicke, Thomas: Mentalitätswandel und Revolution. Wie sich die DDR-Bürger von ihrem System abwandten, in: DA, 25. Jg., 1992, H. 12. S. 1266-1283; ders.: Werte und Wertewandel im Osten Deutschlands, in: Werte und Wandel. Ergebnisse und Methoden einer Forschungstradition. Hrsg. von Helmut Klages/Hans-Jürgen Hippler/Willi Herbert. Frankfurt/M., New York 1992. S. 672-795; Woderich, Rudolf: Mentalitäten zwischen Anpassung und Eigensinn, in: DA, 25. Jg., 1992, H.1. S. 21-32.
26 Vgl. Hübner, Peter: Von unten gesehen. Krisenwahrnehmung durch Arbeiter, in: Brüche - Krisen - Wendepunkte, a.a.O., S. 254-265; Meuschel, Sigrid: Wandel durch Auflehnung - Thesen zum Verfall bürokratischer Herrschaft in der DDR, in: Berliner Journal für Soziologie, Sonderheft, Bd. 1, Berlin 1991. S. 15-28.
27 Vgl. Meuschel, Sigrid: Legitimation und Parteiherrschaft. Zum Paradox von Stabilität und Revolution in der DDR 1945-1989. Frankfurt/M. 1992; Thaa, Winfried: Die legitimatorische Bedeutung des Arbeitsparadigmas in der DDR, in: Politische Vierteljahresschrift, 30. Jg., 1989, H. 1. S. 94-113.
28 Meyer, Die westdeutsche DDR- und Deutschlandforschung, a.a.O., S. 282.
29 Vgl. Krysmanski, Hans-Jürgen: Entwicklung und Stand der klassentheoretischen Diskussion, in: Kölner Zeitschrift für Soziologie und Sozialpsychologie, 41. Jg., 1989. S. 149-167.

der Industriegesellschaft und die Aufwertung des Konzepts der Bürgergesellschaft dürfte für den Theoriehaushalt sozialgeschichtlicher Forschung eminente Bedeutung haben.[30]

Im Bereiche einer Sozialgeschichte der Industriearbeiterschaft in SBZ und DDR kristallisieren sich vor diesem Hintergrund diffizile Fragenkomplexe heraus, die sich auf eine Gesellschaftsgeschichte hin erweitern lassen: Erweisen sich die verfügbaren Kategorien für die nötigen komparativen Projektionen als tragfähig? Inwieweit bleibt der Klassenbegriff für die Analyse einer stark entdifferenzierten Gesellschaft verfügbar? Welche Ursache-Wirkung-Relation bestand zwischen kollektiven Trends der Arbeiterschaft zur Kleinbürgerlichkeit und dem systembedingten Festfahren industriegesellschaftlicher Modernisierungsprozesse? Welche Konsequenzen ergaben sich aus der "lebensweltlichen Überformung der Arbeitssphäre"?[31] Vollzog sich in der "Modernisierungsfalle"[32] von Parteiherrschaft und zentralisierter Planwirtschaft eine Entprofessionalisierung oder wurde ein moderner Professionalitätsstandard gewahrt?

Solche und ähnliche Fragen kennzeichnen die Sozialgeschichte der DDR-Industriearbeiterschaft als interessanten Zugang zur Geschichte der Gesellschaft unter der zweiten deutschen Diktatur und zur Geschichte des Regimes selbst.

---

30 Siehe dazu Kocka, Jürgen: Folgen der deutschen Einigung für die Geschicht- und Sozialwissenschaften, in: DA, 25. Jg., 1992, H. 8. S. 793-802, hier bes. S. 801.
31 Vgl. Woderich, Mentalitäten, a.a.O., S. 26 f.
32 Meuschel, Überlegungen, a.a.O., S. 9.

Elke Scherstjanoi (Berlin)

Neue russische Zeitschriften[1]

Acht Jahre nach dem Beginn der Perestroika, zwei nach dem Augustputsch von 1991 sowie 18 Monate nach dem Ende der Großmacht Sowjetunion und - so scheint es - im Moment wiederum wichtiger politischer Entscheidungen für deren Völker konstatiert die internationale Sowjetunion- und Sozialismusforschung 1993 zuversichtlich: Die sowjetischen Archive öffnen sich. Dies geschieht zwar nur schritt- und vorerst teilweise (was durchaus technische und finanzielle Gründe haben mag) sowie - nicht für alle Interessierten nachvollziehbar - noch irgendwie anders bedingt, aber immerhin...

Internationale Wissenschaftlerinitiativen haben an der Liberalisierung des russischen Archivwesens einen gewichtigen Anteil.[2] Die Zahl der Quellenpublikationen verspricht wieder zuzunehmen,[3] wovon die hier vorzustellenden, jeweils ersten Nummern von neuen Publikationsreihen künden.

---

1 Dabei handelt es sich um: Neiswestnaja Rossija - XX wek (Unbekanntes Rußland - 20. Jahrhundert), Bd.1. Verlag Istoritscheskoje nasledije, Moskwa 1992, 352 S. und Istoritscheskij archiw (Historisches Archiv), Nr. 1. Verlag Lit, Moskwa 1992.
2 Vgl. Mannheimer Erklärung über das Schicksal des Kominternarchivs vom 25. Februar 1992, in: Deutschland Archiv, Nr. 4, 1992. S. 447 f.; Die Erklärung und Informationen über ihre Resonanz finden sich auch in: The International Newsletter of Historical Studies on Comintern, Communism and Stalinism, Nr. 1/2, 1993. S. 7-10; Ende 1992 informierte Dr. G. Wettig (Bundesinstitut für und internationale Studien, Köln) über eine finanzielle Hilfe der Sanyo Shipman Foundation und der John D. and Catherine T. MacArthur Foundation für die Archive des russischen Außenministeriums. Die Förderung soll der Erschließung von Dokumenten und der Gewährung notwendiger Dienstleistungen für Archivbenutzer dienen. Die zweckgerechte Verwendung der Mittel kontrolliert die dafür geschaffene International Academic Advisory Group.
3 Leider wurde die Zeitschrift *Iswestija ZK KPSS*, die sich in den vergangenen Jahren um die Erstveröffentlichung wichtiger Dokumente der KPdSU verdient gemacht hat, 1992 eingestellt. Sie erschien, herausgegeben vom ZK der KPdSU, seit 1989. Ihr dokumentarischer Teil enthielt vornehmlich Materialien zur Zeit vor 1945, besonders zu den zwanziger und dreißiger Jahren.
Dokumente zur Sozial-, Politik- und Militärgeschichte, Erinnerungen sowjetischer Parteifunktionäre, Staatsmänner, Künstler oder Schilderungen über sie wurden auch in anderen Fachzeitschriften veröffentlicht, deren Schicksal weitgehend in den Sternen steht. *Woprosy Istorii* brachte seit Anfang 1992 unter der Rubrik "Politisches Archiv des 20. Jahrhunderts" unbekannte Dokumente, so die Materialien des ZK-Plenums im Februar/März 1937; die des April-Plenums 1929 sind angekündigt. Nr. 4/5, 1991 enthielt umfangreiches Zahlenmaterial aus dem GULag 1939, Nr. 4/5, 1992 einen geheimen Briefwechsel Molotows und Stalins mit Tito und Kardelj von 1948. *Istorija SSSR*, seit Nr. 2, 1992 heißt die Zeitschrift *Otetschestwennaja Istorija*, bot der Kommunismusforschung auch neue Quellen, etwa in Nr. 1, 1992, wo die massenhafte Aussiedlung ganzer Völkerschaften mit NKWD-Dokumenten der vierziger und fünfziger Jahre belegt wird.
Kommunist, seit Nr. 14, 1991 umbenannt in *Swobodnaja mysl*, brachte beispielsweise unbekannte Briefe und Tagebuchaufzeichnungen von Ines Armand (Nr. 3, 1992) und Briefe Martows aus dem Jahr 1917 (Nr. 16, 1991). *Oktjabr* dokumentierte in Nr. 12, 1991 recht umfangreich die Zusammenarbeit der Roten Armee mit der Reichswehr. *Wojenno-istoritscheskij schurnal* bot in den letzten Jahren neue militärgeschichtliche Quellen. Ob *Woprosy istorii KPSS* durch die Umbenennung in *Kentawr* (Zentaur) bessere Überlebenschancen hat, ist ebenso ungewiß wie die Zukunft von *Nowaja i nowejschaja istorija*, deren Titel auf nicht mehr lange zu haltende Zäsuren in der Historiographie zurückgreift.

Nach wie vor ist kein neues Archivgesetz verabschiedet, doch der kleine rechtliche Freiraum scheint nicht die schlechtesten Voraussetzungen zu bieten, um internationale Verträge über Quellenerschließung und gemeinsame Forschung zwischen den Leitern russischer Archive und westlichen Verlagen, Forschungseinrichtungen, Projektgruppen sowie einzelnen Wissenschaftlern, Verlegern und Journalisten zu schließen.[4] Noch immer aber ist vieles "sekretno" oder nur für wenige zugänglich: das sogenannte Präsidentenarchiv, das die Schlüsseldokumente (beispielsweise Politbüro- und Sekretariatsmaterialien) enthalten soll; die Materialien der Internationalen Abteilung des ZK 1945-52 im "Russischen Zentrum für Aufbewahrung und Erforschung von Dokumenten der neusten Geschichte" (RZAEDNG); wichtige Teile des SMAD-Bestandes im "Staatsarchiv der Russischen Föderation" (GARF, früher: Zentrales Staatsarchiv der Oktoberrevolution, CGAOR), der Molotow-Bestand im Archiv des Außenministeriums u.s.w.[5] Angesichts dieses weithin noch unbestellten Feldes verdienen russische Quellenveröffentlichungen unser besonderes Interesse.

Für die vorliegenden wissenschaftlichen Almanache stehen die Namen bekannter und weniger bekannter Historiker; D.A. Wolkogonow gehört gar beiden Redaktionsbeiräten an. Neiswestnaja Rossija wird von einem Moskauer Archiv-Verein herausgegeben, das Redaktionskollegium leitet W.A. Koslow, Sekretär ist S.M. Sawalow. Dem Vorwort zufolge stellte sich ein Kreis "Gleichgesinnter" die Aufgabe, kurzweilig, aber ohne Hast und aktuell-politische "Leidenschaften", dafür so genau wie möglich, bislang unbekannte, neuzeitliche russische und sowjetische Dokumente zu präsentieren. Koslow wünscht sich, seine Landsleute würden so endlich erfahren, wie das wirkliche, nicht das ausgedachte Leben im zuendegehenden zwanzigsten Jahrhundert verlief. Doch so ganz ohne "Leidenschaft" kam die Auswahl der Dokumente wohl nicht zustande, und wirklich, warum sollte sie?...

Die vom Komitee für Archivangelegenheiten bei der Regierung der Russischen Föderation eingerichtete Monatszeitschrift Istoritscheskij Archiw erschien mit einem Zitat

---

[4] Das 1991 vornehmlich auf der Grundlage der Bestände des früheren Zentralen Parteiarchivs beim ZK der KPdSU geschaffene Russische Zentrum für die Aufbewahrung und Erforschung von Dokumenten der neuesten Geschichte (es bewahrt Dokumente aus der Zeit vom Ende des 19. Jahrhunderts bis zum Jahr 1952 auf) informierte in der ersten Nummer seines Wissenschaftlichen Informationsbulletins über laufende Projekte: So wurde mit dem Rowohlt-Verlag die Herausgabe einer Dokumentensammlung unter dem (Arbeits-)Titel "Herbert Wehner, Walter Ulbricht, Willi Münzenberg und andere. Dokumente zu politischen Biographien" vereinbart. Mit der Friedrich-Ebert-Stiftung will man langfristig bei der wissenschaftlichen Aufarbeitung von Materialien des Archivs der deutschen Sozialdemokratie kooperieren. Gemeinsam mit der Feltrinelli-Stiftung (Italien) arbeitet man an einer Dokumentation zur Komintern und zu Fragen des Krieges, ein weiteres Projekt über das Wirken italienischer Emigranten und Kominternmitarbeiter wurde mit dem italienischen Verlag Ponte alle Gracie ausgehandelt. Auch mit der Universität in Jerusalem existiert ein Vertrag, die Dokumentation der Geschichte des Europäischen antifaschistischen Komitees 1941-48 betreffend. Dem zweiten, der hier besprochenen Quellenbände ist (S. 89) zu entnehmen, daß das GARF u.a. mit Universitäten in Israel und den USA eine sechsbändige Publikation der Protokolle des ZK der Partei der Kadetten 1905-34 vorbereitet.

[5] Zum Stand der Archivöffnung siehe auch: The International Newsletter of Historical Studies, a.a.O.; einen Leitfaden durch das Russische Zentrum, die Beschreibung zweier Bestände (Internationale Brigaden in Spanien; Organisation "Arbeiter Zions") 1906-28) und die vorläufige Ordnung des Lesesaals enthält: Rossijskij zentr chranenija i isutschenija dokumentow nowejschej istorii. Nautschno-informazionnyj bjuleten. Wypusk 1. Moskwa 1992; Nowaja i nowejschaja istorija, Nr. 2, 1992, S. 209-218 und Nr. 3, 1992, S. 192-203.

Karamsins auf dem Deckblatt: Den Russen muß man Achtung vor dem Eigenen anerziehen. Ein internationaler redaktioneller Beirat unter Leitung des Obersten Staatsarchivars der Russischen Föderation, R.G. Pichoja, fühlt sich dem Vorhaben verpflichtet. Ihm gehören u.a. die US-Amerikaner J. Billington, Ch. Palm und A. Nekritch, die Briten G. Schukman und E. Cross sowie aus Deutschland der Präsident des Bundesarchivs, F.P. Kahlenberg, an. Die Edition ist weder zeitlich noch regional eingegrenzt und will neben Dokumenten aus russischen Archiven auch Quellen aus dem Ausland, selbst solche ohne direkten Rußlandbezug, vorstellen. Schwerpunkte sind die russische und sowjetische Außenpolitik, die internationale kommunistische Bewegung, die KPdSU, politische Beziehungen in Europa.

Die in beiden ersten Nummern publizierten Dokumente stammen vor allem aus dem RZAEDNG, aus dem GARF, dem Zentralen Staatlichen Archiv der Volkswirtschaft der UdSSR, aus Archiven des Sicherheitsministeriums und - dies nur im Istoritscheskij Archiw - dem Archiv des Präsidenten der Russischen Föderation, dem "Zentrum für Aufbewahrung von aktueller Dokumentation", dem Zentralen Staatlichen Militärhistorischen Archiv und dem Zentralen Staatlichen Archiv Alter Akten. Die Quellen sind durchweg mit ihren Signaturen ausgewiesen, allerdings leiden die Nachweise an dem alten Mangel: Mit Ausnahme des letzgenannten Archivs gibt keines die Aktentitel und Bezeichnungen der Bestände preis. Herkunft und Adressat von dienstlichen Schreiben oder auch privaten Briefen sind zwar genannt, es läßt sich aber in der Regel nicht nachvollziehen, wo das Dokument in Empfang genommen, bearbeitet, abgeheftet, aufgehoben wurde. Damit bleibt dem Historiker ein wichtiger Teil der Quellenkritik verwehrt.

Neiswestnaja Rossija offeriert in ihrem ersten Band vor allem Zeugnisse der Jahre 1918-21, der dreißiger und der Chruschtschow-Jahre. Sie mischt sich damit ein in die durchaus leidenschaftlichen Debatten um Macht, Gewalt und Terror.

Da sind zunächst sechs Auszüge aus Briefen an Lenin, einige von engen Mitstreitern, andere von Sympathisanten (leider ohne jegliche Hinweise auf die Autoren), einer aus der Feder eines Miljukow-Anhängers. Sie stellen frühe Warnrufe vor einer als bedrohlich empfundenen Ausweitung des bolschewistischen Terrors, vor der Willkür "lederner Leute" und vor "Sowjetokratismus" dar. Ein Brief des Altbolschewiken Osinskij (Obolenskij) vom Oktober 1919 enthält den Vorschlag, im Moment der einsetzenden politischen Krise auf allen Ebenen Vorkehrungen gegen eine Ein-Mann-Diktatur zu treffen und in der Partei einen "zivilen Waffenstillstand" herzustellen, um die "proletarische Haut" überhaupt zu retten und den "Marasmus im Apparat" aufzuhalten. Ob Lenin diese Briefe je gesehen hat, ist nicht bekannt.

Mit überraschender Deutlichkeit sind die Gebrechen der Diktatur *über* das Proletariat schon frühzeitig auch im Sicherheitsapparat gesehen worden - und das ansatzweise selbst auf die eigene Rolle bezogen. Das gibt ein Schreiben aus der Besonderen Abteilung der Turkestan-Front an das ZK der RKP (März 1921) wieder. Mit der alarmierenden Schilderung der sozialen Lage einfacher Tschekisten und psychologischer Begleiterscheinungen ihres Dienstes wollte man den massenhaften standrechtlichen Hinrichtungen für Fehler im Dienst Einhalt gebieten. Doch die Kritik richtete sich im weiteren generell gegen Erschießungen von Arbeitern und Bauern. "Es entsteht der Eindruck, als seien die proletarischen Strafaorgane ausschließlich für das Proletariat geschaffen, das systematisch vernichtet wird..." (44). Das Schreiben ist eins von zehn Tscheka-Dokumenten aus den Jahren 1918-21. Die anderen geben Einblick in die institutionellen

Machtkämpfe um die Rolle der Tscheka (Unterstellungsverhältnisse, Verhältnis zur Justiz), lassen die Subtilität der Taktik im Kampf gegen die orthodoxe Kirche spüren und reflektieren Bemühungen um humanen Strafvollzug für politische Gefangene. Interessant sind auch die Überlegungen in der Tscheka-Spitze 1921, die Todesstrafe für politische Gegner abzuschaffen und Menschewiken, linken Sozialrevolutionären und einigen "anständigen" Anarchisten wieder legale Wirkungsmöglichkeiten zu geben. Das Bild von der "blutigen Knute" verfeinert sich ein wenig; Verharmlosung war die Absicht des Herausgebers der Dokumente nicht.

Unter der Überschrift "Geheimagent Jossip Stalins" läßt uns eine Dokumentensammlung die Folgen einer Denunziation in den frühen dreißiger Jahren erleben. Vorgestellt wird der Denunziant und (mit seiner Ehefrau) einzige Belastungszeuge der "parteischädigenden, konterrevolutionären Gruppe Eismont, Tolmatschow u.a." (1932). Abgedruckt sind zwei an Stalin adressierte Anzeigen, eine Zeugenaussage des Denunzianten, eine Gegenaussage Eismonts, das Protokoll einer Gegenüberstellung, eine Sammlung von Aussagen gegen den Mitangeklagten Smirnow sowie eine Liste mit Namen und Kurzbiographien aller in diesem Zusammenhang Verdächtigten. Sie werden ergänzt durch Dokumente aus der Arbeit der Parteikontrollorgane aus den Jahren 1962 (inkl. einer Befragung des Geheimagenten) und 1990 zum Zweck der Rehabilitierung. Über den Denunzianten erfährt man, wie er bald selbst in die Mühlen der Verdächtigungen und Machtkämpfe geriet, bevor er ab 1942 als echter "Agent" geführt wurde. Die Dokumente sind leider unzureichend kommentiert, was jedoch nicht der Grund dafür ist, daß sich die Geschichte der Intrige nicht vollständig aufhellen läßt. Dafür bedürfte es immer noch mehr und anderer Psychogramme der "Wachsamen".

Vier gut erläuterte Dokumente spiegeln die Verfolgung des Schriftstellers Michail Soschtschenko 1944-46 wider. In archivgetreuer Fassung wird der bekannte Brief des Schriftstellers an Stalin (1946) veröffentlicht, ergänzt durch einen bislang unbekannten, etwa zeitgleich verfaßten an Schdanow - in gemäßigter Selbstkritik gehaltene, eine tiefe menschliche Tragik reflektierende, letztlich aussichtslose Versuche, die Ergebnisse jahrzehntelangen Schreibens nicht ins "Lager der Reaktion" abgeschoben zu sehen. Zu finden sind weiterhin ein Befragungsprotokoll durch den KGB (1944) und eine Aktennotiz des Staatssicherheitsministeriums (1946).

Nachdem unlängst schon mehr über die antisowjetische Organisation "Nationales Zentrum" (1919 aufgedeckt) zu erfahren war,[6] wird uns nun dessen "Programm der wirtschaftlichen Erneuerung des Landes" offeriert. Die einleitenden Betrachtungen des Herausgebers lassen an der Angemessenheit dieses wohl nachträglich gewählten Titels zweifeln, nimmt er doch an, daß es sich bei dem Dokument um einen Vortrag des Ökonomen und Universitätsprofessors Bukspan sowie des Juristen und sowjetischen Wirtschaftsfunktionärs Kafengaus handelt, um den das "Zentrum" gebeten hatte. Es ist eigentlich ein NÖP-Programm. Die Autoren wurden 1930 aus anderen Gründen verurteilt, und erst 1938 wurde Bukspan diese frühere Verbindung zum Verhängnis. Das anonyme, undatierte Papier stammt aus dem Archiv des Sicherheitsministeriums der Russischen Föderation und hat keinerlei Quellenbeleg.

Von profunder Sachkenntnis zeugt ein Essay, das eine Dokumentation der Geschichte der "Spezposselenzy", der ausgesiedelten "Kulaken", begleitet. Der Verfasser N.W. Tepzow hat die von ihm herausgegebenen, aus verschiedenen Archiven zusammengetrage-

---

6 Siehe Krasnaja kniga WTschK. Moskwa 1989.

nen Zeugnisse der Jahre 1930-32 in drei Gruppen gegliedert. Er läßt zunächst Betroffene erzählen: in Berichten, Bittbriefen und Beschwerden an Kalinin und in jüngsten Erinnerungen. Dann kommen die Instrukteure und GPU-Leute zu Wort, die die Anordnungen durchführten und rapportierten. Schließlich folgen in kühler Nüchternheit geheime Instruktionen, Befehle, Verordnungen, Aktennotizen von höchsten Partei-, Regierungs- und Sicherheitsinstanzen.[7]

Die Chruschtschow-Ära wird uns über eine Gesprächsaufzeichnung nähergebracht. Über zentrale Ereignisse und umstrittene Bewertungen der fünfziger und sechziger Jahre unterhielten sich 1989 das vormalige Politbüromitglied, der ZK-Sekretär und Komsomolchef A.N. Schelepin sowie das frühere ZK-Mitglied und ebenfalls hoher Komsomolfunktionär W.E. Semitschastny, die beide überdies in jener Zeit nacheinander KGB-Vorsitzende waren. Das allein dürfte den Wert dieser Quelle schon belegen. Begrenzt wird er jedoch durch den Umstand, daß die Gespräche quasi parteioffiziell im Zentralen Parteiarchiv stattfanden. Selbst wenn dort tatsächlich "zwanglos" gesprochen wurde, hat das mit "oral history" (wie behauptet wird) wenig zu tun. Einige Details sind zwar interessant, doch sensationell Neues sucht man vergeblich.

Mit einer der interessantesten historischen Figuren und Denker machen die letzten Seiten des Bandes bekannt. Vorgestellt wird der "Ideologe der Konterrevolution" und professionelle Schriftsteller W.W. Schulgin (1878-1976). Zu seinem Lebensweg gehörten die Entgegennahme des Thron-Verzichts aus den Händen Nikolaus I., 24 Jahre Emigration, 1944 Gefangennahme in Jugoslawien, 12 Jahre Gefängnis... Vorgelegt werden hier tagebuchartige Aufzeichnungen aus den sechziger Jahren mit philosophischen Etüden über die Geschichte Rußlands.

Den Autoren und Herausgebern der Dokumente in Neiswestnaja Rossija wurden hinsichtlich der Kommentierung und Einleitung keine Vorschriften gemacht. Das gibt den Beiträgen etwas Individuelles, dem Bändchen Farbe. Jedoch mindert es stellenweise die wissenschaftliche Verwertbarkeit; manches bräuchte mehr Zusatzinformationen.

Istoritscheskij Archiw überrascht die Kommunismusforschung mit quellen- und historiographiegeschichtlich Bemerkenswertem:

Einem Brief (er wurde schon teilweise veröffentlicht[8]) des Direktors des IML beim ZK der KPdSU an den stellvertretenden Generalsekretär vom Dezember 1991 im Zusammenhang mit der Vorbereitung einer sechsten Lenin-Werkausgabe ist zu entnehmen, daß es noch 3.724 von Lenin geschriebene, diktierte oder redigierte unbekannte Texte gibt. Daneben - so der Brief - enthalte das Parteiarchiv (heute folglich das "Russische Zentrum...") noch weitere rund 3.000 von Lenin gezeichnete staatliche Dokumente. Letztere schätzte der Berichterstatter als so brisant ein, daß er ihre Veröffentlichung "gegenwärtig für nicht angebracht" hielt. Dazu zählte er Dokumente, deren Inhalt als "Förderung gewaltsamen Vorgehens gegen souveräne Staaten ausgelegt werden könnte", als "Ausnutzen nationaler Feindseligkeiten". In einigen Quellen würden Terror und Repressalien befürwortet und "prämiert". Andere gingen detailliert auf die Feinheiten der Diplomatie der Revolutions- und Bürgerkriegsjahre ein.

Aufschlußreich ist auch ein Ausflug in die Geschichte des Vorläufers des Istoritscheskij Archiw, einer gleichnamigen Fachzeitschrift der Tauwetter-Periode. 23 Do-

---

[7] Interessenten sei eine weitere Quellenpublikation (hrsg. von N.F. Bugajew) empfohlen in: Istorija SSSR, Nr. 1, 1992. S. 122 ff.
[8] Siehe "Komsomolskaja Prawda", 2. Oktober 1991. S. 2.

kumente des ZK-Sekretariats, verschiedener ZK-Abteilungen und Kommissionen sowie Schreiben an sie geben Anfang und Ende eines "Publikationsorganes" wieder, das alsbald in den Strudel der widersprüchlichen Chruschtschowschen Ideologie-, Wissenschafts- und Kulturpolitik gerissen wurde. Frühe Schelte bekam es schon 1957. Einem Redakteur war entgangen, daß eine Dokumentation über den Partisanenkampf im Kubangebiet 1942-43 Aktionen gegen deutsche Verwundetenstransporte festhielt, was im Ausland zu verbreiten nicht opportun schien. Nachdem Wissenschaftler und Archivare, unterstützt von der Parteiorganisation der Akademie der Wissenschaften und von der Abteilung Wissenschaft des ZK, 1961 die Schließung der Zeitschrift (dafür hatte man finanzielle Gründe angeführt) hatten verhindern können, setzten Sekretariat und die ZK-Abteilung für Agitation und Propaganda dem Ganzen 1962 wegen einer nicht genehmen Dokumentation zur Kulturgeschichte ein Ende.

Für manchen weißen Fleck in den Geschichtsbüchern sind die Quellenproduzenten selbst mitverantwortlich, was am Beispiel des Leninreferates auf der IX. Parteikonferenz der RKP(B), September 1920, vorgeführt wird: "Ich bitte weniger mitzuschreiben. Das soll nicht in die Presse kommen". Das tat es nicht, es kam auch in keine Lenin-Ausgabe. Der politische Bericht und das Schlußwort Lenins sind hier das erste Mal (nach den stenographischen Mitschriften) abgedruckt. Das faszinierende Referat ist heute in mancherlei Hinsicht wichtig: Es gibt Lenins selbstkritische Einschätzung des Vormarsches auf Warschau wieder ("gigantische, nie dagewesene Niederlage, [...] möglicherweise auf politische oder strategische oder beiderart Fehler zurückzuführen"), geht auf die Situation in Deutschland (Kapp-Putsch) und England ein und skizziert die veränderte politische Situation im Kontext von Versailles. Etwa so: "Wir stellten die Aufgabe Warschau einzunehmen. Die Aufgabe hat sich geändert. Es zeigte sich, daß es nicht um das Schicksal Warschaus geht, sondern um das des Versailler Vertrages. [...] Ostdeutschland kocht [...] Es entstand ein unnatürlicher, nirgendwo festgeschriebener Block der Kapp-Leute, der Kornilows und der ganzen Masse patriotisch gestimmter Elemente [...] mit den Bolschewiki [...] und dieses Problem konnten die deutschen Kommunisten nicht lösen [...]." (S. 18 f.) Wie Lenin alles in den weltrevolutionären Zusammenhang stellt, Vergleiche wagt, Taktik abwägt, an Hoffnungen festhält, ist in seiner Deutlichkeit beeindruckend. Hier spricht Lenin Klartext, anders als - er gibt es zu - auf dem Kominternkongreß. Über den konkret-historischen Bezug hinaus dürften seine Überlegungen zur "Sowjetisierung" von Interesse sein. Die polnische Aktion teilweise rechtfertigend, erklärt er, es sei notwendig gewesen, "Polens Bereitschaft zur sozialen Revolution mit dem Bajonett zu befühlen", doch dies sei nicht gelungen. Fraglich wie bei allen politischen Entscheidungen Lenins bleibt, wie weit er derartige Bajonett-Kitzelei hätte rechtfertigen wollen, wenn militärische Niederlagen nicht zur Rückkehr gezwungen hätten. "Hilfe bei der Sowjetisierung" in Georgien und Lettland hielt er für taktisch falsch, für Galizien, Ungarn und die Tschechoslowakei kalkulierte er sie noch ein.

Das Dokument verpflichtet zu stark historisierender Interpretation. Dennoch - das alte Problem der Leninrezeption - manche Sätze verführen schon dazu, ihnen grundsätzliche Bedeutung zu geben bzw. ihrem Schöpfer prinzipiell eine solche Sichtweise zu unterstellen. Nur ein Beispiel: "Ohne Bürgerkrieg kriegst du keine Sowjetmacht in Deutschland"! (S. 19)

Eine größere Studie aus dem Jahr 1920 wird unter dem (ein wenig irreführenden) Titel "Konspirative Diplomatie der Bolschewiki" vorgelegt. Der Bericht, eine ausführliche, herbe Kritik an formellen und inhaltlich-organisatorischen Seiten der Arbeit einer sowjetrussischen Mission im Ausland (Beispiel Estland), stellt eher einen Aufsatz dar, der - stilistisch reizvoll und intellektuell bemerkenswert (mit Zitaten von Schtschedrin und Nietzsche) - besonders in seinen Passagen zum politischen System aufschlußreich ist. Er entstand im Ergebnis einer Revision durch eine Parteikommission. Für die Historiographie der Außenpolitik nicht uninteressant, bietet das Dokument vor allem Parteihistorikern Diskussionsstoff. Beispielsweise dort, wo über die Ursachen bester Traditionen der Illegalität nachgedacht wird: moralischer Verfall in der Partei, das leider auch jeglichen "Geist des Kollektivismus" begrabende, sich falsch entwickelnde Prinzip der Einzelverantwortung, Bürgerkriegsmentalität, Verbürokratisierung usw.

Die Trotzki-Forschung wird um fünf kleinere Briefe Trotzkis und einen seinem Sohn L. Sedow in Auftrag gegebenen (teilweise in Auszügen) bereichert, die - angemessen eingeleitet und kommentiert - dem Petersburger Archiv des Sicherheitsministeriums entnommen sind (diesmal sogar mit Signatur). Sie dokumentieren die bislang wenig bekannte Hilfe, die der Emigrant für seine Autobiographie im Sommer 1929 und 1931, während seines Aufenthalts in der Türkei, aus der Osloer Vertretung erhielt. Einer der Briefe ging an seine in der UdSSR zurückgebliebene erste Frau. (Trotzki teilte ihr im Januar 1933 den Tod ihrer zweiten Tochter mit, die sich in Berlin in Behandlung befunden hatte.)

Als ein "markantes, totalitären Terror enthüllendes Dokument" betrachten die Herausgeber einen Brief des polnischen Kommunisten B.A. Berg an Dimitrow vom Februar 1936. Er wurde im Arbeitslager geschrieben, wohin der vermeintliche Konterrevolutionär 1934 für fünf Jahre verbannt worden war. Berg berichtet über körperliche und seelische Torturen an Mitgefangenen, deren Aussagen dann zur Fabrizierung einer feindlichen "Gruppe Skarbek" mißbraucht worden waren. Die Tragödie deutscher Kommunisten und Exilanten in der UdSSR verdeutlicht ein Bericht des Leiters der KPD-Kaderabteilung in der deutschen EKKI-Vertretung vom April 1938. Zu diesem Zeitpunkt waren mehr als 70 Prozent der dortigen KPD-Mitglieder verhaftet...

Einen interessanten Kontrast dazu bilden drei Dokumente, die das Schicksal des für die Schauprozesse und Massenverhaftungen 1936-38 verantwortlichen "eisernen Volkskommissars" des Innern und KGB-Chefs Jeschow betreffen. Ende 1938 wurde an der Karriere des zweiten in der Dreierreihe der NKWD/KGB-Chefs gesägt. Ihn erwartete trotz Selbstkritik (dort abgedruckt) das gleiche klägliche Ende wie seinen Vorgänger Jagoda und später seinen Nachfolger Berija. Leider ist auch den dargebotenen Quellen nichts wesentlich Neues zu entnehmen, so daß wohl noch weiterhin - wie im einleitenden Kommentar vorgeführt - die unzureichende Erklärung für die Wechsel in der NKWD-Spitze herhalten muß, wonach Stalin Sündenböcke für die Politik des Massenmordens brauchte.

Nichtkommunistische politische und sozialethische Vorstellungen in einer Zeit fortschreitender "Bolschewisierung" Rußlands vermitteln die Aufzeichnungen eines Generals der Zarenarmee aus dem Frühjahr-Herbst 1917 und das Protokoll der ZK-Sitzung der Partei der Kadetten 1921 in Paris.

Die in der Historiographie wieder verstärkt debattierten militärischen Aspekte des deutschen Überfalls auf die Sowjetunion 1941 sind Inhalt zweier Dokumente aus dem Präsidentenarchiv: Eine Direktive des Hauptquartiers des Oberkommandos an die Befehlshaber der Armeen und Fronten vom Juli 1941 über die ersten Fronterfahrungen leitete eine Revision im Aufbau der Kampftruppen ein. Ein Berichtsentwurf Generaloberst Guderians vom November 1941 (die Übersetzung aus dem Deutschen ging im Februar 1942 an Stalin) gibt eine knappe Charakteristik der russischen Armee, ihrer Kommandostruktur, Taktik, Bewaffnung wieder. Auf dreieinhalb Seiten ließen sich die Materialien des einzigen in den Jahren des Großen Vaterländischen Krieges durchgeführten ZK Plenums (1944) unterbringen. Vermutlich blieb es bislang geheim wegen eines spärlichen Hinweises auf die Absetzung des (1950 hingerichteten) stellvertretenden Verteidigungsministers. Den Anlaß dazu gab sein amoralischer Lebenswandel.

Ergänzt um zwei weitere (1989 schon veröffentlichte) Briefe bietet der Herausgeber der Soschtschenko-Dokumente in Neiswestnaja Rossija hier noch einmal die gleichen Dokumente an. Allerdings stimmen in drei Fällen die Quellenvermerke nicht ganz überein!

Daß sich am Fall Solschenizyn die intellektuellen Geister im realen Sozialismus immer wieder schieden, muß nicht erst nachgewiesen werden. Dennoch liest man mit Gewinn in den KPdSU- und KGB-Akten, wie die sowjetische Führung dies 1970 beobachtete, lenkte und (zumindest versuchsweise bis in den PEN-Klub hinein) inszenierte. In Dokumenten "über Maßnahmen im Zusammenhang mit dem provokatorischen Akt der Zuerkennung des Nobelpreises" gibt es auch Hinweise auf die Rolle von DDR-Kulturministerium und -Schriftstellerverband.

Aktuell-politische Bedeutung hat das Archivgut zur Geschichte der Nationalitätenkonflikte und administrativ-territorialen Veränderungen in der UdSSR. Eine Dokumentensammlung führt Verfahren und Umstände vor, unter denen die Halbinsel Krim 1954 der Ukrainischen Republik zugesprochen wurde - ein undemokratischer, selbst geplante Formalitäten zum Teil übergehender Akt Chruschtschows, von dem er sich politischen Prestigegewinn versprach.

Aus der Amtszeit Gorbatschows sind zwei geheime ZK-Papiere vom März 1990 überliefert, die von "unverzüglichen Maßnahmen gegen den Austritt Litauens aus dem Bestand der UdSSR" künden.

Zwei Schlüsseldokumente jüngsten Datums werden für eine noch zu schreibende Geschichte der GUS-"Übergangsgesellschaften" unentbehrlich sein. Sie stammen aus dem Sommer 1991. Ein geheimer Politbürobeschluß instruierte die Republiks- und Gebietsparteiorganisationen, wie Parteigeld in der Wirtschaft anzulegen sei. Unter "Achtung der Gesetzgebung" und "Wahrung der Rechte und Interessen der unteren Parteiorganisationen" sollten u.a. ein Investitionsfonds geschaffen sowie Aktiengesellschaften und kleinere Unternehmen, die ausländische Partner anziehen könnten, gegründet werden. Mit den Folgen des Verbots der innerbetrieblichen Arbeit für alle Organisationen und Parteien durch Präsident Jelzin (20. Juli 1991) beschäftigte sich wenige Tage vor dem Putsch das ZK-Sekretariat der KPdSU. Es empfahl, sich nicht mit der Auflösung der Betriebszellen zu beeilen, unter Ausnutzung legaler Möglichkeiten Parteigruppen nicht *der* Institutionen, sondern *bei* ihnen zu gründen, und die territorialen Grundeinheiten "manövrierbereit" zu halten, damit sie notfalls Betriebszellen sofort aufnehmen könnten. Wenige Tage darauf war vieles davon hinfällig geworden. Welche Strukturen fort- oder neu aufleben, wird die Zukunft zeigen.

Der Abdruck der Dokumente macht insgesamt den Eindruck großer Sorgfalt, die Kommentare sind hilfreich und in der Regel umfangreich. In einigen Fällen erfährt der Leser sinnvollerweise auch etwas über die Eigenheiten der Entstehung der Dokumente, die Sinngebung von Abkürzungen auf Dokumenten gleicher Art und Provenienz. Istoritscheskij Archiw enthält auch einen kleinen bibliographischen Anhang. In der vorliegenden Nummer erfährt man beispielsweise, daß 1991 zwei für Archivarbeit wertvolle Hilfsmittel erschienen sind: ein Handbuch mit Hinweisen auf Bestände, die nicht in zentralen staatlichen Archiven eingelagert sind, und ein Führer durch das Zentrale Staatliche Archiv der Sowjetarmee. Letzterer wurde in den USA gedruckt! So ändern sich die Zeiten.

Jan Foitzik (Mannheim)

Zur Situation in Moskauer Archiven

Bereits im Sommer 1988 forderten die Delegierten der 19. Unionskonferenz der KPdSU eine gesetzliche Regelung für die Benutzung von archivalischen Unterlagen.[1] Außer öffentlicher Polemik und Kritik trug bisher auch das professionelle Engagement der neuen russischen Archivverwaltung, die den parlamentarischen Gremien Rußlands bereits mehrere an westlichen Standards orientierte Gesetzentwürfe unterbreitet hatte, keine Früchte: Ein allgemein verbindliches Gesetz steht bis heute aus. Die begreifliche Frustration russischer Archivare, die sich weder auf ein Archivgesetz noch auf ein russisches Gesetz über das Staatsgeheimnis stützen können, vermengt sich mit der Ungeduld der interessierten Historiker, und beide Stimmungen schaukeln sich allzu schnell zum beiderseitigen Schaden gegenseitig hoch. Aus der Ferne verfolgt die internationale Öffentlichkeit die Entwicklung kritisch, und die Weltpresse kommentierte einhellig, daß die Veröffentlichung von Archivmaterialien nach politischen Zweckmäßigkeitskalkülen erfolge, als im Oktober 1992 aus dem sogenannten Präsidentenarchiv die Entscheidung des Politbüros vom 5. März 1940 über die Ermordung von fast 26 000 Polen veröffentlicht wurde.[2] Zwar gehörte auch die Öffnung der Archive zu den Forderungen der Oktoberrevolution von 1917, doch in der Sowjetunion geriet dies schnell in Vergessenheit und die Vorstellung, daß staatliche Dokumente nach Ablauf normierter Schutzfristen durch die Allgemeinheit eingesehen werden können, ist für russische Archivare neu. Das durch die Älteren verinnerlichte Prinzip der übertriebenen Geheimhaltung hemmt den durch jüngere Fachkräfte getragenen Prozeß der Liberalisierung des Archivwesens und macht ihn zu einem konfliktgeladenen Politikum.

Die Archive der KPdSU und des Komitees für Staatssicherheit (KGB) wurden am 24. August 1991 durch Dekret des Präsidenten der Russischen Föderation verstaatlicht, die Aufsicht über den dokumentarischen Bestand dem Komitee für Archivwesen bei der Regierung der Russischen Föderation (Komitet po delam archiwow pri prawitelstwe Rossijskoj Federazii, Rosskomarchiw) übertragen, das als staatlicher Archivdienst im Februar 1992 die Rechtsnachfolge der früheren Archiv-Hauptverwaltung beim Ministerrat der UdSSR (Glawnoje archiwnoje uprawlenije pri Sowete Ministrow SSSR, Glawarchiw) antrat. In die Obhut des Komitees gingen insgesamt 204 Millionen sogenannte archivalische Einheiten über (Stand 1992), davon 70 Millionen aus dem ehemaligen Parteiarchiv, 4 Millionen aus dem Archiv des aufgelösten KGB und 20 Millionen, die sich früher in der Obhut der sowjetischen Archivverwaltung befanden, also alle Bestände der zentralen Archive der früheren Sowjetunion auf dem Gebiet Rußlands.[3]

Am 12. Oktober 1991 entstanden in Moskau zwei neue Zentren, denen sowohl die archivalische Betreuung der ihnen anvertrauten Dokumente aus dem ehemaligen Parteiarchiv als auch ihre wissenschaftliche Bearbeitung und Aufbereitung übertragen wurde:

---

1 Vgl. hierzu Geyer, Dietrich: Perestrojka in der sowjetischen Geschichtswissenschaft, in: ders. (Hg.): Die Umwertung der sowjetischen Geschichte. Göttingen 1991. S. 9-31.
2 Vgl. Russkaja mysl, Paris, 23.10.1992.
3 Hershberg, James G.: Soviet Archives: The Opening Door, in: Woodrow Wilson International Centre for Scholars Washington, D. C.: Cold War International History Project Bulletin, Spring 1992, Issue 1. S. 13.

Das "Russische Zentrum für Aufbewahrung und Erforschung von Dokumenten der neusten Geschichte" (RZAEDNG; "Rossijskij zentr chranenija i isutschenija dokumentow nowejschej istorii"; "Russian Centre for Preservation and Study of Modern History Documents") in der uliza Puschkinskaja 15 betreut den Bestand des ehemaligen Zentralen Parteiarchivs der KPdSU und bewahrt nach journalistischen Lesarten das weniger wichtige Aktenmaterial aus der Zeit bis 1952 auf, das bereits an das Parteiarchiv abgegeben worden war.[4] Es übernahm ursprünglich insgesamt mehr als 1,5 Millionen "archivalische Einheiten", die in 551 Archivfonds angeordnet sind.[5] Außerdem befindet sich dort - neben etwa 10 000 Fotografien und 8 km Filmmaterial - noch weiteres ungeordnetes Material. Nach Auskunft der Leitung dieses Zentrums beherbergt es eigentlich drei Archive: Ein Archiv zu sozialen Bewegungen des 19. Jahrhunderts, das Archiv der zentralen Organe des ZK der KPdSU bis 1952 und schließlich das sogenannte Komintern-Archiv.

Am 25. Februar 1992 wurde auf der Staraja Ploschad das "Zentrum für die Aufbewahrung moderner Dokumente" ("Zentr chranenija sowremjennoj dokumentazii") eröffnet. Dieses Zentrum übernahm bei seiner Entstehung mit insgesamt über 30 Millionen Archiveinheiten (den überwiegenden Teil bilden allerdings Karteikarten der Mitglieder der KPdSU) sowie weitere 20 Millionen nicht klassifizierter Dokumentenblätter aus der Agenda des Apparates des ZK der KPdSU der Jahre 1952-1991.[6]

Sogenannte "Spezfonds", die durch Entscheidung der Aktenbildner in der obersten Spitze der sowjetischen Partei- und Staatsführung "für ewige Zeiten" gesperrt bleiben sollten, befinden sich im Archiv des Präsidenten der Russischen Föderation, auch Kreml-Archiv genannt.[7] Das Kreml-Archiv, früher unmittelbar dem Generalsekretär des ZK der KPdSU bzw. dem Präsidenten der UdSSR unterstellt, sowie das Archiv des KGB nehmen rechtlich eine Sonderstellung ein und sind für die wissenschaftliche Forschung nicht zugänglich. Das KGB-Archiv macht allerdings derzeit beim Vorliegen berechtigter Interessen seitens der Opfer ungesetzlicher Verfolgungen Ausnahmen von diesem Prinzip. Nach Auskunft des Leiters des Rosskomarchiw, Rudolf G. Pichoja, werden aus dem sogenannten Kreml-Archiv diejenigen Materialien, die zwischen den zwanziger und sechziger Jahren entstanden sind, in die öffentlichen Archive überführt; Akten neueren Datums, die für die Staatsspitze noch politisch relevant sind, verbleiben im Präsidentenarchiv.[8] Über die Bestände des KGB-Archivs entschied im Februar 1992 eine Parlamentskommission, daß Akten, die älter als 15 Jahre sind, der staatlichen Archivverwaltung zur Deklassifizierung und Aufbewahrung zu übergeben sind.

Außerhalb der Fachaufsicht des Staatlichen Archivdienstes Rußlands befinden sich auf der zentralen Ebene insbesondere das Archiv der Außenpolitik des Russischen Reiches (Archiw wneschnej politiki Rossijskoj Imperii) für die Zeit bis 1917 und das Archiv der Außenpolitik der Russischen Föderation (Archiw wneschnej politiki Rossijskoj Federazii), die unmittelbar dem russischen Außenministerium unterstellt sind, sowie die

---

4 So z.B. Tolz, Vera: Acces to KGB and CPSU Archives in Russia, in: RFE/RL Research Report, Vol. 1, 1992, Nr. 16. S. 1-7, hier S. 1.
5 Vgl. Koslow, W.P.: Rossijskij zentr chranenija i isutschenija dokumentow nowejschej istorii i ego perspektiwy, in: Nowaja i nowejschaja istorija, Moskwa 1992, Nr. 2. S. 192-197.
6 Usikow, R.A.: K sosdanii Zentra chranenija sowremennoj dokumentazii, in: ebenda, S. 198-202.
7 Vgl. hierzu: Nicht alle fallen unter "Glasnost". Der russische Historiker Roy Medwedjew im ND-Interview zur Situation der Archive in Moskau, in: Neues Deutschland, 4.12.1992.
8 Rossijskaja gaseta, Moskwa, 7.11.1992.

zum Zuständigkeitsbereich des Generalstabes der GUS-Streitkräfte gehörenden zentralen Archive der früheren Sowjetischen Armee in Moskau, St. Peterburg und Podolsk.

In allen Archiven ist die Deklassifizierung der Bestände, die Restrukturierung und Komplettierung der vielfach zerstörten einheitlichen Überlieferungen im Gange. Sie dürfte insgesamt einen längeren Zeitraum beanspruchen.

Für die Geschichte der internationalen Arbeiterbewegung sind die Bestände der beiden genannten neugegründeten wissenschaftlichen Zentren besonders relevant. Der archivalische Nachlaß der Komintern beispielsweise befindet sich im RZAEDNG. Dieses "Komintern-Archiv" enthält 78 Bestände, deren Gesamtumfang auf 55 Millionen Blatt geschätzt wird.[9] Bis auf Ausnahmen ist derzeit der Bestand der Kaderabteilung der Komintern gesperrt. Die russische Archivverwaltung ist jedoch grundsätzlich bereit, für wissenschaftliche Zwecke den in den Kaderakten vorhandenen persönlichen Fragebogen und die autobiographische Selbstauskunft (Lebenslauf) auszuhändigen. Einsicht in die vollständige Kaderakte wird generell nur mit schriftlicher Genehmigung des Betroffenen oder seiner Erben gewährt.

Rechtslage

Die gegenwärtige archivalische Praxis wird von der Tatsache bestimmt, daß es kein russisches Archivgesetz gibt. Ausschlaggebend ist das Dekret des russischen Präsidenten vom 14. Januar 1992, das alle, also auch die Archivare, verpflichtet, die früheren sowjetischen Geheimhaltungsbestimmungen einzuhalten, bis neue erlassen werden. Zwar wurden im Frühjahr 1992 im Auftrag einer Parlamentskommission unter Beteiligung namhafter Wissenschaftler und Parlamentarier "Vorläufige Benutzungsregeln" für die Archive aufgestellt, doch scheiterte deren Annahme am Widerstand des Präsidiums des Obersten Sowjets. Diese Regeln sahen grundsätzlich eine dreißigjährige Geheimschutzfrist vor, die beim Vorliegen nicht näher definierter berechtigter Staatsinteressen verlängert werden könne. Diese Schutzfristverlängerung sollte jedoch nicht wie früher einseitig durch den Aktenbildner verfügt werden, sondern nur aufgrund eines Beschlusses des Obersten Sowjets möglich sein.[10] Eine im Prinzip dreißigjährige Sperrfrist sah auch der Beschluß des Ministerrats der UdSSR für das außerhalb der Kompetenz der staatlichen Archivverwaltung stehende Archiv des damals noch sowjetischen Außenministeriums vom 10. August 1990 vor.[11]

Die Philosophie des Entwurfs des archivalischen Staatsdienstes gilt als Richtschnur für die wissenschaftliche Archivbenutzung. Die "Vorläufigen Benutzungsregeln" des

---

9 Nach Auskunft des Direktors des Russian Centre for the Preservation and Study of Modern History Documents, Dr. Kyrill M. Anderson, in Amsterdam am 3.10.1992. Vgl. dazu auch: Schachnasarowa, E.N./Schtschetschilina, W.N.: Archiw Kominterna, in: Nowaja i nowejschaja istorija, Moskwa 1992, Nr. 3. S. 209-214; Bayerlein, B.H. und Vatlin, A.: Eine erste Inventarliste ausgewählter Fonds aus dem Kominternarchiv in Moskau, in: The International Newsletter of Historical Studies on Comintern, Communism and Stalinism, 1993, Nr. 1/2. S. 14-18.

10 Vgl. Interview mit dem Vorsitzenden des Rosskomarchiws, R. Pichoja, in: Kuranty, Moskau, 29.4.1992.

11 Vgl. Gorlow, S.F./Kowaljew, F.: Die Politischen Archive des sowjetischen Außenministeriums, in: The International Newsletter..., a.a.O., S. 11-12, sowie Grahn, Gerlinde: Staatlicher Archivfond der UdSSR, Archiv für Außenpolitik der UdSSR - Öffnung der diplomatischen Archive der Sowjetunion, in: 1999, 1991, Nr. 4. S. 159-160.

RZAEDNG vom 4. Dezember 1991[12] sehen für Aktenmaterial grundsätzlich eine dreißigjährige Schutzfrist vor. Diese kann auf 75 Jahre erweitert werden, falls persönliche Interessen berührt sind. Die "persönlichen Interessen" werden vielfach im Sinne von "personenbezogenen Daten" gebraucht, doch gehen sie über diesen Rechtsbegriff im Sinne des deutschen Archivrechts hinaus. Verlängert werden kann auch die dreißigjährige Sperrfrist, falls besonders schutzwürdige Staatsinteressen berührt sind. Möglich ist ebenfalls eine zeitliche Benutzungsbeschränkung aufgrund archivfachlicher Bearbeitung der Dokumente oder, um das eigene Forschungsinteresse des Zentrums zu schützen. Nach Meinung einiger Benutzer ist insbesondere die zuletzt genannte Bestimmung weit dehnbar. Die Veröffentlichung von Dokumenten ist grundsätzlich genehmigungspflichtig.[13]

Hinweise für Archivbenutzer

Das Antragsverfahren und die Benutzungspraxis spiegeln in den wesentlichen Punkten die bekannte "westliche" Praxis wider. Grundsätzlich ist ein schriftlicher Benutzungsantrag an das jeweilige Archiv zu richten (eingeschriebener Brief oder durch Boten), der Angaben über das Forschungsthema, den zeitlichen Rahmen und das Arbeitsziel (Dissertation, Monographie usw.) enthält. Zu nennen ist ebenfalls die Institution, in deren Rahmen die Forschung unternommen wird; benötigt wird zudem eine förmliche schriftliche Bestätigung der Forschungseinrichtung bzw. des wissenschaftlichen Betreuers. Vorsorglich sollte eine Fotokopie des gesamten Schriftsatzes und insbesondere der Bestätigung des wissenschaftlichen Betreuers beim ersten Archivbesuch mitgeführt werden. Eine Benutzungserlaubnis wird schriftlich erteilt. Da es aus terminlichen oder technischen Gründen vorkommen kann, daß eine Antwort nicht rechtzeitig eintrifft, kann in der Regel vor Ort mit Hilfe der Antragskopien erfolgreich eine Benutzungserlaubnis beantragt werden. Paßfotografien werden in der Regel für Benutzerausweise in wissenschaftlichen Bibliotheken benötigt und sollten sinnvollerweise ebenfalls im Reisegepäck nicht fehlen.

Im Archivgebäude selbst ist zu beachten, daß der Eintritt in das Archiv nur mit einem "Propusk" möglich ist. Zu diesem Zweck ruft der prospektive Benutzer von der Vorhalle die jeweilige Benutzungsabteilung an, die zunächst einen vorläufigen "Propusk" erteilt und später nach dem Ausfüllen eines Fragebogens, einer thematischen Karteikarte und nach Bekanntmachung mit den Benutzungsregeln einen "Propusk" für die Dauer des Forschungsaufenthalts ausstellt. Die Arbeitsgenehmigung gilt grundsätzlich für die Dauer eines Jahres, danach ist eine neue schriftliche Bestätigung der entsendenden Forschungseinrichtung bzw. des wissenschaftlichen Betreuers vorzulegen.

Die erste fachliche Beratung und die Eintragung ins Benutzerbuch findet während der Anmeldung statt. Das Fachpersonal im Lesesaal berät ebenfalls bei der Benutzung der Findmittel oder bei der Aktenbestellung mittels eines Formulars ("Trebowanje"). Anzugeben ist grundsätzlich die Nummer des "Fond", des "Opis", und des "Delo" (Plural:

---

12 Vgl. Wremennyje prawila raboty tschitatelnogo sala RZCHIDNI., in: Rossijskij zentr chranenija i isutschenija dokumentow nowejschej istorii: Nautschno-informazionnyj bjuleten. Wypusk 1. Moskwa 1992. S. 19-20.
13 Neuerdings sprechen Archivbenutzer von einer weiteren Verordnung, in welcher ergänzende Regeln für die Archivbenutzung aufgestellt wurden. Dieses Regelwerk konnte noch nicht dokumentiert werden. Stand: 11.6.1993.

"Dela"). Pro Tag dürfen höchstens 20 "Dela" bestellt und bis zu fünf "Opisy" eingesehen werden. Es empfiehlt sich, diese aus älteren Regelwerken stammenden formalen Einschränkungen zu beachten,[14] zumal jede Entlastung des Fachpersonals dessen Flexibilität erhöht. Bestellte Akten liegen in der Regel spätestens nach zwei Tagen im Magazin des Lesesaals aus und können vom Benutzer studiert werden.

Sie werden für längstens einen Monat ausgehändigt. Falls über einen Zeitraum von zwei Wochen keine Aktenbenutzung erfolgt, werden die ausgeliehenen Materialien ans Depot zurückgegeben. In den Akten selbst ist das Benutzerblatt auszufüllen. Bei der Rückgabe von Akten ist darauf zu achten, daß der Benutzer in dem im Lesesaal geführten Tagebuch entlastet wird. Da angelesene Akten im Magazin des Lesesaals oft falsch abgelegt werden und dann ins Depot wandern, empfiehlt es sich, am Beginn der Archivarbeit auf die Hinweise der freundlichen und hilfsbereiten Fachkräfte zu achten und sie notfalls um Rat zu fragen.

Nicht in allen Lesesälen dürfen Laptops benutzt werden, deren Klappern übrigens das Handwerk der meisten Archivbenutzer stört. Kopiermöglichkeit ist in der Regel gegeben, grundsätzlich sollte dieses Problem jedoch bereits vor der eigentlichen Arbeitsaufnahme geklärt werden. Für wissenschaftliche Zwecke werden in den einzelnen Archiven zwischen 0,15 bis 2 US-$ pro Papierkopie berechnet, Kosten der preisgünstigeren Mikrofilmaufnahmen bewegen sich im unteren Bereich der genannten Preisspanne. Inländer sind nicht mit Ausländern gleichgestellt, bei Ausländern wird das Herkunftsland durchaus berücksichtigt, wie man auch bestrebt ist, an das bescheidene Finanzbudget von Studenten zu denken. Der Abdruck von Dokumenten bedarf einer besonderen Lizenzgenehmigung, die in einigen Archiven gegen eine Gebühr erteilt wird. Deren Höhe wird von der Archivverwaltung festgelegt und bewegt sich bei wissenschaftlichen Veröffentlichungen zwischen zwei und fünfundzwanzig US-$ pro Dokument. Lizenzen für journalistische Zwecke sind weit kostspieliger.

Das gesamte Prozedere nimmt nicht mehr Zeit in Anspruch als beispielsweise im Bundesarchiv oder in vergleichbaren westlichen Einrichtungen. Freilich müssen bei dem notwendigen Organisationsaufwand die vorhandenen Realitäten berücksichtigt werden, anstatt diese fruchtlos an den Ordnungsvorstellungen des eigenen Kopfes zu messen. Frustration ist oft eine Folge von überzogenen Erwartungen und des selbstgesetzten Leistungsdrucks: Auch in russischen Archiven wird nur "altes Papier" verwahrt. Ratschläge, die zwar gut gemeint sein mögen, aber mißverstanden werden könnten, sollte man nicht beachten. Sinnvoller wäre es vielmehr, einmal die Vorschriften des öffentlichen Dienstes für Auslandsreisen durchzulesen, um wenigstens den Gastgebern haarsträubende Peinlichkeiten zu ersparen.

Zur Organisationstechnik

Die sogenannte archivalische Chiffre besteht aus einer Abkürzung für das jeweilige Archiv, aus der Fonds-, der Opis-Nummer, der Ordnungszahl des "Delo" und der Blattnummer. Das Dokument selbst wurde in der früheren sowjetischen akademischen Tradi-

---

[14] Vgl. Glawnoje archiwnoje uprawlenije pri Sowete Ministrow SSSR: Osnownyje prawila raboty gossudarstwennych archiwow SSSR. Red. F.M. Waganow u.a. Moskwa 1984. S. 139. Nach der neuen Verordnung (vgl. Anm. 13) soll das Tageslimit bei 10 "Dela" liegen und darüber hinausgehenden Aktenbestellungen werden gegen eine Bearbeitungsgebühr erledigt.

tion nicht ausgewiesen. Dieser grobe Mangel muß aus wissenschaftlichen Gründen unbedingt abgestellt werden, weil die tradierte alte sowjetische Archivchiffre schließlich keinerlei Aussage über die Validität von Quellen enthält.

"Fond" (Plural: "fondy") bzw. "litschnyj fond" (für persönlichen Nachlaß) kann mit "Bestand" übersetzt werden; "Opis" (Plural: "opissy", Abk. "op.") sind Verzeichnisse der inneren Struktur, Inventarbücher des Bestandes; als "delo" (Plural: "dela", Abk. "D" oder "d") wird seit den siebziger Jahren die kleinste archivalische Einheit mit eigener Signatur bezeichnet, früher "archivalische Einheit" ("jediniza chranenija", Abk. "jed. chr.") genannt. Ein "delo" besteht gegebenfalls aus mehreren "papka" (Abk. "pap." oder "p.", d. i. Mappe), das Dokument selbst aus einem "list" (Abk.: "l.") oder vielen "listy" (Abk.: "ll."), die bekanntlich zwei Seiten ("straniza", Abk. "str.") haben können. "Rolik" heißt eine Mikrofim-Rolle, "kadr" eine (Mikrofilm-)Aufnahme.

"Sprawotschnik" (Plural: "sprawotschniki") oder "putewoditelj" (d. i. Führer) sind Fondsverzeichnisse, die nur allgemeine Beschreibungen mit Angabe der überlieferten Mengen enthalten. Die vorhandenen "sprawotschniki" sind unvollständig und selbst diese bisweilen schwer zugänglich. Die "Opissy" verzeichnen und beschreiben, chronologisch geordnet, detailliert alle Dokumente eines Bestands. Nach fachkundiger russischer Auskunft bieten die Inventare ("opissy") jedoch keine Garantie, daß alle im Bestand enthaltenen Akten auch tatsächlich verzeichnet sind, weil manche Archive beispielsweise nicht für wissenschaftliche Benutzung angelegt, sondern nach besonderen Registraturkriterien geordnet wurden. Im Prinzip würde das angewandte Klassifikationssystem erlauben, daß selbst innerhalb offen ausliegender "Opissy" verborgene sogenannte Bäuche bestehen und auf diese Weise mit geringem Aufwand den tatsächlichen Bestandsinhalt verschleiern. Solchen Problemen sollten jedoch Archivare nachgehen.

Die am häufigsten anzutreffenden Geheimhaltungsstufen sind "geheim" ("sekretno"; Kürzel: "s"; kyrillisch: "c") oder chiffriert "0" (=Null) und "streng geheim" ("sowerschenno sekretno", Kürzel: "ss"; kyrillisch: "cc"), chiffriert "00". Außerdem existieren noch zahlreiche camouflierte Hinweise; ein Klassifikationsmerkmal kann auch die Papierfarbe des Dokuments oder der ursprünglichen äußeren Mappenhülle enthalten. Die "ossobaja papka" (Sondermappe), deren Inhalt der höchsten Geheimhaltungsstufe unterlag, war in roter Farbe gehalten.

Aktuelle Probleme der russischen Archivverwaltung

Die Modernisierung der Archivpolitik gestalten vornehmlich jüngere Historiker in der russischen Archivverwaltung. Schon aufgrund ihrer wissenschaftlichen Sozialisation lassen sie sich stärker von Interessen der Forschung leiten als die traditionell ausgebildeten Archivare, die jedoch als Praktiker weiterhin Einfluß auf die tatsächliche Entwicklung nehmen. Doch nicht nur unterschiedliche professionelle Prägung, sondern auch wissenschaftliches Profilierungsinteresse sorgen für Spannungen im entstehenden russischen Archivdienst. Schließlich dürften auch handfeste politische Interessen das Tempo, die Reichweite und die Formen der Umgestaltung des ehemals sowjetischen Archivwesens beeinflussen. Angesichts dieser Gemengelage ist es kein Wunder, daß in der öffentlichen Diskussion bisweilen schrille Töne vernehmbar sind, meistens in der Form von Gerüchten über angebliche Verkäufe von Quellenpublikationsrechten ins Ausland.[15] Westliche Medien konvertieren solche durch das Hörensagen aufgebauschten Gerüchte vielfach unreflektiert in "objektive Informationen", die in Moskau von interessierten Zirkeln in die entsprechenden Waagschalen geworfen werden. Allgemeine Verwirrung ist die Folge einer solchen "Informationspolitik": So weiß die interessierte Öffentlichkeit bis heute nicht, ob der im Mai 1992 durch Jurij Afanasjew und im Mai 1993 abermals durch Roj Medwedjew angegriffene Vertrag zwischen Rosskomarchiw, dem Hoover Institute on War, Revolution and Peace in Stanford und dem britischen Verlag Chadwyck-Healey vom 17. April 1992 tatsächlich bald nach Abschluß suspendiert worden ist, wie es eine Zeitlang hieß, oder aber gar überhaupt nicht zustandekam.[16] Der Staatsanwalt wies zwar bereits mit Schreiben vom 21. Januar 1991 das Rosskomarchiw darauf hin, daß in Rußland keine Rechtsgrundlage für einen "Informationshandel" vorliege,[17] doch können in einigen Archiven Veröffentlichungslizenzen erworben werden und Kooperationsabmachungen einzelner Archive werden in den Bulletins auch öffentlich angezeigt. Daß es schließlich organisationsbedingte Spannungen zwischen dem Rosskomarchiw und den ihm fachaufsichtlich unterstellten Archiven gab, ist bekannt. Nun ist es aber schließlich auch keine weltbewegende Erkenntnis, daß Archivpolitik nicht nur durch das Forschungsinteresse akademischer Kreise definiert wird, sondern auch die allgemeine politische Entwicklung reflektiert. Angesichts dieser Entwicklungsdynamik ist es nur verständlich, wenn man in Moskau auf plakative Ratschläge aus dem Ausland und auf die Instrumentalisierung der internationalen Weltpresse durch einheimische Zirkel manchmal sehr allergisch zu reagieren weiß.

Die Auffassung, daß insbesondere das sogenannte Komintern-Archiv, aber auch andere dokumentarische Überlieferungen in russischen Archiven als Kulturgut der Weltgemeinschaft zu betrachten seien, dessen Zugänglichkeit für alle Wissenschaftler sicherzustellen sei, findet auch in der russischen Archivverwaltung mehrheitlich Zustimmung.[18] Freilich fehlt es aber nicht an einzelnen Stimmen, die unter dem Vorwand, angebliche Kommerzialisierungstrends unterbinden zu wollen, wieder einer höchst unbestimmten "Nationalisierung" das Wort reden, welche möglicherweise nur "Monopolisierung" meint. Daher ist es die Pflicht vor allem der Wissenschaftler, die demokratischen Prozesse im russischen Archivwesen moralisch zu unterstützen.

Internationale Initiativen von interessierten Forschern, die antraten, die westeuropäische Öffentlichkeit an ihre moralische Pflicht zur ideellen und materiellen Hilfe für das russische Archivwesen zu erinnern, zeitigen erste Erfolge. Unter maßgeblicher Beteiligung der in Mannheim am 24. Februar 1992 durch eine Erklärung an die Öffentlichkeit getretenen "Internationalen Initiative zur Sicherung, Erschließung und Erforschung des Kominternarchivs" gelang es, mit freundlicher Unterstützung westeuropäischer Archive, für diese Thematik den Internationalen Archivrat und schließlich auch den Europa-Rat zu interessieren. Am 28. September 1992 kündigte die Generalsekretärin des Europa-

---

15 Vgl. stellvertretend: Afanassjew, Jurij: Menjaly w chrame archiwow, in: Moskowskije nowosti, Nr. 22, 31.5.1992; Frachon, Alain: Une plongée dans les archives de l'ex-Union soviétique, in: Le Monde, 27.3.1992; Medwedjew, Roj: Es siegte der Kommerz, nicht die Wissenschaft, in: Neues Deutschland, 7.5.1993, S. 14 sowie den Kommentar von Becker, Holger, ebenda.
16 Vgl. hierzu auch Creuzberger, Stefan/Veltmeijer, Ruud: Forschungsarbeit in Moskauer Archiven, in: Osteuropa, 1993. S. 271-279, hier S. 277.
17 Vgl. Bredichin, Wladimir: Archiwy - s molotka, in: Kuranty, 19.5.1992. S. 4.
18 Vgl. stellvertretend das Interview mit Wladimir P. Koslow, in: Osteuropa, 1992, Nr. 11. S. 972-975.

Rates, Madame Catherine Lalumière, ein Hilfsprogramm für die Sicherung und Erschließung der osteuropäischen Archive an, das noch in diesem Jahr konkrete Formen annehmen wird.[19] Der International Archives Support Fund (IASF) unter der Federführung des Norwegischen Nobelinstituts in Oslo unterstützt bereits mit finanzieller Hilfe der Sanyo Shipman Foundation und der John D. and Catherine T. MacArthur Foundation auf vielfältige Weise die Arbeit der Archive des russischen Außenministeriums.[20] Unter anderem sicherte die russische Seite im Januar dieses Jahres dem IASF schriftlich zu, im Lesesaal ein Verzeichnis der "fondy" auszustellen und Benutzern sukzessive auch die Einsichtnahme in die "opissy" des deklassifizierten Aktenbestandes zu gewähren. Diese scheinbare Verzögerung ist technisch bedingt: Die vorhandenen "opissy" müssen zuvor kopiert werden, da sie bisher in der Regel nur in einem Exemplar vorhanden gewesen waren. Die Deklassifizierung des Bestandes der beiden Archive soll bis 30. September dieses Jahres für Aktengut bis 1922 bzw. 1950 abgeschlossen sein und danach sollen bis zum Erreichen der dreißigjährigen Benutzungssperrfrist jährlich fünf Aktenjahre für die wissenschaftliche Benutzung freigegeben werden. Das klare Konzept des IASF genießt unter Wissenschaftlern besondere Wertschätzung, weil es die eingespielten demokratischen Verfahrensformen voll respektiert. Als Unterstützng für das russische Archivwesen müssen schließlich auch größere und kleine Kooperationsprojekte angesehen werden, die Wissenschaftler individuell oder institutionell mit russischen Einrichtungen mit Archivprofil betreiben. Ein erstes Ergebnis dieser Kooperation können Anwender von Rechnern, die an das Internet angeschlossen sind, unter der Adresse: ftp seq1.loc.gov; login anonymous; cd pub/soviet.archive (IP-Adresse: 140,147,3.12) vom Rechner der Washingtoner Library of Congress abrufen.

Anschriften und Literatur

Komitet po delam archiwow pri Prawitelstwe Rossijskoj Federazii 103 132 Moskwa, uliza Iljinka No. 12, podjezd 8 (in der Nähe des Roten Platzes), Metrostation: Kitai-Gorod. Tel: 206 35 31 (Empfang); 206 50 25 (Kanzlei), Fax: 200-42-05, Vorsitzender: Rudolf Germanowitsch Pichoja, Leiter der Auslandsabteilung: Wladimir P. Tarassow, Tel. 206-27-85. Das Komitee gibt den "Istoritscheskij archiw" heraus.[21]

Archiv des Präsidenten der Russischen Föderation, Leiter: Alexandr Korotkow. Kein öffentliches Archiv.

Gossudarstwennyj Archiw Rossijskoj Federazii (GARF - früher: Zentralnyj Gossudarstwennyj Archiw "Oktjabrskoj rewoluzii" (CGAOR)), 119435 Moskwa, Bolschaja Pirogowskaja 17, Metro-Station: Frunzenskaja, Leiter: Sergej Wladimirowitsch Mironienko, Tel. 245-12-87, Öffnungszeiten: Propusk-Büro: 9-18 Uhr (13.00-13.45 Mittagspause); vor Feiertagen: 9-16.45 Uhr; Lesesäle: Mo 12-20 Uhr, Di 10-18 Uhr, Mi 12-20 Uhr, Do 10-18 Uhr, Fr 12-20 Uhr. Jeden ersten Arbeitstag im Monat ist geschlossen.

Zentr chranenija istoriko-dokumentalnych kollekzij (früher: Zentralnyj gossudarstwennyj Ossobyj archiw), 125212 Moskwa, uliza Wyborgskaja, dom 3, Korpus A, Leiter: Wiktor N. Bondarjew, Öffnungszeiten: Mo-Fr 10.00-17.00 Uhr. Insgesamt 3,5 Millionen

---

19 Vgl. auch Vorbeck, Michael: Archive in Moskau, in: Europäische Zeitung, April 1993. S. 19.
20 Dr. Gerhard Wettig, Bundesinstitut für ostwissenschaftliche und internationale Studien, 5000 Köln 20, gehört der International Academic Advisory Group des Fund an.
21 Siehe den Beitrag von Elke Scherstjanoi in diesem Jahrbuch.

"archivalische Einheiten", sog. Trophäen-Akten (deutsche, französische, italienische usw). Archivalien deutscher Provenienz: 194 369 "archivalische Einheiten" in 100 Fonds,[22] nach anderen Schätzungen etwa 3 lfkm.[23]

Rossijskij Zentr chranenija i isutschenija dokumentow nowejschej istorii, 102821 Moskwa, uliza Puschkinskaja, 15, Metrostation: Puschkinskaja ploschad oder Marx-Prospekt und eine Haltestelle mit dem Bus Nr. 1, 12 oder 20. Tel: 229-9726, 220-5112, 292-5951, 292-9566, Fax: 292 90 17, Leiter: Kyrill Nikojawitsch Anderson, Leiter der Auslandsabteilung: Andrej W. Doronin, Tel. 292 48 65, Leiterin der Benutzungsabteilung: Galina Wladimirowna Gorskaja Tel. 292 59 51, Öffnungszeiten: Mo-Mi 12.00-20.00 Uhr, Di-Do 9.30-17.00 Uhr, Fr 12.00-17.00 Uhr. Das Zentrum gibt - zunächst unregelmäßig - heraus: Nautschno-informazionnyj bjuleten. Wypusk 1. Moskwa 1992.

Zentr Chranenija sowremennoj dokumentazii, 103132 Moskwa, uliza Iljinka No. 12, podjezd 8 (in der Nähe des Roten Platzes), Metrostation: Kitai-Gorod. Tel. 206 29 53 oder 206 38 15, Leiter: Anatolij W. Prokopienko (kommissarisch). Der überwiegende Teil der Akten ist nicht deklassifiziert.

Ausgegliedert aus dem Zuständigkeitsbereich des *Rosskomarchiws*:

Archiw wneschnej politiki Ministerstwa Innostrannych Del Rossijskoj Federazii (Archiv für Außenpolitik des Außenministeriums der Russischen Föderation)

Istoriko-dokumentalnoe uprawlenije, Leiter: Igor Lebedew, Leiter des Archivs: Wladimir Wassiljewitsch Sokolow, Leiter der Benutzungsabteilung: A.A. Bykow, 121200 Moskwa, Plotnikow pereulok 11, Metrostation: Smolenskaja. Tel: 236-5201, Lesesaal: 241-0296 oder 241-0296. Öffnungszeiten: Mo bis Do 9.30-17.30 Uhr, Fr und vor Feiertagen 9.30-15.00 Uhr.

Uprawlenije Ministerstwa besopasnosti goroda i oblasti Moskwa, 101000 Moskwa, uliza Bolschaja Lubjanka, 14.

Istoriko-archiwnyj i wojenno-memorialnyj Zentr Generalnogo Schtaba Wooruschenych Sil, 103160 Moskwa, uliza Snamenko, 19, Tel. 296-5348, 203-4348, 296-8846. Hier können Kontakte hergestellt werden zu:

Zentralnyj Archiw Ministerstwa Oborony, 142117 g. Podolsk (Moskowskaja oblast), uliza Kirowa, 74.

Zentralnyj wojenno-morskyj archiw Ministerstwa Oborony, 188350 g. Gatschina (St. Peterburg oblast), Krasnoarmejskij prospekt, 2.

Zentralnyj gossudarstwennyj archiv Sowetskoj Armii, (für Bestände aus der Zeit 1917-1941), 125884 Moskwa, uliza Admirala Makarowa, 29, Tel. 145 90 81 oder 155 88 39.

Archiv des Ministeriums des Innern der Russischen Föderation, 117969 Moskwa, uliza Schitnaja, 16.

Archiv der Russischen Akademie der Wissenschaften, 117901 Moskwa, Leninskij prospekt, 14.

Literatur über das russische Archivwesen (in den Fußnoten genannte Titel wurden nicht berücksichtigt):

---

22 Nach Auskunft des Archivleiters, vgl. Form, Wolfgang/Poljan, Pavel: Das Zentrum für die Aufbewahrung historisch-dokumentarischer Sammlungen in Moskau - ein Erfahrungsbericht, in: Bundesinstitut für internationale und ostwissenschaftliche Studien, Köln: Informationen aus der Forschung, 1992, Nr. 7.

23 Vgl. Jena, Kai von/Lenz, Wilhelm: Sonderarchiv, in: Der Archivar, 1992, Nr. 3. S. 457-468.

Teoria i praktika archiwnogo dela w SSSR. Red. F.L. Dolgich und K. I. Rudelson. Moskwa 1980; Glawnoje archiwnoje uprawlenije pri Sowete Ministrow SSSR (Hg.): Gossudarstwennyje archiwy SSSR. Sprawotschnik. 2 Bde. Moskwa 1989; dass. (Hg.): Zentralnyj gossudarstwennyj archiw Oktjabrskoj rewoluzii, wyschschich organow gossudarstwennoj wlasti i organow gossudarstwennogo uprawlenija SSSR. Sprawotschnik. 2 Bde. Moskwa 1990; Awtokratow, W.N./Wolkowa, I.W./Kemenskij, A.B.: Dokumenty GAF SSSR w bibliotekach, musejach i nautschno-otraslewych archiwach. Sprawotschnik. Moskwa 1991; Dwojnych, L.W. u.a.: Zentralnyj gossudarstwennyj archiw Sowetskoj Armii. Putewoditel. W dwuch tomach. Minneapolis (Minnesota, USA) 1991.

Kennedy Grimsted, Patricia: A Handbook for archival research in the USSR. 1989; dies. (Hg.): Archives in Russia, 1992: A Brief Directory, Part I: Moscow and St. Petersburg (International Research & Exchange Board/Committee for Archival Affairs of the Government of the Russian Federation).

Vorläufige Bestandsübersichten: Browder, George C.: Captured German and Other Nations´ Documents in the Osoby (Special) Archive, Moscow, in: Central European History, Vol. 24 (1991), Number 4. S. 424-445; Aly, Götz/Heim, Susanne: Das Zentrale Staatsarchiv in Moskau ("Sonderarchiv"). Rekonstruktion und Bestandsverzeichnis verschollen geglaubten Schriftguts aus der NS-Zeit. Hans Böckler-Stiftung, Düsseldorf 1992; Wegner, Bernd: Deutsche Aktenbestände im Zentralen Staatsarchiv der UdSSR. Ein Erfahrungsbericht, in: Vierteljahrshefte für Zeitgeschichte, 1992, Nr. 2. S. 311-319; Bayerlein, Bernhard H./Watlin, Alexandr: Zur aktuellen Situation der ehemaligen Parteiarchive in Rußland. Informationen und Interviews, in: Osteuropa, 1992, Nr. 11. S. 966-977; Zarusky, Jürgen: Bemerkungen zur russischen Archivsituation, in: Vierteljahrshefte für Zeitgeschichte, 1993, Nr. 1. S. 139-147.

Jan Foitzik (Mannheim)

Zur Archivlage in der Tschechischen und in der Slowakischen Republik

Durch das Verfassungsgesetz Nr. 496/90 Sammlung vom 16. November 1990 wurden Archivalien und Dokumente der KPČ, die bis 30. November 1989 entstanden sind, zum 1. Januar 1991 verstaatlicht. Von den ungefähr 7 500 lfm des Bestandes des ehemaligen Archivs des Zentralkomitees und des Instituts für Marxismus-Leninismus beim ZK der KPČ wurden 6 600 lfm vom Zentralen Staatsarchiv übernommen, 27 Bestände wanderten ins Depot des Militärhistorischen Archivs und einige kleinere Überlieferungen wurden politischen Parteien zurückgegeben.

Das Zentrale Staatsarchiv übernahm aus dem Archiv des ZK der KPČ 1 360 lfm bearbeitetes Aktenmaterial samt Inventaren und anderen Findmitteln sowie weitere 1 360 lfm unbearbeitetes Quellenmaterial, ferner 470 lfm bearbeitete und 570 lfm unbearbeitete Akten aus dem Archiv des Instituts für Marxismus-Leninismus. In der Obhut des Zentralen Staatsarchivs befinden sich außerdem noch 2 000 lfm Personalakten von KPČ-Mitgliedern und 1 000 lfm an Materialien aus der Registratur von Organisationen, wie Verlagen o.ä., die dem ZK der Partei unterstellt waren. Da der Besitztitel hinsichtlich der Personalakten strittig ist, bleibt dieser Bestand für die wissenschaftliche Forschung zunächst gesperrt. Der Umfang der bearbeiteten Aktenbestände aus dem ehemaligen Besitz der KPČ beträgt 12 152 Einheiten, genauso groß dürfte der unbearbeitete Teil des verstaatlichten Quellenfundus sein. Materialien der ZK-Abteilungen für Sicherheit und Inneres fehlen in den übernommenen Beständen, und in Prag wird offener als anderswo auch von Verantwortlichen gemutmaßt, daß diese Bestände in die frühere Sowjetunion verbracht wurden.[1]

Im Rahmen der Archivreform wurden auch die regionalen Gewerkschaftsarchive in die jeweiligen Staatsarchive überführt, das Zentralarchiv des Rates der Gewerkschaften hingegen blieb als selbständige Einheit erhalten. Analog wurde mit dem dichten Netz der Betriebsarchive verfahren, das zum 31. Dezember 1990 allein in der Tschechischen Republik 793 Betriebsarchive mit 8 956 geschlossenen Beständen mit einem Umfang von 29 437 lfm und weiteren 2 279 offenen Sammlungen mit 45 775 lfm Aktenmaterial umfaßte. Die geschlossenen Aktenbestände aus der Zeit bis 1948 übernahmen die regionalen Staatsarchive, bis 1991 insgesamt 1 464 Bestände mit 4 140 lfm Akten. 25 Betriebe führen ihre Archive in eigener Regie weiter. Material zur Geschichte der Arbeiterbewegung befindet sich außerdem auch im Museum der Arbeiterbewegung, einer Einrichtung der Kommunistischen Partei Böhmens, Mährens und Schlesiens (eine Nachfolge-Organisation der KPČ). Durch das Gesetz des Tschechischen Nationalrats vom 29. April 1992 wurde die frühere zentralistische Struktur des tschechischen Archivwesens liberalisiert, die Archive entscheiden nunmehr selbständig auch über die Zulassung ausländischer Benutzer zum Studium von Akten, deren Schutzfrist auf dreißig Jahre gesenkt wurde. Störend wirkt sich jedoch insbesondere aus, daß noch kein Gesetz zum Schutz personenbezogener Daten vorliegt und infolgedessen eine vor allem gegenüber Auslän-

---

[1] Vgl. Woodrow Wilson International Centre for Scholars, Washington, D. C.: Cold War International History Project Bulletin, Spring 1992, Issue 1. S. 10.

dern angewandte putative Praxis des Persönlichkeitsschutzes als außerordentlich hemmend wahrgenommen wird. Weitere Schwierigkeiten für die Benutzer ergeben sich aus der Überlappung der von der KPČ hinterlassenen Aktenbestände mit den Geschäftsbereichen sogenannter ausgegliederter Archive, wie beispielsweise dem Archiv des Aussenministeriums, deren Akten nicht der Abgabepflicht an das Zentrale Staatsarchiv unterlagen. Da diese archivalische Praxis nicht geändert wurde, besteht das Zentrale Staatsarchiv vielfach auf einer zusätzlichen Benutzungserlaubnis des betroffenen Fachministeriums.

Die ernsteren Probleme des tschechischen Archivwesens liegen jedoch woanders: Den 1 100 Beständen des Zentralarchivs der Tschechischen Republik mit über 85 000 lfm Archivalien und weiteren 20 000 lfm in den Registraturen der Ministerien und zentralen Ämter stehen allein in den tschechischen Archiven 113 000 lfm unbearbeitetes Material gegenüber. Es fehlen nicht nur neuere Bestandsverzeichnisse;[2] viele Archive verloren zudem infolge von Reprivatisierungsmaßnahmen ihre Gebäude, außerdem macht sich ein großer Mangel an Fachkräften bemerkbar.

Anschriften:

Archivverwaltung:
Archívní správa ministerstva vnitra České Republiky, Milady Horákové 133; 16021 Praha 6 - Hradčany, Tel.: (0042)02/341056-8.
Ministerstvo vnútra Slovenskej Republiky, Odbor archívnictva, Krizkova 7, 81104 Bratislava, Tel: (0042)07/46051-3.

Staatsarchive:
Státní ústřední archív, Karmelitská 2, 11801 Praha 1 - Malá Strana; Tel. (0042)02/290486 - 532567, Dir.: Dr. Václav Babička.
Státny ústredný archív Slovenskej republiky, Drotárska cesta 42, 81701 Bratislava, Tel.: (0042)07/311321; 07/311362; 07/311300.

Sonderarchive:
Archív kanceláře prezidenta republiky, 11908 Praha 1- Hrad; (0042)02/2101, kl. 3367, Dir.: Eva Javorská.
Archiv federálního shromáždění, Vinohradská 1/52, 11000 Praha 2, Tel.: (0042)02/260965.
Archiv ministerstva zahraničních věcí, Loretánské náměstí 5, 12510 Praha 1, Tel.: (0042)02/21932654 - 21932220 linka 2654, Dir.: Marta Kapalinová.
Vojenský historický archiv, Sokolovská 136, 18600 Praha 8 - Karlín, Tel.: (0042)02/21722696, Dir.: Dr. Ivan Štovíček.
Archiv Národního muzea, Pohořelec 147, 11000 Praha 1.
Česká strana sociálně demokratická, Archiv, Lidový Dům, Hybernská 7, 11000 Praha 1, Leiter: Jiří Svoboda.
Ústřední archív České Akademie Věd, Karlova 2, 11000 Praha 1 Staré Město, Tel.: 26 57 65.

---

[2] Vgl. Foitzik, Jan: Zur aktuellen Archivsituation in Polen und in der Tschechoslowakei, in: Vierteljahrshefte für Zeitgeschichte, 1991, Nr. 2. S. 329-335.

Literatur: Niklíček, Ladislav/Šisler, Stanislav: Aktueller Stand der Literatur und Quellen zur Geschichte der Arbeiterbewegung und zur Sozialgeschichte in der Tschechoslowakei. Ms., Prag 1992.

Karin Hartewig (Berlin)

Das "Gedächtnis" der Partei.
Biographische und andere Bestände im Zentralen Parteiarchiv der SED in der "Stiftung Archiv der Parteien und Massenorganisationen der DDR im Bundesarchiv"[1]

Erinnere Dich!

Die KPD, die SED und auch die Massenorganisationen der Sowjetischen Besatzungszone (SBZ) und der späteren DDR - wie etwa der Kulturbund zur demokratischen Erneuerung Deutschlands (seit 1958 Deutscher Kulturbund) - forderten ihre Kandidaten, Funktionäre und Mitglieder nach 1945 immer wieder dazu auf, in freier oder standardisierter Form Lebensläufe zu verfassen, Berichte und Einschätzungen über sich selbst und andere, über politische Ereignisse und Entscheidungen in "undurchsichtigen Zeiten" abzugeben. Insbesondere Parteifunktionäre sollten ihre lebensgeschichtlichen Erinnerungen schriftlich festhalten und vertrauensvoll dem Parteiarchiv übereignen. Die Tradition, gegenüber der Partei Zeugnis abzulegen über die Vergangenheit "pflegte" die KPD - wie die KPdSU - seit den zwanziger Jahren.

Die SED sammelte solche Selbstzeugnisse, soweit sie nicht den Kaderakten, den Akten der Zentralen Parteikontrollkommission (ZPKK) und der Zentralen Revisionskommission (ZRK) zugeschlagen wurden, systematisch in den Nachlässen und den sogenannten Erinnerungsakten des Zentralen Parteiarchivs (ZPA). Die Selbstzeugnisse von Parteifunktionären waren eine Vorstufe der "Kritik und Selbstkritik" vor einem möglichen innerparteilichen Konfliktfall bei sogenannten ideologischen Schwankungen, mangelnder Parteidisziplin oder Anflügen von Sektierertum und innerparteilicher Gruppenbildung. In der Form von Memoiren oder autobiographischen Romanen stellten sie aber auch eine Fortführung des seit der Jahrhundertwende bekannten Genres der politisch aufgeklärten Arbeiter-Autobiographie und einen kontinuitätsstiftenden Beitrag zur Ableitung der DDR aus der Geschichte der deutschen Arbeiterbewegung dar.

Im folgenden sollen das Zentrale Parteiarchiv der SED sowie seine parteigeschichtlichen und biographischen Bestände vorgestellt werden. Sodann sollen an zwei biographischen Beispielen Differenzen und Spannungsverhältnisse zwischen den unveröffentlichten und den publizierten autobiographischen Erinnerungen zweier Parteifunktionäre, Franz Dahlem und Alexander Abusch, diskutiert werden.[2]

---

1 Im folgenden: ZPA SED.
2 Dabei handelt es sich um das Manuskript Franz Dahlems zu seiner Autobiographie: Am Vorabend des Zweiten Weltkrieges. 1938 bis August 1939. Erinnerungen. 2 Bde. Berlin (Ost) 1977 sowie um das Manuskript des zweiten Bandes der Autobiographie Alexander Abuschs: Mit offenem Visier. Memoiren. Berlin (Ost) 1986.

Das Zentrale Parteiarchiv und seine Bestände[3]

Mit der Gründung des Marx-Engels-Lenin-Instituts beim Parteivorstand der SED im Jahr 1949 wurde dem Institut von der Parteiführung auch die systematische Sammlung der organisationseigenen archivalischen Quellen der deutschen Arbeiterbewegung übertragen. Bei der Gründung besaß das Archiv jedoch nicht viel mehr als eine Flugblattsammlung der KPD und SPD aus der Zeit vor 1945, einige von der Vereinigung der Verfolgten des Naziregimes (VVN) gesammelte Dokumente und Materialien sowie einen vom Deutschen Zentralarchiv Potsdam als Dauerleihgabe übergebenen Bestand an Akten des Reichsministeriums des Innern und des Reichskommissars zur Überwachung der öffentlichen Ordnung. Seinem Charakter nach blieb das Archiv bis Anfang 1963 ein nicht öffentliches, organisationseigenes historisches Archiv, das vorwiegend Sammlungsgut erfaßte, übernahm, für die geschichtswissenschaftliche Forschung erschloß und bereitstellte. Erst mit dem Beschluß des ZK der SED vom 8. April 1963 "Richtlinien für den Aufbau eines einheitlichen Parteiarchivwesens der SED" wurde das Institutsarchiv zum Zentralen Parteiarchiv der SED. Nun wurden Regelungen für die systematische Übernahme von Parteiakten, für einen Archivplan und für die wissenschaftlich-organisatorische Anleitung der Bezirksparteiarchive geschaffen. In dieser Zeit wurden dem Parteiarchiv die Bestände des historischen Archivs der KPD aus Moskau übergeben. In den folgenden zwanzig Jahren sollte das Archiv zur "bedeutendsten Aufbewahrungsstätte von archivalischen Quellen der revolutionären deutschen Arbeiterbewegung" werden. Es handelte sich - im altmodischen Sinn - lange Zeit um ein Geheim-Archiv des sozialistischen Kollektivs, das gleichsam aus solidarischer Unterstützung durch das ZK der SED, durch die Zentralen Parteiarchive im Institut für Marxismus-Leninismus (IML) beim ZK der KPdSU und der kommunistischen Parteien in den "Bruderländern", durch Mitglieder und Funktionäre der SED und durch "klassenbewußte" Arbeiter in der DDR und der Bundesrepublik so schnell gewachsen war. Schenkungen, Ankäufe, Übernahmen aus Privathand und Kooperationen mit anderen Spezialarchiven erweiterten die Bestände und machten das Archiv zum Gedächtnis der Partei, zum Ort, an dem historische Erfahrungen, Einschätzungen, Informationen, Tatsachen und Daten um vielfältige Aspekte zur Geschichte der deutschen Arbeiterbewegung und ihrer internationalen Verbindungen, zur Geschichte des deutschen Widerstandes und zur Geschichte der SED und der DDR aufgehoben sind.

Erst der zweite Beschluß des ZK der SED vom 22. November 1982 "Richtlinien über den Archivfonds der SED, die Struktur und die Aufgaben der Parteiarchive" machte das Archiv zum "Fundort". Er definierte in einer Phase der stärkeren Öffnung die spezifischen Aufgaben des Archivs als "Verpflichtung zur Bereitstellung des Archivgutes für die aktuell-politischen Aufgaben der Partei, die Marx-Engels-Forschung, für wissenschaftliche Forschungsarbeiten zur Geschichte der Partei und der Arbeiterbewegung, für die Geschichtspropaganda der gesellschaftlichen Organisationen, Massenmedien und für

---

3 Vgl. die ausführliche zweibändige Übersicht über die Bestände des Zentralen Parteiarchivs der SED im Institut zur Geschichte der Arbeiterbewegung: Bestandsnachweis für das zentrale Parteiarchiv nach dem Stand vom 31. Dezember 1982. Hg. vom Institut für Marxismus-Leninismus beim ZK der SED (Parteiinternes Material). 4. Aufl., Berlin o.J. sowie die Broschüre: Der Verbund Archiv/Bibliothek/ Technische Werkstätten beim Parteivorstand der PDS. Berlin (September) 1992. Insgesamt verwaltet das Archiv nicht nur archivalisches Schriftgut, sondern darüber hinaus ein umfangreiches Bildarchiv von etwa 250.000 Fotografien sowie eine Sammlung von Plakaten, Filmen und Tondokumenten.

die revolutionäre Traditionspflege. In dieser Tätigkeit erfüllt sich letzten Endes der eigentliche Sinn der Archivarbeit."

Die institutionelle Zugehörigkeit wechselte seit 1989/90 mehrmals. Mit der Gründung des Instituts für Geschichte der Arbeiterbewegung zu Beginn des Jahres 1990 wurde das Zentrale Parteiarchiv eine Abteilung dieses Instituts. Seit Beginn des Jahres 1992 war das Archiv im Verbund Archiv/Bibliothek/Technische Werkstätten unmittelbar dem Parteivorstand der PDS zugeordnet. Und seit Anfang 1993 ist es als Teil des Verbundes in die öffentlich-rechtliche "Stiftung Archiv der Parteien und Massenorganisationen der DDR im Bundesarchiv" eingebracht worden.

Akten zur Organisations- und Parteigeschichte

Die archivalische Quellenüberlieferung beginnt mit dem Ende der dreißiger Jahre des 19. Jahrhunderts, der Bildung der ersten Arbeitervereinigungen, und endet im Dezember 1989, mit dem Rücktritt des Politbüros und des Sekretariats am 3. Dezember 1989. Zu den wertvollsten Beständen gehört der Marx-Engels-Bestand, der auch etwa 80 Originaldokumente enthält sowie eine Sammlung von Autographen mit Handschriften von Alexander von Humboldt, Heinrich Heine, Ludwig Feuerbach, Rudolph Breitscheid, Friedrich Ebert und Heinrich Mann. Neben Materialien zur Geschichte der SPD und des Allgemeinen Deutschen Arbeitervereins Lassalles, zur Geschichte der Ersten und Zweiten Internationale sind es vor allem das Historische Archiv der KPD bis 1946 und das Archivgut der SED bis 1989, die den Kern des Archivs und die umfangreichsten Bestände ausmachen. Das Historische Archiv der KPD enthält das Schriftgut des ZK der KPD von der Gründung der Partei bis zum Jahr 1946, Arbeitsmaterialien führender Parteifunktionäre und Akten aus der Tätigkeit des Kommunistischen Jugendverbandes Deutschlands (KJVD), des Roten Frontkämpfer-Bundes (RFB), der Roten Hilfe Deutschlands und anderer Organisationen. Der SED-Bestand enthält die Akten des ZK der SED, darunter die Protokolle von Parteitagen, -konferenzen, von Tagungen des Parteivorstandes und des Zentralkomitees. Ebenso sind Arbeitsmaterialien der Fachabteilungen des ZK, der Kommissionen beim Politbüro, Kaderakten, Akten der ZPKK, der ZRK und der Sekretariate von Mitgliedern und Kandidaten des Politbüros vorhanden. Das Archivgut von Schulen, Instituten und Verlagen, z.B. der Parteihochschule "Karl Marx", der Akademien und des Dietz Verlages und der "Einheit", gehören ebenfalls zum Bestand. Seit Februar 1990 wurde dem SED-Bestand das ehemalige "interne Archiv" des Politbüros zugeordnet. Es umfaßt unter anderem: Vorlagen zu Sitzungen des Politbüros und Festlegungsprotokolle, Beschlußauszüge, Rundschreiben und Informationen des Zentralsekretariats und des Kleinen Sekretariats aus den Jahren 1946-1948, des Politbüros und des Sekretariats des ZK von 1949-1989; Reden, Interviews, Gesprächsprotokolle sowie die Beschlüsse der SED von der Gründung der Partei bis zum Rücktritt des Politbüros und des Sekretariats im Dezember 1989.

Biographische Quellenbestände: Nachlässe und Erinnerungsakten

Neben den Akten zur Parteigeschichte verwaltet das Zentrale Parteiarchiv eine Fülle von biographischen Materialien. Nach dem Stand vom Ende des Jahres 1992 sind inzwischen 298 Nachlässe, Teilnachlässe und Nachlaßteile von verstorbenen und noch lebenden

Funktionären der deutschen Arbeiterbewegung und der SED bearbeitet und zugänglich. Dazu gehören zum Beispiel Nachlässe von August Bebel, Eduard Bernstein, Max Hoelz, Karl Kautsky, Paul Levi, Rosa Luxemburg, Franz Mehring, Gustav Noske, die eine wichtige Ergänzung zum Schriftgut zur Geschichte der Arbeiterparteien darstellen. Neben den umfangreichen politischen Nachlässen von Wilhelm Pieck, Otto Grotewohl und Walter Ulbricht sei eine kleine Auswahl von Nachlässen aufgezählt: Wilhelm Florin, Anton Ackermann, Martha Arendsee, Otto Buchwitz, Franz und Käthe Dahlem, Gerhart Eisler, Lex Ende, Erich Jungmann, Friedrich Karl Kaul, Bernard und Wilhelm Koenen, Paul Merker, Albert Norden, Georg Stibi, Max Fechner, Wilhelm Zaisser.

Eine Besonderheit dieses Archivs stellt der Bestand der "Erinnerungsakten" dar. Über 2.500 Erinnerungen, Memoiren, autobiographische Romane, Lebensläufe, Erlebnisberichte über historische Ereignisse und Lebensbilder von politischen Mitstreitern in Manuskriptform wurden in diesem Sammlungsbestand zusammengetragen. Bei den Autorinnen und Autoren handelt es sich um ehemalige Funktionäre der KPD und SPD sowie der SED, um antifaschistische Widerstandskämpfer in Deutschland, im Exil und in den Konzentrationslagern, um Spanienkämpfer, aber auch um Opfer stalinistischer Verfolgung in der Sowjetunion der dreißiger und vierziger Jahre und um Opfer von Parteiüberprüfungen und -verfahren in der DDR der frühen fünfziger Jahre, sowie um sowjetische Mitarbeiter der Sowjetischen Militäradministration (SMA) - in der Mehrzahl um Informations- und Kulturoffiziere. So sind Erinnerungsakten von Sergeij Tulpanow, Grigorij Patent, Valerij Polltawzew, Alexander Kotikow und Alexej Kotschetow über die unmittelbare Nachkriegszeit bis zur Gründung der DDR im Jahr 1949 vorhanden, die dem Parteiarchiv Ende der siebziger Jahre übergeben wurden.

Die Erfahrungen von Parteifunktionären sind im "Archiv der Erinnerungen" abgelegt wie die Jahresringe von politischen Generationen. Bei der Lektüre einer Auswahl von Erinnerungen wird eine Schichtung von Erfahrungsgemeinschaften erkennbar: von "Parteiveteranen" mit besonders niedriger Mitgliedsnummer und hohem "Parteialter", von Angehörigen der Gründer- und Aufbaugeneration der DDR sowie (noch am undeutlichsten) der integrationsfähigen HJ-Generation in den neuen Staat. Man kann Schlüsselerfahrungen, die zur Politisierung führten, auch nach Generationen und nicht nur nach der sozialen Herkunft unterscheiden. Als dominierende Erfahrungsgemeinschaften lassen sich erkennen: die "ersten", legendären Kämpfer, die in der DDR zur "aussterbenden" Gründergeneration wurden; die ewig "Jungen", die in den zwanziger Jahren oder vor Hitlers Machtantritt mit ihrem Beitritt zum KJVD oder zur KPD sozusagen gerade noch auf den fahrenden Zug der Weltrevolution aufgesprungen waren und die in der DDR zur Aufbaugeneration wurden; die "Parteisoldaten" proletarischer und auch jüdisch-proletarischer Herkunft aus Deutschland, Österreich, Polen oder Rußland, die einen oft unglaublichen sozialen Aufstieg und als Berufsrevolutionäre fast immer eine enorme geographische Mobilität und in der Bewegung (in der doppelten Bedeutung des Wortes) eine Form von Weltmächtigkeit erlebten; die "Parteiintellektuellen", die mit ihrer Entscheidung für ein linkes politisches Engagement und schließlich für die Kommunistische Partei häufig einen rebellischen Kontrapunkt gegen ihre (klein-)bürgerlichen und in vielen Fällen gegen ihre jüdisch-bürgerlichen Familien setzten, z.B. Alexander Abusch, Rudolf Bernstein, Hermann Axen, Albert Norden, Jürgen Kuczynski, Ruth und Max Seydewitz oder Gerda Stern.

In einer Gesellschaft, die ihren Gründungsmythos und ihre politische Legitimation entscheidend aus der Rede vom "neuen, anderen Deutschland" und vom Antifaschismus bezog, wurden Biographien, Autobiographien und veröffentlichte Erinnerungen der Kämpfer gegen die Drei-Einigkeit von "Imperialismus, Militarismus und Faschismus" eine wichtige, ritualisierte Form der Erfahrungsvermittlung. Als hervorragende "Erziehungsmittel für die Jugend" und als Vorbilder, die dazu dienen sollten, *"die Menschen zu einer Ergriffenheit zu führen, die Gefühl und Verstand vereinte"*, wurde den (Auto-)Biographien von kommunistischen Kämpfern in der DDR als "moralischer Anstalt" eine exponierte Funktion zugedacht.[4] Die Ahnengalerie lebensgeschichtlicher Traditionsbestände der DDR ist im wesentlichen eine von Überlebenden des "Dritten Reiches"; sie zeigt Totgeweihte, Totgesagte, die aus dem Exil, aus der Illegalität und aus den Konzentrationslagern und Gefängnissen zurückgekehrt sind und in deren Erfahrungen die "Blutopfer" der Ermordeten aufgehoben sind. Sie erzählt Geschichten vom geschenkten Leben. Für die Funktionseliten aus der Gründer- und Aufbaugeneration der DDR stellten Kampf, Widerstand, Verfolgung und Leiden eine existentielle Kategorie und eine politisch-moralische Legitimation politischer Macht und Herrschaft nach 1945 dar. In der Berufung auf diese Traditionen stand nahezu alles politische Handeln im Schutz - oder im Schatten - der monumentalen Erinnerung. Nicht nur die auferlegte und internalisierte Parteidisziplin und das politische Klima des Kalten Krieges, sondern auch der lebensgeschichtliche Selbstentwurf für die Öffentlichkeit - die überlebensgroßen und häufig erstarrten Geschichten vom antifaschistischen Kampf -, machten es diesem Personenkreis beinahe unmöglich, in ihren publizierten autobiographischen Texten politische Brüche, Parteiverfahren, Überprüfungen oder Verhaftungen in der DDR oder in der Sowjetunion zur Sprache zu bringen.

In den Manuskripten und Gesprächsprotokollen der Nachlässe und Erinnerungsakten lassen sich jedoch ambivalente Erfahrungen und politische Konflikte wiederfinden, die nicht zur Veröffentlichung kommen konnten, weil sie sich einem Erfahrungsbegriff, der nur Traditionen kannte, widersetzten, und weil dem ideologischen Gegner im Kalten Krieg keine Angriffsflächen geboten werden sollten. Unter solchen inneren und äußeren restriktiven Bedingungen erhielten deshalb einige der im Parteiarchiv hinterlegten Erinnerungen schon für die Autoren selbst die Bedeutung von politischen Vermächtnissen, die als "parteigeschichtliche Erinnerungen" wenigstens ein einziges Mal von ihnen aufgeschrieben werden mußten.

Franz Dahlem: Nachlaß, "parteigeschichtliche Erinnerungen" und veröffentlichte Memoiren

Franz Dahlem legte seit den fünfziger Jahren sein eigenes Archiv von Dokumenten und Materialien an, nachdem er am 14./15. Mai 1953 wegen "politischer Blindheit gegen-

---

[4] Franz Dahlem in einem Brief an Hilde Benjamin vom 30.7.1978 über die von ihr verfaßte Biographie über ihren Ehemann Georg Benjamin, den Bruder von Walter Benjamin, in: ZPA SED, NL 72/176. Lernen durch Ergriffenheit als Konzept der Nachkriegszeit beschrieb Alexander Abusch in: "Aus meinen Erinnerungen an die ersten Jahre unserer Kulturrevolution", ZPA SED, EA 1084/1, Bl. 38-106 (hier Bl. 69). (Auto-)Biographien bildeten damit ein gewisses Gegengewicht zur ideologischen Schulung nach sowjetischem Vorbild, aus der die politischen Erfahrungen der deutschen Arbeiterbewegung zu Gunsten einer starken Dominanz der Geschichte der KPdSU(B) ausgeblendet worden waren.

über der Tätigkeit imperialistischer Agenten und wegen nichtparteimäßigen Verhaltens zu seinen Fehlern" aller Funktionen enthoben und aus dem Zentralkomitee, dem Politbüro und dem Sekretariat der SED ausgeschlossen worden war. Er setzte sich zum Ziel, mit Hilfe dieses Archivs sein politisches Wirken als jahrzehntelanges Mitglied des ZK und des Politbüros der KPD seit den zwanziger Jahren und zuletzt der SED zu dokumentieren und - wie er es im Vorwort seiner Memoiren ausdrückte - seine Erinnerungen und Erfahrungen, *"den neu heranwachsenden Generationen zu vermitteln, die berufen sind, das politische Werk meiner Generation und der unseren Fußstapfen gefolgten fortzuführen".*[5] Der Nachlaß Franz Dahlems wurde bis 1983 sukzessive an das Zentrale Parteiarchiv abgegeben. Seine Besonderheit liegt - im Gegensatz zu den "politischen Nachlässen" Otto Grotewohls, Wilhelm Piecks oder Walter Ulbrichts - in der Fülle der biographischen Materialien, der ausgedehnten Korrespondenz und der Materialsammlung für Dahlems Lebenserinnerungen, die u.a. aus zahlreichen Erinnerungsfragmenten von Zeitgenossen aus dem Spanischen Bürgerkrieg, der Emigration in Frankreich und der Internierung in Le Vernet besteht. Franz Dahlem hatte seit 1967 in mehreren Etappen per Rundschreiben Anfragen und Aufforderungen an ehemalige Mitkämpfer und politische Weggefährten verschickt, mit der Bitte, ihre Erinnerungen aufzuschreiben oder sich befragen zu lassen, und er hatte eine Flut von Antworten - Anekdoten, Episoden, Charakteristiken von Personen und Situationen - erhalten.[6] Das große Projekt der gemeinsamen und widersprüchlichen Erfahrungen war für Franz Dahlem ganz wesentlich getragen von der Anstrengung um eine innerparteiliche, historische Gerechtigkeit und dem Bemühen um die volle Rehabilitierung der eigenen Person und die anderer Parteifunktionäre, zum Beispiel Paul Merker, Paul Bertz, Rudolf Herrnstadt und Wilhelm Zaisser. In einem Brief an Horst Blumberg, seinen "wissenschaftlichen Betreuer" vom IML, wies Dahlem darauf hin, daß er KPD-Gründer und wichtiger Kominternmann gewesen sei, der das Vertrauen Dimitrows, Togliattis und Thorez' besessen habe, und daß er als Parteimitglied der KPD und der SED die Mitgliedsnummern 3 und 4 gehabt habe. *"Es geht also in meinen parteigeschichtlichen Lebenserinnerungen nicht um Personenkult, sondern um Wiederherstellung dessen, was ich tatsächlich in der Partei und Arbeiterbewegung dargestellt habe und, was in der geschriebenen Parteigeschichte liquidiert werden sollte und tatsächlich bis heute liquidiert geblieben ist."*[7] Der Prozeß von 1953, den er als "die größte Ungerechtigkeit im politischen und menschlichen Leben, die ich erdulden mußte",[8] bezeichnete, wurde für Dahlem zum Motor seiner Recherche. Und er plante schon während der Arbeit an den beiden ersten Bänden eine Fortsetzung seiner Erinnerungen über alle Phasen seiner aktiven politischen Tätigkeit bis in die fünfziger Jahre. Auf kleinen Notizzetteln wurden hierfür Fragen und Leitlinien notiert, z.B. "Wann werden innerparteiliche Ereignisse Geschichte?"[9] Dahlem ging es bei der Niederschrift seiner Erinnerungen auch um den Versuch, sich jenseits ideologischer Rücksichten einer "historischen Wahrheit" anzunähern - und sei es auch nur für das

---

5 Dahlem, Erinnerungen, Bd. 1, a.a.O.
6 Einer dieser Rundbriefe vom Dezember 1968, zu denen Dahlem, wie die handschriftlichen Bemerkungen eines Mitarbeiters des IML ausführen, weder aufgefordert noch autorisiert worden war, ist enthalten in: ZPA SED, EA 1078, Bl. 175.
7 Dahlem an Blumberg am 21.9.1974, in: ZPA SED, NL 72/112, Bl. 74ff.
8 Dahlem an Blumberg am 11.6.1974, in: ebenda, Bl. 34ff.
9 Dahlems handschriftliche Notizen für einen geplanten 3. Band seiner Erinnerungen, ZPA SED, NL/130, Bl. 15.

Parteiarchiv. So wurde von Anfang an von der Möglichkeit gesprochen, eine Version des Memoiren-Manuskripts im "vertraulichen Archiv", also einem gesperrten Teil zu "hinterlegen". In der Planungsphase seiner Erinnerungen schrieb Dahlem: *"Mir wird immer bewußter, daß ich - im gesperrten Teil - die volle Wahrheit sagen muß, wie sie aus den Dokumenten beweisbar ist. [...] Die Parteihistoriker von morgen werden nicht umhin können, die Tatsachen so darzustellen, wie sie waren, und ich möchte dann vor der Geschichte bestehen und gerechtfertigt sein."*[10]

Der Zensor, der in Kooperation mit dem IML vorschlug, welche Passagen und Kapitel der Erinnerungen als "interne Parteiangelegenheiten" nicht zur Veröffentlichung kommen sollten, war Kurt Hager. Mit ihm trat Dahlem in einen kurzen und heftigen Briefwechsel, in dem er jedoch resignierte: *"Ich habe mich im Sommer 1975 damit einverstanden erklärt, alle indirekten Hinweise auf 1953 zu streichen, aber damals wurde nicht von mir gefordert, daß ich auch bestimmte Tatsachen, die nicht eindeutig damit im Zusammenhang stehen, verschweigen muß."* Er lenkte schließlich mit der Anmerkung ein: "Abschnitte nicht drucken, sondern nur im Parteiarchiv hinterlegen" und stimmte den Änderungen aus Gründen der Parteidisziplin zu.[11]

Häufig umgeschrieben und schließlich gekürzt im Vergleich zum Manuskript im "vertraulichen Archiv" wurde das Vorwort zum ersten Band. Der Abschnitt, in dem Franz Dahlem seine Motivation für die Niederschrift seiner Erinnerungen und für die Konzentration auf die die unmittelbare Vorkriegszeit erläutert, fehlt. Im Manuskript betonte der Autor in Andeutungen, daß dies die Phase war, die 1953 ein zweites Mal in seinem Leben eine entscheidende Rolle spielen sollte, die ihn dann politisch den Kopf kostete.[12] Die Erinnerungen enden im zweiten Band mit einer ikonenhaften Schlußpassage, in der Dahlem - befreit aus dem Konzentrationslager Mauthausen, von Wien über Moskau nach Berlin kommend - im Juli 1945 seine politische Tätigkeit in der Führung der KPD wiederaufnahm. Im Manuskript schließen die Memoiren Dahlems mit bilanzierenden Fragen, Einschätzungen und Absicherungen der Vorkriegspolitik, die Dahlem sich in Moskau von Dimitrow geben ließ: über die Politik des Auslandssekretariats der KPD in Paris 1938/39, deren Einschätzung des Hitler-Stalin-Paktes und ihre Entscheidung, daß sich alle deutschen Kommunisten in Frankreich zu Beginn des Krieges freiwillig als Ausländer registrieren (und internieren) lassen sollten. Dabei erscheint in der Episode über eine Aussprache der kleinen Kommission des Politbüros der SED mit Dahlem im Jahr 1953, Walter Ulbricht als politischer Gegenspieler Dahlems, der sich mit einer Verurteilung der Politik des Auslandssekretariats 1939 nicht durchsetzen konnte.[13]

Bei den umfänglicheren Streichungen im Text handelt es sich im ersten Band um: - eine kürzere Passage, in der Dahlem über eine Unterredung mit Wilhelm Pieck und über das bleierne Klima der Verunsicherung im Zusammenhang mit den Verhaftungen deut-

---

10 Dahlem an Blumberg am 15.6.1972, in: ZPA SED, NL 72/112, Bl. 13f.
11 Hager an Dahlem über seine Vorlage für das Sekretariat des ZK, betrifft einen Ausnahme-Beschluß zur Veröffentlichung von Dahlems Memoiren, am 12.11.1975. Korrespondenz über Zensur am ersten Band: Hager an Dahlem am 3.3.1977 und Dahlems Antwort vom 13.2.1977, in: ZPA SED, NL 72/113.
12 Manuskript, in: ZPA SED, NL 72/115, Bl. 7f. Auslassung in Dahlem, Erinnerungen, Bd. 1, a.a.O., S. 11.
13 Manuskript, in: ZPA SED, NL 72/114, Bl. 602-608. Auslassung in Dahlem, Erinnerungen, Bd. 2, a.a.O., S. 454.

scher Kommunisten 1938 in Moskau schreibt;[14] - ein ganzes Kapitel, in dem Dahlem als Augenzeuge und mit der eigenen Erfahrung eines politischen Prozesses reflektierend im Rückblick über die Moskauer Prozesse gegen Bucharin und Jagoda aus dem Jahr 1938 berichtet: "Über einen Prozeß und die Schwierigkeiten seiner richtigen Beurteilung";[15] - einen Abschnitt über den Formierungsprozeß der KPD in den zwanziger Jahren, die Nähe von "Wahrheit" und "Irrtum" und die nachträglichen Vergröberungen und Stilisierungen dieser Entwicklung, die die Rolle der KPD gegenüber der des linken Flügels der USPD überhöht hätten;[16] - den skandalösen Umgang der SED mit einem "guten Genossen", dem Thälmann-Kurier Walter Trautzsch, der als angeblicher Gestapo-Spitzel bei seiner Rückkehr in die DDR mit der SED in Konflikte um seine politische Identität geriet, für den Dahlem bürgte und der daraufhin eine Position beim MfS erhielt, bis er 1955 wieder als Gestapo-Agent galt, aller Aufgaben enthoben wurde und ein verbitterter alter verschwiegener Mann wurde, den Dahlem erst in den sechziger Jahren durch Zufall wiederfand und "zum Sprechen brachte". Als späte Ehrung erhielt er vor seinem Tod den Vaterländischen Verdienstorden in Silber. Die Buchfassung erzählt nicht das Drama des zeitweiligen Kaltgestellt- und Vergessen-Worden-Seins, sondern gewissermaßen nur den "Ritual-Gehalt" dieser Geschichte: die Rückkehr aus der Emigration, die Beteiligung am gesellschaftlichen Neuaufbau, das erneute Zusammentreffen Dahlems mit Trautzsch in den sechziger Jahren, die späte Ehrung und den beschwörenden Satz: "*Sein Name ist unauslöschlich in die Parteigeschichte eingegangen.*"[17]

Im zweiten Band wurden insgesamt drei Passagen gestrichen. Neben dem oben erwähnten bilanzierenden Schlußteil handelt es sich einmal um eine Episode, die die extreme Verunsicherung der KPD durch den bevorstehenden Hitler-Stalin-Pakt und den Mangel an Informationen dokumentiert.[18] Zum anderen fehlt ein umfänglicherer Teil zu den Bedingungen der politischen Arbeit des Auslandssekretariats im bevorstehenden Krieg, zu den Überlegungen einer zentralen Inlandsleitung in Berlin und zur Wahl eines neuen Standortes des Sekretariats in einem anderen europäischen Land als Frankreich.[19] Im Zusammenhang mit seinen Nachforschungen über Mitinternierte in Le Vernet und über die Zeit im Gestapo-Gefängnis nach seiner Auslieferung an Deutschland verfiel aber Dahlem selbst in die stalinistischen Argumentationsmuster eines treu ergebenen Parteisoldaten gegen angebliche Parteifeinde, und er offenbarte ein instrumentelles Verhältnis zum Projekt der Erinnerung. Über Mittelsmänner des Komitees der Antifaschistischen Kämpfer, der VVN und der "Gemeinschaft der ehemaligen Republikanischen

---

14 Manuskript, in: ZPA SED, NL 72/115, Bl. 99f. Auslassung in Dahlem, Erinnerungen, Bd. 1, a.a.O., S. 102.
15 Das Kapitel war vorgesehen als Teil I, Kap. 4, vor dem Abschnitt "Bericht vor dem EKKI", in: ZPA SED, NL 72/115, Bl. 136-153. Es wurde mit einer heroisierenden Vorbemerkung Horst Blumbergs vollständig abgedruckt. Vgl. Dahlem, Franz: Nachgelassenes, Ausgelassenes, in: Beiträge zur Geschichte der Arbeiterbewegung 32. Jg., 1990. S. 17-25.
16 Manuskript, in ZPA SED, NL 72/115, Bl. 278f., 284. Auslassungen in Dahlem, Erinnerungen, Bd. 1, a.a.O., S. 373, 376.
17 Manuskript, in: ZPA SED, NL 72/115, Bl. 329-332. Auslassungen in Dahlem, Erinnerungen, Bd. 1, a.a.O., S. 436f.
18 Manuskript, in: ZPA SED, NL 72/114, Bl. 425. Auslassung in Dahlem, Erinnerungen, Bd. 2, a.a.O., S. 302.
19 Manuskript, in: ZPA SED, NL 72/114, Bl. 501-510. Auslassungen in Dahlem, Erinnerungen, Bd. 2, a.a.O., S. 392.

Spanienfreiwilligen" recherchierte Dahlem seit 1972 in West-Berlin und in der Bundesrepublik über den jüdischen Kommunisten und prominenten Journalisten der Weimarer Republik, Berthold Jacob (Salomon), den er - wie Gustav Regler und Arthur Koestler - schon in Vernet für einen "Verräter" hielt, der "aus Feigheit", aus Angst vor der Auslieferung nach Deutschland "einer der schuftigsten Agenten der französischen Geheimpolizei" wurde und den er 1942 im Gestapo-Gefängnis wiedersah. Um Nachforschungen über die "Untaten" Salomons in Vernet und als angeblicher Gestapo-Spitzel ab August 1942 anzustellen, schlug Dahlem als offizielle Version vor, man solle behaupten, Material für "Erinnerungen über Berthold Jacob" zu sammeln.[20] Er betraute den ehemaligen Spanienkämpfer Willi Höhn in Frankfurt am Main damit, eine geeignete Persönlichkeit zur Einsichtnahme in die Gestapo-Akte Salomons im Hauptstaatsarchiv Düsseldorf zu finden und begründete seinen Verdacht: *"Ich nehme an, daß es außerordentlich selten vorkam, daß jüdische Menschen, die von den Nazis so gehaßt wurden, wie früher Berthold Jacob, so lange am Leben blieben. Ich habe es erlebt, daß Juden gewöhnlich sehr schnell von der Gestapo liquidiert wurden."*[21]

Alexander Abusch: Erinnerungsakte und zweiter Band der Memoiren

Der zweite Band der Memoiren Alexander Abuschs "Mit offenem Visier" erschien posthum im Jahr 1986, vier Jahre nach seinem Tod; die Publikation des abgeschlossenen Manuskriptes konnte von Abusch nicht mehr vorbereitet werden. Und da im Parteiarchiv kein Nachlaß Alexander Abuschs existiert, fehlt es, anders als bei Dahlems umfangreicher Korrespondenz, an leicht zugänglichen Informationen über die Entstehungsgeschichte des Textes oder über mögliche Konflikte um Streichungen und Veränderungen.

Alexander Abusch, 1902 in Krakau geboren und in Nürnberg aufgewachsen, stammte aus einer jüdischen kleinbürgerlichen Familie und hatte drei Geschwister. Sein Vater war Kutscher. Abusch beendete eine Lehre als kaufmännischer Angestellter, trat 1918 in die KPD ein, arbeitete in der Weimarer Republik als Journalist und Redakteur diverser Parteizeitungen in Thüringen, im Ruhrgebiet und im Saarland, emigrierte nach Frankreich, Prag und - nach einer Zeit der Internierung in Frankreich - nach Mexiko, wo er ab November 1941 Chefredakteur der Zeitschrift "Freies Deutschland" wurde. Nach seiner Rückkehr in die SBZ, 1946, war Abusch unter anderem Funktionär des Kulturbundes, Mitglied der Deutschen Wirtschaftskommission, ZK-Mitglied und von 1958 bis 1961 Minister für Kultur. Der zweite Band seiner Erinnerungen beschreibt die Phase von der Emigration nach Mexiko bis zur Schaffung eines Ministeriums für Kultur im Jahr 1954. Ein letztes Kapitel geht im Zeitraffer durch die fünfziger und sechziger Jahre.

---

20 Berthold Jacob Salomon, geb. 1898, deckte in den zwanziger Jahren die Feme-Morde der Schwarzen Reichswehr und die geheime Aufrüstung der Reichswehr auf. Er trug damit zur Entlassung von Generaloberst v. Seeckt im Jahr 1926 bei. 1932 flüchtete er aus Deutschland in die Schweiz, von wo er unter spektakulären Umständen im März 1935 nach Deutschland entführt wurde. Auf internationale Proteste hin forderte die Schweizer Regierung eine Freilassung Salomons, der tatsächlich nachgegeben wurde. Während des Krieges emigrierte dieser nach Frankreich, wo er in Vernet interniert wurde. Von dort floh er vor der deutschen Besatzung nach Portugal, das ihn jedoch an Deutschland auslieferte. 1944 starb er im israelitischen Krankenhaus in Berlin. Dahlems Korrespondenz mit verschiedenen Vertretern der verschiedenen Kämpfer- und Opfer-Organisationen über eine "konspirative Recherche"ist enthalten, in: ZPA SED, NL 72/181.
21 Dahlem an Höhn am 9.11.1972, in: ebenda.

Gekürzt wurde das Manuskript um einige Episoden jüdischer Emigranten aus Deutschland, die auf der Schiffspassage von Lissabon nach Mexiko im ersten Kapitel erzählt werden. Zwei ganze Kapitel sind darüber hinaus für die Veröffentlichung gestrichen worden. Im Manuskript gibt es ein 16. Kapitel, das Abusch überschrieben hatte: "Zeit der Prüfung" (zuerst: "Was 'nicht gewesen war' und im weiteren Kampf geschah").[22] Hier setzt sich der Autor mit seinem Parteiverfahren in den Jahren 1950/51 auseinander, das nachträglich nie stattgefunden haben sollte. In einer Sprache der Andeutungen, bei der die Fakten sehr nebulös bleiben, aber die bezüglich des Atmosphärischen sehr vielsagend ist, beschreibt Abusch das traumatische Erlebnis, daß gegen ihn im Frühjahr 1950 ein Parteiverfahren eröffnet worden war, ohne ihm dafür eine Erklärung zu geben. Er schildert die eineinhalbjährige Phase erzwungener Zurückgezogenenheit, als er aller Funktionen enthoben war und nur von den Einkünften seines Buches "Irrweg einer Nation" lebte. Abusch gerät in den Sog der Verdächtigungen um Lex Ende und Paul Merker, mit dem vorgeblichen Spion Noel H. Field in engem Kontakt gestanden zu haben. Und er hatte im April 1939 in Paris alle dort verbliebenen Emigranten zur Rückkehr nach Deutschland aufgefordert, was die Partei zu dieser Zeit offenbar mit besonderem Mißtrauen quittierte. Das Bedürfnis, sich von dieser Erfahrung zu distanzieren, sie zu verdrängen, ist stark. Abusch wechselt, wie an einigen anderen Stellen seiner Erinnerungen, zunächst die Erzählperson vom "ich" zum "er", dem "Nicht-Ich": *"Sprechen wir wieder einmal in der dritten Person, denn was passierte, das scheint mir wie ein fernes Erlebnis, in das eigentlich nicht der Erzählende nach seinem ganzen bisherigen Leben, sondern nur ein anderer verwickelt werden konnte."*[23] Und er erzählt die Geschichte vom "glücklichen Ende" her, das heute kitschig und gespenstisch zugleich wirkt, weil es mit allem aufzubietenden Pathos die Heilung eines Bruchs und die Wiederherstellung einer für den Autor existentiellen Verbundenheit zum Thema hat: *"Es geschah im Sommer 1951, daß der Vorsitzende der Zentralen Parteikontrollkommission der Sozialistischen Einheitspartei Deutschlands dem Mann, dessen Geschichte bisher erzählt wurde, entgegenkam mit einem Gesicht, aus dem persönliche Freude leuchtete und sagte: 'Also, es ist nichts gewesen.' Der angesprochene Genosse stand stumm, starrte Genossen Hermann Matern an, den er als einen Kommunisten von lauterem Charakter, Kampfgefährten aus Thälmanns Zeiten gut kannte, ja, sich ihm herzlich verbunden fühlte. Er war seiner Einladung zum endlichen Abschluß eines Parteiverfahrens gegen sich gefolgt. Nun stand er äußerlich vielleicht wie versteinert, durchtobt von einem Sturm der Gefühle in Kopf und Herz. Matern blickte ihn an: 'Du sagst nichts, Ernst?' Schließlich fragte der Angesprochene: 'Was ist nicht gewesen? Was ist das Ergebnis des Parteiverfahrens gegen mich?' Hermann Matern nahm ihn freundschaftlich in den Arm: 'Setz Dich doch, bitte! Das Parteiverfahren gegen Dich hat niemals stattgefunden. Verstehst Du immer noch nicht, was ich damit meine?'*

Was er Tage, Nächte, Wochen, Monate erwartet hatte, war nun geschehen. Aus Hermann Matern sprach das große, strenge und gütige Herz der Partei, die geprüft und befunden hatte. Als Kommunist verstand der von einer schweren Bürde nun endlich Befreite das Ersuchen der Partei, das auf solche Weise auszusprechen kaum ein anderer wür-

---

22 Abuschs Manuskript der Memoiren "Mit offenem Visier", in: ZPA SED, EA 1084/2 und EA 1084/3. Hier Kap. 16: Bl. 295-316.
23 Ebenda, S. 295.

diger war als Hermann Matern, sinngemäß: nicht mehr über den Vorfall reden, ihn so ungeschehen wie möglich machen. Das war Bekräftigung des alten Vertrauens.

In diesem Augenblick wurde ihm eine Last von der Seele genommen, wie ihn nie zuvor, selbst in der schlimmsten faschistischen Zeit, eine bedrückt hatte. Das Vertrauen der Partei, mit der man sich zutiefst eins weiß, ihm neu ausgesprochen - das höchste aller Güter für einen Menschen, der kommunistisch denkt und fühlt."[24]

Die Rückkehr in die Kulturpolitik im Spätsommer 1951 schildert der Autor als eine Art Auferstehung von den Totgesagten und als Schub an Kreativität - eine ähnliche Erfahrung machte er in der Zeit der Mexiko-Emigration, die der französischen Internierung folgte. Nicht zufällig stärken die Reisen in die Bundesrepublik, die als amerikanisiert und dekadent wahrgenommen wird, im Jahr 1952 das sozialistische Heimatgefühl.

Auch das ursprüngliche Kapitel 17 "Der Hitler ging, die Monopolherren kehrten wieder...", das im Zusammenhang mit der deutschen Wiedervereinigung sehr viele kleine Episoden deutsch-deutscher Kulturpolitik und DDR-interner kulturpolitischer Diskussionen enthält, wurde gestrichen.[25]

Das 18. Kapitel "Als sie Roll-Back versuchten", das Abuschs Sichtweise des 17. Juni 1953 beschreibt, wurde im Buch gerade um die Passagen, die eine Verunsicherung, Ambivalenzen, größere Konkretheit oder eine Kritik am Stalinkult ausdrückten, stark gekürzt. Im Manuskript sind die Vorgeschichte der Normerhöhungen und ihre Zurücknahme, die Ereignisse des 17. Juni selbst, auf den Straßen, auf dem Platz vor dem Haus der Ministerien und im Kulturbund, in der Akademie der Künste deutlich ausführlicher beschrieben, ebenso wie die Arbeit der ideologischen und politischen Überzeugung durch die Parteifunktionäre. Abusch verknüpft im Manuskript die West-Berliner Demonstranten, die durch das Brandenburger Tor kommen, assoziativ mit dem Einmarsch der Kapp-Putschisten 1920 und mit den SA-Fackelzügen am 30. Januar 1933, so wie er sich bei der Schilderung der Gegendemonstration der Parteikader, die einige Wochen später bei Kälte und Regen stattfand und die "*die Straße wieder kämpferisch beherrschte*", in die "*letzte legale Gegendemonstration 1933 vor dem Karl-Liebknecht-Haus, vorbei an unserem Ernst Thälmann*" hineinträumt.[26] Hier findet sich auch eine Erzählung über das Eingreifen der sowjetischen Besatzungsmacht, die Abusch nur vom Hörensagen von Rudi Steinwand kennt und die er wie eine monumentale Filmszene wiedergibt: "*Die sowjetischen Panzer, vom Potsdamer Platz her in die Leipziger Straße schwenkend, wurden von den hauptsächlich aus Westberlin stammenden Stoßtruppen zuerst mit Gejohle begrüßt, weil sie meinten, es seien Panzer der 'amerikanischen Befreier'. Die Trupps bahnten sich ruhig eine Straße, auf jedem von ihnen stand ein Panzerkommandant - und auf dem ersten ein General. Als Steine gegen die Panzer geworfen wurden, blieben auf ihnen die sowjetischen Offiziere unbeweglich, ungerührt, stumm. Die Panzer blieben stehen. Der Panzergeneral, einen Umhang über seiner Uniform, stieg von seinem Führungspanzer, und er ging ruhigen Schrittes zum verschlossenen Tor des Hauses der Ministerien, das sich für ihn öffnete. Er sagte zu unseren Genossen ironisch lächelnd: 'Malenkaja Konterrevoljutzija' (Kleine Konterrevolution) und machte eine Geste, die Bagatellisierung ausdrückte. Er besprach kurz die Lage mit den leitenden politischen Genossen und dem Kommandeur unserer Volkspolizei. Schweigend und*

---

24 Ebenda, S. 296.
25 Ebenda, S. 317-343.
26 Ebenda, S. 352 und Buchfassung, S. 301f.

stolz, wie unberührt von dem Geschehen ging er durch das sich öffnende Tor über die Straße zurück und stieg auf seinen Panzer."[27] Gerade Abuschs Assoziationen und sein Blick auf die Macht, die "das Notwendige" tat, bestätigt einmal mehr die These, daß gerade jüdische Kommunisten den "17. Juni" besonders bedrohlich als faschistische Revolte von außen ("Westberliner auf nagelneuen Fahrrädern") und innen (Bauarbeiter der Stalinallee, die als Nationalsozialisten dorthin zur Aufbauarbeit verpflichtet worden waren) wahrgenommen haben könnten, ihre eigene Position als extrem gefährdet betrachteten (die Kaderdemonstration als letzte legale Thälmann-Demonstration!) und in dem Bewußtsein, daß Unruhen immer die Gefahr von antisemitischen Ausschreitungen enthielten, auf eine Ordnungspolitik mit Waffengewalt setzten.[28]

In beiden Beispielen lassen sich in den Manuskripten der publizierten Erinnerungen Schichten der politischen Biographien wiederfinden, die man zu Zeiten der DDR nicht veröffentlicht sehen wollte. Sie zentrieren sich um die Moskauer Prozesse seit 1936, die Politik der KPD in der Emigration, die Haltung zum Hitler-Stalin-Pakt, die Phase der Internierung in der Emigration, um die Parteiverfahren Ende der vierziger und Anfang der fünfziger Jahre und um den 17. Juni 1953. So bekommt die stereotyp gebrauchte Formel von den Memoiren der Gründer- und Aufbaugeneration, die den nachfolgenden Generationen in der DDR zum "Vermächtnis" geworden seien, anders als gedacht, einen neuen Sinn.

---

27 Es folgten der Befehl, den Platz zu räumen, einige Salven über die Köpfe der Steinewerfer, eine Verfolgungsjagd der "Tobenden" durch die Panzer in der Leipziger Straße und eine große Verhaftungsaktion durch die Volkspolizei. In: ZPA SED, EA 1084/3, Bl. 360f.

28 Literarisch verarbeitet wurde eine solche Position eines in der DDR lebenden Juden in dem folgenden Roman: Becker, Jurek: Der Boxer. Rostock 1978 (3. Auflage). S. 253ff. Der Protagonist Aron ist "gegen solche Situationen". Er fragt: "Willst Du beschwören, daß nicht so ein Pogrom anfängt?" Und resümiert: "Bis auf die Niederlage der Faschisten, sagt er, habe er noch nie eine bedeutende Veränderung erlebt, die für ihn nicht mit Verschlechterungen verbunden gewesen sei. Vor allem daher habe ihm an der Beibehaltung des bisherigen Zustands gelegen."

Andrea Hoffend und Carsten Tessmer (Mannheim)

25 Jahre nach dem "Prager Frühling".
Eine Auswahlbibliographie der im Westen erschienenen Literatur zum "Sozialismus mit menschlichem Antlitz" und seiner Zerschlagung

Der wohl hoffnungsvollste Ansatz, den real existierenden Pseudo-Sozialismus in einen wirklichen Sozialismus, eben einen "mit menschlichem Antlitz" zu transformieren, wurde nicht von ungefähr in der Tschechoslowakei gemacht, in einer Kulturnation mit demokratischen Traditionen, die auch nach 1948 ihre Orientierung nach Westeuropa hin nie ganz verloren hatte und deren Kommunistische Partei dem Moskauer Kurs nie so ganz "linientreu" gefolgt war. Die sich infolge der Wahl Alexander Dubčeks zum Generalsekretär der KPČ zum Jahreswechsel 1967/68 vollziehenden Entwicklungen und Geschehnisse, die als "Prager Frühling" in die Geschichte eingehen sollten, sowie ihre abrupte Zerschlagung durch Interventionstruppen des Warschauer Paktes im August 1968 haben vor allem in der westlichen Welt eine breite Literatur hervorgebracht, haben Wissenschaftler, Intellektuelle wie Publizisten beschäftigt. Auch und vor allem aber jener bedeutende Teil der tschechoslowakischen Reformpolitiker selbst, welcher durch die Restaurierung der alten "Ordnung" außer Landes getrieben wurde, sowie die im Lande verbliebenen Exponenten der sich in der "Charta '77" sammelnden Opposition trugen wesentlich dazu bei, im Westen die Erinnerung an die Ziele der Reformer, an deren Verankerung in der tschechoslowakischen Gesellschaft und an den mit der sogenannten "Normalisierung" nach dem August 1968 wieder stärker als zuvor unterdrückten Freiheitsdrang des tschechischen und des slowakischen Volkes wachzuhalten.

Aus Platzmangel kann die nachstehende Bibliographie nur einen Teil der schier unüberschaubaren Menge an einschlägigen Publikationen - Verfasserin und Verfasser recherchierten weit mehr als 1 500 Titel - präsentieren. Während Monographien und Sammelbände mit einem gewissen Anspruch auf Vollständigkeit zusammengetragen wurden, stellen die aufgeführten Aufsätze und in Zeitschriften publizierten Quellen (Dokumente, Selbstzeugnisse, Interviews u.ä.) eine begrenzte Auswahl dar. An unselbständigen Veröffentlichungen fanden vorrangig - vor allem wissenschaftliche - Abhandlungen Berücksichtigung, welche aufgrund von Umfang, Person des Autors oder spezieller Thematik unseres Erachtens eine Aufnahme rechtfertigten; Zeitungsartikel mußten gänzlich unberücksichtigt bleiben. Die Beschränkung auf im Westen - "Westen" verstanden im Sinne der mittlerweile überwundenen Zweiteilung der Nachkriegswelt - erschienene Literatur ergibt sich vor allem aus der Tatsache, daß bis 1989 in der "normalisierten" Tschechoslowakei wie in ihren "Bruderstaaten" eine ideologisch stark verzerrte Darstellung der Geschehnisse von 1968 mit folglich nur begrenztem Erkenntniswert angesagt war, wie die vereinzelten auch in westlichen Verlagen erschienenen (und von daher hier zum Teil dokumentierten) Produkte "realsozialistischer" Provenienz belegen mögen. Wohl setzte mit der Pluralisierung der Wissenschaftslandschaften jenseits des einstigen "Eisernen Vorhangs" seit den revolutionären Umbrüchen 1989/90 eine Revision der Sichtweisen ein; doch allein schon aufgrund der Kürze der Zeit kann dieser Prozeß zum jetzigen Zeitpunkt noch nicht als abgeschlossen gelten, weshalb wir bewußt auf eine Aufnahme auch der jüngsten ostmitteleuropäischen Veröffentlichungen zum Thema verzichteten. Von der im Jubiläumsjahr 1993 zu erwartenden Publikationsflut wiederum konnte aus redaktionstechnischen Gründen lediglich der erste kleinere "Schwapp" erfaßt werden.

Um dem interessierten Publikum die Durchsicht und Benutzung der aufgeführten Titel zu erleichtern, wurden sie nach Sachgebieten geordnet; wo eine eindeutige Zuordnung nicht möglich war, haben wir uns notgedrungen für eine Rubrik entscheiden müssen.

A. Bibliographien

Cassuti, A.: Dalla "Primavera di Praga" alla "normalizzazione", in: Il mondo slavo 5 (1973), S. 151ff.
Hahn, Gerhard: Experimente sozialistischer Marktwirtschaft. Jugoslawisches, tschechisches und ungarisches Modell. Auswahlbibliographie mit Annotationen. Bonn 1973.
Hejzlar, Zdeněk: "Prague Spring" and "normalization". A selected bibliography of Czechoslovak books 1968-1973, in: Soviet and East European Abstracts Series (1974) 4, S. Iff.
Parrish, Michael: The 1968 Czechoslovak Crisis. A Bibliography, 1968-1970. O.O.u.J. (Bloomington/Ind. 1971).

B. Quellen
I. Dokumente und Quelleneditionen

Zur Besetzung der ČSSR. Die Stellungnahmen der südosteuropäischen Parteiführungen, in: Wissenschaftlicher Dienst Südosteuropa 17 (1968) 8-9, S. 129ff.
Breuer, Georg u.a.: Erklärung österreichischer Kommunisten zur Okkupation der ČSSR, in: Deutschland Archiv 1 (1968), S. 698ff.
Broué, Pierre (Hg.): Écrits à Prague sous la censure: août 1968 - juin 1969. Extraits de "Reportér" et "Politika". Paris 1973.
Castro, Fidel: Dichiarazione di Fidel Castro sulla Cecoslovacchia. La UJC appoggia la dichiarazione di Fidel. Milano 1968.
Čech, Jan: Praga 1968. Le idee del "nuovo corso". Antologia di "Literární listy" marzo - agosto 1968. Bari 1968.
Chornovil, Vyacheslav: The Chornovil Papers. New York 1968.
Comité du 5 janvier pour une Tchécoslovaquie libre et socialiste: Dubček accuse... Paris 1975.
Le complot trotzkyste en Tchécoslovaquie. Les textes de l'opposition révolutionnaire. Paris 1970.
Crusius, Reinhard u.a. (Hg.): ČSSR. Fünf Jahre "Normalisierung". 21.8.1968/21.8.1973. Dokumentation. Hamburg 1973.
Csizmás, Michael (Bearb.): Prag 1968. Bd. 2: Dokumente. Bern 1968.
Cuba, URSS, Cina, Jugoslavia sull'invasione della Cecoslovacchia. Roma 1968.
Di Giuliomaria, S. (Hg.): Cecoslovacchia. La sinistra nel nuovo corso. Roma 1969.

Dokumente zur "Normalisierung" in der Tschechoslowakei, in: Osteuropäische Rundschau 15 (1969) 8, S. 1ff.
Domes, Alfred (Hg.): Prag, 21. August 1968. Eine Sammlung von Dokumenten zur Besetzung der Tschechoslowakei und ihren Folgen. Bonn, Brüssel, New York 1969².
Dossier cecoslovacco. Milano 1968.
Dubček, Alexander: Idee e fatti nuovi nel PC cecoslovacco, in: Nuova rivista internazionale 3 (1968), S. 909ff.
ders.: Gli impellenti problemi dell'attività del PC cecoslovacco, in: Nuova rivista internazionale 3 (1968), S. 991ff.
ders.: Il nuovo corso in Cecoslovacchia. Roma 1968.
ders.: Schwanengesang im ZK. Letzte Rede nach Abhalfterung, 26. September 1969, in: Neues Forum 16 (1969), S. 656f.
Grünwald, Leopold (Hg.): ČSSR im Umbruch. Berichte. Kommentare. Dokumentation. Wien, Frankfurt/M., Zürich 1969². (Erstaufl. 1968; ital. Ausg. Firenze 1969 u.d.T. La svolta di Praga).
Haefs, Hanswilhelm (Hg.): Die Ereignisse in der Tschechoslowakei vom 27.6.1967 bis 18.10.1968. Ein dokumentarischer Bericht. Bonn, Wien, Zürich 1969.
Havel, Václav: Am Anfang war das Wort. Texte von 1969 bis 1990. Reinbek 1990.
ders.: Open Letters. Selected Writings 1965-1990. Hg. von Paul Wilson. New York 1992.
Horlacher, Wolfgang: Zwischen Prag und Moskau. Augenzeugenbericht. Analyse. Dokumente. Stuttgart 1968.
Husák, Gustáv: Gustáv Husák, President of Czechoslovakia. Speeches and Writings. Oxford 1986.
ders.: Scritti e discorsi 1944-1977. Roma 1978.
L'intervento sovietico in Cecoslovacchia, in: Documentazione sui paesi dell'Est 4 (1968), S. 1267ff.
Kadleč, Vladimír: Dubček - 1968 (vyber dokumentu). Köln 1985.
Kamberger, Klaus (Red.): Der Fall ČSSR. Strafaktion gegen einen Bruderstaat. Eine Dokumentation. Frankfurt/M., Hamburg 1968.
Komunistická Strana Československa (Hg.in): Aktionsprogramm der Kommunistischen Partei der Tschechoslowakei, angenommen auf der Plenartagung des Zentralkomitees der KPTsch am 5. April 1968. Wien 1968. (engl. Ausg. Nottingham 1970).
dies. (Hg.in): Dubček's Blueprint for Freedom. IIis Original Documents leading to the Invasion of Czechoslovakia. Profile by Hugh Lunghi, Commentary by Paul Ello. London 1968.
Kriegel, František: Perché ho votato contro, in: Documentazione sui paesi dell'Est 5 (1969), S. 930ff.
Littell, Robert (Hg.): The Czech Black Book. New York 1969. (dt. Ausg. Bonn, Brüssel 1969).
Marx, Werner/Wagenlehner, Günther (Hg.): Das tschechische Schwarzbuch. Die Tage vom 20. bis 27.8.1968 in Dokumenten und Zeugenaussagen. Stuttgart 1969.
Notizen zu einer Unterredung zwischen Waldeck Rochet und Alexander Dubček am 19. Juli 1968 in Prag. München 1970.
Nováková, M. (Hg.in): 21 Agosto 1969. Praga non tace. Antologia della protesta cecoslovacca. Poesie, canzoni, cabaret. Parma 1969.

Pacini, Gianlorenzo: Cecoslovacchia: Cinque anni dopo. Dalla normalizzazione di Husák alla resistenza clandestina. Articoli, documenti, testimonianze. Roma 1973.

ders. (Hg.): La svolta di Praga e la Cecoslovacchia invasa. Raccolta di documenti. Roma 1968.

Parti Communiste Français: Kremlin, PCF. Conversations secrètes. Paris 1984.

Pelikán, Jiří (Hg.): The Czechoslovak Political Trials 1950-1954. The Suppressed Report of the Dubček Government's Commission of Inquiry, 1968. Stanford/Cal. 1971.

ders. (Hg.): Panzer überrollen den Parteitag. Protokoll und Dokumentation des 14. Parteitages der KPTsch am 22. August 1968. Wien, Frankfurt/M., Zürich 1969. (frz. Ausg. Paris 1970; Ausg. in tsch. Spr. Wien 1970; engl. Ausg. London 1971).

ders. (Hg.): Pervertierte Justiz. Bericht der Kommission des ZK und der KPTsch über die politischen Morde und Verbrechen in der Tschechoslowakei 1949-1963. Wien, München, Zürich 1972.

ders. (Hg.): Das unterdrückte Dossier. Bericht der Kommission des ZK der KPTsch über politische Prozesse und 'Rehabilitierungen' in der Tschechoslowakei 1949-1968. Wien, Frankfurt/M., Zürich 1970. (Ausg. in tsch. Spr. Wien 1970).

Prag im Blickpunkt. Jugoslawische, rumänische und ungarische Stellungnahmen zu den Ereignissen in der ČSSR, in: Wissenschaftlicher Dienst Südosteuropa 17 (1968) 4, S. 53ff.

Praga. Materiale per uso interno. Milano 1968.

Prague. La révolution des Conseils ouvriers 1968-1969. Documents communiqués et présentés par Jean-Pierre Faye. Paris 1977.

Prečan, Vilém: Die sieben Jahre von Prag. 1969-1976. Briefe und Dokumente aus der Zeit der "Normalisierung". Frankfurt/M. 1978.

Il programma del PC cecoslovacco. Progetto per il XIV congresso (clandestino), in: Il Manifesto 1 (1969) 1, S. 29ff.

Reden zum IV. Kongreß des Tschechoslowakischen Schriftstellerverbandes Prag, Juni 1967. Frankfurt/M. 1968.

Remington, Robin Alison (Hg.): Winter in Prague. Documents on Czechoslovak Communism in Crisis. Cambridge/Mass., London 1969.

Responsabilità collettiva. Il discorso di Zdeněk Mlynář, in: Rinascita 25 (1968) 41, S. 20f.

Richta, Radovan (Hg.): Richta-Report. Die Auswirkungen der technisch-wissenschaftlichen Revolution auf die Produktionsverhältnisse. Frankfurt/M. 1971.

ders.: Rivoluzione scientifica e socialismo. Roma 1968.

ders. (Hg.): Zivilisation am Scheideweg. Soziale und menschliche Zusammenhänge der wissenschaftlich-technischen Revolution. Richta-Report. Freiburg/Br. 1968. (ital. Ausg. Roma 1972[4] (Erstaufl. 1968); frz. Ausg. Paris 1974).

Riunione straordinaria del Governo della Reppublica Socialista Cecoslovacca. Oggi inizia il XIV Congresso del Partito, in: L'Est 4 (1968) 2-3, S. 222ff.

Röll, Fritz/Rosenberger, Gerhard: ČSSR (1962-1968). Dokumentation und Kritik. München 1968.

Rundfunkkommentare, Berichte, Interviews, Dokumentationen über die sowjetische Intervention in der Tschechoslowakei, gesendet im DLF-Programm vom 21.-27. August 1968. Köln 1968.

Il secondo manifesto delle duemila parole, in: Documenti sul comunismo 10 (1970) 152, S. 10f.
"Il segnalatore del Centro studi documenti e rassegne", in: Beiheft zu Mondo operaio 21 (1968) 8-9, S. Iff.
Šik, Ota: Brief an Husák, in: Neues Forum 17 (1970), S. 279f.
Skvorecky, Josef (Hg.): Nachrichten aus der ČSSR. Dokumentation der Wochenzeitung "Literární listy" des Tschechoslowakischen Schriftstellerverbandes Prag, Februar - August 1968. Frankfurt/M. 1968.
Šmrkoský, Josef: Aria nuova a Praga? In: Documentazione sui paesi dell'Est 4 (1968), S. 180ff.
ders.: Schwanengesang im ZK. ČSSR, in: Neues Forum 17 (1970), S. 141f.
Studer, Hans K. (Hg.): Tschechoslowakei August 68. Die Tragödie eines tapferen Volkes. Ein Sammelband mit Beiträgen führender Persönlichkeiten aus Politik, Literatur und Journalismus und den wichtigsten Dokumenten des Prager Frühlings. Kilchberg, Zürich 1968.
Tschechoslowakei 1968-1978. Dokumente zum 10. Jahrestag der Okkupation durch Truppen von fünf Warschauer-Pakt-Staaten. Wien 1978.
Le ventimila parole di Dubček per un'autentica democrazia socialista (30 ottobre 1967 - 4 agosto 1968). Milano 1969.
La via cecoslovacca al socialismo. Il programma d'azione e il progetto di Statuto del Partito comunista cecoslovacco. Roma 1968.

II. Zeitzeugenberichte, Selbstzeugnisse und Interviews

Alexander Dubček Speaks. Alexander Dubček with Andraš Sugar. London 1990.
Antonetti, L.: Socialismo e democrazia in Cecoslovacchia nel 1968. Intervista con Eduard Goldstücker, in: Prospettive 4 (1978) 70/2-3, S. 17ff.
August, František/Rees, David: Red Star over Prague. London 1984.
"Bekenntnisse" eines Teilnehmers am Kongreß von Vysocany, in: Osteuropa 20 (1970), S. A 534ff.
Burger, Hanuš: Der Frühling war es wert. Erinnerungen. Frankfurt/M., Berlin, Wien 1981.
Dubček, Alexander: Klug und bedächtig fortfahren (Interview), in: Ost-Probleme 20 (1968), S. 228.
ders.: Leben für die Freiheit. Die Autobiographie. München 1993.
ders.: Du printemps à l'hîver de Prague. Paris 1969.
ders./Hochman, Jiří: Hope Dies Last. Dubček by Dubček. The Autobiography. New York 1993.
ders./Sugar, Andraš: The Soviet Invasion. New York 1991.
Goldstücker, Eduard: Prague 1968. London 1979.
Gueyt, Rémi: La mutation tchéchoslovaque. Analysée par un témoin (1968-1969). Paris 1969.
Hájek, Jiří: Begegnungen und Zusammenstöße. Erinnerungen des ehemaligen tschechoslowakischen Außenministers. Vollst. überarb. Neuausg. Freiburg/Br., Basel, Wien 1987 (Ausg. in tsch. Spr. Köln 1983).
ders.: Demokratisierung oder Demontage. Ein Prager Handbuch. München 1969.

ders.: Dix ans après. Prague 1968-1978. Paris 1978.
ders.: Praga 1968. Roma 1978.
Hauner, Milan: Osm mesicu jednoho jara. Zürich 1978.
Kohout, Pavel: Aus dem Tagebuch eines Konterrevolutionärs. München 1990. (Erstaufl. 1970; Erstausg. Luzern, Frankfurt/M. 1969).
Liehm, Antonin Jaroslav: Gespräch an der Moldau. Das Ringen um die Freiheit der Tschechoslowakei. Wien, München, Zürich 1968.
ders.: Gespräche an der Moldau. Über humanen Sozialismus. München 1970.
ders.: The Politics of Culture. London 1970.
ders. (Hg.): Socialisme à visage humain. Les intellectuels de Prague au centre de la mêlée. Paris 1977.
Mlynář, Zdeněk: Nachtfrost. Das Ende des Prager Frühlings. Frankfurt/M. 1988. (Erstaufl. Köln, Frankfurt/M. 1978 u.d.T. Nachtfrost. Erfahrungen auf dem Weg vom realen zum menschlichen Sozialismus).
Mňačko, Ladislav: Die siebente Nacht. Erkenntnis und Anklage eines Kommunisten. Wien, München 1968. (am. Ausg. New York 1969).
Müller, Adolf/Hejzlar, Zdeněk: Pohled na rok 1968 - po dvaceti letech - na otázky Adolfa Muellera odpovídá Zdeněk Hejzlar. Köln 1988.
ders./Šik, Ota: Rozhovor Adolfa Muellera s profesorem Otou Šikem nazvany: "Plan a trh". Köln 1986.
Pachman, Luděk: Jetzt kann ich sprechen. Ein aufsehenerregender Tatsachenbericht. Der Prager Journalist und Schachgroßmeister beschreibt sein Leben von Beneš über die Dubček-Ära bis heute. Düsseldorf 1973.
Pelikán, Jiří: Ein Frühling, der nie zu Ende geht. Erinnerungen eines Prager Kommunisten. Frankfurt/M. 1976.
Procházka, Jan: Solange uns Zeit bleibt. München 1973. (Erstaufl. Recklinghausen 1971).
Šik, Ota: Bürokratisierung oder Humanisierung? Ein Gespräch. Achberg 1973.
ders.: Prager Frühlingserwachen. Erinnerungen. Herford 1988.
Šikl, Václav: Na Jaru nezbyl cas. Toronto 1979.
Skribanowitz, Gert: "Feindlich eingestellt". Vom Prager Frühling ins deutsche Zuchthaus. Sindelfingen 1991.
Das Šmrkoský-Interview der italienischen Kommunisten, in: Osteuropa 22 (1972), S. A 82ff.
Sviták, Ivan: The Czechoslovak Experiment, 1968-1969. New York 1971.
ders.: Verbotene Horizonte. Prag zwischen zwei Wintern. Freiburg/Br. 1969.

III. Bilddokumente

Czech Freedom Exhibition. A Pictorial Record of the Soviet Invasion in Czechoslovakia. London 1968.
Goess, Franz/Beer, Manfred R.: Prager Anschläge. Bilddokumente des gewaltlosen Widerstandes. Frankfurt/M., Berlin 1968.
Koudelka, Joseph II.: Prague, 1968. Paris 1990.
Siamo tutti contro Praga. Milano 1968.

C. Monographien, Sammelbände, Aufsätze und Biographien
I. Überblicksdarstellungen zur tschechoslowakischen Geschichte

Beer, Fritz: Die Zukunft funktioniert noch nicht. Ein Porträt der Tschechoslowakei 1948-1968. Frankfurt/M. 1969.
Blažek, Miroslav u.a.: ČSSR. Land, Volk, Wirtschaft in Stichworten. Wien 1971.
Bradley, John Francis Nejez: Czechoslovakia. A Short History. Edinburgh 1971.
ders.: Politics in Czechoslovakia, 1945-1990. New York 1991. (Erstaufl. New York 1981 u.d.T. Politics in Czechoslovakia, 1945-1971).
Deppe, Rainer/Heinrich, Brigitte/Bärmann, Michael: Die Tschechoslowakei von 1945-1968. Zwischen Kapitalismus und Revolution. Frankfurt/M. 1968.
Hoensch, Jörg K.: Geschichte der Tschechoslowakei 1918-1991. 3. verb. u. erw. Aufl. Stuttgart, Berlin, Köln, Mainz 1992. (Erstaufl. 1966 u.d.T. Geschichte der Tschechoslowakischen Republik 1918-1965).
Korbel, Josef: Twentieth Century Czechoslovakia. The Meanings of Its History. New York 1977.
Künstlinger, Rudolf: Parteidiktatur oder Demokratischer Sozialismus. Der tschechoslowakische Weg nach 1945. Starnberg 1972.
Lobkowicz, Nikolaus/Prinz, Friedrich (Hg.): Tschechoslowakei 1945-1970. München, Wien 1978.
Rechcigl, Miroslav (Hg.): Czechoslovakia. Past and Present. 2 Bde. Den Haag, Paris 1969.
Skilling, Harold Gordon: Czechoslovakia 1918-88. Seventy Years from Independence. Hampshire 1991.
Stone, Norman (Hg.): Czechoslovakia. Crossroads and Crises, 1918-1988. Basingstoke, New York 1989.
Storia della Cecoslovacchia socialista da Grünwald a Husák. Roma 1977.
Ströbinger, Rudolf: Schicksalsjahre an der Moldau. Die Tschechoslowakei - Siebzig Jahre einer Republik. Gernsbach 1988.
Szulc, Tadeus: Czechoslovakia Since World War II. New York 1970.
Wallace, William V.: Czechoslovakia. London 1977.

II. Vom "Prager Frühling" zum "Prager Herbst"
1. Allgemeines

Ames, Kenneth: Reform and Reaction, in: Problems of Communism 17 (1968) 6, S. 38ff.
Barnard, Frederick M.: Between Opposition and Political Opposition. The Search for Competitive Politics in Czechoslovakia, in: Canadian Journal for Political Science 5 (1972), S. 533ff.
ders.: Socialism with a Human Face. Slogan and Substance. Saskatoon 1973.
Basso, Lelio: Cecoslovacchia. Una sconfitta del movimento operaio, in: Problemi del socialismo 10 (1968), S. 763ff.
Bergmann, Philip: Self-determination. The Case of Czechoslovakia. Lugano, Bellinzona 1972.

Bodensieck, Heinrich: Urteilsbildung zum Zeitgeschehen. Der Fall ČSSR 1968/69. Stuttgart 1970.

Bodner, Anne: Die Ära Dubček. Untersuchungen zum Prager Reformkommunismus 1968/69. Phil. Diss. Erlangen - Nürnberg 1971.

Bongiorno, Arrigo: L'utopia brucciata: Praga 1968. Milano 1968.

Bridge, S.: Why Czechoslovakia? And why 1968? In: Studies in Comparative Communism 8 (1975) 4, S. 413ff.

Bromke, Adam: Czechoslovakia 1968 - Poland 1978. A Dilemma for Moscow, in: International Journal 33 (1978), S. 740ff.

Broué, Pierre: Le printemps des peuples commençe à Prague. Essai sur la révolution politique en Europe de l'Est. Paris 1969.

Brown, Archie H.: Political Change in Czechoslovakia, in: Government and Opposition 4 (1969), S. 169ff.

ders./Wightman, Gordon: Czechoslovakia: Revival and Retreat, in: Brown, Archie H./Gray, Jack (Hg.): Political Culture and Political Change in Communist States. New York, London, Basingstoke 19792, S. 159ff.

Buchan, Alastair: Czechoslovakia 1968, in: Canadian Slavonic Papers 11 (1969) 1, S. 3ff.

Burgueno, Gregorio: La efimera primavera de Praga, in: Revista de Política Internacional (1968) 99, S. 73ff.

Cassuti, A.: Praga 1968: Rivoluzione o conterrivoluzione? La Primavera di Praga. Teoria e prassi politica. Milano 1973.

Chvatik, Kvetoslav: Das geistige Erbe des Prager Frühlings, in: Universitas 44 (1989), S. 362ff.

Colloque international "Expériences du printemps de Prague et possibilités d'un socialisme démocratique". Budapest, Prague, Varsovie: Le printemps de Prague, 15 ans après. Paris 1981.

ČSSR - Geist und Gewalt. Die intellektuelle Revolution, die sowjetische Intervention und die Okkupation der Tschechoslowakei. Rapperswil 1969.

Czechoslovakia and the Fall of Novotny. Greenwich/Conn. 1968.

Dahm, Helmut: Demokratischer Sozialismus. Das tschechoslowakische Modell. Opladen 1971.

ders.: Meuterei auf den Knien. Olten, Freiburg/Br. 1969.

Daix, Pierre: Journal de Prague (Décembre 1967 - Septembre 1968). Paris 1968.

Eichler, Willi: Um einen humanistischen Kommunismus. Zum Freiheitskampf in der ČSSR, in: Geist und Tat 23 (1968) 3, S. 129ff.

Epstein, Julius: Die Tschechoslowakei 1945 und 1968 - historische Parallelen, in: Schweizer Monatshefte für Politik, Wissenschaft, Kultur 48 (1968) 9, S. 869ff.

Falter, Konrad: ČSSR: Sozialismus und Freiheit - aber wie? In: Politische Studien 19 (1968), S. 401ff.

Fenner, Christian: Liberalismus und Demokratisierung des Sozialismus in der ČSSR, in: Aus Politik und Zeitgeschichte 20 (1970) 45, S. 3ff.

Fetscher, Iring: Ohne Diktatur des Proletariats, in: L 76 1 (1976) 1, S. 114ff.

Fojtik, Jan/Hartmann, Bernd/Schmid, Fred: Die ČSSR 1968. Lehren der Krise. Frankfurt/M. 1978.

Fox, John P.: Czechoslovakia 1968 and 1938, in: Contemporary Review (1969) 214/1238, S. 122ff.
Fuchs, Vilém: Die europäischen Aspekte der tschechoslowakischen Entwicklung, in: Liberal 10 (1968) 5, S. 348ff.
ders.: Nach zehn Jahren - Rückblick auf den Prager Frühling, in: Aus Politik und Zeitgeschichte 28 (1978) 31, S. 3ff.
Garaudy, Roger: Le grand tournant du socialisme. Paris 1969. (dt. Ausg. Wien, München, Zürich 1970).
ders.: La liberté en sursis. Prague 1968. Paris 1968.
ders.: The Whole Truth. London 1971.
Gassman, Michael (Hg.): Czechoslovakia - Death of a Dream. London 1968.
Golan, Galia: The Czechoslovak Reform Movement. Communism in Crisis 1962-1968. Cambridge/Mass. 1971.
dies.: Reform Rule in Czechoslovakia. The Dubček Era 1968-1969. Cambridge/Mass. 1973.
dies.: The Road to Reform. Prague's Spring: Roots and Reasons, in: Problems of Communism 20 (1971) 3, S. 11ff.
Goldstücker, Eduard: Libertà e socialismo. Roma 1968.
ders. u.a.: Frühling in Prag. Pressespiegel, in: Neues Forum 15 (1968), S. 185ff.
Gorz, André: D'un printemps à l'autre, in: Temps modernes 24 (1969) 274, S. 1841ff.
Grünwald, Leopold/Löbl, Eugen: Die intellektuelle Revolution. Hintergründe und Auswirkungen des "Prager Frühlings". Düsseldorf 1969.
Grusa, Jiří/Kosta, Tomas (Hg.): Prager Frühling - Prager Herbst. Blicke zurück und nach vorn. Köln 1988.
Hartmann, Bernd: Die Ereignisse in der ČSSR aus marxistischer Sicht, in: Blätter für deutsche und internationale Politik 13 (1968), S. 915ff.
Hegge, Per Egil: Demokrati og kommunisme i Tsjekkoslovakia, in: Samtiden 77 (1968), S. 269ff.
Hejzlar, Zdeněk (Hg.): "Pražské jaro" 1968 a jeho odkaz. Vyber statí a komentaru z let 1970-1987. Köln 1988.
ders./Kusín, Vladimir Victor: Czechoslovakia 1968-1969. Chronology, Bibliography, Annotation. New York, London 1975.
Holesovsky, Václav: Planning Reforms in Czechoslovakia, in: Soviet Studies 19 (1968), S. 544ff.
Horský, Vladimir: Prag 1968. Systemveränderung und Systemverteidigung. Stuttgart, München 1975.
Hribek, Bruno/Mejsnar, Josef/Chuchmák, Miroslav: Tschechoslowakei 1968: Prager Frühling? Standpunkte - Streitfragen. Düsseldorf 1988.
Hrzal, Ladislav: Die Auseinandersetzung mit dem Revisionismus und dem Antikommunismus während der krisenhaften Entwicklung in der ČSSR 1968/69. Frankfurt/M. 1973.
James, Robert Rhodes (Hg.): The Czechoslovak Crisis 1968. London 1969.
Jermakowicz, Wladyslaw: Reform Cycles in Eastern Europe 1944-1987. A Comparative Analysis from a Sample of Czechoslovakia, Poland and the Soviet Union. Berlin 1988.
Josten, Josef: 21.8.1968 anno humanitatis. Köln 1968.
Klaiber, Wolfgang: The Crisis in Czechoslovakia in 1968. Arlington 1969.

Klein, G.: The Role of Ethnic Politics in the Czechoslovak Crisis of 1968 and the Yugoslav Crisis of 1971, in: Studies in Comparative Communism 8 (1975) 4, S. 339ff.
Klein, Ota: Algunos datos téoricos de la renovación chechoslovaca, in: Revista de trabajo (1968) 23, S. 155ff.
Korab, Alexander: Wandlungen des roten Totalitarismus. Machtwechsel in Prag, in: Schweizer Monatshefte für Politik, Wirtschaft, Kultur 47 (1967) 11, S. 1057ff.
Korbonski, Andrzej: Comparing Liberalization Processes in Eastern Europe. A Preliminary Analysis, in: Comparative Politics 4 (1972), S. 231ff.
Kosta, Jiří: Attualità politica della "primavera" di Praga, in: Mondo operaio 31 (1978) 7-8, S. 60ff.
Kugler, Walter: Was war der Prager Frühling? Hintergründe, Ziele und Auswirkungen der tschechoslowakischen Reformbewegung von 1968. Achberg 1976.
Kurland, Gerald: The Czechoslovakian Crisis of 1968. Charlotteville o.J.
Kusák, Alexej/Künzel, Franz Peter: Der Sozialismus mit menschlichem Gesicht. Experiment und Beispiel der sozialistischen Reformation in der Tschechoslowakei. München 1969.
Kusín, Vladimir Victor (Hg.): The Czechoslovak Reform Movement 1968. Proceedings of the Seminar Held at the University of Reading 12-17 July 1971. London, Santa Barbara 1973.
ders.: The Intellectual Origins of the Prague Spring. The Development of Reformist Ideas in Czechoslovakia 1956-1967. Cambridge/Mass., London 1971.
ders.: Political Grouping in the Czechoslovak Reform Movement. London, Basingstoke 1973.
Lades, Hans: Prag und das Problem des Wandels kommunistischer Regimes, in: Deutsche Studien 7 (1969) 26, S. 113ff.
Lamberg, Robert F.: Reformation im Kommunismus. Stuttgart 1968.
Landowski, Rudolf: Prager Frühling und Reformpolitik heute, in: Osteuropa-Wirtschaft 33 (1988), S. 346ff.
Le Berre, Jean-Michel: Les idées du printemps de Prague. Aix-en-Provence 1975.
Leoncini, F.: Ricordando la Primavera di Praga: Le radici storiche del dissenso cecoslovacco, in: Rivista di studi politici internazionali 45 (1978) 3, S. 411ff.
Liehm, Antonin Jaroslav: Le passé présent. Paris 1974.
Lindqvist, Herman: Tjeckoslovakien 1968. Stockholm 1969.
Longo, Luigi: Sui fatti della Cecoslovacchia. Roma 1968.
Ludz, Peter Christian: Der "Neue Sozialismus". Philosophischer Revisionismus und politische Krise in der ČSSR, in: Die Neue Gesellschaft 17 (1970), S. 52ff.
Marcelle, Jacques/Feron, Bernard: Le deuxième coup de Prague. Le renouveau socialiste tchécoslovaque à l'épreuve de la liberté. Bruxelles 1968.
Marcy, Sam: Czechoslovakia 1968. The Class Character of the Events. New York o.J.
Masia, Giuseppe: Per la libertà della Cecoslovacchia. Cagliari 1968.
Mastny, Vojtěch: Czechoslovakia. Crisis in World Communism. Ann Arbor/Mich. o.J. (Repr. of 1972).
Maxa, Josef: Die kontrollierte Revolution. Anatomie des Prager Frühlings. Wien, Hamburg 1969.
ders.: A Year is Eight Months. New York 1970.

Mlynář, Zdeněk: Českolovensky pokus o reformu 1968. Analýza jeho teorie a praxe. Köln 1975.
ders.: Cleaning the State in Czechoslovakia, in: East Europe 17 (1968) 4, S. 33ff.
ders.: Mraz pricházi z Kremlu. Köln 19884 (Erstaufl. 1978).
ders.: Praga questione aperta. Il `68 cecoslovacco fra giudizio storico e prospettive future. Bari 1976.
ders. (Hg.): Der "Prager Frühling". Ein wissenschaftliches Symposion. Köln 1983.
ders.: Problémy politického systému. Texty o roce 1968, normalizaci a soucasné reforme v ČSSR. Köln 1987.
Möller, Dietrich: Das Scheitern des demokratischen Sozialismus in Prag, in: Außenpolitik 19 (1968), S. 669ff.
Olivová, Vera: The Doomed Democracy. Montreal 1972.
Osley, Anthony: Free Communism. A Czech Experiment. London 1969.
Ostry, Antonin: Czekoslovensky problém. Köln 1972.
Pachman, Luděk: Was in Prag wirklich geschah. Illusionen und Tatsachen aus der Ära Dubček. Freiburg/Br. 1978.
ders.: Resa al comunismo? La libertà è più forte. Roma 1976.
Pacini, Gianlorenzo: La svolta di Praga e la Cecoslovacchia invasa. Roma 1969.
Page, Benjamin B.: The Czechoslovak Reform Movement, 1963-1968. A Study in the Theory of Socialism. Amsterdam 1973.
Paul, David W.: The Repluralization of Czechoslovak Politics in the 1960s, in: Slavic Review 33 (1974) 4, S. 721ff.
ders./Simon, Maurice D.: Poland Today and Czechoslovakia 1968, in: Problems of Communism 30 (1981) 5, S. 25ff.
Pehe, Jiří (Hg.): The Prague Spring. A Mixed Legacy. New York 1988.
Pelikán, Jiří: Pour dissifier quelques malentendus sur le "printemps de Prague", in: L'homme et la société (1971) 22, S. 245ff.
Pithart, Petr: Osmašedesátý. London, Purley 1987.
Pitter, Premysl: Geistige Revolution im Herzen Europas. Quellen der tschechischen Erneuerung. Zürich, Stuttgart 1968.
Praga ora zero. Roma 1968.
Prager, Theodor: Why Socialism Requires Democracy - Czechoslovakia: An Object Lesson, in: Co-Existence 6 (1969), S. 59 ff.
Pravda, Alex. Reform and Change in the Czechoslovak Political System, January-August 1968. Beverly Hills, London 1975.
ders.: Tsjechoslowakije: De erfenis van 1968, in: Internationale Spectator 30 (1976) 10, S. 586ff.
Procházka, Jan: Politica per tutti. Milano 1969.
Pustejovsky, Otfried: In Prag kein Fenstersturz. Die ČSSR auf dem Wege zum demokratischen Sozialismus. Stuttgart 1968.
Reform, ockupation. Tjeckoslovakien 1968. Stockholm 1968.
Sager, Peter/Bruegger, Christian (Hg.): Prag 1968. Bd. 1: Analyse, Tatsachen, Meinungen. Bern 1968.
Salomon, Michel: Prague. La révolution entranglée, janvier - août 1968. Paris 1968. (am. Ausg. New York 1970 u.d.T. Prague Notebook. The Strangled Revolution).
Sbornik. Systémové zmeny. Köln 1972.

Schmidt-Häuer, Christian/Müller, Adolf: Viva Dubček. Reform und Okkupation in der ČSSR. Köln, Berlin 1968.
Schott, Harald: Worte gegen Panzer. Der Prager Frühling 1968. Hg. von Guido Knopp. Recklinghausen 1991.
Schwartz, Harry: Prague's 200 Days. The Struggle for Democracy in Czechoslovakia. New York 1969.
Schwartz, Morton: Czechoslovakia: Toward One-Party Pluralism? In: Problems of Communism 16 (1967) 1, S. 21ff.
Selucký, Radoslav: Czechoslovakia. The Plan that failed. London 1970.
Šik, Ota: ČSSR 1968 - Polen 1980. Ein naheliegender Vergleich, in: Der Monat 33 (1981) 1, S. 78ff.
Skála, Jan: Die ČSSR. Vom Prager Frühling zur Charta 77. Mit einem dokumentarischen Anhang. Berlin 1978.
Skibowski, Klaus Otto: Schicksalstage einer Nation. Die ČSSR auf dem Weg zum progressiven Sozialismus. Düsseldorf, Wien 1968.
Skilling, Harold Gordon: Czechoslovakia, in: Bromke, Adam/Rakowska-Harmstone, Teresa (Hg.): The Communist States in Disarray 1965-1971. Minneapolis 1972, S. 43ff.
ders.: Czechoslovakia's Interrupted Revolution. Princeton/N.Y. 1976.
ders.: The Fall of Novotny in Czechoslovakia, in: Cohen, Lenard J./Shapiro, Jane P. (Hg.): Communist Systems in Comparative Perspective. New York 1974, S. 129ff.
Sladeček, Josef: Osmašedesátý. Köln 1980.
Smrcina, Jiří: Tschechoslowakische Reformversuche - in Worten und Taten, in: Wissenschaftlicher Dienst für Ostmitteleuropa 19 (1969) 9, S. 570ff.
Spieker, Manfred: Pluralismus in Polen 1980/81 und in der Tschechoslowakei 1968. Zur Problematik autonomer Gruppen in sozialistischen Herrschaftssystemen, in: Osteuropa 33 (1983), S. 399ff.
Stehle, Hans-Jakob: Das tschechoslowakische Exempel, in: Nachbarn im Osten. Herausforderung zu einer neuen Politik. Frankfurt/M. 1971, S. 76ff.
Steiner, Eugen: The Czechoslovak Dilemma. Cambridge/Mass. 1973.
Stepanek-Stemmer, Michael: Der wahre Dubček. Woran der Prager Frühling scheiterte. Köln 1978.
Stökl, Günther: Prag und die Folgen, in: Zeitwende 39 (1968) 10, S. 655ff.
Strmiska, Zdeněk: La différenciation des cultures politiques et sociales dans le mouvement du printemps de Prague, in: Revue d'études comparatives Est - Ouest 19 (1988) 3, S. 65ff.
Suda, Zdeněk L.: Czechoslovakia. An Aborted Reform, in: Drachkovitch, Milorad M. (Hg.): East Central Europe. Yesterday - Today - Tomorrow. Stanford/Cal. 1982, S. 243ff.
Sveč, Milan: The Prague Spring. 20 Years Later, in: Foreign Affairs 66 (1988) 5, S. 981ff.
Sviták, Ivan: Czechoslovakia. Revolution and Counter Revolution. Chicago 1968.
Synek, Miroslav/Prečan, Vilém: Naděje a zklamání. Pražské jaro 1968. Scheinfeld-Schwarzenberg 1988.
Tatu, Michel: L'hérésie impossible. Chronique du drame tchécoslovaque. Paris 1968.
Tiedtke, Jutta: "Prager Frühling" und demokratischer Sozialismus, in: Die Neue Gesellschaft 35 (1988), S. 712ff.

Tigrid, Pavel: Kvadratura Kruhu. Paris 1970.

ders.: Le printemps de Prague. Paris 1968. (engl. Ausg. London 1971 u.d.T. Why Dubček fell).

Tsjekkoslovakia haertatt! Oslo 1968.

Ulc, Otto: Politics in Czechoslovakia. San Francisco 1974.

Viney, Deryck E.: Der Demokratisierungsprozeß in der Tschechoslowakei, in: Europa Archiv 23 (1968), S. 423ff.

Wheeler, George W.: The Human Face of Socialism. The Political Economy of Change in Czechoslovakia. Westport, New York 1973.

ders.: Socialism in Czechoslovakia. A New Stage, in: New World Review 36 (1968) Sommer, S. 17ff.

Windsor, Philip/Roberts, Adam: Czechoslovakia 1968. Reform, Repression and Resistance. London, New York 1969.

Wolfe-Jančar, Barbara: Czechoslovakia and the Absolute Monopoly of Power. A Study of Political Power in a Communist System. New York 1971.

Wright, Mark: Ideology and Power in the Czechoslovak Political System, in: Lewis, Paul G. (Hg.): Eastern Europe. Political Crisis and Legitimation. London, Sydney 1984, S. 111ff.

Zeman, Zbynek Anthony Bohuslav: Prague Spring. A Report on Czechoslovakia 1968. Harmondsworth 1968.

2. Politische Eliten, Parteien und Gewerkschaften

Beer, Fritz: Neue Männer im Hradschin. Zehn Wochen, die die Tschechoslowakei erschütterten, in: Der Monat 20 (1968) 236, S. 9ff.

Conseils ouvrièrs en Tchécoslovaquie. Paris 1970.

Fisera, Vladimir (Hg.): Workers' Councils in Czechoslovakia, 1968-1969. London 1978.

Fojtik, Jan: Die Tschechoslowakei im Jahr 1968. Zur Situation der kommunistischen Partei der Tschechoslowakei, in: Marxistische Blätter 7 (1969) 2, S. 34ff.

Grünwald, Leopold: Vom XIV. zum "XIV." Parteitag der KPČ, in: Osteuropa 21 (1971), S. 867ff.

Hanzelka, Jiří: Vor dem XIV. Kongreß der KPTsch. "Stunde der Wahrheit", in: Wissenschaftlicher Dienst für Ostmitteleuropa 18 (1968) 7, S. 390ff.

Havel, Václav: Why Czechoslovakia Needs a Second Party, in: East Europe 17 (1968) 6, S. 23ff.

Hejzlar, Zdeněk: Reformkommunismus. Zur Geschichte der kommunistischen Partei der Tschechoslowakei. Köln, Frankfurt/M. 1976.

Kaplan, Karel: The Communist Party in Power. A Profile of Party Politics in Czechoslovakia. London 1987.

Lazitch, Branko: Le nouveau programme d'action du Parti communiste tchécoslovaque, in: Est & Ouest 20 (1968) 404, S. 4ff.

Liehm, Antonin Jaroslav: Gegen das Machtmonopol der Partei, in: Ost-Probleme 20 (1968), S. 458f.

Möller, Dietrich: Prag nach dem XIV. Parteitag der KPTsch, in: Außenpolitik 22 (1971), S. 483ff.

Oschlies, Wolf: Demokratisierungsprozeß und Herrschaftstechnik in Partei und Gewerkschaften der Tschechoslowakei. Trittau 1970.
Oxley, Andrew/Pravda, Alex/Ritchie, Andrew (Hg.): Czechoslovakia: The Party and the People. London, New York 1973.
Silkan, Venek: Die Wahrheit über den Vysocaner Parteitag. Reaktion der tschechoslowakischen KP auf die Intervention der Truppen des Warschauer Paktes in der Tschechoslowakei 1968, in: Probleme des Friedens und des Sozialismus 33 (1990) 6, S. 835ff.
Suda, Zdeněk L.: Zealots and Rebels. A History of the Ruling Communist Party of Czechoslovakia. Stanford/Cal. 1980.
Die tschechoslowakischen Gewerkschaften 1870-1970. Der Prager Frühling, Besetzung und "Normalisierung", Folgen. Brüssel 1970.
Wightman, Gordon: The Changing Role of Central Party Institutions in Czechoslovakia, 1962-1967, in: Soviet Studies 33 (1981), S. 401ff.
ders. u.a.: Changes in the Levels of Membership and Social Composition of the Communist Party of Czechoslovakia 1945-1973, in: Soviet Studies 27 (1975), S. 396ff.

3. Staat und Gesellschaft

Achten, Hans: De Tsjechoslowaakse staatshervorming van 1968, in: Documentation sur l'Europe centrale 19 (1981) 1, S. 15ff.
Bobek, Jaroslav: Zur gegenwärtigen Verfassungssituation in der ČSSR, in: Jahrbuch des öffentlichen Rechts der Gegenwart 18 (1969), S. 295ff.
Brügel, J.W.: Verfassungsumbau in der Tschechoslowakei. Föderalisierung und Minderheitenrechte, in: Europa Archiv 24 (1969), S. 21ff.
Dasbach, Anita: Czechoslovakia's Youth, in: Problems of Communism 18 (1969) 2, S. 24ff.
Golan, Galia: Youth and Politics in Czechoslovakia, in: Journal of Contemporary History 5 (1970) 1, S. 3ff.
Hruby, Peter: Fools and Heroes. The Changing Role of Communist Intellectuals in Czechoslovakia. Oxford 1980.
Jochimsen, Luc: Der neue Sozialismus und die Demoskopie oder: Was die Tschechoslowaken 1968 dachten und wollten. Analyse einer Auswahl von Veröffentlichungen des "Instituts zur Erforschung der Öffentlichen Meinung", Prag, in: Die Neue Gesellschaft 16 (1969), S. 220ff.
Kavan, Jan: Czechoslovakia 1968: Workers and Students, in: Critique 2 (1974), S. 61ff.
Király, Béla K./Kirschbaum, J.M.: Slovakia in the De-Stalinization and Federalization Process of Czechoslovakia, in: Canadian Slavonic Papers 10 (1968) 4, S. 533ff.
Korbonski, Andrzej: Bureaucracy and Interest Groups in Communist Societies: The Case of Czechoslovakia, in: Studies in Comparative Communism 4 (1971) 1, S. 57ff.
Krejčí, Jaroslav: Les événements imprévus de l'histoire tchécoslovaque moderne. Des sujets d'études pour la sociologie politique, in: Revue d'études comparatives Est - Ouest 8 (1977) 3, S. 25ff.
ders.: Social Change and Stratification in Post-War Czechoslovakia. London 1971.
Oschlies, Wolf: Zur Ausformung der tschechoslowakischen Sozialstruktur 1945-1973. Ein Überblick. Köln 1974.

ders.: Jugend in der Tschechoslowakei. Kurzer Frühling, lange Winter. Köln, Wien 1985.
ders.: Sozialer Wandel und Innenpolitik in Ostmittel- und Südosteuropa. Am Beispiel der Tschechoslowakei, Rumäniens und Bulgariens. Köln 1973.
Piekalkiewicz, Jaroslaw A.: Public Opinion Polling in Czechoslovakia, 1968-69. Results and Analysis of Surveys Conducted During the Dubček Era. New York, London 1972.
Pokstefl, Josef: Der soziale Wandel in der ČSSR und sein Reflex auf das politische und Verfassungssystem. Marburg/L. 1984.
Richta, Radovan/Neumann, Karl H.: Technischer Fortschritt und die industrielle Gesellschaft. Frankfurt/M. 1972.
Riveles, Stanley: Slovakia. Catalyst of Crisis, in: Problems of Communism 17 (1968) 3, S. 1ff.
Sihanová, Libuše: The Changing Youths in the Czechoslovak Society, in: Youth & Society 1 (1969/70), S. 438ff.
Šiklová, Jirina: Sociology of Youth in Czechoslovakia. A Report from 1968, in: Zeitschrift für Soziologie 11 (1982) 2, S. 150ff.
Strmiska, Zdeněk: The Prague Spring as a Social Movement, in: Stone, Norman (Hg.): Czechoslovakia. Crossroads and Crises, 1918-1988. Basingstoke, New York 1989, S. 253ff.
Sviták, Ivan: Intellectuals and Workers in Czechoslovak Democratization, in: New Politics 7 (1967/1968) Frühjahr 1968, S. 50ff.
Ullmann, Marcela: Die Rolle der Intelligenz in einer politischen Entwicklung (dargestellt am Beispiel der Tschechoslowakei). Phil. Diss. München 1975.
Urban, Rudolf: Staatliche Verwaltung und öffentliches Leben in der Tschechoslowakei, in: Osteuropa 18 (1968), S. 220ff.

4. Wirtschaft

Altmann, Franz-Lothar/Keck, Jörn/Keese, Dietmar: Die Wirtschaft der Tschechoslowakei und Polens. Lage und Aussichten. München 1968.
Batt, Judy: Economic Reform and Political Change in Eastern Europe. A Comparison of the Czechoslovak and Hungarian Experiences. Basingstoke 1988.
Boffito, Carlo/Foa, Lisa (Hg.): La crisi del modello sovietico in Cecoslovacchia. Torino 1970.
Borin, Max/Plogen, Vera: Management und Selbstverwaltung in der ČSSR. Bürokratie und Widerstand. Berlin 1970.
Bress, Ludwig u.a.: Wirtschaftssystem des Sozialismus im Experiment - Plan oder Markt? Frankfurt/M. 1972.
Brus, Wlodzimierz: The East European reforms. What happened to them? In: Soviet Studies 30 (1978), S. 257ff.
Diamanti, A./Farulli, P.L. (Hg.): Lo sfondo economico della crisi cecoslovacca. Roma 1969.
Dopfer, Kurt (Hg.): The Evolution of Economic Systems. Essays in Honour of Ota Šik. Basingstoke 1990.
Feiwel, George R.: New Economic Patterns in Czechoslovakia. Impact of Growth, Planning and the Market. New York, Washington, London 1968.

Hensel, Karl Paul u.a.: Die sozialistische Marktwirtschaft in der Tschechoslowakei. Stuttgart 1968.
Knirsch, Peter: Reform zwischen Macht und Ratio. Politische Implikationen der tschechoslowakischen Wirtschaftsreform, in: Europa Archiv 24 (1969), S. 63ff.
Komitee gegen die Repression in der Tschechoslowakei und Osteuropa: Arbeiterräte oder bürokratische Zentralisierung. Texte zur Reformbewegung in der ČSSR 1968. Wunstorf 1974.
Kosta, Jiří: Abriß der sozialökonomischen Entwicklung der Tschechoslowakei 1945-1977. Frankfurt/M. 1978.
ders.: The Czechoslovak Economic Reform of the 1960s, in: Stone, Norman (Hg.): Czechoslovakia. Crossroads and Crises, 1918-1988. Basingstoke, New York 1989, S. 231ff.
ders.: Für eine demokratische Alternative zu den "real-sozialistischen" Wirtschaftssystemen, in: Hübner, Joseph/Kosta, Jiří (Hg.): Wirtschaftsdemokratie in der Diskussion. Köln, Frankfurt/M. 1978.
ders.: Socialismo e autogestione nella Primavera di Praga, in: Mondo operaio 25 (1972) 11, S. 32ff.
ders.: Tschechoslowakische Beiträge zur politischen Ökonomie des Sozialismus in den sechziger Jahren, in: Zeitschrift für Ostforschung 24 (1975) 2, S. 288ff.
ders.: Die tschechoslowakische Wirtschaft in den 60er Jahren. Das Schicksal einer Wirtschaftsreform, in: Jahrbücher für Nationalökonomie und Statistik 6 (1971), S. 481ff.
ders.: Wirtschaftsreformen und Entscheidungspartizipation in Osteuropa: Das Beispiel Polens und der Tschechoslowakei, in: Wirtschaft und Gesellschaft 7 (1981) 3, S. 289ff.
ders.: Wirtschaftsreformen und Wirtschaftsentwicklungen in RGW-Ländern. Als Testbeispiel: Die DDR, Ungarn und die ČSSR, in: Jahrbuch der Wirtschaft Osteuropas 3 (1972), S. 365ff.
ders.: Wirtschaftssysteme des realen Sozialismus. Probleme und Alternativen. Köln 1984.
Kyn, Oldrich: Czechoslovakia, in: Höhmann, Hans-Hermann/Kaser, Michael/Thalheim, Karl C. (Hg.): The New Economic Systems of Eastern Europe. Berkeley, Los Angeles, London 1975, S. 105ff.
Lindner, Walter: Aufbau des Sozialismus oder kapitalistische Restauration? Zur Analyse der Wirtschaftsreformen in der DDR und der ČSSR. Erlangen 1971.
Moravčik, Ivo: The Czechoslovak Economic Reform, in: Canadian Slavonic Papers 10 (1968) 4, S. 430ff.
Myant, Martin: The Czechoslovak Economy 1948-1988. The Battle for Economic Reform. Cambridge/Mass., New York 1989.
Osers, Jan: Die tschechoslowakische "Wirtschaftsdemokratie" als Wegbereiter des Prager Frühlings, in: Jahrbuch der Wirtschaft Osteuropas 13 (1989) 2, S. 115ff.
Ota Šik. Der 'Dritte Weg' im Spiegel der Zeit. Reminiszenz oder Alternative? Themenheft Kurswechsel (1992) 1.
Page, Benjamin: Ota Šik and Czechoslovak Socialism, in: Monthly Review 21 (1969/70) Okt. 1969, S. 36ff.
Pravda, Alex: Some Aspects of the Czechoslovak Economic Reform and the Working Class in 1968, in: Soviet Studies 25 (1973), S. 102ff.

Raupach, Hans/Keck, Jörn: Wirtschaft und Politik in der Krise der Tschechoslowakei, in: Osteuropa-Wirtschaft 13 (1968), S. 257ff.
Selucký, Radoslav: Reformmodell ČSSR. Entwurf einer sozialistischen Marktwirtschaft oder Gefahr für die Volksdemokratien? Reinbek 1969.
Shaffer, Harry G.: Das neue ökonomische Modell - Probleme und Ansichten. Ein Interview mit Ota Šik, in: Osteuropa 18 (1968), S. 208ff.
Šik, Ota: Argumente für den Dritten Weg. Hamburg 1973. (span. Ausg. Barcelona 1975, jap. Ausg. Tokyo 1976, frz. Ausg. Paris 1978, portug. Ausg. Coimbra 1978).
ders.: Czechoslovakia. The Bureaucratic Economy. White Plains/N.Y. 1972.
ders.: Demokratische und sozialistische Plan- und Marktwirtschaft. Zürich 1971.
ders.: Der Dritte Weg. Die marxistisch-leninistische Theorie und die moderne Industriegesellschaft. Hamburg 1972. (frz. Ausg. Paris 1974; ital. Ausg. Roma 1974; am. Ausg. White Plains/N.Y. 1976; engl. Ausg. London 1976 etc.).
ders.: Economia di mercato con o senza capitalismo? Roma, Milano 1972.
ders.: Fakten der tschechoslowakischen Wirtschaft. Wien 1969.(am. Ausg. New York 1969; frz. Ausg. Paris 1969 u.d.T. La vérité sur l'économie tchecoslovaque).
ders.: Humane Wirtschaftsdemokratie. Ein Dritter Weg. Hamburg 1979. (chin. Ausg. Peking 1983; am Ausg. New York 1985).
ders.: Plan und Markt im Sozialismus. Wien 1965. (am. Ausg. White Plains/N.Y 1967).
ders.: Reform und Restauration in der tschechoslowakischen Wirtschaft, in: Zeitschrift für Ostforschung 20 (1971) 3, S. 401ff.
ders.: La riforma economica in Cecoslovacchia, in: Note di cultura 5 (1968) 42, S. 511ff.
ders.: Socialist market relations and planning, in: Feinstein, C.H. (Hg.): Socialism, capitalism and economic growth. Essays presented to Maurice Dobb. Cambridge/Mass. 1967, S. 133ff.
ders.: Das Wirtschaftsmodell des demokratischen Sozialismus. Eine Deklaration in 10 Antworten, in: Merkur 24 (1970), S. 364ff.
Stankovsky, Jan: Wirtschaftsrecht und Planung. Vorstellungen der Reformer in der ČSSR, in: Österreichische Osthefte 12 (1970), S. 118ff.
Stevens, John N.: Czechoslovakia at the Crossroads. The Economic Development of Communism in Postwar Czechoslovakia. New York 1985.
Teichova, Alice: Wirtschaftsgeschichte der Tschechoslowakei 1918-1980. Wien, Köln, Graz 1988. (engl. Ausg. London 1988 u.d.T. The Czechoslovak Economy 1918-1980).
Thalheim, Karl C.: Übergang zur staatswirtschaftlichen Planung und Verflechtung mit dem Comecon, in: Lobkowicz, Nikolaus/Prinz, Friedrich (Hg.): Tschechoslowakei 1945-1970. München, Wien 1978, S. 173ff.
Turek, Otakar: Czechoslovak Economists on Planning and the Market Mechanism Under Socialism, in: World Marxist Review 11 (1968) 4, S. 12f. (ital.: Il piano e il mercato in regime socialista secondo gli economisti cecoslovacchi, in: Nuova rivista internazionale 3 (1968), S. 630ff.).
Voss, Reiner: Ökonomische Hintergründe der tschechoslowakischen Krise, in: Gewerkschaftliche Monatshefte 20 (1969) 2, S. 85ff.
Wagner, Ulrich: Tschechoslowakei. Transformation zur sozialistischen Marktwirtschaft 1967, in: Schriften zum Vergleich von Wirtschaftsordnungen 18 (1971), S. 178ff.
ders.: Wirtschaftsreformen. Ein Vergleich zwischen ČSSR und DDR, in: Deutsche Studien 6 (1968) 22, S. 117ff.

Wessely, Kurt: Die tschechoslowakische Wirtschaft im Zeichen der Reform, in: Bohemia 8 (1967), S. 389ff.

ders.: Die Wirtschaft der Tschechoslowakei im Jahre 1968, in: Bohemia 9 (1968), S. 383ff.

Zinn, Karl Georg: Analyse und Kritik des administrativen Sozialismus und Ota Šiks System der sozialistischen Marktbeziehungen, in: Jahrbuch für Sozialwissenschaften 20 (1969) 1, S. 17ff.

5. Medien, Kultur und Kirche

Una Chiesa che ha deciso. Cecoslovacchia 1948-1968. Milano 1968.

Fleischmann, Ivo: Czech Literature and the Incomplete Liberation, in: Interplay 3 (1969/1970) 16, S. 33ff.

Frank, J.: Il giornalismo cecoslovacco 1968, in: L'Est 4 (1968) 4, S. 47ff.

Frei, Bohumil Jiří: Staat und Kirche in der Tschechoslowakei vom Februarumsturz 1948 bis zum Prager Frühling 1968. München o.J.

Hamsik, Dušan: Writers against Rulers. London, New York 1971.

Heumos, Peter: Geschichtswissenschaft und Politik in der Tschechoslowakei. Forschungen zum 19. und 20. Jahrhundert in den Jahren 1950-1975, in: Jahrbücher für Geschichte Osteuropas 30 (1982) 3, S. 399ff.

ders.: Quellenedition und "Prager Frühling". Anmerkungen und Dokumentation zu einer Kontroverse über die Geschichte der Tschechoslowakischen National-Sozialistischen Partei 1945-1948, in: Jahrbücher für Geschichte Osteuropas 25 (1977) 3, S. 397ff.

Jochimsen, Luc: Weltbild statt Wirklichkeit. Die Soziologie als Sündenbock für den Einmarsch in Prag, in: Die Neue Gesellschaft 15 (1968), S. 413ff.

Kaplan, Frank L.: Winter Into Spring. The Czechoslovak Press and the Reform Movement 1963-1968. Columbia 1977.

Kasack, Wolfgang: Zur tschechischen Literatur 1945-1985. Mit einem Titelverzeichnis der Samisdat-Reihe "Hinter Schloß und Riegel". Berlin 1990.

Liehm, Antonin Jaroslav: Per una politica culturale socialista, in: Cinema (1967/68) 60/8, S. 50ff.

ders.: Che potere ha la letteratura? In: L'Est 4 (1968) 2-3, S. 116ff.

ders.: La "primavera" e la cultura ceca, in: Mondo operaio 31 (1978) 7-8, S. 66f.

Lochman, Jon M.: Church in a Marxist Society. A Czechoslovak View. London 1970.

Löbl, Peter: Die Massenmedien der sozialistischen Tschechoslowakei. München 1986.

Nadin, Mihai: Mut für den Alltag. ČSSR-Film im Prager Frühling. Bern 1978.

Oschlies, Wolf: "Listy" - letzte Stimme des Prager Frühlings, in: Deutschland Archiv 9 (1976), S. 402ff.

Razumovsky, Andreas: Die Literárky sind tot - es leben die Literárky, in: Journalist 18 (1968) 3, S. 14ff.

Reibichini, A.: Chiesa, società e Stato in Cecoslovacchia, 1948-1968. Padova 1977.

Schacherl, B.: Il posto della cultura nella svolta cecoslovacca, in: Rinascita 25 (1968) 26, S. 13ff.

"Svoboda". The Press in Czechoslovakia 1968. Zürich 1969.

Tondl, Ladislav: Stellung und Aufgabe der Wissenschaft in der wissenschaftlich-technischen Revolution, in: Futurum 1 (1968) 2, S. 251ff.

Tureček, Otto: Bemerkungen zum gegenwärtigen tschechoslowakischen Kulturleben, in: Bohemia 8 (1968), S. 387ff.
Urban, Rudolf: Die Entwicklung des tschechoslowakischen Schulsystems 1959-1970. Ein dokumentarischer Bericht. Heidelberg 1972.
ders.: Vom "Prager Frühling" zur "Normalisierung". Tschechoslowakische Schriftsteller unter Novotny, Dubček und Husák, in: Osteuropa 21 (1971), S. 73ff.
ders.: Der verwegene Geist. Der IV. Kongreß Tschechoslowakischer Schriftsteller und seine Folgen, in: Osteuropa 18 (1968), S. 176ff.
Volny, Slava: The Saga of Czechoslovak Broadcasting, in: East Europe 17 (1968) 12, S. 10ff.

6. Außenpolitik und Militär

Müller, Adolf: Die Haltung der ČSSR gegenüber der Bundesrepublik Deutschland während des Prager Demokratisierungsprozesses, in: Osteuropa 19 (1969), S. 256ff.
Rice, Condoleezza: The Soviet Union and the Czechoslovak Army, 1948-1983: Uncertain Alliance. Princeton/N.Y. 1984.
Stepanek-Stemmer, Michael: Die tschechoslowakische Armee. Militärhistorische und paktpolitische Aspekte des "Prager Frühlings" 1968. Köln 1979.
Suda, Zdeněk L.: The Czechoslovak Socialist Republic. Baltimore 1969.
Urban, Rudolf: Das deutsch-tschechoslowakische Verhältnis, in: Politik 1 (1968), S. 14ff.

7. Niederschlagung und Widerstand

Aczel, Tamas/Király, Béla K.: Budapest - 1956, Prague - 1968. I. Parallels and Contrasts. II. Spokesmen of Revolution, in: Problems of Communism 18 (1969) 4-5, S. 52ff.
Andriole, Stephen J.: Comparative Forecasting. Hindsighting the Czechoslovakian Invasion, in: Futures 11 (1979) 4, S. 275ff.
Antwort auf brennende Fragen. Zur Vorgeschichte des 21.8.1968. O.O.u.J.
Aptheker, Herbert: Czechoslovakia and Counter-Revolution. Why the Socialist Countries Intervened. New York 1969.
Bechtoldt, Heinrich: Russische Intervention in Prag, in: Außenpolitik 19 (1968), S. 513ff.
Beneš, Pavel: Die Okkupation der Tschechoslowakei 1939 und 1968, in: Wissenschaftlicher Dienst für Ostmitteleuropa 19 (1969), S. 364ff.
Bentjerodt Becker, Jorge: Yo salí de Praga. Tanques rusos contra ideas liberales. Santiago 1968.
Bernières, Luc: Blindes sur Prague et pour les Tchèques commenca la nuit plus longue. Paris 1968.
Bertleff, Erich: Mit bloßen Händen. Der einsame Kampf der Tschechen und Slowaken. Wien 1968.
Brahm, Heinz: Die Intervention in der ČSSR. Köln 1969.
ders.: Die sowjetisch-tschechoslowakische Konfrontation. Köln 1969.
Byk, Václav: Prague. L'été des tanks. Paris 1968.

Chapman, Colin: August 21st. The Rape of Czechoslovakia. Philadelphia, London 1968.
Dawisha, Karen: The 1968 Invasion of Czechoslovakia. Causes, Consequences and Lessons for the Future, in: dies./Hanson, Philip (Hg.): Soviet-East European Dilemmas. Coercion, Competition and Consent. London 1981, S. 9ff.
Derenburg, Michael: Die brüderliche Hilfe. Zum Panzereinmarsch in Prag 1968. Köln 1969.
Ebert, Theodor: Der zivile Widerstand in der Tschechoslowakei. Eine Analyse seiner Bedingungen und Kampftechniken, in: Europa Archiv 23 (1968), S. 865ff. (engl.: Civilian Resistance in Czechoslovakia. Implications of the August Campaign, in: The World Today 25 (1969) 2, S. 52ff.).
Eidlin, Fred H.: "Capitulation", "Resistance" and the Framework of "Normalization". The August 1968 Invasion of Czechoslovakia and the Czechoslovak Response, in: Journal of Peace Research 18 (1981) 4, S. 319ff.
ders.: Czechoslovakia. The Phony Occupation. Normalization in the Wake of the 1968 Intervention, in: Bohemia 29 (1988), S. 262ff.
ders.: Misperception, Ambivalence and Indecision in Soviet Policy-Making. The Case of the 1968 Invasion of Czechoslovakia, in: Conflict 5 (1984) 2, S. 89ff.
Engman, I.: Invasionen i Tjeckoslovakien 1968. Huvudlinjer i motstandet, in: Handlingar och Tidskrift 2 (1970), S. 81ff.
Fetjö, François: L'intervento sovietico in Cecoslovacchia. Una lezione di storia, in: Comunità 22 (1968) 153, S. 1ff.
Fetscher, Iring: Der 21. August und die Folgen. Ein Rückzugsgefecht des Stalinismus, in: Merkur 22 (1968), S. 886ff.
I giorni di Praga. Dramma ed eroismo di un popolo tradito. Milano 1968.
Glejdura, Stefan: Los grandes problemas del Este europeo: Checoslovaquia, in: Revista de Política Internacional (1968) 99, S. 11ff.
Gudmundson, Ulf: Tjeckoslovakien 1968. En socialistisk tragedi. Stockholm 1968.
Harning, Anderz: Prag - valdtagen stad 21-22 augusti 1968. Stockholm 1968.
L'intervention en Tchécoslovaquie, pourquoi? Paris 1969.
Johansen, John Otto: Tjeckoslovakiens ödestimma. Stockholm 1968.
Jonsson, Sunel: Prag: augusti 1968. Stockholm 1968.
Kaiser, Horst: Machtpolitik und Gewaltlosigkeit im Kräftespiel um die ČSSR, in: Zeitschrift für Geopolitik 16 (1968) 5-6, S. 199ff.
Klawitter, Karol: Army of Revenge. Ulbricht's Occupation Forces in Czechoslovakia. Köln 1968.
Laforet, Jean: Tchécoslovaquie: De la psychologie et des formes de la résistance non-violente, in: Est & Ouest 21 (1969) 419, S. 3ff.
Langová, H.: Alcuni aspetti economici dell'occupazione sovietica in Cecoslovacchia, in: L'Est 4 (1968) 2-3, S. 187ff.
Lemberg, Hans: Nach dem 21. August. Die Intervention in Prag. Stationen, Ursachen - ein erstes Fazit, in: Osteuropa 18 (1968), S. 697ff.
Levine, I.D.: Intervention. The Causes and Consequences of the Czechoslovakian Invasion. New York 1969.
Levy, Alan: Rowboat to Prague. New York 1972.

Löbl, Eugen: Fall ČSSR: Analyse zweier Modelle. Wirtschaftspolitische Hintergründe der sowjetischen Intervention in der Tschechoslowakei, in: Politische Studien 19 (1968), S. 645ff.

Löwenthal, Richard: The Sparrow in the Cage. On the Soviet Invasion of Czechoslovakia, in: Encounter (1969) 33, S. 87ff.

Mandel, Ernest: Why They Invaded Czechoslovakia. Nottingham 1974.

Manoi, Dominique: Discours juridique soviétique et interventions en Hongrie et en Tchécoslovaquie. Genf, Paris 1980.

Mencl, Vojtěch: Die Unterdrückung des Prager Frühlings, in: Aus Politik und Zeitgeschichte 42 (1992) 36, S. 3ff.

Müller, Adolf: Zehn Jahre nach dem 21. August. Eine Betrachtung, in: Osteuropa 28 (1978), S. 667ff.

Nadra, Fernando: Que pasó en Checoslovaquia? Buenos Aires 1968.

Norden, Peter: Prag, 21. August. Revolution, Intervention, Invasion. München 1968.

Orobator, S. E.: The Nigerian Civil War and the Invasion of Czechoslovakia, in: African Affairs (1983) 327, S. 201ff.

Oschlies, Wolf: "Angebliche Okkupanten", in: Osteuropa 19 (1969), S. 617.

ders.: Die verschmähte "unschätzbare Hilfe". Wirkung und Nachwirkung der "Zpravy" - der Stimme der ČSSR-Besatzer. Köln 1970.

Praga Agosto `68. Beiheft zu Historia 17 (1968) 131, Milano 1968.

Pritzel, Konstantin: Die Tschechoslowakei und der sozialistische Internationalismus in Aktion, in: Aus Politik und Zeitgeschichte 18 (1968) 37, S. 3ff.

Rehm, Walter: Neue Erkenntnisse über die Rolle der NVA bei der Besetzung der ČSSR im August 1968, in: Deutschland Archiv 24 (1991), S. 173ff.

Roberts, Adam: Total försvar och civil motstand. Stockholm 1971.

Rytter, Olav: Det tskoslovakiske drama. Oslo 1968.

Simes, D.K.: The Soviet Invasion of Czechoslovakia and the Limits of Kremlinology, in: Studies in Comparative Communism 8 (1975) 1-2, S. 174ff.

Sjorgren, Per: Var och host i Prag. Stockholm 1969.

Sternheim, Wolfgang: Die Lehren von Prag. Der gewaltlose Widerstand in der Tschechoslowakei als Modell, in: Gewerkschaftliche Monatshefte 19 (1968) 11, S. 641ff.

Ströbinger, Rudolf: Jubiläum eines trüben "Weißbuchs". Zur Besetzung der ČSSR 1968, in: Osteuropa 19 (1969), S. 701ff.

Svoboda, Václav (Pseud.): Genosse Aggressor. Prag im August 1968. Wien, Frankfurt/M., Zürich 1968.

Swerling, Anthony: The Rape of Czechoslovakia. Being of Two Weeks of Cohabitation with Her Soviet Allies, August-September 1968. Cambridge/Mass. 1968.

Tchecoslovaquia. Analise dos aspectos politicos, economicos e culturais da crise de agosto. Rio de Janeiro 1968.

Tych, Feliks: Polens Teilnahme an der Invasion in der Tschechoslowakei, in: Aus Politik und Zeitgeschichte 42 (1992) 36, S. 18ff.

Uschakow, Alexander: Die militärische Intervention in der Tschechoslowakei und das Völkerrecht, in: Europa Archiv 23 (1968), S. 773ff.

Valenta, Jiří: Soviet Intervention in Czechoslovakia, 1968. Anatomy of a Decision. 2., durchges. Aufl. Baltimore, London 1991. (Erstaufl. 1979).

Vichniac, Isabelle: L'ordre règne à Prague. Paris 1968.

Viney, Deryck E.: Die Tschechoslowakei unter der Herrschaft der Statthalter, in: Europa Archiv 24 (1969), S. 623ff.
ders.: Der Versuch zur Re-Kolonisierung der Tschechoslowakei, in: Europa Archiv 23 (1968), S. 811ff.
Wagenlehner, Günther: Die sowjetische Rechtfertigung der Intervention in der ČSSR, in: Osteuropa 18 (1968), S. 758ff.
Weisskopf, Kurt: The Agony of Czechoslovakia '38/'68. London 1968.
Wenzke, Rüdiger: Prager Frühling - Prager Herbst. Zur Intervention der Warschauer-Pakt-Streitkräfte in der ČSSR 1968. Fakten und Zusammenhänge. Berlin 1990.
Winkler, Hans-Joachim: Die "soziale Verteidigung" der Tschechoslowakei, in: Gegenwartskunde 17 (1968), S. 339ff.
Zartman, Ira William (Hg.): Czechoslovakia. Intervention and Impact. New York 1970.

8. Der "Prager Frühling", die Intervention und die realsozialistischen "Bruderstaaten"

Brahm, Heinz: Der Kreml und die ČSSR 1968-1969. Stuttgart, Berlin, Köln, Mainz 1970.
Burens, Peter-Claus: Die DDR und der "Prager Frühling". Bedeutung und Auswirkungen der tschechoslowakischen Erneuerungsbewegung für die Innenpolitik der DDR im Jahre 1968. Berlin 1981.
Collotti Pischel, E.: La posizione cinese, in: Problemi del socialismo 10 (1968), S. 1268ff.
Conquest, Robert: Czechoslovakia. The Soviet Outlook, in: Studies in Comparative Communism 1 (1968) 3-4, S. 7ff.
Craig, Richard B./Gillespie, J. David: Yugoslav Reaction to the Czechoslovak Liberalization Movement and the Invasion of 1968, in: Australian Journal of Politics and History 23 (1977) 2, S. 227ff.
Czerwinski, Eduard Joseph/Piekalkiewicz, Jaroslaw A. (Hg.): The Soviet Invasion of Czechoslovakia. Its Effects on Eastern Europe. New York 1972.
Dawisha, Karen: The Kremlin and the Prague Spring. Berkeley 1984.
De Santis, S.: Fidel Castro e la questione cecoslovacca, in: Problemi del socialismo 10 (1968), S. 1009ff.
Ermarth, Fritz: Internationalism, Security and Legitimacy. The Challenge to Soviet Interests in East Europe 1964-1968. Santa Monica/Cal. 1969.
Galaction, Virgil: Bukarest bleibt Stein des Anstosses, in: Osteuropa 18 (1968), S. 781ff.
Glaubitz, Joachim: Peking: Nackte Piraterie, in: Osteuropa 18 (1968), S. 783ff.
Gorfer, Aldo: Cecoslovacchia 1968-1969. Trento 1969.
Griffith, William E.: Eastern Europe after the Soviet Invasion of Czechoslovakia. Santa Monica/Cal. 1968.
Hetschog, Jer.: L'Albania e il "colpo" di Praga, in: Documenti sul comunismo 8 (1968) 133, S. 18ff. (frz.: L'Albanie et les événements de Tchécoslovaquie, in: Est & Ouest 20 (1968) 413, S. 14 ff.).
Hodnett, Grey/Potichnyj, Peter J.: The Ukraine and the Czechoslovak Crisis. Canberra 1970.

Kintner, William R./Klaiber, Wolfgang: Eastern Europe and European Security. A Foreign Policy Research Institute Book. New York 1971.

Kotrbaty, Karel: Ein Brief nach Moskau. Auseinandersetzung zwischen Prager Reformern und Moskauer Dogmatikern, in: Wissenschaftlicher Dienst für Ostmitteleuropa 18 (1968) 8, S. 456ff.

Laeuen, Harald: Polens Theorie der "Südflanke", in: Osteuropa 18 (1968), S. 769ff.

Lazitch, Branko: Hanoi et l'aggression soviétique, in: Est & Ouest 20 (1968) 410, S. 11ff.

Leonhard, Wolfgang: Differenzierung im Ostblock - Ausmaß und Grenzen, in: Osteuropa 18 (1968), S. 851ff.

Lindner, Robert: Bulgarien - betont orthodox, in: Osteuropa 18 (1968), S. 774f.

ders.: Jugoslawien - empört und besorgt, in: ebenda, S. 775ff.

ders.: Rumänien - erzwungene Zurückhaltung, in: ebenda, S. 780f.

ders.: Tirana: Aufruf zum Widerstand, in: ebenda, S. 786ff.

ders.: Ungarns differenzierte Haltung, in: ebenda, S. 772ff.

Ludwig, Harald: Die ideologischen Gegensätze zwischen Ostberlin und Prag, in: Deutschland Archiv 1 (1968), S. 691ff.

Mackintosh, Malcolm: The Warsaw Pact and the Czechoslovak Crisis, in: World Review 8 (1969), S. 3ff. (dt.: Strukturprobleme des Warschauer Pakts im Spiegel der tschechoslowakischen Krise, in: Europa Archiv 24 (1969), S. 805ff.).

Pirozhkova, Vera: The Recent Events in Czechoslovakia and the Fundamentals of Soviet Foreign Policy, in: Bulletin of the Institute for the Study of the History and Culture of the USSR 15 (1968) 10, S. 5ff.

Prieß, Lutz/Wilke, Manfred: Die DDR und die Besetzung der Tschechoslowakei am 21. August 1968, in: Aus Politik und Zeitgeschichte 42 (1992) 36, S. 26ff.

Rácz, Barnabás: Political Changes in Hungary After the Soviet Invasion of Czechoslovakia, in: Slavic Review 29 (1970), S. 633ff.

Remington, Robin Alison: The Warsaw Pact. Case Studies in Communist Conflict Resolution. Cambridge/Mass. 1971.

Reuter-Hendrichs, Irena: Jugoslawiens Osteuropapolitik in den Krisen des sowjetischen Hegemonialsystems. Eine Fallstudie zu den Entwicklungen in Ungarn/Polen (1956), der ČSSR (1968) und Polen (1980/1). Baden-Baden 1985.

Robinson, William F.: Czechoslovakia and Its Allies, in: Studies in Comparative Communism 1 (1968) 3-4, S. 141ff.

Slavinsky, Michel: L'opposition en URSS et l'affaire tchécoslovaque, in: Est & Ouest 20 (1968) 411, S. 10ff.

Stanković, Slobodan: Die Konsequenzen für Belgrad, in: Osteuropa 18 (1968), S. 778ff.

Urban, G.R.: Eastern Europe after Czechoslovakia, in: Studies in Comparative Communism 2 (1969) 1, S. 50ff.

Valenta, Jiří: Soviet Policy towards Hungary and Czechoslovakia, in: Meiklejohn Terry, Sarah (Hg.in): Soviet Policy in Eastern Europe. New Haven, London 1984, S. 93ff.

Whetten, Lawrence L.: Crisis in Prague and Moscow, in: Bulletin of the Institute for the Study of the History and Culture of the USSR 16 (1969) 5, S. 27ff.

Wolkow, Wladimir K.: Sowjetische Parteiherrschaft und Prager Frühling 1968, in: Aus Politik und Zeitgeschichte 42 (1992) 36, S. 11ff.

Wolle, Stefan: Die DDR-Bevölkerung und der Prager Frühling, in: Aus Politik und Zeitgeschichte 42 (1992) 36, S. 35ff.

Zaslavsky, V.Z.: Adult Political Socialization in the USSR. A Study of Attitudes of Soviet Workers to the Invasion of Czechoslovakia, in: Sociology 15 (1981) 3, S. 407ff.

9. Der "Prager Frühling", die Intervention und die westlichen "Bruderparteien"

Alba, Ermette: Il PCI e l'intervento russo a Praga, in: Documenti sul comunismo 8 (1968) 133, S. 1ff. (frz.: Le Parti communiste italien devant l'intervention soviétique en Tchécoslovaquie, in: Est & Ouest 20 (1968) 413, S. 9 ff.).

Brahm, Heinz: Das Echo im Weltkommunismus auf die Okkupation der Tschechoslowakei, in: Europa Archiv 23 (1968), S. 744ff.

Deli, P.: The Soviet Intervention in Czechoslovakia and the French Communist Press, in: Survey 22 (1977) 2, S. 96ff.

Granon, A.: Le processus de démocratisation en Tchécoslovaquie et la crise du mouvement communiste, in: L'homme et la société (1971) 21, S. 227ff.

Hamrin, Harald: Westeuropäischer Kommunismus und Prager August, in: Geist und Tat 24 (1969) 1, S. 15ff.

Harmel, Claude: La CGT, la CGIL, les FSM et l'intervention armée soviétique, in: Est & Ouest 20 (1968) 412, S. 5 ff.

ders.: Les communistes français approuvent toujours le 'coup de Prague', in: Est & Ouest 20 (1968) 400, S. 4ff.

ders.: Trois attitudes du Parti communiste français à propos de l'intervention militaire soviétique: 1949, 1956, 1968, in: Est & Ouest 20 (1968) 410, S. 13 ff.

König, Helmut: Die Katzen auf dem heißen Blechdach. KPF und KPI im Angesicht der sowjetischen Intervention in der ČSSR, in: Osteuropa 18 (1968), S. 788ff.

Die Krise des Weltkommunismus. Zu einer Polemik zwischen SED und KPI, in: Die Neue Gesellschaft 15 (1968), S. 506ff.

Liehm, Antonin Jaroslav: The Prague Spring and Eurocommunism, in: International Journal 33 (1978), S. 804ff.

Mlynář, Zdeněk: Zur Begründung sozialistischer Demokratie. Das Aktionsprogramm der KPČ aus dem Jahr 1968 und die europäische kommunistische Bewegung, in: L 76 1 (1976) 2, S. 12ff.

Le parti communiste sud-africain et l'affaire tchécoslovaque, in: Est & Ouest 21 (1969) 420, S. 17ff.

Riese, Hans-Peter: Der Prager Frühling und der Eurokommunismus. Zur Strategie und Taktik des deutschen demokratischen Sozialismus in Ost und West, in: L 76 2 (1977) 3, S. 134ff.

Scelba, Mario: Il comunismo e l'aggressione contro la Cecoslovacchia. Roma 1968.

Sviták, Ivan: La sconfitta della sinistra europea, in: L'Est 4 (1968) 2-3, S. 145ff.

Timmermann, Heinz: Die Kontroverse um den Dialog von Prag. Zum Protokoll der Unterredung Rochet - Dubček, in: Osteuropa 21 (1971), S. 107ff.

ders.: Die Reaktion der westeuropäischen Kommunisten auf die Prozesse gegen tschechoslowakische Reformpolitiker. Köln 1972.

Wells, Fred: Le Parti communiste australien et l'affaire tchécoslovaque, in: Est & Ouest 21 (1969) 437, S. 20ff.

Zöger, Heinz: ČSSR und kommunistische Weltbewegung, in: Moderne Welt 9 (1968), S. 311ff.

10. Die Welt reagiert auf "Prager Frühling" und "Prager Herbst"

Abendroth, B.: Legitimes Interventionsrecht? Eine Kontroverse in der Außerparlamentarischen Opposition der Bundesrepublik, in: Zeitschrift für Geopolitik 16 (1969) 5-6, S. 212ff.

Die atlantische Allianz nach der sowjetischen Intervention in der Tschechoslowakei. Bericht einer Studiengruppe des Center for Strategic and International Studies, Georgetown University, Washington D.C, in: Europa Archiv 24 (1969), S. 503ff.

Barton, S.W./Martin, Lawrence M.: Public Diplomacy and the Soviet Invasion of Czechoslovakia in 1968, in: Henderson, Gregory (Hg.): Public Diplomacy and Political Change. Four Case Studies: Okinawa, Peru, Czechoslovakia, Guinea. New York, Washington, London 1973, S. 241ff.

Böll, Heinrich u.a. (Hg.): Der Prager Frühling und die Zukunft. Köln, Frankfurt/M. 1978.

Brzezinski, Zbigniew: East-West Relations after Czechoslovakia, in: East Europe 18 (1969) 11/12, S.2ff.

Campbell, John C.: Czechoslovakia: American Choices, Past and Future, in: Canadian Slavonic Papers 11 (1969) 1, S. 11ff.

Dutschke a Praga. Bari 1968.

Eger, Reiner: Krisen an Österreichs Grenzen. Das Verhalten Österreichs während des Ungarnaufstandes 1956 und der tschechoslowakischen Krise 1968. Ein Vergleich. Wien 1981.

Gill, Rockingham R.: Europe's Military Balance after Czechoslovakia, in: Military Review 49 (1969) Jan., S. 47ff.

Grass, Günter: The Lessons of Prague, in: Survey 13 (1968) 69, S. 3ff.

ders./Kohout, Pavel: Briefe über die Grenze. Versuch eines Ost-West-Dialogs. Hamburg 1968.

Gremion, Pierre: Paris - Prague. La gauche française face au renouveau et à la regression tchécoslovaques (1968-1978). Paris 1985.

Heiden, Horst: Ostpolitik nach Prag, in: Blätter für deutsche und internationale Politik 13 (1968), S. 1006ff.

Kaiser, Karl: Deutsche Außenpolitik nach der tschechoslowakischen Krise von 1968, in: Europa Archiv 24 (1969), S. 353ff.

Klönne, Arno: ČSSR-Intervention und die Linke, in: Blätter für deutsche und internationale Politik 13 (1968), S. 906ff.

Kogon, Eugen: Die Sowjet-Union an der Böhmerwald-Grenze. Eine politische Strategie gegen keine, in: Frankfurter Hefte 23 (1968), S. 674ff.

Kreisky, Bruno: Betrachtungen über Möglichkeiten und Grenzen der Beziehungen zu kommunistischen Staaten, in: Osteuropa 18 (1968), S. 839ff.

Lazitch, Branko: La Finlande et l'aggression contre la Tchécoslovaquie, in: Est & Ouest 20 (1968) 411, S. 5ff.

Mehnert, Klaus: Afrika reagierte empört, in: Osteuropa 18 (1968), S. 793ff.
Müller, Adolf: Die deutsch-tschechoslowakischen Beziehungen und der 21. August 1968, in: Deutschland Archiv 3 (1970), S. 143ff.
Pelinka, Anton: Mit den Augen des Neutralen. Die Ereignisse in der ČSSR in österreichischer Sicht, in: Politische Studien 19 (1968), S. 659ff.
Prag und die Linke. Hamburg 1968.
Reitzner, Almar: Osteuropa und die deutsche Friedenspolitik nach den Ereignissen in Prag. München 1968.
Rulli, Giovanni: Conseguenze del colpo die Praga nei due campi opposti, in: Civiltà cattolica 119 (1968), S. 602ff.
Rumor, Mariano: Solidarietà per la Cecoslovacchia in nome della libertà e della pace. Roma 1968.
Savoie, Remy: Prag und die französische Innenpolitik, in: Dokumente 24 (1968), S. 342ff.
Schutze, Walter: L'opinion allemande et les événements en Tchécoslovaquie, in: Politique étrangère 33 (1968) 4, S. 331ff.
Tschechoslowakei 1968. Die Reden von Peter Bichsel, Friedrich Dürrenmatt, Max Frisch, Günter Grass, Kurt Marti und ein Brief von Heinrich Böll. Zürich 1968.
Wagner, Wolfgang: Europäische Politik nach der tschechoslowakischen Krise, in: Europa Archiv 23 (1968), S. 651ff.

III. "Normalisierung", Opposition und Emigration

Altmann, Franz-Lothar: Wirtschaftsentwicklung und Strukturpolitik in der Tschechoslowakei nach 1968. München 1987.
Bilak, Vasil: Socialist Internationalism. The Guideline in the Activity of the Communist Party of Czechoslovakia on the International Scene, in: World Marxist Review 12 (1969) 3, S. 7ff.
Bowers, Stephen R./Port, T. David: The Normalization of Czechoslovakia, in: Journal of Social, Political and Economic Studies 7 (1982) 4, S. 323ff.
Bromke, Adam: Aftermath of Czechoslovakia, in: Canadian Slavonic Papers 10 (1968) 4, S. 24ff.
Burks, R.V.: The Decline of Communism in Czechoslovakia, in: Studies in Comparative Communism 2 (1969) 1, S. 21ff.
Cibulka, Frank: Nationalism, Communism and Collaborationism. A Study of the Soviet-led Invasion of Czechoslovakia and its Aftermath. Ann Arbor/Mich. 1984.
Deutscher, Tamara u.a. (Hg.): Voices of Czechoslovak socialists. London 1977.
Dienstbier, Jiří/Lansky, Karl/Silkan, Venek: Srpen 1968. Köln 1989.
Eidlin, Fred H.: The Logic of "Normalization". The Soviet Intervention in Czechoslovakia of 21 August 1968 and the Czechoslovak Response. New York 1980.
Huizinga, J.H.: The End of an Illusion? In: Problems of Communism 18 (1969) 4-5, S. 43ff.
Husák, Gustáv: Leninism and the Communist Movement in Czechoslovakia, in: World Marxist Review 13 (1970) 5, S. 11ff.
Jansen, Marlies: Die Tschechoslowakei unter dem Druck der "Normalisierung", in: Osteuropäische Rundschau 14 (1968) 12, S. 1ff.

Kaplan, Karel: Politische Persekution in der Tschechoslowakei 1948-1972. Köln 1983.
Krystufek, Zdeněk: The Soviet regime in Czechoslovakia. New York 1981.
Kusín, Vladimir Victor: Dissent in Czechoslovakia after 1968, in: Curry, Jane Leftwich (Hg.in): Dissent in Eastern Europe. New York 1983, S. 48ff.
ders.: From Dubček to Charter 77. A Study of "Normalization" in Czechoslovakia, 1968-1978. Edinburgh, New York 1978.
Mencl, Vojtěch: Die Säuberungswellen in der Tschechoslowakei nach 1969, in: Kommunisten verfolgen Kommunisten. Stalinscher Terror und 'Säuberungen' in den kommunistischen Parteien Europas seit den dreißiger Jahren. Hg. von Hermann Weber u.a. Berlin 1993 (bei Redaktionsschluß noch in Druck).
Mlynář, Zdeněk: Die Normalisierung in der Tschechoslowakei nach dem Jahre 1968, in: Brus, Wlodzimierz/Kende, Pierre/Mlynář, Zdeněk (Hg.): "Normalisierungsprozesse" im sowjetisierten Mitteleuropa. Ungarn, Tschechoslowakei, Polen. Wien, Köln 1982.
Müller, Adolf: Das Schicksal der Prager Reformer, in: Die Neue Gesellschaft 17 (1970), S. 211ff.
ders.: Verboten zu denken... Zur Lage der tschechoslowakischen Intelligenzija, in: Osteuropa 20 (1970), S. 369ff.
Novak, Miroslav: Du printemps de Prague au printemps de Moscou. Les formes de l'opposition en URSS et en Tchécoslovaquie de janvier 1968 à janvier 1990. Genève 1990.
Olsienkiewicz, Henryk: Czechoslovakia's Economic Dilemmas under Soviet Tutelage, in: Bulletin of the Institute for the Study of the History and Culture of the USSR 16 (1969) 3, S. 3ff.
Oschlies, Wolf: Zum Entwurf des neuen Statuts der KPČ. Köln 1969.
ders.: Normalisierung, letzter Akt. Zu den politischen Prozessen in der Tschechoslowakei. Köln 1972.
ders.: Prags schwarzes Jubiläum. Die Tschechoslowakei vor und nach dem 21. August 1969, in: Osteuropa 20 (1970), S. 1ff.
ders.: "Pressure Group" der Dogmatiker. Historisch-kritische Anmerkungen zur Gründung der "Leva Fronta" in der Tschechoslowakei 1969/70. Köln 1970.
ders.: Die Tschechoslowakei nach Dubček. Der "verspätete Januar", in: Osteuropa 19 (1969), S. 575ff.
Pachman, Luděk: Laßt die Hoffnung nicht sterben. Die Freiheit ist stärker. Freiburg/Br., Basel, Wien 1976.
ders.: Die Tschechoslowakei heute. Vom sowjetischen Einmarsch zur "Charta 77", in: Deutsche Studien 18 (1980) 69, S. 53ff.
Pelikán, Jiří: Sozialistische Opposition in der ČSSR. Analyse und Dokumente des Widerstands seit dem Prager Frühling. Frankfurt/M., Köln 1973. (frz. Ausg. Paris 1973 u.d.T. Ici Prague. L'opposition interieure parle; engl. Ausg. London 1976 u.d.T. Socialist Opposition in Eastern Europe. The Czechoslovak Example).
Pokstefl, Josef: Die ideologische Bewältigung des "Prager Frühlings" in der ČSSR (1969-1976). Köln 1978.
ders.: Das Recht als Instrument des "Konsolidierungsprozesses" in der ČSSR, in: Jahrbuch für Ostrecht 19 (1978) 2, S. 155-182.
Praga tra nuovo corso e normalizzazione, in: Note di cultura 5 (1968) 41, S. 421ff.
Rambousek, Otakar: Zpráva dokumentační komise K 231. Louvain 1973.

Riese, Hans-Peter (Hg.): Bürgerinitiative für die Menschenrechte. Die tschechoslowakische Opposition zwischen dem "Prager Frühling" und der "Charta '77". Frankfurt/M. 1977. (am. Ausg. New York 1979 u.d.T. Since the Prague Spring. The Continuing Struggle for Human Rights in Czechoslovakia).

Rulli, Giovanni: Arresti e processi in Cecoslovacchia, in: Civiltà cattolica 123 (1972), S. 526ff.

ders.: La Cecoslovacchia dopo l'invasione militare, in: Civiltà cattolica 119 (1968), S. 529ff.

Rupnik, Jacques: Tschechoslowakei: Von der Normalisierung einer Krise zur Krise einer "Normalisierung", in: Europäische Rundschau 13 (1985) 1, S. 3ff.

Selucký, Radoslav: Ein Jahr seit der dunklen Nacht. Zum ersten Jahrestag des 21. August 1968, in: Die Neue Gesellschaft 16 (1969), S. 344ff.

Šimečka, Milan: The Restoration of Order. The Normalization of Czechoslovakia, 1969-1976. London 1984. (frz. Originalausg. Paris 1979).

Skála, Jan: Die ČSSR. Vom Prager Frühling zur Charta 77. Mit einem dokumentarischen Anhang. Berlin 1978.

Slapnicka, Harry: Politische Verurteilungen und Rehabilitierungen in der Tschechoslowakei, in: Osteuropa 20 (1970), S. 410ff.

Taborsky, Edward: Czechoslovakia: The Return to "Normalcy", in: Problems of Communism 19 (1970) 6, S. 31ff.

ders.: Czechoslovakia's Abnormal "Normalization", in: Current History 64 (1973) 381, S. 207ff., S. 229.

Tigrid, Pavel: Révoltes ouvrières à l'Est. Bruxelles 1981. (dt. Ausg. Köln 1983 u.d.T. Arbeiter gegen den Arbeiterstaat. Widerstand in Osteuropa).

Uhl, Petr: Le socialisme emprisonné. Une alternative socialiste à la normalisation. Paris 1980. (dt. Ausg. Frankfurt/M. 1981 u.d.T. Die Herausforderung. Eine sozialistische Alternative zur Normalisierung in der ČSSR).

Ulc, Otto: The "Normalization" of Post-Invasion Czechoslovakia, in: Survey 24 (1979) 3, S. 201ff.

Viney, Deryck E.: Rewriting History in Czechoslovakia, in: Studies in Comparative Communism 3 (1970) 1, S. 31ff.

IV. Der "Prager Frühling" und der Umbruch 1989/90

Miller, Tilly (Hg.in): Prager Frühling und Reformpolitik heute. Ursachen, Hintergründe und Parallelen der Reformbewegungen in Osteuropa. München 1989.

Osers, Jan: Die theoretischen Vorstellungen des "Prager Frühlings" aus der Sicht der "Samtenen Revolution" von 1989, in: Mannheimer Berichte (1991) 38, S. 7ff.

Prager Frühling. Reformen gestern und heute. Hamburg 1989.

V. Biographien

Fiš, Teodor: Mein Kommandeur General Svoboda. Vom Ural zum Hradschin. Wien, Frankfurt/M., Zürich 1969.

Kriseová, Eda: Václav Havel, Dichter und Präsident. Die autorisierte Biografie. Berlin 1991.

Kuhn, Heinrich/Böss, Otto (Bearb.): Biographisches Handbuch der Tschechoslowakei. Neuaufl. München 1969 (Loseblatt-Ausg.). (Erstaufl. 1961).
Navazelskis, Ina: Alexander Dubček. New York 1991.
Oschlies, Wolf: Josef Šmrkoský (1911-1974). Zum Tode des tschechoslowakischen Politikers. Köln 1974.
Osers, Jan: Dubček, Alexander, in: Lexikon linker Leitfiguren. Hg. von Edmund Jacoby. Frankfurt/M., Olten, Wien 1988, S. 94ff.
Preti, Luigi: Interpretazione di Dubček. Milano 1971.
Reitzner, Almar: Alexander Dubček. Männer und Mächte in der Tschechoslowakei. München 1968.
Sandi, F.: Gustáv Husák: Un profilo politico, in: L'Est 8 (1972) 4, S. 61ff.
Shawcross, William: Dubček. Dubček and Czechoslovakia 1968-1990. Durchges., erw. Aufl. London, New York 1990. (Erstaufl. 1970).
Simmons, Michael: Václav Havel - Staatsmann mit Idealen. Eine Biographie. Braunschweig 1992.
Slapnicka, Harry: Alexander Dubček - Versuch einer Einordnung, in: Osteuropa 18 (1968), S. 231f.
ders.: Erstmals ein General im Hradschin - Ludvík Svoboda, in: Osteuropa 18 (1968), S. 644f.
ders.: Gustáv Husák - ein slowakischer "Realist", in: Osteuropa 19 (1969), S. 213f.
ders.: Oldrich Černik - Technokrat und Kommunist, in: Osteuropa 18 (1968), S. 825.
Tatu, Michel: Czechoslovakia's New Communist Boss, Alexander Dubček, in: Interplay 1 (1968), S. 45ff.
Tigrid, Pavel: La chute irrésistible d'Alexander Dubček. Paris 1969.
Veselý, Ludvík: Dubček. München 1970.

Tagungsberichte

Lidija Miljakowa (Moskau)

Konferenz zur Geschichte des "Kalten Krieges" vom 12. bis 15. Januar 1993 in Moskau

Zu dem Thema Geschichte des "Kalten Krieg" führten vom 12. bis 15. Januar 1993 das Moskauer Institut für allgemeine Geschichte der Russischen Akademie der Wissenschaften, das Moskauer Zentrum für die Aufbewahrung zeitgenössischer Dokumente (Leitung R. Ussikow) und das Woodrow Wilson International Center for Scholars in Washington D.C. als Initiatoren und Träger des Cold War International History Project eine gemeinsame wissenschaftliche Konferenz in Moskau durch.

In seinem Einleitungsreferat hob W. Taubman (USA) hervor, daß die amerikanisch-russische Vereinbarung mit dem Moskauer Zentrum für die Aufbewahrung zeitgenössischer Dokumente erstmals die Möglichkeit schuf, die Einseitigkeit in der bislang auf westlichen Quellen basierenden Geschichtsschreibung des "Kalten Krieges" zu überwinden, weshalb auch der Konferenz eine große Bedeutung zukomme. Gleichzeitig bedauerten die Teilnehmer der Konferenz allerdings, daß keine analogen Abkommen mit anderen russischen Archiven zustandekamen wie dem Russischen Zentrum für Aufbewahrung und Erforschung von Dokumenten der neusten Geschichte (bis 1953), dem Archiv des Außen- und des Verteidigungsministeriums; sie bedauerten ebenfalls, daß das sog. Präsidenten-Archiv für Wissenschaftler geschlossen wurde.

Das Konferenzprogramm war chronologisch-thematisch aufgebaut und umfaßte Probleme wie die Entstehung des "Kalten Krieges", die deutsche Frage, das Stalinsche Erbe in der sowjetischen Außenpolitik 1953-55, die Krisen des "Kalten Kriegs" (Suez, Berlin, Kuba), die militärischen Interventionen der UdSSR in Ungarn und in der Tschechoslowakei, die sowjetische Gesellschaft in der Periode des "Kalten Krieges" u.a.m.

Unter den Vorträgen über die Ursprünge des "Kalten Krieges" stieß der von L. Gibianskij (Moskau) auf ein besonderes Interesse. Der Referent verfolgte die Prozesse der Entstehung des sozialistischen Lagers und betonte den Machiavellismus in den Beziehungen Stalins zu den Führern der kommunistischen Parteien in Osteuropa (z.B. im Zusammenhang mit der Gründung des Kominform). Weiterhin ging Gibianskij auf die Stalinschen Konzepte für die Gestaltung des sozialistischen Lagers ein. W. Wolkow

(Moskau) analysierte auf der Grundlage von Materialien aus dem Komintern-Archiv die Ursprünge der Konzepte für die Nachkriegsregime in Osteuropa und fixierte den chronologischen Rahmen der Realisierung dieser Ziele auf den Zeitraum Sommer-Herbst 1944. Der Referent zog die Schlußfolgerung, daß in dieser Region bereits bei Kriegsende ein selbständiger militärisch-politischer Block mit der UdSSR an der Spitze formiert war, der innerhalb der Anti-Hitler-Koalition wirkte.

Die Beiträge von Scott Parrish (USA) und M. Narinskijs (Moskau) waren einem Schlüsselproblem des "Kalten Krieges" - dem Marshall-Plan - gewidmet. Der Marshall-Plan wurde in beiden Referaten als ein Wendepunkt zum "Kalten Krieg" betrachtet. Während sich S. Parrish auf die Entwicklung der sowjetischen Position in dieser Frage konzentrierte, analysierte M. Narinskij den Marshall-Plan im Kontext der Widersprüche zwischen den beiden Großmächten und wies insbesondere auf die Unvereinbarkeit der amerikanischen und der sowjetischen Nachkriegskonzeption in der Frage des Wiederaufbaus Europas hin.

N. Jegorowa unterstrich in ihrem Vortrag "Von der Komintern zum Kominform: Die Rolle der Ideologie in der Genesis des 'Kalten Krieges'" die Bedeutung der "Parteidiplomatie" in der sowjetischen Außenpolitik der Nachkriegszeit, insbesondere die Ausnutzung der kommunistischen und der demokratischen Bewegung in den verschiedenen Ländern im Interesse der UdSSR.

Eine große Zahl von Beiträgen war der deutschen Frage gewidmet. Besonders aufmerksam verfolgte man die Faktoren, die auf die sowjetische Position gewirkt hatten. A. Filitow (Moskau) wies anhand von SMAD-Materialien die Existenz verschiedener Tendenzen im sowjetischen Denken in der Deutschlandfrage 1945-49 nach. In einen zweiten Referat zur Periode 1953-55 entwickelte er die These über das Vorhandensein verschiedener Paradigmen in der sowjetischen Politik gegenüber Deutschland. Einen mehr personifizierten Zugang zu dieser Thematik wählte James Richter (USA), der schlußfolgerte, daß in der Zeit der "Zwischenherrschaft" nach Stalins Tod die deutschlandpolitischen Zielsetzungen von Berija ausgingen. Nach dessen Verhaftung gewann die harte Linie einer Aufrechterhaltung der Spaltung Deutschlands die Oberhand.

Von einer anderen Position heraus analysierten W. Subok (Moskau) und Hope Harrison (Washington) die Berlinkrise 1958-61. Beide meinten, daß die damalige Entwicklung in erheblichem Maße vom sowjetisch-chinesischen Konflikt bestimmt wurde, der von der DDR-Führung zur Verhärtung des Konflikts ausgenutzt wurde. Mit dem Vortrag von W. Afiani und I. Iwanow (Moskau) über die Suez-Krise 1956 wurde der thematische Bereich "Kalter Krieg" und Krisen fortgeführt. Die Referenten zogen den Schluß, daß in jenen Jahren die Dritte Welt die Priorität in der außenpolitischen Planung der UdSSR im Kampf gegen den Kapitalismus erlangt habe. W. Posdnjakow (Moskau) wies auf die unbekannte Tatsache der Herausbildung einer "öffentlichen" Meinung in der UdSSR über diese Frage hin, die aus Dokumenten des ZK der KPdSU, aus Meldungen des KGB und des Verteidigungsministeriums rekonstruiert wurde.

Ein bedeutender Teil der Referate beschäftigte sich mit dem Thema "Sowjetische Interventionen". A. Stykalin analysierte den Einfluß der KPdSU-Führung auf die Entscheidungsfindung in der ungarischen Parteispitze während der Krise 1956. Die Beiträge von M. Latysch, A. Tschernjew und M. Korobotschkin über die sowjetische Einmischung in der Tschechoslowakei machten auf unterschiedliche Positionen in der sowjetischen Führung aufmerksam, auf Formen und Methoden der sowjetischen Parteidiplomatie. Sie sprachen auch über die Beeinflussung des sog. Normalisierungsprozesses in der ČSSR durch den Kreml und über die kollaborationistische Haltung der KPČ-Führung. Das Referat von J. Granville (USA) war der vergleichenden Analyse der Mechanismen in den sowjetischen Entscheidungen zur Frage der militärischen Intervention im "Kalten Krieg" gewidmet.

W. Leltschuks wandte sich in seinem Vortrag dem Thema "'Kalter Krieg' und die Sowjetgesellschaft" zu und untersuchte die Zusammenhänge zwischen Innen- und Aussenpolitik der UdSSR, fragte nach der sozialen Basis der Politik des "Kalten Krieges" im Lande. Er umriß Bereiche, deren Existenz von dieser Politik abhing (beispielsweise der militärisch-industrielle Komplex und das GULag-System), und beschrieb die Methoden, mit deren Hilfe die sowjetische Bevölkerung in die Realisierung der Politik einbezogen wurde.

Die Konferenz wurde allgemein als ein Erfolg und Beweis für die Effektivität dieses russisch-amerikanischen Kooperationsprojekts bewertet, das der Forschung eine Menge von einzigartigen, früher unerreichbaren Quellenmaterialien zugeführt hat. Im Rahmen einer Projektfortsetzung wurde eine weitere Kooperation bei Publikationsvorhaben, beim Wissenschaftleraustausch und bei Konferenzen sowie neuen Forschungsvorhaben vereinbart. Zu bedauern ist jedoch, daß an der Konferenz lediglich russische und amerikanische Wissenschaftler teilgenommen haben. Ein Mangel, den auch die geplante Veröffentlichung der zentralen Beiträge nicht wird aufwiegen können.

Jutta Petersdorf (Berlin)

Lenin ohne Ismus. Das internationale Symposium "Lenin - Theorie und Praxis in historischer Perspektive" vom 15. bis 18. März 1993 in Wuppertal

Es war eine überschaubare Teilnehmerzahl, die einer Einladung des Vorbereitungskomitees und seiner federführenden Initiatoren Theodor Bergmann (Stuttgart), Gert Schäfer (Hannover), Mario Keßler (Berlin/Potsdam) und Wladislaw Hedeler (Berlin) zum Internationalen Symposium "Lenin - Theorie und Praxis in historischer Perspektive" vom 15. bis 18. März 1993 in Wuppertal gefolgt war. Den historischen Hintergrund lieferten die 1988 und 1990 an der Bergischen Universität Wuppertal stattgefundenen Tagungen, die den Jubiläen von Bucharins 100. Geburtstag und dem 50. Jahrestag der Ermordung Trotzkis gewidmet waren. Dem damals vereinbarten Lenin-Kolloquium blieben die Veranstalter treu, weil sie angesichts der gegenwärtigen historischen Umbruchssituation weniger Zeitgeist und Siegesrausch zu Worte kommen lassen wollten als die nüchterne, zweifelnde, sachlich-kritische Analyse von Lenins Theorien und Praxis. Ein weites Spektrum der Beurteilungen stand zur Diskussion, und faktisch alle momentan gehandelten Meinungen über Lenin spiegelten sich auf die eine oder andere Weise in den vorgelegten Papieren und mündlichen Beiträgen wider. Die Hauptthemen, zu denen sich die anwesenden 25 Forscherinnen und Forscher aus zehn Ländern vorbereitet hatten, betrafen: 1. die Genese Leninschen Denkens, seine internationalen und nationalen Wurzeln, Lenins Marxismus, 2. die Leninsche Praxis in zeitgenössischer Rezeption mit der Konzentration auf Parteitheorie und -politik, Revolutionstheorie und Komintern sowie 3. die kritische Sicht von Theoretikern und Politikern des Marxismus auf Lenin. Da die Konferenz nicht nach einem inhaltlich streng gegliederten Schema verlief und hier auch nicht alle Beiträge gleichermaßen referiert werden können, konzentrieren sich die folgenden Bemerkungen auf eine Zusammenfassung der debattierten Schwerpunkte. Weder Philosophenkönig noch reiner Pragmatiker, sondern *Lenin als historische Persönlichkeit* war Gegenstand mehrer Beiträge. Wie Alexander Kan (Uppsala) hervorhob, ist eine Beschäftigung mit Lenin heute nur in dreifacher Richtung möglich: durch die Erschließung neuer Quellen (die Zahl der noch nicht veröffentlichten Lenin-Dokumente wurde kürzlich mit 3.724 angegeben), durch eine Revision der Lehre oder aber den Verweis auf Nuancen einer unvoreingenommenen und nicht-ideologisierten Revision. Im Vergleich der Beziehung von Internationalem und Nationalem im Bolschewismus zu Lenin skizzierte Kan dessen Vorliebe für die "deutschen Tugenden" und das westeuropäische 19. Jahrhundert in seiner starken Distanzierung vom Russentum als das gerade echt russische Sein Lenins. Der Berliner Historiker Wolfgang Ruge bemerkte, daß nicht die Fähigkeiten einer einzelnen Person den Geschichtsablauf bestimmen, sondern daß es sich um ein Konglomerat von Umständen, Bedingungen und Verstrickungen vielfältiger Kräfte und Prozesse handelt, in deren Mittelpunkt die durch die Umstände historisch gewordene Person steht. Den Widerspruch zwischen Mittel und Zweck in der Politik belegend, verwies er Lenins gedachtes Ziel einer von Ausbeutung, Unterdrückung und Entrechtung befreiten sozialistischen Ordnung sowohl wegen der Unzulänglichkeiten im menschlichen Handeln als auch wegen der Kontinuität und Diskontinuität bei Lenin selbst in den Bereich einer nicht verwirklichbaren Utopie. Monty Johnstone (London) unterstrich die zwiegespaltene Persönlichkeit Lenins, indem er die immer wiederkehrende Abfolge der Opferung demokratischer Auffassungen zugunsten der Notwendigkeiten des politischen Kampfes verdeutlichte. Der Politikwissenschaftler Uli Schöler reflektierte die Auffassungen von Karl Kautsky, Ottos Bauer und Paul Levi über Lenin. Harald Jentsch (Leipzig) betonte in seinem Beitrag über Lenins ambivalentem Kampf gegen Sektierertum und "Offensivtheorie" in den Jahren von 1919 bis 1921 die zwei in der Geschichte der marxistischen Theorie und der internationalen Arbeiterbewegung gängigen Extreme in der Beurteilung Lenins: Entweder wurde er zum Fortsetzer der Marxschen Lehre hochgelobt oder zum geradlinigen Mittler zwischen der Marxschen Lehre und den Verbrechen Stalins degradiert. Damit leitete der Referent gewissermaßen zum zweiten Schwerpunkt über. Lenins Marxismus bzw. die Vereinfachung des Marxismus durch Lenin in seinem Gesellschaftskonzept war der Tenor einer theorieintensiven Diskussionsrunde, die insbesondere Wolfgang F. Haugh (Berlin), Wladislaw Hedeler, Mario Keßler, Wolfgang Küttler (Berlin), Monika Runge (Leipzig) und Gert Schäfer bestritten. Ausgangspunkt waren die von Haugh unterbreiteten vorläufigen Überlegungen zur Philosophie und Praxis bei Lenin. Seine Thesen, daß nur durch die Kritik Lenins Beitrag zum Marxismus aus dem Zusammenbruch des von ihm gegründeten Staates zu retten sei und daß nur ein aus den von Lenin zur Umwälzung des marxistischen Status der Philosophie eingezogenen Strukturen befreites Denken ihn für marxistisches Denken zurückzugewinnen bedeutet, wurden allgemein akzeptiert.

Monika Runge präzisierte dies insofern, als sie auf die sehr unterschiedliche Beurteilung des Status der Philosophie durch Lenin aufmerksam machte. Nachfragen und Widerspruch rief vor allem die These von Haugh hervor, daß die Marxschen Kritiken in ihrer durch Lenin angebahnten Rezeption im Marxismus-Leninismus mit einer Filterung und vordergründigen Politisierung gleichzusetzen sei. So stellte Küttler die Fragen: Wie ist der Marxismus als weltanschaulich normative, handlungsorientierte Bewegung zu begründen? Besteht ein Grundwiderspruch zwischen dem philosophischen, dem philosophiekritischen Denken, dem Wissenschaftsverständnis mit seiner Analyse der gegebenen Realitäten und den Erfordernissen der politischen Umsetzung? Was wäre das Ergebnis, würde man den sich praktisch verstehenden Marx mit dem Praktiker Lenin vergleichen? Schäfer konzentrierte sich auf das allgemeine Problem der Herausforderung des Marxismus als Weltanschauung und die dementsprechende Position Lenins, während Wladislaw Hedeler anhand seines eigenen Beitrages über Lenins Aneignung des Marxismus schlußfolgerte, Lenin sei als Theoretiker zu verstehen, der sich auf Marx zur Illustration russischer Verhältnisse berief, ohne mit dem bei Marx zu findenden Anspruch aufzutreten, klassische Allgemeinaussagen formulieren zu wollen. Summa summarum: Es liegt wohl eine tiefe Weisheit in der Geschichte, daß sie Marx nicht in den Zustand eines Staatsoberhauptes versetzte. Theorie, so Haugh, sei stets nur eine vorübergehende Orientierungshilfe für Politik. Sie muß ständig neu gedacht werden. Den Einstieg in die Erörterung der revolutionären Praxis Lenins gaben die Beiträge von Jens Becker und Thomas Zöller (Frankfurt/Dietzenbach) über die sozialen Bewegungen 1917 und von Reinhart Kößler (Münster) "Zwischen evolutionärem Determinismus und Voluntarismus - Versuch über Lenins 'theoretische Tat' 1917". Sie rückten die Frage in den Mittelpunkt, welcher Aufgabe die Oktoberrevolution, gemessen an der historischen Situation, nachkam: der einer notwendigen Rekonstruktion in Rußland oder der einer radikalen Alternative zur Entwicklungsrevolution. Die Polemik der Autoren Becker und Zöller aufgreifend, sprach sich Johnstone dafür aus, die Argumente Sinowjews und Kamenews gegen den bewaffneten Aufstand zu überprüfen sowie die realen und irrealen Chancen für die Demokratie in Rußland in Zusammenhang mit den Ereignissen um die Einberufung der Konstituierenden Versammlung zu beleuchten. Untersuchungen zur *Parteitheorie und -politik* bestimmten die Aussagen in den Papieren von Schäfer "Lenins Begriffe von Bürokratie und Bürokratisierung", Elke Scherstjanoi (Berlin) "Soll jede Köchin den Staat regieren? oder: Kontrolle von oben - Kontrolle von unten im Leninschen Konzept der demokratischen Diktatur" und Bill Hansen/Brigitte Schulz (Hartford, Connecticut) "That is to be undone - Lenin, socialism, democracy". In vier Thesen verdeutlichte Schäfer, wie auf Grund von Lenins Organisationskonzept einer zentralisierten Führerpartei sowie der politischen Weichenstellungen wider besseren Wollens und unvorhergesehener Konsequenzen der totalitär-bürokratische Staat (Trotzki) entstand. Erläuterungen, in welchem Bezugssystem die bürokratischen Erscheinungen kritisiert wurden, aber auch Überlegungen zu alternativen Regelungen blieben ausgespart.

Elke Scherstjanois Darlegungen über Lenins Neuorientierung auf das diktatorische Moment, das zum Ausgangspunkt eines potentiell antiemanzipatorischen Verstaatlichungsprozesses der Revolution wurde, standen wegen des in ihnen enthaltenen Verweises auf die Rückständigkeit Rußlands und die Schwierigkeit der nachholenden Zivilisationsprozesse in direktem Bezug zum diskutierten Problem der *Erziehungsdiktatur* als einem Schlüsselbegriff für die unter dem Schlagwort "Kulturrevolution" subsummierten

Veränderungen im geistig-kulturellen Bereich. Der Beitrag von Jutta Petersdorf (Berlin) "Lenin und die Intelligenz - eine Beziehung zwischen Gewalt und Vernunft" veranlaßte Schäfer, ein neues Nachdenken über die dritte Feuerbach-These von Marx anzumahnen. Im Grunde genommen sei in ihr schon potenziert, was sich im Nachhinein bestätigte: In dem Augenblick, wo die revolutionäre Intelligenz versucht, mit Hilfe von erziehungsdiktatorischen politischen Herrschaftsformen Veränderungen herbeizuführen, dividiert sich die Gesellschaft notwendigerweise in zwei Teile, was den einen über den anderen erhaben macht. Über *Lenin und die Komintern*, die Komintern als Alternative zur Passivität der internationalen Arbeiterbewegung entwickelten Alexandr Watlin (Moskau), Pierre Broué (St. Martin d' Hères), Friedrich Firsow (Moskau), August Lesnik (Ljubljana) ihre Standpunkte. Bernhard H. Bayerlein (Aachen) lieferte einen Exkurs in Sachen Quellenanalyse und -kritik, indem er anhand der jetzt im ehemaligen Moskauer Parteiarchiv zugänglichen Beschlußprotokolle des Politbüros der SDAPR(B)/KPdSU(B) deren Bezüge zur Komintern aufzeigte. Seiner an die russischen Kollegen gerichteten Bitte, eine Zerstückelung der Dokumente aufzuhalten, war außer Beifall nichts hinzuzufügen. Neben den Vorträgen von Matitiahu Mayzel (Tel Aviv) "Lenin and the military", Marjan Britovsek (Ljubljana) über die erste sowjetische Verfassung und die Föderation, Witali Starzew (St. Petersburg) über Lenins Sozialismusauffassungen, Boris Starkow (St. Petersburg) über die Hauptideen des antistalinschen Widerstandes Ende der zwanziger/Anfang der dreißiger Jahre und von Song Hongxun (Beijing) über Lenins Sozialismuskonzeption und die gegenwärtige Welt behandelte ein letzter Themenkreis *formationstheoretische Fragen*. Für Küttler bot er den Anlaß, die Forschungsergebnisse über Lenins Beitrag zur Theorie und Methode der Geschichts- und Sozialwissenschaften anhand von dessen Werk- und Wirkungsgeschichte vorzutragen. Seine differenzierte Sichtweise kam in der Benennung solcher Hauptperioden wie der vor 1905, der Revolution wie Reaktion spiegelnden Zeit von 1905/07 bis 1910, des Vorabends des Ersten Weltkriegs und seiner Dauer sowie in bezug auf die Jahre von 1917, 1921 und 1922 zum Ausdruck.

Ebenso wie jede andere Konferenz vermochte auch diese nicht, alle anstehenden Fragen zu behandeln. Zu den ausgesparten Themen - trotz ihres mehrfachen Bezugs zu den schriftlich vorgelegten Beiträgen - gehörte das Verhältnis Lenins zum Terror wie auch das Ineinandergreifen der Macht eines von Lenin an Stalin vererbten, nicht mehr zu regulierenden Machtapparates. Aber auch zu den Parallelen und Gegensätzen hinsichtlich der angestrebten Übereinstimmung von individuellen und Klassengegensätzen ist noch nicht das letzte Wort gesprochen.

Es bleibt nur zu hoffen, daß das historische Interesse an Lenin nicht ebenso sang- und klanglos untergeht wie das von ihm geschaffen Modell des "sozialistischen" Staates.

Martin Rißmann (Koblenz)

Bericht über das IX. Kolloquium zur Geschichte der DDR der Ost-Akademie Lüneburg vom 20. bis 22. November 1992

Das DDR-Kolloquium der Ost-Akademie Lüneburg ist ein Forum zur Vorstellung laufender wissenschaftlicher Projekte zur Geschichte der DDR. Es dient weniger der Präsentation abgeschlossener Arbeiten als der Darstellung vorläufiger Thesen und der Erörterung von Quellen und Methoden. In Lüneburg hat vor allem der Nachwuchs Gelegenheit, Zwischenbilanzen von Magister- und Doktorarbeiten zur Diskussion zu stellen. Darüber hinaus nehmen auch erfahrene Wissenschaftler die Gelegenheit zum Vortrag wahr. Da beim IX. Kolloquium, das vom 20. bis 22. November 1992 stattfand, erste Ergebnisse aus Archivstudien in den neuen Bundesländern zur Sprache kamen, durfte die Veranstaltung besonderes Interesse beanspruchen. Obwohl ein Rahmenthema für die einzelnen Kurzvorträge nicht vorgegeben war, entwickelten sich Schwerpunkte bei der Gründungs- und Formierungsphase in den fünfziger Jahren sowie beim Themenbereich des revolutionären Umbruchs 1989/90.

In die Problematik der Aufarbeitung der DDR-Vergangenheit führte der Trierer Doktorand Ralf Altenhof in seinem Vortrag über die Aufgaben und Arbeitsweise der vom Bundestag eingesetzten Enquete-Kommission "Aufarbeitung von Geschichte und Folgen der SED-Diktatur in Deutschland" ein. Die Diskussion entzündete sich insbesondere am Spannungsverhältnis von wissenschaftlichem Erkenntnisgewinn und politischer Bewertung. Inwieweit kann die Suche nach Ergebnissen, die unter den Parteien konsensfähig sein sollen, einen substantiellen Beitrag zur kritischen Aufarbeitung der DDR-Geschichte liefern? Nicht nur von Teilnehmern aus den neuen Bundesländern wurde in diesem Zusammenhang Unbehagen geäußert, daß die Aufarbeitung der Geschichte der DDR von einem parlamentarischen Gremium und mit westdeutscher Dominanz betrieben wird.

Den ersten Abend beschloß die Vorstellung eines Projekts der "Forschungsgesellschaft Deutsche Nachkriegsgeschichte e.V.". Es handelt sich um eine Initiative Hamburger Geschichtsstudenten, die in Gemeinschaftsarbeit Untersuchungen zur DDR-Geschichte vornehmen. Erläutert wurde das Vorhaben, den Verlauf der friedliche Revolution im kleinstädtischen Raum in den Blick zu nehmen. Am Beispiel der Stadt Friedland (ca. 8.500 Einwohner) soll durch Archivarbeit, Zeitzeugenbefragung sowie Zeitungsanalysen untersucht werden, inwieweit es fernab der großen politischen Zentren zu oppositionellen Kundgebungen kam und welche Bürgergruppen sich gegen das SED-System organisierten.

Am Beispiel von drei prominenten Mitgliedern der Sowjetischen Militäradministration stellte Elke Scherstjanoi (Berlin) die Unterschiede in Vorbereitung, Einstellung und im Deutschlandbild von sowjetischen Besatzungsoffizieren dar. Bei der Typenbildung des "Verwalters", "Beamten" und "Sicherheitsmannes" konnte sie auf ihre Moskauer Archivstudien über die SKK zurückgreifen und feststellen, daß sich das Verhalten der Offiziere aber auch die Offenheit ihrer Berichterstattung nach Moskau in den Jahren 1945 bis 1949 deutlich verändert habe. Der Typ des Verwalters der unmittelbaren Nach-

bis 1949 deutlich verändert habe. Der Typ des Verwalters der unmittelbaren Nachkriegsphase habe über ein relativ realistisches Deutschlandbild verfügt und noch mehr informellen Umgang mit der deutschen Bevölkerung unterhalten. Beim "Beamten" hingegen hätten die politisch-strategische Beobachtung und der Blickwinkel der Moskauer Ministerien im Vordergrund gestanden. Beim Typus des "Sicherheitsmannes" sei der informelle Kontakt zur deutschen Bevölkerung noch weiter zurückgegangen.

Mit der Frage des Umgangs mit den zahlreichen ungewollten Schwangerschaften, die in der Folge von Vergewaltigungen durch Angehörige der russischen Besatzungstruppen entstanden waren, befaßte sich Kirsten Poutrus (Berlin) in ihren Ausführungen zum "Abtreibungsrecht und Abtreibungspraxis in der SBZ 1945-1950". Die Berliner Dissertation wird die Einflußfaktoren auf die Gesetzgebung der Länderparlamente in der SBZ 1947/48 gewichten, die getroffenen Regelungen für den Schwangerschaftsabbruch darstellen sowie die Haltung der deutschen Kommunisten und der SMAD untersuchen. Die Referentin vertrat die These, daß die Reform des § 218 durch eine russische Initiative veranlaßt worden sei, während die Rücknahme dieser Regelungen durch das Mutterschutzgesetz der Volkskammer im Jahr 1950 auf bevölkerungspolitische Gründe zurückzuführen sei. Die Quellenlage zu diesem Thema gilt als besonders schwierig, da die Reform der Jahre 1947/48 später bewußt verschwiegen worden ist.

Die Gründung und Entwicklung der Arbeitsbrigaden stellte Jörg Roesler (Potsdam) in seinem Vortrag "Brigadier contra Meister - innerbetriebliche Machtkämpfe Anfang der fünfziger Jahre" dar. Die Entwicklungsgeschichte der Brigaden sei ein Beispiel, daß die SED den Umstrukturierungsprozeß in den Betrieben zunächst nicht vollständig habe kontrollieren können. In einigen Fällen sei die Bildung der Brigaden von den Belegschaften erwünscht gewesen, da sich einige Arbeiter eine Verbesserung ihrer Position in der Betriebshierarchie erhofft hätten. Wo die SED unvorbereitete und vorzeitige Gründungen erkannte, habe sie nur unter Schwierigkeiten gegen unerwünschte Entwicklungen vorgehen können, da die Träger der Brigadebildung häufig die Aktivisten und Bestarbeiter des Betriebes gewesen seien. Bereits 1951/52 habe durch das Meistergesetz eine allgemeine Restrukturierung eingesetzt, die zur vorübergehenden Wiedereinsetzung der Meister in ihre alten Funktionen und schließlich zur Auflösung der Arbeitsbrigaden in den Jahren 1955 - 1958 führten. Roesler zog das Fazit, daß sich die Geschichte der Arbeitsbrigaden nur schwer in das Interpretationsschema der zentralen Kommandowirtschaft einordnen lasse.

In seiner Magisterarbeit untersucht Klaus Jansen (Hamburg) am Beispiel des Bezirks Potsdam die Struktur der Zu- und Abwanderungen in der zweiten Hälfte der fünfziger Jahre. Auf der Basis der Wochen- und Monatsstatistiken des Rates des Bezirks berichtete Jansen über sehr interessante Detailergebnisse. So sei festzustellen, daß die Nähe des Kreises zu Berlin in der Regel in einem direkten Verhältnis zur Abwanderungsquote stehe. Weiterhin sei im Verhältnis 1 : 3 auch eine erstaunlich hohe Zahl an Zuwanderern in den Bezirk nachzuweisen. Bei der Gruppe der Rückkehrer ergebe eine Analyse der Altersstruktur Hinweise, daß die Zahl kinderreicher Familien überdurchschnittlich hoch gewesen sein müsse. Hinsichtlich der sozialen Zusammensetzung der Abwanderer registrierte Jansen einen konstanten Anteil bei der Gruppe der Angestellten, während der Anteil der Arbeiter im Zeitraum 1955-1959 abgenommen habe. Eine deutliche Zunahme sei bei der Gruppe der "Anderen" zu verzeichnen, die sowohl Hausfrauen, Rentner als auch die dem Kollektivierungsdruck ausgesetzten selbständigen Handwerker umfasse.

In einem regionalgeschichtlichen Ansatz untersuchte Angelika Klein (Halle) die Auswirkungen des XX. Parteitages der KPdSU in den SED-Parteiorganisationen des Bezirks Halle. Die ideologische Anpassung an die Enthüllungen der Chruschtschow-Rede und die Loslösung von alten Propagandalosungen seien in der SED-Bezirksleitung zunächst sehr schleppend erfolgt. Am Beispiel der Universität Halle stellte die Referentin die Reaktionen der SED auf die kritische Infragestellung ihrer Herrschaftspraxis dar. Auffällig sei, daß insbesondere die mittlere Ebene des wissenschaftlichen Personals, die Assistenten und Aspiranten, und weniger die Professoren von Parteiausschlüssen betroffen waren.

Zur "Rolle der Ost-CDU im politischen System der DDR" sprach Martin Rißmann (Koblenz). Auf der Grundlage der Akten des CDU-Parteiarchivs, der Beurteilungen der ZK-Abteilungen "Befreundete Parteien" sowie der Befragung ehemaliger Funktionäre erläuterte er die politisch-ideologische Überzeugungsarbeit gegenüber den eigenen Mitgliedern als die wesentliche, den Blockparteien zugewiesene Funktion. Das Tätigkeitsfeld der Parteiarbeit sei weitgehend in eigener Regie gestaltet worden, während die Aktivitäten der CDU in den Volksvertretungen und in der Nationalen Front vollständig den Reglementierungen und Anweisungen der SED unterworfen gewesen seien. Am Beispiel der Einführung der Jugendweihe und der Kollektivierungsmaßnahmen in Landwirtschaft und Handel erläuterte das Referat die These, daß die CDU-Parteiführung eine Interessenvertretung der Belange ihrer Mitglieder bereits zur Mitte der fünfziger Jahre nicht mehr angestrebt habe. In diesen Konflikten manifestierte sich auch die ausgeprägte Differenz zwischen der SED-hörigen Parteiführung und den Mitgliedern, bei denen nach Einschätzung der SED noch Ende der sechziger Jahre "reaktionäre" Auffassungen vorherrschend gewesen seien.

Kerstin Thöns (Berlin) informierte über ein Forschungsprojekt zur Geschichte der Jugendpolitik der SED in den Jahren 1958 bis 1965. Die Intentionen und Instrumente des Staates sollen ebenso in den Blick genommen werden wie die Einstellungen der Jugendlichen und die sie prägenden Einflußfaktoren. Für die zweite Fragestellung werden die Erhebungen des Leipziger Zentralinstituts für Jugendforschung ausgewertet, die seit 1961 angestellt wurden. Als ein erstes Teilergebnis referierte Kerstin Thöns über ein deutliches Spannungsverhältnis zwischen den staatlichen Sozialisationsnormen und der tatsächlichen Befindlichkeit junger Menschen in der DDR. Trotz der seit Jahren praktizierten Verfahren politisch-ideologischer Einflußnahme in Schule und Freizeit habe man auch zu Beginn der sechziger Jahre nach wie vor die Jugend für das politische System der DDR gewinnen müssen. Der bisherigen These wird nun anschauliches empirisches Material beigefügt werden können.

"Der nationalkonservative Widerstand in der Historiographie der Widerstandsforschung der SBZ/DDR" war Gegenstand der Ausführungen von Ines Reich (Potsdam). Am Beispiel von Carl-Friedrich Goerdeler stellte die Referentin die Phasen der publizistischen Auseinandersetzung sowie die vorherrschenden Argumentationstypen dar. Das Verdikt über Goerdeler sei frühzeitig formuliert worden. Bereits 1945 sei in der "Täglichen Rundschau" die Auffassung vertreten worden, daß die politische Zielsetzung des Attentats auf Hitler am 20. Juli 1944 restaurativ gewesen sei. Ab 1949 habe der nationalkonservative Widerstand in der Publizistik der DDR keine Rolle mehr gespielt. Festzustellen sei allerdings auch, daß Graf Stauffenberg stets aus der negativen Einschätzung ausgeklammert worden sei.

Lothar Mertens (Bochum) stellte die Zwischenbilanz eines Forschungsprojekts vor, das der systematischen Erfassung der gesperrten Dissertationen in der DDR gewidmet ist. Auf der Grundlage entsprechender Karteien wurden für den Zeitraum 1978 bis 1987 bisher nahezu 7.000 Dissertationen verzeichnet, die mit unterschiedlichen Geheimhaltungsstufen versehen waren. Dies entspricht einem Anteil von 16 % aller angefertigten Dissertationen A und B. An einigen Hochschulen und Akademien liege die Quote der nicht zugänglichen Arbeiten deutlich über einem Drittel. Ein proportionales Verhältnis zwischen der Gesamtzahl der an einer Hochschule eingereichten Dissertationen und der Zahl der Sperrvermerke lasse sich jedoch nicht feststellen. Auch aus der Themenstellung lasse sich nicht immer auf die Begründung einer Geheimhaltung schließen. Daß die Sperrung häufig nicht durch die Schutzwürdigkeit der Ergebnisse veranlaßt, sondern auch mit der Zusammensetzung der Prüfungskommission zusammenhing, lege die Tatsache nahe, daß eine signifikante Zahl von Sperrvermerken später überraschend wieder gestrichen wurde. In der Diskussion hoben die Wissenschaftler aus den neuen Bundesländern hervor, daß der informelle Austausch zwischen den Bearbeitern verwandter Themen trotz aller Geheimhaltungsstufen funktioniert habe.

In seinem Vortrag "Aufbruch und Überleitung des DDR-Rundfunks von Oktober 1989 bis Oktober 1990" stellte Stefan Wortmann (Mannheim) die Konzeption seiner Magisterarbeit vor. Gegenstand der Untersuchung sind das Verhalten der Mitarbeiter des DDR-Rundfunks während der Wende sowie die folgenden Strukturveränderungen bis zur staatlichen Einheit im Oktober 1990. Die Diskussion konzentrierte sich insbesondere auf die Überlebensfähigkeit "autochthoner" Reformvorstellungen im Widerstreit mit der westlichen Einflußnahme auf die Rundfunklandschaft in den neuen Ländern.

Ralf Eicher (Mannheim) erläuterte erste Überlegungen zu den Entstehungsbedingungen einer gesamtdeutschen politischen Kultur, die das Untersuchungsfeld seiner Magisterarbeit ist. Sie soll vor allem der Frage nachgehen, in welchen Bereichen der Meinungen, Einstellungen und Verhaltensweisen in den vier Jahrzehnten deutscher Teilung unterschiedliche Voraussetzungen entstanden sind. Da die Arbeit sich noch im Vorbereitungsstadium der Literatursichtung und Quellenauswahl befand, stand in der Diskussion die Eingrenzung der Fragestellung im Vordergrund.

Das IX. Kolloquium zur Geschichte der DDR bot interessante Vorträge und anregende, vielfach auch kontrovers geführte Diskussionen. Für den wissenschaftlichen Nachwuchs war es eine willkommene Gelegenheit, vor sachkundigen Gesprächspartnern Fragestellungen zu präzisieren und Zwischenergebnisse zur Diskussion zu stellen. Darüber hinaus war die Veranstaltung ein gutes Erfahrungsfeld im noch ungeübten Dialog zwischen Doktoranden und jüngeren Wissenschaftlern aus Ost und West. Bei aller Offenheit im Gespräch zeigte sich doch gelegentlich, daß es die eine oder andere Verständigungsschwierigkeit noch abzubauen gilt. Angesichts der vereinigungsbedingten Sparzwänge, die paradoxerweise die öffentliche Förderung der DDR-Forschung besonders betreffen, sei der bewährten Tagung der Ost-Akademie Lüneburg noch eine fruchtbare Zukunft gewünscht.

Sammelrezensionen

Hans Hecker (Düsseldorf)

Literatur zur Geschichte der Sowjetunion

Torke, Hans-Joachim (Hrsg.): Historisches Lexikon der Sowjetunion 1917/22 bis 1991. Verlag C. H. Beck, München 1993, 401 S.

Nolte, Hans-Heinrich: Rußland/UdSSR. Geschichte, Politik, Wirtschaft. Fackelträger-Verlag, Hannover 1991, 288 S.

Portisch, Hugo: Hört die Signale. Aufstieg und Fall des Sowjetkommunismus. Verlag Kremayr & Scheriau, Wien 1991, 448 S.

Jegorow, Vladimir K./Jefremow, Wladislaw/Jefremowa, Irina/Mostowoi, Wjatscheslaw: Ein Stern verblaßt. Reflexion einer dramatischen Epoche. Sowjetunion 1917 bis 1991. edition q Verlags-GmbH, Berlin 1991 (Kassette).

Brie, Michael/Böhlke, Ewald: Rußland wieder im Dunkeln. Ein Jahrhundertstück wird besichtigt. Mit Beiträgen von Petra Stykow und Rainer Land. Aufbau Taschenbuch Verlag, Berlin 1992, 253 S.

Das Ende des sowjetischen Entwicklungsmodells. Beiträge zur Geschichte der sozialen Konfrontationen mit dem sozialistischen Akkumulationskommando. Schwarze Risse Verlag, Berlin 1992 (Materialien für einen neuen Antiimperialismus, Nr. 4), 320 S.

Nikolajewski, Boris: Brief eines alten Bolschewiken. Mit einem Essay von Detlev Claussen. Verlag Neue Kritik, Frankfurt/M. 1992, 106 S.

Peter, Antonio/Maier, Robert (Hrsg.): Die Sowjetunion im Zeichen des Stalinismus. Verlag Wissenschaft und Politik, Köln 1991, 174 S.

Hughes, James: Stalin, Siberia and the Crisis of the New Economic Policy. Cambridge University Press, Cambridge 1991 (Soviet and East European Studies, 81), 260 S.

Mit dem *Historischen Lexikon der Sowjetunion 1917/22 bis 1991* hat der Berliner Osteuropahistoriker Hans-Joachim Torke erfreulicherweise seinem Lexikon der Geschichte Rußlands (LGR), das 1985 erschienen ist, eine wichtige und wertvolle Fortsetzung folgen lassen. Nach dem bewährten Konzept hat ein zehnköpfiges Team wieder enzyklopädische Stichwortartikel erarbeitet, die alphabetisch angeordnet und mit Querverweisen versehen sind; eine Datentabelle, knappe Literaturhinweise und drei Karten ergänzen das Werk. Der hohe Wert dieses Lexikons für jeden, der sich über Ereignisse, Personen, Daten und Begriffe der sowjetischen Epoche Rußlands informieren will, steht außer Frage; eine solide, zuverlässige und weitgespannte, vor allem auch handlichhandhabbare Informationsquelle zu diesem Themenbereich von annähernder Vergleichbarkeit steht nicht zur Verfügung. Die Auswahl der Stichworte wird über einen bestimmten Grundbestand hinaus immer diskussionswürdig sein. So vermißt der Benutzer, wenn er auf Artikel zur "Spanischen Republik" oder zum "Warschauer Aufstand" gestoßen ist, z.B. das Stichwort "17. Juni 1953"; weiterhin fehlen Artikel über den "Schachty-Prozeß" oder die "Leningrader Affäre", die nur erwähnt, aber nicht hinreichend erläutert werden. Daß die Frauen nur kurz unter "Familie" abgehandelt werden, fällt nicht nur Feministinnen auf. Zum Bereich der Historiographie findet sich zwar eine ganze Reihe von Personal- und Sachstichworten, aber daß auf einen Übersichtsartikel verzichtet wurde, wie ihn das LGR noch bietet, dürfte wohl nicht mehr zum diskutablen Bereich gehören. Vielleicht lassen sich einige Ergänzungen in weiteren Auflagen aufnehmen, von denen dem Band noch sehr viele zu wünschen sind.

In der Reihe der handlichen, gut benutzbaren historisch-politischen Landeskunden des Fackelträger-Verlages ist Hans-Heinrich Noltes Handbuch *Rußland/UdSSR* erschienen. Mit seinem Überblick zur russischen Geschichte von den Anfängen bis in die zweite Hälfte des Jahres 1991 liefert der Hannoveraner Osteuropahistoriker eine bemerkenswerte Zusammenfassung der wesentlichen politischen, wirtschaftlich-sozialen und geistig-ideellen Aspekte, zugleich auch eine historische Deutung der Endphase der UdSSR und der für die künftige Entwicklung bedeutsamen Charakteristika dieses Landes. In die straff gegliederte, strukturbezogene Darstellung sind exemplarische Kurzbiographien, auch einmal eigene Erinnerungen an das Ende des Zweiten Weltkrieges, eingeschoben, die den jeweils vorausgegangenen Abschnitt illustrieren; Karten, Tabellen und Quellentexte zu den letzten Jahren der UdSSR dienen dem gleichen Zweck. Das Bemühen um Verständlichkeit auch für den nicht speziell vorgebildeten Leser paart sich mit dem begrüssenswerten Versuch, diesen zugleich in die spezielle Terminologie der russischen Geschichte einzuführen. Eine Kapitelüberschrift wie "Das Imperium schlägt zurück" erscheint allerdings ein wenig zu populär gewählt. Im ganzen erweckt die Lektüre den Eindruck, als sei das Buch einigermaßen hastig fertiggestellt worden, so daß zum gründlichen Korrekturlesen die Zeit gefehlt hat. So werden gelegentlich dieselben Namen unterschiedlich geschrieben, und im Literaturverzeichnis gibt es einige Ungereimtheiten; ob die Bezeichnung der Juden als Jidden oder die Erwähnung des *mestnitschestwo* in einem unklaren Zusammenhang auch zu diesen Versehen gehören, ist nicht recht erkennbar. Über einige Punkte könnte man diskutieren, wie z.B. ob es nicht eher die Autokratie in den vielen Jahrhunderten ihrer Entstehung und Entfaltung war, die die Entwicklung moderner Nationen in Rußland verhinderte, und nicht nur "der Kaiser" im 19. Jahrhundert. Ein Register hätte den zweifellos hohen Gebrauchswert des Bandes abgerundet.

Auf ein breites, sich vorwiegend am Fernsehen orientierendes Publikum zielen die beiden nächsten hier vorzustellenden Titel ab. Der auch durch sein Sibirien-Buch bekanntgewordene österreichische Journalist Hugo Portisch legt mit seinem imponierenden, bilderreichen Band das ergänzende Gegenstück zu seiner Fernsehserie vor, die ebenfalls unter dem Titel *Hört die Signale* gelaufen ist. Ihm geht es ausdrücklich um "eine journalistische Darstellung der oft atemberaubenden Ereignisse, die aus Rußland die Sowjetunion werden ließen und nun aus der Sowjetunion wieder Rußland werden lassen" (7). Allerdings läßt es der Autor nicht bei einem gut geschriebenen Text und einer Fülle informativer, teils erst jetzt zugänglich gemachter Aufnahmen bewenden. Der Grundgedanke, der alles durchzieht, verweist auf die faszinierende Spannung zwischen dem hohen Ideal, eine neue Welt zu erbauen, das viele Menschen, oft die idealistischsten und intelligentesten, zeitweise in seinen Bann zu schlagen vermochte, einerseits und dem grauenvollen Terror, der Zerstörung des Landes und der Vernichtung und Demütigung von Millionen Menschen andererseits. Eine Alternative innerhalb der Bewegung und Machtbildung der Bolschewiki erkennt Portisch nicht: Nachdrücklich weist er darauf hin, daß Gewalt und Terror mit ihnen von Anfang an untrennbar verbunden waren, eine Art Geburtsfehler des von Lenin gegründeten Sowjetstaates. Auch Trotzki sei gegenüber Stalin nichts anderes als ein Rivale im Kampf um die Macht gewesen, keinesfalls die bessere oder womöglich humanere Variante. Zwar billigt Portisch der sowjetischen Art des *real existierenden Sozialismus*, nachdem er unter Gorbatschow zuletzt seine Reformunfähigkeit bewiesen habe, keinerlei Überlebenschance zu, geschweige denn eine Modellfunktion. Aber positive Wirkungen will er ihm doch nicht versagen: Er habe eine gewaltige Herausforderung an das kapitalistische System dargestellt und es zu einem tiefgreifenden sozialen Wandel gezwungen, zum New Deal, zum Wandel der ungebundenen zur sozialen, partnerschaftlichen Marktwirtschaft, zur umfassenden Sozialpolitik. Diese Sicht der Dinge hat gewiß etwas Richtiges, wenn auch sichere Beweise noch fehlen. Vielleicht sieht der Verfasser das überlebende der beiden konkurrierenden Systeme etwas zu perfekt und rosig, vor allem zu endgültig; die eigentliche Bewährungsprobe steht ihm noch bevor, nachdem die Last der künftigen Verantwortung allein auf denen liegt, die bis vor kurzem den "Westen" in einer bipolaren Welt darstellten.

Die Kassette des russischen Autorenteams Jegorow/Jefremow/Mostowoi gibt - in deutscher Bearbeitung - einen dreifachen Längsschnitt der Geschichte der Sowjetmacht in Rußland von 1917 bis 1991: in einem Buch, einer Videocassette und einer Audiocassette. Das Buch erfaßt noch in einem Nachtrag den Putschversuch vom August 1991, aber nicht mehr die Auflösung der Sowjetunion am Ende desselben Jahres. So weit reicht auch die Videocassette, die als eine Art Filmversuch des Buches viele interessante Aufnahmen zeigt, aber in dem Bestreben der Filmautoren, in zwei Stunden ein möglichst umfassendes Bild zu liefern, ziemlich hastig durch die sowjetische Epoche der russischen Geschichte eilt. Die Audiocassette läßt den einen Grundzug des Gesamtwerkes hervortreten, die nachwirkende Prägung durch den Sowjetpatriotismus: In zweimal 44 Minuten erklingen patriotische Jubellieder der Sowjetmacht, davon ein Drittel aus dem Zweiten Weltkrieg, sowie Lieder der Völker der Sowjetunion. Der andere Grundzug ist die Orientierung an Idee und Programmatik der Perestrojka, des demokratischen Umbaues der Sowjetunion. Die Autoren kommen aus der Umgebung Gorbatschows, insbesondere der Historiker V.K. Jegorow gehörte zu seinen Beratern. Der Gesamttitel *Ein Stern verblaßt*, einem Gedicht Puschkins entnommen, soll die Hoffnungen ausdrücken, die sich an den Sturz des Zarismus und den Versuch der Revolutionäre geknüpft hatten, eine neue Welt zu errichten, und die nun durch den Verlauf der Geschichte zunichte gemacht worden sind. So hart die Urteile der Autoren ausfallen, auch über Lenin und sein Erbe, so lehnen sie - und darin ist ihnen zuzustimmen - es doch ab, in den Revolutionen des Jahres 1917 einen "Fehler" und in der nachfolgenden Sowjetperiode eine historische "Fehlentwicklung" zu sehen. Daß Politiker sich irren, Fehler machen oder Verbrechen begehen können, steht außer Frage. Aber da *die Geschichte* keinen Kanon ihres "richtigen" Verlaufes kennt, kann sie auch keine "Fehler" machen oder "Irrtümer" begehen. Alles hat seine nachweisbaren Ursachen. Ob es, wie die Autoren hoffnungsvoll andeuten, der Reformpolitik gelingt, einen *dritten Weg* zwischen dem Kapitalismus des Westens und der sowjetischen Variante des Sozialismus zu finden, bleibt abzuwarten.

Nicht für breite Kreise sind die beiden folgenden Bücher gedacht. Es drängt sich der Eindruck auf - im Fall des antiimperialistischen Autorenkollektivs stärker als bei dem zunächst zu besprechenden Buch von Brie und Böhlke - , daß sie in erster Linie den Verfassern dazu dienten, sich selbst über die Bedeutung des Unterganges der Sowjetunion klar zu werden und in ihrer politisch-weltanschaulichen Orientierung wieder einigermaßen Tritt zu fassen.

In dem Taschenbuch der beiden an der Humboldt-Universität wirkenden Sozialwissenschaftler Brie und Böhlke *Rußland wieder im Dunkeln* wird der Versuch, den Zusammenbruch der Sowjetunion und des mit ihr verbundenen politischen, sozialökonomischen und ideologischen Systems in seinen Ursachen und Wirkungen zu klären, in Form von historischen Rückblicken und politologisch-soziologischen Analysen vorgenommen, in die einige Interviews mit russischen Wissenschaftlern sowie der Erlebnisbericht einer deutschen Journalistin vom Leben der Menschen am Ende des Jahres 1991 eingestreut sind. Worauf laufen die Betrachtungen aus wechselnder Perspektive hinaus? Wenn man davon absieht, daß beispielsweise die hier vorgeführte Deutung der spätmittelalterlichen Theorie von Moskau als *Drittem Rom* im Sinne einer triumphal-imperialen Reichsideologie nicht mehr dem Forschungsstand entspricht, sind die historischen Erläuterungen im wesentlichen zutreffend, gehen sie aber in der Sache über das Bekannte nicht hinaus. Die Gründe für viele Maßnahmen und Einrichtungen werden behandelt, wie z.B. die straff durchorganisierte und gelenkte Planwirtschaft, die in der Phase der Industrialisierung während der dreißiger Jahre und unter den besonderen Bedingungen des deutsch-sowjetischen Krieges eine zeitweilig beachtliche Effektivität aufwies, aber dann vermißt man doch entsprechende Begründungen für die zahlreichen, katastrophalen Widersprüche und Fehlentwicklungen aus dem System heraus. Einige Bemühungen um Klärung und Strukturierung der Geschichte der Sowjetunion vermögen nicht einzuleuchten, wie z.B. das Phasenmodell für die Entwicklung der Sowjetmacht, das auf der Vorstellung eines Zyklus' wirtschaftlicher und politischer Krisen beruht. Danach wird die Zeit der Stalinherrschaft und der beginnenden Distanzierung von ihr - von 1929 bis 1956 - in einer einzigen Phase zusammengefaßt: vom Anfang der Planwirtschaft über den Zweiten Weltkrieg bis zur Internationalisierung des sowjetischen Staatssozialismus durch die Blockbildung nach Kriegsende und zur Krise des Gesamtsystems, wie sie in der "Entstalinisierungs"-Kampagne der Chruschtschow-Führung seit dem XX. Parteikongreß der KPdSU und den Aufstandsbewegungen in Polen und Ungarn zum Ausdruck kam. Die anderen Krisenphasen fallen hingegen vergleichsweise kurz aus.

Auf zwei Punkte weisen die Autoren immer wieder hin: Rußland sei erstens etwas Eigenartiges, Selbständiges, weder europäisch - im heutigen, vorwiegend angloamerikanisch geprägten Verständnis - noch asiatisch. Aus seiner Besonderheit heraus werde Rußland - hier klingt wieder der Gedanke des russischen *Dritten* oder *Sonderweges* an - wohl auch seine eigenen politischen, ökonomischen und sozialen Formen hervorbringen. Da und solange noch unklar sei, wann und auf welchen Wegen sie einmal erreicht und wie sie aussehen würden, wirke Rußland als besonders verunsicherndes Element in einer unsicher gewordenen Welt. Die Welt, und damit sind wir beim zweiten Punkt, habe überhaupt ihre lange scheinbar gewahrte Stabilität verloren, sie sei erneut in Bewegung geraten, sie sei von vielen Katastrophen bedroht, von der Unfähigkeit der Menschheit, sich vollständig ausreichend zu ernähren, bis zum ökologischen Zustand der Erde. Die wachsende Labilität der Verhältnisse erinnert die Autoren an die Zeit vor dem Ersten Weltkrieg, insbesondere die Umwälzung des gesamten Staatensystems und die damit einhergehende nationale Zersplitterung. Und dennoch handele es sich jetzt um etwas Neues, denn die Krisen der Gegenwart und überschaubaren Zukunft würden nicht mehr durch Niederlagen ausgelöst, sondern durch Siege, die die Sieger zu überfordern drohen (248). Diese Skepsis erscheint gewiß grundsätzlich angebracht, wenn auch die Unterscheidung nach "Siegern" und "Verlierern" der Geschichte, im untergegangenen *real existierenden Sozialismus* extensiv betrieben, fragwürdig, eigentlich unhistorisch ist. Wer "gesiegt" und wer "verloren" hat, wissen die Historiker erst viel später, wenn von den Protagonisten keiner mehr lebt, und dann sind sie sich häufig nicht einmal einig. Die Geschichte selbst besteht nur aus einem Wechsel, aus der permanenten Veränderung mit ihren Ursachen und Wirkungen. Im ganzen entwerten die Autoren das Szenario einer weltweiten Krisenzeit, zu deren Symptomen der Untergang der Sowjetunion und des von ihr dominierten Teil der Welt gehört. Aus ihrer Analyse leiten sie eine Art idealen politischen Programms ab, sie rufen zu einem globalen Weltverständnis und zu weltweiter Solidarität auf. Diese Forderungen sind so richtig wie bekannt, die Frage ist nur: Wie setzt man sie in praktisches Handeln um?

Was das Buch vom *Ende des sowjetischen Entwicklungsmodells* betrifft, so fühlt sich der Leser zunächst dadurch etwas befremdet, daß das Autoren- oder wohl eher Autorinnenkollektiv es für richtig hält, konsequent anonym zu bleiben; in bezeichnender Inkonsequenz wird im Text jedoch durchaus unbefangen die ich-Form angewendet. Ein Grundproblem der vorgelegten Texte liegt darin, daß sie publiziert worden sind, ohne eigentlich fertiggestellt worden zu sein. Das ist so wenig übersehbar, daß es der wiederholten Hinweise auf die Unfertigkeit, auf die aus dem Stückwerk resultierenden "Mängel, Schieflagen und Verkürzungen" (10) gar nicht bedurft hätte. Wenn man die Frage stellt, warum die Autorinnen denn ihre Ausarbeitung in diesem dürftigen Zustand zum Druck befördert haben, findet man den Grund in dem offensichtlich dringenden Bedürfnis, "den Zusammenbruch des 'realen Sozialismus' in einer sozialrevolutionären Debatte genauer diskutierbar zu machen" (9). Das Kollektiv der Verfasserinnen sieht sich in einer Traditionslinie von den Narodniki her mit der revolutionären Linken, insbesondere mit den Basisguerillabewegungen des 20. Jahrhunderts verbunden, denen es eine maßgebliche Bedeutung für die künftige Entwicklung ganz Europas zuschreibt. Von daher wird seine fundamentale Erschütterung über das chaotische Ende des großangelegten Versuches der Bolschewiki verständlich, "die Blockierungen zu durchbrechen, die der soziale Antagonismus dem sozialtechnischen Fortschritt der Ausbeutung entgegenstellte" (9), und der sich nun als Ausbeutungs- und Unterwerfungsstrategie in anderen Formen entpuppt habe. Daß die "bürgerlichen" Osteuropawissenschaftler das schon früher erkannt, gründlich untersucht und präzise analysiert haben, kann man auch an der Häufigkeit erkennen, mit der hier ihre Arbeiten zitiert werden. Das Kollektiv äußert Befürchtungen, welche Folgen aus dem Verschwinden des "sozialistischen Lagers" entstehen werden: Die "Ordnung des Kalten Krieges droht durch eine Ordnung des sozialen und militärischen Krieges gegen die Armen abgelöst zu werden", ganz gleich wo die Armen leben (89). Aber eine Programmatik leitet es aus seinen Erkenntnissen nicht ab. Es sollte Material für die interne Diskussion aufbereitet werden, und, daß mehr nicht beabsichtigt war, merkt man nicht nur an dem sehr "internen" Jargon, der hier gepflegt wird, sondern auch daran, daß der "Torso" kein Ende hat, einfach abbricht.

Der Stalinismus kennzeichnet nicht allein einen bestimmten Abschnitt in der Geschichte der Sowjetunion, sondern er ist zum Begriff und Maßstab weit über die Zeit und den Raum seiner tatsächlichen Existenz hinaus geworden. Der Stalinismus, ganz gleich, ob er in Reue, Schmerz oder Wut verdammt, oder ob er - was die andere Seite derselben Münze ist - angesichts der aktuellen Probleme schon wieder nostalgisch verklärt wird, hat die Sowjetgesellschaft nachhaltig und aufs Schwerste traumatisiert. Daher läuft jede Analyse der sowjetischen Geschichte Rußlands in irgendeiner Form auf eine Analyse des Stalinismus hinaus, und jede Bewertung aktueller Entwicklungen und Tendenzen in der ehemaligen Sowjetunion nimmt in irgendeiner Form auf den Stalinismus Bezug. Die drei Titel, die sich unmittelbar mit dem Stalinismus beschäftigen, seien abschließend besprochen.

Boris Nikolajewskis *Brief eines alten Bolschewiken* steht im Zentrum der drei Beiträge, die das gleichnamige schmale Bändchen enthält. Bei dem *Brief* handelt es sich um eine Veröffentlichung der in Paris herausgegebenen Zeitschrift *Sozialistitscheskij Westnik* aus dem Dezember 1936 und Januar 1937. Herausgeber der Zeitschrift und Verfasser des Briefes war Boris Nikolajewski, der als sozialistischer Revolutionär vom zaristischen Rußland verfolgt, als Menschewik von der bolschewistisch gelenkten Staatsmacht ins westliche Exil getrieben worden war. Ihn verband eine alte Kampfkameradschaft mit Nikolaj Bucharin, dem führenden Theoretiker der Bolschewiki, den Lenin in seinem Testament als "Liebling der Partei" bezeichnet hatte. Es spricht nun alle Wahrscheinlichkeit dafür, daß Bucharin, als er im Frühjahr 1936 mit Nikolajewski in Paris wegen der Übernahme von Parteiarchivalien der SPD zu verhandeln hatte, diesen so eingehend über die Moskauer Verhältnisse unterrichtet hat, daß er als der eigentliche Urheber des *Briefes* gelten kann. Es geht um die Stalinschen Schauprozesse gegen alte, bewährte Parteiführer, die in ihrem Verlauf sowie in den Motiven und Absichten nicht nur ihrer Inszenatoren, sondern auch der sich meistens - äußerlich betrachtet - mitunter geradezu vehement schuldig bekennenden Angeklagten den Beobachtern so viele Rätsel aufgegeben haben. Bucharin selbst sollte bald zu ihnen gehören, und es war an erster Stelle seine Witwe Anna Larina Bucharina, die in ihren Memoiren "Nun bin ich schon weit über zwanzig" der Veröffentlichung des *Briefes* die maßgebliche Schuld am Schicksal ihres Mannes zuschrieb.

Der zweite Essay Nikolajewskis schildert die Umstände der Ermordung des Leningrader Parteisekretärs Kirow, eines Konkurrenten Stalins, der eine Alternative zu dessen Politik anbot und auf dem XVII. Parteikongreß den größten Triumph erlebt hatte. Stalin erscheint hier als derjenige, der überhaupt ein Interesse an der Beseitigung Kirows haben konnte und daher die Fäden bei dem Komplott gezogen hat. Wenn auch in bestimmten Fragen die Forschung weitergekommen ist - z.B. behauptet sie nicht mehr so unbefangen,

Stalin habe die Hungersnöte in der Ukraine in der Absicht inszeniert, um Millionen unliebsamer Menschen loszuwerden - , handelt es sich bei beiden Essays um Texte von eindrucksvoller Authentizität, die hier erstmals in deutscher Übersetzung wiedergegeben werden.

Eines der Grundprobleme war das Verhältnis der Sowjetmacht zur Intelligenz gewesen. Es steckt auch in den hier behandelten Fragen, und es ist nichts mehr als berechtigt, wenn Detlev Claussen den beiden Quellentexten einen klugen und einfühlsamen Essay vorausschickt, in dem er dieses Thema am Beispiel der problematischen Rolle eines Intellektuellen wie Bucharin in Partei und Staat erörtert. Dabei geht er auch auf die Idee einer Intelligenzija-Partei in der Sowjetunion ein, die nicht als prinzipielle Opposition zur Regierung fungieren sollte, sondern als Quelle von Änderungs- und Lösungsvorschlägen, also als korrigierende, geistig-politische Kraft. Die Kontinuität des Problems wird augenfällig, wenn Claussen darauf hinweist, daß diese Idee bereits von Bucharin und Radek im Zusammenhang mit ihren Arbeiten an der "Stalin"-Verfassung von 1936 aufgebracht und von den geistigen Vätern der Perestrojka wieder aufgegriffen worden sei.

Im Frühjahr 1990 fand bei der Hessischen Landeszentrale für politische Bildung ein Symposium über den Stalinismus statt, die meisten Beiträge sind in dem von Antonio Peter und Robert Maier herausgegebenen Sammelband abgedruckt. Der Titel *Die Sowjetunion im Zeichen des Stalinismus* weist darauf hin, daß der Stalinismus nichts Abgeschlossenes ist, keine beendete Periode, sondern daß er über die nachstalinsche Periode hinaus in die sowjetische - und wir können inzwischen hinzufügen: auch in die nachsowjetische - Gesellschaft und politische Diskussion bestimmend einwirkt. Es hat die Auseinandersetzung und Verarbeitung des Stalinismus in der ehemaligen Sowjetunion nicht erleichtert, daß es keine Zäsur im Sinne einer *Stunde Null* gegeben hat und das Regime nicht in einem datierbaren, unübersehbaren Krach zusammengebrochen ist, wie es beim nationalsozialistischen Deutschland der Fall war, daß die Katastrophe des Systems sich über Jahre hin vollzog und noch vollzieht, daß die Distanzierung von Stalin als Person wie auch vom Stalinismus als System zögernd, nicht einmal eindeutig betrieben worden ist. Man muß sich nicht darüber wundern, daß es dort noch Menschen gibt, die ihre verklärende Verehrung Stalins nicht aufgeben wollen, Entsprechendes gibt es auch hierzulande. Es läßt sich nicht verkennen, daß Stalin keineswegs einen Krieg gegen die gesamte Bevölkerung geführt hat, sondern es hat auch große Schichten gegeben, die vom Stalinismus profitierten, denen es in dieser Zeit besser ging als jemals zuvor. Die Bevölkerung im Stalinschen Herrschaftssystem - dieser sozial- und gesellschaftshistorische Schwerpunkt, der auch unter wirtschaftlichen, außenpolitischen, literarischen und ideologischen Aspekten beleuchtet wird, bestimmt den Band. Die durchweg sehr kompetenten Autoren führen mit dem gegenwärtigen sachlichen Forschungsstand in eindrucksvoller Souveränität die breite Methodenvielfalt ihrer Wissenschaften vor. Im ganzen ein sehr lesenswerter Band, der auch dem Interessenten, der sich nicht als Fachmann bezeichnen will, zu einem guten Einstieg verhilft.

Eine Schlüsselfrage und einen noch immer nicht vollständig erforschten Zeitabschnitt der Geschichte der Sowjetunion untersucht James Hughes am Fall Sibirien: Die 1921 von Lenin auf dem X. Parteikongreß eingeleitete Neue Ökonomische Politik (NÖP) und ihre Ablösung durch die zentrale Planwirtschaft, die Stalin Ende der zwanziger Jahre durchsetzte. Auf der Grundlage umfangreichen, von westlichen Historikern bislang noch nicht berücksichtigten gedruckten Quellenmaterials geht er der Frage nach, wie sich die gesellschaftliche Bewegung *von unten her* und Stalins *Revolution von oben* begegneten und in welcher Weise sie zur Gesamtentwicklung beitrugen. Sibirien spielt dabei deswegen eine so bedeutsame Rolle, als nach allgemeiner Meinung der Forschung die Eindrücke, die Stalin im Frühjahr 1928 auf seiner Sibirien-Rundreise sammelte, den entscheidenden Anstoß zu seinem Entschluß gaben, die NÖP zu beenden und mittels einer instrumentalisierten Partei die Wirtschaft - und damit das ganze Land - durch den Übergang zum zentral gesteuerten Fünfjahrplansystem fest in den Griff zu nehmen, um darauf seine Alleinherrschaft sicher zu gründen. Hughes beschreibt nun die engen Verbindungen der sibirischen Parteiorganisationen zu dem selbständigen, wohlhabenden Bauerntum, das sich während der NÖP weiter ausgebildet hatte. Hier werden die Methoden Stalins, sich in einem Patronagesystem seine Anhängerschaft innerhalb der Partei um sich zu scharen und an sich zu binden, und die Beziehungen zwischen Zentrum und Peripherie im ganzen aus der Sicht mikrohistorischer Studien neu beleuchtet. Am Fall des Parteisekretärs Syrtschow, der in der Wirtschaftspolitik Bucharin viel näher stand als Stalin, kann Hughes zeigen, daß keineswegs dieselbe politische Linie das Fundament gegenseitiger Loyalität bilden mußte. Hier gaben andere Verbindungen und Abhängigkeiten den Ausschlag. Diese subtile Untersuchung zeigt, wieviele Aufgaben und Möglichkeiten die Stalinismusforschung noch bereithält - ohne daß man auf die sich nur allmählich öffnenden Archive angewiesen wäre! -, und daß Stalin und sein System viel facettenreicher waren, als es manchem scheinen mag.

Klaus Heller (Gießen)

Neue 'westliche' Veröffentlichungen zur russischen Revolutionsgeschichte

Pipes, Richard: Die Russische Revolution. Bd.1: Der Zerfall des Zarenreiches. Bd.2: Die Macht der Bolschewiki. Rowohlt Berlin Verlag, Berlin 1992. 1567 S.

Bonwetsch, Bernd: Die russische Revolution 1917. Eine Sozialgeschichte von der Bauernbefreiung 1861 bis zum Oktoberumsturz. Wissenschaftliche Buchgesellschaft, Darmstadt 1991. 240 S.

John Daborn: Russia: Revolution and Counter-Revolution 1917-1924. Cambridge University Press, Cambridge 1991. 134 S.

Revolution in Russia: Reassessments of 1917. Hrsg. von Edith Rogovin Frankel, Jonathan Frankel, Baruch Knei-Paz. Cambridge University Press, Cambridge 1992. 434 S.

Aschmoneit, Artur: Trotzki, ZK, RMK. Das Revolutionäre Militärkomitee in der Oktoberrevolution. Die Legenden um Leo Trotzki. Dis's'kurs Verlag Artur Aschmoneit, Düsseldorf 1991. 334 S.

Nabokov, Wladimir D.: Petrograd 1917. Der kurze Sommer der Revolution. Rowohlt Berlin Verlag, Berlin 1992. 224 S.

Die Veränderungen in der Sowjetunion in den letzten Jahren, die unter Gorbatschow seit 1985 zunächst nur zu einer Revitalisierung des sowjetkommunistischen Systems unter den Parolen "Glasnost" und "Perestrojka" führen sollten, um dann nach dem mißglückten Putsch konservativer Kräfte im August 1991 nicht nur das Verbot der Kommunistischen Partei, sondern auch die Auflösung des gesamten Sowjetimperiums zur Folge zu haben, führten frühzeitig zu einer intensiven Beschäftigung mit der Vergangenheit, insbesondere mit der Zeit des Stalinismus. Dabei wurde bald die Frage aufgeworfen, ob dieses Terrorregime, das selbst vor den bolschewistischen Führungskräften nicht haltmachte, nicht bereits in der Zeit Lenins vorgeformt worden sei. In Umkehrung der Parole der dreißiger Jahre "Stalin - das ist der Lenin von heute" müßte es dann besser heißen : "Lenin - das war der Stalin von gestern".

Immer wieder erscheinen seit einigen Jahren in der demokratischen Tagespresse (z.B. "Argumenty i fakty") einzelne Archivstücke, die dies beweisen sollen; auch in den stark nationalistisch gefärbten Zeitungen (z.B. "Russkij westnik") werden Belege für den frühzeitigen Terror der Bolschewiki insbesondere gegen Bauern, Kosaken und Geistlichkeit mit einer zumeist antisemitischen Färbung veröffentlicht.

Noch ist allerdings nicht genug Zeit ins Land gegangen, als daß bereits mit gründlichen Untersuchungen über die Politik der Bolschewiki auf der Grundlage der jetzt zugänglichen Partei- und KGB-Archive gerechnet werden könnte. Dazu kommt, daß der Weg zum "Eingemachten" der Sowjetgeschichte besonders für ausländische Historiker noch nicht allgemein offen ist.[1] Die hier zur Rezension anstehenden westlichen Bücher bringen hinsichtlich der Quellen somit nichts Neues.

Schon vom Ausmaß her gewichtig ist die auf vier Bände angelegte Geschichte der Russischenn Revolution von Richard Pipes. Zwei Bände sind bereits in deutscher Übersetzung erschienen und reichen vom Niedergang des Zarenreiches bis zum Machtaufstieg der Bolschewiki (1880-1920).

Gewidmet hat Pipes sein Werk den Opfern, und seine Geschichte der Revolution in Rußland zielt vor allem darauf, in Erfahrung zu bringen, warum die Bolschewiki von Anfang an die Absicht verfolgten, für ihren "neuen Menschen" auf allen Gebieten, auf dem der Politik wie auf dem der Gesellschaft, Wirtschaft und Kultur, etwas grundsätzlich Neues zu errichten. In deutlicher Anlehnung an Edmund Burkes Deutung der Geschichte der Französischen Revolution gibt Pipes dabei offen zu, daß er nicht beabsichtige, "wertfrei" zu argumentieren. Seine konservative Grundhaltung läßt ihn vielmehr immer wieder danach fragen, warum die russischen Revolutionäre, insbesondere die Bolschewiki, gleich ihren französischen Vorgängern und Vorbildern vor der Geschichte das Recht für sich beanspruchten, die Welt auf gewaltsame Weise nach ihren Idealvorstellungen zu vervollkommnen.

Die Revolutionen von 1905 und 1917 waren in Rußland nach Pipes in erster Linie das Ergebnis eines unüberbrückbaren Gegensatzes zwischen Staat und Gesellschaft, und die treibenden Kräfte des Umsturzes sind für ihn unter den Intellektuellen zu suchen, die man in Rußland selbst als "intelligenzija" zu bezeichnen pflegt. Spätestens seit dem ausgehenden 19. Jh. sei dieser, zumeist in den beiden Hauptstädten St. Petersburg und Moskau lebenden Schicht bewußt geworden, daß von oben keinerlei Reformen mehr zu erwarten seien. Pipes macht in diesem Zusammenhang darauf aufmerksam, daß diese Haltung gegenüber der Autokratie nicht so sehr das Ergebnis von "unerträglichen Bedingungen" als von "unversöhnlichen Einstellungen" war. Damit aber war für die Zukunft jegliche Möglichkeit zu friedlichen, auf Kompromisse angelegten und vor allem auf Rechtssicherheit beruhenden Reformen der politischen, sozialen, ökonomischen und kulturellen Einrichtungen in Rußland bereits verbaut worden. Obwohl durch die Reformen Alexanders II. (1855-1881) das personalisierte Herrschaftssystem zumindest im Prinzip bereits durch das allgemeine öffentliche Interesse ersetzt worden war, gelang es wegen dieser unversöhnlichen Gegnerschaft in der Folgezeit nicht, die allumfassende Herrschermacht soweit zu begrenzen, daß dadurch auch dieses öffentliche Interesse in der Innen- und Außenpolitik tatsächlich hätte wirksam werden können. Da aber die Möglichkeit politischer Kompromisse wegen der intransingenten Haltung des Zaren von vornherein ausgeschlossen war, ergab sich nach Pipes eine "wachsende Entfremdung zwischen Herrschenden und Beherrschten", so daß am Ende nur noch der revolutionäre Umsturz als Ausweg erschien. Da Nikolaus II. (1894-1917) nach der Revolution von 1905 alles daran setzte, um die ihm abgerungenen politischen Zugeständnisse wieder rückgängig zu machen und nach wie vor über Recht und Gesetz zu stehen, konnte sich in Rußland vor dem Weltkrieg kein Regime des Übergangs zu einer konstitutionellen Monarchie entwickeln. Zum Fehlen eines wirksamen öffentlichen Rechts kam vor allem in der bäuerlichen Sphäre noch "ein allgemein schwach entwickeltes Rechtsempfinden" sowie "keine Vorstellung von Eigentumsrechten im römischen Verständnis einer absoluten Verfügungsgewalt über Sachen".

---

1 Hierzu Creutzberger, Stefan/Veltmejer, Ruud: Forschungsarbeit in Moskauer Archiven. Ein Erfahrungsbericht, in: Osteuropa 43 (1993) 3. S. 271-279.

Die eigentlich bewegende Kraft in diesem Zustand von öffentlicher und privater Willkür waren für Pipes die radikalen Intellektuellen, denen ihrer Auffassung nach die fehlende Kompromißbereitschaft der Autokratie das Recht gab, den eigenen politischen Willen als absolut zu setzen.

Diese nicht nur bei den Sozialisten festzustellende Radikalität sei es dann auch gewesen, die während des Weltkrieges jeglichen Ausgleich mit Nikolaus II. unmöglich gemacht habe. Obwohl der Zar seit 1916 den Forderungen des "Fortschrittsblocks" der Duma nach personellen Veränderungen innerhalb der Regierung weitgehend Genüge leistete, waren es nach Pipes insbesondere die Konstitutionellen Demokraten ("Kadetten"), die durch ihren Verbalradikalismus verhinderten, daß es im Laufe des Weltkrieges zu politischen Kompromissen kam.

Ähnliches stellt Pipes dann auch für die Zeit zwischen Februar- und Oktoberrevolution fest. Die "Doppelherrschaft" von Provisorischer Regierung und St. Petersburger Sowjet der Arbeiter- und Soldatendeputierten habe wiederum politisch tragfähige Kompromisse unmöglich gemacht und damit entscheidend zu jener Radikalisierung der Massen beigetragen, die am Ende nur den Bolschewiki in die Hände spielte. Diese Partei sei aber selbst unter den Sozialisten die bei weitem radikalste gewesen, da sie jegliche politische Mitverantwortung von vornherein abgelehnt habe. Dabei waren es gerade die Bolschewiki, die mit den pragmatischen Parolen nach Land, Frieden und Brot die Forderungen der Massen zu erfüllen versprachen.

Im zweiten Band seiner Revolutionsgeschichte kommt Pipes dann direkt auf die Bolschewiki zu sprechen. Weit zurückgreifend bis auf die Anfänge des Bolschewismus geht es ihm um den Nachweis, daß der Führer dieser Partei, Lenin, im Gegensatz zu den anderen Sozialdemokraten in Rußland weder den Willen der Arbeiter noch überhaupt demokratische Entscheidungen zu respektieren bereit gewesen sei. Nach Pipes ging es Lenin nur darum, auf konspirative Weise und ohne Rücksicht auf den Willen der Massen einen politischen Umsturz von oben herbeizuführen. Mit seinen Vorstellungen von einer Partei der Berufsrevolutionäre als Avantgarde des Proletariats sollte die von Natur aus eher unpolitische Arbeiterschaft "von außen" für den politischen Umsturz manipuliert werden. Indem Lenin aber "das demokratische Moment in der Sozialdemokratie" verwarf, brauchte er zukünftig nicht mehr wie die anderen sozialistischen Parteien auf die politischen Verhältnisse in Rußland Rücksicht zu nehmen. Es kam nur noch auf die eigene Revolutionsbereitschaft an und nicht mehr auf die Analyse der gesellschaftlichen Verhältnisse mit Hilfe der Marxschen Theorie. Dies zeigte sich bereits in der Revolution von 1905 und sollte in der von 1917 für Lenin das ausschließliche Prinzip politischen Handels werden, wie seine "Aprilthesen" und erst recht sein "Oktoberputsch" unter Beweis stellen.

Der "neue Einparteienstaat" der Bolschewiki - so der Autor - der Prototyp "linker und rechter Einparteiendiktaturen in Europa wie in der übrigen Welt" - zeichnete sich in der Folge vor allem dadurch aus, daß Legislative, Exekutive und Judikative "in den Händen einer privaten Vereinigung lagen, die als 'Regierungspartei' alle Macht auf sich allein vereinigte, ohne sich dafür auf demokratische Weise legitimieren zu lassen". Somit sei die "Sowjet-Demokratie" nichts anderes gewesen als eine modernisierte Form des alten "Moskowiter Absolutismus" hinter einer scheindemokratischen Fassade: "Von nun an wurde Rußland per Dekret regiert. Lenin beanspruchte für sich dieselben Vorrechte, die der Zar vor 1905 genossen hatte. Sein Wille war Gesetz."

Der Rote Terror sei dabei von Anfang an "als unerläßliches Instrument der revolutionären Regierung" betrachtet worden. Gleich seinem geistigen Vorgänger Robespierre habe der von der Richtigkeit seiner Sache zutiefst überzeugte Lenin den politischen Terror als Mittel zur Prävention genutzt, um alle diejenigen auszurotten, die seinem Entwurf einer besseren Welt im Weg gestanden haben. Bei diesem Massenterror trat nach Pipes das "revolutionäre Gewissen" an die Stelle der Gesetzlichkeit: "Sowjetrußland war der erste Staat in der Geschichte, der formell das Gesetz außer Kraft setzte. Diese Maßnahme gab den Behörden freie Hand, jeden zu vernichten, der ihnen nicht genehm war, und legitimierte Pogrome gegen ihre politischen Gegner." Nach Pipes brach das bolschewistische Terrorregime über die Bevölkerung wie eine Katastrophe herein und sollte auch in der Folgezeit keiner Normalität mehr weichen. "Die Revolution war erst der Anfang ihrer Leiden."

Sieht man von Richard Pipes moralischem Impetus ab, den man nicht unbedingt zu goutieren braucht, ist bei seiner Darstellung der Russischen Revolution vor allem bemerkenswert, daß er zu recht auf das Defizit an demokratischen Entwicklungsmöglichkeiten vor wie nach der Revolution hinweist. Verantwortlich macht er dafür anachronistische politische Strukturen und vor allem auch die Unterentwicklung Rußlands im Bereich des öffentlichen wie des privaten Rechts. Wenig Auskunft gibt er aber darüber, warum der Weg zu einer Konstitution in Rußland vor allem an der Radikalität der dortigen Intellektuellen scheiterte, obwohl gerade dies seine zentrale These ist.

Auf knappem Raum verfolgt Bernd Bonwetsch mit seiner Geschichte der Russischen Revolution die Absicht, die sozialen Hintergründe aufzuhellen, die das damalige politische Geschehen bestimmten. So stehen bei ihm nicht die handelnden Personen und ihre politischen Ziele im Vordergrund, sondern die Bauern und Arbeiter. Seine Herausarbeitung der sozialgeschichtlichen Bedingungen soll nach eigener Aussage dazu dienen, "eine Einführung in grundlegende Probleme der Sozialgeschichte Rußlands von 1861-1917" zu geben und zugleich die damit in Verbindung stehenden Forschungsprobleme aufzuzeigen.

Bonwetsch widmet seine Aufmerksamkeit zunächst der Bauern- und der Arbeiterschaft vor der Weltkriegs- und Revolutionszeit, um dann den Weltkrieg, die Februarrevolution, die Zeit zwischen den Revolutionen und die Oktoberrevolution - jeweils wiederum unter besonderer Beachtung der sozialen Aspekte - abzuhandeln.

Seine Beschäftigung mit der Bauernschaft und den Agrarverhältnissen in Rußland beginnt mit der Aufhebung der Leibeigenschaft (1861). Dabei gilt sein Hauptaugenmerk "der Besonderheit des russischen Dorfes", dessen Bewohner, wie er zu recht hervorhebt, auf Grund ihrer sehr unterschiedlichen wirtschaftlichen Betätigungen im sozialen Sinne nicht unbedingt immer als Bauern bezeichnet werden können: "Rein landwirtschaftliche Tätigkeit war für die überwiegende Zahl russischer Bauernfamilien die Ausnahme. Charakteristisch war vielmehr die Mischung von eigener Landwirtschaft und Nebentätigkeit verschiedenster Art, dem promysel. Das war vor 1861 so und verstärkte sich danach noch." Nicht die kapitalistische Entwicklung der Landwirtschaft und dadurch hervorgerufene sozialökonomische Differenzierungsprozesse waren nach Bonwetsch für "die Krise auf dem Dorfe" verantwortlich, sondern die auch nach der Bauernbefreiung fortbestehende Abhängigkeit vom Gutsbesitzer. Inwieweit die Stolypinschen Agrarreformen nach der Revolution von 1905 daran etwas Wesentliches änderten, läßt sich - so der Autor - nicht eindeutig belegen; zumindest habe die unverkennbare Förderung der wirtschaftlichen Leistungsfähigkeit eines Teiles der Bauern nicht zur erwünschten politischen Stabilisierung auf dem Lande geführt.

Überhaupt sei es schwer, die allgemeine Lage der Bauern zu beurteilen, weil deren Erwerbsquellen eben nicht ausschließlich auf das Anteiland beschränkt waren. Dies ergab sich daraus, "daß die zunehmende Arbeitsteiligkeit der Wirtschaft nicht mit einer zunehmenden Trennung der Sozialsphären Stadt und Land einhergeht". Bonwetsch kommt dabei zu dem Schluß, daß die Bauern in Rußland in ihrer Masse keinem allgemeinen Verelendungsprozeß unterlagen, sondern im Gegenteil eher ihre wirtschaftliche Situation verbessern konnten, wenngleich "viele Bauernwirtschaften nicht elastisch genug waren, um die periodischen Mißernten aufzufangen". Diese sich daraus ergebende ständige Gefährdung ihres bescheidenen Wohlstandes barg somit sozialen Explosionsstoff in sich.

Bei der Untersuchung des Protestpotentials der Arbeiterschaft geht der Verfasser wiederum von einer sozialen Unschärfe aus. So wie der Bauer nur eine "ständisch-administrative Kategorie" war, läßt sich der Fabrikarbeiter nur "nach polizeilich-administrativen Kriterien" definieren. Damit ergibt sich die Schwierigkeit, daß die bloße administrative Zuordnung kaum zu erkennen gibt, ob und inwieweit eine Tätigkeit im gewerblich-industriellen Bereich auch tatsächlich eindeutig die Zurechnung zum Industrieproletariat erlaubt. Dies nicht zuletzt deshalb, weil die ländliche Kleinindustrie, das Kustar-Gewerbe, wie vor allem die Textilindustrie unter Beweis stellen, keineswegs ein von der städtischen Großindustrie mehr und mehr überholter Gewerbezweig gewesen zu sein. "Urbanisierung und Industrialisierung verlaufen in Rußland mithin nicht synchron". Zwischen Groß- und Kleinindustrie existierte "keine scharfe Grenze", so daß der russische Fabrikarbeiter sich "irgendwo zwischen Feld und Fabrik" befunden habe, wobei ihm seine "Zwitterexistenz" ganz normal vorgekommen sei.

In bezug auf die Arbeiterbewegung zwischen 1905-1914 selbst bedeutete dies nach Bonwetsch freilich nicht, daß der Arbeiter im ländlichen Bereich, im Vergleich zu demjenigen im städtischen, konservativer war. Vielmehr läßt sich gerade bei ihm eine höhere "Risikobereitschaft" als beim klassischen Industriearbeiter feststellen.

Soziale und ökonomische Unterentwicklung bargen also bereits vor dem Weltkrieg revolutionären Zündstoff in sich, ohne daß dabei vor 1914 in Rußland von einer "bürgerlichen Klassengesellschaft westeuropäischen Musters" die Rede sein konnte. Der Funke, der die Februarrevolution auslöste, entsprang aber dann in erster Linie der kriegsbedingten Teuerung. Allerdings läßt sich für Bonwetsch die offene Streikbereitschaft der städtischen Arbeiterschaft nicht ausschließlich auf die wirtschaftliche Misere zurückführen, womit er freilich nicht behaupten möchte, daß dieses Fabrikproletariat unbedingt unter der Führung der Bolschewiki gestanden habe.

Auf jeden Fall läßt sich für den Verfasser während der Februarrevolution bei den "Massen" kein eindeutiger politischer Wille irgendeiner sozialistischen Partei feststellen, zumal das alte Regime sowieso eher an seiner eigenen Schwäche als durch bewußtes revolutionäres Handeln zugrunde gegangen sei.

In der Zeit der "Doppelherrschaft" zwischen Februar und Oktober konnte die Spontaneität der "Massen" weder von der Provisorischen Regierung eingeschränkt, noch vom St. Petersburger Sowjet kanalisiert werden. Die Bolschewiki hingegen entzogen sich jeglicher politischer Verantwortung. Für Bonwetsch ist es in diesem Zusammenhang wichtig hervorzuheben, daß die im Verlauf des Jahres 1917 immer weiter zunehmende Radikalisierung in Stadt und Land keine Folge bewußter bolschewistischer Agitations- und Propagandatätigkeit war, sondern "aus wirklicher Not und rapider Verschlechterung der Lebensbedingungen herrührte". Aber diese politische Radikalisierung insbesondere der hauptstädtischen Arbeiter sei es am Ende gewesen, die den Bolschewiki zum "Oktoberumsturz" verholfen habe.

Dieser Umsturz aber ging auf das Drängen Lenins zurück. "Die Macht fiel den Bolschewiki zu, weil eigentlich niemand sie ihnen streitig machte." Bonwetsch führt die Leichtigkeit, mit der die Bolschewiki an die Macht kamen, auf den "plebiszitären Grundzug" ihrer Politik zurück. Sie besaßen zumindest zeitweise "das politische Mandat der Arbeiter und Soldaten", aber nicht "das Mehrheitsmandat der Bevölkerung", wie die Wahlen zur Konstituante unter Beweis stellten. Deren problemlose Auflösung im Januar 1918 führt der Autor darauf zurück, daß die damalige Situation nicht so war, "daß man für abstrakte Prinzipien wie parlamentarische Demokratie auf die Straße ging".

Zusammenfassend kommt Bonwetsch zu dem Schluß, daß Rußland am Vorabend der Revolution "über eine eigentümliche soziale Struktur verfügte, wie sie in keinem anderen europäischen Land ähnlicher Bedeutung vorzufinden war". Der soziale Friede sei bereits vor dem Kriege "außerordentlich labil" gewesen und sei danach noch weit mehr gefährdet worden, so daß es am Ende nur noch eines kleinen Anstoßes bedurfte, um die Revolution auszulösen. Da das alte Regime fast von selbst in sich zusammenbrach, ohne daß gleichzeitig eine demokratische Alternative dauernd Fuß fassen konnte, sei von den Rechten bis zu den gemäßigten Linken der Kredit verspielt worden, "den die neue Demokratie an der sozialen Basis ursprünglich hatte". Dies habe letztendlich die politische Machtergreifung durch die Bolschewiki gefördert, deren sozialökonomische Konsequenzen in bezug auf die Masse der Bevölkerung aber längst nicht so tiefgreifend waren, wie man in Anbetracht der rigorosen politischen Veränderungen eigentlich annehmen müßte. Grundstürzend seien diese erst mit Stalins "Revolution von oben" vorgenommen worden.

Setzt man sich kritisch mit Bonwetschs Darstellung auseinander, so kann nicht bestritten werden, daß durch den sozialhistorischen Aspekt die Ereignisse und Personen der russischen Revolutionsgeschichte in ein gesellschaftliches Beziehungsgeflecht gestellt werden. So wird der Willkürlichkeit der Interpretation, besonders der aus der eigenen ideologischen Sichtweise, der Boden entzogen. Es läßt sich aber nicht verhehlen, daß dieser Ansatz gar nicht soweit vom ideologiegeschichtlichen weg ist, so daß durch die Hintertür wiederum das Ideologische eintreten kann. Die Crux liegt dort, wo von sozialökonomischen Entwicklungen gesprochen wird, ohne daß dem wirtschaftlichen Aspekt als selbständiger Größe allzu große Aufmerksamkeit gewidmet wird.

John Daborn will mit seinem Buch hingegen nur Handreichungen für Studenten liefern, um ihnen die Möglichkeit einer Einführung in die "Hauptprobleme" von Revolution und Gegenrevolution in Rußland in den Jahren 1917 bis 1924 zu geben. Im ersten Teil schildert er die historischen Vorgänge und Probleme dieser Jahre und macht dazu bibliographische Angaben, um dann zu den Hauptpunkten eine geschickte Auswahl von Quellen zu bringen, zu denen Fragen formuliert werden. Die Quellen sind sehr unterschiedlicher Natur und mit Statistiken und Bildern angereichert, so daß im Grunde kaum ein Wunsch offen bleibt. Kurzbiographien der politischen Hauptakteure, ein Glossar und ein Stichwortverzeichnis runden diesen gelungenen Reader ab.

Der dem Martov-Biographen Israel Getzler gewidmete Sammelband über die Russische Revolution enthält 18 Beiträge von Historikern aus der westlichen Welt, die z.T. wesentliche Impulse für die Erforschung der russischen Revolutionsgeschichte gegeben haben. Den Fragen nachgehend, inwieweit nach der Februarrevolution und dem Sturz der Autokratie in Rußland der spätere Sieg der Bolschewiki bereits unausweichlich gewesen sei oder ob es außer der Alternative einer rechten Diktatur der Generäle auch die der Errichtung eines parlamentarischen Systems gegeben habe, ob der Stalinismus bereits durch den Sieg Lenins im Oktober grundgelegt worden sei, werden verschiedene thematische Annäherungen versucht.

Zur Frage nach den Alternativen zur Oktoberrevolution sieht sich Jonathan Frankel außerstande, eine absolute Aussage zu machen. Dies möchte er aber nicht so verstanden wissen, als seien keine anderen Entwicklungen in Rußland bis zum Ende des Bürgerkrieges möglich gewesen.

Israel Getzler beschäftigt sich mit dem Beitrag der Räte 1917 in Rußland zur Entwicklung demokratischer Verhaltensweisen. Seiner Auffassung nach wurden sie zu "quasi- parlamentarischen Körperschaften", in denen parlamentarische Spielregeln beachtet und demokratischer Pluralismus praktiziert wurde. Erst die Bolschewiki gaben den Sowjets mit der Forderung "Alle Macht den Räten" einen antidemokratischen Grundzug, um sie dann nach dem Oktoberumsturz zu bloßen administrativen Organen verkommen zu lassen.

Donald J. Raleigh demonstriert am Beispiel Saratov die politische Machtbildung in der Provinz im Revolutionsjahr 1917 und kommt zu dem Schluß, daß sich dort ähnlich wie in Petersburg von Anfang an eine "Doppelherrschaft" herausgebildet habe, bis dann die Bolschewiki seit dem September die Oberhand im örtlichen Sowjet gewannen.

Das Problem von Spontaneität und Revolution im Zusammenhang mit dem Oktoberumsturz der Bolschewiki wird von Rex A. Wade am Beispiel der Roten Garden untersucht, die als bewaffnete Arbeitermiliz 1917 eine gewichtige Rolle spielten. Ihr mehr spontaner Charakter machte eine direkte politische Einflußnahme von außen schwierig. Die Bolschewiki erkannten zwar ihren Wert, blieben ihnen gegenüber aber immer äußerst skeptisch eingestellt. Wade schließt daraus, daß die bolschewistische Führung im Hinblick auf die bewaffnete Arbeitermacht bis zuletzt ohne feste Konzeption war. Auch nach dem Oktoberumsturz konnten sich die Bolschewiki nicht für eine allgemeine Volksbewaffnung erwärmen. Sie nutzten deshalb die Roten Garden nur als Kader für ihre eher traditionellen militärischen Mustern entsprechende Rote Armee.

Allan Wildman beschäftigt sich mit der Rolle der Generalstabsoffiziere während des Kornilov-Putsches. Er weist darauf hin, daß zwar deren Unterstützung des Umsturzversuchs relativ groß war, sie aber die zumeist indifferent bleibenden Frontoffiziere nicht auf ihre Seite ziehen konnten.

John Channons Augenmerk gilt den Bauern zwischen Februar und Oktober 1917. Dabei hebt er hervor, daß ihre Landforderungen in engem Zusammenhang mit der jeweiligen "regionalen agrarkulturellen Spezialisierung" standen. Bei der von den Bauern selbst vorgenommenen "schwarzen Umverteilung" habe es sich vor allem um eine möglichst gerechte Verteilung des Bodens untereinander gehandelt. Es sei dabei um die Beseitigung allen Privatlandes, nicht nur des Gutsbesitzerlandes gegangen, d.h. letzten Endes auch um eine Revidierung der Stolypinschen Agrarreformen zugunsten der traditionellen bäuerlichen Gleichheitsvorstellungen. Da somit keinerlei Überlegungen im Hinblick auf eine Modernisierung der Landwirtschaft im Vordergrund gestanden haben, war laut Channon frühzeitig der Konflikt mit den Bolschewiki vorprogrammiert, die zunächst aber die Handlungsweise der Bauern sanktionierten.

Diane P. Keonker und William G. Rosenberg beschäftigen sich mit Anspruch und Wirklichkeit des Arbeiterprotestes zwischen Februar und Oktober 1917. Sie zeigen in diesem Zusammenhang auf, daß die Arbeiterstreiks sowohl ökonomischen als auch politischen Charakter hatten, in der Hauptsache aber auf Lohnerhöhungen und Arbeitszeitverkürzungen ausgerichtet blieben.

Das Verhalten der Arbeiterschaft beim bolschewistischen Oktoberumsturz beleuchtet David Mandel am Beispiel der Textilregion Iwanowo-Kineschma. Die dortige starke Radikalisierung innerhalb der Arbeiterschaft arbeitete den Bolschewiki in die Hände und zeigt zugleich auf, daß diese bei den gegenüber den Metallarbeitern wenig spezialisierten Textilarbeitern über eine große Anhängerschaft verfügt haben.

Am Beispiel der "Industriellen Progressisten" untersucht Ziva Galili die Frage, warum sich nach der Februarrevolution keine kapitalistische Wirtschaft im westlichen Sinne in Rußland durchsetzen konnte. Die besonders von Moskauer Industriellen unterstützte Partei der Progressisten trug dabei mit ihrer betont antisozialistischen Haltung, die mit einem erheblichen Unverständnis für soziale Probleme einherging, für Galili nicht unwesentlich zur Destabilisierung der politischen Verhältnisse und damit auch ungewollt zur Förderung des bolschewistischen Einflusses unter den Arbeitern bei.

Ronald Grigor Suny betrachtet das Verhältnis zwischen Klassen- und Nationalbewußtsein. Er kommt zu dem Schluß, daß in Rußland das nationale Phänomen während der Revolutionszeit insbesondere eine Angelegenheit der nichtrussischen Intelligenz in den Randgebieten war. Vor allem innerhalb der bäuerlichen Bevölkerung seien Fragen von Klassen- und Nationalbewußtsein kaum reflektiert worden.

Den georgischen Sozialdemokraten, die in der Regel den Menschewiki angehörten, gilt die Aufmerksamkeit von Stephen F. Jones. Ihre großen regionalen Erfolge führt Jones darauf zurück, daß sich bei ihnen zur Abwehr russischer Hegemonialansprüche - wie später in der "Dritten Welt" - "Sozialismus, Nationalismus und Agrarrevolution" miteinander verbunden haben.

Ingeborg Fleischhauer macht in ihrem Beitrag über die Rolle der Deutschen während der Revolution darauf aufmerksam, daß bereits im Krieg das traditionell gute Verhältnis zwischen Autokratie und Deutschen zerbrochen sei. Nach der Februarrevolution kämpften die Deutschen für die Wiederherstellung ihrer alten Rechte und insbesondere für ihre Rückführung in die Gebiete, aus denen sie während des Krieges evakuiert worden waren. Zugleich läßt sich bei ihnen eine Hinwendung zu demokratischen Vorstellungen im Rahmen nationaler Selbstbestimmung feststellen. Den Bolschewiki standen sie später nicht nur als Feinde gegenüber; zumindest solange nicht, wie die Bolschewiki ihre Freiheits- und Gleichheitsforderungen nicht durch ihren Roten Terror völlig desavouierten.

Um Lenins Haltung zum Sozialismus und zum Staat im Jahre 1917 geht es Neil Harding. Dabei kommt er zu dem Schluß, daß Lenin keine feste Vorstellung von der "Diktatur des Proletariats" für Rußland gehabt habe. Im Verlauf des Jahres 1917 sei es ihm vor allem um die Radikalisierung der Revolution gegangen, um im Gleichschritt mit der sozialistischen Weltrevolution zu bleiben, deren Ausbruch im Westen von ihm erwartet wurde.

Robert Service untersucht die Haltung der Bolschewiki zur Frage des Krieges. Er schlußfolgert, daß Lenin mit seiner ablehnenden Haltung zur Weiterführung des Krieges vor dem Oktober nicht die Frage eines Krieges zu Sicherung der Revolution und vor allem zur Ausweitung der Revolution nach Westen überhaupt ausgeschlossen habe.

Mit Lenins Regierungsarbeit in den ersten Monaten nach der Oktoberrevolution beschäftigt sich John Keep. Dabei vermerkt er, daß Terror als Mittel staatlicher Repression frühzeitig eingesetzt wurde.

David Longley geht der Frage von Spontaneität oder politischer Führerschaft während der Februarrevolution nach. Er warnt davor, daß eine oder das andere allzu apodiktisch zu betrachten, zumal auch die Memoirenliteratur zu diesem Punkt mit äußerster Skepsis zu lesen sei.

Edward Actons Aufmerksamkeit gilt den linksextremistischen Anhängern der Revolution und dabei insbesondere ihrer Behandlung in der neueren westlichen Forschung. Daß sich dort der Blick für die Initiativen "von unten" geweitet hat, wird seiner Meinung nach eine bessere Annäherung an die revolutionäre Wirklichkeit in Rußland mit sich bringen.

Baruch Knei-Paz versucht schließlich eine unorthodoxe Begegnung mit dem russischen Marxismus und kommt zu dem Schluß, daß bei Lenin das "jakobinische Element" am Ende den Sieg über den Marxismus davongetragen habe. Dadurch aber sei erst der Stalinschen Modernisierungsdiktatur der Weg bereitet worden.

Zum Schluß noch zwei Bücher: zum einen eine Doktorarbeit, zum anderen die Erinnerungen Vladimir Nabokovs, des Vaters des bekannten Schriftstellers gleichen Namens.

Artur Aschmoneits Dissertation hat die Rolle des Revolutionären Militärkomitees und insbesondere die Trotzkis in der Oktoberrevolution zum Gegenstand. Nach seiner Auffassung hat weder die sowjetische Historiographie recht mit ihrer Überbetonung der Führungsrolle der Partei noch die westliche Forschung mit ihrer "Mystifizierung einzelner Funktionäre, vor allem Trockijs". Vielmehr müsse der Wirkungszusammenhang zwischen Petrograder Sowjet, Spontaneität "von unten" und bolschewistischer Revolutionsstrategie gesehen werden.

Nabokov, von Hause aus Jurist und aus altem Adel tatarischer Herkunft, schloß sich frühzeitig der Konstitutionell-Demokratischen Partei ("Kadetten") an, war Abgeordneter der Duma und Mitherausgeber der liberalen Tageszeitung "Retsch". Nach der Februarrevolution wurde er Chef der Kanzlei der Provisorischen Regierung. Diese Funktion, die er wegen Differenzen mit Kerenskij nach der "Aprilkrise" aufgab, verschaffte ihm unmittelbare Einblicke in alle Regierungsgeschäfte des ersten Kabinetts. Sein nüchterner Bericht über diese Zeit, insbesondere seine Charakteristik der handelnden Personen machen seine Memoiren besonders wertvoll. Interessant sind auch die Erinnerungen an den bolschewistischen Oktoberumsturz sowie an seine Mitarbeit bei der Vorbereitung der Wahlen zur Konstituante.

Lutz Häfner (Bielefeld)

Stalin und der Stalinismus

Boffa, Giuseppe: The Stalin Phenomenon. Cornell University Press, Ithaca, London 1992, XII, 205 S.

Conquest, Robert: Stalin. Der totale Wille zur Macht. List Verlag, München, Leipzig 1991, 430 S.

Ruge, Wolfgang: Stalinismus - eine Sackgasse im Labyrinth der Geschichte. Deutscher Verlag der Wissenschaften, Berlin 1991, 136 S.

Wolkogonow, Dimitri: Stalin. Triumph und Tragödie. Ein politisches Porträt. Econ Taschenbuch Verlag, Düsseldorf, Wien 1993, 832 S.

Selbst vier Dezennien nach dem Tode J.W. Stalins ist das Interesse an dem von ihm entscheidend geprägten Vierteljahrhundert keineswegs erlahmt. Vielmehr hat die historische Forschung - nicht zuletzt infolge des politischen und gesellschaftlichen Transformationsprozesses in Osteuropa, der dort zu einer Öffnung der Archive führte - eine beträchtliche Intensivierung erfahren. Aus der Literaturflut zum Thema "Stalin/ Stalinismus" sollen im folgenden vier Titel, zwei Biographien und zwei systemanalytische Werke, vorgestellt werden, von denen je eines aus der Feder - fällt man in die nun anachronistischen Kategorien des "Blockdenkens" zurück - eines aus dem Westen bzw. aus dem "Ostblock" kommenden Autoren stammt.

Robert Conquest - tätig an der renommierten kalifornischen Stanford University - zählt international zu den intimsten Kennern des Stalinismus. Seine Reputation als ausgewiesener Spezialist der Stalin-Ära gründet sich auf zahlreiche einschlägige Veröffentlichungen wie z.B. "The Great Terror", "Stalin and the Kirov Murder", "The Harvest of Sorrow". Da zu Conquests Oeuvre eine "V. I. Lenin" betitelte biographische Skizze gehört, war es naheliegend, daß ein umfangreiches Werk über die Person folgen würde, die im Verständnis Conquests ein Pivot bei der Etablierung des Terrors war und einer ganzen Epoche ihren Stempel aufgedrückte.

Biographien über Stalin sind Legion.[1] In einem diametral entgegengesetzten Verhältnis zu ihrer Zahl stand jedoch bislang die verfügbare Quellenbasis, verbargen sich doch authentische Informationen hinter einem Dickicht von Legenden, Mythen und kaum verhohlenen Propagandalügen. Da der Zugriff auf russische Archive - sieht man einmal von dem Sonderfall der materialgesättigten Darstellung Wolkogonows ab - bis zum Erscheinen der Arbeit Conquests restriktiv gehandhabt wurde, reduziert sich eine seriöse Biographie auf eine präzise Präsentation des zugänglichen Materials, auf der dann eine Interpretation aufbaut. Dies alles leistet Conquests biographische Studie, die vom methodischen Zugriff her konventionell zu nennen ist. Was allerdings unterbleibt, ist die Analyse der Interaktion von konkurrierenden Bürokratien einerseits und Führerfigur andererseits, die ein wesentliches Element einer politischen Biographie Stalins sein sollte. Insofern kann Conquests Arbeit als ein konzeptioneller Antipode zur "revisionistischen Schule" verstanden werden, die - wie J. Arch Getty dies paradigmatisch praktiziert hat - strukturelle, institutionelle und ideologische Faktoren in den Mittelpunkt ihrer Analyse stellt und dabei vor allem den voluntaristi-

---

1 Ulam, A.B.: Stalin. The Man and His Era. New York, London 1973; Tucker, R.C.: Stalin as a Revolutionary, 1879-1929. A Study in History and Personality. Bd. 2: Stalin in Power, 1929-1941, New York 1974 u. 1990; Souvarine, B.: Staline. Aperçu historique du bolchevisme. Paris 1977; Antonow-Owssejenko, A.: Stalin. Porträt einer Tyrannei. Berlin 1986; McNeal, R.H.: Stalin. Man and Ruler. Basingstoke, London 1988; Rancour-Laferrière, D.: The Mind of Stalin: A Psychoanalytical Study. Ann Arbor, Mich. 1988. Rancour erhebt allerdings nicht den Anspruch, eine historische Untersuchung respektive Biographie verfaßt zu haben.

schen Gestus sowie den inkonsequenten und häufig widersprüchlichen Charakter vieler Entscheidungen Stalins in der zweiten Hälfte der dreißiger Jahre betont.

Trotz seiner in der Einleitung geäußerten Absicht, "Material, das eher zur Länge als zum Gehalt der Studie beitrug, wieder herauszunehmen" (12), ufert Conquests Geschichtsnarration teilweise in eine Detailflut aus, die ihrerseits verantwortlich für manche Wiederholungen und Redundanzen ist (37f., 78). Auch die Diktion ist nicht immer präzise: Die Februarrevolution 1917 wird auf einige "wenige Tage der Hungeraufstände" reduziert (88), die vorrevolutionäre bolschewistische Partei verkommt zu einer "kleinen sendungsbewußten Sekte" (128) - eine Terminologie, die an Richard Pipes erinnert. Weitere Gravamina sind der Verzicht auf Anmerkungen und das Fehlen eines Literaturverzeichnisses, das durch die räsonierende bibliographische Notiz nicht kompensiert werden kann.

Bei der von Wolkogonow verfaßten Biographie handelt es sich um die Taschenbuchversion der 1989 im Claassen-Verlag publizierten deutschen Ausgabe. Bei ihrem Erscheinen in der damaligen Sowjetunion löste diese auf umfangreichen Archivstudien basierende Arbeit noch eine Sensation aus, handelte es sich doch um die erste umfangreiche kritische Auseinandersetzung mit Stalin und seiner Zeit. Vieles von dem, was für russische Augen neu war, gehörte aufgrund der intensiven Auseinandersetzung der westlichen Historiographie bereits zum Basiswissen, dem Wolkogonow zwar einige Details hinzufügen, es aber nicht grundsätzlich zu revidieren vermochte.

Dem Verfasser gelang es nicht immer, sich der Orthodoxie sowjetischer Historiographie zu entziehen, wie folgende Textpassagen verdeutlichen: Der Molotow-Ribbentrop-Pakt wird gerechtfertigt, weil dadurch - wie Wolkogonow suggeriert - eine Antikomintern-Koalition unter Einschluß Frankreichs und Großbritanniens verhindert worden sei! Der Einmarsch der Roten Armee in die Ostgebiete Polens erscheint als Befreiungsaktion, die Annexion der baltischen Staaten wird mit dem Satz abgetan, "die Völker des Baltikums stellten die Sowjetmacht [...] wieder her" (530). Obgleich die Biographie in Zeiten von "glastnost'" und "perestrojka" erschien, blieb Wolkogonow zu einem Gutteil in anachronistischen und verkrusteten Denkschemata verhaftet, wie z.B. die Darstellung der Person Trotzkis belegt, den der Autor als "naiven Propheten und [...] Möchtegerndiktator" bezeichnet (143). Mehr noch, der Verfasser geht sogar so weit zu behaupten, daß Trotzki durch seine unablässige Kritik an Stalin dessen Autorität gesteigert und damit erst seinen Aufstieg zum Diktator ermöglicht habe (208). Dahinter steht als Quintessenz letztlich, daß Trotzki die Quelle allen Übels gewesen sei, das unter Stalin zur grausamen Realität wurde. Es handelt sich um einen Versuch, die historische Schuld von Stalin abzuwälzen und seinem unterlegenen Kontrahenten aufzubürden. Wenn Wolkogonow die Kollektivierung der Landwirtschaft partiell rechtfertigt, weil sie notwendig gewesen sei, um ein rückständiges und von kapitalistischen bzw. aggressiven Staaten eingekreistes Land in einen Industriestaat zu transformieren, befindet er sich in der Gesellschaft prominenter westlicher Autoren wie z.B. Alec Nove und Theodore von Laue, die Stalins Entwicklungsdiktatur in sozialer und menschlicher Hinsicht als ebenso kostspielig wie katastrophal charakterisierten, aber dennoch ihre Effektivität bei der Transformation einer rückständigen agrarisch strukturierten Gesellschaft in einen modernen Industriestaat betonten.

Noch radikaler als bei Wolkogonow fiel das Verdikt gegen den Stalinismus bei Wolfgang Ruge aus. Ruge, bis zu seiner Emeritierung 1983 Abteilungsleiter im Zentralinstitut für Geschichte der Akademie der Wissenschaften der DDR, hat in seinem Spätwerk, das unmittelbar nach dem Zusammenbruch der DDR erschien, rigiros mit dem Stalinismus, unter dem er mehrere Jahre in Arbeitslagern verbrachte, abgerechnet, ohne jedoch nachdrücklich mit der sozialistischen Ideologie marxistischer Prägung zu brechen.

In seiner Monographie versucht Ruge, soziale Strukturen und Denkansätze, die den Stalinismus in Sowjetrußland prädisponierten, aufzuzeigen. Zu diesem Zweck greift er bis auf das 19. Jahrhundert zurück, hebt aber besonders auf die Leninsche Konzeption der Elitepartei ab, die der Ausprägung einer umfassenden innerparteilichen Demokratie, gleichsam eines Systems der "checks and balances" zuwiderlief.

Dieser Parteiaufbau, von Trotzki bereits 1904 und später von Rosa Luxemburg als zutiefst undemokratisch kritisiert, begünstigte die Errichtung einer Parteidiktatur im Namen der Sowjets, wie sie bereits im Sommer 1918 mit der Ausschaltung der politischen Opposition etabliert wurde. Bemerkenswert dabei war, daß sich die Gewaltanwendung nicht allein auf einen "ökonomisch" definierten "Klassenfeind", die "Bourgeoisie", beschränkte, sondern letztlich politisch motiviert war und sich auf alle Individuen und Organisationen erstreckte, die nicht zumindest mit den Bolschewiki eng kooperierten. Hinzu kam ferner, daß in der Rätetheorie der Gedanke der Gewaltenteilung nicht vorgesehen war, so daß auch hier - erst recht vor dem Hintergrund der extremen Zentralisierung des Staatsaufbaus in Rußland - eine Kontrolle der exekutiven Gewalt nur marginal ausgeprägt war.

Von den knapp 140 Seiten sind weniger als die Hälfte der Zeit nach Lenins Tod gewidmet, die Ruge in zwei Stadien unterteilt, nämlich den "Beginn der Stalin-Ära" mit dem Jahr 1924 und den "klassischen Stalinismus" seit 1929. Diese zweite Periode versieht Ruge, seit dem Attentat auf S.M. Kirow am 1. Dezember 1934, mit dem Adjektiv "ausgereift".

Ruges Darstellung unterscheidet sich zwar fundamental von früheren in der DDR zur sowjetischen Geschichte der Jahre 1924 bis 1953 erschienenen Veröffentlichungen; für den westlichen Leser bleibt der Erkenntnisgewinn jedoch gering. Völlig unzureichend ist Ruges Definition von Stalinismus, als eine "extreme Ausartung der vorrangig auf Gewalt gegründeten Herrschaftsmethode [...], die es in weniger oder mehr ausgeprägter Form in allen Gesellschaftsordnungen nach der Urgesellschaft gegeben hat" (113). Mit dieser undifferenzierten Definition verliert der "Stalinismus" als analytisches Instrument jeden Nutzen und verkommt zu einer inoperablen Kategorie.

Hierauf weist Giuseppe Boffa, Senator und ehemaliges ZK-Mitglied der Kommunistischen Partei Italiens, hin. Bei aller Kontroversität seiner inhaltlichen Füllung betont Boffa die spezifische Bedeutung des "Stalinismus" als Terminus zur Unterscheidung und Abgrenzung von anderen geschichtlichen Phänomenen des 20. Jahrhunderts, die im Kontext der Ereignisse des Jahres 1917 in Rußland zu sehen sind: So hebt sich der Stalinismus 1. vom Bolschewismus, aus dem er hervorging, 2. von der kommunistischen Weltbewegung und 3. von autoritären Regierungen und Bewegungen ab (190).

In seiner 13 Kapitel umfassenden Studie stellt Boffa neun Stalinismustheorien - so z.B. die Kontinuitäts-, die Totalitarismus-, die Entwicklungsdiktaturtheorie - vor und überprüft sie auf ihre Validität. Gegenüber denen, die eine ungebrochene Kontinuität vom Leninismus zum Stalinismus konstatierten, führt Boffa ins Feld, daß unter Stalin ein unverhohlener Angriff auf fundamentale Züge der Revolution des Jahres 1917, ihrer Ideen, Ideale und politischen Orientierungen stattgefunden habe, an deren Stelle neue soziale, politische und institutionelle Normen getreten seien.

Als wesentliche Elemente des Stalinschen Ideenguts nennt Boffa die maximale Stärkung des Staates (als letztlich einziger Ausdruck der Gesellschaft), die planwirtschaftliche Organisation der gesamten Wirtschaft, die zu einem Mangel an Dynamik in allen mit ihr verbundenen Bereichen des menschlichen Lebens führte, die Organisation der Partei in der Form eines militärischen Ordens sowie ihre Identifikation mit dem Staat, schließlich die Vereinnahmung aller Institutionen - von der staatlichen Administration, über Massenorganisationen bis hin zu den Medien als Transmissionsriemen zur Ausführung "von oben" kommender Direktiven.

Boffa sieht den Stalinismus nicht als typisch russisches Phänomen, sondern betont seine internationale Bedeutung, so z.B. für die Länder der Dritten Welt, die für den Stalinismus typische Elemente wie die Betonung 1. des Nationalismus über den Internationalismus, 2. der Notwendigkeit einer forcierten industriellen Entwicklung gegenüber sozialistischen Idealen und 3. des autoritären Führerprinzips gegenüber demokratischer Partizipation übernommen haben.

Trotz kleinerer Wiederholungen ist der systematische Aufbau der Monographie zu begrüßen, weil sie dem Leser so einen schnellen Zugriff auf die einzelnen theoretischen Ansätze erlaubt. Zu beklagen ist neben dem Fehlen eines Literaturverzeichnisses indes, daß lediglich das vorletzte, aus dem Jahr 1992 stammende Kapitel, das sich mit der innerrussischen Debatte des Stalinismus seit 1985 beschäftigt, den augenblicklichen Forschungsstand widerspiegelt. Ansonsten liegt der Übersetzung die nicht aktualisierte 1982 erschienene italienische Originalfassung zugrunde. Folglich unterbleibt z.B. eine kritische Auseinandersetzung mit der Stalinismusdefinition von Graeme Gill.[2] Nichtsdestoweniger ist die Übersetzung von Boffas Buch zu begrüßen. Als einführende konzise Orientierungshilfe über die verschiedenen Stalinismustheorien ist es gut geeignet.

Rüdiger Kipke (Siegen)

Nationalitätenkonflikte

Bibó, István: Die Misere der osteuropäischen Kleinstaaterei. Verlag Neue Kritik, Frankfurt/M. 1992, 117 S.

Meyer, Gert (Hrsg.): Nationalitätenkonflikte in der Sowjetunion. PapyRossa Verlag, Köln 1990, 310 S.

Grotzky, Johannes: Konflikt im Vielvölkerstaat. Die Nationen der Sowjetunion im Aufbruch. Verlag Piper, München 1991, 201 S.

Die kleine Schrift von István Bibó - ein ungarischer Jurist und Historiker (1911 bis 1979), während des Volksaufstandes 1956 Minister in der Regierung Imre Nagy - ist 1946 auf ungarisch erschienen und liegt jetzt in deutscher Übersetzung vor.

Der Autor beschreibt zunächst aus seiner Sicht die territorialen Konflikte, nationalistische Aggressivität, den Mangel an demokratischer Kultur, Anspruchsdenken und wechselseitigen Haß der Völker in Mittel- und Osteuropa, in jenem Gebiet, "das sich östlich des Rheins zwischen Frankreich und Rußland erstreckt" (42). Im Kern beziehen sich seine Aussagen aber auf die Länder Ungarn, Polen und Tschechoslowakei. Die spezifische Lage dieses Raumes sieht er dadurch gekennzeichnet, daß sich die Nationen nicht durch historische Gegebenheiten, sondern ethnisch und sprachlich voneinander abgrenzen. Eine Konsolidierung der Region kann daher nur erreicht werden durch Grenzziehung zwischen Nationen, die von diesen Kriterien geleitet wird. Diese Erkenntnis "hat auch eine neue und in seinen Auswirkungen erschreckende Lösung ins Spiel gebracht: "die *Aussiedlung* und den *Bevölkerungstausch*" (96).

Bibó schreibt aus politischer Überzeugung; vieles von seinen Positionen lag im Jahre 1946 und liegt erst recht heute fern der politischen Wirklichkeit. Anderes wiederum ist angesichts der Ereignisse im ehemaligen Jugoslawien und in der früheren Sowjetunion - für beide kommunistischen Vielvölkerstaaten findet er ausgesprochen positive Worte - von hoher Aktualität.

---

2 Gill, G.: The Origins of the Stalinist Political System. Cambridge 1990 (Soviet and East European Studies, 74). Gill begreift den Stalinismus als ein System personaler Diktatur bei gleichzeitig mit ihr korrespondierender Insuffizienz und Schwäche politischer Institutionen, das sich sukzessive und nicht parallel in den Bereichen von Politik, Ökonomie, Gesellschaft und Kultur herausgebildet habe. Der Prozeß der Stalinisierung des gesamten Lebens war erst mit der Konsolidierung der stalinistischen politischen Ordnung im Jahr 1937 abgeschlossen. Als konstitutiv für den Stalinismus und zugleich Spezifikum differentia von nichtstalinistischen Regimen habe die Transformation des Terrors von einem Instrument der Politik zum Regierungsstil zu gelten.

In dem Band *Nationalitätenkonflikte in der Sowjetunion* leitet der Herausgeber Gert Meyer mit einem eigenen Beitrag ein, in dem er kurz den ambivalenten Entwicklungsweg der sowjetischen Völker umreißt, der zu sozialer Vereinheitlichung und gleichzeitig zu ihrer Differenzierung führte. Er geht auf zahlreiche Faktoren ein, die nach seiner Auffassung die Zuspitzung der Nationalitätenkonflikte verursacht haben, und diskutiert schließlich Lösungsmöglichkeiten: "Fortschritte im Prozeß der Umgestaltung helfen bei einer möglichst gewaltlosen Auflösung des vielfältig verschlungenen Knotens der Nationalitätenprobleme" (39). Die Perestrojka ist ein Schlüsselbegriff des ganzen Bandes; sie steht für die Überwindung der Schwierigkeiten und für eine sozialistische Zukunftsperspektive. Es bleibt hier aber zu fragen, ob sie zu diesem Zeitpunkt, also 1990, überhaupt noch eine realitätsbezogene Strategie der Politik war? Denn die Perestrojka war angesichts der schweren Wirtschaftskrise ab 1989 gescheitert und daher mit ihren politischen und gesellschaftlichen Reformansprüchen erst recht nicht mehr durchsetzbar.

Im wesentlichen besteht das Buch aus einer Zusammenstellung von sowjetischen Beiträgen zur Nationalitätenproblematik in der Sowjetunion aus den Jahren 1988 bis 1990. Ein eigenes Kapitel wird den Sowjetdeutschen gewidmet, in dem auch Stalins Erlaß von 1941 zur Vertreibung der deutschen Bevölkerung aus den Wolgarayons und dessen Revision im Jahre 1964 dokumentiert ist (180ff.). Das Schlußkapitel befaßt sich mit der Nationalitätenpolitik der KPdSU.

Das Buch vermittelt einen Einblick in die Diskussionen dieser Jahre innerhalb der Partei, ihr nahestehender Organisationen und in den Medien, die im übrigen deutlich machen, mit welcher Offenheit - im Vergleich zu früheren Zeiten - in der Sowjetunion am Vorabend ihres Zusammenbruchs die politische Debatte geführt und die Probleme angesprochen wurden.

Johannes Grotzky, ein langjähriger Beobachter und Kenner der Sowjetunion als Hörfunkkorrespondent in Moskau, legt mit seinem Buch eine einführende Darstellung zur Nationalitätenproblematik vor. Es enthält einen historischen Teil, der von der Entstehung des zaristischen Vielvölkerstaates über die Sowjetisierung der Völker bis zum Ende des Jahres 1990 reicht. Der Abschnitt über die Regionalkonflikte gibt einen Überblick zu den Problempotentialen im ganzen Land. Teilweise überholt ist naturgemäß die Darstellung der staatlichen Gliederung, die von der Sowjetunion zum Jahresende 1990 ausgeht. Eine sinnvolle Ergänzung sind die kurze Vorstellung der einzelnen Völker und die Zeittafel zur nationalen Frage.

Die nationale Problematik wird als Existenzfrage der Sowjetunion gesehen, die bereits beantwortet ist (März 1991): Es gibt keine Überlebenschance mehr (7) - jedenfalls nicht in der bisherigen Form, so muß es ergänzend heißen, wenn man die Perspektiven einer Neuordnung liest, die der Autor entwickelt: Umwandlung der territorial-administrativen Struktur, diktatorischer Neo-Zentralismus oder das Land "zerfällt in Einzelstaaten, die sich in mehreren Unionen locker zusammenschließen" (122). Seiner These, daß soziale und wirtschaftliche Mißstände nur vordergründige Auslöser für die Konflikte sein können, bleibt er nicht ganz treu, wenn es etwa heißt: "Bis heute leiden die nicht-russischen Völker darunter, daß zahlreiche Führungspositionen in der Zeit der Industrialisierung und der politischen Säuberungen mit Russen besetzt wurden" (38).

Insgesamt bleibt der Eindruck eines gediegenen Sachbuches, geprägt von der Handschrift eines Journalisten, das sich als Basislektüre für den Interessierten gut eignet, auch wenn die summarisch verkürzende Darstellung manche Lücke klaffen läßt (dessen ist sich der Autor auch bewußt). Es wird eine Fülle von Informationen verarbeitet, die allerdings nur ungenügend belegt sind. Unzureichend ist weiterhin der bibliographische Anhang; wünschenswert wäre es gewesen, dem Leser mehr Hinweise, vor allem für weiterführende Literatur zu geben.

Jutta Petersdorf (Berlin)

Frauen in der Sowjetunion

Perestroika and Soviet Women. Hrsg. von Mary Buckley. Cambridge University Press, 1992, 183 S.

Rosenbaum, Monika: *Frauenarbeit und Frauenalltag in der Sowjetunion.* Verlag Westfälisches Dampfboot, Münster 1991, 130 S.

Schon die Cover beider Publikationen mit den abgebildeten Momentaufnahmen aus dem Lebensalltag sowjetischer Frauen signalisieren, welcher Anspruch und welche Trostlosigkeit dem von den Autorinnen beschriebenen Thema innewohnt.

Die vornehmlich soziologischen Untersuchungen wurden zu einem Zeitpunkt abgeschlossen, als die westliche Welt noch in den verklärten Vorstellungen über die Allmacht der antistaatssozialistischen Perestroika-Bewegung lebte und das öffentliche Interesse an einer Diskussion über die Modernisierung der sozio-ökonomischen Verhältnisse und einer umfassenden Demokratisierung in der Sowjetunion hellwach war.

Seither ist zwar viel Zeit ins Land gegangen, aber der Gegenstand, von dem die angezeigten Veröffentlichungen als zwei von inzwischen zahllosen handeln, blieb davon unberührt. Und das nicht nur, weil das Gorbatschowsche Konzept außerstande war, ein neues Gesellschaftsmodell zu kreieren, sondern eben deshalb, weil es noch nicht einmal ansatzweise, die im Verlaufe der sowjetischen Entwicklung festgeschriebenen sozialen Ungleichheiten im Geschlechterverhältnis in Frage stellte. Jelzin und seine Intentionen in puncto Slawophilentum und freie Marktwirtschaft lassen nun noch viel weniger auf glückhafte Veränderungen hoffen. Summa summarum: Die dargestellten Probleme sind aktuell wie eh und je.

In Mary Buckleys von Frauen für Frauen geschriebenem Sammelband kommen Wissenschaftlerinnen verschiedener Fachdisziplinen aus Großbritannien, Kanada, Australien, Rußland und der Ukraine zu Wort. Die seit 1987 in der Sowjetunion eingeleiteten ökonomischen, politischen und sozialen Reformen stehen in unmittelbarem Bezug zu den Darlegungen über die Frauenarbeit in Industrie und Landwirtschaft, den sinkenden Frauenanteil in den politischen Vertretungskörperschaften, die Rolle der neuen Frauengruppen, den sich verändernden Status der Frauenräte und über die Stellung der Frauen zwischen Feminismus und Nationalismus in der Ukraine. Mit ihren Analysen veranschaulichen die Autorinnen Größenordnung und Problematik der Veränderungen, denen die sowjetischen Frauen als Arbeiterinnen, Konsumentinnen und politische Akteurinnen angesichts der Gleichzeitigkeit von Perestroika, Demokratisierung und Glasnost ausgesetzt sind.

So stellt z.B. Judith Shapiro die "chozrascet-Vorgänge" der Perestroika (d.h. die Gewinn und Verlust bilanzierende Betriebsführung im industriellen Bereich) in Zusammenhang mit der hohen Frauenrate bei gering qualifizierten, schlecht bezahlten und durch Extensivität charakterisierten Arbeitsplätzen in der Industrie. Das schließt zwar nicht aus, über die in der Vergangenheit auch mit Hilfe der Frauen an Frauen begangenen Sünden nachzudenken, aber das Anliegen des Beitrages zielt in eine andere Richtung. Der zivilisatorische Anspruch der sich modernisierenden fast-postsowjetischen Reformgesellschaft wird untersucht. Folgerichtig erschöpfen sich Shapiros Aussagen deshalb nicht in Prognosen über die mit Rationalisierung und Privatisierung einhergehende absehbare Massenarbeitslosigkeit von Frauen. Sie hinterfragen das Konzept, messen den diktierten Rückzug der Frauen aus der Industriearbeiterschaft an den Chancen, die ihnen noch verbleiben, und reflektieren Meinungen der Betroffenen.

Ähnlich aufgebaut sind auch die anderen Aufsätze im Sammelband. Daß die Autorinnen, wie nachdrücklich betont wird, keinen gemeinsamen Standpunkt zu den Reformen der Übergangsperiode im Hinblick auf Staat, Wirtschaft, Politik, Nationalitätenproblematik, Geschlechter- und Generationsfrage, die Gesellschaft generell wie auf den abgehobenen Bereich des literarischen Schaffens haben, ändert daran wenig. Allerdings sei die Feststellung erlaubt, daß sich die Ambivalenz der Glasnost-Inhalte mit ihren teils befreienden, teils diskriminierenden Auswirkungen auf die Frauen wie ein verbindender roter Faden durch die meisten Beiträge zieht.

Monika Rosenbaums Arbeit hat den Vorzug, daß sie stärker als die erstgenannte Publikation bemüht ist, das Thema im geschichtlichen Kontext zu behandeln. Vor dem Hintergrund der historischen Entwicklung der "Frauenfrage" untersucht die Autorin die Russische Republik und das Baltikum in den Hauptkapiteln Fragen der Frauenerwerbstätigkeit, die Beziehung zwischen Erwerbsarbeit und Mutterschaft sowie den gegenwärtigen Diskussionsstand in der Frauenfrage.

Sie betont eingangs völlig zu Recht, daß bislang der Gegenstand "Lebenssituationen der Frauen in der Sowjetunion" von der deutschen Osteuropaforschung sträflich vernachlässigt wurde; ihrer Argumentation hinsichtlich der fehlenden Ausarbeitungen durch die Frauenforschung vermag man aber weniger zu folgen. Auch an anderen Stellen des Textes finden sich ähnlich verkürzte, mitunter apodiktische Behauptungen, die das insgesamt bereitete Lesevergnügen leicht einschränken.

Dazu gehört Rosenbaums These, daß die nach der Oktoberrevolution eingeleitete Frauenpolitik der Bolschewiki nicht über den Rang von Reformmaßnahmen hinausging und die Ungleichheit der Geschlechter nie ernsthaft untersucht und in Frage gestellt wurde (15). Sie läßt aber außer Acht, daß die politische Zielstellung der Bolschewiki, Frauen aus ihrer Unterdrückung in Gesellschaft und Familie durch die Einbeziehung in die Berufswelt sowie durch die Vergesellschaftung von Hausarbeit und Kindererziehung zu befreien, für die damalige Zeit nahezu sensationell war. Ebenso bleibt unberücksichtigt, daß Denkprozesse und Diskussionsstand zum Problem der Abschaffung der geschlechtsspezifischen Arbeitsteilung in der gesamten Arbeiterbewegung noch längst nicht so weit gediehen waren, um selbst eine Feministin wie Alexandra Kollontai zu größerer Konsequenz in ihren politischen Forderungen zu veranlassen.

Rosenbaum streift Fragen der juristischen Gleichstellung, der Bemühungen um die Vergesellschaftung der Hausarbeit und die Einbeziehung der Frauen in die gesellschaftliche Produktion, vereinfacht in der Beurteilung aber insofern, als sie die wirklich spannenden Diskussionen und Forschungsergebnisse über das Geschlechterverhältnis, wie sie in den zwanziger und Anfang der dreißiger Jahre im Rahmen der medizinsoziologisch und sexualwissenschaftlich orientierten "Sozialhygiene" erfolgten, ausspart.

Des weiteren verweist die Autorin auf die "Lösung der Frauenfrage" im Stalinismus, die sowohl mit der Forcierung weiblicher Erwerbstätigkeit (der Frauenanteil an der Gesamtbeschäftigung erreichte ausgangs des Großen Vaterländischen Krieges mit 56 Prozent seinen Höhepunkt, in den letzten Jahren lag er bei 51 Prozent) als auch mit der Festschreibung der gesellschaftlichen Rollenzuweisung an die Frauen einherging. Diesen auch für die Perestroika-Zeit gültigen Sachverhalt belegt sie mit interessanten Strukturanalysen zur Qualifikation weiblicher Arbeitskräfte, des Arbeitsmarktes und der Arbeitsbedingungen sowie des Einkommens.

Die gegenwärtig laufende frauenpolitische Diskussion untergliedert die Verfasserin in vier aktuelle Richtungen, die sie abschließend genauer vorstellt: die patriarchalische, die ökonomische, die demographische und die egalitäre Richtung. Die letztgenannte ist für sie am ehesten die feministische Alternative, weil sie von dem Ansatz ausgeht, daß die Arbeitsteilung zwischen den Geschlechtern keine natürliche, sondern durch die überkommenen sozialen Verhältnisse bedingt ist.

Wolfgang Ruge (Potsdam)

Der sowjetische Geheimdienst in der Geschichte der UdSSR

Waksberg, Arkadi: Gnadenlos. Andrei Wyschinski - Mörder im Dienste Stalins. Gustav Lübbe Verlag, Bergisch Gladbach 1991, 495 S.

Nekrassow, Vladimir F. (Hrsg.): Berija. Henker in Stalins Diensten. Ende einer Karriere. Edition q, Berlin 1992, 511 S.

Albaz, Jewgenija: Geheimimperium KGB. Totengräber der Sowjetunion. Deutscher Taschenbuch Verlag, München 1992, 280 S.

Geworkjan, Natalija: Der KGB lebt. Fakten, Personen und Schicksale aus der Geschichte des sowjetischen Geheimdienstes. Edition q, Berlin 1992, 287 S. (Ausgabe mit Videokassette von Nina Sobolewa: Auf den Spuren des KGB. Die Geschichte des sowjetischen Geheimdienstes 1917-1991.)

Die anzuzeigenden Bücher, alle aus dem Russischen übersetzt und populär angelegt, tragen dem brennenden Bedürfnis der Öffentlichkeit in den heutigen GUS-Staaten nach Aufhellung der die Gegenwart schwer belastenden Vergangenheit Rechnung. Im Mittelpunkt der beiden erstgenannten Werke, die in den letzten Monaten der Sowjetmacht in Moskau erschienen sind, steht der Stalinsche Terror (1935-1953) gegen Partei- und Staatsfunktionäre, Militärs und Angehörige der Intelligenz, zu dessen einziger Triebkraft der Diktator selbst erklärt wird. Obwohl beiläufig (Nekrassow, 89) von 7 Millionen Ermordeten zwischen 1935 und 1940 gesprochen wird (Albaz gibt die Zahl der Terrortoten zwischen 1917 und 1959 mit 66 Millionen an, 80) bleiben die Leiden und Opfer breiter Bevölkerungsschichten, die zweifellos den größten Blutzoll zahlten, unerwähnt, so daß die Massenverfolgungen weitgehend als interne Auseinandersetzungen zwischen den Eliten des Regimes erscheinen.

Die anderen beiden Arbeiten, die nach dem (von Albaz auch beschriebenen) August-Putsch 1991 abgeschlossen wurden, beschäftigen sich vorwiegend - obwohl sie kurz auf den vorstalinistischen Terror sowie auf die Schreckensjahre von 1935 bis 1953 eingehen und Geworkjan ungeheuerliche Dokumente über die "Vernichtungskampagne gegen das eigene Volk" 1937/38 unterbreitet - mit dem Platz des überkommenen Repressionsapparates in der heutigen Gesellschaft.

Waksberg, von Haus aus Jurist und auch als Dramatiker bekannt geworden, verdankt seinen publizistischen Ruf den auf profunden Aktenkenntnissen fußenden Artikeln über Rechtswidrigkeiten in der sowjetischen Justiz, die er über Jahre hinweg in der "Literaturnaja gaseta" veröffentlicht hat. Seine exzellent geschriebene, auch mit Sarkasmus gewürzte Wyschinski-Biographie, die sich auf eine Vielzahl von Dokumenten aus dem KGB-Archiv, dem Spezialarchiv des Innenministeriums, dem Privatarchiv seines "Helden" und andere bisher unzugängliche Materialien stützt, geht weit über die Vita eines sowjetischen Spitzenpolitiker hinaus und kann mit gewissen Einschränkungen als eine erste knappe Gesamtdarstellung des Stalinschen Terrors betrachtet werden. Bedauerlich ist allerdings, daß Quellennachweise in dem ansonsten (z.B. hinsichtlich vieler Lebensläufe und Daten) sehr informativen Anmerkungsapparat fehlen.

Der Jurastudent und exponierte Menschewik Wyschinski war Stalin bereits 1907 im Gefängnis von Baku als fähiger Kopf aufgefallen. Nach ihrer zweiten Begegnung 1920 ebnete der auf den Aufbau einer Hausmacht bedachte nunmehrige Organisationssekretär des ZK dem einstigen Zellengenossen, der wegen seines (auch nach der Oktoberrevolution vehementen) antibolschewistischen Engagements erpressbar bleiben würde, den Karriere verheißenden Weg in die Kommunistische Partei. Wyschinski arbeitete erst im Versorgungswesen, wurde 1922 Vorsitzender des Moskauer Anwaltskollegiums, 1925 Rektor der hauptstädtischen Universität und erwies sich als Vorsitzender im Schachty-Prozeß (1928) sowie im Prozeß gegen die sogenannte Industriepartei (1930) als geschickter Handlanger des sich etablierenden Alleinherrschers. Ein meisterhaftes Psychogramm zeichnend, macht Waksberg deutlich, warum ausgerechnet dieser 1931 zum Stellvertretenden Generalstaatsanwalt der RSFSR und vier Jahre später zum Generalstaatsanwalt der UdSSR emporgehievte "schöpferische Willensvollstrecker" des Diktators von Stalin zum Regisseur des anvisierten spektakulären Justizterrors auserkoren wurde. Ausschlaggebend waren seine mit Zynismus und sklavischer Ergebenheit gegenüber dem Machthaber gepaarte gediegene Bildung, Flexibilität und Leistungsfähigkeit sowie seine Rhetorik und Eitelkeit, die ihn für öffentliche Auftritte prädestinierten. Waksbergs Hauptaufmerksamkeit gilt der Zeit, in der sich der Ankläger Wyschinski als an gestrenge Vorgaben gebundener, gleichwohl zu Eigeninitiative angespornter Organisator der Schauprozesse gegen Sinowjew/Kamenew (1936), Pjatakow/Radek (1937) sowie Bucharin/Rykow (1938) bewährte und maßgeblich zur pseudotheoretischen Begründung und weiteren Durchsetzung verbrecherischer Praktiken im sowjetischen Untersuchungswesen und in der Gerichtsbarkeit beitrug. Stalin, so meint der Autor, habe in Bucharin seinen Hauptgegner gesehen und auch mit den Prozessen von 1936 und 1937 dessen Vernichtung vorbereitet. Nach Bucharins Ermordung sei er aus massenpsychologischen und anderen Erwägungen auf weniger spektakuläre (doch ebenso blutige) Terror- und Einschüchterungsmethoden ausgewichen.

In dieser zweiten, von Waksberg ebenfalls ausführlich beleuchteten Terrorperiode wurde Wyschinski, der allerdings als Akademiemitglied (seit 1939) weiterhin "theoretische" Rechtfertigungen für die Rechtsbeugungen lieferte, nicht mehr als Vorzeige-Jurist gebraucht und im auswärtigen Dienst (unter anderem als Außenminister und UdSSR-Vertreter in der UNO) eingesetzt. Er erledigte zahlreiche Sonderaufträge und gelangte 1952 sogar als Kandidat ins Parteipräsidium.

Immer das Schicksal solcher von Stalin berufener und später beseitigter Einpeitscher des Terrors wie Jagoda und Jeschow vor Augen, lebte Wyschynski in ständiger Angst vor der Ungnade des Herrschers. In seinem letzten Lebensjahr (er starb 20 Monate nach Stalin) fürchtete er sich vor Berija, der (seit 1938 Stellvertreter des Volkskommissars des Inneren, seit 1939 NKWD-Chef) zur Spitzenfigur des Repressionsapparates aufgestiegen war und sich nun, seine Position als Vollmitglied des Politbüros/Parteipräsidiums (seit 1946) nutzend, anschickte, den Platz des Diktators einzunehmen.

Berija, der die makabren Eigenschaften eines Stalinschen "Hauptvollstreckers" noch markanter als seine Vorgänger verkörperte und auch mehr Macht als diese besaß, wird in den zumeist subjektiv gefärbten 22 Beiträgen des von Nekrassow herausgegebenen Sammelbandes vorgestellt. Am umfangreichsten sind hier die streckenweise recht simplen "Skizzen zu einem Berija-Porträt" von A.W. Antonow-Owsejenko, in dem vor allem vom NKWD-Chef inszenierte Morde an bekannten Persönlichkeiten aufgelistet werden. Wie bei diesem Abriß handelt es sich auch bei elf Berichten über Einzelepisoden sowie bei fünf Abschnitten aus bisher nur partiell veröffentlichten Memoiren um Nachdrucke von zum Teil "enthüllungsjournalistisch" geprägten Zeitschriftenartikeln aus den Jahren 1988 bis 1990. Drei weitere Beiträge sind bereits erschienenen Büchern (Wolkogonows Stalin-Biographie, Erinnerungen Gromykos und Marschall Schukows) entnommen. Speziell für den vorliegenden Band wurden nur zwei Artikel verfaßt: Über einen auf Fürsprache Mikojans von Stalin aufgehobenen Haftbefehl der Tscheka gegen Berija 1921 und, relativ gut dokumentiert, über Berijas Rolle bei den Erschießungen von Katyn. Erstmals publiziert werden auch gekürzte, insgesamt unergiebige Tagebuchaufzeichnungen eines Mitglieds des Sonderkollegiums, das Berija am 23.12.1953 zum Tode verurteilte.

Ein Drittel der Beiträge beschäftigt sich mit der Verhaftung Berijas und seinem Prozeß. Obwohl auch Berichte "nach Unterlagen der Beweisaufnahme" beziehungsweise "nach Akten des Gerichtsprozesses" vorgelegt werden, kann von Erschließung neuer Quellen keine Rede sein. Die Berichterstatter, die die Auszüge aus Dokumenten mit einfältigen Sentenzen kommentieren, haben vorrangig Unterlagen und Protokolle ausgewählt, die Nebensächlichkeiten oder lange verjährte Ereignisse betreffen (Berijas dubiose

Verbindungen vor 1920, seine - vorher (Nekrassow, 67 ff.) völlig anders dargestellte - Plagiierung des Buches "Zur Geschichte der bolschewistischen Organisationen in Transkaukasien" 1934 und anderen). Erkennbar ist ihre Absicht, die in Wirklichkeit systembedingte Erhebung der "Ungesetzlichkeit und Willkür zur Regel" als isolierte Tat der "kriminellen Gruppe unter Berija" (Nekrassow, 387) hinzustellen. Sie bewegen sich damit im Fahrwasser der Veranstalter des Prozesses, die selbst mit Verbrechen des Systems belastet waren. Beispielsweise hatte einer der Richter, Schwernik, schon 1931 den von der Geheimpolizei inszenierten Prozeß gegen das nicht existierende "menschewistische Zentrum" geleitet. Auch andere Beteiligte an der Entmachtung Berijas, nicht zuletzt Chruschtschow, der sich zum Beispiel 1937 um die Aufnahme in ein Verurteilungskommando für 2000 Todeskandidaten beworben hatte (dokumentarisch belegt bei Geworkjan, 227), waren zutiefst in diesem System verwurzelt, ließen sich bei der Ausschaltung des Henkers - ganz wie dieser - in erster Linie von Furcht um die eigene Machtposition leiten und bedienten sich dabei aus dem NKWD-Arsenal entlehnter frei erfundener Beschuldigungen ("Agent des Imperialismus!").

Wenngleich der Herausgeber des Bandes im Geleitwort zutreffend bemerkt, daß es bei der Beurteilung Berijas nicht nur um diesen einzelnen Herrschsüchtigen gehe, sondern "zugleich um das System und die Umstände, die diesen Menschen hervorbrachten, ihn aufsteigen, seine karrieristischen Ambitionen wie seinen Machthunger befriedigen ließen" (Nekrassow, 7), werden doch die Beiträge in ihrer Gesamtheit nicht der daraus abzuleitenden Aufgabe gerecht. Gleichwohl bereichern viele der angeführten Details unsere Kenntnisse und lassen Rückschlüsse auf die Funktionsweise des stalinistischen Herrschaftsapparates zu. Das gilt zum Beispiel für die Angaben über die - auch von Geworkjan für 1937 nachgewiesene - zentrale Planung von Erschießungen (allein für Georgien 1936 1.500) oder für die außergerichtlichen (Troika-)Verfahren (1937/38 in Georgien 30.000, von denen ein Drittel mit Todesurteilen abgeschlossen wurde).

Die mutigen Journalistinnen Albaz und Geworkjan, beide Mitarbeiterinnen der "Moskowskije nowosti" ("Moscow News"), für die der oftmals umbenannte (Tscheka-OGPU-NKWD-MGB-KGB, jetzt Ministerium für Sicherheit der Russischen Föderation) Geheimdienst nach einem Wort des Menschenrechtlers Timofejew "den Zustand der Gesellschaft, die Krankheit des gesellschaftlichen Gewissens" verkörpert (Geworkjan, 10), haben dagegen stets das Gesamtsystem im Blickfeld. Folgerichtig versuchen sie auch zu erklären, wie die aus dem System erwachsenen Methoden (Denunziation, erzwungene Selbstbezichtigungen, die seit 1937 offiziell erlaubte Folter, die "normale" Mordpraxis, psychiatrische Zwangsbehandlungen und anderes) psychisch gesunde Durchschnittsmenschen in Sowjetbürger des "KGB-Typs" verwandelten.

Die faktenreichen Untersuchungen der beiden Journalistinnen stützen sich auf Gespräche mit hohen (zum Teil nicht mehr aktiven) KGB-Offizieren, auf kürzlich bekannt gewordene Geheimakten (unter anderem auch neue Lenin Dokumente) und Erlebnisberichte Betroffener, darüber hinaus - nach Albaz' Worten - "auf alle Realien und Nuancen unseres Lebens, die ein Ausländer in der Regel nicht sieht" (Albaz, 14). Was mit "Realien" gemeint ist, illustriert sie mit einer eindringlichen Schilderung des erniedrigenden Alltags von Rika Rasgon, die mit ihrem Mann Lew, dem Autor des Buches "Nichtausgedachte Geschichten", zusammengerechnet 31 Jahre in Straflagern verbracht hat.

Albaz und Geworkjan, die auch der Korruption, der Günstlingswirtschaft und den Rivalitätskämpfen innerhalb des vom Korpsgeist zusammengehaltenen KGB große Aufmerksamkeit widmen, legen die Strukturen des geheimen Apparates offen und unterbreiten beachtliche Schätzungen über die Anzahl der Mitarbeiter (bis zu 700.000) sowie über das KGB-Budget. Breiten Raum nehmen auch ihre Entlarvungen der Auslandsdienste des KGB ein, die sich nicht nur mit Spionage und Gegenspionage, sondern auch mit der Schulung und "Beratung" von Staatsterroristen in den osteuropäischen Ländern, mit der Ermordung von Überläufern und Dissidenten, mit gezielter Desinformation sowie dem Devisentransfer für ausländische Parteien beschäftigen.

Die beiden Autorinnen weisen nach, daß der KGB, jetzt seine Macht allerdings auf "zivilisiertere Weise" (Albaz, 80), (mit Hilfe eines "geistigen Sadismus" Geworkjan, 105) ausübend, auch heute in den GUS-Staaten allgegenwärtig ist. War er unter Stalin noch "Erfüllungsgehilfe" des Diktators (Albaz, 84), so habe er seither die Linie aller Generalsekretäre (auch und gerade Gorbatschows) mitbestimmt und kontrolliert. Zunehmend mit anderen Gliedern des Staatsapparates, mit der Parteispitze und dem militärisch-industriellen Komplex verwachsen, habe er in der von ihm mitinitiierten Perestroika seinen Einfluß auf die Gesellschaft noch ausgeweitet. Als ursprünglich "zweite Säule der Oligarchie" sei er, obwohl "unheilbar krank" (Albaz, 231), infolge der Auflösung der KPdSU (der "ersten Säule") sogar zum dominierenden Faktor im Staate aufgestiegen. Für die Autorinnen steht demnach fest, daß der Geheimdienst, der auch die Folgen des gescheiterten August-Putsches überstanden hat, unreformierbar ist und sein Fortbestehen eine wirkliche Demokratisierung der Gesellschaft ausschließt. So äußert Geworkjan am Schluß ihres Buches die Befürchtung, daß die von dem inzwischen schon wieder entlassenen Sicherheitsminister Bakanin nach dem Putsch eingeleitete Zergliederung des KGB rückgängig gemacht und eines Tages das Dzierzynski-Denkmal auf dem Moskauer Lubjanka-Platz wiedererrichtet werden könne.

Die Benutzung der beiden letztgenannten Bücher wird leider durch das Fehlen von Personenregistern erschwert.

Das erschütternde, in Deutschland weitgehend unbekannte Bildmaterial der Videokassette von Nina Sobolewa ergänzt die Texte von Albaz und Geworkjan auf eindrucksvolle Weise.

Jan Foitzik (Mannheim)

Osteuropa im Umbruch - 1945 und 1989

Sowjetisches Modell und nationale Prägung. Kontinuität und Wandel in Ostmitteleuropa nach dem Zweiten Weltkrieg. Herausgegeben im Auftrag der Fachkommission Zeitgeschichte im J.-G.-Herder-Forschungsrat von Hans Lemberg unter Mitwirkung von Karl von Delhaes, Hans-Jürgen Karp und Heinrich Mrowka. J.G.Herder-Institut, Marburg/Lahn 1991 (Historische und Landeskundliche Ostmitteleuropa-Studien 7), 426 S.

Šimečka, Milan: Das Ende der Unbeweglichkeit. Ein politisches Tagebuch. Verlag Neue Kritik, Frankfurt/M., 1992, 170 S.

Wagner, Richard: Völker ohne Signale. Zum Epochenbruch in Osteuropa. Rotbuch Verlag, Berlin 1992, 131 S.

Die wiedergefundene Erinnerung. Verdrängte Geschichte in Osteuropa. Hg. und mit einem Vorwort versehen von Annette Leo. BasisDruck, Berlin 1992, 263 S.

Beckherrn, Eberhard: Tal der Wende. Wohin steuert Osteuropa? Knaur, München 1991, 368 S.

Druwe, Ulrich: Osteuropa im Wandel. Szenarien einer ungewissen Zukunft. Beltz Quadriga, Weinheim, Basel 1992, 175 S.

Demokratischer Umbruch in Osteuropa. Hg. von Rainer Deppe, Helmut Dubiel und Ulrich Rödel. Suhrkamp Verlag, Frankfurt/M. 1991, 349 S.

Das Ende der "sozialistischen Staaten" löste beim Herausgeber Zweifel aus, ob die Veröffentlichung der auf einer Tagung im September 1987 gehaltenen Referate (Sowjetisches Modell und nationale Prägung) überhaupt noch Sinn mache. Die positive Entscheidung war aus verschiedenen Gründen richtig, denn es wurde zunächst erfolgreich dokumentiert, aus welchen heterogenen Vorstellungen sich das nach dem Prinzip des "ersten Scheins" prägnant wirkende Bild von der "Sowjetisierung" Osteuropas zusammensetzt. Schließlich wird auch der Prozeß der Modernisierung nach 1989 in diesem Raum vielfach Formen einer "De-Sowjetisierung" annehmen, d.h. es werden nicht nur Kontinuitätslinien aus der Zeit vor der "Ära der Deformation" freigelegt, sondern der gesellschaftliche Transformationsprozeß wird weiterhin auch von Verwerfungen und Verformungen begleitet, die in jener Deformationsperiode zwar ihren Ursprung haben, aber nicht zuletzt auch identitätsstiftende "gelebte Geschichte" sind. Hans Lemberg spricht die begrifflichen Schwierigkeiten im Vorwort an, wenn er feststellt, daß Modelle selbst nicht als statisch betrachtet werden können, und dann noch rhetorisch fragt, ob denn Modernisierung in den postsozialistischen Ländern einfach nur die Übernahme westlicher Modelle bedeute.

"Sowjetisierung" wird meistens im Sinne einer Überfremdung, als Oktroy des sowjetischen Modells verstanden, obwohl Einzeluntersuchungen ergeben haben, daß nationale und sektorale historische Prädispositionen, also die "nationale Prägung", diesen Vorgang behindert oder gefördert, jedenfalls zu dessen Ausformung beigetragen hatten.

Im Tagungsband werden 23 Referate präsentiert, ergänzt um ein Resümee der Diskussion von Hans Lemberg und ein umfangreiches Literaturverzeichnis. In den Referaten beschäftigen sich Zeithistoriker, Ökonomen, Politikwissenschaftler, Slawisten mit den Voraussetzungen, dem Verlauf und den Ergebnissen der "Sowjetisierung" in einzelnen Bereichen des politischen, gesellschaftlichen und kulturellen Lebens. Im Einführungsreferat weist Michal Reiman auf die politische Instrumentalisierung des Begriffs hin, den er auf Entwicklungsprozesse im Zeitraum 1947/48-1953 reduziert wissen möchte. Im Osten hat er eine andere semantische Bedeutung. Dort wird er weniger politisch-instrumentell, als vielmehr im Sinne einer substantiellen Ver- und Entfremdung mit vielfältigen psychologischen Komponenten, wie Einstellung zur geschichtlichen Tradition einschließlich der Veränderung des gesellschaftlichen Selbstverständnisses und Verhaltens, als Bruch in der Entwicklungskontinuität, verstanden. Reiman reflektiert in seiner "allumfassenden" Auslegung des Begriffs ebenfalls, daß nicht erst die "Sowjetisierung" die jungen Systeme zerstört habe, vielmehr hätten sie schon vor dem Einmarsch der Sowjettruppen vor dem Problem des Neuaufbaus gestanden.

Obwohl diese Hinweise auf die Vielschichtigkeit des Phänomens nicht durchgehend berücksichtigt werden, ordnet Gerhard Simon plausibel die Instrumente und die Stufen der äußeren "Sowjetisierung" in den annektierten westlichen Gebieten der Sowjetunion 1939-50 in Kategorien ein, welche auch in den Volksdemokratien Gültigkeit besaßen. Detlef Brandes und Vilém Prečan weisen speziell auf die außenpolitischen Determinanten dieser Prozesse hin.

Innenpolitischen Aspekten widmet Christoph Kleßmann ein Referat über Programme des polnischen Widerstands. Peter Heumos bestätigt der osteuropäischen Sozialdemokratie, daß sie im Zeitraum 1945-48 infolge ihrer Beteiligung an Einheitsgewerkschaften und "Nationalen Fronten" die Rückkoppelung zur politischen Basis verlor und deshalb um so leichter durch die Kommunisten als politischer Faktor ausgeschaltet werden konnte. Zu ähnlichen Schlußfolgerungen kommt auch Jörg K. Hoensch, der die Ausschaltung der nichtkommunistischen Parteien in Polen, der ČSR und in Ungarn insbesondere auf die Zersplitterung des Parteiensystems und die sozial heterogene Zusammensetzung ihrer Mitgliederschaft zurückführt. Thomas Weisers komparatistische Untersuchung über die kommunistischen Führungseliten weist indirekt stärker auf begriffliche Probleme hin. Es habe weniger eine direkte personalpolitische Steuerung, sondern die Struktur der kommunistischen Parteien als Instrument im Prozeß der "Sowjetisierung" gewirkt, der im untersuchten Bereich widersprüchlich verlief und starke nationale Besonderheiten aufwies. Peter Strunks Beitrag über die "Sowjetische Militäradministration in Deutschland" konzentriert sich ebenfalls auf unterschiedliche Zielstrategien bei der "Sowjetisierung" der SBZ, die diesmal allerdings unmittelbar auf innersowjetische Zielkonflikte zurückgeführt werden.

In den Referaten über Methoden und Folgen der "Sowjetisierung" der Volkswirtschaft benennen Jiří Kosta und Karl von Delhaes konkrete interne Faktoren, die die Übernahme des sowjetischen Wirtschaftsmodells förderten: Kosta akzentuiert dabei stärker die Rahmenbedingungen ("Ostorientierung", Änderung der Eigentumsverhältnisse und der Binnenstruktur der Volkswirtschaft), während von Delhaes auch auf die spezifisch nationalen Faktoren hinweist. Oskar Anweilers Beitrag über die "Sowjetisierung" des Bildungswesens und seine These, daß im Bildungsbereich lediglich von einer "sowjetischen Überlagerung", keineswegs von einer tiefgreifenden "Sowjetisierung" der Schulorganisation, der Lernziele und Lerninhalte gesprochen werden könne, löste bei den meisten Tagungsteilnehmern Widerspruch aus. Als ein vielschichtiges und in sich komplexes Phänomen, das zwischen ideologisch vorgegebenen Zielperspektiven, Verfahrensweisen und objektiven Resultaten nicht analytisch differenziert, behielt der Begriff der "Sowjetisierung" am Ende zwar die Konsistenz des oft zitierten Puddings, den man vergeblich an die Wand zu nageln versucht. Doch ein beträchtlicher Erkenntnisgewinn besteht bereits darin, daß man um diese innere Beschaffenheit des Begriffs weiß und ihn nicht unkritisch im analytischen Sinne benutzt.

Seit dem realen Zusammenbruch des Sozialismus versuchen manche, der Öffentlichkeit einzureden, daß die Politologie die Prozesse der Jahre 1989-91 nicht vorausgesehen habe, ohne zu realisieren, daß dies gleich in doppelter Hinsicht verkehrt ist: Erstens gab es im Westen spätestens seit dem Ende der siebziger Jahre sogar veröffentlichte Hinweise auf bevorstehende schwere Erschütterungen des machtpolitischen Gefüges in Osteuropa und eine Diskussion über einen möglichen Kollaps der Sowjetunion (wie man neuerdings hört, war dieses Thema damals auch für "orthodoxe Betonköpfe" der kommunistischen Parteien kein Tabu mehr), zweitens ist in der Stellenbeschreibung von Historikern und Politologen nicht von Geschichtsproduktion die Rede, sondern von den Formen ihrer Wahrnehmung. Eine Folge der öffentlichen Debatten über den Nutzen und den Nachteil der Geschichte für die deutsche Parteipolitik scheint sich nun auch in einer Inflation düsterer Prognosen über die Entwicklung des postkommunistischen Osteuropas niederzuschlagen. Zunächst ein heuristischer Hinweis auf den Wert von Negativprognosen: Aus wahrnehmungspsychologischen Gründen ist die Negativprognose immer wahr. Denn gesetzt den Fall, daß die düstere Prophezeihung nicht eintritt und sie selbst nicht in Vergessenheit gerät, so hat ja eben die Prognose ihre Selbstverwirklichung verhindert.

Geeignet, eventuelle Selbstzweifel prognoseschwacher Sozialwissenschaftler zu heilen, ist das Tagebuch des tschechischen Schriftstellers Milan Šimečka (1930-1990). Denn es beginnt mit einer Eintragung vom 31. Dezember 1987 und endet am 28. Februar 1989. Die selbstsichere Gewißheit des Tagebuchschreibers von der Nähe des Endes der "Normalisierung" war Anlaß, diese Notizen zu veröffentlichen. Šimečka sollte diesen Sieg nicht mehr erleben. In seinen Tagebucheintragungen dokumentiert er eindringlich, wie er wie ein Astrologe auf Zeichen wartete und sie auch suchte. Diese Zeichen waren jedoch lediglich Reflexe der inneren moralischen Überzeugung, "an der Wand" war nur die soziale und politische Depression der "normalisierten" tschechischen/slowakischen Gesellschaft sichtbar, die wie die persönliche Apathie, Demütigungstraumata, instinktive Bewältigungsgesten stark auf den Stil abfärben.

Bereits postsozialistische Depression steht im Mittelpunkt des Buches von Richard Wagner über "Völker ohne Signale". Wagner, ein Banater Schwabe, zeichnet ein düsteres Szenario: Eine Aufarbeitung der Vergangenheit finde in Osteuropa nicht statt, weil sie nicht möglich und nicht erwünscht sei. Statt dessen entstehe dort ein neues Krisenbewußtsein, wobei die Krise nicht mehr aus der Vergangenheit abgeleitet, sondern durch die aktuelle Lebenslage der Menschen ausgelöst werde, die ihre sozialistische Vergangenheit gleichzeitig als eine "unheilbare", "gestohlene Zeit" wahrnehmen und als einen alternativen Ort mit neuen Utopien, neuen Mythen und Symbolen besetzen. Die Ursachen sieht der Autor in den Umständen des Umbruchs von 1989, der vor allem durch externe Faktoren ausgelöst worden sei: Mit Ausnahme

Polens seien die Dissidenten nicht mit den Massen verbunden gewesen, in Ungarn habe sogar eine klassische Revolution von oben stattgefunden. Die Düsternis der Prognose weist als Entstehungsort eher auf die Karpaten als auf die weite Ebene des Banats hin. Möglicherweise geht aber der Blick manchmal zu weit, verzerrt die Details. "Massen" gehört zum Wortschatz der "alten Nomenklatur", wenig differenziert ist auch der schnelle Rückblick auf den Kommunismus, dessen zwei Erfolgsschübe auf das politische Versagen der Sozialdemokratie im Ersten Weltkrieg und auf Jalta zurückgeführt werden. Den kommunistischen Parteien wird dann auch noch bescheinigt, daß sie in ihre sozialdemokratischen Ursprünge retardierten. So in etwa hätte heute auch Lenin die Lage interpretieren und ebenso die Bankrotterklärung des Kommunismus im Putsch Jaruselskis von 1981 sehen können.

Wagners Beschwörung eines basisnahen Ostmitteleuropas der Regionen mit lateinischen und byzantinischen Kulturgrenzen, zusätzlich gesichert durch eine "Aufklärungsgrenze", ist schön zu lesen, doch sind die horizontalen und vertikalen Bruchstellen und Spalten zu gewaltig, um darauf guten Gewissens folkloristische Operette veranstalten zu können. Eben deshalb, wie der Autor feststellt, weil im 19. Jahrhundert in den meisten Ländern der Region ein künstlicher Nationalmythos entstanden war, ein Amalgam aus rural-atavistischen und feudal-expansionistischen Visionen, gemischt mit politischer Romantik von Schullehrern und nebenberuflichen Literaten, die historisch die Stelle des kulturell "fremden", meistens jüdischen und deutschen Bürgertums einnahmen. Nationen entstanden hier infolge des Zerfalls der großen Imperien: des Osmanischen Reiches, Rußlands, Österreichs und Deutschlands, ohne "innere Logik" und als konjunkturabhängige Interessensphären der Großmächte. Aber die Nationalidee war und ist in den osteuropäischen Gesellschaften trotz allem das einzige identitätsstiftende Mittel, auch insofern bleibt die Vergangenheit überall real. Der erinnernde Hinweis, daß die postkommunistischen Eliten sich genauso konfliktschürend verhalten würden wie die Führungsschichten in der Zwischenkriegszeit und daß dieses Konfliktpotential durch Integration entschärft werden müsse, legt vielleicht den Schluß nahe, daß der "Demokratisierungsprozeß nur von außen garantiert werden kann". Doch ist man mit dieser Feststellung wieder am Ausgangspunkt der modernen Geschichte des osteuropäischen Raumes angelangt, die schon zweimal ergebnislos wiederholt wurde.

Vielleicht kann die Demokratisierung also nur im Innern geleistet werden, durch "Die wiedergefundene Erinnerung" der verdrängten Geschichte, wie ein aus dem Französischen übersetzter Sammelband aus dem Jahr 1990 suggeriert. Vielleicht sollte der im Prager Museum der Staatssicherheit als bewährter "Kämpfer gegen den Antikommunismus" ausgestopfte Schäferhund für die Nachwelt erhalten bleiben wie auch die schattenspendenden Ruinen des Leninkults in der ehemaligen Sowjetunion, den Allain Brossat beschreibt. Denn die Vergangenheit hat zwei Seiten: "Pamjat" und "Memorial" heißen sie in Rußland. Neue Dimensionen werden freigelegt und alle müssen kritisch hinterfragt werden, ob nun auf Litauisch oder Polnisch niedergeschrieben.

Der ehemalige Osteuropa-Korrespondent der Deutschen Presseagentur, Eberhard Beckherrn, sieht das "Tal der Wende" ebenfalls schwarz. Statt einer Rehabilitierung der Opfer, nur Entschuldigungen auf dem Papier; Osteuropa - eine Büchse der Pandora, aus der politische, ethnische, ökonomische Probleme ohne Ende herauskommen und in eine ungewisse Zukunft weisen.

Auch Ulrich Druwe sieht solche Anzeichen in der dualistischen politischen Kultur, in der öffentlich Kommunismus gepredigt und privat etwas anderes praktiziert wurde; in den Umständen des Umbruchs, der in den ersten beiden Phasen in allen Ländern synchron verlief und erst in der dritten Entwicklungsetappe die "gleichen Ziele" (Demokratie und Marktwirtschaft) mit "ungleichen Chancen" in den einzelnen Ländern konfrontiert. Seine Prognose für die Zukunft: Nationale und religiöse Konflikte sowie ökonomische Probleme werden bis auf Ausnahmen autoritäre Regime und Kriege zur Folge haben.

Einige der von Mitarbeitern des Frankfurter Instituts für Sozialforschung herausgegeben, 1990 entstandenen Berichte und Analysen ("Demokratischer Umbruch in Osteuropa") erinnern an Erbauungsliteratur:

Es mag sein, daß in der DDR eine Revolte atomisierter Individuen gegen die Macht stattgefunden hat, die eigenen Konjunkturzyklen unterworfen war. Und die "deutschen" Intellektuellen - so ist zu lesen - hätten schon wieder aus rigider Moral und als habituelle Nicht-Demokraten das im "Wir sind das Volk" endgültig zum Ausdruck geronnene "Teilvolks-Wir" gespalten, wodurch sich der evolutionäre Ansatz vom Politischen weg zum Kulturellen verlagert habe und nunmehr lediglich Kommunikation und kultureller Wettbewerb die Evolution antreiben würden. Nun waren "deutsche Intellektuelle" schon immer spitzfindige Haarspalter: "Ich bin Volker" kommentierte seinerzeit ein Graffiti in West-Berlin das Leipziger Allerlei.

Für József Bayer war das realsozialistische System Ungarns ein Krisenprodukt, das diese Krise perpetuierte. Der Versuch der Modernisierung einer halbfeudalen Gesellschaft wurde in politischen Formen durchgeführt, die vormoderne Herrschaftsverhältnisse reproduzierten, bis diese letzlich zum Haupthindernis der weiteren Entwicklung wurden. Die Perestrojka war insofern nur Auslöser und Katalysator der Umwälzungen, ihre Ursachen lagen in der evolutionären Anhäufung systemfremder, latent pluralistischer Elemente. Die monolithische Partei löste sich schließlich selbst auf, die demokratische Bewegung war ein sekundäres Phänomen, die Opposition hinkte der Systementwicklung hinterher. Aufschlußreich sind auch die Ergebnisse der soziologischen Analyse: Die postsozialistische Gesellschaft sei nicht in "Unterdrücker" und "Unterdrückte" scheidbar, sondern zeichne sich durch komplexe Formen der sozialen Vernetzung aus.

Über die polnische "civil society" in den achtziger Jahren resümiert Melanie Tatur, daß erst die "Solidarnosc"-Bewegung eine Politisierung des familienzentrierten Lebensstils in einer dichotomischen Gesellschaft erzielt habe, die in ein "Wir" und "Die da oben" gespalten war - eine Dichotomie mit anarchistischen Elementen als Grundzug des gesamten sozialen und politischen Gefüges infolge der Steuerungsschwäche des zentralen Systems und auf der anderen Seite eine Revolte gegen eine normenlose gesellschaftliche Ordnung, für das Grundrecht, "in Wahrheit zu leben", Denken und Handeln in Einklang zu bringen. Nach Verhängung des Kriegsrechts verlor die "Solidarnosc" zwar jede Basisbindung, doch zum einen gewährleistete die Kirche den Schutz der polnischen Gesellschaft, zum anderen blieb das politisierte intellektuelle Milieu erhalten, während das alte System nach dem Sturz seiner Symbole immobil geworden war. Die zwei Achsen der sozialen Modernisierung sieht die Autorin in der Ausdifferenzierung von Lebensstilen nach Bildung und Qualifikation ("neue Mittelklasse") sowie in einer Polarisierung der politischen Einstellungen auf einer Skala von liberal bis populistisch. Für Ende der achtziger Jahre konstatiert Tatur einen Wandel der "liberalen" Auffassungen infolge veränderter Rahmenbedingungen: Korporatistische Vorstellungen gewannen an Wert, und es habe sich herausgestellt, daß Pluralismus nur in einem marktwirtschaftlichen System möglich sei.

Mit dem Phänomen der "neuen Opposition" in Polen beschäftigt sich auch Helmut Fehr. Statt einer Deskription wäre aber stärker zu reflektieren, inwiefern die Hemmnisse bei der Herausbildung einer "civil society" in Osteuropa nicht primär die Folgen einer hochgradig differenzierten Begrifflichkeit sind, die wissenssoziologisch von einer vollkommen anderen Welt ist.

Mit den Dilemmata der Demokratie in Osteuropa beschäftigt sich ein Beitrag der polnischen Soziologin Jadwiga Staniszkis, für die feststeht, daß nur integrale Ideologien den sich befreienden Gesellschaften die notwendige Identitätsfindung und Selbstbehauptung gegenüber dem neuen Staat ermöglichen. Sie erblickt ein spezifisches Dilemma gerade in der Distanzierung der neuen politischen Eliten von der Übergangsideologie des Nationalismus.

Das Schlußwort überließen die Herausgeber Adam Michnik. Unter der Prämisse, daß der Kampf um Freiheit in Osteuropa erst beginne, entwirft Michnik drei Visionen des posttotalitären Europa: 1. den spanischen Königs-Weg, 2. den iranischen und 3. den libanesischen. Das Gerücht, in Osteuropa noch immer das zuverlässigste Kommunikationsmittel, weiß noch von einem griechischen (und manche machen darauf aufmerksam, daß in Spanien ein Obristen Putsch an ungeklärten Umständen gescheitert ist), und in Moskau schließlich will man wieder sein eigener Wegweiser sein, wohl um sich selbst nicht bewegen zu müssen.

Am Ausgangspunkt wurde mit westlichem akademischem Eifer über den Begriff der "Sowjetisierung" diskutiert und keine Einigung erzielt. Am Ende steht das Babylon einer Bildersprache, die zwar alles in allgemein beifallsträchtige Symbole fassen kann, aber nichts zu erklären weiß. "Zurück nach Europa" als suchtverdächtiger Rauschzustand symbolischer Ersatzrituale und intellektuelle Narretei im Glanz der Macht eines "Kaisers ohne Kleider". Die Generalisten sehen die Zukunft Osteuropas pessimistisch, Optimismus reden sich die Nischen-Theoretiker ein.

Fraglos ist der politische, soziale und kulturell-moralische posttotalitäre Ballast so enorm und in sich derart verwoben und verformt, daß die osteuropäische Modernisierung voraussehbar von schwersten nationalen, sozialen und politischen Konflikten und Erschütterungen begleitet, ja geprägt sein wird. Die Autoren sind sich darüber weitgehend einig, daß insbesondere in der hochgradigen ökonomischen, sozialen und kulturell-moralischen Homogenisierung der posttotalitären Gesellschaften ein besonderes Gefahrenpotential verborgen liegt, da diese Homogenität die politische Instrumentalisierung der nationalen Symbolik sowohl politisch unvermeidbar als auch aus Gründen der sozialen Mobilisierung unverzichtbar macht, die mehrfach deformierten, ja fragmentierten atavistischen Formen des Nationalismus jedoch eine unkontrollierbare regressive Dynamik entwickeln können. Vorstellungen, Westeuropa könnte von außen eine "Demokratisierung" Osteuropas leisten, beruhigen lediglich die eigene Vorstellungskraft, Stalin und seinen Nachfolgern gelang nicht einmal die "Pazifizierung" des Raumes. Bereits solche historischen Tatsachen wecken Ideologieverdacht. Eine Fischsuppe läßt sich nicht in ein Aquarium zurückverwandeln. Sowohl die Euphorie der demokratischen Modernisierung als auch der Katastrophenpessimismus ignorieren die Alternative des Abdrängens weiter Teile Osteuropas an die Peripherie, übersehen den instrumentellen Charakter der geopolitischen Aufwertung der Region infolge von Konjunkturen des globalen Ost-West-Konflikts mit entsprechenden Transferleistungen und mißachten ebenfalls die grundlegend neue politische Geometrie der Region. Osteuropa, ein Panoptikum, in dem die letzten fünf Jahrhunderte der westeuropäischen Entwicklung gleichzeitig stattfinden, will nicht generell in die Moderne und muß daher nicht notwendigerweise in die Agonie eines verzweifelten Rückzugs geraten. Am Zerfall des ehemaligen Jugoslawien kann man zwar die Ergebnisse einer zwanzigjährigen posttotalitären sozialen Differenzierung und politischen Demokratisierung mit westlicher Hilfe studieren, doch es wäre voreilig, dieses Ergebnis soziologischer und politologischer Feldexperimente zu generalisieren. Zu denken gibt nur, daß dort ein Psychiater erfolgreich als Interessenvertreter seiner Patienten agiert. Doch dies entspricht ja einer alten europäischen Tradition.

Gábor Székely (Budapest)

Ungarn im Umbruch

Dalos, György: Ungarn. Vom Roten Stern zur Stephanskrone. Suhrkamp Verlag, Frankfurt/M. 1991, 261 S.

Delapina, Franz/Hofbauer/Komlosy, Andrea/Melinz, Gerhard/ Zimmermann, Susan: Ungarn im Umbruch. Verlag für Gesellschaftskritik, Wien 1991, 144 S.

Hoensch, Jörg K.: Ungarn Geschichte, Politik, Wirtschaft. Handbuch. Fackelträger Verlag, Hannover 1991, 353 S.

Als im Jahre 1991 die drei oben genannten Werke in Deutschland bzw. in Österreich erschienen, hatten sich jene Vorgänge, die die bipolare Weltordnung zum Einsturz gebracht hatten, bereits vollzogen. Im Verlauf dieser kurzen, nicht einmal ein halbes Jahrzehnt dauernden Zeitspanne, spielte Ungarn eine außerordentlich wichtige Rolle.

Die drei Bücher, von unterschiedlicher Gattung und Pointierung, verfolgen das Ziel, die Ereignisse in Ungarn für den deutschsprachigen Leser verständlicher zu machen. Kein ungewöhnliches Unterfangen, wenn man sich in Erinnerung ruft, daß die Geschichte und Tradition Ungarns eng mit der österreichischen bzw. der deutschsprachigen Kultur verknüpft ist.

Die Geschehnisse werden zwar in allen drei Bänden aus einem ungarischen, aber gleichwohl externen Blickwinkel beleuchtet. Dazu trägt offenkundig auch jener Umstand bei, daß neben György Dalos als Ungar auch die meisten Autoren der beiden anderen Bände über ungarische Wurzeln verfügen. Allerdings soll weniger die Anatomie des "Untergangs der kommunistischen Diktatur" für den deutschen und österreichischen Leser beschrieben, als vielmehr der 1988 begonnene und mit den Wahlen von 1990 abgeschlossene "Umbruch" als solcher skizziert werden, also seine Vorgeschichte, sein konkreter Ablauf und seine Folgen. Die Betonung liegt daher mehr auf dem "Wie", nicht aber auf dem "Weshalb", obwohl die Verfasser ansatzweise den Versuch einer Analyse unternehmen und dabei eine unvoreingenommenere Haltung als in unzähligen ungarischen Publikationen einnehmen. Wenn der Leser eine Voreingenommenheit spürt, dann entspringt diese stets der dem Land gegenüber empfundenen Besorgnis und Sympathie der Verfasser.

Das vom Soziologischen Institut der Budapester Universität und von der Stiftung der Geschichte der Politik gemeinsam veranstaltete Symposium mit dem Titel "Systemwechsel und Gesellschaft" kam einstimmig zu dem Schluß, daß zumindest in Ungarn kein "Systemwechsel" stattgefunden habe - wie dies seitens der offiziellen ungarischen, wieder parteiischen Geschichtsschreibung betont wird -, sondern höchstens eine "Systemänderung", wobei man sich mit dem noch bescheideneren Begriff "Änderung" durchaus begnügen kann.

Es ist jedoch weniger eindeutig, inwieweit den deutschsprachigen Lesern mit diesen Begriffen der Unterschied zwischen den einst erwarteten und den sodann tatsächlich eingetretenen Ereignissen verdeutlicht werden kann. Zusammenfassend läßt sich feststellen: Ein "Systemwechsel" setzte voraus, daß das jeweilige - also ungarische, tschechoslowakische, jugoslawische, polnische und dann sowjetische - Modell des "real existierenden Sozialismus" in eine Demokratie mit (sozialer) Marktwirtschaft übergeht.

Von den Autoren beschreibt vielleicht György Dalos am besten diese von Anfang an irrige Erwartung, um dann letzten Endes - seinen Optimismus nicht aufgebend - die ganze Menschheit zu ermahnen: "Vielleicht erleben wir noch eine gemeinsame Greenwich-Zeit, ein paar ruhige Tage, in denen uns auch noch etwas anderes als das bloße Überleben sinnvoll erscheint. Und Geduld. Denn es geht nicht nur um das Scheitern einiger Ideologien, sondern um das Desaster einer halben Welt, die sich nun langsam von ihrer aufgezwungenen und lang andauernden Zukunft erholen will" (252).

Gegenüber dem Terminus "Systemwechsel" bezeichnet der Begriff "Systemänderung" einen Prozeß der Anpassung der alten Institutionen an die veränderten politischen Umstände. Innerhalb dieser Institutionen sind die alten "Akteure" bestrebt, ihre neue Rolle zu erlernen und sie zu erfüllen. Gleichzeitig möchte der gegenwärtige politische Kurs - und dies wird seitens aller drei Monographien durch Tatsachen veranschaulicht - weniger die frühere "ständestaatliche", also nicht "auf dem Eigentum beruhende" Gesellschaft liquidieren, sondern im Gegenteil eher stützen. Die Verteilung von Positionen in Politik und Wirtschaft, ja sogar die nur zögerlich vorankommende Privatisierung orientiert sich an der (Vasallen-) Treue zur amtierenden Regierung. Diese Vorgänge liegen nicht nur weit entfernt von den Vorstellungen der Linken, die eine soziale Marktwirtschaft propagieren, sondern auch von den Wünschen der Liberalen, die die Freiheit des Eigentums mit dem sozialen Netz des Wohlstandsstaates gekoppelt sehen. Enttäuscht wurden auch jene, die 1990 der derzeit amtierenden Regierungspartei ihre Stimmen gaben. In seiner in dem Band "Umbruch in Ungarn" abgedruckten Studie mit dem Titel "Die Revolution frißt ihre Kinder" beschreibt Gerhard Melinz diese Vorgänge am deutlichsten. Die von ihm zusammengetragenen Daten zum sogenannten "Systemwechsel" belegen die Verschlechterung der sozialen Lage der Bevölkerung, die sich in der Entstehung von Elendsküchen (Suppenküchen) widerspiegelt (90). Melinz kommt zu dem Schluß, daß sich die Lage seitdem bedeutend verschlimmert hat: "Das Alltagsleben in Ungarn 1991 [ist] zunehmend durch Aggressivität bestimmt. Die Suche nach Sündenböcken ist im Gange. Die Spannungen in der Gesellschaft nehmen zu" (92).

Dalos, der vor allem bis zum Anfang der siebziger Jahre eine bedeutende Rolle in der ungarischen intellektuellen Oppositionsbewegung spielte, definiert seine Grundeinstellung folgendermaßen: "Ich bin ein Kind des Sozialismus, sowohl des Systems, als auch des sozialistischen Traums." Gleichzeitig gehört Dalos nicht zu jenem Kreis der "Parteiintelligenz", der bei den ungarischen Veränderungen eine führende Rolle gespielt hatte. Dieser Umstand könnte ein Grund dafür sein, daß er diesem oppositionellen Kreis bei dem Umbruch in Ungarn eine größere Rolle beimißt, als er tatsächlich hat spielen können. So schreibt er: "Eine Zeitlang zögerte der kommunistische Parteivorstand immer wieder, dem aktuellen oppositionellen Druck nachzugeben, konnte jedoch die Machtkrise - halb zog sie ihn, halb sank er hin - nur noch verlangsamen."

Die Bezeichnung "der kommunistische Parteivorstand" ist jedoch problematisch. Es ist ja wohlbekannt, daß das Attribut "kommunistisch" im Laufe der Zeit zu "stalinistisch" umgedeutet wurde. Der ungarische Parteivorstand war aber schon seit Mitte der sechziger Jahre nicht stalinistisch, seit jener Zeit also, zu der Dalos und seine Gefährten oder andere oppositionelle Richtungen mit ihrer Kritik auftraten ganz gleich ob sie auf einem maoistischen, stalinistischen, sozialdemokratischen oder auch sowjetfeindlichen Standpunkt beruhte.

Das Kádár-System hielt sich zu dieser Zeit schon an das Schlagwort "Wer nicht gegen uns steht, der steht mit uns". Folglich wollte es auch die Opposition nicht vernichten, sondern "nur" isolieren. (Der Verfasser vorliegender Rezension, der sich zwei Jahrzehnte lang mit der Komintern beschäftigte, lernte diesen Unterschied zu schätzen.)

Selbstverständlich ist dies auch Dalos bekannt, als er in einer seiner Schriften dagegen protestiert, daß gegenwärtig auch die nach jenen kommunistischer Märtyrern benannten Straßen umbenannt werden, die für Ungarn und seine Kultur viel getan haben und von denen die meisten Opfer des stalinistischen Personenkults wurden- so beispielsweise der Nationalökonom Gyula Lengyel, der Sinologe Lajos Magyar oder der zu Hause ermordete antifaschistische Jugendführer Endre Ságvári (13). Die Pikanterie der Sache besteht übrigens darin - vermutlich ist dies Dalos nicht bekannt -, daß die Gemahlin von Lajos Magyar, die bekannte Schauspielerin Blanka Péchy, kurz vor ihrem Tode erstens dem regierungskritischen Verband

Ungarischer Journalisten einen Lajos-Magyar-Preis stiftete, zweitens eine sich mit den Geschichtswissenschaften beschäftigende Lajos-Magyar-Stiftung einrichtete, die auch heute noch das Jahrbuch "Geschichte der Internationalen Arbeiterbewegung" herausgibt, und drittens ein Lehrbuch für Mittelschulen verfaßte, das sich mit der ungarischen Geschichte von 1914 bis 1990 befaßt.

Die Rolle der Opposition und der ehemaligen Regierungspartei in der Wende ist heute - ein Jahr vor den nächsten Wahlen - Gegenstand von sonderbaren Diskussionen. In der Zeit als diese drei Bücher erschienen, beanspruchte jede politische Gruppe, die etwas auf sich hielt, die wichtigste Rolle im Umbruchprozeß gespielt zu haben. Damals waren drei oppositionelle Gruppen entstanden: eine sozialistische Gruppe innerhalb der Staatspartei, die sich aus linksgerichteten bzw. zentristischen sozialdemokratischen und antistalinistisch-kommunistischen Gruppen zusammensetzte, zweitens eine liberale Gruppe sowie drittens eine konservative Richtung, die sich ursprünglich auf die größte Partei der Nachkriegszeit, auf die Kleinelandwirtepartei berief, dann aber eine neue Partei mit einem gemäßigten Programm gründete.

Jörg K. Hoensch, der auch die Geschichte dieser oppositionellen Gruppen beschreibt, bewertet den Anteil dieser Gruppen bei der Systemveränderung unterschiedlich. Im Gegensatz zu Dalos schreibt er schon im Vorwort seines Buches: "In einer friedlichen Revolution, die von den reformbereiten Kräften innerhalb der monopolistischen Ungarischen Sozialistischen Arbeiterpartei 1988 initiiert [...] wurde, hat Ungarn aus eigener Kraft den Weg in die Richtung einer parlamentarischen Demokratie und sozialen Marktwirtschaft eingeschlagen" (7).

Während Dalos und Hoensch unterschiedlichen Gruppen eine entscheidende Rolle im Spannungsfeld der Systemänderung beimessen, stimmen sie darin überein, daß die oppositionellen Gruppen in ihrer Gesamtheit die treibenden Kräfte in Ungarn gewesen sind, deren Aktivitäten positiv zu bewerten sind.

Im Gegensatz dazu betrachten die Verfasser des Bandes "Umbruch in Ungarn" deren Rolle bei weitem nicht als eindeutig positiv. Susan Zimmermann schreibt über das Geschehene: "Die Entfernung der alten, 'monopolistischen' Staatsmacht als Sündenbock für die schon vor dem 'Systemwechsel' begonnene und seither fortgesetzte 'Anpassung' der Wirtschafts- und Sozialpolitik hat die Bevölkerungsmehrheit ohne greifbare wirtschaftliche und politische Alternative zurückgelassen" (27).

Die Grundkonzeption dieses Bandes weicht jedoch nicht eben darin am markantesten von den beiden vorhergehenden ab, weil sowohl Dalos als auch Hoensch andeuten, daß die bisherige Entwicklung nicht die Verwirklichung der Demokratie mit sich brachte. Der wichtigste Unterschied besteht darin, daß die Verfasser des Sammelbandes "Umbruch in Ungarn" die Ursache der Systemänderung eindeutig in den veränderten internationalen Bedingungen sehen. Das Hauptaugenmerk liegt dabei weniger auf der Gorbatschow-Politik, sondern vielmehr auf den Vorgängen in der kapitalistischen Weltwirtschaft. Ihre nachdenkliche These formulieren sie im Vorwort folgendermaßen: "Der 'Ostblock' war ein nützliches Instrument, das die wirtschaftlichen und sozialen Probleme der osteuropäischen Peripherie vom Westen fernhielt. Als die Weltwirtschaft Anfang der siebziger Jahre - wieder einmal - in eine tiefe Krise geriet, war es mit der westlichen Duldung des 'realen Sozialismus' vorbei [...]. Der Osten wurde als Abnehmer von Waren und Krediten sowie als billiger Produktionsstandort interessant" (78).

Das Bild Ungarns, das Franz Delapina und Andrea Komlosy in ihrem Beitrag als Antwort auf den Wunsch und die Hoffnung der Ungarn zeichnen, nach Europa "heimzukehren", verdüstert sich noch mehr durch ihre Formulierung: Ungarn ist heute zurückkehrt "in ein imperialistisches, kriegerisches, von Nationalismen und sozialen Gegensätzen gebeuteltes Europa" (131).

Diese Sicht der Dinge teilt Jörg K. Hoenschs nicht. Sein Buch, das die Geschichte Ungarns seit der Staatsgründung im Herbst des Jahres 895 behandelt, ist sehr empfehlenswert, da es eine sehr gut zusammengestellte Zeittafel, Kurzbiographien und eine ausgewählte Bibliographie der westlichen Neuerscheinungen der achtziger Jahre enthält.

Dagegen ist die Studie von Dalos mit dem Untertitel "Eine Utopie", die im Frühjahr 1985, also noch vor den Ereignissen geschrieben wurde, in seiner Aussage zu den Zukunftsperspektiven Ungarns nahezu identisch mit den Thesen der wirtschafts- und sozialgeschichtlich orientierten Verfasser des Bandes "Umbruch in Ungarn". Dalos beschreibt sein Bild eines zukünftigen Ungarns im Jahre 1985 wie folgt: "Durch freie Wahlen, an denen mehrere Parteien teilnehmen dürfen, schaffen sie ihre parlamentarischen Institutionen, sie öffnen die Grenzen und garantieren die Freiheitsrechte, einschließlich eines vernünftig beschränkten Privatbesitzes. Alles andere - das McDonald's Netz, die Arbeitslosigkeit, die Peep-Shows kommen von selbst" (111).

Die Wirklichkeit übertraf freilich jede Phantasie. Wer hätte wohl 1985 gedacht, daß das Kádár-System, sehr zum Mißfallen Honeckers, Ungarn zu einem Treffpunkt der Deutschen beider Staaten machte oder den tschechoslowakischen Emigranten gegen Husák helfen würde? Ja mehr noch, daß es auch seine Grenzen öffnen und damit die Berliner Mauer sinnlos machen würde, jene Mauer, die dann alsbald von selbst zusammenstürzte. Und wer hätte gedacht, daß mit diesem Schritt binnen sehr kurzer Zeit das Ende einer Weltordnung eingeleitet werden würde: Mit dem Untergang der Sowjetunion entwickelte sich die bipolare Weltordnung nicht durch den erwarteten Eintritt einer dritten (Japan) oder einer vierten Macht (Vereinigtes Europa) in Richtung einer Tri- oder Quadripolarität, sondern die Welt ist unipolar geworden. Noch weniger konnte man sich vorstellen, daß sich Völker verschiedener Nationalitäten, die bislang friedlich zusammengelebt hatten, in grausamen Kriegen bekämpfen, egal ob dies an den Grenzen Ungarns, in Asien, auf dem Gebiet der ehemaligen Sowjetunion geschieht.

Und wer hätte gedacht, daß der in der Soziologie als "Transformation" bezeichnete Vorgang wieder das Erscheinen des von seinen Produktionsmitteln und von seinem Eigentum beraubten Proletariats mit sich bringen würde? Oder gar, daß das Ende der staatlichen Redistribution eine noch nie dagewesene Krise der ungarischen Industrie und der gut funktionierenden Landwirtschaft herbeiführen würde, daß das vorher völlig unbekannte Phänomen der Arbeitslosigkeit etwa 15 Prozent der erwerbsfähigen Bevölkerung Ungarns betreffen würde?

Diese Entwicklung konnten weder Wissenschaftler noch jene Wähler vorhersehen, die nicht für bestimmte Parteien - die sie ja noch nicht kennen konnten -, sondern für die Veränderung und gegen die "Staatspartei" gestimmt hatten. Sie stimmten dafür, daß nach den Wahlen der bescheidene "Gulaschkommunismus" durch das reiche Warenangebot der Kärntnerstraße abgelöst wird und dieses Angebot auch bezahlbar sein möge. Sie tragen keine Schuld daran, daß dies nicht so eintraf. Bei der nächsten Wahl 1994 werden sie erneut ihre Stimme vergeben können, dann aber mit einer besseren Kenntnis der Parteien.

Zusammenfassend kann festgestellt werden, daß die drei besprochenen Werke wesentlich zum Verständnis des Beginns und der ersten Phase des Umbruchprozesses in Ungarn seit 1989 beitragen können. Sie sind daher sowohl für deutsche und als auch ungarische Leser empfehlenswert.

Heinrich Bortfeldt (Berlin)

Auf der Suche nach Vergangenheit und Zukunft

Brie, Michael/Klein, Dieter (Hrsg.): Zwischen den Zeiten. Ein Jahrhundert verabschiedet sich. VSA-Verlag, Hamburg 1992, 239 S.

Gysi, Gregor: Einspruch! Gespräche, Briefe, Reden. Hrsg. von Hanno Harnisch und Hannelore Heider. 2. erw. Aufl., Alexander Verlag, Berlin 1992, 435 S.

Gysi, Gregor/Heuer, Uwe-Jens/Schumann, Michael (Hrsg.): Zweigeteilt. Über den Umgang mit der SED-Vergangenheit. VSA-Verlag, Hamburg 1992, 255 S.

Modrow, Hans: Aufbruch und Ende. Konkret Literatur Verlag, Hamburg 1991, 188 S.

Der Untergang der DDR vor dem Hintergrund des Zusammenbruchs des osteuropäischen Kommunismus hat eine Flut an Publikationen hervorgebracht. Akteure, Zeitzeugen, Publizisten und Wissenschaftler werden noch lange damit beschäftigt sein, dieses Phänomen aufzuarbeiten und zu erklären. Dabei reduziert sich das Nachdenken über Wurzeln, Mechanismen und Folgen des Staatssozialismus noch vielfach auf eine Dämonisierung des Staatssicherheitsapparates, und dabei bleibt dessen Verzahnung mit der machttragenden SED mitunter unterbelichtet. Demgegenüber steht eine in der Rückblende oftmals idealisierte Demokratie- und Bürgerbewegung in der sogenannten Wendezeit. Bei der Aufarbeitung der kartenhausartigen Implosion der DDR mit ihrem staatssozialistischen System sind Erinnerungsberichte von damaligen Machthabern unerläßlich. Ihre biographischen Zeugnisse ermöglichen tiefere Einblicke in Mechanismen des Herrschaftsapparates und in psychologische Strukturen der Machtausübung. Auch greifen jene verstärkt wieder bei zeitweise gelähmten (linken) Theoretiker in die "Sozialismusdiskussion" ein, die damals in ihren Prognosen für eine demokratisierte DDR oder eine nachholende Modernisierung im Ostblock von der rasanten Entwicklung und den ernüchternden (ökonomischen) Tatsachen überholt worden waren.

Zu den Versuchen, sich zu erinnern und die Vergangenheit zu befragen, auch um Fragen an Gegenwart und Zukunft zu stellen, gehören die vorgestellten Bücher. Ihre Autoren erheben den Anspruch, einen Beitrag zur Aufarbeitung von DDR-, SED- und MfS-Geschichte zu leisten, wollen zuzüglich ihre Reflexionen zum gegenwärtigen deutschen Einheitsprozeß einbringen und sich zu den Chancen sozialistischer Ideen in der Zukunft äußern.

Mit Hans Modrow meldet sich der letzte Ministerpräsident der DDR aus der Zeit vor der ersten demokratischen Wahl zur Volkskammer am 18. März 1990 zu Wort. Seine Regierungszeit begann vier Tage nach Maueröffnung und betrug nur 150 Tage. Modrow trug Verantwortung in einer Zeit sich überstürzender Ereignisse. Er trat an für demokratische Korrekturen am Staatssozialismus, nicht aber für einen Systemwechsel in der DDR; seine Amtszeit mündete in der Aussicht auf die schnelle deutsche Wiedervereinigung und der endgültigen Verdrängung der SED von der Macht. Dieser Zusammenbruch der DDR und ihrer staatstragenden Partei wird in Modrows Buch leider nur wenig spannungsgeladen widergespiegelt. Hinzu kommt eine gehörige Portion Wunschdenken.

Der chronologisch gegliederte Band reflektiert das persönliche Erleben Modrows. Er stützt sich aber leider nicht auf Quellen. Modrow beginnt in seiner Darstellung mit den Umständen seines Amtsantrittes, beschreibt die Arbeit mit dem "Runden Tisch", die Einbindung der Opposition in die "Regierung der nationalen Verantwortung" und die deutsch-deutsche Annäherung. Seine Darstellung gewinnt immer dann, wenn er Politiker oder konkrete Gesprächssituationen beschreibt. Die Bonner Haltung - insbesondere die Kanzler Kohls - im deutschen Einigungsprozeß begleitet er kritisch und nicht ohne innere Verletztheit.

Zweifellos war die Modrow-Regierung und insbesondere die Autorität des Ministerpräsidenten ein Garant für den friedlichen Charakter des Zusammenbruchs der DDR. Die eigene Regierungsarbeit überhöhend ist er bestrebt, sich von der, seiner Meinung nach, "Übergabe-Regierung" de Maiziere positiv abzuheben. Bei der Bewertung seiner Regierungszeit spielt die Staatssicherheit nur eine Nebenrolle. Insgesamt finden sich nur wenige selbstkritische Passagen. Eine Ausnahme ist sein Eingeständnis, erst sehr spät die "Notwendigkeit" erkannt zu haben, daß der Zwangs- und Unterdrückungsapparat der Stasi aufzulösen sei. Zwar will er nicht zurück zum Realsozialismus, aber eine frühere Kurskorrektur "spätestens Mitte der siebziger Jahre" (143) hätte seiner Meinung nach möglicherweise zum Erhalt des Sozialismus beigetragen. Mit dem Scheitern des Realsozialismus sei nicht der "Traum vom Sozialismus ausgeträumt" (155).

Mit Gysis Buch "Einspruch!" liegen erstmals in Buchform Texte des damaligen PDS-Chefs aus der Zeit vom Spätherbst 1989 bis zum Sommer 1992 vor. Auch dieser Band ist chronologisch gegliedert und enthält u.a. Streitgespräche mit Wolfgang Thierse, Wolfgang Ullmann, Günter Gaus, Rudolf Bahro und Heiner Müller sowie Reden auf wichtigen PDS-Veranstaltungen, vor der Volkskammer und dem Bundestag. Der Band schließt mit dem Aufruf zur Gründung der "Komitees für Gerechtigkeit".

Wer sich einen Überblick über die Entwicklung der politischen Argumentation des wohl originellsten politischen Talents der "Wendezeit" verschaffen will, findet hier in gedrängter Form eine nützliche und kurzweilige Lektüre. Wie ein roter Faden zieht sich der Gedanke durch das Buch, der Zusammenbruch des Realsozialismus sei nicht das Ende eines Traumes von einer sozial gerechten Welt, sondern die Chance, "über vieles ganz neu nachzudenken" (7). Dabei kommen die gegenwärtigen Industriegesellschaften in Gysis (oftmals einseitigem) Kapitalismusbild schlecht weg.

Jan Osers (Mannheim)

Der Zusammenbruch der Sowjetsysteme

Moulis, Vladislav/Valenta, Jaroslav/Vykoukal, Jiří P. (Hrsg.): Vznik, krize a rozpad sovětského bloku v Evropě 1944-1989 (Entstehung, Krise und Zerfall des Sowjetblocks in Europa 1944-1989). Amosium Servis, Ostrava 1991, 372 S.

Mlynář, Zdeněk: Krize v sovětských systémech od Stalina k Gorbačovovi (Krisen in den Sowjetsystemen von Stalin bis Gorbatschow). Prospektum, Praha 1991, 150 S.

Es ist nicht verwunderlich, daß nach dem Zusammenbruch des realen Sozialismus in den mittel- und osteuropäischen Staaten historische Studien erscheinen, die bemüht sind, die Problematik des erst kürzlich verschwundenen Gesellschaftssystems zu ergründen.

Zu diesen Arbeiten gehört u.a. eine Studie, die ein Team von 17 Historikern des Instituts für die Geschichte Mittel- und Osteuropas der Tschechoslowakischen Akademie der Wissenschaften erstellt hat. In geraffter und recht übersichtlicher Form wird in dem Band die gesamte Entwicklung des Ostblocks nachgezeichnet.

Begreiflicherweise stellen die Autoren die Frage nach den Gründen des Systemzusammenbruchs, den sie im sog. "sozialistischen Konservatismus" sehen, d.h. in der Tatsache, daß das System alle Bürgeraktivitäten eliminierte, die die führende Rolle der Kommunistischen Partei oder die Existenz der vertikalen Machtstrukturen hätten in Frage stellen können. Vielmehr ging es darum, die materielle Abhängigkeit der

Menschen vom Regime zu erhalten und so ein loyales, mindestens indifferentes Verhalten des Bürgers zu erreichen.

Mit der Problematik des Systemzusammenbruchs beschäftigt sich wesentlich ausführlicher der ehemalige Dubček-Berater und führende Theoretiker des Prager Frühlings, Zdeněk Mlynář, heute Professor für Politikwissenschaft in Innsbruck, der eine sehr fundierte theoretische Analyse des Sowjetsystems vorlegt.

Seine Schlußfolgerungen sind z.T. ähnlich: Für das Sowjetsystem sei u.a. charakteristisch, daß es sich seit den dreißiger Jahren kaum verändert habe. Oberstes Ziel sei stets die Erhaltung der bestehenden Machtstrukturen gewesen, der alle sozialen Bedürfnisse der Bürger hätten untergeordnet werden müssen. Die Menschen hätten daher nie die Möglichkeit gehabt, ihre Geschicke selbst zu lenken, was sich besonders negativ im ökonomischen Bereich ausgewirkt habe. Den sozialistischen Betrieben habe nämlich jegliche Autonomie, die Voraussetzung für ökonomisch effiziente Entscheidungen, gefehlt.

Interessant ist Mlynářs Bewertung der Reformfähigkeit des Systems. Wahrscheinlich bedingt durch sein Engagement im und für den Prager Frühling hält er - anders als die Autoren des eingangs besprochenen Bandes, die eine grundlegende und erfolgreiche Systemveränderung als "Reformversuch des Nichtreformierbaren" beurteilen - den Zusammenbruch des Realsozialismus keineswegs für das Indiz einer prinzipiellen Reformunfähigkeit. Lediglich der richtige Zeitpunkt für eine umfassende und qualitative Veränderung sei versäumt worden. Wären - so Mlynář - auf Chruschtschows Reformversuche unmittelbar diejenigen Gorbatschows gefolgt, hätten sie durchaus erfolgreich sein können. Erst die zwischen ihnen liegenden zwanzig Jahre der Stagnation hätten eine Situation entstehen lassen, in der der Zusammenbruch sowohl aus objektiven als auch aus subjektiven Gründen unausweichlich wurde.

Reiner Tosstorff (Frankfurt/M.)

Britischer Kommunismus

Thompson, Willie: The Good Old Cause. British Communism 1920-1991. Pluto Press, London 1992, 258 S.

About Turn. The British Communist Party and the Second World War. The Verbatim Record of the Central Committee Meetings of 25 September and 2-3 October 1939. Hrsg. von King, Francis/Matthews, George. Lawrence & Wishart, London 1990, 318 S.

Tsuzuki, Chushishi: Tom Mann, 1856-1941. The Challenges of Labour. Clarendon Press, Oxford 1991, 288 S.

Wicks, Harry: Keeping My Head. The Memoirs of a British Bolshevik. Socialist Platform, London 1992, 226 S.

Wie Willie Thompson in seiner Einleitung zu Recht betont, spielte die britische KP zwar immer eine marginale, aber niemals gänzlich unbedeutende Rolle. Geprägt war sie dadurch, daß sie im Unterschied zu den meisten KPs nicht aus Abspaltungen der Sozialdemokratie entstanden war, sondern aus der Fusion minoritärer Organisationen, die sich, z.T. vom Syndikalismus geprägt, im "Labour Unrest" in den Jahren vor 1914 in Opposition zur etablierten Führung der Trade Unions und zur neugegründeten Labour Party gebildet hatten. Dies verschaffte dem britischen Kommunismus zwar in seinen ersten Jahrzehnten einen stark proletarischen Charakter, prägte aber sicherlich ebenso sein Selbstverständnis als Minderheitsorganisation. Doch lag seine Bedeutung auch darin, in der bis zum Ersten Weltkrieg stärksten Industriemacht und dem "Mutterland" des Empire zu agieren. Dadurch bekam er in der internationalen Bewegung einen unverhältnismäßigen Stellenwert.

Demgegenüber war sein Erscheinungsbild in den letzten Jahrzehnten vor allem durch die Vorreiterrolle als Partei des entschiedenen Eurokommunismus geprägt, bestimmt etwa durch international bekannte Intellektuelle wie den Historiker Eric Hobsbawm oder durch die Zeitschrift Marxism Today, was andererseits einen endemischen Fraktionskampf und eine Reihe von Abspaltungen hervorrief. Sie gehörte dann Ende 1991 zu den wenigen westlichen KPs, die sich - nach dem Zusammenbruch des "sozialistischen Lagers" - in ihrer bisherigen Form auflösten und in anderer Gestalt und unter anderem Namen - hier als "Democratic Left" - neu konstituierten.

Thompson, Historiker am Glasgow Polytechnic und seit Jahren der "Historians' Group" der Partei zugehörig, hat eine angesichts des knappen Umfangs notwendigerweise extrem gedrängte Tour de force durch die 71 Jahre des britischen Kommunismus vorgelegt. Die Darstellung basiert, vor allem für die Jahre vor dem Zweiten Weltkrieg, im wesentlichen auf der Auswertung der Sekundärliteratur, läßt dann aber für die letzte Zeit die eigenen Erfahrungen einfließen, zudem auch viele informelle Interviews mit langjährigen Mitgliedern. Auf die Auswertung des Parteiarchivs hat er mit dem etwas merkwürdigen Argument verzichtet, die Bemühungen der Partei um die Fortsetzung ihrer offiziellen Parteigeschichte (von der bereits drei, den Zeitraum bis 1941 abdeckende Bände erschienen sind) nicht behindern zu wollen.

Das auf diese Weise zustandegekommene Buch liefert so zwar einen knappen Gesamtüberblick, ist jedoch in mancherlei Hinsicht unbefriedigend. So werden die ersten Jahrzehnte allzu dürftig abgehandelt. Etwas zugespitzt gesagt, werden hier nur Stichworte geliefert, denen man dann mit Hilfe seiner Verweise in der Sekundärliteratur nachgehen kann. Der Schwerpunkt liegt auf der Zeit nach 1951, als die britische Partei mit einem neuen Programm - und mit dem Segen Stalins - als erste KP in einem westlichen Land den "friedlichen Weg" zum Sozialismus proklamierte. Hier fühlt sich der Verfasser auch politisch zu Hause, beschreibt er doch damit eine der Wurzeln des "Eurokommunismus", für dessen britische Variante, wie sie sich in Marxism Today seit den siebziger Jahren darstellte, er bei allen Bemühungen um eine gleichgewichtige Darstellung deutlich seine Sympathien spüren läßt.

Eine besondere Vorliebe hat der Autor auch für die vielen seit 1956 die Partei ständig erschütternden Fraktions- und Machtkämpfe, die vergleichsweise üppig geschildert werden, wie überhaupt sich seine Darstellung auf die Führungsebene konzentriert. Allerdings gibt es gelegentliche Hinweise auf die Milieus, in denen die Partei Wurzeln fassen konnte, sowie auf ihre organisatorischen Strukturen. Was leider fehlt, sind Ausführungen zur internationalen Rolle der Partei (z.B. die Anleitungsfunktionen gegenüber den Parteien in den Kolonien). Dagegen verzichtet er nicht auf die Erwähnung der häßlichen Aspekte des britischen Stalinismus, etwa die Propagandakampagnen für die Moskauer Prozesse, die Finanzierung der Partei durch die KPdSU (soweit sich das bis heute schon dokumentieren läßt). Wenn es ihm im gewissen Sinne auch um eine Apologie ihrer Mitglieder geht, deren Motive andere als die der Stützung einer blutrünstigen Diktatur gewesen seien, scheint doch sein Gesamturteil, obgleich er es nicht explizit ausführt, darauf hinauszulaufen, daß die Partei wie die bolschewistische Revolution selbst ein schon von Anfang an zum Scheitern verurteiltes Unternehmen gewesen war.

Sicherlich ebenfalls ein besonders abstoßendes Kapitel in der Geschichte der britischen KP war deren Verhalten nach Beginn des Zweiten Weltkriegs, in den Jahren des Hitler-Stalin-Paktes. Wie in deren Leitung die aus dem Pakt folgende neue Linie - der Weltkrieg ist ein imperialistischer Krieg, für den Großbritannien und Frankreich die Hauptverantwortung tragen, was auf eine 'dezente' Unterstützung Deutschlands hinauslief - durchgesetzt wurde, dokumentieren die von Francis King und George Matthews im ehemaligen Parteiverlag herausgegebenen Protokolle zweier ZK-Sitzungen.

Kurios ist, daß diese Protokolle der britischen KP jahrzehntelang nicht mehr zur Verfügung standen, da sie noch 1939 nach Moskau geschickt worden waren (während die Mitglieder über diese Diskussionen an der Spitze erst gar nicht informiert wurden). Jahrelange Versuche, sie von dort zurückzuerhalten, scheiterten. Erst unter Gorbatschow erhielt die britische KP im Jahre 1989 einen Mikrofilm davon, der die Grundlage für diese Veröffentlichung lieferte.[1]

Sie wird von Monty Johnstone eingeleitet, der anhand des Kominternarchivs die 'Meinungsbildung' in der Komintern-Führung, d.h. die Durchsetzung der von Stalin an Dimitrow gegebenen Direktiven, skizziert und dann die Diskussionen in der britischen Partei nachzeichnet. Das besondere daran ist, daß sie in den ersten Wochen nach Kriegsbeginn noch fest die alte 'antifaschistische' Linie vertrat. Noch auf einer ZK-Sitzung am 24. September wurde sie bestätigt, trotz erster Anzeichen, daß Moskau eine neue Linie angeordnet hatte. Aber erst am folgenden Tag kam ein britischer Vertreter von dort zurück und brachte dem noch tagenden ZK entsprechende Direktiven. Auf einer erneuten ZK-Sitzung am 2./3. Oktober wurde dann der Linienwechsel vollzogen - interessanterweise gegen drei Stimmen. In den hier veröffentlichten Protokollen - aus Platzgründen ist nur die Diskussion vom 2./3. Oktober vollständig dokumentiert, von der Sitzung am 24./25. September wird nur der Bericht einschließlich der folgenden Diskussion des aus Moskau zurückgekehrten britischen Vertreters abgedruckt und ansonsten eine ausführliche Zusammenfassung in der Einleitung gegeben - kann man nachlesen, wie die große Mehrheit der ZK-Mitglieder innerhalb einer Woche die Kehrtwendung vollzog. Alle Argumente wurden mit der Begründung umgedreht, die Sowjetunion, die Komintern könnten nicht irren, sie wüßten in Moskau mehr als in London usw. Die zuvor, nach Kriegsbeginn beschlossenen Stellungnahmen wurden nun in Bausch und Bogen verdammt. Der Gebrauchswert dieser Dokumentation wird noch durch Erläuterungen in Fußnoten, einen biographischen Anhang sowie ein ausführliches Register erhöht.

Die hier dokumentierte Diskussion zeigt im übrigen auch, wie falsch es ist, wie das etwa Thompson in seiner Geschichte unter Berufung auf Hobsbawm darzustellen versuchte, die Komintern-Taktik von 1939 an als Wiederholung der Antikriegs-Politik der radikalen Linken nach 1914 auszugeben. In letzterem Fall war der Internationalismus das Motiv, 1939 ging es einzig und allein um die Rechtfertigung Stalins und der sowjetischen Außenpolitik.

Zwei ganz unterschiedliche Typen von "Parteikadern", die zugleich auch verschiedene Entwicklungsetappen des britischen Kommunismus verkörpern, werden durch die Biographie von Tom Mann und durch die Autobiographie von Harry Wicks beschrieben.

Mann, Jahrgang 1856, repräsentiert den Übergang vom Radikalismus der Jahre vor 1914 zu den Gründerjahren der Partei. Zu einem international bekannten Arbeiterführer wurde er durch seine Rolle beim Londoner Hafenarbeiterstreik von 1889. Nach Beteiligung an der Independent Labour Party wandte er sich in der Zeit vor dem Ersten Weltkrieg, in der er sich auch mehrere Jahre in den verschiedensten angelsächsischen Ländern aufhielt, der syndikalistischen Propaganda unter den britischen Gewerkschaften zu.

Als radikaler Aktivist aus der Gewerkschaftsbewegung (er war zuletzt bis zu seiner Pensionierung im Jahre 1921 Gewerkschaftssekretär) stieß er zur britischen KP. Im Gewerkschaftssektor des internationalen Kommunismus nahm er als Mitbegründer der Roten Gewerkschafts-Internationale im Jahre 1921 und deren langjähriges Leitungsmitglied sowie als Präsident des 1924 gegründeten National Monority Movement, des pro-kommunistischen Flügels im TUC, eine herausragende Stellung ein. In den vielfältigen in-

---

1 Allerdings verfügte der britische Geheimdienst über sie ebenfalls bereits seit 1939, rückte sie aber genauso wenig heraus. Da jedoch auf diesem Weg Auszüge in britische Kabinettsprotokolle während des Krieges gekommen waren und diese schon vor längerem zugänglich gemacht wurden, konnte der Verlauf der Diskussionen zumindest schon ansatzweise wiedergegeben werden, so z. B. in einer früheren Veröffentlichung der britischen KP, in der eine 1979 stattgefundene Konferenz zu diesem Themenkomplex dokumentiert wurde.

neren Auseinandersetzungen um die politische Linie wie auch an der administrativen Arbeit der Leitungsorgane, denen er angehörte, spielte er jedoch keine aktive Rolle. Sicher lag das nicht nur an seinem Alter, sondern auch an seinem ganzen Typus, den er als das genaue Gegenteil eines Parteipolitikers darstellte. Zwar nahm er in allen wichtigen politischen Richtungskämpfen Stellung und warf dabei seinen Namen in die Waagschale, doch war seine Funktion im britischen und internationalen Kommunismus im wesentlichen repräsentativ (was aber nicht heißen muß: unwichtig). Vielleicht erklärt dies auch, daß, obwohl gerade viele ehemalige Syndikalisten im Laufe der Zeit ausgeschlossen wurden, er niemals davon betroffen war. Allerdings vollzog er auch immer alle Wechsel in der 'Generallinie' mit (unterstützte allerdings im Jahre 1932, wohl wegen seiner früheren Bekanntschaft zu ihm, einen Protest gegen die Verhaftung des chinesischen Trotzkisten und KP-Begründers, Chen Duxiu).[2]

Tsuzuki, japanischer Historiker der britischen Arbeiterbewegung, hat nun eine Biographie vorgelegt, in deren Mittelpunkt natürlich Manns aktive Rolle bis zum Zweiten Weltkrieg steht (wobei ihm auf S. 167 ein grober Schnitzer unterläuft, als er den internationalen syndikalistischen Kongreß in London im Jahre 1913 als ein nicht-realisiertes Projekt darstellt). Seine kommunistische Phase macht demgegenüber nur ein Viertel des Umfangs aus, was ja auch ihrer tatsächlichen Rolle in seinem Leben entspricht.[3] Ein besonderes Kapitel widmet der Autor Manns Teilnahme an einer internationalen kommunistischen Delegation während der chinesischen Revolution im Frühjahr 1927.

Die Darstellung dieser Jahre beruht im wesentlichen auf Manns Nachlaß - vor allem seinen vielen Briefen - und auf der Memoiren- und Sekundärliteratur. Auf dieser Materialbasis erscheint jener erste Lebensabschnitt im Vergleich zu den vorhergehenden allzu knapp dargestellt, manchmal ergeht sich Tsuzuki richtiggehend nur in Andeutungen, so als ob er dem Autor nach der Beschreibung eines im wahrsten Sinne des Wortes bereits "erfüllten" Lebens nicht mehr allzu wichtig erschienen. Hätte nicht etwa, z.B. die Auswertung der Veröffentlichungen der Roten Gewerkschafts-Internationale durchaus noch den einen oder anderen Akzent setzen und sogar eine dichtere Darstellung erlauben können? Insofern ist Tsuzukis Arbeit "zu früh" erschienen, da deren Archiv erst nach ihrer Publikation die Tore öffnete, so daß bei allem Nutzen sie vielleicht für diesen Bereich doch noch bald ergänzt werden muß.

Im Gegensatz zu Mann gehörte Harry Wicks, Jahrgang 1905, zu den Begründern des britischen Trotzkismus. Als Mitglied des kommunistischen Jugendverbandes und einer seiner führenden Aktivisten während des Generalstreiks von 1926, wurde er Ende 1927 nach Moskau auf die Lenin-Schule der Komintern geschickt. In den drei Jahren, die er dort blieb, brach er mit dem Kommunismus Stalinscher Prägung, worin er nach seiner Rückkehr nach Großbritannien durch das Desaster der "Sozialfaschismus"-Politik noch bekräftigt wurde. Aus der KP im Jahre 1932 ausgeschlossen, war er in der Folgezeit bis zu seinem Tod im Jahre 1989 aktiver britischer Trotzkist.

Mitte der siebziger Jahre begann er damit, seine Erinnerungen auf Band zu sprechen, die von Logie Barrow bearbeitet und von Wicks dann erneut durchgesehen wurden. Er skizziert darin seinen Geburtsort, den proletarischen Battersea-Bezirk Londons, und schildert seine Aktivitäten in der kommunistischen Jugend. Besonders informativ und ausführlich ist das Kapitel über die Lenin-Schule, in der er vielen späteren KP-Führern aus aller Welt begegnete, aber auch über die Schule hinaus den Kontakt zu den Realitäten Rußlands fand. Weitere Abschnitte sind den Anfängen des britischen Trotzkismus und einer Besprechung der internationalen Linksopposition Ende 1932 in Kopenhagen am Rande eines öffentlichen Auftritts Trotzkis gewidmet. Ein letztes Kapitel, das er nicht mehr durchsehen konnte und deshalb aus verschiede-

---

2 Dies wird in der weiter unten besprochenen Autobiographie von Harry Wicks, S. 172f., erwähnt.
3 Eine weitere Biographie - Joseph White: Tom Mann, Manchester, New York 1991 - soll hier ausdrücklich erwähnt werden, da in ihr Manns kommunistische Jahre nur auf wenigen Seiten skizziert werden.

nen Fragmenten zusammengesetzt wurde, geht den Irrungen und Wirrungen des britischen Trotzkismus zwischen 1933 und 1946 nach. Beigegeben sind ein Anhang mit Kurzbiographien und ein Register.

Herausgekommen sind auf diese Weise lebendig geschriebene, instruktive Erinnerungen, die über die politischen Informationen hinaus auch vielfältige Einblicke in das Alltagsleben der britischen Arbeiterklasse und die "politische Kultur" der radikalen Linken jener Jahre gewähren.

Jan Osers (Mannheim)

Schauprozesse

Siška, Miroslav: "Verschwörer, Spione, Staatsfeinde...". Politische Prozesse in der Tschechoslowakei 1948-1954. Dietz Verlag, Berlin 1991, 167 S.

Kaplan, Karel: Zpráva o zavraždění generálního tajemníka (Nachricht von der Ermordung des Generalsekretärs). Mladá fronta, Praha 1992, 303 S.

Szász, Béla: Freiwillige für den Galgen. Reclam Verlag, Leipzig 1991, 331 S.

Maderthaner, Wolfgang u.a. (Hg.): "Ich habe den Tod verdient". Schauprozesse und politische Verfolgung in Mittel- und Osteuropa 1945-1956. Verlag für Gesellschaftskritik, Wien 1991, 223 S.

Benšík, Antonín/Kural, Václav: Zpravodajové generála Píky a ti druzí (Die Nachrichtendienstler des Generals Píka und die anderen). Merkur Verlag, Praha 1991, 79 S.

Seit dem Zusammenbruch der kommunistischen Regime in Ostmittel- und Südosteuropa hat ein Thema bei der Aufarbeitung der eigenen Vergangenheit jenseits des einstigen "Eisernen Vorhangs" Hochkonjunktur: Die Schauprozesse, das wohl düsterste Kapitel in der Geschichte der überwundenen Sowjetsysteme.

Zu den Arbeiten, die sich mit dieser Problematik auseinandersetzen, gehört die unter dem Titel "Verschwörer, Spione, Staatsfeinde..." erschienene Studie, die elf, ursprünglich in der Prager Tageszeitung "Rudé Právo" publizierte Beiträge des tschechischen Historikers Miroslav Siška, eingeleitet von seinem deutschen Kollegen Eckart Mehl, umfaßt. Der Autor versucht, einem breiten, überwiegend wohl nur lückenhaft informierten Leserkreis einen allgemeinen Überblick über Entstehung und Verlauf der Schauprozesse in der Tschechoslowakei sowie über die zahlreichen Rehabilitierungsversuche der sechziger Jahre zu vermitteln. Dabei steht der Prozeß gegen den ehemaligen KP-Generalsekretär Rudolf Slánský der wohl größte Schauprozeß der Nachkriegszeit, im Mittelpunkt.

Die Politischen Prozesse in der ehemaligen ČSSR stellen nach Siška weder einen nationalen Sonderfall noch eine zufällige Erscheinung in der Nachkriegsentwicklung des Landes dar, wenngleich sich Ausmaß und Charakter der tschechoslowakischen Prozesse wesentlich von den vorangegangenen in Bulgarien, Rumänien und Ungarn unterschieden. Die Anzahl der Opfer in der ČSSR war erheblich größer als in den anderen Ländern. Von den im Zeitraum Herbst 1949 bis Ende 1952 wegen "staatsfeindlicher Tätigkeit" angeklagten 27 000 Menschen wurden 232 zum Tode verurteilt und 172 tatsächlich hingerichtet.

Während in den anderen Staaten die Angeklagten als "verlängerter Arm Titos" bezeichnet wurden, konzentrierten sich die Anschuldigungen in der ehemaligen ČSSR infolge der veränderten politischen Lage vorrangig auf die des "Zionismus", was ihnen einen stark antisemitischen Charakter verlieh., Bemerkenswert ist, daß auch nach Chruschtschows Enthüllungen auf dem XX. Parteitag der KPdSU die Prozesse weitergingen und Rehabilitierungsprozesse äußerst schleppend in Gang kamen und sehr inkonsequent durchgeführt wurden.

Eine wesentlich profundere Darstellung des Slánský-Prozesses liefert der bekannte tschechische Historiker Karel Kaplan, der als der wohl beste Kenner dieser Materie gelten kann. Kaplan beschäftigte sich jahrelang mit der tschechoslowakischen Nachkriegsgeschichte und hatte als Sekretär einer Rehabilitierungskommission 1968/69 Zutritt zu den Geheimarchiven der KPČ.

Die hier vorliegende Studie ist keineswegs Kaplans erstes Buch zu dieser Thematik, doch betrachtet er sie hier aus einem neuen Blickwinkel: Im Mittelpunkt stehen die politisch motivierte Konstruktion des Prozeßszenarios und die willkürliche Auswahl der unschuldigen Opfer, die beide jeweils der Veränderung der politischen Lage zu folgen hatten.

Außerdem standen Kaplan offensichtlich auch neue Quellen zur Verfügung, so etwa die Berichte von Slánskýs "Mithäftling", der als Spitzel für die Staatspolizei arbeitete und vieles bislang Unbekannte über Verhalten, Reaktionen und Gemütszustände seines Zellengenossen zu berichten weiß. Somit gewährt Kaplans Arbeit tiefere Einblicke in die Psyche Slánskýs, der - wie viele seiner Leidensgenossen - als gläubiger Kommunist davon überzeugt war, daß alle übrigen Häftlinge zurecht einsäßen, während er selbst das unschuldige Opfer eines Justizirrtums sei.

Mit der Problematik der Schauprozesse der Nachkriegsjahre befaßt sich auch die neu aufgelegte Autobiographie des ehemaligen politischen Häftlings aus Ungarn, Béla Sász, die durch ihre Unmittelbarkeit zu den erschütterndsten Dokumenten aus jener Zeit gehört. Aus der Emigration 1946 nach Ungarn zurückgekehrt, übernahm er, seit den dreißiger Jahren in der KP Ungarns tätig, wichtige Regierungsfunktionen, bevor man ihn 1949 völlig überraschend verhaftete und in einem sog. Nebenprozeß - der Hauptprozeß wurde gegen Rajk geführt - zu 10 Jahren Haft verurteilte. 1954 wird er entlassen und rehabilitiert, jegliche weitere politische Tätigkeit lehnt er jedoch ab. Nach der Volkserhebung 1956 emigriert er in den Westen.

Der Autor schildert in seinen Memoiren sehr eindringlich die Umstände seiner Verhaftung, die äußerst brutalen Foltermethoden der ungarischen Staatssicherheit und die Haftbedingungen in den verschiedenen Strafanstalten. Auch aus Sász' Darstellung geht hervor, daß die treibende Kraft hinter allen Schauprozessen in Osteuropa die sowjetische Geheimpolizei war, die präventiv alle selbständig und kritisch Denkenden beseitigen sowie einen möglichen titoistischen Einfluß aus Jugoslawien neutralisieren wollte. Zudem sollten die einst in der Emigration im Westen sowie die in Ungarn im Widerstand tätigen Kommunisten eliminiert werden, um der aus der Sowjetunion zurückgekehrten moskauhörigen Führungsgarnitur der KP (Rákosi, Gérö u.a.) das Machtmonopol zu sichern.

Sász sieht auch einen direkten Zusammenhang zwischen den Folgen der Schauprozesse und der ungarischen Volkserhebung 1956. Rákosi, der als Generalsekretär der KP die Hauptverantwortung für die Prozesse trug, fand nicht die Kraft, seine Schuld öffentlich zu bekennen und die Opfer kompromißlos zu rehabilitieren. Dadurch verlor die Bevölkerung ihr Vertrauen nicht nur in ihn, sondern auch in die Partei.

Um einen Überblick der Schauprozesse des ersten Nachkriegsjahrzehnts in Ost- und Mitteleuropa bemüht sich der von Maderthaner, Schafranek und Unfried herausgegebene Sammelband, der die Beiträge zu einem 1990 in Wien veranstalteten Symposium über stalinistische Herrschafts- und Unterdrückungsmechanismen wiedergibt. Allerdings führt der Untertitel in seiner geographischen Beschränkung auf den Raum jenseits des einstigen "Eisernen Vorhangs" etwas in die Irre, werden doch auch Säuberungen in einigen westeuropäischen kommunistischen Parteien (Deutschland, Frankreich, Spanien und Österreich) untersucht.

Während in den ehemals sozialistischen Staaten Terror und Verfolgung - in Regie der jeweiligen KP - von den Staatsorganen (Polizei und Gerichte) ausgeübt wurden, mußten im Westen die Säuberungen innerparteilich vonstatten gehen. Das schloß aber keinesfalls aus, daß solche von der Partei verhängte Strafen für die unschuldig Betroffenen ebenfalls ein einschneidendes Schockerlebnis darstellten.

Gewisse Unterschiede lassen sich auch bei der Durchführung der Schauprozesse in den einzelnen osteuropäischen Staaten feststellen, wenngleich für ihren Ablauf stets der sowjetische Geheimdienst die Verantwortung trug. So wählte z.b. der damalige rumänische Parteichef Georghiu-Dej selbst die Opfer aus und beglich derart persönliche Rechnungen mit seinen Rivalen. Nur der Tod Stalins 1953 verhinderte hier den Beginn eines großen Schauprozesses.

Auch in der ehemaligen DDR kam es zu keinem Schauprozeß. Dies ist weniger zurückzuführen auf Ulbrichts angebliche "Standfestigkeit" gegenüber Moskau als vielmehr auf die Tatsache, daß die Vorbereitungen für einen geplanten Schauprozeß nach Budapester oder Prager Vorbild durch Stalins Tod hinfällig wurden. Vielen unschuldigen Opfern hat dies eine langjährige Haftzeit allerdings nicht erspart.

Mit der Problematik der Schauprozesse beschäftigt sich - allerdings nur am Rande - auch die historische Studie "Die Nachrichtendienstler des Generals Píka und die anderen".

Geschildert werden die Aktivitäten des tschechoslowakischen Generals Píka im Widerstand gegen die deutschen Okkupanten im Zweiten Weltkrieg. Als Chef der tschechoslowakischen Militärmission in Istanbul und später in Moskau organisiert er 1940/41 zusammen mit sowjetischen Stellen den insgesamt wenig erfolgreichen Einsatz von Diversanten im Gebiet des "Protektorats Böhmen und Mähren". Hingewiesen wird auf die nicht unproblematische Zusammenarbeit zwischen tschechoslowakischen und sowjetischen Militärstellen, die vor allem aus dem Drängen der Sowjets nach größeren Zugeständnissen der Tschechoslowaken resultiert, die diese aber verweigern, weil - so der damalige Präsident Beneš - die UdSSR dies als Ermunterung zur Sowjetisierung Mitteleuropas auslegen könnte.

1949 wird General Píka in einem Schauprozeß gegen hohe westlich orientierte Offiziere zum Tode verurteilt und hingerichtet. 19 Jahre später wird dieses Urteil aufgehoben und 1991 wird Píka für seine Verdienste im tschechoslowakischen Widerstand in memoriam ausgezeichnet.

Arnold Sywottek (Hamburg)

DDR-Geschichtswissenschaft im Umbruch

Krise - Umbruch - Neubeginn. Eine kritische und selbstkritische Dokumentation der DDR-Geschichtswissenschaft 1989/90. Hrsg. von Rainer Eckert, Wolfgang Küttler, Gustav Seeber. Mit einem Nachwort von Jürgen Kocka. Verlag Klett-Cotta, Stuttgart 1992, 493 S.

Konrad H. Jarausch (Hrsg.): Zwischen Parteilichkeit und Professionalität. Bilanz der Geschichtswissenschaft der DDR (Publikationen der Historischen Kommission zu Berlin). Akademie-Verlag, Berlin 1991, 218 S.

Brinks, Jan Herman: Die DDR-Geschichtswissenschaft auf dem Weg zur deutschen Einheit. Luther, Friedrich II. und Bismarck als Paradigma politischen Wandels. Campus Verlag, Frankfurt/M., New York 1992 (Campus Forschung, Bd. 685), 342 S.

Die Auflösung der DDR hat schon mancherlei Dokumentierung und Analyse erfahren, und die von Eckert, Küttler und Seeber herausgegebene "Dokumentation" des Umbruchs in der DDR-Geschichtswissenschaft wird wohl nicht die erste sein, zu der künftig Historiker greifen werden, wenn sie sich über den vielgliedrigen und vielschichtigen Prozeß der Zusammenfügung Ost- und Westdeutschlands informieren wollen. Entstanden aus einem Versuch im Frühjahr 1990, die beginnende innerfachliche Auseinandersetzung zu stimulieren - das Wort "Neubeginn" im Titel mag sich daraus erklären -, spiegelt die Dokumentation eher das Ende der "DDR-Geschichtswissenschaft" und einige westdeutsche Historikerreaktionen darauf wie auf das Ende der DDR. Nicht von ungefähr schien es der Ostberliner Sozialhistorikerin Helga Schultz schon an der Jahreswende 1990/91, als spräche man von der DDR-Geschichtswissenschaft wie "von einem toten Hund" (452), obwohl sich die Historikergesellschaft der DDR im Februar 1990 eine neue Satzung gegeben hatte, die sie dem künftigen "demokratischen Kapitalismus" - so ihr Vorsitzender Heinrich Scheel - einfügen sollte (162-169). Zwar läd Jürgen Kocka, Promotor des Bandes, im Nachwort besonders auch die Historiker aus der DDR ein, die Diskussion von 1989 weiterzuführen - "mit wissenschaftlichen Argumenten und universalistischen Perspektiven" (479); doch was sollte die "Beteiligten und Betroffenen" (ebenda) veranlassen, dies jetzt noch zu tun? Die institutionellen Zusammenhänge, in denen sie zu reden und schreiben gewohnt waren und deren Veränderung manche Bemühungen Anfang 1990 noch galten, sind aufgelöst, "evaluiert", "abgewickelt" oder überformt - Vorgänge, von denen der Band nur in Andeutungen berichtet. Und ist 1989/90 wirklich diskutiert worden? Zum Abdruck gelangten hier jedenfalls eher isolierte Stellungnahmen. Auseinandersetzungen zwischen einzelnen Historikern sind - aus sicherlich respektablen Gründen - nicht dokumentiert; doch gerade die "personelle Dimension von Wissenschaft", die zu DDR-Zeiten nicht voll zur Geltung kommen konnte und danach durch die Überformung von außen in den Hintergrund geriet,[1] hätte bei der Erneuerung der DDR-Geschichtswissenschaft aus sich selbst heraus zum Thema gemacht werden müssen. Ohne sie bildet die Dokumentation nur ein Mosaik von "Positionen", die im Rückblick zu mustern allerdings nicht ohne Reiz ist. Die Dreiteilung des Bandes in die Abschnitte "Die Krise des 'realen Sozialismus' und das Ende der DDR", "Krise und Umbruch der DDR-Geschichtswissenschaft" und "Konkrete Felder der Auseinandersetzung" ist dabei nur begrenzt hilfreich; eine schlichte chronologische Anordnung der Texte hätte die Reaktion der Historiker auf den Gang der Ereignisse - befördert haben sie ihn nicht erkennbar - in ihren speziellen Kompetenzen und Gebundenheiten deutlicher hervortreten lassen.

Der Band wir eröffnet mit historisch-politischen Betrachtungen von Ernst Engelberg, die dieser Nestor der DDR-Geschichtswissenschaft schon im April 1989 in der Akademie der Wissenschaften vorgetragen hatte, für die sich aber erst am 16. November Platz zur Veröffentlichung fand, und zwar in der "Berliner Zeitung" (19-23). Auf wenigen Seiten stellte Engelberg damals über 60 Jahre "Sozialismus" zur Disposition, indem er ihm die Qualität einer "Gesellschaftsformation" absprach; er sei "sachwidrig" "aufgebaut" worden, habe sich nicht im hegelschen (!) Sinne "entwickelt". Engelberg forderte, "sich vom Stalinschen Erbe zu befreien", d.h. Auswirkungen und Folgen der Terrorherrschaft Stalins zu erforschen und darzustellen, um den "Sozialismus" als Bewegung und politische Ideologie "zu sich selbst zurückfinden" zu lassen.

Die meisten der ostdeutschen Historiker, die in dieser Dokumentation zu Wort kommen, stießen zu so fundamentalen Revisionen herrschender Lehren nicht vor. Lediglich der Wittfogel-Spezialist Bernd Florath geriet in ihre Nähe, als er die sowjetische und DDR-Geschichte in der Perspektive der "orientalischen Despotie" deutete und sie in der Geschichte der bürgerlichen Gesellschaft eingebettet sah (51-62); es werde sich erst noch herausstellen, ob die hier gewonnene Erfahrung sozialer Sicherheit sich auf Dauer in der nun wieder nach Marktprinzipien organisierten Gesellschaft werde einnisten können; erst dann werde sich zeigen, daß der "Realsozialismus" mehr gewesen sei als ein platter Rückfall in die "Despotie". Wolfgang Küttler, dem "Formationstheorie"-Experten, war erst "heute", im März 1990, "endgültig klargeworden", daß "alle großindustriell produzierenden Gesellschaften ohne eine wie auch immer organisierte Form der Marktwirtschaft spätestens an der intensiven Reproduktion scheitern müssen" (345-355),

---

1 Fischer, Bernd-Rainer: Bildung und Wissenschaft im Einigungsprozeß, in: Die Gestaltung der deutschen Einheit. Geschichte - Politik - Gesellschaft. Hrsg. von Eckhard Jesse und Armin Mitter. Bonn, Berlin 1992. S. 348 f.

während Wolfgang Wächter bei gleicher Gelegenheit die "Fluchttendenz" der "Formationstheorien" auf die Zeit vor 1900 konstatierte und die Marxsche "façon de parler" kaum weitergeführt sah (356-368).

Manche ostdeutschen Historiker stellten sich von vornherein begrenztere, gleichwohl für ihre Situation bezeichnend scheinende Aufgaben. So plädierten Klaus Kinner und Manfred Neuhaus (Leipzig) schon im Oktober 1989 angesichts der "gegenwärtigen Krise der kommunistischen Weltbewegung und der kommunistisch regierten Länder" und des "Bankrotts des stalinistischen Sozialismusmodells" für einen neuen historisch-kritischen, quellengestützten "Umgang mit dem Werk von Marx, Engels und Lenin"; nicht das "Umlernen" sei angesagt, sondern die Aneignung ihrer Denkweisen, wie sie sich in der Entstehung ihrer Werke spiegele. Hier wurde in einem Aspekt vorweggenommen, was Jürgen John, Wolfgang Küttler und Walter Schmidt dann im letzten Heft des Jahrgangs 1989 der Theorie-Zeitschrift der SED "Einheit" unter dem Titel "Für eine Erneuerung des Geschichtsverständnisses in der DDR" modellierten (152-159): "Der sich erneuernde Sozialismus braucht ein Geschichtsverständnis, das sich bei äußerer und innerer Offenheit von Geschichtsforschung und -diskussion herausbildet. Es wird das eine offizielle Geschichtsbild nicht mehr geben." Die "Aufgaben und die gesellschaftliche Funktion marxistischer Historiker" begriffen die Autoren "heute ... darin, zu einem neuen Konsens aller sich für eine sozialistische Perspektive einsetzenden Kräfte beizutragen".

Auf die (Re-)Vitalisierung sozialistischer politischer Ideen und Bewegungen, möglichst in einer "Eurolinken", zielt auch ein von Analogien und Anspielungen sprühender historisch-politischer Essay des Revolutionsforschers Manfred Kossok (Leipzig) aus dem Frühjahr 1990 (75-84). Allerdings enthielt seine Diagnose der Gegenwart noch einen Faktor als zukunftsbeständig, der inzwischen nicht mehr existiert: "die Sowjetunion als Weltmacht". Zu fragen ist deshalb, ob nicht doch die "erschreckend reale Metapher" von den "'Kleinerben der Revolution'" den Zustand eher kennzeichnete und politisch mobilisierend wirkte als die Vision von der "einen (sozialistischen) Welt". Zu fragen ist zudem, ob nicht andere Kategorien als die der "Revolution" dem Geschehen 1989/91 gerecht werden. Mindestens beim Blick auf das Ende der Sowjetunion drängt sich die Perspektive des "Machtverfalls" auf. Jürgen Kocka hat in seinem etwa gleichzeitig verfaßten Versuch der "historischen Einordnung der gegenwärtigen Verhältnisse" (85-104) diese Dimension stärker akzentuiert und wohl mit Recht darauf hingewiesen, daß die Erfahrungen mit dem Niedergang des "Realsozialismus" "gegen die Realisierbarkeit jedweder Art von Sozialismus unter den gegebenen und erwartbaren Verhältnissen sprechen", wenn "Sozialismus" mehr meinen solle als die Summe aktionsprogrammatischer Vorstellungen der westeuropäischen Sozialdemokraten.

Wie sehr DDR-Historiker noch Anfang 1989/90 in ihrem überkommenen "Wir"-Bewußtsein befangen waren und sich ebensosehr politisch wie als Wissenschaftler definierten, wird an zwei Beiträgen auf ganz unterschiedliche Weise deutlich. "Heutzutage [...] mehr denn je - auch aus aktuellem politischem Bedürfnis der Linken -" müsse "nach denjenigen Kräften gefragt werden, die eine faschistische Diktatur ablehnten oder wenigstens Vorbehalte hatten und für einen gemeinsamen Abwehrkampf gegen Diktatur und Krieg hätten gewonnen werden können", schrieb der Historiker der deutschen Kriegswirtschaft, Dietrich Eichholtz, Anfang 1990 in einem Aufsatz für eine geschichtspädagogische Zeitschrift (392-407); völlig mangele es "bisher an einer kritischen, objektiven Aufarbeitung von Faschismus-Analysen, die von linken Kräften außerhalb der KI stammten". Das Wollen in den eigenen politischen Traditionen zum Maßstab für Objektivität und Kenntnisstand zu machen, wurde hier unübersehbar als Kontinuitätsproblem deutlich, das die DDR-Historiker 1989/90 mit sich hatten. Olaf Groehler, dessen umfängliche Geschichte des Luftkriegs 1939-1945 noch 1989 erschien, sprach im Mai 1990 in seiner kritischen Bilanz der Erforschung des antifaschistischen Widerstands in der DDR (408-418) nach wie vor von einer "eigenen und auch künftig zu gewinnenden Identität" der Geschichtsforschung der DDR.

Helga Schultz hat darauf hingewiesen, daß nicht zuletzt die offensive Auseinandersetzung, in der die Rezeption nichteigener Forschung in der DDR weithin stattfand, am Ende in dogmatischer Erstarrung endete, die über Provinzialismus hinausging (454). Wenn sie demgegenüber Ende 1990 "Zivilisationskritik, demokratisches Engagement und die Suche nach möglichen Realisationen des Menschlichen außerhalb des Kapitalverhältnisses" als "Anliegen" nannte, "die Historiker nachdrücklich auf Sozialgeschichte verweisen", sind damit wohl jene "universalistischen Perspektiven" (Kocka, s.o.) angesprochen, auf die sich Historiker jenseits unterschiedlicher politischer Bindungen verständigen können, wenn sie im übrigen ihr Handwerk beherrschen. An ihrem eigenen Arbeitsfeld, in dem die DDR-Geschichtswissenschaft wiederholt Anerkennung auch in Westdeutschland erfahren hatte (z.B. von Winfried Schulze in diesem Band, S. 213-227), formulierte Helga Schultz (möglicherweise gegen ihre Absicht), wie dies bewirkt wurde: "Die Sozialgeschichtsforschung der DDR (in den 60er Jahren) war marxistisch, aber sie blieb bei Marx stehen" - bei Marx "als Theoretiker und Inspirator", wäre hinzuzufügen.

Nicht nur das Fortdauern alter Mentalitäten, sondern auch alter Machtstrukturen in den Institutsdirektionen, Zeitschriftenredaktionen und Verlagslektoraten gaben Armin Mitter und Stefan Wolle als Anlaß an, am 10. Januar 1990 zur Bildung einer Arbeitsgruppe Unabhängiger Historiker in der DDR aufzurufen (160 f.) - eine Initiative, aus der dann im April der Unabhängige Historiker-Verband der DDR hervorging, dem nur wenige, meistens bis dato kaum bekannte jüngere Historiker beitraten, die vor allem die Beschäftigung mit der DDR-Geschichte anmahnten. Die Initiatoren wurden selbst zu den ersten kritischen Historikern der gerade durchlaufenen Geschichte und ihrer geschichtswissenschaftlichen Legitimatoren (107-110, 231-235). Das Gewicht dieses Vorwurfs wird deutlich bei der Lektüre eines Vortrags des vielleicht prominentesten Konzeptualisten der DDR-Geschichtswissenschaft seit den achtziger Jahren, Walter Schmidt, in dem er Anfang Mai 1990 über Leistungen, Grenzen und Probleme der DDR-Geschichtsschreibung im Umbruch referierte (175-192). Auch Schmidt, der maßgeblich dafür gestanden hatte, daß sich die DDR als Erbe nicht nur der deutschen Arbeiterbewegungstraditionen als eigenständige Nation profilieren sollte, unterstellte - wohl noch zutreffend - eine korporative Einheit "DDR-Geschichtswissenschaft". Ob sie in einer künftig gesamtdeutschen Geschichtsforschung mit ihren zuvor erwiesenen stimulierenden Konsequenzen fortwirken könne, hänge sicher auch davon ab, "ob sich eine nicht dogmatische, sondern kritische historisch-materialistische Geschichtsbetrachtung - ähnlich wie in anderen Ländern, etwa Frankreich und Italien, aber auch England - als Richtung in der gesamtdeutschen Forschungslandschaft" würde "erhalten können". Solche Ansprüche angesichts der von Schmidt auch in seinem engeren Wirkungsbereich eingestandenen Instrumentalisierung geschichtswissenschaftlicher Forschung und Darstellung zu erheben, zeugte von einem nach wie vor in politischen Funktionszusammenhängen gedachten Verständnis von organisierter Geschichtswissenschaft, das sich so wohl kaum in neue gesamtdeutsche Verhältnisse überführen ließ und läßt. Zwar war der Rezeption der "Erbe"-Historiographie in der DDR bis 1989 außerhalb einige Aufmerksamkeit zuteil geworden, die Schmidt mit Genugtuung registrierte (vgl. bes. die Texte von Alexander Fischer und Günther Heydemann, 125-151), aber interessant war sie vor allem als politische Äußerung über sein Selbstverständnis des Staates DDR. Darauf ist noch gesondert einzugehen. Mit "historisch-materialistischer Geschichtsbetrachtung" hatte sie nichts zu tun.

Gelegenheit zum Fortwirken werden zweifellos einzelne Historiker erhalten, die auch bisher schon ausserhalb der DDR Beachtung gefunden haben, obgleich gerade sie der "historisch-materialistischen" Richtung der Geschichtsbetrachtung zugerechnet werden können, in der DDR aber eher Außenseiter waren. Zu ihnen gehört Hartmut Zwahr, der die Entstehung des (regionalen) Proletariats als Klasse untersucht hat. Von ihm ist in der Dokumentation ein Vortrag abgedruckt, den er bereits Anfang November 1989 gehalten hat (24-32), als die Lenkungsinstanzen der organisierten Geschichtswissenschaft noch intakt waren und schwiegen. Zwar stand hier nicht Fachprogrammatik zur Debatte, sondern das "administrative System" als "prägende und normsetzende Kraft" insgesamt; Fachkritik, Verhaltensbeispiele und Arbeitsperspektiven wurden jedoch vor allem der Geschichtswissenschaft entnommen. Es habe "einfach zuviel Enthaltsamkeit und Gehorsam gegenüber dem administrativen System (gegeben) und zu wenig Bereitschaft gerade von

Älteren, das System gemeinsam mit kritischen Geistern im Umfeld zu unterlaufen" - so seine auf das allein durch gesunden Menschenverstand begrenzte Höchstmaß an individueller Selbstbestimmung in der (intellektuellen) Arbeit zielende Schlußfolgerung. Ein Weg zur "Selbstbefreiung aus den Verinnerlichungen des administrativen Systems" führe über die selbstkritische Analyse der Sprache, ein anderer über die kritische Erkundung der eigenen Biographie, des "Stalin in uns", wie ein Leipziger Philosoph beifällig zitiert wird.

"Stalin" und "Stalinismus" waren wohl Schlüsselworte der historisch-politischen Auseinandersetzung der beiden letzten Monate des Jahres 1989 in der DDR. Ihre jahrzehntelange Tabuisierung ließ sie zur diskreditierenden, aber oft unbegriffenen Apposition aller zur Diskussion gestellten Phänomene werden. "Stalinismus verkommt zum Etikett für DDR-Geschichte insgesamt", beobachtete Christoph Kleßmann Ende 1990/Anfang 1991 in einem Vortrag über "Das Problem der doppelten 'Vergangenheitsbewältigung' in der früheren DDR" (271-280). Wolfgang Ruge suchte im Januar 1990 der "Doppeldroge" Stalinismus, die Schuldzuweisung und individuelle Entlastung zu bieten schien, mit einem vielbeachteten Artikel entgegenzutreten (33-43), der - erstmals in der DDR - die Stalinismus-Geschichte mit der KPdSU-Geschichte generell verknüpfte. Nicht was Ruge schrieb - das konnte einschlägig Interessierten bekannt sein -, sondern daß er als etablierter DDR-Historiker auch lenin-kritische Passagen mit seinem Bekenntnis zum Marxismus verband, war bedeutsam. Dies gilt auch für den gleichzeitig erschienenen Aufsatz von Fritz Klein (44-50), der einen kurzen Abriß der DDR-Geschichte bot, in dem fast sämtliche Eckpfeiler der *politisch*-historischen Selbstdeutung umgestürzt bzw. so umgebaut wurden, daß sie auch "westlichen" Interpretationen standhielten; allerdings blieb dieser Bezug noch unerwähnt. Erst im Laufe des Jahres 1990 wurde stärker auf sie hingewiesen. Günter Benser, einer der führenden SED-Historiker, gestand westdeutschen Geschichtswissenschaftlern im März 1990 zu, die Entwicklung der DDR "in vielem genauer beobachtet und diagnostiziert" zu haben (63-74). Besonders Hermann Webers veröffentlichte Hinweise auf "'Weiße Flecken' in der DDR-Geschichtsschreibung" und die "Aufgaben der Geschichtswissenschaft nach der politischen Umwälzung" (369-391) scheinen viel beachtet worden zu sein. Doch schon zuvor im November 1989 hatte einer der führenden Historiker der DDR-Geschichte, Rolf Badstübner, nicht zuletzt die von ihm selbst verantwortete Geschichtsschreibung einer radikalen Kritik unterzogen (294-308), die auch Einblicke in die Herstellung großer Synthesen, wie sie in der DDR üblich waren, enthält: Bei der Darstellung der Vereinigung von KPD und SPD zur SED im gerade erschienenen Band 9 der Deutschen Geschichte habe sich der Autor "stark an das Manuskript von Band 3 der Geschichte der SED gehalten, wie es ihm damals vorlag".

Von Badstübner und anderen DDR-Historikern, so von Peter Hübner, 1990/91 Leiter des Bereichs Zeitgeschichte am Institut für deutsche Geschichte (439-451), ist in Rückblicken und Bilanzen darauf hingewiesen worden, daß die künftige Geschichtsforschung über die DDR vor allem Gesellschaftsgeschichte sein müsse, gerade auch, wenn sich die Forschung marxistisch begründe (Badstübner). Ein entsprechender Sammelband, der vorbereitet war, aber zu DDR-Zeiten auf Veröffentlichungsvorbehalte stieß, ist auch später nicht erschienen - ein Sachverhalt, der zu denken gibt. Vielleicht ist beim Blick auf Westdeutschland als angestrebte Ebene für "Niveauausgleich und -anhebung" (Hübner) bewußt geworden, daß die DDR-eigene Form von Sozialgeschichte jetzt nicht mehr angesagt war, obgleich eine auf Westdeutschland nach 1945 konzentrierte Sozialgeschichtsforschung und -darstellung erst in den Anfängen steckt. Daß Hübner als einziger DDR-Historiker auch beiläufig die auf die DDR bezogene Wirtschaftsgeschichtsforschung und -schreibung erwähnte, obgleich sie vielleicht mehr Bleibendes aufzuweisen hat als die Sozial- und Kulturgeschichtshistoriographie, stimmt ebenfalls nachdenklich. Sollte auch auf die Historiker selbst zutreffen, was Hübner als ein sie generell "entlastendes Argument" anführt: daß die Zeitgeschichtsforschung in der Lehre "weitgehend in vorgestanzten Begriffen und Leerformeln abgekapselt" wurde und dabei die komplizierte Wirtschaftsgeschichte auf die Wirtschaftspolitikgeschichte beschränkt blieb? Außer

Jürgen Kuczynski, der mehrmals vor allem als Alltagshistoriker genannt wurde, ist kein Wirtschaftshistoriker namentlich erwähnt, obgleich gerade das Jahrbuch für Wirtschaftsgeschichte das vielleicht international am meisten geschätzte historiographische Periodikum aus der DDR war.

Man wird also von dieser Dokumentation weder eine Bilanz noch eine gewissermaßen flächendeckende Selbstdarstellung der DDR-Geschichtswissenschaft erwarten dürfen. Außer den Wirtschaftshistorikern sind auch die Mediävisten nicht vertreten, und Isolde Stark macht in ihrem Vortrag "Zur Situation der Altertumswissenschaften in der DDR" (419-434) eher einem offenbar lang gestauten Ärger über die Vernachlässigung dieser Disziplin in der DDR Luft, als daß sie Auskunft über Geleistetes gibt. Die hier gedruckten zeitgenössischen westdeutschen Stellungnahmen von führenden Verbands- und Fachvertretern geben sich höflich-sachlich, die kritischen Aufrufe und Einlassungen der meistens jüngeren oppositionellen Historiker - aber auch älterer wie Karlheinz Blaschke (201-210) - fordern Selbstbezichtigungen und greifbare Konsequenzen der Wende. Als Hintergrund darf nicht vergessen werden, daß die "Krake Stasi" (Kleßmann) Ende 1989 entdeckt wurde und einen Anlaß lieferte, eine besondere "Forschungsstätte zur Geschichte der DDR und ihrer Repressivorgane" zu fordern (105 f.). Neuansätze wird man weniger programmatischen Reden entnehmen können, wie sie Herbert Gottwald anläßlich der Wiedergründung des Historischen Instituts der Friedrich-Schiller-Universität Jena im Oktober 1990 gehalten hat (246-255); sie finden sich eher in Diskursen, wie sie Wolfgang Schröder unter kritisch-elegantem Bezug auf bisher gängige Deutungsmuster in einer historisch-politischen Würdigung des demokratischen Sozialisten August Bebel vorführte (338-344).

Eine Bilanz der DDR-Geschichtswissenschaft legt auch der von Konrad H. Jarausch herausgegebene Sammelband, entgegen dem Versprechen seines Untertitels, nicht vor. Vielmehr liefert er gleichsam die Fortsetzung der in die Dokumentation aufgenommenen, z.T. im Frühjahr 1991 überarbeiteten, Stellungnahmen auf einer Tagung im Dezember 1990 in Berlin. Bemerkenswert ist, daß zwar der Zusammenhang zwischen der inzwischen erfolgten Selbstauflösung der DDR und der davon abhängigen Geschichtswissenschaft als Institution schärfer gesehen wird, daß jedoch auch hier noch von einer "Krise der ostdeutschen Geschichtswissenschaft" (Jarausch) gesprochen wird. Der Herausgeber diagnostizierte gar noch im Mai 1991 eine "Vereinigungskrise in der (deutschen) Geschichtswissenschaft" (31), als ob es sich hier um einen Zusammenschluß zweier Kirchengemeinden handle. Er weist aber auch auf das Deutungsmuster der "geistigen Kolonisierung", über die in Ostdeutschland geklagt werde, und - als in der USA lehrender Historiker - auf das Modell der "Reconstruction" hin, das vielleicht als geschichtliche Analogie am ehesten trifft, will man sich unter den Bedingungen der transnationalen Informationsgesellschaft Ost-, Mittel- und Westeuropas überhaupt auf solche Analogien einlassen.

Angemessen ist wohl, die Banalität dessen zu betonen, was sich bei der Transformation der DDR-Geschichtswissenschaft ereignete. Andreas Graf (35-42) ist sie merkwürdig erschienen, doch seine glänzend glossierenden Beobachtungen begleiten nur die resignierende Einsicht, daß ein öffentlicher "Selbstfindungsprozeß" der Historiker der DDR wohl nicht stattfinden wird. Mit moralischen Urteilen wie den folgenden wird man öffentliche Eingeständnisse von Schuld wohl auch nicht provozieren, abgesehen davon, daß diese Urteile sachlich nicht greifen: "Die Geschichtswissenschaft in der früheren DDR ist intellektuell auf den Hund gekommen, ja - noch kräftiger ausgedrückt -, sie ist verkommen, jedenfalls - und dieses ist einschränkend zu betonen - weite Teile derjenigen, die sich mit der Geschichte der Arbeiterbewegung von 1900 an oder der DDR-Geschichte beschäftigen." Christoph Kleßmann, der die Geschichtswissenschaft der DDR besonders aus der Sicht des westdeutschen Zeithistorikers zu bilanzieren sucht (43-55), weist mit Recht darauf hin, daß Nachdenken und Schweigen besonders für die SED-Historiker wohl die angemessenere Reaktion auf den Umbruch sei als "allzu ostentative und schnelle Kritik" (52).

Georg Iggers, seit langem Chronist, Analytiker und Kritiker der aktuellen deutschen Geschichtswissenschaft in den USA, ist einer der weniger Historiker, die den Vergleich zwischen einzelnen Stationen und

Entwicklungen der Geschichtswissenschaft in Deutschland anstellen (57-73). Die "Art Parteidiktatur, die in ihren Machtmechanismen eine große Ähnlichkeit mit dem Nationalsozialismus aufzuweisen hatte", habe in der DDR "im Bereich der Wissenschaft viel deutlichere aktive Konformität" verlangt, "als es im Nationalsozialismus der Fall gewesen war". Andererseits hätte es auch in der Bundesrepublik bis 1960 keinen Pluralismus gegeben, sehe man von der katholischen Abendland-Konzeption neben der preußisch-nationalkonservativen Linie ab. Wie es vor diesem Hintergrund zu einer "bestimmten Vielfalt" in der Geschichtswissenschaft der früheren DDR gekommen sein soll, wird nicht recht deutlich; die weitere Entwicklung wird dann allerdings so beschrieben und bewertet, wie sie auch von anderen Beobachtern gesehen wird: Weiterführend seien neben wirtschaftsgeschichtlichen Studien besonders die sozialgeschichtlichen Forschungen gewesen, nicht zuletzt zur Agrarsozialgeschichte des 19. und 20. Jahrhunderts. Zwar sah Iggers in den fortgesetzten Periodika der DDR-Geschichtswissenschaft noch dort tradierte Denkstrukturen weiterwirken, doch hatte er den Eindruck gewonnen, daß "der weit größere Teil" der DDR-Historiker "den Überzeugungen einer demokratischen, pluralistischen Gesellschaft aufgeschlossener gegenübersteht, als es wohl 1945 in beiden Teilen des geteilten Deutschlands der Fall war".

Solchem auf die politische Gesinnung bezogenen Urteil stellt Wolfgang Ribbe anhand einer Kritik der an politischen Vorgaben orientierten Thesen zur 750-Jahr-Feier Berlins von 1986 das Verhalten von "Marxisten" entgegen, die es "als eine Ehre und besondere Auszeichnung angesehen" hätten, "an ihrer Abfassung mitwirken zu dürfen" (91-106). Helga Schultz, die bei dieser Gelegenheit nicht zuletzt über ihre eigenen Forschungen zur Geschichte sozialen Wandels im 18. und 19. Jahrhundert berichtete (77-89), nahm er ausdrücklich von dieser Kritik aus, stufte sie allerdings auch - entgegen ihrem eigenen Selbstverständnis - nicht als "Marxistin" ein, sondern rechnete sie der französischen Annales-Schule zu. Die hier aufscheinenden Probleme differenzierter Beurteilung werden unübersehbar deutlich bei dem Bericht über Leistungen der Kulturgeschichtsschreibung der DDR, die der in Austin (Texas) lehrende Peter Jelavich gab (107-121). Der von ihm nicht bestrittenen "ideologischen" Fundierung der (Ostberliner) "Thesen" setzte er entgegen, daß auch die in West-Berlin erzählten Berlin-Geschichten auf ein bestimmtes Berlin-Image zielten. Berlin als "immerwährende 'Stadt der Gegenwart'" im Westen und Berlin als stolze Hauptstadt des "deutschen Arbeiter- und Bauern-Staates" als Krönung der deutschen Geschichte im Osten - das seien die jeweils ideologisch begründeten Bilder gewesen, die hätten vermittelt werden sollen. Jelavich forderte dazu auf, die DDR-Historiker weniger wegen der Schemata zu kritisieren, die ihren Forschungen und Darstellungen als Rahmen dienten, als die Leistungen zu bedenken, die (trotz und) bei dieser Begrenzung erbracht worden seien. Bis in die siebziger Jahre hinein hätten die DDR-Kulturhistoriker einen "großen Vorsprung" gegenüber der westdeutschen Kulturgeschichtsschreibung gehabt - die im übrigen bisher kaum von Historikern betrieben werde -, indem sie den bis dahin auf die elitäre Hochkultur begrenzten Horizont erweitert hätten.

Pragmatismus kennzeichnet auch die Beurteilung des amerikanischen Osteuropahistorikers Norman Naimark, der einen Überblick über das jeweilige Verhältnis von Politik und Geschichtswissenschaft in der Sowjetunion, Polen und der DDR gab (125-138). Danach zeige sich eine strukturelle Ähnlichkeit zwischen den Entwicklungen in der Sowjetunion und der DDR, während in Polen die Geschichtswissenschaft seit Mitte der fünfziger Jahre nicht zuletzt dank katholischer akademischer Einrichtungen eher den Anschluß an Westeuropa gesucht habe. Für die deutsche(n) Geschichtswissenschaft(en) hob er hervor, daß das Problem der "weißen Flecke" nicht nur eines der DDR-Geschichtswissenschaft sei; auch die westdeutsche Geschichtsforschung und -schreibung habe lange bestimmte Themen der sowjetischen und Kommunismusgeschichte nicht oder spät aufgegriffen.

Hermann Weber, Initiator der "Weiße-Flecken"-Diskussion in Deutschland, stellte sein eigenes Engagement als "Stellvertreterfunktion" dar und forderte ein selbstkritischeres Auftreten der SED-Historiker und -Einrichtungen, die Materialien z.B. über während der stalinistischen "Säuberungen" der dreißiger

Jahre umgekommene Kommunisten publizierten (139-153). Im übrigen betonte Weber mit Recht und, soweit zu erkennen, als einziger der in den hier referierten Beiträgen vertretenen Autoren, daß die DDR-Geschichtsschreibung über die DDR nicht "marxistisch" sei, sondern "sich eher auf idealistische als auf materialistische Positionen" gestützt habe.

Manches spricht dafür, die DDR-Geschichtswissenschaft insgesamt stärker von politischen Vorgaben als von einer speziellen Methode oder gar Methodologie geprägt zu sehen. Dies paßt auch zu Stefan Wolles Beobachtungen, denen zufolge die meisten DDR-Historiker nach dem Ende der DDR schnell ihre Positionen gewechselt hätten (155-162). Auch Wolfgang Küttler, der nach der möglichen Zukunft einer "'marxistischen' Geschichtsschreibung" fragte (165-184), stimmte implizit dieser Sicht zu, wenn er selbstkritisch nicht nur mitteilte, daß der von ihm selbst vertretene "Formations"-Ansatz dazu hatte dienen sollen, Marxsche und Leninsche Methoden unhinterfragt in der aktuellen Geschichtsschreibung zur Geltung zu bringen. Zudem stellte er auch mit Recht fest, daß die Rezeption der DDR-Historiographie im Westen - über den inzwischen weggefallenen staatlichen Rahmen, der das "Dogma" gesetzt habe - politisch vermittelt war. Daß eine von solchem "Dogma" befreite, an Marxschem Denken orientierte Geschichtsschreibung in der jetzt gesamtdeutschen Historikerszene Platz hat, ist nicht nur von Küttler festgestellt worden. Wie weit jedoch auch der in der DDR als "Klassiker" verehrte Lenin traditionsstiftend und bekräftigend weiterwirken könnte, sprach er nicht an. Ebensowenig wie alle anderen Autoren dieses Bandes berührten dieses Problem auch Charles S. Maier, der mit guten Gründen forderte, bei der künftigen Erforschung der DDR-Geschichte über die Stasi-Akten die Planungs- und Wirtschaftsentscheidungen nicht zu vergessen (197-216), und Jürgen Kocka, der dafür plädierte, "die Problematik der Nation und des Nationalen wieder verstärkt zum Gegenstand der historischen Forschung zu machen" - auch im Blick auf die Erklärung der "Revolution" von 1989/90 - (185-195), obwohl im stillschweigenden Verzicht auf Lenin als Autorität und Inspirator wohl die Auflösung einer DDR-Geschichtswissenschaft am ehesten zu greifen ist.

Daß eine Reihe von DDR-Historikern für die Erörterung der deutschen Nationalgeschichte gut gerüstet sein dürfte, wurde schon vor der "Wende" außerhalb der DDR diagnostiziert. Unter anderen hatten die Herausgeber einer breiten zweibändigen Analyse der "Geschichtswissenschaft in der DDR" (Berlin 1988/90), Alexander Fischer und Günther Heydemann, gerade im Versuch der DDR, die ganze deutsche Geschichte zu ihrem "Erbe" zu erklären, einen möglichen politischen Sprengsatz gesehen. Der niederländische Historiker Jan Hermann Brinks nahm die DDR-Geschichtswissenschaft gar als "auf dem Weg zur deutschen Einheit" befindlich wahr, so daß ihn nicht einmal der Fall der Berliner Mauer besonders überrascht habe, wie er im Nachwort zu seiner seit 1985 erarbeiteten Dissertation schreibt.

Man wird darauf zu achten haben, daß hier nicht unterderhand Legenden entstehen. Walter Schmidt, Propagandist des "Erbe"-Konzepts in der Geschichtswissenschaft, hat wiederholt darauf hingewiesen, daß er sich hinsichtlich der "sozialistischen Nation" DDR, der er mehr politische Legitimation hatte verschaffen wollen, historisch geirrt habe. Die DDR-Historiker haben sich im übrigen der Zumutung von "Identitätsproduktion" (Jürgen Kocka) in seinem Sinne nicht widersetzt, sondern allenfalls die sich dabei bietende Vielfalt an Interpretationsmustern genutzt. Daß die sich auf diesem Wege differenzierende Geschichtsschreibung auch außerhalb der DDR auf Aufmerksamkeit und Anerkennung stieß und den DDR-Historikern so Gelegenheit gab, die dominanten Geschichtsbilder mitzukonturieren, mag manche von ihnen stimuliert haben.

Wie man in der DDR auf Seiten der Konzeptualisten der Geschichtswissenschaft mit dabei aufkommenden politischen Problemen umgehen wollte, macht eine von Brinks zitierte Äußerung von Wolfgang Küttler 1987 deutlich: Gegen die Sorge von "linken Kräften außerhalb der DDR [...] ob nicht mit dem differenzierten Verständnis Preußens und Bismarcks Wasser auf konservative Mühlen geleitet werde", sei "grundsätzlich zu sagen, daß schon mit den Inhalten der Begriffe 'Erbe' und 'Tradition'" die für die Pflege revolutionärer Traditionen relevanten Unterschiede deutlich bezeichnet seien. "Konzessionen an konservatives Geschichtsdenken" würden in der Geschichtswissenschaft, verstanden als Forschung, Lehre und Geschichtspropaganda, "keinesfalls gemacht" (291). Der Instrumentalisierungszusammenhang, in dem die Historiker-Tätigkeit nach wie vor gesehen wurde, ist hier unübersehbar formuliert, und man wird deshalb aus der neuartig erscheinenden Erörterung einiger Geschichtsfelder keine allzu weit reichenden Schlüsse auf politische Dispositionen ziehen dürfen. Die vorzugsweise in der DDR gepflegten "revolutionären Traditionen" wurden durch die bei Brinks referierten Sachverhalte kaum tangiert.

So indizieren, wie Brinks in seiner weit über den Untertitel hinausführenden Darstellung über die auf die nationale Einheit bezogenen Aspekte der DDR-Geschichtswissenschaften belegt, die Diskussionen über Luther und Friedrich II. von Preußen - Ernst Engelbergs Bismarck-Biographie wird nur gestreift - zwar politischen Wandel; dieser Wandel ließ jedoch nicht erkennen, daß sich die DDR auf eine unmittelbar bevorstehende nationalstaatliche Einheit Deutschlands vorbereitet hätte, sondern nur, daß sie sich seit den siebziger Jahren das gesamte, auch von jenseits der Westgrenze zugewachsene "nationalkulturelle Erbe" aneignen wollte, um die "sozialistische Nationalkultur" zu optimieren und gegen die in Westdeutschland gepflegten Traditionen abzusetzen. Daß dies in der Bundesrepublik gelegentlich als konkurrierender "Anspruch auf geistige Führung und nationales Erbe" (M. Stürmer) wahrgenommen wurde, war ihr nur recht; genau dies entsprach ihrem Verständnis von der kulturellen Dimension des (internationalen) Klassenkampfes. Wenn sie dabei, wie Brinks besonders ausführlich am Fall der Luther-Deutung belegt, auch in der sozialistischen Arbeiterbewegung tradierte Bewertungen revidierte, so war dies sowohl wissenschaftlich, als auch in politischen Motiven begründet, die es zweckmäßig erscheinen ließen, den "ganzen Luther" für die "progressiven" deutschen Traditionen in der DDR zu reklamieren. Im Blick auf Friedrich II. ergab sich eine wissenschaftliche Neubewertung, wie Brinks am Beispiel der Biographie von Ingrid Mittenzwei (1979) belegt.[2]

Wie die DDR-Bevölkerung auf diese Geschichtspropaganda ihrer Historiker reagierte, ist bisher ebenso unbekannt wie die Motive, Inspirationen und Reflexionen, die die DDR-Historiker selbst bei ihrer Tätigkeit begleiteten. Wären viele DDR-Geschichtswissenschaftler "auf dem Weg zur deutschen Einheit" gewesen - sie hätten es seit Ende 1989 aus Gründen der Status-Bewahrung sicher deutlicher gesagt. Was ihre Rolle bei der "Identitätsproduktion" anging, trifft vielleicht generell zu, was Peter Hübner in der eingangs vorgestellten "Dokumentation" (ironisch) zur "Entlastung" nur der Zeithistoriker als Argument angeführt hat: Gemessen am Aufwand und am Anspruch, seien ihre Wirkungen minimal gewesen. "Zu einer tiefsitzenden Indoktrination" sei es "nie gekommen".

---

2 Bei genauerem Hinsehen stellt sie sich allerdings als geringfügig dar, obgleich sie geschichtspropagandistisch herausgestrichen wurde, nicht zuletzt zur Rechtfertigung denkmalpflegerischer Aktivitäten bei der "Erbe"-Aneignung gegenüber einer Öffentlichkeit, die noch das weithin geläufige, vorwiegend polemisch-kritische Preußen-Bild in Erinnerung hatte und die gegen eine westdeutsche konservative Preußen-Nostalgie, die heraufzuziehen schien, gewappnet werden sollte.

Falco Werkentin (Berlin)

Das Ministerium für Staatssicherheit

Bürgerkomitee Leipzig (Hg.): Stasi intern - Macht und Banalität, Forum Verlag Leipzig, Leipzig 1991, 374 S.

Schell, Manfred/Kalinka, Werner: Stasi und kein Ende, Ullstein Verlag, Frankfurt/M, Berlin 1991, 422 S.

Furian, Gilbert: Mehl aus Mielkes Mühlen. Berichte, Briefe, Dokumente, Eulenspiegel - Das Neue Leben, Berlin 1991, 309 S.

Ammer, Thomas/Memmler, Hans-Joachim (Hg.): Staatssicherheit in Rostock. Zielgruppen, Methoden, Auflösung, Edition Deutschland Archiv im Verlag Wissenschaft und Politik, Köln 1991, 211 S.

Sélitrenny, Rita/Weichert, Thilo: Das unheimliche Erbe - Die Spionageabteilung des MfS, Forum Verlag Leipzig, Leipzig 1991, 269 S.

Riecker, Ariane/Schwarz, Annett/Schneider, Dirk: Stasi intim - Gespräche mit ehemaligen MfS-Angehörigen, Forum Verlag Leipzig, Leipzig 1990, 270 S.

Klump, Brigitte: Das rote Kloster - als Zögling in der Kaderschmiede des Stasi, 2. erw. Aufl., Herbig Verlag, München 1991, 380 S.

Karau, Gisela: Stasiprotokolle - Gespräche mit ehemaligen Mitarbeitern des MfS der DDR, dipa Verlag, Frankfurt/M 1992, 183 S.

Fricke, Karl Wilhelm: MfS intern - Macht, Strukturen, Auflösung der DDR-Staatssicherheit, Verlag Wissenschaft und Politik, Köln 1991, 208 S.

Bis 1989 war Karl Wilhelm Frickes Standard-Werk "Die DDR-Staatssicherheit", 1982 erstmals aufgelegt, die einzige verfügbare Arbeit, die über Geschichte, Struktur und Arbeitsweise des Ministeriums für Staatssicherheit informierte. Mit dem Sturm auf die Stasi-Zentralen Ende '89/ Anfang '90 hat sich die Situation völlig geändert. Kaum noch übersehbar ist die Flut an einschlägigen Artikeln, Broschüren und Büchern, die seit dieser dramatischen Wende erschienen ist. Wie unterschiedlich man sich der Auseinandersetzung mit der "Staatssicherheit" nähern kann, zeigen die hier zu besprechenden neuen Titel, die in der Summe ein facettenreiches Bild vom zentralen Überwachungs- und Herrschaftsapparat des SED-Regimes zeichnen.

Ende '89/ Anfang '90 ging so mancher Besetzer der Stasi-Dienststellen noch mit "dem Fricke" in der Hand an die Arbeit, um bei der Auflösung der Staatssicherheits-Maschinerie nicht völlig ahnungslos zu sein. Inzwischen sind viele Stasi-Auflöser selbst zu Autoren geworden, die auf Grundlage des beim Sturm auf die Stasi "eroberten" Schriftguts in vielfältigen Dokumentationen und Publikationen neue Kenntnisse über Struktur und Arbeitsweise des MfS vermitteln und Rechenschaft geben über den Prozeß seiner Auflösung. Zu diesen schnell entstandenen Dokumentationen gehören die beiden hier zu besprechenden Abschlußberichte über die Auflösung von MfS-Bezirksverwaltungen. Während "Stasi intern" über Struktur, Arbeitsweise und Auflösung der Bezirksverwaltung Leipzig Auskunft gibt, liegen die bereits im Mai 1990 vom Unabhängigen Untersuchungsausschuß Rostock im Selbstverlag herausgegebenen "Arbeitsberichte über die Auflösung der Rostocker Bezirksverwaltung des MfS" nun in überarbeiteter Form unter dem Titel "Staatssicherheit in Rostock" vor. Manche Dokumente der ersten Auflage wurden gestrichen, neue hinzugefügt. Bei der Neuauflage entfallen ist u.a. leider die kleine, aufmerksame Betrachtung zur Sprache des

MfS, die den ersten Rostocker Bericht abschloß und es wert gewesen wäre, weiter ausgearbeitet zu werden.

Beide Auflösungsberichte haben in etwa die gleiche Struktur. Zum einen schildern sie den Sturm auf die regionalen Stasi-Zwingburgen sowie den folgenden Kampf gegen die "Tschekisten" und die Regierung Modrow mit dem Ziel der Sicherung der Akten und der Auflösung des MfS, zum anderen werden anhand gesicherter Akten-Fragmente und Dokumente Selbstverständnis, Struktur und Arbeitsweise des MfS dargestellt. Selbstverständlich ist inzwischen vieles, was in diesen ersten Berichten mehr oder weniger anhand von Zufallsfunden vorgestellt wird, detaillierter belegt und ausgearbeitet - so z.B. die Vorbereitung von Internierungslagern oder Aufwand und Perfidie, mit der dissidente DDR-Bürger in "operativen Vorgängen" bearbeitet wurden. Gleichwohl ist es mit beiden Berichten gelungen, schon sehr früh ein dichtes Bild davon zu zeichnen, in welchem Umfang das MfS den Alltag der DDR durchdrungen hat - nicht nur als Instrument der Repression, sondern gleichermaßen auch als "Ersatzöffentlichkeit" für die SED-Führung in den Kreisen und Bezirken wie im Berliner ZK-Apparat.

Beide Berichte legen zu recht großen Wert darauf, die engen Verflechtungen des MfS mit anderen staatlichen Einrichtungen und Behörden sowie deren unverzichtbare Zubringerdienste für das MfS darzustellen. Der Rostocker Bericht ist besonders dokumentenstark, soweit es die Universitäten und Hochschulen sowie das Gesundheits- und Sozialwesen des Bezirks betrifft.

Schließlich heben sowohl die Stasi-Auflöser aus Rostock wie jene aus Leipzig hervor - und belegen es durch einschlägige Dokumente -, daß das MfS kein "Staat im Staate" war, sondern ein von der SED geführtes und ihr subordiniertes Instrument zur Sicherung der Herrschaft dieser Partei.

Als authentische Dokumente über die Arbeit der Bürgerkomitees werden diese Bände ihren zeitgeschichtlichen Wert auch dann noch behalten, wenn im Laufe der kommenden Jahre Fachhistoriker große, mit Ruhe und Abstand erarbeitete Studien zur Struktur, Geschichte und Arbeitsweise des MfS vorlegen werden.

Während alle anderen Abteilungen des MfS mehr oder weniger erfolgreich von den Bürgerkomitees "erobert" und unter ihrer Aufsicht aufgelöst wurden, gelang der Hauptverwaltung Aufklärung ein vorerst letzter Coup, nämlich unter Hinweis auf die besonderen lebensbedrohlichen Gefährdungen ihrer "Kundschafter" im Ausland sich der Kontrolle der Bürgerkomitees zu entziehen und sich in relativer Ruhe selbst aufzulösen. Beim Verwischen und Vernichten von Spuren noch erfolgreicher war wohl nur der "Bereich Aufklärung" des Ministeriums für Nationale Verteidigung, in Kooperation mit der HV A zuständig für die militärische Auslandsspionage. Daher nimmt das Buch von Rita Sélitrenny und Thilo Weichert in der hier zu besprechenden Literatur eine Sonderstellung ein, denn ihr Thema ist nicht die Arbeit der Inlandsabteilungen des MfS, sondern die der HV A, also der Spionageabteilung der Stasi. Das Buch ist entstanden vor allem auf der Gundlage von Dokumenten der MfS-Bezirksverwaltung Leipzig, wo im Gegensatz zur Berliner Zentrale der HV A zahlreiche Dokumente erhalten geblieben sind. Als internationer Messestandort war Leipzig für die HV A besonders interessant. Zudem waren jeder MfS-Bezirksverwaltung ein Bundesland und spezifische Objekte der Bundesrepublik "patenschaftlich" zugeordnet, die von der Aufklärungsabteilung der jeweiligen Bezirksverwaltung spionagemäßig betreut wurden. Der Band gibt auf den ersten 80 Seiten zunächst eine Übersicht über die Aufgabengebiete der einzelnen Abteilungen, Referate und Arbeitsgruppen der zentralen HV A, um dann zur Ebene der Bezirksverwaltung und ihrer Abteilung XV (Aufklärungsabteilung) zu wechseln, die disziplinarisch der Bezirksverwaltung, operativ hingegen der HV A unterstand. Die Abt. XV betreute "patenschaftlich" vorrangig das Bundesland Nordrhein-Westfalen. Deutlich kann belegt werden, daß die Spionageabteilung in ihrer Tätgkeit keineswegs beschränkt war auf operative Aufgaben jenseits der DDR, sondern systematisch bei der Arbeit der Stasi nach innen mitwirkte (98 ff.). Das gern vermittelte Bild von den "sauberen Mitarbeitern der HV A", die klassische Spionagetätigkeit im Ausland betrieben und sich die Finger bei der Repression nach innen nicht schmutzig gemacht hätten - es ist eine Legende. Wie sehr sich die Grenzen zwischen innen und außen in der Arbeit auflösten, dokumentiert der Band exemplarisch anhand der Arbeitsakte eines IM, der für die Abt. XV sowohl in der Bundesrepublik Spionage betrieb als auch kontinuierlich aus kirchlichen Kreisen seines heimatlichen Umfeldes berichtete. Weitere systematische Belege für die Arbeit der Abt. XV nach innen finden sich im Dokumentenanhang des Buches, der knapp 100 Seiten umfaßt.

Schließlich gibt der Band anhand einer die Erkenntnisse zusammenfassenden Darstellung und mit Hilfe mehrerer einschlägiger Dokumente einige Einblicke in die geheimdienstliche Zusammenarbeit der Länder des Warschauer Paktes, die ab 1979 u.a. in Moskau eine von allen Ländern beschickte elektronische Datenbank mit dem Kurznamen "SOUD" ("System für operative und institutionelle Daten") aufzubauen begannen.

Mit dem Band "MfS intern" hat schließlich auch Karl Wilhelm Fricke den Versuch gemacht, unvermeidbare Defizite seines 1982 erstmals erschienenen Standardwerks "Die Staatssicherheit der DDR" zu tilgen. So sehr sich Fricke, wie offenbar auch die hauptberuflichen Gegenspieler des MfS beim "Verfassungsschutz" und BND, massiv geirrt hatte, was die personellen Ressourcen des MfS betraf, so sehr ist ihm gleichermaßen zuzustimmen, daß seine alte Charakterisierung des MfS als konstitutives Herrschaftsinstrument der SED - gerichtet gegen die These vom MfS als "Staat im Staate" - durch die seit Ende 1989 sprudelnden Quellen nachhaltig belegt wird. Der neue Band "MfS intern" skizziert auf 75 Seiten die horizontale und vertikale Struktur des MfS, die Verbindungen zwischen SED und MfS, die MfS-RAF-Connection, das Verhältnis von Staatssicherheit und politischer Justiz sowie die Phase der Agonie und Auflösung des MfS. Der Anhang dokumentiert auf knapp 120 Seiten Reden, Befehle und Dienstvorschriften aus 40 Jahren MfS-Geschichte sowie als letztes Dokument den "Zwischenbericht der Regierung Modrow 'Die Staatssicherheit in Liquidation'" vom Januar 1990.

Angesichts der vielen neuen Quellen zur Struktur und Geschichte der Staatssicherheit, von denen erst ein Bruchteil erschlossen ist, hat derzeit keine neue Publikation die Chance, zum Standard-Werk zu werden wie das erste einschlägige Buch von Fricke. So wird dieser Band seine Bedeutung vorrangig als Dokumentensammlung behalten.

Demgegenüber hat die alte Literatur aus den fünfziger und sechziger Jahren - wie die weitergeführten Arbeiten von Fricke aus den siebziger und achtziger Dekaden - noch mehr Bestand. Zum einen haben die alten dokumentarischen Texte - von den vier Bänden "Unrecht als System" bis zu Frickes "Politik und Justiz in der DDR" - den seit drei Jahren möglichen "Test" auf ihren Wahrheitsgehalt bravourös bestanden. Gewiß läßt sich vieles heute präzisieren und dokumentartisch genauer belegen. Doch muß man zugestehen, daß jenes Bild, das kritische Beobachter der politischen Unterdrückung in der DDR seit vierzig Jahren gezeichnet haben, alles andere als "überzeichnet" war. Gleichzeitig wäre es ungleich schwieriger, sich heute im Wust der Akten und Dokumente in den Archiven der DDR zurechtzufinden, könnte man nicht auf die Arbeiten zurückgreifen, die vor Öffnung der Archive entstanden sind.

In gewisser Weise ist auch der von Manfred Schell und Werner Kalinka vorgelegte Band "Stasi und kein Ende" - die überarbeitete und ergänzte Fassung einer in der Tageszeitung "Die Welt" erschienenen Serie über das MfS - der "Auflöser"-Literatur zuzuordnen. Denn in weiten Teilen stützen sich die Autoren, allerdings ohne Quellenangabe, auf die von der Zentralen Archivgruppe des Bürgerkomitees in der Ost-Berliner Normannenstraße im Juni 1990 vorgelegte interne "Dokumentation zur politisch-historischen Aufarbeitung der Tätigkeit des MfS". Der Band ist im klassischen Strickmuster des Enthüllungsjournalismus geschrieben. Die sehr personalisierte, eine äußerst intime Kenntnis suggerierende Darstellung entzieht sich mangels Quellenangaben sowohl jeder nachträglichen Überprüfung wie der Chance, an hier kurz angesprochene Ereignisse zum Zwecke weiterführender Recherchen anzuknüpfen.

Dabei wird der Bogen thematisch wie zeitlich sehr weit geschlagen, wenn auch wenig systematisch und sprunghaft - von den fünfziger Jahren bis zur Auflösung und letzten Rettungsversuchen im Frühjahr 1990, von der Inlandsarbeit bis zur Auslandsspionage, von den Beziehungen zwischen der SED und der MfS-Spitze bis zu den Verbindungen zum internationalen Terrorismus, von der engen Zusammenarbeit mit dem KGB bis zu geheimen Aktivitäten des MfS in den sozialistischen "Brüderländern". Unangesprochen bleibt nur der gesamte Schalck-Golodkowski-Komplex, für den es gerade die deutlichsten Hinweise auf offiziöse Kontakte zu bundesdeutschen Politikern und Diensten gibt.

Ein abschließendes 11. Kapitel unter dem Titel "Mißtrauen gegen jedermann - das brutale Innenleben des MfS" sei, so heißt es, von einem Stasi-Insider geschrieben worden, dessen "exzellente Sachkenntnis und Einschätzungsvermögen der Dinge [...] objektiven Einblick bieten". Auch hier muß man sich wieder auf das Urteil von Schell und Kalinka über die Qualität ihrer MfS-Zeugen verlassen. Immer dann, wenn sich der "Welt" gegenüber ehemalige Stasi-Mitarbeiter zum Gespräch bereit finden, lassen die Autoren, so scheint es, jegliches Mißtrauen fallen. In diesem abschließenden 11. Kapitel wird eine Klage und Argumentationslinie aufgenommen, die auch in vielen anderen Texten ehemaliger MfS-Mitarbeiter zu finden ist. Zu recht betont der anonyme Autor eingangs: "Nicht die SED-Machtträger gerieten nach der Wende in den Mittelpunkt von Enthüllungen, Anschuldigungen und Verurteilungen, sondern ihre Ausführungsorgane." Und wenige Seiten später heißt es: "Unfaßbar steht die Masse der MfS-Mitarbeiter der Feigheit und Verlogenheit früherer SED-Größen gegenüber. Wie soll auch ein früherer MfS-Mitarbeiter ... zu seiner eigenen Verantwortung oder Schuld finden, wenn er erleben muß, wie frühere SED-Führer, die die Hauptverursacher und Hauptverantwortlichen für den MfS-Apparat waren, sich ungeniert in der Öffentlichkeit präsentieren."

In der Tat kann man den Eindruck gewinnen, als seien auch noch nach der Wende die ehemaligen Hauptamtlichen des MfS wie die von ihnen geführten inoffiziellen Mitarbeiter unfreiwillig "Schild und Schwert der Partei" geblieben. Denn im Rampenlicht der öffentlichen Kritik wie dem der Anklagebank in den Gerichtssälen stehen am wenigsten die Täter hinter den Tätern, die Mitarbeiter des ZK-Apparates, der SED-Bezirks- und Kreisleitungen - also die Auftraggeber, sondern die Exekutoren der Parteiaufträge. Michael Beleites hat vor einiger Zeit diese falsche Situation auf die Formel gebracht: "Die inzwischen routinemäßige IM-Reihenuntersuchung verkommt zur Farce, wenn für viele Mitschuldige das Ergebnis 'Gauck-negativ' zum absoluten Persilschein wird."

Zwei Titel - Gisela Karaus "Stasiprotokolle" und der Band von Ariane Ricker u.a. "Stasi intim" - geben Einblick in die Perspektive jener, die zum Teil über 35 Jahre als "Tschekisten" gedient haben und sich heute weitgehend verraten fühlen von ihren ehemaligen Auftraggebern.

Die Palette jener, die in diesen Büchern Auskunft geben über ihre Sicht der DDR-Vergangenheit und über die Rolle des MfS, reicht vom Stasi-Generaloberst Mittig, Ex-Stellvertreter Mielkes, bis zum kleinen IM, vom letzten Leiter der Abteilung Sicherheitsfragen im ZK, Wolfgang Herger, bis zum Oberleutnant im Personenschutz, der die Protokollstrecke zu sichern hatte, von Oberst Zeiseweis, der 25 Jahre in der Abt. XX der Berliner Bezirksverwaltung tätig war, bis zum Major der Hauptabteilung II, der vor allem im Bereich Auslandstourismus in Bulgarien bei der Zusammenarbeit mit den dortigen Kollegen "unheimlich Spaß" hatte.

Das Bild, das die unteren MfS-Chargen nahezu uni sono von ihrer Tätigkeit zeichnen, ist das von - fast ausschließlich - Männern, die aus Idealismus und Überzeugung jahrzehntelang weit über den normalen Arbeitstag hinaus geschuftet haben, sich auf ihren unmittelbaren eigenen Arbeitsbereich zurückziehen und diesen, wenn es überhaupt so konkret wird, in aller Unschuld als meist befriedigend schildern. So etwa ein Oberleutnant der Abt. XX der Bezirksverwaltung Berlin: "Ich würde nicht sagen, daß die elfeinhalb Jahre bei der Staatssicherheit für mich eine verlorene Zeit waren. Die ganze Lebenserfahrung, [...] der Umgang mit den Menschen, die Erfolge und Mißerfolge, die man hatte, das sind viele menschliche Werte, die ich nicht missen möchte, und ich habe mir in diesem Sinne nichts vorzuwerfen" (Stasiprotokolle, 104).

Ähnlich auch ein Oberleutnant über Vernehmungen: "Die Erstvernehmungen gingen oft bis in die Nacht, über mehrere Stunden, das war für beide Seiten furchtbar anstrengend. Ich wollte erreichen, daß der andere mir vertraut, denn ich versuchte ja, seinen positiven Kern zu finden" (ebenda, 156).

Und gar der Umgang mit den inoffiziellen Mitarbeitern. Hierzu ein Abwehroffizier der Bezirksverwaltung Leipzig: "Ein weiteres Motiv war die Arbeit mit inoffiziellen Mitarbeitern. Diese Arbeit hat mich tief befriedigt. Ich habe gemerkt, daß die Leute, mit denen ich arbeitete, froh waren, einen Ansprechpartner zu haben. Die waren froh, mit jemandem offen und ehrlich sprechen zu können" (Stasi intim, 244).

Und wie's Gescherr, so auch der Herr. Generaloberst Mittig: "Es ist ein Trugschluß anzunehmen, daß die Sicherheitskonzeption dieses oft repressive Vorgehen enthielt. Verständnis für den Menschen zu haben, das stand doch in jedem Dokument" (ebenda, 184).

Kritik wird von den ehemaligen MfSlern vor allem an drei Punkten festgemacht. Zum ersten, daß die "Bonzen" des MfS und der Partei Wasser predigten und heimlich Wein tranken, zum zweiten, daß die führenden Genossen der Partei die von den MfS-Mitarbeitern gemachten Analysen und Vorschläge nicht zur Kenntnis nahmen respektive keine Schlußfolgerungen daraus zogen (eine auch von Mielke angemeldete Kritik), und schließlich, daß der schlechte Ruf des MfS und seiner Mitarbeiter u.a. daher rühre, daß das Ministerium die in der Ära Ulbricht aktive öffentlichkeitswirksame Publicity nach und nach einstellte. Nicht also die Erfahrungen mit dem MfS, vielmehr der Mangel an Öffentlichkeitsarbeit habe den schlechten Ruf des MfS erzeugt, so die verbreitete Illusion.

Es wäre gewiß verfehlt, aus diesen Selbstdarstellungen von Stasi-Mitarbeitern unterschiedlichster Rangstufen ausschließlich die vordergründige Absicht der Apologie und des Abwälzens von Verantwortung herauszulesen, so zynisch und verlogen sie auf jene wirken müssen, die von der Stasi zum Objekt operativer Vorgänge gemacht worden sind oder in Stasi-Haft vernommen wurden. Sie können auch als Dokumente gelesen werden, die Auskunft geben zur Sozialisation und Psychologie in einer totalen, vom Rest der Gesellschaft weitestgehend abgeschotteten Institution, die sich ihre eigenen Wirklichkeitskonstrukte und Legitimationsmuster schafft, denen sich der einzelne Mitarbeiter kaum entziehen kann. Das klassische, systemübergreifend in jeder Bürokratie vorfindbare Legitimationsmuster ist der ebenfalls diese Berichte durchziehende Verweis auf die (streng militärische) Hierarchie und die daher fehlenden individuellen Handlungsspielräume. Auch die weiteren Techniken der Neutralisation von Gewissenskonflikten, die in diesen Selbstdarstellungen erkennbar sind, wie der Rückzug auf formale Rechtspositionen, ein striktes und von Apparat systematisch anerzogenes Feindbild, die Entlastung durch Verantwortungsdelegation an Vorgesetzte, die Betonung sogenannter Sekundärtugenden wie Gehorsam, Fleiß und Strebsamkeit sind keineswegs Phänomene, die ausschließlich sozialistischen Bürokratien zueigen sind. Die westliche Militär- und Polizeisoziologie und Studien zur Soziologie totaler Institutionen haben entsprechende Mechanismen und Phänomene gerade in bürokratischen Apparaten westlicher Demokratien dingfest gemacht. Die Differenz liegt in erster Linie darin, daß totalitäre Systeme keinerlei gegensteuernde Check and Balance-Mechanismen eingebaut haben, die solche Apparate kontrollieren und Korrekturen erzwingen können.

Nach der Täter- die Opferperspektive. Ende 1989 begann Gilbert Furian, selbst 13 Monate politischer Häftling, für eine "Inventur des Unrechts" - wie er es nannte - Erfahrungsberichte aus 40 Jahren politischer Justiz der DDR zu sammeln, die er unter dem Titel "Mehl aus Mielkes Mühlen" 1991 vorlegte. Es ist insoweit ein aussichtsloses Unterfangen, als bei einer geschätzten Zahl von allein 150.000 bis 200.000 politischen Strafurteilen eine "Inventur", die dem Begriff nach auf Gesamterfassung zielt, als Aktion eines Einzelnen von vorn herein scheitern muß. Selbst die Zentrale Erfassungsstelle in Salzgitter ist in dreißigjähriger Tätigkeit auf "nur" ca. 42.000 Vorermittlungsverfahren gekommen. Gleichwohl haben die 31 Fallschilderungen aus vierzig Jahren DDR-Geschichte, die Furian zusammengetragen hat, ihren Wert. Sie konterkarieren die Perspektive der "Tschekisten", geben sowohl Einblicke in Motive und Formen des Widerstandes wie in die Härte, mit der das SED-Regime auf Zeichen von Opposition reagierte. Eine der vielen

Auffälligkeiten im Vergleich zwischen den Täter-Berichten und jenen ihrer Opfer liegt darin, daß in deren Darstellung der Begriff "Idealismus" als Handlungsmotiv, der in den Schilderungen ehemaliger MfSler eine so zentrale Rolle spielt, nahezu nie reklamiert wird. Die Opferberichte sind weitaus bescheidener formuliert. Auch daran wird erkennbar, daß sie keinen Anlaß haben, sich zu rechtfertigen.

Weit in die fünfziger Jahre zurück führt das erstmals 1978 erschienene, nun in einer durchgesehenen und erweiterten Auflage wieder greifbare Buch von Brigitte Klump, Das rote Kloster. 1954 von der Redaktion des "freien Bauern" als Parteilose zum Studium an die Fakultät für Journalistik in Leipzig delegiert, bot sich ihr an dieser Kaderschmiede für künftige, parteitreue Journalisten die Chance zu einer erfolgreichen DDR-Karriere. Einige ihrer Kommilitonen besetzten später Chefredakteursposten in den DDR-Medien; andere, mit denen sie in diesen Jahren in Kontakt kam, so die Schriftstellerin Helga Noak, ihr Dozent Reiner Kunze oder Wolf Biermann, traf sie später in der Bundesrepublik wieder.

Früh versuchte die Staatssicherheit, die Autorin in Spitzel- respektive Spionagedienste einzubinden - Forderungen, denen sie sich zunächst nur dadurch entzog, daß sie sich gegenüber dem "Objekt" des Stasi-Interesses offenbarte. Als das MfS auf eine förmliche Verpflichtung drang, ging sie in den Westen. Das Bild, das Brigitte Klump vom Alltag in der DDR der fünfziger Jahre zeichnet, bleibt blaß, gemessen an vergleichbaren autobiographischen Texten wie Erich Loest's "Durch die Erde ein Riß" oder Gerhard Zwerenz' Bericht "Der Widerspruch". Vielleicht muß man sich zunächst mehr auf das System eingelassen haben, als es Britte Klump je gemacht hat, um im Prozeß des Brechens mit dem System und seiner literarischen Verarbeitung die Erfahrungen auch Dritten in bedrängender Weise darstellen zu können.

Erhebliche Zweifel sind anzumelden, wenn die Autorin die Journalistische Fakultät in Leipzig gleichsam den Status der Juristischen Hochschule des MfS in Potsdam zuschreibt, sie zur förmlichen MfS-Ausbildungsstätte erklärt. Daß aus dem Kreis der Studierenden die Stasi Perspektivkader rekrutierte und zu rekrutieren suchte, wie es die Autorin selbst erleben mußte, reicht als Beleg jedenfalls nicht aus.

Die bisherige Literatur zum MfS, so umfangreich sie auch in kürzester Zeit geworden ist, bleibt zwangsläufig noch immer bruchstückhaft. Längst sind nicht alle Aktenbestände des MfS, der Parteien und Massenorganisationen der DDR und insbesondere die der SED gesichtet, geschweige denn archivarisch erschlossen. Denkt man allein an die endlosen Reihen an MfS-Akten, so wird es Historikern noch für Jahrzehnte nicht an neuen Quellen mangeln, ist noch viel historiographische Arbeit zu leisten.

Doch zu neuen Erkenntnissen kommt man nicht nur durch die Auswertung neuer Quellen, sondern gleichermaßen durch neue Fragestellungen. Die unzähligen Berichte der letzten drei Jahre über die Praxis des MfS, tagtäglich häppchenweise in den Medien präsentiert, und die vielen Berichte jener, die zu Objekten des MfS und der DDR-Justiz wurden, suggerieren das Bild eines allmächtigen Unterdrückungsapparates. Gestärkt wird dieses Bild durch die neuen Kenntnisse über die personellen und materiellen Ressourcen des MfS. Ungeachtet dessen hält sich kein Herrschafssystem über 40 Jahre nur durch Unterdrückung, geht keine Diktatur auf in der Dichotomie von Unterdrückern und Unterdrückten. Das Bild eines omnipotenten Staatssicherheitsapparates, der einer in der Machtsicherung skrupellosen SED-Spitze bedingungslos als "Schild und Schwert" diente, mystifiziert und entlastet zugleich - wie das Parallelbild von der Omnipotenz der Gestapo die nachfaschistische deutsche Gesellschaft vom Vorwurf der Mittäterschaft befreite.

Gewiß ist es sinnvoll, alsbald eine historiographische Institutionengeschichte des MfS zu erarbeiten - eine der dank ihrer exklusiven Quellenzugänge von der Forschungsabteilung der Gauck-Behörde übernommenen Hausaufgaben. Doch zu bearbeiten ist auch die Frage nach der Wirkungsgeschichte des MfS und die nach der gesellschaftlichen Einbettung und Unterstützung dieses Apparates. Jüngere, sozial- und wirkungsgeschichtlich orientierte Studien zur Gestapo zeigen heute, in welch erschreckendem Maße dieser Unterdrückungsapparat auf die Beihilfe der Gesellschaft angewiesen war - und sie erhielt. Personell vergleichsweise sehr schwach ausgestattet, allein aus Ressourcenmangel zu keinerlei flächendeckender präventiver Ermittlungstätigkeit in der Lage, nährte sich die Gestapo von ihrem Mythos und der bereitwilligen Spontandenunziation aus der Gesellschaft - die "Denunziation als Plebiszit für das System", wie es Mallmann und Paul genannt haben (in: Herrschaft und Alltag - ein Industrierevier im Dritten Reich, Bonn 1991). Vielleicht läßt sich die herausragende Rolle, die das so extrem entwickelte und formalisierte System der Werbung und Führung von inoffiziellen Mitarbeitern im Kontext der Stasi spielte, damit erklären - so eine tentative These -, daß im politischen System der DDR die Bereitschaft zur "Denunziation als Plebiszit für das System" vergleichsweise unterentwickelt war, so daß sie durch das IM-System ersetzt werden mußte.

Gerd Dietrich (Petershagen)

Kulturhistorische Aspekte der DDR-Geschichte. Die Spur der Steine vom Turm zu Babel oder von den Rittern der Tafelrunde und den von der traurigen Gestalt

Mayer, Hans: Der Turm von Babel. Erinnerung an eine Deutsche Demokratische Republik. Suhrkamp Verlag, Frankfurt/M. 1991, 272 S.

Rüther, Günther: "Greif zur Feder, Kumpel". Schriftsteller, Literatur und Politik in der DDR 1949-1990. Droste Verlag, Düsseldorf 1991, 221 S.

Wehner, Jens: Kulturpolitik und Volksfront. Ein Beitrag zur Geschichte der Sowjetischen Besatzungszone Deutschlands 1945-1949. Peter Lang-Verlag, Frankfurt/M., Bern, New York, Paris 1992, Teil 1 und Teil 2, 1199 S.

Allein mit Lebensmittelkarten ist es nicht auszuhalten... Autoren- und Verlegerbriefe 1945-1949. Hrsg. von Elmar Faber und Carsten Wurm. Aufbau Taschenbuch Verlag, Berlin 1991, 412 S.

Der gespaltene Dichter Johannes R. Becher. Gedichte, Briefe, Dokumente 1945-1958. Hrsg. von Carsten Gansel. Aufbau Taschenbuch Verlag, Berlin 1991, 232 S.

Kahlschlag. Das 11. Plenum des ZK der SED 1965. Studien und Dokumente. Aufbau Taschenbuch Verlag, Berlin 1991, 392 S.

...und leiser Jubel zöge ein. Autoren- und Verlegerbriefe 1950-1959. Hrsg. von Elmar Faber und Carsten Wurm. Aufbau Taschenbuch Verlag, Berlin 1992, 499 S.

Ende schlecht, alles schlecht?

Jeder Historiker wird Hans Mayer zustimmen, wenn er davor warnt, Geschichte von ihrem Ausgang her zu denunzieren. Zwar stellt die Republik Ost nun ein "abgeschlossenes Sammelgebiet" dar, aber historische Wunden schließen sich so schnell nicht. Auch ihr möglicherweise schlechter Ausgang widerlegt noch keineswegs die Sage vom guten Anfang. Ebenso könnte man freilich von einem guten Ende sprechen. Also Ende gut und Anfang gut und dazwischen alles schlecht? Mit den Klischees vom Guten und Bösen oder von den Einen und den Anderen ist dieser Zeitgeschichte nicht mehr beizukommen. Der Turm von Babel ist eingestürzt. Die Ritter der Tafelrunde siechen dahin. Jetzt können und müssen Ereignisse und Strukturen der DDR-Gesellschaft, Milieus und Mentalitäten, Zeitgeist und Alltagskultur der Ostdeutschen systematisch erforscht werden.

Die Geschichte der deutschen Republiken Ost und West ist weder aus ihrem Anfang noch aus ihrem Ende allein zu er- oder zu verklären. Natürlich besteht darin ein Kernproblem der Historiker: Die Vergangenheit wird oft unbewußt an ihren Folgen gemessen, weil es um die Erkenntnis der Zusammenhänge geht. Aber sie sollte doch gerechterweise wiederum aus ihrer Vergangenheit bewertet werden. Erst dieses Spannungsfeld - zwischen dem Zwang, die uns bekannten Folgen mit zu denken, und dem Gebot, mit den damaligen Menschen von ihrer Geschichte her zu denken -, macht historische Darstellung sinnreich[1] und läßt uns auch dem "unbekannten Wesen" DDR näherkommen. Zumal dies "eingedenk der Folgen" im spezifisch deutschen Fall die Gefahr in sich birgt, die Republik Ost vom Anbeginn in ihrer Schwäche an der Republik West vom Ausgang in ihrer Stärke zu messen. Darüber hinaus würde man bei solchem Herangehen einer weiteren notwendigen Erkenntnis möglicherweise verlustig gehen: dem Aufzeigen deutscher Parallelen, dem Verständnis des "geteilten Zusammenhangs" der Deutschen.[2]

Kultureller Aufschwung Ost

Nach dem Krieg war alles noch "Anfang, Hoffnung, Aufatmen", Wunsch nach einem besseren und neu strukturierten Gemeinwesen; die Sehnsucht nach Demokratie und Antifaschismus eine "Denkwirklichkeit" zumindest (Mayer, 16, 49), wenn es auch nie zu einer realen Alternative werden konnte. Dies bezeugen das Erinnerungsbuch Mayers ebenso wie die Autoren- und Verlegerbriefe des Aufbau Verlags von 1945-1949. In dieser lesenswerten Dokumentation des Zeitgeistes und der Zeitumstände suchte ich, einer alten kindlichen Gewohnheit gemäß, zuerst die leider nicht sehr zahlreichen Abbildungen: Auch die "Bildersprache" ist exemplarisch für die Nachkriegsjahre. Wenn man sich traf, dann zu Essen und Empfängen. Von der materiellen Not aber ist weniger, vom geistigen Hunger dafür um so mehr die Rede. Darum der doppeldeutige Titel: "Allein mit Lebensmittelkarten ist es nicht auszuhalten...", zitiert aus einem Brief des rührigen und parteilosen ersten Leiters des im August 1945 gegründeten Aufbau Verlags, Kurt Wilhelm, eine Art Wiedergutmachung. Denn sein Name wurde später oft verschwiegen, sodaß auch Mayer Erich Wendt zum Gründer des Verlags macht, der Kurt Wilhelm Anfang 1947 als Leiter ablöste.

Im Mai 1947 schrieb der Kommunist Erich Wendt an ernst Bloch: "Gegenwärtig sind hier die Geister außerordentlich empfänglich für neue Ideen... Wir müssen deshalb die günstige Zeit ausnutzen, und jedes antifaschistische Buch ist von allergrößter Bedeutung" (29); und im Juni 1947 an Georg Lukacs, auf "die geistige Umwälzung" in gewissen Kreisen der Intelligenz hindeutend: "Wir haben die Möglichkeit, mit Ihren Büchern in Schichten einzudringen, die uns früher (auch vor Hitler) verschlossen waren und an die wir, wenn wir die Gelegenheit heute nicht nutzen, nach einigen Jahren vielleicht nicht mehr herankommen." (180) Diese Briefsammlung dokumentiert, wenn auch ihre Auswahlprinzipien im Dunkel bleiben und mehr erläuternde Anmerkungen dienlich gewesen wären, daß und wie sich der Aufbau Verlag vor allem um die "Heimholung" der antifaschistischen deutschen Exilliteratur verdient machte. Symptomatisch zeigt sie zugleich die Schwierigkeiten des Verlags mit Autoren, die sich nicht so recht in das dezidiert erzieherische und missionarische Raster einfügten, wie z.B. Horst Lommer, Ernst Niekisch und Erik Reger.

Jens Wehners Beitrag zur Erforschung der Nachkriegsgeschichte, 1990 in Göttingen als Dissertation verteidigt, ist um differenzierende Rekonstruktion von Standpunkten und Entwicklungen bemüht. In aller Bescheidenheit will er eine brauchbare Grundlage für die weitere Fachdiskussion schaffen. Freilich hat ihn die Zeit eingeholt. Bei Erscheinen der Arbeit stehen die Wehner noch verschlossenen Archive offen, so sie noch existieren. Trotzdem bietet die Arbeit, deren wichtigste Quellengrundlage die kulturpolitischen Publikationsorgane der SBZ sind, gerade in deren Analyse Neuwert. Wer nach dem eigenen Profil und der eigenen Geschichte von Blättern wie "Aufbau", "Sonntag", "Die Aussprache", "Demokratische Erneue-

---

1 Von der Dunk, Hermann: Literatur, in: Vierteljahrshefte für Zeitgeschichte, 40 (1992) 3. S. 438/439.
2 Vgl. Bender, Peter: Ansätze zu einer deutschen Nachkriegsgeschichte, in: Merkur (1993) 3.

rung", "Heute und Morgen", "Schöpferische Gegenwart", "Forum", "Die Weltbühne", "Ost und West" und "März" fragt, findet hier exakte Informationen.

Der Titel allerdings wäre, etwas bescheidener, mit "Kulturbund und Volksfront" wohl besser formuliert gewesen. Denn davon allein handelt die Arbeit. Nicht *die* ostzonale Kulturpolitik wird dargestellt, sondern Konzeption und Entwicklung des "Kulturbundes zur demokratischen Erneuerung Deutschlands". Ich meine, auch Wehners Buch liefert eher einen Beweis dafür, daß man zumindest für die Zeit bis 1948 von Kulturpolitiken sprechen sollte: Was SMAD, KPD, SPD, dann SED, Kulturbund und FDGB, deren Ableger wie Volksbühne, Gesellschaft zum Studium der Kultur der Sowjetunion oder die Friedenskomitees, kulturpolitisch anfingen, war bei weitem nicht deckungsgleich. Da gab es erhebliche Unterschiede, Divergenzen und Rivalitäten. Zu den darin enthaltenen Möglichkeiten wie den Grenzen für die Nachkriegsjahre in der SBZ liegt ein weiterer Diskussionsbeitrag vor.[3] Ist doch auffällig, daß wer aus der pluralistischen Sicht des Westens urteilt, diese Zeit schon als eingeengt und kommunistisch vorbestimmt, wer aus der Erfahrung des dogmatischen Ostens urteilt, sie als liberales und "verlorenes Paradies" beschreibt.

Rebellen und Repräsentanten

Alle hier besprochenen Bücher vermeiden neue Synthesen oder Turmbauten. Die Geschichte der DDR wird zunächst vor allem personalisiert, nicht zuletzt, weil die ostdeutschen Leser hierin großen Nachholbedarf haben. Carsten Gansel stellt in einer informativen Auswahl, z.T. eben erst zugänglich gewordener Archivmaterialien, Johannes R. Becher zwischen Ohnmacht und Allmacht vor. Hans Mayers Erinnerungsbericht durchzieht wie ein roter Faden die Interpretation eines Bechergedichts, das auch seinem Buch den Titel gab. Gansels Auswahl gibt neue Aufschlüsse über das Verhältnis der SED-Führung zu Intellektuellen, über stalinistische Denk- und Verhaltensmuster und daraus erwachsende Deformationen. Sie ist thematisch auf das Gespaltensein des Dichters fixiert und liefert hierfür anschauliches und eindringliches Material. Freilich gibt sie uns nicht den "ganzen" Becher. Die "Leitfigur" Becher für die angestrebte dialogische Kultur- und nationale Bündnispolitik im Kulturbund, wie sie bei Wehner vorkommt, den "Glücksfall" Becher als Kulturminister, wie ihn Mayer darstellt, zeigt sie uns kaum.

Die Autoren- und Verlegerbriefe 1950-1959 illustrieren die kleinen Utopien und die großen Dummheiten, die ideologischen Beckmessereien und die Wehrhaftigkeit von Dichtern und Verlegern, die Erfolge und Defizite jener Jahre. Sie repräsentieren das respektable Verlagsprogramm mit Autoren wie Johannes R. Becher, Bertolt Brecht, Ludwig Renn, Anna Seghers, Friedrich Wolf, Lion Feuchtwanger, Oskar Maria Graf, Leonhard Frank, Heinrich und Thomas Mann. Sie zeugen von den Problemen und Schwierigkeiten der jungen Autorengeneration von damals: Franz Führmann, Günter Kunert, Günter de Bruyn oder Brigitte Reimann. Sie dokumentieren Verluste für die literarische Öffentlichkeit der DDR: Peter Huchel, Uwe Johnson, Alfred Kantorowicz.

Das ist ein kurzweiliges Lesen, wie im ersten Band, von namhaften "Geistesschaffenden" und ihren Eitelkeiten, von Modekrankheiten wie "Selbstverpflichtung" (61) und "behördlicher Verschärfung des Klassenkampfes" (186), von der Kritik an Bequemlichkeit, Rezensionsunwesen, Nachwortorgien und Sektierertum, von den Schwankungen der Jungen zwischen Größenwahn und Minderwertigkeitskomplexen, von "Freibeutertum" (294) hinsichtlich der schnellen, aber unlizenzierten Herausgabe wichtiger Werke für die Ostzone, von Honoraren und Vorschüssen, zum einen als "wertlose Gutschriften in einer phantastischen Währung" und zum anderen als Überlebenshilfe für die Literatur - Dieter Noll ist gar bereit, seine "Seele zu verschreiben" (333) -, von Naturalienwirtschaft en gros: Austausch von Druckaufträgen gegen Honorare, und en détail: Aus Mangel an Devisen kümmert sich der Verlag um Maßschneider

---

3 Vgl. Dietrich, Gerd: Politik und Kultur in der SBZ 1945-1949. Mit einem Dokumentenanhang. Bern, Berlin, Frankfurt/M., New York, Paris, Wien 1993.

und Pelzmäntel, Meißner Service und Autos für seine westlichen Autoren - wenn sich all dies realisieren ließe. "... und leiser Jubel zöge ein, in unsere Hütte zu Erlenbach", schrieb Erika Mann (256). Wir erfahren viel vom Optimismus der Aufbruchsjahre wie von den schweren Enttäuschungen und scharfen Widersprüchen; und von der Statur der Büchermacher: Walter Janka, der den Aufbau Verlag 1951 übernimmt und 1956 verhaftet wird, Klaus Gysi sein Nachfolger, Wolfgang Harich, Lektor bis zur Verhaftung 1956, Max Schroeder und Günter Caspar. Und über allem der allgewaltige Zensor...

Ulbricht und die Seinen

Die real existierende DDR, schreibt Mayer, war ein Staat Ulbrichts, "Nachdenken über die DDR ist Nachdenken über Walter Ulbricht" (149). Und er versucht, den gefühllosen Bürokraten, den pedantischen Lehrer, den unsicheren Mann ohne Überzeugungen, die dürre Seele mit dem Hang zum Höheren zu porträtieren; dann sein Gefolge: den Feldwebel Paul Fröhlich, den Eiferer Otto Gotsche, den Besserwisser Tapeten-Hager, den unfähigen Honecker usw. Alles Ritter der Tafelrunde, die die Mähre Sozialismus zuschanden ritten. "KULTUR schreibt sich meist kultur", Herbert Nachbar in einem Brief an den Aufbau Verlag 1959. Der Bindestrich zwischen Marxismus und Leninismus, so Mayer, war vermutlich die Grundtorheit aller sozialistischen Gralsritter. Gut, das ist die Theorie - wie auch die noch weitergehendere Ableitung, daß mit der Verwandlung des Sozialismus aus einer Utopie in eine Wissenschaft alles Dilemma begann.[4] In der Praxis aber ging es weder um Wissenschaft noch um Utopie, sondern stets um Macht. Um die Macht einer Minderheit, die doch gemäß ihrem ideologischen Anspruch immer Mehrheit sein wollte. Deshalb umgarnte sie die Arbeiter, umwarb sie die Intelligenz.

Warum Günther Rüther sein Buch allerdings "Greif zur Feder, Kumpel" nannte, ist mir nicht ersichtlich geworden. Denn von den Kumpeln an Pleiße und Neiße, nach denen seinerzeit die "sozialistische Nationalliteratur" rief, ist nicht die Rede, und eine Geschichte der Literatur der DDR ist es auch nicht. Ihm geht es um das Verhältnis von Literatur und Politik in einer Diktatur, genauer um Herrschaftskritik gegenüber einem allumfassenden, repressiven Staat (169). - Und die Bildersprache der Essen und Empfänge wird nun durch die gestellten Gesprächsbilder und die "gesetzten" Präsidiumsbilder mit den Mächtigen ergänzt. - Rüther beschreibt das bekannte Auf und Ab zwischen den kulturpolitischen Tauwettern und Eiszeiten und versucht, darin die Schriftsteller der DDR zu verorten. Die "janusköpfige" Literatur kommt dabei nicht allzu gut weg. Der Text ist materialreich und regt den Leser an, sich sein eigenes Urteil zu bilden. Von A wie Abusch bis Z wie Zwerenz kommen die berüchtigten und die berühmten ostdeutschen Autoren selbst zu Wort.

Dennoch kann ich mich des Eindrucks nicht erwehren, daß hier bei aller postulierten Differenzierung ein politischer, moralistischer, schematischer und äußerlicher Maßstab an Schriftsteller und ihre Werke angelegt, die aktuelle "Intellektuellenschelte" in die Geschichte verlagert wird. Aber vermutlich wurden die ostdeutschen Schriftsteller im Westen anders rezipiert. Das Dilemma des Schriftstellers war eben nicht so einfach: Schreibt er die Wahrheit, erzürnt das die Mächtigen, schönt er die Wirklichkeit, mißbilligen das die Leser; nein, auch beschriebene Wahrheit erzürnte Leser, und geschönte Wirklichkeit mißbilligten die Mächtigen. Jeder Autor hatte seinen Weg, um seine Leser zu finden. Pauschalisierungen und Schemata sind da wenig hilfreich.

Den aufmerksamen Leuten im Osten bedeutete Literatur, die Kunst insgesamt, vielfach Gegenwehr und Überlebenshilfe. Sie konnte überhaupt nur als systemimmanente Opposition wirksam und fruchtbar sein.[5] Doch eine Allianz zwischen *der* Literatur und *dem* Volk hat es ebensowenig wie zwischen Volk und Füh-

---

4   Vgl. Lepenies, Wolf: Aufstieg und Fall der Intellektuellen in Europa. Frankfurt/M., New York 1992. S. 65.
5   Dieckmann, Friedrich: Vom Einbringen. Vaterländische Beiträge. Frankfurt/M. 1992. S. 84/85.

rung oder Literatur und Politik gegeben. So wie die Mächtigen im Osten Literatur stets fürchteten, auch weil sie sie in ihrem Einfluß überschätzten, kann man nun die Schriftsteller nicht dafür schelten, daß die Mächtigen nicht eher abgetreten sind. Darum wäre sich eher der Frage zuzuwenden, was die Schriftsteller in die Erfahrung und Mentalität der Ostdeutschen eingebracht haben, welchen Beitrag die Literatur dafür geleistet hat, daß im Herbst 1989 das Nachkriegslügensystem "friedlich" zusammenbrach. "Gedenkt unsrer mit Nachsicht", bat Brecht, auch einer dieser Ritter von der traurigen Gestalt. Sollten wir es nicht lieber mit Hölderlin halten: "Was aber bleibet, stiften die Dichter"?

Metaebenen und Ambivalenzen

Das ohne Zweifel spannendste, informativste, materialreichste und auch erschütternste Buch der hier vorgestellten ist "Kahlschlag", herausgegeben von Günter Agde: Ergebnis eines Kolloquiums der Akademie der Künste zu Berlin (Ost) vom Sommer 1990. Inhalt: Wirtschaft und Gesellschaft nach dem Mauerbau und Kultur, von der Ausstellung "Junge Kunst" 1961 über DDR-Beatmusik, Kafka-Konferenz 1963, Theater- und Fernsehdramatik wie -publizistik, TV-Shows "Mit dem Herzen dabei", Jugendkommission und "Jugendkommuniqué" bis zum Verbot von zwölf Filmen des DEFA-Jahrgangs 1965 und der Absetzung des Films "Spur der Steine"; Äußerungen von Akteuren, Analysen von Wissenschaftlern, Erinnerungen von Betroffenen, neue Dokumente im Anhang; Zeitraum: 1961 bis 1966. Hier werden die Antinomien zwischen Kunst und Politik ebenso wie die Ambivalenzen thematisiert, die Intellektuellenhatz der Mächtigen, das Aufbegehren der jungen Generation, das Kritikpotential der Künste: "Man ist von Zeit zu Zeit Rebell gewesen, aber man war doch auch immer ... Repräsentant", sagt Gerhard Scheumann (251).

Das 11. Plenum des ZK der SED vom Dezember 1965 war nicht der erste und nicht der letzte, aber der rigoroseste und folgenreichste Eingriff der SED-Führung in Kunstprozesse und Intellektuellendebatten. Was diesen Band so interessant macht, ist das Aufdecken der Hintergründe: Das 11. Plenum - eine "politische Standortbestimmung im Kostüm einer Kunstdiskussion",[6] eine "Stellvertreterdebatte" auf einem "Nebenschauplatz" (128), eine "verdeckt geführte" Auseinandersetzung (108), die Künstler als "Feindersatz" (41) und als "Sündenböcke" (265) für ökonomische und gesellschaftliche Probleme, eine "kunstfeindliche Debatte" als "ablenkende Wirkung", weil man sich auf Zustimmung bei den auf einen kleinbürgerlichen Kunstgeschmack orientierten Massen verlassen konnte (265).

Das 11. Plenum: ein kulturpolitisches Autodafé (105), "eine Inquisition" mit dem "Großinquisitor Kurt Hager" (261). Hauptsinn der Inszenierung: Die vorbeugende Zurückdrängung gemeinsamer Mentalitäten wie die vorbeugende Zerschlagung möglicher Verbindungen verschiedener Ströme der DDR-Gesellschaft, die auf antistalinistische Veränderungen und Reformen drängten; kurz: die "präventive Abwehr des Frühlings von Prag und Paris" (167).

Nachhaltig demonstriert der Band jene "Metaebene" (84) der Künste, die die Menschen benutzten, um sich mit den Schwierigkeiten in ihrer Existenz auseinanderzusetzen, und die auch die Machthaber gebrauchten, um von der Fragwürdigkeit ihrer Positionen abzulenken. Damals stellte sich auch bei jener "Ritterin" von der traurigen Gestalt, die auf dem 11. Plenum Zivilcourage bewies, ein "Verlierergefühl" ein (239). Und das war nicht nur bei Christa Wolf so, das ist in diesem Band auch bei Fritz Cremer, Stephan Hermlin, Gerhard Scheumann, Klaus Wischnewski und Konrad Wolf nachzuspüren. Zwar war das 11. Plenum kein Überraschungsangriff, man kannte die Fronten, doch die Wucht des Angriffs war überraschend (263), das "Ausmaß an politischer Dummheit und Verwüstung war dennoch nicht vorhersehbar" (174).

Gleichwohl sind die "Sieger der Geschichte" letztlich die Verlierer geworden. Das ist kein Wunder bei diesem Defizit an politischer Kultur und diesem Ausmaß an kultureller Verwahrlosung. - Ein Wunder

---

6 Gespräch mit Wolfgang Kohlhaase, in: Sinn und Form, 31 (1979) 5.

vielleicht, daß wir das noch erleben durften ... - Der "ewige" Widerspruch zwischen Politik und Kultur reproduzierte sich in den staatssozialistischen Gesellschaften auf eine Art und Weise, die an eine Lücke,[7] ja an einen Rückfall in der Zivilisation erinnert. Deren Ursachen und Folgen sind keineswegs hinreichend erforscht. Die vorgestellte Literatur zur Kulturgeschichte der SBZ und DDR wirft viele neue Fragen auf. Es ist ihr gutzuschreiben, daß sie keine vorschnellen Antworten liefert. Jetzt vor allem neue Dokumente, Materialien, Sichtweisen, Eindrücke und Erfahrungen zu sammeln und vorzulegen, ist zweifellos verdienstvoller.

Nun ist der Turm von Babel zerfallen, die Spur der Steine verwischt, die Tafelrunde aufgelöst, der Gral: ein schwarzes Loch. Was aber bleibt... Und die Ritter von der traurigen Gestalt gehen weiter gegen die Unvernunft in Geschichte und Gegenwart an. Die Historiker mögen sich zu ihnen gesellen: Wenn nachgeforscht wird über die vierzig Jahre jenes ostdeutschen Staatsgebildes, sollte vor allem - wie Hans Mayer schreibt - der vielen Menschen gedacht werden, "die es am Leben hielten und immer wieder auch Anlaß fanden, ihm zu vertrauen" (250). Denn die offenkundigen Untaten dieses Staates und seiner mit ihm zugrunde gegangenen Lenker "können die vielen Hoffnungen, Leistungen, Ausdrucksformen eines demokratischen Gemeinwillens nicht ungeschehen machen" (16). Viereinhalb Jahrzehnte SBZ und DDR, fast ein halbes Jahrhundert, das waren für zwei bis drei Generationen gelebtes Leben; ein beschädigtes Leben sicher, aber es gab auch richtiges Leben im falschen.

Achim Kilian (Weinheim)

"Säuberung" und Repression in der SBZ/DDR

Klotz, Ernst-E.: So nah der Heimat. Gefangen in Buchenwald 1945-1948. J.H.W.Dietz Nachf., Bonn 1992, 168 S.

Müller, Hanno (Hrsg.): Recht oder Rache? Buchenwald 1945-1950. Betroffene erinnern sich. dipa Verlag, Frankfurt/M. 1991, 148 S.

Klonovsky, Michael/von Flocken, Jan: Stalins Lager in Deutschland 1945-1950. Dokumentation - Zeugenberichte. Ullstein, Berlin-Frankfurt/M. 1991, 248 S. (Taschenbuchausgabe: dtv, München 1993).

Bautzen-Komitee (Hrsg.): Das gelbe Elend. Bautzen-Häftlinge berichten 1945-1956. Mit einem Dokumentenanhang. Buchverlag Union, o.O. 1992, 320 S.

Knechtel, Rüdiger/Fiedler, Jürgen (Hrsg.): Stalins DDR. Berichte politisch Verfolgter. Forum Verlag Leipzig, Leipzig 1991, 264 S.

1944/45 hat die Politik Hitlers mit der Zustimmung und Unterstützung, die sie gefunden hatte, Stalins Herrschaft und den Stalinismus nach Deutschland gebracht. Parallel zum Vormarsch der Roten Armee übernahm das NKWD die Sicherung dieser Herrschaft. Von deutschen Kommunisten unterstützt, setzten die NKWD-Organe tatsächliche und vermeintliche Nazi-Aktivisten fest sowie Personen, die gefährlich

---

7 Vgl. Engler, Wolfgang: Die zivilisatorische Lücke. Versuche über den Staatssozialismus. Frankfurt/M. 1992.

sein mochten oder als Angehörige der "Bougeoisie", "Intelligenzija" und anderer Bevölkerungsgruppen suspekt erschienen. Ihr Vorgehen war dabei zugleich antifaschistisch und stalinistisch geprägt. Dieser *Doppelcharakter der sowjetischen Besatzungsmacht* (Hermann Weber) liefert den Schlüssel zu allem, was seit 1945 in Stalins Deutschland geschah.

Für die Unterbringung und Isolierung der ohne Urteil Festgehaltenen richtete das NKWD eigens konzipierte "Speziallager"[1] ein. Eines dieser Schweigelager bestand von August 1945 bis Februar 1950 im ehemaligen KZ Buchenwald bei Weimar. Ernst-Emil Klotz (Jg. 1900) hat 1951/52 über seine fast dreijährige Gefangenschaft im Speziallager Buchenwald einen Bericht verfaßt, der kürzlich unter dem Titel *"So nah der Heimat"* erschienen ist. Ohne Nennung des Verfassers ist hieraus 1952 in West-Berlin ein Abschnitt über das Bestattungskommando publiziert worden.[2] Er ist authentisch: Klotz gehörte diesem Kommando selbst an. Gleichermaßen fundiert sind die Schilderungen der Verhältnisse im "Isolator", denn Klotz hat die Hälfte seiner Lagerzeit (!) in dieser doppelten Isolierung zubringen müssen, zeitweise als Angehöriger des Bestattungskommandos, zeitweise zur Strafe. Sein Bericht beeindruckt insgesamt durch nüchterne Sachlichkeit und sorgsame Erfassung von Beobachtungen und Eindrücken. "Dr. Albrecht [...] sprach von der Würde des Menschen, die eine untere Grenze für alles Verhalten in der Gemeinschaft darstelle, oder [...] von der Geduld [...]", und wurde, wie auch Klotz, wegen solcher verbotenen Vorträge "lange in schwerer Bunkerhaft gehalten" (112).

Gewiß ist es angebracht, Begriffe wie "Vernichtungslager" (117 ff.) terminologisch zurechtzurücken. Doch dem Verfasser darf unterstellt werden, daß ihm ein Vergleich mit den NS-Vernichtungslagern fern lag. Angesichts der physischen und psychischen Grenzzustände, denen er und seine Mitgefangenen sich ausgesetzt sahen, sowie des bedrohlichen Anwachsens der Todesfälle, kam im Lager Buchenwald im Winter 1946/47 der Eindruck auf, man befinde sich in einem Vernichtungslager. Alles in allem ist dieser nur wenige Jahre nach der Entlassung geschriebene Bericht schon wegen seiner Nähe zum Geschehen eine Fundgrube für die wissenschaftliche Bearbeitung des Speziallagerthemas.

Informativ sind zumeist auch die erst Jahrzehnte nach der Lagerzeit verfaßten Berichte. Infolge des zeitlichen Abstands zum Erlebten enthalten sie zwangsläufig Ungenauigkeiten und Fehler, die dem Aussenstehenden verborgen bleiben. Die enthaltenen Wertungen sind von unwägbaren subjektiven Faktoren beeinflußt. Die Summe dieser Berichte ergibt keine repräsentative Beispielgruppe. Doch durch das Ausschöpfen originärer Quellen und früher Berichte wie dem von Klotz sowie die vergleichende Auswertung möglichst vieler Zeugenberichte lassen sich verläßliche empirische Erkenntnisse gewinnen.

Unter dieser Prämisse sind die von Hanno Müller herausgegebene Arbeit über das Lager Buchenwald 1945-1950 sowie das Buch von Michael Klonovsky und Jan von Flocken über "Stalins Lager" zu betrachten.

Hanno Müller hat für sein Buch *"Recht oder Rache?"* sechs Erlebnisberichte zusammengetragen, die Buchenwald betreffen, und einen siebten hinzugefügt, der als Einzeldokument zur Werwolf-Psychose des NKWD hervorzuheben ist: Herwarth Neubert schildert die Denunziation von Jugendlichen als angebliche Werwolf-Partisanen, ihre Schicksale sowie die Verurteilung des Denunzianten durch thüringische Gerichte vor Gründung der DDR. Bemerkenswert ist auch der Bericht Robert Zeilers. Er war 1944 mit seinem Bruder in das KZ Buchenwald eingewiesen worden, nachdem ihre Mutter von der Gestapo abgeholt worden war: "Ihre Mutter kommt nach Theresienstadt, wir hätten sie auch totschlagen können."[3] Nach der Befrei-

---

1 Kilian, Achim: Zum Begriff "NKWD-/MWD-Speziallager", in: Deutschland Archiv, 25. Jg., 1992, Heft 12. S. 1315 ff.
2 Just, Hermann: Die sowjetischen Konzentrationslager auf deutschem Boden 1945-1950. O.O. 1952. S. 96 ff.
3 SS-Hauptsturmführer Wörn, Judenreferat des Reichssicherheitshauptamtes, Berlin, Kurfürstenstraße (19).

ung fanden die Brüder im Mai 1945 ihre Mutter in Theresienstadt wieder. Als beide wenig später mit zwei weiteren KZ-Häftlingen auf dem Weg nach Berlin waren, nahm das NKWD alle vier unterwegs fest. Ein Offizier beim Verhör: "Du Jude? Ich denke, Juden in Deutschland alle tot?!" (25). Einer der vier kam im Speziallager Ketschendorf um, und bis zur Freilassung der anderen vergingen mehr als drei Jahre. Zeiler wendet sich gegen eine "Gleichsetzung" der Lagersysteme. Dem ist beizupflichten. Jedes der totalitären Lagersysteme steht mit seinen menschenverachtenden Grausamkeiten für sich.

Wie vor ihnen einige Mitarbeiter des Instituts für Geschichte der Arbeiterbewegung,[4] versuchen in Hanno Müllers Buch zwei langjährige Mitarbeiter der "Nationalen Mahn- und Gedenkstätte Buchenwald", die Erkenntnissen über die Speziallager zusammenzufassen. Ihre Begründung: "Der Historikerstand hat eine Unterlassungsschuld abzutragen - übrigens nicht nur die Geschichtswissenschaftler der ehemaligen DDR." (93). Diese Einlassung läßt weitere Beiträge erwarten. Immerhin hatte der frühere Chef dieser Historiker noch 1986 geäußert, die Buchenwald-Insassen nach 1945 - von ihm als Kriegsgefangene bezeichnet - hätten nicht gehungert; "da standen böse Sachen in Ihren (westdeutschen, A.K.) Zeitungen".[5] Das gilt nicht mehr. Stattdessen ist jetzt "dafür Sorge zu tragen, daß die ehemaligen Internierten mit ihren Erlebnissen und persönlichen Problemen nicht länger alleingelassen werden" (127).

Michael Klonovsky und Jan von Flocken haben in Zusammenarbeit mit der damaligen Zeitung "Der Morgen" relativ kurz nach der Wende das Speziallagerthema aufgegriffen und aus ihnen vorliegenden Erlebnisberichten eine zusammenfassende Darstellung gewagt. Zwangsläufig weist ihr Buch, dem vermutlich der Verlag den Titel *"Stalins Lager ..."* gab, Stärken und Schwächen auf. Die meisten Erlebnisberichte erweisen sich als bemerkenswerte Quellen für die weitere Untersuchung der verschiedenen Speziallager. Kurt Noack, Konrad Wächter und andere teilen Beobachtungen und Erfahrungen mit, die in Verbindung mit anderen inzwischen vorliegenden Arbeiten über NKWD-Speziallager von besonderem Nutzen sind und bestimmte Sachverhalte erhellen helfen. Das Buch enthält eine Fülle wichtiger Angaben, denen nachzugehen ist.

Herbert Zimpel berichtet zum Beispiel aus Frankfurt/Oder: "Nachhaltig beeindruckt hat mich eine Fuhre gehunfähiger und fast zum Skelett abgemagerter Frauen, die auf einem flachen Rollwagen von anderen Kriegsgefangenen in das Lager hineingezogen wurde."(142). Sie kamen aus der Sowjetunion. Was waren dies für Frauen? Ostpreussinnen, die 1945 zur Arbeit deportiert worden waren?[6] Wehrmachtshelferinnen?

Eine Bildunterschrift besagt, daß in den zur Gedenkstätte des KZ Buchenwald gehörenden Ringgräbern "vor allem Lagertote aus den Jahren nach 1945" ruhen würden, "die Opfer der Nationalsozialisten waren zumeist verbrannt worden" (Bildteile o.S.). Wer bezeugt diese Aussage zu den Ringgräbern?

Je gründlicher man dieses Buch liest, um so mehr erschließen sich einerseits bis ins Detail gehende Angaben, andererseits stößt man auf begriffliche und andere Ungenauigkeiten bis hin zu nicht belegten Annahmen, Behauptungen, Legenden. Letztere schmälern den Nutzen dieses Buches. So wird der unbefangene Leser zu Fehleinschätzungen kommen. Bedauert werden muß, daß die Verfasser die von ihnen herangezogenen Erlebnisberichte zugleich einzeln dazu benutzt haben, ganze Lager zu beschreiben. Mit einem, zwei oder auch drei Berichten pro Lager kann das nicht gelingen. Für Bautzen, Sachsenhausen und Torgau findet man überdies keine eindeutigen und gewichteten Unterscheidungen zwischen dem "Speziallager" und dem "Gewahrsam" für von Sowjetischen Militär-Tribunalen (SMT) Verurteilte. Auch

---

4 Erler, Peter/Otto, Wilfriede/Prieß, Lutz: Sowjetische Internierungslager in der SBZ/DDR 1945 bis 1950, in: Beiträge zur Geschichte der Arbeiterbewegung, 32. Jg., 1990, Heft 4. S. 723 ff.
5 Menge, Marlies: Der Buchenwald-Direktor, in: Die Zeit, Hamburg, 8.8.1986.
6 Mitzka, Herbert: Zur Geschichte der Massendeportationen von Ostdeutschen in die Sowjetunion im Jahre 1945. Ein historisch-politischer Beitrag. Einhausen 1989.

die umfangreichen Deportationen von arbeitsfähigen Gefangenen der verschiedenen Kategorien in die Sowjetunion werden nicht hinreichend behandelt.

Wenn es schon verwunderlich ist, daß Müller sowie Klonovsky und von Flocken nur unvollständig bzw. kaum auf vorangegangene Veröffentlichungen zurückgegriffen haben - was allein wegen der darin enthaltenen Zeugenberichte unerläßlich gewesen wäre -, so vermißt man einen derartigen Bezug völlig in dem Bautzen-Buch *"Das gelbe Elend"*. Noch nicht einmal Eva Müthel oder Hermann Flade finden Erwähnung. Das junge Ehepaar Müthel und auch Flade hatten Flugblätter verteilt und wurden deshalb zu hohen Strafen verurteilt. Eva Müthels Haft führte sie nach Bautzen, Sachsenhausen, Hoheneck und Brandenburg,[7] Flade verbrachte seine zehnjährige Haft in Bautzen, Torgau und Waldheim.[8]

Das Bautzen-Komitee veröffentlicht in seinem Buch 35 *Berichte zumeist verurteilter Gefangener* aus der Zeit des NKWD-Speziallagers 1945-1950, des Gewahrsams für SMT-Verurteilte 1946-1950 und der Strafvollzugsanstalt der Deutschen Volkspolizei (DVP) ab 1950. Jeder dieser Erlebnisberichte wurde nach der Wende verfaßt, manches bleibt unscharf und auch unklar, doch vieles ist von großer Aussagekraft, erschütternd, manchmal bis zur Selbstverleugnung sachlich. Auch diese Berichte enthalten wertvolle Hinweise und Einzelheiten, denen man nachgehen muß und die in einen Gesamtzusammenhang zu stellen sind.

Charlotte Bärenwald wirft in ihrem Bericht die Frage der *Hinrichtungen* auf. Gab es solche in Bautzen? Hermann Mocker wurde als Angehöriger des Landesschützen-Bataillons 353 verurteilt. Welche Funktion hatte er in dieser Einheit in der Ukraine? Georg Suchantke schreibt von einer Gefangenenliste, die man der UNO übermittelt habe. Wo ist sie? Wer weiß schon, daß neben anderen Nazi-Verbrechern Oswald Kaduk von der SS-Wachmannschaft des KZ Auschwitz als SMT-Verurteilter in Bautzen einsaß, ehe ihm in Frankfurt/Main der Prozeß gemacht wurde?

Leider hat man die 35 Berichte in der alphabetischen Reihenfolge der Verfassernamen abgedruckt. In der Zeittafel wird Bautzen 1945-1950 als "Sonderlager Nr. 4" (311 ff.) bezeichnet, obwohl das Lager ab Herbst 1948 als Speziallager Nr. 3 geführt und seit 1946 räumlich getrennt vom Gewahrsam für Verurteilte betrieben worden ist. Unerwähnt bleiben die Transporte von Festgehaltenen nach Tost/Oberschlesien im Sommer 1945 sowie der erste Mühlberg-Transport im Oktober 1945.

Das Bautzen-Buch offenbart in bedrückender Weise den unmenschlichen Umgang deutscher Machthaber mit Gefangenen, die schändliche Behandlung Kranker und Verstorbener, die verabscheuungswürdige Praxis der "Urnenverschiebung" (291 ff.), die niederträchtige Heuchelei nach der Wende. Viele deutsche "Vollzugsorgane" handelten nicht anders als vor ihnen die Schergen des NS-Regimes.

Wenn Oberstleutnant Starke *1990* die Bautzener Hungerrevolten vom März 1950 mit Machenschaften der Häftlingsselbstverwaltung abtut und das brutale Eingreifen seiner Kollegen als bloße "Anwendung polizeilicher Mittel" bezeichnet (283), läßt einen dies schaudern. "Das gelbe Elend" und ebenso das Buch über *"Stalins DDR"* legen offen, daß *stalinistisches Denken und Handeln in der DDR immer anzutreffen waren.*

Schikanen und Mißhandlungen, z.B. im "Stehkarzer" in Bautzen, Zielübungen von Wachposten auf Gefangene, Prügel durch Rollkommandos der Bewacher, unsinnige Verbote und Vorschriften waren nicht die Fehlleistungen einzelner, sondern bereitwillig befolgte Routine. "Bei Fluchtverdacht knallen wir Sie ab!" (74). "Lassen Sie sich scheiden, und Sie sind frei!" (128). Die Alternative zur Haft mit der Praxis, "das Ich zu deformieren, zu schmähen, zu kränken" (163), war der Alltag in einem Staat, der "unsere Menschenwürde veruntreute" (234), indem er sich seine Bürger mit Willkür und Einschüchterung gefügig machte. Diesen Alltag belegen die in "Stalins DDR" enthaltenen und auf den ersten Blick fast beiläufigen

---

7 Müthel, Eva: Für dich blüht kein Baum. Frankfurt/M. 1957.
8 Flade, Hermann: Deutsche gegen Deutsche. Erlebnisbericht aus dem sowjetischen Zuchthaus. Freiburg/Breisgau 1963.

oder unscheinbaren "Alltagsberichte". Ihr "Ziel und Inhalt [...] ist nicht allein die Darstellung des von SED-Machthabern begangenen Unrechts. In diesem Abschnitt werben wir auch um Verständnis für unser 40jähriges passives Verhalten oder Nicht-Verhalten, das - oberflächlich gesehen - unverständlich erscheinen muß" (235). Unverständlich wie zum Beispiel auch das "Stadt- und Besucherverbot aus Anlaß staatlich organisierter Feste wie Freundschaftstreffen, Volks- und Pressefeste" (163), das nach 28monatiger Haft gegen Holger Irmisch verhängt wurde, der wegen seiner Verbindungen zur Liedermacherszene und zu jungen Oppositionellen in Kirche und Schule verfolgt und unter anderem von einer Fachhochschule verwiesen wurde. Was war das für ein Leben in der DDR?!

"Dieses Buch sollte Sie aufrütteln", schreibt Jürgen Fiedler (259), der "Stalins DDR" zusammen mit Rüdiger Knechtel herausgegeben hat. Es enthält 25 Haftberichte und 15 Alltagsberichte, darunter den Lebenslauf einer MfS-Agentin. An dessen Ende heißt es (252): "Dies war das Leben der Mitarbeiterin der Staatssicherheit J.B., Deckname Dissa Juko. War es ein Leben?"

Günther Heydemann (Bonn)

Der Umbruch in der DDR

Albrecht, Ulrich: Die Abwicklung der DDR: Die "2+4-Verhandlungen". Ein Insider Bericht. Westdeutscher Verlag, Opladen 1992, 214 S.

Glaeßner, Gert-Joachim: Der schwierige Weg zur Demokratie. Vom Ende der DDR zur deutschen Einheit. 2. durchges. Aufl. Westdeutscher Verlag, Opladen 1992, 230 S.

Joas, Hans/Kohli, Martin (Hrsg.): Der Zusammenbruch der DDR. Soziologische Analysen. Suhrkamp Verlag, Frankfurt/M. 1993, 325 S.

Kusch, Günter [u.a.]: Schlußbilanz - DDR. Fazit einer verfehlten Wirtschafts- und Sozialpolitik. Duncker & Humblot, Berlin 1991, 155 S.

Lasky, Melvin J.: Wortmeldung zu einer Revolution. Der Zusammenbruch der kommunistischen Herrschaft in Ostdeutschland. Ullstein, Frankfurt/M., Berlin 1991, 160 S.

Lemke, Christiane: Die Ursachen des Umbruchs 1989. Politische Sozialisation in der ehemaligen DDR. Westdeutscher Verlag, Opladen 1991, 297 S.

Löw, Konrad (Hrsg.): Ursachen und Verlauf der deutschen Revolution 1989. Duncker & Humblot, Berlin 1991, 188 S.

Mampel, Siegfried/Uschakow, Alexander (Hrsg.): Die Reformen in Polen und die revolutionären Erneuerungen in der DDR. Duncker & Humblot, Berlin 1991, 114 S.

Die hier in dieser Reihenfolge besprochenen Bände implizieren unterschiedliche Forschungsansätze und Interpretationen zu einem Vorgang, dessen Zeitzeugen wir geworden sind. Das Ausmaß dieses Umbruchs einer scheinbar für immer besiegelten Teilung der Welt, die mitten durch Deutschland ging, ist indes noch keineswegs ausgelotet. Vielmehr steht die Forschung nicht nur an einem Neuanfang, weil erstmals authentisches Quellenmaterial und entsprechende Sozialdaten zur Verfügung stehen; sie muß gleichzeitig ihre bisherigen Forschungsansätze, -ergebnisse und -leistungen selbstkritisch überprüfen. Dies wird in allen Beiträgen dieser Bücher direkt oder indirekt deutlich, obgleich sie alle jeweils unterschiedliche Perspektiven und Forschungsfelder aufweisen. Der Forschungsgegenstand "DDR" ist jedenfalls keineswegs erschöpft; eher steht zu vermuten, daß er stärker als bisher in das Interesse der Geistes-, Sozial- und Wirtschaftswissenschaften sowie der Jurisprudenz rückt.

Aus der "vita contemplativa" der wissenschaftlichen Arbeit in die "vita activa" der politischen Praxis berufen zu werden, widerfuhr dem Friedens- und Konfliktforscher Ulrich Albrecht vom Otto-Suhr-Institut an der Freien Universität Berlin. Schon seit längerem mit Wortführern der Dissidenten- und Friedensbewegung in der ehemaligen DDR in Kontakt stehend, wurde er von Markus Meckel, dem Außenminister der letzten DDR-Regierung, gebeten, als Berater zu fungieren. Sein Insiderbericht fußt auf Tagebuchnotizen, Konferenzmitschriften und anderen, z.T. vertraulichen Quellen. In bewußt undiplomatischer Offenheit zeichnet A. Stationen der Außenpolitik eines Staates auf, dessen Tage als Völkerrechtssubjekt gezählt waren, der aber dennoch - und das ist das eigentlich Interessante an diesem Buch - bis zu seinem Ende keineswegs auf eine eigenständige Außenpolitik verzichtete. Zugleich vermittelt der Bericht aufschlußreiche, interne Vorgänge, etwa die, daß die wachsende Instabilität der DDR *bereits 1986* von den Sowjets aufmerksam registriert und ihr bevorstehender Zusammenbruch im Herbst 1989 definitiv nach Moskau berichtet worden ist. Stärker als bisher wird durch das Buch deutlich, daß die Außenpolitik der ersten und zugleich letzten, frei gewählten DDR-Regierung unter de Maizière mit der Bonner Außenpolitik keineswegs konform ging. Ihre sowohl ambitiöse als auch illusionäre Zielsetzung war es vielmehr, mit der Auflösung beider bislang bestehender Militärblöcke (NATO und Warschauer Pakt) über eine erweiterte und in ihrer sicherheitspolitischen Bedeutung verstärkte KSZE zu einer gesamteuropäischen Friedens- und Abrüstungsregelung zu kommen, an deren Anfang der deutsche Einigungsprozeß als Katalysator stehen sollte. Zu diesem Zweck sollten zwischen den wichtigsten Nachbarn der DDR, Polen und die ČSSR, *besondere* Beziehungen entwickelt werden, damit diese einerseits keine Nachteile aus der deutschen Vereinigung hinzunehmen hätten, andererseits sollten sie als länderübergreifender Bund zur Brücke zwischen Ost und West werden. Dieses Konzept stieß in Warschau und Prag verständlicherweise auf offenen Zuspruch; zugleich informierte Meckel als "vertrauensbildende Maßnahme" beide Staaten detailliert über den - an sich vertraulichen! - Stand der 2+4-Verhandlungen, deren erste Runde noch *vor* den Wahlen in der DDR stattgefunden hatte. Der außenpolitische Vorstoß der DDR scheiterte jedoch bald an den wirtschaftlichen Eigeninteressen beider Staaten, die sich zwangsläufig zunehmend auf Bonn konzentrierten, zumal die DDR bereits Anfang Juli 1990 außenpolitisch wie wirtschaftlich nur noch sekundäre Relevanz besaß. Mit der Einführung der Währungsreform (1.7.1990) brachen die bisherigen, traditionellen Handelsbeziehungen zwischen diesen drei Ländern schlagartig ab. Albrecht verdeutlicht, daß das Kernproblem der 2+4-Verhandlungen die Frage der Bündniszugehörigkeit Deutschlands gewesen ist. Dabei besaß die von sowjetische Seite favorisierte zeitweilige Neutralisierung Deutschlands ebensowenig eine Chance wie eine Doppelmitgliedschaft in NATO und Warschauer Pakt oder eine mittelfristig angelegte mitteleuropäische Sicherheitszone. Überhaupt befürchteten die USA, eine Stärkung der KSZE könne zur Schwächung der NATO beitragen. Klar wird aber auch, daß dem deutsch-sowjetischen Verhältnis von Anfang an besondere Bedeutung zukam, nachdem sich die USA und die UdSSR vorab über die Vereinigung Deutschlands geeinigt und Großbritannien sowie Frankreich diesem Prozeß nichts entgegenzusetzen hatten. Mit dem Durchbruch der Verhandlungen zwischen Kohl und Gorbatschow im Kaukasus war letztlich auch der Durchbruch der 2+4-Verhandlungen erzielt und damit der deutsch-deutsche Vereinigungsprozeß sanktioniert. Das bedeutete aber auch gleichzeitig das Ende einer eigenständigen DDR-Außenpolitik ab Mitte Juli 1990. Der Verfasser betont wiederholt, wie machiavellistisch Bonn seine Außenpolitik, das Ziel der Wiedervereinigung vor Augen, durchgesetzt habe - es usurpierte die Außenpolitik der noch bestehenden DDR und hob diese praktisch auf. Trotz eingehender (Selbst-)Kritik an der DDR-Außenpolitik fällt seine Beurteilung an der Bonner Außenpolitik sehr viel härter, zu hart, aus. Daß das innerste Ziel bundesdeutscher Außen- und Deutschlandpolitik in dieser entscheidenden Phase mit aller Kraft verfolgt wurde, entzieht sich offensichtlich seinem Verständnis; jedenfalls überwiegt die nostalgische Identifikation mit der DDR-Außenpolitik in diesen letzten sechs Monaten ihrer Existenz. Nichtsdestoweniger wirft sein "Insider-Bericht" ein interessantes Schlaglicht auf den Prozeß der Vereinigung auf internationaler, außenpolitisch-diplomatischer Ebene, insbesondere auf die häufigen Positionswechsel der damals noch sowjetischen Aussen- und Deutschlandpolitik, die unter dem Einfluß der schweren, innenpolitischen Konflikten um die Perestroijka unter Gorbatschows Ägide stand. Das unlängst erschienene Buch Julij A. Kwizinskijs teilt hierzu Aufschlußreiches mit.

Die Arbeit von Gert-Joachim Glaeßner stellt eine erste, weitgehend gelungene politikwissenschaftliche und historische Synthese dieses einen Jahres vom Herbst 1989 bis zum 3. Oktober 1990 dar. Erst beim zweiten Hinsehen fällt indes auf, daß der Abschnitt über den eben besprochenen Einigungsprozeß auf internationaler Ebene gar nicht vom Autor selbst, sondern von Monika Schröder, in durchaus gelungener Weise, stammt. Weshalb ihr Name weder auf dem Umschlag noch in der Titelei erscheint, ist unverständlich. Das gilt auch für die geradezu verkürzte Aussage, "das entscheidende Mißverständnis der westlichen Sozialwissenschaften seit Beginn der 70er Jahre war, daß sie die Erwartung nährten, die Prinzipien rationaler Verwaltung könnten sich in diesem System (i.e. DDR; G.H.) durchsetzen" (31). Wer die zahlreichen, vielleicht zu zahlreichen Veröffentlichungen Glaeßners zu dieser Thematik aus den letzten Jahren bis unmittelbar vor dem Zusammenbruch des Honecker-Regimes kennt, reibt sich die Augen: Kein Wort der Selbstkritik, obwohl der Autor nun doch gerade zu den entschiedensten Vertretern dieser Auffassung gehört hatte, ja fast im Range eines "Meinungsmachers" stand! Jahrelang wurde die DDR als Industriegesellschaft nach allen Regeln politik- und sozialwissenschaftlicher Kunst analysiert, aber die permanente Unterdrückung von Menschen- und Bürgerrechten geflissentlich übersehen. Wer dieses Thema ansprach, galt indessen sogleich als Erzkonservativer, dem überdies die Intelligenz abgesprochen wurde. Jedenfalls kann die Diskussion darüber, welche *fiktionale* DDR gegenüber der realen da tatsächlich "untersucht" wurde, noch keineswegs als beendet angesehen werden. Glaeßner beschreibt in zwei einführenden Kapiteln die seit längerem andauernde Krise des erzwungenen politischen, ökonomischen und gesellschaftlichen Systems in der DDR und behandelt dann etwas zu ausführlich das ehemalige Parteiensystem. Die folgenden Abschnitte sind ausgewogener, etwa zu den Widersprüchen der Deutschlandpolitik auf nahezu allen Ebenen, der vertrackten Verfassungsproblematik und der Orientierungslosigkeit auf bundesdeutscher Seite, als die Montagsdemonstrationen das SED-Regime zu kippen begannen. Etwas zu kurz behandelt er am Schluß die jetzt anstehenden und noch auf Jahre hin existenten Integrationsprobleme zwischen den Menschen aus beiden deutschen Staaten, die so völlig unterschiedliche politische und gesellschaftliche Sozialisationen durchlaufen haben. Das Buch ist als erster Überblick, trotz der hier nur angerissenen Unausgewogenheiten, zweifellos nützlich. Es wird durch eine Kurzbibliographie und eine Zeittafel abgerundet.

Wirkliche erste Breschen eines neuen politik- und sozialwissenschaftlichen Zugriffs werden von dem von H. Joas und M. Kohli herausgegebenen Sammelband geschlagen. Aus einer Tagung des Instituts für Soziologie der Freien Universität Berlin im Februar 1991 hervorgegangen, werden hier erste, innovative Forschungsansätze präsentiert, die in methodologischer und methodischer Hinsicht überlegenswert erscheinen und zu weiterer Anwendung Anlaß geben. Der zur Verfügung stehende Raum in dieser Sammelrezension macht es unmöglich, die insgesamt 14 Beiträge zu besprechen; die wichtigsten seien zumindest genannt: Wolfgang Zapf: "Die DDR 1989/90 - Zusammenbruch einer Sozialstruktur?"; Manfred Lötsch: "Der Sozialismus - eine Stände- oder Klassengesellschaft?"; Johannes Huinink/K.U. Mayer: "Lebensverläufe im Wandel der DDR-Gesellschaft"; Heiner Ganßmann: "Die nichtbeabsichtigten Folgen einer Wirtschaftsplanung: DDR-Zusammenbruch, Planungsparadox und Demokratie"; Jan Wielgohs/Marianne Schulz: "Von der "friedlichen Revolution" in die politische Normalität: Entwicklungsetappen der ostdeutschen Bürgerbewegung"; Detlef Pollack: "Religion und gesellschaftlicher Wandel: Zur Rolle der evangelischen Kirche im Prozeß des gesellschaftlichen Umbruchs in der DDR", sowie schließlich Randall Collins und David Waller: "Der Zusammenbruch von Staaten und die Revolutionen im sowjetischen Block: Welche Theorien machten zutreffende Voraussagen?" Insbesondere die Einleitung, in der erstmals Erklärungsmuster zum Zusammenbruch des SED-Regimes typologisiert werden, lohnt die mehrmalige Lektüre. Die Herausgeber klassifizieren hier zunächst die *psychischen Dispositionen* der DDR-Gesellschaft, sodann den *Legitimitätsglauben* der Bevölkerung, Erklärungen, die alle auf der Mentalitätsebene angesiedelt sind. Ein dritter Typus fragt nach der *Dynamik sozialer Bewegungen* selbst; ein vierter zielt auf die tiefreichenden *Defizite in in der politischen Organisation von Staat und Gesellschaft der DDR*. Der fünfte geht von der *Wirtschaftsentwicklung* aus; ein sechstes Erklärungsmuster hebt auf die *fehlende Lern- und Innovationsfähigkeit des Realsozialismus* ab; ein siebter sieht stärker die *externen Bedingungen der DDR* (Abhängigkeit von der Sowjetunion) als Ursache für den Kollaps. Völlig zu Recht heben Joas und Kohli überdies auf die Notwendigkeit verstärkter, komparativer Ansätze ab, wobei hinzuzufügen wäre, daß dies auch den Vergleich zur NS-Diktatur mit einschließen muß. Abgesehen von dieser gelungenen Einleitung ist dieser Band ein wichtiger Beitrag einer künftigen, theorieorientierten DDR-Forschung, die dabei den Praxisbezug nicht vergißt. Für den Politik- und Sozialwissenschaftler, aber auch den Zeithistoriker eine wichtige Lektüre!

Das aus dem früheren "Ökonomischen Forschungsinstitut der Staatlichen Planungskommission" hervorgegangene "Institut für Angewandte Wirtschaftsforschung e.V." legt mit dem schmalen Band "Schlußbilanz - DDR : Fazit einer verfehlten Wirtschafts- und Sozialpolitik" ein Kompendium vor, das knapp, aber präzise und anschaulich die wesentlichen ökonomischen Fehlleistungen und wirtschaftspolitischen Fehlplanungen umfaßt, die seit Honeckers Machtantritt im Jahre 1970 geschehen sind. Als Forschungsergebnisse, wie im Vorwort betont, wird man den Inhalt dieses Bändchens jedoch nicht bezeichnen können, sondern eher als eine volks- und betriebswirtschaftlich fundierte Gesamtanalyse von Insidern, die die Defizite der DDR-Wirtschaft aus eigener Anschauung heraus mit verfolgen und z.T. mitgestalten mußten. Honeckers wirtschaftspolitische Strategie war zum Scheitern verurteilt, so das Fazit, weil die "Einheit von Wirtschafts- und Sozialpolitik" einerseits auf einem Wirtschaftssystem ruhte, das keine Anreize bot, die zu weiteren ökonomischen Leistungen führten, mit denen die wachsenden sozialen Ansprüche hätten befriedigt werden können, und andererseits, weil die nicht an eigene Leistungen gebundene Zunahme sozialer Absicherung kontraproduktiv auf die Leistungsmotivation zurückwirkte. Das Resultat war, wie die Autoren hervorheben, grotesk; obwohl der Lebensstandard in beiden deutschen Staaten diametral auseinanderlief, lebten die DDR-Bürger in Honeckers DDR in all diesen Jahren über ihre Verhältnisse und zu Lasten der Zukunft. Insofern habe sich der VIII. Parteitag der SED im Jahre 1971 als fatale Schlüsselentscheidung für die weitere ökonomische und sozialpolitische Entwicklung der DDR erwiesen. Immer mehr Mittel für notwendige Investitionen in der Wirtschaft wurden abgezogen,um damit die aufwendige Sozialpolitik zu finanzieren. Gerade den notwendigen Abbau von Sozialprivilegien und -leistungen konnte und wollte die Partei jedoch nicht angehen, da dies ihren ohnehin schwachen Rückhalt in der Bevölkerung noch weiter gefährdet hätte. Die Qualität dieses Buch liegt insbesondere darin, daß es in einer auch für den Laien verständlichen Sprache die Genese der wirtschaftspolitischen und ökonomischen Fehlleistungen, die schließlich den Kollaps der SED-Herrschaft in beträchtlichem Ausmaß mitbewirkten, klar und fundiert herausarbeitet. Es ist zudem mit vielen Schaubildern und Statistiken ausgestattet, die das Verständnis erleichtern. Während der versierte und mit dieser Problematik vertraute Volks- oder Betriebswirt sicherlich kaum Neues erfährt, ist das Buch vor allem für den Laien bzw. denjenigen, der sich in die Materie einarbeiten möchte, von hohem Gewinn.

Melvin J. Lasky's "Wortmeldung zu einer Revolution" ist zweifellos auch als solche zu verstehen. Seit Jahrzehnten aufs engste mit der Nachkriegsgeschichte im Ost-West-Verhältnis vertraut, darf der Autor für sich in Anspruch nehmen, den Glauben an den - so der Untertitel - "Zusammenbruch der kommunistischen

Herrschaft in Ostdeutschland" nie aufgegeben zu haben. Das aus zehn Kapiteln unterschiedlicher Länge bestehende Büchlein, häufig mit mehr oder minder passenden Zitaten von Aristoteles bis Schiller garniert, schildert Eindrücke aus der DDR kurz vor ihrem Zerfall; es befaßt sich vornehmlich mit Äußerungen und Einschätzungen zur Lage vor und nach der Wende. Lasky zitiert genüßlich Auffassungen insbesondere linksintellektueller Kreise, die dokumentieren, wie sehr man sich gerade hier mit der deutschen Teilung abgefunden hatte, ja bisweilen "im Honecker-Regime" eine mögliche Alternative zur bürgerlichen Gesellschaft in Bonn sah. Das Spektrum ist in der Tat weit und reicht von Redakteuren der "Zeit" über Günter Gaus bis zu Günter Grass. Letzterem widmet er ein eigenes Kapitel, dessen Tenor bereits unmißverständlich im Titel "Günter Grass und eine hohltönende Blechtrommel" zum Ausdruck kommt. So Unrecht hat Lasky sicherlich nicht, wenn er mit vielen Belegen anprangert, woran heute so mancher Politiker, Wissenschaftler oder Publizist nicht mehr erinnert werden möchte. Dennoch hilft eine moralische Verurteilung nicht weiter; vielmehr muß es um die Frage gehen, weshalb es zu solchen, z.T. eklatanten Fehleinschätzungen kommen konnte. Ganz besonders gilt dies für die professionelle DDR-Forschung, die in zunehmendem Maße im SED-Staat nur noch die DDR als Industriegesellschaft erblickte und die Bedeutung der Ideologie sowie das unheilvolle Wesen und Wirken des MfS immer mehr aus ihrem Gesichtskreis verlor. Hier ist die überfällige Diskussion inzwischen im Gange, aber noch längst nicht zu Ende. Die Anmerkungen des Autors zu Reiner Kunze sind ebenso lesenswert wie seine kritischen Bemerkungen zu Walter Janka. den er seit dessen Exil in Mexiko persönlich kennt. Zu Wolf Biermann schließlich hegt der amerikanische Journalist eine Art Haßliebe - es ist das vielleicht amüsanteste Kapitel im Buch. Diese Wortmeldung ist eher etwas zur Lektüre nebenbei, aber allemal originell und interessant. *Die* Analyse zum Zusammenbruch der DDR kann sie, will sie aber auch nicht sein.

Fraglos von ganz anderem Gewicht und Zuschnitt ist die Arbeit Christiane Lemkes. Aus einer Berliner Habilitationsschrift hervorgegangen, die bereits vor der Wende begonnen worden war und dann unmittelbar darauf die eigenen Forschungsthesen empirisch verifizieren konnte, konzentriert sie sich in ihrer Untersuchung auf eine der prinzipiellen Ursachen des Zusammenbruchs des SED-Regimes - das zunehmende Auseinanderklaffen zwischen der intendierten politischen Sozialisation und der tatsächlich erfolgten in der DDR-Gesellschaft, insbesondere in der nachwachsenden Generation. Ausgehend vom Ansatz der politischen Kulturforschung, die zwischen offizieller politischer Kultur der SED und der tatsächlichen, gesamtgesellschaftlichen Kultur unterscheidet, analysiert sie politisch-ideologische Vorgaben und Normen der beabsichtigten Sozialisation, wie sie die Partei Honeckers zu erzielen suchte und die eigentliche Sozialisation der DDR-Bürger, die sich in Familie, Schule, Universität, FDJ u.a.m. einstellte. Fazit ihrer außerordentlich differenzierten Untersuchung ist, daß der permanente Versuch der Partei, die "offizielle Kultur" zur gesamtgesellschaftlichen Kultur werden zu lassen, und zwar individuell wie kollektiv, gescheitert ist. Die wirkliche politische Sozialisation verlief trotz aller ideologischen Beeinflussungsversuche und erzieherischen Anstrengungen letztlich genau in die Gegenrichtung, bis der Bruch zwischen politisch-normativem Anspruch und konkreter, gesellschaftlicher Realität schließlich im Sommer 1989 unausweichlich wurde. Man wird der grundsätzlichen Richtigkeit dieser These kaum widersprechen können, zugleich liegt hier eine der tiefreichendsten Ursachen für den Kollaps der SED-Herrschaft vor. Dennoch könnte seine empirische Begründung noch fundierter sein. So kommt die Untersuchung der individuellen bzw. gesamtgesellschaftlichen Sozialisation durch die Arbeit, d.h. also in Fabrik und Betrieb oder anderswo eindeutig zu kurz. Zweifellos war hier der Zugang zu gesicherten und entsprechend generalisierbaren Daten besonders schwierig; dennoch konkretisierte sich hier der "Sozial-Vertrag" zwischen SED und DDR-Bürger(n) täglich aufs Neue, und doch wurde er insbesondere im letzten Jahrzehnt des zweiten deutschen Staates zunehmend stärker in seiner ganzen Künstlichkeit erlebt. Den Jubelmeldungen über Planübererfüllungen stand die täglich erlebte Erfahrung des Materialmangels, verschlissener Maschinen, qualitativ schlechter Produktion, sinkender Arbeitsdisziplin u.a.m. entgegen mit zweifellos verheerenden

Auswirkungen auf die habituelle Disposition der DDR-Bevölkerung. Hinzu kamen weitere Faktoren, etwa die Zeitbombenwirkung der KSZE-Vereinbarungen, die Honecker unterschrieb und die im *Neuen Deutschland (ND)* in vollständigem Wortlaut abgedruckt wurden - eine der seltenen Gelegenheiten, wo das *ND* einmal ausverkauft war. Zu fragen ist sicherlich auch, weshalb die in der DDR-Gesellschaft dominante, indigene Kultur dann nach dem Umbruch nicht stärker zum Ausdruck kam? Wollte man einfach bloß die westdeutsche Konsumgesellschaft? Dennoch ist die zu besprechende Arbeit auch in methodologischer Hinsicht ein zentrales Werk. Auf der Basis dieses Ansatzes muß mit dem jetzt zur Verfügung stehenden gesamtsesellschaftlichen Quellenmaterial empirisch weitergearbeitet werden.

Weniger stringent, sondern eher pointillistisch sind die aus zwei Tagungen der "Gesellschaft für Deutschlandforschung" hervorgegangenen Bände "Ursachen und Verlauf der deutschen Revolution 1989" und "Die Reformen in Polen und die revolutionären Erneuerungen in der DDR". In der von dem Bayreuther Politologen Löw edierten Aufsatzsammlung sind Erlebnisberichte aktiv Beteiligter bzw. Betroffener dieser bisher erfolgreichsten deutschen Revolution mit ersten, fundierten Analysen vereinigt. Ersteres gilt für Herbert Wagner, "Die Novemberrevolution 1989 in Dresden. Ein Erlebnisbericht" sowie Fritz Schenk, "Die Hypotheken des gescheiterten Sozialismus", deren Lektüre durchaus gewinnbringend ist, während insbesondere die Beiträge von Bernhard Baule, "'Wir sind das Volk!' Politische Bedingungsfelder der Freiheitsrevolution in der DDR", von Gerhard Wettig, "Die Rolle der UdSSR bei der Vereinigung Deutschlands", von Manfred Wilke, "Die bundesdeutschen Parteien und die demokratische Revolution in der DDR - oder: Die Bewährung des demokratischen Kernstaates", als erste Analyseversuche außerordentlich gelungen sind. Baule listet in einer beeindruckenden Stringenz die internen Gründe für den Zusammenbruch des SED-Regimes auf, während Wettig dies ebenso fundiert für die Peripetie der sowjetischen (Deutschland-)Politik vornimmt. Wilke sieht im Festhalten am Wiedervereinigungsgebot des Grundgesetzes, trotz zunehmender Aufweichungstendenzen in vielen Bereichen, eine Revitalisierung des staatsrechtlichen Selbstverständnisses der alten Bundesrepublik als demokratischer Kernstaat *aller* Deutschen. Die Texte von Jens Motschmann, "Evangelische Kirche und Wiedervereinigung" und des Herausgebers Löw, "Die bundesdeutsche politikwissenschaftliche DDR-Forschung und die Revolution in der DDR", beleuchten kritisch Rolle und Verhalten sowohl der Evangelischen Kirchen als auch der Politologie zur Deutschlandfrage. Beide können nachweisen, wie im Verlauf von vier Jahrzehnten Teilung die Überzeugung zerfaserte, es könne noch einmal zur Einheit Deutschlands kommen. Sie nennen, jeweils für die Kirche wie für die Politikwissenschaft, eine Reihe von zweifellos relevanten Gründen, die Ursachen hierfür werden jedoch zukünftig noch eingehender zu analysieren sein. Zugleich muß die Auseinandersetzung darüber weitergeführt werden, wie ausgerechnet die Politikwissenschaft, die sich schon von ihrem Gegenstand her immer wieder mit normativen Problemen der Menschen- und Bürgerrechte wissenschaftlich auseinandersetzt, insbesondere bei der Erforschung des SED-Staates häufig einen eklatanten Perzeptions- und Normenverlust erlitt. Ist eine solche Beurteilung, wie sie am Beispiel der Evangelischen Kirchen und der Politologie demonstriert wird, indessen nicht Ausfluß eines in der (alt-)bundesdeutschen Gesellschaft längst vorwiegenden Denkens gewesen, das in einer überbordenden Wohlstandsgesellschaft geprägt wurde und wird? Mußte hier nicht der nüchterne Blick für die tatsächlichen Realitäten einer sozialistischen Diktatur nach und nach schwinden, weil die eigene politische Sozialisation individuell wie sozial übergreifend ganz andere, häufig kaum reflektierte Erfahrungen aufwies, die Vergleichskriterien kaum mehr zuließ? Das entschuldigt Fehlperzeptionen keineswegs! Aber erst von einem gesamtgesellschaftlichen Ansatz aus wird man das teilweise Versagen der Politikwissenschaft - und anderer Wissenschaften! - genauer analysieren können. Der inzwischen in der DDR-Forschung darüber entbrannte Streit hat sich schon jetzt im Austausch bekannter politischer und wissenschaftlicher Positionen zu sehr verhakt, um sich in diesen Gesamtzusammenhang einbeziehen und entsprechend selbstkritisch betrachten zu können. Keinesfalls übersehen werden sollten indes auch die Beiträge von Hans-Peter Müller, "Die 'Oktoberrevolution' und das Ende des

FDGB", von Ursula Jaeckel, "40 Jahre Staatssicherheit - Ziele, Tätigkeit, Auswirkungen" und von Heidrun Katzorke, "Das sozialistische Bildungskonzept und seine Durchsetzung im Hochschulwesen der DDR", die allesamt ihren Einzelgegenstand fundiert beschreiben und beurteilen. Freilich hätte es dem Herausgeber gut angestanden, angesichts einer zwangsläufig heterogen bleibenden Bestandsaufnahme nur ein Jahr nach der Revolution eine Einleitung zu formulieren, in der wenigstens der Versuch unternommen worden wäre, diese insgesamt qualitativ hochstehenden Aufsätze miteinander zu verknüpfen.

Das Jahrbuch der 12. Jahrestagung der Gesellschaft für Deutschlandforschung, herausgegeben von Siegfried Mampel und Alexander Uschakow, vereinigt Beiträge zu einem Vergleich zwischen zwei ehemaligen Ostblockstaaten, der früher dem klassischen "intra-strukturellen" Vergleich zwischen sog. "realsozialistischen Staaten" entsprochen hätte. Tatsächlich wäre der Vergleich zwischen dem bereits auf dem Wege zu Demokratie und Marktwirtschaft befindlichen Polen und der damals noch nach wie vor restaurativ-reaktionär verbleibenden DDR Honeckers auf der Basis zweier unterschiedlicher Entwicklungsstadien erfolgt. Der ab Herbst 1989 einsetzende Umbruch in der DDR stellte jedoch wieder die Balance her. Im Band selbst werden Gesellschaft, Wirtschaft, Recht und Rechtsschutz und die Kultur komparativ einander gegenübergestellt; das Bildungswesen, die Landwirtschaft und das Verhältnis von Staat und Kirche bleiben ausgespart. Der Text von Jerzy Holzer, "Der Pluralismus in Polen", zeigt auf, daß dieser jenseits der Oder eine lange Historie besitzt; doch trotz einer solchen (vormodernen) Tradition fällt der Übergang zu einer pluralistischen Demokratie schwer, weil der individuelle politische Willensbildungsprozeß von breiten Schichten erst noch erlernt werden muß. Karl W. Fricke äußert in seinem Beitrag "Die Demokratisierung in der DDR..." die inzwischen verifizierte Auffassung, daß dieser Prozeß zwischen Elbe und Oder irreversibel ist. Die Arbeit von Jerzy Kleer, "Wirtschaftsreform in Polen", behandelt die Probleme des Übergangs von einer zentralen Planverwaltungs- zu einer Marktwirtschaft, wie dies gegenwärtig unter den Bedingungen eines immer noch in großem Ausmaß existenten Staatseigentums, der Mangelwirtschaft, des Fehlens einer marktgerechten Infrastruktur u.a.m. der Fall ist. Gernot Gutmann fragt nach dem Ende der Planwirtschaft in der DDR und zeigt auf, daß die Umstellung von einem zentralistischen Planverwaltungssystem zur freien Marktwirtschaft eine ebenso grundlegende Transformation des politischen Systems von der Ein-Parteien-Herrschaft der SED zum demokratischen Mehr-Parteiensystem und Verfassungsstaat bedingt. Ewa Lętowska hebt in dem Beitrag "Polens Weg zum Rechtsstaat" die innenpolitische Zäsur von 1956 hervor, die erstmals in viel höherem Maße als zuvor die tatsächliche Einhaltung gesetzlichen Rechts mit sich brachte. Obwohl Polen mit der Einführung der Verwaltungsgerichtsbarkeit Ende 1989 erst endgültig zum Rechtsstaat geworden ist, vermag dieser nur zu funktionieren, wenn die Bevölkerung rechtsstaatliche Prinzipien und Prozeduren internalisiert hat. Ihre tour d'horizont wird durch den Beitrag von Kazimierz Dzialocha, "Der Verfassungsgerichtshof in Polen", ergänzt. Der Text von Horst-Dieter Kittke, "Abbau der Defizite beim Schutz des Bürgers vor der Staatsgewalt in der DDR", umreißt die Reformen auf dem Gebiet des Rechtswesens und der Justiz, um die DDR zu einem Rechtsstaat zu machen - ein inzwischen überholter Beitrag. Die Studie von Andrzei Sakson, "Kulturelle Freiheit in Polen", belegt eindrucksvoll, wie schwer auch im Vorreiterland kultureller und künstlerischer Freiheit unter den Ostblockstaaten dieser Kampf gewesen ist, um die künstliche Teilung von offizieller Kultur und inoffizieller zu überwinden. Der Beitrag von Theo Mechtenberg, "Das Streben nach kultureller Autonomie in der DDR", illustriert schließlich am Beispiel des 11. ZK-Plenums der SED vom Dezember 1965, mit welcher Ausschließlichkeit und Unnachgiebigkeit die Partei ihren Führungsanspruch auch in der Kultur durchsetzte und damit jeglichen Autonomieanspruch auf diesem Gebiet ausmerzte. Auch wenn einige Beiträge dieses Sammelbandes inzwischen überholt sind, so verliert dieser Versuch einer komparativen Gegenüberstellung doch nicht an Wert. Ohnehin wird die weitere Forschung auf nahezu allen Gebieten vergleichende Perspektiven und Ansätze in zunehmendem Maße praktizieren müssen, um zu weiteren Erkenntnissen zu gelangen. Das wird für den Vergleich der Entwicklung der ehemaligen Staaten des real-existierenden Sozialismus ebenso gelten, wie für den inter-diktatorialen Vergleich zwischen NS- und SED-Regime.

Es verwundert nicht, daß die hier besprochenen Bände nur Facetten eines vielschichtigen und komplexen Transformationsprozesses aufzeigen, dessen Ausmaß im Einzelnen noch gar nicht zu ermessen ist. Damit zeichnet sich ein weites Forschungsfeld ab, das die Geistes, Sozial- und Wirtschaftswissenschaften sowie die Jurisprudenz noch lange beschäftigen wird. Unübersehbar scheint, daß der Streit um bisherige wissenschaftliche Erkenntnisleistungen und Fehldeutungen fortgesetzt werden muß, um zu weiteren methodisch fundierten Forschungsansätzen zu kommen. Dabei wird der Vergleich in zunehmendem Maße wichtig werden.

Herwig Gödeke

Trotzki

Wolkogonow, Dimitri: *Trotzki. Das Janusgesicht der Revolution.* ECON Verlag, Düsseldorf 1992, 490 S. (Die russ. Originalausgabe erschien bei Nowosti, Moskau 1992, 2 Bde.)

Mandel, Ernest: Trotzki als Alternative. Dietz Verlag, Berlin 1992, 252 S.

Für Dimitri Wolkogonow, bis 1991 Leiter des Moskauer Instituts für Militärgeschichte des Verteidigungsministeriums der UdSSR, ist sein Buch über Trotzki keine politische Biographie, sondern ein politisches Porträt. Es sei das erste Buch über Trotzki, das sich auf sowjetisches und ausländisches Archivmaterial - u.a. aus dem Archiv der Houghton Library in der Harvard University sowie dem bisher unzugänglichen Zentralarchiv des KGB - stütze (19).

Was das Verhältnis von deutscher zu russischer Ausgabe betrifft, muß leider festgestellt werden, daß die deutsche Ausgabe um über 50% gekürzt wurde. Desgleichen fehlt in der deutschen Ausgabe der den Archivteil betreffende wissenschaftliche Anmerkungsapparat. Bedauerlich ist weiterhin, daß der deutschen Ausgabe das großartige und bei uns weitgehend unbekannte Bildmaterial (100 Seiten) nicht beigefügt wurde. Ein Vorwort über das Verhältnis von russischer Originalausgabe zur deutschsprachigen Fassung wäre daher wünschenswert gewesen. Für den Gebrauch der deutschen Ausgabe nützlich erweist sich die Zeittafel (449-454) und das kommentierte Personenverzeichnis (459-490). In letzterem vermißt man jedoch Julij Ossipowitsch Martow (Zederbaum 1873-1923), der aber im Text selbst mehrfach genannt wird. Martow bleibt, wie neuere Forschungen bestätigen, für die Beziehung Trotzkis und Lenins zur menschewistischen Bewegung unverzichtbar. Das Literaturverzeichnis (455-458) enthält nur Monographien, Zeitschriftenaufsätze werden ausgeklammert. Hieraus kann man schließen, daß die deutschsprachige Ausgabe im Gegensatz zur russischen Originalausgabe vorwiegend ein breites Leserpublikum ansprechen soll.

Wolkogonow bleibt bemüht, das politische Porträt Trotzkis weder "weiß" noch "schwarz" zu zeichnen. Der Leser bleibt davon gefesselt, wie Wolkogonow bestimmte Züge dieses Charakters und historische Entscheidungsprozesse interpretiert.

Hierbei lehnt sich Wolkogonow dem Urteil von N.A. Berdjajew an, der 1930 schrieb (23): "Zweifellos ist L. Trotzki in jeder Beziehung den anderen Bolschewiki haushoch überlegen, wenn man Lenin nicht mitrechnet. Lenin ist selbstverständlich größer und stärker, er ist der Kopf der Revolution, jedoch Trotzki ist talentierter und glänzender ...".

In sieben Kapiteln werden die Höhepunkte der Biographie Trotzkis in ihren Phasen von den russischen Revolutionen 1905 und 1917, dem Bürgerkrieg, der schrittweisen Demontage Trotzkis im Zusammenhang mit der Festigung der Machtpositionen Stalins seit seiner Berufung zum Generalsekretär (XI. Parteitag 1922) und die Verbannung Trotzkis aus Sowjetrußland eindrucksvoll behandelt. Die drei Schlußkapitel, die knappe Hälfte des Bandes, sind der Verbannung Trotzkis und seiner Familie gewidmet. Der Leser enthält einen Einblick in das von dem stalinistischen Machtapparat gesteuerte und gelenkte Intrigennetz gegen Trotzki. Als Antwort darauf, warum Trotzki, Kriegsheld der Revolution, zweiter Mann neben Lenin und Vorsitzender des Revolutionären Kriegsrates (bis Januar 1925), solch ein tragisches Ende finden mußte, verweist Wolkogonow neben der unüberbrückbaren persönlichen und ideologischen Feindschaft zu seinem Kontrahenten Stalin auf entscheidende falsche Weichenstellungen in der sowjetischen Geschichte. Hierbei haben militärhistorische und parteipolitische Fragestellungen Vorrang vor ökonomischen. Es ist zweifellos eine Simplifizierung, Trotzki vorwiegend als "Gefangenen einer Idee" (445) herauszustellen, ökonomischen Fragestellungen jedoch, wie z.B. dem Verhältnis Trotzkis zur Neuen Ökonomischen Politik, zum Markt-Sozialismus und zur Linie, die Bucharin auf dem Gebiet der Industrialisierung und der Wirtschaftspolitik vertrat, auszuweichen. Alternativen Trotzkis, der bestehenden ökonomischen und politischen Misere des Landes entgegenzuwirken, werden auf diese Weise - absichtlich oder nicht - verschwiegen.

Sehr positiv muß hingegen herausgestellt werden, wie es Wolkogonow verstanden hat, ein zuweilen fast lebensecht wirkendes Porträt Trotzkis in seinen verschiedenen biographischen Entwicklungsphasen zu zeichnen:

Wir erleben, wie sich der jüdische Großbauernsohn aus der Gegend von Poltawa, der anfangs den Marxismus ablehnte und vom Werk führender Menschewiki geprägt wurde (P.B. Axelrod 1850-1928, I.O. Martow 1873-1923, G.W. Plechanow 1856-1918) zum kleinbürgerlichen Revolutionär entwickelt. Seit dem 6. Parteitag der RSDAP (Ende Juli 1917) tritt Trotzki entschlossen an die Seite Lenins und der Bolschewiki. Trotzki wurde in die Partei aufgenommen und, obwohl er im Gefängnis saß, in das ZK der bolschewistischen Partei gewählt. Der Treue zu Lenin, dessen politische und intellektuelle Überlegenheit Trotzki voll anerkannte, blieb er zeitlebens, auch während seiner Verbannung, verpflichtet.

Treffend bemerkt Wolkogonow, daß eine historische Chance vertan wurde, da Trotzki nicht bemerken wollte, daß sich als Ergebnis der von ihm selbst aktiv mitgetragenen russischen Revolutionen von 1905 und 1917 ein russischer Parlamentarismus entwickelt hatte. Trotzki bekämpfte diesen russischen Parlamentarismus bekanntlich aufs schärfste. Für ihn war der Übergang von der bürgerlichen Anarchie zur sozialistischen Wirtschaft nur auf dem Wege einer revolutionären Diktatur vollziehbar. Diese Diktatur sollte jedoch im Gegensatz zur Politik Stalins zeitlich eng begrenzt bleiben. Wolkogonow hat vollkommen recht, wenn er feststellt, daß der Versuch, die bürgerlich-demokratische Periode durch den Aufbau des Sozialismus *in einem Land* zu überspringen, falsch war.

Zu einer Vertiefung des von Wolkogonow gezeichneten Trotzkibildes hätte eine Behandlung der von der Opposition vertretenen alternativen Wirtschaftspolitik wesentlich beitragen können. Hierbei gehört z.B. die Haltung Trotzkis zur Spätschrift Lenins "Wie soll man die Arbeiter- und Bauernorganisation reorganisieren" (Kak nam reorganisowat RABKRIN?). Diese Erörterung fällt in die entscheidende Phase des Machtkampfes zwischen Trotzki und Stalin, denn Stalin war es gelungen, durch Zusammenlegen der Organisationsstrukturen von "RABKRIN" und ZKK seine Machtposition auf Kosten des Flügels um Lenin und Trotzki enorm zu steigern. Der Versuchung, durch erbarmungslosen Einsatz von Gewalt die eigene Macht zu festigen und auszubauen, erlag selbstverständlich auch Trotzki. Wolkogonow belegt dies eindrucksvoll durch eine Statistik von Massenerschießungen während des Bürgerkrieges, wobei sich Trotzki jedoch voll auf Weisung und Unterstützung Lenins und nicht zuletzt auf strikte Anwendung der Militärgerichtsbarkeit berufen konnte.

Vorzüglich versteht es Wolkogonow, die spätere unversöhnliche Feindschaft zwischen Trotzki und Stalin bis auf die Zeit des Bürgerkrieges zurückzuführen. Als Quelle werden die bislang im Westen meines Wissens kaum bekannten 19 Militärthesen vom 25.2.1919 kommentiert (218-219). In der Frage der Einbeziehung von Militärspezialisten kam es zwischen Trotzki als Vorsitzendem des Revolutionären Kriegsrates und den Kommandierenden der 10. Armee, Woroschilow und Stalin, zu einem tiefgehenden Zerwürfnis, das Lenin nur mit Mühe beseitigen konnte. Seit dem 12. Parteikongreß (17.-25.4.1923) und der Erklärung der 46 Anhänger Trotzkis vom Oktober 1923 nimmt die schrittweise Demontage Trotzkis, bei der Kamenew und Sinowjew verhängnisvoll mitwirkten, ihren unerbittlichen Verlauf bis hin zur Verbannung ab Januar 1928. Die Verfolgung und Allgegenwart des sowjetischen Geheimdienstes bis zur Ermordung Trotzkis in Mexiko wird eindrucksvoll mit Hilfe bislang unzugänglicher KGB-Akten dokumentiert.

Das während der Verbannung entstandene schriftstellerische Werk Trotzkis ist gewaltig. Wolkogonow erkennt zwar diese hervorragende Arbeitsleistung an, bleibt allerdings bei seiner Analyse keineswegs frei von Denkmodellen traditionell-sowjetischer Prägung. So habe Trotzki durch sein Buch "Die verratene Revolution" Stalin herausgefordert, zumal dieser Enthüllungen Trotzkis über seinen völlig unbedeutenden Anteil am Oktoberaufstand habe fürchten müssen. "Folgerichtig" begannen die Moskauer Schauprozesse. Weiterhin habe Stalin die Informationen des Spitzels Mark Sborowski zur Jahreswende 1938/39, daß binnen der nächsten 18 Monate eine Stalinbiographie aus der Feder Trotzkis erscheinen werde, als eine persönliche Herausforderung empfinden müssen mit der Konsequenz, daß Trotzki zu liquidieren sei.

Bedauerlich ist, daß die deutsche Ausgabe angesichts der Kürzungen hinter der russischen Originalausgabe zurückbleibt. So finden sich neuere Forschungsergebnisse, die sich aus dem Briefwechsel von N.K. Krupskaja ergeben, nur in der russischen Ausgabe wieder (Bd. II, 19 f.). Diese Dokumente stellen die feste und persönliche Verbindung zwischen Trotzki und Lenin heraus, warnen vor der Spaltung der Partei, deren Urheber nicht Trotzki, sondern Stalin sei.

So lesenswert das Werk Wolkogonows ungeachtet der gemachten Einschränkungen insgesamt bleibt, das dargebotene Porträt Trotzkis ist keineswegs frei von gewissen Verzerrungen. Hierzu ein Zitat, das wir der russischen Ausgabe entnehmen, da es im deutschen Text nicht auffindbar war (Bd. II, 234): "Ich bin zur Auffassung geneigt, daß die ganzen letzten Lebensjahre Trotzkis verknüpft waren mit dem Versuch der Schaffung einer mächtigen und einflußreichen internationalen Organisation. Sie waren der letzte Ausdruck eines gewaltigen, planetarischen Egozentrismus seiner Person." Hier spielt Wolkogonow auf die von Trotzki begründete IV. Internationale an.

Vor dem Hintergrund der Biographie Trotzkis werden die unseligen Folgen falscher Weichenstellungen der sowjetischen Geschichte deutlich, deren Gefahr Trotzki voll erkannt hatte. Die hier besprochene Arbeit Wolkogonows bleibt verdienstvoll, da sie dem deutschen Leser hilft, den Parteibürokratismus und das Räderwerk des stalinistischen Machtapparates besser zu durchschauen.

Kein Unbekannter auch auf dem Feld der Trotzki-Forschung ist Ernest Mandel, revolutionärer Marxist und Fachmann auf dem Gebiet der politischen Ökonomie der Arbeiterklasse. Als besonderes Charakteristikum der Betrachtungsweise Mandels kann zweifelsohne seine Anwendung der dialektischen Methode gelten, die Analyse der von der Persönlichkeit Trotzkis und seinem schriftstellerischen Werk ausgehenden Impulse für die Gegenwart.

Der Fragen, um die es in den zwölf Kapiteln des Buches geht, gibt es viele: Welche Chancen und Auswirkungen ergeben sich aus der trotzkistischen Opposition? Welche Alternativen gab es, sowohl für die Sowjetunion selbst als auch für den Verlauf der Geschichte der Arbeiterbewegung? Welche Rückschlüsse und Lehren lassen sich (aus marxistischer Sicht) für die Gegenwart ziehen?

Für den Ökonom Mandel ist der Zusammenbruch der osteuropäischen sozialistischen Staatenwelt folgerichtig und vorhersehbar gewesen. Dies bedeutet für ihn jedoch keineswegs eine Abkehr vom Sozialismus, dem er sich im Geiste der Ideen von Trotzki zutiefst verpflichtet fühlt.

Es kann nicht verwundern, daß Mandel als Journalist für Sozial- und Wirtschaftsfragen sowie geschulter Politologe zu anderen Einschätzungen gelangt als der Militärwissenschaftler und Historiker. Im Gegensatz zu Wolkogonows historisch sachlichem und stark bio-bibliographischem Stil, der auf die Person Trotzkis und seine Zeit fixiert ist, begegnet uns bei Mandel der "wahre Marxist", dessen Stil manche zuweilen sogar als "demagogisch" empfinden mögen. Dies muß keineswegs von Nachteil sein, denn Mandel gelingt es vor allem auf seinem Spezialgebiet, der politischen Ökonomie, zu Schlüssen zu kommen, die das Werk Wolkogonows ergänzen. Dies gilt besonders für seine Reflektionen über die Voraussetzungen einer alternativen Wirtschaftspolitik für die Sowjetunion (Kap. IV) und für Schlußfolgerungen, die sich aus den Aktivitäten des trotzkistischen Internationalismus und der IV. Internationale bis heute insbesondere für die Arbeiterbewegung ergeben.

Während Mandel die Kraft der IV. Internationale ungebrochen und deshalb als zukunftweisende Alternative für Gegenwart und Zukunft der Arbeiterklasse empfindet, fällt Wolkogonow ein vernichtend anmutendes Urteil, das sich u.a. auf Akten aus dem Archiv der Westabteilung des KGB stützt: "Trotzki wollte die Kluft nicht sehen, die zwischen seinen märchenhaften Triumphen der Vergangenheit und seinem neuen kränkelnden und perspektivlosen Kind - der IV. Internationale - klaffte" (Wolkogonow 412). Mandel hält dem ohne Angabe seiner Quellen, aber dennoch überzeugend entgegen, Trotzki werde als bedeutendster Stratege des Internationalen Sozialismus in die Geschichte eingehen (Kap. I). Sein Internationalismus stelle den historischen Fehler der deutschen Sozialisten heraus, deren Weigerung zur Selbstbewaffnung Hitler ermöglicht und den Zweiten Weltkrieg heraufbeschworen habe (Kap. II).

Im Abschnitt "Trotzkis Kampf gegen die stalinistische Bürokratie" (Kap. III) schlägt Mandel einen großen Bogen von der Erklärung der 46 Anhänger Trotzkis vom Oktober 1923, die sich vornehmlich gegen den von Stalin gelenkten Beamtenapparat richtete, zu den Moskauer Prozessen. Mandels Feststellung, sämtliche Angeklagte der Moskauer Prozesse seien durch Gerichtsurteil rehabilitiert (28), ist zwar im wesentlichen richtig, verwischt jedoch die Zusammenhänge über die Arbeit der sowjetischen Rehabilitierungskommission, die sich über die Rehabilitierungen von Bucharin, Rykow, Tomskij, Sinowjew, der bucharinschen Schule u.a. Schritt für Schritt seit 1988 immer mehr an eine Rehabilitierung Trotzkis herantastete. Der Zusammenbruch der SU und der KPdSU kamen dem zuvor.

Mandel und Wolkogonow kommen ungeachtet ihrer unterschiedlichen Betrachtungsweise auch zu ähnlichen Ergebnissen. Beide Autoren sehen die Zerschlagung des Parlamentarismus als verpaßte historische Chance für die Entwicklung in Rußland und der Sowjetunion. Mit Recht stellt Mandel fest, daß aus heutiger Sicht die bolschewistischen Führer die Entfaltung der Selbständigkeit der Arbeiterklasse nicht gefördert, sondern behindert hätten, indem mit Ausnahme der KP alle übrigen Parteien verboten und zerschlagen wurden (Kap. V).

In Übertragung der Lehren Trotzkis auf die Befreiungsbewegung in der Dritten Welt habe "das chinesische Volk einen schweren Preis dafür bezahlt, daß Trotzkis Weg in China nicht befolgt wurde und daß sich die Bauernarmee nicht mit einem selbständigen Proletariat und einer Rätemacht, sondern mit einer engstirnigen ... Bürokratie verbunden habe, um den Staat Tschiang-Kai-scheks zu stürzen" (149). Man kann Mandel den Vorwurf politisch bedingter Sturheit auf Kosten historisch fundierter Ausgewogenheit nicht immer ganz ersparen. Einschränkend ist weiterhin festzustellen, daß die meisten der dem Abschnitt "Trotzkis Kampf gegen den Faschismus" folgenden Kapitel kaum über den Informationswert von Wolkogonows Biographie hinausgehen. "Trotzki als Heerführer und Militärwissenschaftler" (Kap. VIII) behandelt einen wichtigen Punkt des von Trotzki ab 1922/23 vorgeschlagenen Milizsystems und die allmähliche Wählbarkeit der Kommandeure. Wenn auch Wolkogonow auf diesem Gebiet der umfassendere Sachkenner ist, gehen die von Mandel getroffenen Schlußfolgerungen im Zusammenhang der Umgestaltung des Milizheeres seit 1935 zu einer Privilegienarmee (195) und die damit verbundenen negativen Auswirkungen über Wolkogonow hinaus. Interessant, jedoch kaum Neues enthaltend, sind die Kapitel über Trotzki und die Judenfrage (Kap. X), seine Rolle als Literaturkritiker (Kap. XI) und seine Bedeutung als Mensch (Kap. XII). Als wesentlich hervorgehoben zu werden verdient der Beitrag "Trotzki und die nationale Frage" (Kap. IX) im Zusammenhang mit der sog. "Grusinischen Angelegenheit". Ursache war das tiefgehende Zerwürfnis zwischen Lenin/Trotzki auf der einen Seite und Stalin/Ordschonikidse auf der anderen Seite. Lenin war tief besorgt über den von Stalin und Ordschonikidse gegen Georgien betriebenen "Großmachtchauvinismus", der zum Ziel hatte, die Rechte der selbständigen nationalen Republiken zu schmälern und diese lediglich mit Rechten autonomer Republiken in die russische Föderation einzugliedern. Aus dieser Situation, die Mandel hätte gründlicher behandeln sollen, kam es zur Betrauung Trotzkis mit der georgischen Angelegenheit. Sie unterstreicht das zwischen Lenin und Trotzki bestehende Vertrauensverhältnis und die Überzeugung, daß Trotzki als in Aussicht genommener Nachfolger Lenins die anstehenden Nationalitätenfragen kompetenter als Stalin werde lösen können.

Der Beitrag "Trotzkis alternative Wirtschaftsstrategie für die Sowjetunion" ist von allen zwölf Kapiteln am interessantesten und gut fundiert. Der Titel des Bandes "Trotzki als Alternative" hat hier seinen Ursprung. Überzeugend sind die Belege, daß Trotzki und die linke Opposition keineswegs die Marktmechanismen aus der Sowjetwirtschaft herausnehmen wollten. Von den drei Grundlinien der Wirtschaftspolitik des Jahres 1923, der Linie Bucharins, Stalins, Trotzkis, sei letztere am vielversprechendsten gewesen. Einer adäquaten Wechselwirkung der drei Faktoren Planung, Markt, Sowjetdemokratie für die Wirtschaft der Neuen Ökonomischen Politik sei die Linie Trotzkis am nächsten gekommen. Sie enthalte eine krasse Absage an die Kommandowirtschaft der Stalin-Ära und die rigorose Zwangskollektivierung. Vor dem Hintergrund des ökonomischen Desasters der SU bleibt Mandel überzeugend. Indes bleiben berechtigte Zweifel, ob einer solchen sozialistischen Wirtschaft ungeachtet der Beibehaltung marktwirtschaftlicher Elemente ein späterer Zusammenbruch erspart geblieben wäre.

Dennoch: Trotzki bleibt durch sein Werk und auch als Mensch trotz mancher Fehler faszinierend. Für Mandel ist er von allen Denkern und sozialistischen Politikern derjenige, "der die entscheidenden Probleme unseres Jahrhunderts am deutlichsten erkannt und die adäquatesten Lösungen [...] vorgeschlagen hat" (248).

Rolf Wörsdörfer (Frankfurt/M.)

Antonio Gramsci

Gramsci, Antonio: Marxismus und Kultur. Ideologie, Alltag, Literatur. Hrsg. und aus dem Italienischen von Sabine Kebir. Mit einem Nachwort von Giuliano Manacorda. VSA-Verlag, Hamburg 1991, 350 S.

Gramsci, Antonio: Briefe 1908-1926. Eine Auswahl. Hrsg. von Antonio A. Santucci. Europaverlag, Wien, Zürich 1992, 299 S.

Gramsci, Antonio: Gefängnishefte Band 3. Hrsg. von Klaus Bochmann und Wolfgang Fritz Haug. Hefte 4-5. Argument-Verlag, Hamburg 1992, 248 S. (Text), 106 S. (Apparat).

Gramsci, Antonio: Gefängnishefte Band 4. Hrsg. von Klaus Bochmann und Wolfgang Fritz Haug unter Mitwirkung von Peter Jehle. Hefte 6-7. Argument-Verlag, Hamburg 1992, 220 S. (Text), 103 S. (Apparat).

Bibliografia gramsciana. Hrsg. von John M. Cammett. Vorwort von Nicola Badaloni. Editori riuniti , Roma 1991 (Annali 1989 Fondazione Istituto Gramsci), 457 S.
International Gramsci Society, Newsletter, March 1993, Number 2, 31 S.

Die deutsche Gramsci-Rezeption scheint in den neunziger Jahren erst richtig in Schwung zu kommen. Alle sechs Monate ein Buch von oder über Gramsci; Seminare und Kongresse über sein Leben und Werk; wissenschaftliche Aufsätze zu Teilaspekten seines politischen Denkens. Mit der Veröffentlichung einer deutschen Ausgabe der *Gefängnishefte* schließt sich jetzt auch ein Kreis, dessen Ausgangspunkt in der DDR 1955 die Ausgabe *Die süditalienische Frage. Beiträge zur Geschichte der Einigung Italiens* war und der im Westen 1967 mit den ersten Gramsci-Übersetzungen von Christian Riechers begann. Viel ist seither gestritten worden: um die Qualität der jeweiligen Übertragung aus dem Italienischen; um den ideologischen Gebrauch, den Gruppen und Grüppchen, Zirkel und Sekten vom theoretischen Erbe Gramscis machten; um die Bedeutung solcher Schlüsselbegriffe wie "Hegemonie", "historischer Block", "Stellungs- und Bewegungskrieg", "passive Revolution", "Zivilgesellschaft" u.a. Ein produktiver Streit, überlegt man sich, daß Gramsci auf dem besten Wege ist, nördlich der Alpen mehr gelesen zu werden als in Italien selbst.

Von einer zunehmenden internationalen Vernetzung der Gramsci-Diskussion zeugen die *Bibliografia gramsciana* von John E. Cammett und der von Joseph A. Buttigieg herausgegebene *Newsletter* der International Gramsci Society. In der Bibliographie figuriert das Deutsche mit 244 Nennungen noch an vierter Stelle hinter dem Italienischen (4324), dem Englischen (909) und dem Französischen (387). Es steht aber zu erwarten, daß die Bedeutung des Deutschen als "gramscianische" Sprache zunehmen wird, was für die Übersetzungen von Gramsci-Texten ebenso gilt wie für die Sekundärliteratur. Vorbei sind die Zeiten, in denen deutsche Gramsci-Herausgeber wie Christian Riechers oder Guido Zamis eigene Auswahlbände mit für die hiesige Leserschaft besonders interessanten Artikeln zusammenstellten. Mittlerweile kann all das, was in Italien bisher noch unveröffentlicht geblieben ist, zeitgleich zur italienischen Ausgabe "originalgetreu" auch in deutscher Sprache ediert werden.

Das erste Beispiel für eine solche Verfahrensweise war der von Giuliano Manacorda besorgte Band *Marxismo e letteratura* (Editori riuniti, Roma 1975). Allerdings folgte die deutsche Übersetzung von Sabine Kebir in diesem Falle noch mit einem Abstand von acht Jahren (VSA, Hamburg 1983). Inzwischen liegt *Marxismus und Kultur* - man beachte die Ausweitung des Themas im Titel der deutschen Ausgabe - schon in der dritten Auflage vor.

Dabei hätte man annehmen können, angesichts des Erscheinens einer deutschen Übertragung der *Quaderni del carcere* wäre dem von Sabine Kebir besorgten Buch ein gefährlicher Konkurrent erwachsen. Dem ist bisher wahrscheinlich nur deshalb nicht so, weil die komplette historisch-kritische Edition der *Quaderni* bislang erst zu etwa einem Drittel (sieben von neunundzwanzig Heften unterschiedlichen Umfangs) in deutscher Sprache vorliegt, so daß auch die dritte Auflage des Auswahlbandes noch ihre Käufer und Leserinnen finden wird.

Erst recht gilt dies für den von Antonio A. Santucci bei Einaudi herausgegebenen Briefe-Band (*Lettere 1908-1926*, Torino 1992), dessen von Klaus Bochmann (Leipzig) besorgte, allerdings gekürzte deutsche Ausgabe in demselben Jahr erschien wie das italienische Original. Das Buch steht für einen persönlichen, geradezu intimen Zugang zu Gramsci, wiewohl der Herausgeber Texte politischer und privater Natur versammelt hat. In der Einleitung betont Santucci, die *Lettere 1908-1926* stellten die notwendige Ergänzung zu den in Italien erstmals 1947 erschienenen *Lettere dal carcere* dar. Er weist zugleich auf einen quantitativen Unterschied zwischen der neuen Briefe-Sammlung und der alten Gefängnisbriefe-Ausgabe hin: Während Gramsci in seiner Haftzeit (November 1926 - Januar 1927) über vierhundert Briefe verfaßte, waren es in den Jahren 1908-1926 nicht einmal halb so viele.

Allerdings sind die Recherchen in italienischen und sowjetischen Archiven noch nicht abgeschlossen. Insbesondere aus dem Zeitraum 1922-26 könnten noch Briefe zutage gefördert werden, auf die es zum Teil Hinweise in der übrigen Korrespondenz gibt.

Als Gymnasiast in Cagliari, als Student und Mitglied der Sozialistischen Partei in Turin, schrieb Gramsci vor allem an seinen Vater, seltener an andere Familienmitglieder. Aus den "zwei roten Jahren" (1919/20) ist nur ein am 21. Oktober 1920 verfaßter Brief erhalten. Gramsci erklärte dem Wortführer des maximalistischen Flügels der Sozialisten, Giacinto Menotti Serrati, warum er in Turin zusammen mit Togliatti die politische Plattform des Neapolitaners Amadeo Bordiga unterstützte, obwohl er mit deren extremistischer Zuspitzung (Wahlabstentionismus u.a.) nicht einverstanden sei.

Im Juli 1922 nahm Gramsci am 2. Erweiterten Plenum des EKKI in Moskau teil und wurde als Vertreter der italienischen Kommunisten in die Komintern-Exekutive gewählt. Am 22. Juli beklagte er sich in einem Brief an Karl Radek über ein Manifest des EKKI zur Lage in Italien. Der Text mache dem "drittinternationalistischen" Flügel der Sozialisten um G.M. Serrati und Fabrizio Maffi zu große Zugeständnisse.

Gramsci ging es im Sommer 1922 gesundheitlich so schlecht, daß er in das Sanatorium Serebrjani bor bei Moskau eingeliefert werden mußte. Dort lernte er zunächst Eugenia Schucht, wenig später dann deren Schwester Julia kennen, die seine Frau wurde.

Der Herausgeber des *Briefe*-Bandes scheint sich nicht festlegen zu wollen, ob die beiden sich "Mitte Juli" (16) oder "im September" (32) erstmals sahen. Für die "Juli"-Version spricht vor allem die Tatsache, daß Gramscis erster in der deutschen Ausgabe abgedruckter Brief an Julia Schucht im August 1922 verfaßt wurde.

Ein politischer Brief datiert vom 18. Mai 1923: Gramsci warnt Palmiro Togliatti davor, sich der Sozialistischen Partei gegenüber sektiererisch zu verhalten. Darüber hinaus analysiert er die Lage einer zweiten großen Massenpartei, der nach dem Ersten Weltkrieg gegründeten katholischen Volkspartei ("Popolari"). Zwei weitere Briefe überwiegend politischen Inhalts sind an das EKKI gerichtet; die Fusion der Kommunisten mit der Gruppe um Serrati und Maffi bahnt sich an, und es handelt sich darum, die vereinigte Partei mit einem angemessenen Zentralorgan auszustatten.

Gramsci schlägt als Namen für die neue Zeitung den symbol- und geschichtsträchtigen Namen *L'Unità* (Die Einheit) vor und signalisiert damit seine Bereitschaft, die Verschmelzung mit den "Drittinternationalisten" zu vollziehen, die Taktik der Einheitsfront gegenüber anderen Organisationen der Arbeiterbewegung und der antifaschistischen Linken einzusetzen und schließlich auf die kulturelle, soziale und ökonomische Einigung des tief gespaltenen Landes hinzuarbeiten (Mezzogiorno-Problematik)

L'Unità, das ist hierzulande einfach nicht bekannt, hieß die Zeitung des Süditalien-Experten und demokratischen Antifaschisten Gaetano Salvemini, der zu den wichtigsten Lehrern Gramscis gerechnet werden darf. Salvemini, dessen Arbeiten Gramsci schon während der Studienjahre beschäftigten, gehört im übrigen zu den am häufigsten erwähnten Autoren in den *Gefängnisheften*.

Nichts wäre einfacher, als an dieser Stelle Gramscis Korrespondenz weiter zu folgen. Statt dessen will ich nur noch auf zwei weitere Briefe verweisen, in denen der italienische Marxist auf die Fraktionskämpfe in der russischen bzw. sowjetischen KP Bezug nimmt. Es handelt sich um das berühmte Schreiben an das Zentralkomitee der KPdSU vom 14. Oktober 1926 und um einen viel weniger bekannten Brief an Togliatti, Terracini und andere Mitglieder des Exekutivkomitees der italienischen Partei, den Gramsci am 9. Februar 1924 in Wien verfaßte.

Beide Texte können für den Positionswechsel stehen, den ihr Autor zwischen 1924 und 1926 vornimmt. Zunächst ein vorsichtiger Kritiker der Bürokratisierungstendenzen in der großen Bruderpartei, unterstützt Gramsci 1924 noch Trotzki gegen die "Troika" Stalin, Sinowjew und Kamenjew. Zweieinhalb Jahre später - in der KPdSU haben sich wichtige Umgruppierungsprozesse vollzogen und die Bürokratisierung ist weiter vorangeschritten - warnt er die ZK-Mehrheit um Stalin und Bucharin, gegen die Vereinigte Opposition der Trotzkisten und Sinowjew-Anhänger "einen totalen Sieg" erringen zu wollen. Inhaltlich hingegen stimmt er mit dem bauernfreundlichen Kurs der Mehrheit überein.

Auch wenn es noch zu früh für ein abschließendes Urteil über die von Klaus Bochmann und Wolfgang Fritz Haug besorgte deutsche Ausgabe der *Quaderni del carcere* ist, kann man inzwischen Kritiker verstehen, die wie Christian Riechers feststellen, daß die deutschsprachige Leserschaft von dieser originalgetreuen Kopie der Gerratana-Edition womöglich überfordert sein wird. Wer selbst mit der Herausgabe von Schriften eines marxistischen Klassikers beschäftigt ist, wird mit seiner Kritik trotzdem vorsichtig sein, da er weiß, wie kostspielig und zeitraubend die lesergerechte Kommentierung von Texten aus den zwanziger und dreißiger Jahren ist. Gleichwohl kann man die Frage nach der Notwendigkeit einer auf "authentisch" getrimmten deutschen Edition der *Quaderni* aufwerfen und an einem Beispiel zeigen, wie wenig verständnisfördernd die Authentizität bisweilen ist.

Unter § 35 *Italienische Kultur* wirft Gramsci in Heft 6 die Frage auf, ob es in Italien einen "Rassismus" gebe (vgl. *Gefängnishefte*, Band 4, 735f.) Er nennt die Ähnlichkeiten zur Situation in Deutschland, um dann die - in diesem Zusammenhang bedeutenderen - Unterschiede hervorzuheben. Am Ende des Abschnitts heißt es: "Das Seltsame ist, daß es (mit dem *Barbarischen Italien* [*Erzitaliener*] und der Strömung des Strapaese) Kurt Erich Suckert ist, der den Rassismus heute verficht, offenkundig Name eines Rassisten und Strapaese Anhängers [...]" (a.a.O., 736). Man muß schon im Italienischen nachschlagen, um zu verstehen, daß es sich bei "offenkundig ... Anhängers" um eine Apposition zu "Kurt Erich Suckert" handelt. Ebenso wenig geht aus dem kritischen Apparat des deutschen Bandes hervor, daß Suckert der bürgerliche Name eines italienischen Schriftstellers ist, der seine bekanntesten Werke unter dem Pseudonym Curzio Malaparte veröffentlichte.

Hier paart sich also das Streben nach Authentizität mit einer nicht ganz eindeutigen Übersetzung. Der Leser, der vielleicht auch einmal aus Gründen der politischen Aktualität wissen möchte, was Gramsci zum Thema "Rassismus" zu sagen hat, versteht wenig bis nichts. Zumindest wird er sich gedulden müssen, bis auch der letzte Band der deutschen Ausgabe erschienen ist, wo man ihn dann über die Identität von Suckert und Malaparte aufklärt. Bei einem Satz könnte er trotzdem für einen Moment verweilen. Nachdem Gramsci erklärt hat, der italienische Rassismus sei nicht über "Versuche [...] abstrakten und literarischen Charakters" hinausgekommen, fügt er hinzu: "Der Deutsche fühlt die Rasse mehr als der Italiener."

Manfred Grieger (Bochum)

Nicolae Ceausescu

Fischer, Mary Ellen: Nicolae Ceausescu. A Study in Political Leadership. Lynne Rienner Publishers, Boulder, London 1989, 324 S.

Olschewski, Malte: Der Conducator Nicolae Ceausescu. Phänomen der Macht. Ueberreuter, Wien 1990, 287 S.

Siegerist, Joachim: Ceausescu. Der rote Vampir. Wirtschafts- und Verbands PR GmbH, Hamburg 1990, 480 S.

Sweeney, John: The Life and Evil Times of Nicolae Ceausescu. Hutchinson, London 1991, 243 S.

Diktatoren ziehen fast unweigerlich publizistische Aufmerksamkeit auf sich, und Nicolae Ceausescu, der der Entwicklung Rumäniens zwischen 1965 und 1989 seinen Stempel aufdrückte, macht da keine Ausnahme. Die während der Weihnachtstage des Jahres 1989 Westeuropa allgegenwärtige rumänische Fernseh-"Revolution", in deren Verlauf Ceausescu und dessen Ehefrau Elena in einem zweifelhaften Schnellprozeß zum Tode verurteilt und anschließend erschossen wurden, hatte das Interesse an dieser schillernden Person noch zusätzlich, wenngleich nur kurzfristig gesteigert.

Wer war dieser Mann, der sich selbst gern als "Conducator", als "Führer", seines Landes ansprechen ließ und noch im November 1989 wenig Sorgen zu haben schien, am Ende seiner politischen Laufbahn zu stehen? Vor welchem politischen, ökonomischen und ideologischen Hintergrund agierte Ceausescu? Wie läßt sich die Entwicklung des geradezu byzantinischen Kultes um seine Person erklären? Welche Rolle spielte die Instrumentalisierung des großrumänischen Nationalismus? Vier Biographien versuchen eine Antwort.

Die nutzbringendste Publikation zu all diesen Fragen legte die mit den rumänischen Verhältnissen wohlvertraute amerikanische Politologin Mary Ellen Fischer vor, deren Studie nicht allein die wesentlichen Informationen zur Person zusammenträgt, sondern darüber hinaus dessen Strategie der personalen Führung und der politischen Kontrolle Rumäniens aufzeigt. Ihre Biographie thematisiert somit die Rolle Ceausescus als politischer Führer und öffentliche Person. Dabei schert sie sich im Gegensatz zu den ansonsten eher journalistisch orientierten Arbeiten nicht um aufsehenerregende Gerüchte, wie den angeblichen Vampirismus des Ceausescu-Clans, sondern zieht statt dessen die vielbändige Sammlung der "Schriften und Reden" Ceausescus heran, um in seinen eigenen Veröffentlichungen die Wurzeln seines Handelns aufzufinden.

Auf der Basis umfangreichen Primärmaterials - die intensive Auswertung des Zentralorgans "Scinteia" ersetzt ein Stück weit die ansonsten fehlende Aktenüberlieferung - entsteht ein facettenreiches Bild des rumänischen KP-Generalsekretärs, das in einer beachtenswert abgewogenen Analyse der Grundlagen, Struktur und Entwicklung der politischen Herrschaft des späteren Despoten mündet. Drei Grundüberzeugungen prägten nach Ansicht Fischers schon in den dreißiger Jahren das politische und ökonomische Handeln und die ideologischen Auffassungen des 1918 in Scornicesti geborenen Sohnes armer Kleinbauern: die ökonomische Fixierung auf die großtechnologische Industrialisierung des rückständigen Landes, die Hypostasierung des Nationalismus und ein personales Herrschaftskonzept. Die Autorin stellt zutreffenderweise heraus, daß sich in Ceausescu gleichermaßen die rumänischen Verhältnissen autoritär-faschistischer Herrschaft und gesellschaftlicher Unterentwicklung wie auch die Lehrmeinungen des zeitgenössischen Marxismus-Leninismus widerspiegeln. Der "first-generation revolutionary" (33) hatte sich seit seiner frühesten Jugend in der außerordentlich schwachen, gleichwohl verbotenen und scharf verfolgten kommunistischen Bewegung Rumäniens engagiert und mußte in den dreißiger und frühen vierziger Jahren das Schicksal vieler seiner Genossen, nämlich Verhaftungen, Verurteilungen und mehrjährige Haft, teilen.

Der Sturz der Antonescu-Diktatur am 23. August 1944 brachte ihm die persönliche Freiheit, und als Vorsitzender des 1945 nur wenige hundert Mitglieder zählenden Kommunistischen Jugendbundes nahm Ceausescu Anteil an der unter dem Schutz der sowjetischen Truppen erfolgenden schrittweisen Übernahme der politischen Macht durch Kommunisten. Die sowjetische Balkanpolitik eröffnete Ceausescu die Chance zu einer politischen Karriere, die er, gestützt auf die in der Haft geknüpften persönlichen Beziehungen zum späteren Ersten Mann der Rumänischen KP, Gheorghe Gheorghiu-Dej, zielbewußt ergriff.

Der von Fischer als "Lehrzeit" bezeichnete Lebensabschnitt führte Ceausescu zwischen 1944 und 1965 rasch in hohe Leitungsfunktionen. Zunächst sammelte er ab Oktober 1945 als lokaler Parteisekretär in verschiedenen Provinzstädten organisatorische Erfahrungen. Die schroffen innerparteilichen Machtkämpfe konnte er dort unbeschadet überstehen. Sein Mentor holte ihn aber 1948 wieder aus dem Schatten der Provinz und machte seinen dreißigjährigen Gefolgsmann auf dem Vereinigungskongreß der Kommunistischen Partei mit den Sozialisten zum Kandidaten des Zentralkomitees der neuentstandenen Rumänischen Arbeiterpartei. Wenngleich Ceausescu als Stellvertretender Minister mit solch delikaten Aufgaben wie der Kollektivierung der Landwirtschaft (1949) und der Unterwerfung der Armee unter Parteibefehl (1950) betraut wurde, blieb er eher im Hintergrund und spielte insbesondere in den unerbittlichen Fraktionskämpfen keine öffentliche Rolle. Gheorghiu-Dej erwies sich später aber für die effektive Loyalität dankbar und berief Ceausescu, nachdem er seine innerparteilichen Konkurrenten Ana Pauker und Lucretiu Patranescu hatte ausschalten können, im Mai 1952 zum Vollmitglied des Zentralkomitees und des Organisations-Büros der Partei. Damit war er in den engeren Kreis der Herrschaft aufgestiegen und im Windschatten des Nationalkommunisten Gheorghiu-Dej empfahl er sich als möglicher Nachfolger.

Der Tod des gleichermaßen auf außenpolitische Eigenständigkeit wie auf Übernahme stalinistischer Herrschafts- und Industrialisierungsmodelle eingeschworenen Staats- und Parteichefs machte Ceausescu dann den Weg für den Sprung an die Parteispitze frei. Es hat aber den Anschein, als sei er am 22. März 1965 als Kompromißkandidat zum 1. Sekretär der RAP aufgestiegen, wobei seine Fähigkeit, die innerparteilichen Kräfteverhältnisse zu berücksichtigen, eine gewichtige Rolle gespielt haben dürfte. Zudem grenzte er sich publikumswirksam von den stalinistischen Verbrechen Gheorghiu-Dejs und dessen autokratischem Führungsstil ab, was zusätzlich Hoffnung verbreitete. Der beschrittene Weg - Aufgabe der vorherigen Ämterbündelung und ein betont kollektiver Führungsstil - erbrachte dem neuen Triumvirat aus Ceausescu, Chivu Stoica und Ion Gheorghe Maurer eine Menge Vorschußlorbeeren, und der IX. Parteikongreß segnete im Juli 1965 den Prozeß der Machtteilung und Entstalinisierung ab.

Ceausescu war zu diesem Zeitpunkt allenfalls erster unter gleichen, und Mary Ellen Fischer verwendet vergleichsweise viel Platz, um die vier Jahre zwischen dem Tod Gheorghiu-Dejs und der Eroberung uneingeschränkter Herrschaftsmacht durch Ceausescu darzustellen. Detailliert weist sie nach, wie der neue Parteisekretär seine Hausmacht durch die Berufung loyaler ZK-Mitglieder stärken konnte. Auch die anderen gesellschaftlichen Machtfaktoren, Armee und Polizei, fanden durch materielle Zugeständnisse und eine geschickte Personalpolitik zum Schulterschluß mit dem ambitionierten Ersten Sekretär der Rumänischen Kommunistischen Partei. Von besonderer Bedeutung war, daß er sich einer breiten gesellschaftlichen Unterstützung versichert hatte, deren Basis der rasche, die Lebensverhältnisse spürbar verbessernde Ausbau der industriellen Basis des Landes, die politischen Liberalisierungen und auch die neugeschaffenen partizipatorischen Elemente des politischen Systems bildeten. Sein Trumpf, das Primat einer Außenpolitik der nationalen Unabhängigkeit, stach und die Ablehnung der militärischen Intervention der Warschauer-Vertragstaaten in der Tschechoslowakei brachte im August 1968 die Sonderrolle, die Rumänien in politischer, militärischer und wirtschaftlicher Hinsicht in Osteuropa spielte, auf den Punkt.

Trotz aller Krisen, die die Umstrukturierung der ökonomischen politischen und bürokratischen Entscheidungswege auch für die Stellung Ceausescus mit sich brachten, festigte sich dessen Position im Herrschaftszentrum, so daß er innerhalb von vier Jahren zur unbestrittenen Zentralperson aufsteigen konnte. Diese Entwicklung brachte 1969 der X. Parteikongreß zum Ausdruck, der im Rahmen eines umfangreichen personellen Revirements Stoica und Maurer von der Macht verdrängte und quasi als "Nachspiel" die Führungsrolle Ceausescus in Partei und Staat ausdrücklich bestätigte.

Auf der Basis persönlicher Herrschaft, die gleichwohl ein feines Geflecht aus materieller Saturierung und politischer Repression zur Grundlage hatte, erwuchs nach 1971 der in seinen Ausdrucksformen für einen kritischen Betrachter kaum nachvollziehbare Personenkult, dessen Beschreibung und Analyse vielleicht zu den lesenswertesten Kapiteln des Buches gehört. Alle Merkmale des modernen Personenkultes, wie die Überhöhung der Führerpersönlichkeit, die Monumentalisierung und die Mythisierung, lassen sich nachweisen, und die rumänischen Medien verliehen Ceausescu fast wie im Lehrbuch Eigenschaften der Unfehlbarkeit, Allwissenheit und Allgegenwart, die das Kultobjekt der Alltagssphäre enthoben, Erniedrigung der Untertanen einforderten und Selbsterniedrigung erheischten.

Ceausescu vertraute jedoch nicht allein auf die Macht der Illusion, sondern gab auf allen Parteiebenen dem permanenten Austausch von politischen Funktionsträgern den Vorzug, wie das von Fischer mühsam aufbereitete statistische Material offenbart. Mithilfe dieser Herrschaftstechnologie und der Forcierung eines Clan-Systems, wobei seine Frau Elena seit 1971 zusehends in das Machtzentrum aufrückte, verhinderte der autokratische Herrscher, daß auch nur die Scheme einer personellen Alternative entstand. Daß Ceausescu konsequenterweise die Schaffung einer kommunistischen Dynastie anstrebte, gibt einen Einblick in die voluntaristische Maßlosigkeit, wiewohl sein Sohn Nicu allenfalls die Hauptrolle in einem farcehaften Nachspiel zu einer allenthalben vorhandenen Tragikomödie hätte besetzen können. Es zeigt aber auch, in welcher Weise der Conducator in die personenkultische Herrschaftsfiguration verwoben war, die eine quasi Unsterblichkeit verlangt. Fischer deutet den Personenkult um Ceausescu als spezifische Form charismatischer Herrschaft, die vornehmlich Surrogatfunktion erfüllte, da sie die realen Probleme des Landes nur zeitweise überdecken konnte, aber keineswegs zu kompensieren vermochte.

Die ursprüngliche Hoffnung, die in Rumänien mit der Person Ceausescus verknüpft worden waren, wandelte sich in den siebziger und achtziger Jahren zusehends in Verzweiflung. Die Ansätze partizipatorischer Politik und die megalomanen Entwicklungsprogramme der Industrie und der Landwirtschaft wurden zurückgenommen oder scheiterten kläglich. Die dem ökonomischen Mißerfolg geschuldete zunehmende Verschlechterung der Lebenslage der Bevölkerung führte zu einem Stimmungswechsel, dem einerseits durch die Ausweitung der Repression, die von der berüchtigten Geheimpolizei Securitate ausging, begegnet wurde. Andererseits knüpfte Ceausescu verstärkt an alte Grundüberzeugungen an, indem er einer nationalistischen Politik das Wort redete, die die "mitwohnenden Nationen", wie die Ungarn und Roma, zunächst benachteiligte und später offen diskriminierte.

Im Gegensatz zu dieser sauber gearbeiteten Studie von Mary Fischer ist der Gebrauchswert der anderen Publikationen deutlich geringer. Dies liegt zum einen daran, daß die Autoren kaum Primärmaterial verwenden, sondern sich auf ihre mehr oder weniger intimen Landeskenntnisse verlassen oder aber unüberprüfbare Informationen aus z.T. doch recht zweifelhaften Interviews ziehen. Zum anderen sind die Darstellungen durch eine Aneinanderreihung von Episoden, Skandalen und Anekdoten gekennzeichnet, die Ceausescus Weg an die Macht und die Herrschaftsstruktur seines Regimes weitgehend im Dunkeln läßt und hierdurch ein analytisches Verständnis des rumänischen Karpatensozialismus verhindert. Schließlich neigen Olschewski, Siegerist und Sweeney zu einer Begrifflichkeit, die kaum Schattierungen kennt, sondern sich allein bemüht zeigt, die politische Ablehnung des Ceausescu-Regimes möglichst scharf zu formulieren.

Dies mag zu den Pflichtübungen journalistischer Arbeiten gehören, aber dieses Verfahren wird dem Gegenstand nur unzulänglich gerecht. Gleichwohl kommt insbesondere dem Buch von Malte Olschewski, der Mitarbeiter der Osteuroparedaktion des ORF ist und schon allein durch seine langjährige Beschäftigung mit dem südosteuropäischen Land über eine Vielzahl von Informationen verfügt, eine gewisse Bedeutung zu. Nicht allein, daß er den Verlauf und die Probleme der rumänischen Dezemberrevolution in seine Betrachtung einbezieht, darüber hinaus erlauben seine aus dem Jahre 1975 herrührenden persönlichen Kontakte zum rumänischen Diktator einen eigenständigen Blick auf den Machtmenschen Ceausescu und sein schließliches Scheitern.

Olschweski zeigt die starke Machtbesessenheit und Skrupellosigkeit des kommunistischen Oberhauptes Rumäniens, die sich mit Bauernschläue und Naivität paarten. Selbst auf dem Höhepunkt der Bevölkerungsproteste gegen Ceausescu zeigte sich dieser Widerspruch: So wenig Ceausescu zögerte, den spontanen Volksaufstand mit Waffengewalt niederschlagen zu lassen, so sehr verwundert, daß er das abgekartete Spiel, das seine Nachfolger Ion Iliescu und Petre Roman sowie die entstehende "Front der Nationalen Rettung" mit ihm trieben, nicht durchschaute. Noch am 17. Dezember 1989 fuhr er zu einem lang angekündigten Staatsbesuch in den Iran, was den Drahtziehern des Umsturzes größere Handlungsmöglichkeiten eröffnete. Selbst der Videomitschnitt des zweifelhaften Militärtribunals gegen das Ehepaar Ceausescu offenbart auf beeindruckende Weise dessen Desorientierung. Obgleich er und seine Frau Elena ahnten, daß die Inszenierung für sie kein gutes Ende nehmen konnte, trösteten sie sich damit, daß das ganze Volk "zur Beseitigung dieser Bande von Landesverrätern" kämpfe, und die Präsidentengattin, die sich gern als "Landesmutter" gerierte, nannte die Soldaten des Erschießungskommandos ungläubig "Kinder". Die instrumentelle Funktion der rechtswidrigen Tötung des Herrscherpaares, die der "Front" zusätzliche Unterstützung durch die Bevölkerung erbringen sollte, sticht sofort ins Auge und der vollständige Abdruck dieses erschütternden Dokumentes, das die drohende Fortsetzung autokratischer Herrschaft in Rumänien ankündigte, gehört sicherlich zu den besonderen Aktivposten des Buches.

Die Darstellung des Reporters des "Observers", John Sweeney, fällt demgegenüber stark ab. Seine Darstellung lebt vom Wissen aus zweiter Hand, das er sich nach den Weihnachtstagen 1989 aus Anlaß seiner Entsendung als Sonderkorrespondent angeeignet hat. Der Text weist an verschiedenen Stellen verdächtige Anklänge an die Studie von Mary Ellen Fischer auf und die an Schachbegriffen aufgehängte Biographie schreibt eine "Horrorgeschichte", die vom Leben eines "Monsters" (1) handelt, aber außer harschen Worten Neues nicht zu bieten hat.

Der offenkundig der extremen Rechten zuneigende Joachim Siegerist treibt den ressentimentgeladenen Enthüllungsjournalismus auf die Spitze. Schon der Untertitel "Der rote Vampir" zeigt die beschrittene Richtung an. Ihm gilt Ceausescu abwechselnd als Kommunist in Teufelsgestalt oder als Teufel in Kommunistengestalt. Das Phänomen Ceausescu wird durchweg mit Charaktereigenschaften erklärt. Wen wundert es, daß dieser als ein von Beginn an schlechter Mensch geschildert wird. Gewürzt mit Blutsaugergeschichten versammelt Siegerist ein unglaubliches Sammelsurium aus Vorurteilen, Lügengeschichten und eitler Besserwisserei, das vorgibt, Ceausescu und die Geschichte des kommunistischen Rumäniens zu erklären. Nur einige Kostproben seiner intellektuellen wie sprachlichen Entgleisungen: Die hauptberuflichen Mitarbeiter der Securitate werden schlicht als "Schweine in Menschengestalt" (257) bezeichnet, an anderer Stelle heißt es: "Die Zigeuner in Rumänien sind wie eine Heimsuchung für das Land" (436).

Solche vorurteilsgeleiteten und personalistischen Bewertungen helfen aber bei der Analyse der Herrschaft Ceausescus nicht weiter. Vielmehr bündelte die Person Nicolae Ceausescu die antidemokratischen und nationalistischen Traditionen der rumänischen Geschichte. Die personale Herrschaftsstrategie des "Conducators" stand geradezu paradigmatisch für die poststalinistische Machtausübung in Osteuropa. Zutreffenderweise endet Mary Fischer, deren Buch vor dem blutigen Umsturz im Dezember 1989 veröffentlicht wurde, mit der Prognose, daß auch nach Ceausescu die Möglichkeiten eines Wandels "nicht unbegrenzt" sind. Wir wissen heute, wie recht sie hatte. Die derzeitigen politischen Verhältnisse in Rumänien basieren eindeutig auf den gesellschaftlichen Erfahrungen der Ceausescu-Zeit. Ein tieferes Verständnis dieser autoritären Herrschaft erfordert dringend eine intensive Beschäftigung mit den späten Amtsjahren Ceausescus.

Volker Gransow (Toronto)

Jürgen Kuczynski

Kuczynski, Jürgen: Probleme der Selbstkritik. Sowie von flacher Landschaft und vom Zickzack der Geschichte. PapyRossa Verlag, Köln 1991, 256 S.

Kuczynski, Jürgen: Asche für Phönix. Aufstieg, Untergang und Wiederkehr neuer Gesellschaftsordnungen. PapyRossa Verlag, Köln 1992, 122 S.

Jürgen Kuczynski, geboren 1904, galt als Nestor der Sozialwissenschaften in der DDR. Kuczynski ist Autor einer Vielzahl von Schriften, darunter nicht zuletzt einer vierzigbändigen Geschichte der Lage der Arbeiter. Er war während seines gesamten erwachsenen Lebens aktiver Kommunist, erst in der KPD, dann in der KP Großbritanniens, danach in der SED und jetzt in der PDS. Im instruktiven Nachwort Georg Fülberths zu "Asche für Phönix" heißt es, daß Kuczynski seine 1989 erschienenen "Studien zum Historischen Materialismus" sein "letztes Buch" genannt habe. Damit habe er auch "nahegelegt, daß er nicht die Absicht habe, sein Schriftenverzeichnis um neue Bände zu bereichern" (107). Aber, wie Fülberth weiter notiert, erlaubte es der Zusammenbruch der DDR dem alten Gelehrten nicht, bei der damaligen Bilanz zu bleiben. "Der Untergang seiner politischen Welt konnte unmöglich die eigene Biographie unversehrt lassen. Er war zugleich eine Herausforderung an den Wissenschaftler: Was war falsch? Was bleibt?" (108).

Vor diesem Hintergrund sind beide hier zu besprechenden Texte wie auch weitere neuere Veröffentlichungen Kuczynskis zu sehen. Läßt man die implizite wie explizite Neigung des Autors zum ausgedehnten Selbstzitat einmal beiseite, so unterscheiden sich die beiden Bände u.a. dadurch, daß der erste Band, eine Aufsatz- und Vortragssammlung, vor und nach 1989 entstandene Texte enthält, während das zweite Büchlein eine spezielle Reaktion auf den Umbruch von 1989 und danach darstellt. Die Antwort auf die von Fülberth genannten Fragen heißt in beiden Fällen eigentlich: Es war weniger falsch und es bleibt mehr vom eigenen Werk, als es die Tiefe des Umbruchs zunächst nahelegen könnte.

Der flotte Untertitel "Probleme der Selbstkritik" bezieht sich zum einen darauf, daß Kuczynski das Niveau der DDR-Gesellschaftswissenschaften im allgemeinen als niedrig ansah: "Wie ich von den Besten, zu denen ich auch mich zählte, dachte, zeigt meine oft geäußerte Formulierung: 'Wir sind kleine Hügel in einer recht flachen Landschaft'" (99). Zum anderen ist der Untertitel Ausdruck von Kuczynskis inzwischen etwas angeschlagen wirkendem historischem Optimismus. "Friedrich Engels hat einmal festgestellt: Die Geschichte bewegt sich im Zickzack. Und so wird der gegenwärtigen Zackperiode auch wieder eine Zickperiode folgen" (34).

Der erste Teil von "Probleme der Selbstkritik" handelt von der Gegenwart. Recht krude wird hier von der "Tragödie" der "neuen Spaltung" Deutschlands gesprochen oder die Ex-DDR als "Armenkolonie" charakterisiert. Aber auch die mit der Vereinigung verbundenen Verbesserungen wie freie Wahlen, freies Reisen usw. werden positiv gewürdigt. Anregend sind die Überlegungen zur deutschen Identität, wo der Verfasser zwei neue Identitäten (BRD; Deutschland) und Reste einer alten (DDR) bei den ehemaligen Bürgern der DDR beobachtet. Ob freilich sein Diktum zutrifft: "Der ehemalige DDR-Bürger hat eine neue Identität: er ist Deutscher" (44)? Vielleicht war die deutsche Ethnizität in der DDR sogar stärker ausgebildet als in Westdeutschland? Alles in allem zeugen diese Passagen eher von Verbitterung denn von Selbstkritik, zumal Kuczynski sich zugute hält, daß er als "orthodoxer Dissident" die ostdeutschen Zustände gelegentlich schon früher scharf kritisiert hatte.

Der zweite und dritte Teil befassen sich mit Kultur und Wissenschaft sowie marxistischer Theorie. Hier sind zum Teil ältere Texte abgedruckt, die belegen, mit welcher Courage der alte Herr sich seinerzeit gegen die meisten seiner Kollegen stellte, wenn er etwa eine radikale Arbeitszeitverkürzung forderte oder für die Anerkennung von antagonistischen Widersprüchen (also möglicherweise systemsprengenden Konflikten) im realen Sozialismus eintrat. Die Grenzen der Kritik sind allerdings da erreicht, wo es um Lenin geht. Vor und nach 1989 ist Lenin für Kuczynski nahezu sakrosankt. Besonders rühmt er den Leninschen Realismus, der etwa der SED-Führung weitgehend mangelte (vgl. 228).

Abgeschlossen wird die Sammlung mit einem Text über Stalinismus, einem sehr lesenswerten Dokument, und zwar weniger wegen seiner analytischen Dimensionen denn als autobiographisches Zeugnis. Der Beitrag entstand schon im August 1966, wurde versiegelt und als "nicht zu öffnen vor meinem Tode" 1987 an das Archiv der Akademie der Wissenschaften der DDR gegeben. Der Text beginnt sehr ehrlich mit der Frage: "... aber wie kann ich abschätzen, in welchem Maße, sehr wahrscheinlich großem Maße, ich selbst noch so im Stalinismus befangen bin, daß ich nur Ungenügendes sagen" kann (234). Dann werden Zentralismus, Autokratie, Machthunger, Terror als Elemente des Stalinismus genannt, die "auch heute noch bei uns vorherrschen". Dem werden freilich "Inseln der Annäherung an ein echtes marxistisch-leninistisches Gesellschaftsleben" entgegengehalten "wie - ich hoffe es - mein Akademieinstitut" (235). Schonungslos schildert Kuczynski seine eigene Naivität gegenüber dem Terror der dreißiger Jahre, seine Bewunderung und Verehrung für Stalin. Aber noch 1966 meint er: "Die meisten Stalinschen Werke sind großartige Einführungen in die Probleme und in die Analysemethoden des Marxismus-Leninismus - nicht mehr, aber auch nicht weniger. Strachey und Sweezy zeigten in ihren besten Werken auf niederer Ebene eine ähnliche Fähigkeit" (246). Dem Rezensenten scheint, daß der Autor damit in der Tat demonstriert, daß er zumindest dann, wenn man den "Marxismus-Leninismus" als weitgehend stalinistisches Konstrukt betrachtet, trotz aller Kritik und allen moralischen Entsetzens noch "im Stalinismus befangen" ist (234).

Das wird teilweise auch im zweiten, hier zu rezensierenden Büchlein demonstriert. "Asche für Phönix" - d.h. aus der Sicht des Verfassers, daß neue Gesellschaftsordnungen aufsteigen, untergehen und wiederkehren können. Dafür wählt er drei Beispiele. Erstens den Übergang zum Feudalismus innerhalb der römischen Sklavenhaltergesellschaft, zweitens Norditalien und England in der Transformationsperiode vom Feudalismus zum Kapitalismus und schließlich den Übergang vom Kapitalismus zum Sozialismus. Im ersten Abschnitt konzentriert er sich auf Entstehen und Untergang der Kolonen seit etwa einem Jahrhundert vor Beginn der heutigen Zeitrechnung. Diese Kolonen waren Kleinpächter, die eine eigene Sozialschicht darstellten und vom 4. bis zum 6. Jahrhundert wieder zu Quasi-Sklaven absanken. Der zweite Abschnitt handelt von einer "Frühblüte des Kapitalismus" (51) im Norditalien des 14. und 15. Jahrhunderts. Im dritten Teil geht es um den "Untergang der ersten, rohen, deformierten Anfänge des Sozialismus" (7). Und wenn man Kuczynski zufolge den "Weg Lenins" gegangen wäre, dann wäre dieser erste Versuch nicht gescheitert (vgl. 106 u.a.).

Zur Methodik vermerkt Fülberth im Nachwort lakonisch: "Analogien sind am treffsichersten, wenn sie auf dem Felde der Historie bleiben, wenn also Vergangenes mit Vergangenem nicht etwa ineinsgesetzt, sondern verglichen wird. Für Prognosen sind sie anregend, aber ohne Beweiskraft" (110). Anders gesagt: Daß es Feudalismus in der Antike und Kapitalismus im Feudalismus gegeben hat, beweist noch nicht, daß eine idealsozialistische oder demokratisch-sozialistische Gesellschaftsordnung dereinst entstehen wird. Im Gegenteil kann man die hochgebildet vorgeführten Fallstudien auch als Gegenbeispiele zur starren stalinistischen ("marxistisch-leninistischen") Theorie der Abfolge von Gesellschaftsformationen von der Urgesellschaft bis zum Kommunismus verstehen, die Kuczynski hier - komplexer und intelligenter - letztlich doch zu retten versucht. In diesem Sinn zeigt auch "Asche für Phönix" die stalinistische Befangenheit eines gleichzeitig innovativen Denkers.

Gunter Ehnert (Mannheim)

Robert Havemann

Havemann, Robert: Dokumente eines Lebens. Zusammengestellt und eingeleitet von Dirk Draheim, Hartmut Hecht, Dieter Hoffmann, Klaus Richter, Manfred Wilke. Mit einem Geleitwort von Hartmut Jäckel. Ch. Links Verlag, Berlin 1991, 312 S.

Havemann, Robert: Fragen - Antworten - Fragen. Aus der Biographie eines deutschen Marxisten. Mit einem Geleitwort von Fritz Rudolf Fries, einer Ballade von Wolf Biermann und einem Nachwort von Dieter Hoffmann. Aufbau Verlag, Berlin, Weimar 1990, 294 S.

Ein fünfköpfiges Wissenschaftlerteam aus Physikern, Historikern und Politologen legte mit dem Band *Dokumente eines Lebens* eine "schlaglichtartige" (11) erste biographische Gesamtdarstellung und Dokumentation der Vita Robert Havemanns vor. 1910 als Sohn eines promovierten Lehrers und einer Kunstmalerin aristokratischer Herkunft geboren und in einem "national" gesinnten (13), bürgerlichen Elternhaus aufgewachsen, beendete Havemann 1932 sein Chemiestudium, das ihn von München nach Berlin führte. Bis zu seiner Verhaftung im Jahre 1943 führte Havemann im Nationalsozialismus ein "gespaltenes" Leben (24). Trotz seines Eintritts in die KPD 1932 und seiner - bis 1935 auch im Rahmen der Gruppe "Neu-Beginnen" in Berlin geleisteten - Widerstandsarbeit, bewerkstelligte er eine durchaus erfolgreiche Karriere als Physikochemiker, die im März 1943 mit seiner Habilitation endete. Schon im September des gleichen Jahres wurde Havemann als Mitbegründer und Leiter der Widerstandsgruppe "Europäische Union" verhaftet, die sich zum Ziel gesetzt hatte, mit einem international projektierten Kadertransfer in die "neue Zeit" einen ersten Schritt auf dem Weg eines sozialistischen Gesamtdeutschlands in europäischer Verankerung zu machen. Nur seine als "kriegswichtig" deklarierten Forschungsarbeiten verschoben bis zum Zusammenbruch immer wieder die Vollstreckung des Freislerschen Todesurteils.

Havemann empfand sein weiteres Leben als "Zugabe" (64), was zweifelsohne nicht unwesentlich dazu beitrug, daß er in der psychischen Konstitution eines "glücklich verfaßten Naturells" (7) in den sechziger und siebziger Jahren zu einem der bekanntesten und wichtigsten Binnenkritiker der DDR-Diktatur wurde.

Obgleich der "distanzierte Skeptiker" (73) sich stets um geistige Unabhängigkeit bemühte und zunächst zwischen den politischen Ost-West-Fronten in Berlin lavierte, wohl auch deshalb bei der SED-Führung als schillernde Persönlichkeit galt, wurde er insbesondere vor dem Hintergrund des eskalierenden "Kalten Krieges" an der Wende zu den fünfziger Jahren zu einem beflissenen und überzeugten Mitglied der Partei neuen Typus und zu einem hochdekorierten "Multifunktionär" (133) der DDR-Nomenklatura in Wissenschaft und Politik.

Nur schrittweise vollzog sich seine Abkehr vom diktatorisch-bürokratischen Kommunismus. Die Impulse waren zunächst eng mit den "Tauwetter-Perioden" der DDR-Geschichte verknüpft. So wirkten die Enthüllungen über die Stalin-Ära auf dem XX. Parteitag der KPdSU auch auf den Naturwissenschaftler Havemann 1956 ernüchternd und setzten einen Umdenkungsprozeß in Gang, an dessen Ende ein typischer Repräsentant des Reformkommunismus stand, der sodann massiven politischen Repressionen ausgesetzt war und sämtliche Positionen verlor. Auf die Realpolitik der kommunistischen Staatsparteien bezugnehmend, forderte er die Demokratisierung und damit die Pluralität und Modernität der DDR-Gesellschaft, insbesondere die "demokratische Kontrolle der Regierung von unten", also das "Recht auf Opposition, sowohl in der Öffentlichkeit [...] wie auch im Parlament und den Volksvertretungen, dessen Mitglieder durch freie und geheime Wahlen bestimmt sind" (243). Die führende Rolle der SED sollte nicht auf einem instrumentalisierten "Marxismus-Leninismus" basieren, der die immer richtige Politik einer privilegierten

Oberschicht "belegte" und eine Apparatherrschaft absicherte, sondern auf einem Vertrauensverhältnis zur Bevölkerung, weshalb er für den unbehinderten Meinungsstreit als notwendigen Vorlauf bei der Festlegung der Parteilinie plädierte.

Havemanns Weg in die "Häresie" wird von den Autoren im Wechsel von Darstellung und Quellendokumentation ausführlich beschrieben und in den zeithistorischen Kontext eingebettet. Auch durch den Abdruck von zahlreichen bislang verschlossenen Akten, so beispielsweise aus dem ehemaligen Zentralen Parteiarchiv der SED, der Humboldt-Universität und des privaten Havemann-Nachlasses, werden die Verkrustung des DDR-Regimes und insbesondere seine perfektionierte Perfidie gegen politische Opponenten am Fall Havemann instruktiv veranschaulicht.

Gleichzeitig bleibt das reformkommunistische Selbstverständnis von Havemann schemenhaft und tritt zeitweilig in den Hintergrund, was mit seiner unreflektierten Stilisierung zum "Helden der friedlichen Revolution" (123) korrespondiert. Nicht zuletzt deshalb sei ergänzend Havemanns 1970 veröffentlichte und nunmehr neu aufgelegte Autobiographie *Fragen-Antworten-Fragen* empfohlen. Sie ist eine literarische Verarbeitung von Vernehmungen bei der Staatssicherheit im Jahre 1966, in der er die ihm gestellten Fragen nach selbstreflexiver Bilanz des eigenen Lebens und politischen Bekenntnisses durch Gegenfragen beantwortet und damit die Rollen des Verhörten und der anonymen Stasi-Verhörer vertauscht.

In dem Band findet sich denn auch seine zentrale Zwei-Stufen-Theorie, wonach der "stalinistische Gulaschkommunismus" (143) zwar die kapitalistischen Produktionsverhältnisse zerstört, diese aber nicht durch sozialistische, sondern durch staatsmonopolistische Produktionsverhältnisse ersetzt habe, weshalb sich weithin kein "sozialistisches Bewußtsein" (134) an der Basis gebildet habe. Diese sozialistischen Produktionsverhältnisse seien nur durch einen zweiten, entscheidenden Schritt, durch die Umwälzung des Überbaus und die Errichtung der sozialistischen Demokratie möglich, "die nicht nur alle Errungenschaften der bürgerlichen Demokratie [so auch die persönliche Freiheit, G.E.] aufrechterhält, sondern überhaupt erst das Prinzip der Demokratie wirklich realisieren kann" (55). Das "tiefere Wesen des sich entwickelnden Sozialismus ist das Absterben des Staates, auch des sozialistischen Staates, dessen Formung und Festigung am Anfang, dessen Auflösung und Überflüssigwerden am Ende der Entwicklung steht. Und dieser sozialistische Staat ist erst dann verwirklicht und existent, wenn er die Strukturen der permanenten Selbstauflösung frei entfaltet. "Die freie Entfaltung permanenter Selbstauflösung ist das Wesen der sozialistischen Demokratie. Sie kann in den sozialistischen Ländern nur durch radikale Überwindung der stalinistischen Struktur geschaffen werden" (142). Gleichwohl habe die DDR "zumindest" den ersten Schritt absolviert, weshalb Havemann diesen Staat Zeit seines Lebens für den besten deutschen Staat hielt, der jemals existierte. Diese "unvollendete Revolution" sei jedoch eine "tragische Halbheit", die ständig von der "Konterrevolution" bedroht werde. "Das Schlimme dieses Zustandes liegt darin, daß die latente Bedrohung die Aufrechterhaltung der stalinistischen Struktur notwendig zu machen scheint" (133).

Einzelrezensionen

Smaga, Józef: Narodziny i upadek imperium. ZSRR 1917-1991 [Geburt und Verfall eines Imperiums. Die UdSSR 1917-1991]. Wydawnictwo Znak, Kraków 1992, 411 S.

Der Autor, ein Historiker der russischen Literatur des 19. und 20. Jahrhunderts, war ein Aktivist der "Solidarsnosc". Sein Versuch, die politischen, ökonomischen, sozialen und kulturellen Phänomene in der Sowjetunion nach dem Sturm auf das Petersburger Winterpalais 1917 bis zur Verteidigung des "Weißen Hauses" im August 1991 in einer Gesamtschau zu erfassen, zeichnet Präzision der Gedankenführung und eine bestechende Stilform aus. In acht Kapiteln (sieben tragen im Titel die Namen der insgesamt sieben Generalsekretäre des ZK der KPdSU) und einem Postskriptum präsentiert der Verfasser eine quellengesättigte Chronologie des "roten Imperiums". Als besonderer Vorzug ist seine Vertrautheit mit meistens schwer zugänglichen russischsprachigen Publikationen und Zeitungen zu werten.

Smaga wendet sich dezidiert gegen die Auffassung, daß das "rote" Zarentum eine Fortsetzung der "russischen Despotie" war und weist mit stellenweise zynisch wirkender Konkretheit auf die gewaltigen qualitativen und quantitativen Unterschiede hin, wenn er die Zahl der Opfer des bolschewistischen Experiments im Zeitraum 1917-1959 auf 110,7 Millionen hochrechnet. Zwar war der "Sowjetismus" auch im Zarismus verwurzelt, doch er überbot dessen Despotismus um ein Mehrfaches. Das Weltverständnis der linken russischen Intelligenz des 19. Jahrhunderts, vorrangig ihr atheistischer Materialismus, der Glaube an ein klassenloses Paradies auf Erden und der Amoralismus der Mittel zu dessen Durchsetzung, wie zum gleichen Teil totalitaristische Elemente der Sozialdoktrin des westlichen Marxismus waren die Ursachen dieser historischen Katastrophe.

Das russische Imperium sei schon vor dem Ersten Weltkrieg aufgrund seiner Reformunfähigkeit kaputt gewesen, in diesem politischen Chaos übernahmen die Kommunisten die Macht über eine apathische Gesellschaft. Lenin als ihr Führer war Initiator von Exzessen und von Massenterror, der Begründer eines Staates des permanenten Ausnahmezustands. Allein der Bürgerkrieg 1918-21 forderte 550.000 Tote. Von einer Zentralisierung der politischen Macht war auch die Phase der ökonomischen Liberalisierung der "Neuen Ökonomischen Politik" nach 1921 begleitet: 1921 Fraktionsverbot in der RKP(B); Lenin trat nach 1920 für Disziplin und Zentralisierung ein, habe weitgehend auf jede demokratische Phraseologie verzichtet. Daher treffe Lenin als den Begründer des verbrecherischen Systems größere Schuld als Stalin, der größere Verbrechen beging. Lenin sei auch der Begründer der "proletarischen Logik" als Wahrnehmungs- und Denkstruktur gewesen, in welcher der Klassenkampf als alleinige Ursache von Fehlern und von Schuld funktioniert habe. Konsequenterweise verfolgt der Verfasser Stalins "zweite Revolution" bis in das Jahr 1922 zurück (Änderung des Rechssystems), zumal nach seiner Meinung der Terrorismus schon unter Lenin etabliert war.

Bei der Darstellung der Ära Stalin nimmt ein Vergleich mit Hitler einen breiten Raum ein. Für deutsche Ohren mögen einige Argumente zu laut klingen, bisweilen sarkastisch wirken, doch als Katholik weiß der Verfasser mit Schuldkomplexen souveräner umzugehen. Nach seiner Auffassung überwogen die gemeinsamen Züge beider Systeme: Mit Ausnahme der Gaskammern waren schon alle Methoden der Vernichtung erfunden, Stalin wäre insofern nur eine "höhere Effizienz" des Terrors zu bescheinigen, als in dessen System der Mensch auf das biologische, oft zoologische, Maß reduziert worden, den Opfern des "3. Reiches" eine größere Würde im Sterben gelassen worden war: Niemand verlangte von ihnen Selbsterniedrigung, Selbstanschuldigung und Bitten um Höchststrafen. Präsentiert wird auch eine Bilanz: Bis zum Beginn des 2. Weltkriegs habe Hitler 10.000 Menschen umgebracht, Stalin mindestens 10 Millionen; im Krieg verlor die Sowjetunion ein Viertel ihrer Bevölkerung, Deutschland sechs von 80 Millionen. Der Hitlerismus, faßt der polnische Autor zusammen, war eine "einmalige und nicht steigerungsfähige Erscheinung, [...] im Prinzip auf ein Volk beschränkt, ohne Maske und ohne eine Variationsmöglichkeit in der Form eines "Hitlerismus mit menschlichem Antlitz"; der Stalinismus hingegen kannte viele Variationen und Mutationen." Hitler war offen und sprach nicht von "Wohl, Gerechtigkeit, Freiheit, Demokratie", der Hitlerismus sei irrational und ohne taktische Flexibilität gewesen (198). Daß die ungeteilte Diktatur Stalins 1934-53 und sogar die Jahre der "Absurdität" 1936-38 auch westliche Intellektuelle wie Lion Feuchtwanger oder G.B. Shaw als "wirkliche Demokratie" faszinierte, gibt Smaga nur zu Protokoll.

Ende der dreißiger Jahre setzte in der Sowjetunion eine Tendenz zu einem "nationalen Totalitarismus" ein, nachdem schon ab 1925 systematische Russifizierung betrieben worden war und durch ein Dekret vom 13. März 1938 der Russisch-Unterricht an sowjetischen Schulen obligatorisch wurde. 1939-40 um 22 Millionen Einwohner gewachsen und in Folge des Krieges ihren Einfluß in Ostmitteleuropa auf weitere 120 Millionen Menschen ausdehnend, schlug die offizielle Propaganda schon 1943 auslandsfeindliche Töne an, die nach dem Krieg Schdanow verstärkt habe.

Eine neue Qualität erreichte die Entwicklung erst nach dem Tod Stalins: Es sei die Geburt der öffentlichen Meinung gewesen. Stalins Nachfolger und ihre Politik porträtiert der Verfasser in ihrem immanenten Spannungsverhältnis zwischen antizipatorischen Modernisierungszielen und konservierender Beharrungsstarre des schwerfälligen Apparates. Der Ära Chruschtschow bescheinigt er zwar Megalomanie in der Außenpolitik, doch gleichzeitig auch tiefgreifende Veränderungen in der Gesellschaft, die den Fatalismus überwand und sich vor allem auf kulturellem Gebiet erfolgreich artikulierte. Die Chruschtschowsche Modifikation der Herrschaftsmechanismen zur Verhinderung eines stalinistischen Rezidivs stieß dann aber auf den Widerstand der Parteibürokratie, der Armee und des Geheimapparats. Preiserhöhungen, Mißernten und Verschärfung der Strafgesetze Anfang der sechziger Jahre erleichterten Chruschtschows Rivalen seine Entmachtung. Breschnew griff zwar 1965 die ökonomischen Reformversuche Kossygins auf, doch dieser Kurs wurde 1973/74 liquidiert: Die zentralistische Struktur blieb stabil, die Interessen der Bürokratie wurden vorrangig befriedigt und den Militärs höhere Rüstungsausgaben genehmigt.

Mit der amerikanischen Landung auf dem Mond 1969 verlor die UdSSR den Wettlauf mit den USA. Die diplomatischen Erfolge bei der KSZE wogen nicht die ökonomische Katastrophe und die wachsenden Schulden im Westen auf, hinzu kam eine zunehmende Konfusion der politischen Doktrin (Kambodscha 1975-78), die seit der These des XXV. Parteitags der KPdSU von 1976 über den "hochentwickelten (realen) Sozialismus" in eine defensive Richtung wies. Bemerkbar machten sich gleichzeitig qualitativ neue innergesellschaftliche Prozesse: Ab 1968 "Dissidenten", informelle Gruppen und Untergrundzeitschriften, 1974 wurde Solschenizyn des Landes verwiesen. Die Kulturkrise und Tendenzen nach nationaler Erneuerung blieben nicht auf Rußland begrenzt, die Demographie der UdSSR geriet immer mehr in Widerspruch mit der fiktiven Föderation und der tatsächlichen Russifizierung. Seit Beginn der siebziger Jahre wurden Fragen der nationalen und religiösen Identität immer dringlicher, vor allem für die 50 Millionen sowjetische Moslems, die geschickt Khadafi nachbeteten, daß Marx seine Ideen aus dem Koran gewonnen hätte. Die fortschreitende Sklerose des Systems komplizierte die Gerontokratie in der Führung und die von den Massenmedien effektiv inszenierte "titanische 'Leninsche Bescheidenheit' Breschnews" trug unmittelbar zur offenen Zersetzung des sozialen und politischen Lebens ab Mitte der siebziger Jahren bei. Das Fiasko der traditionellen Herrschaftsmethoden habe bereits die Wahl des KGB-Chefs Andropows zum Generalsekretär 1982 signalisiert, der als "Polizist" schon aus mentalen Gründen für Disziplin statt für Reformen plädierte, wie der Autor verkürzt. Im Westen mit dem Nachrüstungsbeschluß von 1979 konfrontiert und mit der Erklärung der USA-Regierung von 1980, die demokratische Oppositionsbewegung in Osteuropa unterstützen zu wollen.

Gorbatschow bescheinigt er in der ersten Etappe der Perostroika nach der Machtübernahme 1985 die Fortführung der Methoden Andropows. Letztlich bestand das "Drama Gorbatschow" darin, daß Gorbatschow nicht gewußt habe, was er mit seiner Machtfülle tun könne, weil sie in ein festes überkommenes System eingebettet war. Die Perestroika als "Krieg der Partei gegen die Partei unter Führung der Partei mit objektiven Resultaten" blieb in ihrem Aktionsradius verhältnismäßig beschränkt und fand beispielsweise im ökonomische Bereich überhaupt nicht statt: Der Anteil der Schwerindustrie an der Gesamtproduktion stieg kontinuierlich von 49,5 Prozent (1940) auf 75,3 Prozent im Jahr 1987 an. Die ökologische Katastrophe von Tschernobyl 1986 und der Bergarbeiter-Streik aller sowjetischen Fördergebiete 1989 bewegten das politische Bewußtsein stärker. Durch die Demonopolisierung des politischen Lebens aufgrund der Verfassungsänderung vom März 1990 erklärte sich die Kommunistische Partei zu einem Anachronismus im pluralistischen politischen System. Dennoch reagierte die Gesellschaft nur mit Apathie, weil die neue Politik bis 1988 keine Ergebnisse gebracht habe. Zur gleichen Zeit wurden aber nationale Probleme akut, die internationalistische Fassade der UdSSR bekam irreparable Risse, religiös motivierte Bewegungen wuchsen an. Als die sowjetischen Truppen 1989 Afghanistan verließen, hatte die soziale und kulturelle Bewegung bereits die Bahnen des "Antistalinismus" verlassen und war in einen "Antileninismus" hinübergewachsen.

Die Vorzüge des Buches bestehen vor allem in der Klarheit und Anschaulichkeit der Gedankenführung, weshalb es auch für populärwissenschaftliche Zwecke gut geeignet ist. Allerdings werfen eben diese Eigenschaften Fragen nach den heuristischen Prämissen auf, wecken wohl bei einigen einen ideologiekritischen Verdacht einer ins Negative gekehrten "rituellen Glorifizierung der Geschichte". Doch es entspricht nicht nur den Grundsätzen des Wissenschaftspluralismus, sondern ist auch intellektuell redlich, über Detailaspekte des Sowjetsystems eventuell laut zu streiten. Perzeptionsweisen, die hier nur knapp mit den Stichworten "Katholizismus" und "Verwerfungen der westeuropäischen kulturellen Tradition" in den "zwischen Deutschland und Rußland" gelegenen Ländern angedeutet werden können, schimmern bei Smaga nur an einigen Stellen unmittelbar an der Oberfläche. Eine Übersetzung des Buches ins Deutsche erscheint sogar vom marktwirtschaftlichen Standpunkt aus lohnend.

Jan Foitzik

Willerton, John P.: Patronage and Politics in the USSR. Cambridge University Press, Cambridge u.a. 1992 (Soviet and East European Studies, 82), 302 Seiten.

Patronage und persönliche Netzwerke, wiewohl ihre Existenz offiziell entweder verleugnet oder verdammt wurde, bildeten einen zentralen Faktor der politischen Maschinerie in der Sowjetunion. Ähnlich wie der Realsozialismus eine zweite Ökonomie von erheblicher Bedeutung in Gestalt der Schattenwirtschaft hervorgebracht habe, so gebe es auch eine zweite politische Ebene, eine *second polity*, konstatiert John P. Willerton, Assistant Professor für Politische Wissenschaft an der Universität von Arizona. Dieser zweiten politischen Ebene ist seine Studie gewidmet, in deren Zentrum die UdSSR Breschnews und die Gorbatschow-Ära sowie Regionalstudien zu Litauen und Aserbeidschan stehen. Der Untersuchungszeitraum erstreckt sich bis Anfang 1990. Willerton, der für seine Arbeit 1982/83 auch in der Sowjetunion recherchierte, geht der Frage nach, welche Rolle die Netzwerke bei der Etablierung neuer Führungsfiguren und der Durchsetzung ihrer politischen Konzepte spielten. Dabei vertritt er einen strikt funktionalistischen Ansatz. Die dysfunktionalen Varianten der Patronage interessieren ihn nur am Rande. Es geht in diesem Buch also nicht um Enthüllungen über Nepotismus in der Nomenklatura-Kaste oder Mafia-Connections der sowjetischen Führungsschicht. Stattdessen erwarten den Leser die Ergebnisse einer aufwendigen EDV-gestützten Analyse aggregierter Karrieredaten von über 2.000 sowjetischen Politikern, ohne daß er über das notwendige Mindestmaß hinaus mit den technischen Fragen belästigt würde. Methodisch knüpft Willerton dabei an die Untersuchungen des britischen Historikers Lewis Namier über die Struktur der Politik im England des 18. und 19. Jahrhunderts an.

Willerton sieht die Sowjetunion von einer unterentwickelten, bäuerlichen politischen Kultur geprägt, in der knappe Ressourcen aufgrund persönlicher Beziehungen verteilt werden. Dies und die Unsicherheit des politischen Lebens, die von dem Fehlen explizit formulierter Regeln für Personalrekrutierung und formeller Mechanismen zur Bewertung des Verhaltens von Politikern herrühren, bewirken, daß Patronage funktionell an die Stelle rechtlich normierter Beziehungen tritt. Bereits in der Revolutionsperiode wurde die Vergabe wichtiger Positionen von einer kleinen Gruppe an der Spitze der bolschewistischen Partei kontrolliert. Seine souveräne Beherrschung der Personalpolitik verhalf dann Stalin an die Spitze der KP. Die Angehörigen seines Klientelnetzes, die ihrerseits häufig eigene, sekundäre Netzwerke kontrollierten, repräsentierten durchaus ein Meinungsspektrum mit gewissen unterschiedlichen Nuancen bis mit dem Kirow-Mord 1934 Stalins blutige "Kaderrotation" einsetzte. Das informelle System von *checks and balances*, das die Netzwerke des Parteichefs und anderer führender Politiker in der späteren Sowjetunion konstituierten, gab es im Hochstalinismus nicht mehr. Während Willerton feststellt, daß Chruschtschows Reorganisation von Institutionen und seine Praxis der Personalrotation zur Folge hatten, daß sich ihm sein eigenes Netzwerk entfremdete, führt er die Stabilität von Leonid Breschnews Herrschaft vor allem auf die Fähigkeit des Patrons zurück, entscheidende Machtpositionen mit Anhängern seines Netzwerks zu besetzen und zugleich mit den Patronen anderer Netzwerke eine "Regierungskoalition" einzugehen. Im Zentrum von Breschnews Netzwerk stand die sogenannte Dnjepropetrowsker Mafia. Die anderen bedeutenden Netzwerke um den Parteiideologen Suslow, das ukrainische mit Nikolaj Podgorny an der Spitze, das weißrussische unter Kyrill Masurow, dessen Wurzeln bis in den Partisanenkampf des Zweiten Weltkriegs zurückreichten, und die Moskauer Gruppe unter Iwan Kapitonow stellten Breschnews Vorherrschaft nicht in Frage, wohl aber versuchten sie, dessen Politik ihre jeweils eigenen Akzente aufzuprägen. Unter dem neuen Generalsekretär Andropow, vor allem aber in der Ära Gorbatschow verloren die meisten Mitglieder von Breschnews erweitertem Netzwerk ihre Entscheidungspositionen. Zugleich aber verloren Netzwerkbeziehungen mit der Perestroika an Bedeutung. Das politische Schwergewicht verschob sich von der Partei zum Staatsapparat. Qualifikation und insbesondere Massenpopularität gewannen als Machtressourcen gegenüber den Patronagebeziehungen erheblich an Gewicht. Ein Paradebeispiel hierfür bietet der politische Aufstieg von Algirdas Brasauskas in Litauen. In Aserbeidschan allerdings konnte sich das von dem ehemaligen stellvertretenden Republikvorsitzenden des KGB, Aliew, installierte Netzwerk noch bis Anfang der neunziger Jahre relativ stark behaupten. Auch wenn das konkrete historische sich stellenweise in der abstrahierenden Erörterung der Dynamik von Netzwerken aufzulösen droht, hat Willerton mit seiner Studie ohne Zweifel einen wichtigen Beitrag zur politischen Soziologie der Sowjetunion geleistet.

Jürgen Zarusky

Farber, Samuel: Before Stalinism. The Rise and Fall of Soviet Democracy. Polity Press, Cambridge 1990, 288 S.

Samuel Farber ist Professor für Politische Wissenschaft in New York. Sein Buch untersucht Theorie und Praxis der Russischen Revolution unter dem Gesichtspunkt der Demokratie. Behandelt wird der Zeitraum zwischen 1917 und 1923. Originell an Farbers Buch sind weder die die Untersuchung leitende Frage, welche Merkmale der stalinistischen Diktatur bereits unter Lenin und Trotzki ausgebildet wurden, noch die Quellen, auf die es sich stützt - die einschlägige westliche Literatur. Was seine Studie von vergleichbaren Arbeiten (etwa Leonard Schapiros klassischer Untersuchung *The Origin of the Communist Autocracy*) abhebt, ist die Perspektive ihres Verfassers: Im Gegensatz zu Schapiro und der Schule der Totalitarismus-Theoretiker mißt Farber der Oktoberrevolution und dem von ihr etablierten Sowjet-Regime demokratische Legitimität durchaus zu. Sein Standpunkt ist vergleichbar dem der frühen sozialistisch-kommunistischen Kritiker wie etwa Rosa Luxemburg, deren Kritik an der Praxis der Bolschewiki auch dadurch an Schärfe gewann, daß sie deren Prämissen teilte. Die Behauptung verwerfend (die aus einer Geschichtsphilosophie rührt, die nicht minder deterministisch ist als der "Marxismus-Leninismus"), die Sowjet-Macht und das bolschewistische Rußland seien nur von ihrem Ende her zu beurteilen, spürt Farber in sieben Kapiteln, die Themen wie den Sowjets und den politischen Parteien, der Rolle und den Aufgaben der Gewerkschaften, der Zensur und der Pressefreiheit, dem nachrevolutionären Rechtssystem, der Struktur und Funktion des staatlichen Repressionsapparats gewidmet sind, den jeweiligen Optionen, den möglichen Alternativen nach, deren Wahl den Niedergang der Sowjet-Demokratie und die Herausbildung der stalinistischen Diktatur hätte verhindern können. Waren Farbers (im Epilog angestellte) Überlegungen zu den Perspektiven des Wandels in Osteuropa schon kurze Zeit nach Erscheinen seines Buches überholt, so sind seine *dies*bezüglichen Darlegungen für all diejenigen von bleibendem Wert, die am Geschick des Sozialismus im allgemeinen und der Geschichte der Russischen Revolution im besonderen Interesse haben.

Horst Lauscher

Bucharin, Nikolai: 1929 - Das Jahr des großen Umschwungs. Hrsg., eingel., komment. und übersetzt von Wladislaw Hedeler und Ruth Stoljarowa. Dietz Verlag, Berlin 1991, 245 S.

Von Bucharin, einer der bekanntesten "Unpersonen" in der Geschichte der UdSSR, blieb jahrzehntelang unbekannt, welchen Inhalt seine mehrstündige Rede hatte, mit der er auf dem Vereinigten Plenum des Zentralkomitees und der Zentralen Kontrollkommission der KPdSU(B) am 18. April 1929 aufgetreten war. Dem russischsprachigen Erstdruck von 1989 folgte die deutsche Erstausgabe im vorliegenden Band, der damit eine hervorragende historische Quelle weithin publik macht. Der Leser wird Zeuge des innerparteilichen Kampfes um Wege und Tempo der Weiterentwicklung des sozialistischen Systems im Sowjetland. Während Bucharin sich gegen den Abbruch der Neuen Ökonomischen Politik kehrte, setzte sein Hauptkontrahent Stalin Zug um Zug rigorose Willkürmaßnahmen vor allem gegen die Bauernschaft durch. Erstmalig übte Bucharin detaillierte Kritik an der Stalinschen Konzeption von der Verschärfung des Klassenkampfes im Zuge des fortschreitenden sozialistischen Aufbaus, eine Konzeption, die dem Diktator zur Begründung seiner opferreichen Repressionspolitik diente. Bucharins Rede vor dem Vereinigten Plenum ging als letzte umfassende Selbstdarstellung seiner Auffassungen, die als "rechte Abweichung" verurteilt wurden, in die Geschichte ein; sie verdient spezielle Beachtung wegen der Auskünfte zu Detailfragen, beispielsweise zu rayonspezifischen Merkmalen der ökonomischen und sozialen Entwicklung.

Aufschlußreich für das Niveau der Auseinandersetzung und die politische Kultur in den genannten Parteigremien sind die häufigen Zwischenrufe und herausfordernden Fragen an den Referenten. Das Persönlichkeitsbild von J.W. Stalin und seinen engen Anhängern A.I. Mikojan, G.K. Ordshonikidze, W.M. Molotow und anderen erfährt in diesem Zusammenhang manche Vervollkommnung.

Der vorliegende Band enthält überdies Nachdrucke von neun zeitgenössischen Beiträgen aus oppositionellen Presseorganen, in denen - achtmal von Seiten der KPD (Opposition) und einmal seitens russischer sozialdemokratischer Emigranten - zur Verurteilung der Gruppe um Bucharin auf dem Aprilplenum 1929 und zur Situation in der KPdSU-Führung Stellung genommen wird.

Abgerundet und aktualisiert wird das Bild von Nikolai Bucharin beim großen politischen Kurswechsel Ende der zwanziger Jahre durch einen Erinnerungsbeitrag von Bucharins Witwe, A.M. Larina, und eine Abhandlung des russischen Historikers G. Sokolow über die wachsenden Differenzen innerhalb der Parteispitze. Während Vor- und Nachwort schon wieder partiell überholt sind, verdienen die Anmerkungen zum Anhang besondere Hervorhebung, weil sie wissenschaftlich sehr instruktiv sind und der hohen Qualität der geleisteten Übersetzungsarbeit entsprechen.

Joachim Mai

Holmes, Larry E.: The Kremlin and the Schoolhouse. Reforming Education in Soviet Russia, 1917-1931. Indiana University Press, Bloomington, Indianapolis 1991, 214 S.

Eine der wichtigsten Aufgaben in der Ausbildung russischer Lehrer ist zur Zeit die Vermittlung eines neuen Bildes über die Geschichte der Pädagogik in Rußland. Besonders die Interpretation des sowjetischen Kapitels dieser Geschichte fällt heutzutage schwer. Daher liefert das Buch von Larry E. Holmes russischen Historikern bei ihren Versuchen zur Aufarbeitung der Entwicklungsgeschichte von Pädagogik und Schulsystem seit der Oktoberrevolution eine unschätzbare Hilfestellung.

Die in vier selbständige, aber durchaus miteinander verbundene Teile gegliederte Arbeit bemüht sich, ein objektives Bild des sowjetischen Bildungssystems in den Jahren 1917-1931 nachzuzeichnen. Dabei trachtet der Autor nicht danach, die damals handelnden Personen zu entschuldigen oder zu verleumden. Ihm geht es vielmehr um die objektive Vermittlung von Tatsachen. Daß ihm dies gelingt, beweist ein Blick in das Quellen- und Literaturverzeichnis am Ende des Buches, das Zeugnis ablegt von der profunden und dichten Quellenbasis, auf die sich der Autor stützen konnte. Dies gilt um so mehr, als eine Reihe der Quellen - vor allem die, die Probleme der Volksbildung auf lokaler Ebene behandeln - bislang wissenschaftlich nicht verwertet worden sind bzw. werden konnten.

Besonders hervorzuheben ist das Bemühen von Holmes, das komplexe und bisher kaum erforschte Problem der Wechselwirkung und wechselseitigen Abhängigkeit zwischen der offiziellen staatlichen Politik und der alltäglichen Schulpraxis in den Blick zu nehmen. Betroffen von dieser Wechselbeziehung waren nach Holmes alle, die mit dem Volksbildungssystem und seiner Entwicklung in Berührung kamen: die Narkompros, die Öffentlichkeit, die gesellschaftlichen Organisationen (Komsomol, Pionierorganisation), die lokalen Machthaber, Lehrer, Schüler und Eltern. Diese Sichtweise gestattet es dem Autor, darzulegen, daß und wie sowohl spontane als auch zielgerichtete Faktoren Einfluß auf die Entwicklung des Bildungssystem ausübten.

Der Kreis der im Buch erörterten Fragen ist sehr weit: Die Tätigkeit der Narkompros bei der Suche nach einer neuen Richtung in der Bildungspolitik; die Beziehungen zwischen wirtschaftlicher Entwicklung und Volksbildung; die Ausbildung der Lehrer und ihr Einfluß auf die Umsetzung der Bildungspolitik in die Praxis; die Unterrichtsmethodik - traditionell oder experimentell - in der Schule; schließlich im dritten und sehr wichtigen Teil des Buches die schwierige Suche nach (Kompromiß-)Lösungen der Bildungsprobleme in den zwanziger Jahren.

Obgleich Holmes sich in seiner Darstellung auf die ersten 14 Jahre nach der Revolution von 1917 konzentriert, behält er gleichwohl die aktuellen Probleme auf dem Gebiet der Volksbildung im Blick. Er bestätigt damit, daß eine Aufarbeitung dieses Kapitels der Bildungsgeschichte notwendigerweise auch Bezugspunkte liefert, die für das heutige Verhältnis von Kreml und Schulhaus von Belang sind.

Natürlich mag man manches anders bewerten als Holmes. Doch dies ändert nichts daran, daß seine Arbeit namentlich dem russischen Leser eine neue Sichtweise auf die Ereignisse eröffnet, die von der sowjetischen/russischen Wissenschaft in ideologisch gefärbtem Einheitsbrei verkocht worden sind. Gerade deshalb wäre es wünschenswert, daß das Buch in russischer Sprache erschiene, nicht zuletzt um den russischen Wissenschaftlern bei der Aufarbeitung der Geschehnisse in den Jahren 1917-1931 den Weg zu weisen.

Natalija Sergeeva

Gribkow, Anatoli I.: Im Dienste der Sowjetunion. Erinnerungen eines Armeegenerals. Edition q, Berlin 1992, 526 S.

In einer Mischung aus recht persönlichen Erinnerungen und der Bewertung zeitgeschichtlicher Vorgänge schildert A. Gribkow seine militärische Laufbahn in fünf Jahrzehnten. Angefangen von seiner Ausbildung an einer Offiziersschule für Panzertruppen und der Teilnahme am sowjetisch-finnischen Krieg 1939/40 sowie den Abwehrschlachten der Roten Armee im Sommer 1941 zeichnete sie sich durch nichts Außergewöhnliches aus. Durch die Entsendung in den Generalstab erhielt Gribkow größere Einsichten in den Gesamtverlauf des Krieges, stieg dann auch Stufe um Stufe auf, um in den Jahren 1976 bis 1989 als Stabschef des Warschauer Pakts zum zweithöchsten Militär dieses Bündnisses zu avancieren.

Zur Geschichte des Zweiten Weltkrieges tragen die Erinnerungen nichts Wesentliches bei. Bemerkenswert sind höchstens seine Ausführungen über die Aufgaben und Rechte der speziellen Bevollmächtigten des Generalstabs, die von diesem an die Frontgruppen und weitere Verbände des Feldheeres entsandt wurden. Man könnte sie als Beobachter und Ratgeber in den Frontstäben bezeichnen. Mehr noch waren sie Informanten für den Generalstab, der den Berichten der Oberbefehlshaber und Frontstäbe wohl nicht immer voll vertraute. Aber auch in dieser Hinsicht war ihr Einfluß auf das militärische Geschehen nicht übermäßig groß. So konnte diese zusätzliche Einrichtung von "Kontrolloffizieren" zwar die Aussagefähigkeit des Generalstabs und damit seine strategische und operative Planungsarbeit erleichtern, trug aber zugleich zu bestimmten Unsicherheiten in den Frontstäben bei, da diese stets von der Anwesenheit von Lauschposten ausgehen mußten.

Am aufschlußreichsten sind zweifellos die Ausführungen, die Gribkow zu seiner Mission während der Kuba-Krise 1962 macht. Als Leiter der Operativen Verwaltung des Generalstabs der Sowjetarmee hatte er unmittelbaren Anteil an den Vorbereitungen zur Stationierung von sowjetischen Truppen auf der "Insel der Freiheit", die Mitte Mai 1962 begannen. Von Mitte Oktober bis Ende November 1962 war er Leiter einer speziellen Gruppe von Beauftragten des sowjetischen Verteidigungsministers, die wiederum mehr eine beratende und kontrollierende Funktion hatte, da der Befehlshaber der sowjetischen Truppen unmittelbar Moskau unterstand und in seinen Entscheidungen nur noch von der Zustimmung der kubanischen Führung abhängig war.

Dennoch werfen Gribkows Ausführungen einiges zusätzliches Licht auf die dramatischen Ereignisse des Herbstes 1962, als die sowjetisch-amerikanische Konfrontation die Welt bis vor den Abgrund der nuklearen Katastrophe brachte. Die zunächst unbemerkte Verlegung sowjetischer Truppenteile und Einheiten samt ihrer Waffen auf dem See- und nur teilweise auf dem Luftweg - über den halben Erdball - war zweifellos eine bemerkenswerte militärische Leistung. Sture Befehlsdurchführung führte unter den tropischen

Bedingungen des getarnten Seetransports zu ersten Menschenopfern. Nach Gribkows Darstellung hatten die sowjetischen Truppen, einschließlich der Raketeneinheiten, nur Verteidigungsaufgaben für den Fall einer amerikanischen Invasion sowie eine Abschreckungsfunktion im Rahmen der globalen Konfrontation zwischen den beiden atomaren Großmächten. Zudem war ihre Einsatzbereitschaft Ende Oktober, also zum Höhepunkt der Krise, noch nicht abgeschlossen, die unmittelbare Gefahr für die USA demnach noch gering, aber potentiell schon gegeben. Ihre möglichen Folgen wurden, wie das Buch letztlich beweist, von den unmittelbaren Teilnehmern der Ereignisse, auch der kubanischen Führung, unterschätzt.

Bei der Beilegung der Krise durch Chruschtschow und Kennedy agierte der sowjetische Staatsmann so, daß er Castro vor vollendete Tatsachen stellte. Die bekannte Verstimmtheit der kubanischen Führung wird in dem Buch recht plastisch geschildert, aber auch die sowjetische Selbstherrlichkeit, selbst wenn sie in den letzten Oktobertagen des Jahres 1962 einem guten, friedenserhaltenden Ziel diente. Die im Anhang des Buches beigefügten Dokumente sind eine echte Bereicherung der wissenschaftlichen Literatur in deutscher Sprache. Die Ausführungen Gribkows über seine dreizehnjährige Tätigkeit als Stabschef der Vereinten Streitkräfte des Warschauer Pakts enthalten kaum neue Erkenntnisse. Sie weisen deutlich die völlige sowjetische Dominanz in den Kommando- und Stabsstrukturen nach, auch die Bedeutungslosigkeit der Tagungen des Politischen Beratenden Ausschusses, da alle wichtigen Entscheidungen vom Politbüro der KPdSU vorbestimmt waren. Sie bestätigen die ohnehin bekannte Tatsache, daß Rumänien zwar eine Sonderrolle spielte, diese aber nicht ins Gewicht fiel, und daß der Warschauer Vertrag keine Vorbereitungen für einen Angriffskrieg oder sonstige über die Grenzen seiner Staaten hinausgehende militärische Handlungen traf. Nach Gribkows Ausführungen gab es im Oberkommando des Warschauer Pakts auch keine Vorbereitungen für eine Invasion in Polen. Er bestätigt aber mit einem Satz, daß es bei einigen Militärs und Politikern solche Überlegungen gegeben habe. Alles in allem, ein Erinnerungsbild mit begrenztem Informationswert.

Stefan Doernberg

Smith, Hendrik. Die neuen Russen. Gekürzte, deutsche Ausgabe. Rowohlt, Reinbek 1991, 672 S.

Über die "Perestroika" werden wahrscheinlich Hunderte von Büchern geschrieben werden, die unter verschiedenen Aspekten und von verschiedenen Standpunkten aus jene bewundernswerten und für die westliche Mentalität mitunter schlechthin unverständlichen Vorgänge behandeln werden, die im Verlaufe der "Gorbatschow-Ära" auf das Leben von Millionen Menschen in der Sowjetunion von derart gewaltigem Einfluß gewesen sind. Das Buch des US-amerikanischen Journalisten Hendrik Smith sollte jedoch, wie ich meine, in dieser Masse nicht untergehen. Und zwar nicht allein deshalb, weil es von einem Augenzeugen vieler Ereignisse in verschiedenen Teilen des Sowjetreiches aus kürzestem zeitlichem Abstand geschrieben ist. Smith' Buch enthält u.a. Interviews mit Politikern, Wissenschaftlern, Funktionären unterschiedlicher Ebenen sowie mit ganz gewöhnlichen Bürgern, die bis dahin unter ihren Mitmenschen durch nichts aufgefallen und erst dank der "Perestroika" zu politisch engagierten und zu selbständigen Urteilen und Handlungen fähigen Persönlichkeiten geworden, ja manchmal sogar an die "Vorderfront" des politischen Lebens geraten waren. Allein dadurch ist dieses Buch schon ein Zeugnis seiner Epoche. Die Einmaligkeit des von Smith "festgehaltenen" Moments bestand auch darin, daß ungehinderter Umgang mit ausländischen Journalisten in jenen Jahren für die absolute Mehrheit der Sowjetbürger nicht nur neu war, sondern mitunter auch eine Form der kritischen Haltung gegenüber der offiziellen Politik darstellte.

Der größte Vorzug dieses Buches ist jedoch seine Objektivität, und diese wiederum fußt erstens auf hohem beruflichen Können eines Journalisten mit Forschungsdrang, der sich nicht nur auf das moderne Verständnis des Landes, seiner Menschen und Probleme, sondern auch auf tiefe Kenntnis der Geschichte und der Vorgeschichte unserer Situation stützt; zweitens auf der Unerschütterlichkeit der moralisch-ethischen Bewertungen (die Tragödie der Armenier in Sumgait könne nicht die Gewaltanwendung gegen Aserbaidschaner rechtfertigen) und drittens darauf, daß der Autor kein abseits stehender Beobachter ist, der den kaleidoskopartigen Wechsel der Vorgänge bloß registriert: Ohne seine demokratischen Ansichten und damit auch seine Sympathien zu verhehlen, ist er zugleich bestrebt, nicht nur die "neuen", sondern auch die "alten" Russen zu begreifen. Sympathie erwecken muß auch das Taktgefühl, mit dem Smith die Worte seiner Gesprächspartner zitiert und mitunter davon Abstand nimmt, gewisse, ziemlich zweifelhafte, Äußerungen zu kommentieren. Ein mitdenkender Leser wird alles auch ohne Kommentar richtig begreifen.

Das Gesagte bedeutet keineswegs, daß es nichts gibt, worüber man mit Smith hätte diskutieren können. Beispielsweise erscheint die Gegenüberstellung der "Perestroika" mit der "Öffnung" Japans Mitte des 19. Jahrhunderts, der Bildung des deutschen Reiches durch Bismarck, der Modernisierung der Türkei durch Atatürk oder mit der Bewegung von Mahatma Gandhi (12) angesichts sowohl der qualitativen Dimensionen der von der "Perestroika" eingeleiteten Veränderungen in der UdSSR als auch ihrer Wirkung auf die Weltgemeinschaft - einschließlich der eventuellen globalen Folgen eines Mißerfolgs des Reformkurses - nicht ganz korrekt. Einer realen Basis entbehrt wohl auch die Mutmaßung des Autors, ein Bündnis von Gorbatschow und Jelzin Mitte des Jahres 1990 hätte das Land "aus der politischen Sackgasse herausführen" und "symbolisch zum Inbegriff der nächsten Phase der Perestroika werden" können (637).

Smith widmet natürlicherweise Gorbatschow große Beachtung, und es kann sogar der Eindruck entstehen, gerade dieser letztere sei der Held des Buches, doch dem ist nicht so. Gorbatschow war - das haben viele in Rußland heute bereits vergessen oder wollen es vergessen - zweifelsohne der Motor jenes überaus dynamischen Prozesses gewesen, der sich so oder anders in der Zeit zwischen März 1985 und August 1991 entwickelt hatte. Gorbatschows Porträt ist auf vielen Seiten des Buches ohne Retusche gezeichnet, zugleich aber mit hoher Achtung, wie es sich gegenüber einem Menschen auch gehört, der es in weniger als sieben Jahren seiner Tätigkeit an der Spitze der Macht geschafft hatte, die Welt wahrhaftig zu verändern und durch improvisierte, mitunter zwangsläufige (dadurch aber retrospektivisch nicht weniger glanzvolle) Schritte Prozesse anzuregen und Kräfte ins Leben zu rufen, die letztendlich ohne Blutvergießen das grausamste und langlebigste totalitäre Regime in der Menschheitsgeschichte zerstört hatten.

Die wirklichen Helden des Buches von Smith werden indes bei weitem nicht immer namentlich genannt, es sind Tausende und aber Tausende von Menschen. Der Preis ihres Heldenmuts war sehr unterschiedlich gewesen: Es gab den Heldenmut Einzelner und den der Massen, es gab Helden die ihren Mut in der Legalität, Halblegalität und Illegalität bewiesen, es gab einen Heldenmut, den man auf Millionen von Bildschirmen miterlebte, und solchen, der in der Stille einer Gefängniszelle bewiesen wurde. Doch in jedem Fall, ungeachtet der öffentlichen Resonanz, war dieser Heldenmut immer ein kleiner oder ein großer Sieg eines Menschen über sich selbst, über all das, was im Verlaufe der Jahrzehnte totalitärer Herrschaft mit derartiger Beharrlichkeit indoktriniert worden war, es war jedesmal ein Sieg der "neuen Russen".

Sergej Slutsch

Morrison, John: Boris Jelzin. Retter der Freiheit. Ullstein Verlag, Berlin, Frankfurt/M. 1991, 415 S.

Der Journalist, langjähriger Reuters-Korrespondent in Moskau, legt mit dieser Biographie einen interessanten Einblick in den "einzigartigen politischen Werdegang" Boris Nikolajewitsch Jelzins vor. Fakten- und facettenreich dokumentiert der Autor den Aufstieg aus einfachen Verhältnissen über eine für sowjetische Verhältnisse eher typische Parteikarriere zum wichtigen Gegenspieler Gorbatschows und schließlich zum ersten frei gewählten Präsidenten Rußlands. Die Darstellung endet mit den dramatischen Ereignissen vom August 1991 und Jelzins beherztem Eintreten für die demokratische Umgestaltung Rußlands. Hat dabei der Originaltitel From Bolshevik to Democrat bereits einen Vorgriff auf die Kernaussage des Buches, so ist der vom deutschen Verlag gewählte Untertitel allzu emphatisch.

Als Journalist versteht es der Autor, eine Vielzahl an unterschiedlichen Informationen und Meinungen in ein Gesamtbild des nach eigenem Bekunden komplizierten Charakters Jelzins (365) zu fassen. Über weite Passagen bedient sich Morrison in seiner Darstellung einer Komplementärtechnik, indem er Jelzins Biographie mit derjenigen Gorbatschows vergleicht und sie gegeneinander abzusetzen versucht: Hier der "Apparatschik" Gorbatschow, der dem traditionellen System verpflichtet bleibt, dort der "Technokrat" Jelzin, der die Zeichen der Zeit und die Problematik des zerfallenden Imperiums erkannte und energisch handelte.

Die eigentliche Stärke des Buches liegt auf de Präsentation einer beeindruckenden Fülle an Material, für das der Autor allerdings mehrmals den Beleg vermissen läßt. Eine tiefergehende Auseinandersetzung mit dem politischen "Menschen" Jelzin bleibt aber außen vor. Auch wirkt der mehrmalige Versuch, historische Analogien zu den Ereignissen von 1917 oder gar vom Anfang des 17. Jh. ("Zeit der Wirren") bemüht und wenig überzeugend.

Der deutschen Übersetzung merkt man an, daß sie unter dem Druck einer schnellen Veröffentlichung für den von der Tagespolitik bestimmten Markt stand. Neben oftmals allzu lapidaren Sätzen ("Wie Jelzin war er [Siljew] Großvater, Ingenieur und Tennisspieler ...", 214) stört vor allem die uneinheitliche Wiedergabe der russischen Termini und Namen.

Hermann-Josef Verhoeven

Van Oudenaren, John: Détente in Europe. The Soviet Union and the West since 1953. Duke University Press, Durham, London 1991, 490 S.

Korrekterweise müßte der Titel dieses Buches lauten: sowjetisch-westeuropäische Kontakte 1953-1990 unter besonderer Berücksichtigung (West)Deutschlands, Großbritanniens und Frankreichs. Es handelt sich um eine positivistisch anmutende Auflistung solcher Kontakte auf verschiedenen Ebenen und in unterschiedlichen Bereichen. Die Darstellung beginnt mit der Regierungsebene (Gipfeltreffen und reguläre Diplomatie) und den Kontakten zwischen Parlamenten, Parteien und Gewerkschaften. Die folgenden Kapitel wenden sich den Bereichen Rüstungskontrolle und Wirtschaft zu, bevor Kultur, Kirchen und Friedensbewegungen behandelt werden. Das abschließende Kapitel ist den Bemühungen um eine europäische Sicherheitskonferenz und der KSZE-Diplomatie gewidmet. Als Quellengrundlage dienen Dokumentensammlungen (in Auswahl), Memoiren und Pressematerialien. Die internationale Forschung wird selektiv herangezogen.

Die Hauptthese ist bemerkenswert einfach und erinnert an Stimmen, die man im Westen vor allem in den fünfziger Jahren und seit Beginn der Perestroika in der damaligen Sowjetunion oft hören konnte: Schuld ist Stalin! Nach seinem Tod sei ein scharfer Bruch eingetreten, der den Prozeß der Entspannung eingeleitet habe, ja die Détente habe recht eigentlich 1953 Schritt für Schritt eingesetzt. Zu Recht stellt der Autor fest, daß Entspannungspolitik im Kern auf die Anerkennung des Status quo gerichtet war und sich prozeßartig entwickelt hat. Wie er dann aber die fünfziger und frühen sechziger Jahre mit *roll back-* und Wiedervereinigungspropaganda, mit Berlin- und Kubakrise unter denselben Détente-Begriff subsumieren will wie die Vertragspolitik der Folgezeit, bleibt sein Geheimnis. Der Verfasser läßt nur zwei Hauptunterscheidungen zu, nämlich Stalins seit 1947 verfolgte Politik der militanten Selbstisolierung und die davor und danach praktizierten Formen der Kommunikation, der Kooperation und der vertraglichen Vereinbarungen. Derart grobe Raster eignen sich indes weder für eine präzise Erfassung der Phasen im Übergang vom Kalten Krieg zur Entspannung, noch für ein angemessenes Verständnis der Außenpolitik Stalins.

Gottfried Niedhart

Bredow, Wilfried von: Der KSZE-Prozeß. Von der Zähmung zur Auflösung des Ost-West-Konflikts. Wissenschaftliche Buchgesellschaft, Darmstadt 1992, 199 S.

Was aus sowjetischer Sicht der Festschreibung des Status quo dienen sollte, entwickelte einen dynamischen Prozeß, ohne den die Auflösung des sowjetischen Herrschaftssystems und des Ost-West-Konflikts nicht zu denken ist. Freilich ähnelte der KSZE-Prozeß, zu dem der Verfasser in einem von der Nachkriegszeit bis zum KSZE-Gipfel im Jahr 1990 reichenden Überblick auf knappem Raum solide und übersichtlich informiert, nicht dem, was sich die sowjetische Führung unter der von ihr immer wieder geforderten europäischen Sicherheitskonferenz vorgestellt hatte. Die sowjetische Interessenlage war durch den Wunsch nach Herrschaftsstabilisierung und Ausbau wirtschaftlicher und technologischer Kontakte bestimmt. Der Verfasser zeigt auf, wie im Westen darauf reagiert wurde. Die einen lehnten ein Abkommen auf der Basis des Status quo ab, weil damit die sowjetische Hegemonie in Osteuropa bestätigt wurde und die Breschnew-Doktrin ihren westlichen Segen erhielt. Die anderen wollten den Status quo anerkennen, um ihn gerade dadurch mittelfristig verändern zu können. Letztere Position, die den Kern der Entspannungspolitik und der für den KSZE-Prozeß unverzichtbaren Neuen Ostpolitik ausmachte, wurde in ihrer Paradoxie oft nicht verstanden und darum mit entsprechender Skepsis begleitet. Der Autor untersucht sowohl die konkreten Interessenlagen als auch die Entscheidungsabläufe und betont zu Recht, daß das KSZE-Projekt zu Beginn der siebziger Jahre ein Element des Ost-West-Konflikts war, an dessen Beseitigung niemand ernsthaft denken konnte. Im zweiten Teil des Buches, das eine Fülle von eingestreuten Dokumenten und Informationen zu Verhandlungstechnik und Konferenzdiplomatie enthält, wird die Entfaltung des KSZE-Prozesses mit all seinen Rückschlägen und Erfolgen beschrieben. Den Abschluß bildet ein eher skeptisches Kapitel über die "Last des Erfolgs" der KSZE angesichts der Konflikte, die das "europäische Haus" erschüttert.

Gottfried Niedhart

Vorholt, Udo: Die Sowjetunion im Urteil des sozialdemokratischen Exils 1933 bis 1945. Eine Studie des Exilparteivorstandes der SPD, des Internationalen Sozialistischen Kampfbund, der Sozialistischen Arbeiterpartei und der Gruppe Neu Beginnen. Peter Lang Verlag, Frankfurt/M., Bern, New York, Paris 1991 (Europäische Hochschulschriften, Reihe XXXI, Bd. 174), 322 Seiten.

Udo Vorholt stellte sich in seiner Promotionsschrift die Aufgabe, eine "Perzeptionstopographie" zu erstellen, die verdeutlichen soll, inwiefern die sowjetische Innen- und Außenpolitik für die Meinungsbildung des sozialdemokratischen Exils in der Auseinandersetzung zwischen demokratischem Sozialismus und Marxismus-Leninismus ursächlich war (11f.).

Er weist nach, daß die drei Gruppierungen ISK, SAP und Neu Beginnen, die zwischen SPD und KPD standen, ihre grundsätzlich positive Haltung gegenüber der Sowjetunion erst nach dem Hitler-Stalin-Pakt revidiert und sich sodann konzeptionell dem sozialdemokratischem Exilvorstand angenähert haben. Dieser sprach dem Stalinschen System konsequent jeglichen demokratischen oder sozialistischen Gehalt ab, hielt an den Totalitarismus-Vorstellungen fest, optierte jedoch gleichzeitig, aus übergeordneten staatspolitischen Gründen, für "normale" außenpolitische Beziehungen mit der Sowjetunion.

Die sowjetische Politik wurde gerade von jenen Organisationen aufmerksam verfolgt, die eine Mittelposition zwischen dem Reformismus bzw. defensiven Legalismus der Weimarer Sozialdemokratie und dem Stalinismus der KPD zu formulieren suchten. Der Verfasser zeichnet deskriptiv, an Personen festgemacht, die unterschiedlich ablaufenden Diskussionsverläufe innerhalb der "Zwischengruppen" transparent nach und belegt damit eine - im Gegensatz zum Exilvorstand der SPD - nicht nur umfangreichere, sondern auch differenziert-kontroversere Perzeption der sowjetischen Politik.

Personenregister und bibliographischen Anhang nicht mitgerechnet, widmet Vorholt jedoch nur etwa zwei Fünftel des Umfangs seiner Darstellung dem engeren Erkenntnisinteresse (Kap. 3 und 6). Breiten Raum nimmt die weithin bekannte historische Entwicklung der sozialistischen Organisationen am Ende der Weimarer Republik und im Exil ein (Kap. 2 und 5). Neben der Definition der Begriffe "Widerstand", "Emigration" und "Exil", mag - auch vor dem Hintergrund der heutigen Asyldiskussion - die allgemeine Thematisierung von Ausmaß und Entwicklung des deutschen Exils interessant sein, zur engeren Fragestellung gehören auch diese Ausführungen indes nicht (Kap. 4).

Stattdessen hätte es sich angeboten, die instruktiven Diskussionen im sozialistischen Exil, mit dem Fokus auf die realpolitische Handlungsrelevanz nach Kriegsende, in einen größeren ideen- und vor allem wirkungsgeschichtlichen Rahmen zu betten. Demgegenüber akzentuiert der Verfasser ein organisationshistorisches Phänomen. Denn mit der programmatischen Annäherung der "Zwischengruppen" an die Sozialdemokratie waren für diese keine plausiblen Gründe mehr für einen eigenständigen Fortbestand auffindbar.

Gunter Ehnert

Kommunisten verfolgen Kommunisten. Stalinistischer Terror und 'Säuberungen' in den kommunistischen Parteien seit den 30er Jahren. Hrsg. von Hermann Weber und Dietrich Staritz in Verbindung mit Siegfried Bahne und Richard Lorenz. Akademie Verlag, Berlin 1993.

Mit dem vollständigen Zusammenbruch des "real existierenden Sozialismus" in der Sowjetunion und den Staaten Osteuropas bzw. der DDR haben sich wesentliche Grundlagen der historischen wie aktuellen Kommunismusforschung gewandelt. Die geschichtlichen Veränderungen machen es in der fachwissenschaftlichen wie öffentlichen Diskussion erforderlich, sowohl den erreichten Stand der quellengestützten Forschung zu bilanzieren, als auch die Konzeptionen sowie Methoden zu erörtern. Auf diese Art werden wichtige Voraussetzungen für die weiteren Untersuchungen und Darstellungen geschaffen. Die Tagung an der Universität Mannheim "'Weiße Flecken' in der Geschichte des Weltkommunismus - Stalinscher Terror und 'Säuberungen' in den kommunistischen Parteien Europas seit den dreißiger Jahren" im Februar 1992, deren Beiträge im vorliegenden Band zusammengefaßt werden, stellte sich diesem Anspruch. Die Herausgeber verweisen in ihrem Vorwort zu Recht darauf, daß die seit den zwanziger Jahren einsetzenden "Säuberungen" kommunistischer Parteien von oppositionellen Funktionären und ihren Sympathisanten im Westen immer wieder untersucht und in übergreifende Zusammenhänge gestellt wurden. Die Forschung erreichte u.a. durch systematisierende Arbeiten von Conquest und Brzezinski einen beachtlichen Stand. Dennoch mußten jene, die genauer wissen wollten, "wer die Täter, wer die Opfer waren, welche Verfolgungsinstanzen in Partei und Staat wann und wie repressiv agierten, wer warum entschied, vor allem wer erfahren wollte, wie groß die Zahl derer war, die ins mörderische Räderwerk gerieten", feststellen, daß sie "auf einen weißen Fleck in der Geschichte des Kommunismus gestoßen" waren (14).

Gegenwärtig - mit der schrittweisen Öffnung der Archive der kommunistischen Parteien - besteht die Chance, den lückenhaften Wissensstand durch umfassende Forschungen zu ergänzen und konkret nachzuweisen, wie terroristische Disziplinierungen und ständige "Säuberungen" zentrale Strukturelemente kommunistischer Herrschaft waren. Mit 35 Aufsätzen von 37 Autoren aus 11 Ländern Europas und Amerikas leistet die Publikation hierzu einen wichtigen Beitrag. Die Artikel sind von den Herausgebern, entsprechend dem Verlauf der Konferenz, so veröffentlicht, daß allgemeine Aspekte und zeitliche wie nationale Besonderheiten gleichermaßen deutlich werden. Nach einen Beitrag zu den ideologischen Wurzeln des Terrors von A. Watlin werden im ersten Komplex die Stalinschen "Säuberungen" der dreißiger Jahre in der KPdSU, der Komintern und einzelnen kommunistischen Parteien behandelt. F. Firsow widmet sich den "Säuberungen" im Apparat der Komintern, N. Steinberger beleuchtet ihre Hintergründe, P. Huber beschreibt die Zusammenhänge der Ermordung von Ignaz Reiss, und M. Keßler untersucht den Stalinschen Terror gegen jüdische Kommunisten. Die Rolle und Funktion der Komintern im Kontext der Stalinschen "Säuberungen" stellt B. Bayerlein dar. Die Ereignisse in der österreichischen, der ungarischen, der jugoslawischen, der italienischen, der spanischen und der lateinamerikanischen Geschichte behandeln B. McLoughlin und H. Schafranek, J. Jemnitz, U. Vujošević und V. Mujbegović, R. Wörsdörfer, R. Tosstorff und J. Mothes.

Dem Beispiel der KPD haben die Herausgeber einen gesonderten, umfangreichen Teil vorbehalten. S. Bahne analysiert die Verfolgungen deutscher Kommunisten im sowjetischen Exil und R. Müller die Genesis der "Parteisäuberungen" in der KPD. Anhand von Akten aus dem Moskauer KGB-Archiv rekonstruiert I. Scherbarkowa das Schicksal von Emigranten, die vom NKWD zwischen 1936 und 1941 an Deutschland ausgeliefert wurden. Dem Konflikt zwischen der Moskauer Parteiführung und dem Sekretariat des ZK der KPD in Paris 1939/1940 widmet sich E. Lewin. C. Tischler behandelt die Reaktion der Internationalen Roten Hilfe auf die Massenverhaftungen deutscher Emigranten in der Sowjetunion.

Die weiteren Beiträge untersuchen die politischen und literarischen "Verarbeitungen" der Moskauer Prozesse. K. Kröhnke schreibt über autobiographische Reflexionen ehemaliger Kommunisten über die Jahre des Stalinschen Terrors, S. Barck über die Spezifik des deutschen literarischen Exils in der UdSSR. Der Brite M. Johnstone stellt die Haltung der Kommunistischen Partei Großbritaniens zu den Moskauer Prozessen dar, H.A. Walter widmet sich deren Rechtfertigung durch Ernst Bloch. Auf die gleichen historischen Vorgänge und die Kampagne gegen André Gide geht B. Studer ein. Die Reaktion der deutschen Öffentlichkeit auf die frühen Schauprozesse in der Sowjetunion rückt W. Müller in den Blickpunkt der Aufmerksamkeit.

Die Stalinschen "Säuberungen" nach 1945 stehen als übergreifendes Thema für sieben Artikel. Einen vergleichenden Überblick zu den Entwicklungen in den kommunistischen Parteien Osteuropas gibt J. Foitzik. Die Entwicklung in der ČSR, Bulgarien und der griechischen KP werden von J. Osers, St. Troebst und P. Noutsos dargelegt. Die geschichtlichen Erscheinungen und Hintergründe in der SBZ bzw. DDR untersuchen P. Erler, H. Weber und M.F. Scholz. Sie behandeln die Rückführung deutscher Opfer des Stalinismus aus der Sowjetunion und ihre Eingliederung in das gesellschaftliche Leben, die Vorbereitungen von Schauprozessen sowie die Anfänge der Beziehungen der SED zur Norwegischen KP.

Welche Auswirkungen die Stalinschen "Säuberungen" auf die Tschechoslowakei noch nach 1969 hatten, beschreibt V. Mencl. Ihren Auswirkungen auf die Juden in der DDR widmet sich H. Eschwege. Die Nomenklatura in Polen analysiert St. Ehrlich. Übergreifende Aspekte stellt P. Broué dar, der Rolle und Funktion von "Säuberungen" im Rahmen des kommunistischen Herrschaftssystems aufzeigt.

Die Beiträge sind keinesfalls von gleich hoher Qualität, nicht auf jeden Artikel werden künftig die Fachwissenschaftler gleichermaßen zurückgreifen. Doch die Herausgeber taten gut daran, die Unterschiede und inhaltliche Widersprüche bestehen zu lassen, denn auf diese Weise entsteht ein lebendiges, reales Bild der gegenwärtigen Forschung. Das vorliegende Buch wird auf lange Sicht den Standard der internationalen Kommunismus-Forschung mitbestimmen. Zum einen, weil es zeigt, daß sich Wissenschaftler mit unterschiedlicher Biographie und Denkart sowie verschiedener Generation produktiv ergänzen. Zum anderen, weil deutlich wird, daß die seit Jahren, vor allem im Westen favorisierten und anerkannten Methoden und

Konzepte die Wissenschaft auch weiterhin bestimmen werden. Darüber hinaus enthält der Band eine Vielzahl interessanter und wichtiger detaillierter Erkenntnisse, die z.T. erst durch die veränderte Situation in den Archiven der kommunistischen Parteien gewonnen werden konnten. Zusätzlich überzeugt die Publikation durch ihre fundierten und sachlichen Beiträge. Das erscheint um so wichtiger, bedenkt man, wie schnell Kommunismusforschung gelegentlich für durchsichtige Interessen in Anspruch genommen wird. Insgesamt macht das Buch deutlich, welchen Stand die internationale Forschung bisher erreicht hat. "Weiße Flecken" in der Entwicklung des Kommunismus, besonders der in den zwanziger Jahren einsetzenden, historisch folgenreichen "Säuberungen" der Kommunistischen Parteien werden noch lange bestehen. Der Band vermittelt aber die Erkenntnis, daß die gewählten Forschungsansätze und Richtungen weitergeführt werden sollten.

Daniel Küchenmeister

Fondation Jules Humbert-Droz: Centenaire Jules Humbert-Droz. Colloque sur L'Internationale communiste. La Chaux-de-Fondes 1992, 566 S.

Nikolai Bucharin, mit dem er befreundet war, widmete ihm eine seiner zahlreichen Karikaturen: Mager; ein dürrer, aus einem offenen Hemdkragen ragender Hals; das vorn schon ein wenig gelichtete Haar über einer hohen Stirn; die Brille auf der spitz zulaufenden Nase. Bucharins Zeichnungen waren nie besonders schmeichelhaft, aber in diesem Fall wurde - durchaus glaubwürdig - ein Mann dargestellt, der viel sah, hörte und möglicherweise auch roch.

"Das Auge Moskaus", so nannte man Jules Humbert-Droz im frankophonen Raum. Der protestantische Pfarrer aus dem mitten im Schweizer Jura gelegenen La Chaux-de-Fonds hatte sich im Verlauf des Ersten Weltkriegs politisch radikalisiert. Kriegsdienstverweigerer, Pazifist und Internationalist, war er in die Sozialistische Partei eingetreten. Deren linken Flügel vertrat er auf dem II. Weltkongreß der Kommunistischen Internationale in Moskau. Für die Kommunistische Partei der Schweiz ins EKKI gewählt, war er bis zum 7. Erweiterten Plenum Sekretär der Komintern-Exekutive.

Er leitete das lateinisches Sekretariat, das für die romanischsprachigen Länder Süd- und Westeuropas sowie für ganz Lateinamerika zuständig war. Zu seinen vielfältigen Aufgaben gehörten Reisen nach Frankreich, Italien, Spanien, Portugal und in die Niederlande. Auf dem VI. Weltkongreß der Internationale hielt er den Bericht über Lateinamerika, wo gerade eine Reihe neuer Sektionen gegründet worden waren.

Wie Claudio Natoli in seinem Beitrag "Jules Humbert-Droz und die italienischen Kommunisten" (81-96) hervorhebt, war das "Auge Moskaus" südlich der Alpen besonders wachsam. Zwischen 1921 und 1926 nahm Humbert-Droz an allen Parteitagen der italienischen KP teil. Auf dem Kongreß von Livorno betrieb er 1921 die Abspaltung der kommunistischen Gruppen um Amadeo Bordiga (*Il Soviet* in Neapel) und Antonio Gramsci (*Ordine nuovo* in Turin) von der Sozialistischen Partei.

Zwei Jahre später warb er in Rom für die von Bordiga und den meisten italienischen Kommunisten strikt abgelehnte Politik der "Einheitsfront". Als 1924 die Fusion zwischen den Kommunisten und dem "drittinternationalistischen" Flügel der Sozialisten um Giacinto Menotti Serrati anstand, war Humbert-Droz wieder zur Stelle. In den Jahren 1924-1926 arbeitete er auf die Ablösung der alten KP-Führung in Italien hin; Amadeo Bordiga sollte durch Antonio Gramsci ersetzt werden.

Auf dem V. Weltkongreß leitete Humbert-Droz die italienische Kommission; aus seiner Feder stammen viele Beschlüsse und Resolutionen zu Fragen der Arbeiterbewegung und der Kommunistischen Partei auf der Apenninenhalbinsel, Beschlüsse und Resolutionen, die allesamt vom Weltkongreß und von den Leitungsgremien der Internationale gefällt bzw. verabschiedet wurden. Als die Bordiga-Anhänger 1925 eine parteiinterne Fraktion, das sogenannte "Verständigungskomitee", bildeten, sorgte Humbert-Droz für deren

Auflösung. Er trug damit zum Sieg Gramscis und Togliattis auf dem Parteitag von Lyon 1926 bei. Im Oktober 1926 nahm er an der ZK-Sitzung teil, auf der die italienischen Kommunisten Gramscis berühmten Brief an das ZK der KPdSU diskutierten und schließlich zurückzogen.

Humbert-Droz' Freundschaft zu Bucharin beruhte auch auf einer gewissen Affinität im politischen Denken und Handeln. Anfänglich "linker Kommunist", gehörte er sehr bald zu jener Führungsgruppe, die Gramsci einmal - allerdings bezogen auf die KPR(B) - als den "leninistischen Kern" bezeichnete. Als dieser Kern sich spaltete, ging der Mann, dessen Aufgabe es war, die westlichen Komintern-Sektionen auf den Kurs der jeweiligen sowjetrussischen (und dann: internationalen) Mehrheit zu bringen, mit der Mehrheit. Das hieß 1923 mit Stalin, Sinowjew und Kamenjew gegen Trotzki, 1925/26 dann mit Stalin und Bucharin gegen die Vereinigte Opposition.

In einen Loyalitätskonflikt geriet Humbert-Droz erst, als es zum Bruch zwischen Stalin und Bucharin kam. Dieses Mal wählte er einen anderen Weg als die Leitung der italienischen Kommunisten, in der Togliatti nach der Verhaftung Gramscis und nach dem Parteiausschluß Angelo Tascas tonangebend war. Während Togliatti in der Internationale mit Stalin und Thälmann zusammenging, um die von ihm zuvor bekämpfte "ultralinke" Wende (Sozialfaschismus-Theorie, sogenannte "Dritte Periode") zu vollziehen, blieb Humbert-Droz ein standhafter "Rechter".

Als er schließlich Ende doch eine Unterwerfungserklärung abgab, nutzte ihm dies nicht mehr viel: Nach und nach aus allen wichtigen Organen der Internationale entfernt, gehörte er am Ende noch dem Politbüro der Schweizer Partei an, wurde aus dieser aber 1943 ausgeschlossen. Er trat in die Sozialdemokratische Partei ein und war von 1947 bis 1958 deren Sekretär.

Humbert-Droz' Bedeutung für die Geschichte des internationalen Kommunismus erschöpft sich nicht darin, daß er viel sah und hörte oder daß er es verstand, ganze Parteien auf die jeweilige taktische Linie der Moskauer Zentrale zu bringen. Wie kaum einem anderen Kommunisten der ersten Generation gelang es ihm vielmehr, alle wichtigen Dokumente, die durch seine Hände gingen, zu archivieren. "Für einige Parteien, (so zum Beispiel für die französische) stellte dieses Material für lange Zeit die einzige archivalische Quelle dar, um die 'interne Geschichte' ihrer Führungsgruppen in den 20er Jahren zu rekonstruieren. Für andere Parteien wie zum Beispiel die italienische ergänzte es in einigen nicht unwesentlichen Aspekten die Dokumentation, die die Veröffentlichung des Tasca-Archivs und vor allem die Ende der 60er Jahre erfolgte Öffnung des Parteiarchivs bot." (83.)

Verwunderlich ist es daher nicht, daß sich zu Humbert-Droz' hundertstem Geburtstag im Schweizer Jura Kommunismusforscher und Historikerinnen der Arbeiterbewegung aus Deutschland, der Schweiz, Frankreich, Belgien, Italien, Spanien, den Niederlanden, Jugoslawien, den GUS und den USA trafen, um ihre Forschungsergebnisse auszutauschen. Der von Pierre Broué mit einem Beitrag voller aktueller Bezüge ("La mort du communisme? Mais quand?") eingeleitete Tagungsband enthält vier Themenschwerpunkte: Einen im engeren Sinne biographischen Teil, der auch Referate zur Tätigkeit Humbert-Droz' in der Schweiz umfaßt, und drei Abschnitte zur Geschichte der Kommunistischen Internationale (einzelne Sektionen, externe und interne Oppositionsgruppen und Komintern insgesamt). Der Band wird abgeschlossen durch ein Nachwort von André Lasserre und einen Aufruf zur Rettung und Öffnung der Komintern-Archive in der ehemaligen UdSSR.

Rolf Wörsdörfer

Barry Mc Loughin/Walter Szevera: *Posthum Rehabilitiert. Daten zu 150 österreichischen Stalin-Opfern.* Globus-Verlag, Wien 1991, 64 Seiten.

Die Grundlage der vorliegenden Broschüre sind zwei Listen, die Valentin Falin vom ZK der KPdSU im Dezember 1990 der KPÖ übergab. Seit den späten achtziger Jahren hatte die (teilweise verjüngte) KPÖ-Führung jahrzehntelange Versäumnisse zum Teil nachzuholen versucht. Wurden die ersten, in den siebziger Jahren erschienenen Arbeiten über die Auswirkungen des stalinistischen Terrors auf die in der Sowjetunion lebenden Österreicher von der nach 1968 "normalisierten" KPÖ mit Schmähungen überhäuft oder schlicht ignoriert, so gab es in der Gorbatschow-Ära eine umfangreiche Korrespondenz zwischen der Auslandsabteilung des ZK der KPÖ und Moskauer Stellen, um die Schicksale "bewährter" Genossen und Genossinnnen festzustellen, die im Strudel der Säuberungen verschwunden waren.

Nach außen hin konnte sich die KPÖ aber zu keinem eindeutigen Bekenntnis in der Frage des Stalinismus durchringen. Die zweite, "offizielle" Parteigeschichte aus dem Jahre 1987 widmete dem Terror in der UdSSR eine halbe Seite.

Die Herausgeber obiger Broschüre, später von der Parteiführung beauftragt, die Geschichte der österreichischen Politemigranten in der Sowjetunion aufzuarbeiten, stießen bei ihrer Arbeit auf massiven parteiinternen Widerstand. Nicht besser erging es den 1990 gewählten Parteivorsitzenden Susanne Sohn und Walter Silbermayr, die den Groll der Unverbesserlichen auf sich zogen, weil sie die Erhellung dieses dunklen Kapitels des österreichischen Kommunismus finanzielll und moralisch unterstützten. Im Sommer 1990 ließen es "alte" und "neue" Parteistalinisten bei der Enthüllung einer Gedenktafel am Haus des ZK in Wien zu einem Eklat kommen: Innerhalb weniger Minuten hatte man die Tafel mit roter Farbe beschmiert. Einige Monate später - im März 1991 - traten Sohn, Silbermayr sowie ein Großteil der ZK-Mitglieder aus der KPÖ aus.

Und weil der konservative Parteiapparat immer mehr an Terrain gewann, mußte obige Broschüre in großer Eile zusammengestellt werden. Sie erschien im Februar 1991, kurz vor dem Abgang der liberalen Führungsgarnitur. Dieser politische Hintergrund erklärt zum Teil die irritierenden Druckfehler und stilistischen Unzulänglichkeiten des vorliegenden Büchleins.

Den Kern der Dokumentation bildet die deutsche Übersetzung der russischen Rehabilitierungstexte, ergänzt durch die Kurzbiographien, die von den Autoren zusammengestellt wurden. Natürlich spiegeln diese Daten sowie die im Nachwort aufgestellten Thesen den Wissensstand von 1990. Inzwischen ist über ein Großteil der 150 im russischen Originaldokument aufgelisteten Opfer mehr bekannt; auch die Rolle Ernst Fischers bei der Bestrafung "schlechter Elemente" muß differenzierter dargestellt werden, als die Autoren Anfang 1991 versuchten. Die in der Broschüre zitierten Briefe Fischers waren - wie wir heute wissen - sozusagen das letzte Glied in der Kette bürokratischer Parteikontrolle und Disziplinierung. Fischer, als österreichischer EKKI-Vertreter in solchen Angelegenheiten eine Art "letzte Instanz", dürfte die zur Ausweisung aus der UdSSR vorgeschlagenen Schutzbündler persönlich nicht gekannt haben. Er berief sich auf Kaderunterlagen, die die Vertrauensmänner im jeweiligen Schutzbündlerkollektiv (Moskau, Leningrad, Charkow, Gorki und Rostow) erstellt hatten.

Über einige der 150 rehabilitierten sind heute so gut wie keine Informationen vorhanden. Für die sowjetischen Stellen waren in diesem Kontext bei der Bestimmung von "Österreichern" nicht die Grenzen der Alpenrepublik von 1918 bis 1938 maßgeblich, sondern jene von 1914, so daß auch Ungarn, Tschechen, Polen usw. in der Liste aufschienen. Bei den anderen Opfern erfährt man zum ersten Mal über die Anklage und das Strafmaß - in 47 Fällen wurde das Todesurteil verhängt und vollstreckt. Auskünfte über das weitere Schicksal der zu Lagerhaft Verurteilten scheinen - falls sie überlebten - nur in wenigen Fällen auf. Letzterer Umstand konnte mittlerweile anhand von NKWD-Strafakten erklärt werden: Mit der Urteilsverkündung schloß der Untersuchungsrichter die Akte ab. Alle weiteren Korrespondenzen über das

Opfer fielen in die Kompetenz der für das GULagsystem verantwortlichen Hauptverwaltung des NKWD und werden heute nicht zentral, sondern in der jeweiligen Milizverwaltung am fraglichen Lager- bzw. Verbannungsort aufbewahrt.

Die Zahl der zwischen 1930 und 1945 in der UdSSR verhafteten österreichischen Polit- und Wirtschaftsemigranten kann man heute mit 600 bis 1.000 beziffern.

Hans Schafranek

Pavlović, Živojin: Bilanz des sowjetischen Termidors [Bilans sovjetskog termidora]. Hrsg. und kommentiert von Slobodan Gavrilović. Titovo Užice 1989.

Die in den letzten Jahren vor dem Zweiten Weltkrieg verfaßte und 1940 in Belgrad publizierte Schrift wurde durch die damalige Staatszensur verboten und noch in der Druckerei beschlagnahmt. In der sozialistischen Periode wurde sie verschwiegen und allmählich fast vergessen. 1989 kam sie aber wieder ans Tageslicht, herausgegeben und kommentiert von Slobodan Gavrilović.

Der Autor gehörte mit seiner publizistischen Tätigkeit in den dreißiger Jahren - besonders mit seinem Buch über Stalins Termidor - zu jener zahlenmäßig kleinen ideologischen Gruppierung europäischer Kommunisten, die sich schon frühzeitig, im Gegensatz zu der offiziellen Parteilinie, zu einem antistalinistischen Bund zusammenschlossen. Auch wenn er mit seiner Schrift seine Landsleute in der Sowjetunion nicht mehr retten konnte, so veröffentlichte er sie, wie er sagte, als moralische Geste und als Zeichen der Wahrheit und des Gewissens. Seine Abhandlung bezeugt vor allem eine relativ klare Sicht auf die sowjetischen Vorgänge und die politischen Prozesse, die zu der Diktatur des allmächtigen Stalins führen sollten, sowie seine antidogmatische Einstellung, die für die damaligen Verhältnisse in der KP Jugoslawiens einzigartig war.

"Den Opfern des Stalinschen Terrors" gewidmet und mit dem Untertitel "Darstellung und Eröffnungen über die Aktivität und Organisation des Stalinschen Terrors" versehen, präzisierte er sein Thema. Er gliederte seine Arbeit in fünf Kapitel: 1. Die Demokratie und das Recht auf Kritik in der Partei, 2. Die Liquidierung der Staatsmänner, Offiziere und hohen Beamten, 3. Die Liquidierung der Parteifunktionäre - Prozesse, 4. Komintern und ausländische Parteien, 5. Die Wahrheit über die Prozesse in der Sowjetunion.

Doch wer war eigentlich Živojin Pavlović? Noch als Gymnasiast kämpfte er als Freiwilliger auf der serbischen Seite im Ersten Weltkrieg. 1919 trat er in Uzice dem Kommunistischen Jugendverband (SKOJ) bei und studierte von 1920 bis 1923 in Belgrad Jura. Schon damals begann seine journalistische Tätigkeit in der kommunistischen Presse. In den Jahren 1924 bis 1926 war er - verschiedenen Angaben zufolge - wahrscheinlich in der Sowjetunion und später als Korrespondent der Belgrader "Prawda" in Skopje. Nach der Januar-Diktatur König Alexanders im Jahre 1929 emigrierte er über Istanbul nach Paris, wo er ganze zehn Jahre wichtige Positionen in der KPJ besetzte: Parteisekretär für die Emigration, Editor des Parteiorgans "Proleter", Eigentümer und Administrator der Parteibücherei "Horizonti" etc.. Er war auch als Mitarbeiter in den internationalen Organen der "Roten Hilfe" in Paris tätig und bei der Organisierung jugoslawischer Freiwilliger für den Spanischen Bürgerkrieg aktiv. Verheiratet mit einer Französin, lebte er in Versailles und hatte gute Verbindungen zu progressiven und intellektuellen Kreisen. Nach der Verhaftung des KPJ-Parteisekretärs Milan Gorkic in Moskau wurde er aller Parteiposten enthoben und als "Gorkicevac" aus der KPJ ausgeschlossen. 1940 kehrte er nach Belgrad zurück, wo er als Journalist im Regierungspressebüro beschäftigt war und die *Bilanz des sowjetischen Termidors* publizierte.

Die einzige zeitgenössische Kritik kam aus dem KPJ-Parteizentrum und zwar von Milovan Djilas, Mitglied des Zentralkomitees, der in der Zeitschrift "Kommunist" eine vernichtende Kritik schrieb. Der zukünftige größte Dissident der KPJ klagte Pavlović als Provokateur und Parteifeind an, der sich mit Lügen und Verleumdungen gegen Stalin, die Sowjetunion und die Komintern wenden würde.

Im November 1941 wurde Pavlović in der befreiten Stadt Uzice ("Die Uzice-Republik"), nachdem er große Torturen durch seine Parteigenossen zu erleiden hatte, als "Polizeiagent" ermordet. Ursache seines tragischen Schicksals waren seine unabhängige, undogmatische Haltung, seine Verbundenheit mit dem in Moskau zum Tode verurteilten Milan Gorkic und vor allem seine Termidor-Schrift. All dies veranlaßte die damalige Parteiführung, ihn als ehemaligen "Trotzkisten", "Polizeikonfidenten" und "Großen Verräter" hinzurichten. Obwohl die Parteispitze der KPJ einen Befreiungskrieg im Lande begann und eine relativ selbständige Linie und Taktik in diesem Krieg verfolgte, waren die stalinistischen Dogmen noch immer tief und unangetastet im Parteibewußtsein verwurzelt. Fast alle ehemaligen Trotzkisten, d.h. alle diejenigen, die in der KPJ für diese "Sünde" abgestempelt waren, hatten die Wahl vom vollständigen Mißtrauen der Partei bis zum Todesurteil.

Die Schrift Pavlovićs hat über die Zeit ihres Erscheinens hinaus Bestand. Fast alle Angaben haben sich im nachhinein als richtig erwiesen. Es ist besonders merkwürdig, daß nur sehr wenige Fehler bzw. falsche Einschätzungen enthalten sind. Der Autor verfügte in Paris über erstrangige Quellen und solide dokumentarische Grundlagen.

Vera Mujbegović

Gligorijević, Branislav: Komintern, jugoslawische und serbische Frage [Kominterna, jugoslovensko i srpsko pitanje]. Belgrad 1992, 340 S.

Der bislang nur als Nationalhistoriker bekannte Belgrader Wissenschaftler Branislav Gligorijević beschäftigt sich schon seit längerem mit Forschungsproblemen der Komintern. In seiner 1983 veröffentlichten Studie "Zwischen Dogma und Revolution" erforschte er die politische Biographie des jugoslawischen Kommunisten serbischer Herkunft Vojislav Vujovic (Mitglied des Exekutivkomitees der Komintern und der Kommunistischen Jugendinternationale), der zusammen mit seinen zwei Brüdern in der Sowjetunion zum Tode verurteilt worden war. In seiner neuesten Arbeit beschäftigt sich der Autor mit einem höchst aktuellen und komplizierten Problem, nämlich mit der nationalen Frage Jugoslawiens im Licht der Komintern-Politik von 1919 bis 1936.

Die zur Zeit in tragischer Form aktuelle Frage des Selbstbestimmungsrechts der Völker in den jugoslawischen Ländern, veranlaßt gewöhnlich die Historiker, sich mit den tieferen Ursachen und historischen Wurzeln der gegenwärtigen Krise zu befassen. Doch ist bei der heute zu beobachtenden scharfen Polarisierung zwischen Anhängern und Feinden des Nationalismus dieses Interesse nicht nur rein wissenschaftlich motiviert. Es geht auch um die historische Begründung der aktuellen Politik, die vorgeblich im Namen nationaler Interessen geführt wird. Der jugoslawischen Öffentlichkeit ist in den letzten Jahren die Auffassung suggeriert worden, die Wurzeln der nationalen Katastrophe in Jugoslawien seien schon in der Kominternpolitik zu suchen, und das Selbstbestimmungsrecht der jugoslawischen Völker sei in den letzten vierzig bis fünfzig Jahren auf Kosten des serbischen Volkes verwirklicht worden. In der extremsten Variante dieser Position fungiert die Komintern gar als Urheberin einer angeblichen Verschwörung gegen Serbien, die im 20. Jahrhundert geschmiedet worden sei und in der jetzigen Krise gipfele.

In seiner Arbeit will der Verfasser unter anderem die Grundhypothese für die historische Verantwortung der Komintern belegen, wobei ihm die linksradikale und sektiererische Politik dieser Organisation, insbesondere in den Jahren von 1924 bis 1935 in vielen Punkten entgegenkommt. Im Gegensatz zur bisherigen, meist unkritisch-apologetischen Geschichtsschreibung (1960-1985), die zur Glorifizierung der Politik der Kommunistischen Partei Jugoslawiens (KPJ) führte, hat Gligorijević eine ausgesprochen kritische Sichtweise, vor allem im bezug auf die frühe Phase der Komintern-Geschichte. Gerade in diesen Zeitabschnitt, die postleninistische Periode, fallen die meisten Wirrungen und Irrungen der Komintern in der jugoslawischen Frage. Die antijugoslawische und gegen den Versailler Vertrag gerichtete Politik der Komintern, erstmals auf dem V. Kongreß 1924 formuliert, kulminierte auf dem 1928 abgehaltenen VI. Kongreß. In den folgenden Jahren wurde sie dann allmählich modifiziert bis sie schließlich 1935 überwunden wurde. Deshalb richtet sich auch das Hauptaugenmerk Gligorijevićs auf die Kominternpolitik bis 1936. Die spätere antifaschistische Periode nach 1935 eignet sich hingegen nicht als Beleg für die These, die Komintern habe die Auflösung des jugoslawischen Staates propagiert.

Der Autor stellt in sieben Kapiteln das Verhältnis der KPJ zur Komintern unter der Perspektive der nationalen Frage Jugoslawiens dar. In den beiden ersten Kapiteln rekonstruiert er die inneren und äußeren Faktoren der Entstehungsgeschichte des jugoslawischen Kommunismus. Im Mittelpunkt steht dabei der Einfluß der Komintern. Er befaßt sich mit der Begründung der kommunistischen Bewegung in Jugoslawien und der Komintern und mit dem Beginn der Arbitrage-Politik der Komintern. Kapitel drei bis sieben sind der Wechselbeziehung zwischen den Fraktionskämpfen in der KPJ mit ihren nationalen Besonderheiten und den verschiedenen politiktheoretischen Lösungsansätzen der nationalen Frage gewidmet. So der Strategie der nationalen Teilungen und Abspaltungen, den Fraktionen und der Schaffung einer monolithischen Partei, der jugoslawischen Variante des Stalinismus, der serbischen Frage sowie der Kontinuität nach dem Stalin-Tito-Konflikt.

Der Autor hat faktisch alle wesentlichen Aspekte des Verhältnisses zwischen Komintern und KPJ in der nationalen Frage bis 1936 ausgeleuchtet und dabei sein besonderes Interesse auf die Fraktionskämpfe gerichtet. Die Auseinandersetzungen innerhalb der KPJ sind bis in die dreißiger Jahre hinein streng analytisch und präzise behandelt. Die Darstellung der späteren Periode stellt jedoch einen methodischen und interpretatorischen Rückfall dar. Denn die historisch-systematische Methode wird mit publizistischer Deskription verwechselt, inhaltsreiches historisches Material auf engem Raum zusammengepreßt und - als Beleg für seine Grundthese - mit einseitig und parteilich ausgewähltem Tatsachenmaterial unterfüttert. Die "serbische Frage" wird künstlich konstruiert, weil sie in dem "Probleminventar" der Komintern als solche gar nicht existierte. Oder - um es im Sinne des Autors zu formulieren - die Komintern hat die serbische Frage gestellt, um sie völlig zu ignorieren.

Schematismus und Dogmatismus - so charakteristisch für die stalinistische Epoche - haben auch in der nationalen Frage zu Verwirrungen geführt. Da der jugoslawische Staat im Jahre 1918 entstand, hat man ihn als "Versailles-Schöpfung" bezeichnet, und weil die nationale Frage dieses Königreichs nicht zur Zufriedenheit aller beantwortet worden war, betrachtete man Jugoslawien als Provisorium und jederzeit als besser organisierbar. Von der Auflösung des jugoslawischen Staates bis zu seiner Umwandlung in eine Föderation jugoslawischer Völker oder Balkanländer variierte die Komintern von 1924 bis in die dreißiger Jahre ihre Politik, wobei alle Fraktionen, Gruppen und führende Personen der KPJ in diesen widerspruchsvollen Prozeß involviert waren. Schon vor dem 1920 stattgefundenen II. Weltkongreß der Komintern hatte man die nationale Frage als einen der mächtigsten Hebel für die Destabilisierung und mögliche Zerstörung der kapitalistischen Staaten propagiert. Dies galt im Rahmen der weltrevolutionären Konzeption und globalen Strategie der Komintern auch für das monarchistische Regime Jugoslawiens. Die Haltung der Komintern zur nationalen Frage kann man ohne Berücksichtigung des Prozesses der Radikalisierung innerhalb der Komintern nicht verstehen. Dieser Prozeß der sogenannten Bolschewisierung und des allgemeinen Sektierertums, der ab 1924 allmählich einsetzte, sich immer weiter steigerte und in den dreißiger Jahren kulminierte, bildet den zu beachtenden historischen Kontext, vor dem die Komintern- und die KPJ-Politik korrekt und objektiv rekonstruiert werden können. Dann ist auch kein Platz mehr für die These einer Benachteiligung des serbischen Volkes, sondern Raum für die Einsicht, daß die Komintern- und KPJ-Politik vor allem gegen das unitaristische Königtum gerichtet waren.

Der Autor kritisiert zu recht die schiefe und verwirrende Politik der Komintern in der nationalen Frage Jugoslawiens von 1924 bis 1935. Es ist ihm aber nicht beizupflichten, wenn er die nationale Politik der KPJ ab 1935/36 nur im Sinne einer Konstante der Auflösungstendenzen in historischer Kontinuität betrachtet, obgleich die Politik der KPJ in der nationalen Frage nicht ohne Umwege und Fehler, Dogmen und Irrtümer war.

Die Bestrebungen der Komintern zur Auflösung des jugoslawischen Staates waren eine langwierige, aber vorübergehende Etappe der KPJ-Politik, die in Jugoslawien selbst keine größere Anhängerschaft oder gar Rückhalt in der Bevölkerung finden konnte. Diese Politik konzentrierte sich auf den auch teilweise emigrierten engen Kreis der Führung einer zahlenmäßig kleinen und illegalen Partei. Viel stärker hat sich dem Gedächtnis heutiger Generationen das Ziel der KPJ eingeprägt, den jugoslawischen Staat vor dem Faschismus zu retten und zu bewahren. Mit diesen Ideen ist die KPJ in den Befreiungskampf von 1941 bis 1945 eingetreten und hat auf dieser Grundlage den neuen föderativen Staat Jugoslawien nach dem Ende des Zweiten Weltkrieges geschaffen.

Vera Mujbegović

Rohrwasser, Michael: Der Stalinismus und die Renegaten. Die Literatur der Exkommunisten. Metzlersche Verlagsbuchhandlung, Stuttgart 1991, 412 S.

Rohrwassers äußerst detail- und faktenreiche Studie über die Literatur von Exkommunisten beschäftigt sich mit den wirkungsvollen Mechanismen des Stalinismus, Kritiker, die den Bruch mit der Partei vollzogen hatten, als "Renegaten", "Abtrünnige" und "Verräter" in der Parteiöffentlichkeit bzw. im Umfeld der kommunistischen Parteien zu isolieren. In einer mehrschichtigen Untersuchungsweise analysiert der Autor die Struktur und die Wirkungsweise dieser pejorativ gebrauchten Denkfigur stalinistischer Propaganda. Er behandelt darüber hinaus die in verschiedenen literarischen Formen verarbeiteten Motive des Abschieds von der "kommunistischen Weltbewegung" und den Stellenwert dieses Prozesses für die Renegatenschriftsteller. *"Was sie schrieben und warum, wie sie schrieben und welche Bedeutung das Schreiben für ihre Loslösung hatte"* (19), sind die Fragen, die sich der Verfasser gestellt hat. Waren einige der Autoren schon als Kommunisten schriftstellerisch tätig, so nimmt bei vielen der Prozeß des Schreibens erst nach dem Parteiaustritt eine katalysatorische Funktion ein, der zum zentralen Element einer Identitätssuche im "Niemandsland" zwischen den politischen Fronten wird. Das Schreiben wird zum Emanzipationsprozeß, *der die komplementäre Gegenläufigkeit des Lagerdenkens zu sprengen sucht*, so lautet eine der zentralen Hypothesen des Buches (36). Die Mehrzahl der Renegaten versuchte für sich den Anspruch zu wahren, der Idee des Sozialismus treu zu bleiben und den Stalinismus als fundamentale, zuweilen traumatisch besetzte Abweichung von der Tradition des Marxismus zu verarbeiten: der Renegat als Typus des aufklärerischen Intellektuellen oder des rebellierenden Ketzers auf der Suche nach einem dritten Weg zwischen den Lagern. Sich außerhalb der kommunistischen Partei, "extra muros", befindend, galten ehemalige Anhänger kommunistischer Politik als "Feinde", "Agenten", "Schädlinge". In der Parteipublizistik wurden nach der Stalinisierung kontroverse, abweichende, kritische Positionen nicht mehr bekanntgegeben und waren somit für die Mitglieder und Anhänger nicht weiter nachvollziehbar.

Die Renegaten stießen aber auch während der Volksfront und im Zeichen des weltpolitisch polarisierten Klimas nach Ende des Zweiten Weltkriegs von anderer Seite auf Mißtrauen. *"Bei Euch geht es zu wie bei Shakespeare"*, soll der amerikanische Filmkomiker Charlie Chaplin zu dem deutschen Komponisten Hanns Eisler gesagt haben (30). Er bezog sich auf das Schicksal der Verräter in dessen Königsdramen, auf ihre Verfemung nicht nur im Lager, das sie verlassen hatten, sondern auch auf das Mißtrauen, das ihnen im gegnerischen Lager begegnete.

Rein historische Werke und die politische Publizistik der Exkommunisten bleiben bei der vorliegenden Untersuchung ausgeklammert. Bei dieser, für die historische Forschung schwer zugänglichen Form der Renegatenliteratur dominiert weniger analytische Durchdringung als individuelle Abrechnung, Rechtfertigung und Aufarbeitung des Bruchs mit der kommunistischen Partei. Insofern beschäftigte sich Rohrwasser nur mit einer Minderheit der Exkommunisten, die publizistisch Stellung zu ihrem Entschluß nahmen. Um die Vielschichtigkeit dieser Arbeiten kenntlich zu machen, widmete Rohrwasser sechs von 170 erfaßten und im Text behandelten Autoren gesonderte Kapitel und Teilkapitel: dem Parteischriftsteller Georg K. Glaser, Alfred Kantorowicz, dem Kominternagenten Richard Krebs (Pseudonym: Jan Valtin), dem sowjetischen Geheimdienstmann Walter Krivitsky (d.i. Samuel Ginsberg) und dem ehemaligen Mitarbeiter Münzenbergs und späteren Politkommissar im Spanischen Bürgerkrieg, Gustav Regler. Bislang Unbekanntes wird über Robert Bekgran zusammengetragen, einen deutschen Anarchisten, der 1930 der Communist Party of the USA (CPUSA) beitrat und, desillusioniert von der Niederlage der Spanischen Volksfront und den Nachrichten von den Moskauer Prozessen, mit der Zeitschrift "Gegen den Strom" ein Sprachrohr unterschiedlicher oppositioneller Stimmen im Einflußbereich der Kommunistischen Partei organisierte. Jeder dieser Renegaten verkörpere, so Rohrwassers Schlußfolgerung, einen Fall sui generis. Eine Typologie des Renegaten wird anhand der Analyse politischer Biographien und des Herausdestillierens bestimmter Merkmale (Grad der Verwurzelung in der kommunistischen Organisation, Generationsunterschiede, Nationalität, Klassenherkunft, Geschlecht und religiöse Gebundenheit, Beweggründe für den Parteiein- und -austritt und das politische Verhalten nach der Loslösung) zu entwickeln versucht. Doch konnten dies nur Annäherungen bleiben, ein Idealtypus ließ sich nicht finden. Denn nach Isaac Deutscher marschierte die Legion der Renegaten nicht in geschlossener Formation, vielmehr trügen diese wie Fahnenflüchtige alte Stücke ihrer Uniform, ergänzt durch verschiedene neue Flicken (264). So endet auch der Werdegang nach der Trennung von der Kommunistischen Partei in unterschiedlichen politischen Lagern. Das Spektrum reicht vom "heimatlosen" Sozialisten bis zum Anhänger militant-antikommunistischer Positionen in der Zeit des Kalten Krieges, zuweilen auch bis zu einer pessimistischen, sogar nihilistischen Weltsicht (268f.).

Rohrwasser verweist auf die Bruchstellen für die Renegaten, die eng mit der Politik der UdSSR und der Komintern verknüpft sind: die Moskauer Prozesse, die Stalinsche Außenpolitik im Spanischen Bürgerkrieg und der Terror hinter den Frontreihen (gipfelnd in dem verbreiteten Spruch "Gegen Franco ging es uns besser"), der Pakt zwischen Hitler und Stalin sowie am Beispiel Walter Krivitskys und Richard Krebs die Säuberungsarbeit der Geheimapparate der UdSSR und der Komintern.

Die Aufzeichnungen der Renegaten vermitteln ein bisher noch unzureichend ausgelotetes Bild von den extremen Reibungsverlusten stalinistischer Politik, die zu einem Ausbluten von intellektuell kritischen Potentialen führte. In den akribisch erarbeiteten Detailstudien eröffnen sich Einblicke in den Bewußtseinswandel der Renegaten, aber auch die Problematik rückblickender Rechtfertigung in den autobiographischen Aufzeichnungen. Im Falle Gustav Reglers wird die Funktionalisierung des kommunistischen Renegaten in der nationalsozialistischen Propaganda ausgeleuchtet (101ff.). Anhand Richard Krebs/Jan Valtins abenteuerlich-romanhafter Darstellung wird die Problematik ihres Quellenwerts behandelt, zumal Krebs mit seinen Aussagen vor dem Dies-Komitee, dem Vorläufer der Mc-Carthy-Ausschüsse, auch jüdische Einwanderer und kommunistische Emigranten belastete (205).

Unzählige, zum Teil bisher kaum ausgewertete, Reaktionen prominenter und weniger prominenter "dabeigebliebener" Intellektueller auf die publizistischen Äußerungen der Abtrünnigen erschließen die Flexibilität des Lagerdenkens im Einflußbereich der UdSSR: Persönlichkeiten wie Ernst Bloch, Lion Feuchtwanger, Bert Brecht und andere reproduzierten die stalinistische Ideologie des Verrats. Aus der Sicht der Partei, so Rohrwasser, konnte es keine politisch begründete Wandlung zum Ex-Kommunisten geben. Nach Orwellscher Manier verfälschte die Parteipresse den Werdegang der ehemaligen Anhänger zu einer bruchlosen Kette des Verrats, dem die Parteiintellektuellen und Prominenten zu folgen bereit waren.

Was bietet die Arbeit für die historische Kommunismusforschung?

Rohrwassers Verdienst liegt darin, einen kritischen Zugang zu dieser besonderen Form historischer Quellen eröffnet zu haben, indem er ihren Aussagewert präzise auslotet. Seine Arbeit ist eine wertvolle und wissenschaftlich originelle Ergänzung der Analysen und Dokumentationen etwa von David Pike und Reinhard Müller. Ergänzt wurde die Arbeit, eine Habilitationsschrift, durch einen umfangreichen Anhang biographischer Angaben.

Hilfreich ist die Skizze der Entstehungsgeschichte des Renegatenbegriffs und seine Einordnung in das Spektrum abtrünnigen Verhaltens (*"Wörterbuch der Verdammungen"*, 26ff.) sowie der systematische Vergleich des Stalinismus mit der hermetischen Ideologie der frühneuzeitlichen Katholischen Kirche. Rohrwasser zeigt anschaulich an den Aufzeichnungen der politischen Ketzer, wie naheliegend ihnen selbst der Vergleich der Stalinschen Säuberungen mit der kirchlichen Inquisition schien (55ff.).

Allerdings enthält die Untersuchung gerade an diesem Punkt eine Schwäche, da keine profunde Erklärung für die tiefgreifenden gesellschaftlichen Veränderungen der Sowjetunion seit Ende der zwanziger Jahre und die Frage nach der sozialen Natur des Stalinschen Herrschaftssystems angeboten wird. Dies kann zu zwar verständlichen, aber ahistorischen Interpretationen führen. Der ehemalige DDR-Dissident und Schriftsteller Günter Kunert sieht in seiner Besprechung in der "Frankfurter Allgemeinen Zeitung" vom 15.2.1992 ähnliche Konfrontationen zwischen "Systemimmanenten" und "Nestflüchtern", die bis heute noch nachwirken. Doch wäre es verfehlt, politisches Engagement für die Politik des internationalen Kommunismus auf eine reine Glaubensfrage zu reduzieren und die schweren ideologischen Auseinandersetzungen in der *kommunistischen Sozietät* mit dem Schema eines Glaubenskrieges zu erklären zu versuchen.

Die Erkenntnisse des Buchautors müssen "historisierend" in die politik- und sozialgeschichtliche Untersuchung des Aufstiegs und Niedergangs des Stalinismus bzw. der tiefen Krise des internationalen Systems nach dem Ersten Weltkrieg eingeordnet werden. So läßt sich die Attraktivität der Volksfrontpolitik der Komintern auf linksbürgerliche Intellektuelle erklären und ihre Bereitschaft, Nachrichten vom Terror der Schauprozesse oder vom Verschwinden bekannter linker Künstler, Intellektueller in den Straflagern als notwendiges Übel hinzunehmen. Rohrwassers Arbeit ist dennoch ein wichtiger Beitrag für die Untersuchung sozial- und mentalitätsgeschichtlicher Fragen der historischen Kommunismusforschung.

Thomas Heimann

Peter Lübbe (Hrsg.): Abtrünnig wider Willen. Aus Briefen und Manuskripten des Exils/Ruth Fischer, Arkadij Maslow. Mit einem Vorwort von Hermann Weber. Oldenburg Verlag, München 1990, 675 S.

Ruth Fischer (1895-1961) und Arkadij Maslow (1891-1941) waren die führenden Köpfe der Linken in der KPD von 1920 bis 1925. Ruth Fischer war 1921 bis 1924 Politische Sekretärin der Bezirksleitung Berlin-Brandenburg der KPD und wurde 1924, mit dem Frankfurter Parteitag, Sekretärin des Politbüros. Maslow, Lebensgefährte Ruth Fischers seit 1920, leitete mit ihr die Berliner Parteiorganisation, war der theoretische Kopf des linken Flügels der KPD und gehörte dem Zentralausschuß bzw. dem ZK der KPD an. Beide wurden auf Intervention der Komintern 1925 aus der KPD-Führung verdrängt, 1926 ausgeschlossen. In den linkskommunistischen Gruppierungen der Weimarer Republik hatten beide nur eine Randbedeutung. Nach ihrer Flucht vor den Nazis, 1933, arbeitete Ruth Fischer zeitweise eng mit der internationalen trotzkistischen Bewegung zusammen, 1936 sammelte sie mit Maslow in der "Gruppe Internationale" eine kleine Schar von Anhängern um sich. Während Fischer 1940 ein Visum in die USA erhielt, konnte Maslow zunächst nur nach Kuba einreisen, wo er 1941 unter immer noch ungeklärten Umständen zu Tode kam. Fischer arbeitete in der Folgezeit als Kommunismusexpertin für die US-amerikanische Regierung, publizierte in den fünfziger Jahren eine Vielzahl von Artikeln und Büchern über den internationalen Kommunismus.

Die von Peter Lübbe vorgelegte Dokumentation besteht aus vier Teilen: Briefen von und an Fischer/Maslow aus den Jahren 1934 - 1961; Manuskripte Maslows aus dem Zeitraum 1935 - 1941; Manuskripte Fischers 1941 - 1961 und Dokumente Dritter aus den Jahren 1934 bis 1961. Eine ausführliche Einleitung Lübbes, die den Lebensweg beider rekapituliert, eine Bibliographie der Veröffentlichungen Ruth Fischers seit ihrem Exil (für die zahlreichen Zeitschriftenartikel leider nur eine Auswahlbibliographie), ein Personenverzeichnis mit Kurzbiographien sowie etliche seltene Photos runden den Band ab.

Zweimal in ihrem Leben mußten Ruth Fischer und Arkadij Maslow ihre Bibliothek ganz oder teilweise hinter sich zurücklassen. 1933, bei der Flucht aus Berlin (eine aus der Erinnerung niedergeschriebene Liste von Briefen und Dokumenten aus KPD und Komintern, die den Nazis in die Hände fielen, befindet sich auf den Seiten 327-332) und 1940, bei der Flucht aus Paris. In den folgenden Jahren entstand erneut eine voluminöse Sammlung von Briefen (13.752 Einheiten) und Manuskripten, die in der Houghton Library der Harvard University aufbewahrt werden. Peter Lübbe präsentiert daraus eine Auswahl von 189 annotierten Dokumenten, je zur Hälfte Briefe und Manuskripte.

Die dort angeschnittenen Themen sind äußerst vielfältig. Sie betreffen die Entwicklung in der KPD und Komintern seit 1920, den deutschen Oktober 1923, die Umstände der Flucht aus Deutschland, das kommunistische Exil in der Tschechoslowakei, die Lebensverhältnisse im Exil in Frankreich, den USA und auf Kuba, Auseinandersetzungen im französischen Exil, etwa die Affäre um das "Pariser Tageblatt". Immer wieder eingestreut sind Kommentare über die Entwicklung der Komintern seit 1933, über die Volksfront in Frankreich, den Bürgerkrieg in Spanien und andere aktuelle Ereignisse, den Hitler-Stalin-Pakt, politische und militärische Konstellationen des II. Weltkrieges. Die dubiosen Umstände von Maslows Tod in Havanna, 1941, werden neu ausgeleuchtet, wenn auch nicht restlos aufgehellt. Die Dokumente aus den Jahren nach 1941 werfen vor allem ein Licht auf Fischers Kampf gegen die "Fünfte Kolonne" in den USA und ihre Einschätzung der Nachkriegsentwicklung des Kommunismus, die 1956, nach dem XX. Parteitag der KPdSU, umschwenkte von völliger Skepsis zu ebensolch großem Enthusiasmus.

"Abtrünnig wider Willen", damit hat Peter Lübbe treffend die politische Haltung Fischers und Maslows beschrieben, die keineswegs, auch wenn der Herausgeber dies gelegentlich andeutet, zu den besonders hellsichtigen Kritikern der Entwicklung der internationalen Arbeiterbewegung nach 1917 gehörten. Zwar schrieb Maslow schon 1934 an Fischers Sohn Gerhard Friedländer, die "Übergangsform" in der SU sei "übel genug, nicht, weil sie zum Sozialismus geht und zeitweilig harte materielle Schwierigkeiten bringt, sondern weil sie vom Sozialismus wegführt und ideologisch alles vergiftet hat" (52). Zwar finden sich immer wieder bissige Kommentare Maslows über die verlogene stalinistische Propaganda und die tatsächliche Lage in der SU, über die "Entartung der proletarischen Diktatur" (348), die sich unter anderem in einem "barbarisch niedrigen Kulturniveau" (349) zeige. Maslow begrüßt die spanische Revolution als "frischen Luftstrom in der Muffluft" (65), sieht in ihr aber gleichzeitig eine Bestätigung der "durch die Sozialdemokraten sowieso immer abgestrittenen allgemeingültigen Erfahrungen der russischen Revolution, die theoretisch von Marx und Lenin niedergelegt wurden" (65). Erst 1941, nach der erneuten Lektüre von "Staat und Revolution", überlegt Maslow dann, "wie einige vorgestrige Züge vielleicht doch noch erklären, warum die so rasch einsetzende Perversion und die vollkommene Aufgabe des früheren theoretischen Standpunkts erfolgt sind" (127). Oft genug komme ihm nun, schreibt Maslow am 20.9.1941 an Ruth Fischer, "der schwarze Zweifel auf Kopf und Gemüt", "wo das Versagen des Proletariats" ende, und vor allem, wie, sehe er nicht (115).

Auf Havanna kam es zu einer bizarren Begegnung: Maslow traf Heinrich Brandler, den Hauptwidersacher der Linken in der KPD, 1923. Die Unterhaltungen beider über den fehlgeschlagenen "deutschen Oktober" förderten aber eher banale Dinge zutage: "Sie hätten als 'Minister' nicht das geringste tun können, die ausführenden Organe hätten gar nicht daran gedacht, etwas zu tun, was sie befahlen" (131), beschrieb Brandler seine kurze Zeit als sächsischer Minister. Seit Maslows und Fischers Namen in den Moskauer Schauprozessen genannt wurden, galten beide als gefährdet. Ruth Fischer hat daher stets die GPU beschuldigt, Maslow ermordet zu haben. Die von Lübbe veröffentlichen Dokumente lassen Zweifel als gerechtfertigt erscheinen, ob Maslow eines natürlichen Todes gestorben ist.

Maslows Tod war sicher eine der treibenden Kräfte für den entschiedenen Feldzug Ruth Fischers gegen deutsche Kommunisten in den USA und die Herausgabe eines Bulletins mit dem Titel "The Network". Dessen Ziel: "the fight against the Stalinization of Germany [...] against the German Stalinists in the United States of America" und "a fuller exposé and exploration of totalitarian society" (475). 1950 schrieb Ruth Fischer an Susanne Leonhard: "I understand and sympathize with the fact that many people remain loyal to Communist ideals despite their hatred of the Stalinist quislings. However, what I think most necessary is to get out of certain ideological straight-jackets and clichés and to re-evaluate what Communism - that is social revolution - means in the concrete in our time; with what methods and allies it can be achieved and to what type of society this change should lead" (276).

Darum kreisen alle Briefe und Manuskripte aus den Jahren bis 1961. 1956 glaubte sie, "daß wir vor einer fundamentalen Umänderung nicht nur im russischen Weltreich stehen" (320). Alle Hoffnungen auf eine Wiedergeburt der SPD lehnte sie ab. In einem Gespräch mit Klaus Meschkat am 12.3.1961, einem Tag vor ihrem Tod, äußerte sie: "Der Ausgang des 'großen Wettstreits' zugunsten der Sowjetunion sei ohnehin sicher, wenn nur der Frieden erhalten bleibe" (594). Ob sie nicht zu abrupt zwischen extremen Gesichtspunkten hin- und herschwankte, schrieb Isaac Deutscher am 12.10. 1956 an Ruth Fischer und fand damit eine sehr genaue und treffende politische Charakterisierung.

Willy Buschak

Müller, Reinhard: Die Akte Wehner. Moskau 1937 bis 1941. Rowohlt Berlin Verlag, Berlin 1993, 431 S.

Wie kaum ein zweiter westdeutscher Politiker der Nachkriegszeit hat Herbert Wehner, u.a. von 1969 bis 1983 Vorsitzender der Fraktion der SPD im Deutschen Bundestag und von 1958 bis 1973 stellvertretender Parteivorsitzender, wiederholt regelrechte Kampagnen wegen seiner kommunistischen Vergangenheit ertragen müssen. So wurde ihm beispielsweise der Vorwurf gemacht, im Moskauer Exil zusammen mit Walter Ulbricht die oppositionelle Gruppe um Heinz Neumann "in jeder nur möglichen Form" denunziert und somit schließlich zu ihrer Verhaftung durch das NKWD beigetragen zu haben. Margarete Buber-Neumann, die Lebensgefährtin Heinz Neumanns, hat in diesem Zusammenhang schon 1976 die Vermutung geäußert, daß es über diese Tätigkeit Wehners in Moskau "ein umfangreiches Aktenstück" geben müsse.

Mit dieser kommentierten Dokumentation liefert ihr Herausgeber nun den Beweis dafür, daß die Vermutung Buber-Neumanns richtig gewesen ist. Mit Hilfe russischer Kollegen war es ihm im Jahre 1992 möglich, im bislang gesperrten ehemaligen Archiv des Zentralkomitees der KPdSU neben Unterlagen über andere prominente Mitglieder der KPD auch die ursprünglich als "Kader-Akte" der Kommunistischen Internationale angelegten und als Handakte für das ZK der KPdSU offenbar bis in die achtziger Jahre weitergeführten Unterlagen über Herbert Wehner einzusehen. Ergänzt durch Materialien aus anderen Moskauer, aber auch aus (Ost-)Berliner Archiven, konnte nunmehr Wehners Moskauer Aufenthalt zwischen 1937 und 1941 zu "einer politisch-biographischen Montage" zusammengefügt werden.

Wehner selbst hatte sich zu Lebzeiten nicht in der Lage gesehen, in allen Einzelheiten über die "Jahre des Terrors" in der Sowjetunion und damit möglicherweise verbundene persönliche Verwicklungen zu berichten. In den zahlreichen Interviews, denen er sich während seiner Bonner Zeit stellte, hielt er sich zu Fragen nach seinen Moskauer Erlebnissen stets "sehr bedeckt", ließ aber auch keinen Zweifel daran, daß er seinerzeit "einfach mitgelitten" habe. Die Hinweise in seinen "Notizen" aus dem Jahre 1946, die Anfang der achtziger Jahre von ihm für eine offizielle Veröffentlichung ("Zeugnis", Köln 1982) freigegeben wurden, konnten kaum als letzte Antwort auf viele Fragen gelten. Müller gesteht zu, daß sie "scharfsinnige Einzelbeobachtungen" enthielten, aber "in allzu pragmatischer Absicht verfaßt" worden seien. Immer wieder komme in ihnen "der weitgehend verinnerlichte kommunistische Adam" nicht nur "in der Säuberungsmetaphorik" zum Vorschein, zudem seien die mühsam erreichte Distanz und die kritischen Einsichten des Jahres 1946 "in die subjektiv überformte Parteibiographie zurückprojiziert", zugleich aber "die eigene Rolle im mehraktigen Stück von magischer Macht, institutioneller Maschinerie und individueller Verstrickung kompensatorisch verkehrt worden" (21).

Mit der - immer noch eher vorsichtigen - Öffnung der Moskauer Archive können nunmehr nicht nur die Machtstrukturen und Herrschaftsmechanismen eines "bürokratisch organisierten Terrorsystems" wie des Stalinismus präziser als bisher nachgezeichnet werden; es besteht auch die Chance, Verstrickung und Schuld jener Emigranten, Exilschriftsteller und "Parteiarbeiter" wie Herbert Wehner zu beurteilen, die in den dreißiger Jahren den Häschern von Hitlers Diktatur des "Dritten Reiches" entkamen, dafür aber in die "bewußtseinsdeformierende 'Menschenfalle'" Stalins gerieten. Im Falle Wehners hat der Herausgeber darauf verzichtet, bereits publizierte Texte neu zu interpretieren und zu bewerten. Das beträchtliche Gewicht seiner Veröffentlichung, die "auf die Rekonstruktion der bisher allenfalls autobiographisch beschriebenen stalinistischen Verfolgungspraxis" abzielt (23), beruht vielmehr auf der Verwendung bisher unveröffentlichten Moskauer Aktenmaterials. Dabei gelangen Dokumente an die Öffentlichkeit, die noch vor wenigen Jahren als sensationell empfunden worden wären und - vor allem Wehners Jahre "inmitten des stalinistischen Terrors" in einem neuen Lichte erscheinen lassen.

Abgedruckt wurden 55 Dokumente aus der "Akte Wehner", darunter sein Redebeitrag auf dem VII. Weltkongreß der Komintern vom 1. August 1935 ("Genossen, wir hatten eine Form der Konspiration am Anfang, die vielfach in der Isolierung bestand."), ein von ihm handschriftlich abgefaßter Lebenslauf aus dem Jahre 1935 ("Juni 1927, unter dem Eindruck des Essener Parteitages und des Kampfes der KPdSU gegen den Trotzkismus trat ich der Partei bei."), Dossiers der Kaderabteilung der KPD über ihn aus dem Jahre 1937 (mit angeführten, angeblich nicht bereinigten "Unklarheiten, die in Verbindung mit der Arbeit von Funk vorhanden sind"), mehrere Schreiben aus seiner Feder an die Kaderabteilung der KPD und ein Schreiben von ihm an Wilhelm Pieck vom 26. November 1937 mit denunziatorischen Äußerungen zur innerparteilichen Opposition ("...weil die Lage in unserer Partei so ist, daß wir jetzt wirklich daran gehen sollten, die Säuberung von schlechten Elementen und Schädlingen vorzunehmen."), Charakteristiken von ihm für die Kaderabteilung (u.a. über Albert Norden: "In den Zeiten großer innerparteilicher Auseinandersetzungen war er nicht fest.") sowie eine von ihm und Walter Ulbricht ausgearbeitete Stellungnahme der KPD zum Hitler-Stalin-Pakt vom 21. Oktober 1939 ("Freundschaftspakt mit Deutschland"). Die Dokumentation enthält auch - ziemlich unvermittelt - den Wortlaut des Beschlusses des ZK der KPD über den Ausschluß Wehners ("wegen Parteiverrat") aus der KPD vom 6. Juni 1942 und Informationsmaterial der Kaderabteilungen von KPD und Komintern über ihn aus dem Jahre 1943 sowie eine Mitteilung des KGB aus dem Jahre 1963 über sein gespanntes Verhaltnis zu Willy Brandt ("Im Gegensatz zu Wehner neigt Brandt zu selbständigen Handlungen, was Wehner den Kampf mit seinem Gegner in der SPD-Führung erleichtert.") und einen Bericht der Internationalen Abteilung des ZK der KPdSU über ihn als "Minister der BRD für gesamtdeutsche Fragen" aus dem Jahre 1967 ("Wehner meint, daß die Wiedervereinigung Deutschlands die Sache einer weit entfernten Zukunft ist."). Im Lichte dieser Dokumente kommt der Herausgeber zu dem wenig überraschenden Urteil, daß die "Notizen" von 1946 "als beschönigende Rechtfertigungen" angesehen werden müssen. Schwerer wiegt, daß nunmehr auch die Verstrickung Wehners in die innerparteilichen "Säuberungen" der KPD in den dreißiger Jahren deutlich wird. Als Mitglied der sogenannten Kleinen Kommission gehörte der spätere "Zuchtmeister" der sozialdemokratischen Bundestagsfraktion zusammen mit Ulbricht und Pieck zeitweilig zum innersten Kreis der Moskauer Parteiführung der deutschen Kommunisten. Als solcher war er gehalten, für die Kaderabteilung und für den Generalsekretär der Komintern, Georgi Dimitrow, Beurteilungen ("Charakteristiken") von Genossen anzufertigen, die für die Betroffenen häufig fatale Folgen haben konnten: mindestens Verhaftung und Lageraufenthalt, schlimmstenfalls den Tod.

Der Herausgeber ist sich "der fragmentarischen Vorläufigkeit" seiner Dokumentation über die Moskauer Jahre Wehners bewußt. Immerhin kann er die 1991 erschienene Biographie über den jungen Wehner von Hartmut Soell insofern korrigieren, als er diesem "für die Darstellung der Moskauer Periode" nachweist, "allzu bereitwillig den selektiven Informationen und nachträglichen Interpretationsmustern seines Helden" aufgesessen zu sein (18). Vor allem aber enthält dieser Band Material genug, um Hannah Arendts These zu untermauern, daß sich aus den permanenten Kontrollverfahren und Reinigungsritualen kommunistischer Parteien in der Stalinzeit auch jene "Präparierung der Opfer" ergeben habe, die "den einzelnen gleich gut für die Rolle des Vollstreckers wie für die des Opfers vorbereiten kann" (33f.): Die Dokumente lassen die Interpretation zu, daß der selbst von einem Untersuchungsverfahren heimgesuchte Wehner um sein Leben kämpfen mußte, dabei aber andere - z.B. Erich Birkenhauer, Leo Flieg oder Heinrich Meyer - ans Messer lieferte. Das löst weitere Fragen nach der wirklichen Substanz des "politischen Urgesteins" Herbert Wehner aus, deren Beantwortung freilich jenes Fingerspitzengefühl erfordert, das dem verbreiteten journalistischen Voyeurismus nicht immer eigen ist.

Alexander Fischer

Spira, Leopold: Kommunismus adieu. Eine ideologische Biographie. Europaverlag, Wien, Zürich 1992, 161 S.

Wer eine Biographie nach gängigen Mustern erwartet, wird vom vorliegenden Buch enttäuscht: Leopold Spira, bis zu seinem Ausschluß 1971 Mitglied des ZK der KPÖ, danach führender Mitarbeiter der renommierten eurokommunistischen Zeitschrift "Wiener Tagebuch", wollte keine Lebensgeschichte im herkömmlichen Sinn schreiben, weil er nicht glaubt, "daß sie von allgemeinem Interesse wäre" (8). Hinter dieser lapidaren Aussage verbirgt sich eine, wie er selbst sagt "jugendbewegt-puritanische Lebenseinstellung" (11), die in der österreichischen Arbeiterbewegung der Zwischenkriegszeit, bei Sozialdemokraten und Kommunisten, recht verbreitet war. Dieses Fehlen jeglicher Egozentrik ist gerade in Zeiten, in denen die intellektuelle Nabelschau grassiert, wohltuend. Andererseits ist gerade diese "jugendbewegte-puritanische Lebenseinstellung" sicher mit eine der Ursachen, warum für Leopold Spira lange Jahre "das Diktum Victor Adlers lieber mit der Partei zu irren als gegen sie rechtzubehalten" irrelevant war, weil er "überzeugt war, daß die Partei sich nicht irrte" (70); warum er, der in Diskussionen Wortgewaltige, sich in nahezu zwei Jahrzehnten Mitgliedschaft im ZK kein einzige Mal zu Wort meldete (69).

Wenn also Spira seinen und der Mut seiner Genossen im illegalen Kampf gegen den Austrofaschismus, beim Kampf gegen Franco in den Internationalen Brigaden, im französischen Internierungslager St. Cyprien und bei der Arbeit in der englischen Emigration als nicht erwähnenswerte Selbstverständlichkeit betrachtet, wenn außerdem Privates nur dann zu Sprache kommt, wenn es absolut unvermeidbar ist, wovon handelt dann dieses Buch? Poldi Spira wurde im Februar 1935 Mitglied des damals illegalen Kommunistischen Jugendverbandes und hat eine wesentliche Zeit seiner Parteitätigkeit und auch viele Jahre nachher immer geschrieben. Fast alles aus seiner Feder ist erhalten geblieben, sogar seine Briefe aus dem Spanischen Bürgerkrieg und der französischen Internierung. Dieses umfassende Quellenmaterial hat er zu einer Art "ideologischen Biographie", wie er das selbst definiert (8), verarbeitet. Das Ziel, das ihm dabei vorschwebte, war, an Hand seiner eigenen Meinungsäußerungen die Wandlungen einer ganzen Generation von Kommunisten zu dokumentieren.

Um es gleich vorwegzunehmen: Spira wird seinen eigenen Vorgaben gerecht. Damit straft er auch gleich den vom Verlag gewählten Titel Lügen. Denn, so lange noch ein Funken Leben in ihm ist, wird sein Denken um die Frage einer nicht-kapitalistischen, gerechteren Gesellschaftsordnung kreisen. Wenn er diese Alternative nach dem Debakel eines sogenannten "Kommunismus" lieber mit anderen Ausdrücken beschreibt, ist das ein rein terminologisches Problem.

Eine der Aufarbeitungen, die Spira im Zuge seiner ideologischen Katharsis vornimmt, soll hier noch extra erwähnt werden, weil sie ein in der Geschichtsschreibung der Arbeiterbewegung nach wie vor tabuisiertes Thema betrifft - Antisemitismus in sozialdemokratischen und kommunistischen Parteien. Dabei instrumentalisiert er seinen eigenen Werdegang sehr anschaulich: Seine Anfänge als "nicht-jüdischer Jude" (non-jewish jew), um ein bekanntes Diktum Isaac Deutschers zu wiederholen, der der Israelitischen Kultusgemeinde angehört und den Religionsunterricht besucht, die religiöse Gemeinschaft aber ohne die geringste Gefühlsregung verläßt und ihr wieder beitritt, je nach politischer Opportunität (18). Seine erschreckenden Erlebnisse mit "Genossen", etwa bei der Reichskonferenz des Kommunistischen Jugendverbandes 1937 in Prag: "In einer Tagungspause meinte ein Teilnehmer nach einem Blick in die Runde, wir wären diesmal 'judenfrei'. Als ich auf mich aufmerksam machte, wurde ich zum 'Ehrenarier'ernannt und erhielt den Namen Poldur von Spirach, anklingend an jenen des Führers der Hitlerjugend und späteren Wiener Gauleiters Baldur von Schirach" (21). Seine Versuche, nach 1945 die "gewisse Scheu in Österreich über das Judenproblem und den Antisemitismus offen zu sprechen" (63), in Artikeln zu hinterfragen. Seine Haßtiraden gegen "zionistische Agenten, die im Dienste des amerikanischen Imperialismus standen" (64), während der Schauprozesse in den Volksdemokratien. Seine neuerliche Konfrontation mit diesem Thema bei den Diskussionen um den Sieben-Tage-Krieg 1967 und die neue "antizionistische Wende" in der UdSSR. Die unbefangene theoretische Auseinandersetzung mit dem Thema Antisemitismus, die dann erst nach dem Parteiausschluß, in dem 1981 erschienen Buch "Feindbild Jud'" möglich wird. Schließlich das mit Genugtuung registrierte Eingeständnis des KPÖ-Sekretärs Walter Baier 1991: "Es ist auch zutreffend, daß innerhalb der Partei [...] auch reaktionäre, ausländerfeindliche, ja bis hin antisemitische Strömungen und Sentiments existieren" (105).

Fritz Keller

Buschak, Willy: 'Arbeit im kleinsten Zirkel'. Gewerkschaften im Widerstand gegen den Nationalsozialismus. Ergebnisse Verlag, Hamburg 1993, 309 S.

Die Geschichte des gewerkschaftlichen Widerstandes im Nationalsozialismus ist noch kaum geschrieben. Sie trat hinter der Erforschung des politischen Widerstandes zurück, teils weil es da eben direkt um die Fragen der 'großen Politik' ging, teils weil auch viele Gewerkschaftsaktive aus der Zeit vor 1933 es vorzogen, sich lieber unmittelbar in politischen Widerstandszirkeln zu betätigen, und er somit einen vergleichsweise geringen Umfang hatte. So liegt erst jetzt mit der Arbeit von Willy Buschak ein Gesamtüberblick vor.

Sie ist die Frucht jahrelanger Archivauswertungen. Neben Gestapo- und Prozeßakten griff er dabei auf internationale Gewerkschaftsarchive, vor allem aber auf die reichhaltigen Bestände des ehemaligen IML in Ost-Berlin zurück. Im Ergebnis war Buschak selbst überrascht, daß der gewerkschaftliche Widerstand doch vielfältiger war, als wie er sich das zu Beginn seiner Arbeit vorgestellt hatte, auch wenn natürlich keine der hier beschriebenen Gruppen je über einige Dutzend Mitglieder mit bestenfalls einigen Hundert Kontakten hinauskam. Andererseits tauchen sicher manche Aktivitäten gar nicht in den Archiven auf. Auf jeden Fall weist er die von einigen Historikern behauptete Existenz von gewerkschaftlichen "Reichsleitungen" in der Illegalität als Mythos zurück.

Seine Arbeit beginnt mit einer knappen Skizze der Einschätzung des Nationalsozialismus durch die Gewerkschaften sowie ihrer Kapitulation am 1. Mai 1933. Die eigentliche Darstellung der Widerstandsaktivitäten ist im wesentlichen nach den einzelnen Branchen- und Industrieverbänden gegliedert, wobei er überwiegend die freien Gewerkschaften und nur am Rande die christlichen behandelt. In weiteren Kapiteln geht er der sogenannten Auslandsvertretung der deutschen Gewerkschaften, den Aktivitäten der RGO und schließlich Wilhelm Leuschner und dem 20. Juli nach.

Die kommunistischen Gewerkschaftsaktivitäten werden zum einen im Abschnitt über die RGO behandelt. Obwohl eng mit der Partei verbunden, bestand sie doch zunächst in größerem Umfang fort, wurde aber schnell zerschlagen, Resultat zum einen ihrer unrealistischen Perspektiven, zum anderen aber auch ihrer unglaublichen Versäumnisse in der Konspiration. Seit Ende 1934 zeichnete sich die Aufgabe der RGO-Politik durch die Partei ab. Eine Reihe kommunistischer Gewerkschafter arbeitete nun in den freigewerkschaftlichen Widerstandsgruppen mit, was dann in den entsprechenden Abschnitten beschrieben wird. Ein Stein des Anstoßes war nun die von der KPD vertretene Taktik des "trojanischen Pferds", der versuchten "Unterwanderung" der Deutschen Arbeitsfront. Auch kam es zu Konflikten mit Spitzenfunktionären im Exil, so etwa Paul Merker, denen vorgeworfen wurde, die Gewerkschaften zu instrumentalisieren.

Zweifellos setzt diese Arbeit Maßstäbe. Sicherlich werden noch manche Abschnitte ergänzt werden können, z.B. ist eine ausführliche Studie über den hier schon dargestellten Weg Hermann Knüfkens von der KPD zur Internationalen Transportarbeiterföderation durch Dieter Nelles in Vorbereitung. Dennoch kann man sicherlich schon jetzt sagen, daß Buschaks Buch das Standardwerk zu diesem Thema sein wird.

Reiner Tosstorff

Brunner, Detlev: Quellen zur Gewerkschaftsgeschichte. Bestandsverzeichnisse Ostberliner Archive zur Geschichte der Gewerkschaftsbewegung von den Anfängen bis 1933. Klartext-Verlag, Essen 1992 (Veröffentlichungen des Instituts zur Erforschung der Europäischen Arbeiterbewegung. Schriftenreihe B: Quellen und Dokumente, Bd. 2), 316 S.

Welch reichhaltige, bisher nur in Ansätzen ausgewertete Materialien die Archive in der DDR (und insgesamt in Osteuropa) enthalten, ist schon oft beschrieben worden. Das gilt ironischerweise in besonderem Maße für die Geschichte der Arbeiterbewegung, da trotz des Anspruchs auf konsequente Vertretung ihrer Traditionen die SED durch ihre ideologischen Vorgaben die zielstrebige Forschung in den Archiven entscheidend behinderte. Dies macht nicht zuletzt der hier vorliegende Überblick über die Bestände zur Gewerkschaftsgeschichte in den ehemaligen Zentralarchiven des FDGB und der SED, die jetzt unter dem Dach des Bundesarchivs zusammengeführt sind, deutlich.

Aufgeführt sind darin alle 1991 benutzbaren Archiveinheiten hauptsächlich zur deutschen Gewerkschaftsbewegung von ihren Anfängen bis 1933, aber auch zur europäischen und US-amerikanischen, wobei diese Materialien allerdings sehr disparat und zufällig sind, so wertvoll sie im einzelnen auch sein mögen. Auf diese Weise sind 1.422 Archiveinheiten aufgeführt, zu denen jeweils eine Kurzbeschreibung gegeben wird. Sie sind unterteilt nach deutscher Gewerkschaftsbewegung, ausländischer Gewerkschaftsbewegung, kommunistischer Gewerkschaftspolitik, Nachlässen und "sonstigem". Die Archiveinheiten zur kommunistischen Gewerkschaftspolitik, die sich alle im ehemaligen SED-Archiv befinden, betreffen zum einen die Gewerkschaftspolitik des Politbüros, die Gewerkschaftsabteilungen des Zentralkomitees und untergeordneter Leitungen sowie die Revolutionäre Gewerkschaftsopposition. Zum anderen sind entsprechende Einheiten aus dem Flugblattarchiv, aus dem Bestand zur Kommunistischen Internationale sowie aus der Nachlaßsammlung angeführt. In seiner Einleitung gibt Brunner einen Überblick über die beiden Archive und Hinweise zum Aufbau des Verzeichnisses. Ein dreiteiliges Register zu Personen- und Ortsnamen sowie zu Organisationen erleichtert ganz wesentlich die Arbeit damit. Zweifellos handelt es sich hier um eine verdienstvolle Fleißarbeit, die die Beschäftigung mit der Gewerkschaftsgeschichte entscheidend vereinfacht, die aber hoffentlich vor allem einen Anstoß zur Bergung der hier beschriebenen Schätze liefern wird.

Reiner Tosstorff

Agárdi, Peter: Illés Mónus, unser Zeitgenosse. Ausschnitt aus dem ungarischen Geistesleben der dreißiger Jahre. Gondolat, Budapest 1992, 207 S.

Vor der eigentlichen Buchbesprechung sollte dem nicht-ungarischen Leser Illés Mónus vorgestellt werden. Mónus war zwischen beiden Weltkriegen der wohl wichtigste Vordenker und Stratege der sozialdemokratioschen Bewegung Ungarns. Seine Funktionen umfaßten die des Sekretärs der Parlamentsfraktion, des Parteitheoretikers, des Verfassers und Redakteurs der programmatischen Erklärungen der Partei sowie des Chefredakteurs ihrer monatlich erscheinenden theoretischen Zeitschrift. Dies allein spiegelt bei weitem aber noch nicht die wichtige Rolle wider, die er in der ungarischen Arbeiterbewegung und in der politischen Öffentlichkeit spielte.

Mónus, 1886 geboren, erlernte den Beruf des Schuhmachers. Als junger Mensch trat er der Fachgewerkschaft der Lederindustrie bei. Bereits 1908 wurde er Redakteur der Gewerkschaftszeitung - ein Posten, den er trotz seiner vielfältigen Funktion bis 1938 behielt; drei Jahre später erhielt er im Verlag des Zentralorgans der Sozialdemokratischen Partei, Népszava, eine Stelle als hauptamtlicher Parteiarbeiter. Damals stand er jedoch allenfalls in der dritten Reihe der Führungsgarnitur.

Die Revolutionsjahre 1918/19 erschütterten das politische Leben Ungarns von Grund auf. Nach dem Sturz der Räterepublik und dem Sieg der Konterrevolution wurde nicht nur die sozialdemokratische Avantgarde, die zuvor die Volkskommissare gestellt hatten, ins Wiener Exil gezwungen. Dort, an der Seite Otto Bauers, wurde 1919 die Gruppe "Világosság" (Klarheit) gegründet, die 1923 als eigene Organisation der SAI beitrat. Zu dieser Zeit begann der Aufstieg von Illés Mónus. 1922 wurde nach er dem überraschenden Wahlerfolg der Sozialdemokratischen Partei Sekretär ihrer Parlamentsfraktion. Schon schnell wurde deutlich, daß er nicht nur Verwaltungsaufgaben wahrnahm, sondern das "Gehirn" der Fraktion, der Partei insgesamt war.

Seine Karriere verlief jedoch nicht reibungslos. Erst 1927 wählte man ihn in die Parteiführung, und sein Verhältnis zum zwischen 1919 und 1944 "starken Mann" der Partei und der Gewerkschaftsbewegung, Peyer, war nie vertraut und freundschaftlich. Dennoch war er es, der den programmatischen Erklärungen seiner Partei den Stempel aufdrückte, der Kontakte mit den Emigranten unterhielt.

Nach der "großen Wende", der Machtübernahme der Nazis 1933 in Deutschland und der Etablierung eines autoritären Regimes 1934 in Österreich, wurde Mónus Chefredakteur der theoretischen Zeitschrift der Partei, des "Szocializmus", der er, wie auch dem zentralen Parteiorgan "Népszava", dessen Chefredakteur er von 1936-1939 war, erheblich mehr Format verlieh.

Einen Bruch in seiner Laufbahn bewirkten die diskriminierenden Judengesetze aus dem Jahr 1939. Sie zwangen ihn, seine Tätigkeit bei "Népszava" - der "Szocializmus" wurde 1939 von der Regierung verboten

- aufzugeben. Gleichwohl behielt er im Hintergrund die Fäden in der Hand. Auch in der Illegalität während des Krieges spielte Mónus als Sekretär für Bildung, damit zuständig für die Auswahl und Erziehung der "neuen Kader", eine bedeutende Rolle. 1944 wurde er von Pfeilkreuzlern ermordet.

Geistig geprägt wurde Illés Mónus vom Marxismus. Auf seine Anregung hin wurde eine neue Auswahl von Marx-Engels-Texten in Ungarn - allerdings erst nach seinem Tod - herausgegeben. Seine Lehrmeister waren Karl Kautsky (mit dem er korrespondierte) und nach 1918 Otto Bauer. Die denkwürdige Kautsky-Bauer-Debatte von 1934 wurde von ihm übersetzt und, um eine Einleitung von ihm ergänzt, in Ungarn publiziert.

Leben und Lebenswerk von Illés Mónus werden im vorliegenden Band von Péter Agárdi vor allem im Kontext ungarischer Innenpolitik und ungarischen Geisteslebens untersucht. So läßt sich der Verfasser vor allem von Fragen nach der Haltung von Mónus zur politischen Demokratie Ungarns, zur nationalen Frage, zu Agrarproblemen und zur Agrarreform, zu den damals aufsehenerregenden Arbeiten aus der neuen soziologischen Schule leiten. Große Aufmerksamkeit widmet der Autor einem Phänomen, das das politisch-geistige Leben Ungarns zwischen beiden Weltkriegen mitprägte: Dem Antisemitismus, der Mónus auch persönlich traf und mit dem er sich mehrfach auseinandersetzte.

Auch Mónus Verhältnis zum ungarischen Kommunismus - für das Jahrbuch sicher von hervorragendem Interesse - wird in der Biographie beleuchtet. Agárdi hebt hervor, daß sich Mónus wie alle führenden Sozialdemokraten des Landes nach 1919 scharf vom "Bolschewismus" distanzierte und die Räterepublik als "Abenteuer" abqualifizierte, aus dem in der Folgezeit nur Schaden für die organisierte Arbeiterbewegung erwachsen sei. Zwar verfolgt der Autor nicht im einzelnen, wie die Beziehungen zwischen Mónus und den im Lande verbliebenen ungarischen Kommunisten waren; doch unterstreicht auch er nachdrücklich, daß Mónus - wie allgemein bekannt - als Chefredakteur von "Népszava" und "Szocializmus" nicht nur Artikel von Kommunisten abdrucken ließ, sondern zudem Kommunisten in der Redaktion beschäftigte. An seiner kritischen Haltung gegenüber den Aktivitäten der Kommunisten im eigenen Land, aber vor allem der Komintern, änderte dies nichts.

Deutlich wird das auch an Mónus Ablehnung der "Märzfront" vom Ende der dreißiger Jahre, zu der sich - so schien es für kurze Zeit - ungarische Kommunisten und volkstümliche Schriftsteller des Landes zusammengefunden hatten. Der nationale Impetus in der KI, aber auch der ungarischen Kommunisten, der in jener Zeit, ausgelöst durch die Angst vor Hitler, gesucht wurde, befremdete ihn. Auch in der Diskussion mit den Kommunisten (u.a. mit József Révai, dem führenden Theoretiker der ungarischen KP, der auch Mitarbeiter der KI war) in der Volksfront-Frage betonte Mónus seine Vorbehalte. Thematisiert wird dies alles auch in Stellungnahmen kommunistischer Historiker, Publizisten und Zeitzeugen, die Agárdi zu Wort kommen läßt.

Dennoch harren viele Aspekte der Problematik - Mónus und die ungarische KP, die KI und die Sowjetunion - einer umfassenden Untersuchung; sie wurden von Agárdi allenfalls angesprochen. Damit steht die Aufarbeitung des gesamten Lebenswerks von Illés Mónus noch aus.

Janos Jemnitz

Gotovich, José: Du Rouge au Tricolor. Les Communistes belges de 1939 à 1944. Un aspect de l' histoire de la Résistance en Belgique. Editions Labor, Brüssel 1992, 610 S.

In dem auf seiner Dissertation aufbauenden Buch gibt José Gotovich eine imponierend erforschte und durchdachte Analyse der Geschichte der Kommunistischen Partei Belgiens (KPB) und deren Rolle in der Widerstandsbewegung im Zweiten Weltkrieg.

Nach einer zusammenfassenden Darstellung der Geschichte der KPB und ihrer Brüsseler Organisation seit der Gründung der Partei 1921 wird die besondere Lage Brüssels als "westlicher Kern der Kommunistischen Internationale" (57) beschrieben. Man begegnet dem begabten, polyglotten ungarischen Komintern-Vertreter Andor Berei, der zwischen 1934 und 1946 (sic!) eine maßgebende Rolle in der KPB spielte. Doch lernt man auch die Belgierinnen und Belgier aus verschiedenen sozialen Schichten kennen, die in der Geschichte der KPB zwischen 1939 bis zur *Libération* 1944 mit ihren verschiedenen Phasen und Wendungen die Partei leiteten. Ein Anhang mit etwa 250 Kurzbiographien gewährt Einsicht in Herkunft und Lebenslauf der Kader der KPB.

Ein Hauptthema des Buches ist das Verhältnis zwischen Komintern und KPB. Einerseits zeigt der Verfasser, wie die Hauptlinien der Politik der Partei durch die Komintern bestimmt wurden. Besonders deutlich wird dies an der jähen Wende im September 1939, als man von der Verurteilung des Hitler-Faschismus als Hauptfeind und Kriegsstifter abrückte und ihn in eine Reihe mit den westlichen Alliierten stellte. Andererseits argumentiert Gotovich, basierend auf einer genauen Analyse der Politik von KPB und Komintern, daß nationale und lokale Ereignisse in Belgien durchaus eine Überprüfung und Weiterentwicklung der aus Moskau vorgegebenen Linie bewirkten. Von besonderer Bedeutung ist in dieser Hinsicht ein vom Autor zitiertes Dokument aus dem Politbüro der KPB vom Januar 1941. Darin wird der Kampf gegen die deutsche Besatzungsmacht als Hauptaufgabe genannt und eine gewisse Selbstkritik an früheren, eigentlich von der Komintern ausgegebenen Positionen geübt. In der Tat wird unter den Bedingungen der deutschen Besatzung eine eigene Vorgehensweise entwickelt, obgleich natürlich die strategische Linie mit Moskau abgestimmt wird. Der Aufruf der KPB im Mai 1941 zur Schaffung einer *Front pour l' Indépendance* (Unabhängigkeitsfront) entsprach zwar den neuesten Positionen der Kominternspitze, wurzelte aber auch in den eigenen, spezifischen Kampferfahrungen und Debatten der belgischen Kommunisten, die ihm seine besondere Form gaben.

Mit Hitlers Überfall auf die Sowjetunion am 22. Juni 1941 spielen die von der KPB gegründete Unabhängigkeitsfront und deren *Partisans Armés* (bewaffnete Partisanen) sowie das Bündnis zwischen Kommunisten und Nicht-Kommunisten in der Widerstandsbewegung eine immer größere Rolle. Dem Kampf der nationalen und internationalen Front gegen den faschistischen Feind mußte alles untergeordnet werden.

Neben seiner Beschreibung der Anstrengungen, Erfolge und Rückschläge der KPB im Widerstand zeichnet Gotovich ein ausführliches Bild der Struktur, Tätigkeit, Mitgliedszahlen und Perspektiven der Partei nach. Die Arbeit in den Betrieben und unter den Intellektuellen wird dabei besonders berücksichtigt. Auch die Haltung der KPB zum Nationalitätenkonflikt in Belgien wird in den Blick genommen.

Besonders interessant ist, daß hier zum ersten Mal die Umstände öffentlich gemacht werden, unter denen der Generalsekretär Relecom und drei weitere KPB-Führer in Ungnade fielen. Nach ihrer Verhaftung 1943 hatten sie mit der Gestapo einen "Kompromiß" geschlossen, der ihnen das Leben rettete. Wegen dieser Zusammenarbeit wurden sie 1945 aus dem ZK der Partei ausgeschlossen. Doch die Einzelheiten wurden über Jahre hinweg geheimgehalten, um das Bild der KPB im Widerstand nicht zu beschädigen. Dieser "weiße Fleck" in ihrer Geschichte wurde erst jetzt durch Gotovich getilgt.

Der Autor stützt sich auf eine breite Quellenbasis, ergänzt durch Hunderte von Interviews, die er seit den sechziger Jahren mit kommunistischen Aktivisten und anderen Persönlichkeiten hat führen können. Auch Quellen aus dem ehemaligen Institut für Marxismus-Leninismus in Moskau standen, obgleich nicht vollständig, Gotovich zur Verfügung. Obwohl es aufgrund der nach wie vor unbefriedigenden Archivsituation in der ehemaligen UdSSR dem Verfasser wohl nicht möglich gewesen ist, alle einschlägigen Quellen einzusehen, wird seine Arbeit doch auf lange Jahre ein Standardwerk sein, das - so der Wunsch des Rezensenten - dazu anregen möge, die Geschichte anderer kommunistischer Parteien im Zweiten Weltkrieg so gründlich zu erforschen.

Monty Johnstone

Evkönyv 1992 - A nemzetközi munkásmozgalom történetéböl [Jahrbuch 1992 - Aus der Geschichte der internationalen Arbeiterbewegung]. Hrsg. von I. Harsányi, J. Jemnitz, G. Székely. Politikwissenschaftliches Institut, Budpaest 1992, 431 S.

Es ist nicht einfach, einen dicken Sammelband zu besprechen, schier unmöglich, wenn 21 ungarische und 25 ausländische Historiker 15 unterschiedliche Themen behandeln. Eine kurze Übersicht tut dem Band notwendigerweise schweres Unrecht an.

Der Tradition dieses Jahrbuchs entsprechend, klammert der Band ungarische Ereignisse aus. Der erste Themenkreis ist mit 14 Beiträgen, darunter vier ungarischen, den Verdiensten und dem Versagen Gorbatschows gewidmet. Den Tenor gibt der letzte, in der englischen Zeitschrift *Tribune* erschienene Artikel "Adieu, Michael Sergejewitsch" an, ein melancholischer Abschied von einem Gescheiterten. Die Analysen sind ziemlich gleichlautend und wohlbekannt. Hier sollen nur die ungarischen erwähnt werden; sie unterscheiden sich zwar kaum von ihren westlichen Kollegen, doch ihre subjektiven Folgerungen mögen von Interesse sein. Iván Harsányi schließt in Trauer: Mit dem Versagen Gorbatschows sei die Menschheit um eine Hoffnung auf ein reformiertes, demokratisches, sozialistisches System ärmer geworden. Tibor Erényi gibt die Hoffnung nicht auf: "Die Idee des Sozialismus überlebt die Sowjetunion. Diejenigen, die mit seiner Beerdigung rechnen, werden sich täuschen." János Jemnitz schließt eher bitter mit dem Fernseh-Interview vom Februar 1992, in dem Gorbatschow von der Zeit sprach, als er "noch an den Sozialismus geglaubt" habe und dem Suchenden jetzt nur den eher nichtssagenden Kompaß des Humanismus anbietet. Das sei "sehr wenig von dem Mann, der an der Spitze eines Reiches gestanden ist ... und wahrlich nur die 'Sintflut' hinter sich läßt", schreibt er enttäuscht.

Die meisten Themenkreise sind wichtigen Phasen in der Geschichte der internationalen Arbeiterbewegung gewidmet, von Dokumenten der 1. Internationale vor 125 Jahren über Ausschnitte aus der sozialistischen Presse, Biographien, 1917, Parteigründungen und Gewerkschaftsprobleme bis zum sozial-liberalen Wahlergebnis in der Bundesrepublik 1972 und dem Wahlsieg der spanischen Sozialistischen Arbeiterpartei 1982. Interessant für die ungarische Linke sind zweifellos die beiden Kapitel "Hintergründe" und "Referate". Das erste informiert über weltpolitische Ereignisse in der Interpretation der westlichen Linken, das zweite berichtet, leider viel zu summarisch, über internationale Konferenzen in Linz, Mannheim und La Laguna.

Das zentrale Problem der ungarischen Linken, die Folgen der am eigenen Leib erfahrenen Erschütterungen im Zuge des Umbruchs 1989/90 besser zu verstehen, ist leider nur summarisch abgehandelt worden. Dies hätte durch die eingehenden Berichte im Kapitel "Die internationale Linke über die Umwälzungen in Ost- und Mitteleuropa" wettgemacht werden können. Leider sind die dort angeführten Artikel enttäuschend. Jürgen Habermas stellt Fragen über die Zukunft des westlichen Sozialismus, doch gibt er keine Antworten. Der dänische Professor Uffe Jaconsen kommt zu dem vagen Schluß, das skandinavische Modell funktioniere zwar zufriedenstellend, doch vielleicht sei das nur politische Blindheit. Die anderen Beiträge weichen der Frage gänzlich aus, der des Inders S. Chakravarty flüchtet sich ins rein Theoretische über die Entfremdung der Arbeit, die der Engländer Monty Johnstone, Joe Gerratt, Glyn Ford und Gary Titley über den Zerfall der Sowjetunion und Jugoslawiens ins rein Journalistische. Die im Titel versprochenen Analysen der westeuropäischen Linken über die Umwälzungen in Ungarn, Polen, Bulgarien und der Tschechoslowakei fehlen jedoch.

Der vorliegende Sammelband ist der bisher letzte einer langen Reihe von Jahrbüchern, die vom Politikwissenschaftlichen Institut, dem Nachfolger des Parteigeschichtlichen Instituts der Rákosi-Ära und des Instituts der Arbeiterbewegung unter der "sanften Diktatur" Kádárs verlegt worden sind. Jetzt gibt es keine von der Obrigkeit diktierten Beschränkungen mehr, wer und wie zu Wort kommen kann. Die Probleme in Ungarn sind ganz anderer Art. Die politische Arbeiterbewegung ist weitgehend lahmgelegt, die Gewerkschaften sind geschwächt und kämpfen ums Überleben, die völlig bedeutungslose Sozialdemokratie ist gespalten, ihr rechter Flügel versucht gar mit einer rassisch-chauvinistischen Taktik die demokratisch-sozialistische Vergangenheit wieder gutzumachen, die Arbeiterpartei, Nachfolgerin der stalinistischen Staatspartei, fristet ein kärgliches Dasein außerhalb der politischen Landkarte, auf der allgemein respektierten Sozialistischen Partei, weitgehend von den einstigen Reformkommunisten geprägt, lastet noch immer der Schatten der gescheiterten Diktatur.

In dieser Lage kommt dem Jahrbuch die Aufgabe zu, ein objektives Bild der internationalen Arbeiterbewegung zu zeichnen, ihre Geschichte zu pflegen, aber auch zu dokumentieren, daß in dem Ungarn umgebenden Europa die Diskussion über die Zukunft einer strukturell gerechteren, traditionell sozialistisch genannten Gesellschaft weitergeht. Das "Jahrbuch 1992" hat diese Aufgabe weitgehend erfüllt. Die angeführte Kritik betrifft eher die armseligen Analysen der Gegenwart und Zukunft vieler offensichtlich verwirrter westlicher Historiker als die Bemühungen ihrer ungarischen Kollegen, darüber zu berichten.

George H. Hodos

Alexander, Robert J.: International Trotskyism, 1929-1985: A Documented Analysis of the Movement. Duke University Press, Durham, London 1991, 1125 S.

Robert J. Alexander, emeritierter Politologe der Rutgers University (New Jersey), Lateinamerika-Experte und seit der Veröffentlichung von *Trotskyism in Latin America* (Stanford 1973) und *The Right Opposition. The Lovestoneites and the International Communist Opposition of the 1930s* (Westport 1981) als Kenner kommunistischer Oppositionsströmungen ausgewiesen, hat mit dem hier angezeigten Band ein Standardwerk zur Geschichte der trotzkistischen Bewegung vorgelegt, das für lange Zeit Maßstäbe setzt.

Die trotzkistische Bewegung hat sich seit ihrer Herausbildung auf internationaler Ebene Ende der zwanziger Jahre stets als Oppositionsströmung, als kommunistische Alternative zum Stalinismus verstanden, der es darum ging, das theoretische und praktische Erbe der kommunistischen Bewegung gegen die "Epigonen" zu verteidigen. Mit der Epochenwende von 1989, dem Zerfall der Sowjetunion und dem Verschwinden des Stalinismus von der politischen Bühne ist auch für die trotzkistische Bewegung, die einen Großteil ihrer politischen Identität aus ihrem Anti-Stalinismus bezog, ein ganzes Kapitel ihrer Geschichte zu einem Ende gekommen. Insofern ist es sehr bedauerlich, daß Alexander seinen Überblick schon 1985 enden läßt.

Zu Recht weist Alexander darauf hin, daß die trotzkistische Bewegung - im Unterschied zu anderen oppositionellen Strömungen des Kommunismus (z.B. der zu Beginn der dreißiger Jahre ungleich stärkeren und einflußreicheren "rechten Opposition") - inzwischen seit mehr als einem halben Jahrhundert existiert. Der Trotzkismus hat sich - den Verleumdungs- und Vernichtungsfeldzügen ohnegleichen, denen seine Anhänger in der Arbeiterbewegung und der Linken ausgesetzt waren, zum Trotz - als eine langlebige, nicht als eine ephemere politische Strömung erwiesen. Sie hat heute Ableger auf allen fünf Kontinenten der Welt und ist (insbesondere in den Jahren nach 1968) in vielen Ländern der Welt zu einem Faktor geworden, der aus der Linken bzw. der radikalen Linken nicht mehr wegzudenken ist. (Da mit diesem Wachstum indes keine Homogenisierung der nach wie vor zersplitterten Bewegung einherging, erweist sich ein Nachschlagewerk wie das vorliegende als um so nützlicher...).

Nach einem Vorwort und einleitenden Kapiteln zu Ursprüngen und allgemeinen Charakteristika der trotzkistischen Bewegung bietet Alexander einen nach Ländern gegliederten Überblick; insgesamt enthält sein Buch an die 70 Länderartikel. Eingefügt sind eine 90 Seiten umfassende Darstellung der Geschichte der Vierten Internationale als internationaler Organisation sowie Übersichtsartikel über die verschiedenen mit der (durch das Vereinigte Sekretariat der Vierten Internationale repräsentierten) Hauptströmung des internationalen Trotzkismus konkurrierenden Fraktionen. Die Artikel basieren vor allem auf der systematischen Auswertung der englischen und französischen Ausgaben von Trotzkis Exilschriften, zeitgenössischer Publikationen der trotzkistischen Bewegung, der in den vergangenen 15-20 Jahren stark angewachsenen wissenschaftlichen Sekundärliteratur sowie auf ausgiebigen Interviews und umfangreicher Korrespondenz mit Veteranen, ehemaligen Aktivisten und noch heute aktiven Mitgliedern der trotzkistischen Bewegung. Eigene Studien in den Archiven (z.B. der seit 1980 geöffneten Abteilung des Trotzki-Archivs in Harvard oder den Anfang der achtziger Jahre entdeckten Unterlagen von Trotzkis Sohn Lew Sedow im Nikolajewski-Nachlaß in Stanford) betrieb Alexander nicht. Zustandegekommen ist somit eine Geschichte des internationalen Trotzkismus, die weitgehend eine Ideen- und Organisationsgeschichte ist, die einen Eindruck von den historischen Wurzeln und der programmatischen Entwicklung, der politischen Wirkungsgeschichte und den inneren Kämpfen sowie von der geographischen Verbreitung der trotzkistischen Bewegung vermittelt; der gesellschaftliche und politische Kontext, in dem die trotzkistischen Organisationen entstanden, die Bedingungen, unter denen sie sich entwickelten, die Widerstände, die sie zu überwinden hatten, die Anfeindungen, denen sie ausgesetzt waren, werden aber nur am Rande berührt.

Dem Gebrauch des Buches als Nachschlagewerk dient ein umfangreiches Personen-, Organisations-, Publikations- und Sachregister. Allein die Nachweise und die Bibliographie machen an die 100 Seiten aus. Die Beiträge zur Geschichte des US- und des lateinamerikanischen Trotzkismus sind die ausführlichsten; 200 Seiten insgesamt sind allein den USA gewidmet.

Das Kapitel über den deutschen Trotzkismus (30 doppelspaltige Seiten) gehört leider nicht zu den stärksten. Im ersten (in der Gesamtdarstellung im wesentlichen korrekten) Teil ("German Trotskyism Before World War II") sind fast alle erwähnten Namen deutscher Trotzkisten falsch. So heißt es beispielsweise "Jako" statt "Joko" (d.i. Joseph Kohn), "Oscar Siepold" statt Oskar Seipold, "Hans Schwalback" statt Schwalbach, "Willy Schauschkowitz" statt Schmuschkowitz, "Staal" statt Stahl (d.i. Artur Goldstein), "Schussler" statt (Otto) Schüssler, "Wollemberg" statt Wollenberg, "Karl Grohl" statt Gröhl (bzw. Karl Retzlaw). Dies - wie auch eine Reihe weiterer, sachlicher Fehler (die Auflistung der Orte, an denen die Linke Opposition der KPD vor 1933 vertreten war, ist - im Unterschied zur Quelle, auf die Alexander an der entsprechenden Stelle selbst verweist - unvollständig; an einer Stelle ist von der "Pfals in the Palatinate" die Rede; an anderer heißt es "Mautzon", wo Bautzen, "Hamburg", wo Hamborn gemeint ist) - hätten sich wohl vermeiden lassen, hätte Alexander die Dissertation von Siegfried Bahne aus dem Jahr 1958 (*Der Trotzkismus in Deutschland 1931-1933*) und vor allem die 1978 fertiggestellte, später auch als Buch erschienene Untersuchung von Wolfgang Alles *Zur Politik und Geschichte der deutschen Trotzkisten ab 1930* (Frankfurt/M. 1987) zu Rate gezogen. (Die Arbeit von Alles ist das den Monographien von Tjaden zur KPO, Drechsler zur SAP und Zimmermann zum Leninbund ebenbürtige Standardwerk. Alexander stützt sich - aus sprachlichen Gründen - vor allem auf die 1980 an der Université de Paris entstandene Arbeit von Maurice Stobnicer.) Auch im zweiten Teil ("German Trotskyism During and After World War II"), der insgesamt schwächer ausgefallen ist als der erste, sind ihm etliche Fehler unterlaufen. Die (nach ihrer Beteiligung an der kurzlebigen "titoistischen" Unabhängigen Arbeiterpartei 1951) "entristische" Arbeit in der SPD leistende deutsche Sektion der Vierten Internationale konstituierte sich beispielsweise als offen auftretende Organisation ("Gruppe Internationale Marxisten") nicht 1967, sondern erst 1969. Sie "fusionierte" auch nicht 1968 - wie Alexander behauptet - mit einer Gruppe, die aus dem SDS hervorging (der im übrigen zu dieser Zeit auch schon lange nicht mehr der Studentenverband der SPD war). Möglicherweise hat Alexander dies mit dem *Vorhaben* der deutschen Trotzkisten durcheinandergebracht, gemeinsam mit prominenten Führern des SDS und der APO eine Zeitschrift herauszugeben - ein publizistisches Projekt, das der Überleitung eines möglichst großen Teils der anti-autoritären Bewegung in eine revolutionär-sozialistische Organisation dienen sollte. Die Zusammenarbeit, die die im Impressum der (im Mai 1968 erschienenen) Nullnummer der Zeitschrift *Was tun* aufgeführten Namen verhießen (darunter

Günter Amendt, Peter Brandt, Rudi Dutschke, Gaston Salvatore, Christian Semmler, Thomas Schmitz-Bender), kam indes gar nicht erst zustande. Infolge der späten Aufgabe des "Entrismus" haben die deutschen Trotzkisten zweifellos vorhandene Möglichkeiten, Einfluß auf die aus der Studentenrevolte hervorgegangene Bewegung zu gewinnen, verpaßt. Als sie im September 1970 (nicht wie Alexander schreibt im Frühjahr 1971) nach einer (von Alexander ebenfalls falsch datierten) Spaltung in den eigenen Reihen mit der "Revolutionär-Kommunistischen Jugend" (RKJ) eine Jugendorganisation schufen, war die "Organisationsphase" der APO bereits in vollem Gange. Die trotzkistischen Organisationen, die - an der Nahtstelle von alter und Neuer Linker - prädestiniert schienen, bei der Rekonstitution einer radikalen Linken in Deutschland eine bedeutende Rolle zu spielen, sahen sich als minoritäre Gruppen mit erheblich stärkeren stalinistischen und neostalinistisch-maoistischen Organisationen konfrontiert (DKP, KPD-AO, KPD/ML, KBW etc.), die ihre Möglichkeiten, Einfluß auf die "neue Avantgarde" zu gewinnen, erheblich (manchmal mit physischer Gewalt) beschnitten. Diese Situation bildete denn auch den Hintergrund für die inneren Konflikte und Auseinandersetzungen ("Tendenzkämpfe") der siebziger Jahre, die in Alexanders geraffter Darstellung zwar großen Raum einnehmen, aber kaum verständlich werden. (Auch was die Nachkriegsgeschichte des deutschen Trotzkismus betrifft, empfiehlt es sich daher, eine weitere Arbeit hinzuzuziehen: Die 1984 erschienene Studie von Peter Brandt und Rudolf Steinke "Die Gruppe Internationale Marxisten" [in: *Stöss, Richard (Hrsg.): Parteien-Handbuch. Die Parteien der Bundesrepublik Deutschland 1945-1980. Bd. 2, Opladen 1984*, S. 1599-1647] zeichnet die Geschichte der deutschen Trotzkisten bis zu den achtziger Jahren nach. Sie beschränkt sich nicht auf die innertrotzkistischen Auseinandersetzungen, sondern behandelt auch die Aktivitäten der deutschen Sektion der Vierten Internationale und thematisiert Fragen wie ihre Rolle in der Nachkriegsgeschichte der bundesrepublikanischen Linken.)

Die angezeigten Mängel in Rechnung gestellt, bleibt dennoch festzuhalten, daß Robert J. Alexander ein wichtiges Buch vorgelegt hat.

Horst Lauscher

Vanden, Harry E.: Latin American Marxism. A Bibliography. Garland Publishing, New York, London 1991, 869 S.

Der insbesondere durch seine kenntnisreichen Mariátegui-Studien bekannt gewordene Harry E. Vanden hat der Kommunismusforschung mit der vorliegenden Bibliographie ein wichtiges Hilfsmittel an die Hand gegeben.

Einerseits trägt die umfangreiche Materialsammlung (6.358 Titel) dazu bei, eine seit langem klaffende Lücke der Forschungsarbeiten schließen zu helfen. Mit dem Blick auf ganz Lateinamerika und auf den internationalen Forschungsstand präsentiert diese Bibliographie eine umfassende Zusammenstellung veröffentlichter zeitgenössischer Materialien sowie wissenschaftlicher Darstellungen zum Gegenstand. Zum anderen ist die Handreichung gerade heute nach bzw. in den Jahren welthistorischer Umbrüche von besonderem Wert, da international eine Um- und Neubewertung des Marxismus oder (um dem Autor wohl eher gerecht zu werden) der Marxismen resp. des am Marxschen Ideengebäude anknüpfenden Theorie- und Politikverständnisses zu beobachten ist.

Das Vorwort (XI-XIII) und eine kurze Einleitung (XV-XXII) erläutern die Entstehungsgeschichte des Buches und seine innere Struktur, verweisen auf die Hauptetappen der Entwicklung des Marxismus in Lateinamerika, auf seinen vielfach innovativen Einfluß auf Theorie und Praxis der Linken, besonders aber auch auf die verheerenden Konsequenzen der "centralization of Marxist thinking and planning in the Soviet Union" unter Stalin und des "bureaucratic, unimaginativ dogmatism", die die Komintern wie stets auch die offiziellen kommunistischen Parteien beherrscht hätten, mit allen daraus resultierenden Folgen für den von den Kommunisten als Parteiideologie monopolisierten Marxismus.

Inwieweit der an dem seinerzeit beeindruckenden Marxismus-Verständnis Mariáteguis anknüpfende Autor in seiner Kritik aus heutiger Sicht viel zu kurz greifen und auch damit ein tieferes Verständnis der Wege und Irrwege der am Marxismus orientierten politischen Strömungen, Bewegungen und Parteien erschweren mag, vor allem aber auch den angestrebten Erneuerungsprozeß der von Vanden sehr eng gefaßten "Linken" in Lateinamerika zu vereinfacht darstellt, läßt sich in der hier gebotenen Kürze nicht beantworten.

Die Bibliographie ist chronologisch aufgebaut und in vier Kapitel gegliedert: Das erste umfaßt die Anfangsjahre bis 1920 (3-13), das zweite die Jahre 1921 bis 1945 (15-100), das dritte den Abschnitt von 1946 bis 1960 (101-283), das vierte den Zeitraum von 1961 bis in die achtziger Jahre (285-810); die Kapitel sind jeweils in einen allgemeinen und einen nach Ländern geordneten speziellen Bereich unterteilt. Ein Personenregister (811-869) schließt den Band ab. Bereits die zeitlichen Einschnitte könnten - zumindest für 1920/21 und 1960/61 - eine spannende Debatte nach allgemein wie spezifisch lateinamerikageschichtlichen Kriterien anregen. Indessen findet der Spezialist wie der historisch Interessierte in allen Abschnitten bibliographische Kostbarkeiten zuhauf angezeigt, Quellenmaterialien, die in ihrer Dichte von der Forschung bisher allemal viel zu wenig dem kritischen Vergleich unterworfen worden sind.

Obschon Umfang wie inhaltliche Proportionen zu den einzelnen Zeitabschnitten in vielem reale Prozesse reflektieren, sind insbesondere für die ersten beiden Kapitel wohl noch erhebliche Lücken zu konstatieren, muß gerade hierzu die Sucharbeit intensiviert werden. Aber es fehlen auch viele bekannte Materialien, zu den Anfängen des Marxismus in Lateinamerika ebenso wie für die zwanziger und dreißiger Jahre, die in der einschlägigen Fachliteratur schon wiederholt ausgewertet worden sind. Angesichts der von Vanden deutlich vorgestellten Rolle der Komintern verwundert, daß ihre bei weitem nicht nur in russisch und/oder deutsch vorliegenden veröffentlichten Materialien zu Lateinamerika - sowohl die zentralen wie jene der Regionalzentren und ihrer nationalen Sektionen in Lateinamerika selber - nicht systematisch durchforstet worden sind; viele Schlüsseldokumente fehlen (nicht zuletzt von Mariátegui, jedoch auch zu wichtigen Wendepunkten für die Gesamtperiode). Einzelnes erscheint zuweilen eher zufällig, wodurch umfassende Wertungen in eine bedenkliche Schieflage zu geraten drohen. Gleiches wäre aus ähnlichen Gründen zum fast völligen Fehlen sowjetischer Arbeiten zu sagen.

Die Nutzung der Bibliographie wird dadurch erschwert, daß Primärquellen und Sekundärliteratur zur jeweiligen Thematik nicht voneinander getrennt aufgelistet werden, die Quellen also nicht deutlich abgehoben erscheinen und auch deren inneres Ordnungsprinzip nicht durchgängig eingehalten wird.

Sicherlich ließe sich die Liste der Kritikpunkte, vor allem aber eine Reihe weiterführender Fragen an den Autor fortsetzen, die alle in eine Richtung weisen: Das von Vanden in Anknüpfung an etliche frühere Versuche in Angriff genommene Projekt sollte in breiter Kooperation fortgeführt werden; Größenordnung(en) und Anforderungen übersteigen die Kraft eines Einzelnen - eine theoretisch sicher richtige Erkenntnis, der Vanden aber mutig und mit sichtlichem Erfolg trotzte! Die materialreiche Sammlung regt letztendlich erst kritische und vor allem weiterführende Folgerungen an: Sie ist damit derzeit die beste und nützlichste Bibliographie zum Thema.

Jürgen Mothes

Glaeßner, Gert-Joachim/Reiman, Michal (Hrsg.): Die politischen Systeme der sozialistischen Länder. Entstehung - Funktionsweise - Perspektiven. Verlag Peter Lang, Frankfurt am Main/Bern/New York/Paris 1991 (Berliner Schriften zur Politik und Gesellschaft im Sozialismus und Kommunismus, hrsg. von Hannelore Horn, Wladimir Knobelsdorf und Michal Reiman, Bd. 3), 204 S.

Texte zu den politischen Systemen des "real existierenden Sozialismus" aus dem Jahre 1989, im Jahre 1991 publiziert und 1993 rezensiert: Das grenzt auf den ersten Blick an Anachronismus. Obwohl "die sozialistischen Länder" als Gesamtheit im Titel genannt sind, ist die Sowjetunion das eigentliche Thema. Vorzustellen sind hier Referate einer Tagung deutscher und sowjetischer Wissenschaftler, die im Frühjahr 1989 vorwiegend zum Thema Perestroika und Reformen in der Sowjetunion stattfand. Konferenzort (West-Berlin) und Thematik unter Beteiligung sowjetischer Wissenschaftler waren zu dieser Zeit unter der Ägide des "neuen Denkens" noch etwas Außergewöhnliches, früher noch wäre es freilich eine Sensation gewesen. Insgesamt kann dann nicht verwundern, wenn hier Beiträge höchst unterschiedlichen Charakters und "Reichweite" vorgelegt werden. Zum ersten zählen dazu Themen, die Chancen, Ziele und Strategien der Reformpolitik in der Sowjetunion untersuchen, wie deren "sozialistische Perspektiven", Probleme der leninistischen Doktrin oder grundsätzliche Aspekte der Wandlungsfähigkeit des Sowjetstaates. Diese vorwiegend normativ orientierten und argumentierenden Beiträge illustrieren manches zur "Innenansicht" der Politik der Perestroika, zeigen aber zugleich aus der Retrospektive nur schmale Aspekte des Handlungsspielraumes und der Erkenntnisinteressen der Reformer.

Ungleich "zeitloser" ist ein zweiter Komplex von Beiträgen, der sich historischen Problemen des sowjetischen Herrschafts- und Gesellschaftssystems annimmt, so zur Formationsphase der zwanziger Jahre (Michal Reiman), aber auch zur Entwicklung seit 1985 (Zdenek Mlynar, Klaus von Beyme oder Leonid A. Gordon/Maria Nazimova). Das dritte große Themenfeld erschließt einige Politikfelder, die sich für die Nachfolgestaaten der Sowjetunion als besondere Hypothek erwiesen, wie die Nationalitätenproblematik (Jurij S. Novopashin), die Kultur- und Bildungspolitik (Michail N. Kuzmin), die Frage der Selbstverwaltung (Eduard V. Klopov) und, recht eindrucksvoll, die Rolle des Zentralismus (Hannelore Horn).

Naturgemäß können Sammelbände von Tagungsreferaten nur begrenzt neue Forschungsergebnisse mit entsprechender Material und Datenbasis präsentieren; das ist auch hier der Fall. Die eigentliche Besonderheit der Tagung, die Mitwirkung sowjetischer Wissenschaftler, hat durch die rapide politische Entwicklung ihr eigentliches Gewicht schnell verloren. Es bleiben einige Beiträge, die einige Grundprobleme der sowjetischen Gesellschaft knapp und systematisch skizzieren. Unerfreulich sind (abschließend) drei Dinge: erstens die vielen Satzfehler, zweitens das (eigentlich) sinnvolle und übersichtliche Schlußkapitel (von Ingmar Sütterlin), das die Erträge der Tagung systematisch bilanziert und erschließt - allerdings unter Einschub derer, die in diesem Band nicht wiedergegeben sind, und drittens das Fehlen eines Autorenregisters.

Werner Müller

Pradetto, August: Techno-bürokratischer Sozialismus. Polen in der Ära Gierek (1970-1980). Verlag Peter Lang, Frankfurt am Main/Bern/New York/Paris 1991 (Berliner Schriften zur Politik und Gesellschaft im Sozialismus und Kommunismus, Band 6), 227 S.

Pradetto setzt sich zum Ziel, die Rolle des Verwaltungssystems und der Verwaltungsreformen der siebziger Jahre bei der Herausbildung der ökonomischen und politischen Krise in Polen Ende der siebziger/Anfang der achtziger Jahre herauszuarbeiten. Er begreift seine Studie als politik- wie rechtswissenschaftliche Arbeit. Nach der Darlegung der Problemstellung und etwas langatmigen methodologischen und theoretischen Vorüberlegungen werden in vier Hauptkapiteln die Organisationsprinzipien der Verwaltung im kommunistischen Polen und die Verwaltungsreformen Mitte der siebziger Jahre dargestellt, danach das Spannungsverhältnis zwischen Zentralismus und der Artikulationsmöglichkeit lokaler Interessen, sodann die Gierekschen Wirtschaftsreformen im Zusammenhang mit den Verwaltungsreformen und schließlich das Verhältnis von Partei und Verwaltung.

Pradetto hebt ab auf die technokratische Grundeinstellung der Equipe um Gierek, in deren Augen der Staat "ein einziger riesiger Konzern" war (106). Zwar entdeckt Pradetto immer wieder Parallelen zum Ansatz der stalinistischen Führung der fünfziger Jahre, die Rolle der Partei in Staat und Gesellschaft auszubauen, betont aber zu Recht, daß dies für Gierek und seine Mannschaft anders als für Bierut und Genossen 20 Jahre zuvor weniger in der kommunistischen Ideologie als in der "technokratischen Vision der Planbarkeit aller gesellschaftlichen Prozesse" begründet lag (214).

Pradettos nur scheinbar paradoxes Fazit ist plausibel, daß trotz "enttotalisierender" Tendenzen in Teilbereichen auch in den siebziger Jahren ein "struktureller Stalinismus", der im Machtmonopol der Partei begründet lag, Politik und Ökonomie bestimmte und letztlich zum Scheitern des sozialistischen Experiments in Polen führte. Den im Vorwort erhobenen Anspruch, sein Fazit bestehe in einer "generellen Neubewertung der Ära Giereks", kann er allerdings nicht einlösen. Grundlegende Gedankengänge sind in der polnischen wie in der westlichen Literatur schon ausgeführt worden, freilich noch kaum in der von Pradetto vorwiegend verwendeten Literatur der siebziger und frühen achtziger Jahre. So hätte die Heranziehung von Standardwerken wie der Monographie von Gabrisch 1981 oder des vom polnischen Ökonomen Aleksander Müller herausgegebenen Sammelbandes von 1985, die man auch im - von "Voluntarismus" nicht ganz freien - Literaturverzeichnis vermißt, ermöglicht, die Wirtschaftsreformen exakter darzustellen (so war z.B. die Politik gegenüber der privaten Landwirtschaft in den siebziger Jahren zwar am Anfang "liberal", änderte sich aber wenige Jahre später radikal) und gerade auch den Zusammenhang mit den Verwaltungsreformen noch schärfer zu fassen.

Gleichwohl werden grundlegende, sich aus dem Machtmonopol der kommunistischen Partei ergebende Strukturprobleme einsichtig analysiert, die zum Scheitern der technokratischen Strategie der siebziger Jahre führten, und auch über den Systemwandel von 1989 fortwirkende und nur schwer zu beseitigende Hypotheken werden deutlich wie die niedrige Verwaltungskultur oder die Demontage der lokalen Industrie.

Klaus Ziemer

Wagner, Richard: Sonderweg Rumänien. Bericht aus einem Entwicklungsland. 2. Aufl. Rotbuch Verlag, Berlin 1992, 144 S.

The central question with which the author is concerned is why the disappearance of Communism did not lead to democracy and a market economy. He seeks answers in the preceding four decades of Communist rule, particularly in the Ceausescu dictatorship. At the same time he discerns certain lines of continuity between the Communist period and Rumanian nation-building before the Second World War. Against this background he defines the nature of the political regime that came to power after the revolution of December 1989.

Wagner finds the relentless suppression of all opposition to Communist domination to have been of crucial importance for the development of post-Ceausescu Rumania, since it deprived the advocates of democracy of experience in organization and solidarity and isolated them from the mass of the population. He also shows how Ceausescu's cult of personality gradually eviscerated public institutions, even the Communist Party, and transformed them into mere instruments for carrying out his orders. The Securitate was, in a sense, an exception, inasmuch as it continued to perform its primordial functions of security and repression. But it was no less bound to Ceausescu and indeed became the main prop of his dictatorship. The most damaging effect of Communist rule that emerges from this account of a police state was the reduction of the populace to a condition of deep anxiety and mistrust and, in the end, to impotence and resignation.

Thus it was, as Wagner sees it, that former Communists and the Establishment in general not only survived the December revolution, but afterwards rapidly gained political ascendancy. Their vehicle, the National Salvation Front, had no serious competitors, thanks to the destructiveness of the Ceausescu regime. Anti-Communists, represented by the "spontaneous" revolutionaries, especially the youth and many intellectuals, and returning emigres, had neither the organizations nor the programs necessary to win mass support. In contrast, the leaders of the Front correctly judged the limited, mainly material expectations of the populace at large and were thus able to offer a program of change that fitted in with their own ideological upbringing and conception of nation-building. Technocrats and reform Communists, they were, as Wagner points out, advocates of dirigisme and national self-determination as those terms had been understood in the 1960s and even to some extent in the interwar period.

Rumania's experience of Communism, as presented here, makes for somber reading. Nor does Wagner's conclusion that the end of Communism is the revival of nationalism offer much reassurance about the future. This small book is indeed thought-provoking, and its indictment of Communist oppression is convincing, but it focuses almost exclusively upon the negative aspects of Rumania's general historical development. A comprehensive treatment of the subject would suggest more balanced assessments of the country's past and of its prospects for the future.

Keith Hitchins

Nowak-Jeziorański, Jan: Wojna w eterze. Wspomnienia [Krieg im Äther. Erinnerungen] Tom I 1948-1956. Wydawnictwo Znak, Kraków 1991, 348 S.; ders.: Polska z oddali. Wspomnienia [Polen aus der Ferne. Erinnerungen] Tom II 1956-1976. Wydawnictwo Znak, Kraków 1992, 476 S.

Der Verfasser der Erinnerungen war von 1951 bis 1975 Leiter des Polnischen Senders von "Radio Free Europe" (RFE), das ab 1952 mit Unterstützung des 1949 entstandenen amerikanischen "Komitee Free Europe" Radioprogramme in osteuropäischen Sprachen ausstrahlte. Es handelte sich um einen Emigranten-Sender, den die amerikanische Administration nicht politisch kontrollierte, wie dies beispielsweise bei den Auslandssendungen der staatlichen Radiosender "The Voice of America", der BBC und anderen der Fall war.

Der Verfasser gewährt interessante Einblicke in die Vorgeschichte des Senders, in die unterschiedlichen politischen Widerstandskonzepte der nationalen Redaktionen und die widersprüchliche Konzeption der Dullesschen "Befreiungsmission". Der durch ihn aufgrund seiner Position persönlich erlittene "Mehrfrontenkrieg" zwischen polnischen, amerikanischen, deutschen u.a. Interessen und ihren verschiedenen Wahrnehmungs- und Handlungsebenen facettiert das verbreitete oberflächliche Bild vom "Kalten Krieg" und gewährt stellenweise sehr interessante Einblicke in interne Funktionszusammenhänge. Eingeweihte wird nicht überraschen, daß in Polen schon 1954 40 Prozent der Radiobesitzer regelmäßig mindestens dreimal wöchentlich und 60 Prozent sporadisch RFE gehört haben. Die Hörerzahlen stiegen dort bei aussergewöhnlichen Ereignissen bis auf 80 Prozent der Bevölkerung ab 14 Jahre an, die mindestens zweimal wöchentlich unzensierte freie Nachrichten hörten. Das RFE war nach dem Tod Stalins in Osteuropa zu einem nicht zu unterschätzenden politischen Machtfaktor geworden.

Eine spannende Lektüre nicht nur wegen der bisweilen minuziös nachgezeichneten Wahrnehmung der innerpolnischen Entwicklung, sondern auch der globalpolitischen Interessenkonflikte. Schon nach dem

Ungarischen Aufstand von 1956 geriet der Sender ins Kreuzfeuer heftiger Kritik aus allen Richtungen, nachdem die amerikanische Diplomatie seit den Ereignissen in der DDR 1953 die "Politik der Befreiung" nur noch als "reine Rhetorik" verstanden hatte. Nach den ungarischen Ereignissen lautete das politische Ziel des RFE: "Gradualismus", also eine stufenweise Evolution in Osteuropa, und "Nationalkommunismus" als Mittel zum Ziel. Im Zweifrontenkrieg mit vielen Nebenkampfplätzen, in dem beide Seiten die "Emigranten" und das RFE als "Sündenböcke" behandelten, weil deren angeblicher Antikommunismus in die Katastrophe geführt habe, wurden heftige Konflikte mit der amerikanischen Administration ausgefochten, welche den Sender unter ihre Kontrolle bringen wollte. Hinzu kamen später Konflikte innerhalb der polnischen Emigration, mit deutschen Vertriebenenverbänden, mit deutschen Parteien. In der Phase der "neuen Ostpolitik" verschärften sie sich vor allem nach dem Abschluß des deutsch-polnischen Vertrages von 1970: 1971 stoppte der US-Kongreß die Finanzierung durch die CIA (jährlich 30 Millionen $), ein Teil des Kongresses trat für die Liquidierung des "Relikts des Kalten Kriegs" ein, mit Hilfe einer "Salami-Taktik" der Mittelreduzierung und Entlassungen schrumpften danach die Arbeitsteams zusammen. Trotz vornehmer Zurückhaltung fällt die Kritik an der unter Nixon verbreiteten Theorie Henry Kissingers und Helmuth Sonnenfeldts vom Ende der Konfrontation recht deutlich aus. Das Entstehungsdatum des Plädoyers Sonnenfeldts für einen "organischen Charakter der Beziehungen zwischen der Sowjetunion und ihren osteuropäischen Satelliten" deckt sich mit dem Zeitpunkt der Demission des Autors vom Posten des Direktors des polnischen Senders 1975.

Nowaks Erinnerungen sind nicht nur geeignet, die gegenwärtig verbreitete These vom amerikanischen Sieg im Kalten Krieg, wenn nicht zu relativieren, so doch wenigstens zu differenzieren und die Aufmerksamkeit wieder stärker auf globalpolitische Stabilisierungsstrategien und ihre "externen Kosten" zu lenken. Sie sind ein wichtiges Dokument über die "innere Geschichte" des Kalten Krieges mit seinen vielen öffentlichen und verborgenen Haupt- und Nebenplätzen.

Jan Foitzik

Florath, Bernd/ Mitter, Armin/ Wolle, Stefan (Hrsg.): Die Ohnmacht der Allmächtigen. Geheimdienste und politische Polizei in der modernen Gesellschaft. Christoph Links Verlag, Berlin 1992, 298 S.

Der Band dokumentiert die Referate einer Konferenz des Unabhängigen Historikerverbandes (UHV), die im Januar 1992 in der Berliner Humboldt-Universität stattfand. Fünf Beiträge behandeln das Ministerium für Staatssicherheit der DDR, fünf befassen sich mit nicht-sozialistischen Geheimdiensten bzw. politischen Polizeien des 19. und 20. Jahrhunderts, ein Autor vergleicht MfS und Gestapo, ein Vortrag hat mit geheimdienstlicher Tätigkeit nichts zu tun. Fünf der Autoren kommen aus Westdeutschland, acht aus Ostdeutschland. Alle sind männlich.

Eines wird in diesem Band deutlich: Unter Geheimdienstforschung versteht offenkundig jeder etwas anderes. Kaum ein Beitrag, in dem erkennbar Bezug genommen wird auf benachbarte Arbeitsgebiete, parallele oder analoge Fragestellungen, vorhandene Forschungsergebnisse. So wird mit dem Band dokumentiert, daß die methodische Debatte auf diesem Feld in Deutschland noch weitgehend in den Kinderschuhen steckt.

Ärgerlich und keiner weiteren Erwähnung wert ist die "Story"-Sammlung von *Karlheinz Schädlich* aus der Welt der britischen Geheimdienste MI 5 und SIS. Hier hätte es sicher ernstzunehmende Fragen gegeben (etwa im Zusammenhang mit dem Nordirlandkonflikt), sie blieben ungestellt. *Karl-Heinrich Pohls* Vortrag über eine sozialdemokratische Friedensinitiative während des Ersten Weltkrieges soll hier ebenfalls nicht weiter behandelt werden. Er ist interessant, hat aber mit Geheimdiensten nichts zu tun.

Die begriffsgeschichtlichen Grundlagen der obrigkeitsstaatlichen Tradition deutscher Geheimdiensttätigkeit arbeitet *Alf Lüdtke* anhand der Termini "Staat" und "Sicherheit" heraus. *Andreas Graf* weist nach, daß im späten Kaiserreich das Anlegen eines "Anarchisten-Albums" weniger der Bekämpfung von Staatsfeinden als der Legitimation der Sozialistengesetze und anderer Verfolgungsmaßnahmen gegen die Arbeiterbewegung diente. Die Ergebnisse bürgerrechtlich motivierter Forschungsarbeit über die westdeutschen Geheimdienste stellt *Falco Werkentin* vor. Wie er schlüssig darlegt, stehen die Erfolge in der Verfolgung politischer Straftaten im diametralen Gegensatz zur Personalentwicklung der Nachrichtendienste. Seine These lautet, "daß die Dienste keineswegs ein besonders starkes Interesse daran haben, ihre Gegner völlig auszuschalten. Ihre Existenz, ihr Wachstum, ihre Bedeutung ist symbiotisch abhängig von Größe und Stärke des Gegners" (251). Gleichzeitig weist er auf die hohe Zahl von Denunziationen durch die Westdeutschen hin, die zwar nur zu einem geringen Teil zu Verurteilungen führen, aber ein hohes Maß an Systemloyalität dokumentieren. "Vielleicht [...] war das MfS auf ein hochformalisiertes System inoffizieller Mitarbeiter mit seinen vielen Varianten gerade deshalb angewiesen, weil es in der DDR-Gesellschaft an der Bereitschaft zur Spontandenunziation als 'Plebiszit für das System' gerade mangelte [...]" (256).

Der Beitrag von *Wladislaw Hedeler* zur zaristischen Geheimpolizei Ochrana wirkt anregend, einen Vergleich von Ochrana und MfS zur Rolle von Geheimdiensten in (vor-) revolutionären Gesellschaften vorzunehmen. Läßt sich verallgemeinern, was Lenin in Bezug auf den hochrangigen Bolschewiken und Spitzel Malinowski sagte: "Mit der einen Hand schickte Malinowski viele Dutzend der besten Vertreter des Bolschewismus in Verbannung und Tod, während er mit der anderen Hand helfen mußte, vermittels der legalen Presse viele Zehntausende neuer Bolschewiki zu erziehen"(52 f.)? Zum anderen ist die Ochrana interessant, weil mit der Massivität ihres Vorgehens eine Traditionslinie eröffnet wurde, die die Tscheka später zum Maß ihrer Reaktionen nahm. Die Weiterentwicklung der Tscheka zum umfassenden Terrorinstrument und Vorbild der DDR-Staatssicherheit wird im Band leider kaum thematisiert. Nur *Karl-Wilhelm Fricke* spricht diese Frage in seiner Zusammenfassung der MfS-Geschichte an, betont außerdem die Bindung an die SED und die fehlende Bindung an gesetzliche Vorschriften als Voraussetzung für die "Hypertrophierung des MfS zu einem schier omnipotenten" (123), aber letztlich dysfunktionalen Apparat. Erstmals dokumentiert er das Statut des MfS von 1969. Ein kleiner Fehler sei vermerkt: Markus Wolf ist nicht 1986, sondern erst im März 1987 aus dem Dienst geschieden (129).

Die Vorläufer des MfS in der Deutschen Verwaltung des Innern (Kommissariat 5 und Abt. Nachrichten/Information) untersucht *Jochen Laufer* anhand von MfS-Materialien und britischen sowie sowjetischen bzw. russischen Archivalien. Vor dem Hintergrund von Kaltem Krieg und offener Deutschlandfrage wertet er Aussagen Mielkes und anderer als Indizien für einen frühzeitigen Spaltungswillen der SED. Ebenfalls aus der Frühzeit der DDR berichtet der Theologiestudent *Stephan Wolf*, Mitherausgeber einer Dokumentensammlung zum Verhältnis von MfS und Kirchen, in einem umfänglichen Beitrag von 41 Seiten. Er versucht die Kontinuität des Kampfes der SED gegen die Kirchen bis zur Gründung des Freidenkerverbandes 1988 zu belegen, ohne freilich die Wandlungen und Differenzierungen der SED-Kirchenpolitik zu thematisieren.

Methodisch interessant sind die Überlegungen von *Wanja Abramowski*, einem ehemaligen hauptamtlichen Mitarbeiter des MfS. Er versucht sich aufgrund seiner eigenen Erfahrungen an einer Typologie der MfS-Mitarbeiter, beschreibt die in den achtziger Jahren um sich greifende Verunsicherung und Lähmung. Im Laufe seiner Darlegungen versteigt er sich in Verschwörungstheorien über die Beteiligung westlicher Geheimdienste an der Maueröffnung, die wissenschaftlich bislang unbelegt blieben. Seine Thesen verweisen aber auf die Frage nach dem Wissensstand der Bundesregierung und ihrer Nachrichtendienste über die damalige reale Lage in der DDR. *Stefan Wolle* schließt mit einer Polemik gegen die von Henryk Broder in die Welt gesetzte These, die Wende in der DDR sei das besonders perfide und perfekt geplante Werk der Stasi gewesen, an. Zu Recht weist er daraufhin, daß es keinerlei Belege für diese These gibt.

Mit der rhetorischen Frage nach dem Zweck einer neuen Totalitarismus-Debatte leitet *Rainer Eckert* seinen Vergleich von SD/Gestapo und MfS ein. Obwohl er eingangs noch die Frage für bedeutsam dekla-riert, "ob Faschismus und Realsozialismus Formen totalitärer Herrschaft waren" (263), geht er im weiteren mit Selbstverständlichkeit davon aus, das eben dieses so sei. Noch problematischer ist allerdings sein nächster Schritt: Er vergleicht NS- und DDR-Geheimdienste hinsichtlich ihrer Berichte über die Bevölke-rungsstimmung und kommt dabei zu so bemerkenswerten Ergebnissen wie dem, daß beide "inhaltlich alle Lebensgebiete und jede Bevölkerungsgruppe zu erfassen" suchten (289), und bei den überwachten Men-schen "Angst" auslösten. Hätte er etwa die Rolle der Geheimdienste bei der Vorbereitung und Durchfüh-rung von Massenmorden verglichen, wären die Unterschiede vermutlich deutlicher ausgefallen. Es bleibt dabei: Die Nazis haben Leichenberge produziert, die Stasi Aktenberge - wer dies ignoriert, wird an jedem Vergleich von Nationalsozialismus und Realsozialismus scheitern.

Daß Geheimdienstforschung nicht nur mit James-Bond-Abenteuern, IM-Enthüllungen und fragwürdi-gen Vergleichen zu tun haben muß, sondern auch einen Beitrag zum tieferen Verständnis gesellschaftlicher Vorgänge liefern kann, zeigen *Klaus-Michael Mallmann* und *Gerhard Paul* in ihrem exquisiten Bericht über die Gestapo-Forschung der vergangenen Jahrzehnte. Sie legen dar, wie im Schatten der üblichen Sen-sationsautoren Sozial- und Alltagshistoriker die realen Herrschaftsmechanismen, aber auch ihre Grenzen und Spezifika herausgearbeitet haben und z.B. die Rolle von freiwilligen Denunziationen erstmals be-leuchteten: "Was auch bei der zukünftigen Analyse des Systems der Staatssicherheit der ehemaligen DDR notwendig erscheint, ist die Einbettung der Untersuchung der formellen Sicherheitsinstitutionen in eine umfassendere Analyse der DDR-Gesellschaft. Anderenfalls besteht einmal mehr die Gefahr, einem neuen Exkulpationsmodell aufzusitzen, das die Gesellschaft entlastet und alle Schuld den Organen der Staatssi-cherheit anlastet."(109)

Jens Gieseke

Meuschel, Sigrid: Legitimation und Parteiherrschaft. Zum Paradox von Stabilität und Revolution in der DDR 1945-1989. Suhrkamp Verlag, Frankfurt/M. 1992, 499 S.

Dieses Buch beschreibt den Staat, den ich in meiner wissenschaftlichen Arbeit Jahrzehnte kritisiert und verteidigt habe. Ich selbst finde in dem Buch einen Platz als Reformer, was mich in Anbetracht dessen, was ich heute über mich lesen und vor allem im Bundestag hören muß, mit Genugtuung, aber zugleich auch mit Wehmut über das letztliche Scheitern erfüllt.

Die Autorin hat die erste Fassung des Buches vor 1989 ausgearbeitet. Sie fand die politische Kultur dieses Sozialismus nach eigenem Eingeständnis nie attraktiv. Um so mehr muß der Grundansatz hervorge-hoben werden, die politische Kultur der DDR von der Gesellschaft, nicht vom Staat her zu analysieren. Wir haben heute eine Fülle von Ansätzen, in denen die unbestreitbare Übermacht des zentralistischen Staa-tes im Mittelpunkt steht, in denen vom administrativen zentralistischen Sozialismus, vom Monosubjekt, vom Kasernensozialismus und ähnlichem gesprochen wird. Ihren politisch verbindlichen Ausdruck fand diese Sichtweise im Titel der Enquete-Kommission des Bundestages "Aufarbeitung von Geschichte und Folgen der SED-Diktatur in Deutschland".

Die Autorin geht demgegenüber von der Gesellschaft aus und charakterisiert sie als "klassenlos", ent-differenziert, als "homogene Gesellschaft der Staatsangestellten, der unmittelbar Abhängigen und ökono-misch Unselbständigen" (12). Dieser Ausgangspunkt ist deshalb so wichtig, weil nur er in meinen Augen das Verständnis für die heutigen Schwierigkeiten bei der Herstellung der sog. inneren Einheit erlaubt. Of-fenbar waren viele in Westdeutschland der Meinung gewesen, es genüge, den Staat beiseite zu räumen, eine Zielstellung, die in den fünfziger Jahren vielleicht noch ihre Berechtigung hatte. Inzwischen war längst aber eine eigene Gesellschaft entstanden.

Die Autorin sieht diese Gesellschaft durchaus mit Abstand. Es fehlt bei ihr die Sympathie, die in Gaus' durchaus ähnlicher Charakterisierung "Staatsvolk aus kleinen Leuten" mitschwingt (Gaus, G.: Wo Deutschland liegt. Hamburg 1983. S. 44), allerdings auch der Haß, der bei Arnulf Baring zu spüren ist: "Das Regime hat fast ein halbes Jahrhundert die Menschen verzwergt", in graue Mäuse verwandelt (Deutschland, was nun? Berlin 1991. S. 59, S. 78). Die Autorin leitet aus ihrer Diagnose sowohl die lang währende Stabilität als auch den plötzlichen Zusammenbruch ab. Sie unterscheidet drei Perioden: "Antifaschistischer Stalinismus", "Legitimation durch Reform" und "Im Schatten der Finalitätskrise". Solange die ursprüngliche antifaschistische Legitimation noch fortwirkte, Utopien, später Reformversprechen noch glaubhaft waren, solange dann jedenfalls der Lebensstandard sich noch verbesserte, war die Gesellschaft weitgehend frei von offenen Konflikten.

Zugleich aber konnte die gerade aus der Entdifferenzierung herrührende Innovationsschwäche nicht überwunden werden, fehlten wirksame ökonomische, politische und juristische Subsysteme, die, als dann der Konflikt zwischen Herrschenden und Beherrschten aufbrach, diesen hätten kanalisieren und die bewußte Transformation hätten einleiten können (226, 14).

Gegenüber der Durchführung dieses Ansatzes habe ich drei Einwände:

Einmal erscheint die Herausbildung dieser Gesellschaft nur als Mittel zum Zweck für die Herrschenden. Die Partei hat gewissermaßen die Gesellschaft geschaffen, um besser regieren zu können. Der Antifaschismus etwa habe "das Wunder vollbracht, den Stalinismus in der DDR dem Vergessen anheim zu stellen" (40), die Enteignungen leiteten das Ende bürgerlicher Verfügungsgewalt ein und zur politischen Herrschaft der Kader über (43).

Meine Erfahrungen als "Berufspolitiker" in den letzten Jahren haben mir sehr deutlich gemacht, wie ideologische Behauptungen nur dem kollektiven oder sogar dem persönlichen Machterwerb und -erhalt dienen. Dennoch bleibt immer ein Verhältnis von Interessen, Überzeugungen *und* Machtkampf. Die Autorin weist ja selbst darauf hin, daß es in ganz Deutschland nach 1945 eine starke antikapitalistische Strömung gab (32). Es gab auch einen wirklichen Antifaschismus der Kommunistischen Partei, so wie es einen wirklichen Antikommunismus der NSDAP mit blutigen Konsequenzen gegeben hatte. Gleichzeitig ist es natürlich auch richtig, daß der ultralinke Kurs der KPD erst 1935 korrigiert, daß vom Sozialfaschismus gesprochen wurde, daß in der historischen Darstellung vieles verschwiegen wurde gerade in Bezug auf die Stalinzeit (60). Das eine schließt aber das andere nicht aus. In der DDR war wirklicher Antifaschismus - auch bei Erich Honecker - horribile dictu und er wurde auch für Zwecke des Machterwerbs und der Machterhaltung genutzt, so wie jede ideelle Position auch genutzt wird.

Zum zweiten verzichtet die Autorin trotz zahlreicher von ihr dargestellter ideologischer aber auch praktisch politischer Widersprüche nicht auf die Kategorie des Totalitarismus (84). Widersprüchlich ist bereits die Demokratiekonzeption der Anfangszeit: "Man plädierte für die uneingeschränkte Volksherrschaft, meinte aber zugleich, das Volk sei zu seiner Souveränität erst zu erziehen" (81); später erfolgten hier konzeptionelle Auseinandersetzungen in den sechziger und dann noch einmal in den achtziger Jahren (vgl. dazu 256 ff.), alles immer auch mit praktischen Auswirkungen. Das ganze Buch lebt geradezu von den ideologischen Auseinandersetzungen, die tatsächlich oft unbarmherzig und auch mit Hilfe staatlicher Machtmittel geführt wurden, jedoch niemals wirklich abgeschlossen waren. Für die Autorin ist aber der Anspruch, "eine neue Gesellschaft über die Köpfe der Gesellschaftsmitglieder hinweg zu schaffen" schlechthin "totalitär gewesen" (84). Auch als sich mit dem Neuen Ökonomischen System die Wissenschaften ausdifferenzierten, erhöhte sich nur "die Komplexität des marxistisch-leninistischen Führungsanspruchs in seiner nach wie vor totalitären, auf die Gestaltung der ganzen Gesellschaft ausgerichteten Intention" (194).

Ich bestreite nicht, daß es solche Vorgaben gab. Aber eine Gesellschaft der weitgehenden sozialen Gleichheit, die sich auf Marx bezieht, bringt notwendig demokratische Bedürfnisse hervor, die auch "von unten" in die Wissenschaft, viel stärker noch in die Literatur eindrangen. Gerade deshalb waren ja auch Wissenschaft (vgl. 28) und Literatur und nicht Tageszeitungen der bevorzugte Studienstoff der DDR-Forschung. Gerade in diesen Bereichen waren die Vertreter von Bürgerbewegungen wie die SED-Reformer überwiegend beheimatet. Hier wurde auch zum Unbehagen vieler nach dem Beiseiteräumen des Staates viel DDR-Gesellschaftliches sichtbar.

Drittens schließlich sieht die Autorin die Geschichte von DDR-Legitimität und -Loyalität im wesentlichen als eigenständigen Prozeß. Vor allem wird der deutsch-deutsche Kontext nur vereinzelt deutlich. Wenn sie der SED nationalistische, ja chauvinistische Positionen vorwirft (99f.), so bleibt weitgehend ausgeblendet, daß sich damals die Spaltung Deutschlands vollzog, bei der jeder dem anderen die Schuld zuweisen wollte und die KPD zugleich, wie übrigens auch die SED, immer mit dem Stigma der "vaterlandslosen Gesellen" zu kämpfen hatte (im übrigen stimme ich ihr zu, daß die Mobilisierung nationalistischer Emotionen wenig erfolgreich war (60), gleiches galt nebenbei auch für die SPD).

Es gab eben tatsächlich zwei einander feindlich gegenüberstehende Lager, deren Trennungslinie mitten durch Deutschland ging, nicht nur eine Zwei-Lager-Theorie von Schdanow (106). Die Autorin hebt mehrfach mit Recht hervor, daß die Gegnerschaft zur "Parteispitze an der Sorge zerbrach, die unverwechselbaren Konturen des sozialistischen Projektes könnten im Zuge 'zu weit' gehender Reformen verloren gehen und damit die Existenz der DDR zur Disposition stellen" (139). Die Geschichte der DDR und auch ihr Zusammenbruch sind ohne den ständig von der BRD ausgehenden ökonomischen Sog, ohne ihren Medieneinfluß und ohne den abschließenden direkten politischen Eingriff nicht zu erfassen.

Das eine dieser Lager hat gesiegt. Der Sozialismus ist - jedenfalls in Europa - gescheitert. Es hat eine Reihe von Reformansätzen gegeben, der erste war der Neue Kurs des Jahres 1953 (er war Ausdruck innerer Reformfähigkeit und nicht Antwort auf den 17. Juni, wie dies die Einordnung (116) beim oberflächlichen Lesen vermuten läßt). Am radikalsten war die Konzeption des Neuen Ökonomischen Systems, die sehr eindringlich geschildert wird (183). Hierbei vollzog sich auch ein Umbruch in der Rechtswissenschaft. Insofern hat die Babelsberger Konferenz von 1958, die ich nicht anders einschätze als die Autorin, dem juristischen Eigensinn wohl doch nicht endgültig ein Ende gemacht (173). Was das Ende dieser Reform betrifft, so sehe ich wie sie die Ursache vor allem in der fehlenden Bereitschaft, das Risiko wirklicher Demokratisierung einzugehen. Ob eine Gesellschaft weitgehender sozialer Gleichheit auch mit wirklicher Demokratie konkurrenzfähig gegenüber dem Kapitalismus gewesen wäre oder in Zukunft sein wird, vermag ich nicht zu beantworten. Mehr Wohlwollen hätte sie von ihm auch nicht zu erwarten.

Uwe Jens Heuer

Mythos Antifaschismus. Ein Traditionskabinett wird kommentiert. Hrsg. vom Kulturamt Prenzlauer Berg und dem Aktiven Museum Faschismus und Widerstand in Berlin e. V. Christoph Links Verlag, Berlin 1992, 155 S.

Drei Erklärungen bietet das Fremdwörterbuch für den Begriff "Mythos", die sich in der Auseinandersetzung sechs junger, überwiegend ostdeutscher Wissenschaftler mit dem "Mythos Antifaschismus" der ehemaligen DDR wiederfinden. Die Gruppe hatte sich zu Beginn des Jahres 1991 zusammengefunden, um eines der letzten noch existierenden "antifaschistischen Traditionskabinette" in Ostberlin zu kommentieren. Diese waren als ein Teil der SED-Geschichtspropaganda in den siebziger und achtziger Jahren eingerichtet worden und sollten mit regionalem Bezug den Widerstand gegen das NS-Regime dokumentieren.

"Überlieferte Dichtung, Sage, Erzählung oder ähnliches aus der Vorzeit eines Volkes", so lautet die erste Definition im Fremdwörterbuch. Die Traditionskabinette waren ein Bestandteil des ritualisierten Versuchs der vergreisten SED-Führung, die Erinnerung an die Zeit des Widerstandes wachzuhalten, an dem viele aus ihren Reihen selbst teilgenommen hatten. Über vierzig Jahre hinweg war dies gleichbedeutend mit der "Instrumentalisierung der Tradition des Widerstandes für die Rechtfertigung der Macht der Parteiführung" (151 f.). Dabei wurde der kommunistische Widerstand gegen den Nationalsozialismus in der DDR-Propaganda zu einer "Begebenheit, die glorifiziert wird, legendären Charakter hat", es wurde bewußt eine "falsche Vorstellung", ein "Ammenmärchen" genährt, wie die zweite und dritte Definition des Begriffes Mythos im Duden lautet. Stellvertretend für alle Autoren des Bandes konstatiert Regina Scheer in bezug auf die Ausstellung: "Alle Kommentare und die Anordnung der Dokumente schienen vorgefertigten ideologischen Zielen zu dienen, nämlich darzustellen, daß die Kommunisten die Hauptlast beim Widerstand trugen und BIS ZUM TODE [so der Titel eines Ausstellungsraumes, U.M.] ihrer Idee treu blieben und daß außerdem die Nazis sich am eigenen Volk vergriffen haben, das auf eine nicht näher bestimmte Weise auf der Seite der kommunistischen Widerstandskämpfer stand" (110). In der ehemaligen DDR war der Besuch einer solchen Ausstellung eine staatsbürgerliche Pflichtübung, der man sich kaum entziehen konnte und vermutlich auch nicht wollte, war doch häufig ein zusätzlicher arbeits- oder schulfreier Tag damit verbunden. "Unter der jüngeren Generation", so Gisela Wenzel, "verlor dieser staatlich verordnete Antifaschismus" in seiner durchschaubaren Schablonenhaftigkeit an Glaubwürdigkeit und Integrationskraft (131). Indem die Autoren die einzelnen Ausstellungsräume des Kabinetts und die dortigen Exponate akribisch beschreiben und kommentieren, setzen sie sich in einer außergewöhnlich anschaulichen und sensiblen Art und Weise mit dem Thema "Antifaschismus" und seiner Aufarbeitung durch die DDR-Historiographie auseinander. Der reich bebilderte Band ist ein Stück Vergangenheitsbewältigung im besten Sinne.

Ulrich Mählert

König, Klaus (Hrsg.): Verwaltungsstrukturen der DDR. Nomos Verlagsgesellschaft, Baden-Baden 1991, 419 S.

König, Verwaltungswissenschaftler aus Speyer, unterzieht eingangs das "Verwaltungssystem der DDR" einer grundsätzlichen Kritik, deren Maßstab, Erkenntnisse diverser sozialismus- und bürokratiekritischer Literatur eingeschlossen, das "klassisch-europäische Verwaltungssystem" und der von *Max Weber* skizzierte Typ des Beamten der öffentlichen Verwaltung ist.

"Illiberalität, missionarisches Weltbild, Etatismus und Totalitätsanspruch" (16) als Kennzeichen der Staatsaufgaben und weitere Grundzüge politischer Definitionsmacht unterscheiden die Verwaltung im realen Sozialismus von den Aufgaben einer klassisch-europäischen Verwaltung, zwischen denen auch eine "allgemeine systemische Grenze" bestand. Der "Personalismus der Staatsfunktionäre" überlagerte die formalen Strukturen der Verwaltung und schuf "Züge diffuser Unzuverlässigkeit" (17). *König* analysiert unter Heranziehung westlicher Literatur den sozialistischen Kader, vergleicht ihn mit dem von ihm nicht unkritisch betrachteten Beamten der öffentlichen Verwaltung und arbeitet die Unterschiede zwischen "Nomenklatura und Kader-Stand" heraus; einer ist die eine geringere politische Bedeutung des letzteren. Sein Fazit, daß man "nicht Werkzeug der Herrschaft sein kann, ohne zugleich an ihr auch teilzuhaben" (25), ist kein Plädoyer für eine undifferenzierte Zuschreibung von Verantwortlichkeiten.

Seine Analysen des Organisationsprinzips des demokratischen Zentralismus, besonders des Grundsatzes der doppelten Unterstellung, des bürokratischen Zentralismus und die Problematisierung des Verhältnisses von Partei- und Staatsapparat hinsichtlich der in beiden Bürokratien vorhandenen Fachkompetenzen, sind verwaltungssoziologisch überzeugend und decken den politischen Gesamtzusammenhang des realsozialistischen Verwaltungssystems auf. Seine Warnung davor, die Rolle des Konzepts des "bürokratischen Sozialismus" als Beitrag zur Deutung des realen Sozialismus, aber auch zur Legendenbildung über ihn zu unterschätzen, versteht man nach der Lektüre mancher der folgenden Beiträge.

Königs resümierende Betrachtungen über Verwaltungsorganisation- und Verwaltungshandeln veranlassen ihn zu der Bemerkung: "Man wird am Ende der DDR mit guten Gründen von stalinistischem Voluntarismus sprechen und auf die 'alten Männer im Politbüro' weisen können" (40). Die Exzessivität der Machtordnung der DDR war allerdings nicht (mehr) von jener Qualität, die als "stalinistisch" gekennzeichnet werden kann, wohl aber die doppelte Struktur der Herrschaftsordnung und Willensbildungsprozesse, wozu die Staatsverwaltung unter politischer Verantwortung der Nomenklatura durchaus beitrug. Der Beitrag enthält viele Literaturhinweise, ist primär verwaltungswissenschaftlich orientiert und blendet das Verhältnis von Volksvertretungen und Verwaltung ebenso wie die Interventionsstrategien der verschiedenen Interessengruppen oder die "Sonderverwaltung Staatssicherheit" aus.

Ihm folgen fünfzehn Beiträge von Staats- und Verwaltungsrechtswissenschaftlern der ehemaligen DDR sowie ein insgesamt gut recherchierter Literaturbericht von *Christoph Hauschild* (Speyer) über die "Verwaltung der DDR in der bundesdeutschen Literatur", in dem ältere, aber für die Entstehung und Entwicklung wichtige Literatur wie Ernst Richerts "Macht ohne Mandat" (1963) oder auch Gustav Leissners "Die Verwaltung in der Sowjetischen Besatzungszone" (1962), fehlen. Am Schluß werden einige bislang unbekannte Dokumente abgedruckt, darunter die Nomenklaturordnung auf der Bezirksebene.

Hätte *Gerhard Schulze*, letzter Prorektor der Babelsberger Kaderschmiede für Staats- und Rechtswissenschaftler, den Beitrag von *König* vorher gekannt, dann hätte er wegen der Schärfe der Analyse und Kritik des realsozialistischen Verwaltungssystems vielleicht auf umfangreiche, aber nicht wesentliche Teile seiner sechs Beiträge verzichtet. *Schulze* beschreibt die "Entwicklung der Verwaltungsstruktur der DDR" und zeichnet für die "Aufgabenfelder der Verwaltung", "Der Ministerrat, die Ministerien und andere zentrale Staatsorgane", "Leiter und Leitungsbeziehungen in der staatlichen Verwaltung", "Verwaltungspersonal und Verwaltungsausbildung" sowie "Rechtsakte und Normierung" verantwortlich. Die Beiträge sind dort interessant, wo sie Zahlen und Zusammenhänge präsentieren, die bislang unbekannt waren. Beides ist jedoch leider nicht oft genug der Fall.

Die Schaubilder und Statistiken, das Aufschlüsseln von Institutionen und Aufgabengebieten, die Beschreibung der Arbeitsweise des Ministerrats oder der sehr differenzierten institutionellen Aspekte der Leitungsstrukturen sind wie die Angaben über die Zusammensetzung und die Qualifikationen sowie die Bezahlung des Verwaltungspersonals oder die Ausführungen über die Nomenklaturordnungen und die Auflistung der Ausbildungsstätten interessant und wichtig für die Aufdeckung der Verhältnisse im Staatsapparat der ehemaligen DDR. Teilweise ist es neu, doch in seiner analytischen Qualität bleibt es weit hinter den durch das Eingangskapitel geweckten Erwartungen zurück. Jedenfalls befriedigt es nicht, wenn man wie im Abschnitt über das Verwaltungspersonal lesen kann: "Die Praxis zeigte jedoch, daß damit [mit Kaderprogrammen, G.N.] nur sehr bedingt den tatsächlichen Erfordernissen Rechnung getragen werden konnte" (161).

Warum und wenn das so war, dann waren die Kaderprogramme doch keine "wichtigen Leitungsinstrumente, mit deren Hilfe die zuständigen Leiter ihre persönliche Verantwortung für die Kaderarbeit wahrnahmen" (ebenda)? Oder wann war die staatliche Verwaltung so demokratisch, daß es berechtigt ist darüber zu klagen, daß die Politik der SED zur "Entfremdung der Bürger von der Teilnahme an der staatlichen Leitung" (59) führte. Und war Stalinismus nur dadurch gekennzeichnet, daß die SED die politische Macht ausübte? Allerdings findet man im Beitrag über "Rechtsakte und Normierung" einige Ausführungen über praktische "Probleme der Rechtsverwirklichung in der staatlichen Verwaltung", die auch einen Bezug zu der im Eingangsbeitrag von *König* problematisierten Frage der sozialistischen Gesetzlichkeit herstellen.

Insgesamt stehen die in den Beiträgen von *Schulze* vorfindbaren kritischen Bemerkungen in einem unklarem Verhältnis zu den jeweiligen Ausführungen; sie entwerten sie gelegentlich, erwecken aber insgesamt eher den Eindruck eines "Pflichtprogramms", denn was er jetzt beklagt, hat er in den mehr als dreißig Jahren in Babelsberg selbst mitverantwortet.

In seinem Beitrag über "Aufgaben und Struktur der örtlichen Verwaltung" vermittelt *Heinz Bartsch* die internen Strukturen der regionalen und lokalen Ebenen und die dortige Arbeitsweise und ihre Probleme. Seine Beschreibung der Zusammenarbeit zwischen Betrieben und Gemeinden erklärt deren wichtige Rolle in der lokalen Politik zur Realisierung dortiger Interessen, oft auch, was *Bartsch* nicht erwähnt, neben dem geltenden Recht und mit dem Resultat einer Dominanz des Betriebes bei der Bestimmung und Realisierung kommunalpolitischer Ziele.

Die Beiträge von *Peter Hoß* ("Staatliche Pläne und Planung" und "Der Staatshaushalt der DDR") illustrieren Organisation, Inhalt und Verlauf der Volkswirtschaftsplanung und erlauben einen guten Einblick in die komplizierten Bilanz- und Finanzstrukturen sowie den Staatshaushalt. *Hoß* beläßt es nicht bei der detaillierten Beschreibung und einer Kritik der Verhältnisse, sondern erwähnt auch Reformansätze und deren systemimmanente Schwächen.

Ebenfalls kritisch geht *Heidrun Pohl* mit der "Entwicklung des Verwaltungsrechts" und dem "Verwaltungsrechtsschutz" um. Sie schildert das Schicksal des Verwaltungsrechts in der DDR und erwähnt dessen für die Sowjetunion und Polen irritierende Verbannung durch die SED 1958, der seitens der DDR-Wissenschaftler damals nicht widersprochen und in der Folge nur sehr selten zuwidergehandelt worden ist, bis Mitte der siebziger Jahre der Versuch einer Wiederbelebung gemacht wurde. Zwei Lehrbücher (1979 und 1988) wurden publiziert, die aber weder "eine kritische Auseinandersetzung mit den Positionen der Babelsberger Konferenz" (1958) führten, um daraus "einen Neuansatz zu finden, der mit der Trennung von überholten Thesen Fortschritt in der Theorie und Gewinn für die Praxis hätte bringen können", noch "die kontroversen Positionen des wissenschaftlichen Meinungsstreits" (239) oder den Umfang des Dissenz zwischen den Staats- und Rechtswissenschaftlern aufzeigten. Ihre Darstellungen und ihre Kritik der Funktionen und Spezifika des Verwaltungsrechts und der Mitwirkungsformen der Bürger an der Verwaltung zeigen eine der Systembruchstellen des realen Sozialismus auf, nämlich die Ignoranz gegenüber individuellen und Gruppeninteressen der Bürger, die nicht die Unterstützung der Partei hatten. Die Passage über die "Wahleingaben", die vor den Wahlen abgegeben wurden und den Apparat zu einer beflissenen Erledigung veranlaßten, um das Fernbleiben der Petenten von der Wahl als Protesthaltung zu verhindern, zeigt ein gewisses "Gefühl für Öffentlichkeit" bei der SED.

Daß es in der Praxis schwierig war, "das gesamte rechtliche Instrumentarium beim Erlaß und der Durchsetzung [von Verwaltungsentscheidungen, G.N.] zu überschauen" (251), vermittelt *Jochen Bleys* Beitrag zu "Verwaltungsentscheidungen und Verwaltungsvollzug". Eine Folge war, daß Widersprüche in den rechtlichen Regelungen "zuweilen zu Einschränkungen der Rechte der Bürger oder zur Auferlegung von Pflichten [führten], die rechtlich nicht vorgesehen waren" (253). *Bley* läßt den Leser erschrecken, indem er ihm fast beiläufig mitteilt, daß jährlich ca. 20 Millionen Einzelentscheidungen hauptsächlich an Bürger, aber auch an Betriebe, Gemeinden und andere juristische Personen, ergingen, aber erst 1988 ein Gesetz über die Zuständigkeit und das Verfahren der Gerichte zur Überprüfung von Verwaltungsentscheidungen erstmals enumerativ aufzählte, was als Verwaltungsentscheidung galt.

Jürgen Stölzel berichtet über die "Entwicklung der Verwaltungsinformatik" und relativiert mit seinen Ausführungen eine Vermutung von *König*, in der DDR habe man versucht, die "große Maschine" in Gang zu setzen; spätestens der Versuch der Anwendung der EDV im gesamtstaatlichen Maßstab wäre mangels entsprechender Koordinierung, Ausrüstung und Infrastruktur gescheitert. Seine Informationen über die Grundsätze, Institutionen und Anwendungsgebiete der EDV in der staatlichen Verwaltung erschließen neue Einzelheiten und illustrieren die von *Bartsch* gemachte Bemerkung, daß für jede statistische Information acht (!) Ergänzungsinformationen gefordert wurden, und daß allein für die Informationsarbeit Mitarbeiter in der Verwaltung bis zu 80 Prozent ihrer Arbeitszeit aufgewendet hätten.

Werner Knüpfer schreibt über "Internationale Zusammenarbeit", d.h. über die Aufgabenverwaltung der Außenwirtschaftsbeziehungen und das durch das Außenwirtschaftsmonopol bedingte System von staats- und wirtschaftsrechtlichen Regelungen, "das von individuellen, außerhalb der rechtlichen Bewertung stehenden Entscheidungsmechanismen (insbesondere des herrschenden Parteiapparats) durchdrungen war" (297). Er beschreibt diese Mechanismen ebenso wie die beteiligten Institutionen und ihre Kompetenzen, analysiert die spezifischen Verwaltungsinstrumente für die internationalen Wirtschaftsbeziehungen und läßt den berechtigten Eindruck entstehen, daß nur ein Rechtsnormbegriff, der auch interne Bestimmungen als Rechtsnorm akzeptierte, überhaupt erst eine verwaltungsrechtliche Begründung der Außenwirtschaftstätigkeit ermögliche.

In der Wendezeit behaupteten frühere DDR-Wissenschaftler gelegentlich, sie hätten in ihren Schubladen Manuskripte, die von einer fundamentalen Kritik der herrschenden Verhältnisse aus Vorschläge für eine umfassende Reform unterbreiten würden. Das bestätigt *Carola Schulzes* Beitrag über "Staat und Verwaltung in der sozialistischen Reformdiskussion der DDR" nicht. Sie skizziert fünf Problemfelder, die sie zum Gegenstand einer "kritisch-theoretischen Bestandsaufnahme" gemacht hat, und referiert kritische Positionen von WissenschaftlerInnen der ehemaligen DDR aus der 1985/86 begonnenen staats- und rechtswissenschaftlichen Diskussion über Staat, Recht, Bürger und Verwaltungshandeln. Unter den Forderungen spielten die nach einer neuen Gestaltung der Beziehungen zwischen Bürger, der mit Möglichkeiten zur Wahrnehmung seiner subjektiven Rechte ausgestattet werden sollte, und Staat, dessen Verwaltungstätigkeit rechtlich qualifiziert und demokratisiert werden müßte, die wesentliche Rolle.

Insgesamt wird *C. Schulzes* Fazit bestätigt, daß trotz der mehr als großen Differenz zwischen Theorie und Praxis "... die Wissenschaft die Schärfe der inneren Widersprüche der DDR-Wirklichkeit nicht erkannt bzw. sublimiert hat" und daß Reformdiskussion "... mit dem Ziel geführt worden ist, durch Reformen zu einer neuen Qualität sozialistischer Staatlichkeit und des Staat-Bürger-Verhältnisses zu gelangen" (323).

Diese Hoffnung ist mit dem Untergang der DDR verschwunden, nicht aber systemindifferente Forderungen nach einer steten Überprüfung des Verhältnisses zwischen Bürger und Staat bzw. nach einer Modernisierung der Verfassungsordnung des neuen Deutschland, auch wenn die 1991/1992 geführten Diskussionen um Änderungen und Ergänzungen des Grundgesetzes in der Verfassungskommission nicht zu viel Optimismus Anlaß geben.

Gero Neugebauer

Azaryahu, Maoz: Von Wilhelmplatz zu Thälmannplatz. Politische Symbole im öffentlichen Leben der DDR. Bleicher Verlag, Gerlingen 1991 (Schriftenreihe des Instituts für Deutsche Geschichte der Universität Tel Aviv, Bd. 13), 214 S.

Der Leser erwartet einiges, wenn sich ein Israeli mit einem wichtigen Teil der deutschen politischen Kultur, mit den offiziellen Ritualen und Symbolen der untergegangenen DDR beschäftigt, denn was den Deutschen in Ost und West häufig als lästige, meist peinlich-alberne Übertreibung, als Ausdruck einer exzessiv überzogenen Selbstdarstellung, als Mißbrauch von Tradition und Erbe oder schlicht als nun auch noch symbolisch gefaßte Geschichtsklitterung erschien, mußte doch auf Ausländer mit einem ungebrochenen Verhältnis zur eigenen Geschichte eigentlich nur noch abstoßend wirken. Azaryahu geht das Thema gründlich an: Nach der Entfaltung eines ausführlichen "terminologisch-theoretischen Rahmens" und der Darstellung politischer Symbole im öffentlichen Leben Deutschlands von den Befreiungskriegen bis zum

Ende des Zweiten Weltkrieges schildert er zunächst die Übergangsphase bis zur Gründung der DDR 1949, die noch im wesentlichen von der Entfernung der Nazi-Symbole und der Errichtung der ersten Sowjet-Denkmäler, also von den im Wortsinne "symbolträchtigen" Eingriffen der Besatzungsmächte, vor allem der sowjetischen, bestimmt war. Im dritten Teil wendet er sich jener Handhabung politischer Symbole durch die SED zu, die von den Phasen ihrer Politik in der nationalen Frage bestimmt wurde, d.h. von einer Wiedervereinigungspolitik (unter sozialistischen Vorzeichen) bis 1955 ("ein Staat, eine Nation") über die von Ulbricht betriebene Konförderationspolitik ("zwei Staaten, eine Nation") bis 1970 schließlich zur Honeckers Abgrenzungspolitik ("zwei Staaten, zwei Nationen") reichte.

Ein weiteres Kapitel beschreibt die "Entkanonisierung" bzw. "Rekanonisierung" Preußens durch die SED, ob es sich nun um Straßennamen oder Briefmarkenserien handelte. Abschließend - und man nimmt es in dieser komprimierten Darstellung erneut mit einem gequälten Lächeln zur Kenntnis - schildert Azaryahu, was er das "Staatspantheon" der DDR nennt. Das war denn auch in seiner willkürlichen Selektion eine eigentümliche Mischung von Säulenheiligen: Dazu gehörten u.a. Thälmann, Marx, Engels, Lenin, lange Zeit Stalin, Luxemburg und Liebknecht, Pieck, Grotewohl und Ulbricht, dann natürlich die sowjetischen "Befreier", die antifaschistischen (kommunistischen) Widerstandskämpfer und dann die "Humanisten", also Goethe und Schiller, Lessing und Heine, natürlich die Brüder Mann, auch J.R. Becher und Erich Weinert, sowie natürlich Maxim Gorki, aber auch Tschaikowsky, Puschkin und Romain Rolland. Über die Zugehörigkeit zu dieser Ahnengalerie entschieden natürlich allein die "Fachleute" der Ideologie-Kommission des Politbüros.

So kam es denn, daß der Dichter der Freiheit, Heine, neben ihrem Mörder, dem Todesengel Stalin, plaziert wurde. Was hier an staatssymbolischem Krampf erzeugt wurde und ausschließlich der Legitimation der DDR als erst eigenständigem Staat, dann auch als selbständiger deutscher Nation dienen sollte, läßt sich in seiner Absurdität nur noch von seiner Erfolglosigkeit überholen.

Wem demokratische, pluralistische Republiken und ihre säkularen Gesellschaften häufig zu nüchtern erscheinen, weil sie die identitätsstiftende Wirkung nationaler Symbole (Rudolf Smend) unterschätzen, der kann an der ausufernden Praxis von Diktaturen wie der DDR beim Umgang mit diesen Instrumenten nationaler Bewußtseinsbildung lernen, daß fehlende demokratische Legitimation oder Legitimationsarmut auch nicht via Indoktrination durch Rituale oder öffentlich bis zum Überdruß propagierte Symbole wettgemacht werden kann.

Das Ziel der SED-Führung in den achtziger Jahren, eine DDR-eigene nationale Identität zu stiften, konnte aus vielen Gründen nicht erreicht werden, nicht zuletzt, weil trotz aller unterschiedlicher Entwicklung in den vergangenen 40 Jahren in beiden deutschen Staaten wichtige Teile gemeinsamer prägender Identitätsmuster erhalten blieben. In der alten Bundesrepublik mögen sich ergänzend/konkurrierend weitere Identitäten, z.B. in Ansätzen eine europäische, herausgebildet haben, eine alternative nationale Identität (9) - und hier irrt der Autor - hat sich aber nicht entwickelt und wurde von den Ostdeutschen auch nicht wahrgenommen.

Johannes Kuppe

Bald, Detlef (Hrsg.): Die Nationale Volksarmee. Beiträge zu Selbstverständnis und Geschichte des deutschen Militärs von 1945-1990. Nomos Verlagsgesellschaft, Baden-Baden 1992, 140 S.

Die Beiträge stammen von zwei Referenten aus der Bundeswehr und sieben aus der ehemaligen NVA; sie wurden auf einer Tagung des Arbeitskreises Militär und Sozialwissenschaften im März 1992 gehalten. *Bald*, Leiter des Projektbereichs "Militär und Gesellschaft" am Sozialwissenschaftlichen Institut der Bundeswehr, äußert sich einleitend "Zur Innenansicht des Militärs nach der Einigung. Dialog in Deutschland".

Er macht deutlich, daß sich beide deutschen Gesellschaften und ihre Institutionen nicht in einem Dialog angenähert haben; die Vereinigung schuf Klarheit über Gewinner und Verlierer. Er räsoniert, daß sich keine allgemeine gesellschaftsbezogene Besinnung entwickelt hat, "die sich nicht allein auf die 'Bewältigung' der östlichen (Fehl)-Leistungen konzentriert, sondern stattdessen die eigenen (Fehl-) Entwicklungen mit in die Reflexionen einbezogen hätte. Geschichte erarbeiten, um das Gefühl für Maßstäbe und Proportionen zu schärfen, ist die Aufgabe, die über den Tag hinausweist" (9).

Der langjährige Leitende Historiker des MGFA, *Manfred Messerschmidt*, ("Aus der Geschichte lernen - vom Umgang mit der Erblast des Nationalsozialismus in der Bundeswehr und der NVA") befaßt sich mit militärgeschichtlichen Aspekten von Faschismus und Militarismus in der Historiographie der früheren DDR und der Bundesrepublik. Während die DDR z.B. den Zusammenhang zwischen der Rolle der KPD und der Entstehung des Nationalsozialismus überproportionierte, wurde dieser in der Bundesrepublik faktisch vernachlässigt. Die militärgeschichtliche Interpretation der gemeinsamen Geschichte des Nationalsozialismus und der Wehrmacht war in der DDR in ein geschlossenes Weltbild integriert, während sie in der Bundeswehr weitgehend ausgeblendet blieb. Dadurch wurde nicht nur die Beteiligung des Militärs an Kriegsverbrechen verschleiert, sondern auch die Voraussetzung für die Einbeziehung des ehemaligen Wehrmachtspersonal in den Aufbau der Bundeswehr geschaffen; *Messerschmidt* dokumentiert das am Beispiel der militärpolitischen Berater Adenauers und deren Umgang mit der Tradition der deutschen Wehrmacht. Sein Fazit ist, daß, begünstigt durch die Zugehörigkeit zu antagonistisch eingestellten Machtsystemen, auf beiden Seiten sowohl "erhebliche Erkenntnis-Defizienzen" als auch fortwirkende Überzeugungen vorhanden waren, auf DDR-Seite die eines antinationalistischen und antiimperialistischen Patriotismus, auf BRD-Seite auch ein "Nachwirken der Goebbels-Propaganda, die Haltung vieler Funktionäre [...] des NS-Systems, ferner das Bemühen, die Vergangenheit zu vergessen auf dem Wege zum "Europäer" (25). Auch in der DDR waren Nachwirkungen von Goebbels-Propaganda und nationalsozialistischer Sozialisation durchaus noch virulent, wurden aber nicht öffentlich artikuliert. Seine Hoffnung, daß jetzt die Offenheit für die kritische Bewertung des Nationalsozialismus und für die Befreiung der Tradition von Stereotypen gegeben sei, wird wohl erst bestätigt werden, wenn die Bundeswehrkaserne in Füssen von "Generaloberst Dietl"- in "Kurt Eisner"-Kaserne umgetauft werden sollte.

Reinhard Brühl, bis 1989 Direktor des Potsdamer Militärgeschichtlichen Instituts, plädiert in seinem Beitrag "Zur Militärpolitik der SED - Zwischen Friedensideal und Kriegsapologie" für ein vorurteilsfreies und durch überprüfbare Fakten bestimmtes Nachdenken über die Militärpolitik der SED. Man müsse von der These ausgehen, daß die NVA ein Produkt sowjetischer Politik, nicht aber ein Herrschaftsinstrument der SED gewesen sei. Daß sie es auch war, kann angesichts ihrer inneren Aufgabenstellung, wie sie z.B. im Beschluß des SED-Politbüros vom November 1956 dokumentiert wurde (Vgl. Joachim Krüger: Votum für bewaffnete Gewalt. Ein Beschluß des SED-Politbüros vom November 1956, in: Beiträge zur Geschichte der Arbeiterbewegung, 4/1992, S. 75-85, bes. S. 81 ff), nicht bezweifelt werden.

Bühl analysiert die Konsequenzen des Beitritts der DDR zum Warschauer Pakt und der damit gegebenen Dominanz der sowjetischen Militärs in der DDR als Supervisoren und Initiatoren militärpolitischer Entscheidungen. Die dafür wie für die ausführlichen Schilderungen der Tagesordnungen des Nationalen Verteidigungsrats herangezogenen Quellen stammen aus den sechziger Jahren. Die selbstkritischen Äußerungen über die Haltung der Berufssoldaten der ehemaligen DDR gegenüber der Entwicklung in ihrem Land bedeuten nicht, daß er den Vorwurf akzeptiert, "daß wir vom Frieden gesprochen, aber den Krieg gewollt hätten" (47). Nach dem, was er über das Primat der sowjetischen Militärpolitik im Warschauer Pakt gesagt hat, kann bezweifelt werden, daß die SED je das Recht und die Möglichkeit zur Kriegserklärung und -führung besessen hat, aber nicht, daß die Mehrzahl der Berufssoldaten der NVA zu einem Krieg gegangen wäre.

Das illustrieren auch die Beiträge von *Wolfgang Markus*, zuletzt "Oberst, und in der Bundeswehr Kommandeur der Militärpolitischen Hochschule Grünau", über "Das Offizierkorps der NVA - Ein soziales Porträt-" sowie von *Kurt Held*: "Soldat des Volkes? Über das politische Selbstverständnis der Soldaten der NVA".

Markus leitet seinen Beitrag mit einem Exkurs über die Bedingungen ein, die das Selbstverständnis der NVA-Offiziere bestimmt hätten. Die Behauptung, daß die meisten der Offiziere die Uniform angezogen hätten, um zu verhindern, daß von Deutschland wieder Faschismus und Krieg ausgehen, wirkt ebenso verklärend wie die, daß im Herbst 1989 es vor allem die Kommandeure und Berufssoldaten waren, die dafür gesorgt hätten, "daß keine Panzer rollten und kein Blut floß" (52); hätten sie es nicht getan, wären sie keine "Armee des Volkes" gewesen.

Interessant in seinem Beitrag sind die soziologischen Daten zur Sozial-, Alters- und Bildungsstruktur sowie zur politischen Haltung und Motivation des NVA-Offizierskorps sowie Aussagen über Persönlichkeitseigenschaften. Immer weniger Offiziere waren ihrer sozialen Herkunft nach Arbeiter (aber Arbeiter waren auch die Parteifunktionäre als "Beauftragte der Arbeiterklasse"), und bis Anfang 1989 bekannten sich 90 Prozent und mehr der zu 98 Prozent der SED angehörenden Offiziere (Soldaten waren zu über 90 Prozent parteilos) zur SED, der DDR, dem Bündnis sowie zur Verteidigung des Sozialismus; das bestimmte auch bei 77 Prozent die Berufswahl. Weitere Angaben erlauben einen guten Einblick in das Selbstverständnis der ehemaligen Offiziere und die Gründe der Unzufriedenheit mit dem Beruf; es waren sehr unterschiedliche, aber in keinem Fall explizit politische; ein "Eggesiner Signal" aus der NVA wäre als Echo des "Darmstädter" nicht zu vernehmen gewesen.

Held, langjähriger Mitarbeiter in der Politischen Hauptverwaltung, d.h. der Parteileitung der SED in der NVA, war zuletzt Leiter der Unterabteilung Grundsatzfragen in der Abteilung Personelle und regionale Konversion im Eppelmann-Ministerium. Er versucht darzustellen, unter welchen politischen Bedingungen sich das Militär in der DDR entwickelt hat, wie sich die Berufssoldaten zur NVA, zur SED und zum Staat verhalten haben und welches politisches Resultat das zeitigte:" Die meisten hielten die Politik der SED über lange Zeit für richtig - wenn auch mit Einschränkungen auf einzelnen Gebieten" (69). Seine Darstellung ist untermauert durch soziologische Daten und begleitet von ernst gemeinten selbstkritischen Äußerungen; sie sind auch ein Appell an die "Sieger", über ihre eigene politische Sozialisation und deren Resultate nachzudenken.

Kritisch und differenziert wertet *Florian Warnke* in seinem Beitrag "Die NVA der DDR - Eine Betrachtung im Lichte völkerrechtlicher Überlegung" die militärstrategische Konzeption der NVA als Armee des Warschauer Pakts, stellt die Mitverantwortung der DDR an der Besetzung der ČSSR 1968 fest, unabhängig davon, ob NVA-Soldaten beteiligt waren oder nicht, verweist auf die völkerrechtliche Bedeutung der Änderung der Militärstrategie des Warschauer Pakts 1987, als diese der Doktrin der Kriegsverhinderung unterworfen wurde und widmet sich verstärkt dem Beitrag der NVA zum "Humanitären Völkerrecht" im Zusammenhang mit der Ausarbeitung der Zusatzprotokolle zu den Genfer Rot-Kreuz-Abkommen. Sein Resümee, daß den "Fragen der Menschenrechte und den hierzu durch die ehemalige DDR eingegangenen völkerrechtlichen Verpflichtungen nur unzureichende Aufmerksamkeit zuteil (wurde)" (85) ist angesichts der Rolle von Angehörigen der lange zur NVA gehörenden Grenztruppen bei der gewaltsamen Verhinderung von Grenzübertritten sehr moderat.

Martin Kutz macht unzufriedene und frustrierte Offiziere sowie die Diskussionen über Friedens- und Sicherheitspolitik seit 1987 als Potentiale für die von ihm vermutete "Demokratisierung der NVA? Die verspätete Reform 1989/1990" aus. Die verstärkte Wahrnehmung der Diskrepanzen zwischen Worten und Taten der SED-Führung speiste auch den Widerstand gegen eine neue Militärdoktrin der DDR, mit der die SED den Wandel der sowjetischen Militärstrategie negieren wollte. Er verdeutlicht das am Beispiel des "Neuen Denkens" und der Reform der Doktrinen in der Sicherheitspolitik zwischen 1987 und 1989 sowie der auf die Wende folgenden "Etablierung einer Reformbürokratie" und der Gründung der dann bedeutungslos gebliebenen "Regierungskommission Militärreform" im Januar 1990. Die Reformen, die Zivildienstregelungen werden leider völlig ausgeklammert, werden von ihm sowohl unter dem Aspekt der politischen und innerdienstlichen Realisierung als auch bezogen auf die Widersprüchlichkeiten in der Politik des letzten DDR-Verteidigungs- und Abrüstungsministers Eppelmann kritisch betrachtet; dieser hatte kein Interesse daran, Impulse für eine Militärreform nach der Vereinigung zu geben.

Das bestätigt Ex-DDR-Verteidigungsminister *Theodor Hoffmann*, nach der März-Wahl 1990 letzter militärischer Chef der DDR, der von seinem eigenen Minister wie auch von der militärischen Spitze der Bundeswehr brüskiert wurde. Er sagt einiges "Zur nicht-vollendeten Militärreform der DDR" und bezeichnet als wichtigste Leistung den Eintritt der NVA in die deutsche Einheit "ohne ein Sicherheitsrisiko zu sein" (114).

Bald, "Militär im Nachkriegsdeutschland. Bundeswehr und Nationale Volksarmee" und *Joachim Goldbach* (ehemals Chef für Technik und Bewaffnung der NVA), "Die Nationale Volksarmee. Eine deutsche Armee im Kalten Krieg" stellen die vorangegangen Beiträge in einen zeitgeschichtlichen und politischen Zusammenhang. *Bald* untermauert seine These, daß die Geschichte von Bundeswehr und NVA durch strukturelle und formale Gemeinsamkeiten verknüpft sei, mit zehn Zusammenfassungen zur Geschichte des Militärs und seinen politischen Bestimmungsfaktoren in Nachkriegsdeutschland. "Siegermentalität", und nicht die fehlende Bereitschaft zur Integration eines "antidemokratischen Potentials" hätte zur Auflösung der NVA statt zu ihrer Integration in die Bundeswehr geführt. Das veranlaßt *Goldbach* zu der Bemerkung: "In der Ausgrenzung leben die alten Feindbilder fort, bei den Ausgrenzern wie bei den Ausgegrenzten" (134). Er warnt vor den Folgen einer einseitigen Betrachtung der von ihm kritisch distanziert und zugleich solidarisch vorzüglich referierten politischen Geschichte der NVA. Wenn *Bald* für die Bundeswehr feststellt, daß sich diese künftig nicht mehr aus ihrem Gegensatz zur NVA ableiten kann, auch "weil beide teilhaben an der deutschen Militärgeschichte" (123), dann ist damit, das Fazit *Goldbachs* über die NVA als Produkt und Instrument sowjetischer Politik und als Stütze und Mittel der Politik des SED-Regimes bis zu dessen Ende hinzugenommen, das erkenntnisleitende Interesse für die Militärgeschichte Nachkriegsdeutschlands formuliert.

Gero Neugebauer

Richter, Holger: Güllenbuch. Ein Buch über Bausoldaten. Forum Verlag, Berlin 1991, 115 S.

Das Thema "Bausoldaten" in der DDR hat bisher in der wissenschaftlichen Forschung eine - wenn auch noch nicht sehr breite - Beachtung gefunden. Zu nennen sind hier vor allem die Monographien bzw. Aufsätze von Bernd Eisenfeld, Jan Gildemeister, Theo Mechtenberg, Klemens Richter u.a. So verdienstvoll diese Arbeiten auch sind, sie vermitteln nicht (und beabsichtigen dies wohl auch nicht) ein Stück weit den Alltag von Bausoldaten in der DDR. Dies aber versucht Holger Richter mit seinem authentischen Bericht; er gehört zum letzten "Durchgang Bausoldaten" (ab November 1988) vor dem staatlichen Ende der DDR.

Die Institution des Bausoldatendienstes geht zurück auf eine "Anordnung des Nationalen Verteidigungsrates" vom 7. September 1964. Ihr wesentlicher Inhalt: Wehrpflichtige, "die aus religiösen Anschauungen oder aus ähnlichen Gründen den Wehrdienst mit der Waffe ablehnen", werden "zum Dienst in den Baueinheiten" herangezogen.

Holger Richter schildert sehr einprägsam und eindringlich den Ausbildungsweg, den Alltag einer Gruppe von Bausoldaten, die als Christen - zwei von ihnen mit der Studienabsicht Theologie - für sich die Entscheidung eines waffenlosen Wehrersatzdienstes getroffen haben. Wie die "normalen" NVA-Rekruten, so unterliegen auch die Bausoldaten in ihrem Alltag denselben Normen und Erwartungshaltungen, wie strikter Gehorsam gegenüber ihren Vorgesetzten, Disziplin, Ordentlichkeit, Sauberkeit etc., erfahren sie Lob und Anerkennung für vollbrachte Leistungen, aber auch Leid, Schikane, Willkür für kritisches, von vorgegebenen Normen abweichendes Verhalten. Und dennoch: Zwei Unterschiede im Status und im Ausbildungsprofil "normaler" Soldaten und Bausoldaten bleiben bestehen und haben sich auch während der gesamten Geltungsdauer der Baueinheiten-Anordnung bis zum Herbst 1989 durchgehalten: Bausoldaten legen zum Beginn ihrer Ausbildungszeit ein Gelöbnis ab (Rekruten einen Fahneneid), ihre Ausbildung erfolgt nicht an der Waffe.

Geändert (im Sinne einer Verbesserung der Gesamtsituation) aber haben sich die Arbeitsbedingungen sowie teilweise auch die rechtlichen Kompetenzen der Bausoldaten. Anders noch als in den sechziger Jahren arbeiten die "Angehörigen der Baueinheiten" am Ausgang der achtziger Jahre (und auch schon in der Zeit zuvor) nicht mehr primär an als militärisch wichtig eingeschätzten Objekten (zum Beispiel "Ausbau von Verteidigungs- und sonstigen militärischen Anlagen", wie im § 2 der Anordnung ausdrücklich vorgesehen), sondern vornehmlich in zivilen Sektoren der Volkswirtschaft. Zum anderen erfahren spezifische Grundrechte, wie die der Glaubens- und Religionsfreiheit, eine stärkere Beachtung in der Alltagswirklichkeit (Erlaubnis zum Bibellesen, zum sonntäglichen Gottesdienstbesuch).

Der Bericht Richters ist auch in diesem Sinne ein authentisches Zeugnis, als er in den Dialogen zwischen Bausoldaten und ihren militärischen Vorgesetzten etwas von dem kritischen Bewußtsein, von den Zweifeln der jungen Männer an dem Sinn von Ausbildungsformen und -inhalten unter den Bedingungen eines mit atomaren und biologischen Waffen geführten Krieges berichtet. Der Sprache (mit der ihr eigenen Begrifflichkeit - "Güllensprache"), der sich die Soldaten, nicht aber die Offiziere bedienen, wird von Richter in ihrer Funktion als Kommunikations- und Identifikationsmedium thematisiert, aber auch in ihrer Bedeutung als Mittel zum politisch-gesellschaftlichen Protest sichtbar gemacht: Eine Gruppe von Bausoldaten verfaßt im bereits politisch-krisenhaften Frühjahr/Sommer 1989 einen Offenen Brief, in dem sie die Schaffung eines "Zivilen Ersatzdienstes" fordert. Sehr deutlich wird dabei in der Darstellung auch, wie der politische Niedergang der DDR im Herbst 1989 zur schrittweisen Auflösung der Autoritätsstrukturen in den Baueinheiten der NVA und schließlich zur faktischen sowie rechtlichen Abschaffung der Institution des Bausoldatendienstes führte.

Horst Dähn

Furian, Gilbert: Der Richter und sein Lenker. Politische Justiz in der DDR. Berichte und Dokumente, mit Nachbemerkungen von Gottfried Forck. Verlag Das Neue Leben, Berlin 1992, 271 S.

Die untergegangene DDR war ein Unrechtsregime, dessen Untaten jetzt auch justitiell "aufgearbeitet" werden müssen - so oder ähnlich ist die Meinung der meisten Westdeutschen und wohl auch sehr vieler Ostdeutscher. Hinter diesen Vorstellungen steckt die richtige Erkenntnis, daß im SED-Staat die Justiz keine unabhängige, ebenfalls an das Gesetz gebundene dritte Gewalt, sondern das Recht insgesamt in allen gesellschaftlichen Bereichen Instrument der Machtsicherung der Herrschenden, der Führungsclique der SED, war. Doch erklärt das schon alles? Erklärt das auch die Bedingungen, unter denen die Rechtsetzenden, die Rechtsprechenden und die Rechtdurchsetzenden gearbeitet haben, in welchem Umfang sie sich schuldig gemacht haben bzw. schuldig machen mußten? Kann die Grenzlinie zwischen Opfern und Tätern mit aller Trennschärfe gezogen werden?

Gab es vielleicht bei den Tätern auch jene "Verwicklung" in ein System, das zwar seine Handlanger systematisch produziert, aber eben auch Gläubige mißbraucht hat? Die Tragik der jüngsten Mauerschützenprozesse zeigt, wie schwer ein Urteil jenen fällt, die nicht in einem solchen System gelebt haben, aber jetzt Richter spielen (müssen). Hier bedarf es noch viel Aufklärung - und dieser Aufgabe unterzieht sich Furian auf eine bemerkenswerte und höchst ehrenwerte Weise. Der Autor, der selbst aus der Bürger(rechts)bewegung der DDR, der Initiative für Frieden und Menschenrechte, kommt, der selbst Justizopfer der SED ist, klagt nicht an, urteilt nicht selbst, aber er entschuldigt, verharmlost und verdreht auch nicht, was er offenlegt, ja überhaupt erst einmal verständlich gemacht werden muß. Seine Methode ist einfach - und gegenwärtig vielleicht die angemessenste: Er läßt Zeitzeugen, die heute im Rampenlicht der Öffentlichkeit stehenden "Justiz-Täter" selbst zu Wort kommen. Über ihren Werdegang und ihre damaligen Auffassungen, ihr Politikverständnis und auch ihre politischen Hoffnungen berichten ein Oberrichter am Obersten Gericht und ein Staatsanwalt beim Generalstaatsanwalt, zwei Richterinnen und eine Staatsanwältin an einem Kreisgericht, ein höherer Funktionär im Ministerium für Justiz, zwei Mitarbeiter des Ministeriums für Staatssicherheit, ein Rechtsanwalt und eine wissenschaftliche Assistentin für Strafrecht. Ihre aufschlußreichen Bekenntnisse kontrastiert der Autor mit Auszügen aus DDR-Gerichtsakten (für die man sich allerdings gelegentlich zitierfähige Quellenangaben wünscht), aus DDR-Gesetzen und aus Dokumentationssendungen von Rundfunkanstalten, so daß das individuell Gesagte auf treffliche Weise manchmal nur illustriert, gelegentlich auch verallgemeinernd auf eine das ganze System analysierende Ebene gehoben wird.

In einem kurzen Epilog teilt uns der Autor mit, daß zwei ehemals prominente Anwälte, Gregor Gysi und Lothar de Maiziere, eine Mitwirkung abgelehnt haben und daß die Berliner Justizsenatorin Jutta Limbach eine Einladung zu einem Geleitwort nicht einmal beantwortet hat.

Wer bereit ist, sich auf ein Kennenlernen der von der alten Bundesrepublik so verschiedenen lebensweltlichen Realität von 40 Jahren DDR-Geschichte einzulassen, sollte sich die Lektüre dieses schmalen Bandes nicht entgehen lasssen. Er erfährt - wie es Gottfried Forck in seinen Nachbemerkungen formuliert - "eine Hilfe, die Vergangenheit in der DDR besser zu verstehen".

Johannes Kuppe

Rehlinger, Ludwig A.: Freikauf. Die Geschäfte der DDR mit politisch Verfolgten 1963-1989. Ullstein Verlag, Berlin, Frankfurt/M. 1991, 251 S.

Das Buch handelt von einem in der aktuellen Publizistik spektakulären Thema: dem Freikauf von in der DDR verurteilten Häftlingen durch die BRD. Ludwig Rehlinger, seines Zeichens u.a. früherer Staatssekretär im innerdeutschen Ministerium der BRD, schildert dieses Kapitel der deutsch-deutschen Nachkriegsgeschichte *bewußt* aus der subjektiven Sicht eines an den Verhandlungen zentral Beteiligten. Rehlinger führte bereits 1963, als aus der DDR erstmals eine solche Offerte kam, die Gespräche mit dem Vertreter des anderen deutschen Staates. Das Ergebnis war, daß die ersten acht Häftlinge für entsprechende Gegenleistungen aus der DDR in die BRD entlassen wurden.

Bis 1989 wurde auf diesem Wege die Freilassung von 33.755 politischen Häftlingen erreicht und konnten 250.000 Familienzusammenführungen geregelt werden. Die von der BRD in diesem Zeitraum erbrachten Gegendienste, die zumeist über materielle Güter abgegolten wurden, beliefen sich auf einen Wert von über 3,5 Milliarden D-Mark. Doch hinter diesen Zahlen verbergen sich oft ergreifende menschliche Schicksale, die Rehlinger teilweise deutlich werden läßt. Insbesondere erhellt er die Hintergründe der Verhandlungen auf bundesdeutscher Seite. Zwar hält der Autor diese Art von "Geschäften" generell für moralisch zweifelhaft und für ein Symptom der Amoralität des DDR-Regimes, aber im Interesse der Betroffenen erscheinen sie ihm notwendig.

Sicherlich läßt sich ein solches Urteil vor dem Hintergrund eines weltweit praktizierten Agentenaustausches, einer sich über den Markt realisierenden Gesellschaft und der in früheren Gemeinwesen üblichen Ausgleichszahlungen für kriminelle Handlungen relativieren. Uneingeschränkt inhuman und kritikwürdig ist es hingegen, wenn die DDR bestimmte Seiten ihrer Strafpolitik den ökonomischen Anreizen dieses

"Handels" untergeordnet hat. Letzten Aufschluß darüber erlangt man jedoch erst, wie Rehlinger konstatiert, wenn die Akten beider Verhandlungspartner erschlossen sind.

Noch einmal scheint in diesem Buch die Unfähigkeit der Führung der DDR auf, die politischen Konflikte und Widersprüche innerhalb des Landes auch politisch zu lösen. Vielmehr griff die DDR durchgängig auf zum Teil menschenrechtlich problematische Straftatbestände zur (scheinbaren) Konfliktregulierung zurück. Ebenso wird auch aus den Erfahrungen des Autors deutlich, daß es durch die Spitze der SED keinerlei wirkliche Analyse der sozialen Ursachen für Republikflucht und massenhafte Ausreiseanträge gab. Gerade eine solche Analyse hätte nämlich notwendig einschneidende konzeptionelle Veränderungen für die Gesellschaftsgestaltung verlangt.

Leider bleibt Rehlinger in seinem Buch eine genaue Aufschlüsselung der politischen Häftlinge nach den verletzten Delikten schuldig. Für ihn haben, abgesehen von einigen Ausnahme, *alle* Verurteilten (ob wegen sogenannter Kriegsverbrechen oder wegen Republikflucht) einen gewissen Makel des Illegitimen. Andererseits deutet Rehlinger das Eingebundensein beider deutscher Staaten in die weltpolitisch bedeutsamen Lager und die daraus abgeleiteten Zwänge an. Er zeigt, daß die Verhandlungspositionen der DDR von ihrem Rechtsverständnis aus gesehen meist schlüssig waren und die DDR die getroffenen Absprachen genauestens einhielt.

Volkmar Schöneburg

Krüger-Potratz, Marianne: Anderssein gab es nicht. Ausländer und Minderheiten in der DDR. Mit Beiträgen von Georg Hansen und Dirk Jasper. Waxmann Verlag, Münster, New York 1991, 279 S.

Die organisierten und "spontanen" Aktionen rechtsextremer Gewalt im vereinigten Deutschland, die seit Hoyerswerda im Herbst 1991 so deutlich und lebensbedrohlich zunahmen, werden in der Öffentlichkeit immer wieder - etwas scheinheilig - auf ein Problem der fünf neuen Länder als Hypothek der entschwundenen DDR reduziert. "Freundschaft" - insbesondere die deutsch-sowjetische, "Völkerverständigung", "proletarischer Internationalismus" und "Antifaschismus" seien zwischen 1945 und 1989 "von oben" verordnet gewesen und entweder als leere Worthülsen ohne Erfahrungsgehalt für die Mehrheitsbevölkerung oder aber geradezu als propagandistische Umkehrung für deren Haltungen verstanden worden. Unter einem politischen Firnis vom real existierenden Sozialismus in der Gemeinschaft der Volksdemokratien habe sich ein handfester konventioneller deutscher Nationalismus erhalten, der sich vor allem in einer relativ offen geäußerten Polenfeindschaft Luft machte. Das Staatsvolk der DDR habe sich an den Umgang mit Ausländern im Alltag nicht gewöhnen können, weil schlicht kaum welche in der DDR lebten.

Was ist dran an diesen historischen Argumenten? Bisher sind die zeitgeschichtlichen Kenntnisse über das Verhältnis zwischen der Mehrheitsgesellschaft und den Ausländern beziehungsweise Minderheiten wie z.B. den Sorben in der DDR, über die Bedingungen der "Gastarbeit" im RGW-Bereich, über das Verhältnis von DDR-Deutschen zu ihren polnischen Nachbarn und über Theorie und Praxis einer antirassistischen Erziehung noch nicht allzu fundiert.

Die vorliegende Untersuchung einer Autorin und zweier Autoren - alle drei aus Westdeutschland - versucht, auf der Grundlage von Recherchen, die seit 1987 in der DDR durchgeführt worden sind, diese Fragen zu beantworten und die Fülle an kleineren politischen Beiträgen im Bereich der "grauen" Zeitschriftenliteratur, die vorwiegend nach 1989 entstanden sind, zusammenzufassen. Auslöser für das vorliegende Buch waren die Meldungen über ein erstarkendes Selbstbewußtsein der jugendlichen rechtsextremen Szene in der DDR in der zweiten Hälfte der achtziger Jahre und über die als "exemplarisch" geführten Strafprozesse gegen solche jungen Leute.

Die Beiträge werden ergänzt durch einen Dokumententeil mit ausgewählten Materialien zur gesetzlichen Regelung des Aufenthalts von Ausländern, zur Ausländerbeschäftigung im Spiegel der DDR-Presse, zur kirchlichen Arbeit mit Ausländern und schließlich zu Initiativen der Bürgerbewegung zum Thema Menschenrechte und Gleichberechtigung von Ausländern in der DDR.

Marianne Krüger-Potratz skizziert in ihrem Beitrag die bescheidenen Anfänge einer Migrationsforschung in der DDR, die die eigene Republik erst spät ins Zentrum des Forschungsinteresses stellte, während sich eine ideologisch aufgeladene historische Migrationsforschung über die "Kontinuität imperialistischer Fremdarbeiterpolitik" vom Deutschen Kaiserreich bis zur Bundesrepublik seit den fünfziger Jahren an der Universität Rostock etablieren konnte. Dahinter stand auch das offizielle Selbstbild der DDR-Gesellschaft von einer homogenen "deutschen" Gesellschaft, in der es abgesehen von rund 60.000 Sorben so gut wie keine Ausländer und Minderheiten gegeben habe, und in der eine überschaubare Zahl von ausländischen Arbeitskräften und Studenten den Deutschen in ihren Arbeits- und Lebensbedingungen gleichgestellt worden seien. Mögliche Konflikte werden darin immer als individuelles Fehlverhalten gedeutet.

Im Rückblick wird jedoch deutlich, daß in den achtziger Jahren auch "ohne Auftrag" über Minderheiten, Ausländerfeindlichkeit und Rechtsextremismus Material gesammelt und geforscht worden war - etwa am Zentralinstitut für Jugendforschung in Leipzig. Hier wurde zwischen 1978 und 1989 unter Schülern in der DDR eine deutliche Polarisierung positiv und negativ besetzter Stereotypen festgestellt: Danach wurden Jugendliche aus kapitalistischen Ländern kurz vor der Wende deutlich positiver bewertet als zehn Jahre früher, während das Fremdbild von vietnamesischen oder afrikanischen Jugendlichen zunehmend von negativen Vorurteilen besetzt wurde. So ließen vergleichende Befragungen unter Jugendlichen von 15 und 16 Jahren in der alten Bundesrepublik und der DDR nach der Wende in der entschwundenen DDR auf deutlichere Ressentiments gegen Ausländer schließen.

Auch der pädagogische Forschungsbereich der antifaschistischen und antirassistischen Erziehung ging zu DDR-Zeiten von der Voraussetzung aus, daß es Ausdrucksformen von Faschismus, Antisemitismus oder Rassismus nur außerhalb des realsozialistischen Staatenblocks gebe. Die pädagogische Umsetzung bestand vereinfacht gesagt nur noch in der Aufgabe, diesen Traditionsbestand, der gleichzeitig auch den Gründungsmythos der DDR darstellte, an die nachfolgenden Generationen in der DDR weiterzugeben, und sie dauerhaft für die Beteiligung an der Durchsetzung dieser Ziele in anderen Ländern zu motivieren.

Gerade die Medien leisteten durch die Form der "Dethematisierung" aller mit Ausländern und Minderheiten in der DDR bestehenden Fragen einer Ritualisierung unter dem Stern der "Völkerfreundschaft" und der Ignorierung tatsächlicher Probleme im Zusammenleben Vorschub, die höchst allgemein meist nur als "Probleme" bezeichnet wurden. Selbst Informationen zu den rechtlichen Bedingungen des Aufenthaltes von ausländischen Arbeitern und Studenten blieben vor der Wende unter Verschluß. Allein die in der DDR erscheinenden Kirchenzeitungen schrieben "vom latenten, aber spürbaren Rassismus" und von der "Isolation durch deutsch-distanziertes Fernhalten", die "ausländische Christen" aus Indien und Afrika in der DDR erlebten.

Mit der Wende seit Herbst 1989 setzten sich die Aggressionen und Gewalttätigkeiten gegen Ausländer und Minderheiten in der DDR der achtziger Jahre fort und verschärften sich. Die Linien der Ausgrenzung verschoben sich. Während nach 1989 praktizierende Christen problemlos in die "Mehrheitsgesellschaft" integriert wurden, verstärkte sich der diskriminierende Druck auf Zeugen Jehovas, Sinti, Afrodeutsche, Juden, auf die Sorben, die bis dahin als ethnisch-folkloristische Minderheit behandelt worden waren, und auf neue Gruppen von Ausländern - auf Flüchtlinge und Exilanten - und auf die "sowjetischen Freunde", also die ehemalige Besatzungsmacht.

Dirk Jasper beschreibt in seinem Beitrag die "zwischenstaatliche Migration von Arbeitskräften der RGW-Länder" in die DDR. Ein wichtiger Unterschied zur oftmals individuellen Arbeitsmigration in Westeuropa bestand in der gruppenweisen, vertraglich auf maximal vier bis fünf Jahre befristeten Anwerbung auf Grund von zwischenstaatlichen Abkommen. In größerem Umfang setzte die Beschäftigung von ausländischen Arbeitskräften erst Mitte der sechziger Jahre ein. Ein Leitgedanke war damals die Idee, einen einheitlichen RGW-Wirtschaftsraum zu schaffen, daher kamen die ersten angeworbenen ausländischen Arbeitskräfte aus Polen, Bulgarien, Jugoslawien und Ungarn, seit den siebziger Jahren aus Vietnam. Von allen RGW-Ländern waren in der DDR mit Abstand die größte Zahl ausländischer Arbeitskräfte beschäftigt. Die Schätzungen für Mitte der siebziger Jahre bewegten sich zwischen 60.000 und 100.000 Personen. Jasper widmet sich neben den Fragen der Anwerbungspolitik auch ausführlich den arbeits- und aufenthaltsrechtlichen Bedingungen und den verschiedenen Kompetenzen der Massenorganisation zur "Betreuung" der Ausländer in der DDR.

Im knappen letzten Beitrag skizziert Georg Hansen die Geschichte der Sorben, der einzigen ethnischen Minderheit, die in der DDR eine kulturelle und sprachliche Teilautonomie erlangte, die jedoch in den sechziger Jahren eingeschränkt wurde. Er zeigt, daß jenseits des verfassungsmäßig gesicherten Minderheitenschutzes die Gewährung kultureller Autonomie einer gewissen Fassadenhaftigkeit nicht entbehrte.

Das Buch bietet eine erste Einführung in den Problemzusammenhang von Mehrheit und Minderheit, Eigenem und Fremdem. Es bewegt sich aber, was die Materialgrundlage, die zitiert wird, angeht, leider häufig auf dünnem Eis - ein Umstand, der darauf zurückzuführen ist, daß sich die Autoren praktisch ausschließlich auf gedruckte Quellen stützen.

Karin Hartewig

Stark, Meinhard (Hrsg.): "Wenn Du willst Deine Ruhe haben, schweige". Deutsche Frauenbiographien des Stalinismus. Klartext Verlag, Essen 1991, 253 S.

Der Untertitel stellt, gelinde gesagt, eine Untertreibung dar. Denn der vorliegende Band versammelt - dies eine seiner Stärken - Lebensberichte dreier höchst unterschiedlicher Frauen, die ein gemeinsames Schicksal eint: fast zwei Jahrzehnte als "Politische" in sowjetischen Lagern und in der Verbannung verbracht zu haben, um schließlich im Rahmen der Entstalinisierung rehabilitiert zu werden und in die DDR umzusiedeln. Die Texte basieren auf Tonbandinterviews, die der Herausgeber unmittelbar nach dem Mauerfall zu führen begann und die er - erfreulicherweise um größtmögliche Authentizität bemüht - stilistisch nur sehr behutsam redigiert hat.

Bemängelt werden muß indes die schlampige Redaktion, Setzfehler wie Orthographie betreffend, welche den Lesefluß zuweilen unnötig hemmt. Fließend nämlich verliefe die Lektüre ansonsten allemal, wissen doch alle drei Schicksale auch Leser und Leserinnen, die im Lesen von Berichten aus dem GULag geübt sind, auf höchst eigene Weise zu interessieren:

Da ist zum einen Frieda S., Jahrgang 1908, die in jungen Jahren aus einem schlesischen Dorf nach Berlin kam, dort von einem Mitarbeiter Tschitscherins aufgelesen und kurzerhand mit nach Moskau genommen wurde. Als apolitische und mit Sprache wie Gepflogenheiten des Landes unvertraute Ehefrau eines hohen Funktionärs, der den "Säuberungen" bereits einige Monate vor ihrer eigenen Verhaftung zum Opfer fiel, durchlebte sie alles, was ihr widerfahren sollte, gleichsam passiv, aber gerade deshalb umso verzweifelter, auch innerlich stets in der Opferrolle verharrend und nicht in der Lage, sich von dem, was man ihr antat, wenigstens "mit dem Kopf" zu distanzieren (und damit zugleich ein kleines Stück weit zu befreien); entsprechend fällt ihr Bericht, aus dem eine extreme innere Aufgewühltheit deutlich herauslesbar ist, sehr emotional und subjektiv aus.

Anders demgegenüber Gertrud P., mit 1990 achtzig Jahren die jüngste der drei, die freizügig, beredt, ja mit Witz und fast schon geschwätzig Auskunft gibt über ihren Lebensweg. Dieser sollte die aus der spießig-verlogenen Enge ihrer kleinbürgerlichen Familie früh geflohene, lebenslustige, politisch zumindest interessierte Frau mit "Männerberuf" an der Seite eines Sowjetbürgers nach Moskau und schließlich ins Lager führen. Gertrud indes gehört zu jenem Typ Mensch, der sich stets "durchzuwursteln", stets das Beste aus noch so verzweifelter Lage zu machen weiß, beseelt von einem geradezu extremen Überlebenswillen, und dies wiederum hat ihren Bericht stark geprägt.

Schließlich vor allem Erna K., 1904 in eine sozialdemokratische Berliner Arbeiterfamilie hineingeboren und bereits seit früher Jugend fanatische KPD-Aktivistin: Nach monatelanger kommunistischer Widerstandstätigkeit mußte sie im Herbst 1933 ihr todkrankes Kind notgedrungen in Deutschland zurücklassen und ging als Politemigrantin nach Moskau, um dort als KI-Sekretärin zu arbeiten. Falls derart extremes Leid denn überhaupt in irgendeiner Form gegeneinander aufgewogen werden kann, so hatte Erna von allen drei hier vorgestellten Frauen in mehrerlei Hinsicht das vielleicht schwerste Schicksal zu erdulden. Vor allem: Ihr nahm man die anderthalbjährige Tochter und damit zugleich die Möglichkeit, sich in all den vielen Jahren jemals mit ihrem Schicksal "abzufinden", innerlich in irgendeiner Form zu arrangieren. Gleichwohl wirken ihre Schilderungen äußerst konzentriert und reflektiert, durchaus auch selbstkritisch, merkt man noch der hochbetagten Erzählerin ihre politische Schulung an; von ihr erfahren wir am meisten über Dinge, welche über das persönliche Schicksal hinausgehen. All dies macht ihren Bericht zu demjenigen, aus welchem sich die Atmosphäre im Lager und in der Verbannung vielleicht am authentischsten nachvollziehen läßt.

Berichte aus dem GULag gibt es, seit überlebende Opfer dem Zugriff des Stalinismus und seiner Verfallsformen entkommen konnten. Die Stärke speziell dieses Bandes liegt zum einen darin, daß er die "kleinen Leute" unter den Opfern zu Wort kommen läßt, nicht die exponierten Parteifunktionäre, nicht die Intellektuellen, sondern "einfache" Menschen. Gerade die Tatsache zudem, daß die drei berichtenden Frauen so verschieden sind, so unterschiedliche Vorleben führten und ihre Haft jede auf ihre Weise durchlebten, läßt das "Wesenhafte" der stalinistischen Verbrechen und des Leidens in Lager und Verbannung um so deutlicher hervortreten.

Zu Beginn der Verhaftungswellen mag vielfach noch die blinde Gläubigkeit an Stalin geholfen haben, das Unverständliche zu verarbeiten - in Gertruds Worten: "Daß einer unschuldig verhaftet wurde - der Gedanke kam uns überhaupt gar nicht" (193). Als dann schließlich der eigene Ehepartner bzw. man selbst an der Reihe war, mußten massive Verdrängungsstrategien entwickelt werden. Alle anderen waren schuldhaft und damit zurecht verhaftet, nur man selbst bzw. die engsten eigenen Angehörigen nicht, das Schicksal der eigenen Familie also ein - aufklärbarer - Irrtum: Daß man sich "die Finger wundgeschrieben an Stalin" habe (so Erna), das ist ein - in variierter Form zwar - in allen drei Berichten auftauchender Topos. Letztendlich mußten Erklärungsmuster herhalten, die nach eben jenem Schema geformt waren, welches zur selben Zeit in Deutschland die Formel "Wenn das der Führer wüßte" gebar, und schließlich gar wußten fünfzehn Jahre Lager und Verbannung nicht zu verhindern, daß Erna bei der Nachricht von Stalins Tod, die sie an ihrem Verbannungsort erreichte, "wie ein Köter" heulte (135). Jahrzehnte später noch mußte die auch in der DDR nach wie vor treu zum "real existierenden Sozialismus" stehende Altkommunistin sich erst aus innerer Selbstzensur befreien, bevor sie ihrem Interviewer frei berichten konnte.

Genau dies verweist auf ein zentrales Charakteristikum stalinistischen Terrors, das dem Band den Titel gab: Nach durchlittener Inhaftierung war der Martyrien noch kein Ende, erwartete die Überlebenden trotz erfolgter Rehabilitierung eine weitere, die vielleicht noch größere "Strafe": das Schweigenmüssen, das Nichtdarübersprechendürfen, das die Opfer daran hinderte, sich innerlich wie äußerlich vom Ruch eigener Schuld völlig zu befreien.

Bleibt die Frage, was an den drei hier versammelten Schicksalen denn nun "frauenspezifisch" ist. Denn wohl nicht von ungefähr befragte der Herausgeber nur weibliche Opfer des Stalinismus, sucht er, uns bewußt "Frauenschicksale" zu präsentieren. Wenn es aber im Kontext des Leidens im GULag überhaupt etwas "Frauenspezifisches" geben sollte, so kann die Rezensentin bestenfalls etwas "Ehefrauenspezifisches" ausmachen: Immerhin im Falle von Frieda und Gertrud führte die eheliche Bindung zur Verhaftung, was beide damit quasi zur Verkörperung des unschuldigen Opfers schlechthin macht, selbst in keinerlei Weise in die politischen Abläufe involviert und noch weniger als andere fähig, Erklärungen dafür zu finden, warum man ihnen wie ihren Männern dies alles antat. In dieses (Frauen-)Bild paßt dann freilich die KI-Sekretärin Erna nicht...

Gleichwohl: Erlebnisberichte dieser Art sind besser als jede wissenschaftliche Untersuchung geeignet, - beschränkte - Einblicke in eine perfide, barbarische Maschinerie zu gewähren und damit die schwärzesten Kapitel der Geschichte einigermaßen "erfahrbar" zu machen. Wenn es denn einen Weg geben sollte, die Nachgeborenen wirklich aus der Geschichte lernen zu lassen, die nächsten Generationen resistent zu machen gegen totalitäre Bestrebungen jedweder Couleur, dann muß er über die Erinnerungen und Berichte der Opfer beschritten werden, auch und gerade der vielen namenlosen Opfer, denen mit diesem Band Reverenz erwiesen wird.

Andrea Hoffend

ohnMacht. DDR-Funktionäre sagen aus. Hrsg. von Brigitte Zimmermann und Hans-Dieter Schütt. Verlag Neues Leben, Berlin 1922, 258 S.

Gleichlautende Fragen zur Einschätzung des eigenen Anteils bzw. Spielraums in den Machtstrukturen der DDR, des Verhältnisses zu den jeweiligen Vorgesetzten, der Kontakte zur Umwelt und einer Bewertung des untergegangenen Sozialismus, vor allem seiner Schwächen beantworten 13 ehemalige leitende Funktionäre der DDR-Elite. Die heutige Sicht der Geschichte der DDR und des eigenen Lebens ist recht unterschiedlich, natürlich subjektiv und auch nicht in jedem Fall überzeugend. Hervorstechend ist jedoch die mit verschiedenartigsten Beispielen belegte allgemeine Schlußfolgerung, wie überzentraliert und dadurch auch ineffektiv die Machtausübung des Politbüros war. Bemerkenswert auch, daß Zugehörigkeit zum Politbüro für die Bezirkssekretäre von Magdeburg und Karl-Marx-Stadt, W. Eberlein und S. Lorenz, zwar Autoritäts- und Machtzuwachs im Bezirk bedeutete, nicht aber echte Zugehörigkeit zum engeren Machtbereich der SED-Zentrale.

Zu den Autoren gehören neben den erwähnten SED-Sekretären der Bezirke der langjährige Vorsitzende der Staatlichen Plankommission, G. Schürer, Kulturminister H.-J. Hoffmann, der Protokollchef der DDR, F. Jahsnowski, der DDR-Botschafter in den USA, H. Gruner, der Präsident der Akademie der Pädagogischen Wissenschaften, G. Neuner, der Direktor der Berliner Werkzeugmaschinenfabrik in Marzahn, A. Dellheim, der Wissenschaftsphilosoph H. Hörz und der Leiter der Abteilung für internationale Verbindungen des ZK der SED, G. Sieber.

Spielräume im eigenen Umfeld waren zwar gegeben, wenn auch bestimmte Grenzen deutlich erkennbar waren und von keinem der Befragten der Versuch unternommen wurde, sie zu überschreiten. Bei aller Unterschiedlichkeit der angegebenen Motive lassen die Funktionäre erkennen, daß sie von der Notwendigkeit einer deutschen Alternative zum bundesdeutschen Staat, an deren Legitimität wie der Berechtigung und historischen Notwendigkeit einer sozialistischen Ordnung überhaupt überzeugt waren. Heute sind ihre Ansichten auch in dieser Hinsicht recht verschieden. Vor allem benennen sie viele Schwächen und Deformationen der letzten Periode der DDR. Sie betreffen die eigentliche Parteipolitik, die Innen- wie Außenpolitik, die Wirtschaft, die Volksbildung und Fragen der Ideologie.

Es sind mehr Mosaiksteine, weniger Verallgemeinerungen, obwohl auch Ansätze zu ihnen vorhanden sind. Die letzteren sind gerade deshalb interessant, weil sie nicht von Gegnern des DDR-Regimes vorgenommen werden, sondern von Mitgestaltern, die die DDR-Geschichte nicht nur negativ sehen und aus der deutschen Geschichte verdrängen wollen. Dabei überwiegen der Versuch einer durchaus kritischen Aufarbeitung, sei es auch meist von Teilaspekten, und das Bemühen herauszufinden, wie und mit welchen Ergebnissen anderes eigenes Handeln möglich gewesen wäre. Die Antwort ist jedoch letztlich: Ohnmacht. Damit zweifellos nicht befriedigend, aber auch nicht unbegründet.

Wer Sensationen erwartet, kommt nicht auf seine Kosten. Das Buch schildert dennoch viel vom Alltag in der DDR, insbesondere der Funktionärsschicht. Deshalb ist es ein Beitrag zur Zeitgeschichte. Manches regt zum Nachdenken an, was über den Rahmen der eigentlichen DDR-Geschichte hinausgeht.

Stefan Doernberg

Hölder, Egon (Hg.): Im Trabi durch die Zeit - 40 Jahre Leben in der DDR. J. B. Metzlersche Verlagsbuchhandlung und Carl Ernst Peschel Verlag, Stuttgart 1992, 341 S.

Der Band, versehen mit einem Vorwort vom damaligen Präsidenten des Statistischen Bundesamtes, Egon Hölder, und mit einem Geleitwort des Vorsitzenden der Enquete-Kommission des deutschen Bundestages "Aufarbeitung von Geschichte und Folgen der SED-Diktatur in Deutschland", Rainer Eppelmann, enthält 23 Beiträge von Statistikern zur Entwicklung aller wesentlichen Wirtschafts- und Lebensbereiche der DDR. Die Verfasser der Aufsätze waren Mitarbeiter und Mitarbeiterinnen der Staatlichen Zentralverwaltung für Statistik der DDR und arbeiten jetzt in der Zweigstelle Berlin des Statistischen Bundesamtes. Der Herausgeber setzte sich zum Ziel, "Lebensmöglichkeiten des Durchschnittsmenschen" in der DDR zwischen 1949 und 1989 beleuchten zulassen. "Jetzt nach der Wiedervereinigung [...]", schreibt Hölder, "ist eine Erschließung vieler Informationen der DDR-Statistik für diese Erkenntnisse möglich."

Mit diesem Satz werden Erwartungshaltungen geweckt. Wieweit werden sie im Band erfüllt?

Auffällig ist zunächst, daß der Thematik der Arbeits-, Lebens- und Freizeitbedingungen der Menschen in Ostdeutschland Priorität gegeben wird gegenüber dem wirtschaftsanalytischen Teil. Dem ersten Komplex können 15, der zweiten Gruppe acht Beiträge zugeordnet werden. Im Statistischen Jahrbuch der DDR waren die Proportionen eher umgekehrt. Wie von dieser Anlage des Bandes her zu erwarten, sind die für den Historiker interessanten, über bisher Bekanntes bzw. einem breiteren Publikum Erschließbares hinausgehenden Informationen vor allem in den kommentierten Daten über das Alltagsleben der DDR-Bürger zu finden. Wie entwickelte sich die Lebenserwartung der Menschen in Ostdeutschland? (38 ff.) Wie vollzogen sich in der DDR schleichende Preiserhöhungen für Konsumgüter? (116 ff.) Welche Rolle kam den Delikt- und Exquisitgeschäften zu? (118, 152) Wie groß waren die Chancen für die Alten, einen der subventionierten Plätze in einem Feierabend- bzw. Pflegeheim zu erhalten? (281)

Auf diese und andere Fragen geben die Autoren, gestützt auf jahrelang erhobene, aber selten veröffentlicht Daten, bereitwillig Auskunft. Zwei der 15 dem Alltagsleben und den alltäglichen Erfahrungen der DDR-Bürger gewidmete Themen hatten in den Statistischen Jahrbüchern der DDR kaum Berücksichtigung gefunden: Die Umweltverschmutzung (199-208) und die Analyse der Hausarbeit und des Freizeitverhaltens auf der Grundlage von (in der DDR seit Ende der fünfziger Jahre) durchgeführten Zeitbudgetuntersuchungen (293-306).

Der Vorteil der wirtschaftsanalytischen Beiträge für den Leser liegt sicherlich weniger in den Informationen selbst als im Überblick, der über vier Jahrzehnte geboten wird. Ungeachtet dessen werden von Fall zu Fall interessante, kaum zugängliche Detailinformationen geboten. Wenn es um den Produktivitätsrückstand geht, dann wird dieser nicht nur in den bekannten globalen Daten, sondern z.B. auch anhand der Produktion von numerischen Werkzeugmaschinen oder den Verfahren zur Herstellung von Rohstahl nachgewiesen (168 f.).

Im Abschnitt über den Produktivitätsrückstand geht es natürlich nicht ohne den Vergleich zur Bundesrepublik. Ansonsten vermißt man ihn - trotz gelegentlicher schüchterner Versuche einzelner Autoren. Für den Leser ist das ein Manko, auch wenn es mathematisch-statistische Vorbehalte gibt, einen solchen Vergleich zu versuchen (20 f.). Für einen deutsch-deutschen Vergleich aber spricht: In vielen Bereichen, z.B. auf demographischem Gebiet, hätte man durchaus mit "Naturalzahlen" arbeiten können. Insgesamt ist der Eindruck ein erfreulicher: Der Leser wird sachlich informiert. Die Autoren halten sich in der Bewertung zurück. Der Leser hat auf der Grundlage des vorzüglichen statistischen Materials, angereichert mit Graphiken und Bildern, die Chance, sich selbst ein Urteil zu bilden. Das wirkt wohltuend angesichts des seit der Wende von manchen Autoren in ihren Publikationen verbreiteten Anspruchs, ganz genau zu wissen, wie da Leben in der DDR war und warum es zu ihrem Ende kam.

Jörg Roesler

Herzberg, Guntolf, Meier, Klaus: Karrieremuster. Wissenschaftlerportraits. Aufbau Taschenbuch Verlag, Berlin 1992, 444 S.

Guntolf Herzberg und Klaus Meier haben von September 1991 bis Januar 1992 dreizehn Wissenschaftlerinnen und Wissenschaftler mit einem Interviewleitfaden befragt, der ca. 40 Fragen zu Lebensstationen umfaßt. Von den dreizehn Befragten sind zwei Frauen, eine Althistorikerin und eine Germanistin, sechs Männer kommen aus naturwissenschaftlichen und fünf aus geisteswissenschaftlichen Berufen. Jedes dieser veröffentlichten Portraits wurde von den Befragten für die Veröffentlichung autorisiert. Die Befragten wurden zwischen 1925 und 1954 geboren; von den dreizehn Teilnehmern arbeiteten sieben in Instituten der Akademie der Wissenschaften. Die Herausgeber Guntolf Herzberg und Klaus Meier stellen sich ausführlich vor (10f.): Guntolf Herzberg, Philosoph, der 1985 die DDR nach zahlreichen Auseinandersetzungen verließ und fortan in West-Berlin lebte und Klaus Meier, der am Institut für Theorie, Geschichte und Organisation der Wissenschaft der Akademie der Wissenschaften als Soziologe gearbeitet hat. Der Aufbau der Interviews folgt dem auf Seite 12 genannten Leitfaden. Die gestellten Fragen tauchen in den Portraits nicht auf, so daß der Leser bzw. die Leserin sich häufig mit krassen Themenwechseln konfrontiert sieht. Mit einer knappen Einführung verweisen die Herausgeber auf die Rolle und Funktion der Wissenschaft in der DDR, nämlich Wissenschaft als Reputationsobjekt des Staates (8f.), verbunden mit dem Mißbrauch der Gesellschaftswissenschaften zur Legitimation bei gleichzeitiger Intellektuellenfeindlichkeit (15), wobei der Begriff "Intellektuelle" diejenigen umfaßt, die wissenschaftlich arbeiten. Sie heben auch hervor, daß es nicht die DDR gegeben habe, sondern verschiedene DDR-Zeiten (14), jedoch ohne wissenschaftshistorische Periodisierungen oder Entwicklungsstufen zu nennen.

Die Portraits sind sehr persönliche berufliche Verläufe einzelner Wissenschaftlerinnen und Wissenschaftler, aber sie tragen nicht zur Erhellung des Organisationsschemas des Wissenschaftssystems bei. Am Ende weiß man nicht so recht, wodurch sich das alltägliche Geschäft im Wissenschaftsbetrieb und die Organisationsstrukturen in den Karrieren von Wissenschaftlerinnen und Wissenschaftlern von denen in anderen Ländern unterscheiden, denn Behinderungen bei der Bearbeitung von wissenschaftlichen Themen durch fachnahe oder -ferne Personen oder nicht erfolgte Publikationen gehören zum alltäglichen Geschäft des Wissenschaftsbetriebs auf der ganzen Welt. Der Eindruck entsteht dadurch, daß der Arbeit der Untersuchungsgegenstand und die Fragestellung fehlen. Es fehlt eine Einführung in das akademische Milieu und seine Berufe, eine historische Beschreibung zur Rolle und Funktion der Intelligenz im sozialistischen Lager bzw. in der DDR in Abgrenzung zu anderen gesellschaftlichen Gruppen, eine Darstellung der Lehr- und Forschungsorganisation, zum Beispiel eine Erläuterung dazu, wie die Forschungspläne in den einzelnen Disziplinen zustande kamen, wie sich die Themen im historischen Zeitablauf veränderten und worin und woran sich die politischen Einflüsse beziehungsweise Eingriffe besonders deutlich zeigen (zum Beispiel wenn Forschungsvorhaben aufgrund politischer Anordnung eingestellt oder wenn aufgrund des

Durchgangs von Kontrollbrigaden (174) oder Parteikommissionen, Leiterinnen und Leiter sowie Personal von Forschungs- und Universitätsinstituten gemaßregelt bzw. diese Einrichtungen geschlossen wurden). Es wäre außerordentlich hilfreich für die Leserinnen und Leser gewesen, etwas über Handlungsanweisungen und Kontrollen durch die politischen Bürokratie der DDR in Forschung und Lehre zu erfahren. Diese Portraits zeigen erstaunlich facettenreiche berufliche Karrieren, die trotz oder gar wegen zahlreicher politischer Ein- und Übergriffe entwickelt wurden, wobei die Allmacht der Partei und ihrer Handlanger in einigen Erzählungen zu kleinbürgerlichen Possen à la "Feuerzangenbowle" gerinnen (Soziologe, 174; Althistorikerin, 82). Der wissenschaftliche Werdegang wird in dieser Darstellung zur individuellen Erfolgsgeschichte, die sich trotz Allgegenwart politischer Kontrollen und hierarchisch gegliederte Befehlsstrukturen, letztendlich gegen diese durchsetzt. Publikations-, Lehr-, Auftritts-, Reise- bis hin zu Arbeitsverboten, die zu jedem Zeitpunkt im Lebenslauf auftreten können, lösen keine wissenschaftspolitischen Kontroversen aus, sondern sie lesen sich wie Auszeiten oder psychosoziale Moratorien, in denen überraschender Weise auch Kritiker und Kritisierte im gleichen Boot sitzen (vgl. Portrait Krüger). Die Abgrenzung zur alten Bundesrepublik, das emphatische Modell "Sozialismus" und eine "zwanghafte Dankbarkeit" an das politische System (Psychiater, 196) sind Strukturen in den Intelligenzkarrieren, die Loyalität erzeugen und gleichzeitig Kontroversen zwischen Wissenschaft und Politik verhindern. Wissenschaftlich ist die Studie, da ihr eine Fragestellung fehlt, schwer einzuordnen: Die amorphe Datenbasis eignet sich wenig für biographie-soziologische Fragestellungen, die Kategorisierungen sind unscharf, wechselnd und lückenhaft, wenn es zum Beispiel um die soziale Herkunft, die eigene Familie oder auch um den Studien- und Berufsverlauf geht. Ansprüchen der Oral-History-Forschung genügt diese Arbeit deshalb nicht, weil die Herausgeber es versäumt haben, einzelne Aussagen in den Portraits zeitgeschichtlich zu kontextualisieren und in einem Fußnoten- und/oder Anmerkungsapparat zu ergänzen bzw. zu kommentieren. Dem interessierten DDR-staatsfremden Leser sind viele Begriffe und Personen nicht geläufig. Dazu einige Beispiele: Was ist Zirkeltätigkeit (10); was sind Kopfnoten (110); warum war die Freistellung von der Volksbildung nicht gern gesehen (111); was ist daran verwunderlich, daß eine Zeitschrift für "Technologie" psychologisch-historische und wissenschaftstheoretische Artikel nicht publizieren will; was waren die Kühlungsborner Tagungen der Wissenschaftsphilosophen (115); oder was steht dahinter, wenn Hans-Peter Krüger sagt: "Es ging damals (vermutlich 1985, E.M.H.) nicht mehr um 'Kritik der bürgerlichen Ideologie', sondern um eine sachliche Auseinandersetzung" (387); oder wie unterscheidet sich der rechtliche und praktische Status einer Kaderakte der DDR von einer Personalakte im öffentlichen Dienst der Bundesrepublik; was ist eine Wahrnehmungsprofessur oder -assistenz und wie grenzen sich diese von der Dozentur, Professur, Assistenz ab, bzw. wie waren diese Positionen hierarchisch verankert; was waren die politischen Anlässe, die Promotionen A und B einzuführen, welche Titel verbergen sich dahinter; was verbirgt sich hinter "immateriellem Export" (115), was ist eine "Schule der sozialistischen Arbeit" (86); war die Möglichkeit zur Promotion B abhängig davon, ob jemand für Leitungsfunktionen vorgesehen war oder nicht (vgl. Portraits Stark (87) versus Langhoff (156)); zu welchen Bedingungen wurden welche (planmäßigen und andere) Aspiranturen gewährt, sind sie mit Stipendien vergleichbar; war die Position des 1. Sekretärs der FDJ-Hochschulgruppenleitung ein bezahlter voller Beruf (167), um hier nur einige Fragen zu nennen. Da sich mit diesen Portraits Wissenschaftlerinnen und Wissenschaftler zum Teil auch mit ihren Publikationen vorstellen, müßten diese zumindest auch bibliographisch in einem Anhang oder einer Fußnote genannt werden. Erwähnte Kolleginnen und Kollegen werden einmal mit vollständiger Namensbezeichnung genannt, dann wieder ohne Vornamen, die den Portraits vorangestellten tabellarischen Lebensläufe sind in höchstem Grade uneinheitlich, mit den akademischen Positionsbezeichnungen Habilitation, Promotion, Promotion A und B, politischen und beruflichen Positionen und Auszeichnungen usw. wird mehr als unhistorisch und salopp umgegangen. Das alles ist meines Erachtens wissenschaftliche Arbeit für Herausgeberinnen und Herausgeber, die diesem Buch fehlt und die es auch als wissenschaftliches Quellenmaterial bzw. Datenbasis bedenklich machen. Und ich kann es nicht verhehlen, daß mich in einigen Portraits die bedenkenlos dokumentierte Frauenfeindlichkeit mehr als verstimmt hat, so wenn zum Beispiel der Psychologe Lothar Sprung über die wissenschaftliche Arbeit und Publikationen mit "seiner" Frau redet und nicht einmal ihren Vor- oder Zunamen nennt oder der Soziologe Peter Voigt seine "Fische" mit zum Zelten nimmt (172). Das ist an der Grenze des Erträglichen.

Erika M. Hoerning

Wilke, Manfred/Hertle, Hans-Hermann: Das Genossen-Kartell. Die SED und die IG Druck und Papier/IG Medien. Dokumente. Verlag Ullstein, Frankfurt/M., Berlin 1992 (Ullstein Report), 451 S.

Durch die Öffnung der Archive in der ehemaligen DDR und der damit verbundenen Zugänglichkeit neuer Quellen sahen sich viele Historiker genötigt, schnell mit Veröffentlichungen aufzuwarten, um auf dem Markt der Neuerscheinungen Schritt halten zu können. Viel zu oft blieben dabei Inhalt und Form auf der Strecke. So auch bei dem hier anzuzeigenden Buch. Ziel der Autoren ist es zu belegen, daß die SED auch in Westdeutschland "ein politischer Faktor" war, und nicht zuletzt vom DGB "- besonders von der IG Druck und Papier - auch als Bündnispartner geschätzt wurde" (15). Auf rund 200 Seiten Darstellung und einem etwa ebenso umfangreichen Dokumentenanhang versuchen die Autoren, diese These zu untermauern.

Die sieben Darstellungskapitel gehen weit über den Dokumentationszeitraum hinaus. Ausgehend von der Reaktion des DGB auf den "Zusammenbruch der SED-Diktatur", wird retrospektiv die deutschlandpolitische Programmatik des DGB seit 1949 und dessen Rolle im Konzept der SED-Deutschlandpolitik und Umsetzung anhand der IG Metall, aber vor allem der IG Druck und Papier im DGB untersucht. Die am Ende der Darstellung als "offen" bezeichnete Frage, ob die Beziehungen zwischen der IG Druck und Papier zum FDGB "nur ein Beitrag zur sozialdemokratischen Entspannungspolitik" waren, oder ob "es gar in vielen Fragen eine politische Koalition" gab (202), ist hier nur eine rhetorische. Schon der Titel verrät, daß die Autoren in der IG Druck und Papier im DGB einen Handlanger der SED sehen, der - vermittelt und angeleitet durch den FDGB - deren Positionen in den DGB hineintrug. Generell werden die vom DGB und seinen Mitgliedsgewerkschaften seit den siebziger Jahren aufgenommenen offiziellen Kontakte zum FDGB, mehr noch als die Ostpolitik der sozial-liberalen Ära, als "Wandel durch Anbiederung", oder "Wandel durch Verbrüderung" charakterisiert. Möglich ist dies durch eine einseitige Auswahl von und einen fahrlässigen Umgang mit Quellen. Die 75 abgedruckten Dokumente - Sekretariatsbeschlüsse und "Maßnahme- pläne" des FDGB, Berichte an die SED Führung über Besuche westdeutscher Gewerkschaftsdelegationen in der DDR und ähnliches - stammen ohne Ausnahme aus dem ehemaligen Archiv des FDGB der DDR. Sie bilden die Basis für die Analyse der Ziele wie der Intensität und Erfolge der Westarbeit des FDGB zwischen 1972 und 1989. Der FDGB wird damit zum Kronzeugen für den Erfolg seiner eigenen und der Politik der SED. Die Fragwürdigkeit der so gewonnenen Ergebnisse liegt auf der Hand. Und obwohl die Autoren explizit auf die noch ausstehende Auswertung korrespondierender Quellen aus DGB-Provinienz im Vorwort hinweisen (16), bemühen sie sich kaum um eine kritische Bewertung und Relativierung der aus den Dokumenten übernommenen Schilderungen und Bewertungen. Die Absicht, damit einen ersten "Schritt zur Aufklärung dieser deutsch-deutschen Beziehungen" (15f.), das heißt zwischen DGB/-Gewerkschaften und FDGB zu tun, wird so zur verallgemeinernden Anklage der westdeutschen Gewerkschaften, deren Stichhaltigkeit noch eingehend überprüft werden muß. Leider mindert das Fehlen eines kritischen Anmerkungsapparates zu den Dokumenten sowie eines Abkürzungsverzeichnisses den Wert des Bandes für die zukünftige Erforschung der deutsch-deutschen Gewerkschaftsbeziehungen.

Josef Kaiser

Alvarez de Toledo, Alonso: Nachrichten aus einem Land, das niemals existierte. Tagebuch des letzten spanischen Botschafters in der DDR. Verlag Volk und Welt, Berlin 1992, 264 S.

Der letzte spanische Botschafter in der DDR, seit 1985 in Berlin akkreditiert, schrieb vom 12. September 1989 bis zum 18. März 1990 persönliche Notizen zu den bewegten politischen Geschehnissen jener "Wendezeiten" nieder, so wie er sie selbst erlebte. Diese Aufzeichnungen wurden bereits 1990 im spanischen Original herausgegeben, 1992 legte sie der Verlag Volk und Welt dem deutschen Publikum vor.

Bereits im Vorwort begründete der Autor den provokanten Titel mit seiner seit langem feststehenden Position, daß "die Existenz eines international anerkannten Staates nicht auch bedeute, daß damit ein anderes Land entstanden war" (8). Die DDR war für ihn immer ein künstliches Gebilde. Autor und Verlag versichern, daß keine der Eintragungen nachträglich korrigiert worden seien, so daß die Ereignisse vom Zeitpunkt der Öffnung der ungarisch-österreichischen Grenze bis zu den ersten freien Volkskammerwahlen authentisch nachvollzogen werden könnten. Demnach stand für den Autor bereits am 18. September 1989 die deutsche Frage wieder aktuell auf der Tagesordnung. Ein wiedervereinigtes, demokratisches und neutrales Deutschland war für ihn vorstellbar.

Zunächst aber konzentrierten sich die Spannungen auf die Vorbereitung und Durchführung des 40. Jahrestages der Gründung der DDR am 7. Oktober, einschließlich des Gorbatschow-Besuches in Berlin, danach auf die spektakuläre Abwahl Honeckers und die "Inthronisierung" von Egon Krenz. Das Tempo der Entwicklung in der DDR wurde immer schwindelerregender, es kam ein Tag, der für Alvarez "in die deutsche Geschichte eingehen wird", der 4. November 1989, an dem 500 000 DDR-Bürger auf dem Berliner Alexanderplatz demonstrierten (75).

Fünf Tage später, am 9. November um 21.12 Uhr, erlebte der Autor zusammen mit einem spanischen Reporterteam am Grenzübergang Bornholmer Straße den Fall der Berliner Mauer. Seine Erklärung dieser weltgeschichtlichen Sensation ist denkbar einfach, aber umstritten: Krenz konnte die Situation nicht mehr anders entspannen.

Noch Ende November 1989 traten alle politischen Kräfte in der DDR gegen eine Wiedervereinigung Deutschlands auf, "so wie sie Kanzler Kohl vorgeschlagen hat" (120). Mit dem am 3. Dezember vom Volk und der Parteibasis erzwungenen Rücktritt aller zentralen SED-Führungsebenen sei dann allerdings "das bedeutungsvollste Kapitel dieser friedlichen, aber unerbittlichen Revolution geschrieben worden" (127), wobei ein politisches Vakuum entstand, das unvermeidlich von der BRD ausgefüllt werden mußte und wodurch sich alles veränderte.

In Erfüllung dieser Prognose vollzogen sich die weiteren Entwicklungen. In einem weiterhin rasanten Tempo wurden alle inneren und äußeren Widerstände ausgeschaltet bzw. zurückgedrängt, die der schnellen Vereinigung Deutschlands entgegenstanden. "Mit dem Wegfall der sozialistischen Idee bleibt nur noch die deutsche Identität" (223), resümierte Alvarez seine detaillierten Schilderungen über die Monate Januar bis März 1990.

Seiner Schlußeinschätzung, daß mit den Volkskammerwahlen die friedliche Revolution in der DDR endete, kann man zustimmen. Seine Überlegung, daß es eine "gestohlene" Revolution (264) war, mag Diskussionen hervorrufen. Die DDR dürfte allerdings nicht als "Fußnote der Geschichte" abzutun sein. Dies beweisen auch die Notizen über 188 Tage ihres Niedergangs, die mit größerem zeitlichen Abstand an Wert gewinnen werden. Wie andere persönliche Erinnerungen sind sie für die historische Aufarbeitung wichtig, auch wenn kein wissenschaftlicher Anspruch durch den "neutralen" Zeitzeugen Alvarez erhoben wurde.

Gerd-Rüdiger Stephan

Lohmann, Georg: Indifferenz und Gesellschaft. Eine kritische Auseinandersetzung mit Marx. Suhrkamp Verlag, Frankfurt/M. 1991, 388 S.

Mit dieser überarbeiteten und erweiterten Fassung seiner Dissertation zielt der Autor auf eine "kritische Vergewisserung hinsichtlich Marxens Entfremdungs- und Verdinglichungstheorie, die zu den zentralen Institutionen kritischer Gesellschaftstheorie gehören". Er wählt den ersten Band des Marxschen "Kapital" als zentralen Text für seine Auseinandersetzung, weil mit ihm Marx' "theoretisch ausgereiftes und selbst verantwortbares Werk" vorliegt, "in dem seine Stärken überwiegen und woran er auch gemessen werden sollte". Ein zweifellos akzeptables Diktum jeder wissenschaftlich ernst zu nehmenden Marx-Kritik.

Das eigene theoretische Konzept entwirft der Verfasser einerseits unter Voraussetzung des historischen Faktums, daß die Entfremdungsdiagnose Sozial- und Kulturkritik provoziert hat, andererseits unter Annahme der Gegenwartssicht: "Offenbar greifen intuitive und in der Wirkungsgeschichte der Marxschen Theorie liebgewordene Vorstellungen über das Negative der modernen Gesellschaft nicht mehr überzeugend. Was in der einen Hinsicht negativ gewertet wird, zeigt sich unter einem anderen Aspekt als neutral oder als positiv" (26). Daher gliedert der Autor das Entfremdungsphänomen in sein umfassender erklärtes Indifferenzkonzept ein, das M. Theunissens Darstellung des Zusammenhangs zwischen Herrschaft und Gleichgültigkeit voraussetzt. "Den Begriff 'Indifferenz'", so der Autor, "verwende ich [...] als einen Sammelbegriff, um damit einen komplexen Phänomenbereich zu erfassen, der durch Gleichgültigkeiten in unterschiedlichen Hinsichten charakterisiert ist" (20). Daß Indifferenzphänomene in der Moderne durch die mit Marx' *Kapital* präsentierte Sozialkritik reflektiert werden, ist dann des Autors Ansatz zur Entwicklung seiner Marx-Kritik. In ihr werden vor allem die Bestimmungen des Reichtums, des Gebrauchs- und Tauschwerts, die Marxsche Wertformentwicklung untersucht, komplettiert durch die Feststellung des Marxschen "ökonomistischen Rechtsfunktionalismus", der nach Ansicht des Autors den Kollaps Marxscher Sozialkritik impliziert. Analysen der Konstitution von Kapital und Lohnarbeit sowie der Selbstbestimmung des Lohnarbeiters vollenden die Darstellung.

Ein Rückgriff auf moderne Rekonstruktionen der Marxschen Ökonomietheorie, wie sie etwa M. Morishima oder A. Bródy vorgelegt haben, erfolgt nicht. Das schränkt die Gültigkeit der Marx-Interpretation des Autors denn doch ein, weil Marx' analytische Intention gewiß nicht im Programm der Sozialkritik aufgeht.

Peter Ruben

Wayand, Gerhard: Marx und Engels zu archaischen Gesellschaften im Lichte der neueren Theorie-Diskussionen. Verlag Dietmar Fölbach, Koblenz 1991, 289 S.

Mit der vorliegenden Studie präsentiert der Autor seine 1990 an der Marburger Universität verteidigte Dissertation. Interpretation und Kritik der einschlägigen Texte stehen in der Tradition strukturalistischer Marx-Engels-Exegese und -Rekonstruktion, wie sie seit den sechziger Jahren durch Althusser, Sebag, Godelier u.a. entwickelt worden sind. Ins Zentrum seiner Untersuchung hat der Autor das umstrittene Verhältnis zwischen Verwandtschaft und Produktionsweise gerückt. Mit Althusser, Balibar und Poulantzas unterscheidet er "Ökonomie" in der Bedeutung eines ausdifferenzierten Teilsystems moderner organischer Gesellschaften von "Ökonomie" im Marxschen Sinne einer Produktionsweise, die in geschichtlich mannigfaltiger, konkreter Gestalt besteht und als solche auch für archaische Gemeinschaften bestimmt ist. Wenngleich Verwandtschaftssysteme durchaus eine "eigene Existenzgrundlage" und ihre "immanente Logik" haben, darin der Sprache ähnlich, werden die innovativen Änderungen nicht durch ihre Transformation, sondern durch die der jeweiligen Produktionsverhältnisse herbeigeführt. Während Meillassoux die Differenz zwischen beiden nivelliere, indem er Bedeutung und Funktion des Verwandtschaftssystems unterschätze (nämlich Gruppen genealogisch mittels Filiation bis in eine mythische Zeit hinein politisch und ideologisch zu verknüpfen sowie räumlich mittels Heiratsallianz), bestehe umgekehrt Habermas' Irrtum dahin, das Verwandtschaftssystem, die Ausdrucksform der Produktionsverhältnisse, mit eben diesen Verhältnissen zu identifizieren und so Marx' Konzept durch ein familialistisch-moralisches zu ersetzen.

Ein über die zeitbedingte empirische Schranke hinausreichendes theoretisches Defizit in den Arbeiten von Marx und Engels erblickt der Autor in einer Tendenz, die frühen Familienformen im Gegensatz zum eigenen historisch-materialistischen Ansatz als "naturwüchsig" (Marx) oder "natürlich" (Engels) mittels Identifikation von "Verwandtschaft" und "Blutsverwandtschaft" anzunehmen und so als biologisch determiniert zu deuten. Mit Blick auf die marxistische Ethnologie unserer Zeit aber urteilt der Verfasser, daß ungeachtet der großen Fortschritte, die sie materialiter gemacht habe, das theoretische Niveau ihrer Reflexion auf dem Stand "eingefroren" worden ist, den sie mit den Schriften von Marx und Engels erreicht hat.

Vielfach setzt die notierte Blockade bereits mit einer vulgarisierenden Marx-Deutung ein, von der freizukommen die vorliegende Studie gewiß hilfreich ist, wenngleich sie den für das Verständnis einer Produktionsweise so wichtigen Begriff der Produktivkräfte noch immer und unhinterfragt als Bestimmung der materiellen Technik unterstellt (statt als individuelle und gemeinschaftliche Produktionsfähigkeit).

Peter Ruben

Mitarbeiterinnen und Mitarbeiter

Babitschenko, Leonid Georgewitsch, Prof. Dr., Mitarbeiter am Russischen Zentrum für Aufbewahrung und Erforschung von Dokumenten der neusten Geschichte in Moskau.

Bonwetsch, Bernd, Prof. Dr., Professor für Osteuropäische Geschichte an der Ruhr-Universität Bochum.

Bortfeldt, Heinrich, Dr. habil., Research Fellow of the German Marshall Fund of the United States, freier Mitarbeiter am Forschungsinstitut der Deutschen Gesellschaft für Auswärtige Politik, Lehrbeauftragter an der Freien Universität Berlin und an der Landespolizeischule Brandenburg.

Boterbloem, Kees N., McGill University, Montreal (Russische Geschichte im Ph. D.-Programm).

Braun, Günter, Dr., wissenschaftlicher Mitarbeiter am Arbeitsbereich DDR-Geschichte im Mannheimer Zentrum für Europäische Sozialforschung der Universität Mannheim.

Buschak, Willy, Politischer Sekretär des Europäischen Gewerkschaftsbundes in Brüssel.

Dähn, Horst, Prof. Dr., Professor an der Universität Stuttgart.

Dietrich, Gerd, Dr., Lehrtätigkeit an der Humboldt-Universität zu Berlin (Wissenschaftlerintegrationsprogramm zur Hochschulerneuerung).

Dietrich, Werner, Dr., wissenschaftlicher Mitarbeiter am Institut für Geschichte der Martin-Luther-Universität Halle/Wittenberg.

Doernberg, Stefan, Prof. Dr. em., früher Professor für deutsche und allgemeine Zeitgeschichte, Leiter des Deutschen Instituts für Zeitgeschichte, Direktor des Instituts für internationale Beziehungen.

Eckert, Rainer, Dr. phil., 1992 Assistent am Institut für Geschichtswissenschaften der Humboldt-Universität zu Berlin.

Ehnert, Gunter, Mitarbeiter am Lehrstuhl für Politische Wissenschaft und Zeitgeschichte an der Universität Mannheim.

Fischer, Alexander, Prof. Dr., Professor am Seminar für Osteuropäische Geschichte an der Rheinischen Friedrich-Wilhelms-Universität Bonn.

Foitzik, Jan, Dr., wissenschaftlicher Mitarbeiter am Arbeitsbereich DDR-Geschichte im Mannheimer Zentrum für Europäische Sozialforschung der Universität Mannheim.

Gieseke, Jens, M.A., Mitarbeiter der Abteilung Bildung und Forschung der Behörde des Bundesbeauftragten für die Unterlagen des Staatsicherheitsdienstes der ehemaligen DDR.

Gödeke, Herwig, Dr., Bibl.-Oberrat an der Universitätsbibliothek Marburg.

Gransow, Volker, Prof. Dr., Professor of German and European Studies an der Universität Toronto.

Grieger, Manfred, M.A., wissenschaftlicher Mitarbeiter am Lehrstuhl für Neuere Geschichte II der Ruhr-Universität Bochum.

Günther, Mechthild, Mitarbeiterin der Behörde des Bundesbeauftragten für die Unterlagen des Staatsicherheitsdienstes der ehemaligen DDR.

Haefner, Lutz, Dr., wissenschaftlicher Mitarbeiter an der Fakultät für Geschichtswissenschaft und Philosophie (Abt. Osteuropäische Geschichte) der Universität Bielefeld.

Haikal, Mustafa, Dr., wissenschaftlicher Mitarbeiter am Fachbereich Geschichte der Universität Leipzig.

Hartewig, Karin, Dr., wissenschaftliche Mitarbeiterin an der Friedrich-Schiller-Universität Jena.

Hecker, Hans, Prof. Dr., Professor für osteuropäische Geschichte am Historischen Seminar der Heinrich-Heine-Universität Düsseldorf.

Heimann, Thomas, Dr., wissenschaftlicher Mitarbeiter am Arbeitsbereich DDR-Geschichte im Mannheimer Zentrum für Europäische Sozialforschung der Universität Mannheim.

Heller, Klaus, Prof. Dr., Professor für Osteuropäische Geschichte an der Universität Gießen.

Heuer, Uwe Jens, Prof. Dr., Mitglied des Deutschen Bundestages.

Heydemann, Günther, Dr. habil., zur Zeit Vertreter des Lehrstuhls für Neuere und Neueste Geschichte an der Rheinischen Friedrich-Wilhelms-Universität Bonn.

Hitchins, Keith, Prof. Dr., Professor für Geschichte (Südosteuropa, Habsburger Monarchie und Zentralasien) an der University of Illinois.

Hodos, George H., Prof. Dr., im Rajk-Prozeß verurteilt, seit 1956 in der Emigration in Österreich und in den USA, lebt in Sherman Oaks (Cal.).

Hoerning, Erika M., Dr., wissenschaftliche Mitarbeiterin am Max-Planck-Institut für Bildungsforschung Berlin mit dem Arbeitsschwerpunkt "Biographieforschung".

Hoffend, Andrea, wissenschaftliche Mitarbeiterin am Lehrstuhl für Politische Wissenschaft und Zeitgeschichte der Universität Mannheim.

Huber, Peter, Dr., arbeitet in Genf an einem Forschungsprojekt über "Schweizer Kommunisten in Moskau 1930-1953".

Hübner, Peter, Dr. habil., wissenschaftlicher Mitarbeiter am Forschungsschwerpunkt Zeithistorische Studien der Förderungsgesellschaft Wissenschaftliche Neuvorhaben mbH in Potsdam.

Ito, Narihiko, Prof. Dr., Professor an der Universität Kamakura.

Jakowlew, Alexandr N., Prof. Dr., Mitglied der Russischen Akademie der Wissenschaften in Moskau.

Jemnitz, Janos, Prof. Dr., Konsultant am Institut für Geschichte der Ungarischen Akademie der Wissenschaften in Budapest.

Johnstone, Monty, Mitglied der Redaktionskommission der Marx-Engels-Werke.

Kaiser, Josef, M.A., wissenschaftlicher Mitarbeiter am Forschungsprojekt "Deutsche Gewerkschaften" an der Universität Mannheim.

Kašauskienė, Vanda, Prof. Dr., Historikerin in Wilnius.

Keller, Fritz, Historiker in Wien.

Kießling, Wolfgang, Dr. sc., früher Professor für Geschichte der deutschen Arbeiterbewegung am Institut für Marxismus-Leninismus in Berlin.

Kilian, Achim, Dipl.-Kaufm., 1945-1948 NKWD-/MWD-Gefangener Nr. 80932.

Kipke, Rüdiger, Prof. Dr., Professor für Politikwissenschaft an der Universität/Gesamthochschule Siegen.

Kriegel, Annie, Prof. Dr., Professorin an der Universität Nanterre.

Küchenmeister, Daniel, wissenschaftlicher Mitarbeiter der Historischen Kommission zu Berlin.

Kuppe, Johannes, Dr., Mitarbeiter der Bundeszentrale für politische Bildung in Bonn.

Lauscher, Horst, wissenschaftlicher Mitarbeiter beim Verein zur wissenschaftlichen Erforschung und Aufarbeitung historischen Kulturguts e.V. in Frankfurt/M., Mitherausgeber der Trotzki-Schriften.

Lewin, Erwin, Prof. Dr. sc., Historiker in Berlin.

Lorenz, Richard, Prof. Dr., Professor an der Gesamthochschule/Universität Kassel.

McCauley, Martin, Prof. Dr., Professor für Sowjetische und Osteuropäische Studien an der University of London.

Mählert, Ulrich, M.A., Doktorand an der Universität Mannheim.

Mai, Joachim, Dr. habil., bis 1992 Professor für Osteuropäische Geschichte an der Universität Greifswald.

Mencl, Vojtech, Prof. Dr., Leiter der tschechischen Regierungskommission für die Analyse der Ereignisse von 1967 bis 1970.

Miljakowa, Lidija, Dr., wissenschaftliche Mitarbeiterin am Institut für Slawische und Balkan-Studien der Russischen Akademie der Wissenschaften in Moskau.

Mothes, Jürgen, Dr. habil., wissenschaftlicher Mitarbeiter am Fachbereich Geschichte der Universität Leipzig.

Mujbegović, Vera, Dr., wissenschaftliche Mitarbeiterin am Institut zur Erforschung der Arbeiterbewegung in Belgrad.

Müller, Werner, Dr. habil., Priv.-Doz. an der Universität Mannheim.

Naimark, Norman M., Prof. Dr., Direktor des Zentrums für Russische und Osteuropäische Studien an der Stanford University.

Neugebauer, Gero, Dipl.-Pol., Dr., wissenschaftlicher Angestellter am Zentralinstitut für sozialwissenschaftliche Forschung der Freien Universität Berlin.

Niedhart, Gottfried, Prof. Dr., Professor am Seminar für neuere Geschichte der Universität Mannheim.

Noutsos, Panagiotis, Prof. Dr., Professor für Soziale und Politische Philosophie an der Universität Ioannina.

Osers, Jan, Dr., bis 1968 wissenschaftlicher Mitarbeiter an der Hochschule für Wirtschaftswissenschaften Prag, seit 1968 Lehrtätigkeit an den Universitäten Mannheim, Heidelberg und Karlsruhe.

Petersdorf, Jutta, Dr. sc., habil., gefördert im Wissenschaftlerintegrationsprogramm zur Hochschulerneuerung.

Rißmann, Martin, wissenschaftlicher Mitarbeiter im Sekretariat der Enquete-Kommission des Deutschen Bundestages "Aufarbeitung von Geschichte und Folgen der SED-Diktatur in Deutschland".

Roesler, Jörg, Prof. Dr., Mitarbeiter des Forschungsschwerpunkts Zeithistorische Studien der Förderungsgesellschaft Wissenschaftliche Neuvorhaben mbH in Potsdam.

Ruben, Peter, Prof. Dr., gefördert im Wissenschaftlerintegrationsprogramm zur Hochschulerneuerung.

Ruge, Wolfgang, Prof. em. Dr. habil., Dr. h.c., früher Mitarbeiter (seit 1958 Forschungsgruppenleiter) im Zentralinstitut für Geschichte der Akademie der Wissenschaften, Berlin.

Schafranek, Hans, Dr., Mitarbeiter am Wiener Dokumentationsarchiv des österreichischen Widerstandes und des Vereins für Geschichte der Arbeiterbewegung.

Scherstjanoi, Elke, Dr., Humboldt-Universität zu Berlin (Wissenschaftlerintegrationsprogramm zur Hochschulerneuerung).

Schöneburg, Volker, Dr., wissenschaftlicher Mitarbeiter am Institut für Kriminalwissenschaften der Humboldt-Universität.

Sergeeva, Natalija, Dr., Dozentin an der Pädagogischen Staatsuniversität Moskau.

Slutsch, Sergej, Dr., Leiter des Bereichs Geschichte an der Russischen Akademie der Wissenschaften Moskau.

Staritz, Dietrich, Prof. Dr., geschäftsführender Leiter des Arbeitsbereichs DDR-Geschichte im Mannheimer Zentrum für Europäische Sozialforschung der Universität Mannheim.

Steiner, André, Dr., wissenschaftlicher Mitarbeiter am Seminar für Wirtschafts- und Sozialgeschichte der Universität Mannheim (Wissenschaftlerintegrationsprogramm zur Hochschulerneuerung).

Stephan, Gerd-Rüdiger, Leiter des Archivbereichs am Institut für zeitgeschichtliche Jugendforschung, Berlin.

Sywottek, Arnold, Prof. Dr., Professor am Historischen Seminar der Universität Hamburg.

Székely, Gábor, Dr., stellv. Direktor des Instituts für Geschichte der Politik in Budapest, Redakteur des Jahrbuchs der Geschichte der Internationalen Arbeiterbewegung.

Tessmer, Carsten, M.A., wissenschaftlicher Mitarbeiter am Arbeitsbereich DDR-Geschichte im Mannheimer Zentrum für Europäische Sozialforschung der Universität Mannheim.

Tischler, Carola, M.A., Doktorandin an der Universität Marburg.

Tosstorff, Reiner, Dr., wissenschaftlicher Mitarbeiter beim Verein zur wissenschaftlichen Erforschung und Aufarbeitung historischen Kulturguts e.V. in Frankfurt/M., Mitherausgeber der Trotzki-Schriften.

Tych, Feliks, Prof. Dr. em., Historiker in Warschau.

Verhoeven, Hermann-Josef, M.A., wissenschaftlicher Mitarbeiter im Fachbereich Politikwissenschaft der Universität Trier.

Vujošević, Ubavka, Dr., wissenschaftliche Mitarbeiterin des jugoslwaischen Staatsarchivs in Belgrad.

Watlin, Alexandr Ju., Dr., stellv. Direktor des Institute for Human Rights and Political Studies in Moskau.

Weber, Hermann, Prof. Dr., Professor für Politische Wissenschaft und Zeitgeschichte an der Universität Mannheim, Leiter des Arbeitsbereichs DDR-Geschichte im Mannheimer Zentrum für Europäische Sozialforschung der Universität Mannheim.

Werkentin, Falco, freiberuflicher Publizist und Sozialwissenschaftler in Berlin.

Wolle, Stefan, Dr., Assistent am Institut für Geschichtswissenschaften der Humboldt-Universität zu Berlin.

Wörsdörfer, Rolf, Dr., wissenschaftlicher Mitarbeiter beim Verein zur wissenschaftlichen Erforschung und Aufarbeitung historischen Kulturguts e.V. in Frankfurt/M., Mitherausgeber der Trotzki-Schriften.

Zarusky, Jürgen, Dr., wissenschaftlicher Mitarbeiter am Institut für Zeitgeschichte München.

Ziemer, Klaus, Prof. Dr., Professor für Politikwissenschaft an der Universität Trier.

Sowjetische Forschungen (1917 bis 1991) zur Geschichte der deutsch-russischen Beziehungen von den Anfängen bis 1949. Bibliographie

Herausgegeben von KARIN BORCK

Publikationen der Historischen Kommission zu Berlin

1993. ca. 350 Seiten – 170 mm x 240 mm
Hardcover ca. DM 128,–
ISBN 3-05-002384-8

Die mehr als 4000 Titel umfassende Bibliographie bietet eine einzigartige Dokumentation osteuropäischer Historiographiegeschichte. Einzigartig in Hinblick darauf, daß es sich um eine abgeschlossene Epoche, d. h. tatsächlich von ihrem Beginn bis zu ihrem Ende, und daß es sich um einen in sich geschlossenen Themenkomplex – die deutsch-russischen (sowjetischen) Beziehungen – handelt. Mit Hilfe dieser Bibliographie werden Unterordnungen, Anlehnungen, „Weiße Flecke" und auch Widerstände gegen Indoktrination einer verordneten Geschichtsschreibung deutlich. Dem Historiker bietet die Bibliographie nicht nur einen umfassenden Überblick, sondern auch eine Vielzahl von Titeln, die für ihn sonst kaum greifbar wären.

Für diese Bibliographie wurden alle Titel slawischer Sprachen nach den preußischen Instruktionen transkribiert und außerdem ins Deutsche übersetzt.

Aus dem Inhalt:
I. Hilfsmittel
II. Übergreifende Darstellungen
III. Geschichte der Historiographie
IV. Russisch-deutsche Beziehungen von den Anfängen bis 1949
   – Staatenbeziehungen
   – Wirtschaftsbeziehungen
   – Ideengeschichte, Kultur- und Wissenschaftsbeziehungen
   – Gesellschaftliche Beziehungen
   – Militärgeschichte, Kriegsgeschichte
   – Russisch-polnische und deutsch-polnische Beziehungen
   – Beziehungen Rußlands und Deutschlands zu anderen Ländern im Problemzusammenhang
   – Historiographie in der Emigration

Akademie Verlag

Bestellungen richten Sie bitte an Ihre Buchhandlung oder an den

Ein Unternehmen der VCH-Verlagsgruppe
Postfach 270 · D 10107 Berlin

Groß-Berliner Arbeiter- und Soldatenräte in der Revolution 1918/19

Dokumente der Vollversammlungen und des Vollzugsrates
Vom Ausbruch der Revolution bis zum 1. Reichsrätekongreß

Herausgegeben von Gerhard Engel, Bärbel Holtz und Ingo Materna

1993. 958 Seiten – 170 mm x 240 mm
Hardcover ca. DM 248,–
ISBN 3-05-002247-7

Mit dem Ende des ersten Weltkrieges und dem revolutionären Übergang vom Kaiserreich zur Weimarer Republik war das Entstehen und Wirken der Arbeiter- und Soldatenräte entscheidend verknüpft. Eine exponierte Funktion für das Reich, für Preußen und die deutsche Hauptstadt hatten die Arbeiter- und Soldatenräte Berlins und ihr Vollzugsrat. Deren Tätigkeit wird in dieser Quellenedition für einen bedeutenden Zeitraum dokumentiert: vom Ausbruch der Revolution bis zum Ende des 1. Reichsrätekongresses. Das Mitglied des Vollzugsrates, der spätere Reichskanzler Hermann Müller (-Franken) erklärte am 18. Dezember 1918: „Unsere Tätigkeit wird von der Geschichte einmal beurteilt werden, wenn die Protokolle veröffentlicht werden."

Grundlage für deren vollständige Veröffentlichung nach 75 Jahren bilden die zum Thema vorhandenen Bestände des Bundesarchivs, Abteilung Potsdam; des Archivs der sozialen Demokratie Bonn-Bad Godesberg; des Bayerischen Hauptstaatsarchivs München; des früheren Zentralen Parteiarchivs des Instituts für Geschichte der Arbeiterbewegung und des Landes-/Stadt-Archivs Berlin.

Mit den bereits vorhandenen Quellenpublikationen über den Rat der Volksbeauftragten, das Kabinett Scheidemann sowie den Zentralrat der deutschen sozialistischen Republik liegt durch diese Edition nunmehr eine lückenlose Dokumentation der zentralen deutschen Revolutionsorgane vor.

Eine Einleitung, der ausführliche kommentierende Anmerkungsapparat sowie Personen-, Orts- und Sachregister erleichtern den Zugang zu den Dokumenten.

Bestellungen richten Sie bitte an Ihre Buchhandlung oder an den

Akademie Verlag

Ein Unternehmen der VCH-Verlagsgruppe
Postfach 270 · D-10107 Berlin